永平寺史料全書

文書編 第二巻

大本山永平寺史料全書編纂室
永平寺史料全書編纂委員会

題字　大本山永平寺七十八世　宮崎奕保禅師

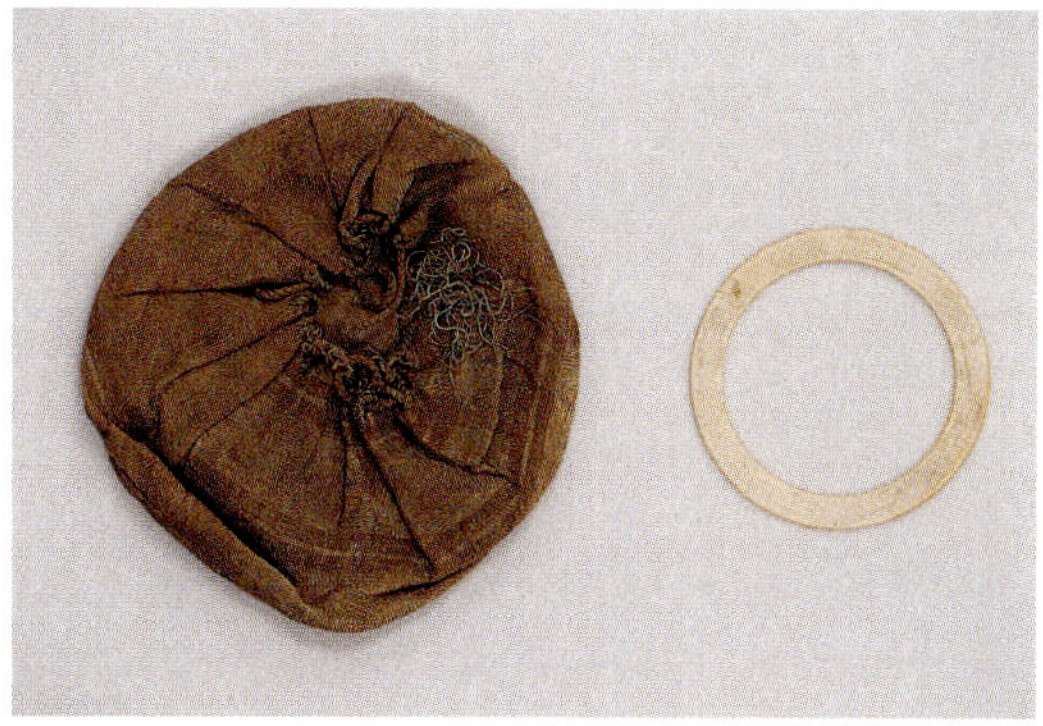

伝道元禅師所用袈裟環と袈裟袋

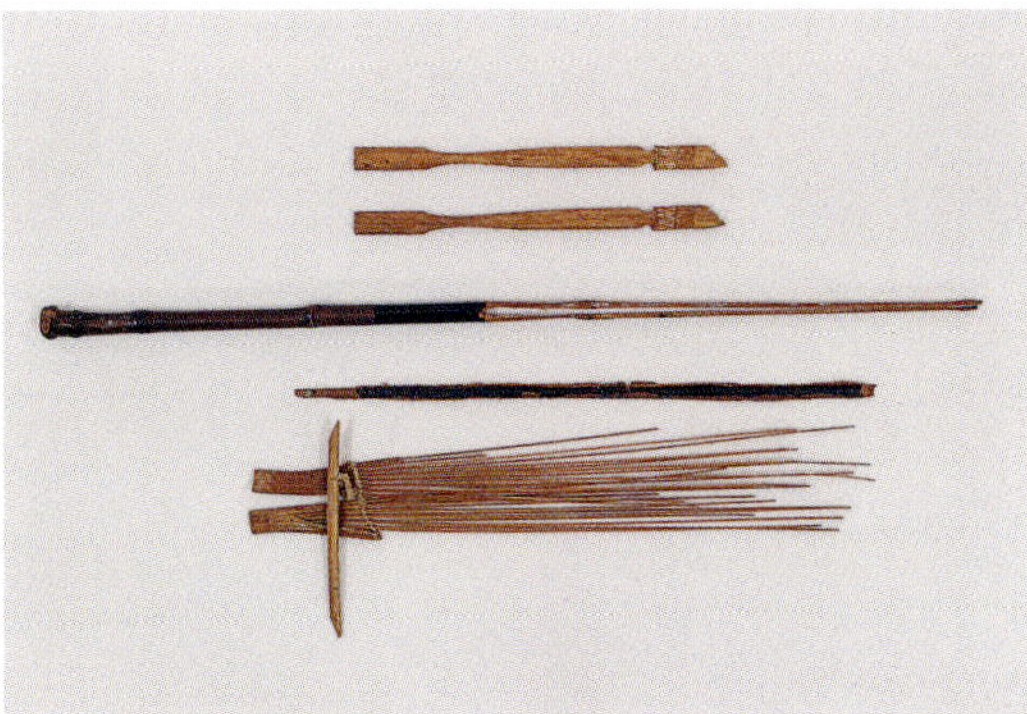

伝道元禅師所用団扇骨

伝道元禅師所用硯

伝道元禅師所用数珠

伝道元禅師所用払子

伝道元禅師所用袈裟環

伝道元禅師所用絡子切

伝道元禅師所用払子

伝道元禅師所用尼師壇

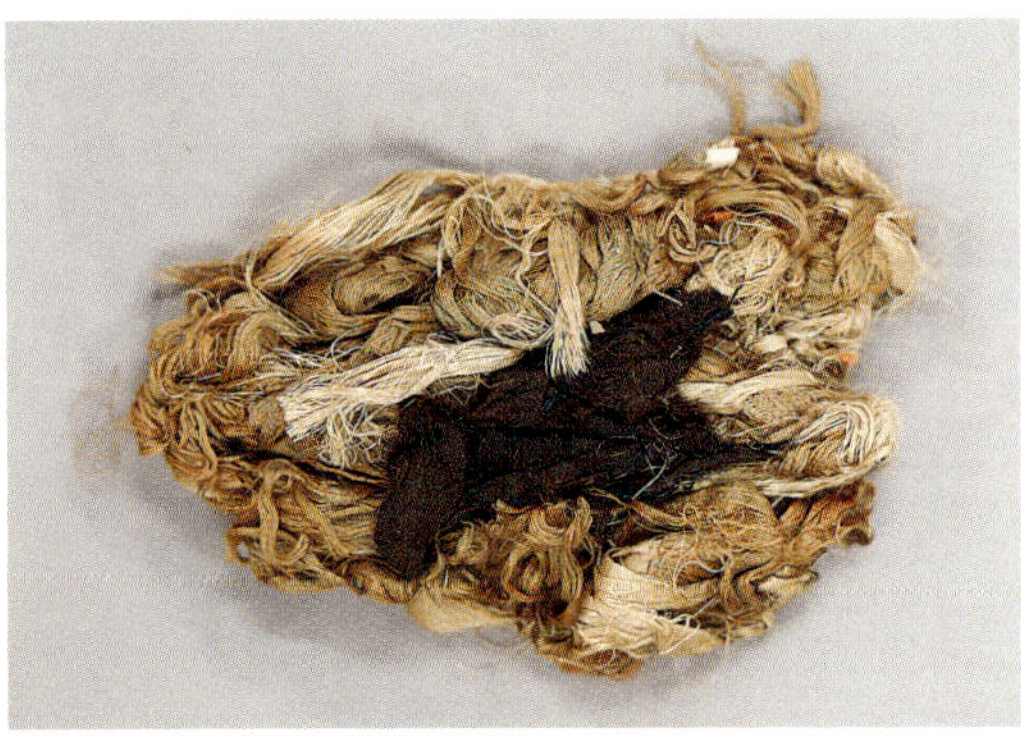

伝釈尊誕生茵褥

袱子(伝懐奘筆払子)

沈金軸物盆

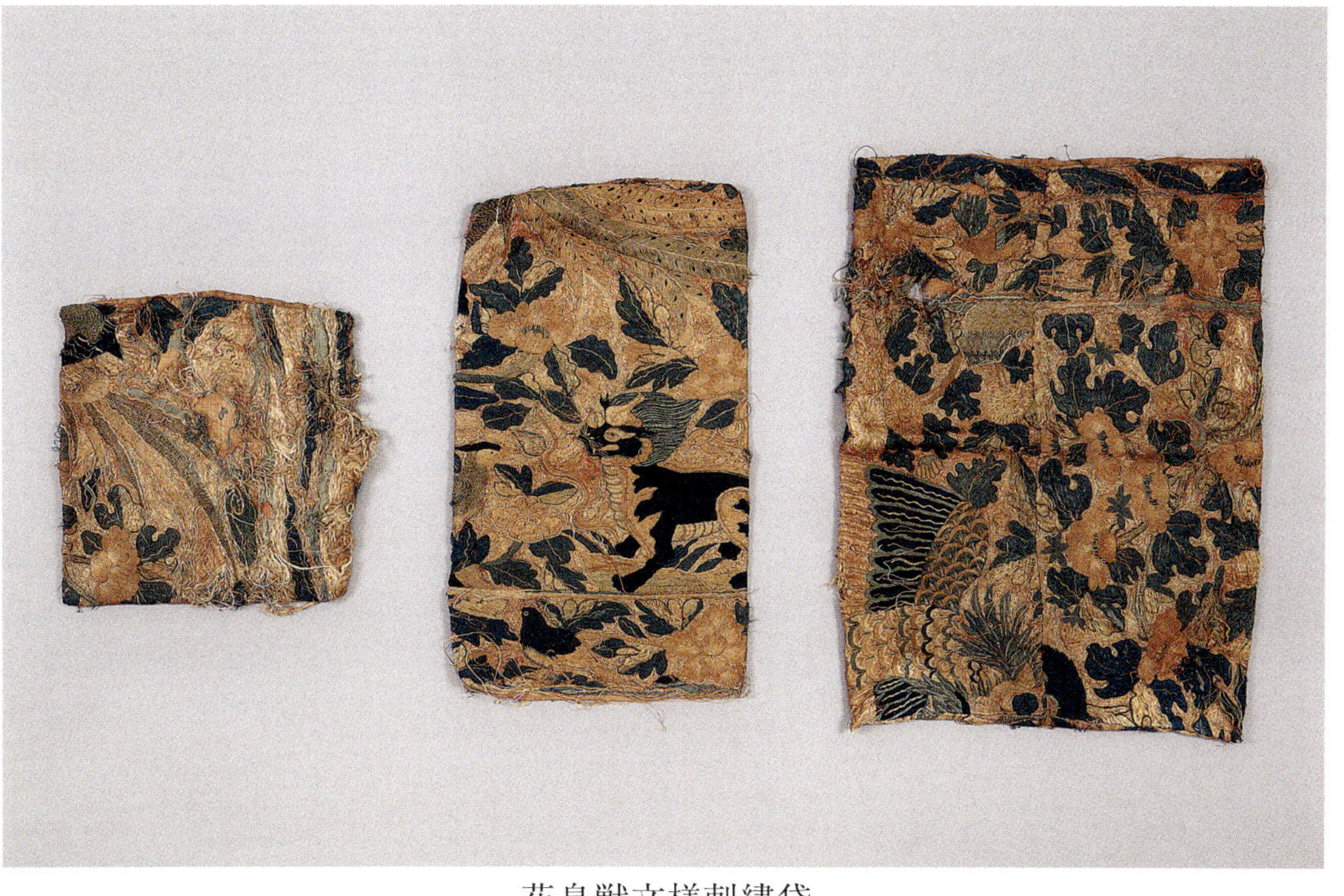

花鳥獣文様刺繡袋

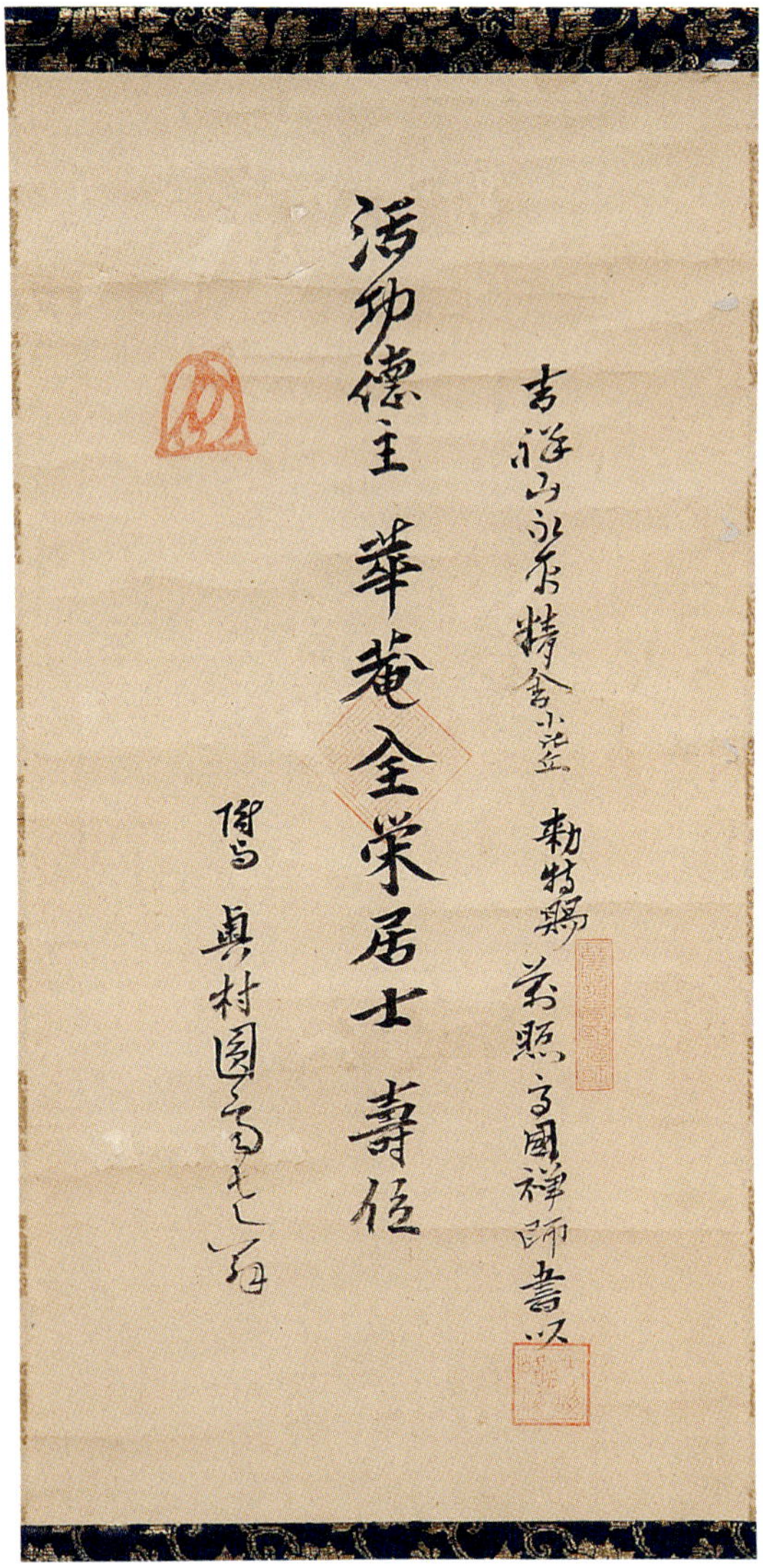

高国英峻筆奥村政永逆修位牌

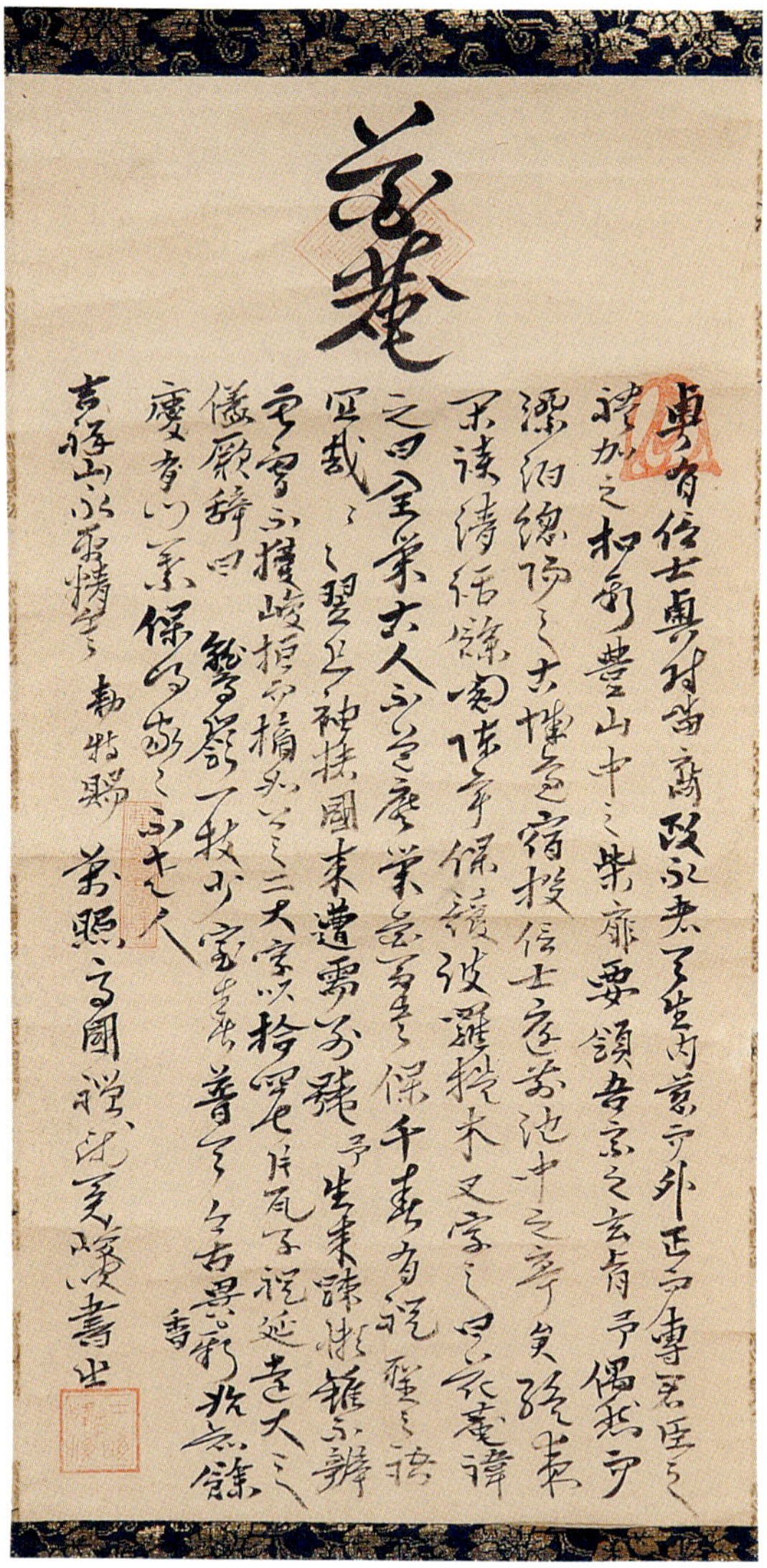

高国英峻筆奥村政永道号頌

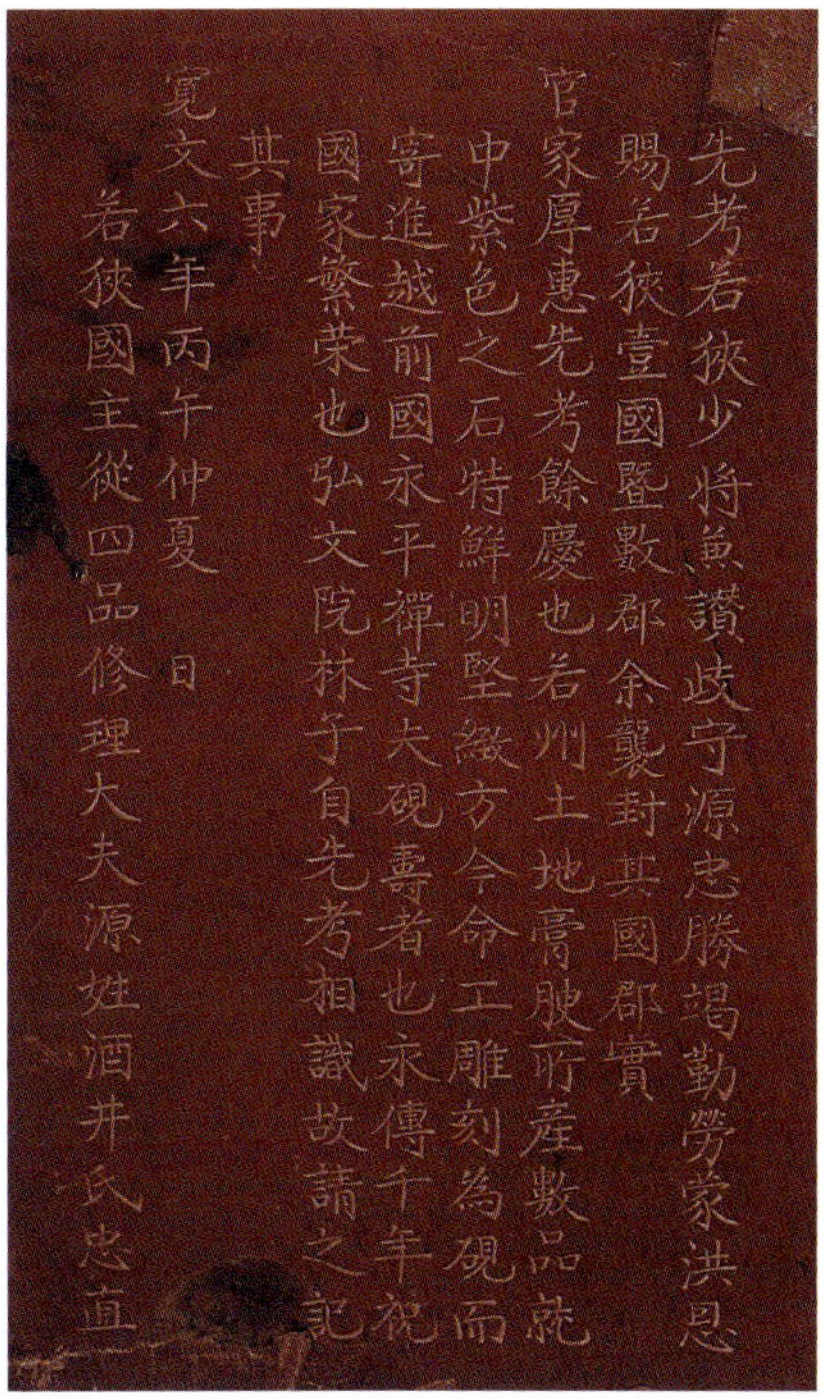

先考若狭少将兼讃岐守源忠勝竭勤勞家洪恩
賜若狭壹國暨數郡余襲封其國郡實
官家厚恵先考餘慶也若州土地膏腴所産數品就
中紫色之石特鮮明堅緻方今命工雕刻為硯而
寄進越前國永平禅寺矣硯壽者也永傳千年祝
國家繁栄也弘文院林子自先考相識故請之記
其事
寛文六年丙午仲夏 日
若狭國主従四品修理大夫源姓酒井氏忠直

紫石硯銘文

紫石硯（酒井忠直寄進）

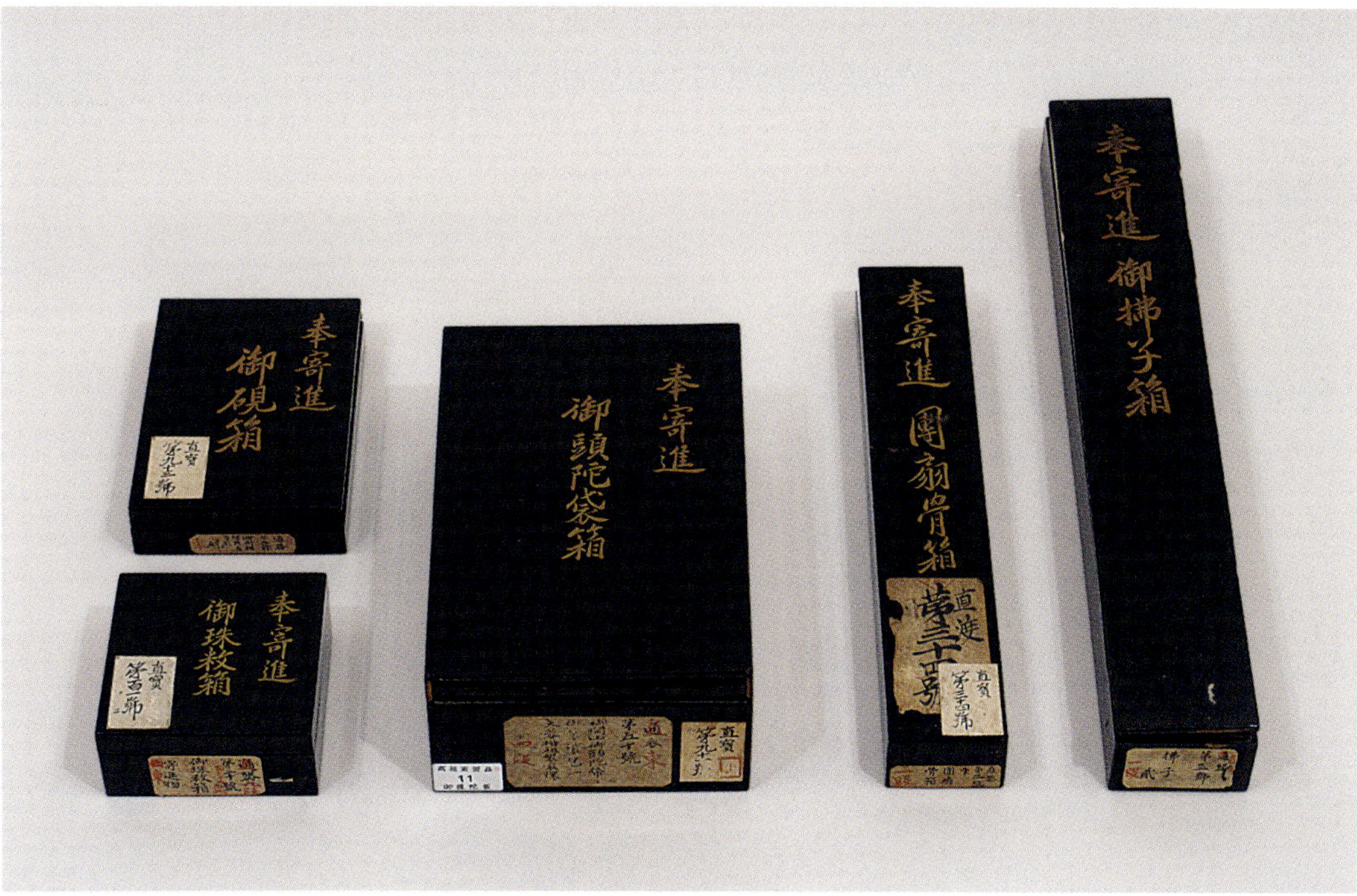

三十世光紹智堂代施入宝物箱

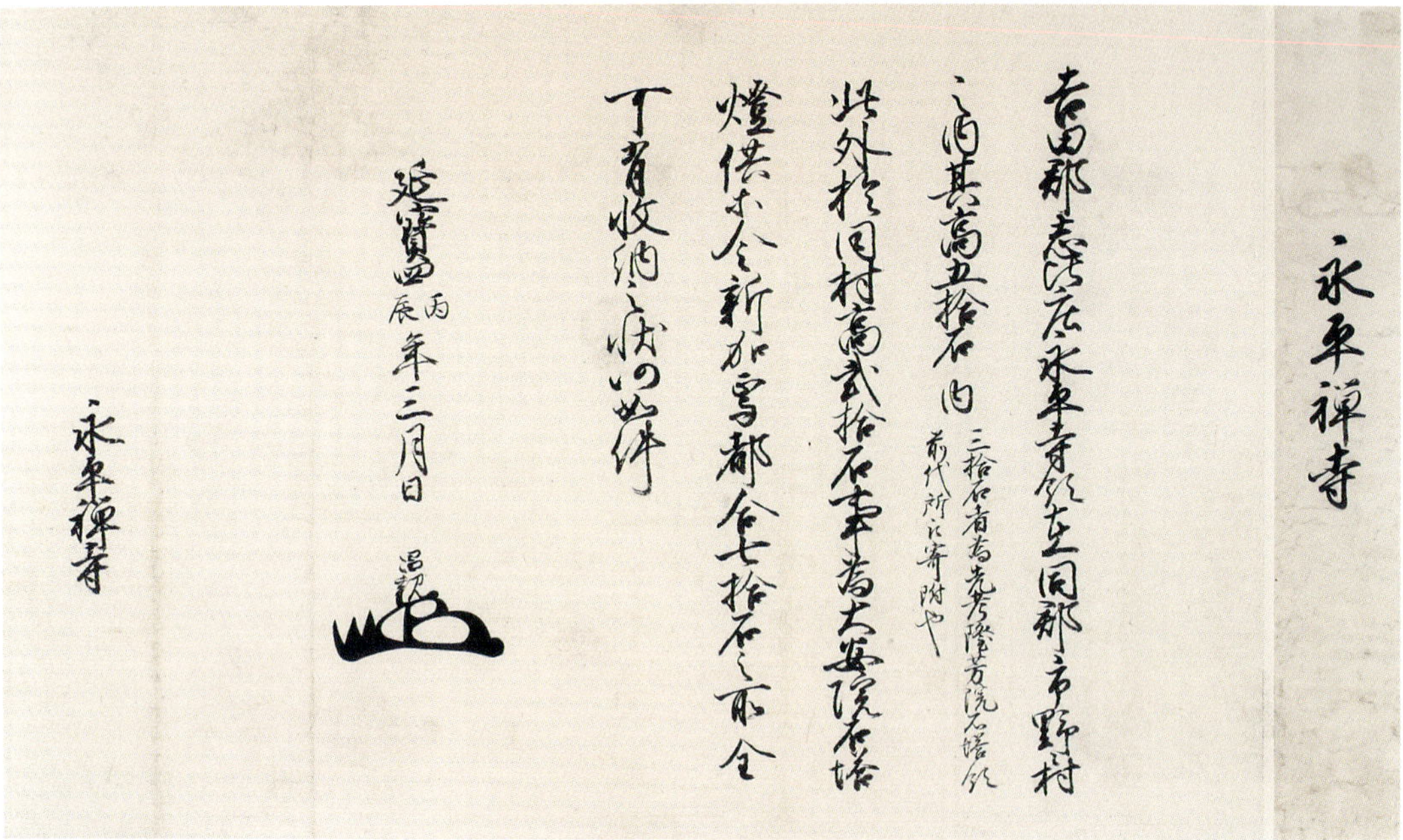

永平禅寺

吉田郡志比庄永平寺領之事 同郡市野村
之内其高五拾石 内 三拾石者為先芳隆芳院石塔領 前代所之寄附也
此外於同村高弐拾石宛為大安院石塔
燈供米今新加寄都合七拾石之事全
可有収納之状如件

延宝四丙辰年三月日 昌親（花押）

永平禅寺

松平昌親安堵状

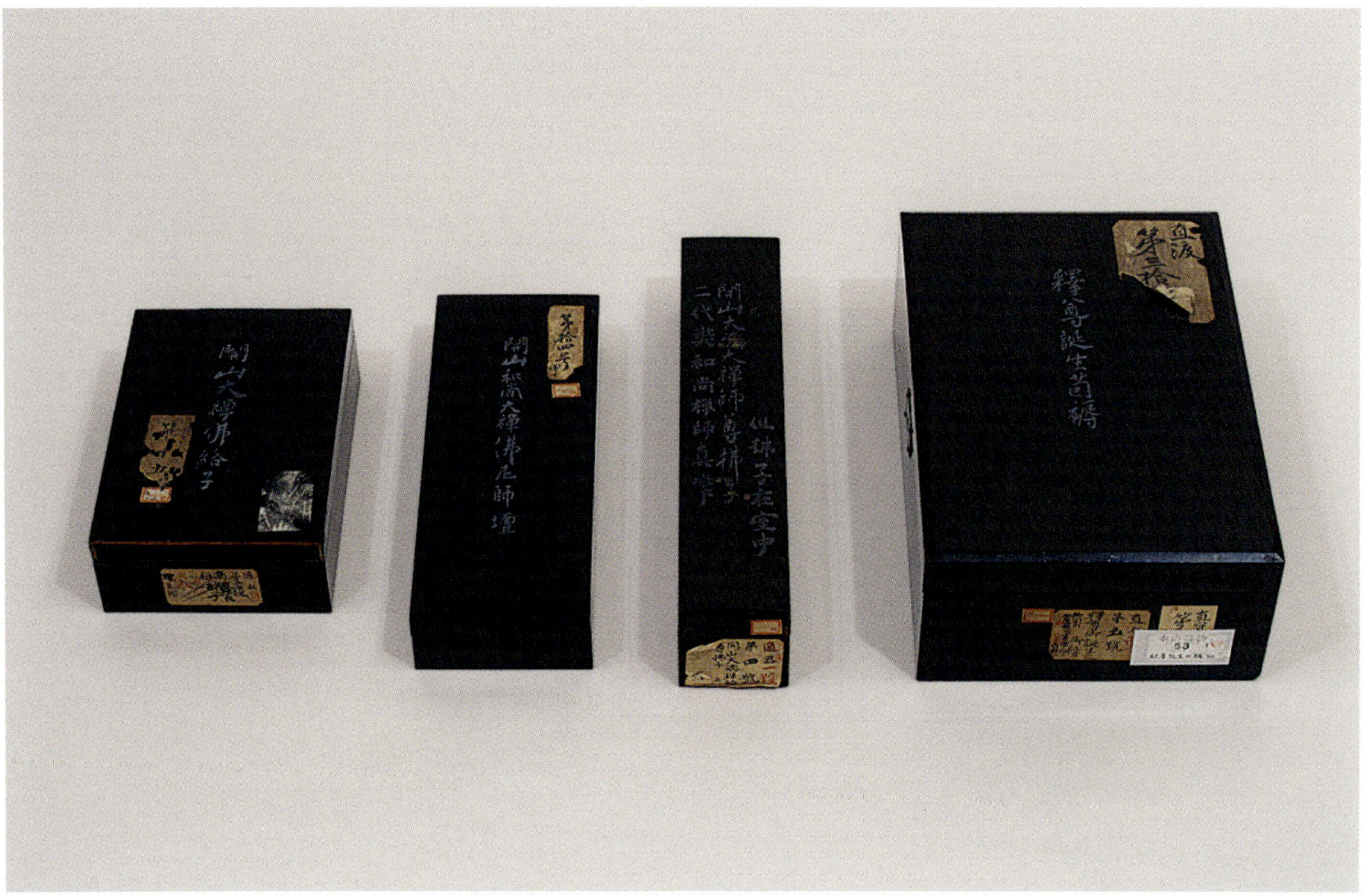

三十一世月洲尊海代施入宝物箱

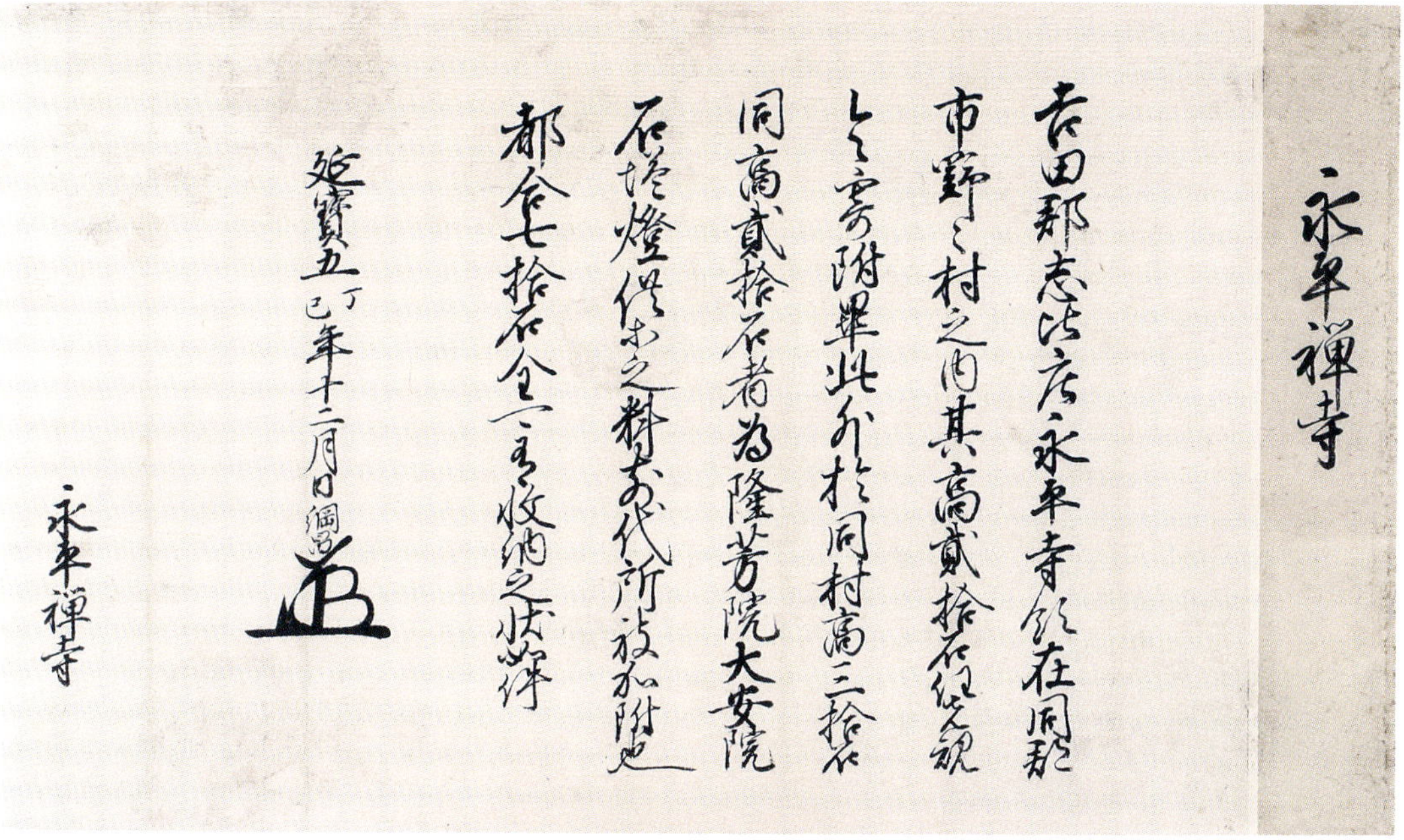

永平禅寺

吉田郡志比庄永平寺領在同郡
市野々村之内其高弐拾石之処
令寄附畢此外於同村高三拾石
同高弐拾石者為隆芳院大安院
石塔燈供米之料如先代所被加附也
都合七拾石令一円収納之状如件

延宝五丁巳年十二月日　綱昌（花押）

永平禅寺

松平綱昌寺領寄進状

三十三世山陰徹翁代施入宝物箱

女神倚像

序

この度、『永平寺史料全書』文書編第二巻上梓の日を迎えることができました。先の高祖道元禅師七百五十回大遠忌の記念事業の一環として『永平寺史料全書』の編纂・刊行が発願され、現在までに、禅籍編全四巻・文書編第一巻の計五冊が刊行されており、本書はそれに続くものであります。

本書は慶安五年（一六五二）の本山二十七世嶺巌英峻禅師から、元禄元年（一六八八）の本山三十五世版橈晃全禅師晋住直前までの三十六年間の史料を編年順に収録したものです。文書編第一巻と比較致しますと、極めて短い期間であるように思われるかもしれませんが、これは中世史料に比して近世史料が多数、永平寺内に保存されているということに加え、それだけ多くの史料が、当時の永平寺において蒐集・作成されていたことを物語るものでありましょう。折しも時代は中世が終焉を迎え、徳川幕府による新たな秩序体制が稼動し始めた時代であり、曹洞宗においては、元和年間に定められた永平寺と總持寺の両本山制が実際に運用されはじめ、本格的に近世へと移行しゆく時代にあたります。

本書を繙き、史料を辿ってゆけば、三十六年という短期間にあっても、そこには、歴代住持による永平寺内教学の整備への道程、当時の曹洞宗門における衝突や葛藤の軌跡、永平寺をめぐる人々とのつながり等、実に様々なドラマが時代を超えて鮮やかに立ち現れてまいります。

本書が今後、曹洞宗学、あるいはより広く仏教学、歴史学の研究をされる方々に、また、弁道修行される宗侶に裨益するところ大なるものとならんことを祈念してやみません。

最後に、本書編纂のために、資料提供をして下さいました関係各所の方々、ご多忙の中、このような地道な編纂に尽力して下さいました編纂委員の先生方、膨大な事務作業を一手に引き受けてくれた編纂室事務局諸氏に心よりお礼を申し上げ、擱筆させて頂きます。

平成二十九年二月十五日　釈尊般涅槃の辰

大本山永平寺

監院　小林昌道

発刊にあたって

『永平寺史料全書』文書編第二巻は、禅籍編全四巻・文書編第一巻に続く、永平寺における本格的な史料集である。本巻の性格は、文書編第一巻と同様であり、収録の史資料は、すべて大本山永平寺に所蔵されているものである。禅籍編とは編集方針を変え、新たに古文書・金石文史料なども交えて編年順に掲載することで、おのずと永平寺の歴史的流れを把握できるように工夫し、新たな意味づけも試みた。

掲載史資料は、紙幅の関係などから、文書編第一巻の後を受けて慶安五年(一六五二)から元禄元年(一六八八)までとした。三十六年間という短期間ではあるが、史料総数は一三二一点となった。前巻に続き、綱文と読み下し文を入れ、その利便性の向上にも努めた。また、本巻には前巻と同様に史料集の性格とともに年表の役割を担わせた。そのため、冊子史料から掲載史料を抽出し、編年のしかるべきところに配置した。本巻ではそれに加えて、「伝授室中之物」(本巻No.41)に掲載される史料の中で、人物や年代が判明する記事を抽出し、該当年代に立項して配置した。これによって、史料そのものは現存しないものの、永平寺にどのような史料がどのような時期に伝来していたのか、その一端について明らかにすることができた。史料の写真の掲載方法などについては、前巻を御参照いただきたい。なお、本巻に続いて文書編第三巻を刊行し、元禄年間までの史資料を紹介する予定である。これによって、江戸時代中期頃までの永平寺の史資料が公開でき、その時代までの永平寺の歴史を網羅的に把握できることになる。

本巻では、永平寺の世代で言えば、二十七世高国英峻より三十四世馥州高郁までの史資料を収録している。文書編第一巻で取り扱った、道元禅師から二十六世天海良義代までの四五〇年余と比べると短期間のようにも思われるが、この史料点数の多さは、まさに激動の時代であったことを物語るものである。以下、いくつかの特色を述べておきたい。

まず慶安五年(一六五二)、江戸幕府の命をうけて、高国英峻が下総総寧寺から永平寺へ昇住している。この年は、道元禅師四〇〇回大遠忌の正当であった。それを迎えるにあたって、道正庵十九世卜順による祭文が作成されている(本巻No.1)。高国英峻の時代には永平寺の仏殿や経蔵の再建がなされたが、このような京都道正庵とのつながりも特筆される。この四〇〇回大遠忌事業を契機に、道元禅師と道正庵の関係が強化されていく。道正庵については、文書編第一巻及び本巻においても多数の関連史料を取り上げた。道正庵に伝来した文書群(永平寺所蔵道正庵文書)は現在永平寺で所蔵しており、『永平寺史料全書』道正庵文書編として本巻と同様の史料集の刊行を計画している。そのため、道正庵についての詳細はそちらに譲りたい。なお、当時の高国英峻については、興聖寺を京都宇治に中興した万安英種など、宗門の実力者の動向にも気を配りつつ、永平寺を中心とした曹洞宗教団の形成を目指していたとみられることを指摘しておきたい。特に承応二年(一六五三)に作成された「古記擯罰状」(本巻No.5)は、江戸時代における宗門統制体制の強化や、高国英峻の関東風規を励行する高国英峻の宗風との関係で改めて注目したい。万治元年(一六五九)、高国は越前国敦賀の永建寺に壁書を発給している(本巻No.11)。その中で江湖会を関東の風に従って執行することを命じている。つまり、高国英峻の時代において、各地の曹洞宗寺院で担われる儀式方法への指示が強まっていることもわかる。

この動きに関連して、関東(江戸幕府)との関係を見ておきたい。徳川将軍所在の関東との関わり方は、本巻で取り上げる近世以降の史資料を考える上では意識しておかねばならないことである。例えば、永平寺文書の中で目立つのは、関三ヶ寺(総寧寺・大中寺・龍穏寺)との連携である。すでに知られているが、二十五世北岸良頓以来、永平寺住持が関東の寺院から輩出されることとなり、次いで高国英峻は初めて関三ヶ寺より永平寺に昇住した。そして、万治三年(一六六〇)、永平寺二十九世鉄心御州の昇住以降は、江戸時代を通じて、永平寺の住持は全員が関三ヶ寺からの昇住であった。このような事情から、総寧寺に関する史料が一部伝来していることも、永平寺とのつながりを前提に理解することが求められる(本巻No.8)。また永平寺文書の中には後世の写しではあるが、関三ヶ寺の触書も比較的よく認められる。関三ヶ寺を中心とした近世曹洞宗のあり方を捉える上でも掲載史料に改めて注目したい。この他、江戸幕府の老中奉書や寺社奉行からの史料も豊富に確認できるのである(本巻No.29など)。

本巻で取り上げる高国英峻、鉄心御州、光紹智堂らの時代には、これまでも禅籍編で掲げてきたように、宗内相伝書が整備される時期であった。たとえば、慶安期には、高国英峻は「切紙目録」を編纂するなど、相伝書を整理し、位置づけていく動きが確認できる（本巻No.４）。また、「拈花微笑秘訣」は高国英峻から鉄心御州に伝授した史料となる（本巻No.26）。さらに、光紹智堂は多数の切紙を書写・整理しており、このような史料による相伝は、三十四世馥州高郁の頃まで続いていく。この動きは、三十五世版橈晃全の頃から少しずつ見直しが始まり、後に大きく批判されることとなるのである。

そして大名やその家臣たちの永平寺への信仰もうかがえる。永平寺は越前国福井藩主松平家の菩提寺として信仰され、歴代藩主や福井藩から寺領安堵を受けている（本巻No.32・95・111・128）。永平寺の開基である波多野氏が寄進した法名碑も確認ができる（本巻No.112）。この他、永平寺境内には石塔や法名碑が多く建立されており（本巻No.12・30・31・39・55・58・90・94）、永平寺が幅広い層から信仰されていたことがうかがえる。これら石造物は文献史料に残りにくい内容であるが、改めて注目しておきたい。また、今回の編纂過程で発見された下総国古河藩士奥村政永の「積善記録」は注目される（本巻No.６）。まさに新発見の史実である。詳細は解説文に譲るが、これ以外にも若狭国小浜藩主からの硯の寄進も確認できる（本巻No.57）。今回、永平寺に対する信仰が在家の人々から確認できたことは特筆すべきことであろう。この他、本巻には木版の血脈を掲載しているが、それによって、永平寺においても授戒会による信者の獲得を図っていたことが確認できる（本巻No.３・48・114）。

さらに本巻には、多数の宝物箱を収録した（本巻No.83～87・101～104・106・125・126）。箱には、六祖慧能や道元禅師が用いたと伝わる物が収められている。これらの箱の銘文から、内容物の管理方法や伝来の歴史などを新たに明らかにすることができた。このように永平寺における宝物の伝来について、体系的に整理・分析した上で、その史料を写真で全面公開するのは本巻が初めてである。またこれらの箱の貼紙は、文書編第三巻に掲載する予定である永平寺の校割帳と合わせ見ることで、永平寺における宝物管理の歴史をより一層浮き彫りにすることができる。

そして、永平寺に伝わる最古の絵図「永平寺寺境絵図」（本巻No.38）も掲載している。この絵図には、永平寺の伽藍のみならず、塔頭や境内、門前周辺までもが描かれている。江戸時代初期の永平寺を視覚的に見ることができる史料として大変貴重な史料である。

次に、この時期の永平寺の伝来書籍を概観したい。本巻収録の歴代禅師の手沢本を見ると、京都での開版書籍が永平寺に流入している事に気づかされる。一般に江戸時代に入ると京都で出版物が多く編纂され、各地に流布することが知られるが、このような社会背景は本巻掲載の史料と関連すると思われる。例えば、京都出版業者の林伝左衛門開版の『永覚和尚洞上古轍』（本巻No.98）、紀伊国屋半兵衛開版の『伝法正宗記』（本巻No.99）、八尾勘兵衛開版の『増集続伝灯録』（本巻No.100）などが挙げられる。そして伝来した書籍は、歴代禅師の手沢本として用いられている。このような多くの手沢本は、本そのものは多く流布しているが、それが永平寺に所在するということに大きな意味があるのであり、各世代の関心事とも関連のある史料と言えるであろう。

このような京都での開版は、『正法眼蔵随聞記』も同様である（本巻No.97）。『正法眼蔵随聞記』は、懐奘禅師が道元禅師から受けた教誡を筆録されたものとして知られるが、これも林伝左衛門が開版している。林伝左衛門は、永平寺三十世光紹智堂が開版した『永平大清規』など、多くの曹洞宗典を刊行した人物として知られる。その他、この時代には多くの道元禅師に関する著作やその注釈書、伝記史料等が刊行され始めてきている。この動きは、高祖道元禅師への関心が高まるきっかけとなったと評価でき、宗統復古への前段階となる動きであるともいえる。このような出版物が多く流布される時代性を念頭におきながら、永平寺の史料を位置づけていく作業が重要になろう。さらに永平寺文書全体を通じて、様々な時期に永平寺へ書物が施入されたことも想定すべきだが、本巻で取り扱っている十七世紀半ばの段階も比較的書物が集積された時期であったといえる。

加えて、永平寺や全国の寺院との関係を示す問題として本末争論に関する史料を掲げた。具体的には、出羽国山形の光禅寺や、丹後国智源寺・松泉院の争論である（本巻No.89・92）。特に後者の史料は長文のものであるが、今後の丹後国における曹洞宗研究の重要史料となるものといえ、本巻に掲載できた意義は大きなものがある。今後の研究も期待される。

以上、本巻収録の史資料の概要を述べてきた。冒頭にも述べたように、文書編各巻に掲載される元禄期までの史資料は、かつて編纂された『永平寺史』上巻の刊行の際に検討を加えたものも少なくない。しかし、それにさらに詳しく新しい解説を加え、新たな史資料も加えることになった。この刊行が、永平寺史研究ばかりでなく、宗門史、ひいては仏教史全体の一層の進展へと連なることを望むものである。そして僧俗・地域を問わない、幅広く豊富な掲載史資料の品々から、永平寺が曹洞宗の大本山として、北陸の永平寺からより鮮明に日本の永平寺へと、その存在を大きくしていく様を感じて頂ければと思う。

そして、最後になるが、編纂事業に必要な環境を整え、理解を示し、尽力して下さった御本山当局に感謝申し上げたい。特に、福山諦法不老閣猊下、前監院佐藤好春老師、監院小林昌道老師をはじめとする大本山永平寺の関係諸師、顧問会の諸老師、高山幸典老師、傘松会主事鏡島一道師、本山事務局の方々、その他、執筆いただいた諸先生や資料提供にご協力いただいた方々、編纂事務局にもお礼申し上げる次第である。さらに、難しい要求にも確実に応えて下さった吉野誠氏や安田勇也氏を始めとしたヨシダ印刷株式会社の皆さんにも深く感謝申し上げたい。

平成二十八年二月十五日　　釈尊般涅槃の辰

駒澤大学学長
永平寺史料全書編纂委員会委員長
廣　瀬　良　弘

凡例

1 『永平寺史料全書』は、高祖道元禅師七百五十回大遠忌記念事業として始まり、現在は大本山永平寺の史料全書出版事業の一環として刊行するものである。

2 本巻『永平寺史料全書』文書編　第二巻は、大本山永平寺が所蔵する古文書・禅籍のうち、慶安年間から元禄元年までの史料を収録した。

3 本巻は、合計132点の史料からなる。No.41伝授室中之物は、一つの史料が複数の年次にわたるため、随時それぞれの年代にかけて項を立てた。その場合、史料番号を別個に分けることはせず、初出の史料番号を用いた。なお、永平寺世代に関する史料で、成立年の不明のものは年代推定をし、推定困難の場合は、その示寂年月日以前として世代の末尾に配置した。

4 禅籍編に収録した史料については、分量が多いものは部分収録とした。全体については、禅籍編を参照していただきたい。

5 本巻目次は、目次通し番号、綱文、史料番号、史料名の順で掲載をした。以下に例を示す。

（例）
目次通し番号　綱文　　　　　　　　　　　　　　　　　　　　史料番号　史料名
135　**貞享五年（一六八八）八月日**　河瀬勝成、女神倚像を修復する。（No.130女神倚像銘）

目次通し番号とは、目次の綱文の頭に設置した便宜上の通し番号である。この目次通し番号は、収録史料に付した史料番号とは違うものである。そのためNo.41伝授室中之物は、番号が重複するものがあるので注意されたい。

6 収録史料には史料の年代と内容を示す綱文を掲げた。

7 収録史料には、史料番号を付した。この史料番号は、目次通し番号とは違うものである。したがって、通し番号を参照される場合は、目次を参照されたい。

8 綱文における「常住」・「常住物」・「什物」の表記については、基本的に史料用語によらず、全て「常住」に統一した。また史料用語で、「寄附」・「寄贈」とある場合は「施入」に統一したが、史料用語で「寄進」とある場合は、「寄進」とした。

9 史料名の下に、史料の現状について軸装・巻子装・冊子装・折本装などと記した。

10 法量の表示は原本の寸法のみとし、表装などの寸法は省いた。

11 原則、上段に写真、下段に釈文を収録し、上下が対応するように配列した。なお、『上』・『御代々様御条目幷御掟』（本巻では『代々』と略称）・『道正庵証文』に収録された史料写真については巻末に掲載した。紙幅の関係上、『上』・『代々』のうち、文書編　第一巻に掲載されている部分の写真掲載は省略した。

12 原則、箱書・包紙・端裏書・軸端裏書などは前に出し、軸裏書・極書・添状などは後ろに収録した。

13 史料本文以外の部分は、上下に「　」を付し、その右肩に（箱書）（包紙）（端裏書）（異筆）（後筆）（欄外上部）などと記した。

14 史料の表紙を収録する場合には、「　」で範囲を示し、（表紙）と注記した。

15 史料は原本に忠実に翻刻した。ただし、一行が二五字を超えるものについては、改行マーク（⌐）を付けて追い込み、次の行を続けたものもある。

16 史料が継紙の場合は、紙継目を破線（┄┄┄┄）で示して（一張）（二張）と注記し、冊子の場合は丁数を（1オ）（1ウ）、折本の場合は（一折オ）（一折ウ）と注記した。ただし版本については、原則として丁付けを注記した。

17　一部の固有名詞を除き、史料本文中の異体字・略字・旧字などは原則として常用漢字に改めた。ただし、当て字などの常用漢字・正字にないものは原史料のままとした。

18　変体仮名は、現行の平仮名または片仮名に直した。ただし、助詞の者・而・茂・江・与・而已などの変体仮名は、原則として活字を小さくして漢字で表記した。

19　𬼀・𪜈・〆・ヿの合字は、それぞれトキ・トモ・シテ・コトと改めた。ただし、ゟはそのまま残した。

20　繰り返し符号は、「ゝ」（平仮名）、「ヽ」（片仮名）、「々」（漢字）、「〱」を用いた。

21　欠字・平出・台頭は尊重し、一字または二字アキとした。

22　誤字は原則として傍注で〔　〕内に正しい字を示した。ただし、訂正ができない誤字には（ママ）、脱字には〔脱〕と注記し、文字・字句が重複する場合は〔衍〕と注記した。

23　虫損・破損などにより判読不可能な場合は、字数を推定できるものは□□、推定できないものは［　　］ないし［　　］で示した。

24　濁点・傍点・ルビは、原則として原史料の表記にしたがった。

25　史料の文字が抹消されている場合は、もとの文字が判読可能なときは、その文字の左側にゝゝを付した。もとの文字が判読できない場合は、□□とした。原史料の前後が欠損している場合は、（前欠）（後欠）で示した。なお、重ね書きや貼紙によって本文が改められている場合は、訂正後の文字を本文の箇所に表記し、消されている文字は（×文字）の文字を入れて右側に表記した。

26　印章は、実際に捺印されている場合は、その印影を示し、署判の場合は（花押）で示した。

27　読みやすくするために、史料本文に適宜、読点「、」や並列点「・」を付した。

28　読者の便宜を図るため、史料本文の後に、原則として読み下し文を付した。読み下しは原則として史料の本文・追而書のみとした。

29　史料に適宜、注・解説を付し、末尾に担当者の氏名を記した。

30　禅籍編に収録されている史料については、『禅籍編』〇巻No.〇と表記した。文書編　第一巻に収録されている史料については、『文書編』一巻No.〇と表記した。

31　市町村名は平成二十八年十月十日現在の表記である。

32　解説中の敬称について、その引用表記において、宗祖および歴代祖師等の敬称を割愛した場合がある。

人権侵害に関わる史料の取り扱いについて

本巻に収録した史料のなかには、現代社会の視点から見るとき、人権侵害に関わる差別的内容のものもあるが、歴史史料の性格上、そのまま掲載した。その取り扱いにあたっては、差別の助長や拡大にならないよう、十分注意していただきたい。

永平寺史料全書　文書編　第二巻／目次

口　絵

序　大本山永平寺監院　小林昌道　一

発刊にあたって　委員長　廣瀬良弘　三

凡　例　八

第一章　道元禅師四百回大遠忌と永平寺の刷新

1 **慶安五年（一六五二）八月二十八日**　道正庵十九世卜順、道元禅師四百回遠忌に際して、真前に祭文を献ずる。（No.1道元禅師四百回忌祭文）　三

2 **（慶安五年〈一六五二〉）**　永平寺二十七世高国英峻、道正庵十九世卜順の「道元禅師四百回忌祭文」に跋文を記す。（No.2道元禅師高祖四百回忌祭文〈高国英峻跋〉）　二四

3 **（慶安五年〈一六五二〉）**　永平寺二十七世高国英峻、血脈の版木を作る。（No.3高国英峻木版血脈）　二八

4 **（慶安年中〈一六四八～五二〉）**　永平寺二十七世高国英峻、切紙・本参を中心とする「切紙目録」を作る。（No.4切紙目録〈高国英峻切紙〉）　三二

5 **承応二年（一六五三）十一月日**　永平寺二十七世高国英峻等、録学口論に関して、興聖寺万安英種等の擯罰を通達する。（No.5古記擯罰書写）　五一

6 **（承応四年〈一六五五〉二月）**　永平寺二十七世高国英峻、旅亭にあって、古河藩士奥村政永に、袈裟衣と数珠を贈る。（No.6奥村政永積善記録）　五九

7　**明暦二年(一六五六)七月五日**　能登国總持寺五院、出羽国光禅寺よりの伝法庵輪番延引の願いに対して、返答書を出す。（No.７總持寺五院書状写）　一二〇

8　**(明暦三年〈一六五七〉)七月日**　江戸幕府、総寧寺松頓一件につき、裁定する。（No.８江戸幕府裁許状写）　一二六

9　**明暦四年(一六五八)二月十一日**　関三ヶ寺、出羽国光禅寺へ掟書を出す。（No.９関三ヶ寺掟書写）　一二八

10　**万治元年(一六五八)**　江戸幕府、新寺建立禁止の条目を出す。（No.10新寺御法度条目写）　一三四

11　**万治二年(一六五九)三月十日**　永平寺二十七世高国英峻、越前国永建寺へ壁書を出す。（No.11高国英峻壁書写）　一三七

12　**万治二年(一六五九)八月十七日**　永平寺二十七世高国英峻、福井藩主松平光通生母慶寿院殿の五輪塔に銘を撰する。（No.12慶寿院殿五輪塔）　一五四

13　**(万治二年〈一六五九〉秋以前)**　永平寺二十七世高国英峻、永平寺蔵の刊本『禅林類聚』二〇巻二〇冊を修補する。（No.13禅林類聚〈高国英峻手沢本〉）　一五八

14　**(万治二年〈一六五九〉秋以前)**　永平寺二十七世高国英峻、道元禅師にいたる如浄直筆の嗣書および明全直筆の血脈のために箱を作り、次いで袋を作り、合わせて収納する。（No.14道元禅師嗣書血脈箱銘）　一七〇

15　**(万治二年〈一六五九〉秋以前)**　永平寺二十七世高国英峻、「沈金軸物盆」を永平寺常住に施入する。（No.15沈金軸物盆銘）　一七三

16　**(万治二年〈一六五九〉秋以前)**　古河藩士奥村政永、永平寺に自らの月牌の位牌を納めるとともに、宝物収納用の刺繡袋七点等を施入する。（No.16花鳥獣文様刺繡袋）　一七九

17　**(万治二年〈一六五九〉秋頃)**　永平寺二十七世高国英峻、北州門渚首座(のち永平寺二十八世)に「永平嫡嗣伝授之儀式」を付与する。（No.17永平嫡嗣伝授之儀式〈高国英峻切紙〉）　一九一

18　**（万治二年〈一六五九〉秋以降）**　永平寺二十七世高国英峻、永平寺退院時もしくは如意庵隠居中に「天童如浄和尚智識験弁点験大明目」を書き残す。（No.18天童如浄和尚智識験弁点験大明目〈高国英峻筆門参〉）　二〇三

19　**（万治二年〈一六五九〉秋以降）**　永平寺二十七世高国英峻、永平寺退院時もしくは如意庵隠居中に「合封折角切紙」を書き残す。（No.19合封折角切紙〈高国英峻切紙〉）　二〇九

20　**（万治二年〈一六五九〉秋以降）**　永平寺二十七世高国英峻、永平寺退院時もしくは如意庵隠居中に「嗣書血脈覚書」を書き残す。（No.20嗣書血脈覚書〈高国英峻記〉）　二一三

21　**（万治二年〈一六五九〉秋以降）**　永平寺二十七世高国英峻、永平寺退院時もしくは如意庵隠居中に「道元和尚嗣書切紙」を書き残す。（No.21道元和尚嗣書切紙〈高国英峻切紙〉）　二一七

22　**万治二年（一六五九）十月二十三日**　永平寺二十八世北州門渚、禅師号を受けるために、朝廷に提出する目子（履歴書）を作成する。（No.22北州門渚目子写）　二二四

23　**万治二年（一六五九）十月二十六日**　永平寺二十八世北州門渚、後西天皇より禅師号を受ける。（No.23後西天皇勅書写）　二四六

24　**（万治三年〈一六六〇〉以前）二月十五日**　上総国真如寺天巌全播、永平寺に対し、末寺妙喜寺明巌逸堂の瑞世を願い出る。（No.24天巌全播瑞世添状）　二四八

25　**万治三年（一六六〇）二月二十八日**　永平寺二十八世北州門渚、越前国永建寺へ壁書を出す。（No.25北州門渚壁書写）　二五三

26　**（万治三年〈一六六〇〉八月頃）**　永平寺二十九世鉄心御州、永平寺先住高国英峻より「拈華微笑秘訣」を伝授される。（No.26拈花微笑秘訣〈高国英峻切紙〉）　二五五

27　**（万治三年〈一六六〇〉八月以降）**　永平寺二十九世鉄心御州、晋山後まもなく「永平寺話頭総目録」を書写する。（No.27永平寺話頭総目録〈鉄心御州本参〉）　二六七

28 **（万治三年〈一六六〇〉八月以降）** 永平寺二十九世鉄心御州、晋山後まもなく「仏家之大事」を書写する。（No.28仏家之大事〈鉄心御州本参〉） 二三三

29 **万治四年（一六六一）三月二十日** 江戸幕府老中、関三ヶ寺に三河・遠江・駿河・伊豆国修禅寺門派の僧録は可睡斎であることを達する。（No.29江戸幕府老中連署奉書写） 二四〇

30 **寛文元年（一六六一）九月三日** 福井藩主松平光通正室国姫の御局成弁院、死没し、永平寺境内菩提苑に墓塔が建立される。（No.30成弁院墓塔） 二四三

31 **寛文元年（一六六一）九月二十八日** 永寿院、死没し、永平寺境内菩提苑に墓塔が建立される。（No.31永寿院墓塔） 二四六

32 **寛文元年（一六六一）九月日** 福井藩主松平光通、永平寺領として二〇石を安堵し、新たに三〇石を加える。（No.32松平光通寄進状） 二四八

33 **寛文二年（一六六二）八月時正日** 林羅山、酒井忠勝の永平寺経蔵造立と一切経の寄進を讃える。（No.33一切経献納碑銘） 二五〇

34 **寛文二年（一六六二）** 越前国義宣寺竹峰広嫩、永平寺棒杌に聖観音菩薩坐像を線刻する。（No.34聖観音菩薩坐像銘） 二五九

35 **（寛文二年〈一六六二〉頃）** 永平寺先住高国英峻、下総国古河城下において、奥村政永に道号頌を記し与える。（No.35高国英峻筆奥村政永道号頌） 二六二

36 **（寛文二年〈一六六二〉頃）** 永平寺先住高国英峻、奥村政永のために、同人作辞世頌を大書して与える。（No.36高国英峻筆奥村政永作辞世頌） 二七〇

37 **（寛文二年〈一六六二〉頃）** 永平寺先住高国英峻、奥村政永のために、当人の逆修供養の位牌を大書して与える。（No.37高国英峻筆奥村政永逆修位牌） 二七六

38 **寛文二年〈一六六二〉〜延宝二年〈一六七四〉頃**　「永平寺寺境絵図」が描かれる。
（No.38永平寺寺境絵図）三七九

39 **寛文三年〈一六六三〉四月二十日**　前堀政国、永平寺境内に釈浄門信士のために、五輪塔を建立する。
（No.39前堀政国建立五輪塔）三九三

40 **寛文三年〈一六六三〉九月二十八日**　永平寺二十九世鉄心御州、光紹智堂（のち永平寺三十世）に「一条紅線」を伝授する。
（No.40一条紅線〈鉄心御州切紙〉）三九六

41 **寛文四年〈一六六四〉七月二十八日以前**　永平寺二十九世鉄心御州、「永平寺本参」と「三十四関之名目幷十則正法眼」を永平寺常住として確認する。
（No.41伝授室中之物）四〇二

42 **寛文四年〈一六六四〉七月二十八日以前**　永平寺二十九世鉄心御州、刊本『人天眼目』六巻二冊を永平寺常住に施入する。
（No.42人天眼目〈鉄心御州手沢本〉）四〇四

43 **寛文四年〈一六六四〉七月二十八日以前**　永平寺二十九世鉄心御州、刊本『人天眼目鈔』六巻六冊を永平寺常住に施入する。
（No.43人天眼目鈔〈鉄心御州手沢本〉）四〇七

44 **寛文四年〈一六六四〉七月二十八日以前**　永平寺二十九世鉄心御州、刊本『虚堂集』六巻六冊を永平寺常住に施入する。
（No.44虚堂集〈鉄心御州手沢本〉）四一二

45 **寛文四年〈一六六四〉七月二十八日以前**　永平寺二十九世鉄心御州、刊本『仏果撃節録』二巻二冊を永平寺常住に施入する。
（No.45仏果撃節録〈鉄心御州手沢本〉）四一四

46 **寛文四年〈一六六四〉七月二十八日以前**　永平寺二十九世鉄心御州、刊本『大般涅槃経』（北本）四〇巻二〇冊を永平寺常住に施入する。
（No.46大般涅槃経〈鉄心御州手沢本〉）四一六

47 **寛文四年〈一六六四〉七月二十八日以前**　永平寺二十九世鉄心御州、箱入の刊本『伝灯宗派図』を永平寺常住に施入する。
（No.47伝灯宗派図箱銘）四二三

第二章　相伝書の整備と仏典・禅籍の充実

48 **（寛文四年〈一六六四〉八月以降）** 永平寺三十世光紹智堂、血脈の版木を作る。（No.48光紹智堂木版血脈） [illegible]

49 **（寛文四年〈一六六四〉八月以降）** 永平寺三十世光紹智堂、逆修念誦文の版木を作る。（No.49光紹智堂木版逆修念誦文） 四三五

50 **寛文四年（一六六四）十一月二十五日** 江戸幕府、キリシタン禁制を触れ出す。（No.50江戸幕府書出写） 四三八

51 **寛文五年（一六六五）正月二十八日** 関三ヶ寺、江戸幕府よりキリシタン禁制を命ぜられ、諸国僧録へその旨を通達する。（No.51関三ヶ寺連署状写） 四四二

52 **寛文五年（一六六五）三月** 江戸幕府、寺社の朱印改めについて布達す。（No.52江戸幕府覚書写） 四四六

53 **寛文五年（一六六五）七月十一日** 江戸幕府、諸宗寺院法度を制定する。（No.53諸宗寺院法度写） 四四八

54 **寛文五年（一六六五）七月十一日** 江戸幕府老中、徳川家綱の命により、僧侶の綱紀粛正等に関する条々五ヶ条を下す。（No.54江戸幕府老中連署奉書写） 四五三

55 **寛文六年（一六六六）正月二十四日** 尾高長吉父、永平寺境内に堅油英国信士のために五輪塔を建立する。（No.55堅油英固信士五輪塔） 四五七

56 **寛文六年（一六六六）五月中旬** 畠山随世、天福本『普勧坐禅儀』を道元禅師の親筆として極書を記す。（No.56畠山随世極書） 四六〇

57 **寛文六年（一六六六）五月** 若狭藩主酒井忠直、「若狭国紫石硯」を永平寺に寄進する。（No.57酒井忠直硯銘） 四六六

58 **（寛文六年〈一六六六〉七月二十二日）** 長光院、死没し、永平寺境内菩提苑に墓塔が建立される。（No.58長光院墓塔） 四七四

59 **寛文八年（一六六八）二月二十六日**　関三ヶ寺、師家以下、分限に応じ、衣類の素材を定める。
（No.59関三ヶ寺掟書写）　四七九

60 **寛文八年（一六六八）二月**　江戸幕府寺社奉行、寺院伽藍の作事にあたり、梁行の間数等を規制する。
（No.60江戸幕府寺社奉行覚書写）　四八三

61 **寛文九年（一六六九）七月二十四日**　道正庵十九世卜順、道正庵元祖隆英の画像に賛文を記す。
（No.61道正庵卜順賛道正庵元祖隆英画像写）　四八六

62 **寛文九年（一六六九）十一月二十四日**　道正庵十九世卜順、薩摩国福昌寺へ狩野永真筆近江八景図の跋文を記す。
（No.62福昌寺近江八景木下卜順跋）　四九七

63 **寛文十年（一六七〇）正月二十二日**　関三ヶ寺、袈裟衣について曹洞宗の先例に従うべきこと等、二ヶ条を定める。
（No.63関三ヶ寺掟書写）　五〇七

64 **（寛文十年〈一六七〇〉八月十五日以前）**　永平寺三十世光紹智堂、「吉祥参禅、入派竹箆背触」他三冊を永平寺常住として確認する。
（No.41伝授室中之物）　五〇九

65 **（寛文十年〈一六七〇〉八月十五日以前）**　永平寺三十世光紹智堂、「法衣伝授之時参」を書写する。
（No.64法衣伝授之時参〈光紹智堂切紙〉）　五一一

66 **（寛文十年〈一六七〇〉八月十五日以前）**　永平寺三十世光紹智堂、「袈裟之切紙」を書写する。
（No.65袈裟之切紙〈光紹智堂切紙〉）　五一六

67 **（寛文十年〈一六七〇〉八月十五日以前）**　永平寺三十世光紹智堂、「卵形血脈幷参禅」を書写する。
（No.66卵形血脈幷参禅〈光紹智堂切紙〉）　五二一

68 **（寛文十年〈一六七〇〉八月十五日以前）**　永平寺三十世光紹智堂、「十智同真」を書写する。
（No.67十智同真〈光紹智堂切紙〉）　五二五

69 **(寛文十年〈一六七〇〉八月十五日以前)** 永平寺三十世光紹智堂、「州県村」を書写する。
(No.68州県村〈三裡之図切紙〉〈光紹智堂切紙〉) 三二九

70 **(寛文十年〈一六七〇〉八月十五日以前)** 永平寺三十世光紹智堂、「永平一枚密語」を書写する。
(No.69永平一枚密語〈鉄心御州切紙〉) 三三三

71 **(寛文十年〈一六七〇〉八月十五日以前)** 永平寺三十世光紹智堂、「卵形之図」を書写する。
(No.70卵形之図〈光紹智堂切紙〉) 三三六

72 **(寛文十年〈一六七〇〉八月十五日以前)** 永平寺三十世光紹智堂、「道元和尚嗣書切紙」を書写する。
(No.71道元和尚嗣書切紙〈光紹智堂切紙〉) 三四〇

73 **(寛文十年〈一六七〇〉八月十五日以前)** 永平寺三十世光紹智堂、「元和尚黒衣之由来」を書写する。
(No.72元和尚黒衣之由来〈光紹智堂切紙〉) 三四三

74 **(寛文十年〈一六七〇〉八月十五日以前)** 永平寺三十世光紹智堂、「宗旨秘書」を書写する。
(No.73宗旨秘書〈光紹智堂切紙〉) 三四七

75 **(寛文十年〈一六七〇〉八月十五日以前)** 永平寺三十世光紹智堂、「血脈袋之大事」を書写する。
(No.74血脈袋之大事〈光紹智堂切紙〉) 三五一

76 **(寛文十年〈一六七〇〉八月十五日以前)** 永平寺三十世光紹智堂、「山居伝戒切紙」を書写する。
(No.75山居伝戒切紙〈光紹智堂切紙〉) 三五四

77 **(寛文十年〈一六七〇〉八月十五日以前)** 永平寺三十世光紹智堂、「円相之参」を書写する。
(No.76円相之参〈光紹智堂切紙〉) 三五八

78 **(寛文十年〈一六七〇〉八月十五日以前)** 永平寺三十世光紹智堂、「天童如浄和尚智識験弁点験大明目」を書写する。
(No.77天童如浄和尚智識験弁点験大明目〈光紹智堂筆門参〉) 三六二

79　**寛文十年〈一六七〇〉八月十五日以前**　永平寺三十世光紹智堂、刊本『博山老人剰録』六巻六冊を永平寺常住に施入する。（No.78博山老人剰録〈光紹智堂手沢本〉）　五九二

80　**寛文十年〈一六七〇〉八月十五日以前**　永平寺三十世光紹智堂、刊本『宋文憲公護法録』一〇巻一二冊を永平寺常住に施入する。（No.79宋文憲公護法録〈光紹智堂手沢本〉）　五九四

81　**寛文十年〈一六七〇〉八月十五日以前**　永平寺三十世光紹智堂、刊本『大蔵一覧集』一〇巻一一冊を永平寺常住に施入する。（No.80大蔵一覧集〈光紹智堂手沢本〉）　五九六

82　**寛文十年〈一六七〇〉八月十五日以前**　永平寺三十世光紹智堂、刊本『法華経要解』七巻七冊を永平寺常住に施入する。（No.81法華経要解〈光紹智堂手沢本〉）　五九九

83　**寛文十年〈一六七〇〉八月十五日以前**　永平寺三十世光紹智堂、伝道元禅師所用袈裟環の袋を施入する。（No.82袈裟環袋墨書）　五九四

84　**寛文十年〈一六七〇〉八月十五日以前**　永平寺三十世光紹智堂の座下の智恩、伝道元禅師所用頭陀袋の収納箱を寄進する。（No.83御頭陀袋箱銘）　六〇〇

85　**寛文十年〈一六七〇〉八月十五日以前**　永平寺三十世光紹智堂の座下の智仙、伝道元禅師所用硯の収納箱を永平寺に寄進する。（No.84御硯箱銘）　六〇四

86　**寛文十年〈一六七〇〉八月十五日以前**　永平寺三十世光紹智堂の座下の門鎖、伝道元禅師所用団扇骨の収納箱を永平寺に寄進する。（No.85団扇骨箱銘）　六〇八

87　**寛文十年〈一六七〇〉八月十五日以前**　永平寺三十世光紹智堂の座下の紹昌、伝道元禅師所用払子の収納箱を永平寺に寄進する。（No.86御払子箱銘）　六一三

88　**寛文十年〈一六七〇〉八月十五日以前**　永平寺三十世光紹智堂の座下の恵門、伝道元禅師所用数珠の収納箱を永平寺に寄進する。（No.87御数珠箱銘）　六一五

89 **寛文十年（一六七〇）十一月二十三日**　永平寺三十世光紹智堂代の役者周呑・智恩・永心、祠堂金を書き上げ、安穏寺・了真寺・秀道に引き継ぐ。（No.88光紹智堂代祠堂金覚）　六二八

第三章　福井藩主の菩提寺としての永平寺

90 **寛文十一年（一六七一）二月二十九日**　関三ヶ寺、出羽国龍門寺帳面問題および同国宝泉寺・長福寺本末争いを裁断する。（No.89関三ヶ寺裁許状写）　六三三

91 **寛文十一年（一六七一）七月十日**　永平寺三十一世月洲尊海、福井藩主松平光通正室清池院殿の五輪塔の銘を撰する。（No.90清池院殿五輪塔）　六三九

92 **寛文十二年（一六七二）七月十九日**　関三ヶ寺、師学に対する三ヶ条の条目を出す。（No.91関三ヶ寺条々写）　六四三

93 **（寛文十三年〈一六七三〉）五月六日**　丹後国智源寺密堂炉雪、松泉院との訴訟に関わる訴状および返答の覚等を永平寺へ提出する。（No.92松泉院触下指上申訴状並返答之覚）　六四五

94 **延宝二年（一六七四）二月二十八日**　永平寺三十一世月洲尊海、加賀国大乗寺に対し、常恒会地の寺格を免許する。（No.93月洲尊海定書写）　六九八

95 **延宝二年（一六七四）三月二十四日**　福井藩主松平光通、死没し、永平寺三十一世月洲尊海が五輪塔の銘を撰する。（No.94松平光通〈大安院殿〉五輪塔）　七〇二

96 **延宝四年（一六七六）三月日**　福井藩主松平昌親、永平寺領として五〇石を安堵し、新たに二〇石を寄進する。（No.95松平昌親寄進状）　七〇七

97 **（延宝四年〈一六七六〉春以前）** 永平寺三十一世月洲尊海代の沙門音喝、刊本『梵網経古迹記』二巻二冊と、刊本『梵網古迹抄』八巻八冊を、裡山寿雪居士菩提のために永平寺常住に施入する。

（No.96 梵網古迹抄〈月洲尊海手沢本〉） 七〇九

98 **（延宝四年〈一六七六〉春以前）** 永平寺三十一世月洲尊海、京都書肆林伝左衛門より刊本『正法眼蔵随聞記』六巻三冊を献納され、永平寺常住に施入する。

（No.97 正法眼蔵随聞記〈月洲尊海手沢本〉） 七一八

99 **（延宝四年〈一六七六〉春以前）** 永平寺三十一世月洲尊海、刊本『永覚和尚洞上古轍』二巻二冊を永平寺常住に施入する。

（No.98 永覚和尚洞上古轍〈月洲尊海手沢本〉） 七二〇

100 **（延宝四年〈一六七六〉春以前）** 永平寺三十一世月洲尊海、刊本『伝法正宗記』一二巻六冊を永平寺常住に施入する。

（No.99 伝法正宗記〈月洲尊海手沢本〉） 七二三

101 **（延宝四年〈一六七六〉春以前）** 永平寺三十一世月洲尊海、刊本『増集続伝灯録』六巻六冊を永平寺常住に施入する。

（No.100 増集続伝灯録〈月洲尊海手沢本〉） 七二四

102 **（延宝四年〈一六七六〉春以前）** 永平寺三十一世月洲尊海代の会下の海音、父母のために伝道元禅師所用絡子の収納箱を永平寺常住に施入する。

（No.101 開山大禅仏絡子箱銘） 七二六

103 **（延宝四年〈一六七六〉春以前）** 永平寺三十一世月洲尊海代の門下の海音、祖母のために伝道元禅師所用尼師壇の収納箱を永平寺常住に施入する。

（No.102 開山和尚大禅仏尼師壇箱銘） 七三〇

104 **（延宝四年〈一六七六〉春以前）** 永平寺三十一世月洲尊海代の門下の海音、伝道元禅師所用払子の収納箱を永平寺常住に施入する。

（No.103 開山大徳大禅師尊払子箱銘） 七三三

105 **（延宝四年〈一六七六〉春以前）** 永平寺三十一世月洲尊海の座下の俊益、父母のために伝釈尊誕生茵褥の収納箱を永平寺常住に施入する。

（No.104 釈尊誕生茵褥箱銘） 七三七

106 （延宝四年〈一六七六〉秋）　永平寺三十二世大了愚門、永平寺に入院し、その際の「法語」・「山門疏」・「勅書（黄紙）」・「入院之指南之帳」などが記録される。（No.41伝授室中之物）二五二

107 延宝四年（一六七六）十月二十七日　永平寺三十一世月洲尊海代の役者尊長・宗悦・俊益、祠堂金を書き上げる。（No.105月洲尊海代祠堂金覚）二五三

108 （延宝五年〈一六七七〉四月十五日以前）　道正庵二十世恒順、曲輪香盒を永平寺に施入する。（No.106曲輪香盒旧箱銘）二五七

109 延宝五年（一六七七）八月二十八日　永平寺三十二世大了愚門、道正庵二十世恒順画像に賛を記す。（No.107大了愚門賛道正庵恒順画像）二六二

110 延宝五年（一六七七）十一月十八日　江戸幕府寺社奉行、関三ヶ寺に対し、執務に関する規定として、五ヶ条の覚書を出す。（No.108江戸幕府寺社奉行覚書写）二六六

111 延宝五年（一六七七）十二月八日　永平寺三十二世大了愚門代の侍衣門超、「首楞厳無上神咒」一巻を書写する。（No.109首楞厳無上神咒）二七二

112 延宝五年（一六七七）十二月十一日　関三ヶ寺、師学に対する五ヶ条の条目を出羽国光禅寺へ出す。（No.110関三ヶ寺条目写）二七八

113 延宝五年（一六七七）十二月日　福井藩主松平綱昌、永平寺領として七〇石を安堵する。（No.111松平綱昌安堵状）二八四

114 （延宝五年〈一六七七〉頃）　波多野通高等、永平寺に波多野家の法名碑を建立する。（No.112波多野家法名碑）二八六

第四章　永平寺・関三ヶ寺・江戸幕府の協調

115 **延宝七年（一六七九）六月二十九日**　永平寺三十二世大了愚門代の役者門察・元栄・門超、祠堂金を書き上げる。（No.113大了愚門代祠堂金覚）　七九七

116 **延宝七年（一六七九）七月五日**　永平寺三十三世山陰徹翁、血脈の版木を作り改める。（No.114山陰徹翁木版血脈断簡）　八〇一

117 **延宝八年（一六八〇）三月十八日**　永平寺三十三世山陰徹翁、禅師号を受けるため、目子（履歴書）を作成する。（No.115山陰徹翁目子写）　八〇五

118 **延宝八年（一六八〇）四月八日**　永平寺三十三世山陰徹翁、道正庵のために五ヶ条の証文を定める。（No.116山陰徹翁証文写）　八〇九

119 **延宝八年（一六八〇）五月二十一日**　江戸幕府寺社奉行、徳川家綱死没につき、寛永寺・増上寺等への納経を命じる。（No.117江戸幕府寺社奉行触書写）　八一三

120 **天和二年（一六八二）七月**　江戸に滞在中の明僧東皐心越、版橈晃全（のち永平寺三十五世）の偈に和して偈を奉呈する。（No.118東皐心越奉呈偈）　八一五

121 **貞享元年（一六八四）四月八日**　道正庵二十一世貞順、証文等六篇を写し、奥書を記す。（No.119道正庵証文貞順奥書）　八一九

122 **貞享元年（一六八四）七月七日**　江戸幕府寺社奉行、五代将軍徳川綱吉就任に際し、寺社領安堵および朱印状下付について命じる。（No.120江戸幕府寺社奉行触書写）　八二三

123 **（貞享元年〈一六八四〉七月）**　江戸幕府寺社奉行、諸寺院に対し、将軍代替りの際の朱印状下付の手続きについて触れ出す。（No.121江戸幕府寺社奉行添書写）　八二四

124 **貞享二年（一六八五）三月十九日から貞享四年五月二十八日にかけて**　加賀国宝円寺丹嶺祖衷、丹波国慈徳寺で梵清本系『正法眼蔵』を書写する。（No.122丹嶺本『正法眼蔵』識語）八二六

125 **貞享三年（一六八六）二月晦日**　関三ヶ寺、寺院住職選定に関する諸要件等を掟書五ヶ条に整理し確定する。（No.123関三ヶ寺掟書写）八三七

126 **貞享三年（一六八六）二月晦日**　関三ヶ寺、掟五ヶ条に加えて、副ヶ条七ヶ条を幕府に披露した上で、諸国寺院へ触れ回す。（No.124関三ヶ寺副ヶ条写）八四七

127 **（貞享三年〈一六八六〉秋以前）**　永平寺三十三世山陰徹翁、書類・書籍等を永平寺保存用に入れ置く。（No.41伝授室中之物）八五五

128 **（貞享三年〈一六八六〉秋以前）**　永平寺三十三世山陰徹翁代の小弟浄真智白、伝道元禅師所用法衣の収納箱を永平寺に施入する。（No.125御法衣箱銘）八六二

129 **（貞享三年〈一六八六〉秋以前）**　永平寺三十三世山陰徹翁代の小弟浄真智白、伝六祖大鑑慧能所用念珠の収納箱を永平寺に施入する。（No.126慧能大師念珠箱銘）八六五

130 **貞享三年（一六八六）九月二日**　永平寺三十三世山陰徹翁代の役者智白・徹伝・可全、祠堂金を書き上げる。（No.127山陰徹翁代祠堂金覚）八九三

131 **（貞享三年〈一六八六〉秋頃）**　永平寺三十四世馥州高郁、入院・参内した際の文書類を永平寺に置く。（No.41伝授室中之物）八九七

132 **貞享三年（一六八六）**　朝廷、丹波国龍沢寺に永平寺末寺と認める証文を出す。（No.41伝授室中之物）八九九

133 **貞享四年（一六八七）七月日**　福井藩、永平寺に対し、越前国吉田郡市野々村において五〇石の地を施入する。（No.128福井藩寺領寄進状）九〇一

134 **貞享五年(一六八八)八月** 江戸幕府、諸寺院の坊舎に女人を置くことを禁じた触を再度触れ渡す。(No.129江戸幕府触書写) 九〇四

135 **貞享五年(一六八八)八月日** 河瀬勝成、女神倚像を修復する。(No.130女神倚像銘) 九〇五

136 **(元禄元年〈一六八八〉秋以前)** 永平寺三十四世馥州高郁、「合封之大事」を新資に与える。(No.131合封之大事〈馥州高郁切紙〉) 九一一

137 **元禄元年(一六八八)十月四日** 永平寺三十四世馥州高郁代の役者栄天・善説・普聞、祠堂金を書き上げる。(No.132馥州高郁代祠堂金覚) 九一三

138 **元禄元年(一六八八)十月吉日** 永平寺三十四世馥州高郁、三十五世版橈晃全への住持交代にあたって、永平寺室中および方丈の重要文献の目録を作成する。(No.41伝授室中之物) 九一七

参照資料

○冊子史料分(写真)

①『上』 九二三

②『御代々様御条目幷御掟』 九二三

③『道正庵証文』 九六五

永平寺史料全書編纂委員会名簿・編纂室名簿

協力機関・協力者名簿

索引

第一章　道元禅師四百回大遠忌と永平寺の刷新

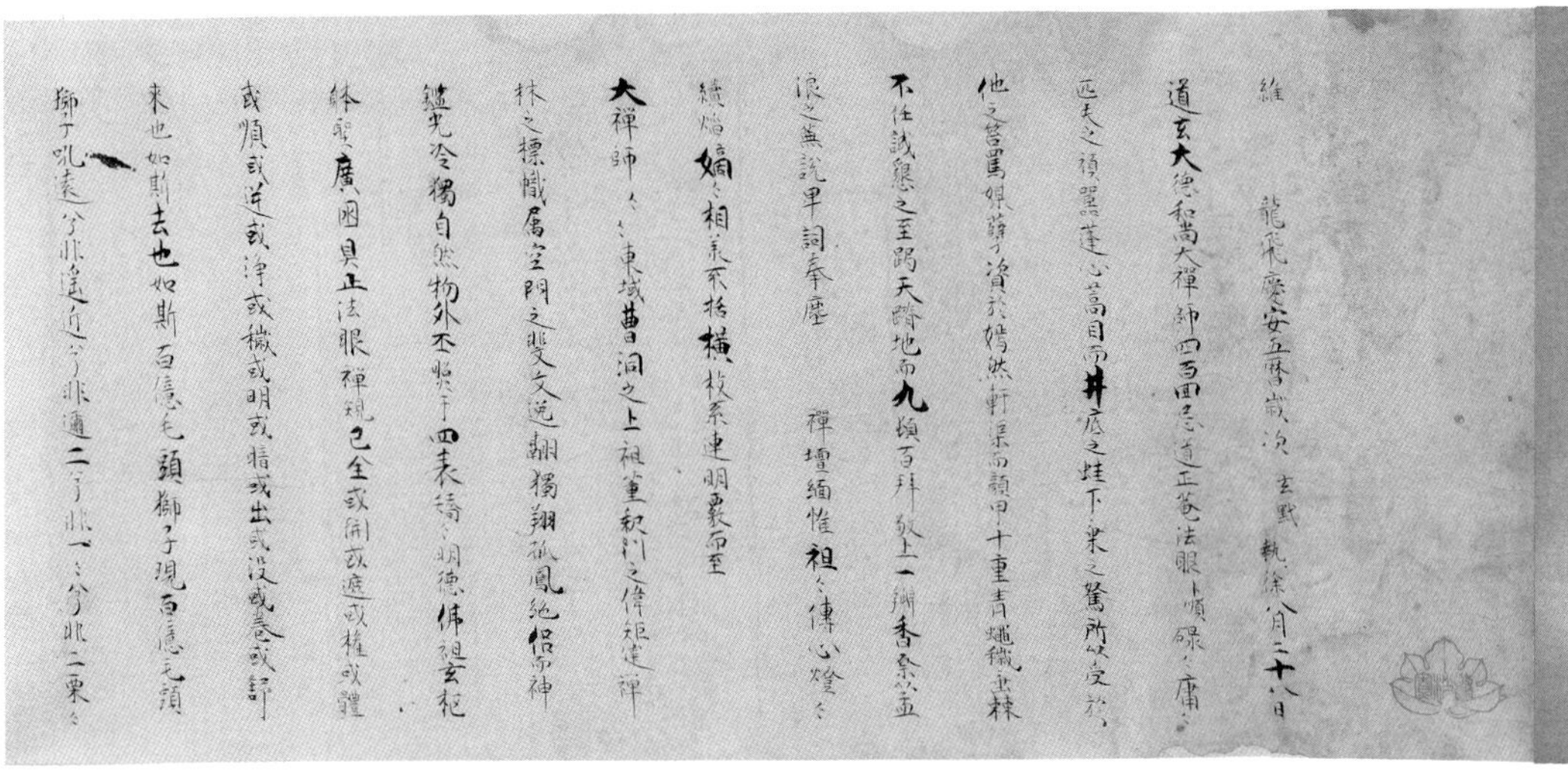

慶安五年（一六五二）八月二十八日、道正庵十九世卜順、道元禅師四百回遠忌に際して、真前に祭文を献ずる。

1　道元禅師四百回忌祭文

（巻子装　33.8㎝×731.9㎝）

（朱印文「未詳」）

（一張）

維　　龍飛慶安五暦歳次、玄黙執徐(1)八月二十八日、
道玄大徳和尚大禅師四百回忌、道正庵法眼卜順碌々庸々(2)、
匹夫之頑嚚(3)、蓬心蒿目(4)而井底之蛙(5)、下乗之駑(6)所以受於
他之笞罵媒孽(7)、資於嫣然軒渠(8)而、顔甲十重(9)、青蝿穢垂棘(10)
不任、誠懇之至、踊天蹐地(11)而九頓百拝、敬上一弁香、祭以孟
浪之蕪説卑詞(12)、奉塵　　禅壇、緬惟祖々伝心、灯々
続焔(13)、嫡々相承、不括横枝、系連明覈而至
大禅師(14)、々々東域曹洞之上祖、董釈門之偉矩、建禅
林之標幟、属空門之斐文(15)、逸翮独翔、孤鳳絶侶(16)、而神
鑑光冷独自然、物外丕照于四表(17)、矯々明徳、仏祖玄枢、

体聖広囷(18)、具正法眼、禅規已全(19)、或開或遮、或権或体、
或順或逆、或浄或穢、或明或暗、或出或没、或巻或舒(20)、
来也如斯、去也如斯(21)、百億毛頭獅子現、百億毛頭
獅子吼(22)、遠兮非遥、近兮非邇、二兮非一、々兮非二(23)、栗々
枳々、稜々層々、東拄西拄、横撐竪撐、撐々拄々(24)、一彩
両賽々々一彩、玲瓏八面、　大禅師之隠顕、猶月之印
衆水(25)、諸仏妙門、列祖的旨、継々矣、縄々矣(26)、原夫
大禅師者、内府通親公桂子、風姿不凡、眼有重瞳(27)、
(二張)明悟清通、神彩秀徹、性沈重魁雄、記聞応酬、弦誦書礼、
学舞尚吹、頴脱群児、○（而）食遭葷羶必避之、忌食三厭、或
見屠宰切于已(28)、世称神童焉、嗟夫予章従小有
梁棟之質者、　大禅師之謂乎(29)、四齢而暗識李嶠
百詠(30)、七載而誦左氏伝毛詩、寔儒林○（之）英髦、廟廊之
柱礎也(31)、当時執柄関白基房公、養収為主器、譲与於摂
官而、秉鈞持衡(32)、納于百揆、董司岳牧(33)、敷興邦教、上穆
三台、下施五典(34)、起孔孟之道、行伊傅之政、習夷斉之廉(35)、
欲復唐虞之淳化(36)、於是一夕萱堂早喪而、感素車白
馬之事(37)、乃謂父母者天也、受形於父母、即不可廃也、孝子
之於親耶、甚於水火矣(38)、稚操之激励、飢渇経時(39)、十有三
而入良顕法眼之室、不繋情累於外物、不留曲念於閨

房、而見横川千光坊、十四祀謁公胤僧正而薙染(40)、学大小
乗、兼綜外学、欣惬修習、三余勤辛、而不炉不扇、不蓋
不裘、冨内外之学(41)、爾後造四維之霊境名岫、東説
西唱、遍叩明眼碩徳、会集法筵、探諸籍秘賾(42)、粤
十八年前、寓跡於台峰、孳々屑々、閲一切経二周(43)、猶如
衆商着宝洲、金銀珠玉、耀心眩眸、信手采取、帰家尽得(44)、其
蘊而邁、高臘耆年、矧其広度峻邈、盪海抜山、声、溢四夷、
天才博贍、廿有三而、在入宋之志、跂〔肢〕踰海之謀(45)、因建仁
栄西而、伴明全・郭然・高照之輩(46)、（卜順）家始祖道正者、
藤原顕盛朝臣之男、金吾将軍隆英也、欲蒙
(三張)天恩、展翅　仁風、霑鰓　宸沢(47)、同服官僚、競官不
関栄爵而踵前武、于茲、截断愛流成海、情塵為岳之
念、破除六入(48)、壮歳而落髪、号道正、捨箕裘之業、脱奕
葉之冠綏、止　青雲之交(49)、畳歳華、設求法投契之
志雅、与　大禅師有総角之好(50)、久挹　風猷(51)、道正、
謂　大禅師曰、蓋凡聖雖異、志趣惟全、勿嫌雌好
雄、則附驥尾願万里之走(52)、　大禅師、曽不帶
芥金諾而、荷寛饒之恵矣(53)、○（而）（大禅師於）賜○渡唐求法之　詔、
平泰時・平時房拝遇隆厚、送往迎来而、赴博多、
解纜発舶、駕万里之濤瀾泛渤澥、颶風不簸

舟、無没溺之愁(54)、而大宋嘉定十六稔初、到明州景福
寺、詣妙雲法席、過琰浙翁、渉跋於霊地勝区、参
于諸善碩師、乗雲馬、風駟而足迹皆遍、朝懺暮
悔、身薪指灯、頗受磋磨之功、綿密工夫、交徹真於
生滅之郷(55)、而百物正名、試玄関幽鍵而、領鈎頭之意、
不錯認定盤星(56)、戒珠如満月、恵水雖似巨瀛(57)、未渉
真如之境(58)、廿有四而駐錫於天童如浄、頤〔傾カ〕鑽仰之誠、
然而聴于如浄身心脱落之語、豁然大悟(59)、喩如下
苗於沃壌、西収可待矣、若夫磽确尚奚望哉、
大禅師緇田之沃壌歟(60)、天童之蓮座下、緇徒衆夥、
大禅師、擢応遴選、踰一五之星霜(61)、而廿有八催帰
檝、則如浄、全附　大禅師於纅藉襲蔵之法宝
(四張)尤物而、有此道東流之語証焉(62)、然後、　大禅師、渉
曠野登深山、路闊形羸、逆旅無館、行客多虞、卒
起暴病、気息已絶、陥死地(63)、同侶僂身屛気、五内震
駭、皆失魂魄、而不意、鬢髪皎如老嫗、徒歩揹笻出
現、而与一丸薬　大禅師、倏爾再甦、四肢更健、昏
眸益明(64)、老嫗曰、吾即日東䅿〔稲〕荷神祠而、憐
大禅師求法善根、是以不厭纁夏玄冬、傲雪斯霜
呵風訴雨而擁護故、方今救急(65)云々、道正、鞠躬、懼然告

老嫗曰、是奇異之妙剤也、伏乞、欲伝正方、則老嫗、口授之
已、即隠矣、卜順家神仙解毒円、是也、　大禅師、謂道正
曰、是寔神授希有之良薬而扶寿(66)、　吾法守護
神之製也、帰本土、儻　法流盛于後世、則毎歳冀
饋後昆諸刹(67)、旦〔且カ〕　吾系族、帰上都、営一宇、為加
眷遇幸孔(68)、乃与道正所約契如金蘭、是故至于今、
夤縁縋属而、不睽其　遺誡、祖讖不虚也(69)、䅿〔稲〕荷
神祠亦安于道正庵裏(70)、従茲雖鴻濛沆茫之滄海
帆幅飽風、帰舟如飛、似矢別弦、無鯨波之嶮危、帰
安貞上皇之朝、道価、高　輦下、霊異已彰、
皇眷優渥、公卿翰林雷仝、鳫臣士庶響合、檀
信、延　大禅師、幾所不知其員矣、京兆深艸結
茆暫踞、弘誓院構法座、正覚禅尼、建法堂而、号
興聖宝林禅寺、七衆絡繹、繽紛爵鞅雲集、
(五張)徳風日扇　紫掖搢紳弥有鐘愛、開堂説法、始在為
人之手段、而琉璃咽、珊瑚舌、曠劫微言、像法遺旨、而街
談巷話、宛疑文殊師利之化身、　大禅師嘗謂、
爵録〔禄カ〕者世事也、緇党、蔑視焉贋浮屠動絆縶、
於此凡愚眼睹之怠業、古規可式、羅綺珍服、非
己有也、逃於洛城、如越之前州、則吉祥山似天童

之勝境故、因于深林絶壑而構精舎、波多野雲州大守
義重、創永平禅刹、奉　大禅師、当于是時、
寛元上皇、天書乃徴而不出、再賜紫衣法服・国
師栄号　睿旨厳切、固辞而不受、乃語小師
之輩曰、沙門惟錙銖於軒冕而、可居山林幽谷為
真遯也、若住于城邑聚落、交于朱門豪戸、羈於
名而暗於道乎、蔽〔敝カ〕服襤褸之毳衲、而欲終残涯、既而
拝　宸賜、還可咲猿鶴矣、宇内之流言彷彿、
于先仏跨雪山而、檜居営窟、単麻隻麦、頂
巣膝蘆之時哉(71)、平副帥時頼、宝治之始、招以名
藍不就、再三裁緘写抱、瞻言増慨而、郊馬彗氾、
労迎而待　大禅師、是時、頤指於隆蘭渓主
于巨福山、是　大禅師審画之推轂也(72)、爾来
大禅師之所過、耕夫捨耒耟、織婦投杼機、
奔波礼拝、村閭闐々(73)、四来翼従、景仰籍甚、
如豊年玉、荒年穀、覬覦改容、揺尾乞憐、緇徒
〔六張〕門弟三百、授戒人七百余、四選三長、晨鶏暮鐘、鱗次
配抵、其間、有効薄伎、慣狐鳴之偽党、排斥之(74)、挙
唱真乗、陶鋳人天、誨諭諄々、鳥聚龍参、鐘
鼓魚板、一時改響、不言之化、如門到戸、説無

為而成矣(75)、断際六十棒、石鞏一隻箭、守初麻斤
普願斬猫、明瓚煨芋食、徳誠坐釣台
大禅師之行住坐臥、日用之作用而、亜曹洞洪
基、於日域拡長翁宝業、於吉祥鴻慈倍蓰于
古徳、撰仮名正法眼蔵、度魯鈍頑愚、化冶夷
夏、建長五祀昭陽赤奮壮月二十有八日示　寂、
而窆壙之後、祖壇池水変血、仮山蒼松化白、而
歴三日復元藹々(76)、大衆満瑩、攀悲于竹径、屑○涕
于白石、従隣国至皇郷及曲洲環浦、豈徒
春人不相傾廛罷肆哉(77)、鳥雩、　大禅師之
徳行、寧振于人天耳、感無情之万物、奇哉、々々(78)
義尹粗採摭平素塵談論柄之緒余、而謁於
異朝之諸名碩師、盥誦津々儼若、珠玉之落
九天、敬嘆益甚、遠無外・寧退耕・愚虚堂、為
録序跋、以附与義尹(79)、　法味遺風、丕隆
于今世、冠于諸宗、寔　大禅師、惟聖惟威而、
釈家之団天、陰陽之熏栗、順時履仁、民物四
府、弘恤衆生、譬如春入化機、万卉千葩、高
〔七張〕低向背、各々是仝　其文曰、
徳輝宏覆　日月斉光

邈矣高標　和漢遠望
窮天之傑　誰敢揣量
五百暦数　聖化惟揚
鶴林鹿苑　矞雲翕張
為露為雨　以潤仏場
吉祥法乳　流暢万方
西天四七　東土孔堂
玄公軌躅　一様別郷
太白神足　眼割塵網
水月鏡像　大坐軒当
不磷不染　王国圭璋
夙智所撼　生知安行(80)
皇畿候服　尚風艸壮(81)
純誠内植　駆轂褰裳
懐奘泣杖　璧出崑岡
鷹俊鵬老　偃月慈航(82)
少室心印　垂拱平章
湧泉寒景　承陽梅香
昆裔聿煽　沢溢洪荒

右四百忌、景祭文一篇、供　玄公大禅仏尊几、当時永平鳳刹住持高国大禅師、謂予曰、後世残（八張）之於吉祥山可、矣哉、為可記跋云々、予、之言慮引而頗能弄脣吻、茲慙愧山積、赧然汗不而、飽雖固辞、終難背高国大禅師之命、是以操觚而著焉、

道正庵十九後昆
即日　法眼徳幽（朱印文「徳幽」）卜順（朱印文「卜順」）

（下略）

【読み下し】

維れ龍飛慶安の五暦の歳次、玄黓執徐八月二十八日、道玄大徳和尚大禅師四百回忌、道正庵法眼卜順は碌々庸々にして、匹夫の頑嚚、蓬心蒿目にして井底の蛙、下乗の駑たる所以に他の笞罵媒孽を受く。嫣然軒渠に資して、顔甲十重、青蠅は垂棘を穢すに任せず。誠懇の至り、跼天蹐地して九頓百拝し、敬んで一弁香を上る。祭するに孟浪の蕪説

卑詞を以って、禅壇を塵し奉る。緬うに惟れ祖々伝心、灯々焔を続ぎ、嫡々相承して、横枝を括らず、系連は明覈にして大禅師に至る。禅師は東域曹洞の上祖、釈門の偉矩を董して、禅林の標幟を建て、空門の斐文に属す。逸翮もて独翔し、孤鳳は侶を絶ちて、神鑑光冷独り自然として、物外四表を丕照す。矯矯たる明徳、仏祖の玄枢、体聖広函にして、正法眼を具し、禅規已に全し。或いは開或いは遮、或いは権或いは体、或いは順或いは逆、或いは浄或いは穢、或いは明或いは暗、或いは出或いは没、或いは巻或いは舒、来るも也た斯くの如く、去るも也た斯くの如し。百億毛頭に獅子現じ、百億毛頭に獅子吼す。遠くして遥に非ず、近くして邇にあらず、二にして一に非ず、一にして二に非ず。栗々枳々、稜々層々、東拄西拄し、横撐竪撐し、撐々拄々、一彩両賽にして両賽一彩、玲瓏八面たり。大禅師の隠顕、猶お月の衆水を印するごとく、諸仏の妙門、列祖の的旨、継々たり、縄々たり。原ぬるに夫れ大禅師は、内府通親公の桂子、風姿凡にあらず、眼に重瞳有り、明悟清通して、神彩秀徹す。性は沈重魁雄にして、記聞応酬、弦誦書礼、学舞尚吹、群児に穎脱す。而れども食に葷羶に遭わば必ずこれを避け、三厭を食するを忌み、或いは屠宰を見るに已に切なり。世は神童なりと称す。嗟夫予章は小さきより梁棟の質有りとは、大禅師の謂いか。四齢にして李嶠百詠を暗識し、七齢にして左氏伝・毛詩を誦す、寔に儒林の英髦、廟廊の柱礎なり。当時執柄関白基房公、養収して主器と為し、摂官を譲与して、秉鈞持衡せしめ、百揆を収め、岳牧を董司して、邦教を敷興す。上三台を穆い、下五典を施す。孔孟の道を起し、伊傅の政を行じ、夷斉の廉を習い、唐虞の淳化を復せんとす。是において一夕萱堂を早くに喪いて、素車白馬の事を感じ、乃ち父母は天なりと謂う。形を父母に受けては、即ち廃すべからざるなり。孝子の親におけるや、水火よりも甚だし。稚操の激励、飢渇時を経たり。十有三にして良顕法眼の室に入り、情累を外物に繋がず、曲念を閨房に留めず、而して横川の千光坊に見え、十四祀にして公胤僧正に謁して薙染す。大小乗を学び、外学を兼総し、欣愜修習し、三余勤辛して、不炉不扇、不蓋不裘、内外の学に富めり。爾後四維の霊境名岫に造り、東説西唱し、遍く明眼碩徳を叩き、法筵に会集して、諸籍秘賾を探る。粤に十八年前、台峰に寓跡し、孳々屑々として、一切経閲すること二周、猶お衆商が宝洲に着きて、金銀珠玉、耀心眩眸して、手に信せて采取し、帰家するに尽く得て、其の蘊めて邁むが如し。高臘耆年、矧んや其の広度峻邈にして、盪海抜山、声、四夷に溢れ、天才博贍たるをや。廿有三にして、入宋の志、肢は海を踰ゆるの謀在り。建仁の栄西に因りて、明全・廓然・高照の輩に伴う。卜順家の始祖道正というは、藤原顕盛朝臣の男、金吾将軍隆英なり。天恩を蒙りて、仁風に展翅し、宸沢に霑鰓せんとするに、同服官僚、官を競いて栄爵に関わらずして前武に踵ぐ。茲に、愛流海を成し、情塵岳を為すの念を截断して、六入を破除す。壮歳にして落髪し、道正と号す。箕裘の業を捨て、奕葉の冠綏を脱し、青雲の交りを止む。歳華を畳んで、求法投契の志雅を設く。大禅師と総角の好み有り。久挹風猷、道正、大禅師に謂いて曰く、蓋し凡聖異なると雖も、旨趣は惟れ仝じ、雌を嫌い雄を好むこと勿れ、則ち驥尾に附きて万里の走を願う。大禅師、曽て蔕芥せず金諾して、寛饒の恵を荷せり。而して、大禅師に渡唐求法の詔を賜う。平泰時・平時房拝遇すること隆厚にして、送往迎来して、博多に赴く。纜を解き舶を発して、万里の濤瀾に駕し渤澥に泛ぶも、颶風船を簸せず、没溺の愁無し。而して大宋嘉定十六稔の初め、明州景福寺に到り、妙雲の法席に詣で、琰浙翁を過ぎり、霊地勝区に渉跋し、諸善碩師に参じ、乗雲の馬、風駟にして足迹、皆な遍し。朝懺暮悔して、身を薪とし指を灯して、頗る磋磨の功を受け、綿密工夫、交ごも真を生滅の郷に徹す。而して百物正名、玄関の幽鍵を試みて、鈎頭の意を領じ、錯って定盤星を認めず。戒珠は満月の如く、恵水は巨瀛に似たりと雖も、未だ真如の境に渉らず。廿有四にして天童の如浄に駐錫して、鑚仰の誠を傾く。然して如浄に身心脱落の語を聴きて、豁然として大悟す。喩えば沃壌に下苗して、西収待つべきがごとし。若し夫れ磽确すら尚お奚ぞ望まんや、大禅師の緇田の沃壌たるをや。天童の蓮座下、緇徒の衆夥しく、大禅師、擢応遴選せられて、一五の星霜を踰ゆ。而して廿有八にして帰檝を催し、則ち如浄、繅藉襲蔵の法宝尤物を大禅師に全附して、此道東流の語証有り。然して後、大禅師、曠野を渉り深山に登り、路闊して形羸せ、逆旅館無く、行客虞多し、卒かに暴病起こり、気息已に絶し、死地に陥る。同侶も僂身屏気し、五内震駭して、皆な魂魄を失す。而して不意に、鬢髪皓如たる老媼、徒歩揞箤して出現す。而して一丸薬を大禅師に与えるに、倏爾として再甦し、四肢再び健やかに、昏眸益ます明らかなり。老媼曰く、吾は即ち日東の稲荷神祠にして、大禅師の求法の善根を憐れんで、是を以って纁夏玄冬、傲雪欺霜、呵風詬雨を厭わずして擁護せんとするが故に、方に今急を救わんとすと云々。道正、鞠躬し、懼然として老媼に告げて曰く、是れ奇異の妙剤なり。伏して乞う、正方を伝えんとするを。則ち老媼、これを口授し已りて、即ち隠る。ト順家の神仙解毒円、是れなり。大禅師、道正に謂いて曰く、是れ寔とに希有の良薬を神授せられて寿を扶く。吾が法守護神の製なり。本土に帰り、儻し法流後世に盛んなるときんば、毎歳後昆の諸刹に饋らんことを冀う、且つ吾が系族、上都に帰せば、一宇を営み、為に眷遇幸孔を加えん。乃ち道正と約契する所金蘭の如し。是の故に今に至って、夤縁繦属し、其の遺誡に睽かずして、祖の讖虚しからざるなり。稲荷神祠も亦た道正庵裏に安ず。茲れより鴻濛沆茫の滄海たると雖も、帆幅風に飽き、帰舟飛ぶが如く、矢は弦を別るるに似たり、鯨波の嶮危無し。安貞上皇の朝に帰し、道価、輦下に高く、霊異已に彰われ、皇眷優渥し、公卿翰林雷仝し、鴈臣士庶響合して、檀信、大禅師を延くこと、幾んど其の員を知らざる所なり。京兆深艸に茆を結び暫く踞す、弘誓院法座を構え、正覚禅尼、法堂を建てて、興聖宝林禅寺と号す。七衆絡繹して、繽紛として爵鞅雲集す。徳風日に扇ぎ、紫掖の搢紳弥ます鍾愛あり。開堂説法、始めて為人の手段在りて、琉璃の咽、珊瑚の舌、曠劫の微言、像法の遺旨、而して街談巷話して、宛も文殊師利の化身かと疑う。大禅師嘗て謂く、爵禄は世事なり。緇党、焉れを蔑視して贋浮屠は動もすれば絆縶す。此において凡愚これを覩て業を怠る。古規式るべし、羅綺珍服、己が有にあらざるなり。洛城を逃れて、越の前州に如く、則ち吉祥山は天童の勝境に似たるが故なり。因みに深林絶壑にして精舎を構う。波多野雲州大守義重、永平禅刹を創し、大禅師に奉ず。是の時に当たって、寛元上皇、天書して乃ち徴するに而も出でず。再び紫衣法服・国師栄号賜うに、睿旨厳切なるも、固く辞して受けず。乃ち小師の輩に語って曰く、沙門は惟れ軒冕に錙銖あって、山林幽谷に居するを真遯と為すべきなり。若し城邑聚楽に住し、朱門豪戸に交わらば、名に羈されて道に暗きか。敞服襤褸の毳衲、而して終に残涯を終えんとして、既にして宸賜を拝せば、還て猿鶴に咲わるべし。宇内の流言彷彿、先仏の雪山に跨して、榰居営窟して、単麻隻麦、頂巣膝蘆の時においてをや。平副帥時頼、宝治の始め、名藍を以って招くに就かず。再三裁緘写抱し、瞻言増慨して、郊馬彗氾、労迎して大禅師を待つ。是の時、隆蘭渓を頤指して巨福山を主らしむ。是れ大禅師が審画の推轂なり。爾来大禅師の過ぐる所、耕夫は耒耜を捨て、織婦は杼機を投じて、奔波して礼拝す。村閭闐々として、四来翼従し、景仰すること籍甚たり、豊年の玉、荒年の穀の如し。覬覦あって容を改め、尾を揺らして憐みを乞う。緇徒の門弟三百、授戒の人七百余り、四選三長、晨鶏暮鐘、鱗次配抵す。其の間、薄伎を効い、狐鳴に慣れる偽党あり、これを排斥す。真乗を挙唱して、人天を陶鋳し、誨諭すること諄々たり、鳥は聚まり龍参じ、鐘鼓魚板、一時に響を改む。不言の化、門の戸に到るが如く、無為を説きて成ず。断際の六十棒、石鞏の一隻箭、守初の麻斤、普願の斬猫、明瓚の煨芋を食すること、徳誠の釣台に坐すること、大禅師の行住坐臥、日用の作用にして、曹洞の洪基に亜ぎて、日域に長翁の宝業を拡す。吉祥において鴻辞もって古徳に倍蓰して、仮名正法眼蔵を撰す。魯鈍頑愚を度し、化は夷夏に洽し。建長五祀昭陽赤奮壮月二十有八日に示寂す。而して窆壙の後、祖壇の池水血に変じ、仮山の蒼松白に化す。而して三日を歴て元に復して藹藹たり。大衆塋に満ち、悲しみを竹径に攀りて、涕を白石に屑ぐ。隣国従り皇郷及び曲洲環浦に至るまで、豈に徒らに春人は廛を相傾けて肆にするを罷めんや。烏虖、大禅師の徳行、寧んぞ人天のみに振わんや、無情の万物に感ぜしむること、奇なるかな、奇なるかな。義尹　粗　平素の塵談論柄の緒余を採摭して、異朝の諸の名碩師に謁して、盥誦するに津々として儼若たり、珠玉の九天に落つるがごとく、敬嘆益ます甚し。遠無外・寧退耕・愚虚堂、録の序跋を為し、以って義尹に附与す。法味の遺風、今の世に丕隆にして、諸宗に冠たり。寔とに大禅師、惟れ聖惟れ威にして、釈家の団天、陰陽の熏栗、時に順って仁を履み、民物四府、弘く衆生を恤う。譬えば春化機に入り、万卉千葩、高低向背、各々是れ仝きが如し。其の文に曰く、

徳輝宏く覆い、日月斉しく光る。
邈なり高標、和漢遠望す。
窮天の傑、誰か肯えて揣量せん。
五百暦数、聖化惟れを揚ぐ。
鶴林鹿苑、矞雲翕張す。
露と為り雨と為り、以って仏場を潤す。
吉祥の法乳、万方に流暢す。
西天の四七、東土の孔堂。

玄公の軌躅、一様にして別郷。
太白の神足、眼は塵網を割く。

水月鏡像、大坐軒当。
磷せず染まず、王国の圭璋たり。
夙智撼ずる所にして、生知安行せり。
皇畿の候服、尚風草壮たり。

純誠にして内に植ゆ、轂を駆り裳を褰く。
懐奘は泣杖し、璧は崑岡より出づる。

鷹俊鵬老、偃月に慈航す。
少室の心印、垂拱して平章たり。
湧泉の寒景、承陽の梅香。
昆裔聿に煽いで、洪荒に沢溢す。

右四百忌、祭文一篇を景して、玄公大禅仏の尊几に供う。

当時永平鳳刹住持高国大禅師、予に謂いて曰く、後世これを吉祥山に残すべし。やんぬるかな、為に跋を記すべしと云々。予、これに言慮を引きて頗る能く唇吻を弄し、茲に慙愧山積し、赧然として汗下りて、飽くまで固辞すと雖も、終に高国大禅師の命に背き難く、是を以って操觚して焉れを著す。

【注】(1)玄黓執徐　壬辰の意。「玄黓」は十干の壬の異称、「執徐」は十二支の辰の異称。
(2)碌々庸々　凡庸なさま。
(3)匹夫之頑嚚　愚か者の頑なでやかましいこと。
(4)蓬心蒿目　欲心をもって世俗を見渡すこと。
(5)井底之蛙　見識の低いこと。
(6)下乗之駑　駑馬のように愚鈍な才能。
(7)受於他之呰罵媒孽　他者から面罵され罪に陥れられること。
(8)嫣然軒渠　にっこりと笑うさま。
(9)顔甲十重　鉄面皮の幾重にも重なったような無慙愧のさま。
(10)青蠅穢垂棘　「青蠅」はあおばえ、転じて讒言を弄する小人物、「垂棘」は玉の名、転じて高潔な人物をさす。『文選』巻五一、王褒「四子講徳論」に「夫青蠅不能穢垂棘、邪論不能惑孔墨」とみえる。
(11)跼天蹐地　身の置き所のないさま。
(12)孟浪之蕪説卑詞　とりとめも無い(孟浪)卑しい言葉と乱雑で整っていない言葉。「蕪説卑詞」はいずれも自分の文章や言葉をへりくだっていう語。『元亨釈書（こうしゃくしょ）』巻四法蔵（ほうぞう）章に「蔵曰、卑詞蕪説、汚涜天聞」とある。

(13)緬惟祖々伝心、灯々続焔　「緬惟」は、遥かに思う。祖師から祖師へと心から心へと伝えられ、禅の法灯（ほうとう）が連綿と続いてきたことを遠く思い起こせば、の意。『元亨釈書』巻八無学祖元（むがくそげん）章に「是知祖々伝心、灯々続焔」とみえる。

(14)嫡々相承、不括横枝、系連明覈而至大禅師　嫡子から嫡子へと正統を伝えられ、傍系を含まず、その法系を明らかにして大禅師(道元禅師)に至る。『元亨釈書』巻二栄西（えいさい）章に「其図、迦文已下、二十八祖達磨以来至虚庵、嫡嫡相承、不括横枝、五十三世系連明覈」とみえる。

(15)董釈門之偉矩、建禅林之標幟、属空門之斐文　仏の教えをただし、禅門の指標を建立し、般若空の教えに属する。「釈門之偉矩」は『元亨釈書』巻一〇無動寺相応（むどうじそうおう）章に「始本朝之大号、建釈門之偉矩」とあり、「属空門之斐文」は同書「上元亨釈書表」に「師錬生無為之清世、属空門之斐文」とみえる。

(16)逸翮独翔、孤鳳絶侶　並外れた比翼をもって一人天空を翔け、鳳凰は孤絶に飛翔する。道元禅師の営為は比肩する者無き偉大なものであり、孤絶のものであることを言う。『文選』巻六〇、王僧達（おうそうだつ）「祭顔光禄文」に、「逸翮独翔、孤風絶侶」とみえる。

(17)而神鑑光冷独自然、物外丕照于四表　霊妙なる鑑識は冷ややかにあるがままに備わり、世俗の外にあって広く天下を照らす。

(18)矯々明徳、仏祖玄枢、体聖広囦　勇猛なる天から授けられた徳性、仏祖の霊妙なるかなめ、その聖体は広く深い。囦は淵と同義。

(19)具正法眼、禅規已全　正法の眼を備え、戒律は既に欠けるところがない。

(20)或開或遮、或権或体、或順或逆、或浄或穢、或明或暗、或出或没、或巻或舒　『元亨釈書』巻八無学祖元章に「或開或遮、或権或体、或順或逆、或浄或穢、或明或暗」とみえる。

(21)来也如斯、去也如斯　去来ありのままに真実であることを言う。『元亨釈書』巻八慧暁（えぎょう）章に「書偈別衆曰、来也如是、去也如是、更問如何、如是如是」とみえる。

(22)百億毛頭獅子現、百億毛頭獅子吼　『碧巌録』第十九則本則評唱に、「所以道、一塵纔起大地全収、一花欲開世界便起、一毛頭獅子、百億毛頭現」（大正蔵・四八・一五九ａ）とある。『元亨釈書』巻八無学祖元章に「晩以偈示衆曰（中略）百億毛頭師子現、百億毛頭師子吼、置筆而逝」とみえる。

(23)遠兮非遥、近兮非邇、二兮非一、々兮非二　『元亨釈書』巻八無学祖元章に「遠兮非遥、近兮非邇（中略）二兮非一、一兮非二」とみえる。

(24)栗々枳々、稜々層々、東拄西拄、竪撐横撐、撐々拄々　『元亨釈書』巻八無学祖元章に「正旦上堂曰（中略）御道我雖栗栗枳枳稜稜層層、要与爾東拄西拄、横撐竪撐、撐撐拄拄、跳出窮坑（下略）」とみえる。

(25)大禅師之隠顕、猶月之印衆水　『元亨釈書』巻一釈（しゃく）善無畏（ぜんむい）章に「賛曰、聖人之隠顕、猶月之印水也、有水即顕無水即隠、只恐無水月元不隠（下略）」とみえる。

(26)諸仏妙門、列祖的旨、継々矣、縄々矣　『元亨釈書』巻八無学祖元章に「其詞曰、諸仏妙門、列祖的旨、継継縄縄（下略）」とみえる。

(27)風姿不凡、眼有重瞳　姿形は非凡であり、眼には二重の瞳がある。道元禅師が生まれながらに異相の持ち主であったことをいう。

(28)明悟清通、神彩秀徹、性沈重魁雄、記聞応酬、弦誦書礼、学舞尚吹、穎脱群児、而食遭葷羶必避之、忌食三厭、或見屠宰切于已　『元亨釈書』巻八無学祖元章に「甫六七歳、就家塾、記聞応酬、穎脱群児、性沈重偉雄、雖兄弟婢妾不敢狎弄、食遭葷羶必避之、或見屠宰切于己」とみえる。

(29)嗟夫予章従小有梁棟之質者、大禅師之謂乎　生まれながらにして棟梁の資質が有るのは、まさしく禅師のことか、の意。『元亨釈書』巻五栂尾寺高弁（こうべん）章に「見其稚操之激励、宜乎中興之才器也、予章従小有梁棟者、弁之謂乎」とみえる。

(30)四齢而暗識李喬百詠　李嶠（りきょう）は初唐の詩人、現存の詩の過半が五言律詩の詠物詩（えいぶつし）で「李嶠雑詠」或いは「李嶠百二十詠」と呼ばれる。張庭芳の注釈に基づく諸本が有り、『蒙求』（もうぎゅう）と並ぶ唐代成立の幼学書として受容された。

(31)寔儒林之英髦、廟廊之柱礎也　儒学の秀才、朝廷の土台。

(32)当時執柄関白基房公、養収為主器、譲与於摂官而秉鈞持衡　当時の権力者関白藤原基房(一一四五〜一二三〇、松殿・菩提院・中山)は、道元禅師を後継者として養育し、摂政の官位を譲り、国の権力を掌握させようとした、の意。

(33)納于百揆、董司岳牧　「百揆」は『書経』舜典に「納于百揆、百揆時叙」とあり、百官の意。「岳牧」は、公卿諸侯にあたり『書経』周官に「唐虞古を稽へ、官を建つること維れ百、内にに百揆四岳有り、外に州牧侯伯有り」とみえる。

(34)上穆三台、下施五典　「三台」は太政大臣・左大臣・右大臣の称で、三公の意。「五典」は、儒教で人のふみ行なうべき五つの道、父子の親、君臣の義、夫婦の別、長幼の序、朋友の信をいう。

(35)起孔孟之道、行伊傅之政、習夷斉之廉　「孔孟」は孔子と孟子を、「伊傅」は聖代の賢相伊尹と傅説を、「夷斉」は伯夷と叔斉をいう。

(36)欲復唐虞之淳化　中国、伝説上の聖天子である尭と舜の時代。自ずから正しい道が行じられる聖代のあり方に復そうすること。

(37)於是一夕萱堂早喪、而感素車白馬之事　「萱堂」は母の雅称、「素車白馬」は送葬に用いるもの。ある日母親を早くに喪い、送葬の事に心に刻んだ思いがあった、の意。

(38)乃謂父母者天也、受形於父母、即不可廃也、孝子之於親耶、甚於水火矣　『元亨釈書』巻五明遍章に「又父母者天也。不受形已、受即不可廃也。孝子之於親也、甚於水火矣」とみえる。『論語』衛霊公篇「民之於仁也、甚於水火」とみえる。父母は天であり、父母から身(肉体)を受けた以上、その身を滅ぼしてはならない。孝子の親におけるは水火よりも不可欠である、の意。

(39)稚操之激励、飢渇経時　『元亨釈書』巻五栂尾寺高弁章に、「見其稚操之激励、宜乎中興之才器也」とみえる。

(40)十四祀謁公胤僧正而薙染　公胤(一一四五〜一二一六)は平安・鎌倉時代前期の顕密僧。のちに僧正となり、園城寺の長吏、法勝寺別当に任ぜられた。内大臣源通親と親交があったとされる。源空(法然)

との出会い以後、熱心な念仏者となった。

(41)学大小乗、兼綜外学、欣慨修習、三余勤辛、而不炉不扇、不蓋不裘、富内外之学　仏教のあらゆる教え、併せて仏教以外の外典を参究し、寒暑を厭わず、寝食を忘れて、豊かな知識を身につけた、の意。

(42)爾後造四維之霊境名岫、東説西唱、遍叩明眼碩徳、会集法筵、探諸籍秘賾　世間の霊地、霊仏霊社に到り、至るところで法を説き、すぐれた善知識を遍参し、未知の典籍を探し求めた、の意。

(43)粤十八年前寓跡於台峯、孶々屑々、閲一切経二周　十八歳にして比叡山において、日々怠る事なく努め、大蔵経を二度閲覧した、の意。

(44)猶如衆商着宝洲、金銀珠玉、耀心眩眸、信手采取、帰家尽得　『元亨釈書』巻三宗睿(しゅえい)章に「賛曰、諸師之西遊、猶衆商之著宝洲。金銀珠璧、耀心眩眸、信手采取、帰家襲収(下略)」とみえる。

(45)廿有三而在入宋之志、肢踰海之謀　二十三歳の時、入宋の志を立て、渡海を企図した、の意。

(46)因建仁栄西而、伴明全・廓然・高照之輩　不詳。

(47)欲蒙天恩、展翅仁風、霑鰓宸沢　仁徳を蒙ることをいう。

(48)截断愛流成海、情塵為岳之念、破除六入　海の如く執著や山の如き煩悩の念を截断し、六根の働きをすっかり除き去る。

(49)捨箕裘之業、脱奕葉之冠緌、止青雲之交　家業(父の遺業)を捨て、代々の官職を辞して、官吏との交わりを絶つことをいう。

(50)畳歳華、設求法投契之志雅、与　大禅師有総角之好　長年、求法求道に対して日頃(ひごろ)より希望があり、道元禅師とは幼なじみであった。

(51)久挹風猷　風猷(教化と道徳)を酌む。

(52)道正、謂大禅師曰、蓋凡聖雖異、志趣惟仝、勿嫌雌好雄、則附驥尾願万里之走　凡人と聖人の違いはあるが、求道の思いは同じであり、才の優劣で好悪の別をなさないでほしい、偉大な大禅師(道元禅師)に付き従うことによって己が力ではなし得ない遠くへ(高い境地)と到達することを願う、の意。

(53)大禅師曽不蔕芥金諾、而荷寛饒之恵矣　道元禅師は何のわだかまりもなく固い承諾をされ、豊かな恵みを与えてくれた、の意。

(54)解纜発舶、駕万里之濤瀾泛渤澥、颶風不簸船、無没溺之愁　ともづなを解いて出船して、遥か大波をけたてて渤海に泛ぶ、大風が船をあおることもなく、溺れ死ぬ心配もない、の意。

(55)朝懺暮悔、身薪指灯、頗受磋磨之功、綿密工夫、交徹真於生滅之郷　「朝懺暮悔」は、『元亨釈書』巻一空海章に、「生滅之郷」は同書巻一最澄章に、「頗受磋磨之功」は同書巻七弁円章にみえる。朝に懺法夕べに悔過の勤行、全身全霊を捧げ、切磋琢磨の功を多く受け、綿密な修行は、生滅の世界に入りまじって真理に通徹した。

(56)而百物正名、試玄関幽鍵、而領鈎頭之意、不錯認定盤星　多くのもの本質を閲し、幽玄なる禅門への端緒を開き、釣り針の先のものを見て取り、秤の目盛りに拘泥しない、の意。「識取鈎頭意、莫認定盤星」の語が『碧巌録』第二則本則評唱にみえる。

(57)戒珠如満月、恵水雖似巨瀛　『元亨釈書』巻二義淵章に「戒珠如満月、慧水似巨瀛」とみえる。

(58)未渉真如之境　悟りの境地に未だ至っていない。

(59)然而聴于如浄身心脱落之語、豁然大悟　道元禅師は如浄会下において身心脱落の語で大悟した、の意。

(60)喩如下苗於沃壌、西収可待矣、若夫磽确尚奚望哉、大禅師緇田之沃壌歟　たとえば肥沃な大地に苗を植えれば、秋の実りが待たれるのと同様である。

(61)天童之蓮座下、緇徒衆夥、大禅師擢応遴選、踰一五之星霜　「擢応遴選」は、『元亨釈書』巻四慶耀章にみえる語。

(62)而廿有八催帰檝、則如浄、全附　大禅師於繅藉襲蔵之法宝尤物、而有此道東流之語証　二十八歳の時、帰国に際して、如浄禅師は道元禅師に秘蔵の法宝を付与した、の意。「繅藉襲蔵」は『元亨釈書』巻一にみえる語。

(63)然後、大禅師渉曠野登深山、路闊形羸、逆旅無館、行客多虞、卒起暴病、気息已絶、陥死地　「逆旅無館、行客多虞」は『元亨釈書』巻一最澄章にみえる語。

(64)而不意、鬢髪皓如老嫗、徒歩揩筇出現、而与一丸薬大禅師、倏爾再甦、四肢再健、昏眸益明　「鬢髪皓如老嫗」は類似表現が『元亨釈書』巻五安海章

にみえる。「昏眸益明」は『元亨釈書』巻三円仁章にみえる語。

(65)是以不厭纁夏玄冬、傲雪欺霜、呵風訴雨、而擁護故、方今救急　『元亨釈書』巻六蘭渓道隆章に「然後傲雪欺霜呵風訴雨、不由別人」と見える。

(66)大禅師謂道正曰、是寔神授希有之良薬而扶寿　この神仙解毒円は、稲荷神が授けた世にもまれな妙薬であり、私の命を救ったものである、の意。『道正庵神仙解毒万病円記』は、「扶寿」を「扶助吾寿」に作る(『文書編』一巻No.140)。

(67)帰本土、儻法流盛于後世、則毎歳冀饋後昆諸刹　もし道正が日本に帰り、門流が後世に盛んになったならば、毎年後昆の諸刹に解毒円を送ることを願う、の意。

(68)且吾系族、帰上都、営一宇、為加眷遇幸孔　我が門流が都に帰ったならば、道正のために堂舎を建て、手厚くもてなそう、の意。

(69)乃与道正所約契如金蘭、是故至于今、夤縁縕属、不睽其遺誡、而祖讖不虚也　「金蘭の契り」とは、『易経』繋辞上「二人同心、其利断金、同心之言、其臭如蘭」に基づき、親友の堅い交わり、約束を言う。ここでは、道元禅師と道正との堅い約束、の意。また、道正が道元門流に解毒円を送るという遺誡を守り、道元門下は道正庵を建て、これを厚遇することの約束を守る、の意。

(70)稲荷神祠亦安于道正庵裏　稲荷神を道正庵境内に勧請安置した、の意。

(71)宇内之流言彷彿、于先仏跨雪山、而棲居営窟、単麻隻麦、頂巣膝蘆之時哉　『元亨釈書』巻一一重怡章の賛に「故先仏雪山六歳、単麻隻麦、頂巣膝蘆、貽規於我也」とみえる。

(72)是時、頤指於隆蘭渓主于巨福山、是大禅師審画之推轂也　北条時頼が蘭渓道隆に建長寺の住持に指名したのは、道元禅師がよくよく思いを巡らした上での推挙による。

(73)爾来大禅師之所過、耕夫捨耒耟、織婦投杼機、奔波礼拝、村閭闐々　『元亨釈書』巻一四行基章に「基之所過、耕夫捨耒耜、織婦投機杼、奔波礼謁、村閭闐々咽而不容易往来」とみえる。

(74)其間、有効薄伎、慣狐鳴之偽党、排斥之　『元亨

釈書』巻五覚鑁章に「我厠其間効薄伎慣狐鳴已失隠約之素也」とみえる。

(75)挙唱真乗、陶鋳人天、誨諭諄々、鳥聚龍参、鐘鼓魚板、一時改響、不言之化、如門到戸、説無為而成矣　「鐘鼓魚板、一時改響」は、『元亨釈書』巻七弁円章にみえる語。

(76)而窆壙之後、祖壇池水変血、仮山蒼松化白、而歴三日復元藹々　道元禅師埋葬の後、祖壇の池の水が血の色に変わり、枯山水の庭の青々とした松が白く変じ、三日の後元に復した、の意。

(77)大衆満塋、攀悲于竹径、屑涕于白石、従隣国至皇郷、及曲洲環浦、豈徒春人不相傾壟罷肆哉　『元亨釈書』巻九見仏章に「曲洲環浦、奇峯異石、天下之絶境也」とある。

(78)烏虖、大禅師之徳行、寧振于人天耳、感無情之万物、奇哉、々々　「烏虖」、感嘆の辞。『書言字考』に「悪・都・烏虖・於皇・嗚」とみえる。道元禅師の徳行は、人天のみならず、無情の万物に至るまで感応することは、不思議なことではないか、の意。

(79)遠無外・寧退耕・愚虚堂、為録序跋、以附与義尹　文永元年(一二六四)寒巌義尹が入宋し、かつて道元禅師と同門であった無外義遠に持参した『永平広録』の校正を請うて、『永平元禅師語録』(通称『略録』)が成立した。本書には、義遠の序と跋の外に退耕徳寧、虚堂智愚の跋が伏されている。

(80)夙智所摠、生知安行　早熟の智慧は人を感動させ、生まれながら道理に通じ、心静かに実践した、の意。

(81)皇畿候服、尚風艸壮　王畿にすむ天皇の一族、その気高いたたずまい、質素な粧い。

(82)鷹俊鵬老、偃月慈航　すぐれた器用の弟子と耆宿、「偃月」は偃月橋をさし、永平寺の境致の一つ。

【解説】　本史料は、『禅籍編』二巻№35に「道元禅師四百回忌祭文」(以下「祭文」)として影印翻刻されている。史料名は箱表書きには「高祖四百回忌祭文　木下道正庵書」とあり、巻子題簽にも同文が記されている。内部徴証によれば、「道玄大徳和尚大禅師四百回忌祭文」となろうか。

本史料には、別本がある(永平寺所蔵道正庵文書)。別本は道正庵に旧蔵されていたものであり、両者の間に本文の異同が若干存在する。また、永平寺所蔵道正庵文書にある

『道正庵備忘集』にも全文が収載されている。

装丁は巻子装(近代改装)であり、料紙は、厚手の楮紙と思われる。卜順の自跋および永平寺二十七世高国英峻(一五九〇～一六七四)の跋が記されている料紙は、本文のそれとは異なる。そこには、龍胆とおぼしき植物が描かれ、継ぎ目に「道正庵」の朱印が押されている。

継ぎ目に朱印が押された後の料紙には英峻自筆の跋文が記されている(本巻No.2)。末尾には、「吉祥山永平精舎現住高国峻叟」と自署されており、壺印「高国士峰」、角印「士峰英峻俊」、各一顆が押されている。これは英峻の本参・切紙等の史料に押されているものと同一の印影である。

本史料の成立は、祭文本文中に「惟　龍飛慶安五暦歳次玄黓執徐八月二十八日、道玄大徳和尚大禅師四百回忌」とあることから、慶安五年(一六五二)八月二十八日を卜して著されたものであることが分かる。成立の経緯について、同日に記された卜順の自跋によれば、英峻が卜順に対してこの祭文を後世永平寺に残すよう強く勧奨したので、固辞しがたくこれを著したとしている。

本史料の筆者木下道正庵卜順(一六一六～九〇)は、道正庵第十九代であり、『道正庵系譜』によれば、字は徳幽、号は味杏堂、また釣雪斎と称する。『道正庵備忘集』巻上によれば、北は奥州から南は九州におよぶ主だった寺院に絵画、墨蹟、工芸品を寄付したとする卜順の跋文が数多く収載されている。その跋文の多くには、道正の伝記が挿入されている。卜順はこの道元禅師四百回忌を契機として、以前にも増して、より積極的に曹洞宗寺院に対して働きかけていたものと推察する。

本書の体裁は、草疏(四六駢儷文と散文の相い混淆する)体の部分と、四言の銘文とに別れる。銘文は、やや大きく肉厚の筆致で記されている。次に、自跋が祭文木文よりやや小さく記されている。ここまでは一筆であり、卜順の自筆と思われる。注に指摘したように、その措辞には『元亨釈書』の語が頻々として引用されている。

内容構成について見てみると、一、道元禅師四百回遠忌に際して菲才にもかかわらず祭文を献ずることの謙遜の辞、二、道元禅師の顕彰(「緬惟祖々伝心」以下)、三、道元禅師の伝記(「原夫大禅師者」以下)、四、道元禅師を鑽仰する銘文(「其文云」以下)で構成されている。道元禅師の伝記には、木下道正(藤原隆英)の伝記、および神仙解毒円の由来の話が挿入されている。

道正庵始祖道正については、同じく卜順によって著された『道正庵元祖伝』（以下『元祖伝』）が基礎史料となる。『元祖伝』については、『文書編』一巻No.139に史料の影印と翻刻、および解説（廣瀬良弘師執筆）がなされている。『元祖伝』の奥書に「寛永己卯孟春二十有四日／道正庵第十九藤原徳幽卜順誌」とあることから、寛永十六年（一六三九）一月二十四日に記されたことが分かる。『元祖伝』には、別本が有り、やはり永平寺に所蔵されている。別本は道正庵旧蔵本（巻子装、一巻）であり、卜順の自筆史料と思われる。今回の校合には、この旧蔵本を参照した。始祖道正庵隆英（一一七一～一二四八）は、藤原顕盛（あきもり）の子で、清水谷公定（きんさだ）の養子となって官職に就き、経学に通じたが、治承の乱で、外祖父源仲家（なかいえ）が戦死したのを機に官を辞し、仏門に入った。鎌倉時代前期に道元禅師と共に入宋し、医薬の製法を伝えたとされる医僧である。帰朝して後、世事を断って洛西の木下（京都市上京区）に庵を結んで籠居、それにより道正庵と称したという。『元祖伝』において特徴的なことは、「祭文」には記されていない、道正が如浄のもとで大悟したとする投機の話が挿入されている点にある。

道元禅師の急病を救った「神仙解毒円」の由来については、『文書編』一巻No.140「道正庵神仙解毒万病円記」が参考になる。本史料にも道正庵旧蔵本である別本があり、永平寺に収蔵されている。道正庵と永平寺との関係については、上記史料の解説（廣瀬良弘師執筆）を参照していただきたい。付言すれば、「神仙解毒円」の由来は、帰国の途についた道元禅師一行は、宋の地において疲弊して意識不明の窮地に陥るが、稲荷神の化身である老媼より施された薬によって全快する。その薬方を伝授されたのが道正であるというものであった。しかし、その解毒円の由来は、この文脈のみではない。次に史料を示す。

【史料】解毒万病円之由来（永平寺所蔵道正庵文書）

抑此解毒万病円ト申御薬者、コトモヲロカヤ禅宗ノ、水上越前国永平寺道元和尚ヨリ始レリ、永平寺ト申ハ、金明天王ノ御宇ニ、北国越前ノ国師平ノ弾正永平御建立ノ御寺也、有時道元和尚被遊入唐帰朝之節、於船中御病気、依之筑紫羽方（博多）ニ御着岸有ル、然処ニイツク共不知老翁来テ御薬ヲアタエ、タチマチ平癒有シ也、和尚不思議ニ思召如何成者ト御タツ子（ネ）アレハ、翁答テ我者此アタリニ住居スル仙人ナリ、和尚ノ帰朝ヲウケタマハリ（承）、数日相待唯今拝スル、対顔事

仏ノ法弁也、アハレ御慈悲ニ御血脈御サスケ被下ト
申上ル、元来仏法サイトノ〔済度〕和尚ナレハ、則御血脈ヲ
サスケ〔授〕給ふ、仙人難有頂載仕、為御布施薬方指上
テ行方シラス帰ル也、夫ヨリ道元和尚都ニ参内被遊、
御宿坊木下道正庵ニ薬方御伝被遊、於尓今弘ム者
也、是ヲ用則胸万願ヲタモチ急病難病速ニ遁事タチ
マチ奇明也、今世ニ雖多費薬、此薬内外徳眼前也、
故ニ万民為重宝累年国々廻下者也、

関東三ヶ寺
宗禅寺〔総泉〕（朱印）
清正寺〔青松〕（朱印）
泉岳寺（朱印）
龍毬寺〔穏〕（朱印）
宗念寺〔総寧〕（朱印）
大仲寺〔中〕（朱印）

能登
惣待寺〔持〕（朱印）

越前
永平寺（朱印）

右宿坊ゟ仕国々廻下者也
洛陽
木下道正庵
（朱印）（花押）

これは関三ヶ寺（龍穏寺〈埼玉県入間郡越生町〉・総寧寺〈現千葉県市川市〉・大中寺〈栃木県栃木市〉）および両本山が連署する文書であるが、以下のように言う。帰国の船上において発病した道元禅師は、筑紫羽方〔博多〕（福岡県福岡市）に着岸した際に、何処ともなく現れた老翁が与えた薬によってたちまちの内に平癒したとする。その老翁は血脈の授与を求めたので、道元禅師が授与すると忽然として消えた。道元禅師は上洛してその薬方を宿坊である道正庵に伝えたとするものである。江戸時代中期以降、「神仙解毒円」がどのように認識されたのかを見てみたい。『増補家伝預薬集』巻五には「雄黄解毒丸」「三黄解毒丸」「神仙解毒丸」の三種の処方が記され、江戸では、医者塙宗悦が出す解毒丸が有名であったとする。菊岡沾涼著『本朝世事談綺』（五巻五冊。享保十八年〈一七三三〉成立、同十九年刊）には、「〇道正解毒」の項目があり、ふたつの逸話を要約した記事がみえる。『江戸名所図会』（寛政年中〈一七八九～一八〇一〉

草稿成立、天保五年〈一八三四〉板行)巻七「安国山総寧寺」の条にみえる「当寺より、京師道正庵の解毒丸を出だせり」の記事は後代の史料だが注目すべきかと思う。ちなみに、十八世紀初頭に成立した浮世草子や浄瑠璃にみえる「道正坊(だうしやうのぼん)」は、寺院で製した薬を行商し、そのかたわら祈祷・鉢叩きなどを行う願人坊主(がんにんぼうず)をさすという。また、これらの逸話をモチーフとしている説経節の作品に、結城孫三郎正本「越前国永平寺開山記」(元禄二年〈一六八九〉成立)がある。

卜順が本史料を撰述した意図は、道元禅師伝に挿入されたこの二つの逸話の中に看取し得る。道元禅師と道正の関係を強調するのは、永平寺と道正庵との緊密な関係性を確認し、永平寺の権威を背景に道正庵の地位を維持したいという意思が読み取れる。一方で、道元派下の曹洞宗寺院において「解毒円」独占販売に関する権益を確保する意図があったと思われる。

参考文献

中野東禅「高祖伝における庶民芸能の影響―説教本「越前国永平寺開山記」について」(『宗学研究』一一号、一九六九年)。

横山重『説経正本集』(角川書店、一九七八年)。

熊谷忠興「木下道正庵について」(『宗学研究』三九号、一九九七年)。

廣瀬良弘「中・近世における木下道正庵と曹洞宗教団」(『道元禅師研究論集』、大本山永平寺、二〇〇二年)。

『永平寺史料全書』禅籍編　第二巻、七七五〜八〇五頁(大本山永平寺、二〇〇三年)。

納冨常天「總持寺宝物殿所蔵『道正庵文書』」(『鶴見大学仏教文化研究所紀要』一一号、二〇〇六年)。

吉田道興「高祖伝の形成と道正庵」(『曹洞宗総合研究センター学術大会紀要』一二回、二〇一一年)。

『永平寺史料全書』文書編　第一巻、六三三〜六四九頁(大本山永平寺、二〇一二年)。


(飯塚大展)

（慶安五年〈一六五二〉）、永平寺二十七世高国英峻、道正庵十九世卜順の「道元禅師四百回忌祭文」に跋文を記す。

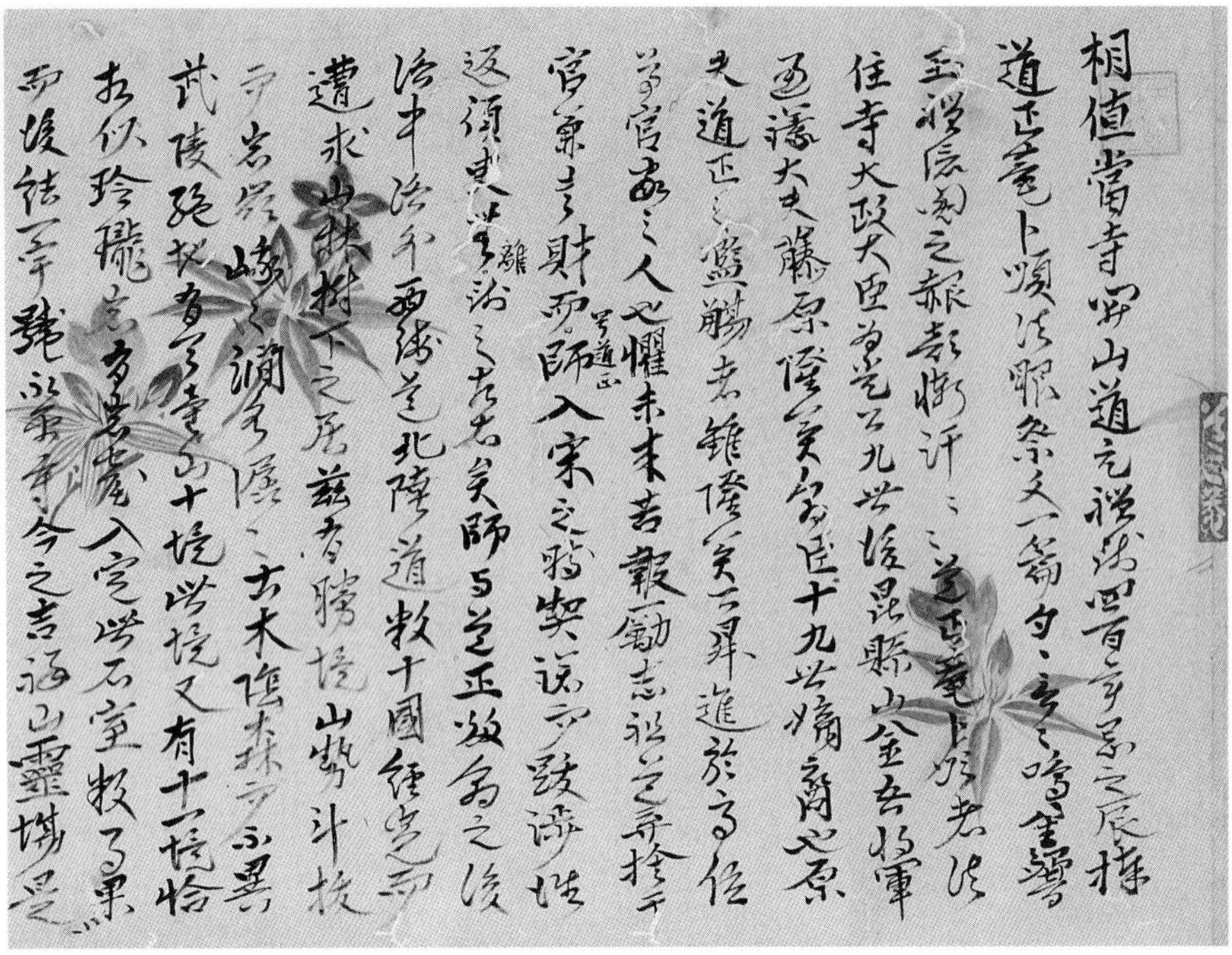

２　道元禅師高祖四百回忌祭文（高国英峻跋）

（巻子装　33.8㎝×731.9㎝）

（朱印文「土峰英峻俊」）

相値当寺開山道元禅師四百年忌之辰、捧
道正庵卜順法眼、祭文一篇、句々言々、鳴金響
玉、禅流、閲之、赧顔慙汗々々、道正菴卜順者、法
住寺大(太)政大臣為光公九世後昆、県山金吾将軍
通議大夫藤原隆英朝臣十九世嫡裔也、原
夫、道正之濫觴者、雖隆英公昇進於高位
尊官家之人、也懼未来苦報、励志祖道、棄捨于
官兼貴財而○(号道正)、師入宋之時、契諾而跋渉往
返、須叟無○(離)師之左右矣、師、与道正帰朝之後、
洛中洛外・西海道・北陸道数十国経過而、
遭求山林樹下之居、茲有勝境、山勢斗抜、
而岩嶺峨々、澗水潺々、古木陰森而不異
武陵絶地、有天童山十境、此境又有十一境、恰
相似、玲瓏岩有岩窟、入定此石室数月、果
而後結一宇、号永平寺、今之吉祥山霊場是

也、説来由不可勝数、曩祖行状記詳焉、且又道正庵解毒円之来由、如載祭文、件々如件、能治衆病故、謂万病円、信服之者、与七百甲子老比丘、何豈有二三哉、日域曹洞之元祖道元和尚、約道正元祖而讖曰、末学苾蒭、寓止京洛、而混雑市店棚床、男女、害此道悲歎而、　禁闕豪貴之近地為且過、結一庵、今之道正庵衆寮是也、

予、閲之両々三々、幸有楮国余、謝之、戯書之、置於永平山中之宝蔵者乎、

（朱印文「高国士峰」）

吉祥山永平精舎現住高国英峻叟

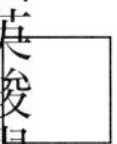
（朱印文「士峰英峻俊」）

【読み下し】

当寺開山道元禅師四百年忌の辰に相値うて、道正庵卜順法眼、祭文一篇を捧ぐ。句々言々、鳴金響玉なり。禅流、これを閲せば、赧顔慙汗せん。道正庵卜順は、法住寺太政大臣為光公が九世の後昆、県山金吾将軍通議大夫藤原隆英朝臣十九世の嫡裔なり。原ぬるに夫れ、道正の濫觴は、隆英公は高位に昇進せる尊官の家の人たりと雖も、也た未来の苦報を懼れて、祖道に志を励して、官と兼ねて貴財とを棄捨して道正と号す。師入宋の時、契諾して跋渉往返するに、須臾も師の左右を離るること無し。師、道正と与に帰朝の後、洛中洛外・西海道・北陸道の数十国を経過して、遭りて山林樹下の居を求む。茲に勝境有り、山勢は斗抜にして、岩嶺峨々として、澗水潺々たり。古木陰森として武陵の絶地に異ならず。天童山十境有り、此の境に又た十一境有りて、恰も相似たり。玲瓏たる岩に岩窟有り、此の石室に入定すること数月、果たして後に一宇を結び、永平寺と号す。今の吉祥山の霊場是れなり。来由を説かば勝げて数うべからず。曩祖の行状記に詳し。且つ又、道正庵解毒円の来由、祭文に載せるが如く、件々件の如し。能く衆病を治するが故に、万病円と謂う。これを信服する者、七百甲子老比丘に与う、何ぞ豈に二三あるのみならんや。日域曹洞の元祖道元和尚、道正元祖に約して讖に曰く、末学の苾蒭、京洛に寓止し、市店棚床に混雑して、男女、此の道を害するを悲歎して、禁闕豪貴の近き地に且過と為て、一庵を結ばん、と。今の道正庵衆寮是れなり。

予、これを閲すること両々三々、幸いに楮国の余有りて、これを謝し、戯れにこれを書して、永平山中の宝

蔵に置くものならんか。

【解説】　本史料は、『禅籍編』二巻No.35に「道元禅師四百回忌祭文」（以下「祭文」）として全文が影印翻刻されており、熊谷忠興師が解説を担当されている。

本史料は、道正庵十九世卜順が著した「祭文」に、永平寺二十七世高国英峻（こうこくえいしゅん）が付した跋文である。本史料の別本が永平寺に所蔵されており、「右祭文一篇、献道正庵衆寮玄禅師之几前、為後証加跋、置於味杏堂而已矣」とみえる（永平寺所蔵道正庵文書『道元禅師四百回忌祭文』）。本史料との間に本文の異同がみられる。また、『道正庵備忘集』巻上（永平寺所蔵道正庵文書）にも、高国英峻の跋文が収載されている。

「祭文」の成立は、本文中に「惟　龍飛慶安五暦歳次玄黓執徐八月二十八日、道玄大徳和尚大禅師四百回忌」とあることから、慶安五年（一六五二）八月二十八日を卜して著されたものであることが分かる。成立の経緯について、同日に記された卜順の自跋によれば、英峻が卜順に対してこの祭文を後世永平寺に残すよう強く勧奨したので、固辞しがたくこれを著したとしている。「祭文」の成立後、日をあまり経ることなく、高国英峻はこの跋を著したものと思われる。

本史料は、「祭文」と卜順自跋が記された料紙にさらに一紙を継いで（継ぎ目には朱印が押されている）、英峻自筆の跋文が記されている。その末尾には、「吉祥山永平精舎現住高国英峻叟」と自署されており、壺印「高国士峰」、角印「士峰英峻俊」、各一顆が押されている。これは英峻の本参（ほんざん）・切紙等の史料に押されているものと同一の印影である。

内容については、卜順の祭文への賛辞、卜順の人物紹介、道正の出家と入宋する道元禅師に片時も離れず随侍したこと、武陵桃源（ぶりょうとうげん）に比する勝境の地に永平寺を建立したことなどが記されている。また、「解毒円」の来由及び道元禅師が道正に約したとされる讖に言及している点は注目すべきである。「解毒円」の来由は祭文に記されているとおりだとしているのは、永平寺住持としてお墨付きを与えているのであり、道元禅師の讖（しん）を以って道正庵衆寮の正当性を保証していると言える。

高国英峻と道正庵十九世卜順との関係については、拙稿「江戸時代初頭における永平寺の動向について（上）―永平寺二十七世高国英峻を中心に―」を参照されたい。

参考文献

『高国代』(明暦三年〈一六五七〉板行。寺町誓願寺前西村又左衛門新刊行)。

中野東禅「高祖伝における庶民芸能の影響—説教本「越前国永平寺開山記」について—」(『宗学研究』一一号、一九六九年)。

『高国代抄』(『禅門抄物叢刊』第四、汲古書院、一九七四年)。

横山重『説経正本集』(角川書店、一九七八年)。

廣瀬良弘「中・近世における木下道正庵と曹洞宗教団」(『道元禅師研究論集』、大本山永平寺、二〇〇二年)。

『永平寺史料全書』禅籍編　第二巻、七七五〜八〇五頁(大本山永平寺、二〇〇三年)。

納富常天「總持寺宝物殿所蔵『道正庵文書』」(『鶴見大学仏教文化研究所紀要』一一号、二〇〇六年)。

吉田道興「高祖伝の形成と道正庵—策謀家道正庵十九世徳幽卜順—」(『曹洞宗総合研究センター学術大会紀要』一二回、二〇一一年)。

『永平寺史料全書』文書編　第一巻、六三三〜六三八頁、六三九〜六四九頁(大本山永平寺、二〇一二年)。

熊谷忠興「木下道正庵について—『惟房公記』登場の地下人道正から—」(『宗学研究』三九号、一九九七年)。

飯塚大展「江戸時代初頭における永平寺の動向について(上)—永平寺二十七世高国英峻を中心に—」(『駒澤大学仏教学部論集』四六号、二〇一五年)。

(飯塚大展)

（慶安五年〈一六五二〉）、永平寺二十七世高国英峻、血脈の版木を作る。

3　高国英峻木版血脈

（版木７　57.5㎝×18.7㎝×1.6㎝）
（版木11　57.5㎝×24.8㎝×1.5㎝）

版木 11 表（血脈下段）

本師釈迦牟尼仏大和尚

摩訶迦葉和尚
阿難陀和尚
商那和修和尚
優波毱多和尚
提多迦和尚
弥遮迦和尚
婆須蜜多和尚
仏陀難提和尚
伏駄蜜多和尚
婆栗湿縛和尚
富那夜奢和尚
馬鳴和尚
迦毘摩羅和尚
那伽閼刺樹那和尚
迦那提婆和尚
羅睺羅多和尚
僧伽難提和尚
伽耶舎多和尚
鳩摩羅多和尚
闍夜多和尚
婆須盤頭和尚
摩拏羅和尚
鶴勒那和尚
師子和尚
婆舎斯多和尚
不如蜜多和尚
般若多羅和尚
菩提達磨和尚
太祖正宗普覚和尚
僧璨和尚
道信和尚
弘忍和尚

大鑑能和尚

思和尚・遷和尚・儼和尚・晟和尚・价和尚・膺和尚・丕和尚・志和尚・観和尚

玄和尚・青和尚・楷和尚・淳和尚・了和尚・珏和尚・鑑和尚・浄和尚

元和尚

弉和尚・円和尚・雲和尚・希和尚・一和尚・純和尚・吾和尚・智和尚・機和尚

鑑和尚・綱和尚・撕和尚・周和尚・縁和尚・貫和尚・棟和尚・球和尚・鶴和尚

奕和尚・天和尚・察和尚・札和尚・頓和尚・義和尚・峻

南和尚・心和尚・清和尚・卓和尚・諶和尚・賁和尚・瑾和尚・敞和尚・西和尚・全和尚

譲和尚・一和尚・海和尚・運和尚・玄和尚・奨和尚・顒和尚・沼和尚・念和尚・昭和尚・円和尚

於吉祥山永平精舎金室内、
曰、夫仏戒者宗門之大事也、昔、
霊山・少林・曹渓・洞山皆附嫡嗣、従如来嫡嫡相承而到吾、今、
附法弟子　　伝附既畢、
東林敞和尚、在天台日、於維摩室示西和尚曰、菩薩戒者
禅門之一大事因縁也、汝、航海来、問禅於予、因先授此戒、
法衣・応器・坐具・宝瓶・拄杖・白払、不遺一物授了、
昔太宋淳熙己酉菊月望日　　懐敞記、
吉祥山永平精舎勅特賜　　同伝授之、

【読み下し】

吉祥山永平精舎金室内に於いて、
曰く、夫れ仏戒は宗門の大事なり。昔、霊山・少林・曹渓・洞山は皆な嫡嗣に附す、如来従り嫡嫡相承して吾に到れり。今、弟子「　」に附法す、伝附既に畢んぬ。
東林の敞和尚、天台に在りし日、維摩室に於いて西和尚に示して曰く、菩薩戒は禅門の一大事因縁なり、汝、航海し来たり、禅を予に問う、因に先ず此の戒を授く、法衣・応器・坐具・宝瓶・拄杖・白払、一物も遺さず授け了んぬと。
昔に太宋淳熙己酉菊月望日懐敞記す。同じくをこれを伝授す。

【解説】　本史料は、永平寺二十七世高国英峻（一五九〇〜一六七四）によって作成された木版の血脈である。本史料は『禅籍編』四巻No.22に収録され、熊谷忠興氏と菅原昭英氏による解説がなされている。今回収録にあたって木版の画像はすべて収録していない。詳しくは『禅籍編』四巻を参照されたい。

　本史料は版木7表・版木7裏・版木11（以上の版木に関する名称は、聖宝閣目録No.による）の全三面からなる。まず釈迦牟尼仏から中国禅宗五祖大満弘忍（六〇一〜六七四）までの流れが一面（版木7表）、次に禅宗六祖大鑑慧能（六三八〜七一三）から青原行思（?〜七四〇）と南岳懐譲（六七七〜七四四）に分かれ、それぞれ曹洞宗の天童如浄（一一六三〜一二二七）と臨済宗の明全（一一八四〜一二二五）に至った上で道元禅師（一二〇〇〜一二五三）に

合流し、道元禅師から懐奘(一一九八～一二八〇)、寂円(一二〇七～一二九九)、義雲(一二五三～一三三三)へと流れて英峻に至る一面(版木7裏)、そして血脈の奥書を記した一面(版木11)である。この版木の法系の最後には「峻」と読める字が記されており、それによって英峻代に作成されたことが分かる。版木11には、元々血脈を伝授する人物名および禅師号が記されていたと推測されるが、その部分は削りとられてしまい判読することができない。削り取った理由は、そこに名前を墨書することで別の人物も用いることができるようにするためであると考えられる。そしてその使用期間は、三十世光紹智堂(一六一〇～一六七〇)が版木を新造するまでであろうか(本巻No.48、『禅籍編』四巻No.25)。つまり、二十八世北州門渚(?～一六六〇)・二十九世鉄心御州(?～一六六四)代に、この版木が再利用されていた可能性があるといえる。詳細は、『禅籍編』四巻の熊谷氏と菅原氏による解説を参照されたい。

参考文献

『永平寺史料全書』禅籍編　第四巻(大本山永平寺、二〇〇七年)。

(廣瀬良弘)

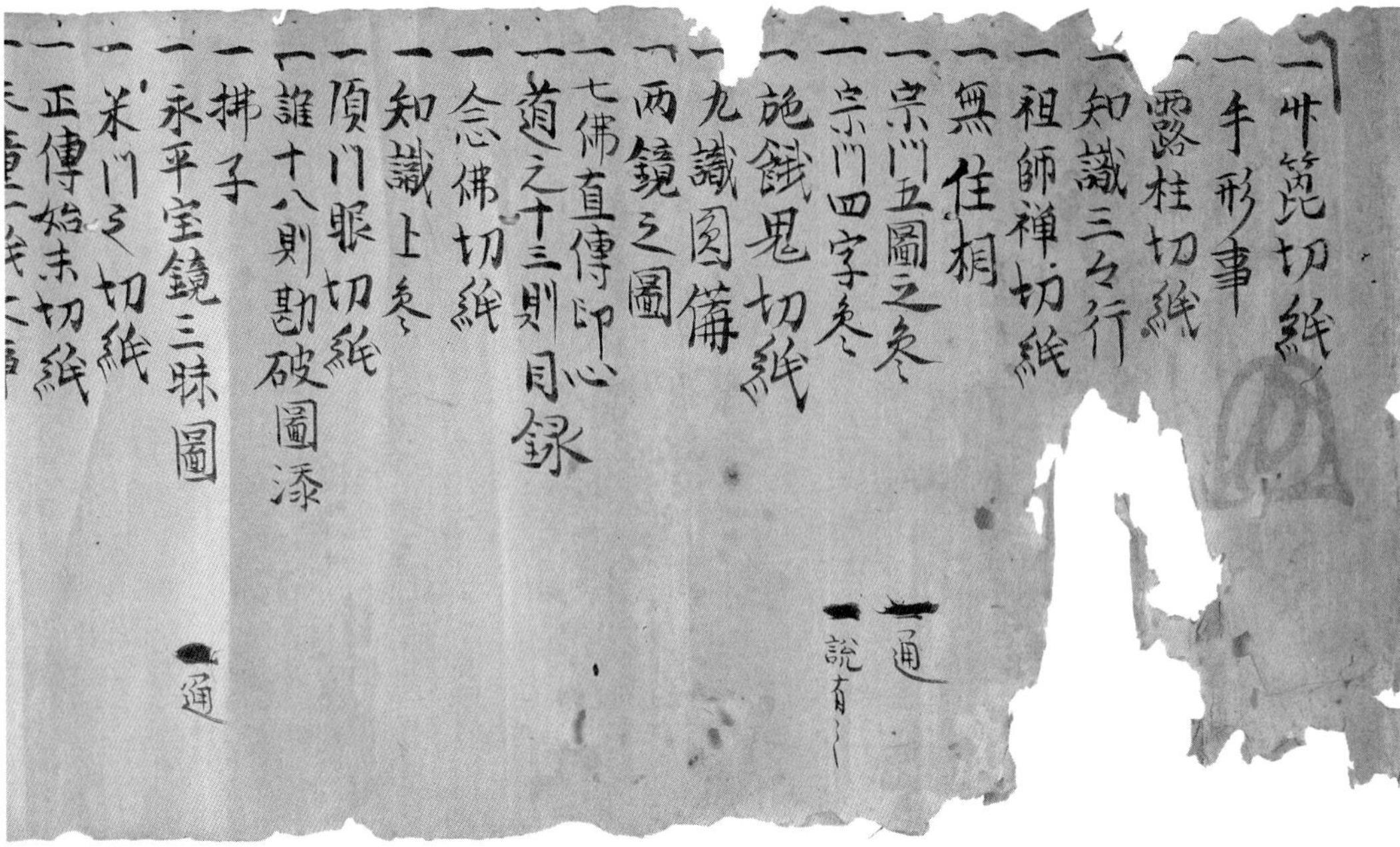

（慶安年中〈一六四八～五二〉）、永平寺二十七世高国英峻、切紙・本参を中心とする「切紙目録」を作る。

4　切紙目録（高国英峻切紙）

（巻子装　19.4㎝×302.0㎝）

（巻子うわ書）
「英峻禅師□（三）十八

（異筆）
「三十世光紹カ」
光紹□□」

切紙目録

（一張）
一竹篦切紙　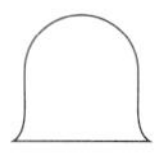（道元版刻花押）

一手形事

一露柱切紙

一知識三々行

一祖師禅切紙

一無住相

一宗門五図之参　〃□一通

一宗門四字参　〃□一説有之、

一施餓鬼切紙

一九識円備（満）

一両鏡之図
一七仏直伝印心
一道元十三則目録
一念仏切紙
一知識上参
一頂門眼切紙
一誰十八則勘破図添
一払子
一永平宝鏡三昧図　〻□一通
一米門之切紙
一正伝始末切紙
一天童一紙大事
一先祖廟移切紙
一先師取骨大事
一卍字之図
一臨終五問答
一耳口(二句)之偈血脈
一住吉大明神之切紙
一光明之迷
一涅槃之作法

一大白峰記
一人々具足図
一合封之切紙　〻□一通
一山門之図　〻二一通
一上来之図
一伝儀加行
一御大事看経回向
一七仏伝授作法
一洒水室中秘伝是則訓訣也　二通
一仏々相伝戒法
一多子搭前伝附作法
一七仏嗣承道場荘厳切紙
一伝法儀軌
一血脈道場儀式
一伝法儀式
一伝底作法
一道場荘厳図
一道場儀式
一伝授道場次第
一御開山伝法儀式

一道場荘厳儀式
一授戒之作法
一七仏伝授戒法一枚書
一法嗣儀記
一伝法儀式
一嗣書伝授儀記〔軌〕
一嗣法論
一永平寺参禅切紙目録
一血脈袋大事
一問訊之大事
一三十四話切紙
一宗門十八種剣
一没後作僧切紙
一安座点眼　四通
一六祖半紙図　二一通
一嗣書焼却大事　二通
一正法眼蔵切紙　四通
一十八般妙語
一山門法衣大事
一一条紅線

一住山之大事（朱印文「万照高国禅師」）
（二張）
一八師之次第
一達磨知死期秘密
一鉢盂之切紙
一龍天勘破図
一日用行事作法
一栄西記文
一嗣法論始終
一三悟道一位図
一牌当之大事
一四十九之本位
一四句之文切紙
一衣鉢血脈作法
一天竺一枚紙
一三老普門大事
一三国一位図
一永平一枚蜜語
一四処半夜図
一二度伝授

一嗣書地絹之様子
一法衣伝授参
一袈裟之大事
一襪子之切紙
一仏頂上円相切紙
一鷺鷲切紙
一御影切紙
一勃陀勃地切紙　二通
一宗旨秘書
一住持焼香切紙
一曹洞八圏図　三通
一白蛇之切紙
一済下之御大事
一松竹梅之切紙
一林際曹洞両派血脈
一鎮守之切紙
一霊供之秘極
一最極無上之大事
一拈奪瞎之切紙
一戒文参

一香厳樹上切紙　二通
一剣刃上之切紙　二通
一拈花微笑之図　七通
一非人亡者結縁大事
一十三仏之切紙
一善知識切紙
一嗣書相伝巻
一達磨一心戒儀、同十戒之図
一祖師禅切紙
一文殊手内一巻経
一栄西僧正記文録
一七仏血脈図　二通
一達磨三安心図　二通
一九六三之大事
一白山妙理大権現切紙　三通
一一中十位抄
一応身之録
一済下印可切紙
一緒環之参
一大蔵法教略要之図之下段

一十仏名之大事切紙
一臨終人問答
一遺戒之偈
一伝法偈　三通
一御開山黒衣之由来
一四恩之参
一君公書
一身心脱落
一銀銭馬形之秘書
一十宗之弁別
一晦朔弦望之図切紙
一誰之図大事
一正法眼蔵血脈
一印〔卵〕形之血脈并参禅有之（朱印文「万照高国禅師」）　三通
（三張）
一二句之偈嗣書　十通
一白山妙理之図并参禅
一三位三裏図
一五位別紙
一皇城廿一社巡礼之切紙
一七堂之図

一御開山嗣書切紙
一福田衣
一大善知識頂上了達切紙
一頂相之大事
一林際三句切紙
一洞山价尊像
一大陽真賛
一十智同真
一三宝印之大事　二通
一参禅掃地之切紙　二通
一無之切紙　二通
一諸仏影像抜精之一紙
一銀〔箱カ〕相鎖子之切紙
一続松秘要
一三国流伝書
一三国流伝乾栗陀耶差別鈀切紙
一三国伝灯切紙
参禅巻冊覚（道元版刻花押）
一秘参独則十六則　一巻
一独則　一巻

一永平秘伝参　一巻
一永平独則参　一巻
一永平秘伝書伝後参　絹地也　一巻
一大儀小儀　二巻
一伝授作法　折本　一冊
一参禅惣目録　一巻
一三十四話抄参禅切紙　一冊
一三十四話名目　一冊
一三十四話抄共　一冊
一門参　一冊
一嗣書三段訣　二冊
一正法眼蔵抜書　一冊
一大白峰記　一冊
一五葉集、同抄　一冊
一根脚抄　一冊
一碧岩参禅　三冊
一血脈起　一巻
一嫡嗣伝授儀式（朱印文「万照高国禅師」）　一巻（朱印文「士峰英峻俊」）
一伝授古則秘伝書　一巻
一法花八巻之秘参（朱印白文「慧輪永明禅師」）　一冊（朱印文「光紹高風」）

【解説】　本史料は、永平寺二十七世高国英峻（こうこくえいしゅん）（一五九〇～一六七四）みずからが相伝したと思われる切紙・本参を記した目録であり、のちに同三十世光紹智堂（こうしょうちどう）（一六一〇～一六七〇）が相伝したものである。全体の写真版は『禅籍編』二巻No.39を参照されたい。

私見によれば、本書の成立は、高国晋住以前に所蔵されていた『正法眼蔵嗣書・三段訣』（『文書編』一巻No.58、『禅籍編』一巻No.19）、『秘参独則十六則』（『文書編』一巻No.109、『禅籍編』二巻No.31）等の本参の書名がみえることから、晋住の後、あまり時日を経ないうちに、山内相伝史料と高国がすでに相伝していた切紙・本参類を照合し、後世永平寺において伝授されるべき切紙・本参の目録を作成したものと推定する。『武蔵傑伝寺棟札銘』（寛文四年〈一六六四〉十一月成立、以下『棟札銘（むなふだめい）』）によれば、「又慶安年中、鈞命に随って、居を北越吉祥山永平精舎に移して、承応元年、内院に参じて勅して特に万照高国禅師と賜る」とある。慶安年中（一六四八～五二）、総寧寺（現千葉県市川市）を退院し、永平寺に晋住した高国は、新たな教学的体系を企図（きと）して『切紙目録』を作成したものと推察する。

史料名は、外題（巻子上書き）による。巻頭部分は傷みが激しく判読できない文字がある。巻末、二部の書名は墨色が異なる。高国自身による加筆と推定される。巻末には、高国の印二顆と、光紹の印二顆が押されている。本史料は光紹の晋住前後に高国から伝授されたものと思われる。

本書記載の切紙の総体的把握に資するため、また、この時代の切紙相承の推移を明らかにするために、解説末尾に永平寺所蔵『切紙目録』関係史料対照表(以下、対照表とする)を後に掲げた。以下、対照表に挙げた史料について、簡単に紹介しておきたい。

永平寺には別に『切紙目録』(書写者未詳、『禅籍編』二巻No.39【参考史料】)が所蔵されている。以下に項目を挙げる。

(1)過去七仏血脈、(2)済下嗣書、(3)済下血脈、(4)斉家御大事、(5)仏祖正法眼蔵血脈、(6)和漢両朝菩薩戒血脈、(7)血脈最極無上大事、(8)七仏伝授大事、(9)御大事上之大事、(10)嗣書之大事、(11)仏祖正伝菩薩戒血脈〈代渡〉、(12)血脈参、(13)仏祖承相大事、(14)小狐血脈、(15)血脈起基、(16)三国伝灯切紙、(17)最極無上之大事、(18)向上了畢判形、(19)遺戒之偈、(20)露柱切紙、(21)仏祖正伝菩薩戒作法大儀軌、(22)道場荘厳之儀式、(23)満字之大事切紙、(24)身心脱落、(25)臨済曹洞両派血脈、(26)五百塵外之沙汰、(27)国王帰敬本地、(28)合封之大事、(29)竹篦切紙、(30)宗旨落居切紙、(31)君公書、(32)賓客作悪事切紙、(33)無師長老之事切紙、(34)五祖牛窓櫺、(35)四十九之本位、(36)牌塔之大事、(37)転衣之切紙、(38)十宗弁別、(39)五十二位、(40)十八般之妙語、(41)永平一枚密語、(42)誰十八則勘破図参話、(43)襪子切紙、(44)臘月因縁、(45)満字之図、(46)参禅了畢、(47)参禅掃地切紙、(48)達磨一心戒儀、(49)戒文参、(50)正法之内意大事、(51)知識他山之切紙、(52)正伝始末之切紙、(53)嗣書嚢図・袈裟嚢図、(54)念仏之切紙、(55)済家印可切紙、(56)頂相切紙、(57)没後作僧切紙、(58)牌塔伝授切紙、(59)臨終人問答、(60)応身之録、(61)面授之参、(62)最初末后、(63)嗣書之合頭、(64)嗣書地絹之様子、(65)鷺鷥之切紙、(66)無著初学忌即心即仏、(67)太白峰記、(68)緒環之参、(68)道元十三則目録、(70)御大事之参〈三合封之参〉、(71)両鏡之図、(72)合封秘、(73)拈華別紙、(74)偏参不足僧赦免、(75)曹洞図、又示五家図起、(76)晦朔弦望図切紙、(77)二重書九个条伝授、(78)四恩参、(79)無住相、(80)臨終五問答、(81)祖師禅切紙、(82)文殊手内経、(83)三光図、(84)心意識之住、(85)真室之略作図、(86)嗣書勃陀勃地吉符、(87)灑水室中秘伝、是即訓訣也、(88)畢竟書、(89)伝法之偈、(90)十知同真、(91)三裡庭図、(92)耳口（二句カ）之偈血脈、(93)七廟之図、(94)正伝始末之切紙、(95)舎利礼之大事、(96)巡堂之法様、(97)宗門五図之参、(98)八識之沙汰、(99)偏参成就之切紙、(100)光明之迷、(101)白山切紙、(102)十三仏血脈、(103)僧戒、(104)椅子荘厳切紙、(105)血脈下段之義也、(106)宗門密要中ノ密要、(107)大善知識頂上三世了達円満之切紙、(108)頂王三昧十三種之義、(109)伝儀加行、(110)曹洞八圏図、(111)宗旨之秘書〈元大梅夢ノ由来〉、(112)七仏伝授戒法之一枚書、(113)天童一紙之大事、(114)大意切紙、(115)涅槃作法、(116)大陽真賛、(117)授経儀軌、(118)諸仏影像抜精之一紙、(119)二度伝授、(120)法幢并雲客之切紙、(121)最大秘密御大事参、(122)仏祖正伝菩薩大事参、(123)一中十位抄、(124)銀箱鎖子之切紙、(125)拈華微笑之図参話共ニ、(126)炬下之切紙、

永平寺には光紹智堂書写の切紙が現存しているが、それは目録全体の十分の一にも満たないものである。光紹所伝の切紙は、下記の一四通が永平寺に現存する。

「道元和尚嗣書切紙」（本巻No.71、『禅籍編』一巻No.21）・「永平和尚一枚密語」（本巻No.69、『禅籍編』一巻No.25）・「元和尚黒衣之由来」（本巻No.72、『禅籍編』一巻No.26）・「宗旨秘書」（本巻No.73、『禅籍編』一巻No.27）・「血脈袋之大事」（本巻No.74、『禅籍編』一巻No.28）・「山居伝戒切紙」（＊『目録なし』、本巻No.75、『禅籍編』一巻No.29）・「栄西僧正記文」（『文書編』一巻No.37、『禅籍編』一巻No.51）・「一条紅線」（本巻No.40、『禅籍編』二巻No.43）・「卵形之図」（＊『目録なし』、本巻No.70、『禅籍編』二巻No.45）・「法衣伝授之時参」（本巻No.64、『禅籍編』三巻No.１）・「袈裟之切紙」（本巻No.65、『禅籍編』三巻No.２）・「卵形血脈幷参禅」（本巻No.66、『禅籍編』三巻No.３）・「十智同真」（本巻No.67、『禅籍編』三巻No.４）・「州県村」（本巻No.68、『禅籍編』三巻No.５）

さらに、永平寺三十四世馥州高郁が貞享五年（元禄元年・一六八八）十月、永平寺退院に際して記録した「伝授室中之物」（本巻No.41、『禅籍編』三巻No.14）所収の切紙についても、「切紙目録」の総数から、あるいは面山瑞方の記事を勘案すれば、馥州が記載したものは、その一部分でしかない。

駒澤大学図書館蔵『室中切紙謄写』は、三十八世承天則地を下限とする永平寺に現存していた切紙を後に謄写した

ものであり、そのほとんどが鉄心御州（てっしんぎょしゅう）から光紹智堂へと相伝されたもので、総計五一種の切紙が取り上げられている。

埼玉県大里郡寄居町正龍寺には、やはり鉄心御州より普満留堂に伝授された切紙が現存している。

次に、面山『洞上室内断紙揀非私記（とうじょうしつないだんしけんぴしき）』についてみてみたい。本書所載の「永平寺室中断紙目録並引」の記事によれば、

延享二年乙丑夏、余寓二永平寺之承陽庵一五十余日。請二室中法宝一周覧、中有二断紙一百四十余通、逐一拝読二目録一以備二後鑑一、皆是代語者之妄談僻説、而無下一補二於宗門一者上也。

とあり、延享二年(一七四五)面山が閲覧した当時、永平寺室中には、「断紙一百四十余通」が現存していたことがわかる。

『参禅切紙　後巻』(故古田紹欽氏所蔵)は光紹智堂所持の切紙を集成したものであるが、鉄心御州とは異なる系統の伝授を受けていたことが確認できる。本書は残念ながら、零本であり、乾本を欠いているが、永平寺における切紙相伝を考察する上でも、また光紹の教学的背景を知る上で極めて重要な史料である。

龍穏寺や総寧寺等関三ヶ寺から出世した高国英峻、鉄心御州、光紹智堂らの永平寺における活動は、後世「代語禅（だいごぜん）」として批判されることともなった。永平寺所蔵史料に見る限り、その先がけとなったのは同寺三十八世承天則地であり、「旧本除却弁」において、高国や光紹を名指しで批判している。

永平寺四十二世円月江寂（えんげつこうじゃく）はまた、上述の『参禅切紙　後巻』に跋文を付しているのだが、古訓を有する十三件の断紙(切紙)以外を代語僧の臆説（おくせつ）であるとして、批判している。

此上下二冊、一百九十六件ノ之断紙（キリカミ）ハ、皆代語僧ノ之臆説、仏経祖論ノ之所レナリ未レタ説カ也。但所列于下之十三件ハ、古訓有拠。宜質文字差誤解而伝、列目如左。

①一、自家ノ訓訣（二巻ノ内ニアリ）（文句ニ有差ヒ）　②一、栄西ノ記文（一ノ括リ）（添ヘ書ハ不可□フ）
③一、国王授戒ノ作法（一ノ括リ）　④一、達磨一心戒（二巻ノ内ニアリ）
⑤一、栄西授経ノ儀軌（十八ノ括リ）　⑥一、十仏名ノ科文（十一ノ括リ）
⑦一、施餓鬼ノ法（十一ノ括リ）　⑧一、手形（テカタ）ノ古式（五ノ括リ）
⑨一、嗣法ノ式（十八ノ括リ）　⑩一、洒水法（十一ノ括リ）
⑪一、義雲和尚坐禅ノ密語（九ノ括リ）　⑫一、永平祖師ノ嗣書ノ口訣（四ノ括リ）
⑬一、禅宗日本伝来ノ口訣(下略)

この円月の所説は、面山の「永平寺室中断紙目録並引」(『洞上室内断紙揀非私記』所収)の所説と呼応しているように思える。

英峻の教学的背景については、拙稿「江戸時代初頭における永平寺の動向について(上)―永平寺二十七世高国英峻を中心に―」を参照されたい。

参考文献

石川力山『禅宗相伝資料の研究』上巻(法蔵館、二〇〇一年)。

『永平寺史料全書』禅籍編　第一巻(大本山永平寺、二〇〇二年)。

『永平寺史料全書』禅籍編　第二巻(大本山永平寺、二〇〇三年)。

『永平寺史料全書』禅籍編　第三巻(大本山永平寺、二〇〇五年)。

『永平寺史料全書』禅籍編　第四巻(大本山永平寺、二〇〇七年)。

『永平寺史料全書』文書編　第一巻(大本山永平寺、二〇一二年)。

飯塚大展「江戸時代初頭における永平寺の動向について(上)―永平寺二十七世高国英峻を中心に―」(『駒澤大学仏教学部論集』四六号、二〇一五年)。

(飯塚大展)

永平寺所蔵『切紙目録』関係史料対照表

	永平寺所蔵『切紙目録』(高国英峻書写、光紹智堂所持)	永平寺所蔵『切紙目録』(書写者不明)	駒澤大学図書館蔵『室中切紙謄寫』	面山瑞方『洞上室内断紙揀非私記』所収「永平寺室中断紙目録並引」	普満紹堂関係「切紙」(正龍寺所蔵)目録	『参禅切紙 後巻』(故古田紹欽氏所蔵)	参考史料 永平寺所蔵切紙(禅籍編・文書編)、同寺蔵『伝授室中之物』他
1	一、竹篦切紙	(29)竹篦切紙	(23)竹篦切紙 (41)竹篦・拄杖参話并注脚	(75)竹篦切紙 [外に(82)竹篦・拄杖参話并図、*(112)竹篦・払子拄杖寸尺切紙あり]	(77)竹篦切紙(鉄心御州→普満紹堂、従永平室中直伝) (82)拄杖・払子・竹篦之図(従永平寺室中直伝、普満紹堂所持) (83)竹篦由来(従永平寺室中直伝、普満紹堂所持)		
2	一、手形事			(27)手形切紙			
3	一、露柱切紙	(20)露柱切紙		(60)露柱切紙			
4	一、知識三々行			(126)知識三箇行話			
5	一、祖師禅切紙	(81)祖師禅切紙		(93)祖師禅切紙 [外に*(92)祖師禅嫌道話切紙あり]		(54)祖師禅切紙	
6	一、無住相	(79)無住相					
7	一、宗門五図之参	(97)宗門五図之参					
8	一、宗門四字参						
9	一、施餓鬼切紙		(19)施餓鬼之切紙		(69)施餓鬼焼香作法(鉄心御州→普満紹堂、従永平室中直伝)		
10	一、九識円備			(135)九識円満切紙			
11	一、両鏡之図	(71)両鏡之図		(44)両鏡図大事			
12	一、七仏直伝印心	*(112)七仏伝授戒法之一枚書	(13)七仏伝授戒法之一枚紙(心田之話・五相之図)	[*(1)過去七仏血脈 *(4)過去七仏心字参]	(61)七仏血脈図諸話頭根本(カ)		(7)一、過去心字之血脈一大事因縁渡之、同過去七仏之血脈在之、
13	一、道元十三則目録	(69)道元十三則目録		(94)道元十三則目録			
14	一、念仏切紙	(54)念仏之切紙		(73)念仏切紙			
15	一、知識上参						
16	一、頂門眼切紙			(103)頂門眼切紙			

17	一、誰十八則勘破図添	(42)誰十八則勘破図参話		[＊(102)誰図大事黒円]		
18	一、払子		(42)払子	(76)払子切紙	(78)払子切紙(従永平寺室中直伝、普満留堂所持)	
19	一、永平宝鏡三昧図					(32)宝鏡三昧
20	一、米門之切紙		(34)米門之切紙	(78)米門切紙〈松ト梅ト椿ト牡丹トノコト〉		
21	一、正伝始末切紙	(52)正伝始末之切紙		(21)正伝始末切紙		
22	一、天童一紙大事	(113)天童一紙之大事		(61)天童一紙大事		
23	一、先祖廟移切紙		(47)廟移作法		(73)廟移截紙(従永平寺室中直伝、普満留堂所持)	
24	一、先師取骨大事		(46)先師取骨之大事	(113)先師取骨切紙		
25	一、卍字之図	(45)満字之図	(37)卍之切紙	(50)卍字之図[外に＊(48)卍字大事、＊(49)卍字切紙〈卍字ハ七ノ字十ノ字トニフ〉アリ]	(80)卍之貴裡紙(従永平寺室中直伝、普満留堂所持カ)	
26	一、臨終五問答	(59)臨終人問答 (80)臨終五問答		(134)臨終人問答切紙		
27	一、耳口之偈血脈	(92)耳口[二句]之偈血脈		＊(69)二句偈伝授血脈幷十如是大事		
28	一、住吉大明神之切紙					(28)住吉五ヶ条託宣
29	一、光明之迷	(100)光明之迷		(36)光明迷參		
30	一、涅槃之作法	(115)涅槃作法				
31	一、大[太カ]白峰記	(67)太白峰記				(38)太白峰記	(49)太白峰記、壱冊
32	一、人々具足図			(109)人人具足図切紙		
33	一、合封之切紙	(72)合封秘 (28)合封之大事	(45)合封折角之切紙		(67)合封切紙(従永平寺室中直伝、普満留堂所持)	(2)「合封參」
34	一、山門之図		(33)山門切紙			(52)山門切紙
35	一、上来之図					
36	一、伝儀加行	(109)伝儀加行	(10)伝儀加行	(129)伝戒加行切紙		
37	一、御大事看経回向		(20)御大事看経回向	(104)御大事看経回向切紙		

38	一、七仏伝授作法	＊(112)七仏伝授戒法之一枚書	＊(13)七仏伝授戒法之一枚紙(心田之話・五相之図)		[(61)七仏血脈図諸話頭根本あり]		
39	一、洒水室中秘伝[則是訓訣也]	(87)灑水室中秘伝、是即訓訣也		[(41)曹洞三種訓訣(カ)]			
40	一、仏々相伝戒法	＊(21)仏祖正伝菩薩戒作法大儀軌	＊(13)七仏伝授戒法之一枚紙(心田之話・五相之図)カ				
41	一、多子塔前伝附作法		(43)多子塔前伝附之作法	(128)多子塔前伝付作法切紙			(43)同多子塔前伝付ノ作法、一枚、
42	一、七仏嗣承道場荘厳切紙	＊(8)七仏伝授大事					
43	一、伝法儀軌		(3)伝法之儀軌	[(132)室中儀軌参(カ)]	[(87)伝授之儀軌(従永平寺室中直伝、普満留堂所持)]		(46)伝法ノ作法室中秘訣、巻本也、(47)伝法之作法総目録、巻本也、(52)当山伝法之作法、一枚、紙小結六ツ合、大把二成、二ツ、
44	一、血脈道場儀式			(121)血脈道場儀式			
45	一、伝法儀式						
46	一、伝底作法						
47	一、道場荘厳図		(21)道場荘厳之図		[(64)檀家血脈行時道場荘厳(従永平寺室中直伝、普満留堂所持)]		
48	一、道場儀式						
49	一、伝授道場次第						
50	一、御開山伝法儀式						(48)開山伝法之作法、二巻
51	一、道場荘厳儀式	(22)道場荘厳之儀式					(9)一、道場荘厳儀式
52	一、授戒之作法						
53	一、七仏伝授戒法一枚書	(112)七仏伝授戒法之一枚書					
54	一、法嗣儀記		(1)嗣法之儀記				(37)一、嗣法儀式
55	一、伝法儀式						
56	一、嗣書伝授儀記						
57	一、嗣法論		(2)嗣法論	(138)天童与道元問答嗣法論〈妄説也〉		(16)嗣法論大事	

58	一、永平寺参禅切紙目録						
59	一、血脈袋大事	＊(59)小狐血脈	(17)血脈袋之大事(子狐トモ)				『禅籍編』一巻No.28、本巻No.74
60	一、問訊之大事				(75)問訊切紙(従永平寺室中直伝、普満留堂所持)		
61	一、三十四話切紙						
62	一、宗門十八種剣						
63	一、没後作僧切紙、	(57)没後作僧切紙					
64	一、安座点眼［四通］		(29)安座点眼 (30)開眼点眼切紙并塔婆点眼		(71)塔婆点眼大事(鉄心御州→普満留堂、従永平室中直伝、寛文四年二月吉日)	(20)安座点眼大事	
65	一、六祖半紙図［二通］			(11)六祖示青原半紙大事			
66	一、嗣書焼却大事［二通］				(81)嗣書焼却貴裡紙(従永平寺室中直伝、普満留堂所持)		
67	一、正法眼蔵切紙		＊(15)仏祖正伝正法眼蔵血脈	＊(20)正法眼蔵五輪砕切紙			
68	一、十八般妙語	(40)十八般之妙語		(95)十八般妙語図			
69	一、山門法衣大事		(33)山門法衣之大事〈法衣伝授之時参話〉	＊(29)法衣伝授大事			
70	一、一条紅線			(66)済下一条紅線切紙			『禅籍編』二巻No.43、本巻No.40
71	一、住山之大事		(18)住山之大事	(105)住山大事切紙		(22)住山眼大事	
72	一、八師之次第			(124)八師次第切紙〈伝法師伝戒師受戒師参学師言行師依止師学得師右妄説也〉			
73	一、達磨知死期秘密			(117)達磨知死期之秘密		(34)達磨知死期偈	
74	一、鉢盂之切紙						
75	一、龍天勘破図						
76	一、日用行事作法				(58)日用行事作法祝聖切紙(従永平寺室中直伝、普満留堂所持)	(48)祝聖切紙	

77	一、栄西記文、＊(120)「栄西僧正記文録」あり。					(39)栄西記文	『禅籍編』一巻No.51、『文書編』一巻No.37
78	一、嗣法論始終						
79	一、三悟道一位図			(86)三悟道同切紙			
80	一、牌当之大事	(36)牌当之大事			[(85)牌塔伝授截紙(従永平寺室中直伝、普満留堂所持)]		(43)一、牌塔伝授之切紙、壱枚
81	一、四十九之本位	(35)四十九之本位		(116)四十九餅本位切紙			
82	一、四句之文切紙		(39)四句文之切紙	(52)諸行無常四句切紙		(7)四句文参	
83	一、衣鉢血脈作法			(30)衣鉢血脈伝授作法	(60)衣鉢血脈伝授作法(従永平寺室中直伝、普満留堂所持)		
84	一、天竺一枚紙			(13)天竺一枚紙	(57)仏祖以前血脈天竺一枚截紙(従永平寺室中直伝、普満留堂所持)		
85	一、三老普門大事			(16)三老普門大事〈釈迦文殊弥勒〉			
86	一、三国一位図			(9)三国一位之血脈			
87	一、永平一枚蜜語	(41)永平一枚密語					『禅籍編』一巻No.25、本巻No.69
88	一、四処半夜図			(43)四処半夜之図参			
89	一、二度伝授	(119)二度伝授	(14)二度伝授参	(107)二度伝授切紙			
90	一、嗣書地絹之様子	(64)嗣書地絹之様子	(4)嗣書地絹之様子	(111)嗣書地絹切紙			
91	一、法衣伝授参		(33)山門法衣之大事〈法衣伝授之時参話〉	(28)法衣伝授参話			『禅籍編』三巻No.1、本巻No.64
92	一、袈裟之大事			(25)袈裟大事図[外に(26)袈裟心伝大事あり]	(53)袈裟大事(従永平寺室中直伝、普満留堂所持)		＊「袈裟之切紙」『禅籍編』三巻No.2、本巻No.65
93	一、襪子之切紙	(43)襪子切紙		(55)襪子切紙			
94	一、仏頂上円相切紙			(42)仏頂上円相図切紙		(1)円相参、(25)血脈円相大事	
95	一、**鷺鷥**切紙	(65)**鷺鷥**之切紙		(56)**鷺鷥**切紙			

96	一、御影切紙					(56)御影画像書様	
97	一、勃陀勃地切紙［二通］	*(86)嗣書勃陀勃地吉符		(35)勃陀勃地断紙		(8)勃陀勃地参	
98	一、宗旨秘書	(11)宗旨之秘書〈元大梅夢ノ由来〉	(12)宗旨秘書	(63)宗旨秘書			『禅籍編』一巻No.27、本巻No.73
99	一、住持焼香切紙			(72)住持焼香切紙			
100	一、曹洞八圏図［三通］	(110)曹洞八圏図		(33)曹山八圏図			
101	一、白蛇之切紙		(28)白蛇切紙（帰朝本則）				
102	一、済下之御大事	(4)済家御大事					
103	一、松竹梅之切紙						
104	一、林際曹洞両派血脈	(25)臨済曹洞両派血脈		(65)臨済曹洞両派血脈			
105	一、鎮守之切紙		(25)鎮守切紙	(51)鎮守切紙		(12)鎮守参、(31)鎮守之参	
106	一、霊供之秘極			(70)亡者霊供切紙 (71)亡者霊供切紙〈竈前熱田明神ニ上ルコト本地不動明王ト云コト〉	(84)霊供秘極（従永平寺室中直伝、普満留堂所持）		
107	一、最極無上之大事	*(7)血脈最極無上大事 (17)最極無上之大事		(40)仏祖正伝菩薩戒血脈最極上大事			
108	一、拈奪瞎之切紙			(100)拈奪瞎三事切紙			
109	一、戒文参［二通］	(49)戒文参		(23)戒文伝授参〈代語〉 (24)戒文拈提参〈代語〉			
110	一、香厳樹上切紙［二通］			［(85)天童山樹上切紙〈大極ト五位ノコト〉(カ)］	(59)［香厳樹上話(仮題)］（従永平寺室中直伝、普満留堂所持）		
111	一、剣刃上之切紙			(84)剣刃上切紙			
112	一、拈花微笑之図［七通］	(125)拈華微笑之図参話共ニ (37)拈華別紙		(46)拈華微笑訣参〈他家訓訣邪解カナ抄ナリ〉			
113	一、非人亡者結縁大事		(50)非人亡者之事				
114	一、十三仏之切紙	(102)十三仏血脈		(115)十三仏血脈切紙			
115	一、善知識切紙	(107)大善知識頂上三世了達円満之切紙		(57)善知識切紙			

番号						
116	一、嗣書相伝巻	＊(10)嗣書之大事				
117	一、達磨一心戒儀、同十戒之図	(48)達磨一心戒儀				
118	一、祖師禅切紙 ※5ニモアリ	(81)祖師禅切紙		(93)祖師禅切紙［外に(92)祖師禅嫌道話切紙あり］		
119	一、文殊手内一巻経	(82)文殊手内経		(133)文殊手内一雀経〈一名仏説三身寿量無辺経コレ偽経ナリ〉		
120	一、栄西僧正記文録、 ＊(77)「栄西記文」あり。					『禅籍編』一巻No.27、『文書編』一巻No.37
121	一、七仏血脈図［二通］	(1)過去七仏血脈 (8)七仏伝授大事		(1)過去七仏血脈	(61)七仏血脈図諸話頭根本(鉄心御州→普満留堂、従永平室中直伝) (62)過去心字血脈一大事(鉄心御州→普満留堂、従永平室中直伝)	
122	一、達磨三安心図［二通］	(112)七仏伝授戒法之一枚書				
123	一、九六三之大事					
124	一、白山妙理大権現切紙［三通］	(101)白山切紙	(31)山神授戒〈白山也、様子ト図アリ〉 (32)白山妙理大権現切紙	(6)白山妙理断紙	(65)龍天授戒作法(鉄心御州→普満留堂、従永平室中直伝) (74)龍天血脈(従永平寺室中直伝、普満留堂所持)	
125	一、一中十位抄	(123)一中十位抄		(38)一中十位切紙		
126	一、応身之録	(60)応身之録		(2)応身録		
127	一、済下印可切紙	(55)済家印可切紙				
128	一、緒環之参	(68)緒環之参		(31)緒環之参		
129	一、大蔵法教略要之図之下段					
130	一、十仏名之大事切紙		(7)十仏名切紙			
131	一、臨終人問答	(59)臨終人問答				
132	一、遺戒之偈	(19)遺戒之偈	(24)遺誡之偈	(106)遺誡偈大事		

133	一、伝法偈［三通］	(89)伝法之偈					
134	一、御開山黒衣之由来			(64)元和尚黒衣由来			『禅籍編』一巻No.26、本巻No.72
135	一、四恩之参	(78)四恩参		(122)四恩参			
136	一、君公書	(31)君公書		(99)君公書切紙			
137	一、身心脱落	(24)身心脱落	(40)身心脱落	(87)身心脱落切紙［外に(88)脱落脱落切紙(89)脱落身心○初◎●あり］			
138	一、銀銭馬形之秘書			(74)銀銭馬形切紙			
139	一、十宗之弁別	(38)十宗弁別					
140	一、晦朔弦望之図切紙	(76)晦朔弦望図切紙		(123)晦朔弦印切紙〈月図〉			
141	一、誰之図大事	*(42)誰十八則勘破図参話		(102)誰図大事黒円			
142	一、正法眼蔵血脈	(5)仏祖正法眼蔵血脈	(15)仏祖正伝正法眼蔵血脈				
143	一、卵形之血脈幷参禅有之［三通］			*(62)大陽卵形晃龍図断紙			『禅籍編』三巻No.3、本巻No.66
144	一、二句之偈嗣書［十通］	*(92)耳口〔二句カ〕之偈血脈		(68)二句偈嗣書〈周穆王達磨聖徳太子〉［外に(69)二句偈伝授血脈幷十如是大事あり］		(15)二句偈参	
145	一、白山妙理之図幷参禅	*(101)白山切紙					
146	一、三位三裏図	(91)三裡庭図		(96)州県村切紙			*「州県村」『禅籍編』三巻No.5、本巻No.68
147	一、五位別紙		(26)五位之別紙亦五体五輪之図	(14)洞山五位切紙〈亦名五体五輪図〉（ヵ）			
148	一、皇城廿一社巡礼之切紙						
149	一、七堂之図			(39)七堂伽藍図切紙			
150	一、御開山嗣書切紙			(17)道元嗣書不同切紙（ヵ）			『禅籍編』一巻No.21、本巻No.71
151	一、福田衣			(32)福田衣之参	(72)福田衣切紙（従永平寺室中直伝、普満留堂所持）		

152	一、大善知識頂上了達切紙	(107)大善知識頂上三世了達円満之切紙		(47)大善知識頂上三世了達円満一◎・切紙			
153	一、頂相之大事	(56)頂相切紙					
154	一、林際三句切紙			(83)臨済三句切紙			
155	一、洞山价尊像						
156	一、大陽真賛	(116)大陽真賛		(22)大陽真賛参話			
157	一、十智同真	(90)十知同真		(114)十智同真切紙			
158	一、三宝印之大事［二通］		(8)三宝印(嗣法之印籠相伝時之一紙) (9)三宝印之大事	(79)三宝印切紙 (80)三宝印大事			
159	一、参禅掃地之切紙［二通］	(47)参禅掃地切紙					
160	一、無之切紙［二通］		(38)無之切紙				
161	一、諸仏影像抜精之一紙	(118)諸仏影像抜精之一紙					
162	一、銀相(箱ヵ)鎖子之切紙	(124)銀箱鎖子之切紙	(44)銀箱鎖子之切紙	(77)銀箱鎖子切紙		(40)太陽玄銀箱鎖子	
163	一、続松秘要			(53)続松秘要参 ［外に(54)続松切紙あり］	(54)続松截紙(従永平寺室中直伝、普満留堂所持)	(29)続松之切紙	
164	一、三国流伝書			(12)三国流伝之図			
165	一、三国流伝乾栗陀耶差別粑切紙						
166	一、三国伝灯切紙	(16)三国伝灯切紙					

承応二年（一六五三）十一月日、永平寺二十七世高国英峻等、録学口論に関して、興聖寺万安英種等の擯罰を通達する。

5 古記擯罰書写

（冊子装 24.5㎝×17.0㎝）

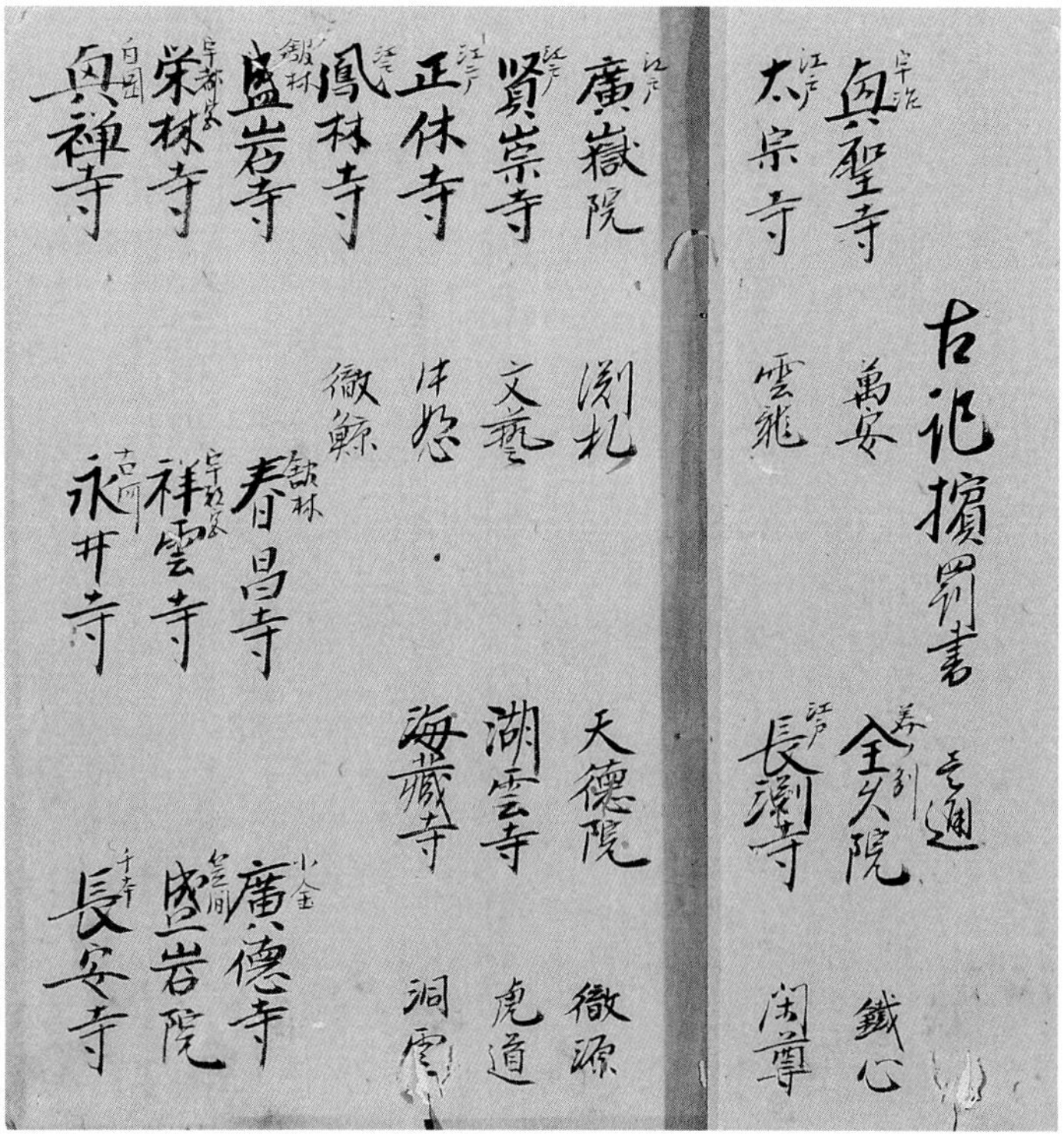

（17ウ）

古記擯罰書　壱通

（宇治）興聖寺　万安　（美ノ州）全久院　鉄心

（江戸）太宗寺　雲龍　（江戸）長淵寺　閑尊

（18オ）

（江戸）広岳院　淵札　天徳院　徹源

（江戸）賢崇寺　文芸　湖雲寺　虎道

（江戸）正休寺　牛恕　海蔵寺　洞雲

（江戸）鳳林寺　徹鯨

（館林）盛岩寺　（館林）春昌寺　（小金）広徳寺

（宇都宮）栄林寺　（宇都宮）祥雲寺　（笠間）盛岩院

（白岡）興禅寺　（古河）永井寺　（千本）長安寺

（19オ）

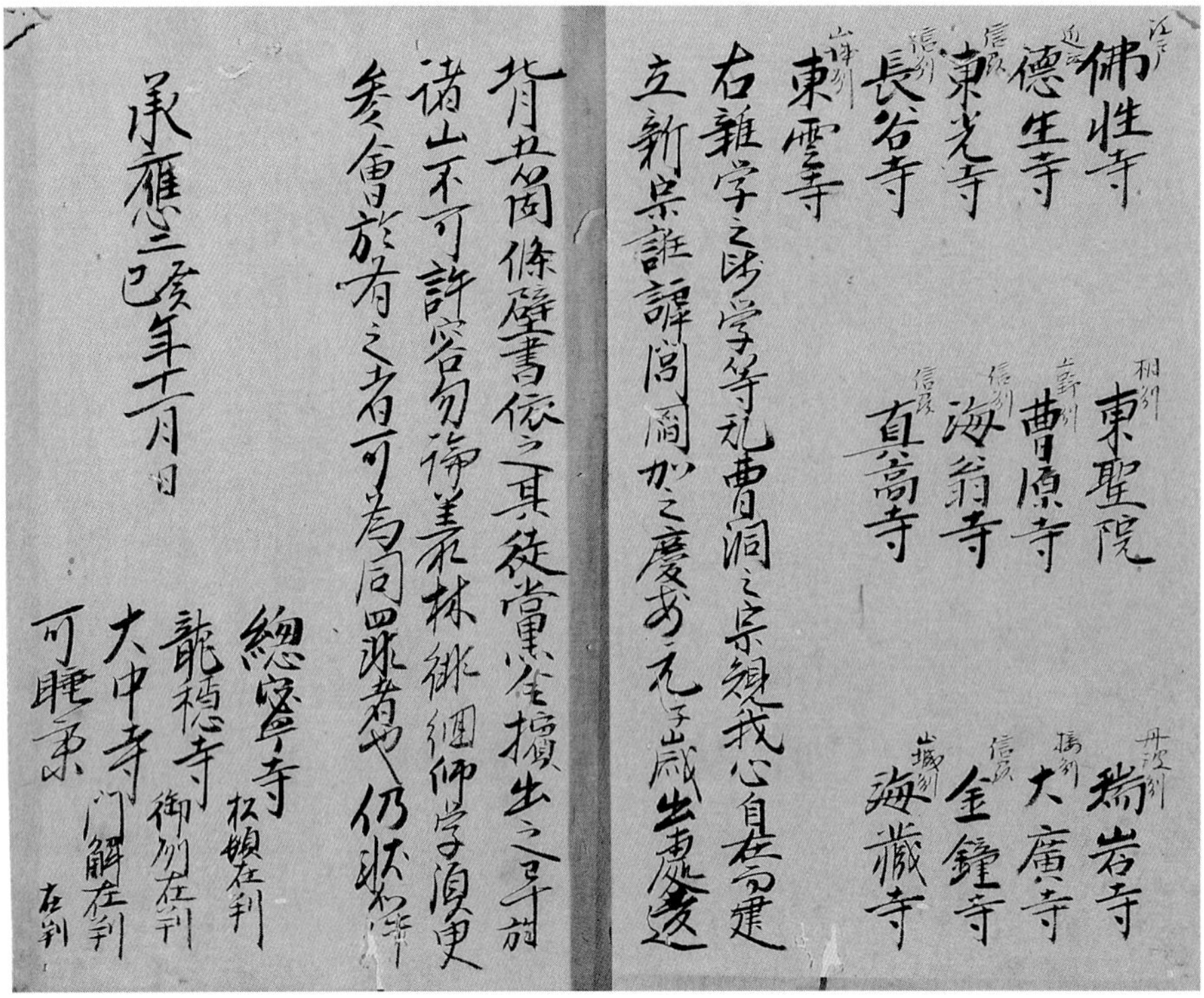

（18ウ）

（18ウ）

江戸 仏性寺　　相州 東聖院　　丹波州 瑞岩寺

近江 徳生寺　　上野州 曹源寺　　摂州 大広寺

信州 東光寺　　信州 海翁寺　　信州 金鐘寺

信州 長谷寺　　信州 真高寺　　山城州 海蔵寺

山城州 東雲寺

右、雑学之師学等、乱曹洞之宗規、我心自在而建

立新宗、誑諱閻閻、加之、慶安元子歳出処違

（19オ）

背五箇条壁書、依之其徒党、令擯出之畢、於

諸山不可許容勿論、叢林徘徊師学、須臾

参会於有之者、可為同罪者也、仍状、如件、

承応二癸巳年十一月日

総寧寺　松頓在判

龍穏寺　（鉄心）御州在判

大中寺　（廬関）門解在判

可睡斎　在判

(19ウ)

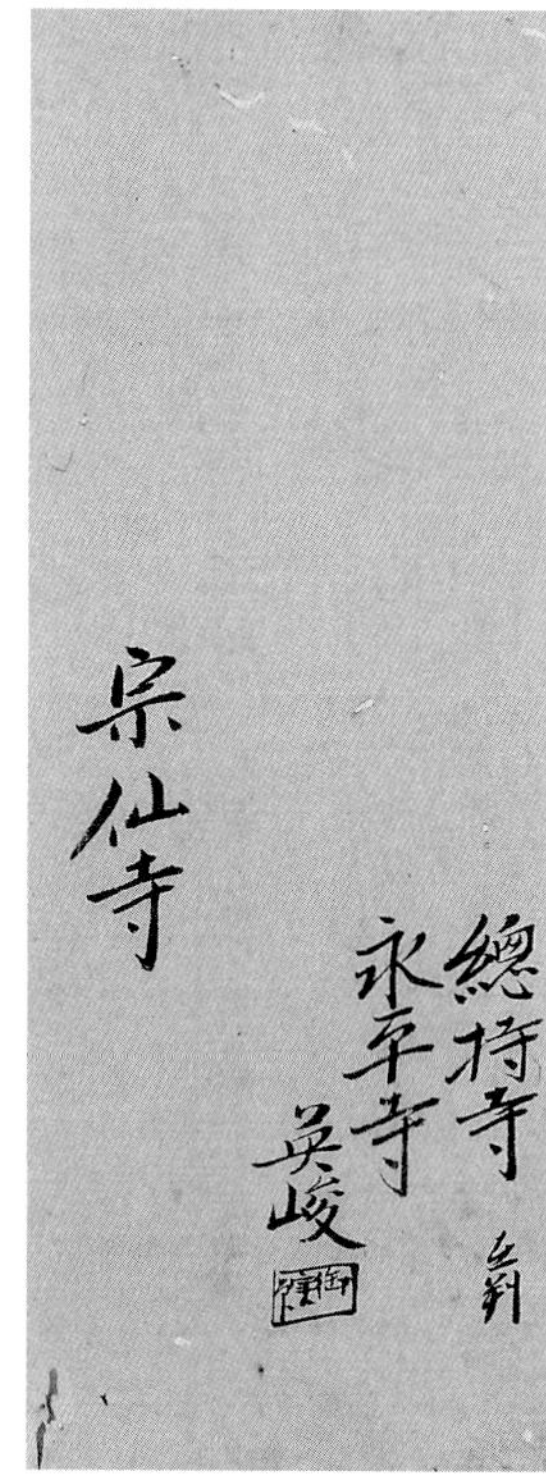

【参考写真】『京都留』表紙

(19ウ)

總持寺　在判
永平寺
英峻　御実印

宗仙寺

【読み下し】

古記擯罰（ひんばつ）書　一通

（中略）

右、雑学（ざつがく）の師学（しがく）等、曹洞の宗規（しゅうき）を乱し、我心自在にして新宗を建立し、閭閻（りょえん）を誑謼（おうこ）す。しかのみならず、慶安元子の歳に出す処の五箇条壁書に違背す。これに依りその徒党、これを擯出せしめ畢んぬ。諸山において許容すべからざるは勿論、叢林（そうりん）徘徊の師学、須臾（しゅゆ）も参会これあるにおいては、同罪と為すべきものなり。仍って状、件の如し。

（後略）

【解説】　本史料は、永平寺の「在京本山役所」を任ぜられていた京都宗仙寺(京都府京都市)に所蔵されていた、元文二年(一七三七)より享和元年(一八〇一)にわたる「留書」三冊を合綴した『京都留』中に収載されている文書である。表紙には、右側に朱字で「乙第三号」、左側に墨字で「京都留」と記されている。

内容は、まず慶安二年(一六四九)夏に江戸府内を中心とする寺院僧侶一〇人が江湖会中に「読物(後掲の典籍一三種)」を致し、慶安元年発令の「壁書五カ条」に違背するとして関三ヶ寺(龍穏寺〈埼玉県入間郡越生町〉・総寧寺〈現千葉県市川市〉・大中寺〈栃木県栃木市〉)の僧録により擯罰を受けた(『読物致シ擯罰僧之事』)彼らに同情し、同年八月に寺社奉行宛へ天徳院鉄玄等四人が「訴状」を出した。これに対し寺社奉行所が発した『関東諸寺院訴状之事』によると、僧録方は擯斥した僧侶を「関東の古風(代り法門)」をないがしろにしたと訴え、彼らを処断しようとしたのである。

本史料によると、さらにその混乱が全国的規模に広がり、上記の三三ヶ所の僧が擯斥処分を受ける結果になったことが知られる。本史料は、僧録方に敵対する不逞の輩を取り締まり、この事件を最終的に決着させるために関三ヶ寺等より発給されたものである。これら一連の事件は、「録学口論」(代語講録事件・雑学事件)等と称する。

本史料と同種の異本には、「永平寺英峻等連署通達」(龍雲寺文書、『曹洞宗古文書』下巻一八三九号文書)に所収されているものが存する。この史料は、信濃国龍雲寺(長野県佐久市岩村田住吉町)宛のものである。本史料と対比すると、数ヶ所にわたり相違する。

その相違点は次のとおりである(括弧は龍雲寺文書)。

美ノ州　全久院(美濃　全久院)、笠間　盛岩院(笠間　盛巌院)
丹波州　瑞岩寺(丹州　瑞巌寺)、近江　徳生寺(江州　徳生寺)
信州　海翁寺(信州　海翁院)、山城州　海蔵寺(城州　海蔵寺)
山城州　東泉寺(城州　東泉寺)。

本史料の宛先宗仙寺は、永平寺の都合により代わって参内した格式ある「洛中三箇寺」の一寺院である。参考史料の龍雲寺は「信州分国内の曹洞宗僧録」寺院である。ちなみに龍雲寺中興(北高全祝(一五〇七〜八六)は、『曹洞宗法度』制定に携わった人物である。当該史料の二通の史料は、同様の地方有力寺院にも多数出されたものと推定できる。

そもそも、この事件の背景には、寛永七年(一六三〇)正月二十日、僧録の総寧寺良尊と龍穏寺麿察より発せられた「宗法十七章」の「定」と慶安元年四月に関三ヶ寺（総寧寺・大中寺・龍穏寺）・可睡斎（静岡県袋井市）・永平寺・總持寺より発せられた「五箇条壁書」がある。

　その「定」の第三条には、文中に「近代誑謔をなす学者、古今未曽有の異説を挙揚し、仏法に虚頭を弄得す。宗旨を妄談し、正法を破滅し、聖賢を廃却し、先徳を誹謗する族これあり。（中略）これ等の徒類、曹洞門下において堅く制すべき事」（原漢文）とある。また「壁書」の第三条には「今般、学道の僧形両般にして布衣僧と綿衣僧、機鋒を逞しくし甚だしく諍論することあり。自今以後、雑学綿衣を専らにする族、江湖頭に定むべからず、ならびに法孫は、転衣の事を論ずること勿き事」（原漢文）と規定している。

　この頃、寛永九年に二代将軍徳川秀忠の老中であった永井尚政（一五八七～一六六八）が秀忠の没後、その職を解任され、下総国古河から山城淀に加増移封される。尚政は領内各地を周覧中、興聖寺の旧跡地をみて公儀へ再興を願い、摂津国臨南庵（大阪府大阪市）に隠棲していた道誉の高い万安英種（一五九一～一六五四）に参じ受戒して、「中興開山」として迎請し、慶安二年九月に晋住せしめた。なお、臨南庵の開基は尚政の家老職鈴木三郎九郎重成であり、鈴木正三重光（一五七九～一六五五）の弟である。万安は、純粋禅復興の志が高く、「義学（依文解義）」を禅とし「情識（思慮分別）」で公案を解釈したりする風潮を批判し、寺院の門を閉じ複数の禅侶と「打坐」を重んじていた（『続洞上諸祖伝』巻四「万安伝」）と伝わる。また主に臨済系の語録・禅籍類の注釈を行い、各地で講席を開き、諸方の「邪解」を痛烈に排撃していた。同時に宗派を超え臨済宗妙心寺派の愚堂東寔・雲居希膺・大愚宗築・一糸文守等と道交があった。さらに万安の盟友である鈴木正三は、上記の済門僧とも交渉がある。彼は万安の許を複数回参訪し種々の教示を受け、実践的禅として念仏を唱道し、独特な「仁王禅」を推進し「民衆教化」への方向づけを決め、活動していた。当時の仏教界は、革新的な気運が溢れていたのである。このような万安や正三等の活動は、それに同調するものを含め関三ヶ寺側の「定」や「壁書」にある「近代誑謔（騒ぎ立てだます）をなす学者」、「布衣僧（東の行脚僧）と綿衣僧（西の学僧）、機鋒を逞しくし甚だしく諍論する」という箇所に該当し、まさに取り締まりの範疇に入っていたと想定できる。

「宇治興聖寺文書」には次の「録学口論之事」を所収する。

一、関東従三ヶ寺学文法度壁書之事
二、学文方之僧江湖にて読物之事
三、読物仕候僧擯罰之事
四、学文方之長老四ヶ寺訴状之事
五、擯罰之僧扱之次第之事
六、本寺衆訴訟方対論之事
七、寺社奉行衆より御出シ候手形下書之事
八、関東諸寺院訴状之事

この中で「学文方之僧江湖にて読物之事」には、慶安二年夏、曹源寺（東京都台東区）・青松寺（東京都港区）・長谷寺（東京都港区）の江湖会において読まれた典籍が挙げられている。次にその典籍について系統別に並べてみる。洞門系代語（抄）として『大淵代』・『龍州代』・『乾国代』・『恩朔法門』、済門系法語集として『禅儀外文（集）』、洞済両門で用いられた『江湖（風月）集』・『無門関』・『四部録』・『真歇拈古』・『禅林類聚』・『観音懺法』・『六祖壇経』・『五家崇（正宗賛）』があわせて「雑学」にあたるとされたのである。

以上の書物は、洞済両門でごく普通に読まれてきた禅籍類であり、従来何ら問題はなかった。それにも拘らず「読物仕候僧擯罰之事」には、青松寺牛昌をはじめ万松院瑞秀など一〇人の僧が記され、前掲の「壁書」に違背しているため擯罰する旨を関三ヶ寺より通達しているのである。

そればかりではなく、「学文方之長老四ヶ寺訴状之事」と「寺社奉行衆より御出シ候手形下書之事」には、彼らを弁護訴訟した師僧格の長老九人（太宗寺雲龍より鳳林寺徹鯨まで）が寺社奉行所より要請された洞家の風規を守るべき「（約束）手形」の提出を拒否したため擯罰されている。この九ヶ寺は、万安が学文（問）を指南したゆかりの寺院である。そのうえ、この混乱の調停を依頼された（『万安和尚文集』〈『続曹洞宗全書』三巻〉）当時の二大碩学の興聖寺万安英種・全久院鉄心道印の二人、さらに末尾ではこの二人に同調した二二ヶ寺（盛岩寺より東雲寺まで。住持名なし）もすべて一緒に擯罰の対象となったことを記し、それらの諸資料を集成する形になっていることが判明する。

ちなみに興聖寺は、その当時、住持万安の名声もあり、末寺を申請する多数の寺院が次第に増加していた。まだ永平寺の末寺とはなっておらず、永平寺との間で「本寺帰属問題」が内在していた事実もある。

前掲の「関東諸寺院訴状之事」の文中には、「曹洞宗のじゃまの学者」が「外には仏祖の語録をまなふと云、内には悪念をふくみ、京いなかの市町を学寮とし」、「よこしまのさとり、よこしまに語る事を専用にして、関東の古跡をしたひ古風を守る僧と右の学者と諍論はなはたしう」云々とある。慶安三年当時、すでに当初の「雑学」の問題や「代り法門」に関する是非を離れ、両大本山・関三ヶ寺に対し敵対し「宗旨」を乱す（権威を犯す）として寺社奉行所が擯罰を申しつけようとしていたことが窺えるのである。

以上の人びとや寺院が書類上で「擯罰」の処分を受けたのは確かである（中山論文）。この処分は、『老中達書』（明暦元年〈一六五五〉十一月二十二日付）によると、当初の一〇人中、三人が擯罰後に帰服し赦免となり、二人は他宗へ転じている。また二二ヶ寺の中、長安寺は別扱いで伊豆大島へ配流、功雲寺末の海晏寺（東京都品川区）も同じく大島へ配流されたという。しかし、他者も実際に宗門を追放されたのか、やや不審な点がある。特に万安は、この事件で江戸滞在中、右の擯罰書が通達される以前、病に罹り興聖寺へ帰り療養していた。その「文書」には示寂後（承応三年〈一六五四〉八月、世寿六十四）の措置であること、しかも、万安は「録方（関三ヶ寺側）を正理」としていたこともあり、この仕置きは謂われなしと主張している。しかし、この見解は興聖寺側の身びいきを含むであろう。また興聖寺中興の祖としての位置づけは、その後も変わりない。さらに鉄心道印は、すでに美濃国全久院を退き桑山に隠棲していた。さらに擯罰後の承応三年には加賀国天徳院（石川県金沢市）に晋住、後に和泉国蔭涼院〔寺〕（大阪府和泉市）に隠棲する。明暦元年、松久寺文助に「添状」を与え出世した廉（かど）で「永久追放」されたが、三河国全久院（愛知県豊橋市）において延宝八年（一六八〇）正月、世寿八十八歳で安祥として示寂していることが知られる。

本史料の末尾にある「総寧寺　松頓」と「永平寺　英峻」との間には、当時「伝法公事」（承応元年、高国英峻が総寧寺より永平寺へ昇住する際、伽藍法脈を松頓に伝えず、松頓はすでに寂円派となってしまった英峻から伽藍法をうけることができないと主張、さらに英峻については、総寧寺の世代から脱牌すると主張し、それに対して英峻が「訴状」を寺社奉行へ提起した問題）が惹起していた。この問題の後、万治三年（一六六〇）以降に関三ヶ寺より永平寺へ昇住するようになっていく。

江戸幕府の宗教政策に関し、横関了胤著『洞門政要』によれば、録所（僧録）は慶長以前のもの（文明十一年〈一四七九〉）はさておき、それが整備され始めたのは寛永六年頃から、また総寧寺・龍穏寺・大中寺のいわゆる関三ヶ寺は慶長十六年（一六一一）以降であり、「曹洞宗法度」の発布は慶長二十年、寺社奉行の設置は寛永十二年十一月としている。この承応年間の頃は、まだそれらの整備が不十分であったといえる。

横井覚道師は、この事件に関し端的に「江戸幕府の執った宗教統治政策による宗門の再編成期の過程におきた摩擦とみるのが妥当」と鋭く指摘している。石川力山師は、擯罰僧の「僧録方・本山に対する不服従とされる点」と僧録方・本山側の「権威の確立や支配の徹底の意思が擯罰という最悪の結果を導いた」とする。安藤嘉則氏は、「幕府の権力を背景にした僧録の宗門支配が確立していく中で、『定』に逆らう者をこらしめる、という多分に懲罰的なものであった」との旨を述べている。換言すれば、この事件は宗門ばかりではなく各宗派の自由な仏教復古（革新）運動と幕藩体制の宗教統制および旧弊然とした各宗教団の間における対立の一事象であり、「寺檀制仏教」の確立へと収斂していく過程にあったものといえよう。

参考文献
横井覚道「江戸初期における曹洞宗宗学復興過程の一考察―万安英種の雑学事件をめぐって―」（『印度学仏教学研究』一二巻二号、一九六四年）。

横関了胤『江戸時代洞門政要』（東洋書院、一九七七年、初版一九三八年）。

中山成二「「代語講録事件」考」（『曹洞宗研究員研究紀要』一一号、一九七九年）。

大桑斉『寺檀の思想』（教育社、一九七九年）。

『永平寺史』下巻、七二三頁～七三八頁（大本山永平寺、一九八二年）。

石川力山「雑学事件と近世仏教の性格」（『印度学仏教学研究』三七巻一号、一九八八年）。

安藤嘉則「万安」（曹洞宗宗学研究所編『道元思想のあゆみ　三』、吉川弘文館、一九九三年）。


（吉田道興）

（承応四年〈一六五五〉二月）、永平寺二十七世高国英峻、旅亭にあって、古河藩士奥村政永に、袈裟衣と数珠を贈る。

6 奥村政永積善記録

（冊子装 20.1cm×14.5cm）

（表紙）

（表紙題箋）「（記載なし）」

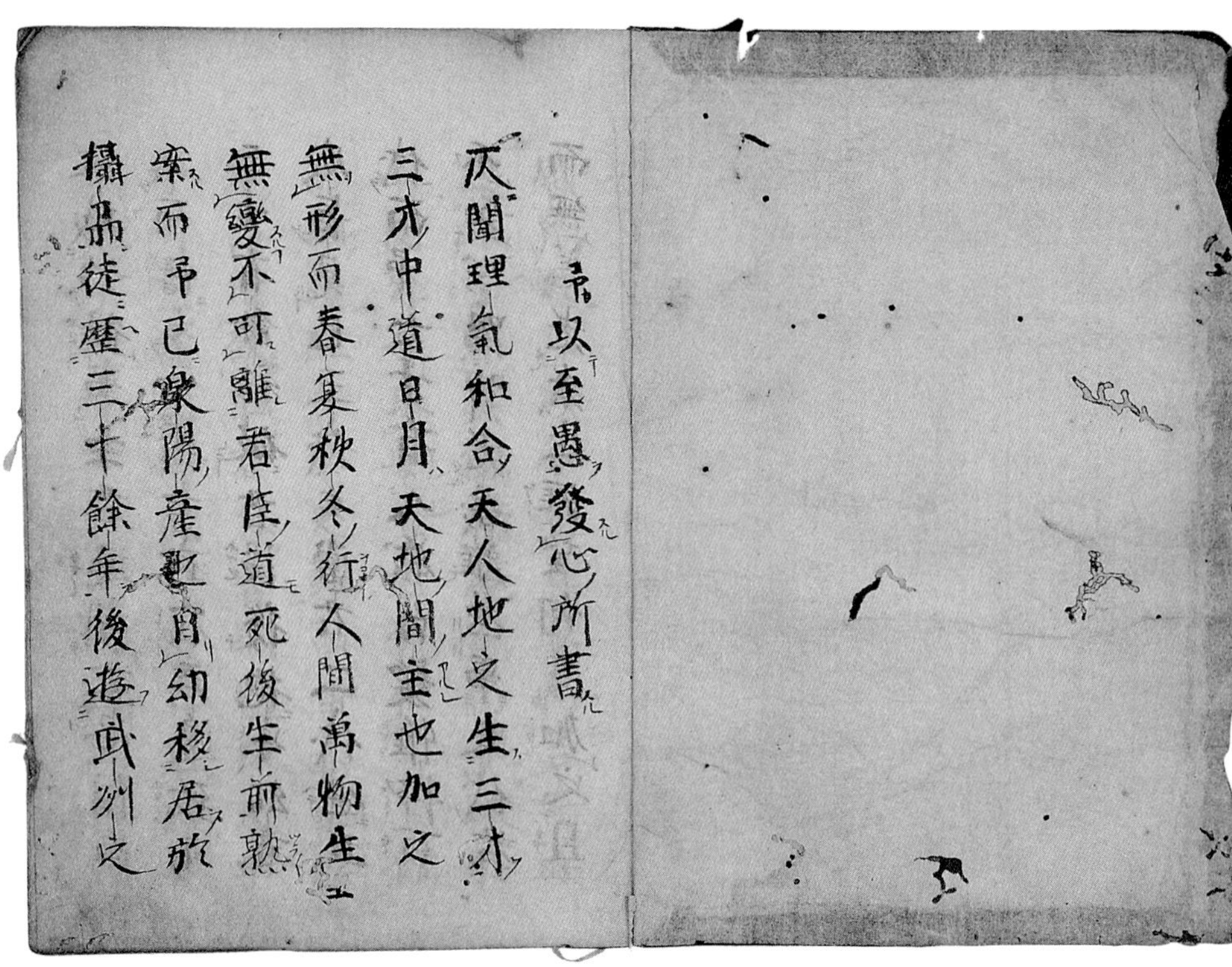
（表紙裏）　（1オ）

（表紙裏）

（記載なし）

（1オ）

（一）

予(1)カ以テ二至愚ヲ一発スレ心ノ所書スル、

仄ニ聞、理―気和―合シテ天―人―地―之生ス二三―才ヲ一、

三―才ノ中―道日―月ハ天―地ノ―間ノ―主アルシ―也、加之

無シテレ形、而春―夏―秋―冬ノ―行ヲコナイ、人―間万―物―生、

無レ変スルコト、不レ可レ離スレ二君―臣ノ―道モ死―後生―前一、熟ツラ〳〵

案スル而、予已ニ泉―陽ノ―産(2)也、自レ幼リ移シ二居ヲ於

摂―州(3)ニ一、徒ニ歴ヘ二三―十―余―年ヲ一、後遊フ二武―州―之

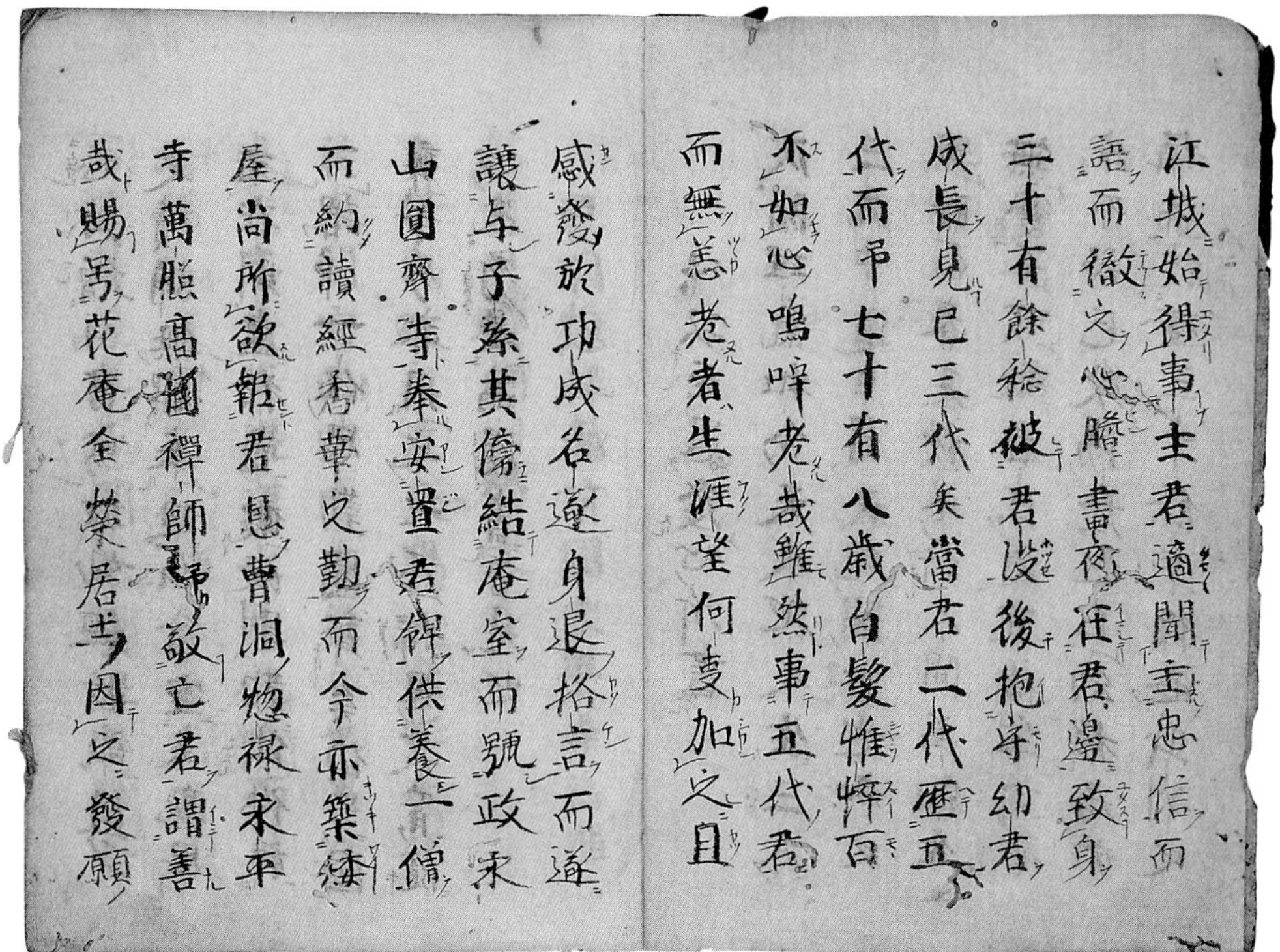

（1ウ）

江–城一ニ、始テ得(エタリ)レ事二コトヲ主君一(4)ニ、適(タマ〳〵)聞下テ主トスルノ忠信一ヲ而
語三ヲ、而徹(テツシ)二之ヲ心胆(セン)一ニ、昼夜在(イマシテ)二君–辺一ニ致(ユタスコト)レ身ヲ、
三–十–有–余–稔、被二レテ君–没(ホツ)一セ後チ、抱(イ)二–守(モリ)幼–君(5)一ヲ、
成–長ヲ–見ルコト已三–代矣、当–君二–代(6)、歴(ヘテ)二五
代一ヲ、而予七十有八歳、白–髪惟(シヤウ)〔憔〕–悴(スイ)、百(モ、)
不(ス)レ如クナラレ心ノ、嗚呼、老タル–哉、雖レモ然リト事テ二五代ノ君(7)一ニ
而無クレ恙(ツヽカ)老ヌル者ハ、生涯(ヲクノ)–望何–事カ加(シカン)〔如〕レ之レニ、且(カツ)

（2オ）

感(カン)二–発シテ於功–成名–遂身–退ノ格(カク)–言(ケン)一ヲ而、遂ニ
譲二–与シ子–孫一ニ、其傍ラニ結テ二庵室一ヲ而、号シ二政永
山円斉寺(8)一ト、奉ルレ安(アン)二–置(ジ)君牌一ヲ、供二–養シ一僧一ヲ、
而約(クシテ)二読経香華之勤一ヲ而、今亦築(キツキワイ)二矮
屋一ヲ、尚所ニレ欲レスル報二セント君恩一ヲ、曹–洞ノ惣〔僧〕–禄〔録〕(9)–永–平
寺万–照高–国禅–師(10)、予カ敬二コト亡君一ヲ、謂(イヽテ)二善ナル
哉一ト、賜フレ号ヲ二花庵全栄居士一ノ、因テレ之ニ、発願ノ

（3オ）　（2ウ）

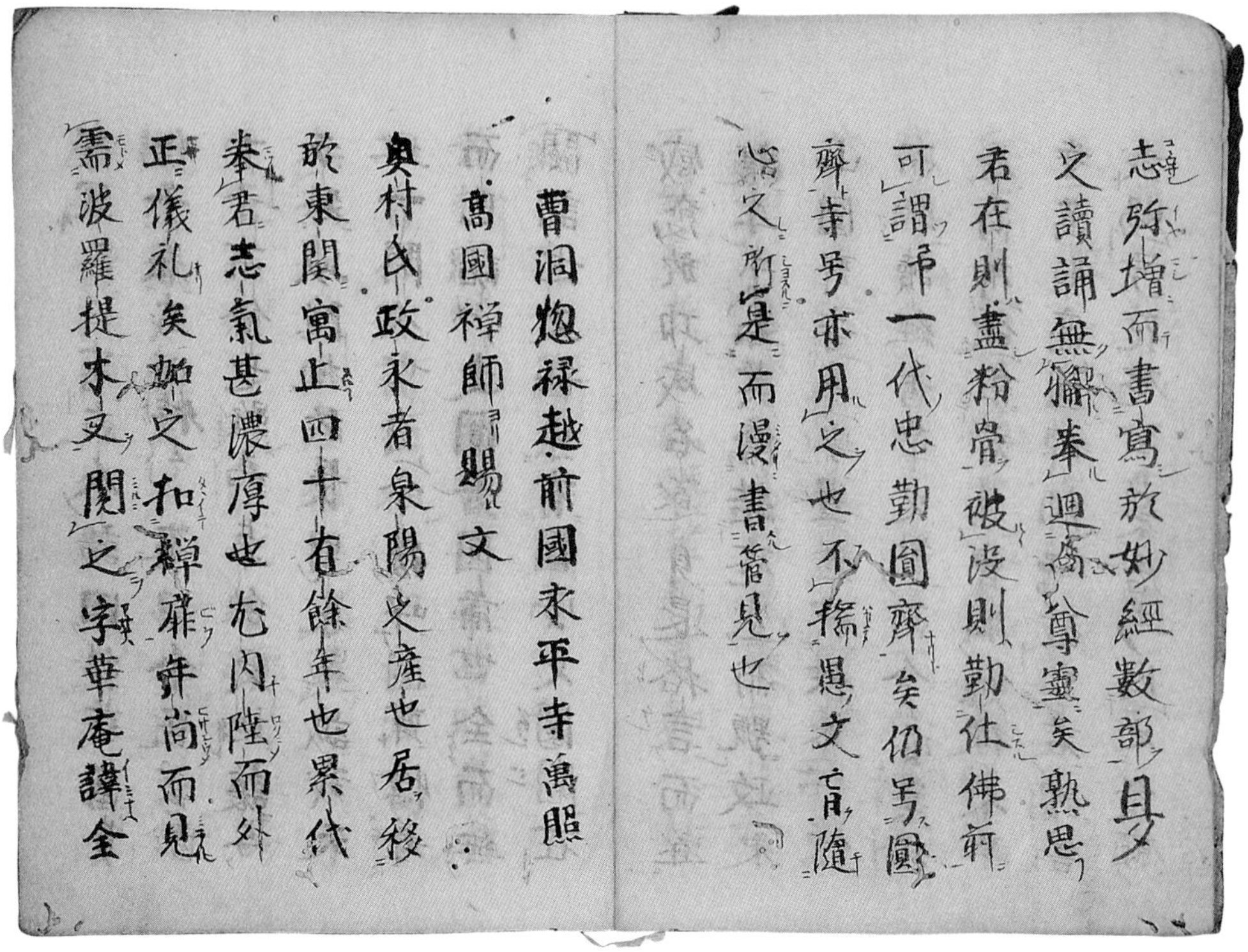

（2ウ）
志ココロサシ弥イヤ―増マシニ而テ、書ニ―写シ於妙経数部ヲ一、日夕
之読誦無レク懈、奉レル廻ニ―向シ尊霊ニ一矣、熟思フ、
君―在―則ハ尽シ二粉―骨ヲ一、被ルレ没則ハ、勤―二仕シスル仏前ニ一、
可レシ謂ツ二予一代ノ忠勤円斉ナリト一矣、仍号ス二円
斉ト一、寺号亦用ルレ之ヲ也、不レス揣ハカラ二愚ノ文盲ヲ一、随テ二
心之レニ所レショスルニ是ニ一而、漫書ミタリニスル二管見ヲ一也、

（3オ）
（一）

曹洞惣禄〔僧録〕越前国永平寺万照

高国禅師ヨリ賜ル文

奥―村―氏―政―永―者、泉―陽之―産―也、居ヲ移ニ
於―東―関ニ一、寓―止スルコト四―十―有―余―年―也、累―代
奉マツルレ君ニ志―気甚濃―厚―也、尤内チ―陸ロクニシテ―而外
正マサニ儀礼ナリ矣、加―之扣タヽイテ二禅扉ヒヲ一年―尚ヒサシウシテ而、見ミラル
レ需モトメ二波―羅―提木―叉ヲ（1）一、閲ミルニレ之ヲ、字アサナハ華庵、諱イミナハ全

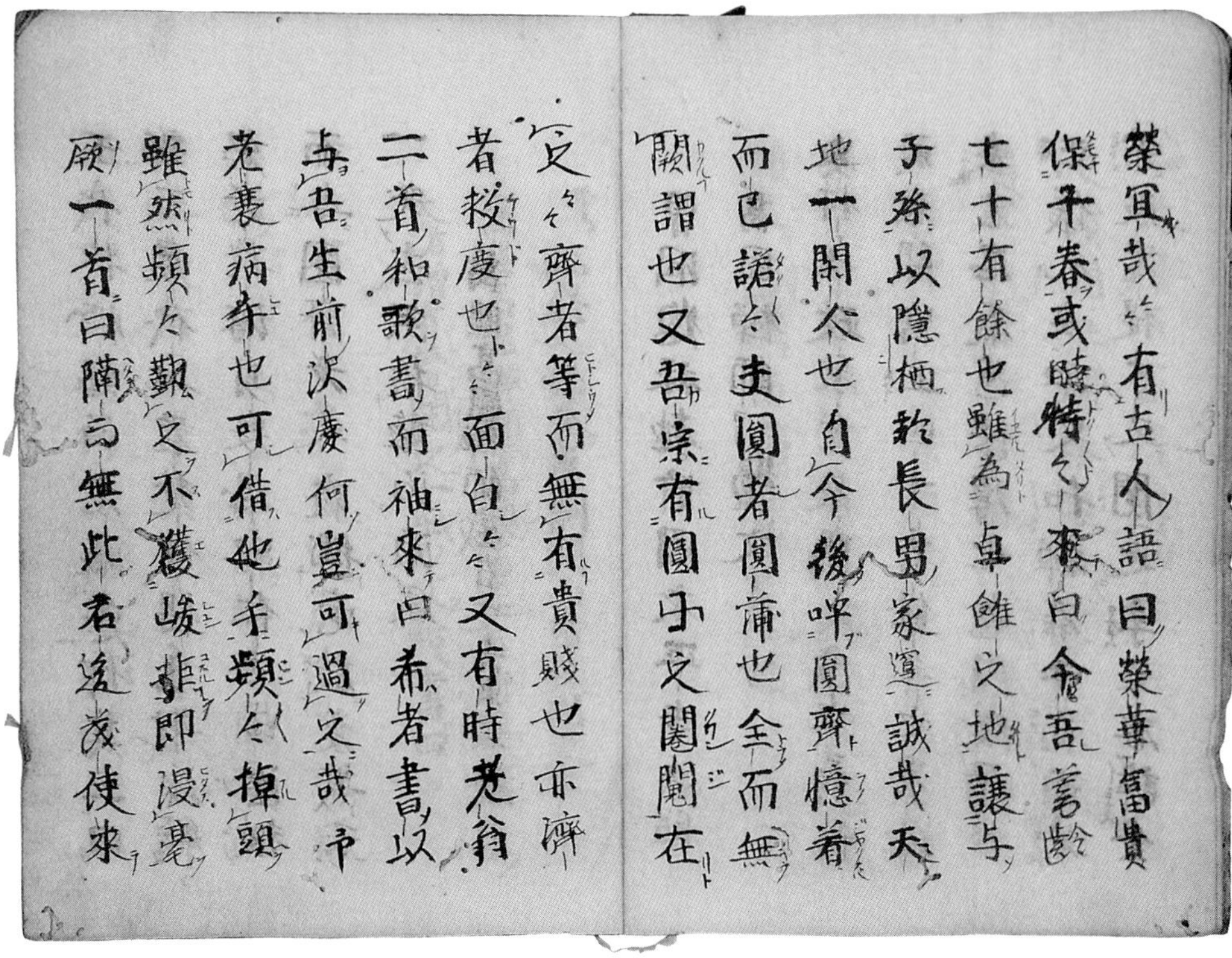

（3ウ）

栄、宜成—哉々々、有リ二古—人ノ—語一ニ曰ク、栄—華—富—貴

保(タモチ)二千—春一ヲ、或時、特(トク〱トシテ)—々—来テ—曰ク、今—吾レ暮齢

七—十—有—余—也、雖(イエ共タリト)レ為二卓—錐—之—地一(12)譲(タリト)二—与シテ

子—孫一ニ、以隠二—栖ス於長—男ノ—家—辺一ニ、誠—哉、天—

地一—閑—人—也、自レ今後呼(ブ)二円斉一ト、憶(ヲク)—着(ジャクスル)

而—已、諾(タク)—々(〱)、夫円—者(シ)、円—蒲(13)也、全(トウシテ)—而無キヲ

レ闕(カクルコト)謂也、又吾カ—宗ニ有ル二円卍之圏(クワン)—闠(ジ)(14)一在リト

（4オ）

レ之々々、斉—者、等(ヒトシウシテ)而無レ有ルコト二貴賤一也、亦済—

者、救(ケウ)—度(ド)也トト々々、面—白シ、々々、又有—時、老—翁

二—首ノ和—歌ヲ書シテ而、袖ニシ—来テ曰、希ハ—者書シテ—以

与(ヨ)レ吾ニ、生—前ノ—沢—慶、何ソ豈ニ可キレ過クレ之一ニ哉、予

老—衰病—手(シュ)—也、可シレ借二ス他手一ニ、頻(ヒン)—々(〱)掉(フル)レ頭(ヘ)ヲ、

雖(トモ)レ然リト頻—々勤(ム)レ之ヲ、不(ス)レ獲(エ)二峻拒(シュンコ)一スルコトヲ、即浸(ヒタ)スレ毫一ヲ、

厥(ソノ)一—首ニ曰、隔(ヘタテ)—而—無此—君—迄—茂—使—来テ

（5オ）

（4ウ）

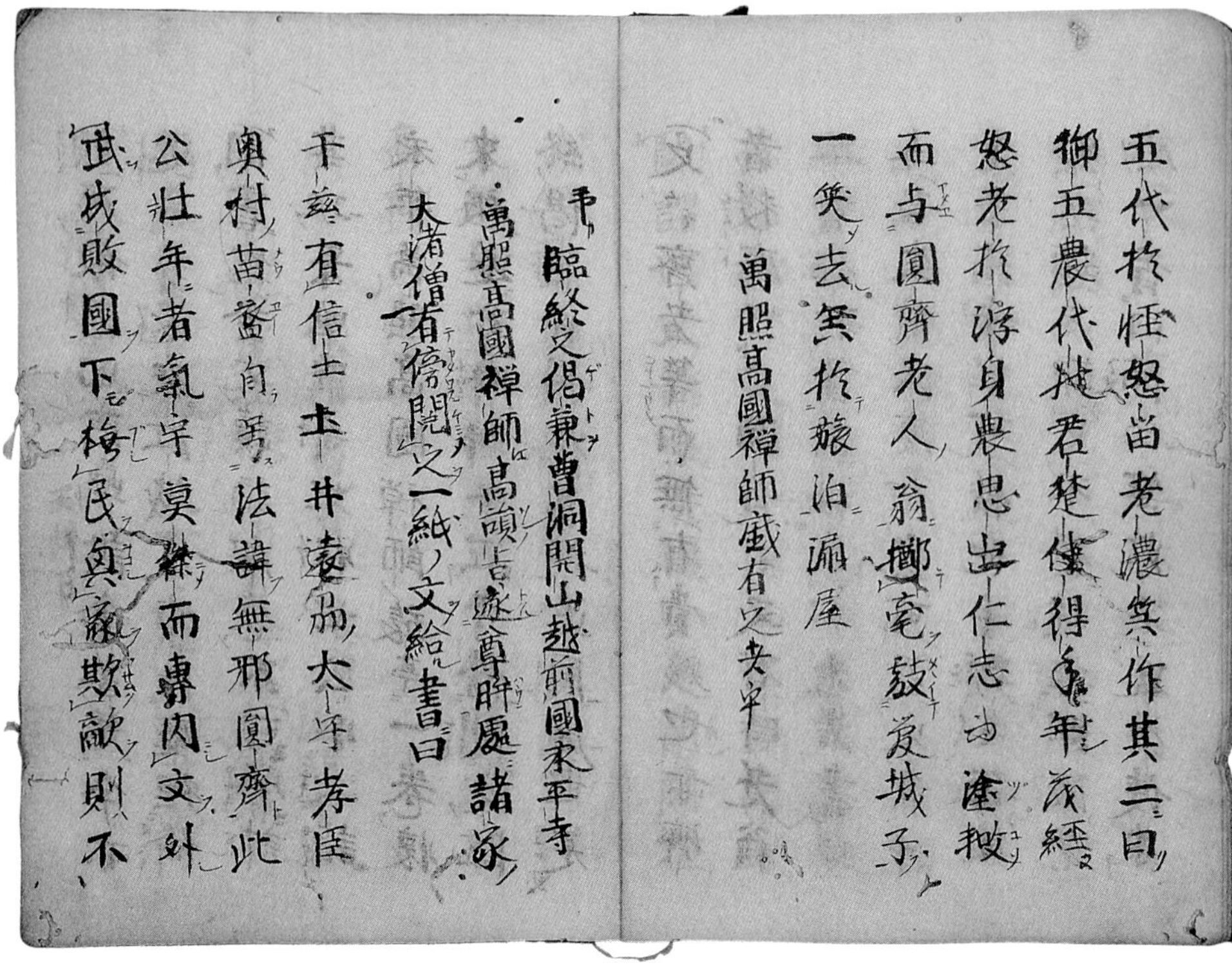

（4ウ）

五―代―於軽〔経〕―怒―留老―濃―呉―竹、其二ニ曰ク、
御―五―農―代―能君―楚―使―得―手年茂経(トシ)ヌ
怒老―於―浮―身―農―思―出―仁―志而、塗(ツ)敉(ユシテ)
而与(アタヱ)二円―斉老―人ノ翁一ニ、擲テレ毫ヲ敲(タヽイテ)二管城子(15)一ヲ
一笑シテ去ル矣、於テ二旅泊一ニ漏屋
　万照高国禅師戯有之者乎、

（5オ）
（三）
予カ臨―終―之偈(ゲ)ト―兼テ曹―洞開―山越―前―国永―平―寺
万―照高―国禅―師(江)高―韻―旨(ソンノ)、遂(トクル)二尊昨一処(ハウニ)ニ、諸―家ノ
大―渚―僧有テレ傍(カタワラニ)、閲(ケミシテ)レ之ヲ一紙ノ文ヲ給ル書ニ曰、
于―茲ニ有レ信―士、土―井遠州(16)ノ太―守孝―臣、
奥―村ノ苗(メウ)―裔(エイ)、自ラ号二法―諱ヲ無―邪円―斉一ト、此
公壮―年ニ―者気―宇莫―傑―而(ニシテ)、専内レニシ文ヲ外シ
レ武ヲ、成二―敗国一ヲ、下モ撫(ブシ)レ民ヲ、興(ヲコ)シレ家ヲ、欺(アサムク)レ敵ヲ則ハ不

（6オ）　（5ウ）

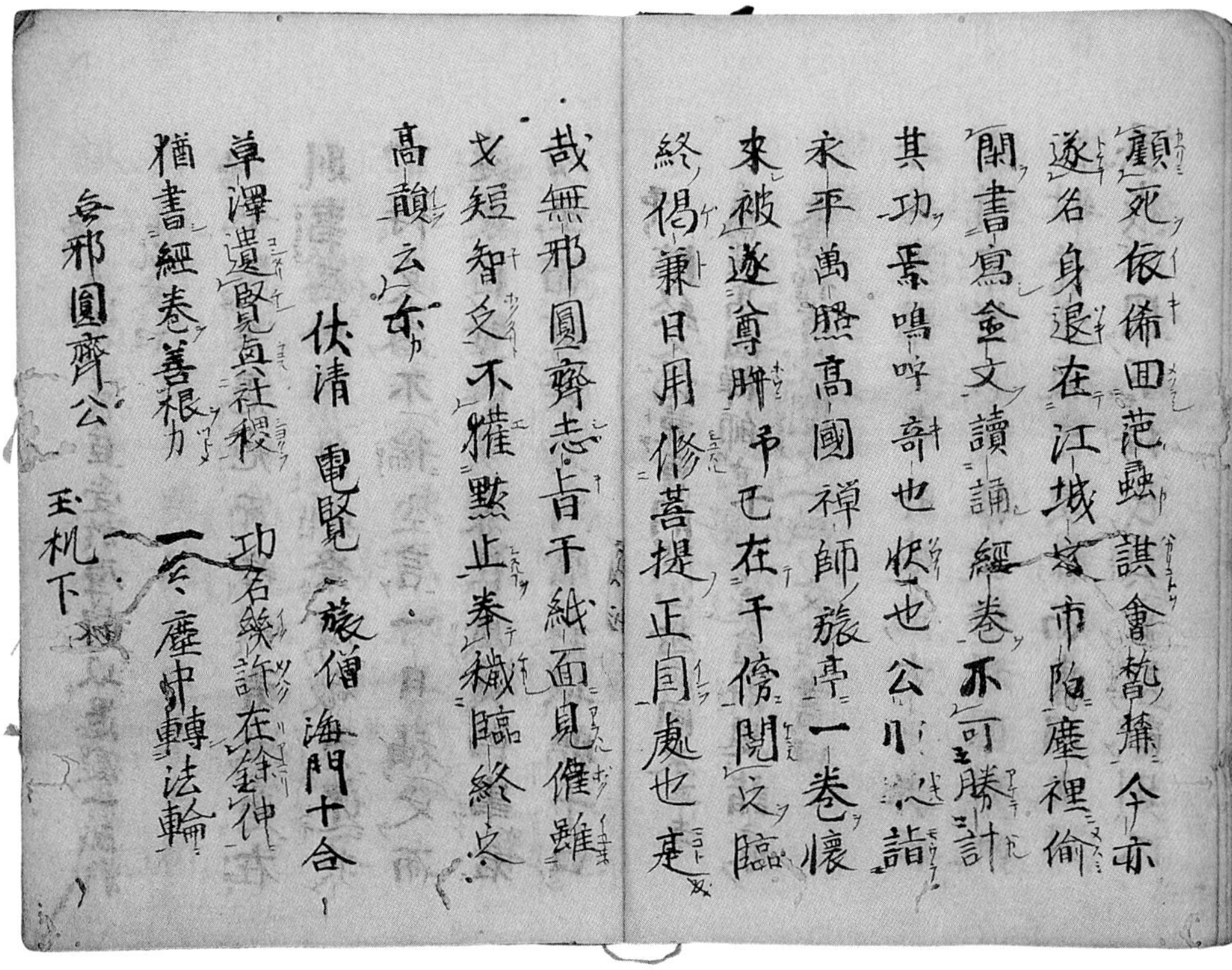

（5ウ）
レ顧(カヘリ)ミレ死ヲ、依俙(イキ)回(メクラシ)二 葩〔范〕－蝨〔蠡〕(17)カ謀(ハカリコトヲ) 会－稽ノ－麓一ニ、今－亦
遂(トケテ)レ名身－退(ソキ)、在二テ江－城－之市－陌一(18)ニ、塵－裡ニ偸(ヌスミ)
レ閑ヲ、書二－写シ金－文一ヲ、読二－誦シ経－巻一ヲ、不レ可三勝(アゲテ)二－計(ハカル)
其功一ヲ焉、嗚－呼、奇(キ)－也、快(クワイ)－也、公－□〔暇カ〕時 詣(トキハモウテ)二
永－平万－照高－国禅－師ノ旅－亭一ニ、一－巻ヲ懐
来シ被レ遂二尊眸(ホウニ)一、予已在二テ于傍一ニ閲(ケミ)レス之ヲ、臨
終ノ偈(ゲ)－兼日(ト)－用修(シュスル)二 菩－提ノ正－因(インヲ)一処也、寔(マコト成)
（6オ）
哉、無－邪円－斉、志(シ)－旨(キ)于紙－面ニ－見(アラハル)、僕(ボク)、雖(イエ共)二
才短智(チ)乏(ホクタリト)一 不レ獲(エ)二 黙止(シスルコトヲ)一、奉レテ穢(ケガシ)二臨－終－之
高－韻(イン)一ヲ云レ爾カ、

伏請　電覧、　　旅僧　海門十合

草－沢遺(コシタリ)レ 賢興(ケンヲコ)二ス社－稷(ショクヲ)一、功－名幾(イク)－許在(ソハク)レリ余(アマ)レリ－伸一ニ、
猶書二シ経巻一ヲ善－根ヲ力(ツトメ)、一々塵中転二ン法輪一ニ

無邪円斉公
　　玉机下

(7オ)

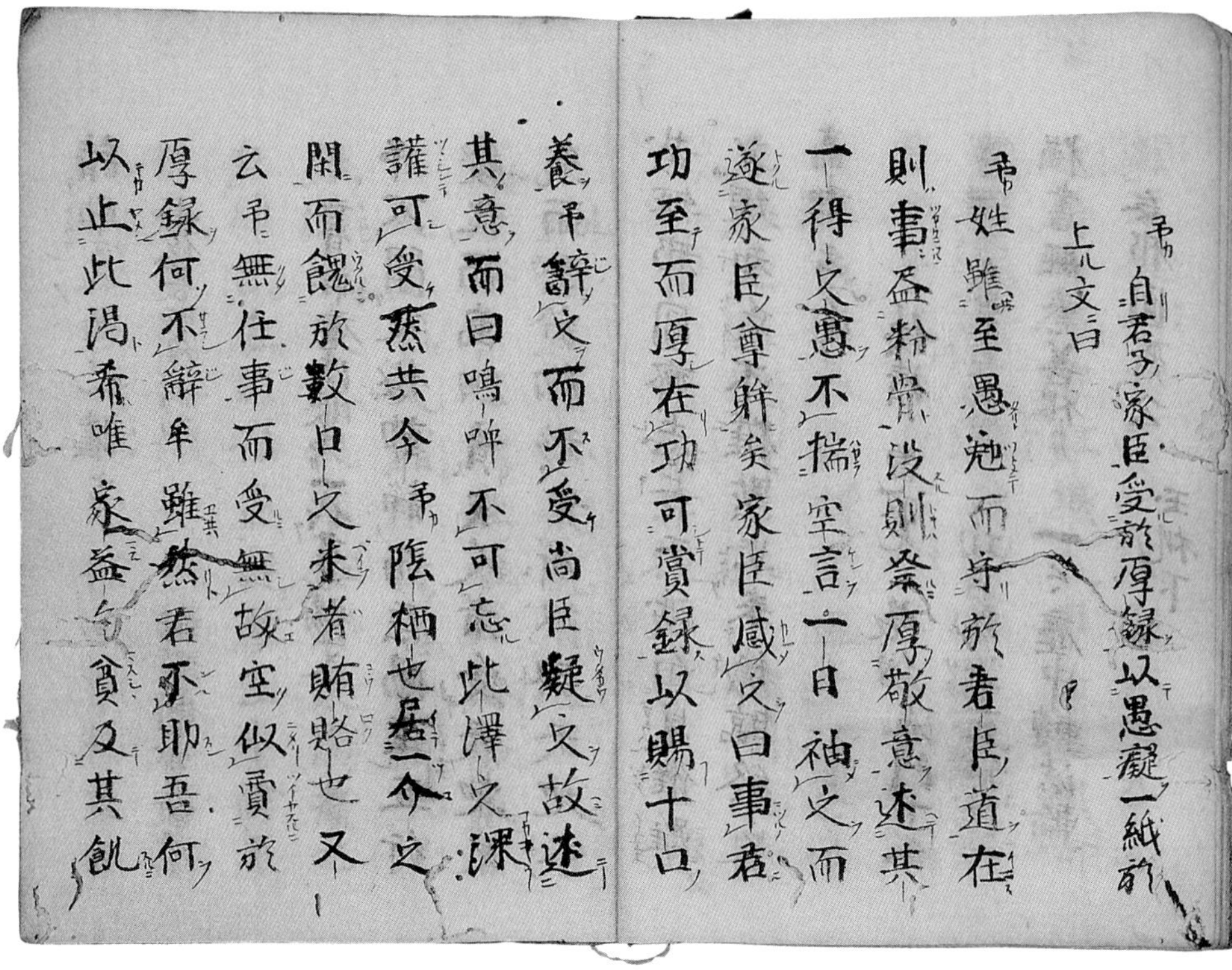

(6ウ)

(四)

予カ自リ二君－子ノ家臣一受ル二於厚－録〔禄〕一ヲ、以テ二愚痴一ヲ一紙於

上ル文ニ曰、

予カ姓〔性〕、雖へ共二至愚(タリト)一、勉(ツトメテ)而守リ二於君－臣ノ－道一ヲ、在(イマス)

則ハ、事(ツカウマツル)ニ尽二粉－骨一、没スル－則(トキハ)、祭ルニ厚二シテ敬－意一ヲ、述ヘテ二其－

一－得－之－愚一ヲ不レ揣(ハカラ)二空－言(ケン)一ヲ、一－日袖レニシテ之ヲ而

遂(トクル)二家臣ノ尊眸一ニ矣、家－臣感(カンシテ)レ之ヲ曰、事(マツルノ)レ君ニ

功至テ而厚シ、在リレ功可(シトテ)二賞録〔禄〕一ス、以賜フ二十－口ノ

(7オ)

養一ヲ、予辞(ジ)シテレ之ヲ而不(ス)レ受ケ、尚臣疑(ウタカウ)レ之ヲ、故ヘニ述テ二

其ノ意一ヲ而曰、嗚－呼、不レ可レ忘ル此－沢－之深(フカキコト)、

謹(ツヽシンテ)　可シレ受ケ、然共今予カ陰〔隠〕－栖－也、居(イテ)二一介(ツコ)〔箇〕之

閑ニ一而、餽(ウクル)二於数－口－之米(ベイヲハ)一者、賄(ヨウ)－賂(ロク)－也、又－

云、予ニ無(クシテ)二任事(ジ)一而受ルニ無シレ故エ、空ク似(ニタリ)レ費(ツイヤスルニ)二於

厚録〔禄〕一ヲ、何ソ不(サラン)レ辞牟(ジ)〔矣〕、雖ヱ共レ然リト君不(ンハ)レ助(スン)、吾何ヲ

以テカ止(ヤメン)二此渇一ト、希、唯家－益(マス)－々－貧(マスシ)、及テ二其飢一スルニ、

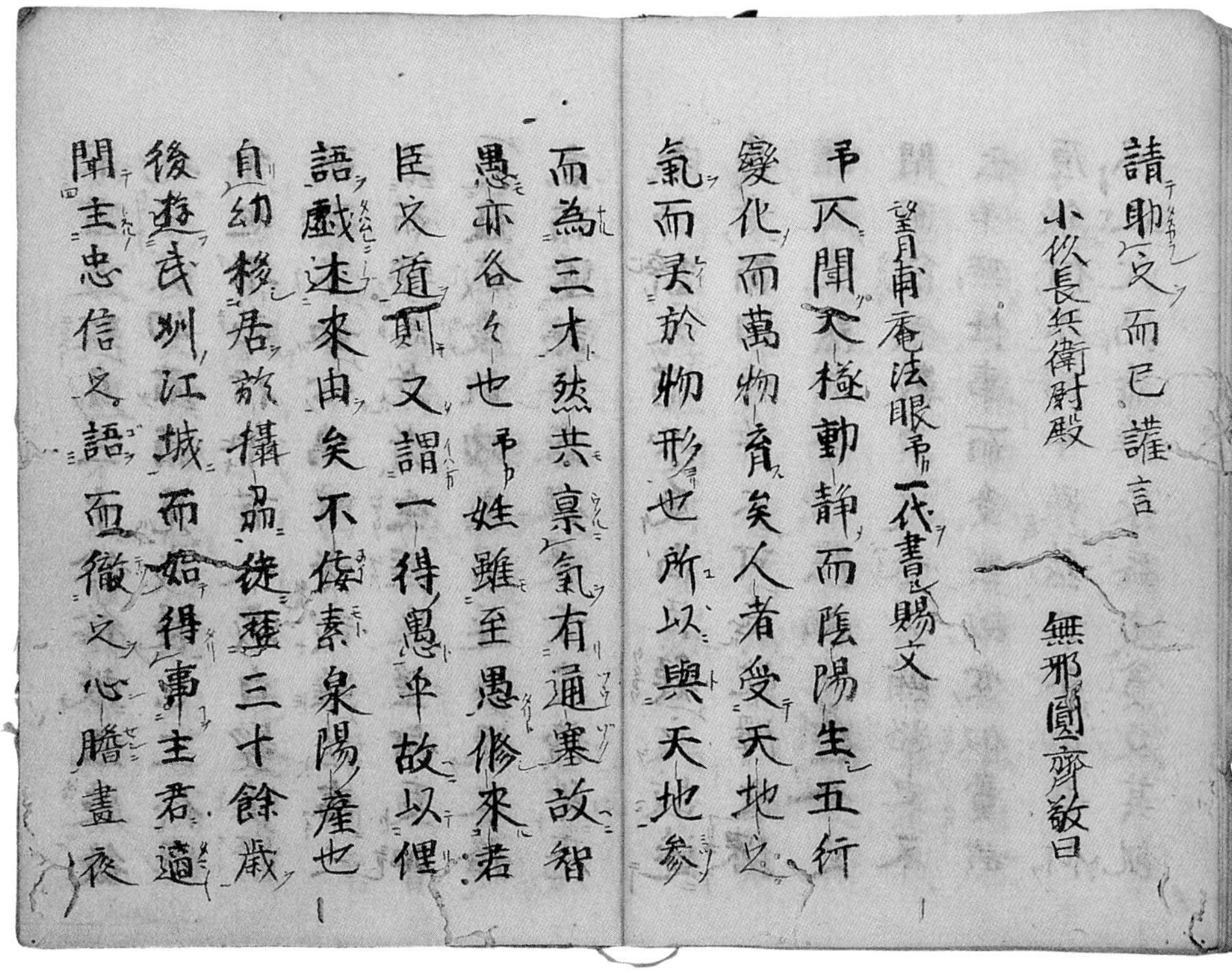

（8オ）　（7ウ）

（7ウ）

請テ助レ之ヲ而已、謹言、

小杉長兵衛尉殿(19)　　無邪円斉敬曰〔白〕

（五）

望月甫庵法眼、予カ一代ヲ書シ賜文

予仄ニ聞ク、大―極動―静シテ而陰―陽―生シ、五―行

変―化シテ而万―物―育ス矣、人―者受テ二天―地―之

気ヲ一而霊ニ於物形ヨリ一也、所以ニ与二天―地一参

（8オ）

而為ル二三才一ト、然―共モ、稟レ気ヲ有リ二通―塞一、故ニ智

愚モ―亦各―々―也、予カ姓〔性〕雖モ二至愚一修シ―来ル二―君

臣之道一ヲ、則チ又タ謂二一―得ノ愚一ト乎、故ニ以テ二俚

語一ヲ戯述二来―由一ヲ矣、不―佞〔佞〕、素泉―陽ノ―産也、

自リレ幼移シ二居ヲ於摂―州一ニ、徒ニ歴二三十余歳一ヲ、

後、遊フ二武州ノ江城一ニ、而始テ得レ事タリ二主君一ニ、適

聞テ四主トスルノ二忠信之一語三ヲ、而徹シ二之ヲ心―胆一ニ、昼夜

（8ウ）

（9オ）

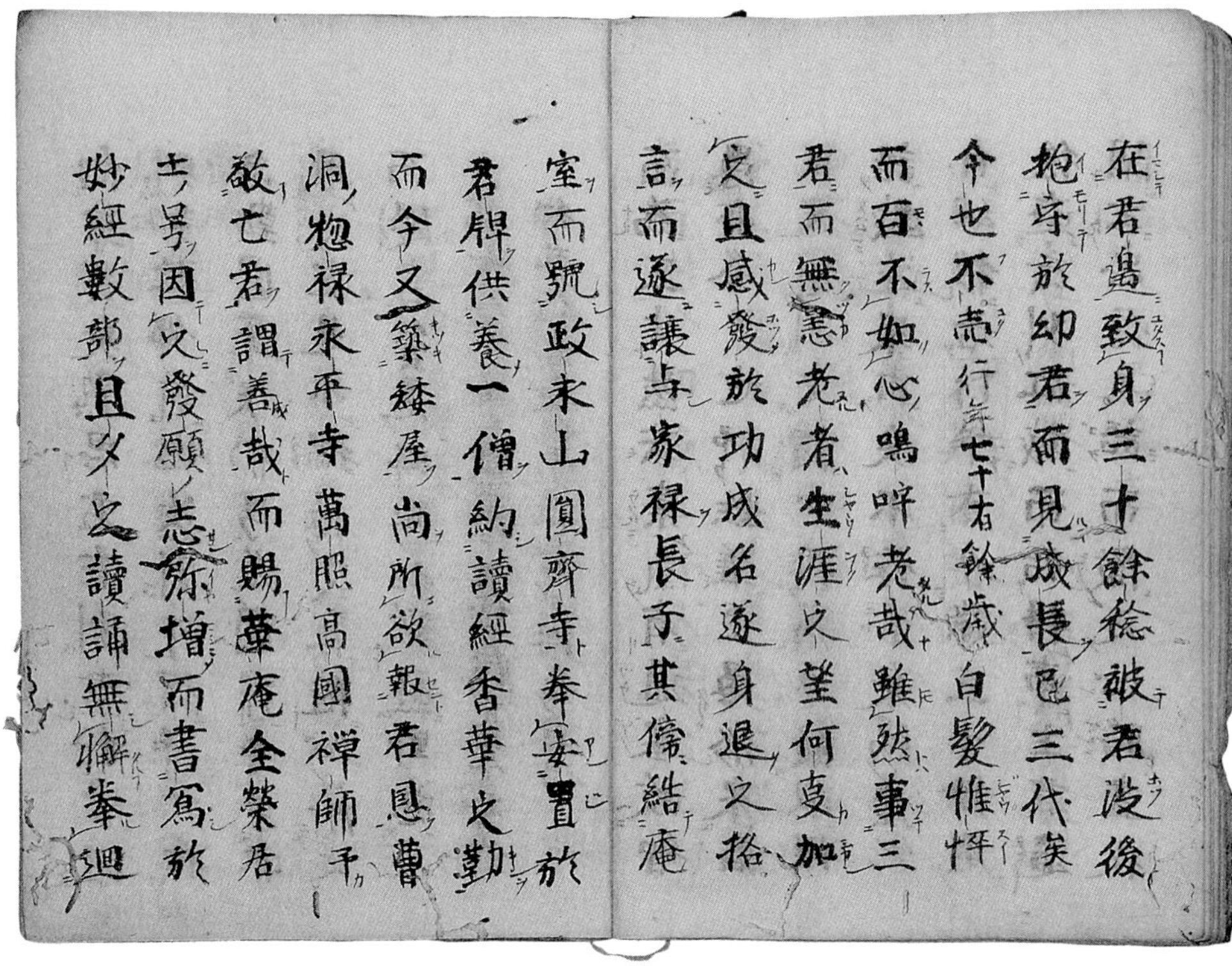

（8ウ）

在二君—辺一ニ、致レ身ヲ三—十—余—稔、被二テ君没一後、

抱二—守於幼君一ヲ而見二ルコト成—長一ヲ已三—代矣、

今—也不—売〔穀〕、行年七十有余歳、白—髪惟〔憔〕—悴

而百不レ如レ心ノ、嗚—呼、老タル—哉、雖レ然トハ事二ツテ三

君一ニ而無レ恙老ヌル—者ハ、生—涯—之—望何—事カ加〔如〕

レ之ニ、且感—二発於功成名遂身退クノ之格

言一ヲ、而遂ニ譲二—与シ家禄ヲ長子一ニ、其傍ニ結二テ庵

（9オ）

室一ヲ、而号二シ政—永—山円—斉—寺一ト、奉レ安二—置於

君—牌一ヲ、供二養シテ一僧一ヲ約二シ読経香華之勤一ヲ、

而今—又築二キ矮屋一ヲ、尚ヲ所レニ欲レル報二君恩一ヲ、曹

洞ノ惣〔僧〕—禄〔録〕永—平—寺万—照高—国禅—師、予カ

敬二コト亡君一ヲ、謂二テ善成哉一ト、而賜二フ華庵全栄居

士ノ号一ヲ、因レテ之レニ発—願ノ—志弥—増、而書二—写シ於

妙—経数—部一ヲ、旦—夕—之読—誦無レシ—懈タルコト、奉レル廻二

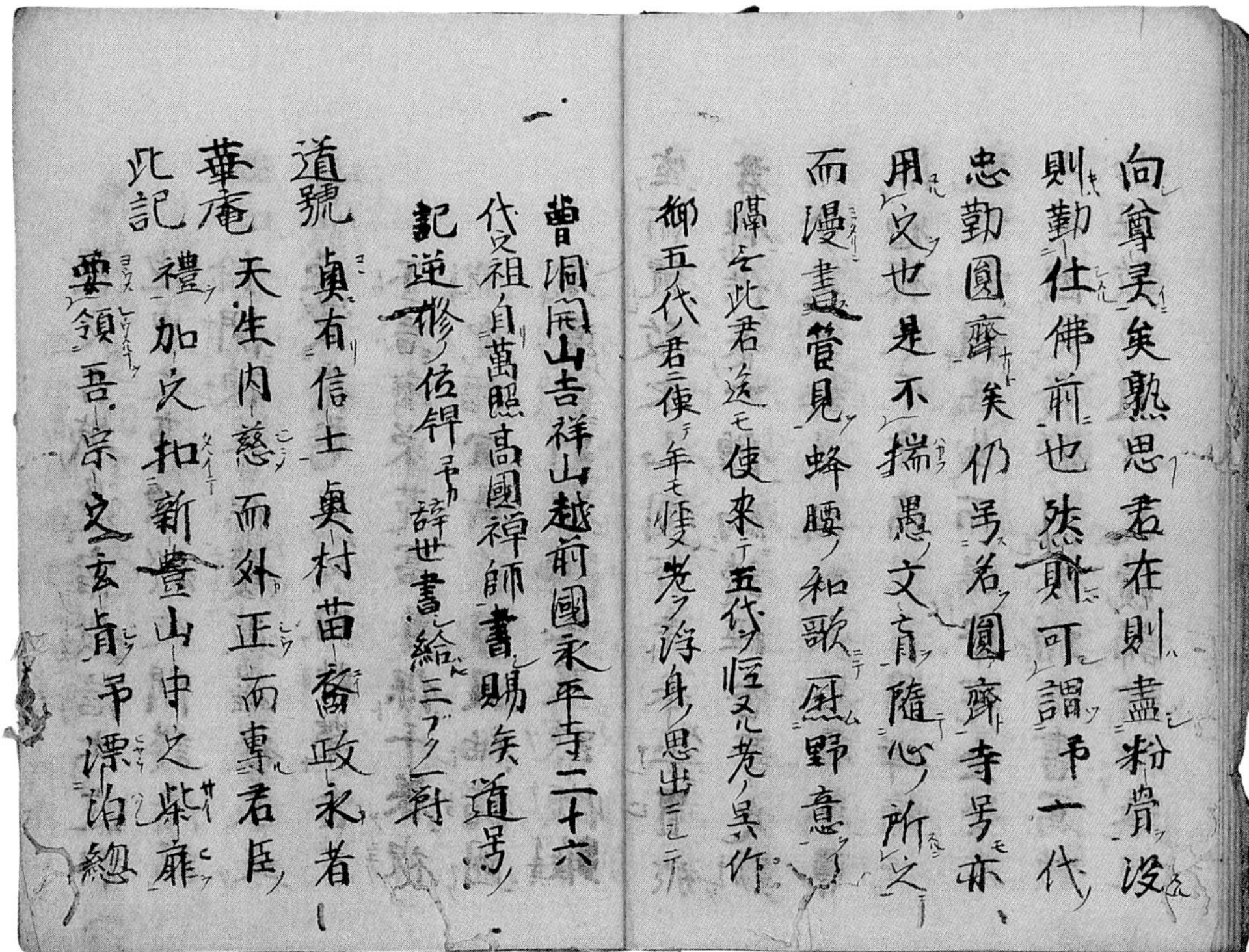

(9ウ)
向シ尊ー霊一イニ矣、熟思フ、君在ー則ハ尽二シ粉ー骨一ヲ、没スル
則キハ勤二ー仕スル仏前一ニ也、然則ンバ、可レシ謂二ツ予一代ノ
忠勤円斉一ナリト矣、仍号二ス名ヲ円斉一ト、寺号モ亦
用レユル之ヲ也、是不レ揣二ハカラ愚ノ文盲一ヲ、随二テ心ノ所レスルニ之一ニ
而、漫書二ミタリニス管見一ヲ、蜂腰(20)ノ和歌ニテ慰二ム野意一ヲ
隔無此君迄モ使来テ五代ヲ軽〔経〕ヌル老ノ呉竹
御五ノ代ノ君ニ使テ年モ軽〔経〕ヌ老ヲ浮身ノ思出ニシテ

(10オ)
(六)
曹洞開山吉祥山越前国永平寺二十六
代之祖、自二リ万照高国禅師一書シ賜矣、道号ノ
記、逆修ノ位牌(21)、予カ辞世書(22)シ給ハル三ブク〔幅〕一対

(六ー一)
道号
粤ニコヽ有二リ信ー士一、奥ー村苗ー裔エイー政ー永カ者、
天ー生内ー慈ジニシテ而外正カシウ而専二ル君臣ノ
華庵
礼一ヲ、加ー之扣二タヽイテ新ー豊山ー中之柴サイー扉ヒ一ヲ、
此記
要レヨウス領二レウスルコトヲ吾ー宗ー之玄ー旨ジ一ヲ、予漂二ヒヤウー泊ハクシ総

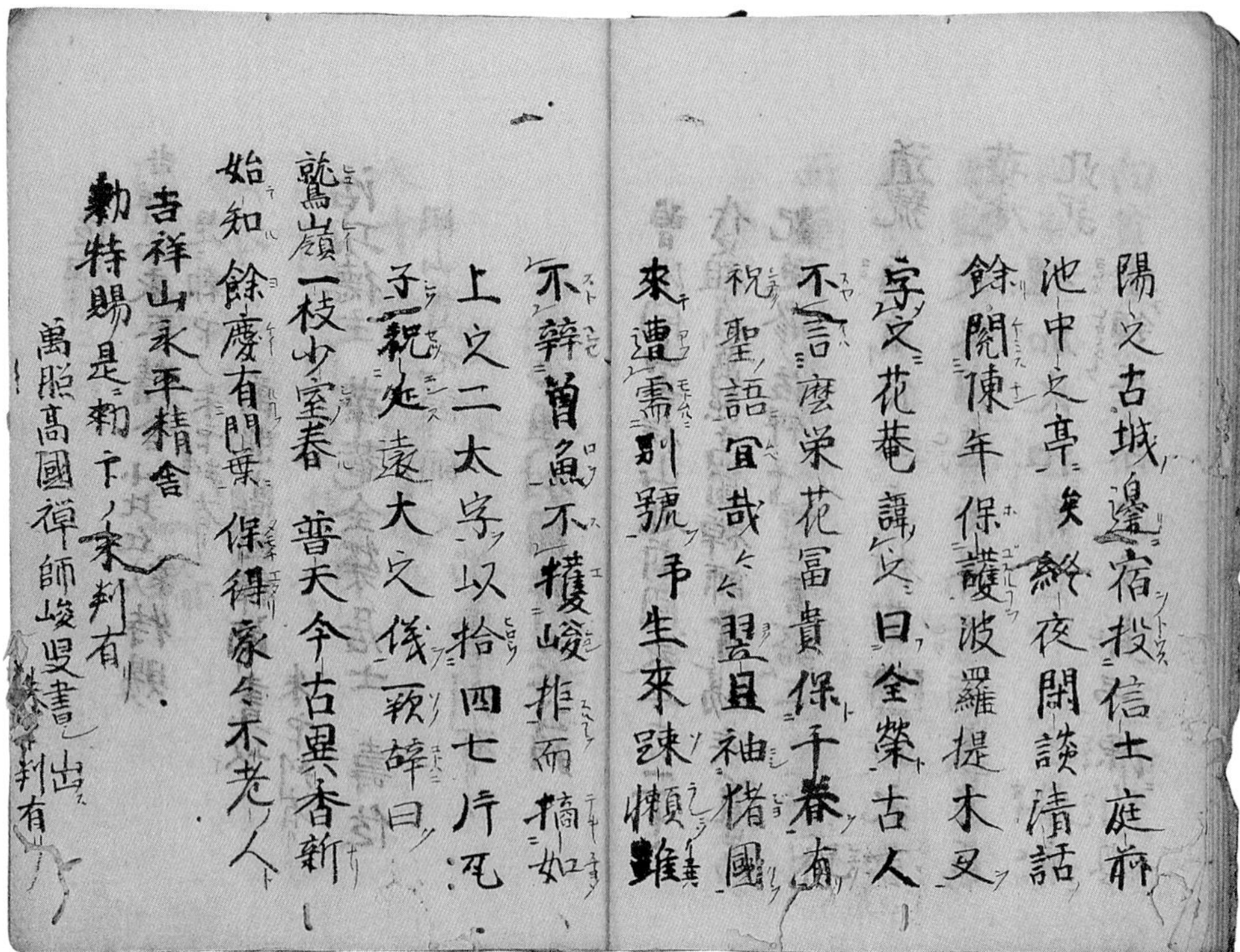

(10ウ)

陽ー之古ー城ノ辺一リニ、宿ヲ投(トウス)二信ー士庭ー前
池ー中ー之ー亭一ニ矣、終ー夜閑ー談清ー話ノ
余リ、閲(ケミス)三陳(チン)ー年保(ホ)二ー護(ゴスルコトヲ)波羅提木叉フ、
字レシテ之ニ花庵、諱レシテ之ニ曰フ二全栄一ト、古人
不(スヤ)レ言(イハ)三慶、栄花富貴保二ト千春一ヲ、有リ二
祝(シュク)聖ノ語一ニ、宜哉(ムベ)々々、翌(ヨク)ー旦袖ニシ二楮国(ジョク)一ヲ
来テ、遭(アフ)レ需(モトムルニ)二別号一ヲ、予生ー来疎(ソ)ー懶(ランニシテイエ共) 雖

(11オ)

レ不(スト)レ弁(ヘンセ)二曽魚(ロヲ)一〔魚魯〕、不(ス)レ獲(エ)二峻(シュン)拒一スルコトヲ而、摘(テキ)二ー如(チョ)シテ
上之二太字〔大〕一ヲ、以拾(ヒロウ)二四七片瓦
子(シヲ)一、祝(セツ)二ー延(エンス)遠大之儀一ヲ、厥辞(ソノコトハニ)曰ク、
鷲嶺(シュレイ)一枝少ー室(シツ)ノ春ル、普ー天今ー古異ー香新ナリ、
始テー知ル余(ヨ)ー慶(ケイ)有ルコトヲ二門ー葉一ニ、保(タモチ)ー得(エタリ)家ー々不ー老ノー人ト
吉祥山永平精舎
勅特賜是ニ勅印ノ朱判有リ、
万照高国禅師峻叟書シ出ス
朱印判有リ、

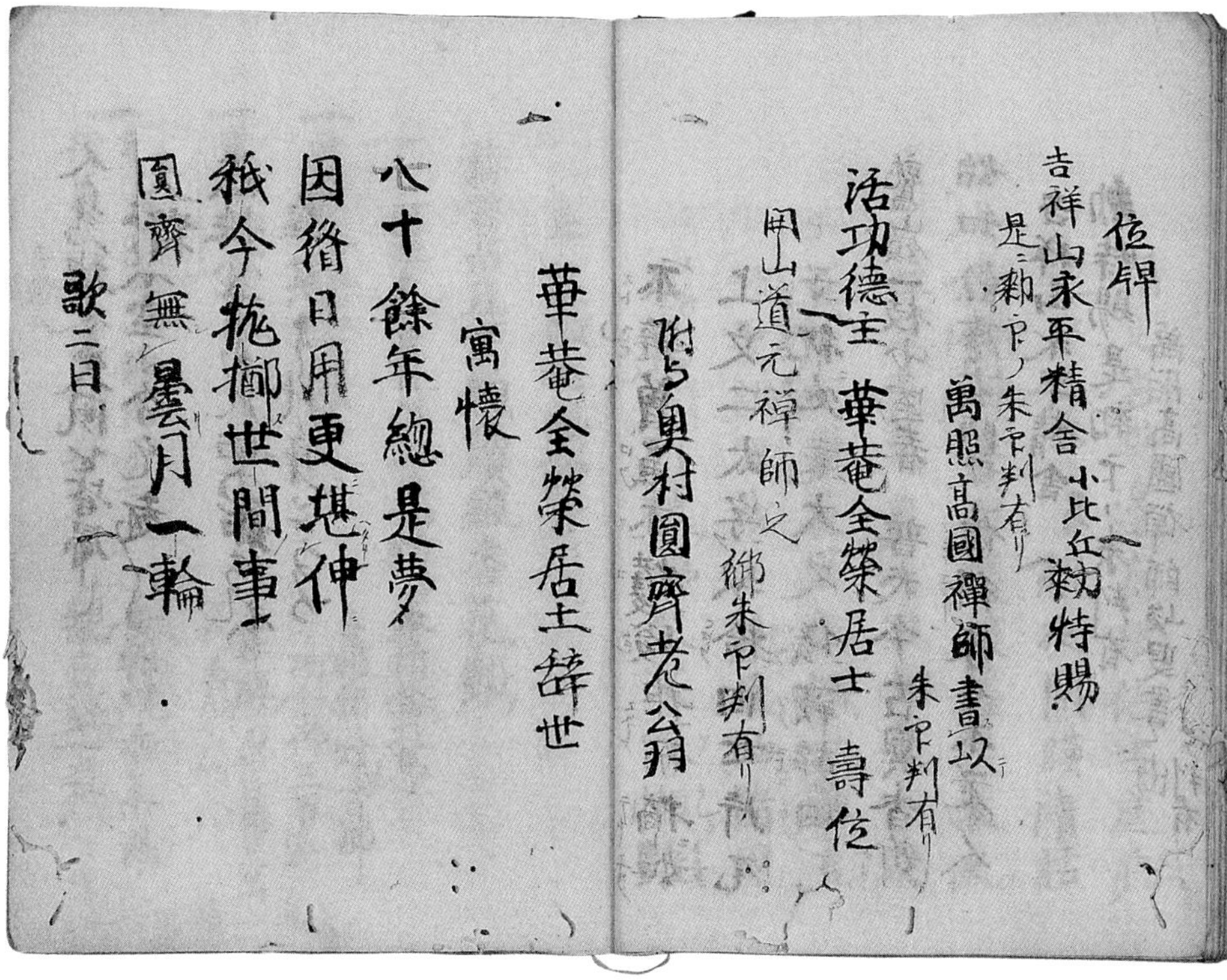

（11ウ）
（六－二）

位牌
吉祥山永平精舎小比丘勅特賜
是ニ勅印ノ朱印判有リ、
万照高国禅師書スレ以テ
朱印判有リ、
活功徳主　華庵全栄居士　寿位
開山道元禅師之
御朱印判有リ
附与奥村円斉老翁

（12オ）
（六－三）

華庵全栄居士辞世
寓懐
八十余年総是夢
因循日用更ニ堪ヘタリレ伸ニ
祇－今抛－擲ス世－間ノ事
円斉無シレ曇リ月一－輪
歌ニ曰、

(13オ)

(12ウ)

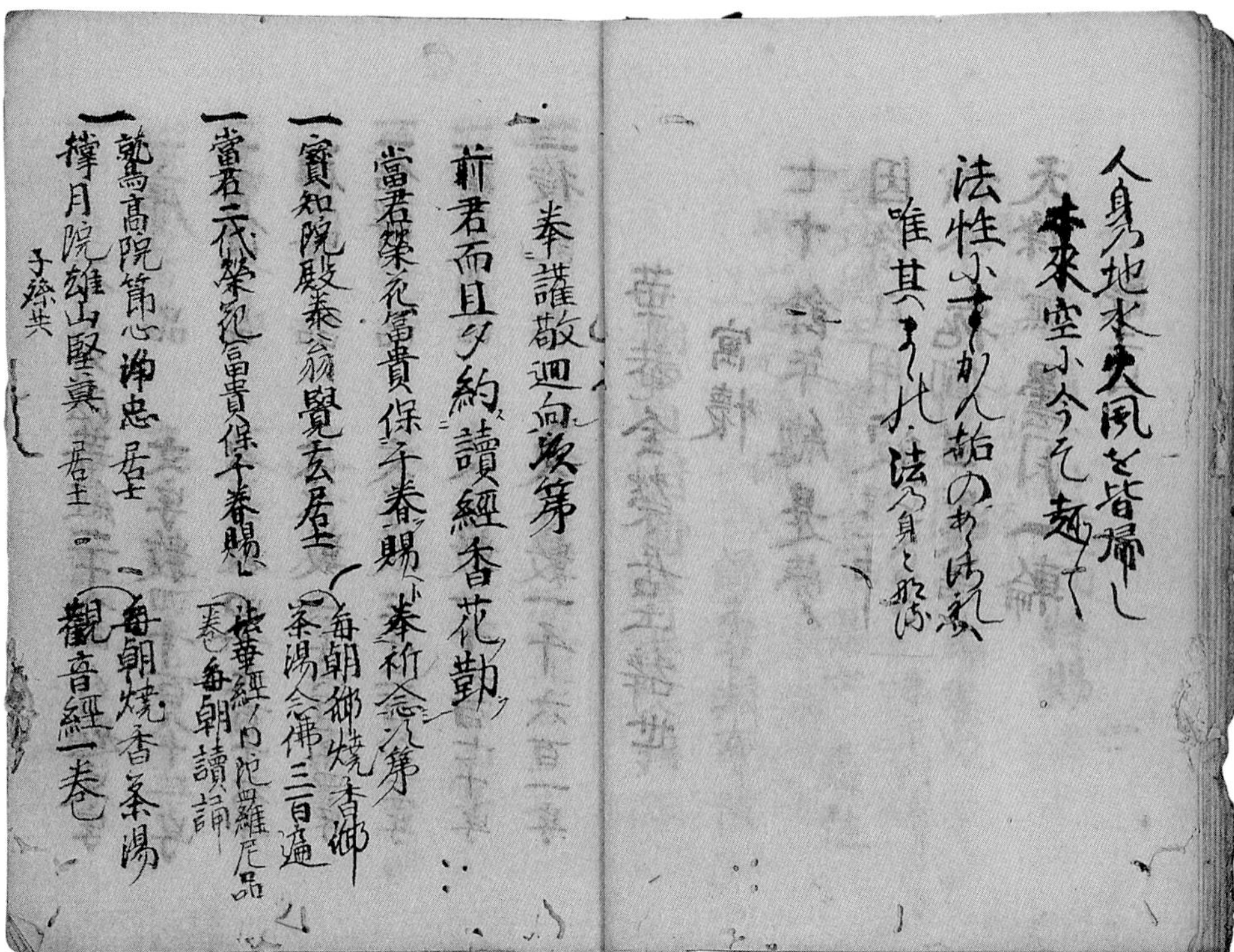

(12ウ)

人身乃地水火風を皆帰し

本来空に今そ趣く

法性にすゝかん垢のあらされハ

唯其まゝの「法乃身となる」（貼紙）

(13オ)

(七)

奉二護敬廻向一シ次第、

前君而、旦夕約ス二読経香花ノ勤ヲ一、

当君栄花富貴保二千春ヲ一賜ヘト奉二祈念一シ次第、

一、宝知院殿泰翁覚玄居士(23)　（毎朝御焼香、御茶湯、念仏三百遍

一、当君二代、栄花富貴、保千春賜へ、（法華経ノ内陀羅尼品一巻、毎朝読誦

一、鷲高院節心浄忠居士　（毎朝焼香、茶湯、観音経一巻

撐月院雄山堅莫〔慕〕居士、

子孫共

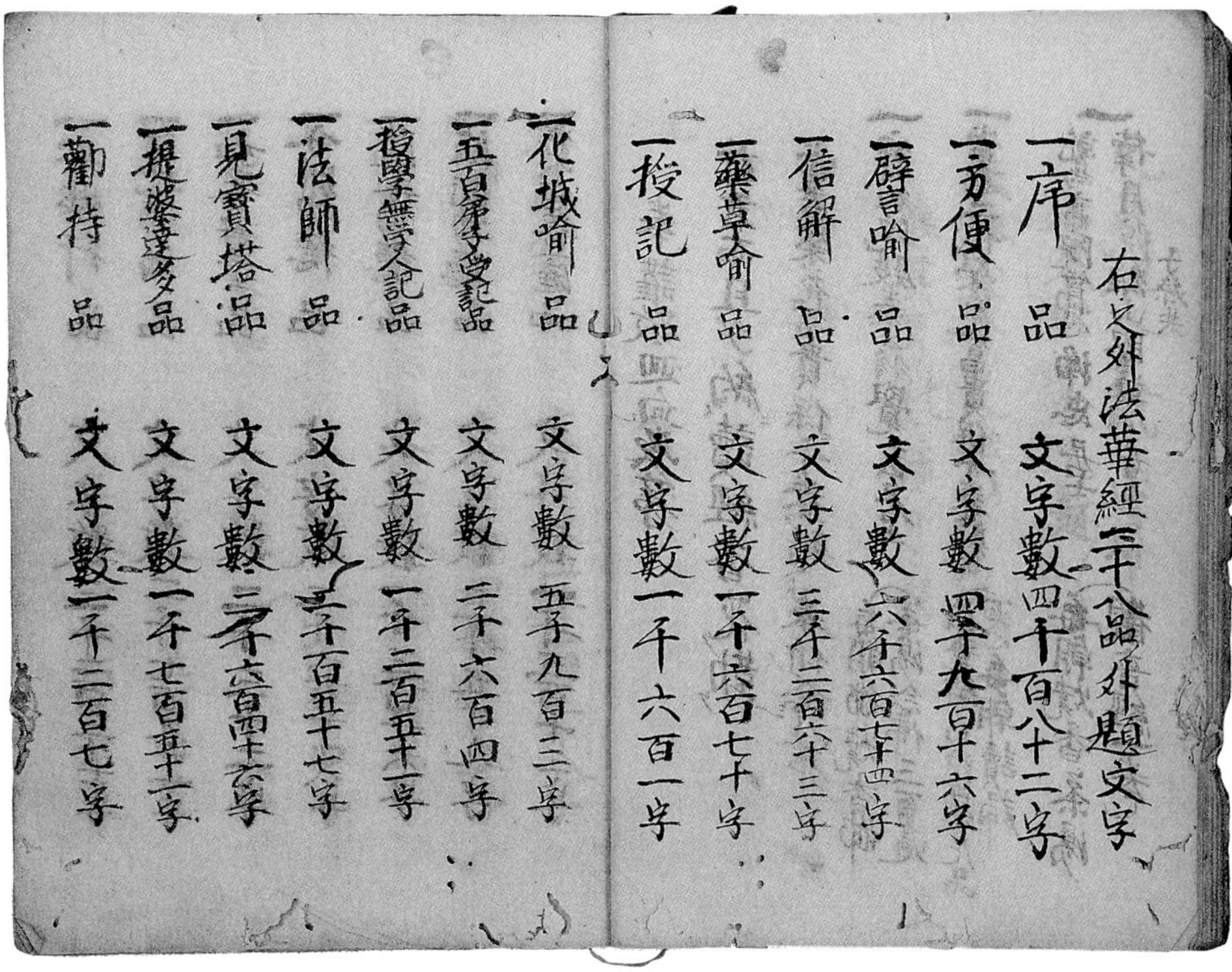

（13ウ）

右之外法華経二十八品ノ外題文字

一、序　　品　　文字数四千百八十二字

一、方　便　品　　文字数四千九百十六字

一、譬　喩　品　　文字数六千六百七十四字

一、信　解　品　　文字数三千二百六十三字

一、薬草喩品　　文字数一千六百七十字

一、授　記　品　　文字数一千六百一字

（14オ）

一、化城喩品　　文字数五千九百三字

一、五百弟子受記品　　文字数二千六百四字

一、授学無学人記品　　文字数一千二百五十一字

一、法　師　品　　文字数二千百五十七字

一、見宝塔品　　文字数二千六百四十六字

一、提婆達多品　　文字数一千七百五十一字

一、勧　持　品　　文字数一千二百七字

（15オ）

（14ウ）

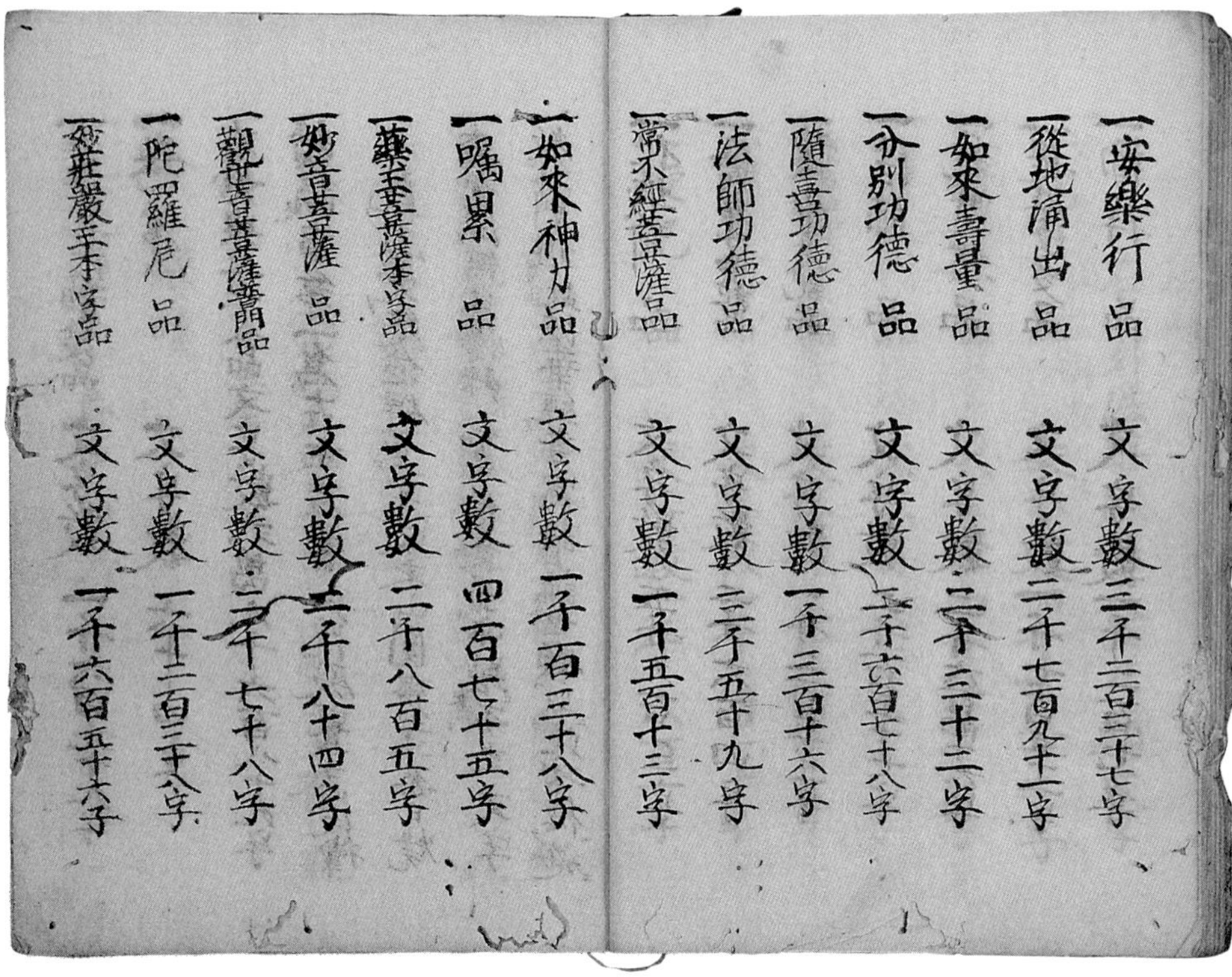

（14ウ）

一、安楽行品　文字数三千二百三十七字

一、従地涌出品　文字数二千七百九十一字

一、如来寿量品　文字数二千三十二字

一、分別功徳品　文字数二千六百七十八字

一、随喜功徳品　文字数一千三百十六字

一、法師功徳品　文字数三千五十九字

一、常不経〔軽〕菩薩品　文字数一千五百十三字

（15オ）

一、如来神力品　文字数一千百三十八字

一、嘱累品　文字数四百七十五字

一、薬王菩薩本字〔事〕品　文字数二千八百五字

一、妙音菩薩品　文字数二千八十四字

一、観世音菩薩普門品　文字数二千七十八字

一、陀羅尼品　文字数一千二百三十八字

一、妙荘厳王本字〔事〕品　文字数一千六百五十六字

（15ウ）

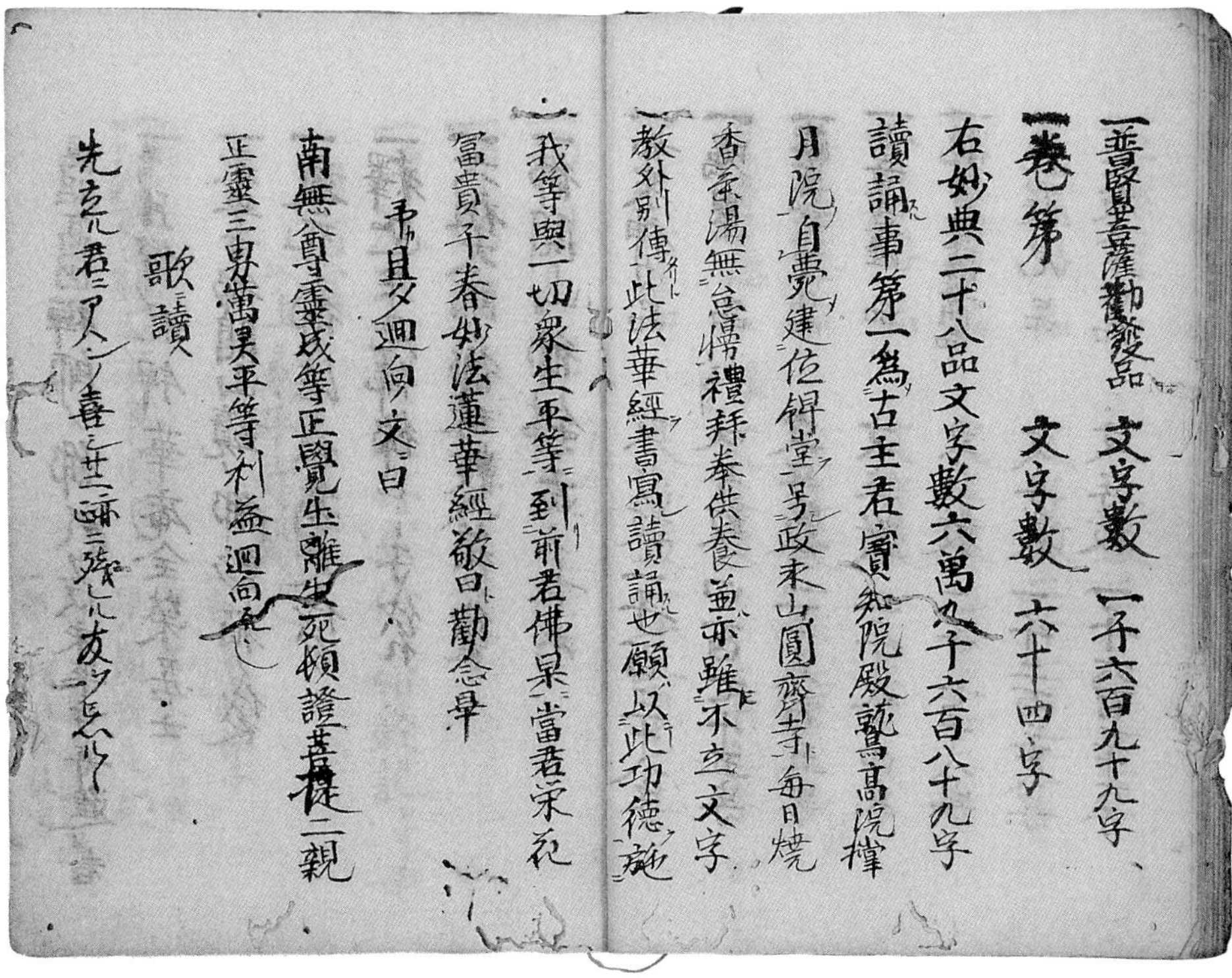

（16オ）

（15ウ）

一、普賢菩薩勧発品　文字数一千六百九十九字

一、巻第　文字数六十四字

右妙典二十八品文字数六万九千六百八十九字

読誦スル事、第一為シテ二古主君宝知院殿・鷲高院・撐

月院ノ一、自レ甍シテ建ニ位牌堂ヲ一号シ二政永山円斉寺ト一、毎日焼

香茶湯無ニ怠慢一、礼拝奉供養、兼ハ亦雖トモ二不立文字、

教外別伝タリト一、此法華経ヲ書写シ読誦スル也、願ハ以テ二此功徳ヲ一施ニ

（16オ）

我等与一切衆生平等ニ一、到リニ前君仏果ニ一、当君栄花

富貴千春、妙法蓮華経敬白ト、勧念畢、

予カ旦夕廻向ノ文ニ曰、

南無尊霊成等正覚出離生死頓証菩提、二親

正霊三界万霊平等利益廻向スル也、

歌ニ読

先立ル君ニアハンノ喜シサニ跡ニ残レル友ヲ忘ルヽ

(17オ) (16ウ)

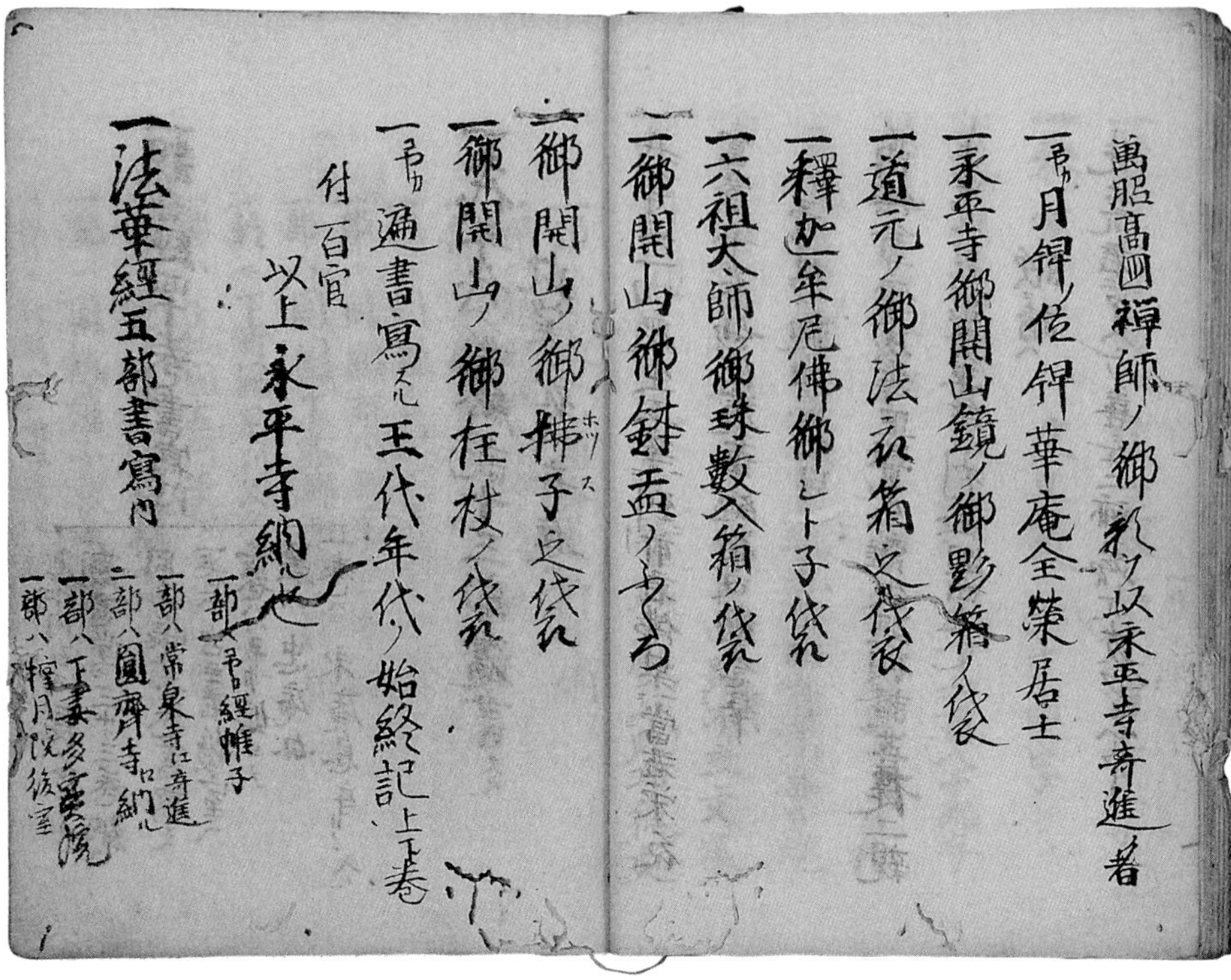

(16ウ)

(八)

万昭〔照〕高国禅師ノ御影ヲ以永平寺奇〔寄〕進ノ者〔物〕

一、予ヵ月牌ノ位牌、華庵全栄居士

一、永平寺御開山鏡ノ御影(24)箱ノ袋

一、道元ノ御法衣(25)箱之袋

一、釈迦牟尼仏御シト子(26)袋

一、六祖太〔大〕師ノ御珠数(27)入箱ノ袋

一、御開山御鉢盂(28)ノふくろ〔袋〕

(17オ)

一、御開山ノ御払子（ホッス）(29)之袋

一、御開山ノ御拄杖(30)ノ袋

一、予ヵ遍〔編ヵ〕書写スル王代年代ノ始終記(31)、上下巻

付百官

以上、永平寺納ル也、

(九)

一、法華経五部書写内

一部ハ予ヵ経帷子、

一部ハ常泉寺(32)江奇〔寄〕進、

一部ハ円斉寺江納ル、

一部ハ下妻多宝院(33)、

一部ハ撑月院後室、

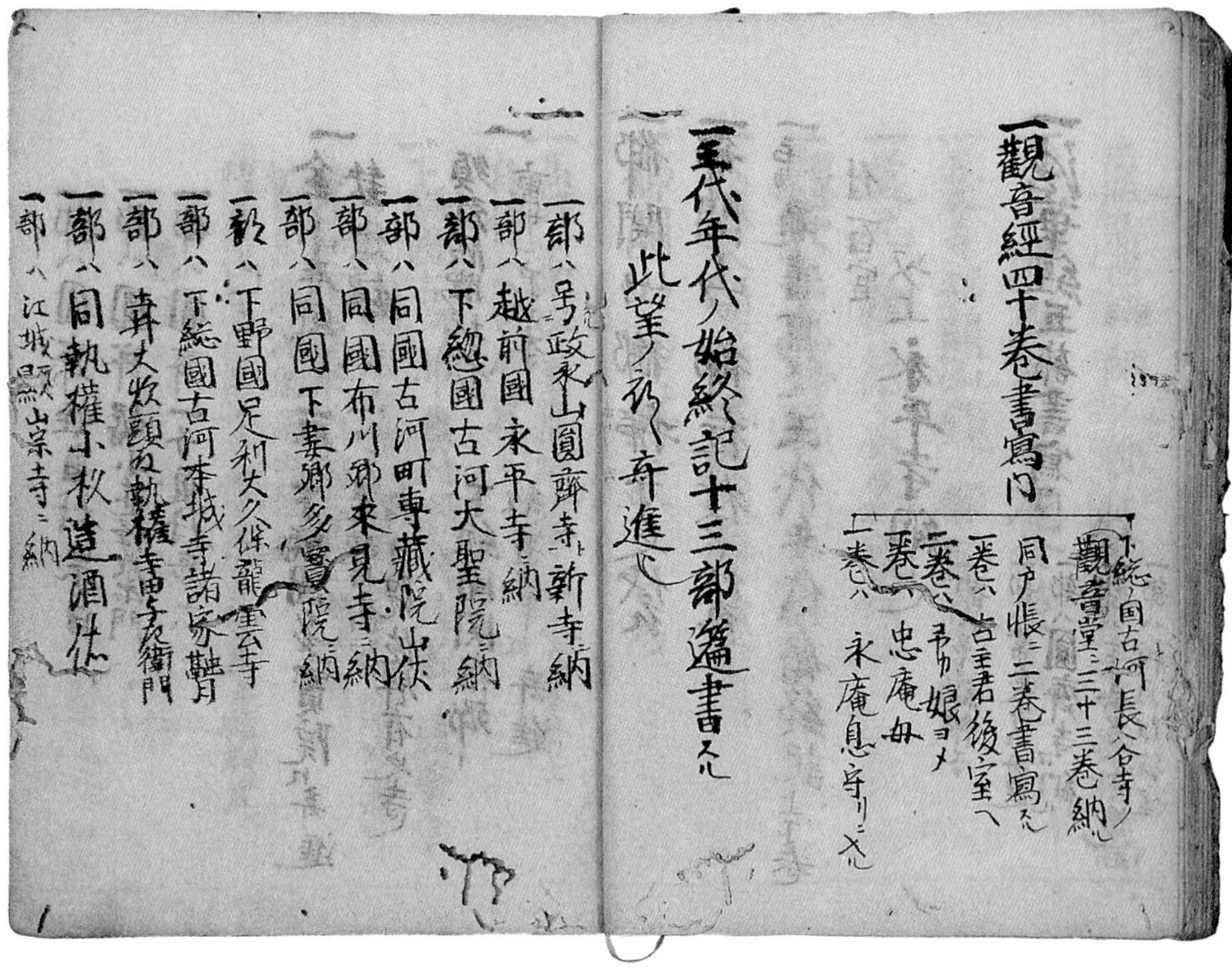

（18オ）　（17ウ）

（17ウ）

一、観音経四十巻書写内

（下総ノ国古河長谷寺ノ
観音堂(34)ニ三十三巻納ル
同戸帳ニ二巻書写スル、
一巻ハ古主君後室(35)ヘ、
二巻ハ予カ娘ヨメ、
一巻ハ忠庵母、
一巻ハ永庵息守リニ入ル、

（18オ）

一、王代年代ノ始終記十三部遍〔編カ〕書スル、
此望ノ所ヘ奇〔寄〕進也、

一部ハ号スル二政永山円斉寺ト一新寺ニ納、
一部ハ越前国永平寺ニ納、
一部ハ下総国古河大聖院(36)ニ納、
一部ハ同国古河町専蔵院山伏(37)、
一部ハ同国布川郷来見寺(38)ニ納、
一部ハ同国下妻郷多宝院ニ納、
一部ハ下野国足利大久保龍雲寺(39)、
一部ハ下総国古河本城寺〔成〕(40)諸家融月、
一部ハ土井大炊頭殿(41)執権寺田与左衛門(42)、
一部ハ同執権小杉造酒佑(43)、
一部ハ江城顕〔賢カ〕(44)崇寺ニ納、

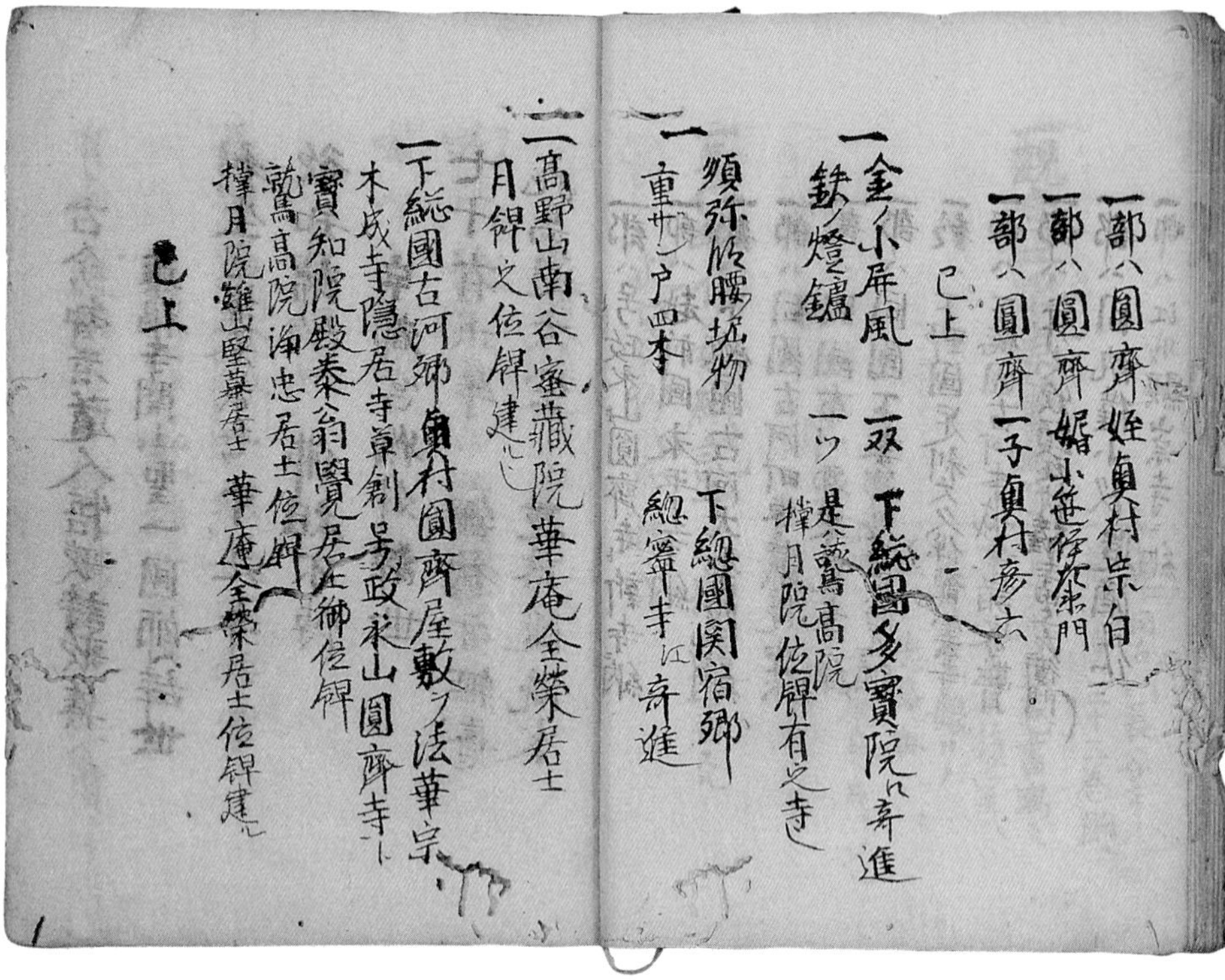

（19オ）　（18ウ）

（18ウ）

一部八円斉姪奥村宗白、
一部八円斉婿小笹伊左衛門、
一部八円斉一子奥村彦六、
　　已上、
一、金ノ小屏風、一双　下総国多宝院江〔寄〕奇進、
　　鉄ノ灯鑪、　一ツ　是ハ鷲高院・
　　　　　　　　　　　撐月院位牌有之寺也、

（19オ）

一、須弥段〔壇カ〕腰堀〔彫カ〕物　下総国関宿郷[45]
　　重ザン戸四本　　総寧寺江〔寄〕奇進、
一、高野山南谷蜜蔵院、華庵全栄居士
　　月牌之位牌建ル也、
一、下総国古河郷奥村円斉屋敷ヲ、法華宗
　　[46]木〔本〕成寺隠居寺草創、号シテ二政永山円斉寺ト一、
　　宝知院殿泰翁覚居士御位牌・
　　鷲高院浄忠居士位牌・
　　撐月院雄山堅慕居士・華庵全栄居士位牌建ル、
　　　已上、

(20オ)

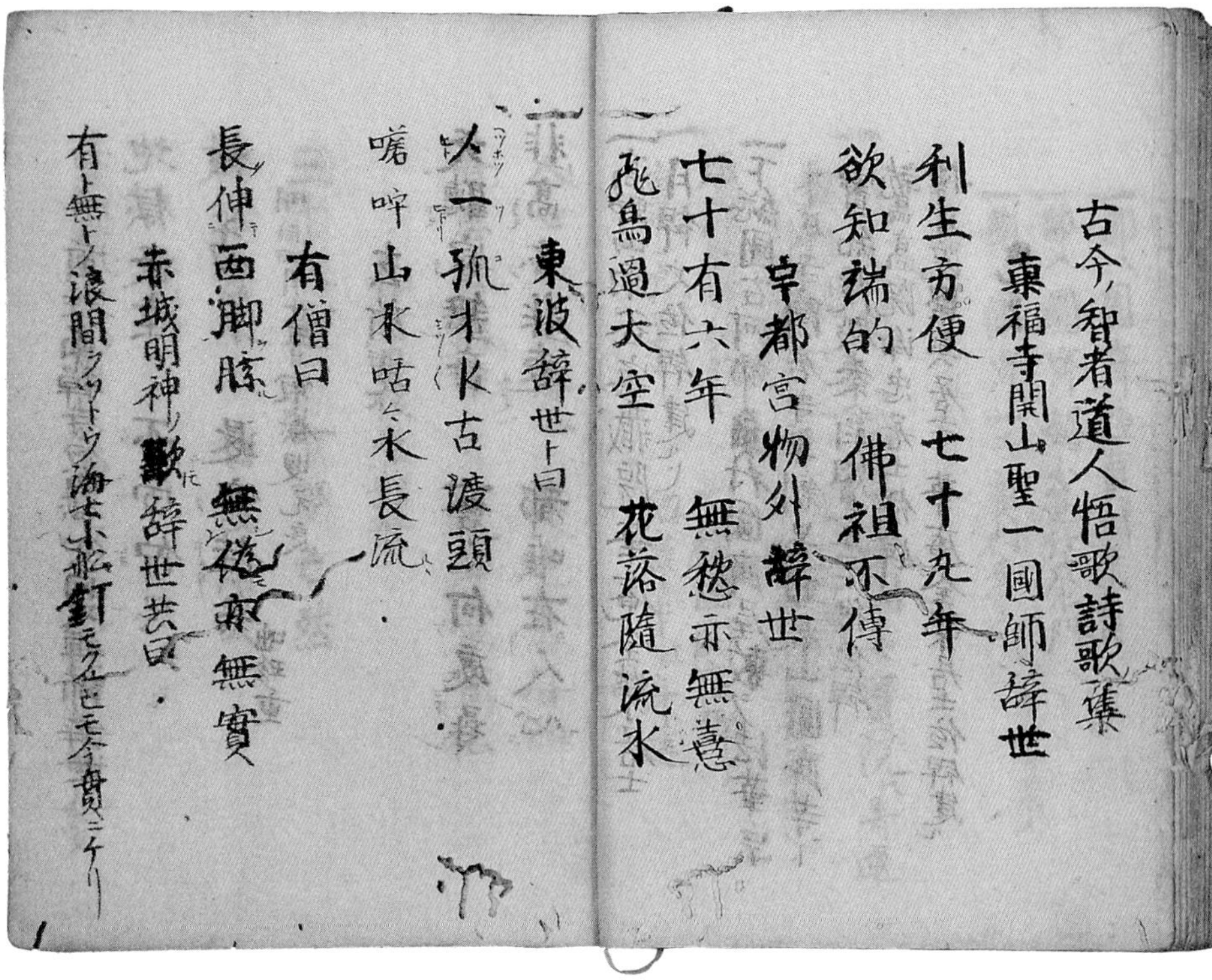

(19ウ)

(19ウ)

（一〇）

古今ノ智者道人悟歌詩歌ノ集

東福寺開山聖一国師辞世(47)

利生方便　七十九年

欲知端的　仏祖不伝

宇都宮物外辞世(48)

七十有六年　無愁亦無意

飛鳥過大空　花落随流水

(20オ)

東波(49)[坡]辞世ト曰、

人一孤才卜古渡頭

嗟呼山水啗々水長流ル、

有僧曰、

長ク伸テ二両脚ヲ一騰ル　無シレ偽モ亦無実

赤城明神ノ歌トモ辞世共曰、

有ト無トノ浪間ヲツトウ海士小船釘モクルヒモ今貫ニケリ

(21オ)　(20ウ)

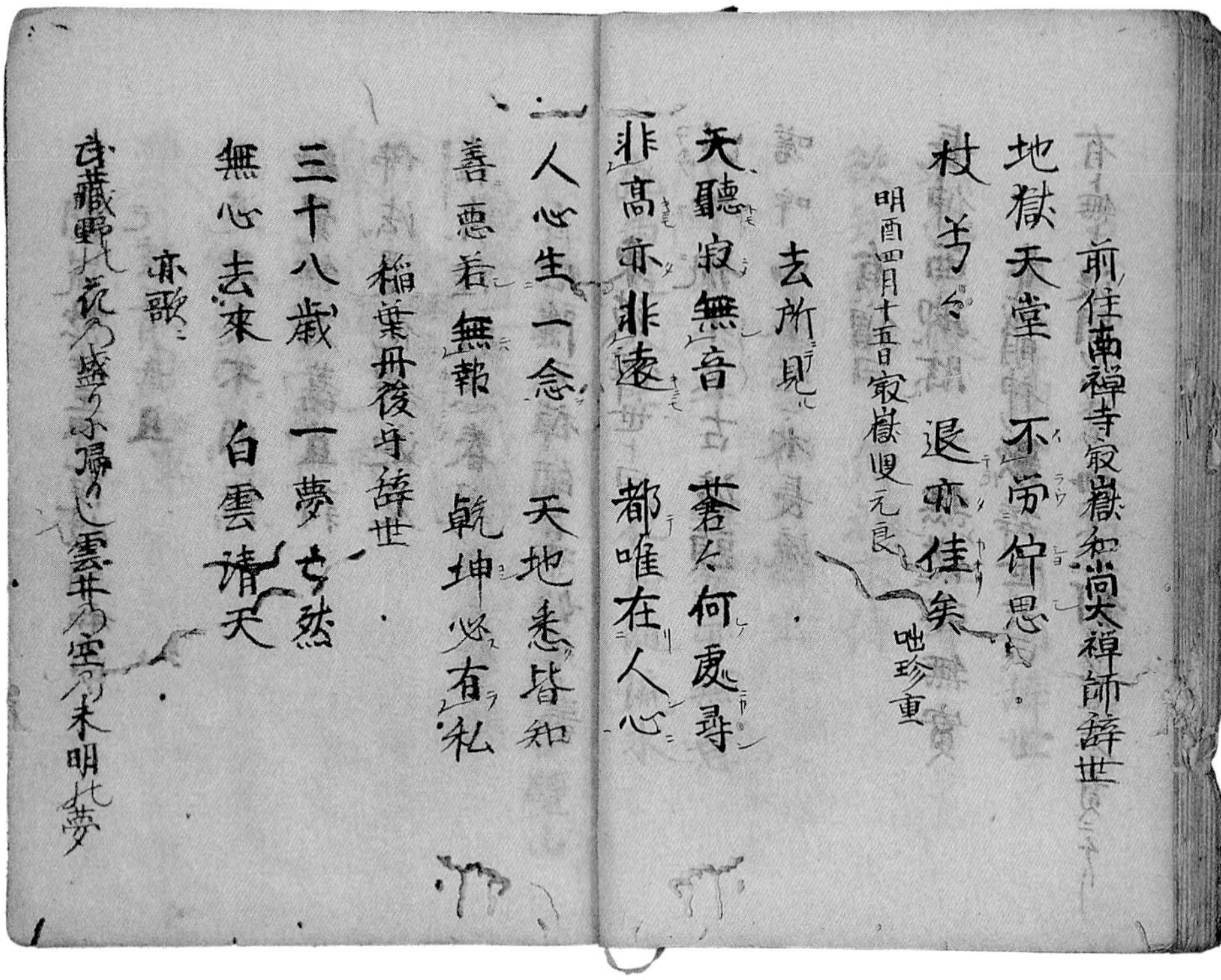

(20ウ)

前ノ住南禅寺最岳和尚(50)(大)太禅師辞世

地獄天堂　不レ労ニ佇思一

杖　兮々　退テ亦タ佳ナリ矣

明酉四月十五日最岳叟元良

咄珍重

去所ニテ見ル

天聴トモ寂ニシテ無シレ音　蒼々何レノ処ニカ尋ン

非レ高キニモ亦タ非レ遠キニモ　都テ唯在リ二人心一ニ

(21オ)

人心生ニ一念ヲ一　天地悉ク皆知

善悪若シ無ンハレ報　乾坤必ス有レラ私

稲葉丹後守辞世(51)

三十八歳　一夢亡然

無心去来　白雲清天

亦歌ニ

武蔵野の花の盛りに帰る也雲井の空の未明の夢

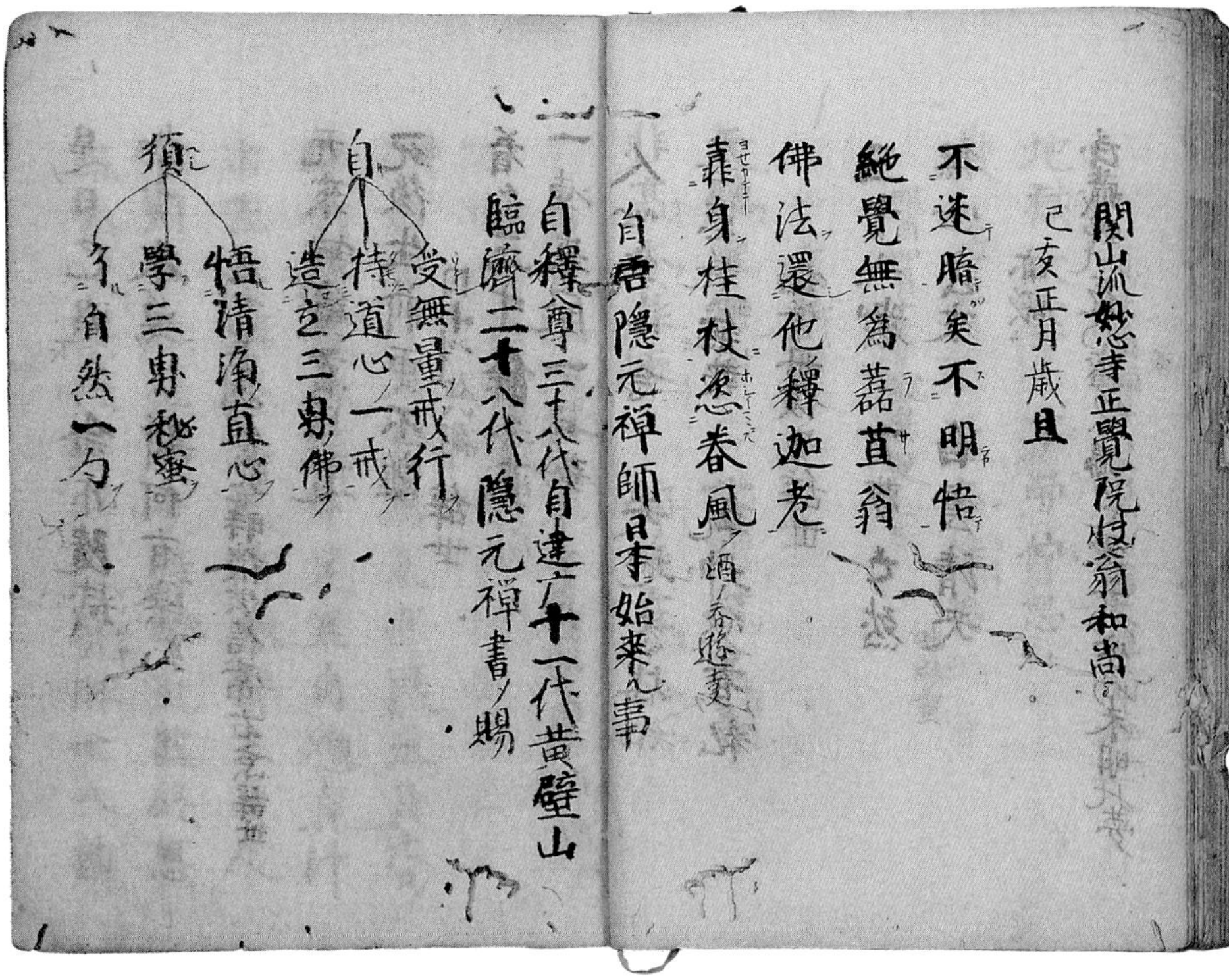

（21ウ）

関山派妙心寺正覚院快翁和尚(52)

己亥正月歳旦

不二迷テ暗一矣不二明ラカ(ス)悟一テ

絶覚〔学〕無為囍苴翁(ラサ)

仏法ヲ還二シ他ノ釈迦老一ニ

靠二(ヨセカケテ)身ヲ拄杖一ニ恣ニ(ホシイマヽニス)春風一ヲ酒ノ呑遊事

（22オ）

自唐隠元禅師(53)日本ニ始来ル事

自釈尊三十八代、自達广〔磨〕十一代黄〔檗〕壁山

臨済二十八代隠元禅書〔師脱カ〕シテ賜、

自リ
- 受(ウケン)二無量ノ戒行一ヲ
- 持(タモツ)二道心ノ一戒一ヲ
- 造(セン)二一立三界ノ仏一ヲ

須ヘシ
- 悟ル二清浄ノ直心一ヲ
- 学フ二三界秘蜜〔密〕一ヲ
- 了ル二自然一句一ヲ

（23オ）

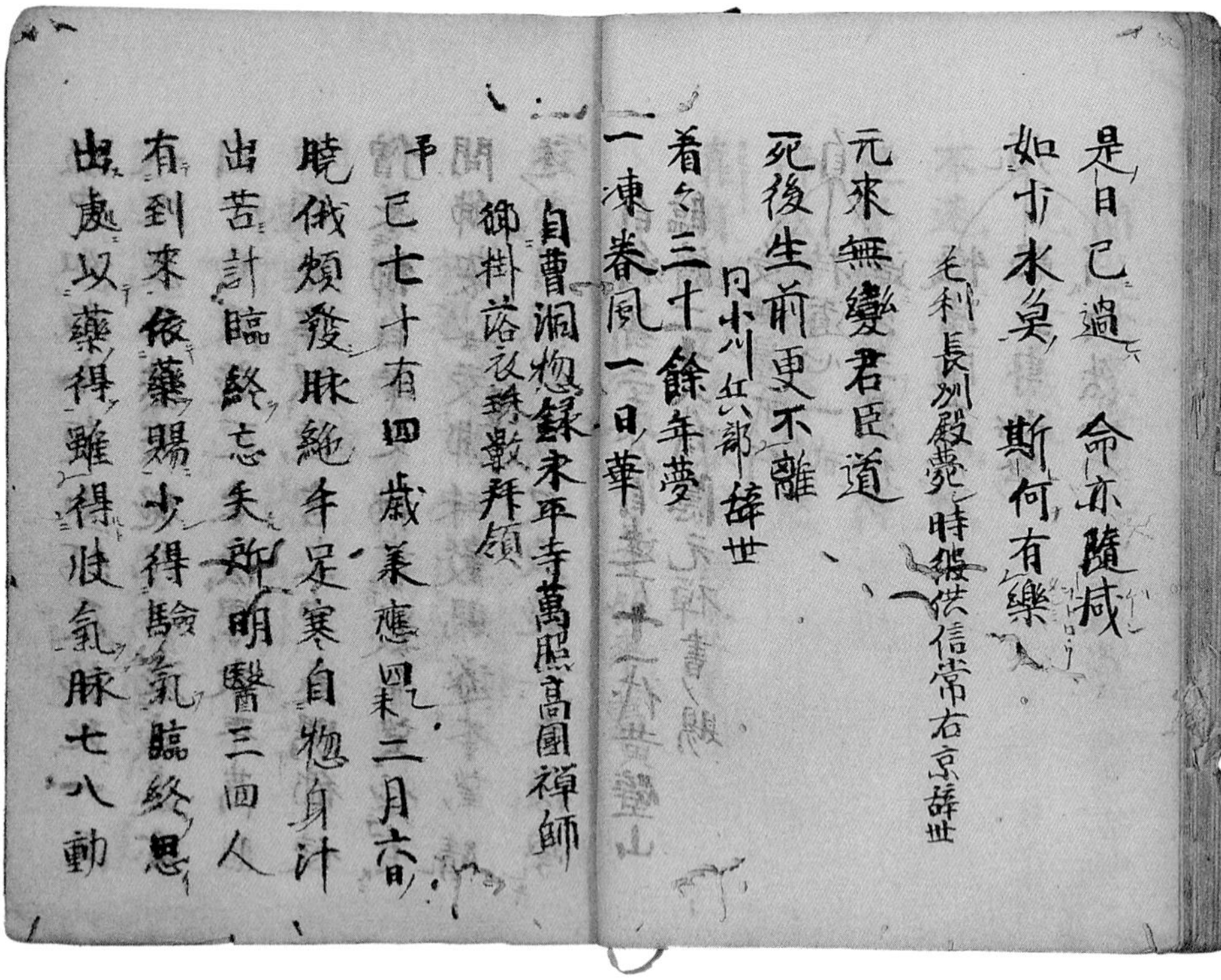

（22ウ）

（22ウ）
是ノ－日已ニ過レハ　命－亦随－減（ゲン）（ヲトロウ）
如ニ少水魚一ノ　斯レ－何ノ有レ楽（タノシミ）
毛利長州殿(54)薨シ時、彼供信常右京辞世
元来無変君臣道
死後生前更不レ離
同小川兵部辞世
着々三十余年夢
一凍春風一日ノ華
（23オ）
（一一）
自ニ曹洞惣録永平寺万照高国禅師一
(55)御掛落衣・珠数拝領
予已七十有四歳、承応四乙未二月六日ノ
暁、俄煩発シ、脈絶、手足寒自ニ惣身一汁〔汗カ〕
出、苦ミ計、臨終ヲ忘失スル所、明医三四人
有テ到来一、依テ薬ヲ賜ニ少シ得ニ験気一ヲ、臨終ヲ思イ
出ス処ニ、以テ薬ノ得一ヲ、雖レ得ニ快気一ヲ、脈七八動

（24オ）

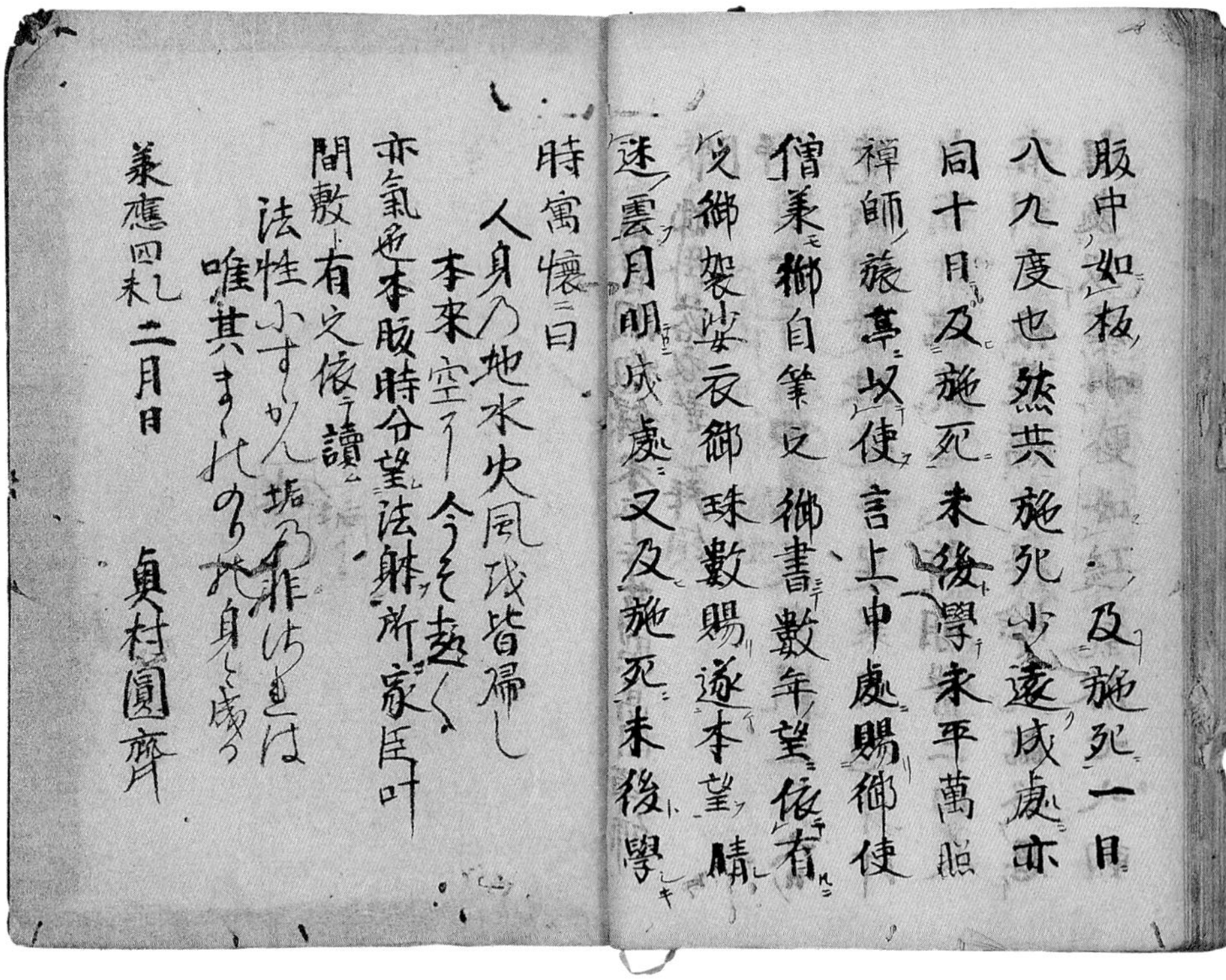

（23ウ）

（23ウ）
腹中如ニシテレ板ノ、「（白箋）」（又「小便如紅」）、及コト二施死一ニ（絶入カ、以下同ジ）一日ニ
八九度也、然共、施死少遠ク成処ニ、亦
同十日及ヒ二施死一ニ、末後ト学テ、永平万照
禅師ノ旅亭ニ以テレ使ヲ言上申処ニ、賜リ二御使
僧一、承モ御自筆之御書ニテ、数年ノ望ニ依テレ有ルニ
レ之、御袈裟衣・御珠数賜リ、遂ケ二本望一ヲ、晴シ
レ迷ノ雲一ヲ、月明ラカニ成処ニ、又及ヒ二施死一ニ、末後ト学シキ
（24オ）
時、寓懐ニ曰、
　人身の地水火風を皆帰し
　　本来空に今そ趣く
亦気色本腹時分、望ム二法体一ヲ所ニ、家臣叶
間敷ト有之、依テ読ム、「（白箋）」（又「垢に」）（貼紙）
　法性にすゝかん「垢」の非されは
　　唯其まゝののりの身と成る
承応四乙未二月日　　奥村円斉

（24ウ）

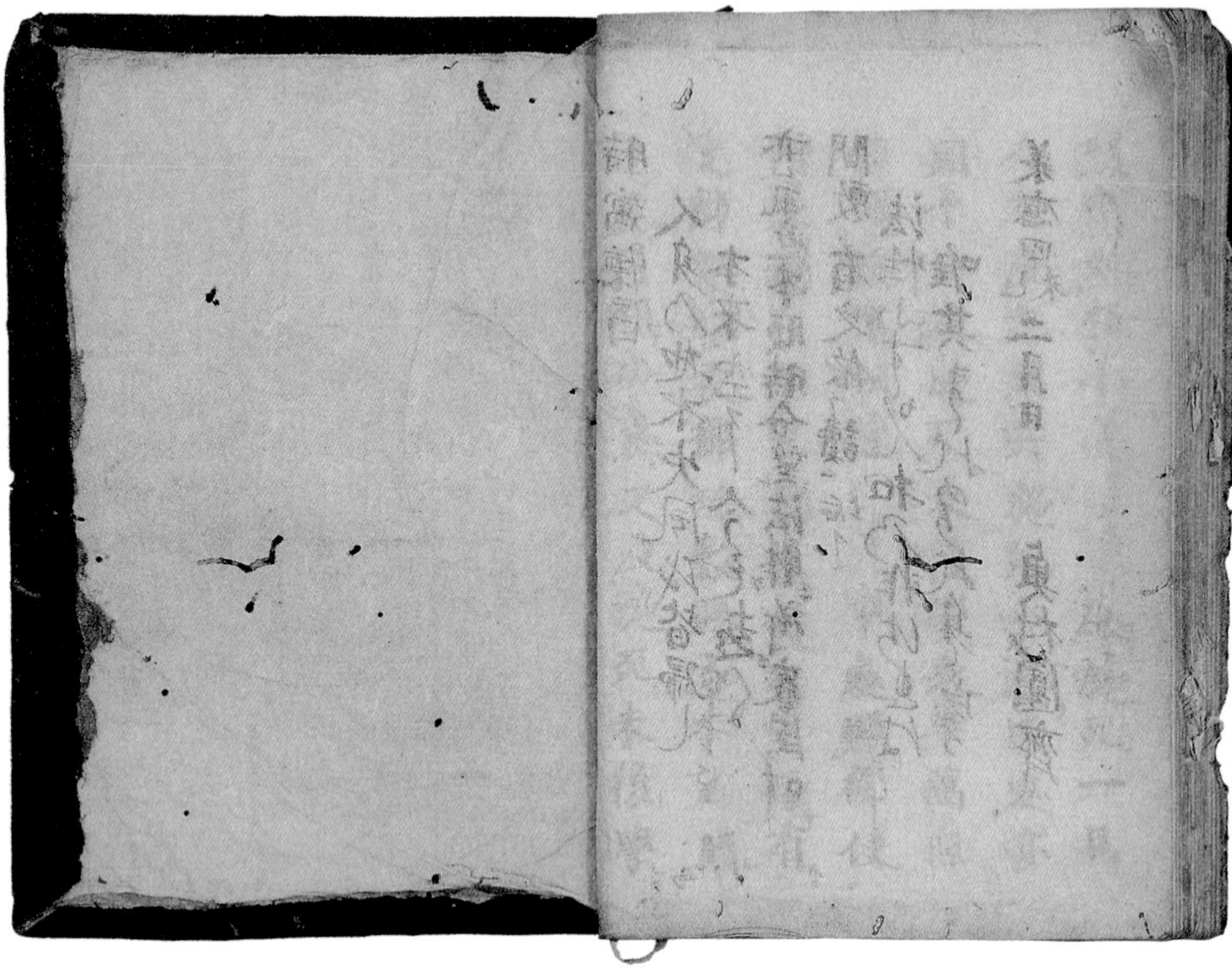

（24ウ）

（記載なし）

（裏表紙）

【読み下し】

（一）

予が至愚(しぐ)を以て心の発する所書する、

仄(ひそ)かに聞く、理気和合して天・人・地の三才を生ず。三才の中道日月は天地の間の主(あるじ)なり。しかのみならず形無くして、春夏秋冬の行(おこない)、人間万物の生、変ずること無し。君臣の道も死後生前離るべからず。熟案(つらつら)ずるに、予已に泉陽の産なり。幼きより居を摂州に移し、徒に三十余年を歴(へ)、後、武州の江城に遊ぶ。始めて主君に事(つか)うることを得たり。適(たまた)ま忠信を主とするの語を聞き、これを心胆に徹し、昼夜君辺に在(いま)して、身を致すこと三十有余稔(ねん)。君没せられて後、幼君を抱守(だきもり)し、成長を見ること已に三代なり。当君二代、五代を歴て、予七十有八歳、白髪憔悴(しょうすい)、百(もも)心の如くならず。嗚呼、老いたるかな。然りと雖も五代の君に事

（裏表紙）

（記載なし）

えて恙無く老ぬるは、生涯の望何事かこれに如かん。且つ功成り名遂げ身退くの格言を感発して、遂に子孫に譲与し、其の傍らに庵室を結びて、政永山円斉寺と号し、君牌を安置し奉る。一僧を供養し、読経香華の勤を約して、今亦矮屋を築き、尚お君恩を報ぜんと欲する所に、曹洞の僧録永平寺万照高国禅師、予が亡君を敬うこと善なるかな、と謂いて、花庵全栄居士の号を賜う。これに因て、発願の志弥増にして、妙経数部を書写し、旦夕の読誦懈たる無く、尊霊に廻向し奉る。熟思う、君在る則は粉骨を尽し、没せらるる則は、仏前に勤仕する、予一代の忠勤円斉なりと謂つべし。仍て円斉と号す。寺号も亦これを用ゆるなり。愚の文盲を揣らず、心これに是こに所するに随いて、漫に管見を書するなり。

（二）

曹洞僧録越前国永平寺万照高国禅師より賜る文

奥村氏政永は、泉陽の産なり。居を東関に移し、寓止すること四十有余年なり。累代君に奉つる志気甚だ濃厚なり。尤も内陸にして外正に儀礼なり。しかのみならず禅扉を扣いて年尚うして、波羅提木叉を需めらる。これを閲るに、字は華庵、諱は全栄、宜なるかな宜なるかな。古人の語に有りて曰く、栄華富貴千春を保つ、と。或時、特々として来りて曰く、今吾れ暮齢七十有余なり。卓錐の地たりと雖も子孫に譲与し、以て長男の家辺に隠栖す。誠なるかな、天地一閑人なり。今より後円斉と呼ぶ。憶着するのみ、と。諾々。夫れ円は、円蒲なり。全うして、闕くること無きを謂うなり。又吾が宗に円卍の圜闠有るこれ在りと云々。斉は、等しうして貴賤有ること無きなり。亦た済は、救度なりと云々。面白し、面白し。又有る時、老翁二首の和歌を書して、袖にし来りて曰く、希わくは書して以て吾に与えよ。生前の沢慶、何ぞ豈にこれに過ぐ可きかな、と。予老衰病手なり。他手に借すべし。頻々頭を掉る。然りと雖も頻々これを勤む。峻拒することを獲ず、即ち毫を浸す。厥の一首に曰く、隔て無く此の君迄も使え来て五代を経ぬる老の呉竹。其二に曰く、御五の代の君そ使えて年も経ぬ　老を浮身の思い出にして。塗敕して円斉老人の翁に与え、毫を擲て管城子を敲いて一笑して去るなり。旅泊漏屋に於て万照高国禅師戯れこれ有る者か。

（三）

予が臨終の偈と兼ねて曹洞開山越前国永平寺万照高国禅師へ高韻の旨、尊眸に遂ぐる処に、諸家の大渚僧傍に有りて、これを閲(けみ)して一紙の文を給る書に曰く、

茲(ここ)に信士有り。土井遠州の太守（土井利隆）孝臣、奥村の苗裔、自ら法諱(ほうき)を無邪円斉と号す。此の公壮年には気宇莫傑にして、専ら文を内にし武を外にし、国を成敗し、下も民を撫し、家を興し、敵を欺むく則(とき)は死を顧みず、依俙(いき)范蠡(はんれい)が謀を会稽(かいけい)の麓に回らし、今亦、名を遂げて身退き、江城の市陌(しはく)に在りて、塵裡に閑を偸(ぬす)み、金文を書写し、経巻を読誦し、其功を勝(あげ)て計るべからず。嗚呼、奇なり。快なり。公暇の時は永平万照高国禅師の旅亭に詣で、一巻を懐し来り、尊眸に遂げらる。予已に傍に在りてこれを閲みす。臨終の偈と兼ねて日用菩提の正因を修する処なり。寔(まこと)なるかな、無邪円斉、志旨紙面に見(あら)わる。僕、才短智乏たりと雖も黙止することを獲ず、臨終の高韻を穢し奉りて爾か云う。

伏して電覧を請う。

（中略）

草沢賢を遺(のこ)したり社稷(しゃしょく)を興す、功名幾許(いくばく)伸るに余り在り、猶お経巻を書し善根を力め、一々塵中 法輪に転ぜん

（中略）

（四）

予が君子の家臣より厚禄を受くる、愚痴を以て一紙を上(たて)まつる文に曰く、

予が性、至愚たりと雖も、勉めて君臣の道を守り、在(いま)す則は、事うまつるに粉骨を尽し、没する則は、祭るに敬意を厚くして、其の一得の愚を述べて空言を揣(はか)らず。一日これを袖にして家臣の尊眸に遂ぐるなり。家臣これを感じて曰く、君に事えまつるの功至りて厚し、功在り賞禄すべしとて、以て十口の養を賜う。予これを辞して受けず。尚お臣これを疑う。故に其の意を述べて曰く、嗚呼、此の沢の深きこと忘るべからず、謹んで受くべし。然れども今予が隠栖なり。一箇(いっこ)の閑に居て、数口の米を餽(う)くるは、賄賂なり。又云く、予に任事(にんじ)無くして受くるに故無し。空しく厚禄を費やするに似たり。何ぞ辞せざらんや。然りと雖も君助けずんば、吾何を以てか此の渇を止めん。希くは、唯家益々貧しく、その飢するに及んで、請いてこれを助からんのみ。謹言。

（中略）

（五）

望月甫庵法眼、予が一代を書し賜う文

予仄かに聞く、大極(たいきょく)動静して陰陽生じ、五行変化して万物育す。人は天地の気を受けて物形より霊なり。所以に天地と参(み)つして三才と為る。然れども、気を稟(う)くるに通塞(つうそく)有り。故に智愚も亦た各々なり。予性至愚たりと雖も君臣の道を修し来る。則ち又一得の愚と謂わんか。故に俚語を以て戯に来由を述ぶ。不佞(ふねい)、素(も)と泉陽の産なり。幼きより居を摂州に移し、徒に三十余歳を歴、後、武州の江城に遊ぶ。始めて主君に事うることを得たり。適(たまたま)忠信を主とするの語を聞て、これを心胆に徹し、昼夜君辺にて在(いま)して、身を致すこと三十余稔。君没せられて後、幼君を抱守(だきもり)て成長を見ること已に三代なり。今や不穀(ふこく)、行年七十有余歳、白髪憔悴して百(もも)心の如くならず。嗚呼、老たるかな。然りとは雖も三君に事えて恙無く老ぬるは、生涯の望何事かこれに如(し)かん。且つ功成り名遂げ身退くの格言を感発して、遂に家禄を長子に譲与し、其の傍に庵室を結びて、政永山円斉寺と号し、君牌を安置し奉り、一僧を供養して読経香華の勤を約し、今又矮屋を築き、尚お君恩を報ぜんと欲する所に、曹洞の僧録永平寺万照高国禅師、予が亡君を敬うことと善なるかなと謂いて、華庵全栄居士の号を賜う。これに因りて発願の志弥増(いやまし)にして、妙経数部を書写し、旦夕の読誦懈たること無し。尊霊に廻向し奉るなり。熟思う、君在る則は粉骨を尽し、没する則は仏前に勤仕するなり。然る則んば、予一代の忠勤円斉なりと謂つべし。仍て名を円斉と号す。寺号も亦これを用ゆるなり。是れ愚の文盲を揣(はか)らず、心のこれに所するに随いて、漫に管見を書す。蜂腰(ほうよう)の和歌にて野意を慰む。

隔て無く此の君迄も使え来て　五代を経ぬる老の呉竹

御五の代の君に使えて年も経ぬ　老を浮身の思い出にして

（六）

曹洞開山吉祥山越前国永平寺二十六代之祖、万照高国禅師より書し賜うなり。道号の記、逆修(ぎゃくしゅ)の位牌、予が辞世書し給わる三幅一対

（六―一）

道号華庵の記

粤(ここ)に信士有り、奥村苗裔政永が者、天生内慈にして外か正しうて君臣の礼を専らにする。しかのみならず新豊山(しんぽうざん)中の

柴扉(さいひ)を扣き、吾が宗の玄旨を領することを要す。予総陽の古城の辺(あたり)に漂泊し、宿を信士が庭前池中の亭に投ず。終夜閑談清話の余(あまり)、陳年、波羅提木叉を保護することを閲(けみ)す。これに字して花庵、これに諱して全栄と曰う。古人言わずや、栄華富貴千春を保つと、祝聖(しゅくしん)の語に有り。宜なるかな宜なるかな。翌旦楮国(ちょこく)を袖にし来りて、別号を需むるに遭う。予生来疎懶(そらん)にして魚魯(ぎょろ)を弁ぜずと雖も、峻拒することを獲ずして、上の二大字を摘如して、以て四七片の瓦子を拾う。遠大の儀を祝延す。厥(そ)の辞に曰く、

鷲嶺(じゅれい)一枝少室の春、普天今古異香新たなり、始めて知る余慶門葉に有ることを、保ち得たり家々不老の人、と。

(中略)

(六―三)

華庵全栄居士辞世

寓懐

八十余年総(そう)に是れ夢、因循(いんじゅん)日用更に伸ぶるに堪えたり、
祇今抛擲(しこんほうてき)す世間の事、円斉曇り無し月一輪、

歌に曰く、

人身の地水火風を皆帰し　本来空に今ぞ趣く
法性にすすがん垢のあらざれば　唯其ままの法の身となる

(七)

護敬し廻向し奉る次第、前君に旦夕読経香花の勤を約し、当君の栄花富貴千春を保ち賜へと祈念し奉る次第、

一つ、宝知院殿泰翁覚玄居士、毎朝御焼香、御茶湯、念仏三百遍

一つ、当君二代、栄花富貴千春を保ち賜へ、法華経の内陀羅尼品一巻、毎朝読誦

一つ、鷲高院節心浄忠居士・撐月(とうげつ)院雄山堅慕居士、子孫共、毎朝焼香、茶湯、観音経一巻

右の外法華経二十八品外題文字

(中略)

右妙典二十八品文字数六万九千六百八十九字読誦する事、第一古主君宝知院殿・鷲高院・撐月院の為なり。薨(こう)じてより位牌堂を建て政永山円斉寺と号し、毎日焼香茶湯(ちゃとう)怠慢無く、礼拝供養し奉り、兼ねては亦た不立文字(ふりゅうもんじ)、教外別伝(きょうげべつでん)たりと雖も、此の法華経を書写し読誦するなり。願わくは此の功徳を以て我等と一切衆生平等に施し、前君仏果に到り、当君栄花富貴千春、妙法蓮華経敬白と、

勧念し畢んぬ。

　予が旦夕廻向の文に曰く、

南無尊霊成等正覚出離生死頓証菩提、二親正霊三界万霊平等利益と廻向するなり。

　歌に読む、

先立る君にあはんの喜しさに　跡に残れる友を忘るる

(八)

　万照高国禅師の御影を以て永平寺へ寄進のもの

一つ、予が月牌の位牌、華庵全栄居士、一つ、永平寺御開山鏡の御影箱の袋、一つ、道元の御法衣箱の袋、一つ、釈迦牟尼仏御しとね袋、一つ、六祖大師の御珠数入りの箱の袋、一つ、御開山御鉢盂のふくろ、一つ、御開山の御払子の袋、一つ、御開山の御拄杖の袋、一つ、予の編書写する王代年代の始終記、上下巻、付けたり百官

　以上、永平寺に納むるなり。

(九)

一つ、法華経五部書写の内、一部は予が経帷子、一部は常泉寺へ寄進、一部は円斉寺へ納むる。一部は下妻多宝院、一部は撑月院後室。

一つ、観音経四十巻書写の内、下総国古河長谷寺の観音堂に三十三巻納むる。同戸帳に二巻書写する。一巻は古主君後室へ、二巻は予が娘ヨメ、一巻は忠庵母、一巻は永庵息守りに入る。

一つ、王代年代ノ始終記十三部編書する。これ望みの所へ寄進するなり。一部は政永山円斉寺と号する新寺に納む。一部は越前国永平寺に納む。一部は下総国古河大聖院に納む。一部は同国古河町専蔵院山伏、一部は同国布川邨来見寺に納む。一部は同国下妻郷多宝院に納む。一部は下野国足利大久保龍雲寺、一部は下総国古河本成寺諸家融月、一部は土井大炊頭殿執権寺田与左衛門、一部は同執権小杉造酒佑、一部は江城賢崇寺に納む。一部は円斉姪奥村宗白、一部は円斉婿小笹伊左衛門、一部は円斉一子奥村彦六、已上。

一つ、金の小屏風、一双、鉄の灯鑪、一つ、下総国多宝院へ寄進す。是は鷲高院・撑月院の位牌これ有る寺なり。

一つ、須弥壇腰彫物、重ザン戸四本、下総国関宿郷総寧寺へ寄進す。

一つ、高野山南谷蜜蔵院、華庵全栄居士月牌の位牌建つる

なり。

一つ、下総国古河郷奥村円斉屋敷を、法華宗本成寺の隠居寺草創し、政永山円斉寺と号して、宝知院殿泰翁覚居士御位牌・鷲高院浄忠居士位牌・撑月院雄山堅慕居士・華庵全栄居士位牌建つる。已上。

（一〇）

古今の智者道人悟歌詩歌の集

東福寺開山聖一国師辞世

利生方便、七十九年、端的を知らんと欲せば　仏祖不伝

宇都宮物外(もつげ)辞世

七十有六年、愁い無く亦た憙(よろこ)び無し、飛ぶ鳥は大空を過(よ)ぎり、花は落ちて流水に随う

東坡辞世と曰う、

人一孤、水水古渡頭、嗟呼山水、唶々水長く流るる

有る僧曰く、

長く両脚を伸して騰ぐる、偽りも無し亦た実も無し

赤城明神の歌とも辞世とも曰う、

有と無との浪間をつとう海士小船　釘もくるいも今貫ぬけり

前住南禅寺最岳(さいがく)和尚大禅師辞世

地獄天堂、佇思(ちょし)を労せず、杖兮々、退いて亦た佳なり、咄珍重、明酉四月十五日最岳叟元良(げんりょう)

去る所にて見る、

天聴くとも寂にして音無し、蒼々何れの処にか尋ねん、高きにも非らず亦た遠きにも非らず、都(すべ)て唯だ人心に在り、人心一念を生ずれば、天地悉く皆な知る、善悪若し報い無くば、乾坤必ず私有らん

稲葉丹後守辞世

三十八歳、一夢亡然、無心の去来、白雲清天

亦た歌に

武蔵野の花の盛りに帰るなり　雲井の空の未明の夢

関山派妙心寺正覚院快翁和尚

己亥正月歳旦

迷いて暗からず悟りて明らかならず、絶学無為　磊苴(らさ)の翁、仏法を他の釈迦老に還えし、身を拄杖(しゅじょう)に靠(よ)せかけて春風を恣(ほしいいまま)にす、酒の呑み遊びの事、

唐より隠元禅師日本に始めて来たる事、釈尊より三十八代、達磨より十一代、黄檗山臨済二十八代隠元禅〔師〕書して賜う、

無量の戒行を受けん自(よ)り、道心の一戒を持(たも)つ自(よ)り、三界の

仏を造立せん自(よ)り、須く清浄の直心(じきしん)を悟るべし、須く三界の秘密を学ぶべし、須く自然の一句を了(さと)るべし、是の日已に過ぎれば、命も亦た減に随う、少水の魚の如し、斯に何の楽しみか有らん、

毛利長州殿薨ぜし時、彼の供信常右京の辞世

元来変わること無し君臣の道、死後生前更に離れず

同小川兵部(ひょうぶ)の辞世

着々三十余年の夢、一凍して春風一日の華

（一一）

曹洞僧録永平寺万照高国禅師より御掛絡衣(からえ)・珠数拝領す

予已に七十有四歳なり。承応四乙未二月六日の暁、俄に煩い発し、脈絶え、手足寒く惣身より汗出づ。苦しみ計り、臨終を忘失する所、明医三四人到来有りて、薬を賜うに依って少し験気(げんき)を得、臨終を思い出す処に、薬の得を以て、快気を得ると雖も、脈七八動、腹中板の如くにして、「(抹消)小便紅の如し、」絶入に及ぶこと一日八九度なり。然れども、絶入少し遠く成る処に、亦同十日絶入に及び、末後と学して、永平万照禅師の旅亭に使を以て言上申す処に、御使僧を賜り、承るも御自筆の御書にて、数年の望にこれ有るに依て、御袈裟衣・御珠数を賜わり、本望を遂げ、迷の雲を晴らし、月明らかに成る処に、又絶入に及び、末後と学しき時、寓懐に曰く、

人身の地水火風を皆帰えし　本来空に今ぞ趣く

亦気色本腹の時分、法体を望む所に、家臣叶う間敷とこれ有り。依て読む。

法性にすすかん垢の非ざれは　唯其ままののりの身と成る

（中略）

【注】

（一）（1）予　奥村政永（一五八二～一六七四）。号は円斉。子孫にあたる奥村禎三氏の先代の奥村政樹氏が昭和五十四年に作成された奥村家の「家譜抜萃」には、「奥村善左エ門政永、号玄育、宗伯、松育」、また昭和五十五年に作成されたものには「奥村善左エ門政永、寂洞院活功徳主華庵全栄居士、寛文四年九月十一日卒（寿九十四才）」とある。古河藩主土井利勝の家臣。土井利隆代の正保四年（一六四七）の分限帳では、大番のなかに奥村姓は「同（二百五十石）奥村仁左衛門」と「同（二百石）奥村善左衛門」とが

ある(解題千賀忠夫氏、『古河市史』資料近世編藩政一〇九〜一一〇頁)。また同時期の分限帳の別本(古河歴史博物館蔵)には、「二百石　奥村伝右衛門」「二百五十石　江戸奥村仁左衛門」「二百石　奥村善左衛門」が見える。これらの中の「奥村善左衛門」が該当すると考えられる。

(2)泉陽　和泉国。

(3)摂州　摂津国にいた奥村政永が、どのような縁によって江戸に至り土井家家臣となったのかは、明らかでない。

(4)主君　土井利勝(一五七三〜一六四四)。系図の上では土井利昌の子。徳川家康の落胤ともいう。幼時より家康に仕えた。慶長七年(一六〇二)下総国香取郡小見川(千葉県香取市)の城主(一万石)、慶長十五年同国佐倉(千葉県佐倉市)の城主(三万二四〇〇石)、寛永十年(一六三三)同国古河(茨城県古河市)の城主(一六万石余)。将軍徳川秀忠のもとで、幕閣にあり大きな権限をもった。徳川家光の代になると、寛永十五年、酒井忠勝とともに、平日は登城せず大事が発生した時だけ出仕して合議に参加することを許された。幕府大老のはじめといわれる。正保元年七月十日江戸上屋敷で没。享年七十二。穏誉泰翁覚玄宝地院。芝増上寺(東京都港区)に葬る。土井家の江戸上屋敷は、日比谷御門内(中央区有楽町一丁目、現在第一生命DNタワー21がある)、中屋敷は霊巌島(日本橋箱崎町、現在ヴィラフォンテーヌホテルがある)にあった。

(5)幼君　土井利勝を継いだ二代目当主は、長男土井利隆(一六一九〜八五、享年六十七)である。利勝の没した正保元年すでに二十六歳で、幼君というには相応しくない。利隆については後掲注(16)参照。利隆以外では、利勝没後、三男利長(十四歳、十五歳ともいう)は一万石、四男利房(十四歳、十三歳ともいう)は一万石、五男利直(八歳)は五〇〇〇石を分知されている。幼君とは、この三人をいうと考えられる。「抱守」は「だきもり」と読み、幼児を抱いたりして守り、世話をすること。またその人(『日本国語大辞典』)。ここでは養育係の意味であろう。「いもり」という振仮名があるが、あるいは土井藩で、このように呼ばれていたのかもしれない。

(6)当君二代　初代土井利勝と二代利隆をさす。

(7)五代ノ君　「当君二代」は初代利勝と二代利隆。「幼君」は利長・利房・利直の三人。以上の五人合わせて「五代」といったのであろう。本史料(一)の文章は、政永七十八歳万治二年(一六五九)の成立で、古河藩主土井家は、三代利重の時代であった。したがって「五代の君」は、古河藩主土井家当主の初代から五代までの意味ではない。

(8)政永山円斉寺　政永の隠居した場所は、江戸と古河とが考えられる。本史料(三)によれば、隠居して「江城の市陌」江戸にいた時期があるが、本史料(九)によれば、円斉寺は、「下総国古河郷」にあった奥村政永の屋敷を法華宗本成寺の隠居寺として草創した寺で、位牌堂になっていた。寛永末年から正保初年(一六四二～四五)頃の図と推定されている「下総国葛飾郡古河城内城外之図」がある(古河歴史博物館蔵、『古河城―水底に沈んだ名城』所収)。これには、東側に張り出した「諏訪郭」(図で

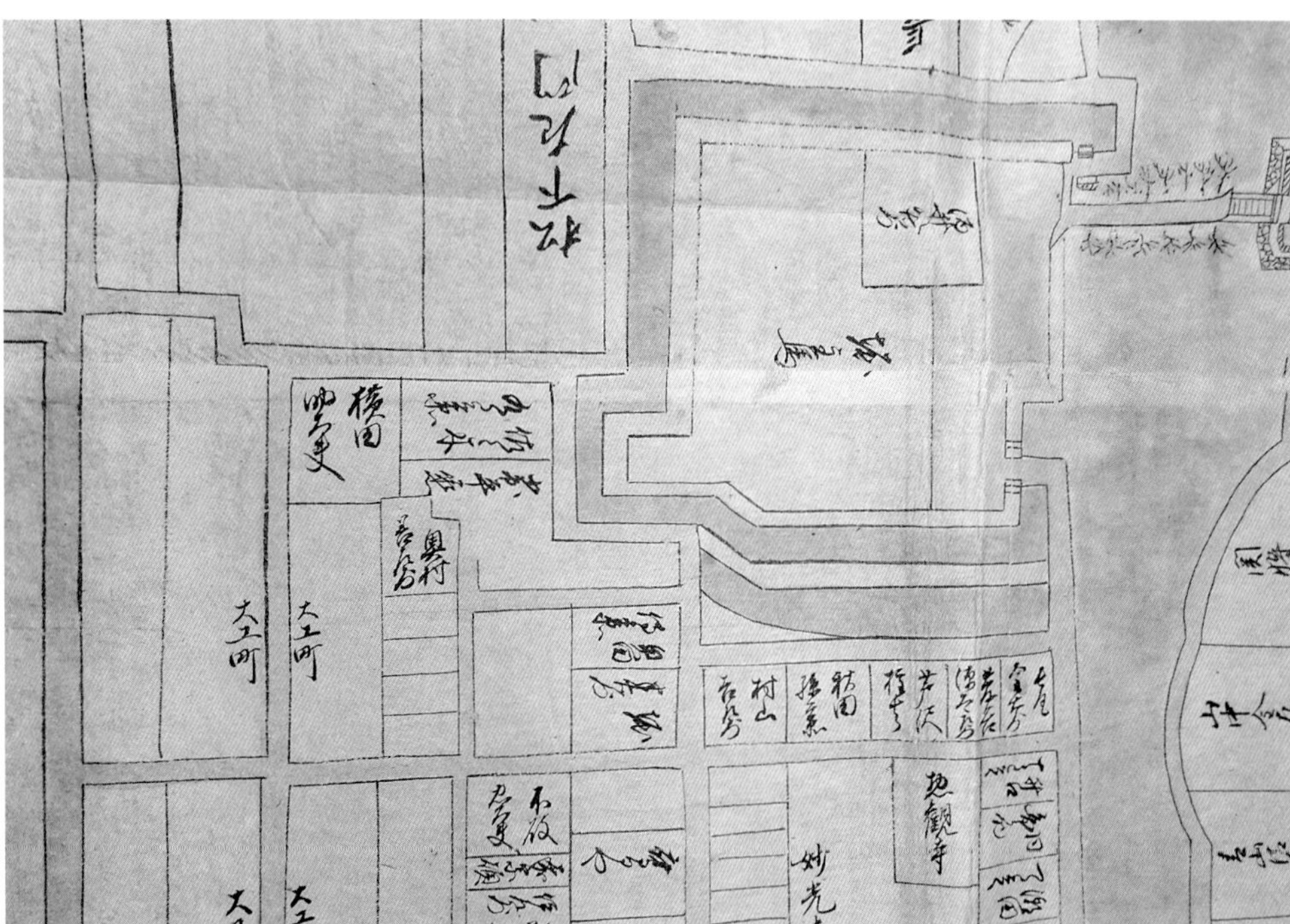

「下総国葛飾郡古河城内城外之図」部分(古河歴史博物館所蔵、下方が北である)

は「堀主馬」と記入。現在、この中に古河歴史博物館がある）の城外東側、「大工町」との間に「奥村善左衛門」という屋敷割が記入されている（部分図参照）。この場所は古河歴史博物館学芸員永用俊彦氏によると、現在の古河市中央町三丁目の八番地と九番地にまたがる土地に比定されるという。地形は北側が高く南に低くなる斜面であるが、実は諏訪郭の堀が東方向に延びていく小さな自然の谷間の谷頭であったらしい。近年まで谷底部は湿地になっていた。本史料（六―一）および本巻No.36によると、寛文二年（一六六二）ころ古河城辺に出向いた高国英峻（注10参照）が、政永の「庭前の池中の亭」に投宿した。地形上も合致すると考えられる。奥村政永が隠居して円斉寺を建てたのは、この地であろう。ただし寺院の存在を示す文書・図などは見つかっていない。この寺は早くに廃寺となったようで、天明六年（一七八六）の「法華宗本圀寺派下寺院帳」（『江戸幕府寺院本末帳集成』所収）にも『延享度曹洞宗寺院本末牒』にも確認されない。

（9）曹洞ノ惣禄　惣禄は正しくは僧録と書く。室町幕府は、五山派寺院の人事などを統括する機関として僧録を置いた。江戸時代、曹洞宗では、関三ヶ寺（総寧寺〈現千葉県市川市〉・龍穏寺〈埼玉県入間郡越生町〉・大中寺〈栃木県栃木市〉）と可睡斎（静岡県袋井市）が（大）僧録と呼ばれ、全国曹洞宗寺院を国単位で分担し、触頭として幕府からの法令を下達し、宗内における訴訟も統括した。この制度は慶長十七年頃から整えられていくが、関三ヶ寺が総寧寺・龍穏寺・大中寺に確定したのは慶長十九年であった。寛永十二年寺社奉行が置かれると、僧録はその指揮下に入った。したがって万治二年の頃、永平寺を曹洞宗の僧録とするのは、誤りであろう。しかし高国英峻が総寧寺を経て永平寺に住持したことから、このような捉え方がでてくる余地があったのかもしれない。在俗の立場からみた永平寺高国英峻の権威の一面を示すといえよう。

（10）万照高国禅師　永平寺二十七世高国英峻（こうこくえいしゅん）（一五九〇～一六七四）。三河国出身。管天寺（茨城県稲敷市）・多宝院（茨城県下妻市）の住持を経て、関三ヶ寺の総寧寺に住持し、慶安元年（一六四八）最乗寺

（神奈川県南足柄市）の輪住（りんじゅう）を務め、慶安五年永平寺に晋住し、道元禅師四百年遠忌を奉修した。承応二年（一六五三）十一月、宇治興聖寺の万安英種等に対する擯罰書に署名し花押を書いている五名の後に、署名捺印している（本巻No.5参照）。永平寺を退院して後、万治二年秋、民家になってしまっていた近くの如意庵（福井県吉田郡永平寺町）を再興して住持し、のち江戸に赴いた。晩年に傑伝寺（埼玉県川口市）・円通寺（埼玉県川口市）を開山している。詳しくは『川口市史調査概報』五集を参照。

（二）（11）波羅提木叉　戒本。戒律の条文のこと。単に戒というに同じ。小乗戒としては、五戒・八戒・十戒・二百五十戒などを波羅提木叉といい、大乗戒としては、十重禁戒・四十八軽戒をいう。「波羅提木叉を需む」というのは、ここでは、政永の要請により授戒したことをいうのであろう。戒名は示されているが、受戒の時期・場所は、明示されていない。

（12）卓錐之地　立錐の地（錐の先を立て得るほどの狭い土地）と同じか。

（13）円蒲　蒲団。坐禅に用いる坐蒲。

（14）円卍之圜閬　円卍は、曹洞宗切紙に見える○の中に卍を描く図形をさす、と考えられる。これは、「仏祖正伝嫡嫡相承之御大事」「七仏御大事参話切紙」などに見られる（石川力山『禅宗相伝資料の研究』上巻四〇五頁、下巻六八五～九四頁）。圜閬は、「クワンジ」と振り仮名している。圜児（けんじ）のことではなかろうか。圜児は、円相をさしていい、洞山五位では、万物が未だ出現しない以前の状態の意に用いる。

（15）管城子　筆のこと。筆を発明したのは蒙恬（もうてん）、その蒙恬を、秦始皇帝が管城（河南省）に封じたことによる。

（三）（16）土井遠州　土井利隆。土井利勝の嫡男。正保元年二代藩主（古河藩一三万五〇〇〇石）となった。激しい気性と不行跡のため、慶安四年三十三歳で病気と称し事実上引退し、万治元年四十歳で正式に隠居した（早川和見『シリーズ藩物語　古河藩』）。

（17）葩龎　正しくは范蠡（はんれい）。中国の春秋時代、越の人。越王勾践につかえて、深謀をめぐらし、ついに呉を滅ぼした。会稽山で呉王夫差に敗れた勾践は、これにより、その恥辱を雪いだ。

(18)市陌　しはく、街路、市街。江城の市陌は、江戸の市街地。

(四)

(19)小杉長兵衛尉　土井家の重臣。利勝の晩年、古河一六万石時代の寛永十九年分限帳の上位より六人目の家臣に「千石　主人共四騎 足軽三十人　小杉長兵衛」とある（鷹見安二郎『土井利勝』九三頁）。また利隆代の正保四年の分限帳では、「御家老」の二人目に「二千石　小杉長兵衛　同（鉄砲者五十人）」とある（注1参照、『古河市史』資料近世編藩政一〇五頁）。

(五)

(20)蜂腰　蜂のようにくびれた腰。蜂腰病。中国の作詩の理論上の語。詩を作る上で、避けるべき八つの欠点（八病）のひとつ。一句五字のうちの、第二字と第四字、または第二字と第五字が、四声を同じくするもの。

(六)

(21)逆修ノ位牌　生前に自分の葬儀法要を営むことを逆修という。その時に用いる位牌であろう。

(22)辞世　臨終に作って遺す詩歌。禅宗では、遺偈ともいう。

(七)

(23)宝知院殿泰翁覚玄居士　土井利勝の戒名。宝知院とあるが『寛政重修諸家譜』では宝地院。

(八)

(24)永平寺御開山鏡ノ御影　道元禅師の頂相。『文政元年永平寺校割帳』「宝庫長持之部」に「一、御開山月見御像写　箱入　一軸　四十八」がある（永平寺文書）。本巻No.16解説参照。

(25)道元ノ御法衣　『文政元年永平寺校割帳』「室中之部」に「一、（道元禅師）御開山法衣　袋包寄附 長松院　一肩　一」がある（永平寺文書）。

(26)釈迦牟尼仏御シト子　『文政元年永平寺校割帳』「宝庫一之笈部」に「一、釈迦文仏誕生之褥　箱入　一」がある（永平寺文書）。

(27)六祖大師ノ御珠数　『文政元年永平寺校割帳』「宝庫一之笈部」に「一、六祖大師念珠　箱入　二」がある（永平寺文書）。また「宝庫二之笈部」の「一、六祖大師数珠伝来記　二軸　卅八」が、これと関連する。

(28)御開山御鉢盂　『文政元年永平寺校割帳』「室中之部」に「一、同（御開山）御鉢盂　一口　二」がある（永平寺文書）。

(29)御開山ノ御払子　『文政元年永平寺校割帳』「室中之部」に「一、同(御開山)御払子　一柄　三」がある(永平寺文書)。

(30)御開山ノ御拄杖　『文政元年永平寺校割帳』「室中之部」に「一、同(御開山)御受用拄杖　袋箱共に一本　五」がある(永平寺文書)。

(31)王代年代ノ始終記　不明。類似書名としては、『国書総目録』に『王代年代』『王代年代記』『王代年代配合抄』『王代年代略頌』がある。

(九)

(32)常泉寺　同名寺院が、駒沢学園寺院資料データベースでは、全国四四ヶ寺ある。この内、曹洞宗は二三ヶ寺。さらに江戸・古河からの距離などから考え、埼玉県さいたま市染谷にある曹洞宗瑞谷山常泉寺の可能性が大きい。永正年間(一五〇四～一一)開創され、御朱印一〇石。万治三年、末寺と相論があり、翌年関三ヶ寺が仲裁している。

(33)下妻多宝院　茨城県下妻市下妻にある。潜龍山と号し、曹洞宗。文明年間(一四六九～八七)下妻城主多賀谷(たがや)家植が、大串(下妻市)にあった古寺を城内の当地に移転して菩提寺とし、乗国寺(茨城県結城市)の少伝宗誾(しょうでんそうぎん)を開山としたという。多賀谷氏は、慶長七年佐竹義宣の久保田藩(秋田藩)移封にともなって秋田に移転した。多宝院全欣もこれに従い、秋田に多宝院を創建した。しかしその後も下妻の多宝院は存続し、多賀谷氏墓地があり、江戸時代の御朱印一〇〇石。下妻の領主は、徳川頼房・松平忠昌・松平定綱を経て、寛永十年古河藩の土井氏に帰した。高国英峻が、寛永二十年に総寧寺に晋住する以前の一〇年間、住持している(「武蔵傑伝寺棟札銘」『曹洞宗全書』一五巻所収)。高国英峻と土井利勝との縁は、ここに見ることができ、多宝院高国英峻と奥村政永との縁も、これに関わるのではないか。なお近世初期の特異の禅者として知られる鈴木正三が、慶長の頃であろうか、多宝院の勝国良尊に参じ、良尊を感嘆させたという(「石平道人行業記」『鈴木正三全集』)。勝国良尊は、高国英峻の本師とも推定され、教学的に影響は大きいという(本巻No.26解説、桜井秀雄解題『高国代抄』、飯塚大展氏論文、参考文献所載参照)。

(34)古河長谷寺ノ観音堂　真言宗豊山派長谷寺。茨城

県古河市長谷町の旧古河城下にある。御朱印七石。

(35)古主君後室　土井利勝正室、二代利隆養母。『寛政重修諸家譜』では、旗本の松平近清の娘とする。

(36)古河大聖院　古河市本町にある。玉龍山と号し、曹洞宗。大永三年（一五二三）永昌寺の名で開創され、古河公方足利晴氏の室で、小田原北条氏出身の芳春院が、北条氏康の菩提を弔うため、その法名大聖院殿を寺号として改称した。御朱印一五石。土井家の重臣小杉長兵衛家の墓石がある。

(37)専蔵院山伏　古河市横山町三丁目にあった。古河市宮前町の雀神社境内にある愛宕社（除地一町二反七畝二五歩）の別当であった。

(38)来見寺　茨城県北相馬郡利根町布川にある。瑞龍山と号し、曹洞宗。永禄三年（一五六〇）独峰存雄の創建とされ、開基は布川城主豊島頼継。はじめ頼継寺と称したが、慶長九年徳川家康が当地を訪れ、寺名を来見寺と改めさせた。御朱印三〇石。

(39)足利大久保龍雲寺　下野国、渡良瀬川左岸大久保村、鏡石山山麓（栃木県足利市）にある曹洞宗龍雲寺。明応元年（一四九二）大宥良宗が開山。初め天台宗で薬師寺と称したが、天正年間（一五七三〜九二）、的翁がいまの宗派・寺号に改めたという。

(40)古河本城寺　日蓮宗本成寺（ほんじょうじ）。長久山と号し、古河市横山町にある。もと猿島郡伏木（ふせぎ）村（堺町森戸）にあったが、古河城主土井利益の母、法清院（一六三一〜五二）の菩提を弔うため、延宝年間（一六七三〜八一）に移したものという。時の住職日禛上人は、法清院の兄弟であったとされる（『古河市史』民俗編、八三五頁、法清院墓の説明板）。しかしこの説に従うと、奥村政永の時期に本成寺は、まだ古河にはなかった。一方、古河城下図のうち寛永末年から正保初年、土井利勝あるいは土井利隆時代の成立と推定されている絵図「下総国葛飾郡古河城下図」「下総国葛飾郡古河城内城外之図」（注7参照）にはすでに「本成寺」もしくは「本性寺」が現在の位置に記入されている。また本成寺三十番神堂についての伝承がある。「三十番神由緒、慶長八年五月下総国葛飾郡下辺見村ト申処ニ初メテ勧請有之、其後元和三年七月当山中興開基日禛上人の母堂小笠原下納〔総〕守殿祖母帰依ニ付、当寺引移シ、今辺見村番神山と申字有由緒、明細書ハ前文ノ通焼失ス」(『古河市史』民俗編、八四八頁)。これによれば本成寺を引移した中興開基は日禎上人で、年代は元和三年(一六一七)となろう。御朱印一五石。

(41)土井大炊頭殿　初代土井利勝も大炊頭であったが、ここでは三代利重(一六四七〜七三)であろう。二代利隆の息。万治元年十歳で藩主となり、延宝元年、二十七歳で夭折した。

(42)寺田与左衛門　土井利重の重臣。初代利勝の寛永十九年分限帳の上位より二人目の家臣に、「六千石(主人共二十六騎 足軽百人)　寺田左太郎」(古河歴史博物館所蔵)とあり、二代利隆の正保四年分限帳の御家老の筆頭に「六千石　寺田与左衛門(鉄砲者五十人)」(注1参照、『古河市史』資料近世編(藩政)一〇五頁)とある。寺田左太郎の父寺田与左衛門は、小田原北条氏の家臣であったが、北条氏滅亡後、徳川氏の徒士として召し出された。長坂血槍九郎の家従として名声があったともいい、その後利勝が将軍秀忠に願ってこれを家臣とし、六〇〇〇石を以て家老としたという(鷹見安二郎『土井利勝』九八頁参照)。

(43)小杉造酒佑　二代目小杉長兵衛弥長。初代小杉長兵衛春長(明暦三年〈一六五七〉正月十五日病死)の息。古河藩土井家の家老。天保十一年(一八四〇)成立の『古河藩系譜略』(古河歴史博物館、一九九八年)には弥長について「二代長兵衛、幼名造酒佐、後長蔵、明暦三年月日不分、家督千六百石被下置、弟左近右衛門(江)三百石、又兵衛へ二百石分知被仰付、其後追々御役儀被仰付、御家老職被仰付年月相分不申、利重公御着初御具足拝領、于今所持、寛文三年八月五日五百石御加増被仰付、二千百石高相成、同十年病死、妻御直参井戸忠兵衛娘」と記す。土井利隆代の正保四年分限帳では、御家老に小杉長兵衛、御先手物頭のなかに、「五百石　小杉造酒　同(鉄砲者廿人)」(『古河市史』資料近世編藩政一〇六頁)とある。

(44)江城顕崇寺　江戸麻布一本松町の曹洞宗興国山賢崇寺(港区元麻布)ではないか。賢崇寺は、鍋島家麻布抱地の内にあり、寛永十七年三代忠直の逝去後、父鍋島勝茂が開基となって開創した。勝茂が明暦三年に亡くなると、その墓もここに造られ、また勝茂に追腹をした家臣三〇名の墓石も同地にある。江戸賢崇寺文芸の名が承応二年の擯罰書にみえる(本巻No.5)。賢崇寺の本寺は、成高寺(栃木県宇都宮市)である。

(45)総寧寺　曹洞宗安国山総寧寺。今は千葉県市川市国府台にある。天正三年、北条氏政の招請を受けて下総国関宿網代の地に落ち着き、二〇貫文の寺領を寄進された。徳川家康は寺領二〇石とした。寛永三年内町に移転、さらに寛文三年、洪水の難を避けるため現在の国府台に移転した。寛文五年徳川家綱が与えた寺領は、一二八石五斗と境内山林六万七七七五坪。天下曹洞三僧録司(関三ヶ寺)のひとつとなったのは、慶長十七年徳川秀忠の欽命による。高国英峻は、寛永二十年から慶安元年まで住持している。

(46)木成寺　木は誤写と考えられる。古河の本成寺であろう。

(47)聖一国師　円爾(一二〇二〜八〇)。駿河国の人。入宋して径山(中国浙江省)の無準師範に嗣法。京都の東福寺開山。弘安二年(一二七九)十月十七日示寂。七十九歳。遺偈の自筆原本は、東福寺蔵。

(48)宇都宮物外　播揚物外。物外が住持していた下野国宇都宮の臨済宗妙心寺派興禅寺は、開基宇都宮氏の改易により、いったん廃寺となったが、奥平家昌(徳川家康の孫)を中興開基とし、物外が再住して復興した。物外の許には修行僧が集まり、その中には愚堂東寔・鈴木正三などがいる。元和元年示寂。ちなみに麻布賢崇寺の本寺成高寺は、宇都宮興禅寺に近く、同じく奥平家昌が中興開基である。

(49)東波　蘇軾(一〇三六〜一一〇一)。中国北宋の文人、政治家。詩は宋代第一とされる。号は東坡居士。黄龍派の常総照覚に参禅。『正法眼蔵』「渓声山色」にその詩が引用されている。

(50)最岳和尚　最岳元良。建長寺百八十世、南禅寺二百七十四世。明暦三年四月十五日示寂。

(51)稲葉丹後守　稲葉正勝(一五九七〜一六三四)。母は稲葉重通の養女(春日局)。小田原城主。寛永十一年正月二十五日没。三十八歳。

(52)正覚院快翁和尚　不詳。

(53)隠元禅師　隠元隆琦(一五九二〜一六七三)中国福建省の人。清代の順治十一年(一六五四)長崎に来航、万治元年江戸湯島の麟祥院に寄寓し、寛文元年宇治の黄檗山万福寺を創建した。日本黄檗宗の祖。延宝元年四月三日示寂。八十二歳。

(54)毛利長州殿　毛利秀就(一五九五〜一六五一)。毛利輝元の男。松平秀康の娘を娶る。徳川秀忠より松平の称号を賜る。慶安四年正月四日萩において没。五十七歳。

(二)　(55)掛落衣　袈裟の一種。絡子、掛子、安陀会ともいう。五条の袈裟を、作務・行歩に便利であるように、形を小さくし、肩から掛けて身にまとうことができるようにつくりかえたもの。

【解説】　この史料は、平成十八年十月に、東京都練馬区在住の石ヶ谷貴世子氏(旧姓奥村氏)および静岡県藤枝市在住の奥村禎三氏より永平寺に寄贈された(『傘松』七五八号、二〇〇六年)。奥村家に伝来した古河藩士奥村政永の記録で、永平寺二十七世高国英峻への親炙(しんしゃ)の様子などを伝える。青色表紙、和綴の冊子本で、墨付は二四丁。別に高国英峻筆の三軸があり(本巻No.35・36・37)、ともに同じ木箱に納められている(本巻No.35に附載)。木箱には、三軸に関しての墨書銘があるが、本冊については触れていない。表紙の題箋は白紙のままで無題であるので、その内容により仮に「奥村政永積善記録」として置く。さまざまの文章・書状・覚書などの写し一一点ほどがおさめられているが、本巻に収録するにあたっては、便宜上(一)から(一一)までの史料番号を付した。史料内容の成立の下限は、(六)の寛文二年(一六六二)と考えられる。おそらく本書は寛文二年以後、あまり時を隔てずに奥村政永本人が編集し、子孫がこれを書写したのであろう。ただし書写した人は、古河の本成寺のことを「本城寺」・「木成寺」と書き誤るなど、古河の地には詳しくないようである。また本文に送り仮名が付されているが、「ヲ」を「ト」とリエゾンする箇所、動詞連用形に方言かと思われる形などが散見する。読み下し文については通常の送り仮名に改めたところがある。

　このなかで、巻末の(一一)が承応四年(一六五五)の記録で最も古いが、相互に関連する内容であるため、まず各史料の概要と成立時期の推定を列記してみる。

　(一)は奥村政永自身の文章と考えられ、七十八歳に至るまで古河藩土井家に仕えてきた一代の行状と感慨を述べる。政永は、(一一)の承応四年が七十四歳ということから逆算すると天正十年(一五八二)生まれであり、七十八歳は、万治二年(一六五九)に当たる。すでに隠棲して庵を結び、これを政永山円斉寺と名付け、今また高国英峻から「花庵全栄居士」の号を与えられたことを記す。

(二)は高国英峻が作成し、政永に与えた文章である。政永の来歴を略述し、参禅して年久しく、波羅提木叉(受戒)を望んだことを述べ、「華庵全栄」(華庵と花庵とは通用させている)という戒名の意味に言及している。これは高国英峻のもとで受戒し、戒名を授与されたことを示すと考えられる。では、受戒したのはいつ頃のことなのであろうか。受戒と戒名授与は同時点と推定されるので、(一)によりそれは万治二年頃となろう。永平寺住持を辞した高国英峻は、隠居して万治二年秋如意庵を再興している。「今」という語の時期に幅を持たせて考えると、高国英峻が永平寺在住中の授戒会であった可能性もある。(二)はさらに続けて記す。政永はある時やって来て、今七十余歳でわずかな地を長男に譲り、そのすぐそばに隠棲したことを報告し、これからは自分のことを円斉と称するのでよろしくといったのに対し、英峻は理由を挙げてこの名が面白いと共感している。またある時、高国英峻は、政永が懇請するので、これに応じて、政永自作の和歌二首を、次のように揮毫して与えたという。

隔て無く此の君迄も使え来て五代を経ぬる老の呉竹

御五の代の君に使えて年も経ぬ老を浮身の思出にして

互いに気を許す間柄になっている様子がうかがわれる。

(三)は海門大渚という僧の文章と詩偈である。高国英峻を「永平寺万照高国禅師」と呼んでいるので、慶安五年(一六五二)以後、また政永を土井利隆の孝臣であるとしているので、三代利隆が古河藩主である時期、隠居した万治元年以前の成立であろう。政永は既に隠居しているが、この時は江戸にいた。臨終の偈を予め作り、これを江戸の旅亭にあった高国英峻に提示し、その境地を認めてもらうことを得た。その場に居合わせた海門大渚は、これを快挙として讃え、政永の偈と同字を脚韻に用いて七言絶句を作り、政永に贈った。詳細は本巻No.36の解説参照。

(四)は政永が家督を長男に譲り、無役となった時期の文書の写し。隠棲した政永に対し、その功労により土井家から十口の賞禄が与えられようとした。これを断った政永は、その理由を認めて古河藩土井家の家老小杉長兵衛に送った。

(五)は望月甫庵が、政永に成りかわり、その一代記を整え、リライトして寄越した文章。内容は、(一)とほぼ重なっている。ただし(一)が「予七十有八歳」と明確であるのに対し、(五)は「行年七十有余歳」とぼかしている。また(一)では「当君二代」(利勝・利隆)と「幼君」三代(利長・利房・利直)、あわせて「五代」に仕えたとするのに対し、(五)では「三君」に仕えたとする。この「三君」は、利勝・利隆・利重の三代と考えられる。微妙にずれているのは、三代目藩主利重を尊重したのであろうか。なお(五)の末尾に書かれた政永の和歌二首は、(一)に見られず(二)に載っている。(五)は、(一)と(二)を踏まえて作成されたのであろう。

(六)はこの冊子の外に、同じ木箱には、高国英峻の揮毫した三幅一対があるが、以下三点はその写である。原本と比べ若干の脱字・省略があるとはいえ、表題が書き添えてあるなど、参考になる。詳しくは、寛文二年の綱文以下を参照されたい。(六―一)は高国英峻が、政永に書き与えた道号頌(じゅ)の写。本巻No.35参照。(六―二)は高国英峻が、政永に書き与えた位牌の文字の写。本巻No.37参照。(六―三)は政永の辞世頌(臨終の偈、遺偈ともいう)。原本には、七十三歳の高国英峻が揮毫したいきさつ――寛文二年にあたる――が記される。ただしこの部分は本冊に写されていない。詳しくは本巻No.36解説参照。(六―四)は政永の辞世の和歌。この和歌について、高国英峻の揮毫は伝わっていない。

(七)は政永が行った回向と祈願の書出し。これらは、政永山円斉寺での日課としたものであろう。亡主君土井利勝への回向、土井家当主の為の祈念、鷲高院・撐月院、子孫への回向。またそのために法華経の読誦と書写を行い、円斉寺にそれぞれの位牌を置いた。「尊霊」は亡主君。「二親正霊」は鷲高院と撐月院であろう。鷲高院と撐月院は、不明、あるいは実父と義父であろうか。

(八)は政永が永平寺に寄進した品々の書上げ。高国英峻のおかげで永平寺に寄進できたという。自分の月牌の位牌、七点の宝物について各々の袋、政永の編集した『王代年代ノ始終記』上下巻である。これらについては本巻No.16の解説参照。

(九)は法華経を五部書写して振分けた先を書上げ、また観音経（法華経第二十五）を四十巻書写して振り分けた先を書上げている。さらに『王代年代ノ始終記』写本十三部の寄進先、各所の寺院に奉納した品々を書き上げる。これらの配分寄進先は、政永の財力、親しい人脈と活動地域の広がりを考証する手がかりとなる。

（一〇）は「古今智者道人悟歌詩歌集」と題して、様々な僧俗の辞世頌（遺偈）などを集めている。この題は、政永自身がつけたと思われる。辞世頌を悟歌とみなしている。また、萩藩主毛利秀就に殉死した者に関心を持ったことがわかる。この詩歌集は、政永が注目した人物像、もしくは政永の接しえた情報範囲を考察する手がかりともなる。

（一一）は承応四年、政永が七十四歳の時に、突然危篤状態となり、どうにかこれを切り抜けた。その時に、近くに来ていた高国英峻の旅宿に知らせたところ、高国英峻から自筆の手紙、及び数年前から政永が望んでいた絡子と数珠を贈られた。その時の和歌一首、また、（土井家の）家臣の反対で出家はしなかった時の和歌一首を記録する。

以上のように、この一連の記録は、永平寺二十七世高国英峻と親しく接したひとりの在俗居士の来歴と信仰の姿を伝える。高国英峻に関しては、このような一面が、従来ほとんど明らかでなかったので、貴重な史料である。この時期における永平寺教学の社会的背景、永平寺運営の全体像を解明する上でも、資するところが少なくないと考えられる。

本項の綱文とした承応四年の事跡は、主として（一一）による。これは、高国英峻と奥村政永との、年代を明確になしうる最初の交渉である。

しかし、まず奥村政永のそれまでの略歴を見ておくのが、その背景を知るために便利であろう。一連の記録は年代順でないが、繰り返し文章化されている情報を、つなぎ合わせてみるとほぼ次のようになろう。生まれは和泉国。生年は、天正十年となる。没年は、この史料には記されていない。子孫奥村家の「家譜抜萃（ばっすい）」によると、寛文四年九月十一日となっている。八十三歳になるはずであるが、「家譜抜萃」は、九十四歳と記すところもあり、十一年のずれがある。また「家譜抜萃」は、父に当たる奥村将監藤原政時について「江州甲賀住」と記す。

さて政永は、幼時に和泉国から摂津国に移住し、三十余年を経て江戸に出、初めて土井利勝（一五七三～一六四四）に仕えることになった。慶長十八年（一六一三）頃で、利勝がまだ下総国佐倉城主だった時期に相当する。利勝はその後、寛永十年(一六三三)に古河城主となるが、正保元年(一六四四)利勝が没するまで約三十年間仕えた。その後も政永は、(一)(五)によると利勝の子息三人(利隆・利房・利直)を「抱守」して養育にあたったようである。(三)によると、また政永は利勝の長男利隆の家臣となっていた。その利隆は慶安四年三十三歳で事実上引退し、万治元年に四十歳で正式に隠居し、古河藩主となったのは利隆息の利重で、まだ十歳であった。利勝没後の土井家家中がこのように不安定であったことを、政永はどのように受け止めたのであろうか。この状況は、政永の高国英峻への接近と、おそらく深くかかわっていたことであろう。

利隆が古河藩主であった万治元年以前、すでに隠居の身となって江戸にいた政永は、江戸に来ていた永平寺二十七世高国英峻の許を訪れて、みずからの臨終の偈(辞世頌)を提示するという挙に出ている。これを伝えるのが(三)であり、その前提には、英峻に参禅することがあったと考えられる(二)。(六―一)によると、政永が高国英峻に参じたのは「新豊山」においてであったという。この寺院の所在は未詳である。

奥村政永が高国英峻と接する機会は、さかのぼって下妻の多宝院(茨城県下妻市)にあった可能性もある。なぜなら、寛永十年から下妻の領主は古河藩の土井利勝であり、しかもその頃から寛永二十年にかけて多宝院の住持は、高国英峻であったからである。高国英峻は、この後関三ヶ寺総寧寺の住持となり、慶安五年永平寺に晋住していた。

承応四年七十四歳の奥村政永は、心労の故か突然危篤状態となった。本文中に「施死」とあるのは、「道正庵元祖伝」(『文書編』一巻No.139)に「絶死」と表記されているのと同一と考えられ、おそらく「絶入(ぜつじ)」のことであろう。絶入は「せつじゅ」「ぜつじ」「ぜつじゅ」ともいい、気絶することである(『日本国語大辞典』)。危急の使者が、高国英峻の旅亭に到り、英峻から政永に自筆書状を添えて絡子と数珠が与えられた。(一一)によると、これは数年来の望みによるという。政永は高国英峻からみずからの信仰生活と心境をこのような形で評価されたといえる。そして政永と高国英峻の交流が、すでに数年は続いていたことが知られる。

この時の高国英峻の旅亭は、どこであろうか、明示されていない。政永は、まだ江戸の土井家上屋敷(日比谷御門内)か、中屋敷(霊巌島)にいたと思われる。英峻も、江戸か、使者が駆けつけられるような距離、遠くても関東の内に来ていたのであろう。政永にとって、高国英峻が、総寧寺・永平寺という曹洞宗内頂点の地位を極めていたことは、(一一)の表題に「曹洞惣禄万照高国禅師」と書きだしているように、誇らしく、贈られた自筆書状や信仰のあかしの品々に感動している。自分の危篤脱出の体験と高国英峻への帰依の高まりは、この在俗信者の信仰にとって、大きな意義があったようである。奥村政永の信仰が、参禅や受戒など一層深められていく機縁になったと考えられる。

ところで、この時点では、まだ戒名あるいは別号について全く言及がないことが注目される。危篤状態から回復した時、政永は出家を希望したが、土井家重臣の反対にあって思いとどまり、その心境を和歌二首に残した。これはこの在俗居士の信仰の一時期を画している。在俗受戒の方法をとる選択は、さらに後のことであったといえよう。

これ以後の政永の動向をここで概観しておく。まず政永の隠棲の形が確立していく。政永は、古河城下の屋敷と家督を長男に譲り、その敷地の一部に庵室(位牌堂)を設け、政永山円斉寺と名付け、亡き主君土井利勝をはじめとする位牌を安置した。亡君の菩提をとぶらうために、一僧を住まわせることもし、みずからも毎日念仏・読経する生活に入った。政永は生活の主要な場を、江戸から古河城下に移したのであろう。その時期は、承応四年より後であろうが、万治元年の二代利隆から三代利重への藩主交替より以前であったらしい。というのは、(七)によると、その円斉寺においては、利隆の栄華富貴千春を保ちたまえ、という祈願をも行っているからである。これは利隆が名目上であっても藩主であるからこその祈願であろう。(四)の古河藩からの賞禄辞退の弁も、この頃のことではなかろうか。

次には、高国英峻から戒名を授かった。(一)によると、万治二年、政永七十八歳の時、「今また矮屋を築き、なお君恩に報ぜん」としようとしているところに、高国英峻から亡君を敬う生活ぶりを高く評価されて、「花庵全栄居士」という戒名を授かった。これは受戒したことを意味する、と考えられる。しかし高国英峻が古河に来ているのか、政永が永平寺に行っているのか、その場所は、明らかでない。万治二年といえば、高国英峻は永平寺を退任し、この秋塔頭の如意庵を再興したという。永平寺においての高国英峻在任中ぎりぎりの授戒であった可能性もある。また永平寺に所蔵される高国英峻の血脈の版木（本巻No.3、『禅籍編』四巻No.22）が、用いられたのかもしれない。

また（八）によると、奥村政永は、永平寺に月牌の位牌を納めているが、それは戒名がなければできないことなので、月牌のことは、はやくて受戒の直後のことであろう。「華庵全栄居士」の月牌の位牌に関しては、現在、その記録も失われていて所在が確認できない。なお永平寺の記録によると、戦前、台北市の奥村ハル氏による先祖代々と二霊のための月牌について記録が残されているが、その位牌そのものも、損傷甚だしかったために、すでに平成四年に焼却された。

さらに政永は、高国英峻のおかげで、永平寺に種々寄進をすることができたと言っている。その中に、永平寺伝来の宝物をそれぞれに納める七点の袋があった。①永平寺御開山の鏡の御影を納めた箱の袋、②道元禅師の御法衣を納めた箱の袋、③釈迦牟尼仏お褥（しとね）の袋、④六祖大師の御数珠入りの箱の袋、⑤御開山の御鉢盂の袋、⑥御開山の払子の袋、⑦御開山の御拄杖の袋であった。そしてこれらの袋のうちの一部に該当すると考えられる、明代刺繍の裂（きれ）を使った袋三点が永平寺に現存する。詳しくは、万治二年の綱文の条をご覧いただきたい（本巻No.16）。

寛文二年、八十一歳の奥村政永は、以前みずから提示して高国英峻に認めてもらった遺偈を、七十三歳の高国英峻に頼み込んで、今度は揮毫してもらうことができた。これは高国英峻が古河城下に隠居する政永を訪れ、その「庭前の池中の亭」に投宿した時のことと考えられ、翌朝、政永は英峻に別号を付けていただきたいと言った。これに対して英峻は別号を与えず、これまでの戒名の中の「花庵」という道号を取り出し、道号頌を作成し揮毫した。さらに政永が「活功徳主　華庵全栄居士　寿位」と逆修供養のための位牌を大書してもらったのも、同じ時のことであったろう。政永は、寛文四年に他界し、以上の遺偈・道号頌・逆修位牌は、三幅一対の軸物として、奥村家の子孫に伝えられた。詳細は、寛文二年の各綱文の条を参照されたい（本巻No.35・36・37）。

なお高国英峻が奥村政永を古河に訪ねたのは、すでに永平寺引退後であって、寛文元年には江戸に赴き、武蔵国本郷村にあった太田道灌の古城址に着目し、のちの傑伝寺創建のために動き始めていた時期であった。高国英峻と奥村政永の信仰上の交流は、双方の身辺事情の変化にも拘わらず、おそらく十年以上にわたったのである。

参考文献

『鈴木正三全集』（山喜房仏書林、一九六二年）。

『曹洞宗全書』一五巻（曹洞宗全書刊行会、一九七二年）。

桜井秀雄解題『高国代抄』（汲古書院、一九七四年）。

鷹見安二郎『土井利勝』（古河市役所、一九七五年）。

『古河市史』資料近世編藩政（古河市、一九七九年）。

小沢正弘・平野清次「傑伝寺と高国英峻」（『川口市史調査概報』五集、一九七九年）。

『延享度曹洞宗寺院本末牒』（名著普及会、一九八〇年）。

『永平寺史』上巻、六九九〜七〇二頁、（大本山永平寺、一九八二年）。

『古河市史』通史編、（古河市、一九八八年）。

『古河藩系譜略』（古河歴史博物館、一九九八年）。

『江戸幕府寺院本末帳集成』（雄山閣出版、一九九九年）。

石川力山『禅宗相伝資料の研究』上巻・下巻（法蔵館、二〇〇一年）

『鎌倉円覚寺の名宝』（五島美術館、二〇〇六年）。

早川和見『シリーズ藩物語　古河藩』（現代書館、二〇一一年）。

飯塚大展「江戸時代初頭における永平寺の動向について（上）—永平寺二十七世高国英峻を中心に—」（『駒澤大学仏教学部論集』四六号、二〇一五年）。


（菅原昭英）

明暦二年（一六五六）七月五日、能登国總持寺五院、出羽国光禅寺よりの伝法庵輪番延引の願いに対して、返答書を出す。

7　總持寺五院書状写

（『上』1オ～2オ）

愿酬答　先以貴和尚(1)光禅寺(2)入院之旨、幾世重祥瑞千歳万秋、抑誕嶺和(3)尚黄梅(4)十七蓂、俄然遷寂、吾門不幸、蒼天々々、誰不敢哭也、就其、来暦伝法庵(5)住番之儀、難勤之段仁而使僧被遣、背先例之条、延引難成存候得共、其地三ヶ寺(6)之添状、貴和尚之紙面俱致披閲、伝法庵末寺中種々遂断、且者為本庵、且者為末山仁候条、任其意事候、廻年之卯八月(7)、急度住番可被相勤者也、自然又到其節異儀於有之者、宗門之法度仁可申付候、諸事使僧可有口頭之条、不能縷陳者也、此等之趣於　丈室侍衣奏達所希、恐惶頓首、敬白、

夷則五蓂(8)　普蔵院　玄撮(9)印
妙高庵　秀禅(10)印
洞川庵　林茂(11)印
伝法庵　良円(12)印
如意庵　松積(13)印

酬答　光禅寺
衣鉢閣下

○写真版は『文書編』一巻843頁下段～844頁上段に掲載。

【読み下し】

愿みて酬答す。先ず以って貴和尚光禅寺入院の旨、幾世重ねて祥瑞千歳万秋。抑も誕嶺和尚黄梅十七蓂、俄然遷寂、吾が門の不幸、蒼天々々、誰か敢えて哭せざらんや。其れに就きては、来暦の伝法庵住番の儀、勤め難きの段にて使僧を遣わさる。先例に背くの条、延引成し難く存じ候得共、其の地三ヶ寺の添状、貴和尚の紙面倶に披閲致し、伝法庵末寺中種々断りを遂げ、且つは本庵のため、且つは末山のために候条、其意に任す事に候。廻年の卯八月、急度

住番相勤めらるべき者也。自然又其の節に到り異儀これ有るに於いては、宗門の法度に申し付くべく候。諸事使僧の口頭に有るべきの条、縷陳(るちん)に能わざる者也。此等の趣丈室(じょうしつ)に於いて侍衣(じえ)奏達(そうたつ)希う所。恐惶頓首。敬白。

【注】

(1)貴和尚　光禅寺九世波心卓鯨のこと。なお、示寂等の事績については不明。

(2)光禅寺　山形県山形市。曹洞宗。山号は天滝山。慶長元年(一五九六)に最上氏十一代最上義光(よしあき)が自身の菩提寺として黒滝向川寺(山形県北村山郡大石田町・大徹派)九世の春林禅冬を招請して開創した。はじめ慶長寺と称したが、最上家親の時、幕府の法令により光禅寺と改称した。現在の長源寺の寺地にあったが、元和八年(一六二二)最上氏が改易、鳥居忠政が入部すると、この寺を長源寺とし、光禅寺を市南の三日町(現在地)に移し、諏訪神社前にあった天正寺の建物を与えた。寛永六年(一六二九)六月二十二日に出羽国最上の僧録寺院となっている。『延享度曹洞宗寺院本末牒』によれば、御朱印一五〇石。末寺七ヶ寺とある。

(3)誕嶺　南室誕嶺(?～一六五六)。光禅寺八世。法恩寺(山形県山形市)と長松寺(山形県東村山郡山辺町)の開山。寺伝では示寂年月日は明暦二年(一六五六)□月十七日という。月が不明であるが、本史料に「黄梅十七蓂」とあることから、誕嶺の示寂年月日は明暦二年二月十七日であることがわかる。

(4)黄梅　月の異名、二月のこと。

(5)伝法庵　總持寺五院の一つ。總持寺八世大徹宗令(だいてつそうれい)(一三三三～一四〇八)の開創。明治三年までは他の四院(普蔵院・妙高庵・洞川庵・如意庵)と共に、總持寺の輪番住持を勤めた。

(6)三ヶ寺　法祥寺・龍門寺・長源寺のことと思われる。この三ヶ寺は、光禅寺とともに最上の僧録寺院である。

　法祥寺は山形県山形市に所在する曹洞宗寺院。山号は瑞雲山。応永二十年(一四一三)最上氏三代満直の菩提寺として、四代満家が黒滝向川寺三世の可屋良悦を招請して開創した。寛永六年六月二十二日に出羽国最上の僧録寺院となっている。『延享度曹洞宗寺院本末牒』によれば御朱印二〇〇石。末寺二一ヶ寺とある。

龍門寺は山形県山形市に所在する曹洞宗寺院。山号は登鱗山。文明二年（一四七〇）最上氏五代義春の菩提寺として、その子義秋が黒滝向川寺五世の朴堂良淳を招請して開創した。のち十代義守も同寺に葬られている。もともと山形城内にあったが、最上義光が同城整備の折り現在地に移したという。寛永六年六月二十二日に出羽国最上の僧録寺院となっている。『延享度曹洞宗寺院本末牒』によれば御朱印一八〇石。末寺二三ヶ寺とある。

長源寺は、山形県山形市に所在する曹洞宗寺院。山号は淵宝山。元和八年最上氏改易後、陸奥国磐城平（たいら）（福島県いわき市）より入部した山形城主鳥居忠政の開基。忠政は平長源寺にある父元忠の位牌を最上義光の菩提寺であった光禅寺に託したが、まもなく光禅寺を現在地である三日町に移し、新しく一寺を建立して長源寺と改め、平長源寺の三世直州良淳を勧請して開山とした。寛永六年六月二十二日に出羽国最上の僧録寺院となっている。『延享度曹洞宗寺院本末牒』によれば末寺五ヶ寺とある。

（7）卯八月　寛文三年（一六六三）のこと。この年光禅寺九世波心卓鯨が伝法庵に輪住している。

（8）夷則　月の異名、七月のこと。

（9）普蔵院　玄撮　普蔵院（ふぞういん）は、總持寺五院の一つ。總持寺三世太源宗真の開創。明治三年までは他の四院（妙高庵・洞川庵・伝法庵・如意庵）と共に、總持寺の輪番住持を勤めた。住持期間は一年間の輪番であった。またこの間他の四院とともに一年を五等分して、總持寺を近隣の有力寺院と協力して運営した。玄撮は駿河国真珠院（静岡県静岡市）十三世来典玄撮（明暦三年四月二十三日示寂）のこと。

（10）妙高庵　秀禅　妙高庵（みょうこうあん）は總持寺五院の一つ。總持寺五世通幻寂霊の開創。明治三年までは他の四院（普蔵院・洞川庵・伝法庵・如意庵）と共に、總持寺の輪番住持を勤めた。秀禅については不明。

（11）洞川庵　林茂　洞川庵（とうせんあん）は總持寺五院の一つ。總持寺七世無端祖環が観応二年（一三五一）に開創。明治三年までは他の四院（普蔵庵・妙高庵・伝法庵・如意庵)と共に、總持寺の輪番住持を勤めた。林茂は山内塔頭昌泉寺の僧侶。慶安五年(一六五二)、寛文元年にも洞川庵住持を勤めている。

(12)伝法庵　良円　伝法庵(でんぽうあん)については前掲注5参照。良円(りょうえん)は近江国青龍寺(滋賀県大津市)の僧侶であるが詳細は不明。

(13)如意庵　松積　總持寺五院の一つ。總持寺九世実峰良秀の開創。明治三年までは他の四院(普蔵院・妙高庵・洞川庵・伝法庵)と共に、總持寺の輪番住持を勤めた。松積は若狭国龍沢寺(福井県三方郡美浜町)十一世徳翁松積(寛文四年五月二十一日示寂)のこと。

【解説】　明暦二年(一六五六)七月五日、能登国(石川県)總持寺五院が出羽国光禅寺(山形県山形市)に出した書状である。

本史料中の「誕嶺和尚」とは、光禅寺八世南室誕嶺のことであり、入院した「貴和尚」とは、同寺九世波心卓鯨のことである。このことから、本史料は總持寺五院より光禅寺九世波心卓鯨に宛てられたものとなる。

その内容は、まず貴和尚(卓鯨)の光禅寺入院を祝い、次いで明暦二年二月十七日に示寂した誕嶺和尚の遷化を悼んでいる。そして本題に入り、(光禅寺が)伝法庵の輪番を勤めることができない旨を使僧をもって伝えてきたが、これは先例に背くことであり、延引(えんいん)(予定を遅らすこと)は到底許されることではない。しかし最上地方にある他の三ヶ寺からの添状や、貴和尚(卓鯨)の書状をともに拝見し、伝法庵の末寺と様々協議し、(申し出を承諾することは)伝法庵のためであり、末寺のためでもあるので、その申し出を認めることにした。次に廻る卯八月(寛文三年〈一六六三〉)には必ず輪番を勤めること。万が一、この時になって異議を申し立てるようなことがあれば、宗門の法度に照らして必ず処分する。様々なことは、使僧に口頭で伝えさせるので、細々したことは述べない、というものである。

つまり、本史料は、光禅寺八世南室誕嶺が示寂して後、九世住持となった波心卓鯨からの伝法庵輪番の延引願いに対して、五院が了承した旨を伝えた返答書である。

この返答書が出された年であるが、発給した五院輪番住持の内、『総持寺誌』によれば普蔵院玄撮、洞川庵林茂、伝法庵良円は明暦元年に住山している(『同書』一九二頁。妙高庵秀禅については不明。如意庵の松積は明暦二年住山とある)。五院への輪番は一年交代で、住山・退院は八月十五日に行われるから(『同書』一六一頁)、玄撮らの五院住山期間は、明暦元年八月十五日から翌二年八月十五日までであったものと思われる。このことから、本史料が出された七月五日は明暦二年であることがわかる。

以上から、八世南室誕嶺は明暦二年二月十七日に示寂し、返答書は同年の七月五日に出されたのである。

光禅寺の伝法庵輪番は、本史料では「来暦」となっている。来暦が何年の輪番を指しているかは不明である。しかし『総持寺誌』によれば、五院への輪番は八月十五日の輪番住持交代と同時に次の輪番地に対して請状(しょうじょう)が発せられることになっているから(『同書』一六一頁)、おそらく、現住の普蔵院玄撮らは、明暦元年八月十五日の五院入院の時に、翌二年八月十五日から輪番に当たる光禅寺誕嶺に対して請状を送っていたものと思われる。しかし、誕嶺は同年二月十七日に示寂し、輪番を勤められなくなったのである。後住として光禅寺に入った卓鯨は、すぐさまこの事情を總持寺五院に伝え、入院間もないこともあり、延引を願い出たのである。それに対して、五院は協議の上了承する旨を七月五日に返答してきたのである。

輪番を催促する請状は、送られた寺院がもし受け取らなければ同系の他の寺院に発給される。これを代請地というが、光禅寺誕嶺の場合は、請状を受け取ってはいたが、急な示寂という理由で輪番が勤められなかったのである。總持寺五院もその理由に鑑み延引を認めたのであろう。いずれにしても、五院にとっても、光禅寺にとっても、ぎりぎりの返答ということになる。

『総持寺誌』によれば、この時延引を願い出た波心卓鯨は、本史料にある通り、「卯八月」つまり次の卯年である寛文三年に伝法庵へ輪番し、その勤めを果たしている(『同書』一九二頁)。

ちなみに、同書によれば、明暦二年の輪番は、遠江国興岳(嶽)寺(静岡県菊川市)の全尊(勝山全尊、興岳寺九世、寛文七年四月二十日示寂)が勤めている(『同書』一九二頁)。

光禅寺は大徹宗令が開山した黒滝向川寺(山形県北村山郡大石田町)の末寺で、大徹派の寺院であった。このため光禅寺は、宗令開山の總持寺伝法庵の輪番住持を勤める四九ヶ寺の一つとなっていた。『総持寺誌』によれば、光禅寺の伝法庵への輪番は、輪住帳が元和六年(一六二〇)以前を欠いているためそれ以前は不明ではあるが、寛永三年

（一六二六）に呑的（正山呑的、五世、元和九年一月五日示寂）、寛文三年に卓鯨（波心卓鯨、九世、寂年不明）、元禄十年（一六九七）に海禅（東谷海禅、十一世、正徳六年〈一七一六〉一月十日示寂）、享保九年（一七二四）に素雲（龍嶽素雲、十三世、寂年不明）、寛延元年（一七四八）に独雄（独雄魯胸、十五世、寂年不明）、安永九年（一七八〇）に古源（嵩林古源、十八世、寛政九年〈一七九七〉十一月示寂）、嘉永三年（一八五〇）に穎山（道智穎山、二十三世、元治元年〈一八六四〉）二月二十三日示寂）、の七人が果たしているのである（『同書』一九〇〜二〇三頁）。

ちなみに、大徹派で最上地方の僧録寺院であった法祥寺は七人、龍門寺は八人が伝法庵輪番を果たしている。

なお、本史料は『上』と題する冊子に収録されている。『上』の表紙にはペン書きで「洞門永平総持諸法度写」ともあり、これは後筆である。『上』は明治四年四月に光禅寺二十五世道晃穎機から永平寺に提出されたものである。この冊子は当時光禅寺に所蔵されていたものと思われる江戸時代初期の史料の写が収録されており、現在では知ることのできない貴重なものも多い。光禅寺は明治二十七年五月二十六日の山形市南大火で類焼したので、古い史料は残存しない。なお、『上』所収の史料で、本巻に収録した史料は、本史料の他にNo.９・50・51・89・110がある。

参考文献

最上穎一『天瀧山　光禅寺誌』（天瀧山光禅寺、一九六二年）。
室峰梅逸『総持寺誌』（大本山総持寺、一九六五年）。
『山形市史』中巻　近世編（山形市、一九七一年）。
『山形市史』上巻　原始・古代・中世編（山形市、一九七三年）。
『延享度曹洞宗寺院本末牒』大本山總持寺蔵版（名著普及会、一九八〇年）。
『新版禅学大辞典』（大修館書店、一九八五年）。
圭室文雄編『日本名刹大事典』（雄山閣出版、一九九二年）。

（遠藤廣昭）

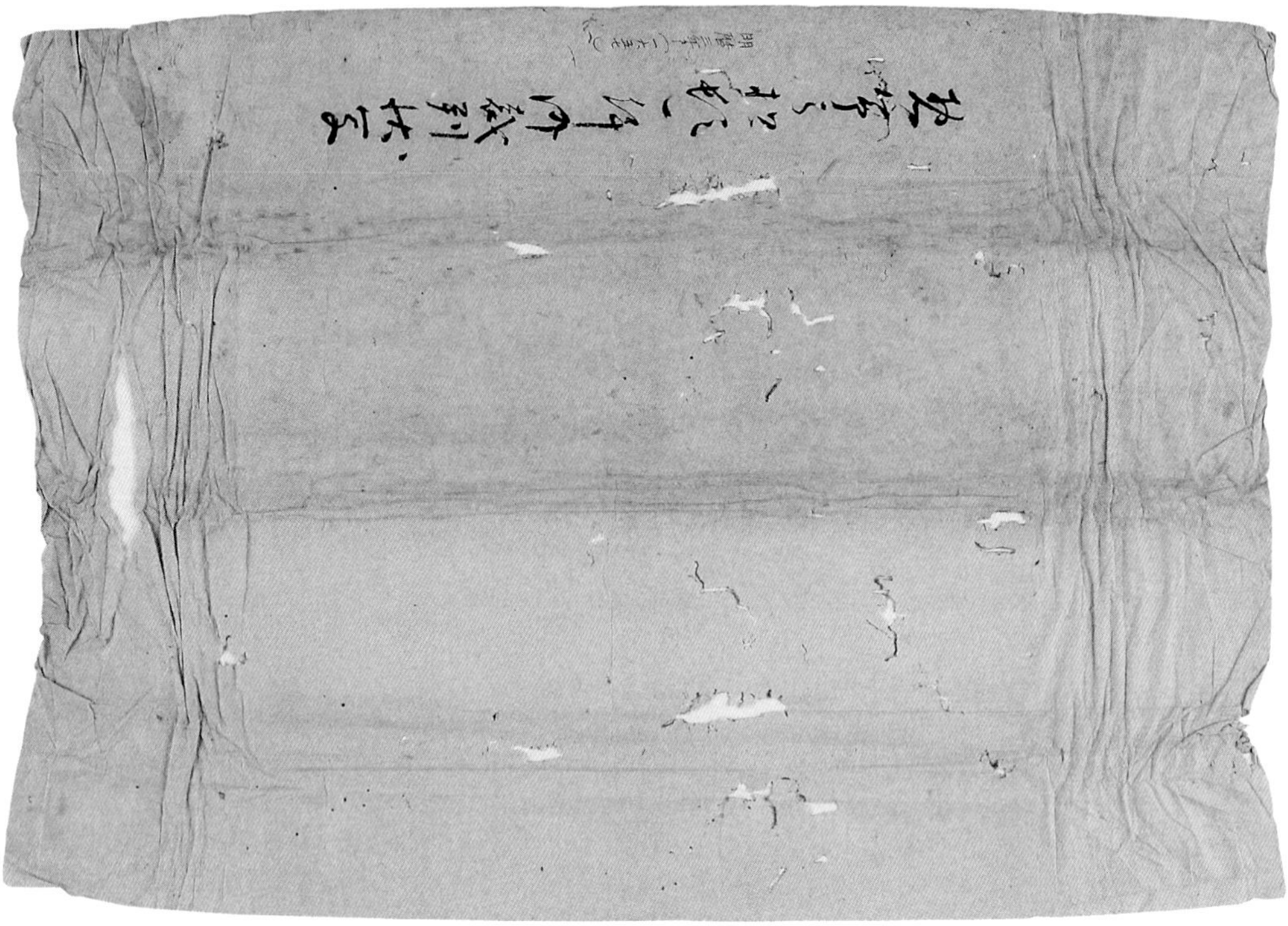

（明暦三年〈一六五七〉）七月日、江戸幕府、総寧寺松頓一件につき、裁定する。

8　江戸幕府裁許状写

（五紙継紙　31.8㎝×177.2㎝）

（包紙）「惣〔総〕寧寺松頓一件御裁判状写
（後筆、朱字ボールペン）『明暦三年（一六五七）』」

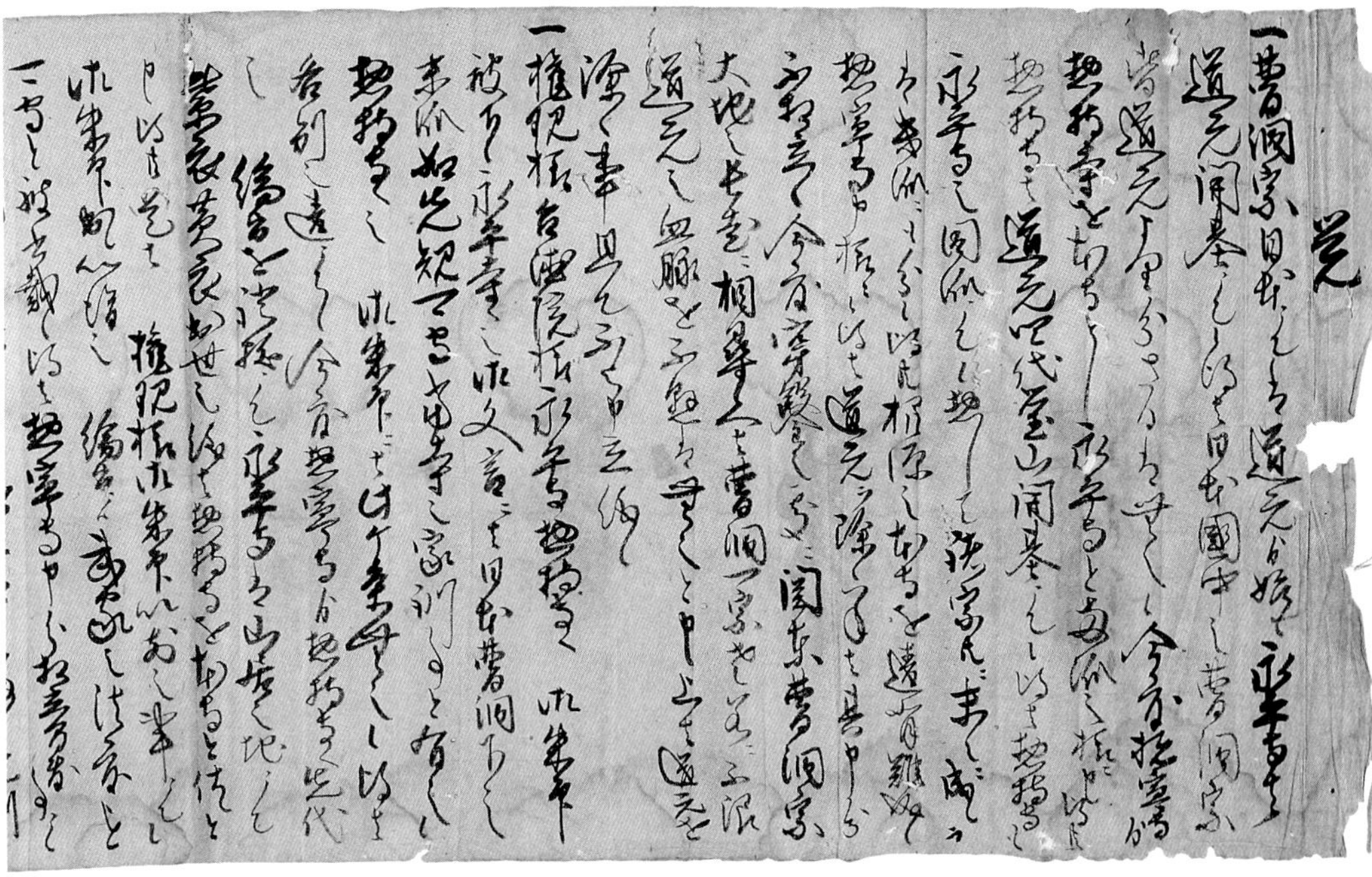

（一張）

覚

一、曹洞宗、日本ニては道元ゟ始て、永平寺者
道元開基ニて候得者、日本国中之曹洞宗、
皆道元より分さるは無之候、今度総寧寺ゟ
惣〔總〕持寺を本寺とし、永平寺と両派之様ニ申候得共、
惣持寺者道元四代瑩山開基ニて候得者、惣持寺も
永平寺之同派ニて候、惣して諸宗共ニ末々ニ成候而
は、幾派ニも分候得共、根源之本寺を違背難成候、
惣〔総〕寧寺申様ニ候得者、道元ヲ除候て者、其申分
不相立候、今度穿鑿之処ニ、関東曹洞宗
大地之長老ニ相尋候へ者、曹洞一宗老若ニ不限、
道元之血脈を不懸は、無之と申上者、道元を
除候事、且て不被申立儀候、

一、権現様（徳川家康）・台徳院様（徳川秀忠）、永平寺・惣持寺へ　御朱印
被下候、永平寺へ之御文言ニ者、日本曹洞下之
末派、如先規可守当寺之家訓事と有之候、
惣持寺へ之　御朱印ニ者此ケ条無之候得者、
各別之違ニて候、今度惣寧寺ゟ惣持寺へ先代
之　綸旨を証拠ニて、永平寺は山居之地ニて、
紫衣・黄衣出世之儀者、惣持寺を本寺と仕候と

（二張）

申候得共、是者　権現様御朱印以前之事ニて候、
御朱印出候以後之　綸旨ニハ、武家之法度を
可守と被書載候得者、惣持寺申分相立間敷事ニ候、

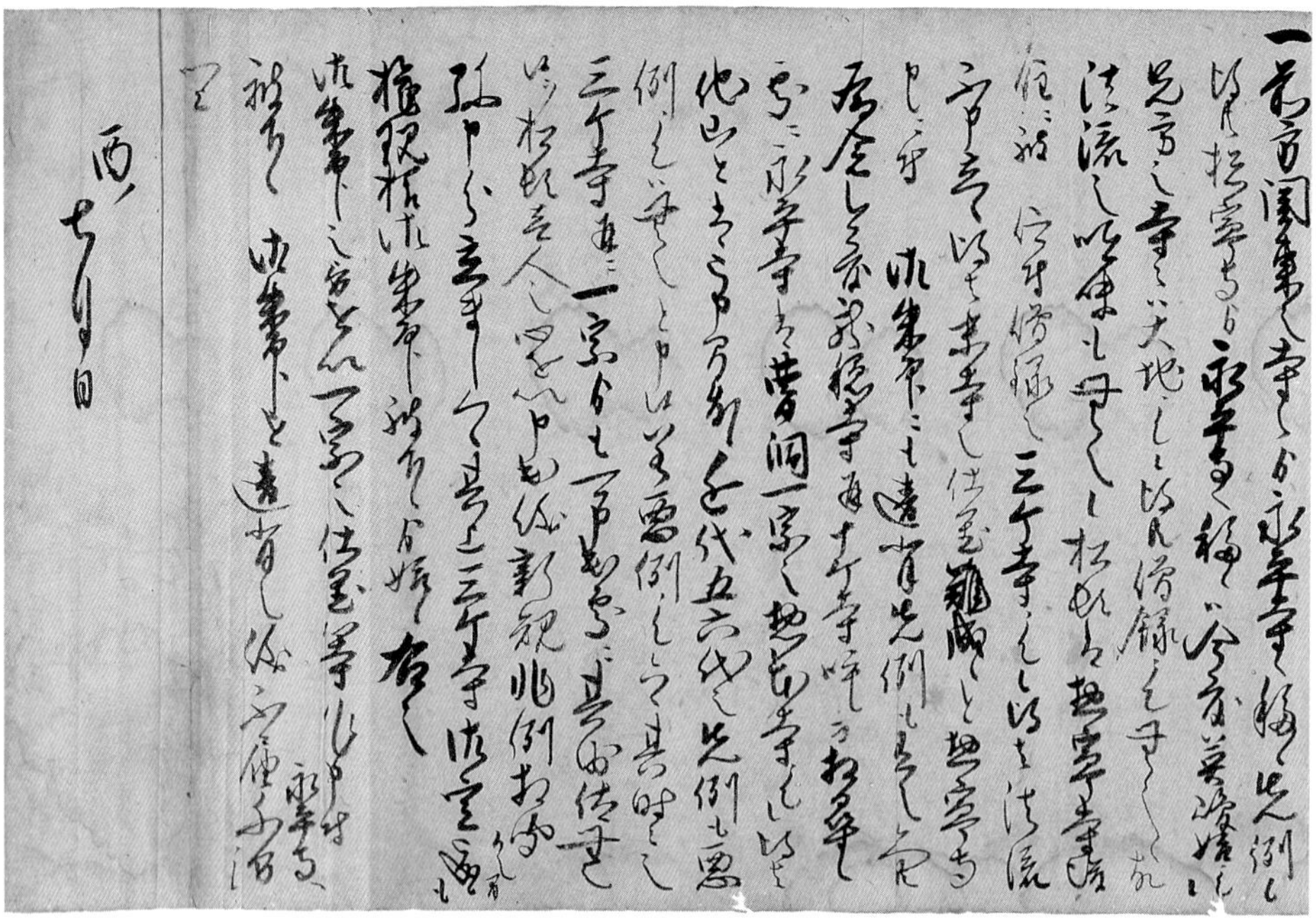

一、前方関東之寺々ゟ永平寺へ移候先例候
得共、総寧寺ゟ永平寺へ移候ハ、今度英峻(高国)始ニて候、
先方之寺々ハ大地ニて候得共、僧録ニて無之候故、
法流之吟味も無之候、松頓は惣寧寺後
住ニ被　仰付、僧録之三ヶ寺ニて候得者、法流
不申立候得者、末寺之仕置難成候と、惣寧寺
申候ニ付、御朱印ニも違背先例も有之候へ共、
為念、今度龍穏寺幷十ヶ寺呼候而相尋候
処ニ、永平寺は曹洞一宗之惣〔総〕本寺ニて候得者、
他山とは被申間敷候、近代五六代之先例も悪
例ニてハ無之と申候、若悪例ニて候ハヽ、其時々之
三ヶ寺幷ニ一宗ゟも可申出処ニ、其沙汰無之
候ヲ、松頓壱人之心を以申出儀、新規非例相聞候之間、
弥申分立ましく候、其上三ヶ寺御定被成候も
権現様御朱印被下候ゟ始候、右之
御朱印之旨を以、一宗之仕置等乍申付、永平寺へ
被下候　御朱印を違背之儀、不届千万也、
以上、

（三張）

酉ノ
七月日

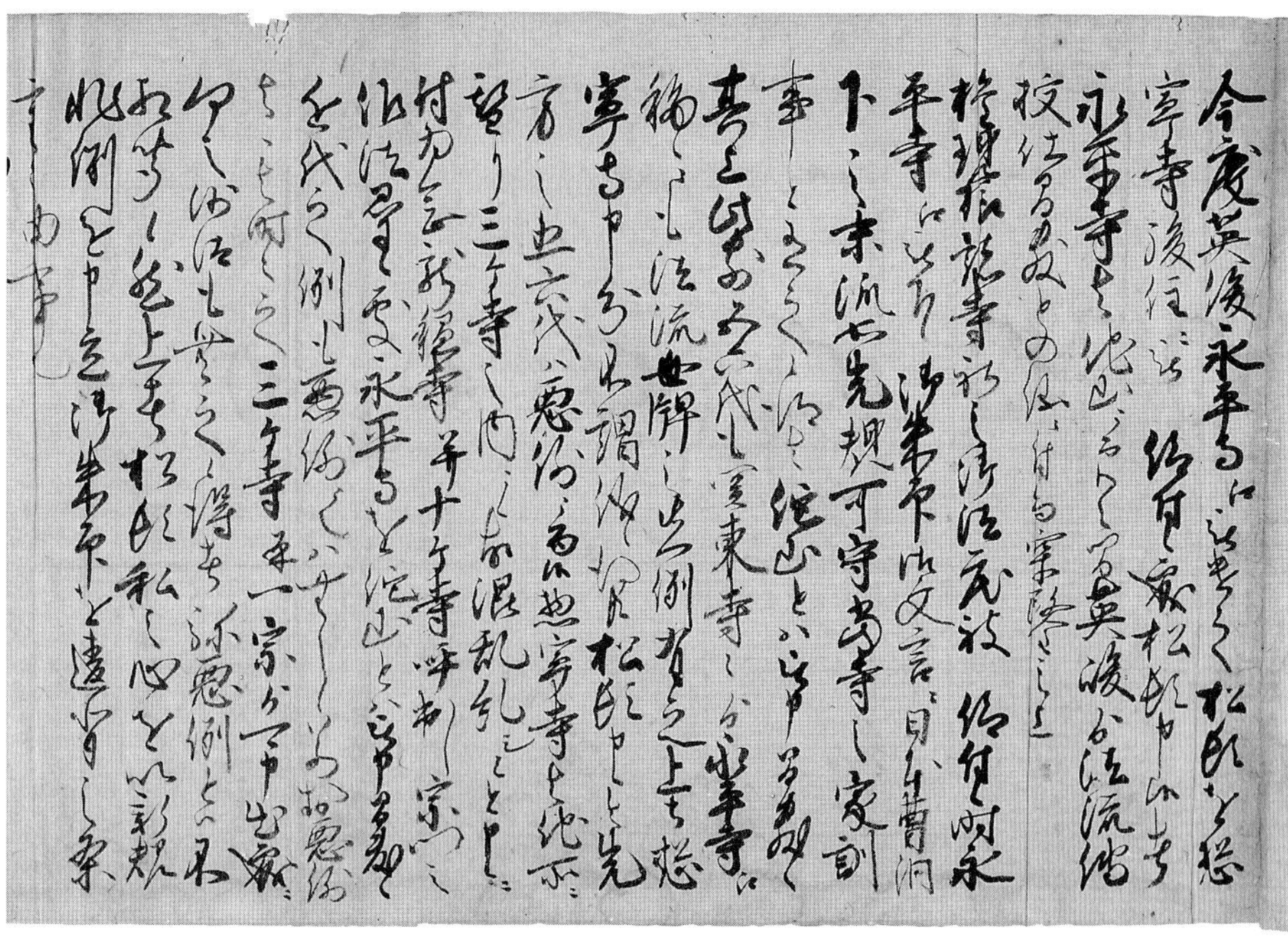

（四張）

今度英峻永平寺江被遣候ハヽ、松頓を惣寧寺後住ニ被　仰付候処、松頓申候者、永平寺者他山ニ而候之間英峻ゟ法流伝授仕間敷との儀ニ付而、穿鑿之上、権現様諸寺社之御法度被　仰付候時、永平寺江被下候御朱印御文言ニ、日本曹洞下之末派、如先規可守当寺之家訓事と有之候得者、他山とハ被申間敷候、其上、此前五六代も関東寺々ゟ永平寺江移候ニも、法流世牌之先例有之上者、惣寧寺申分不謂儀候得共、松頓申候者、先方之五六代ハ悪例ニ而候、惣寧寺者他所ニ替り三ヶ寺之内ニ候故、混乱糺シ候と申候ニ付、為念龍穏寺幷十ヶ寺呼出し、宗門之作法尋候処、永平寺を他山とハ被申間敷候、近代之例も悪例ニてハ無之、若於悪例者、其時々之三ヶ寺幷一宗ゟ可申出処ニ、何之沙汰も無之候得者、弥悪例とハ不相聞候、然上者松頓私之心を以新規非例を申立、御朱印を違背之条、重々曲事也、

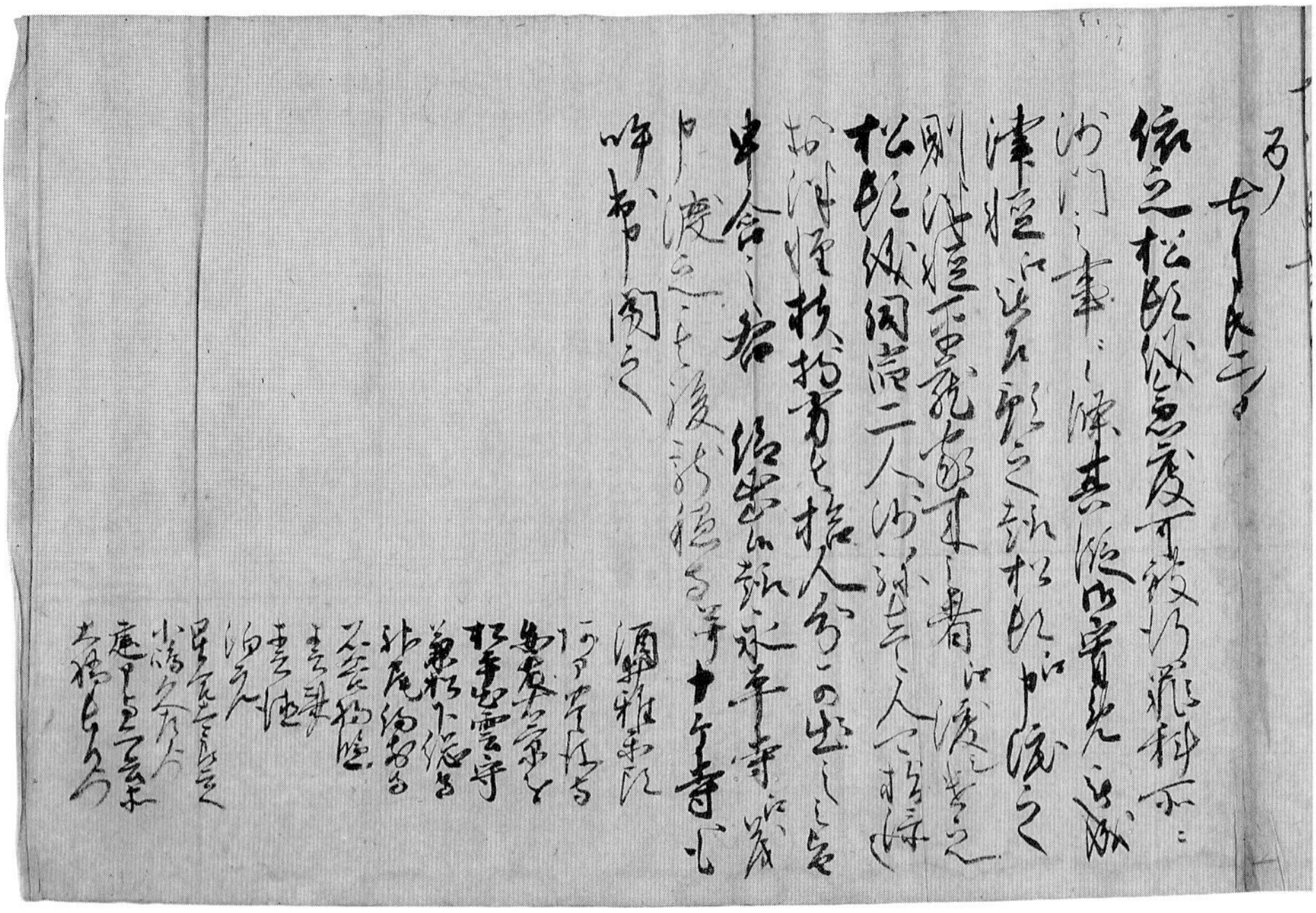

酉ノ
（五張）七月廿二日

依之松頓儀急度可被行罪科所ニ、
沙門之事ニ候条、其段御宥免被成、
津軽江被召預之趣、松頓江申渡之、
則津軽平蔵家来之者江渡シ遣之、
松頓儀、同宿二人、沙弥壱人可指添也、
於津軽扶持方者、拾人分可出之之旨、
申含之、右、仰出候趣、永平寺江茂
申渡之、其後龍穏寺幷十ケ寺へも
呼出申聞之、

酒井雅楽頭⑴
阿部豊後守⑵
安藤右京進⑶
松平出雲守⑷
兼松下総守⑸
神尾備前守⑹
石谷将監⑺
寿斎⑻
寿徳⑼
伯元⑽
星合太郎兵衛⑾
小嶋久左衛門⑿
建部与二兵衛⒀
大橋長左衛門⒁

【読み下し】

一つ、曹洞宗、日本にては道元より始めて、永平寺は道元開基にて候えば、日本国中の曹洞宗、みな道元より分けざるはこれ無く候。今度総寧寺より總持寺を本寺とし、永平寺と両派の様に申し候えども、總持寺は道元四代瑩山開基にて候えば、總持寺も永平寺の同派にて候。惣じて諸宗共に末々に成り候ては、幾派にも分け候えども、根源の本寺を違背なりがたく候。総寧寺申す様に候えば、道元を除き候ては、その申し分けあい立たず候。今度穿鑿（せんさく）のところに、関東曹洞宗大地の長老にあい尋ね候えば、曹洞一宗老若に限らず、道元の血脈（けちみゃく）を懸けざるはこれ無くと申し上ぐれば、道元を除き候事、かつて申し立てられざる儀に候。

一つ、権現様・台徳院様、永平寺・總持寺へ御朱印下され候。永平寺への御文言には、日本曹洞下の末派、先規（せんき）の如く当寺の家訓守るべくこととこれ有り候。總持寺への御朱印には此ケ条これなく候えば、各別の違いにて候。今度総寧寺より總持寺へ先代の綸旨を証拠にて、永平寺は山居（さんきょ）の地にて、紫衣黄衣（しえこうえ）出世の儀は、總持寺を本寺と仕り候と申し候えども、是は権現様御朱印以前の事にて候。御朱印出で候以後の綸旨には、武家の法度を守るべしと書き載せられ候えば、總持寺申し分けあい立つまじき事に候。

一つ、前方関東の寺々より永平寺へ移り候先例候えども、総寧寺より永平寺へ移り候は、今度英峻始にて候。先方の寺々は大地にて候えども、僧録にてこれ無く候故、法流（ほうりゅう）の吟味もこれ無く候。松頓は総寧寺後住に仰せ付けられ、僧録の三ヶ寺にて候えば、法流申し立たず候えば、末寺の仕置成りがたく候と、総寧寺申し候に付き、御朱印にも違背先例もこれ有り候えども、念の為、今度龍穏寺幷びに十ヶ寺呼び候てあい尋ね候処に、永平寺は曹洞一宗の総本寺にて候えば、他山（たざん）とは申されまじく候。近代五六代の先例も悪例にてはこれ無くと申し候。もし悪例にて候はば、その時々の三ヶ寺幷びに一宗よりも申し出づべき処に、その沙汰これ無く候を、松頓一人の心を以って申し出づる儀、新規非例あい聞き候の間、いよいよ申し分け立つまじく候。その上三ヶ寺御定めなされ候も、権現様御朱印下され候より始まり候。右の御朱印の旨を以って、一宗の仕置など申し付けながら、永平寺へ下され候、御朱印を違背の儀、不届き千万なり。以上。

（中略）

今度英峻（えいしゅん）永平寺へ遣され候はば、松頓を総寧寺後住に仰せ付けられ候処、松頓申し候は、永平寺は他山にて候の間、英峻より法流伝授仕りまじくとの儀に付きて、穿鑿の上、権現様諸寺社の御法度仰せ付けられ候時、永平寺へ下され候御朱印御文言に、日本曹洞下の末派、先規の如く当寺の家訓を守るべき事とこれ有り候えば、他山とは申されまじく候。その上、此前五六代も関東寺々より永平寺へ移り候にも、法流世牌の先例これ有る上は、総寧寺申し分け謂われざる儀に候えども、松頓申し候は、先方の五六代は悪例にて候。総寧寺は他所に替り三ヶ寺の内に候故、混乱糺し候と申し候に付、念の為、龍穏寺幷びに十ヶ寺呼び出し、宗門の作法尋ね候処、永平寺を他山とは申されまじく候。近代の例も悪例にてはこれ無く、もし悪例においては、その時々の三ヶ寺幷びに一宗より申し出づべき処に、いずれの沙汰もこれ無く候えば、いよいよ悪例とはあい聞こえず候。然る上は松頓私の心を以て、新規非例を申し立て、御朱印を違背の条、重ね重ね曲事なり。

(中略)

これにより松頓儀きっと罪科行わるべき所に、沙門の事に候条、その段御宥免になされ、津軽へ召し預けらるるの趣、松頓へこれを申し渡す。すなわち津軽平蔵家来の者へ渡しこれを遣わし、松頓儀、同宿二人、沙弥一人指し添えるべきなり。津軽において扶持方は拾人分これを出すべきの旨これを申し含む。右、仰せ出で候趣、永平寺へもこれを申し渡す。その後、龍穏寺ならびに十ヶ寺へも呼び出しこれを申し聞かす。

【注】(1)酒井雅楽頭　酒井忠清(一六二四〜八一)のこと。上野国厩橋(群馬県前橋市)藩主。酒井忠行の嫡男。寛永十四年(一六三七)に家督を相続し、遺領のうち一〇万石が与えられて厩橋藩主となる。同十五年従五位下河内守、同十八年従四位下、同二十年侍従、慶安四年(一六五一)少将に任じられ、雅楽頭に改めた。家督相続後は奏者となり、承応二年(一六五三)から寛文六年(一六六六)まで老中に任ぜられた。天和元年(一六八一)二月に隠居する。ここでの酒井雅楽頭を始めとした人物比定は、『曹洞宗古文書』を参照し、断りのない限り『国史大辞典』の記述を整理した。

(2)阿部豊後守　阿部忠秋(一六〇二〜七五)のこと。武蔵国忍(埼玉県行田市)藩主。幼名小平次。阿部忠

吉の長子。元和九年（一六二三）七月家光の上洛に供奉し、従五位下豊後守に叙任する。寛永元年に家督を相続する。同十年宿老並（老中）となる。寛文六年三月二十九日病で老中を免ぜられる。

（3）安藤右京進　安藤重長（一六〇〇～五七）のこと。上野国高崎（群馬県高崎市）藩主。旧姓は本多。初名は重貞。外祖父安藤重信の養子となる。元和七年家督を相続する。書院番頭、のちに奏者番、寛永十三年から没するまで寺社奉行を務める。『日本人名大辞典』参照。

（4）松平出雲守　松平勝隆（一五八九～一六六六）のこと。上総国佐貫（千葉県富津市）藩主。松平大隅守重勝五男。慶長十八年（一六一三）七月駿府において大番頭となる。家康死後は参府して秀忠に仕え、大番頭を勤めた。元和三年十二月従五位下出雲守に叙任された。寛永十年十一月奏者番も兼ねた。同十二年から万治二年（一六五九）まで寺社奉行を務めた。

（5）兼松下総守　兼松正直のこと。江戸幕府旗本。正保四年（一六四七）から寛文六年まで幕府大目付を務める。『国史大辞典』大目付一覧図、参照。

（6）神尾備前守　神尾元勝（一五八九～一六六七）のこと。江戸幕府旗本。従五位下備前守に叙任される。実父は松平周防守家臣岡田元次で、徳川家康側室阿茶局の養子となり、その養女を妻とした。慶長十一年家康に召し出され、同年はじめ将軍秀忠に拝謁し、書院番士となった。寛永七年使番に昇進、同九年作事奉行に転じた。同十一年長崎奉行に移り、同十五年町奉行に抜擢された。寛文元年町奉行を辞職し、同二年致仕した。

（7）石谷将監　石谷貞清（一五九四～一六七二）のこと。江戸幕府旗本。石谷清定三男。慶長十四年徳川秀忠に仕え、大番・腰物持役・徒頭を経て寛永十年目付になる。慶安四年六月町奉行、従五位下左近将監に叙任される。万治二年辞職、同年七月致仕して土入と号した。

（8）寿斎　林春勝（一六一七～一六八〇）のこと。江戸幕府儒学者林羅山の三男。寛永十五年から公事訴訟に従事する。また寛永期の諸家系図撰集や、朝鮮通信使の応接を担当する。高野山衆徒比年争論では、正保二年十月十七日に父羅山の代わりとして寺社奉行安藤重長に伴う。明暦三年、家督を相続する。寿斎以下の人物については、『寛政重修諸家譜』を参照した。

(9)寿徳　林靖(守勝〈一六二三〜六一〉)のこと。林羅山の四男。兄春勝に伴い、朝鮮通信使の応接を行い、正保三年に江戸幕府儒学者として仕える。

(10)伯元　坂井政朝(一六二二〜一六八七)のこと。元来は医療に従事した人物とされる。寛永期の諸家系図編集に従事し、慶安三年に評定所の目安読となる。後には『本朝通鑑』の編纂にも関与した。

(11)星合太郎兵衛　星谷具通(一五九七〜一六七九)のこと。元和元年から徳川秀忠に仕える。寛永二年から寛文三年まで江戸幕府右筆となり、後に御書物奉行として従事した。

(12)小嶋久左衛門　小嶋重俊(一六一四〜八五)のこと。寛永十二年から徳川家光に仕え、天和二年まで江戸幕府右筆として従事した。

(13)建部与三兵衛　不明。『寛政重修諸家譜』では、建部与兵衛として建部直恒(一六一九〜一七〇二)がみえる。この人物とすれば正保元年に幕府右筆となっている。

(14)大橋長左衛門　大橋重政(一六一七〜七二)のこと。寛永八年以降、江戸幕府右筆に従事した人物。江戸時代前期の書家としても知られる。『寛永諸家系図伝』仮名序、幕府公用文のほか将軍の手本をよく執筆した。その書法は父および青蓮院宮尊純法親王に学び、『菅丞相往来』以下手本が多く刊行され、大橋流として普及した。

【解説】　この史料は、これまで永平寺住持についての幕府老中裁定の写とされてきたものである。これまでも幕府側の永平寺住持についての意向を理解する上で取り上げられてきた。

　史料上での中心人物は、総寧寺(現千葉県市川市、この時点で総寧寺は千葉県野田市関宿にあった)の松頓になる。松頓は、永平寺を「他山」とする主張をしている。この背景には、松頓の法系上の問題が『永平寺史』で指摘されている。結局、この主張は幕府裁定と齟齬し、津軽への配流となっている。

　史料内容について改めて確認してみたい。一つ書が三点からなっており、松頓の主張や幕府の意向が記されている。

第一に、道元禅師および永平寺と總持寺の関係性が示される。例えば、永平寺は道元禅師を開基とし、總持寺も同派であることが述べられる。今回、総寧寺が總持寺を本寺とし、永平寺とは別派とする旨の松頓の主張があった。しかし、總持寺も永平寺の同派であることが述べられる。

第二に、徳川家康・秀忠の永平寺・總持寺への朱印状の内容について示される。永平寺の朱印状には、「日本曹洞之末派如先規可守当寺之家訓事」の文言があるが、總持寺にはなく、両寺には違いが認められるという。今回、総寧寺から總持寺へかつての綸旨を証拠とし、總持寺を本寺とする動きがあったが、それは家康〈権現様〉以前のことですでに無効であると示されている。永平寺の總持寺に対する優位性が示された内容となる。

第三に、これまで関東から永平寺に昇住する例はあったが、松頓によれば総寧寺からの昇住は英峻がはじめてとする。また、これまでの例では僧録寺院でないので法流の吟味もなかった。そこで今回、英峻が昇住し、松頓が総寧寺後住になると、僧録の関三ヶ寺〈龍穏寺〈埼玉県入間郡越生町〉・総寧寺・大中寺〈栃木県栃木市〉〉の立場上、法流を軽視することになり、末派の仕置きに影響が出るという。そこで幕府側は念のため龍穏寺をはじめとした一〇寺院を呼び出した上で、お尋ねをした。そこでの裁定は、永平寺が「他山」ではなく、曹洞宗の総本寺であることが示される。また先例も悪例ではなく、もし悪例であれば、その時点で三ヶ寺を始めとした寺院からの申し出がある。そのため、今回の件は松頓個人の主張であることが記されている。

以上が史料の概要になるが、それにともない、松頓は「罪科」とされる。また「沙門」のため津軽への「召預〈めしあずけ〉」となったが、松頓にも数人が指し添えられ、扶持一〇人分が支給されることになった。これらの主旨は永平寺や龍穏寺にも示されていた。

次にもう一つの老中裁定を確認してみたい。おおむね先の内容と同内容になるため、要点のみ述べたい。

今回、英峻の永平寺昇住および松頓総寧寺後住の件で穿鑿があった。家康からの朱印状には「日本曹洞之末派如先規可守当寺之家訓事」の文言があり、永平寺は「他山」ではなく、関東から昇住する先例もあるため、松頓の主張は問題とされた。また総寧寺は、僧録の三ヶ寺〈関三ヶ寺〉の立場もあるので、念のため龍穏寺を始めとした一〇寺院を呼び出しお尋ねがあった。

そこで永平寺は以前から「他山」ではないことが示されるとともに、先例も悪例ではなく、もし悪例であれば、その時点での三ヶ寺をはじめとした寺院からの申し出がある旨が示された。

また今回の件は松頓一人の「私心」であるとする。これによって、松頓は「罪科」とされるが、「沙門」のため津軽への「召預」となった。松頓にも数人が指し添えられ、扶持一〇人分が支給されることになった。これらの主旨は永平寺や龍穏寺にも示された。なお、史料中の津軽平蔵は、弘前藩四代藩主津軽信政にあたる。巻末に、この史料が宝慶寺に伝来した旨も記されている。

以上の内容から、おおむね、幕府側は、幕府権力と直結した関三ヶ寺(この場合は総寧寺)から永平寺住持を輩出することを求めていたことがわかる。一方、松頓は、法流を重視するこれまでの慣例から、幕府裁定と意見を異にしていたことになる。そして、この一件後の万治三年の龍穏寺鉄心御州の永平寺昇住以降、関三ヶ寺からの永平寺昇住が定着し、江戸時代を通じて維持されていく。本史料の松頓一件は、永平寺や関三ヶ寺のあり方を考える上で、画期的な一件であったと評せられよう。また、作成者に連なる人物は、『曹洞宗古文書』にて人物比定されている。この人物比定によると、作成者は、明暦三年時の江戸幕府老中・寺社奉行・大目付・町奉行・儒者・右筆である。しかしながら、本史料は右筆まで作成者を挙げている点など、不明な点が多く、今後史料作成背景を探ることが求められよう。

なお史料中の総寧寺の立地場所について述べておきたい。この当時(明暦三年〈一六五七〉)の総寧寺は、関宿に立地していた。また関宿は、江戸川・利根川が交差する交通の要衝として知られる。度重なる水害の影響から総寧寺は寛文期に国府台(千葉県市川市)に移転する。移転時点の住職は、光紹智堂にあたるが、当時において関宿の地は「水入」と表記されている。

本史料の松頓一件及び同寺の関宿から国府台への移転は、総寧寺の関三ヶ寺としての立場を考える上でも注目される。

なお、本史料の包紙の法量は49.0㎝×35.0㎝である。本史料は五枚の紙が張り合わされており、その法量は一紙目45.0㎝、二紙目45.8㎝、三紙目6.6㎝、四紙目44.5㎝、五紙目45.3㎝となる。

参考文献

『曹洞宗全書』一五巻(曹洞宗全書刊行会、一九三八年)。
『房総叢書』(房総叢書刊行会、一九四三年)。
大久保道舟編『曹洞宗古文書』上・下巻(筑摩書房、一九七二年)。
『永平寺史』(大本山永平寺、一九八二年)。

(菅野洋介)

明暦四年(一六五八)二月十一日、関三ヶ寺、出羽国光禅寺へ掟書を出す。

9 関三ヶ寺掟書写　(『上』9ウ～10ウ)

掟

一、法幢師(1)之時代、如御　朱印(2)可為三十年事、
一、江湖頭(3)之時代、如御　朱印可為二十年事、
一、如御　朱印、二十五年之時代於歴然者、厥門首(4)〔江〕致手形、同取添状、可登出世事、
一、法幢師〔幷〕首頂(5)時代、於宗派門首厳密令穿鑿、若未熟之儀於有之者、其門首共可為罪過事、
一、江湖之清衆可為七十人、〔幷〕従首頂不可取賄賂属託事、
一、〔遍〕偏参修行之内構寺庵僧、不可請取首頂事、
一、山居長老(6)、不可唱秉炬法語(7)、〔幷〕不可着出世之袈裟(8)衣事、
右条々、任先例書出之処、若違背之族於有之者、宗門之法度可申付者也、

明暦四年〔戊戌〕二月十一日

総寧寺光紹(9)印
大中寺呑鷟(10)印
龍穏寺御州(11)印

光禅寺(12)

○写真版は『文書編』一巻848頁上段～下段に掲載。

【読み下し】


一つ、法幢師の時代、御朱印の如く三十年たるべき事。

一つ、江湖頭の時代、御朱印の如く二十年たるべき事。

一つ、御朱印の如く、二十五年の時代歴然に於いては、その門首へ手形致し、同じく添状を取り、出世に登るべき事。

一つ、法幢師幷びに首頂の時代、宗派門首に於いて厳密に穿鑿せしめ、若し未熟の儀これ有るに於いては、其の門首共に罪過たるべき事。

一つ、江湖の清衆七十人たるべし。幷びに首頂より賄賂属託を取るべからざる事。

一つ、遍参(へんざん)修行の内寺庵を構える僧、首頂を請け取るべからざる事。

一つ、山居(さんきょ)の長老、秉炬(ひんこ)法語を唱うべからず。幷びに出世の袈裟衣を着すべからざる事。

右条々、先例に任せて書き出すの処、若し違背の族これ有るに於いては、宗門の法度申し付くべき者也。

【注】(1)法幢師　結制安居(けっせいあんご)において首座(しゅそ)に任じられたものが、結制の主盟である住職人をさして法幢師という。

(2)御朱印　慶長十七年(一六一二)五月二十八日に徳川家康が布達した「曹洞宗法度」、同年十月一日に徳川秀忠が布達した「曹洞宗法度」および、元和元年(一六一五)七月の徳川家康が布達した「永平寺諸法度」「総持寺諸法度」、同三年七月に徳川秀忠が布達した同諸法度のこと。詳細は、『文書編』一巻No.113・114・117・121を参照のこと。

(3)江湖頭　江湖会(ごうこえ)における第一座。長老・座元(ざげん)・首座ともいう。

(4)門首　一派の上首(じょうしゅ)のこと。

(5)首頂　江湖頭のこと。衆頂。

(6)山居長老　寺に閉じこもり、世間で活動しない、住持になる資格のない僧侶のこと。

(7)秉炬法語　炬火(たいまつ)を秉(と)って荼毘(火葬)するの意。秉炬を行う導師を秉炬師という。秉炬師は秉炬仏事の時法語を唱える。

(8)出世之袈裟衣　出世は綸旨を受けて永平寺・總持寺の住持になること。出世の袈裟衣は出世を遂げた僧侶が着用する色衣のこと。

(9)総寧寺光紹　光紹智堂(こうしょうちどう)(一六一〇〜七〇)のこと。下総国総寧寺（現千葉県市川市）二十二世住持。慶長十五年生まれ。寛永十六年(一六三九)正月二十日、三十歳の時、武蔵国秀源寺(埼玉県蓮田市)に入院。正保二年(一六四五)には武蔵国宝祥寺(東京都新宿区)に転住。同三年九月十日には上野国長年寺(群馬県高崎市)に住持する。さらに明暦三年(一六五七)五月二十日には同国双林寺(群馬県渋川市)に、万治二年(一六五九)八月五日には総寧寺に入院している。寛文三年(一六六三)頃には、関宿(千葉県野田市)にあった総寧寺を現在の国府台(千葉県市川市）に移転させている。永平寺へは前住鉄心御州（?～一六六四）が寛文四年七月二十八日に示寂すると、その秋に昇住し、同五年には慧輪永明禅師という禅師号を下賜される。寛文七年四月八日には『日域曹洞初祖道元禅師清規』一巻を編集・刊行する。翌八年には『恵輪永明禅師代語』（一冊）が門人達の手により刊行されている。寛文十年八月十五日示寂。法嗣・随徒には永平寺三十一世月洲尊海・月坡道印らがいる。開山所は丹波国春現寺（京都府亀岡市）、寛文十年成立の日向国宗光寺（宮崎県西都市、現廃寺）の二ヶ寺がある（『永平寺史』上巻、七〇四～七〇六頁）。

(10)大中寺呑鷟　大中寺（栃木県栃木市）十七世鉄外呑鷟（一五九二～一六七九）のこと。長門国（山口県）の人。文禄元年（一五九二）生まれ。慶長十二年関東に赴き、寛永四年江戸青松寺（東京都港区）首座をつとめる。また門解蘆関に参じて法を嗣ぐ。同十二年松下石見守の請により陸奥国州伝寺（福島県田村郡三春町）に入院、慶安元年（一六四八）常陸国大雄院（茨城県日立市）に住す。同四年江戸泉岳寺（東京都港区）五世となり、明暦三年下野国大中寺十七世となる。万治二年（一六五九）相模国最乗寺（神奈川県南足柄市）の輪番住持となり（大中寺八世白庵秀関〈慶長四年八月二十二日寂〉の代勤、百九十八世）、開山了庵慧明の二百五十回の遠忌を修す。寛文二年大中寺を退院、延宝七年（一六七九）七月二十三日示寂。世寿八十八歳。法嗣に永平寺三十一世月洲尊海がいる。開山所に和泉国梅渓寺（大阪府岸和田市）がある。

(11)龍穏寺御州　鉄心御州のこと。武蔵国龍穏寺（埼玉県入間郡越生町）二十二世住持。生年不明。承応元年（一六五二）龍穏寺に入院。万治三年龍穏寺より永平寺二十九世住持に昇住している。同年十月二十八日には大覚仏海禅師の禅師号を下賜されている。万治四年三月十九日道正庵十九代卜順が「日本曹洞家永平寺開山大禅師派諸出世次第并官物之覚」の一三ヶ条を定めたのに対して、これを承認し、永平寺と道正庵、曹洞宗門末寺院と道正庵の関係整備に尽力している。御州代には、永平寺知客寮より出火し、僧堂・庫裡を焼失している。寛

文四年七月二十八日示寂。法嗣に武蔵国谷雲寺（埼玉県日高市）三世陽室州補と永平寺三十世光紹智堂がいる。開山所に武蔵国松源寺（埼玉県北葛飾郡杉戸町）、上野国玄香院（群馬県沼田市）、伊勢国大雲寺（三重県伊勢市）の三ヶ寺がある（『永平寺史』上巻、七〇三～七〇四頁）。

(12)光禅寺　山形県山形市。最上氏の菩提寺。はじめ慶長寺と号した。詳しくは、本巻No.７注（２）を参照。

【解説】　明暦四年（一六五八）二月十一日、関三ヶ寺が、出羽国光禅寺（山形県山形市）に出した六ヶ条の掟書である。

第一条は、法幢師となるには、曹洞宗法度に「三十年修行成就にあらざる人、立法幢のこと」とあるように、三〇年の修行が必要である。

第二条は、江湖頭となるには、曹洞宗法度に「二十年修行あらざるに江湖頭を致すこと」とあるように、二〇年の修行が必要である。

第三条は、曹洞宗法度に「江湖頭を致し五年を経ずして転衣の事、ならびに修行未熟の僧転衣のこと」とあるように、二五年の修行を経たことが歴然であれば、その門首に手形を出し、添状を得て、本山へ出世を遂げること。

第四条は、法幢師ならびに首頂の経歴は、宗派の門首が厳密に穿鑿し、もし力量が足りず未熟であった場合は、認めた門首ともども罪科に処する。

第五条は、江湖会を行う場合、参集の僧侶は七〇人いなければならない。首頂からの賄賂嘱託を取ってはならない。

第六条は、遍参・修行の途中で寺庵を構えた僧侶（平僧、未嗣法の僧）は、首頂に請けとらないこと。

第七条は、山居の長老は、秉炬法語を唱えてはならない。出世の袈裟衣を着用してはならない。

最後に、この条文は先例に任せて書き出したものである、と述べられている。

慶長十七年（一六一二）以降、龍穏寺・総寧寺・大中寺の関三ヶ寺が大僧録の地位につく。この関三ヶ寺から発せられた掟書の最も古い例は、寛永七年（一六三〇）正月二十日に布達された一七条の掟書であった。これは、慶長十七年と元和元年（一六一五）に幕府の下した「曹洞宗法度」および「永平寺諸法度」・「總持寺諸法度」を骨格として制定されたものである（『江戸時代洞門政要』二〇五頁）。

寛永十六年二月十九日には、関三ヶ寺より、この寛永七年の一七条の掟書をさらにわかりやすく説き示した七条の定が発布されている（『同書』二〇八頁）。
次の史料がその定である。

定

一、法幢師之時代、如御朱印可為三十年事、
一、江湖頭之時代、如御朱印可為二十年事、
一、如御朱印、二十年之時代於歴然者、其門首江致手形、取添状、可登出世事、但、遠国茂可為如此事、
一、法幢師並衆頂時代、於其宗派門首に厳密に令穿鑿、若未熟之儀於有之者、其門首共可為罪過事、
一、江湖清衆可為百人、並可用布帽事、
一、偏参修行之内構寺庵僧、不可請取衆頂事、
一、山居長老、不可唱秉炬法語、並不可着出世之袈裟事、
右条々、違背之族於有之者、宗門之法度可被当行者也、依悉達如件、
寛永十六年己卯二月十九日

総寧寺長鷟　花押
大中寺秀作　花押
龍穏寺春道　花押

この定は、本史料とほぼ同内容であるが、第三条目の「朱印二十五年」が「朱印二十年」、第五条目の「七十人」が「百人」となっている。本山への出世は、慶長十七年の曹洞宗法度で規定されているように、江湖頭をして五年を経なければできないことになっているから、「二十年」は誤記と思われる。

次に、江湖清衆七〇人の規定であるが、この定では「百人」となっている。しかし、これは誤記ではなく、江湖会参集人数は改訂されているようである。ではいつから一〇〇人が七〇人に改訂されたのであろうか。寛文元年（一六六一）九月十一日に、永平寺二十九世鉄心御州が、丹後国宮津の智源寺（京都府宮津市）に発給した「掟」には「且雲水之徒者　御朱印之表雖為百箇、貧地之寺院難成興行故、三箇寺以品評天下奉行所得内意、七十箇之衆徒相定者也」とある（智源寺文書）。つまり御朱印では「百箇」（一〇〇人）と決められていたが、貧地の寺院では一〇〇人を集めることが難しく、江湖会興行が行えないという理由から、関三ヶ寺が評定をし、「天下奉行」（寺社奉行ヵ）の許可を得て「七十箇」（七〇人）に改訂したというのである。

この一〇〇人の規定は、寛永六年八月十三日に總持寺五

院が出した「扶桑国中曹洞門下法度事」に「清衆百個於無之者」とみえる(『江戸時代洞門政要』)。この寛永十六年二月十九日付関三ヶ寺「定」にも「江湖清衆可為百人」とあるようにこれを継承している。清衆一〇〇人が七〇人に変更される時期は明らかではないが、慶安元年(一六四八)三月二十八日に、永平寺二十五世の北岸良頓(ほくがんりょうとん)が越前国永建寺(福井県敦賀市)へ出した壁書には「七十箇」とみえるから、この間に緩和されたものと思われる。

いずれにしても、本史料は、寛永十六年に関三ヶ寺より発布された定に、第五条目の「並可用布帽事」を「并従首頂不可取賄賂属詫事」に変更するなどして、関三ヶ寺より明暦四年に改めて掟として発布されたものである。

本史料が出された光禅寺は、出羽国最上地方を領した最上義光が創建した最上氏の菩提寺である。元和八年に最上氏が改易された後も、やはり同氏の菩提寺であった法祥寺(山形県山形市)と龍門寺(同上)とともに最上地方の有力寺院で、そのことは、永平寺・總持寺の両本山、関三ヶ寺から様々な法度・掟等が下されたことからも明らかである。

光禅寺は寛永六年六月二十二日には出羽国最上の僧録寺院となっている。本史料も、最上の僧録寺院として関三ヶ寺より下されたものであろう。

なお、本史料が収録された『上』については、本巻No.7の解説を参照されたい。

本史料の解説にあたり、京都府宮津市の智源寺に所蔵される史料を一部翻刻・掲載した。翻刻にあたっては、曹洞宗宗宝調査委員会(現、曹洞宗文化財調査委員会)が蒐集した撮影史料を用いた。記して感謝申し上げます。

参考文献

横関了胤『江戸時代洞門政要』(東洋書院、一九七七年、初版一九三八年)。
『禅宗地方史調査会年報』第一集(禅宗地方史調査会、一九七八年)。
『禅宗地方史調査会年報』第二集(禅宗地方史調査会、一九八〇年)。
『延享度曹洞宗寺院本末牒』大本山総持寺蔵版(名著普及会、一九八〇年)。
『永平寺史』上巻(大本山永平寺、一九八二年)。
『新版禅学大辞典』(大修館書店、一九八五年)。

(遠藤廣昭)

万治元年（一六五八）、江戸幕府、新寺建立禁止の条目を出す。

10 新寺御法度条目写

（『代々』19オ〜19ウ）

新寺御法度条目

一、門前幷寺領之内、向後、新寺不可有建立事、

一、去酉年、大火事(1)以後、新寺立候所者、今年ゟ来春迄迄(ママ)之内ニ可有破却事、

附、由緒有之候ハヽ、奉行所江申断、可受指図事、

一、先年、新寺建立不可仕旨、被　仰出有之候ハヽ、其以後立候寺々之住僧、悪事仕候者、寺共破却可被仰付事、

一、寺社方境内門前之茶屋ニ、遊女抱置所数多有之候、不作法之至ニ候間、向後、堅可申付事、

一、門前幷寺領之内ニ、請人無之、又不届成者、家不可借置事、

万治元戊戌年

○写真版は『文書編』一巻862頁下段、本巻933頁上段に掲載。

【読み下し】

一つ、門前幷びに寺領の内、向後、新寺建立有るべからざる事。

一つ、去酉の年、大火事以後、新寺立候所者、今年より来春迄の内に破却有るべき事。

附けたり、由緒これ有り候はば、奉行所へ申し断り、指図を受くべき事。

一つ、先年、新寺建立仕るべからざる旨、仰せ出しこれ有り候はば、それ以後立て候寺々の住僧、悪事を仕り候者、寺共に破却を仰せ付けらるべき事。

一つ、寺社方境内の門前の茶屋に、遊女を抱え置く所数多これ有り候。不作法の至に候間、向後、堅く申し付くべき事。

一つ、門前幷びに寺領の内に、請人これ無く、又不届成る者、家借し置くべからざる事。

【注】（1）去酉年、大火事　明暦の大火のこと。明暦三年（一六五七）一月十八日、江戸本郷丸山（東京都文京

区）本妙寺（現東京都豊島区）より出火し、江戸市街の大部分を焼き、焼失町八〇〇町、焼死一〇万人の被害を出したという。これにより、江戸初期の町の様相は失われた。

【解説】　万治元年（一六五八）の新寺に関わる法度条目の写である。差出人（発給者）、受取人（宛所）ともにない。

第一条は、寺院の門前や寺領の内に新寺の建立を禁止したもの。

第二条は、明暦三年（一六五七）の大火事の後に新寺を建立したものは、万治四年の春までに破却することを命じたもの。ただし、由緒がある寺院に関しては、奉行所へ申し出て指図を受けることとしている。

第三条は、先年、新寺建立の禁止令が出されたので、それ以後に建立された寺院の僧侶が悪事を行った場合は、その寺院の破却を命じたもの。

第四条は、寺院の境内や門前の茶屋に遊女を抱えている所が多数あることに対して、これを禁止したもの。

第五条は、門前や寺領の内に、請け人の無い者、また不届きな者に家を貸すことを禁止したもの、である。

本史料の第一条から第三条までは、新寺の建立に関するもので、第四条と第五条は境内門前における禁止事項である。

幕府による新寺建立の禁止令は、元和元年（一六一五）の寺院法度の条目にみえるものが初見である（大桑斉「幕藩制国家の仏教統制―新寺禁止令をめぐって―」〈『近世仏教の諸問題』五頁〉）。これは私寺建立禁止令というべきもので、幕府が新寺の建立を禁止したのは、元和八年と寛永八年（一六三一）の二つの法令である。特に寛永八年の法令は以後の新寺禁止令の基本となっている。

幕府は寛文三年（一六六三）八月五日には旗本に対して法度を出すが、その一条にも新地禁止の条文がある。寛文八年には、幕府は新地奉行を新設し、新地寺院の取り締まりを厳しくしている。寛文八年十月十三日、同年二月一日の江戸の大火によって罹災（りさい）した寺院の内、借地に新建された寺の寺地を収公している。その対象となった寺院は、寛永八年の法令が出て以降建立された新地寺院であった。

この後、新地寺院建立禁止は、天和三年（一六八三）七月二十五日の武家諸法度の条目にみえる。貞享五年（一六八八）四月には、五代将軍徳川綱吉は定書を発し、寛永八年以前に建立された寺院を、これまで新地としていたものを古跡とし禁令を緩和する。しかし一方で、元禄二年(一六八九)より建立の寺院を新地寺院として、以後堅く建立を禁止するのである。

この万治元年の新寺御法度では、門前・寺領内での新寺建立を禁止し、また明暦の大火以後の新寺は破却するように命じるとともに、先年の禁令以降新建された寺院僧侶が悪行を行った時、寺の破却を命じている。幕府が新地寺院の取り締まり強化を厳しくする寛文八年の七年前のものであるが、当時の江戸の寺院の状況の一端を窺い知ることができる。つまり、寺の境内の茶屋に遊女を抱え、遊興の場としての役割を担っていたこと、借地の上に建って、好ましく無い祈祷等を行う者がいたであろうこと等、幕府にとっては許すことができない状況であったのであろう。幕府がこの法度を出した背景には、明暦の大火後の江戸市街地の整備にあたり、そうした寺院等を排除していこうという、幕府の考え方が見て取れるのである。実際明暦の大火後江戸の町づくりは進展するのである。

なお、本史料は『代々』に収録されている。『代々』には、幕府から発せられた寺院宛の法令や、関三ヶ寺から各地の曹洞宗寺院に出された触などが確認される。本史料の伝来は不明であるが、永平寺で作成されたものではなく、他の寺院で作成されたものであろう。また、『文書編』一巻No.98を参照のこと。本巻に収録した『代々』所収史料は、本史料の他、No.29・52・53・54・59・60・63・91・108・117・120・121・123・124・129である。

参考文献

『御触書寛保集成』(岩波書店、一九七六年)。

横関了胤『江戸時代洞門政要』(東洋書院、一九七七年、初版一九三八年)。

大桑斉「幕藩制国家の仏教統制―新寺禁止令をめぐって―」(圭室文雄・大桑斉編『近世仏教の諸問題』雄山閣出版、一九七九年)。

『永平寺史』上巻(大本山永平寺、一九八二年)。

『新版禅学大辞典』(大修館書店、一九八五年)。

辻善之助『日本仏教史』第八巻 近世篇之二(岩波書店、一九九二年、初版一九五三年)。


(遠藤廣昭)

万治二年（一六五九）三月十日、永平寺二十七世高国英峻、越前国永建寺へ壁書を出す。

11　高国英峻壁書写

（『永平寺壁書之写』　8オ～9オ）

勅印　掟

一、吾宗規矩、可為如当寺之家訓先規矣、
勿論諸法度可守　御朱印(1)之表事、

一、江□〔湖〕(2)聚会万般、衆数等、可為如東関
叢林(3)事、

一、其寺家・門末・塔司等勤行集来、保護
自己処専要也、当山　初祖大禅師〔道元禅師〕為
像季(4)不正師学、有警誡語、修行仏道者、
先須信仏道、信仏道者、須信自己云々、
当寺先師代々之壁書(5)、依為審細不及重
説事、

右条々、於違背族有之者、□〔急〕□〔度〕当山江
可被遂披露者也、仍壁書如□〔件〕、

万治二己亥年季春十日　永平寺英峻（印）(6)書判
永建寺(7)

○写真版は『文書編』一巻868頁上段～下段に掲載。
○欠損部分の翻刻は、正本から文字を補った。

【読み下し】

一つ、吾が宗の規矩、当寺の家訓先規の如くたるべし。勿論諸法度御朱印の表を守るべき事。

一つ、江湖聚会万般、衆数等、東関の叢林の如くたるべき事。

一つ、其の寺家・門末・塔司等勤行に集来し、自己を保護する処専要也。当山初祖大禅師像季不正の師学のために、警誡の語有り。仏道を修行する者、先ずすべからく仏道を信ずべし。仏道を信ずる者、すべからく自己を信ずべしと云々。当寺先師代々の壁書、審細たるにより重説に及ばざる事。

右条々、違背の族これ有るに於いては、急度当山へ披露を遂げらるべき者也。仍って壁書件の如し。

【注】

(1)御朱印　慶長十七年(一六一二)五月二十八日に徳川家康が布達した「曹洞宗法度」、同年十月一日に徳川秀忠が布達した「曹洞宗法度」および元和元年(一六一五)七月に徳川家康が布達した「永平寺諸法度」、元和三年七月に徳川秀忠が布達した「永平寺諸法度」のこと。詳細は『文書編』一巻No.113・114・117・121を参照。

(2)江湖聚会　江湖会のこと。天下の禅僧が参集し、修行する意で、結制安居のこと。

(3)東関叢林　東関とは関東のこと。叢林とは多数の僧侶の集まり住む大きな寺院。主として禅宗で、僧侶が坐禅修行する道場。檀林。

(4)像季　三時の一つである像法の時代の末期のこと。釈迦滅後の仏教流通の相状に差違があることを正法時、像法時、末法時と称した(三時)。像法とは、像は似るということで、釈迦滅後五〇〇年を経た後の五〇〇年は正法に似た法が世で行われるとして像法と名付けたもの。教行があって証がない時とする。修行する者はあるが如実の修行でないため証る者はいない。

(5)当寺先師代々之壁書　越前国永建寺(福井県敦賀市)には、本史料以前に、永平寺から寛永十一年(一六三四)八月二十八日に二十三世仏山秀察の、寛永十八年十月八日に二十四世孤峰龍札(察)の、慶安元年(一六四八)三月二十八日に二十五世北岸良頓の、慶安二年八月二十八日に二十六世天海良義の壁書が下されており、その正本はいずれも永建寺に所蔵されている。

(6)永平寺英峻　『永平寺史』によれば、天正十八年(一五九〇)の生まれで、得度剃髪の師は相模国海宝院(神奈川県逗子市)三世の一機俊宗である。本師は下総国総寧寺十八世の勝国良尊であった可能性が高い。相模・下総国などで修行した英峻は、下総国龍安寺(千葉県成田市)・常陸国管天寺(茨城県稲敷市)・常陸国多宝院(茨城県下妻市)の住持を経た後、下総国総寧寺の住持となっている。総寧寺住持となった英峻は同寺の影堂・客殿・厨庫・山門・総門を新造し、衆寮・小庫裡・浄頭の諸堂を修造するなど活発な活動をしている。慶安元年には総寧寺住持として大雄山最乗寺(神奈川県南足柄市）に輪住している（総寧寺十三世巨海良達〈慶長四年十一月二十九日示寂〉の代勤。百八十七世）。最乗寺においても英峻は、客殿・竜門橋・山中の廊下を新造し、仏殿・小庫裡・風呂を修造する。慶安五年八月一日、幕命を受けて永平寺に入院する。関三ヶ寺からの入院としては最初のことであった。永平寺に入った英峻は同年九月二十四日に参内して万照高国禅師という禅師号を得ている。同年の高祖道元禅師四百年忌にあたり、遠忌事業として永平寺仏殿・経蔵の新造、僧堂・風呂・山門・塔頭を新造もしくは修造を行っている。万治二年（一六五九）秋、永平寺を退院し、如意庵に隠退。寛文元年（一六六一）江戸に赴いた英峻は武蔵国傑伝寺（埼玉県川口市）・同国円通寺（同所）を開山する。延宝二年（一六七四）四月二十二日に示寂、傑伝寺に葬られた。八十五歳。法嗣には門渚（永平寺二十八世）、御州（同二十九世）の二人が知られている。開山所は前述の寺院の他、上野国天桂寺（群馬県沼田市）・上総国正珊寺（千葉県君津市）・伊勢国永泉寺（三重県北牟婁郡紀北町）・丹波国甘露寺（京都府亀岡市）・石見国瑠璃寺（島根県浜田市）がある。著書に『高国代』一冊、『高国代抄』六冊がある。後者は禅籍としてだけではなく、東国語の史料としても貴重である。

（7）永建寺　福井県敦賀市。曹洞宗。山号曹紹山。本尊釈迦如来。本寺は能登国永光寺（石川県羽咋市）。応永二年（一三九五）に少室信宗が師の宝山宗珍を開山として創建。伝承によれば、南北朝期の金ヶ崎城（福井県敦賀市）戦死者の亡鬼を信宗が鎮め、国主がそれを讃えて寺を建立し与えたという。その後、朝倉氏によって保護されたが、朝倉氏滅亡後、武藤舜秀により晁江（もと敦賀市出村町近辺）の寺内が荒らされ、寺領も没収された。天正十年に堂宇が焼失し、文書の多くが失われたという。慶長二年、大谷吉継による敦賀城拡張に伴って今浜村（敦賀市松島町）の現在の地に移った。『延享度曹洞宗寺院本末牒』によれば、直末三六ヶ寺、又末寺五四ヶ寺。敦賀・若狭地方では有数の曹洞宗の大坊。寺には現在一八八点の文書が伝えられ、うち一五点が敦賀市の文化財に指定されている。

【解説】　万治二年(一六五九)三月十日、永平寺二十七世高国英峻が、越前国敦賀郡の永建寺に宛てて発給した壁書である。

本史料は三ヶ条からなっている。内容は次の通りである。

第一条は、永平寺の家訓と先規が曹洞宗の規矩である。諸法度は御朱印に書かれたことを守ること。

第二条は、江湖会で行われる諸行事は全てにおいて、参集する僧侶の数などにおいても、東関(関東)の叢林で行われているようにすること。

第三条は、その寺家・門末・塔司などは勤行に参集して自己を保護することが最も大切である。永平寺初祖道元禅師は、像法の末期に不正の師匠と弟子のために警誡の語を示した。仏道の修行を行う者は当然仏道を信じなければならない。仏道を信じる者は当然自己を信じなければならない、というものである。

最後に、永平寺の先師代々の壁書に審細に述べられているので、あえて重説をすることはしない。この条目に違背する族があれば、必ず永平寺へ披露するように、とある。

以上のように、本史料は第一条目が曹洞宗の規矩に関するもの、第二条目が江湖会に関するもの、第三条目は『学道用心集』を引用した仏道に関する心得である。

第三条目の『学道用心集』からの引用は、

修行仏道者、先須信仏道、信仏道者、須信自己

本在道中、不迷惑、不妄想、不顛倒、無増減、無悞謬、

の傍線部分であって、最後の部分は「自己を信ずべし」と単純にいうのではなく、「仏道を修行する者、先ずすべからく仏道を信ずべし、仏道を信ずる者、すべからく自己はもとより道中にありを信ずべし、迷惑せず、妄想せず、顛倒せず、増減なく、悞謬なし」という自己を信ずるということの中身の説明がある。世は末法だからということを理由にして、だらけることなく、仏道行者として本来の自己を信じ、保護することが大切だ、という意味である。

永平寺から永建寺へは、これまで四通の壁書が発給されている(『文書編』一巻No.135・141・155・166参照、画像は【参考史料二～五】参照)。その内、慶安元年(一六四八)三月二十八日付、二十五世北岸良頓の壁書は七ヶ条(『文書編』一巻No.155参照、【参考史料四】)、同二年八月二十八日付、二十六世天海良義の壁書は五ヶ条(『文書編』一巻No.166参照、【参考史料五】)と、いずれも詳細なものであった。特に、この二通の壁書は曹洞宗内において、風紀・法式作法の統一という課題が表面化した早い時期の例として注目される

ものであった。

これに対して本史料は、三ヶ条と簡略化されたものであるが、曹洞宗にとって重要な修行である江湖会に関する条目を残し、執行にあたっての諸事万端、参集人数にいたるまで、「可為如東関叢林事」と言い渡している。この文言は、言い回しこそ違え、前述の二通の壁書にも記されていることから、永平寺にとって江湖会を関東の叢林の如く執行することが、如何に重要ととらえていたかを窺い知ることができる。

永平寺へ昇住してくる僧侶は、門鶴が上野国鳳仙寺（群馬県桐生市）から晋住して以来、宗奕は尾張国万松寺（愛知県名古屋市）、秀察は上野国双林寺（群馬県渋川市）、龍札は同国龍門寺からの晋住であった。永建寺へ壁書を発給した良頓・良義も武蔵国龍淵寺（埼玉県熊谷市）からで、関東の寺院の出身者であった。さらに、承応元年（一六五二）、幕命により永平寺へ晋住した英峻もやはり下総国総寧寺（現千葉県市川市）からの晋住で、それも関三ヶ寺から初めて昇住した僧侶であった。

永平寺住持となった英峻は、永建寺で執行されていた江湖会の諸行事が、良頓・良義と二度の壁書発給にも関わらず、関東叢林のような江湖会へと改善がみられなかったため、江湖会執行の条目を残し改めて壁書を発給したものと思われる。英峻は、永建寺に対し関東の制法に基づく江湖会執行を改めて求めたのである。

前述した、本史料の江湖会の条目にみられる「可為如東関叢林事」のような文言は、慶安元年三月二十八日の永建寺宛て二十五世北岸良頓壁書に「一、江湖之諸法度、関東不可相替（後略）」とあるのが最初で、この後、良義・英峻・門渚が永建寺へ発給した壁書にも同様な文言がみられる。

では、永建寺で執行されていた江湖会は関東の叢林で行われていたものとどこが違っていたのであろうか、またその相違は永建寺のみのことであったのであろうか。

まず、慶安元年の永建寺宛良頓壁書をみたい。この壁書には江湖会に関係する条目が二ヶ条ある。

一、江湖之諸法度、関東不可相替、諸堂之諸役者、必以賃債・人足不可務、吾宗者是捨身之行也、如先規自身可務之事、

一、清衆不足七十箇者、不可為江湖者也、年代不充三十年、不可為法幢師者也、年代不充廿年、不可為江湖頭者也、年代不経廿五年、不可致出世者

也、必賄賂以嘱託不可定江湖頭事、

第一条目は、まず江湖会の開催にあたっては、関東に替わらない方法で行うこととし、次いで、諸堂の諸役者は、賃債や人足で務めてはならず、その理由として曹洞宗僧侶にとっては身を捨てて行わなければならない行であり、必ず自分自身で務めなくてはならないものであるから、としている。さらに第二条目は江湖会を行うときに参集する僧侶の数を「七十箇」、つまり七〇人と定め、これに満たない場合は江湖会として認めないとしている。また、江湖頭になるにあたっての修行年数は二〇年と定め、さらに江湖頭は賄賂を使った依頼により定めてはならない、としているのである。

つまりこれを逆にとれば、関東では江湖会を執行する場合、様々な仕事は修行僧が行っているのに、少なくとも永建寺では、賃債(お金を払って代役をたてること)や人足を雇って務めさせることが認められていた。次に、参集の清衆の数、江湖頭の資格を得るための修行年数が満たされていなかった。また江湖頭も賄賂を使った依頼によって定めることが行われていた。以上が関東叢林との相違と思われるのである。

次に慶安二年永建寺宛てに発給された良義壁書の江湖会の条目をみたい。

一、江湖聚会、二百年来如東国曹洞之作法、可執行者也、当節文而無怠堕、代語・別語、話頭・商量、可依師家之力量、但七八則之話柄・頌古批判、明々説与学人到内参可令剖処事、

まず、江湖会は二百年来の東国の曹洞宗の作法のように行うこととしている。これは文言こそ違え、良頓壁書と同じことを壁書している。次に、代語・別語・話頭・商量などは怠惰なく師家の力量において行うこととある。これは良頓壁書にはみえない文言である。つまり永建寺においては、江湖会の期間中に行われる代語・別語などが疎かになっていた可能性がある。そのための戒めであろう。これも関東叢林との相違になるものと思われるのである。

これまで、永建寺に発給された永平寺歴代住持の壁書から「可為如東関叢林事」とはどのようなことを言うのかを考察してみた。

京都北部地域には永建寺の他にも有力な曹洞宗寺院が存在する。それらの寺院にも永建寺と同様な壁書が永平寺から発給されている。そこにも江湖会に関する条目が含まれ

ているのである。

丹後国田辺に桂林寺（京都府舞鶴市）がある。桂林寺は丹後国の僧録で同国の有力寺院であった。ここには寛永十二年（一六三五）五月八日付、永平寺二十三世仏山秀察の壁書を初めとして、慶安三年四月二十八日付、二十六世天海良義壁書、承応元年十月付、二十七世高国英峻壁書等九通が発給されている（桂林寺文書）。

ではまず桂林寺に発給された慶安三年の良義壁書をみたい。

（包紙）「　　永平寺
　壁書　桂林寺壁書　」

（朱印文「日本曹洞／宗吉祥山／永平禅寺」）

定

一、御朱印如五箇条之表、一々可被保護其旨事、

一、縦雖為遠国片地、年代到立法幢致首頭人、如関東先規之、衆僧七十箇而九旬、世仏之両輪無間断可被転事、

一、無行末牢人長老来、則深遂穿鑿、於出処由来分明者、以衆評可被許容事、

一、到小地之末寺自庵迄、定置本寺、当三仏二祖忌之節、其本寺江可令聚会事、

一、為末寺之師学仁就諸事而、不可背本寺之掟事、

右之条々、若違背之輩於在之者、本寺江遂披露、可被処配流者也、仍条如件、

如　御朱印之金文、

（朱印文「仏法僧宝」）
峕慶安三年庚寅年

（版刻花押）（道元）（版刻花押）（懐奘）　住永平寺

卯月廿八日　　良（朱印）義（朱印）（花押）

桂林寺壁書

この壁書の二条目が江湖会の条目である。たとえ遠国片地に所在する寺院であっても、年代に至って法幢を立て、首頭（しゅとう）（江湖頭（ごうことう・かしら））をいたすものは、関東の先規のように江湖会執行時の参集人数は「七十箇」、執行期間は「九旬」とし、世仏（世法と仏法）の両輪を間断なく説かなければならない、とある。

すなわち、法幢師と首頭人の修業年数を遵守すること。また、江湖会参集の僧侶の数「七十箇」、修行期間は「九旬」、これが関東の先規であり、その中で、世法と仏法が両輪であることを説き続けなくてはならない、これが江湖会においては最も重要なことである、としているのである。九旬とは九〇日間という意味で、江湖会の期間は『正法眼蔵』「安居」の巻で三ヶ月、九〇日と規定されている。

つまり、「衆僧七十箇」と「九旬」、この二つが関東叢林との相違であったと解釈できるのである。

次に承応元年十月、英峻が桂林寺に発給した壁書をみたい(同文書)。

（端裏書）「壁書英峻大禅師　三」（異筆）

定

一、曹洞宗之諸法度守　御朱印之表、可匡百年已来吾宗之家訓事、

一、法幢師兼邪（ママ）掛搭頭時代等、聚会之衆数、可為如東関、有境仁、遠近東西南北叢林之規矩、何豈別哉、可任此旨事、

一、邪宗・雑学・木綿衣之徒党、曹洞宗之徘徊堅可被停止之事、

右之条々、寛永十二乙亥年・慶安三庚寅年任先師両通壁書者也、

（朱印文「士峰栄峻俊」）　永平寺　英峻（花押）

承応元壬辰孟冬日

（版刻花押）（道元）　桂林寺

この壁書の第二条目が江湖会に関する条目である。やはり、法幢師や江湖頭になるための修行期間を守ること。参集の僧侶の数を関東のようにすること。さらに、遠方や近隣の寺院であっても、その規則は関東の叢林と同じでなくてはならない、としているのである。

この壁書は、本史料と同じく英峻から発給されたものであるが、本史料とは第三条目等内容が異なっている。しかし、江湖会執行にあたる第二条目は、一部文言に相違がみられるものの、いわんとすることは同じである。法幢師や江湖頭の修行年数の厳守と、江湖会の参集人数を関東のようにすること、さらにこの規則を遠近の末派寺院に浸透させるよう定めているのである。

桂林寺と同国の丹後国宮津に智源寺(京都府宮津市)がある。智源寺も丹後国の僧録であり、近隣に多くの末寺を有する有力寺院であった。万治三年二十九世鉄心御州が永平寺に晋住すると、翌寛文元年(一六六一)智源寺に掟を下している(智源寺文書)。

掟

一、如　御朱印表、法幢師者窮三十年之修行可立刹竿事、并転衣者経二十五年之功力取嗣法師推挙状、登山本寺而蒙請状、尚於　禁裡（裏）可頂戴　御綸旨事、

殊江湖頭者成就二十年之僧臘而可脱草鞋事、
一、如　御朱印表、一山追放之悪僧、於諸山不可許容、
并為末寺不可背本寺之掟事、
一、本寺無之寺院至庵室等、急度可改之事、諸宗倶　御
公儀仰付也、
一、山居長老、秉炬法語堅可令停止之事、其故者、山
居長老者、救自己、不利他之謂也、
一、江湖聚会之儀者、如東関九旬之規矩厳密可糺事、
且雲水之徒者　御朱印之表雖為百箇、貧地之寺院
難成興行故、三箇寺以品評　天下奉行所得内意、
七十箇之衆徒相定者也、
右条々其国曹洞一宗大小之寺院至庵軒等、急度
従貴寺可被申付者也、若違背之輩於有之者、可
処罪過事必也、仍悉達如件、

永平寺

寛文元辛丑歳九月十一日　御州(花押)

丹後国　智源寺

この掟は、二十七世英峻と二十八世門渚が永建寺へ発給した壁書とは違い、五ヶ条に及ぶものである。一条目で江湖会を主催する法幢師と江湖会の首座である江湖頭になるための修行年数が示されている。さらに五条目には江湖会執行に関して「如東関九旬之規矩厳密可糺事」の文言が記されている。やはり御州も江湖会執行にあたっては、関東で行われているように「九旬之規矩」を厳密に守ることを申し渡しているのである。江湖会の期間の厳守を掟で規定するということは、当時智源寺やその支配下の曹洞宗寺院でこの期間が厳守されていなかったことの証である。

次に、江湖清衆七〇人の規定であるが、五条目から「七十箇」に至ったその経過が知られる。すなわち、御朱印では「百箇」と決められていたが、貧地の寺院は「百箇」を集めることが難しく、江湖会を執行できないという理由から、関三ヶ寺が評定をし、「天下奉行(寺社奉行カ)」の許可を得て「七十箇」に改訂したと言うのである。この一〇〇人の規定は、寛永六年八月十三日に總持寺五院が出した「扶桑国中曹洞門下法度事」に「清衆百個於無之者」とみえる(『江戸時代洞門政要』)。寛永十六年二月十九日付、関三ヶ寺「定」にも「江湖清衆可為百人」とありこれを継承している。この清衆一〇〇人が七〇人に変更される時期は明らかではないが、前述のごとく慶安元年三月二十八日に、永平寺二十五世の北岸良頓が、越前国永建寺

へ発給した壁書には「七十箇」とみえるから、この間に緩和されたものと思われる。

以上、永建寺・桂林寺・智源寺の壁書等を検討したが、以下、関東叢林との相違と思われるものを整理してみたい。

(1)江湖会の参集人数(七〇箇・七〇人)。

(2)江湖会の期間(九旬・九〇日)。

(3)江湖会において、賃債や人足を雇って雑務を務めさせることが認められていた。

(4)規定の修行年数に満たない僧侶が、法幢師や江湖頭を務めていた。

(5)江湖会の第一座である江湖頭が賄賂によって定められることがあった。

(6)江湖会の期間に行われる代語・別語などが疎かになっていた。

すなわち、永平寺の歴代住持が壁書で記したこれらの事柄が、関東叢林との相違点であり、特に江湖会執行にあたっての参集人数と、その期間が重要視されたものと思われるのである。

これまで、越前国永建寺・丹後国桂林寺・同国智源寺に発給された永平寺良頓・良義・英峻・御州壁書の江湖会の条目にみえる「関東不可相替」・「如東国曹洞之作法」・「可為如東関叢林事」・「如関東」・「如東関」とは如何なることを言うのかについてみてきた。

この三ヶ寺はともに京都北部に所在する有力寺院であり、その門末は周辺地域に広く展開を遂げている。永平寺は、こうした有力寺院に対して永平寺の意向を壁書として発給し、その門末に徹底させることを望んだのである。特に、永平寺へ晋住してきた関東出身の住持にとって、曹洞宗の重要行事である江湖会が関東と相違することは何としても正さねばならないものであった。これが永平寺歴代住持の発給した壁書の中で、江湖会の条目にのみ「可為如東関叢林事」等と代々書きつがれることに繋がるのである。その背景には「吾宗規矩、可為如当寺之家訓先規矣」の徹底という、永平寺の強硬な姿勢を見て取ることができるのである。

では次に、江湖会の制法が関東と相違する地域がどこまでであったのか、いわゆる現在でいう畿内までなのか、それともっと広い意味での西国まで含まれるかである。少なくともこれまでみてきたように、永建寺が所在する越前国南部以西であることは確実である。

慶安元年三月二十八日に永建寺へ壁書を発給した良頓は、正保五年（慶安元年）三月吉祥日に周防国禅昌寺（山口県山口市）に掟を発給している（『永平寺史』上巻、六九六頁）。この掟の江湖会執行の条目には、「一、清衆不足七十箇不可為江湖者也、年代不充三十年不可為法幢師者也、年代不充二十年不可為江湖頭者也、必賄賂以嘱託不可定江湖頭事」とあるのみで、「可為如東関叢林事」のような文言はみられない。しかし、清衆七〇人等の規定は記されている。これはまさに関東との相違として挙げた重要項目の一つなのである。

禅昌寺には承応二年三月に英峻の壁書も発給されている（禅昌寺文書、画像は『永平寺史』上巻六九九頁参照）。

壁書

一、曹洞宗諸法度守　御朱印之表、任吾宗之旧規・家訓、併可為如当寺先師代々壁書事、

一、初法幢之師兼邪掛搭頭時代穿鑿、幷聚会之衆数、可被任東関定例事、

一、邪宗・木綿衣之徒党、諸寺院徘徊堅可停止者、頃於武江邪宗建立之張本仁幷同類令擯罰之間、於叢林不可許容事、

右条々、於違背師学有之者、相添使僧此境江披露可有之者也、仍壁書如件、

承応二癸巳暦三月日　永平寺　英峻（花押）

周防国禅昌寺

この壁書は、英峻が永建寺や桂林寺に発給した壁書と同じく三ヶ条からなっている。第二条目に江湖会に関する条目がある。内容は、法幢師になるための修行年数（三〇年）と、掛搭頭（江湖頭）になるための修行年数（二〇年）が満たされているか穿鑿すること、ならびに江湖会の衆数（七〇人）は東関（関東）の定例と同じようにすること、と壁書されている。これは承応元年に桂林寺に発給した壁書とほぼ同じものであることから、代替わりにあたり一斉に発給された壁書と考えられなくもない。しかし、最後に違背の師学がある場合は、使僧を添えて永平寺へ披露するようにと言い渡していることからみても、型通りの壁書というよりは、中国地方の有力寺院である禅昌寺に宛てた、その時期の実情にあわせた一定の効力を持つ壁書と考えられる。ここに示された「可被任東関定例事」は当然、形だけの文言ではなく、当時の禅昌寺門末が執行していた江湖会の実情を反映している文言と思われるのである。つまり、関東の制法と相違し

ていたといえる。

前述のように、良頓から禅昌寺に発給された正保五年（慶安元年）の壁書には「如関東」等の文言はみられない。しかし、永平寺歴代住持が関東と相違していると掲げた重要項目が江湖会の条目の中に記されていることはすでにみた。さらに承応二年の英峻壁書では、関東の定例に従って江湖会を執行するように言い渡され、それに違背の場合は使僧を添えて永平寺へ披露するようにと念が入った壁書となっていることもみた。一例のみであったが、これらを考え合わせると、関東の制法と相違する江湖会が、中国地方に展開する有力寺院においても執行されていたと考えた方がよいと思われる。つまり、西国も同様であった。

では最後に、「可為如東関叢林事」等の文言はいつ頃まで壁書に記されているのであろうか。

丹後国桂林寺には永平寺より発給された壁書が九通残されていることはすでに述べた。全て挙げれば、寛永十二年五月八日付二十三世仏山秀察壁書、慶安三年四月二十八日付二十六世天海良義壁書、承応元年十月付二十七世高国英峻壁書、寛文十二年九月五日付三十一世月洲尊海壁書、延宝五年（一六七七）二月付三十二世大了愚門壁書、延宝九年三月付三十三世山陰徹翁壁書、貞享三年（一六八六）九月二十二日付三十四世馥州高郁壁書、貞享四年四月十五日付覚海（三十三世山陰徹翁）壁書、元禄二年（一六八九）二月十七日付三十五世版橈晃全壁書の九通である。

この永平寺歴代住持が発給した壁書の中で、「可為如東関叢林事」等の文言の記載は、延宝五年二月の愚門壁書に「聚会之作法関東与可為同前事」とあるのが最後で、これ以降みられなくなる。これは、こうした文言を壁書に入れなくとも良くなったためとも考えられるが、そうではないようである。なぜならば、貞享三年馥州壁書に「於有江湖興行之輩焉如先法可為厳密事」、貞享四年覚海掟に「九旬安居専可則永平古規」とみえるからである。つまり「可為如東関叢林事」等の文言は記載されなくとも、関東と相違する江湖会執行を警誡する文言は残されているのである。「如先法」や「可則永平古規」がそれに代わって継承されていくのである。

なお、本史料は『永平寺壁書之写』と題する冊子に収録されている。本冊子は、嘉永三年（一八五〇）十二月に永建寺において書写されたものである。永平寺の所蔵となった経緯は未詳。江戸時代初期に、永平寺の歴代住持が永建寺に発給した文書が収録されている。収録されている史料は、本史料の他、『文書編』一巻に所収されている寛永十一年八月二十八日付「仏山秀察達書写」（No.135）、寛永十八年十月八日付「孤峰龍察（札）定書写」（No.141）、慶安元年三月二十八日付「北岸良頓壁書写」（No.155）、慶安二年八月二十八日付「天海良義壁書写」（No.166）の四通、本巻所収の万治三年二月二十八日付「北州門渚掟書」（本巻No.25）一通の計六通である。

正本は永建寺に所蔵されており、左記に掲げておく（【参考史料一】参照）。

（包紙）「永建寺壁書　永平寺」

（朱印文「日本曹洞／第一吉祥山／永平禅寺」）

掟

一、吾宗規矩、可為如当寺之家訓先規矣、勿論諸法度可守　御朱印之表事、

一、江湖聚会万般、衆数等、可為如東関叢林事、

一、其寺家・門末・塔司等勤行集来、保護自己処専要也、当山　初祖大禅師為像季不正師学、有警誡語、修行仏道者、先須信仏道、信仏道者、須信自己云々、当寺先師代々之壁書、依為審細不及重説事、

右条々於違背族有之者、急度当山江可被遂披露者也、仍壁書如件、

万治二己亥年季春十日　（朱印文「万照高国禅師」）永平寺　英峻（花押）（朱印文「士峰英峻俊」）

永建寺

冒頭には方形の朱印が捺されている。年月日下の「永平寺」の横には長方形の朱印（印文「万照高国禅師」）、「英峻」の署名の横には方形の朱印（印文「士峰英峻俊」）が捺されている。

本史料の解説にあたり、永建寺・桂林寺・智源寺に所蔵される史料を翻刻・掲載した。翻刻にあたっては、曹洞宗宗宝調査委員会（現、曹洞宗文化財調査委員会）が蒐集した撮影史料を用いた。記して感謝申し上げます。

参考文献

『敦賀市史』史料編　第三巻（敦賀市、一九八〇年）。

『永平寺史』上巻（大本山永平寺、一九八二年）。
『敦賀市史』通史編　上巻（敦賀市、一九八五年）。
圭室文雄編『日本名刹大事典』（雄山閣、一九九二年）。
『永平寺史料全書』禅籍編　第二巻（大本山永平寺、二〇〇三年）。
『永平寺史料全書』文書編　第一巻（大本山永平寺、二〇一二年）。

（遠藤廣昭）

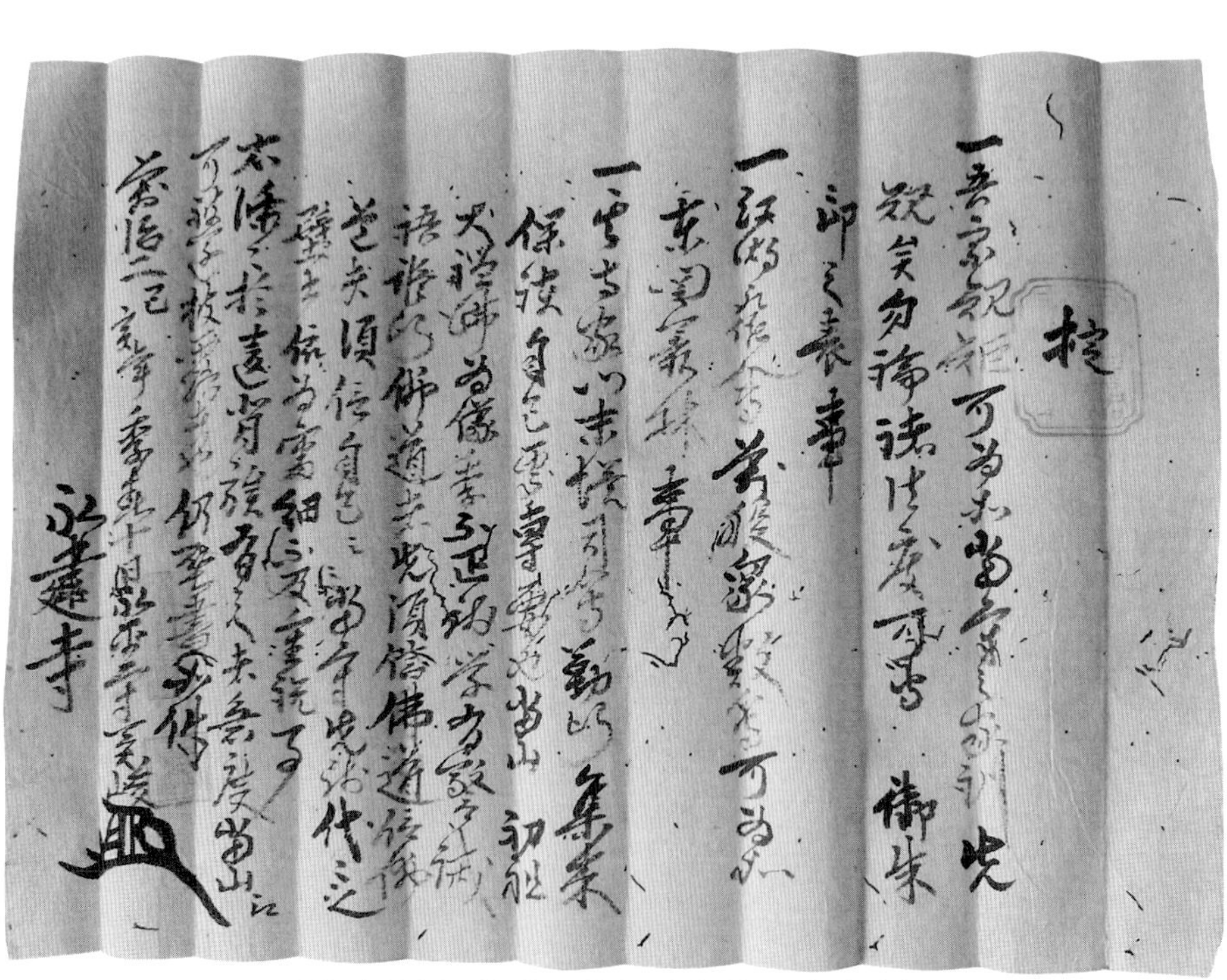

【参考史料一】高国英峻壁書（永建寺文書）

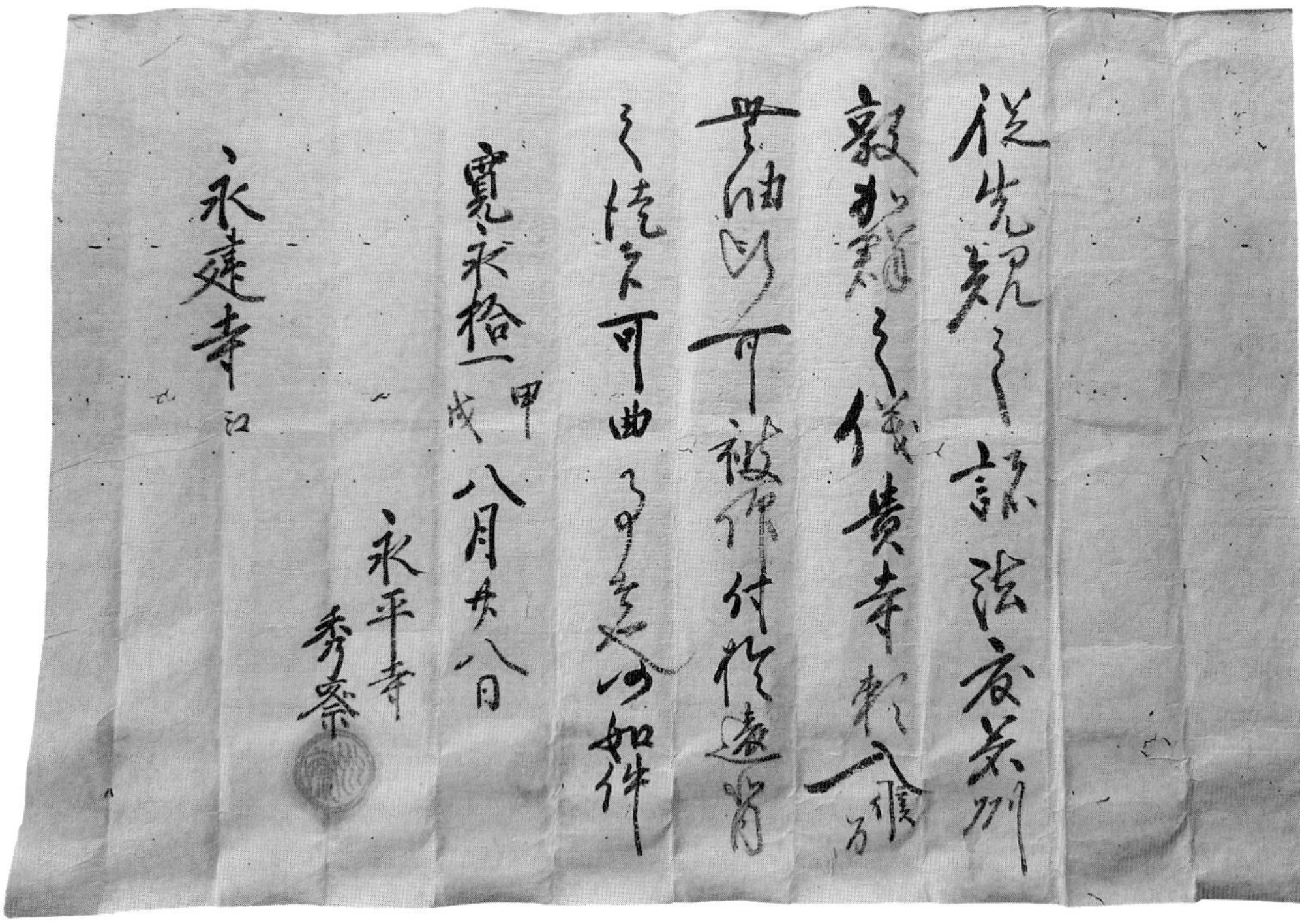

【参考史料二】仏山秀察達書（永建寺文書）

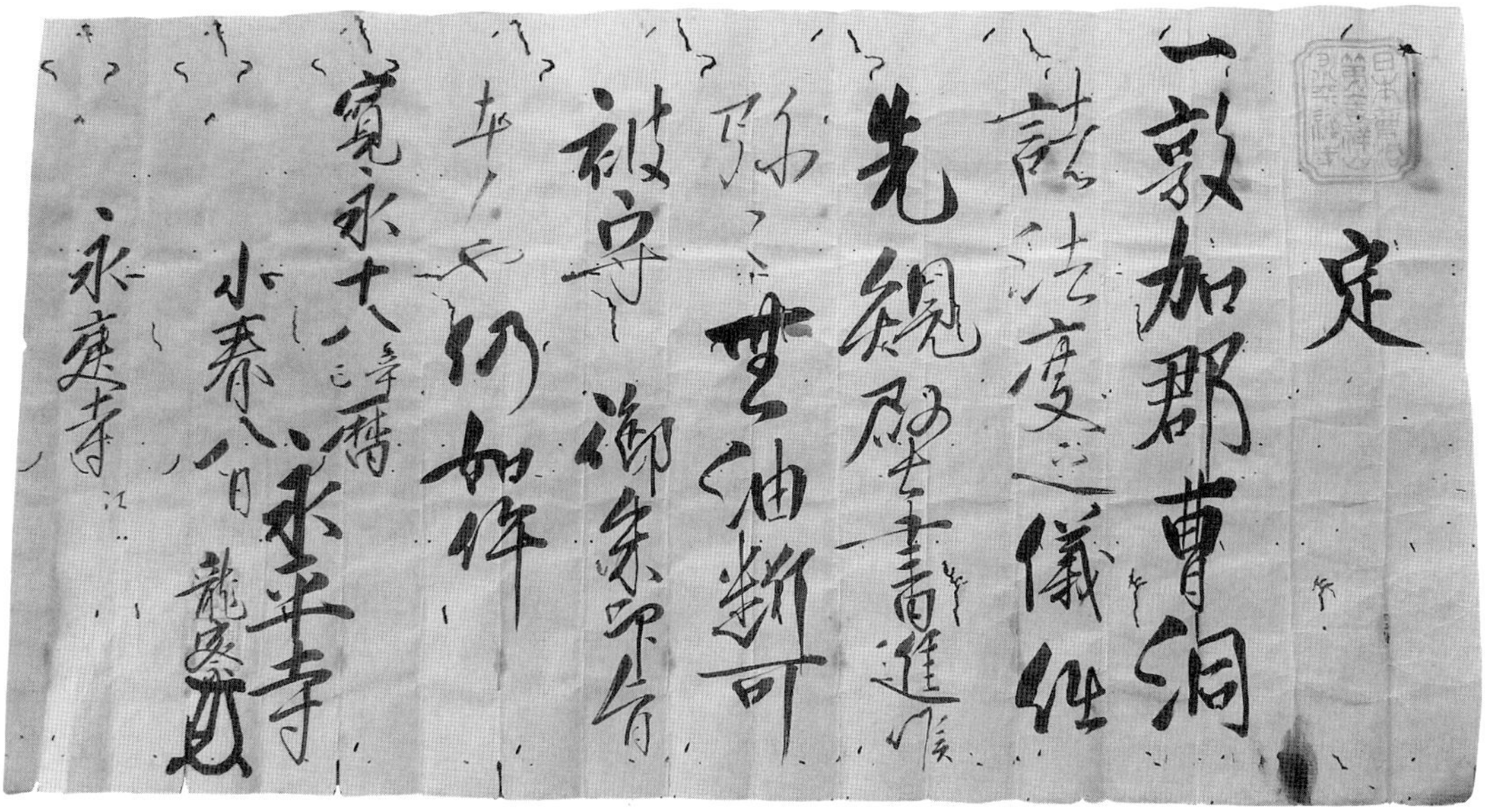

【参考史料三】孤峰龍察定書（永建寺文書）

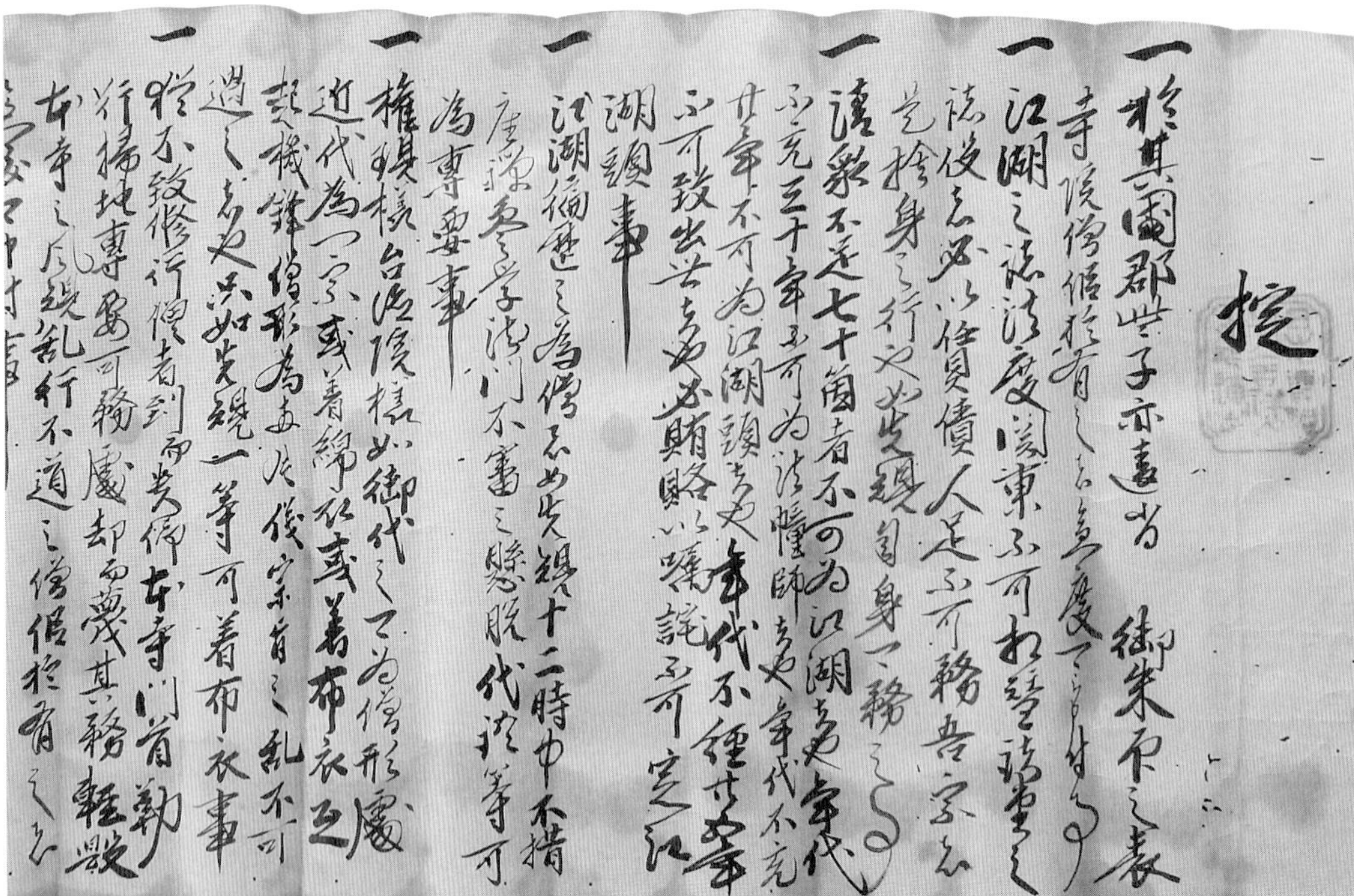

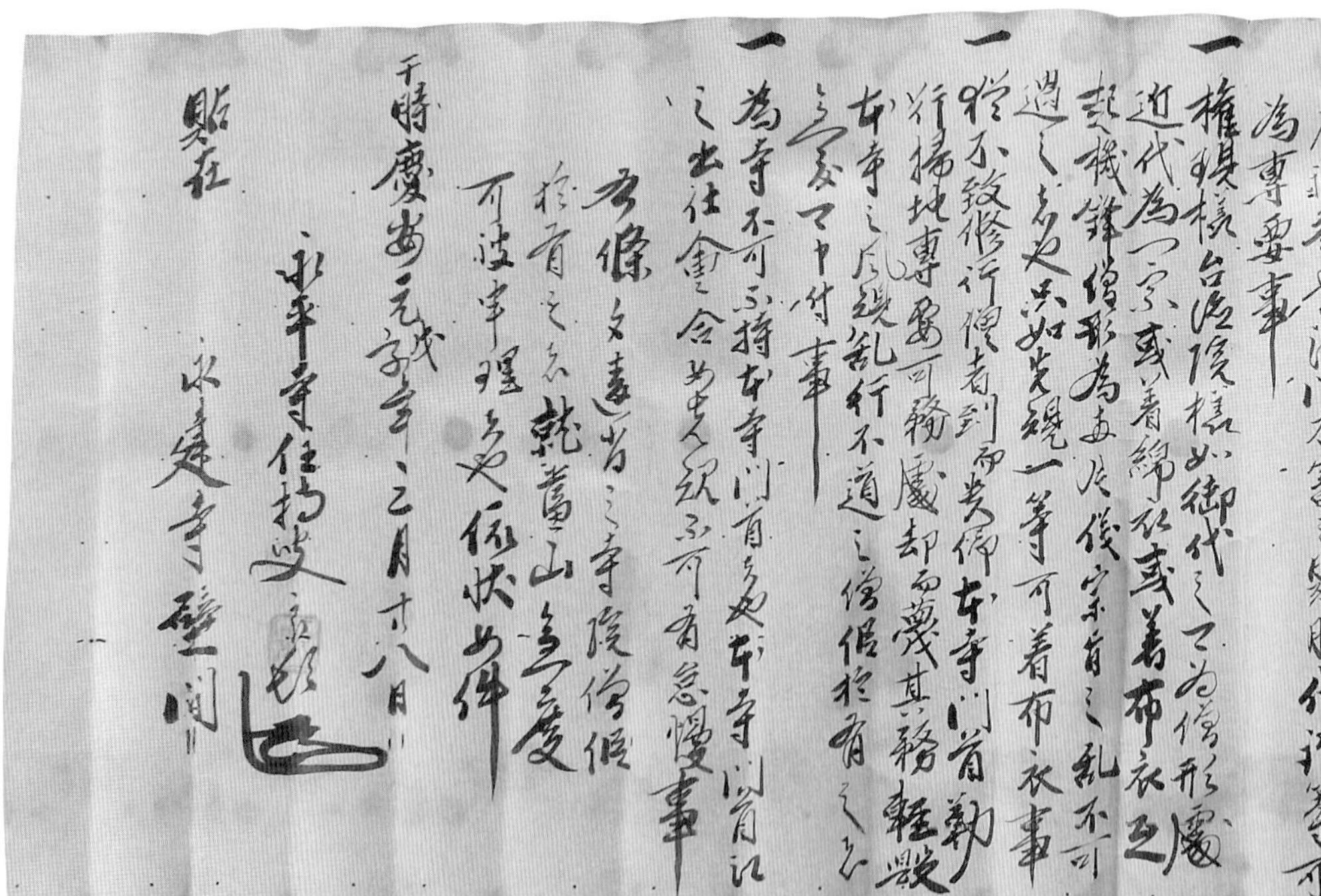

【参考史料四】北岸良頓壁書(永建寺文書)

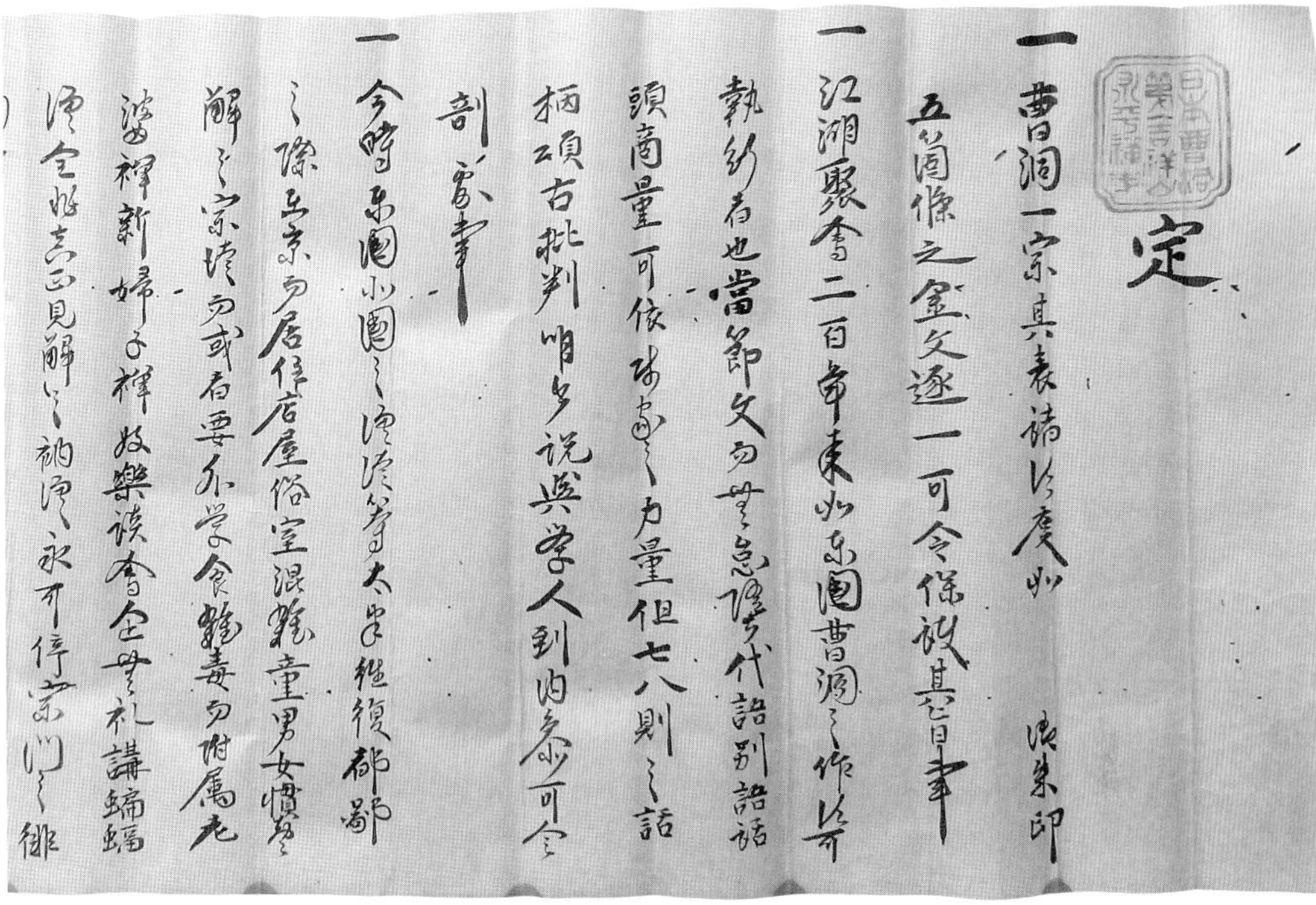

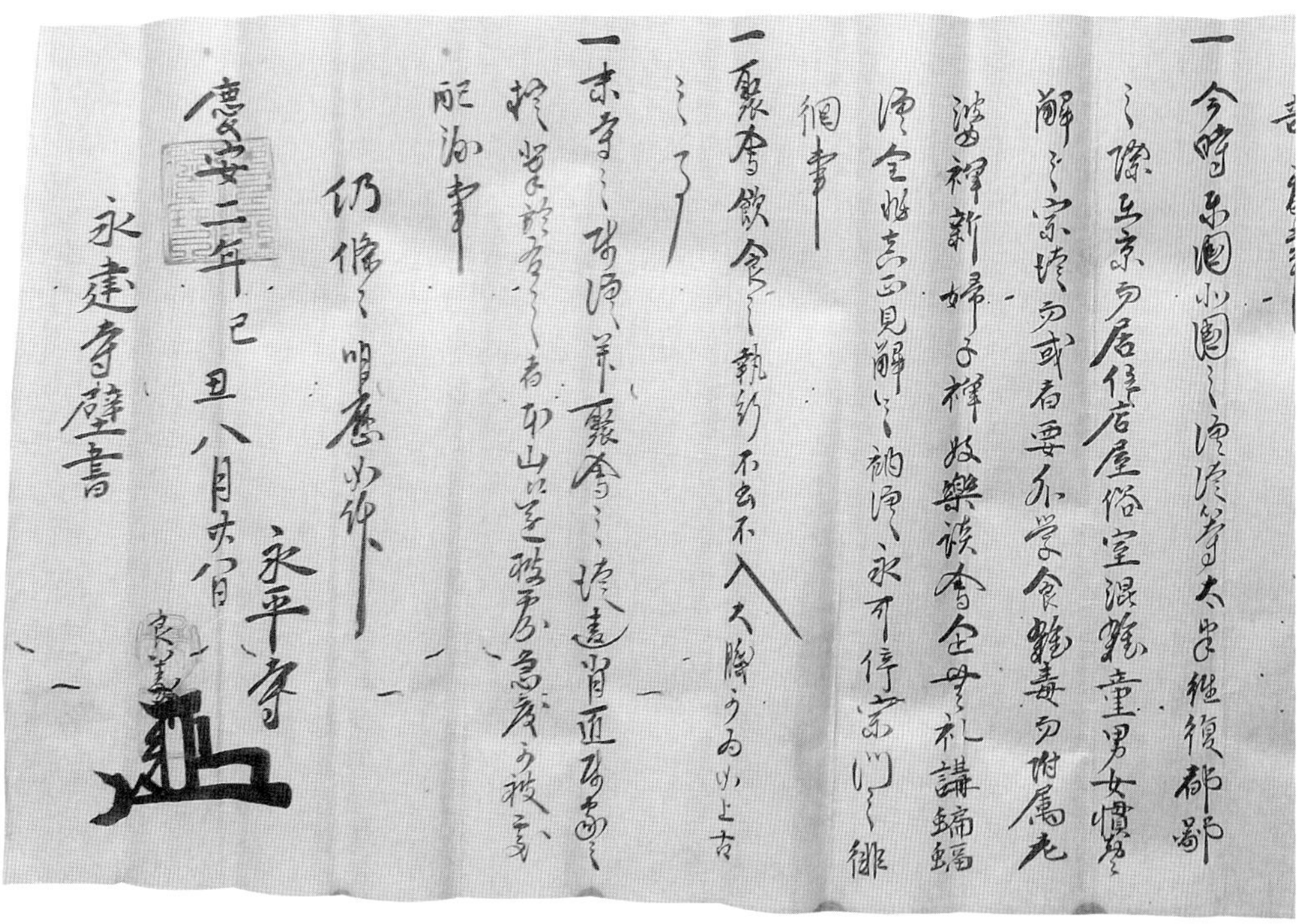

【参考史料五】天海良義壁書(永建寺文書)

万治二年（一六五九）八月十七日、永平寺二十七世高国英峻、福井藩主松平光通生母慶寿院殿の五輪塔に銘を撰する。

12 慶寿院殿五輪塔

（高さ275.0cm×横108.0cm）

（地輪正面銘）

越州太守、為亡妃奉造立石塔一層、層以報
昊天徳者也、誠是百行本衆、善始、莫大焉矣、

銘曰、

吉祥山裏　慶寿霊壇
塔様□〔技カ〕巧　境勢改観
団々耀月　落々層巒
半腰雲遶　四面王刊

地

慶寿院殿浄誉月窓清心大禅定尼

仏土厳浄　心地清安
自乗他界　両般一般
祭慕蘭子　守効井鰻
却石有壊　一基無弾

于時、万治二己亥八月十有七日、

勅　万照高国禅師　英峻叟誌旃

【読み下し】

越州太守、亡妃の為に石塔一層を造立し奉る。層は昊天（こうてん）の徳を報ずるを以てのものなり。誠に是百行の本衆、善の始め、焉（これより）大なるは莫し。銘に曰く、

吉祥山裏、慶寿の霊櫝、塔様技巧、境勢観を改む。団々月耀き、落々層巒たり、半腰雲逸り、四面の王刊たり。仏土厳浄、心地清安、自ら他界に乗り、両般と一般。祭は蘭子を慕い、守は鰻の井を効す、却って石の壌（つち）有り、一基弾なし。時に、万治二年己亥八月十七日、勅万照高国禅師英峻叟、旃（これ）を誌す。

【解説】　慶寿院殿（けいじゅいんでん）（?〜一六五八）は福井五代藩主松平光通の生母である。慶寿院殿は公家の名家日野流の広橋兼賢の娘で道姫といった。慶寿院殿は、万治元年（一六五八）八月十八日、江戸の福井藩邸で死去し、浄土宗伝通院（東京都文京区）に葬られる（『国事叢記』）。永平寺へは分骨で松平光通自らが指示して場所を整地して五輪塔を建立する。五輪塔銘には、その整地の様子が窺える。なお、松平公廟所の配置図については次頁を参照されたい。

五輪塔に刻された銘は、永平寺二十七世高国英峻（こうこくえいしゅん）（一五九〇〜一六七四）によるものである。英峻は、慶安四年（一六五一）に下総国総寧寺（現千葉県市川市）二十一世から永平寺に入院して翌年、道元禅師四百回忌を行っている。関連史料として、道正庵卜順（一六一六〜一六九〇）が永平寺に献納した祭文跋（本巻No.2、『禅籍編』二巻No.35）などがある。なお、英峻は、この五輪塔に銘を選して後まもなくの万治二年秋には退院している。

英峻による漢詩は四言古詩である。十四寒の韻、対句形式で「蘭子」と、「井鰻」は対、「鰻井」は井の名と、「蘭子」は列子にみえる人名で技術を以て妄游するものである。「鰻」は江蘇省鎮江県の甘露寺の僧、妙機が井の水の少ないことから、井を掘り鰻を得た故事を表す。共に母親に対する盲目的孝養を表すものといえるか。

なお、漢詩の内「塔様□巧」の部分であるが、笏谷石（しゃくだにいし）が剥落して一字読めない。安政五年（一八五八）十一月、松平公廟所の五輪塔の銘文を書写した「福井侯結縁由緒写」（永平寺文書）においても、この一字は「不分明」としており、その頃には石が欠けてしまったものと思われる。漢詩の内容から、この箇所には「技」が入ると推定した。

参考文献
『国事叢記』上　福井県郷土叢書第七集（福井県郷土誌懇談会、一九六一年）。
井上翼章編・三上一夫校訂『越藩史略』（歴史図書社、一九七五年）。
『福井市史』通史編二　近世（福井市、二〇〇八年）。
橋本政宣編『公家事典』（吉川弘文館、二〇一〇年）。
『永平寺史料全書』文書編　第一巻（大本山永平寺、二〇一二年）。

（熊谷忠興）

松平公廟所配置図

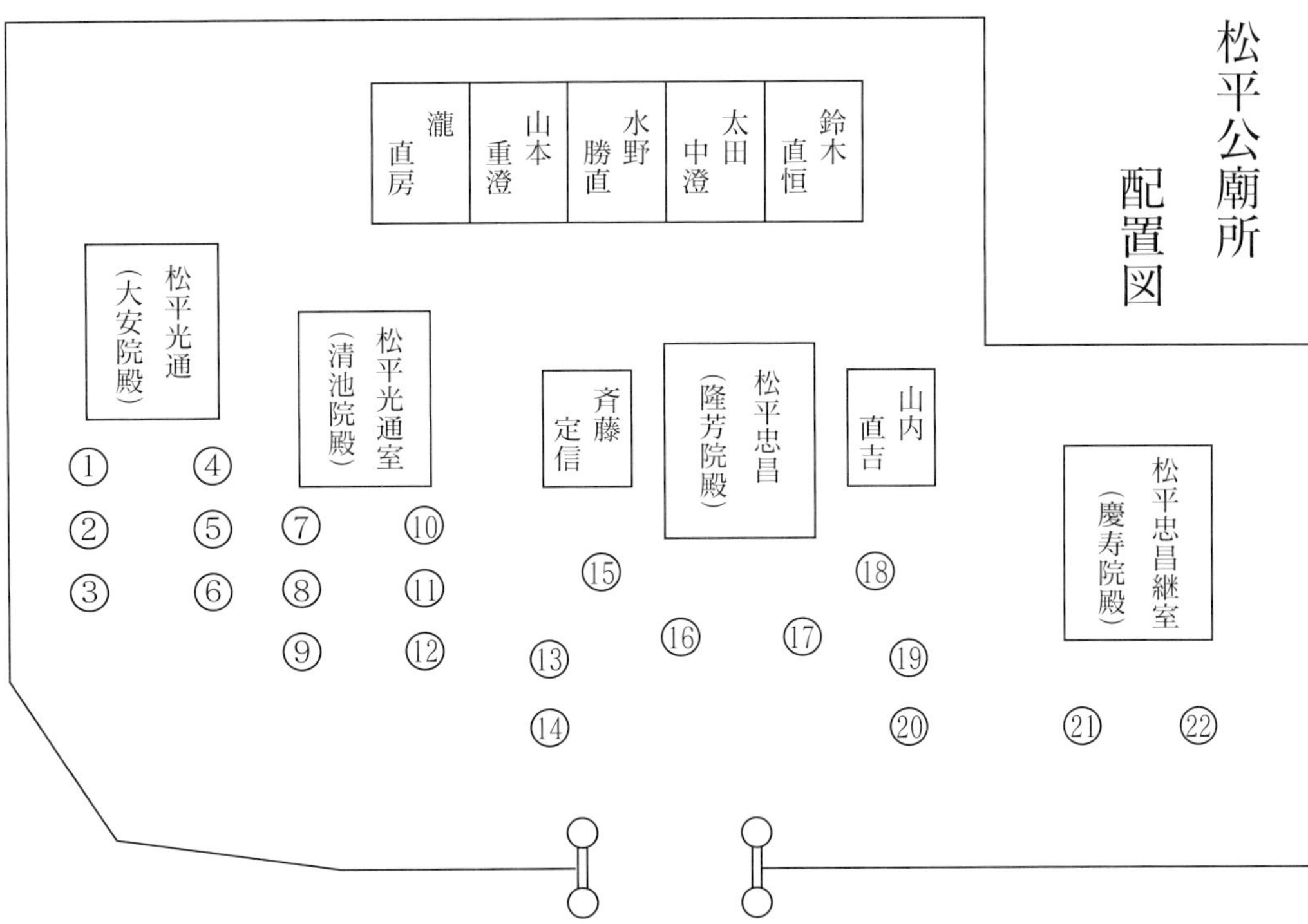

13　禅林類聚（高国英峻手沢本）

（冊子装　25.3㎝×17.1㎝）

（万治二年〈一六五九〉秋以前）、永平寺二十七世高国英峻、永平寺蔵の刊本『禅林類聚』二〇巻二〇冊を修補する。

（第一冊表紙）

（表紙外題）「禅林類聚巻第一 従一至二」

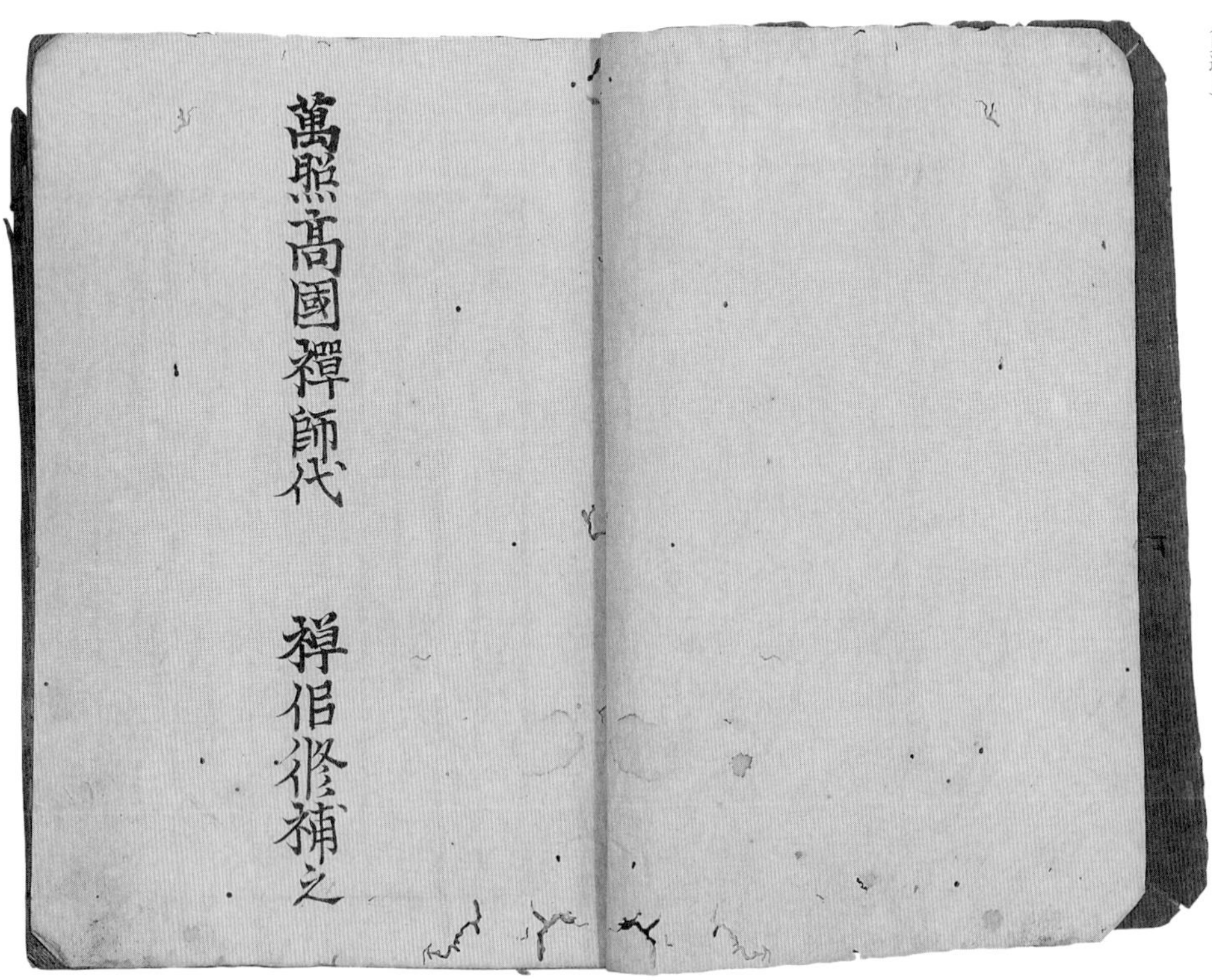

（見返し）

（遊紙オ）

（墨書）「万照高国禅師代　禅侶修補之」

（第二冊表紙）

（表紙外題）
「禅林類聚巻第三従三至四」

（見返し）

（遊紙オ）

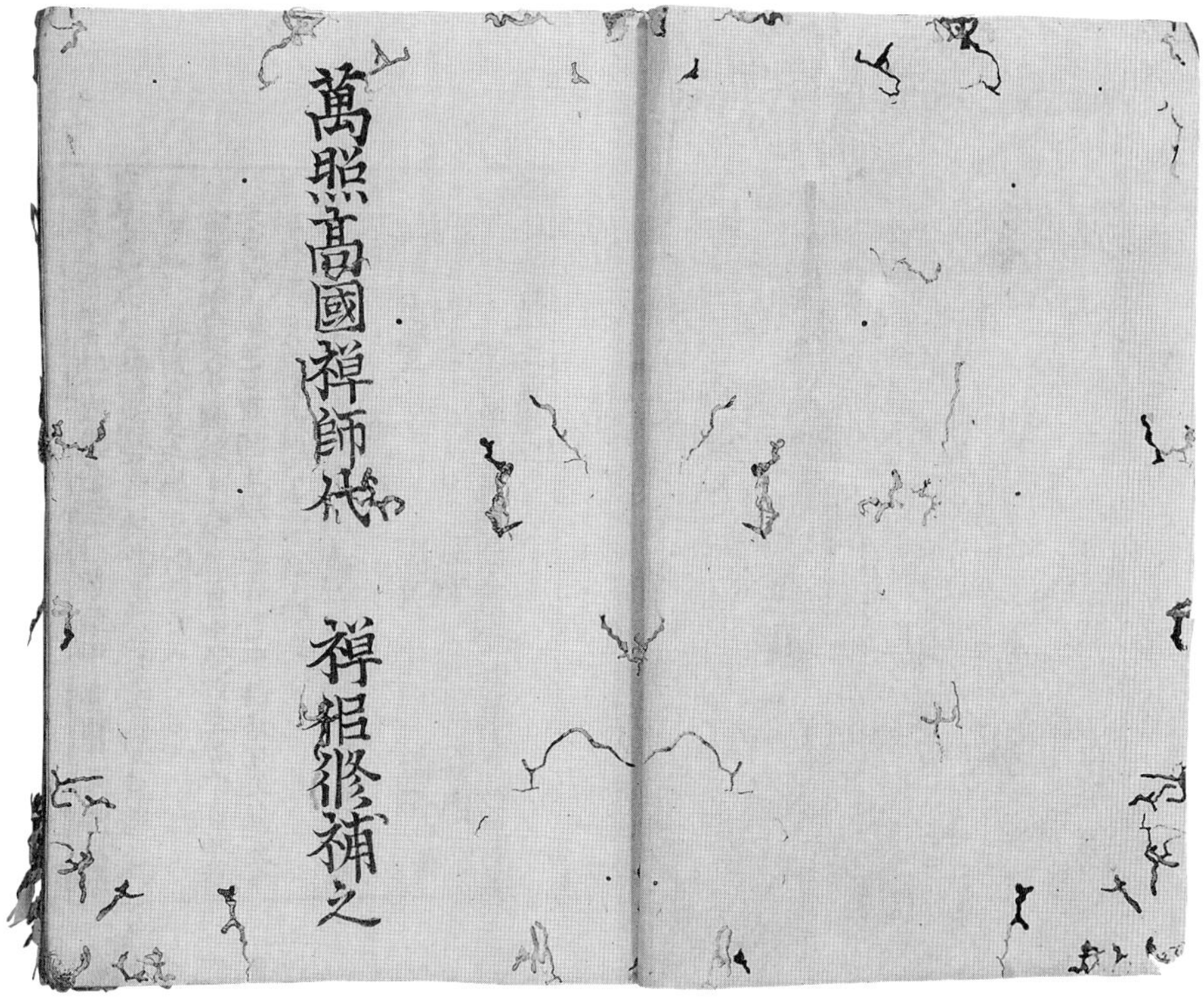

（墨書）
「万照高国禅師代　禅侶修補之」

（第三冊表紙）

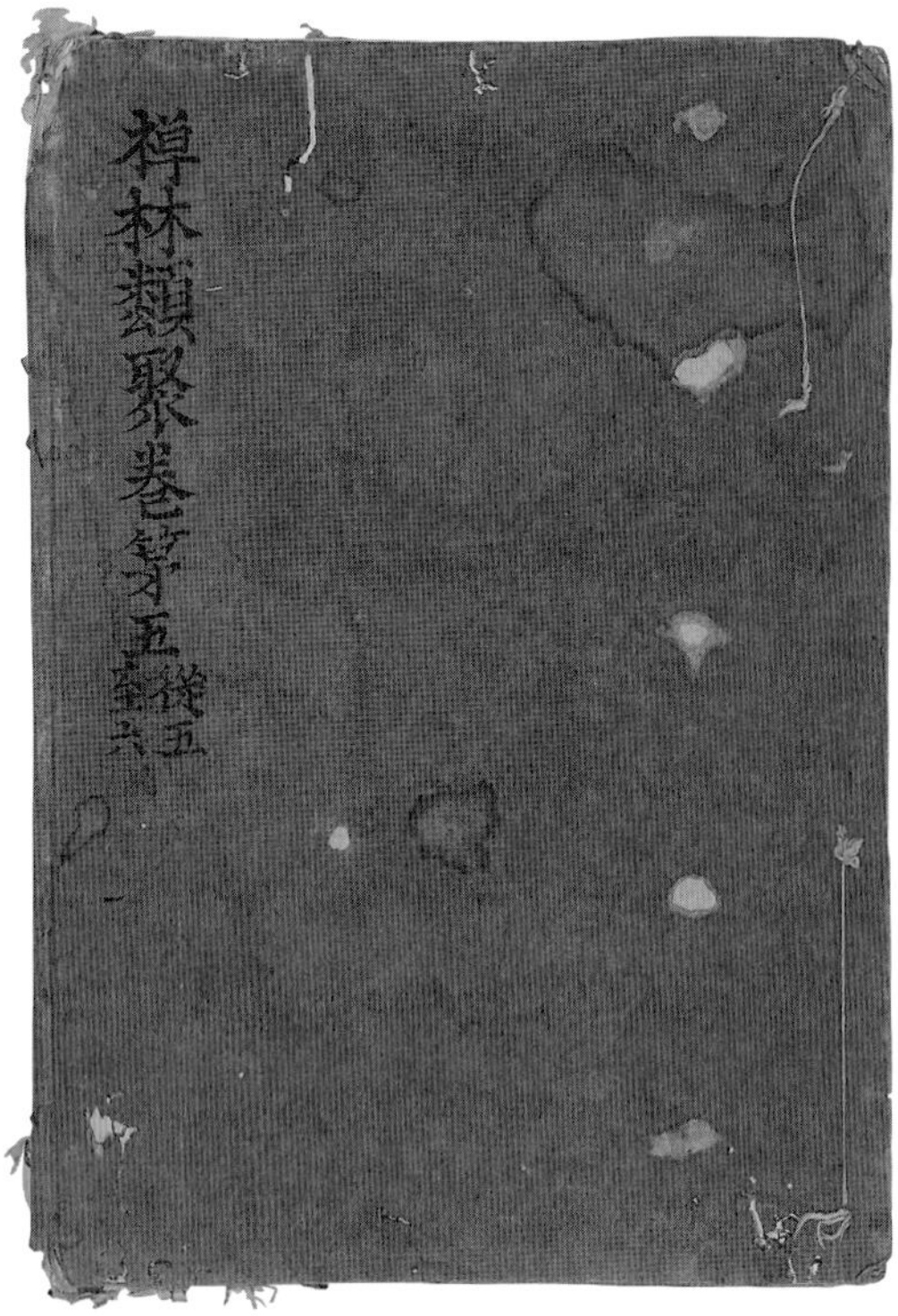

（表紙外題）「禅林類聚巻第五 従五至六」

（見返し）

（遊紙オ）

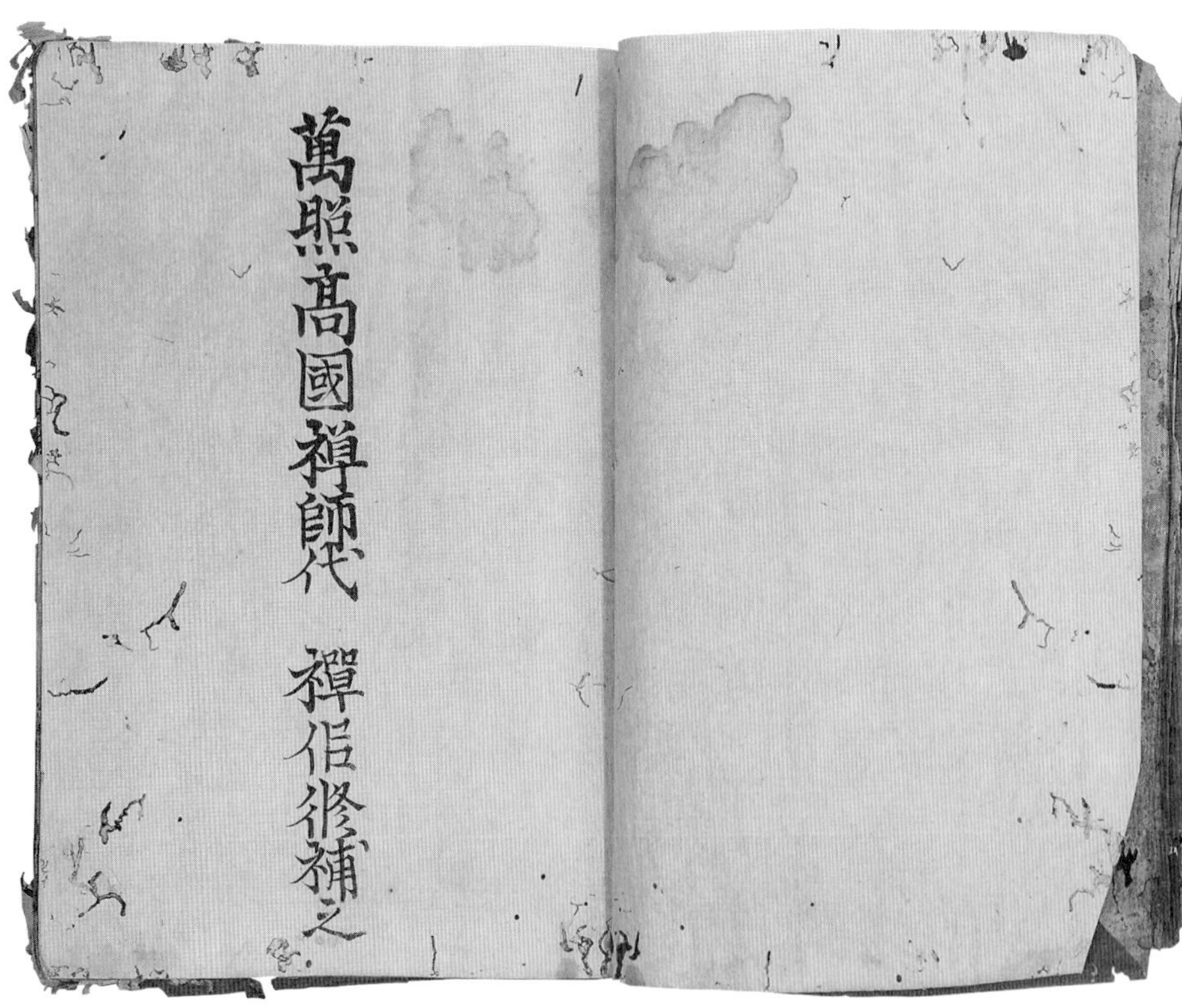

（墨書）「万照高国禅師代　禅侶修補之」

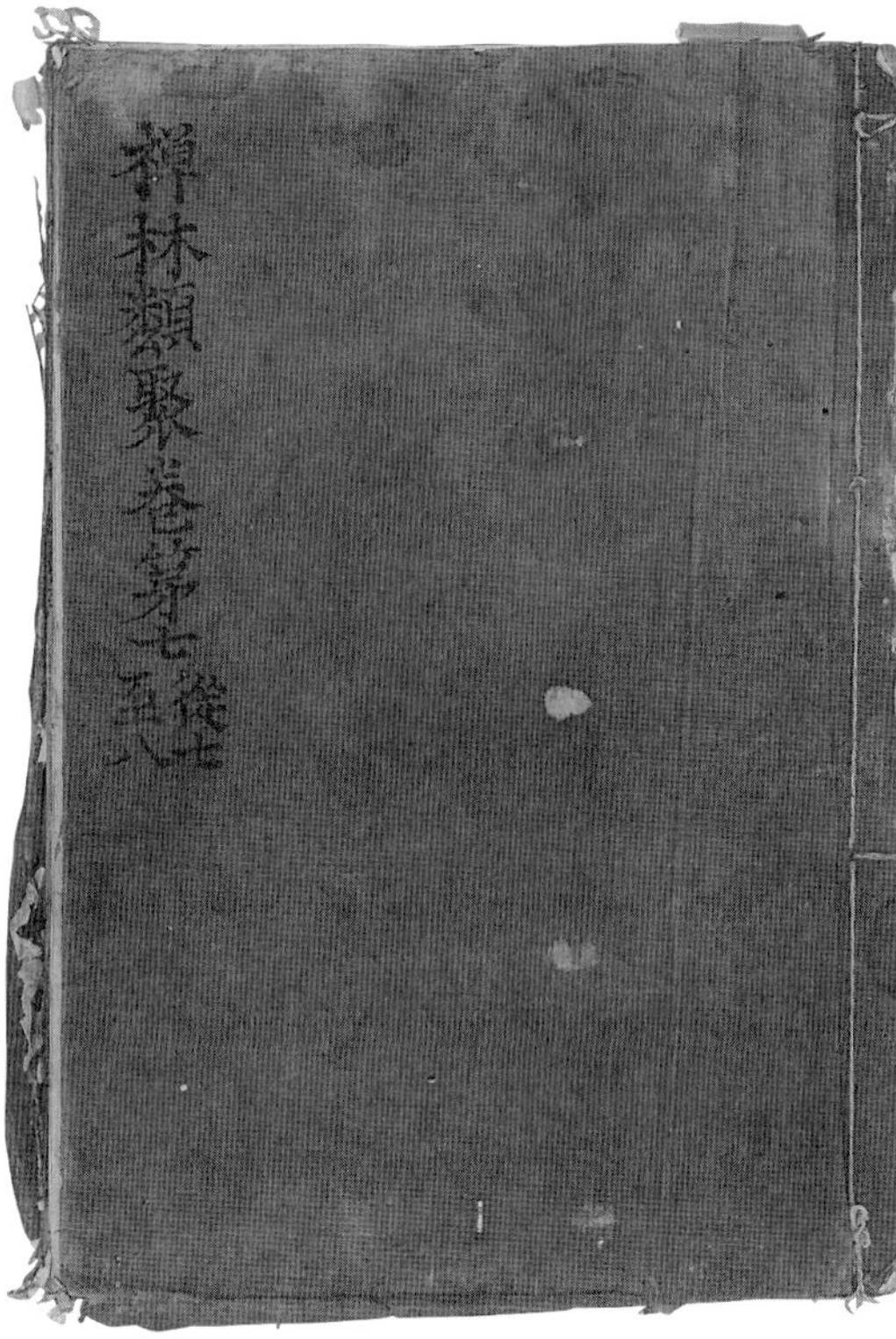

（第四冊表紙）

（表紙外題）
「禅林類聚巻第七従七至八」

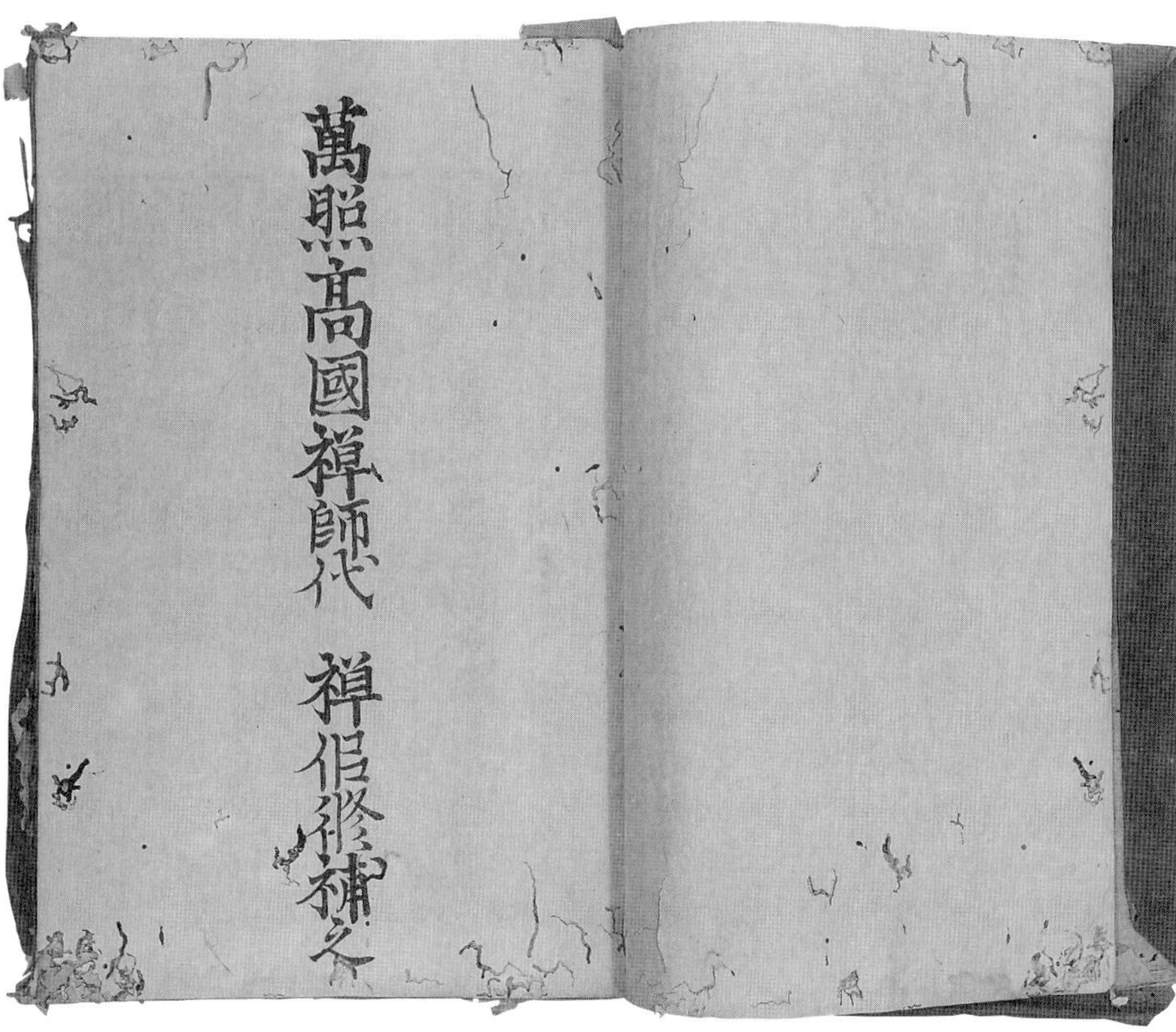

（見返し）

（遊紙オ）

（墨書）
「万照高国禅師代　禅侶修補之」

（第五冊表紙）

（表紙外題）「禅林類聚巻第九從九至十」

（見返し）

（遊紙オ）

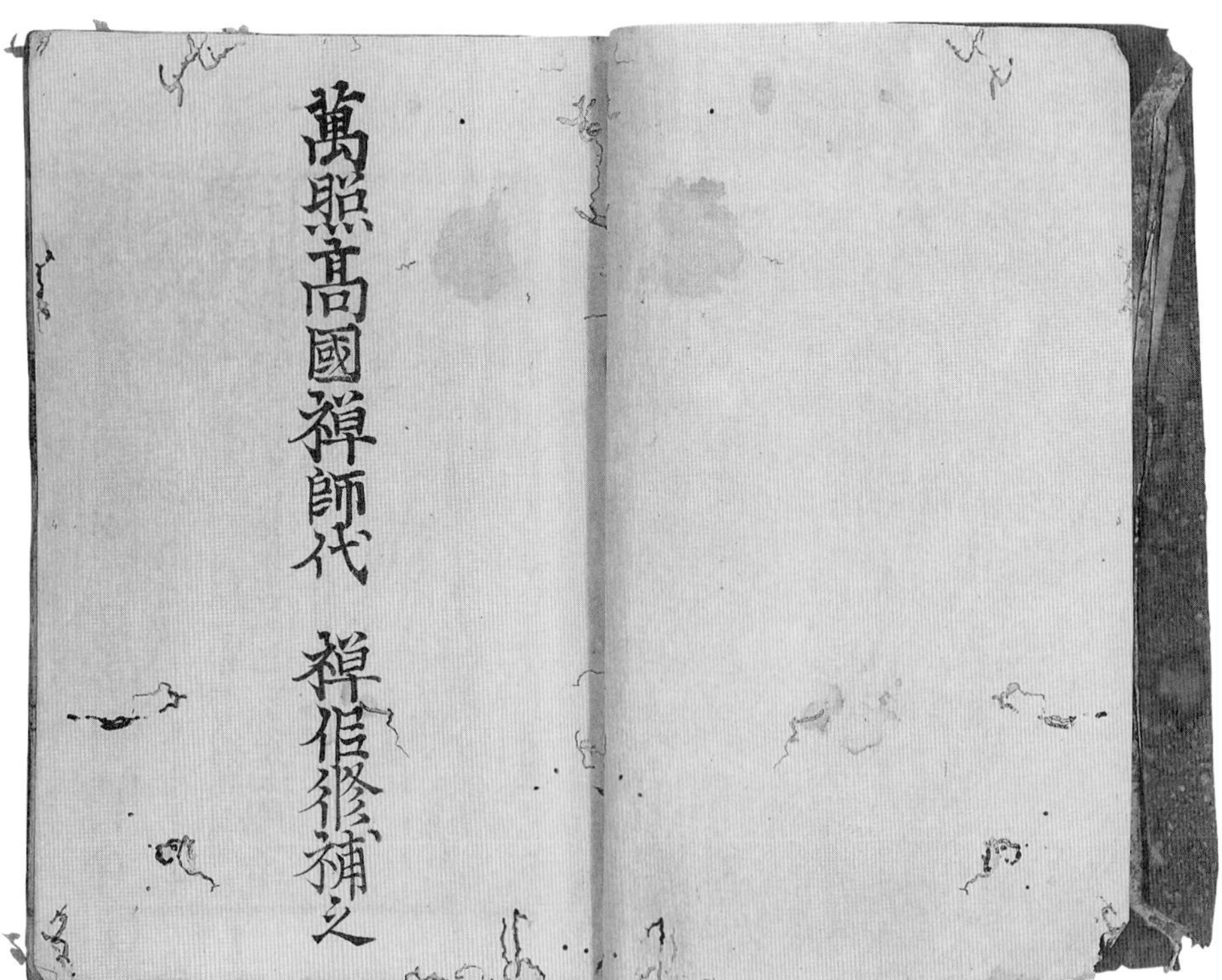

（墨書）「万照高国禅師代　禅侶修補之」

（第六冊表紙）

（表紙外題）「禅林類聚巻第十一 従十一至十二」

（見返し）

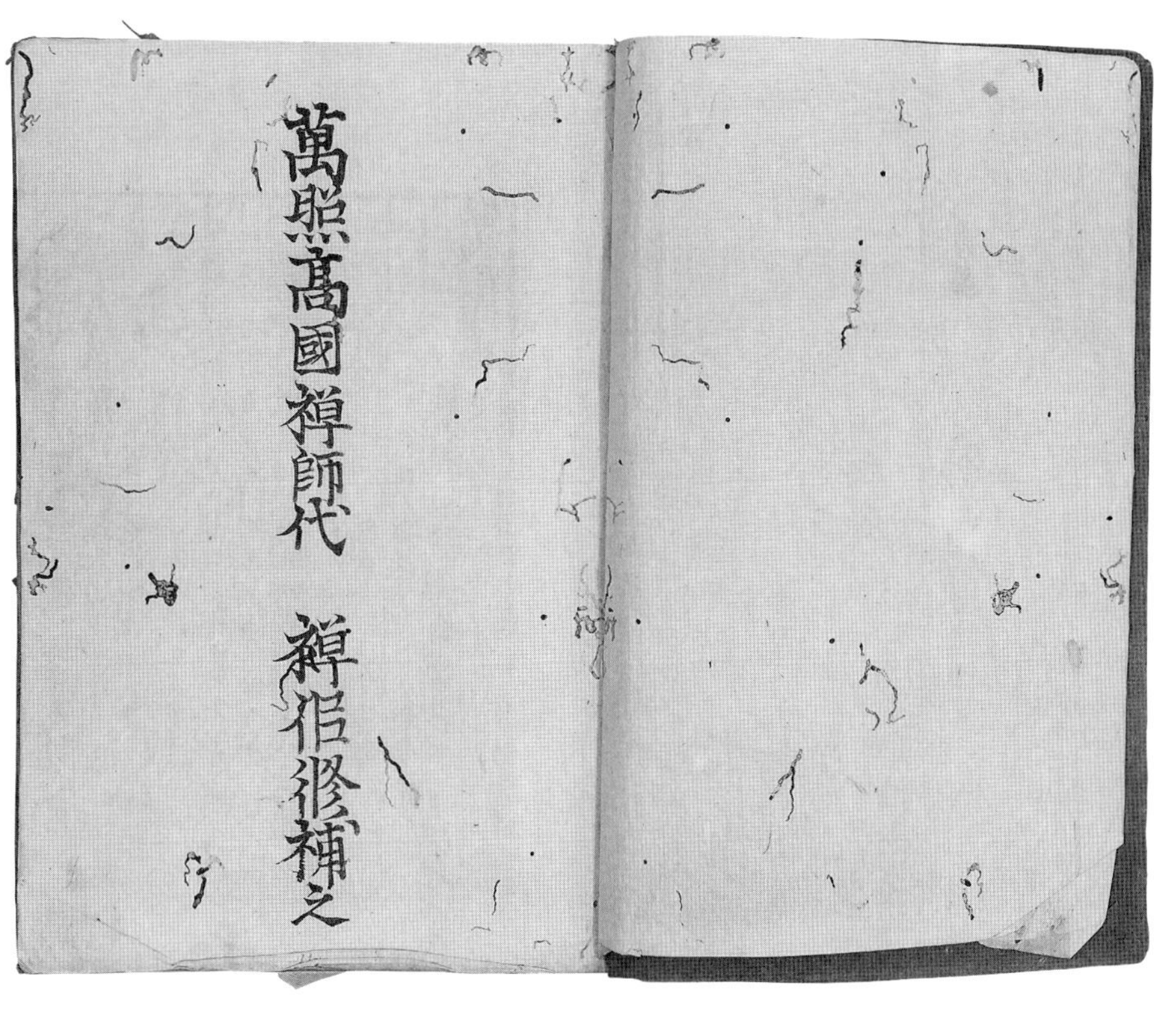

（遊紙オ）

（墨書）「万照高国禅師代　禅侶修補之」

（第七冊表紙）

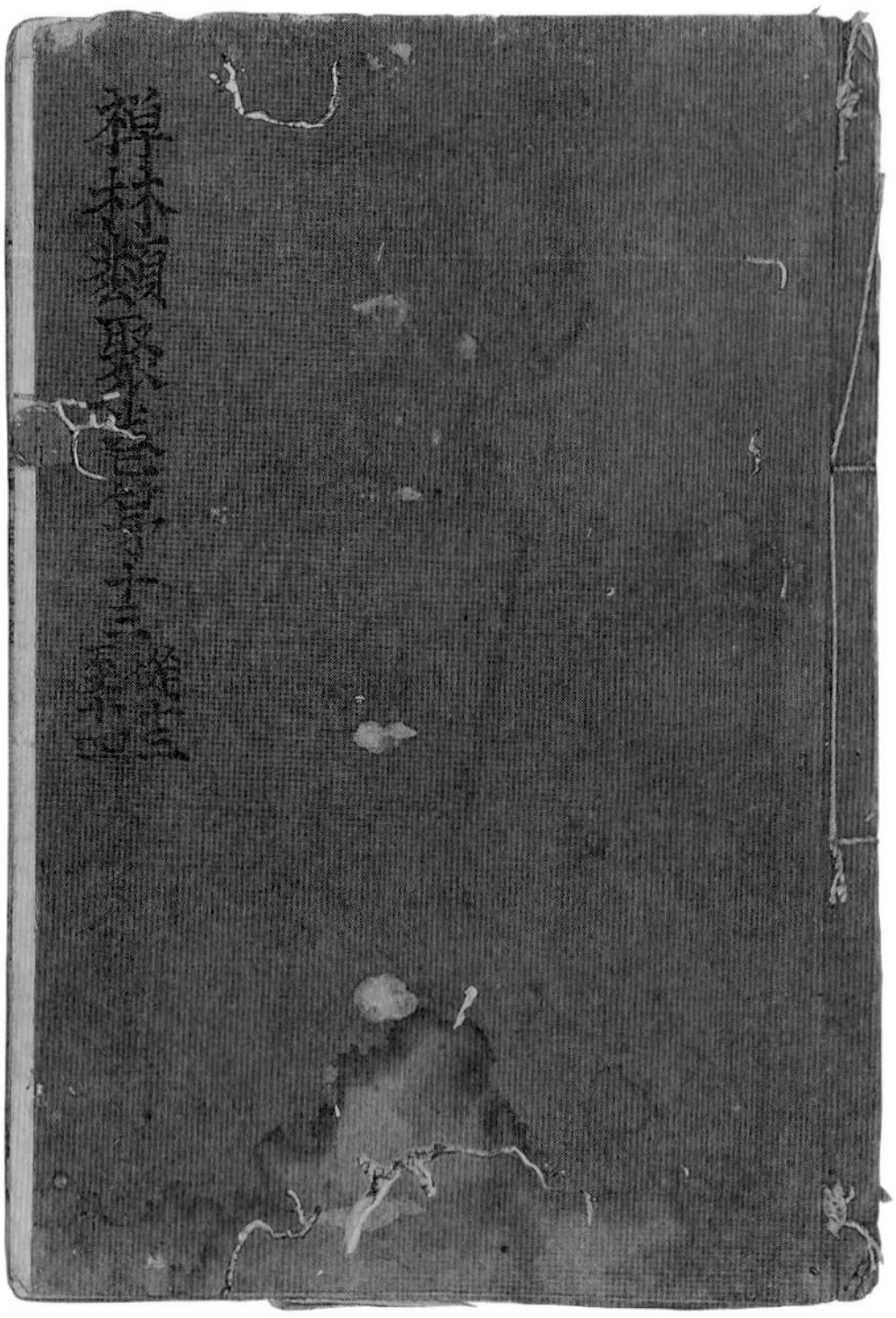

（表紙外題）
「禅林類聚巻第十三 従十三至十四」

（見返し）

（遊紙オ）

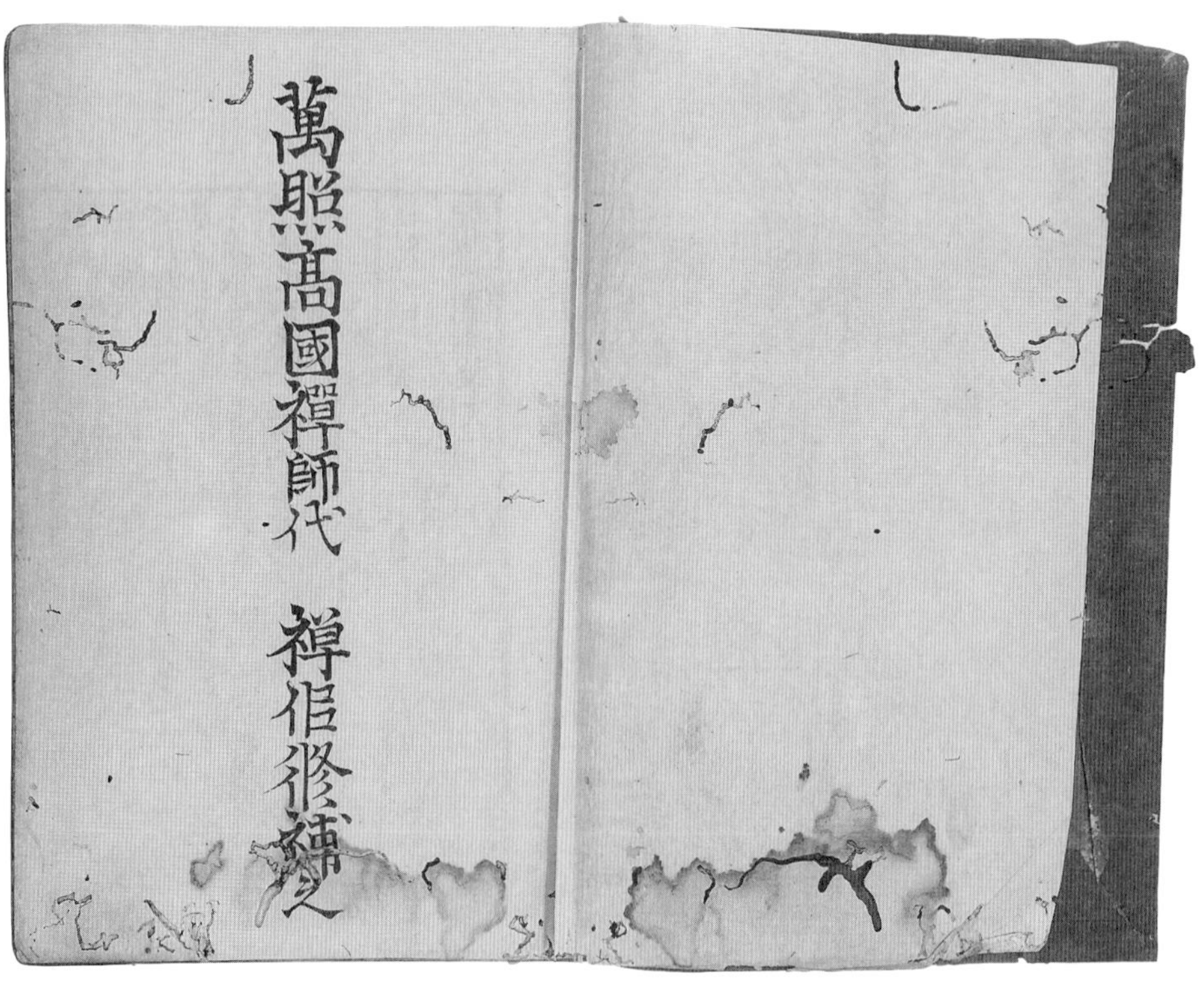

（墨書）
「万照高国禅師代　禅侶修補之」

（第八冊表紙）

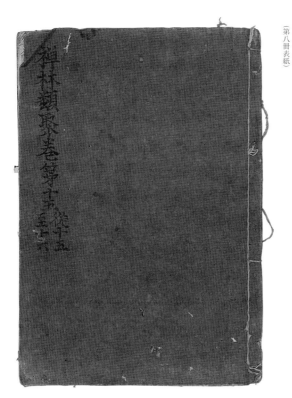

（表紙外題）「禅林類聚巻第十五従十五至十六」

（見返し）

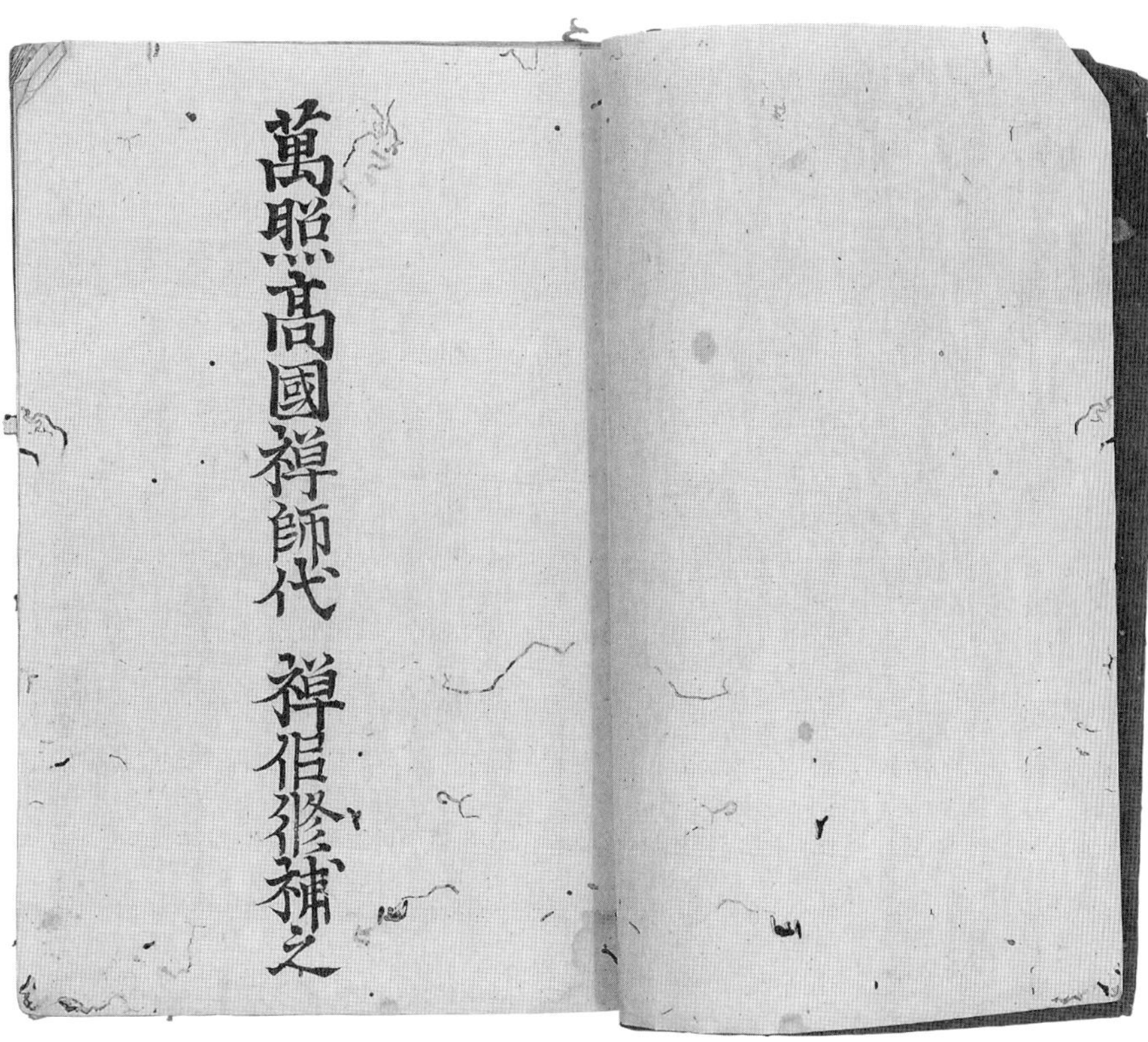

（遊紙オ）

（墨書）「万照高国禅師代　禅侶修補之」

【解説】　本史料は、永平寺二十七世高国英峻(一五九〇〜一六七四)が永平寺に施入した『禅林類聚』である。現存するのは八冊である。いずれも遊紙表に「万照高国禅師代禅侶修補之」の墨書があり、英峻代に修補されたことがわかる。その際に二巻を一冊に合冊した上で表紙を改め、遊紙を付して後述の補写を行ったものとみられる。

英峻筆「天桂山傑伝禅寺文書」(松ヶ岡文庫所蔵)所収の「寄進書籍」において、英峻は傑伝寺(埼玉県川口市)を開創した際に寄進を受けた書籍の筆頭に『禅林類聚』を挙げている(小沢・平野論文)。英峻が『禅林類聚』を重要視していた証左となろう。また永平寺に以前からの所持本を献納したことが、寄進を受けた理由であるとも考えられる。

『禅林類聚』は、中国元代、大徳十一年(一三〇七)に、揚州(江蘇省)天寧万寿寺の住持であった善俊・首座智境、同雍熙寺の道泰らによって編集された、禅宗公案・拈古・頌古を二〇巻に集大成したものである。中国では殆ど流布せず、元版のみ刊行されるが、日本においては大いに流布し、五山版以来何度も刊行・後刷がなされている。本書は、『禅学典籍叢刊』第八巻所収の五山版の後刷りか覆刻本であるとみられる。ただし、巻一七〜二〇が欠けている。また巻三の一丁、巻一二の五八丁、巻一六の四九・五〇丁は補写されている。さらに巻一六の三丁裏〜七丁裏にかけて、各祖師の法系に関する上欄外墨書がみられる。

永平寺には本書とは別に、二十五世北岸良頓(?〜一六四六)の手沢本である『禅林類聚』が施入されており、飯塚大展氏による解説がなされている(『文書編』一巻No.160、『禅籍編』四巻No.20)。本史料はそれよりも版木の摩耗が著しく、より後代に印刷されたものであろう。『禅林類聚』という文献そのものや、曹洞宗における受容とその展開については、飯塚氏の解説を参照されたい。

参考文献

小沢正弘・平野清次「傑伝寺と高国英峻」(『川口市史調査概報』五集、一九七九年)。
柳田聖山・椎名宏雄共編『禅学典籍叢刊』第八巻(臨川書店、一九九九年)

(廣瀬良弘)

（万治二年〈一六五九〉秋以前）、永平寺二十七世高国英峻、道元禅師にいたる如浄直筆の嗣書および明全直筆の血脈のために箱を作り、次いで袋を作り、合わせて収納する。

14　道元禅師嗣書血脈箱銘

（15.8cm×16.2cm×6.2cm）

（箱表書）

（朱文字）天童山
御直筆
明全和尚
血脈同

如浄和尚
仏嗣書
御直書
入此箱

（箱裏書）

（朱文字）

従前々無筥故
勅万照高国禅
師英峻叟代求
宝庫置之

【附属資料】緞子地刺繡袋（16.5cm×14.7cm）

（被せの表）卍（梅の刺繡）

（袋の裏側）（橘の刺繡）

（被せの裏）

（袋の内側）（桃の刺繡）

【解説】この箱は梨子地塗で、天部に合口型の蓋があり、すべての稜角に几帳面と呼ばれる面取を施している。八ヶ所の三方角を金具装飾で補強し、向かって左の側面に金具の錠、右側面に留金、そして左右側面の中央に梅花をかたどった紐座金具がある。箱の表側・裏側とも、金色の卍がそれぞれの全面を覆う大きさでデザインされた蒔絵で、その卍の字角の中に、表裏とも朱書きの銘文が配字されている。表書きの銘文は「天童山如浄和尚御直筆仏嗣書、明全和尚御直書血脈、同じくこの箱に入る」とあり、「前々より筥なき故、勅万照高国禅師英峻叟代求めて、宝庫にこれを置く」と読める。

このように手の込んだ箱が用いられたのは、この箱の中に納める「天童山如浄和尚御直筆仏嗣書」・「明全和尚御直書血脈」の二点が、特別に貴重であることを意識したからであろう。前者は、如浄から道元禅師に授けられた嗣書、後者は、明全から道元禅師に授けられた栄西経由の血脈と考えられる。銘文によれば、永平寺二十七世高国英峻（一五九〇〜一六七四）は、前々より箱がなかった故に求めて、これを宝庫においたのである。そしてこのあと梨子地の箱中には、緞子裂刺繡袋が用意された（本巻No.20参照）。被せの表に梅、袋は被せをめくると内側に桃、袋の裏側には橘が編繡によって描かれ、表の梅の刺繡の上には「卍」の文字が墨書されている。編繡の技法は、中国の元・明の時代に盛行し、日本では生産されなかったという（『海を越えてきたみほとけたち』No.30解説、『大永平寺展』No.61解説）。二点を梨子地塗箱・緞子裂刺繡袋と合わせて二重に保護する保管方法は、高国英峻代に、画期的に整えられ厳重になったのである。その理由は、はっきりしないが、京都高台寺（京都市東山区）に所蔵されている豊臣秀吉の正室高台院（ねね）の血脈箱が、参考になる。これは、蓮の花と葉を打ち出した銀製の箱で、表蓋には、金鍍金で花びら型に縁取った中に「血脈箱」の文字が記されている。蓋は合口型であるが、身の方の天部に二つ、地部に一つの留め金があり、密閉もしくは施錠のためであったろう。また左右側面中央に菊花をかたどる紐座金具がついていて、これは紐で箱を首からつるすことを想定している。その箱の中には、蜀江錦で作られた血脈袋があり、この袋に、仏祖正伝菩薩戒の血脈・高台寺開山の弓箴善彊（?〜一六一四）が高台院の戒名を定めた「安名」・弓箴善彊の法語の三点が納められている。この内容物とこれを納める袋・箱という組み合わせは、永平寺の場合と非常に似ているといえよう。高台寺の血脈箱の場合は、さらに錦織の外包で覆っている(『高台寺の名宝』)。

仏祖正伝菩薩戒の血脈がこのように丁重に扱われたのは、釈尊から代々の仏祖を経由して師の弓箴善彊に、師からねね本人である快陽杲心大姉にというように、いわば釈尊と本人自身とをしっかり繋ぐ証明だからであろう。中世以来、血脈袋はそのために作られていたが、箱に入れる行為は慶長八年(一六〇三)というこの時期の新しい趣向であったと考えられる。

さらに約五十年後、高国英峻が実行したことには、嗣書も血脈も自分のものではない点に特異性がある。すなわち仏弟子としての自分に集約される個人的行為ではなく、道元禅師を讃仰する点だけに集約される、いわば永平寺としての公的行為に変化しているといえよう。もっとも師資相続の宝物が、寺院常住物に切りかえられること自体は、これ以前にさかのぼる事例も散見される。例えば、嘉元四年(一三〇六)徹通義介が明峰素哲に与えた自賛の頂相は、師資相承を示すものであったはずであるが、早くから大乗寺(石川県金沢市)の開山像として公的に用いられ、その代替像も、おそらく摩耗のために永禄八年(一五六五)には修理が行われている(菅原昭英「徹通義介禅師の頂相」)。道元禅師の嗣書と血脈に関しても、すでにそういう動向があったらしい。というのは、この嗣書と血脈に関しては、慶長十六年永平寺に対して、本来宝慶寺(福井県大野市)の常住物なのであるから返して欲しいという訴訟が起こされていた(『本光国師日記』、『禅籍編』一巻No.62解説参照)。宝慶寺の常住物という位置付けがここに見出される。しかし高国英峻の行為に顕著なのは、これに決定的な形を与え、永平寺常住物の位置を定着させた点にある。この微妙な、しかも確定的なずれは、頂相の保管などいろいろな面にも関わりが生じていたのではないだろうか。また祖師の遺品を尊重する制度という観点に立ってみると、むしろキリスト教カトリックにおける聖遺物への態度に近接した、ともいえる。奇跡を生む崇拝にはなっていないけれども、遺品への尊崇が顕著である。政治的にはキリシタン禁圧が進行した時代であるだけに、この信仰態度の類似傾向には不思議な印象がぬぐえない。

高国英峻の代に行われた、奥村政永居士による宝物袋の寄進は、道元禅師の遺物・釈尊の遺物・六祖慧能の遺物に対して常住物化を確定していく同じ態度の表れといえよう

（本巻No.16、189～190頁「奥村政永居士が寄進した袋の中身の宝物追跡表」参照）。さらにこの傾向は、三十世光紹智堂（こうしょうちどう）代以後の約五十年間、宝物用漆塗箱の度重なる寄進へと続いている（本巻No.125、874～884頁「永平寺世代別宝物箱銘文および貼紙・ラベル一覧」参照）。高国英峻による道元禅師嗣書・血脈の箱と袋は、その先行性において、画期的なことであった。

この道元禅師嗣書・血脈の箱に納められている中身について、その伝来と変遷、その意味については、『禅籍編』一巻No.62の解説および本巻No.20を見ていただくことにして、ここでは改めて述べない。箱と袋そのものは今日にいたるまで、永平寺において大切に保管されてきた。文政元年（一八一八）・文政八年・嘉永元年（一八四八）の校割帳、明治十七年の『諸寮交割簿』までは、「宝庫一之笈部」に「一、血脈箱（あるいは筺）幷御袋在中、一（あるいは壱）具」と登録する。明治四十二年ころの『御直渡幷通常宝物一覧』の「直九十二号」には「高祖大師御持用御嗣書袋梅橋縫綸子地、梨地箱入、外ニ添書一通アリ一個」、大正期『宝蔵内宝物棚記号録』の「東四段直五十一」には「梅橋縫綸子地／高祖大師持用御嗣書袋／外ニ添書壱通梨地箱入」と記されている（以上、永平寺文書）。

ただ当初、この箱は目立つ扱いであったと思われるのに比較して、なぜか江戸時代後期の校割帳では多くの宝物と同様の扱い方に埋没していく印象をまぬがれない。道元禅師の嗣書などが新たに軸装され、古い箱や袋から離れていったことによるのではないか。

参考文献

『高台寺の名宝』（鷲峰山高台寺、一九九五年）。
『永平寺史料全書』禅籍編　第一巻、九九七～一〇〇六頁（大本山永平寺、二〇〇二年）。
菅原昭英「徹通義介禅師の頂相」（東隆眞編『徹通義介禅師研究』、大乗寺、二〇〇六年）。
『大永平寺展』（福井県立美術館、二〇一五年）。

（菅原昭英）

（万治二年〈一六五九〉秋以前）、永平寺二十七世高国英峻、「沈金軸物盆」を永平寺常住に施入する。

15　沈金軸物盆銘

（15.0㎝×31.8㎝）

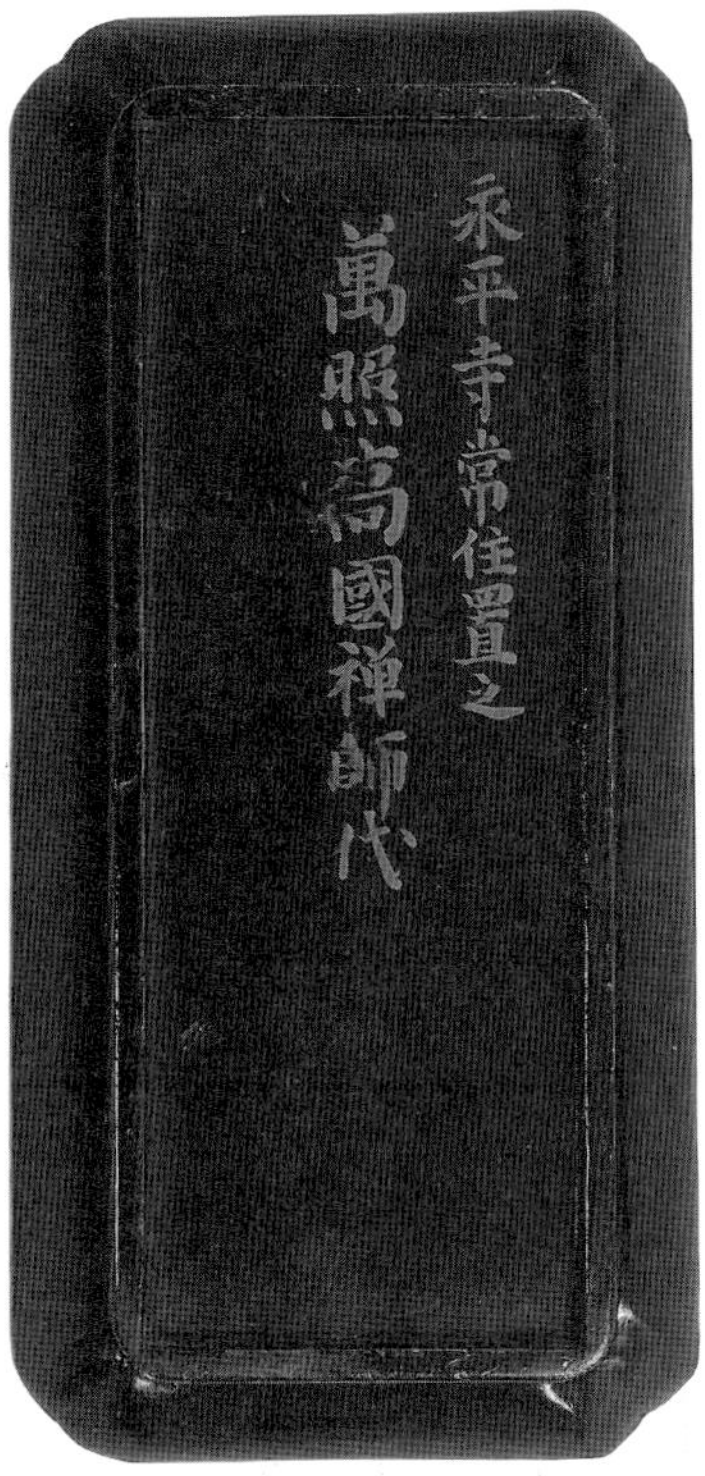

（盆裏書）

（朱文字）「永平寺常住置之
万照高国禅師代」

【解説】本史料の裏側に朱墨で「永平寺常住置之／万照高国禅師代」とあることにより、永平寺二十七世高国英峻(こうこくえいしゅん)(一五九〇〜一六七四)が用いていたと推定できるが、名称は「仮称」、正規には定まっていない。

本史料が収納されていた箱(『文書編』三巻No.19、「融峰本祝代、漢蒔画長盆」と墨書あり)と年代の上で一致しないので、元はそれぞれ別のものであったが、偶然、取り違い合わされたものと思われる。言い換えれば、各々一方が失われているにも関わらず、二品の時代が比較的近接し、類似している品物であることから、不用意に組み合わされたものと推測できる。

参考までに、この二品に関連すると思われる類似の品目が記されている『校割帳』があり、次にそれらを羅列してみる。

文政元年(一八一八)九月の『校割帳』(永平寺文書)の「宝庫一之笈部」に所載する品目。

一　蒔絵四角香盆　　箱入　一箇　　三十六
一　同　長香盆　二枚之内　箱入　二枚　　三十七
　　　一枚破却

同じく明治時代の『校割帳』に相当する『御直渡幷通常宝物一覧』(永平寺文書)の「通常宝物中、法器物之部」に所載する品目。

九号　唐蒔絵香盆　道正庵奉納　壱枚
(十七号　堆朱香盒　道正庵奉納　壱個)
十八号　漢蒔絵香盆　大破　壱枚

大正期の『校割帳』に相当する『宝蔵内宝物棚記号録』(永平寺文書)に所載する品目。

中央棚西之部　器物　西四段　通三　唐蒔絵香盆
道正庵奉納
同右　器物　西四段　通五　漢蒔絵長盆

文政期の『校割帳』の二品は、蒔絵が施されている四角(方形)の「香盆」(一箇)と長(方形)の「香盆」(二枚)であり、対を成すものと推定でき、その後者「同(蒔絵)長香盆」(二枚)の方が、一応、本史料に近いとみなされる。ちなみに寄進者は、後述する如く道正庵十九世卜順(一六一五〜九〇)であることが判明する。

明治期の「校割帳」に記される「唐蒔絵香盆」と「漢蒔絵香盆」とは、別項目に表記するとおり各々、別の品とみなされる。また後者の「漢蒔絵香盆」は、「道正庵奉納」と添書はないが、上の「堆朱香盒」に続いてあるので、同じ

「道正庵奉納」と思われ、三品とも、すべて道正庵が奉納したものであろう。ただし、「大破」と記すものが、文政期の「破却」と同じものか、無事であった残りのものが「大破」したのか明瞭ではない。

大正期の『宝蔵内宝物棚記号録』にも、「唐蒔絵香盆」と「漢蒔絵長盆」が記載されていることにより、当時はこの二品が存在していたことになる。また「道正庵奉納」の添書は「漢蒔絵長盆」にないが、それは単なる表記漏れと思われる。今日、聖宝閣の整理棚に「唐蒔絵香盆」の原物と収納箱が共に現存していない。逸亡したのか、現在、所在不明である。明治期の「漢蒔絵香盆」の「香盆」と、大正期の「漢蒔絵長盆」および現存する収納箱の蓋上表記「漢蒔画長盆」の「長盆」は、用途で「香盆」とし、用途を特定しないまま単に「長盆」としたのであろう。

明治期の「漢蒔絵香盆　大破」という記述であるが、大正期の「漢蒔絵長盆」には、「大破」の文字がないため、損傷せずに無事に残ったものなのか、「大破」した品を修復したのかわからない。ところが現在、それを「沈金軸物盆」と命名し、混乱をまねく状態になっている。「長香盆」ないし「長盆」と称され伝承してきたのである。「軸物盆」では、よほど短い軸物に限定しての使用となる。

以上、上記のうち「唐蒔絵香盆」は、文政期の「校割帳」に記載がなく、明治期と大正期に記載されているものの、現存していないのでとりあえず外し、現存する原物に相当すると想定できる品名に焦点を絞り、次に時系列(①文政期、②収納箱、③明治期、④大正期、⑤〈推定〉昭和期)に並べてみる。

「蒔絵長香盆」→「漢蒔画長盆」→「漢蒔絵香盆」→「漢蒔絵長盆」→「沈金軸物盆」

冒頭に述べたとおり、現存する品物は高国英峻の使用していたものである。収納箱のサイズが、当該品とほぼ一致するので偶然、合綴され現在に至っている。ところが、当該品の裏書の記述と収納箱の記述に相違があり、別品であることも指摘した。当初、「蒔絵長香盆」と「漢蒔絵長盆」には、収納箱の記述がないものの、当然ながら双方に備わっていたと思われる。

その高国より一九年の時を経て融峰本祝の代(元禄年間)に寄贈された「漢蒔画香盆」がいつの頃か(大正期以降か)逸亡してしまったと思われる。残っていた収納箱に高国の愛蔵品が収められたものと推定できる。なお、どちらも寄進者は道正庵十九世卜順である。それは、前掲の明治期の「校割帳」の『御直渡幷通常宝物一覧』に「道正庵奉納」とあること、また両禅師の生没年や永平寺在住時代と贈答者卜順の在世時と重なることから、その点は間違いないであろう。

それにしても、「香盆」と「軸物盆」および「蒔絵」と「沈金」の名称の相違が気にかかる。現存の収納箱の中央に「漢蒔画長盆」と記されているにも関わらず、整理棚のラベルに「沈金軸物盆」と記したのは、一定の見識を持つ方が、全く別品として新しく命名したものと思われ、それなりの意義がある。しかし、どうもしっくりしない。

古くは類似品を「蒔絵長香盆」・「漢蒔絵香盆」・「漢蒔絵長盆」と称し、共通して「蒔絵」の語句を踏襲してきた。また「漢蒔絵」（唐蒔絵も）は「中国の蒔絵」というほどの意味であり、当該品の図柄から容易に命名されたと想定される。しかし、特定の「漢代」や「唐代」のものとすれば、かなり貴重で高価なもので、道正庵が入手するにはかなり難しいであろう。それよりランクが下がる品であれば、道正庵の財力や政治力などから中国（明末清初か）よりの舶載品の可能性があるといえよう。

参考までに台湾・台北国立故宮博物院に所蔵する漆工芸品に「双龍彫彩漆長方盆」（明代万暦年間、彫彩漆）と「五穀豊登図存星長方合子」（清代乾隆年間、朱漆塗、細部に鎗金）があり、皇帝への献上品であり、当該品とその豪華さとは比較できないが、形態の上で四隅が山形であること、「長方合子」の図が樹木・岩石・ロビーと童子四人が配され、当該品とどことなく雰囲気が共通する。

次に「蒔絵」と「沈金」とは、どちらも漆工芸品であるが、厳密には相違する。簡潔にいえば、木地に描いた文様や線に金銀等を漆の乾かないうちに、金・銀・錫などの金属粉や朱・黄・緑などの色粉を蒔き散らしたものが「蒔絵」（研出、平、高、卵殻等の方法、黒漆・赤漆・平文・平脱、平塵などの技法）で一見華やかな装いがあり、木地の漆面に小刀で線刻し、それに沿って箔か紛を押し込むものが「沈金」（中国では「鎗金」。截金細工に通ずる）と称するようである。日本製の用例として「花鳥沈金手箱」（東京国立博物館蔵）や「葡萄沈金大鼓胴」（個人蔵大蔵九郎）等、多数ある。

当該品は当初「蒔絵」、後に「沈金」と称されているものである。この経過を踏まえ、図案も考慮しつつ、原品の命名には厳密で正確な判定が必要である。やはり、素人である筆者は、それをその道の専門家に委ねたい。

長方形の黒漆の盤面には、外側に金粉（金泥か）で比較的簡素な花模様と内側に人物・山水風が描かれている。外枠の斜めに広がった模様は、牡丹を基調にした「宝相華文」、また下地の外側の模様は「忍冬（つる草・スイカズラ）唐草文」のように見える。図柄下地の平面には、左側上に松樹が枝をひろげ、その下に岩石、そこからゆるやかに右側へ下がる丘には趣のある岩に梅の樹や竹、草花が簡素に添えられ、中央にはベランダ風の床に中国唐代の衣装を着け、前かがみの年老いた男性（老子か、荘子か）と若い女性の二人が立ち、対面しながら親しく歓談している様子が描かれ、周囲に広がる山水の風景を賞でているかのような風情である。

本史料が高国英峻の愛用品であったとすれば、彼の在住中の道正庵主は前述の如く道正庵卜順であり、その卜順より高国へ寄贈されたのは、慶安五年（一六五二）八月二十八日の「道元禅師四百回忌」の頃であろうか。ところが、前年から卜順が記録する道正庵の『道正庵備忘集』（永平寺所蔵道正庵文書、以下『備忘集』）に当該品目は記載されていない。しかし、『備忘集』に記録する由緒ある多数の高価な贈答品からいえば、本史料が中国からの舶載品であっても、容易に入手できる立場にあったのが道正庵であり、卜順がそれらから気軽に選び永平寺へ贈答したものと思われる。

例えば、その『備忘集』には、寛文八年（一六六八）八月二十八日に高国英峻への個人宛ではないが、「寄付越前永平寺呂紀筆梅雪雀図跋」と記されている。ちなみに同年月日、總持寺宛には、「寄附能州總持寺李翰筆屈原漁夫問答図跋」とあり、両本山への心遣いが見える。八月二十八日は、道元禅師の示寂日である。両図には卜順の「跋文」が添えられている。「呂紀筆梅雪雀図」とある画家呂紀は、明代の宮廷画家（一四三九〜一五〇五）であり、寧波出身、字は廷振、号は楽愚・楽漁、装飾的な着色花鳥図に本領を発揮、代表作「四季花鳥図」の関連として「梅雪雀図」が本山に現存していたならば興味深い。總持寺へ奉納した「李翰筆屈原漁夫問答図」の画家は、清代に二人の候補者、①杭州出身の李翰と②直隷（現河北）省出身の李翰がいる。どちらか不明ではあるが、杭州出身者であろう。しかし、生没年をはじめ人物像等、詳しい情報はわからない。「屈原漁夫問答図」の「漁夫辞」は、清廉潔白な屈原に対し、漁夫がやんわりといさめているものであり、老荘思想や禅の教えが示唆され味わい深い。

なお、道正庵卜順は、翌寛文九年七月二十四日、その両大本山へ「道正庵高祖大庵主尊像讃并序」を贈っている。「道正庵高祖大庵主」とは、卜順の創作した同庵の初祖木下隆英であり、その肖像図の「讃と序」を付したものである。ちなみに七月二十四日は、初祖隆英の忌日（宝治二年〈一二四八〉七月二十四日と伝承）に由来する。これより二年早く、寛文五年七月二十四日には、宇治興聖寺（現京都府宇治市）にその初祖隆英の石碑「道正庵元祖道正大庵主」の建立、寛文七年二月には、同二代から六代までの庵主五人をあわせた石碑の建立、また同年月には木下家の菩提寺である時宗の慈円山安養寺（京都府京都市、現円山公園内）に七代から十八代までの庵主一二人を合わせた石碑を建立している。なお現今は、個々の庵主の石碑があり、合併の石碑は見当たらない。高国英峻へ個人的に近い形で寄附したものに延宝四年（一六七六）に想定できる「十六羅漢金屏風八枚一双」（奉　万照高国和尚大禅師、道正庵法眼卜順敬書）がある。

これら卜順の一連の事象は、特に曹洞宗に対し、是非はともかく道正庵の存在とその定着化の促進を図るための一途な行為とみなしてよいと思われる。

参考文献
荒川浩和「蒔絵」（『日本の美術』三五、至文堂、一九六九年）。

（吉田道興）

（万治二年〈一六五九〉秋以前）、古河藩士奥村政永、永平寺に自らの月牌の位牌を納めるとともに、宝物収納用の刺繡袋七点等を施入する。

16　花鳥獣文様刺繡袋

（（一）57.0㎝×42.0㎝　（二）50.0㎝×28.5㎝　（三）29.0㎝×27.0㎝）

花鳥獣文様刺繡袋（一）

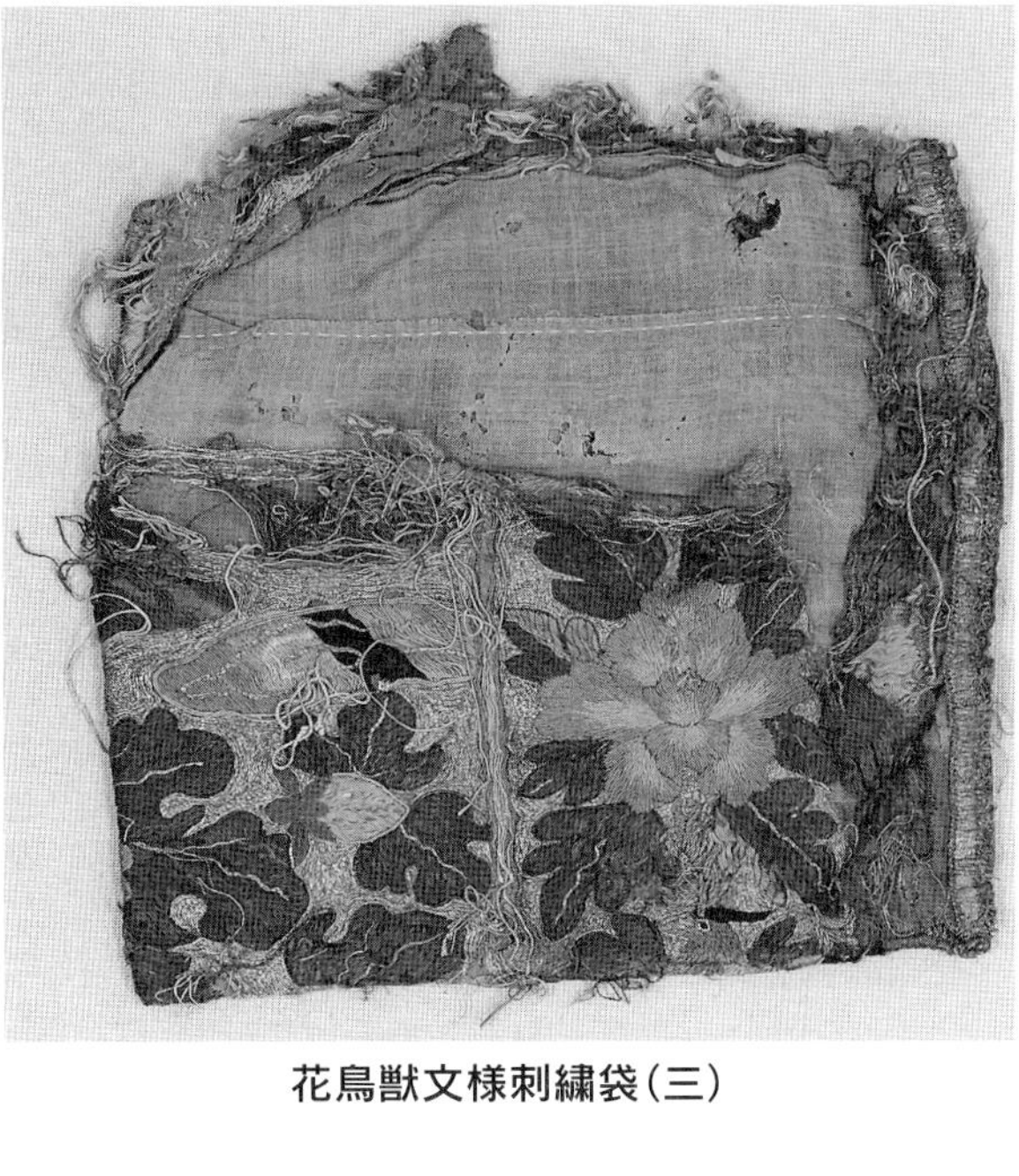

花鳥獣文様刺繡袋（三）

花鳥獣文様刺繡袋(二)

【解説】　永平寺所蔵の花鳥獣文様刺繡袋(一)〜(三)の三点は、現在、漆塗で蓋表に大きな卍と「御法衣」の異体字を配した木箱に納められている(この木箱については本巻No.125参照)。この箱の貼紙には「高祖御所用ノ袋(大・中・小)」という文字があり、また現用の整理ラベルにも「高祖重要品17　持用袋」と記す。そのままの意味は、道元禅師が所持し使用された三点の袋ということになろうが、これは三点の袋の実態にそぐわない。

これら大(一)・中(二)・小(三)、三点の刺繡袋は、同じような刺繡地を用い、いずれも麻地の裏を付け、三方を塞ぎ一方を出し入れ用の開口部とする。(一)には、開口部の少し下に表裏それぞれボタン状の小さな長方形の縫付がある。袋を締める時に用いたものと思われる。(二)には、開口部の一方に縫合しない切れ目部分を作って、物を出し入れしやすくしてある。

刺繡は、さまざまな技巧を凝らし、牡丹の花と葉、霊獣、数種の鳥をあしらい、三点とも一連の華麗な柄である。しかし図柄は、それぞれの袋の作りの中で完結せず、あちこちで切断されている。これはもと大きな同一の刺繡地を切り離して、端切れとし、いくつもの袋を仕立てたためであろう。

山川暁氏の解説によると、「すべて刺繍であらわされた文様は、牡丹の葉は撚りをかけない糸で柔らかく、花は強く撚りをかけた糸で重厚にと、糸の質感を活かして繍い分けられている。このほかにも、文様の間には、紅絹糸を芯に金箔紙を巻きつけた撚金糸を繍い詰め、随所に唐撚糸(強く撚りをかけた太い糸)や、コード糸(芯となるものに細い絹糸を巻きつけた太い糸)を用いるなど」、多彩な撚糸を巧みに使い分ける。これは、日本の刺繍ではほとんど見られない点で、これらの裂が国産品でないことを示している、という(『海を越えてきたみほとけたち』)。

しかも、この種の刺繍については、本来の形状を保った作例がかなり多く発見されていて、寺院の打敷や法被、祭礼山車の見送幕などになっている。それらは元来、中国でヨーロッパ市場向けに制作された壁掛け等であったと考えられ、十六世紀から十七世紀にかけての中国明代以後の製品であり、大航海時代の貿易の過程で日本にもたらされたのであろう、という。代表的作例とされている比叡山坂本西教寺の打敷は、元和二年(一六一六)徳川家康の追善のために寄進された。このほか神奈川県鎌倉市円覚寺所蔵の萌黄地鳳凰獅子文明繍袱紗や、九州国立博物館所蔵の刺繍ベッドカバーなどがこれまで紹介されている(以上、同上解説、『鎌倉円覚寺の名宝』、吉田雅子論文など参照)。

本品はこのような明代の刺繍の裂を使った袋であるから、これらを鎌倉時代の道元禅師に直結することはできない。しかし別の面において貴重な品物であることは、確かであろう。

現在この刺繍袋の中には、何も入っていない。永平寺において、この袋には本来の役割があったのではあるまいか。近年、永平寺に寄贈された『奥村政永積善記録』(以下『積善記録』、全文は本巻No.6)が、その点できわめて重要な史料であることがわかった。これによると、奥村政永(一五七一~一六六四)は、永平寺に宝物収納用の七点の袋を寄進している。二十七世高国英峻(一五九〇~一六七四)の時代であった。奥村氏寄進の袋七点と永平寺に今日まで伝わる刺繍袋三点とは、どういう関係にあるのだろうか。関連する記述は『積善記録』に次のようにみえるので、以下検討していく(袋についての記述の各末尾に、便宜上番号を付した)。

万昭(照)高国禅師ノ御影ヲ以、永平寺寄進ノ者、

一、予ヵ月牌ノ位牌、華庵全栄居士、
一、永平寺御開山鏡ノ御影箱ノ袋　（1）
一、道元ノ御法衣箱之袋　（2）
一、釈迦牟尼仏御シト子袋　（3）
一、六祖太〔大〕師ノ御数珠入箱ノ袋　（4）
一、御開山御鉢盂ノふくろ　（5）
一、御開山ノ御払子之袋　（6）
一、御開山ノ御拄杖ノ袋　（7）
一、予カ遍〔編〕書写スル王代年代ノ始終記、上下巻
　付百官、

以上永平寺納ル也、

奥村政永が、これらの品々をいかなる経緯で永平寺に寄進したか。高国英峻のおかげであるとしていることから、まずその年代は、高国英峻の永平寺在住中と考えられ、万治二年（一六五九）秋以前であろう。またこの言葉から、奥村政永がこの寄進を名誉に思い感謝した様子が知られよう。

これら品々のうち、最初に掲げた項目は、奥村政永自身のため生前に納めた月牌（がっぱい）の位牌であった。月牌の位牌とは、死後、毎年の祥月命日に回向してもらうための位牌である。また華庵全栄居士という戒名は、受戒の際に高国英峻から授けられた可能性が大きい（本巻№６・37解説参照）。すると奥村政永は、あるいは月牌料として、あるいは永平寺での授戒会に対する謝礼として、あるいは永平寺との仏縁をより確かなものにしようとする信仰心の表明として、以下の品々を寄進したものと考えられるのである。

奥村政永寄進の袋と、現在永平寺に所蔵される刺繡袋との関係を直接に知る史料は、現在のところない。そこで前者七点の袋の中身が、その後、永平寺においてどのように保存されてきたのか、宝物の名称を頼りに追跡してみた（「奥村政永が寄進した袋の中身の宝物追跡表」参照）。このような作業が可能なのは、永平寺に、高国英峻より以後の各世代において寄進された漆塗の宝物箱の銘文や貼紙、文政元年（一八一八）などの校割帳、これらを継承している明治十七年の『諸寮交割簿』、明治十六年の『直渡交割簿』及びその中の追記、これらを継承している明治四十二年の『御直渡幷通常宝物一覧』、大正期の『宝蔵内宝物棚記号録』があって、その時々における宝物の保管状態を知ることができるからである（いずれも永平寺文書）。

なお奥村居士の袋自体について、江戸時代を通じ明治

十七年にいたるまで、これを直接示す言及としては、わずか(7)にその可能性を残す「袋箱」の文字が見えるのみである。また(1)の「永平寺御開山鏡ノ御影」と、(7)の「御開山ノ御拄杖」とは、表にも見るように、連続的な追跡が困難なので、後述する。

少なくとも(2)(3)(4)(5)(6)の五点の宝物は、それぞれの名称を受け継ぎながら、江戸時代前半、永平寺の世代でいうと、三十一世・三十三世・三十七世の時代に、新たに寄進された漆塗の箱に納められた。この漆塗の箱の個々については、本巻No.125の解説に付した表などを参照されたい。文政元年・明治十七年の校割帳類によると、江戸時代後半から明治前半頃まで同じ状態が続いた。

しかし明治四十二年・大正期になると様子が一変している。(2)「御法衣」(5)「御鉢盂」は宝物の名称が揺れ動き、どこに納まっているのか、一見しただけでは分かりづらくなる(「御法衣」については、本巻No.125の解説を参照されたい)。それに対し(3)「釈迦牟尼仏御しとね」(4)「六祖大師の数珠」は、名称が特異であることからその所在は一目瞭然である。しかし(3)の場合には、道元禅師の袈裟と直綴の切れ六包が加わって併置され、(4)の場合には、道元禅師の数珠などとの混乱が見られる上に、六祖慧能の数珠の伝来記が組合せになってきている。また(6)の「御払子」は一柄であったのに、何故か二柄に増えてしまっている。

永平寺におけるこのような宝物の保管状態の変動は、いつごろから始まったのであろうか。明治十七年の『諸寮校割簿』は、六十一世久我環渓から六十二世青蔭雪鴻への世代交代の際のもので、江戸時代の校割帳をほぼ踏襲している。しかし、久我環渓はその前年、特に重要な宝物一点一点を確かめて『直渡交割簿』を作成した。この第三十二号が(3)にあたるが、これは江戸時代の校割帳では「宝庫一之笈部」として登録されていたところを、取り出して、ここに移しているのである。これにより(3)の保管状態の変化が明治十六年にさかのぼることがわかる。(2)(4)(5)(6)についても、『直渡交割簿』の後半に追記された「六十四世代之記」の中に見出される。すなわち明治二十四年から大正四年まで住持した六十四世森田悟由の代に、「通常宝物ノ内ヨリ選抜シ、御直渡ノ部ニ入」れた品々のうちである。

そして「高祖大師御持用袋　三個」という品名がはじめ

て現れるのは、この森田悟由代の記録『直渡交割簿』直九十ノ二からである。この品名は、『御直渡幷通常宝物一覧』・『宝蔵内宝物棚記号録』と一致し、箱の貼紙とも照応して、これがいま取り上げている刺繡袋三点に相当することは疑いない。以上、永平寺における宝物の保管状態の変遷を念頭におくと、次のような過程が、無理なく想定されると思う。

すなわち、奥村居士が寄進した袋の中身が、それぞれに漆塗の箱に収納されていく過程があり、結果として奥村居士の袋が役割を失うことがあったに違いない。そして大いにあり得るのは、この袋が、箱の底に取り残されていくケースである。ところが明治後半期の宝物保管状態の変動に際して、逆にこれが注目され、新たな名称を附与され、独立した品物であったかのように扱われることになったのであろう。その中で、道元禅師の法衣(ほうえ)(袈裟)の箱に残っていたのが、道元禅師の法衣(袈裟)のための刺繡袋であったと考えられる。そしてこれが残された三個の刺繡袋のうち最大のものであったので、他のところに残っていた中・小の二個も、同類の品として取り出され、法衣の為に作られていた箱に集められたと考えられよう。

結論としては、この三個の刺繡袋こそ、奥村居士が寄進した七個の袋のうちの三個であったと推断せざるを得ない。したがってこれらは、もちろん道元禅師自らが使われた袋でないけれども、江戸時代においては、道元禅師所縁(ゆかり)の品々とされた宝物のための古い袋であった、ということにはなる。ちなみに、御法衣・御鉢盂・御払子はともかく、釈尊御誕生の褥と六祖慧能大師の数珠もまた、江戸時代に流通した道元禅師伝においては、道元禅師将来の品と謳われていたからである(吉田道興編著『道元禅師伝記史料集成』、それぞれの箱については本巻No.104・126参照)。

二十七世高国英峻の代に、奥村居士が、特別の刺繡袋を寄進した背景としては、永平寺における宝物保管体制全体を視野にいれて考察すべきことであるが、それはこの項の解説に収めうる課題でない。ただ永平寺は、中世末の歴史過程で多くの宝物を失ったであろうこと、しかし、慶長年間(一五九六～一六一五)になると、福井藩祖結城秀康の母堂長松院が、道元禅師の御袈裟のために立派な袱紗を寄進したなどの事跡があることは(『文書編』一巻No.116、『禅籍編』二巻No.32、『大永平寺展』No.64)、高国英峻にとって重要な意味をもっていたことであろう。

高国英峻は永平寺在任中に、道元禅師の嗣書と血脈とを収納する箱と血脈袋とを整えた。現存するその箱と血脈袋の付属文書には、高国英峻の自筆で、

一、天童如浄大和尚御自筆仏嗣書
一、明全和尚御自筆仏祖正伝血脈
　元者無袋無箱、故山僧求箱而入之、箱者莉地也、金物・緒有之、然処従大宋国此血脈袋来朝、是即天童山住持之血脈袋也、如浄和尚遠孫之袋也、茲歳日本渡而、退院前当山江到来事、不思議、天然之儀乎、
（下略）

と書かれている（本巻No.20、『禅籍編』一巻No.62）。これら道元禅師の貴重な遺品は、慶長十六年の曹源寺晃龍の訴状によると、元々は宝慶寺（福井県大野市）の常住物であったとされる（『本光国師日記』第四）。嗣書・血脈に元々袋も箱もなかったので、高国英峻がまず箱を求めて収納した。そこに中国からこの血脈袋が到来した。天童山の住持の血脈袋、如浄遠孫の袋であるという。そしてちょうどこの年に日本に渡り、自分が退任する前に永平寺に到来したことに感銘を受けたことを記すのである。

　このように最も大切な宝物に箱や袋を整えて収納することに、高国英峻が強い関心を持っていたことが判明する。さらにこの血脈袋は、中国明代の製品であることが明らかにされている（『海を越えてきたみほとけたち』）。当時永平寺には、新たな舶載品に接する機会が、実際にありえたのである。華麗な刺繍袋の調製は、高国英峻が宝物管理に関心を抱いたことからしても、舶載品に興味を持ったことからしても、満足が得られたはずである。刺繍地の入手が、奥村政永か、高国英峻か、いずれの主導によるのかはあきらかでないが、奥村政永の寄進した袋が、この面からしても、刺繍袋であったことは、まず間違いないところであろう。

　なお、論じ残してきた（1）「永平寺御開山鏡ノ御影箱ノ袋」の中身に関しては、高国英峻の代より後、永平寺において箱が作られることはなく、文政元年校割帳にも明治十七年『諸寮校割簿』にも、これに該当する記載がない（月・見御影写については後述）。ところが、幕末の弘化二年（一八四五）五十七世載庵禹隣から五十九世観禅眺宗への世代交代の時に作られた『校割簿　御直渡』、および嘉永元年（一八四八）観禅眺宗から六十世臥雲童龍への世代交代の時に作られた『校割　御直渡』には、いずれも「方丈御直渡」

の項に、「一、同(御開山)御自画賛御影 同箱入 同(一幅)三」が見出される。それは明治十六年の『直渡交割簿』第八号に「高祖大師御自画賛尊影」として引き継がれ、さらに「高祖大師御自画賛尊像」として明治四十二年の宝物一覧や大正期に作られた宝蔵内の記録に引き継がれている。これは現在永平寺所蔵の道元禅師頂相(『文書編』一巻No.24、『禅籍編』一巻No.40)に違いないが、なぜ文政~明治の校割帳に出ていなかったのか。幕末に「御直渡」とされた宝物は、江戸時代に、他の常住物とは別途扱いであったからと考えられる。なお面山瑞方の『傘松日記』によると、享保十九年(一七三四)九月二十四日、面山は二つの道元禅師頂相を拝見した。このうち一点に「認是為真~」の賛があった。ところがこれは、「古より地蔵院の秘する所の軸にして、今は方丈にあり」としている。他の永平寺常住物とは位置付けが違っていたことが伺われるのである。この由来からして、この頂相が高国英峻代に袋が奉納された「鏡ノ御影」であったとは考えにくい。実際この頂相を「鏡ノ御影」と呼んだ江戸時代にさかのぼる記録はない。

一方、文政十三年の『大野寺社縁起』(『越前若狭地誌叢書』上所収)には、宝慶寺什物の中に「永平寺初祖月見真影、鏡の御影と称す、黒衣にして自画自賛也」とあって「鏡ノ御影」とは、宝慶寺所蔵の道元禅師月見頂相の異名であったことが示されている。もっとも慶長の頃「道元和尚鏡之御影自画自賛」は永平寺にあった。そしてこれまた曹源寺晃龍が訴訟を起こし、宝慶寺常住物なので返して欲しい品々のうちに入っていた(『本光国師日記』)。道元禅師の嗣書や血脈と同じことになっていたのである。

ところが、話はさらに複雑になる。永平寺二十一世海巌(かいがん)宗奕(そうえき)は、備後国の山内新左衛門隆通の妻熊谷氏が、はるばる永平寺にやって来て菩薩戒を受けた時に、彼女に「鏡ノ御影」を授与したという。元和二年二月十五日に熊谷氏は、これを周防国龍文寺(山口県周南市)に持参して寄進した。また寛永六年(一六二九)には、この御影が修理され、かつその箱が龍文寺に寄進されている。この時写しも作られたが、その原本も写本も後に火災にあって、今はないとされる(以上、大久保道舟『修訂増補道元禅師伝の研究』、川口高風『尾張熱田全隆寺史』)。海巌宗奕が熊谷氏に授与したのは、「鏡ノ御影」の写だったのではないかという指摘も注目されるが(『尾張熱田全隆寺史』)、そうであれば永平寺二十七世高国英峻の時代に「鏡ノ御影」はまだ永平寺にあったのではないか。すると奥村居士が寄進した袋のひとつは、この「鏡ノ御影」のためのものであったろう。しかし、その後「鏡ノ御影」のために永平寺で漆塗の箱が作られたという形跡はない。文政元年の校割帳に至って突然「御開山月見御像写箱入軸」が現れ、ここで「写」と明記されている。おそらくこの前後のいつの頃かに宝慶寺と永平寺の融和が成立し、原本が宝慶寺に戻り、永平寺にその写本が残されたのであろう。

（7）「御開山ノ御拄杖ノ袋」の中身は、文政元年・明治十七年の校割帳「室中之部」に載っている「同(御開山)御受用拄杖袋箱共ニ　一本」に相当するであろう。ここに「袋」とあるのは、もしかすると奥村居士に由来したかもしれないが、現在は所在が確認できない。また道元禅師の拄杖について「とらはね(虎冽)拄杖」という説話的伝承が、『建撕記』の延宝本や面山瑞方の『訂補建撕記』に見えている。延宝本では、その拄杖は大野の宝慶寺にあるとしている。永平寺宝庫に「虎冽の拄杖」が保存されているともいわれる(熊谷忠興『永平寺』一三三頁)。現在、瑠璃聖宝閣には、木製の拄杖(長212.5cm)と竹製で金具付の拄杖(長223.0cm)の二本が保管されている。ただこのいずれかを「虎冽の拄杖」と同定しうる手がかりはない。表に示したように、明治後期・大正期に拄杖三本という記録もあるが、本数が異なり、これらには道元禅師御持用という伝承もともなわないので、別系統の品物かもしれない。

二十七世高国英峻の代にいったん刺繍袋に収納された宝物について、確かなところではその後三代、十数年間は変化がなく、寛文十年(一六七〇)晋住した三十一世月洲尊海(げっしゅうそんかい)の代に至って、新たに漆塗の箱が寄進され始めたようである(本巻No.101～104参照)。永平寺の江戸時代の宝物箱の動向は、奥村居士の刺繍袋に関わらない他の宝物を含めて検討すべきであるが、詳しくは三十三世代に智白が寄進した漆塗箱の解説を参照いただきたい(本巻No.125)。

最後に奥村氏が永平寺に納めた一連の品の内、『王代年代ノ始終記』上下巻、付百官という奥村政永自身の編纂した写本は、その後の校割帳類にまったく跡を留めていない。どうなってしまったのか不明で、今日に伝わらなかった。

『王代年代ノ始終記』の内容は不明であるが、書名からみると『国書総目録』(岩波書店)に『王代年代』『王代年代記』『王代年代配合抄』『王代年代略頌』などの似た書名がある。また『皇代記』『皇年代略記』『皇代略記』上・下などが知られる。これらは、いわゆる年代記であり、日本の世俗の史書であって、あるいは、奥村政永が養育にあたった三人の幼君、土井利長・利房・利直のために編纂したのかもしれない（本巻No.６解説参照）。この時代、永平寺にこの種の書物が果たして受け入れられたかどうかも、興味深い課題である。

参考文献

『群書解題』二巻下（続群書類従完成会、一九六二年）。

大久保道舟『修訂増補道元禅師伝の研究』（筑摩書房、一九六六年）。

『越前若狭地誌叢書』上（松見文庫、一九七一年）。

『曹洞宗古文書』拾遺（筑摩書房、一九七二年）。

河村孝道『諸本対校永平開山道元禅師行状建撕記』（大修館書店、一九七五年）。

熊谷忠興『永平寺年表』（歴史図書社、一九七八年）。

『永平寺史』上・下（大本山永平寺、一九八二年）。

熊谷忠興『永平寺』（大本山永平寺、一九八二年）。

川口高風『尾張熱田全龍寺史』（全龍寺、一九九三年）。

『永平寺史料全書』禅籍編　第一巻、九九七～一〇〇六頁（大本山永平寺、二〇〇二年）。

『鎌倉円覚寺の名宝』（五島美術館、二〇〇六年）。

『海を越えてきたみほとけたち』（福井県立美術館、二〇〇八年）。

吉田雅子「譲伝寺と臨済寺に伝来する花鳥獣文様刺繍布―生産地・制作年代・記録・墨書・伝来の検討―」（『京都市立芸術大学研究紀要』五五号、二〇一一年）。

吉田道興編著『道元禅師伝記史料集成』（あるむ、二〇一四年）。

『大永平寺展―禅の至宝、今ここに―』（福井県立美術館、二〇一五年）。


（菅原昭英）

【表】奥村政永居士が寄進した袋の中身の宝物追跡表

	二七世高国英峻代 奥村政永居士寄附の袋	永平寺各世代に寄附された 漆塗箱	文政元年 校割帳	明治十七年 諸寮交割簿	明治四十二年 御直渡幷通常宝物一覧	大正年間 宝蔵内宝物棚記号録
1	**永平寺御開山鏡ノ御影箱**ノ袋	（なし）			御直渡第八号	東五段直六十四
					〔高祖大師御自画讃尊影 壱幅〕	〔高祖御自画賛尊影〕
			宝庫長持之部	宝庫長持之部	直五十二号	東三段直三十三
			〔御開山月見御像写 箱入 軸〕	〔なし〕	〔高祖大師御自画賛観月御真影 壱幅〕	〔高祖大師御自画賛観月御真影〕
2	**道元ノ御法衣箱**之袋	三三世山陰徹翁代智白寄附箱	室中之部	室中之部	直九十号	東壱段直六
		御法衣	御開山法衣 一肩 袋包寄附長松院	御開山法衣 一肩	芙蓉楷祖御袈裟	芙蓉楷祖御袈裟
					直九十号ノ二	
					高祖大師御持用袋 三個	**高祖大師御持用袋** 三ツ
					直九十一号	東四段直五十
					同（高祖大師）御袈裟包壱個 幷御袈裟行李袋弐個	高祖大師御袈裟包頭陀袋
			宝庫一之笈部	宝庫一之笈部	直九十一号ノ二	芙蓉高祖御袈裟環並佩
			芙蓉道階（ママ）和尚御袈裟環排 箱入	高祖大師御伝授 芙蓉道楷和尚御袈裟環排 筐入	芙蓉高祖御袈裟環幷佩 各壱	

3	**釈迦牟尼仏御シト子**袋	三一世月洲尊海代俊益寄附箱 釈尊誕生茵褥	宝庫一之笈部 釈迦文仏誕生之褥 箱入	宝庫一之笈部 釈迦文仏誕生之褥 筺入	第三十二号 釈尊誕生之御褥 幷高祖御袈裟及直綴ノ切レ 六包入	東壱段直五 釈尊誕生御褥 高祖御袈裟及直綴ノ切レ 六包
4	**六祖太師ノ御数珠入箱ノ**袋	三三世山陰徹翁代智白寄附箱 恵能大師念珠	宝庫一之笈部 六祖大師念珠 箱入	宝庫一之笈部 六祖大士之念珠	直百壱号 同（高祖大師御持用）御数珠 唐木製大二顆小百一顆 壱聯 直百壱号ノ二 慧能大師念珠壱聯 幷伝来書二軸附	東九段直百三十二 水晶数珠　一聯 恵能大師念珠　一聯 唐木製大二顆小百一顆 東七段直百四 六祖曹渓大師数珠伝来
5	**御開山御鉢盂**ノふくろ	三七世石牛天梁代諄孝寄附箱 御鉢盂箱	室中之部 同（御開山）御鉢盂 一口	室中之部 同（御開山）御鉢盂 一口	直百号 同（高祖大師御持用）応量器 壱具 鐼子三個楪刷匙筋袋附	東九段直百三十一 高祖御持用応量器 鐼子三個楪刷匙筋袋附
6	**御開山ノ御払子**之袋	三一世月洲尊海代海音寄附箱 開山大徳大禅師尊払子	室中之部 同（御開山）御払子 一柄	室中之部 同（御開山）御払子 一柄	直八十九号 開山大徳禅師払子 二柄	東壱段直四 開山大徳禅師払子 二柄
7	**御開山ノ御拄杖**ノ袋	（なし）	室中之部 同（御開山）御受用 柱杖 袋箱共ニ　一本	室中之部 同（御開山）御受用 拄杖 袋筺共　壱本	乙卅九号 〔拄杖　一本ハ唐竹・一本ハ棕櫚竹・一本ハ方竹 三本〕	中央棚南方最下段 〔拄杖　三本〕

〔　〕内の宝物は奥村政永寄進の袋の中身と直結しないが、参考のために示した。

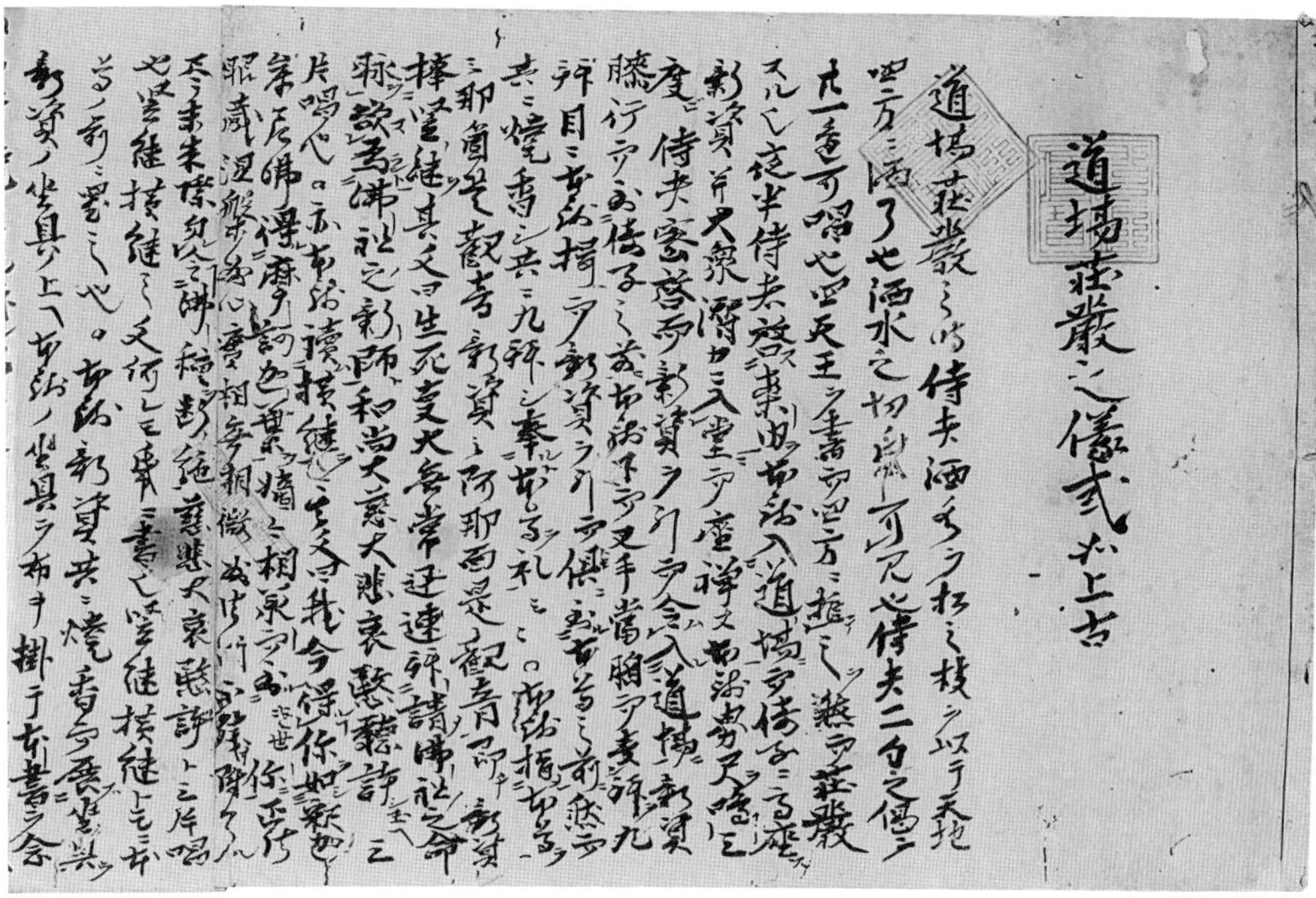

（万治二年〈一六五九〉秋頃）、永平寺二十七世高国英峻、北州門渚首座（のち永平寺二十八世）に「永平嫡嗣伝授之儀式」を付与する。

17　永平嫡嗣伝授之儀式（高国英峻切紙）

（巻子装　29.7㎝×198.7㎝）

（巻子うわ書）
「永平嫡嗣伝授之儀式　英峻叟」

（一張）
（朱印文「仏法僧宝」）
道場荘厳之儀式(1)如上古

道場荘厳之時、（朱印文「仏法僧宝」）侍者、洒水ヲ松之枝ヲ以テ、天地
四方ニ洒了也、洒水之切紙可レ見也、侍者、一句之偈(3)ヲ
廿一辺可唱也、四天王(4)ヲ書而四方ニ推テレ之ヲ、然而荘厳
スル也、夜半(5)、侍者、啓スニ案内ヲ一、本師、入ニ道場ニ而倚子ニ高座ス、
新資幷大衆、潜カニ入レ堂ニ而座禅ス、本師、界尺(6)ヲ鳴コト三
度ビ、侍者密啓而、新資ヲ引而、令ムレ入レニ道場ニ一、新資、
膝行而到ニ倚子之前ニ一、本師下而、叉手当胸而受レ拝ヲ、九
拝目ニ、本師、揖而、新資ヲ引而、倶トモニ到ルニ本尊之前ニ一(7)、然而
共ニ焼香シ、共ニ九拝シ、奉ルトニ本尊ヲ礼一云々、〇本師、指シテニ本尊ヲ一
云、那箇是観音、新資云、阿那面是観音、即チ新資、

捧竪継ヲ、其文曰、生死事大、無常迅速、拝請シテ仏祖ノ之命
脈ヲ、欲ス為ラント仏祖ノ之新師ト、和尚、大慈大悲哀愍聴許シ玉ヘ、三
片唱也、(8)○亦、本師、読ム横継(9)ヲ、其文曰、我今得ルコト儞ヲ、如シ釈迦
牟尼仏得ル摩訶迦葉ヲ、嫡々相承而到ル幾世儞ニ、正法
眼蔵、涅槃妙心、実相無相、微妙法門、不残サ（朱印文「万照高国禅師」）附了ル、
（二張）尽未来際、勿レ令コト仏種ヲ断絶、慈悲大哀愍許ト、三片唱
也、竪継・横継之文、何レモ紙ニ書也、竪継・横継トモニ本
尊ノ前ニ置之也、○本師・新資共ニ焼香而展ブ坐具ヲ、
新資ノ坐具ノ上ヘ、本師ノ坐具ヲ布キ掛テ、本書ヲ念
而、共ニ焼香九拝シ、即チ共ニ座具ノ上ニ坐シ、本師、三帰
依ヲ三片唱ヘ、続松ヲ点而、本書ヲ黙指ス、新資、心々々
ト、三片唱也、即チ嗣書ヲ熟視而、本師云、仏祖之命
根、一大事附ス汝ニ、々善護持着セヨ、々々々ト、三片唱也、新資云、
善護持ス、々々々ト、三辺道了而、畳而収之而、共ニ焼香九
拝了也、○亦血脈ヲ念而、共ニ焼香九拝而、如前坐具
之上ニ座而、続松ヲ点ジ、三帰依ヲ三片唱ヘ、血脈ヲ黙指
ス、新資、心々々ト、三片唱也、血脈ヲ熟視而、本師云、仏祖
正伝之命脈、附ス汝ニ、々善ク護持着セヨ、々々々ト、三片唱也、新資
云、善護持ス、々々々ト、三片道了而、畳而収之ヲ而、共ニ焼
香九拝了也、於テ此コヽニ而、九六三之大事有リ、切紙ヲ可

見也、於テ此ニ而、合血之沙汰(10)、法衣・印籠・鉢盂・拄杖・払子・
竹篦(11)等譲与スル事有ル也、皆ナ三問三答ニテ渡シ、請
取事也、嗣法論(12)ヲ可見者也、悉ク譲与シ了而、本
師、新資ノ頂上ヲ三度ビ摩頂シテ而云、今マ我得ルコトハ汝ヲ、昔日ニ
於霊山会上ニ、本師釈迦牟尼仏、如得ルガ摩訶迦葉ヲ、
本師釈迦牟尼仏・摩訶迦葉和尚・阿難陀和尚・商
那和修和尚次々仏々祖々、如浄和尚・道元和尚・懐弉和
尚・寂円和尚・義雲和尚・曇希和尚・（朱印文「万照高国禅師」）以一和尚・喜純和
（三張）尚・宗吾和尚・永智和尚・祖機和尚・了鑑和尚・建綱
和尚・建撕和尚・○宗縁和尚（○光周和尚）・以貫和尚・祚棟和尚・
祚球和尚・門鶴和尚・宗奕（海巌）和尚・祚天（常智）和尚・秀察（仏山）
和尚・龍札（孤峰）和尚・良頓（北岸）和尚・良義（天海）和尚・英峻（高国）・門渚（北州）、
正法眼蔵、涅槃妙心、実相無相、微妙法門、嫡々
相承而到吾ニ、々今マ附ス汝ニ、々善護持シテ而、尽未来際勿
令コト仏種ヲ断絶、善護持着セヨ、々々々、三片唱也、新資、
善護持ス、々々々ト、三片答也、本師、即チ新資ノ手ヲ把トッ而、
引而道場ヲ遶事一匝而、師、反ス資之礼ヲ也、新資ハ
東ニ立ツ、本師ハ西ニ立ツ、新資之座具ヲ、本師ノ座具
之上ヘ三寸計バカリ布キ懸ケテ、叉手当胸而立ッ、本師、九拝ス、
九拝目ニ新資、答拝而、共ニ坐具ヲ収也、○然而後チ、

向二本尊一而焼香○九礼拝而、退歩スル也、○然而御大事ノ道場ニ入而、本師、洒水ヲ取テ、天地四方へ洒キ、吾ガ頂上ニ洒キ、新資之頂上ニ洒ク也、洒ク内チ、一句之偈ヲ唱也、然而本師、釈迦牟尼如来、西天四七、東土二三、歴代之祖師ヲ念而、共焼香九拝ス、又タ共ニ焼香九拝而、座具之上ニ、共ニ座而、続松ヲ点ジ、三帰依ヲ三片唱而、御大事ヲ黙指ス、新資、心々々ト、三答スル也、御大事ヲ熟視而、従二七仏一已来タ、如来、仏々祖々之一大事因縁、嫡々相承来而、吾今附レス汝ニ、(朱印文「万照高国禅師」)々善護持シテ而、尽未来(四張)際、勿レ令二コト仏ノ種ヲ断絶一、善護持着セヨ、々々、三辺唱也、新資云、善護持ス、々々ト、三辺道了而、畳而奉リ収メレ之ヲ、共ニ焼香九拝而、退歩了也、○然而又タ、本師、新資ヲ引而、至テ二本尊之前一ニ、祝酒之儀式有リ、亦共ニ焼香九拝而、三物渡二与之也、新資、受取而、懐中而道場ヲ出去ル、本師、新資ノ衣ノ袖ヲ引而云、我奴、不レ知錦嚢重コトヲ、新資、回顧而云、青山暮色ヲ裏得テ帰ル、本師云、猶有リ在リ、々々ト云了而、新資、道場ヲ出去而、潜ニ巡堂也、本師ハ在二道場一ニ、七堂之巡堂、看経有之也、

無住ノ(朱印文「士峰英峻俊」)拝、夜半親伝了而後チ、朝旦ニ於二夜半親伝之所一ニ、本師、威儀寂静ニ而、倚子ニ高座ス、新資、寂静而、入二道場一ニ、礼拝重々無尽也、二十拝之前後、本師、倚子ヲ下而、止、々、々ト、三度ビ唱也、新資、座具ヲ収而退歩シ、道場ヲ出去而、於テ二礼之間一ニ設ク二大衆之拝ヲ一、九拝目ニ、新資、答拝而退キ、巡堂也、竟

此上ニ(朱印文「士峰英峻俊」)有二済家ノ之伝授ノ之儀式一、如二洞家ノ之伝授ノ之儀式一也、三物共ニ、於二一道場一ニ伝二附之ヲ一了也、於二当寺一ニ者、明全和尚御自筆之血脈、書之而(13)、以上足一人者伝授也、(朱印文「万照高国禅師」)末山不許(五張)之也、為後代審細改之也、

万照高国禅師英峻叟、七十而書(花押)
(朱印文「万照高国禅師」)

附
嫡嗣門渚首座江
(朱印文「士峰英峻俊」)

先師已来之儀式紙、爛却了也、

【読み下し】

道場荘厳の儀式　上古の如し。

道場荘厳の時、侍者、洒水を松の枝を以て、天地四方に洒ぎ了るなり。洒水の切紙見るべし。侍者、二句の偈を廿一辺唱うべし。四天王を書きて四方これを推して、然して荘

厳するなり。夜半、侍者、案内を啓(けい)す。本師、道場に入りて倚子に高座す。新資幷びに大衆、潜かに堂に入りて座禅す。本師、界尺(かいしゃく)を鳴らすこと三度(たび)、侍者密かに啓して、新資を引きて、道場に入れしむ。新資、膝行して倚子の前に到る。本師下りて、叉手当胸して拝を受く。九拝目に、本師、揖(いつ)して、新資を引きて、倶に本尊の前に到る。然して共に焼香し、共に九拝し、本尊を礼し奉ると云々。

○本師、本尊を指して云く、那箇か是れ観音。新資云く、阿那の面か是れ観音。即ち新資、竪継(たてつぎ)を捧ずる。其の文に曰く、生死事大、無常迅速なり。仏祖の命脈を拝請して、仏祖の新師と為(な)らんと欲す。和尚、大慈大悲哀愍もて聴許(ちょうきょ)したまえ。三片唱うるなり。

○亦、本師、横継を読む。其の文に曰く、我今儞を得ること、釈迦牟尼仏の摩訶迦葉を得るが如し。嫡々相承して幾世儞に到る。正法眼蔵、涅槃妙心、実相無相、微妙法門、残さず附し了る。尽未来際、仏種を断絶せしむることなかれ。慈悲大哀愍許と、三片唱うるなり。竪継・横継の文、何れも紙に書くなり。竪継・横継、ともに本尊の前にこれを置くなり。

○本師・新資共に焼香して坐具を展(の)ぶ。新資の坐具の上へ、本師の坐具を布き掛けて、本書を念じて、共に焼香九拝し、即ち共に座具の上に坐し、本師、三帰依を三片唱へ、続松(たいまつ)を点じて、本書を黙指す。新資、心々々と、三片唱うるなり。即ち嗣書を熟視して、本師云く、仏祖の命根、一大事を汝に附す。汝善く護持せよ、善く護持せよと、三片唱うるなり。新資云く、善く護持す、善く護持すと、三辺道い了って、畳んでこれを収めて、共に焼香し九拝し了るなり。

○亦た血脈を念じて、共に焼香九拝して、前の如く坐具の上に座して、続松を点じ、三帰依を三片唱へ、血脈を黙指す。新資、心心心と、三片唱うるなり。血脈を熟視して、本師云く、仏祖正伝の命脈、汝に附す。汝善く護持せよ、汝善く護持せよと、三片唱うるなり。新資云く、善く護持す、善く護持すと、三片道い了って、畳んでこれを収めて、共に焼香九拝し了るなり。此(ここ)において、九六三の大事有り。切紙を見るべきなり。此において、合血の沙汰、法衣・印籠・鉢盂・拄杖・払子・竹篦等譲与する事有るなり。皆な三問三答にて渡し、請け取る事なり。嗣法論を見るべきものなり。悉く譲与し了って、本師、新資の頂上を三度び摩頂(まちょう)して云く、今ま我れ汝を得ることは、昔日に霊(りょう)山(ぜん)会上に於いて、本師釈迦牟尼仏、摩訶迦葉を得るが如く、本師釈迦牟尼仏・摩訶迦葉和尚・阿難陀和尚・商那和修和尚、次々仏々祖々、如浄和尚・道元和尚・懐奘和尚・寂円和尚・義雲和尚・曇希和尚・以一和尚・喜純和尚・宗吾和尚・永智和尚・祖機和尚・了鑑和尚・建綱和尚・建撕和尚・光周和尚・宗縁和尚・以貫和尚・祚棟和尚・祚球和尚・門鶴和尚・宗奕和尚・祚天和尚・秀察和尚・龍札和尚・良頓和尚・良義和尚・英峻・門渚、正法眼蔵、涅槃妙心、実相無相、微妙の法門、嫡々相承して吾に到る。吾れ今ま汝に附す。汝善く護持して、尽未来際に仏種を断絶せしむること勿れ。善く護持せよ、善く護持せよと、三片唱うるなり。新資、善く護持す、善く護持すと、三片答うるなり。本師、即ち新資の手を把って、引きて道場を遶る事一匝して、師、資の礼を反すなり。新資は東に立つ。本師は西に立つ。新資の座具を、本師の座具の上へ三寸計り布き懸けて、叉手当胸して立つ。本師、九拝す。九拝目に新資、答拝して、共に坐具を収むるなり。

○然して後ち、本尊に向かって焼香し九たび礼拝して、退歩するなり。

○然して御大事の道場に入りて、本師、洒水を取りて、天地四方へ洒ぎ、吾が頂上に洒ぎ、新資の頂上に洒ぐなり。洒ぐ内ち、二句の偈を唱うるなり。然して本師、釈迦牟尼如来、西天四七、東土二三、歴代の祖師を念じて、共に焼香九拝す。又た共に焼香九拝して、座具の上に、共に座して、続松を点じ、三帰依を三片唱えて、御大事を黙指す。新資、心心心と、三答するなり。御大事を熟視して、七仏よりこのかた、如来、仏々祖々の一大事因縁、嫡々相承し来って、吾れ今ま汝に附す。汝善く護持して、尽未来際、仏の種を断絶せしむること勿れ。善く護持せよ、善く護持せよと、三辺唱うるなり。新資云く、善く護持す、善く護持すと、三辺道い了って、畳んで之れを収め奉り、共に焼香九拝して、退歩し了るなり。

○然して又た、本師、新資を引きて、本尊の前に至って、祝酒の儀式有り。亦た共に焼香九拝して、三物これを渡与するなり。新資、受け取りて、懐中にして道場を出去る。本師、新資の衣の袖を引きて云く、我が奴、錦囊の重きことを知らず。新資、回顧して云く、青山暮色を裹み得て帰る。本師云く、猶有り在り、猶有り在りと云い了って、新資、道場を出で去って、潜かに巡堂するなり。本師は道場に在って、七堂の巡堂、看経之れ有るなり。

無住の拝、夜半親しく伝え了って後ち、朝旦に夜半親伝の所に於いて、本師、威儀寂静にて、倚子に高座す。新資、寂静にて道場に入り、礼拝重々無尽なり。二十拝の前後、本師、倚子を下って、止みね、止みね、止みねと、三度び唱うるなり。新資、座具を収めて退歩し、道場を出で去って、礼の間に於いて、大衆の拝を設く。九拝目に、新資、答拝して退き、巡堂するなり。

此の上に済家の伝授の儀式有り。洞家の伝授の儀式の如くなり。三物共に一道場に於いて、これを伝附し了るなり。当寺に於いては、明全和尚御自筆の血脈、これを書して、上足一人の者を以て伝授するなり。末山にはこれを許さざるなり。後代の為に審細にこれを改むるなり。

万照高国禅師英峻叟、七十にして書す。

嫡嗣門渚首座へ附す。

先師より已来の儀式の紙、爛却し了るなり。

【注】（1）道場荘厳之儀式　『切紙目録』（本巻No.4、『禅籍編』二巻No.39）によれば、（47）「一、道場荘厳図」、（51）「一、道場荘厳之儀式」がある。前者は、駒澤大学図書館所蔵『室中切紙謄写』（21）「道場荘厳之図」によって内容が確認でき、後者は「伝授室中之物」（本巻No.41、『禅籍編』三巻No.14）に（9）「一、道場荘厳儀式」とあり、切紙の相伝が確認できる。

（2）洒水之切紙　永平寺所蔵『切紙目録』（上掲）に「洒水室中秘伝、是則訓訣也。二通」とみえる。永光寺（石川県羽咋市）所蔵の「洒水之切紙」（内題「室中授戒灑水法」、元和八年〈一六二二〉久外煐良相伝）によれば、洒水の作法の中に「震巽離坤兌乾坎艮」という易の八卦を示す語を順逆に唱える法が記されている。これは八方に洒水して授戒あるいは伝法の道場を浄潔ならしめることを意味する。

また、西明寺（愛知県豊川市）所蔵「洒水口訣」（仮題）によれば、特に伝法時の口訣として、「洒水最初／如来大師沢山開祖歴代嫡々相承到泉竜十五世宗孝和尚、我今代孝和尚於沢山室中、以無上法宝仏祖命脈授汝、々能護持、勿令仏種断絶。／洒水三度」とみえる。

（3）二句之偈　『法華経』観世音菩薩普門品偈にみえる二句「慈眼視衆生、福聚海無量」のこと。「二句之偈」については、切紙や本参において室町時代の比較的早い時期から拈提されてきており、了庵派下においてもその相承が確認できる。面山瑞方選述『洞上室内断紙揀非私記』によれば、永平寺には（68）「二句偈嗣書〈周穆王達磨聖徳太子〉」、（69）「二句偈伝授血脈並十如是大事」等がある。また、光紹智堂が相伝した切紙の集成である『参禅切紙』にも（15）「十五、二句偈参」がみえる。

（4）四天王　仏教の四人の守護神。東方の持国天、南方の増長天、西方の広目天、北方の多聞天のこと。

（5）夜半　伝授儀式は夜半に行われるが、これは黄梅山における五祖弘忍より六祖慧能へと伝法された故事による。慶長十年（一六〇五）に龍穏寺（埼玉県入間郡越生町）十四世大鐘良賀から正龍寺（埼玉県大里郡寄居町）六世大久寅碩へと伝授された「夜半伝授作法」（正龍寺所蔵）が現存する。

（6）界尺　「界尺」は、書写の際に用紙に罫線を引いたり、文鎮に用いたりする文具をさす。しかし、ここでは「戒尺」の謂で、禅宗では授戒、伝法の際に、唱える文言に区切りを付け、式次第を進行する際に用いる。拍子木のこと。

（7）本尊　十一面観音を本尊とするか。

（8）即新資捧竪継…三片唱也　「竪継」の儀礼。先ず資（弟子）が紙面に書かれた「生死事大…大慈大悲哀愍聴許」の文句を三度唱える。「竪継」・「横継」の儀礼は、永平寺二世懐奘と徹通義介の師資の間に交わされた問答も含む『永平開山御遺言語録』にみえる。また、後掲の「横継」の儀礼の際に唱える文言と合わせ載せる切紙に、例えば文禄四年（一五九五）五世繁室良栄より泰雄上座に伝えられた正龍寺所蔵「嗣書相承之時礼数儀式」がある。

（9）亦本師読横継　「横継」の儀礼。次に本師（師匠）が紙面に書かれた「我今得儞…慈悲哀愍聴許」の文句を三度唱える。

（10）合血之沙汰　『正法眼蔵』「嗣書」に「いまわが洞山門下に、嗣書をかけるは、臨済等にかけるにはことなり。仏祖の衣裏にかゝれるを、青原高祖したしく曹渓の几前にして、手指より浄血をいだしてかき、正伝せられけるなり。この指血に、曹渓の指血を合して書伝せられけると相伝せり。初祖・二祖のところにも、合血の儀おこなはれけると相伝す。これ吾子参吾などはかゝず、諸仏および七仏のかきつたへられける嗣書の儀なり」とある故事に基づく。了庵派下における状況は、永正十三年（一五一六）十二月十三日の年記を有する『室中切紙』（駒澤大学図書館所蔵、寛永十九年〈一六四二〉書写）所収の「嗣書諸目録之切紙」が参考になる。本書には一州派下（双林寺白井門派）の本参切紙が列挙されているが、「曹洞合血本則　一冊」とみえる。

（11）法衣・印籠・鉢盂・拄杖・払子・竹箆等　嗣法の証拠としての伝授物。「以貫附法状」（『文書編』一巻No.74、『禅籍編』二巻No.24）・「祚棟附法状」（『文書編』一巻No.83、『禅籍編』二巻No.26）、および『御遺言記録』に関連記事がみえる。

（12）嗣法論　『切紙目録』に(57)「嗣法論」とあり、駒澤大学図書館所蔵『室中切紙謄写』所載の(2)「嗣法論　天童如浄与道元問答有之能也。曹洞家天童如浄禅師道元和尚嗣法論」、光紹智堂『参禅切紙』所収「嗣法論大事」によって確認できる。一方、江戸時代初頭における一州派下の相伝史料に、長野県長野市大安寺所蔵「嗣法論」（慶長十六年八月、存佐書写）、群馬県渋川市双林寺所蔵『彩鳳記』所収「嗣書」（本奥書に「昔明応九天白臘九日」、江戸時代前期、愚明正察書写）があり、むしろこちらの史料の参看をいうものと思われる。

（13）明全和尚御自筆之血脈書　「伝授室中之物」に(5)「一、明全和尚御自筆血脈写シ、本書重而可見」とみえる。

【解説】　本史料は、奥書によれば、永平寺二十七世高国英峻（一五九〇～一六七四）から首座であった北州門渚（?～一六六〇、のち永平寺二十八世）に伝授された、三物（嗣書・血脈・大事）の儀礼を中心とする作法書（切紙）である。高国の記録した『切紙目録』（本巻No.4、『禅籍編』二巻No.39）にみえる多数の切紙が総体として伝授されたのか、この切紙のように、伝法関係切紙の伝受に止まるのかは判然としない。その伝授年次は、明示されていないが、万治二年（一六五九）秋、高国の退院のあとをうけて、北州が永平寺二十七世（現二十八世）として晋住する以前と推定される。

史料名は、外題に「永平嫡嗣伝授之儀式　英峻叟」と高国が自署するのによる。本史料は、『切紙目録』「巻冊覚」に「一、嫡嗣伝授儀式　一巻」とみえる記事に相応する。

内容は、三物伝授の儀礼を中心とする作法書である。その儀礼の次第の概略を示せば以下の通りである。

(ア)道場荘厳之儀礼

①侍者による洒水。

②四天王の安位。

(イ)入道場

③本師入堂。

④新資・大衆入場。

⑤本尊焼香九拝。

⑥師資問答。

(ウ)竪継・横継の儀礼

⑦竪継の文句の唱え三遍。

⑧横継の文句の唱え三遍。

⑨横継・竪継の紙面本尊奉呈。

(エ)嗣書の授与

⑩焼香。

⑪展坐具(新資の坐具の上に本師のそれを重ねる)。

⑫「本書(嗣書)」を拈ずる。

⑬着座(坐具上)。

⑭本師「三帰依文」の唱え三遍。

⑮続松を点じて「本書(嗣書)」を黙指。

⑯新資「心心心」の唱え三遍。

⑰嗣書熟視して後、本師、嗣書授与の唱え三遍。

⑱新資承諾の唱え三遍、その後嗣書を畳んで収納。

⑲本師、新資共に焼香九拝。

(オ)「血脈」の授与

⑳「血脈」を念じて、師資共に焼香九拝。

㉑展坐具(新資の坐具の上に本師のそれを重ねる)の後、着座(坐具上)。

㉒続松を点じて、本師「三帰依文」の唱え三遍。

㉓「血脈」黙指、本師授与の唱え三遍。

㉔新資承諾の唱え三遍。

㉕「血脈」を畳んで収納。

㉖本師、新資共に焼香九拝。

㉗「九六三大事」切紙の確認。

㉘合血之沙汰。

(カ)証明の法具譲与

㉙本師・新資による三問三答(譲与・請取)。

㉚「嗣法論」切紙の確認。

㉛法具(法衣・印籠・鉢盂・拄杖・払子・竹篦等)の悉

皆譲与。
㉜摩頂（本師による新資の頂上を摩する事）三遍。
㉝師資次第相承の確認。
㉞本師、新資の相承確認三遍。
㉟師資転換（遶行一匝、師資の位置転換、本師の新資に対する弟子としての九拝、新資答一拝等）。
㊱師資、収坐具の後、本尊に進前焼香、了って九拝して退歩し畢る。
（キ）「御大事」の授与
㊲「御大事」授与の道場に入場。
㊳洒水（天地四方、本師頂上、新資頂上に洒水）。
㊴歴代祖師の相承を念じ、師資共に焼香九拝。
㊵師資共に焼香九拝し、坐具上に着座。
㊶続松を点じて、本師「三帰依文」の唱え三遍。
㊷本師「御大事」を黙指。
㊸本師（授与）、新資（承諾）の唱え三遍。
㊹「御大事」を畳んで収納。
㊺本師、新資共に焼香九拝し、退歩し畢る。
（ク）祝酒之儀式
㊻本師、新資を引いて本尊に進前し、共に焼香九拝。
㊼本師、三物渡与。
㊽新資、三物を請取り、懐中に収めて退場せんとする時、師資問答。
㊾新資、退場して巡堂。
㊿本師、道場において七堂の巡堂看経。
（ケ）無住拝
51夜半伝授の翌朝、同じ道場に、本師威儀を調え静かに椅子に着座。
52新資、道場に入り、礼拝無尽（ひたすら礼拝を繰り返す）。
53二十拝前後に及び、本師座より下り、制止する事三度。
54新資、収坐具し、退場。
55礼拝の間にて大衆の拝を設け、九拝目に新資答拝して退き、巡堂。
（コ）済家之伝授之儀式
56明全和尚御自筆の「血脈」書写、三物と共に伝授。

本史料によれば、高国の時代、すでに嗣法の儀礼は、三物授与であったことがわかる。本史料と関係する物としては未だその史料的位置づけは明らかではないが、『御遺言記録』があり、嗣書、血脈授与の二物相承の儀礼を中心とするものである。

高国以降、「三物相承」等の旧来の伝法のありかたに変化をもたらしたものと思われる。高国の伝受対象は、永平寺二十八世北州門渚、同二十九世鉄心御州、同三十世光紹智堂の三代にわたっており、高国が三物授与等の関東における教学を積極的に受容し、永平寺室中に定着させようとする意図が垣間見える。詳細については、拙稿「江戸時代初頭における永平寺の動向について(上)―永平寺二十七世高国英峻を中心に―」を参照されたい。

永平寺三十四世馥州高郁(?～一六八八)が、貞享五年(元禄元年・一六八八)十月永平寺退院に際して記録した「伝授室中之物」(本巻No.41、『禅籍編』三巻No.14)によれば、永平寺室中において伝授相伝され、室中の参禅箱に収蔵された本参・切紙類が列挙されている。所載の伝法関係史料は、以下の通りである。

(11)一、伝授之作法、従曩祖之本筋目也、永平寺隠居
地ニ置、嫡子一人ニ可付之、

(中略)

(41)一、室内事伝授之作法、青表紙折本也、光紹改之、
(42)一、十八種之剣、
(43)一、牌塔伝授之切紙、壱枚
(44)　同多子塔前伝付ノ作法、一枚、
(45)　同拈奪瞎之切紙、壱枚、
(46)　同伝法ノ作法室中秘訣、巻本也、
(47)　同伝法之作法総目録、巻本也、
(48)　同開山伝法之作法、二巻、
(49)一、太白峰記、壱冊、
(50)一、根脚七道ノ抄、壱冊、
(51)一、嗣書三段訣、壱冊、
(52)一、当山伝法之作法、一枚、紙小結六ツ合、大把ニ成、
二ツ、
(53)　同三ツ合、一把ニ成シ一ツ、後住代々可見之、
(54)一、古三物、三通、是無用所、
以上
右者、参禅箱之内ニ在之、
右者、皆是不出室中者也、
伝授之時可相渡之者也、
高郁改之
此外方丈主人之左右ニ置之、
本校割ニ在之、
貞享五戊辰、

十月吉日　　高郁

（下略）

上記の記録によれば、永平寺室中には、伝法関係史料が数多く相伝されており、その中心は三物相承を前提とした儀軌関連切紙であったことがわかる。

なお、本史料は『禅籍編』二巻No.36にも収録される。

参考文献

『永平寺史料全書』禅籍編　第一巻（大本山永平寺、二〇〇二年）。

『永平寺史料全書』禅籍編　第二巻（大本山永平寺、二〇〇三年）。

『永平寺史料全書』禅籍編　第三巻（大本山永平寺、二〇〇五年）。

『永平寺史料全書』禅籍編　第四巻（大本山永平寺、二〇〇七年）。

『永平寺史料全書』文書編　第一巻（大本山永平寺、二〇一二年）。

飯塚大展「江戸時代初頭における永平寺の動向について（上）―永平寺二十七世高国英峻を中心に―」（『駒澤大学仏教学部論集』四六号、二〇一五年）。


（飯塚大展）

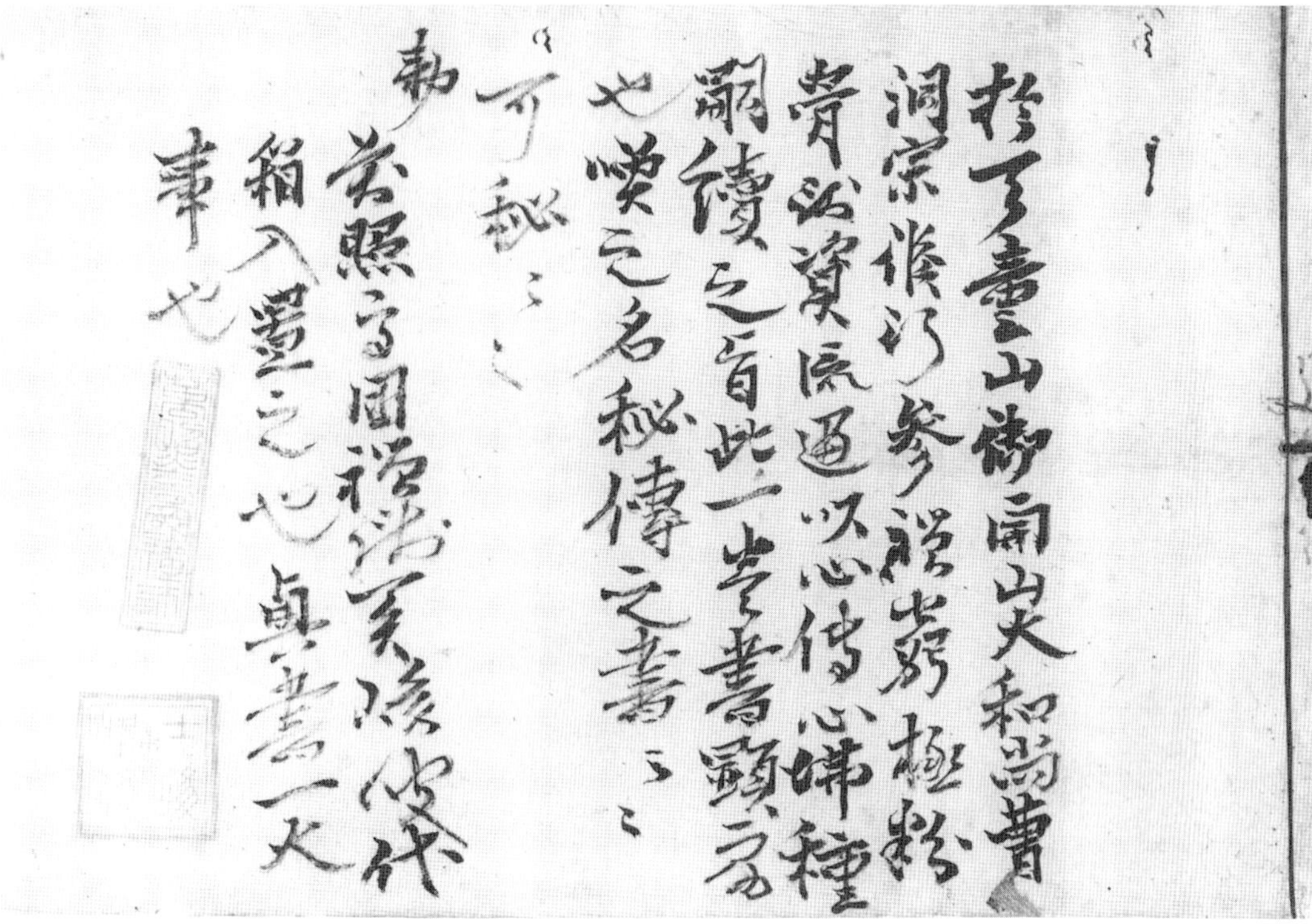

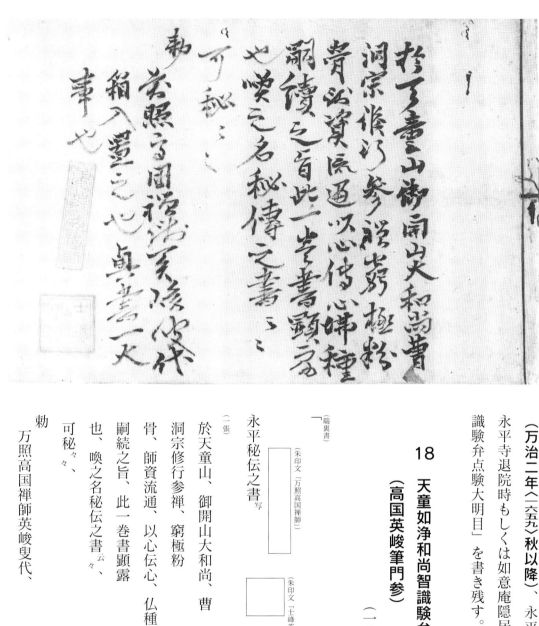

（万治二年〈一六五九〉秋以降）、永平寺二十七世高国英峻、永平寺退院時もしくは如意庵隠居中に「天童如浄和尚智識験弁点験大明目」を書き残す。

18 天童如浄和尚智識験弁点験大明目
（高国英峻筆門参）

（一〇紙継紙　18.8㎝×450.8㎝）

（端裏書）
「
永平秘伝之書写
（朱印文「万照高国禅師」）
（朱印文「士峰英峻叟」）
」

（一張）
於天童山、御開山大和尚、曹
洞宗修行参禅、窮極粉
骨、師資流通、以心伝心、仏種
嗣続之旨、此一巻書顕露
也、喚之名秘伝之書云々、
可秘々々、
勅
　万照高国禅師英峻叟代、

箱入置之也、奥書一大
事也、

（朱印文「万照高国禅師」）

（朱印文「士峰英峨俊」）

（朱印文「万照高国禅師」）

（二張）

○天童如浄和尚、智識験弁点験大明目

（朱印文「仏法僧宝」）

第一
師点験云、開山徹底ノ話ヲ知賀、答云、諾、中々、
露柱ノ話走、(1) 師問、一本ノ露柱ヲ弐本ニ云話、
答云、中々、前露柱者、身心脱落、 師印可、
師問云、後露柱ヲ道会、 答云、脱落ノ身心テ走、
師器之、

第二
大悟ヲ道会、答云、話当テ走、 師問、本参者
何〔程、以下同〕ニ呈走、答云、伝前百二十則走、(2)小書目録別紙、在、御判、(3)

第三
師問、百二十則ノ中、両五則ヲ別則ニ云会、
答云、中々、十則正法眼ノ事走、(4) 師、印可之、
添切紙、別紙在之、浄和尚請処者、別則ニ云会、在之、

第四
小悟ヲ道会、 答云、句参ノ事テ走、(5)
浄和尚請処者、去羅婆、一一ニ挙答来、在之、

第五
師問、道元天童山而参得ノ数会事賀在郎(6)
賀、知テ賀、 答、中々、三智識之折角ノ事テ走、
同、猶道会、三摩ノ折角テ走、猶道会、 答云、
羅漢ノ事走、 浄古仏ノ点験者、三七日ノ帰、伝授之中、別紙切紙在之、御判、但ニ明歴々也、(7)
是迄而者、問中ニ生長者、覚者茂知事走呈、元和尚、従
此来、上足ニ流伝来ル、智識三昧与云事在之、我一一而点
験、爾一一挙唱仕、道元門下之猫足紹続、善識、衲達、智
識成、去、我レ向爾而展座具、

第六
道元和尚大疑起本与謂事ヲ知天賀、(8) 答云、
中々、 師云、挙唱来、 答云、法身・法性ノ迷ノ事走、
師点験云、直ニ道元徹底句挙来、看、向テ我爾ニ、
展ン坐具ヲ、答云、本智者愚、愚元智也、 師
印ニ印〔可〕賀之、

第七
浄和尚、向テレ道元、御違〔遺〕戒話道会、(9) 答云、
道元、 師猶ヲ器之、 永平二世和尚、後年為
児孫之、自疑問起而、道元二大字註波(10)〔破〕而為ニ老婆心ト、
本智者大愚成故而元心智也、心智成故ニ、元ノ道而入
徹、以爰、浄和尚、深明祖師骨髄之器レ禅ノ印了玉、問
訊還道元与(11)云々、道者大道也、大道同大愚、初生之愚

元不改、大智、通達故ニ、開山再来度不ニ出世一玉ズ、猶旧名
以、御一世成就玉也、

第八
先達之当的挙来、　答、懐奘和尚云、三世諸仏、
不知有、狸白狐智有、〔奴脱カ〕〔却脱カ〕(12)〔知〕
（朱印文「万照高国禅師」）

（三張）

○御内印法験段

第一
浄和尚問云、道元者我門長老也無否、　道元答
云、即明了、　浄和尚、長老成羅波、先這極何
事、長老与道麼、　道元云、血脈極走、(13)　浄和尚
問云、名ニ這甚麼ヲ喚血脈一ト、　道元答云、莫和尚道、
本来無門道与、道畢、低頭叉手、合眼末向、(14)血脈
事走、　浄和尚猶拶云、深明雖得道、恁广〔麼〕中
無折角、速道々々、　道元答云、道元般々業
明者、皆是一円空、道畢、低頭叉手、合眼末向、血テ
走、仰面放手、開眼末向、脈テ走、般々及妙、皆之
開放也、　浄和尚、印可玉、

第二
恁麼大地知广〔麼、以下同〕、　道元答云、地綿事是也麼、(15)

第三
何而白圏地(16)而在、　道元答云、空大地而走、
師〔拶、以下同〕䢌云、白圏地成者誰、　道元答云、誰々々、

第四
寸人一口(17)知○賀、　道元答云、中々、　浄和尚云、挙来、儞
向展坐具、　道〔元〕（朱書）答云、七尺二寸走、　浄䢌〔拶〕云、是甚
表要、　道元答云、七字円成者、(18)渠全体也、
浄䢌〔拶〕云、渠全体是甚物麼、　道〔元〕（朱書）答、血成流目
前機、脈成起空劫心走、　師、印之、

第五
浄問、恁麼大地、甚白圏地成、〔元〕（朱書）答云、白智元来
誰ノ全体(19)走、　師、印之、

第六
浄問云、上下ノ大事知麼、　道元答云、頂上ノ一
円相ノ(20)事走、　䢌云、恁麼大事踏透麼、　元答
云、突(21)句踏走、師者是賊過後張弓、(22)

第七
三杲〔果〕上ノ虚席ヲ(23)知天賀、道元答云、中々、三
尺ノ地綿事(24)走、　浄䢌、〔云〕（朱書）是向要心ニ賀虚席
成、　元答云、誰ノ本郷而走、

第八
浄問云、左右祖師、甚广要心与麼、　道元答云、
久遠今時無差別、个々一円走、

第九
去羅者、其而仏界ヲ道会、　道元答云、長老二
字走、浄、印之、

第十
浄云、長老十二時ノ本尊ヲ道会、　道元答云、羅漢
三昧テ走、

第十一
浄云、自身成仏知テ賀、　道元答云、智識走、
第十二
浄云、邪正一如ノ大道知广、　道元答云、中々、左右ノ
（四張）
血筋走、
（朱印文「万照高国禅師」）
第十三
浄云、黄金世界知广、　道元、中々、道場粧〔荘カ〕厳ノ
時、七条之袈裟ヲ布走、(25)
第十四
浄云、天ノ円器ヲ踏麼、　道元答云、中々、一枚ホグ〔反故〕(26)
走、
第十五
浄云、一仏三記知テ賀、　道元答云、中々、迦文勒ノ
三記〔説カ〕(27)走、
第十六
浄云、両頭安合ヲ知广、　道元答云、中々、如浄、道
元、合血ノ切紙(28)走、
第十七
七度九拝、三度ノ三拝ヲ合テ賀、　道元答云、七条ノ
袈裟ノ切紙ト(29)、九条ノ袈裟ノ切紙ト(30)、九品浄
土ノ切紙(31)走、
第十八
三身如来説、十如幻ノ道場知賀、　道元答云、
十三仏ノ切紙(32)走、　浄問、前仏ノ本尊指示来、
道元答云、不動尊走、　浄彡云、甚麼恁广道、
道元答云、業堅不動ノ仏心、虚地而安故仁、前
仏与安走、　浄亦問、後仏示来、　道元答云、
叉手胸体而本師釈迦如来走、　浄云、甚广恁
广道、　道元答云、如幻三昧走、
第十九
浄問云、三世一道図知麼、　道元答云、三悟道
一位ノ切紙(33)走、　浄彡云、徹処作麼生、　道元
答云、我旨〔胸〕打、末爰賀、一道三世ヲ穿ッ大道走、
第廿
浄問、涅槃ノ根本知麼、　〔道元〕（朱書）答云、達磨知死期
法要ノ切紙(34)走、
第廿一
浄問、栄西記文録(35)知广、　道元答云、栄西僧上
之法請之偈事走、
第廿二
達磨参(36)知賀、　道元、中々、歌之事走、
第廿三
世尊誕生七歩之参知广、　道元答云、二時三
形順〔巡〕堂焼香義〔儀〕(37)式事走、
第廿四
一点雨露、仏形洗、恁广事知广、　道元答云、
授形灑水ノ法要(38)事走、
第廿五
二仏大事知广、　答云、唯仏与仏ノ切紙(39)走、
浄彡云、徹処作麼生、　道元答〔云〕（朱書）、空与真ノ二ツ走、

亦尽与不尽一合、中有千差、
第廿六
四字参[40]知麼、道元答云、摩頂之図[41]走、
第廿七
禅之活筆与道事知麼、（朱印文「万照高国禅師」）道元答云、三報
書切紙[42]事走、浄⿱彡云、為甚恁广道、道元答
云、三隆筆頭上ニ極走、
（五張）
第廿八
浄、好个仏殿、指示来、　道元答云、山僧而走、
浄⿱彡云、入仏仕来、看、道元答云、我社唯仏走、
第廿九
浄云、仏心相見ヲ道会、　道元答云、最初発明
之大事走、　浄⿱彡云、徹処作广生、　道元答云、
个呈甚广、亦無言初通二恁广大事一ニ、
第卅
浄問、自己七仏空殿知广、　道元答云、馬祖七堂ノ
図之事[43]走、　浄和尚、印可之、

○無始無終段初

第一
浄和尚問云、嗣書伝授仕而賀、　道元答云、中々、
浄⿱彡云、喚甚广為二嗣書与一ト、　道元答云、虚無自
然喚為二嗣書与一ト走、　浄⿱彡云、虚無自然道作
广生、　道元答云、我師元来同無名、
第二
浄云、嗣書二字道会、元答云、師資一般、即同如
来走、　浄⿱彡云、這甚嗣、這何書广、　道元答云、
吾元大我仁書嗣、有名無名書嗣走、第三、
長短二道知麼、道［元］（朱書）答云、七尺五寸走[44]、浄⿱彡云、
這甚法要、道元答云、七尺者、七世安楽、七字
円成之体、五寸者五仏成就、五行即明了走、
第四、　頂上三人二口之空錦知麼、道元答云、
果［過カ］現未三際サイ共而如幻法要、白心頭体走、
第五、　器文応身知麼、道元答云、七仏ノ本位
之事走、浄、印賀［可］玉、第六、伝灯之大宗派
知麼、道元答云、嗣書走、師⿱彡云、恁广有大
事、速道会、々々、道元答云、勃陀勃地書嗣走、
浄⿱彡云、儞速挙来、向我儞展坐具ヲ、道元
答云、自救勃陀与道、他救勃地与道走、
浄、渡［涙カ］眼而、我宗、到儞太興広而、本坐下坐、展
坐具九拝玉、第七、維［摩］广之丈室道会、道元
答云、器文中之一走乎、浄⿱彡云、徹処作广生、
道［元］（朱書）答云、空劫已前、更以前走、浄⿱彡云、更以前
作广生、　道元答云、十到不通毫一ヲ、浄云、空劫
作广生、　道元、作模自一円仕玉、浄⿱彡云、空劫事
作广生、道元答云、無始無終事走、第八、
七仏之御大事道会、道元答云、無始無終一心
事走、第九、　其而宗門入院道会、　道元答云、
空劫已前而到而、更以前、粧厳劫之仏心而相見

乎、吾宗之入院而走、第十、去羅婆、開堂道
会、道元答云、空劫已前地而到、無始無終之一心
而契当乎、吾宗開堂之修行走、浄参云、開堂
一句作广生、「道」（朱書）元答云、元劫仏之出世時、一機暗
（朱印文「万照高国禅師」）裏不居、浄参云、珍重不尽、第十一、山門
主眼道会、道元答云、善〔禅〕知識走、第十二、
（六張）
善智識十二時之本尊道会、道元答云、
阿羅漢走、第十三、善智識十二時之念〔拈カ〕
提事作广生、道元答云、大涅槃当頭受用
走、〔十脱〕第四、善智識入院開堂、十二時中之焼香
事作广生、浄、印之、广〔魔〕界来塵、
第十五、爾十二時中床坐而、大小有折角、大广〔魔〕
是、小广〔魔〕便是、道元答云、器文図大而走、
師参〔摎〕云、器文図実而大、則寸人一口道会、
道元答云、壱尺走、浄可印、為日本開闢之
上足玉々々、祖子派者、九寸者、参徹知广、第十六、
大眼形顔知广、道元答云、山門主眼之切紙㊺
走、浄印之玉、〔十脱〕第七、海女成仏之話知广、
道元答云、龍女成仏之切紙㊻事走、第十八、
不浄洗却知广、道元答云、日杲〔果〕罸状之切
紙㊼走、第十九、　明暗大事知广、道元答云、
鉢円内外切紙㊽走、第廿、十二時安楽大事
知广、　道元答云、嗣書看経紙〔切脱カ〕㊾走、第廿一、
自他成仏四字知广、道元答云、勃陀勃地
切紙㊿走、第二十二、一円大事知广、　道元答云、
嗣書合書走、第二十三、主之一機知广、
道元答云、頂門眼切紙走、第二十四、善智
識三引導知广、道元答云、非人引導
切紙走、(51)第二十五、釈尊印鎖知广、道元
答云、仏印印可切紙走、(52)第廿六、師資紹
続不快心知广、道元答云、鉄漢辜負
切紙走、(53)第二十七、道場恩書知广、道元
答云、孝田之切紙走、(54)第廿八、雲水領数打
給知广、道元答云、僧藊図走、(55)第廿九、
十二時清浄参知广、道元答云、加行切紙(56)
走、第三十、命脈書知广、道元答云、
血脈之参事走、(57)第三十一、霊山回向二字
知广、道元答云、上来切紙走、(58)

○向上巻段始

第一
向上巻知广、道元答云、御大事之段走、浄、
可印、

第二
五智之如来知广、道元答云、御大事中、五
形円相事走、浄、可印、

第三
混沌未分之前、白田地知广、　道元答云、向上
之白錦地走、浄参云、為甚广白田地广、
道元答云、如幻元来如幻坐、浄、可印之、

第四
五形向上一中者、大是小是、道元答云、大満
（朱印文「万照高国禅師」）
（七張）走、浄、可印為上足、亦小与道者祖師可印、小者大字書也、書塔在之、

第五
大卍字、這何要心广、道元答云、右点者、混
沌未分之根本走、

第六
左点者、大極一点、混沌ノ全体走、　浄云、猶
速道会、々々、道元答云、大極・大易・大物・大始
・大索之一中走、浄、可印、

第七
過去七仏之血脈[59]知广、道元答云、三光之
図之事[60]走、浄㸃云、速道会、道元答云、
前黒一色者、過去未分之田地走、中赤色者、
現在安楽之田地走、外黒一色者、未来走、
猶㸃云、為甚麼与血脈道广、道元答云、
一処能通達三世、一心三身、自在要心、

第八
一心自在、三身要心知广、道元答云、三段下之
三星月弓守走、浄㸃云、守心作麼生、道元答
云、三界唯心、万法唯識、虚空一念、物急起、天
然自然下慮、従此中心一時起心走、

第九
過去七仏血脈而合道会、道元答云、現在
心起者、未来而通達走、浄、可印、

第十
世尊、明星一見悟道道会、道元答云、三星、
月弓守心而悟道走、浄㸃云、血脈合道、
道元答云、一見悟道、世尊現世、三世通達
時、過去之本仏而伝授走、

第十一
勃陀勃地本郷道会、道元答云、一円中之
空之字走、　浄、可印、猶㸃云、本郷事
速会来、道元答云、有為時無為悟、道明
者自己、勃陀者他心、勃地悟道走、猶㸃云、
悟道事作麼生、道元答云、仏衆生同時而
空身円満走、

第十二
空亦作麼生、　道元答云、九品浄土世走、
浄猶㸃云、一句道会、　道元答云、本来面目者
本地風光、本国者有本家、虚空者寂光浄
土、唯心世界、久遠釈迦、自身弥陀走、㸃云、
即今徹処作麼生可道会、　道元答云、有為者
無為之空心、三世受〔用〕要走、

第十三
五智一智事作麼生、　道元答云、百千事業
者、一血貫通、　浄、可印、

第十四
有為無為一時成仏之御大事知麼、〔拶〕道元
答云、本田之図之事[61]走、　浄㸃云、猶速道、

道元答云、有為悟、凡生成仏、無為悟、凡生心成
仏走、
第十五
大善智識道、　道元答云、老者不老前、
浄、可印、（朱印文「万照高国禅師」）

（八張）

第十六
大魔道会、　道元答云、知不知無智前、禅
道捨却還小児、　浄、可印、
第十七
大阿羅漢道、　道元答云、自在滅却大愚心、
第十八
再大涅槃道、　道元答云、生死当脱、時々不知生
死、
第十九
人人分上、一血脈道、　道元答云、旨〔胸〕打、本心走、
第廿
袋道、　道元答云、入道走、
第廿一
凡夫、諷者大善智識广、道元答云、正眼・大愚
眼、具凡心社、未分本来血脈走、右三仏大
事、不残一毫付属儞了、能護持莫令断
絶、々々々、浄遍爹云、奥蔵一句道会、
道元答云、何有道事广、　猶爹云、三仏満
足之大善智識与成得、重上掃地一句道会、

我向儞展坐具、便九拝、　道元答云、三仏本
師、擲酬云、無用要心自契了、　浄和尚、
展坐具九拝畢、

（九張）

此書者、如浄和尚、曹洞宗之秘訣、（朱印文「万照高国禅師」）
道元和尚密伝之後、
天童如浄和尚、向道元曰、曹洞一
宗、儞、弘通於日本、而欲建立吾
宗、猶更粉骨砕身、而可明吾
宗之修行、究極之秘事、於自己分
上、不会分明秘訣、何又勘弁於他、
点験於他而、可有識得賢愚・徹
未徹哉、云々、此書、御開山御直書、
深収法庫置之也、
於日本曹洞正伝之秘訣、上足・
不上足之折角、知識勘弁、話頭
参禅点験幷切紙点験、開山
和尚宗旨極妙之徹処、宗旨建
立之眼目、師資流通、以心伝心、正
法眼蔵附属、不立文字、教外別
伝之密旨、有這一巻書、此一巻

書者、難換却諸録・経巻・独
則秘参等、一大事秘訣、密意
書也、伝授後、伝附上足嫡嗣一
人者也、容易者、仏罰・法罰、立地
当迷、眼瞎耳聾、眉鬚堕
落云々、穴賢、々々、
建長五癸丑年七月十四日、二代懐奘書、判、

(奥書)右如件々、当寺住職比丘代々、此書、
巻之末、以自筆吾諱書、是嫡
嗣上足験也、上古皆如斯也、然、近
世、先師七八代略、却而吾諱書、是
私意之至、猥乱之基本也、故現
住英峻比丘改之、書之、箱入置之
者也、(朱印文「万照高国禅師」)

(一〇張)

天童如浄大和尚
当寺開山道元大和尚
当寺二世懐奘大和尚
当寺前住義介(徹通)大和尚
当寺前住義演大和尚
当寺中興義雲大和尚
当寺五世曇希大和尚
当寺六世以一大和尚
当寺七世喜純大和尚
当寺八世宗吾大和尚
当寺九世永智大和尚
当寺十世祖機大和尚
当寺十一世了鑑大和尚
当寺十二世建綱大和尚
当寺十三世建撕大和尚
当寺十四世光周大和尚
当寺十五世宗縁大和尚
当寺十六世以貫大和尚
当寺十七世祚棟大和尚
当寺十八世祚球
当寺十九世門鶴
当寺二十世宗奕(海巌)
当寺二十一世祚天(常智)

当寺二十二世秀察（仏山）
当寺二十三世龍札（孤峰）
当寺二十四世良頓（北岸）
当寺二十五世良義（天海）
（朱印文「万照高国禅師」）当寺二十六世英峻（高国）
（朱印文「士峰英峻俊」）
当寺二十七世門渚（北州）
当寺二十八世御州（鉄心）
（朱印文「光紹高風」）
（朱印白文「慧輪永明禅師」）当寺二十九世光紹（智堂）

【読み下し】
天童山（てんどうざん）において、御開山大和尚、曹洞宗修行の参禅、窮極粉骨し、師資流通し、以心伝心せる、仏種嗣続の旨は、此の一巻の書に顕露するなり。これを喚んで『秘伝の書』と名づくと、云々。秘すべし、秘すべし。

勅　万照高国禅師（ばんしょうこうこくぜんじ）英峻叟代（えいしゅん）、箱にこれを入れ置くなり。奥書一大事なり。

○天童如浄（にょじょう）和尚、智識を験弁し点験せる大明目

第一　師点験して云く、開山徹底の話を知るか。答えて云く、諾、中々、露柱（ろちゅう）の話でそう。師問う、一本の露柱を弐本に云わ。答えて云く、中々、前の露柱は、身心脱落（しんじんだつらく）。師印可す。師問うて云く、後の露柱を道え。答えて云く、脱落の身心でそう。師、これを器とす。

第二　大悟を道え。答えて云く、話当でそう。師問う、本参は何に程そう。答えて云く、伝前に百二十則そう、小書の目録は、別紙に在り。御判。

第三　師問う、百二十則の中、両五則を別則に云え。答えて云く、中々、十則正法眼の事でそう。師、これを印可す。切紙を添えて、別紙にこれ在り。浄和尚の請処は、別則に云え、これ在り。

第四　小悟を道え。答えて云く、句参の事でそう。浄和尚請処は、さらば、一一に挙し答え来れ、これ在り。

第五　師問う、道元に天童山にて参得の数え事があるらうか、知ってか。答う、中々、三智識の折角の事でそう。同じく、猶道え。三摩の折角でそう。猶道え。答えて云く、羅漢の事でそう。浄古仏の点験は、三七日の帰り、伝授の中、別紙切紙これ在り。御判、但に明歴々なり。是迄は、問中に生長するは、覚者も知る事でそう程に、元和尚、此れよりこのかた、上足に流伝し来る。智識三昧と云

う事これ在り。我一一にて点験し、儞一一にて挙唱し仕る。道元門下の猫足し紹続して、善識、納達、智識と成る。去らば、我れ儞に向かって座具を展べん。

第六　道元和尚大疑起す本と謂う事を知ってか。答えて云く、中々。師云く、唱えを挙し来れ。答えて云く、法身・法性の迷の事でそう。師点験して云く、直に道元徹底の句を挙し来れ、看ん。我れ儞に向かって、坐具を展べん。答えて云く、本とより智は愚、愚は元とより智なり。師印するにこれを印可す。

第七　浄和尚、道元に向かって、御遺戒の話を道え。答えて云く、道元。師猶おこれを器とす。永平二世和尚、後年児孫の為に、自ら疑問を起こして、道元二大字を註破して老婆心と為す。本智は大愚なる故に而して元と心智なり。心智なる故に、元の道に入徹す。爰を以って、浄和尚は、祖師の骨髄を深く明らむるの禅の器なりとして印し了えたもう。問訊して道元と還ると々々。道は大道なり、大道は大愚に同じなり。初生の愚を元より改めずして、大智、通達する故に、開山再来して度するに出世したまわず、猶お旧名を以って、御一世に成就したもうなり。

第八　先達の当的を挙し来れ。答う、懐奘和尚云く、三世の諸仏、有を知らず狸(奴)白狐(却って)有を知る。

◯御内印法験段

第一　浄和尚問うて云く、道元は我が門の長老なりや無や。道元答えて云く、即ち明了なり。浄和尚、長老ならば、先ず這の何事をか極め、長老と道うや。道元云く、血脈を極めてそう。浄和尚問うて云く、這の甚麼を名づけて血脈と喚ぶ。道元答えて云く、和尚、道うなかれ、本来門に道無しと。道い畢って、低頭叉手し、合眼末向、血脈の事でそう。浄和尚猶お拶して云く、深く明めて道を得ると雖も、恁麼の中に折角なし、速やかに道え、速やかに道え。道元答えて云く、道元般々の業明らかなるは、皆な是れ一円空なり。道い畢って、低頭叉手し、合眼末向、血でそう。仰面して手を放ち、開眼末向、脈でそう。般々妙に及ぶ、皆な之れ開放なり。浄和尚、印可したもう。

第二　恁麼の大地を知るや。道元答えて云く、地綿の事是なりや。

第三　何として白圏地にて在る。道元答えて云く、空大地でそう。師拶して云く、白圏地なるは誰ぞ。道元答えて云く、誰ぞ、誰ぞ、誰ぞ。

第四　寸人一口を知るか。道元答えて云く、中々。浄和尚云く、拳し来れ、儞に向かって坐具を展べん。道元答えて云く、七尺二寸でそう。浄拶して云く、是れ甚んの要をか表す。道元答えて云く、七字円成は、渠が全体なり。浄拶して云く、渠が全体は是れ甚に物なりや。答えて云く、血なる目前の機、脈なき空劫の心でそう。師、これを印す。

第五　浄問う、恁麼の大地、甚んぞ白圏の地なる。道元答えて云く、白智は元来誰の全体でそう。師、これを印す。

第六　浄問うて云く、上下の大事を知るや。道元答えて云く、頂上の一円相の事でそう。拶して云く、恁麼の大事を踏透すや。元答えて云く、突句と踏んでそう。師は是れ賊過ぎて後に弓を張る。

第七　三果上の虚席を知ってか。道元答えて云く、中々。三尺の地綿の事でそう。浄拶して云く、是れ要心に向かうが虚席となるや。元答えて云く、誰が本郷でそう。

第八　浄問うて云く、左右祖師、甚麼ぞ与麼に要心すや。道元答えて云く、久遠今時差別無く、个々一円でそう。

第九　さらば、其こで仏界を道え。道元答えて云く、長老二字でそう。浄、これを印す。

第十　浄云く、長老十二時の本尊を道え。道元答えて云く、羅漢の三昧でそう。

第十一　浄云く、自身成仏を知ってか。道元答えて云く、智識でそう。

第十二　浄云く、邪正一如の大道を知るや。道元答えて云く、中々、左右の血筋でそう。

第十三　浄云く、黄金の世界を知るや。道元、中々、道場荘厳の時、七条の袈裟を布いてそう。

第十四　浄云く、天の円器を踏むや。道元答えて云く、中々、一枚反故でそう。

第十五　浄云く、一仏三記を知ってか。道元答えて云く、中々、迦文勒の三記でそう。

第十六　浄云く、両頭安合を知るや。道元答えて云く、中々、如浄、道元、合血の切紙でそう。

第十七　七度の九拝、三度の三拝を合せてか。道元答えて云く、七条の袈裟の切紙と、九条の袈裟の切紙と、九品浄土の切紙でそう。

第十八　三身如来の説、十如幻の道場を知ってか。道元答えて云く、十三仏の切紙でそう。浄問う、前仏の本尊を指示し来れ。道元答えて云く、不動尊でそう。浄拶して云く、甚麼ぞ恁麼に道う。道元答えて云く、業堅不動の仏心、虚地に安ずる故に、前仏と安じてそう。浄亦た問う、後仏を示し来れ。道元答えて云く、叉手胸体して本師釈迦如来でそう。浄云く、甚麼ぞ恁麼に道う。道元答えて云く、如幻三昧でそう。

第十九　浄問うて云く、三世一道の図を知るや。道元答えて云く、三悟道一位の切紙でそう。浄拶して云く、徹処作麼生。道元答えて云く、我が胸を打ち、末爰が、一道三世を穿つ大道でそう。

第廿　浄問う、涅槃の根本を知るや。道元答えて云く、達磨知死期の法要の切紙でそう。

第廿一　浄問う、栄西記文録を知るや。道元答えて云く、栄西僧上の法を請うの偈の事でそう。

第廿二　達磨の参を知るか。道元、中々、歌の事でそう。

第廿三　世尊誕生七歩の参を知るや。道元答えて云く、二時三形巡堂の焼香の儀式の事でそう。

第廿四　一点の雨露、仏形を洗う、恁麼の事を知るや。道元答えて云く、授形灑水の法要の事でそう。

第廿五　二仏の大事を知るや。答えて云く、唯仏与仏の切紙でそう。浄拶して云く、徹処作麼生。道元答う、空と真の二つでそう。亦た尽と不尽と一合して、中に千差有り。

第廿六　四字の参を知るや。道元答えて云く、摩頂の図でそう。

第廿七　禅の活筆と道う事を知るや。道元答えて云く、三報書の切紙の事でそう。浄拶して云く、甚んとしてか恁麼に道う。道元答えて云く、三隆筆頭上に極めてそう。

第廿八　浄、好个の仏殿、指示し来れ。道元答えて云く、山僧でそう。浄拶して云く、入仏仕り来れ、看ん。道元答えて云く、我こそ唯仏でそう。

第廿九　浄云く、仏心相見を道え。道元答えて云く、最初発明の大事でそう。浄拶して云く、徹処作麼生。道元答えて云く、个の甚麼をか呈す。亦た無言で初めて恁麼の大事に通ず。

第卅　浄問う、自己七仏の空殿を知るや。道元答えて云く、馬祖七堂の図の事でそう。浄和尚、これを印可す。

○無始無終の段初

第一　浄和尚問うて云く、嗣書伝授仕ってか。道元答えて云く、中々。浄拶して云く、甚麼をか喚んで嗣書と為す。道元答えて云く、虚無自然を喚んで嗣書と為してそう。浄拶して云く、虚無自然の道作麼生。道元答えて云く、我が師元来無名に同じ。
第二　浄云く、嗣書の二字を道え。元答えて云く、師資一般、即同如来でそう。浄拶して云く、這の甚(なに)を嗣ぎ、這の何をか書くや。道元答えて云く、吾れ元と大我に書き嗣ぎ、有名無名を書き嗣いでそう。
第三　長短二道を知るや。道元答えて云く、七尺五寸でそう。浄拶して云く、這れ甚んの法要ぞ。道元答えて云く、七尺は、七世安楽、七字円成の体、五寸は、五仏成就、五行即ち明らめ了ってそう。
第四　頂上の三人二口の空錦を知るや。道元答えて云く、過現未の三際共にして如幻の法要、白心の頭体でそう。
第五　器文の応身を知るや。道元答えて云く、七仏の本位の事でそう。浄、印可したもう。
第六　伝灯の大宗派を知るや。道元答えて云く、嗣書でそう。師拶して云く、恁麼に大事有り。速やかに道え、速やかに道え。道元答えて云く、勃陀勃地(ぼだぼち)を書き嗣いでそう。浄拶して云く、儞速やかに挙し来れ。我、儞に向かって坐具を展べん。道元答えて云く、自救は勃陀と道い、他救は勃地と道うでそう。浄、涙眼にて、我が宗、儞に到って太だ興広せんとて、本坐より下坐し、坐具を展べて九拝したもう。
第七　維摩の丈室を道え。道元答えて云く、器文中の一でそうか。浄拶して云く、徹処作麼生。道元答えて云く、空劫已前、更に以前でそう。浄拶して云く、更に以前作麼生。道元答えて云く、十到して毫を通ぜず。浄云く、空劫作麼生。道元、模(も)を作し自ら一円を仕りたもう。浄拶して云く、空劫事作麼生。道元答えて云く、無始無終の事でそう。
第八　七仏の御大事を道え。道元答えて云く、無始無終の一心の事でそう。
第九　其こで宗門の入院を道え。道元答えて云く、空劫已前にて到って、更に以前、荘厳劫の仏心にて相見か、吾宗の入院でそう。
第十　さらば、開堂を道え。道元答えて云く、空劫已前の地で到り、無始無終の一心で契当するか、吾が宗の開堂の修行でそう。浄拶して云く、開堂の一句作麼生。道元答えて云く、元劫仏の出世の時、一機暗裏に居せず。浄拶して云く、珍重不尽。
第十一　山門の主眼を道え。道元答えて云く、善禅知識でそう。
第十二　善智識十二時の本尊を道え。道元答えて云く、阿羅漢でそう。
第十三　善智識十二時の拈提の事作麼生。道元答えて云く、大涅槃当頭の受用でそう。
第十四　善智識入院の開堂、十二時中の焼香の事作麼生。浄、これを印す。魔界来るや。
第十五　儞、十二時中床に坐して、大小の折角有り、大魔是なるか、小魔便ち是なるか。道元答えて云く、器文の図大でそう。師拶して云く、器文の図実にして大なれば、則ち寸人一口を道え。道元答えて云く、壱尺でそう。浄印すべし、日本開闢の上足と為したもう、云々。祖子派は、九寸なるは、参徹して知るや。
第十六　大眼形顔を知るや。道元答えて云く、山門主眼の切紙でそう。浄これを印したもう。
第十七　海女成仏の話を知るや。道元答えて云く、龍女成仏の切紙の事でそう。
第十八　不浄の洗却を知るや。道元答えて云く、日果罰状の切紙でそう。
第十九　明暗の大事を知るや。道元答えて云く、鉢円内外の切紙でそう。
第廿　十二時安楽の大事を知るや。道元答えて云く、嗣書看経の切紙でそう。
第廿一　自他成仏の四字を知るや。道元答えて云く、勃陀勃地の切紙でそう。
第二十二　一円の大事を知るや。道元答えて云く、嗣書を合せて書いてそう。
第二十三　主の一機を知るや。道元答えて云く、頂門眼の切紙でそう。
第二十四　善智識の三引導を知るや。道元答えて云く、非人引導の切紙でそう。
第二十五　釈尊の印鎖を知るや。道元答えて云く、仏印印可の切紙でそう。
第廿六　師資紹続不快の心を知るや。道元答えて云く、鉄漢（てつかん）辜負（こふ）の切紙でそう。
第二十七　道場恩の書を知るや。道元答えて云く、孝田の切紙でそう。
第廿八　雲水の領数を打したもうを知るや。道元答えて云く、僧積の図でそう。
第廿九　十二時清浄の参を知るや。道元答えて云く、加行の切紙でそう。
第三十　命脈の書を知るや。道元答えて云く、血脈の参の事でそう。
第三十一　霊山回向の二字を知るや。道元答えて云く、上来の切紙でそう。
○向上巻段始
第一　向上の巻を知るや。道元答えて云く、御大事の段でそう。浄、印すべし。
第二　五智の如来を知るや。道元答えて云く、御大事の中、五形の円相の事でそう。浄、印すべし。
第三　混沌未分の前、白田地を知るや。道元答えて云く、向上の白錦地でそう。浄拶して云く、甚麼としてか白田地なるや。道元答えて云く、如幻は元来如幻にて坐す。浄、これを印すべし。
第四　五形向上の一中は、大が是なるか小が是なるか。道元答えて云く、大満でそう。浄、印して上足と為すべし。亦小と道うは祖師印すべし。小は大字に書くなり。書をこれを塔在す。
第五　大卍字、這れは何の要心なるや。道元答えて云く、右点は、混沌未分の根本でそう。
第六　左点は、大極の一点、混沌の全体でそう。浄云く、猶お速やかに道え、猶お速やかに道え。道元答えて云く、大極・大昜・大物・大始・大索の一中でそう。浄、印すべし。
第七　過去七仏の血脈を知るや。道元答えて云く、三光の図の事でそう。浄拶して云く、速やかに道え。道元答えて云く、前の黒一色は、過去未分の田地でそう。中の赤色、現在安楽の田地でそう。外の黒一色は、未来でそう。猶お拶して云く、甚麼としてか血脈と道うや。道元答えて云く、一処能く三世に通達せば、一心三身、自在の要心なり。
第八　一心自在、三身の要心を知るや。道元答えて云く、三段下の三星は月弓を守ってそう。浄拶して云く、守る心作麼生。道元答えて云く、三界唯心、万法唯識、虚空の一念、物急に起り、天然自然慮を下し、此の中心より一時に心を起こしてそう。
第九　過去七仏の血脈にて合せて道え。道元答えて云く、現在心起らば、未来にて通達してそう。浄、印すべし。
第十　世尊、明星を一見して悟道せるを道え。道元答えて云く、三星、月弓を守るの心にて悟道してそう。浄拶して云く、血脈を合せて道え。道元答えて云く、一見悟道して、世尊世に現れて、三世通達する時、過去の本仏にて伝授してそう。

第十一　勃陀勃地の本郷を道え。道元答えて云く、一円中の空の字でそう。浄、印すべし。猶お拶して云く、本郷の事を速やかに会し来たれ。道元答えて云く、有為の時無為を悟る。道明は自己、勃陀は他心、勃地は悟道でそう。猶お拶して云く、悟道の事作麼生。道元答えて云く、仏と衆生と同時にて空身円満でそう。

第十二　空も亦た作麼生。道元答えて云く、九品浄土の世でそう。浄猶お拶して云く、一句道え。道元答えて云く、本来面目は本地の風光、本国は本家に有り、虚空は寂光浄土、唯心世界、久遠の釈迦、自身の弥陀でそう。拶して云く、即今徹処作麼生か道うべし。道元答えて云く、有為は無為の空心、三世の受用でそう。

第十三　五智一智の事作麼生。道元答えて云く、百千の事業は、一血貫通す。浄、印すべし。

第十四　有為無為一時成仏の御大事を知るや。道元答えて云く、本田の図の事でそう。浄拶して云く、猶お速やかに道え。道元答えて云く、有為の悟は、凡生じて成仏し、無為の悟は、凡生じて心成仏してそう。

第十五　大善智識を道え。道元答えて云く、老とは不老の前。浄、印すべし。

第十六　大魔を道え。道元答えて云く、知と不知とは無智の前、禅道捨却して小児に還る。浄、印すべし。

第十七　大阿羅漢を道え。道元答えて云く、自在に大愚の心を滅却す。

第十八　再び大涅槃を道え。道元答えて云く、生死当脱して、時々生死を知らず。

第十九　人人分上、一血脈を道え。道元答えて云く、胸を打て、本心でそう。

第廿　袋を道え。道元答えて云く、入道でそう。

第廿一　凡夫、諷（さ）ては大善智識なるや。道元答えて云く、正眼・大愚眼、凡心を備えてこそ、未分本来の血脈でそう。右三仏の大事、一毫も残さず、儞に付属し了んぬ。能く護持して断絶せしむること莫れ、断絶せしむること莫れ。浄逼拶（ひっさつ）して云く、奥蔵の一句を道え。道元答えて云く、何ぞ道う事有らんや。猶お拶して云く、三仏満足の大善智識と成り得て、上に重ねて掃地の一句を道え。我れ儞に向かって坐具を展べて、便ち九拝せん。道元答えて云く、三仏の本師、擲酬して云く、無用の要心自から契し了んぬ。浄和尚、坐具を展べて九拝し畢んぬ。

此の書は、如浄和尚、曹洞宗の秘訣なり。道元和尚に密伝の後、天童如浄和尚、道元に向かって曰く、曹洞の一宗、爾、日本に弘通して、吾が宗を建立せんとす。猶お更に粉骨砕身して、吾が宗の修行、究極の秘事を、自己分上においてあきらむべし。分明の秘訣を会せずんば、何ぞ又た他を勘弁し、他を点験して、賢愚・徹未徹を識得すること有るべけんや、云々。此の書、御開山の御直書にして、深く法庫に収めこれを置くなり。

日本曹洞宗正伝の秘訣に於いて、上足・不上足の折角、知識の勘弁、話頭参禅の点験并びに切紙の点験は、開山和尚の宗旨極妙の徹処（てっしょ）、宗旨建立の眼目たり。師資流通して、以心伝心、正法眼蔵を附属して、不立文字（ふりゅうもんじ）、教外別伝（きょうげべつでん）の密旨、這の一巻の書に有り。此の一巻の書は、諸録・経巻・独則の秘参等に換却し難き、一大事の秘訣、密意の書なり。伝授の後、上足の嫡嗣一人にのみ伝附せしものなり。容易にせば、仏罰・法罰、立地に当迷し、眼は瞎（かつ）し耳は聾（ろう）して、眉髪堕落せんと云々。あなかしこ、あなかしこ。

建長五癸丑七月十四日、二代懐奘書す。判あり。

右件々の如し。当寺住職比丘代々、此の書、巻の末に、自筆を以て吾が諱を書くは、是れ嫡嗣上足の験（しるし）なり。上古は皆な斯くの如きなり。然るに、近世、先師七八代を略し、却って吾が諱を書すは、是れ私意の至り、猥乱（わいらん）の基本なり。故に現住英峻比丘、これを改め、これを書し、箱にこれを入れ置くものなり。

【注】（1）露柱ノ話　駒澤大学図書館蔵『報恩録』下巻（山梨県山梨市永昌院旧蔵）に「廿七、露柱一句」として、「永平古仏露柱一著、今対目前露柱八万法也」とみえる。中世においてすでに道元禅師（一二〇〇～五三）の公案として受容されており、石川県羽咋市永光寺所蔵「曹洞宗天童如浄禅師道元和尚嗣法論」（天正三年〈一五七五〉十二月八日、自得寺十一世松厳宗寿から同寺十二世栄厳慶松へ相伝）等にその問答を見ることができる。

（2）伝前百二十則　寒巌派下の普済寺十三門派の一つ㴱堂派に属する愛知県渥美町常光寺所蔵「㴱堂派参話目録」は、中世以来の所伝を有するものであるが、伝授前、伝授時、伝授後、さらには末後之参という様に、公案参究の階梯を設けている。

(3)小書目録別紙在、御判　「伝前百二十則」の公案目録が別紙に記載されていることをいう。

(4)十則正法眼ノ事　瑩山禅師(一二六四〈一二六八とも〉～一三二五)に擬せられる『秘密正法眼蔵』の公案がそのまま本参として成立した例として、佐賀県武雄市円応寺蔵『十則正法眼幷抄』がある。その十則とは、第一、拈花微咲之話、第二、門前拶竿之話、第三、廓然無聖、第四、聖諦亦不為之話、第五、無情説法之話、第六、六外一句之話、第七、倩女（せんじょ）離魂之話、第八、托鉢下堂之話、第九、枕子之話、第十、道不会之話をさす。ほかに傑堂能勝(一三五五～一四二七)に擬せられる『秘密正法眼蔵註解』、公案体系の中に組み込まれている史料に、岐阜県関市龍泰寺蔵『祥雲山龍泰禅寺門徒秘参』所収「十則正法眼」(慶長十二年〈一六〇七〉中岩正的書写)、長野県長野市大安寺所蔵『本来面目』所収「十則正法眼」が存する。

(5)句参ノ事　「句参」とは、「透句(通句)参」の意。「本参」が一つ一つの話頭、あるいはいくつかの公案や句を一括して一連の話頭として参ずるものであるのに対して、一句あるいは二句一対を一つの公案として扱い、それらの句を段階的に透過すべき体系としてまとめたものが、「透句の参」である。「夜参の盤」や「三位之注脚」がこれに該当する。

(6)天童山而参得ノ数会事　天童山における如浄(一一六三～一二二七)と道元禅師との師資問答の「参話」をさすと思われる。

(7)浄古仏ノ点験者、三七日ノ帰、伝授之中、別紙切紙在之、御判、但ニ明歴々也　天童山における如浄と道元禅師の参話が、伝授時に参得すべき公案目録として別紙切紙に記載されていることを示す。

(8)道元和尚大疑起本与謂事ヲ　『建撕記（けんぜいき）』等の道元禅師の伝記に見える求道の転換をもたらした動因。すなわち「本来本法性、天然自性身」、本来悟っているはずの自分自身がなぜ修行しなければならないのかという大疑団をさす。

(9)浄和尚向レテ道元御違〔遺〕戒話　如浄が道元禅師に示した遺誡の話頭をさすと思われる。

(10)道元二大字註　後年、永平寺二世懐奘（えじょう）(一一九八～一二八〇)が「道元」の二字を注釈した話頭。

(11)浄和尚深明…問訊還道元与云々　「光紹智堂書写本」（以下「智堂書写本」）は、「浄和尚、深明祖師骨髄之禅之器フリトシテ、印了玉、問訊還ル道元与、々々」に作る。今、これに準じて訓点を付す。

(12)三世諸仏不知有、狸（奴脱カ）白（却脱カ）狐智有　潙山霊祐（いさんれいゆう）（七七一～八五三）の語として知られる公案。また、「三位之透」参の句としても用いられる。

(13)血脈　戒脈授与の「血脈」をめぐる問答。「嗣書」ならびに「血脈」の授与（三物相承）が中世における伝法であったと推定され、後世更に「大事」が加わり三物相承として定着したものと推定される。

(14)末向　「真向（まっこう）」におなじ。

(15)地綿事　「地面」の意。

(16)白圏地　中を白く残した丸、血脈の円相をいうか。

(17)寸人一口　未詳。

(18)七字円成　「七字円成」の意味は、判然としない。しかし、「消災咒之記文」（駒澤大学図書館所蔵『室内切紙謄写』所収）に「消災咒之歩行、七字円成卍字ト巡ル也。七難即滅、七福即生、一円卍字也」の用例がみえる。

(19)誰ノ全体　「切紙目録」（本巻No.4、『禅籍編』二巻No.39）に(17)「一、誰十八則勘破図添」とみえ、『永平寺話頭総目録』（本巻No.27、『禅籍編』二巻No.42）に「吾ガ宗諸話頭之四本柱、活句、色相、阿誰、本分」とみえ、「誰」は「誰（た）そ」（だれか）としか表現し得ないものをさすものと思われる。『洞上室内断紙揀非私記』に(37)「阿誰話断紙」とみえる。

(20)頂上ノ一円相ノ事　「廿五△血脈円相之大事」（『参禅切紙』所収）に「夫レ血脈ノ上ノ円相ハ者、仏祖向上ノ関ト云イ、自己本分ノ田地ト云イ、人々本居本宅也リ」とみえる。

(21)突句　「とっくと」は、「とくと」の強調形。よくよく、十分に、の意。

(22)賊過後張弓　『碧巌録』等の禅籍に着語として頻出する語。手遅れ、後の祭り、の意。

(23)三杲（果）上ノ虚席ヲ　未詳。

(24)三尺ノ地綿事　未詳。

(25)道場粧（荘カ）厳ノ時、七条之袈裟ヲ布走　元応三年（一三二一）峨山紹碩（一二七六～一三六六）伝受の奥書を有する、愛知県豊川市西明寺所蔵「空塵書」

(文禄四年〈一五九五〉真翁相伝)によれば、「次坐具上敷掛落、其上敷七条、其上敷九条、師資共坐此上」とみえる。「七仏伝授之作法」切紙等の、伝法儀礼関係切紙に記される儀礼。
(26)一枚ホグ〔反故〕 石川県羽咋市永光寺所蔵『截紙之目録』に「天竺一枚反故」切紙がみえる。
(27)迦文勒ノ三記〔説カ〕 「普所之大事」切紙ともいう。生死をめぐる、迦葉・文殊・弥勒の三師の説を内容とする切紙。
(28)如浄道元合血ノ切紙 『正法眼蔵嗣書之巻』に「合血」の儀礼に関する言及がみられる。「空塵書」等の伝法儀礼関係切紙において、「合血」の儀礼は師資合血(一体化)の意味が付与されている。
(29)七条ノ袈裟ノ切紙ト 永平寺所蔵『切紙目録』(前掲注19)に(92)「一、袈裟之大事」の記載がある。埼玉県大里郡寄居町正龍寺所蔵「福田衣切紙」(御州の門弟にあたる正龍寺九世普満紹堂相伝)は、五条・七条・九条・十三条・十七条・二十五条の田相、袈裟を結ぶ緒等の解説を内容とする。
(30)九条ノ袈裟ノ切紙ト 面山瑞方(一六八三〜一七六九)撰述『洞上室内断紙揀非私記』に永平寺に相伝され所蔵されている切紙の一つとして「九条衣密伝断紙」を記載している。
(31)九品浄土ノ切紙 西明寺所蔵(鉄山天牛所伝)「拝塔之儀式」切紙には、冒頭「九品之浄土」と題して解説がなされている。
(32)十三仏ノ切紙 永平寺所蔵『切紙目録』(前掲)に(114)「一、十三仏之切紙」とみえ、別本に(102)「十三仏血脈」、「永平寺室中断紙目録並引」に(115)「十三仏血脈切紙」とみえるほか、参話としては、龍泰寺所蔵『仏家一大事夜話』がある。
(33)三悟道一位ノ切紙 永平寺所蔵『切紙目録』(前掲)に(79)「一、三悟道一位図」、「永平寺室中断紙目録並引」に(86)「三悟道同切紙」とみえる。釈尊の見明星悟道、霊雲志勤の見桃花悟道、香厳智閑(?〜八九八)の撃竹悟道の三つの投機(悟り)が一つであることをいう。
(34)達磨知死期法要ノ切紙 永平寺所蔵『切紙目録』(前掲)に(73)「一、達磨知死期秘密」と見える。死の日時を予知する「知死期」の秘訣が達磨の偈を元に解釈する切紙。また『渓嵐拾葉集』巻八十六に「知死期法事」の記事がみえる。

(35)栄西記文録　『切紙目録』(前掲)に(77)「一、栄西記文」とみえる。また、永平寺には「栄西僧正記文」切紙(光紹智堂書写、『文書編』一巻No.37、『禅籍編』一巻No.51)が現存し、智堂書写『参禅切紙』にも収載されている。

(36)達磨参　未詳。

(37)二時三形順堂焼香義式　長野県松本市徳雲寺所蔵「切紙目録」は「天正二十年」(文禄元年)の年記を有するものであるが、そこには(74)「巡堂焼香之儀規」の記載がある。

(38)授形灑水ノ法要　永平寺所蔵『切紙目録』(前掲)に(39)「一、洒水室中秘伝〔則是訓訣也、二通〕」とみえ、別本にも(87)「灑水室中秘伝、是即訓訣也」とみえる。

(39)唯仏与仏ノ切紙　未詳。「勃陀勃地」切紙および参で、「唯仏与仏乃能及尽」の語句をモチーフとして解釈する。

(40)四字参　永平寺所蔵『切紙目録』(前掲)に(8)「一、宗門四字参」とみえる。

(41)摩頂之図　『洞上室内断紙揀非私記』に(6)「摩頂大事断紙」として記述があり、光紹智堂書写『参禅切紙　後巻』に(6)「六、摩頂参」とみえる。ほかに、永光寺所蔵「摩頂参(仮題)」切紙(久外呑良所伝、観応二年〈一三五一〉太源宗真(?～一三七一)より天真自性(?～一四一三)へ相伝との記載あり)、栃木県栃木市金剛寺蔵『泰叟派本参』所収(5)「〇摩頂之参」(「門中ニモ当時泰叟派御秘参也」と記す)等がある。

(42)三報書切紙　未詳。

(43)馬祖七堂ノ図之事　『洞上室内断紙揀非私記』に(121)「馬祖七堂参断紙」の記述がある。

(44)七尺五寸　永光寺所蔵「仏心宗拄杖之切紙」によれば、「長七尺五寸、七字円成也」とあり、七尺五寸は拄杖の長さを意味する。

(45)山門主眼之切紙　永平寺所蔵『切紙目録』(前掲)に(34)「一、山門之図」、駒澤大学図書館所蔵『室中切紙謄写』に(33)「山門切紙」、『参禅切紙』に(52)「山門切紙」としてみえる。

(46)龍女成仏之切紙　未詳。

(47)日杲（果）罰状之切紙　未詳。

(48)鉢円内外切紙　未詳。

(49)嗣書看経紙（切脱）　永光寺所蔵「截紙之目録」に「嗣書看経」とみえる。

(50)勃陀勃地切紙　永平寺所蔵『切紙目録』（前掲）に(97)「一、勃陀勃地切紙［二通］」、『参禅切紙』（智堂書写）に(8)「勃陀勃地参」とみえる。

(51)非人引導切紙　『室中切紙謄写』に(50)「非人亡者之事」とみえる。群馬県渋川市双林寺所蔵「非人引導切紙」には、永平寺十八世祚棟（そとう）（?〜一五六〇）・同十九世祚玖（そきゅう）（一五三一〜一六一〇）の相伝の記事がみえる。

(52)仏印印可切紙　未詳。

(53)鉄漢辜負切紙　『洞上室内断紙揀非私記』に(7)「鉄漢大事断紙」の記事がみえる。正龍寺所蔵「伝授之儀規」（普満紹堂相伝）に「一、鉄漢之参」とある。

(54)孝田之切紙　永光寺所蔵「截紙之目録」に「考田大事」が記載されている。

(55)僧積図　未詳。

(56)加行切紙　永平寺所蔵『切紙目録』（前掲）に(36)「一、伝儀加行」とみえる。

(57)血脈之参　龍泰寺所蔵『仏家一大事夜話』に(17)「血脈参」、金剛寺蔵『泰叟派本参』に(3)「○血脈之参」とみえる。

(58)上来切紙　永平寺所蔵『切紙目録』（前掲）に「(35)一、上来之図」とみえる。

(59)過去七仏之血脈　未詳。

(60)三光之図之事　未詳。

(61)本田之図之事　未詳。

【解説】　本史料名は、巻子上書きに「永平秘伝之書写」とあり、永平寺二十七世高国英峻（こうこくえいしゅん）（一五九〇〜一六七四）の序文にも「これを喚んで秘伝の書と名づくと」とみえるが、内題に依拠し、「天童如浄和尚智識験弁点験大明目」と呼称する。本史料は、高国英峻の自筆本であり、後に同二十九世鉄心御州（てっしんぎょしゅう）（?〜一六六四）、同三十世光紹智堂（こうしょうちどう）（一六一〇〜七〇）へと相伝された。光紹は別に本書（本巻No.77、『禅籍編』一巻No.64）を書写している。また、本史料は、高国が著した永平寺所蔵『切紙目録』（本巻No.４、『禅籍編』二巻No.39）所収「参禅巻冊覚」にみえる、（３）「一、永平秘伝参一巻」あるいは（5）「一、永平秘伝書伝後参［絹地也］一巻」のいずれかに該当するのではないかと推定する。

本史料の体裁は、十紙継紙の巻子装であり、表書きに「永平秘伝之書写」とあり、朱印一顆が押されている。これは、本史料の成立に関係するものと思われる。高国の跋文によれば、「永平寺の住職が本書の巻末に法諱を自ら記すのが、正嫡の弟子であることの証明であり、上古においてはそのように署名されてきたが、近比の先師七八代においてはこの儀礼が省略されてきた。相伝の系譜が途中を欠いたままで、現住である私（高国）が法諱を記すのは、独りよがりの考え方であり、混乱のもとである。今度、現住である英峻（高国）が、原本を改め、新たに書写し（系譜を十全なのものにして）、箱に入れ置くものである」とその経緯を述べている。跋文に依拠すれば、本書は高国以前より代々嫡々相承されてきた原本の写し、系譜を補った点から見れば修訂本ということになるから、「永平秘伝之書写」と記されたものと推察する。高国の序文の末に、朱印二顆（「万照高国禅師」、「士峰英峻俊」）が押され、重ね継ぎ部分九ヶ所にも朱印（「万照高国禅師」）が押印されている。また「〇天童如浄和尚智識験弁点験大明目」第一則部分に朱印一顆（三宝印）が押されている。更に相伝系譜の「当寺二十六世英峻」箇所に朱印二顆（「万照高国禅師」、「士峰英峻俊」）が押され、「当寺二十八世光紹」に朱印二顆（「慧輪永明(えりんえいめい)禅師」「光紹高風」）が押韻されている。

本史料の構成は、以下の通りである（括弧内は話頭の数を言う）。

（一）「高国の序」
（二）「〇天童如浄和尚智識験弁点験大明目」（八則）
（三）「〇御内印法験段」（三〇則）
（四）「〇無始無終段初」（三一則）
（五）「〇向上巻段始（二一則）
（六）「二代懐奘奥書」
（七）「高国の跋」

本史料の別本に岩手県奥州市正法寺(しょうぼうじ)所蔵本があり、その構成は（一）「初点験　二二則」、（二）「御内印法験　三〇則」、（三）「無始無終　三〇則」、（四）「向上巻二一則」、（五）「奥書」、（六）奥書（峨山韶碩）という構成であり、本史料との間に本文の異同は少ない。

ただし、永平寺所蔵本(二)「〇天童如浄和尚智識験弁点験大明目」該当部分を、正法寺蔵本は「初点験」となし、後者には以下の四則が付加されている。

第九、儀介和尚、知者不知、愚者親。

第十、蛍山和尚云、無明即明了、々々道無明裏入。

第十一、峨山和尚云、尽来遠元坐近。

第十二、明峰和尚云、尽不尽一合裏有千差。

さらに正法寺所蔵本は、永平寺所蔵本とは異なる相伝の系譜を記載している(正法寺所蔵本は、拙稿「林下曹洞宗における相伝史料研究序説(七)」に全文の翻刻がある)。

本史料の書写様式は、本参本文の表記が、序跋の表記よりも小さく書写されており、その表記方法もカナの部分を漢字表記にしている。師資による問答の文体は、「でそう」という文末表現を用いることが多い。

本史料の内容については、応仁・文明の乱以降、林下道元派下において盛んに抄出された本参や切紙をどのように体系化し、位置づけるかという課題を前提にしている。高国英峻書写「永平嫡嗣伝授之儀式」(本巻No.17、『禅籍編』二巻No.36)についてみれば、三物(嗣書・血脈・大事)伝授の根拠はしばしばその関連切紙に依拠しており、先行の切紙を前提として成立していることがわかる。本史料も、多くの本参・切紙がそうであるように、師資の問答による問題の提起と見解の呈示がなされるが、詳細に関する内容理解は切紙を見よという解答になっているのが特徴である。

高国英峻は、本史料を永平寺における教学体系においてどのように位置づけようとしたのか。「建長五癸丑七月十四日、二代懐奘書、判」とある、懐奘の奥書部分に注目したい。ちなみにこの日は、『建撕記』によれば、道元禅師に先んじて、懐奘が永平寺に入院した日とされる。要約すれば、「日本曹洞宗における正伝の仏法の秘訣は、就中公案(本参)の点検、切紙の点検であり、それこそが開山道元禅師の究極の宗旨である。この一巻の書は、祖師の語録、経典、独則の秘参等でも換えがたい、一大事の秘訣、密意の書なのである。嗣法伝授了畢した、上足の嫡嗣一人にのみ伝附すべきものであり、いいかげんに伝附すれば、立所に仏罰・法罰を蒙り、眼は視力を失い耳は聴力を失って、(悪病を得て)眉鬚が抜け落ちることだろう」という。懐奘の言葉として、本史料を最も価値のある本参として位置づけ、同時に本史料を機根のすぐれた正嫡一人にのみ伝附すべきものとしている。

高国は、住持にとって重要不可欠なものとして本史料を権威化し、嗣法の支証としての価値を付与しようとしたものと推察する。三物（嗣書・血脈・大事）を取り上げているのも、その理由の一つと言える。しかしながら、より重要なことは、永平寺の住職が本史料の巻末に法諱を自ら記すのが正嫡の弟子であることの証明であり、上古においてはそのように署名されてきたことを強調する点にある。高国は切紙・本参の相伝をもって伝法の正当性を保証する相続様式を確立しようとしていたものと思われる。

なお、本史料は『禅籍編』一巻No.63にも収録される。

参考文献

『永平寺史料全書』禅籍編　第一巻（大本山永平寺、二〇〇二年）。

『永平寺史料全書』禅籍編　第二巻（大本山永平寺、二〇〇三年）。

『永平寺史料全書』禅籍編　第三巻（大本山永平寺、二〇〇五年）。

『永平寺史料全書』禅籍編　第四巻（大本山永平寺、二〇〇七年）。

『永平寺史料全書』文書編　第一巻（大本山永平寺、二〇一二年）。

飯塚大展「林下曹洞宗における相伝史料研究序説（七）」（『駒澤大学仏教学部研究紀要』七一号、二〇一三年）。

（飯塚大展）

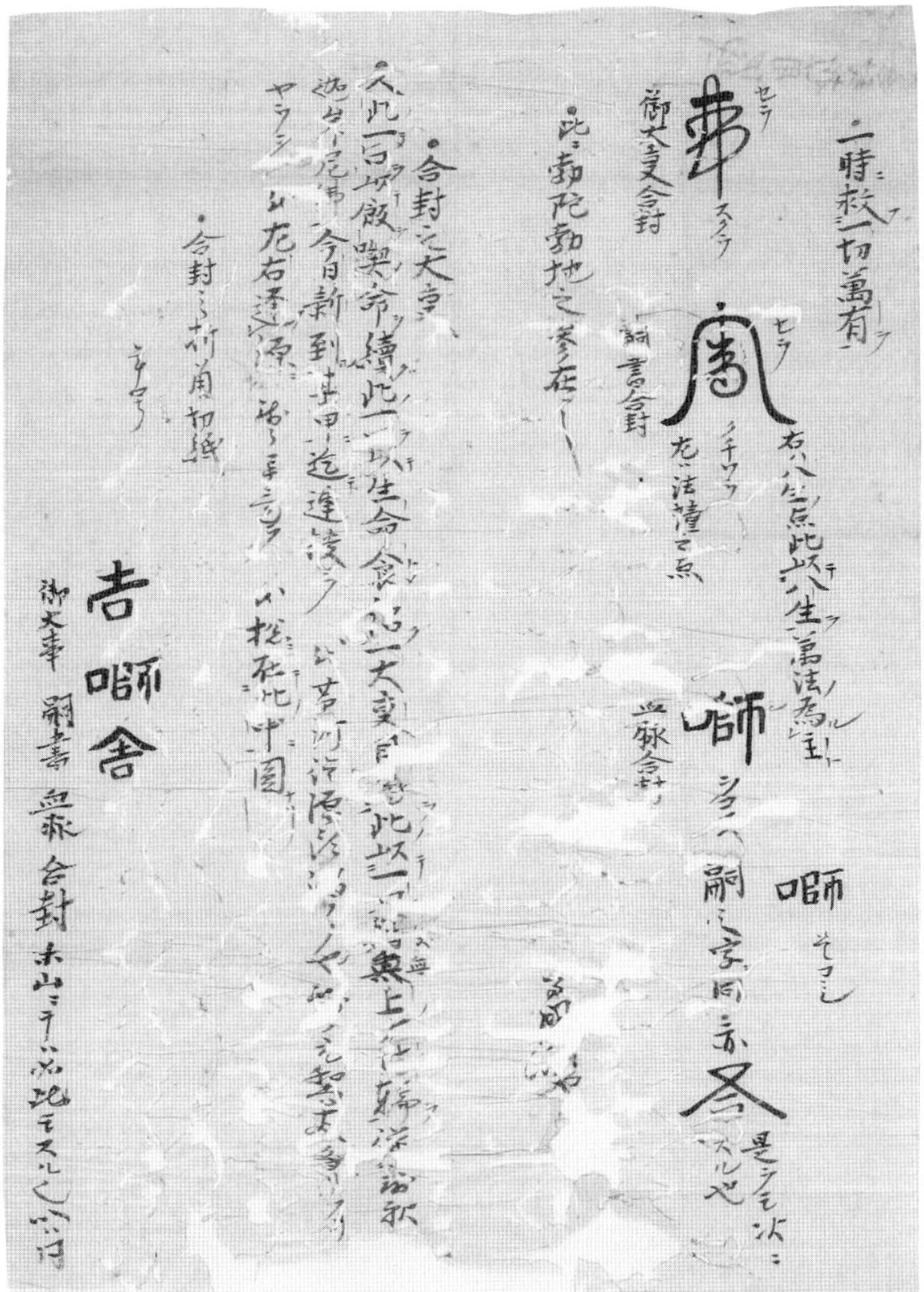

19　合封折角切紙（高国英峻切紙）（一紙　33.4㎝×48.1㎝）

（万治二年〈一六五九〉秋以降）、永平寺二十七世高国英峻、永平寺退院時もしくは如意庵隠居中に「合封折角切紙」を書き残す。

（端裏書）
「合封折角切紙」

●一時ニ救フ二一切万有ヲ一、

セウ

スクウ

御大事合封

セウ

クチワウ

左ハ法幢之点、

嗣書合封

右ハ八生ノ点、此以テ二八生ヲ一、万法ノ為レル主ト、是ヨシ、

シ

ヲコス、嗣之字ニ同、亦是ヲモ次ニスル也、

血脈合封

●此ニ勃陀勃地之参在之、

高国叟

●合封之大事

●人此ノ一レ口ヲ、以テ飯ヲ喫シテ命ヲ続グ、此ノ一□（口カ）ヲ以テ生命食トシテ紹二グ一大事因縁ヲ一、此ノ以テ二一口ヲ一、転ズ二無ミ□上ノ大法輪ヲ一、従二□（本カ）師釈迦牟尼仏一、今日新到ルニ某甲ニ一迄デ、連授ヲ、代、黄河従源頭濁了也、師□（云カ）、元和尚両処ヨリツリヤウヲ、代、左右逢フレ源ニ、師云、畢竟ヲ、代、総ニ在テ二此ノ中ニ一円ナリ、

●合封之折角切紙

年号

御大事　嗣書　血脈　合封、末山ニテハ、如此モスル也、心ハ同、

【解説】　本史料は、永平寺二十七世高国英峻（一五九〇～一六七四）が書写した、三物（大事・嗣書・血脈）を封印する字（記号）を記した切紙である。

本切紙は、形式上、不完全なものといえる。切紙伝授の時期や授受関係が明記されず、署名はあるものの、押印あるいは花押は記されていない。永平寺所蔵の切紙では、相伝関係が明示されないことが多くみられる。署名から、永平寺二十七世高国英峻相伝のものと判断できるが、永平寺三十世光紹智堂が同二十九世鉄心御州から多くの切紙を相伝しているのを確認できるのに対して、『切紙目録』（本巻No.4、『禅籍編』二巻No.39）にみられるような形で、次の世代へと切紙伝授がなされたのかは、必ずしも判然としていない。永平寺所蔵の内、最も多くの切紙が現存しているのは、智堂相伝のものである。高国相伝の切紙で、智堂相伝切紙と一致するのは、「道元和尚嗣書切紙」（『禅籍編』一巻No.20）のみである。本切紙と同内容のものが、駒澤大学図書館所蔵『室内切紙謄写』（請求番号H172/17）所収切紙の中に、あるいは御州より相伝を受けた普満韶堂相伝の切紙（埼玉県大里郡寄居町正龍寺所蔵）の中に見出すことができる。高国相伝の切紙の総体は、今後永平寺以外の史料によって検証する必要がある。高国相伝の本参に関していえば、それ以前の祚天・祚玖・宗奕相伝の本参と、高国相伝のそれとは系統を異にしていた可能性がある。また、それ以後の御州、智堂も住山以前に異なる系統の本参・切紙の相承をしていたものと思われる。

本史料は、三つの部分からなっている。三物（大事・嗣書・血脈）は二つ折りにして端を合わせ、そこに封印の記号（文字）が付され、嗣書袋、血脈袋等に納められるのが一般的である。三物それぞれに対応する封印の記号を図示し、意味付けを行っているのが、第一の部分であり、「合封之大事」の名称が相応する。三つの印の後に付加的に記されている記号（咎）が合封の印としては一般的であり、「合封之参（或いは合判之参）」というときには、この印に対する参がほとんどである。端裏書に見える「合封折角切紙」の「折角」は、師資の商量、問答体の参をさしていうが、これは第二の部分に相応する。第三の部分は、合封の印の別種の提示であり、末山において用いられるべきものとしている。

本史料について、面山瑞方は『洞上室内断紙揀非私記』所収「合封折角断紙」において、三物それぞれに合封の印に三種の字があるとし、「合」字を分解して意味づけをなす口訣があるが、一笑に付すべしとしている。

嗣書は、作法にしたがって畳まれ、その合わせ目に師資の血を出して合血し、これをもって封印する意の「〓」の字が記される。この作法の指南書としては石川県羽咋市永光寺所蔵「合封印作法」（富山県高岡市瑞龍寺の無文良準より愚謙に伝授）が現存する。「合封印作法」切紙に対して、面山は、『洞上室内断紙揀非私記』所収「合封印作法」（『曹洞宗全書』一五巻二〇六～二〇七頁）において、「是れ但だ二字の合の字を以って、頭と頭とを対して之れを畳み襲（かさ）ぬる処に書して後の標示に備う。別に意義無し。（下略）」と見える三物中の大事の相伝に際して、師資が署名押印する儀礼（合判）の意義を、参によって究明した「合判之参」（永光寺所蔵、寛永十九年〈一六四二〉久外媖良書写）は本史料を理解する上で参考になる。さらに、室内伝法儀礼から嗣書・血脈の作成等の主要な課題を取り上げた一連の参が各派に相伝されているが、例えば、栃木県栃木市金剛寺所蔵『泰叟派秘参』所収「泰叟派伝授之参」の中には「合封之参」も含まれている。また、本史料において、「勃陀勃地之参」があると指摘しているが、実はこの参話は、「合封之参」そのものである。

なお、本史料は『禅籍編』二巻No.38にも収録される。

参考文献

石川力山『禅宗相伝史料の研究』下巻、六六〇～六六二頁（法蔵館、二〇〇一年）。

（飯塚大展）

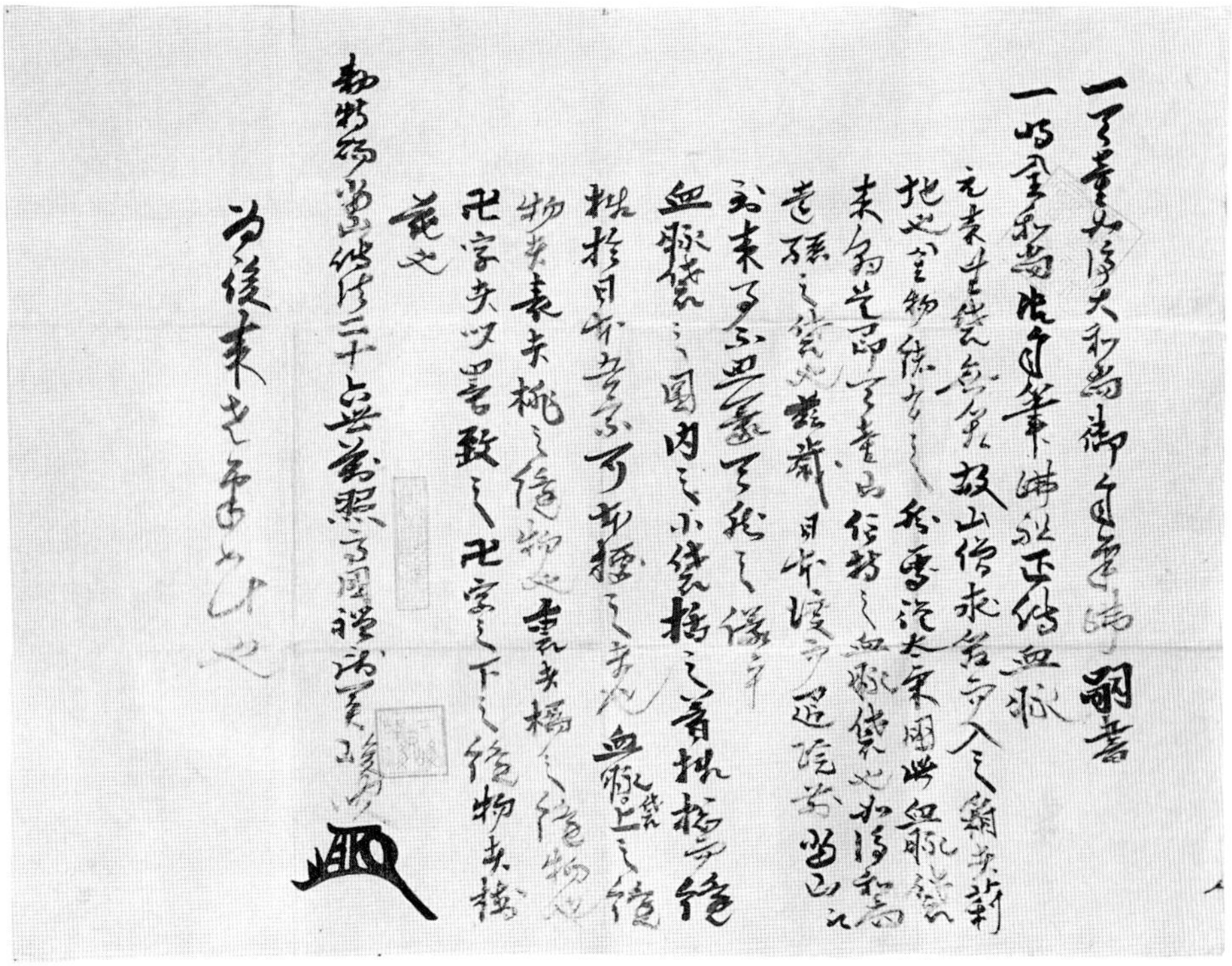

（万治二年〈一六五九〉秋以降）、永平寺二十七世高国英峻、永平寺退院時もしくは如意庵隠居中に「嗣書血脈覚書」を書き残す。

20　嗣書血脈覚書（高国英峻記）

（一紙　39.0㎝×49.7㎝）

一、天童如浄大和尚御自筆仏嗣書(1)
一、明全和尚御自筆仏祖正伝血脈(2)（朱印文「仏法僧宝」）
元者、無袋無箱故、山僧、求箱而入之、箱者、莉
地也、金物・緒、有之、然処、従太[大]宋国、此血脈袋、
来朝、是即天童山住持之血脈袋也、如浄和尚
遠孫之袋也、茲歳、日本渡而、退院前、当山[江]
到来事、不思義[議カ]、天然之儀[乎]、
血脈袋之図、内之小袋、括之着様、総而縫
様、於日本吾宗、可本拠之者也、血脈○[袋]、上之縫
物者、表者、桃之縫物也、裏者、橘之縫物也、
卍字者、以筆致之、卍字之下之縫物者、梅
花也、
（朱印文「万照高国禅師」）（朱印文「士峰英峻俊」）
勅特賜当山伝法二十六世万照高国禅師英峻叟（版刻花押）
為後来、老筆、如此也、

【読み下し】

一つ、天童如浄大和尚御自筆の仏嗣書。

一つ、明全和尚御自筆の仏祖正伝血脈。

元は、袋無く箱無き故に、山僧、箱を求めてこれに入れしむ。箱は、莉地なり。金物・緒、これ有り。然る処に、

【附属文書】 嗣書包紙

天童如浄和尚御

（朱印文「仏法僧宝」）

直書之仏嗣書之

写也、

万照高国禅師英峻代

（朱印文「万照高国禅師」）

（朱印文「士峰英峻俊」）

嗣書写、

鎮徳寺現住義珊

大宋国より、此の血脈袋、来朝す。是れ即ち天童山住持の血脈袋なり。如浄和尚遠孫の袋なり。茲の歳、日本に渡りて、退院の前に、当山に到来せる事、不思議なり、天然の儀か。血脈袋の図、内の小袋、これを括り着け様、総じて縫様は、日本の吾が宗においては、これを本拠とすべき

ものなり。血脈袋、上の縫物は、表は、桃の縫物なり。裏は、橘の縫物なり。卍字は、筆を以てこれを致す。卍字の下の縫物は、梅花なり。

勅特賜当山伝法二十六世万照高国（ばんしょうこうこく）禅師英峻（えいしゅん）叟

後来の為に、老筆、此くの如きなり。

【注】（1）天童如浄大和尚御自筆仏嗣書　附属文書の「嗣書包紙」には、「天童如浄和尚御直書の仏嗣書の写しなり」とみえる。これによれば、嗣書包紙、更に血脈袋に収められたのは、如浄直筆の原本ではなかったことになる。同様の記事が「伝授室中之物」（本巻No.41、『禅籍編』三巻No.14）にみえる。『禅籍編』一巻No.62の解説で、菅原昭英師が指摘された、慶長十六年（一六一一）四月二十二日訴状（『本光国師日記』）によれば、福井県大野市宝慶寺の常住（宝物）に関して、永平寺霊梅院との係争となっており、争点の六項目が挙げられている。その内の第一項「一、天童如浄禅師ゟ道元和尚被成御請取血脈」に該当する可能性がある。菅原昭英師は、「血脈」が「嗣書」と同義に用いられた用例があることから、嗣書（『文書編』一巻No.7、『禅籍編』一巻No.60）が「血脈袋」に収納されたものと推定することも可能とされる。

（2）明全和尚御自筆仏祖正伝血脈　明全和尚自筆の「仏祖正伝菩薩戒血脈」の意か。「伝授室中之物」に「明全和尚御自筆之血脈写シ（下略）」と見える。「正治元年己未（一一九九）十一月八日　沙弥明全疏」の記事を有する永平寺所蔵「明全具足戒牒」（『文書編』一巻No.1、『禅籍編』一巻No.53）には、道元禅師の識語が付されている。そこには、「全公は、本より天台山延暦寺にて菩薩戒を受く」と見える。

【解説】本史料は、永平寺二十七世高国英峻（一五九〇～一六七四）による、嗣書・血脈を収める箱の作成、および血脈袋到来の由来を記すものである。本史料は『禅籍編』一巻No.62に影印翻刻されており、菅原昭英師が解説されている。史料名は、これに依拠する。箱および血脈袋の形状については、本巻No.14を参照していただきたい。

その成立は、「天童山住持の血脈袋」が到来した年次を高国自身が「退院前」としているので、退院直前の時期、すなわち万治二年（一六五九）秋以降に比定した。

永平寺には、本史料に見える箱および血脈袋が現存している（本巻No.14、『禅籍編』一巻No.62）。その箱の表書きには大きく卍字が金色に記され、その字の中に「天童山如浄和尚御直筆仏嗣書、明全和尚御直書血脈、同入此箱」と朱書されている。また、その裏書きにはやはり逆卍字が金色に大書され、その字の中に「従前々無筥故、勅万照高国禅師英峻叟代、求宝庫置之」とある。これらの記事は、「覚書」本文と相応する。永平寺における宝物を収納する箱や袋の作成来歴については、本巻No.16の菅原昭英師の解説を参照していただきたい。

菅原師によれば、高国以前においては、上記の「嗣書」「血脈」が極めて素朴な形で収蔵されていたことがわかる。私見によれば、高国は永平寺の権威を示すものとして、これら嗣書および血脈を顕彰し、外部に発信しようとしたのではないかと推察する。

本史料は、高国が、如浄自筆の「仏嗣書」ならびに明全自筆の「仏祖正伝血脈」を収めるために、梨地の箱を作ったところ、期せずして退院直前に、中国より天童山景徳禅寺の住持、すなわち如浄和尚の遠孫が用いた血脈袋が到来したことを記す。また血脈袋の図様、内側の小袋、その括（くく）り付け方、総じて縫い方は、この「血脈袋覚書」に準拠すべきことを説く。その図様は、表は桃の縫物、裏は橘の縫物であり、卍字は墨書し、その下には梅花の縫物をなすことをいう。「血脈袋」については、「血脈袋之大事」切紙（本巻No.74、『禅籍編』一巻No.28）の解説を参照。また、駒澤大学図書館所蔵『室中切紙謄写』には、永平寺三十世光紹智堂相伝の「嗣書袋図幷払子・竹篦寸尺」切紙が収載されている。

参考文献

『永平寺史料全書』禅籍編　第一巻（大本山永平寺、二〇〇二年）。
『永平寺史料全書』禅籍編　第二巻（大本山永平寺、二〇〇三年）。
『永平寺史料全書』文書編　第一巻（大本山永平寺、二〇一二年）。

（飯塚大展）

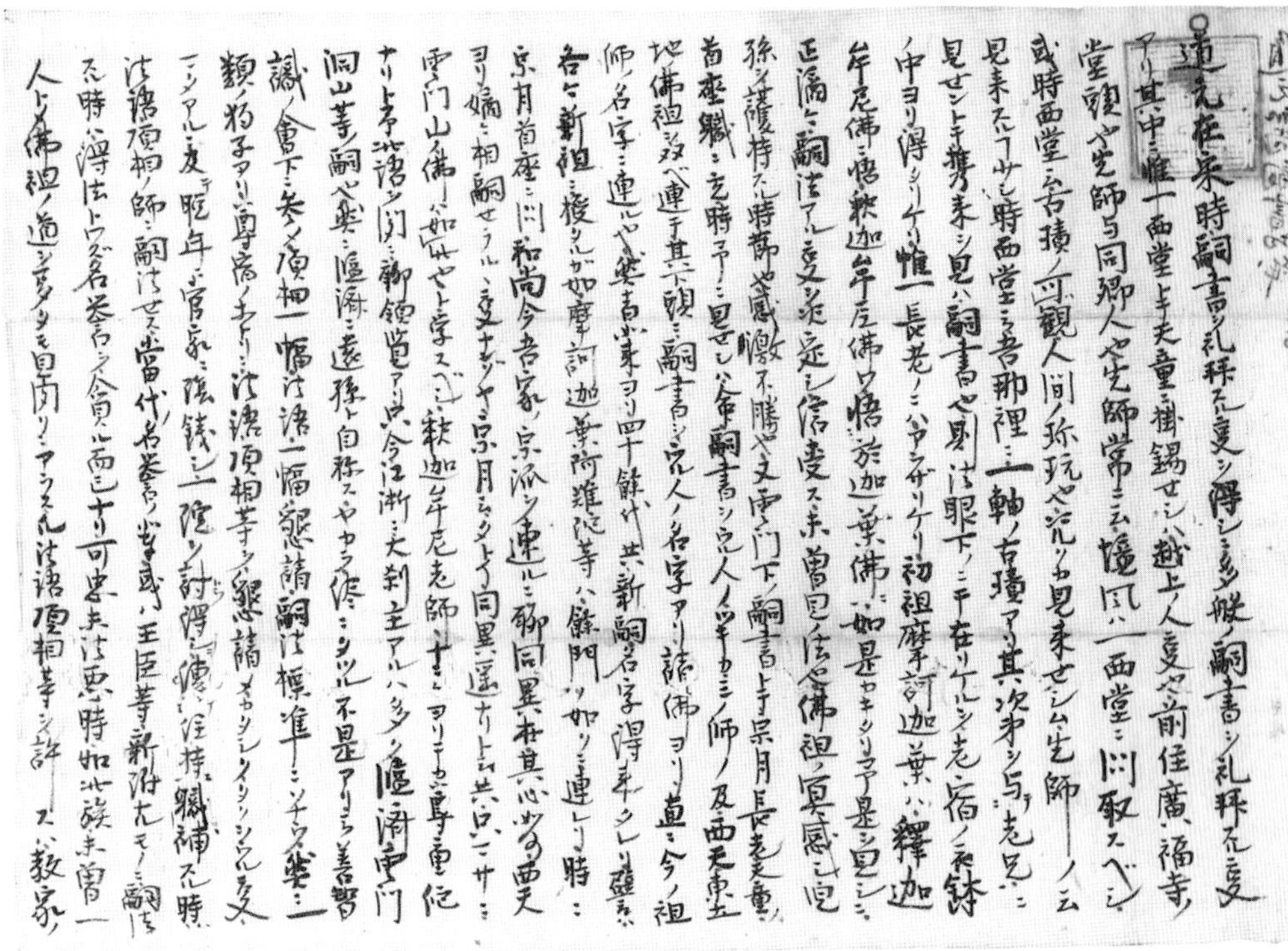

（万治二年〈一六五九〉秋以後）、永平寺二十七世高国英峻、永平寺退院時もしくは如意庵隠居中に「道元和尚嗣書切紙」を書き残す。

21 道元和尚嗣書切紙（高国英峻切紙）

（二紙継紙 33.6㎝×72.0㎝）

（端裏書）
「道元和尚嗣書切紙 二番メ」

（一張）
○道元在宋時、（朱印文「仏法僧宝」）嗣書ヲ礼拝スル事ヲ得シニ、多般ノ嗣書ヲ礼拝スル事アリ、其中ニ惟一西堂トテ天童ニ掛錫セシハ、越上ノ人事也、前住広福寺ノ」堂頭也、先師与同郷人也、先師常ニ云、境風ハ一西堂ニ問取スベシ、」或時西堂云、古蹟（蹟カ以下同）ノ可ハレ観、人間ノ珍玩也、幾クカ見来セシム、先師ノ云、」見来スルコト少シ、時西堂云、吾那裡ニ一軸ノ古蹟アリ、其次第ヲ与テニ老兄ニ」見セントテ、携来ヲ見ハ、嗣書也、則法眼下ノニテ在リケルヲ、老宿ノ衣鉢」ノ中ヨリ得タリケリ、惟一長老ノニハアラザリケリ、初祖摩訶迦葉ハ釈迦」牟尼仏ニ悟、釈迦牟尼仏ワ悟ニ於迦葉仏ニ、如是カキタリ、予是ヲ見シニ、」正滴（嫡カ）々嗣法アル事ヲ決定シ信受ス、未曽見ノ法也、仏祖ノ冥感シ、児」孫ヲ護持スル時節也、感激不勝也、又雲門下ノ嗣書トテ、宗月長老、天童ノ」首座職ニ充時、予ニ見セシハ、命（今）、嗣書ヲウル人ノツキカミノ師ノ及（衍カ）西天東土」地ノ仏祖ヲ双べ連テ、其下頭ニ嗣書ヲウル人ノ名字アリ、諸仏ヨリ直ニ今ノ祖」師ノ名字ニ連ル也、然者、如来ヨリ四十余代共、新嗣名字得来タレリ、譬ハ」各々新祖ニ授タルガ如、摩訶迦葉・阿難陀等ハ、余門ノ如クニ連レリ、時ニ」宗月首座ニ問、和尚、今吾家〔五カ〕ノ宗派ヲ連ルニ、聊同異在、其心如何、西天」ヨリ嫡々相嗣セラル、事、ナンゾヤ、宗月云、タトイ同異遥ナリト云共、只マサニ」雲門山ノ仏ハ如レ此也ト学スベシ、釈迦牟尼老師、ナニ、ヨリテカ尊重佗」ナリト、予、此語ヲ聞ニ、聊領覧アリ、只今江浙ニ大刹主アルハ、多ク臨済・雲門・」洞山等ノ嗣也、然ニ、臨済ニ遠孫ト自称スヤカラ〔ル脱カ〕、偬ニタツル不是アリ、云、善智」識ノ会下ニ参シテ、頂相一幅・法語一幅懇請、嗣法標準ニソナウ、然ニ一」類ノ狗子アリ、尊宿ノホトリニ法語・頂相等ヲ懇請シテ、カタシクタクヲウル事」マタアルニ〔ア脱カ〕及テ、晩年ニ官家ニ陰銭シ、一院ヲ討トウ得シテ伝□住持ニ職補スル時ハ、」法語・頂相ノ師ニ嗣法セス、当代ノ名誉ノ輩、或ハ王臣等新附〔親カ〕ナルモノニ嗣法」スル時ハ、得法トワズ、名誉ヲ貪ル而已ナリ、可患〔悲カ〕、末法悪時、如此族、未曽ニ」人トシテ仏祖ノ道ヲ夢タモ見聞クニアラス、凡法語・頂相等ヲ許スハ、教家ノ〔二張〕講師及在家ノ男女等ニモ授ク、行者・商人等ニモ許ス也、其旨諸家ノ」録ニ明カナリ、或ハ亦其人ニアラザルガ、妄ニ嗣法ノ証拠ヲ望ニ依テ、一軸ノ書ヲ求ル」コトアリ、有道ノイタム所也小〔トカ〕雖、ナマシイニ援筆スル也、此時ハ、シカノ如トキノ古来ノ書」式ニヨラズ、聊師吾ノヨシヲカク、近来ノ法□〔八〕、□〔唯〕其師ノ会ニテ得ルカトスレバ、則師ト嗣法ス」ル也、曽其師ノ印ヲ得ザレドモ、只入室・上堂恣ニ参シテ長連床ニアル輩、住院ノ時ハ、」其師承ヲ挙スルニイトマアキアラザレ共、大事ヲ打開スル則ハ、夫師トセルノミ多シ、亦」龍門仏眼禅師清遠ノ禅エンニテ、伝蔵主ト者在、彼師伝蔵主亦嗣書ヲ帯」セリ、嘉定ノ始ニ、隆禅上坐、日本国ノ人也雖、彼伝蔵主病レケルニ、隆禅ヨリ〔クカ〕」伝蔵主看病シケルニ、困労頻ナルニヨリテ、看病ヲ謝センガ為ニ、嗣書ヲ取出テ礼」拝セシメケリ、難レ見物也、与レ儞礼セシムト謂ケリ、従夫以来八年ノ後、嘉定十六年癸」未ミツノトノ秋ノ比、予始テ天童山寓直スルニ、隆禅上坐、懇ニ伝蔵主ヲ請シテ嗣書ヲ」令レ見、夫レ嗣書ノ様ハ、七仏従後、臨済ニ至迄、四十五祖連ネ書テ、臨済ヨリ」後ノ師ハ、一円相ヲ作テ、夫中ニメグラシテ、法諱・花字トヲウツシカケリ、新嗣ハ、ヲワリ」ニ年月ノ下頭ニ書ケリ、臨済ノ尊宿モ、如此不同アリト可知、

伝後之

人ニ無ンバレ之レ、赦免不レ可レ有レ之者也、

代々有事也、〔朱印文「仏法僧宝」〕 高国〔英峻〕叟

【解説】 永平寺二十七世高国英峻（一五九〇～一六七四）が書写したとされる切紙であるが、相伝年次、伝受関係は不明である。また、「高国叟」の書名は自筆と思われるが、本文は異筆である。史料名は、端裏書による。高国の著した永平寺所蔵「切紙目録」（本巻No.4、『禅籍編』二巻No.39）の、（150）「一、御開山嗣書切紙」に該当するものと推察する。二紙元来は継紙であったが、現状は糊付け部分が剥がれ、二紙となっている。

本史料は、『禅籍編』一巻No.20に影印翻刻されており、菅原昭英師は解説の中で、「道元禅師の『正法眼蔵嗣書』からの抜書である。誤脱が数ヶ所におよび、表記の仕方もかなり独自

であるが、基本的に同文である」と定義されている。

菅原師は、永平寺三十五世版橈晃全の編集（元禄二年〈一六八九〉）による九十五巻本『正法眼蔵』が、寛政七年〈一七九五〉以降、永平寺五十世玄透即中によって刊行される以前においては、参看する機会が極めて限定的であり、その抜書は秘伝性の大きい切紙として意味があったとされた。確かに『正法眼蔵』全体の閲覧は必ずしも容易ではなかったと思われる。しかしながら、例えば石屋派において『正法眼蔵』の書写活動が行われていたように、道元派下の主だった門派においては、中世においても『正法眼蔵』への興味は維持されていたと思われる。そして、『正法眼蔵嗣書』に関しては、さらに状況を異にする。

『正法眼蔵嗣書』の位置づけは、他の巻とは異なる。切紙や本参史料と同様に相伝史料として受容されたと思われるからである。河村孝道師は、静岡県焼津市旭伝院岸沢文庫所蔵『正法眼蔵嗣書巻』（二巻・合本一冊。〈イ〉長禄元年〈一四五七〉書写本と、〈ロ〉永禄二年〈一五五九〉書写本との合本）の解説中で、『嗣書』巻の位置づけについて以下のように述べておられる（『永平正法眼蔵蒐書大成』四巻、例言四〜五頁）。

> 如上の「嗣書」二本は、いずれも石屋派の室中に附法にあたって代々伝与護持されて来たもので、三物（師資面授嗣法の際に授受される嗣書・大事・血脈をいう）の外にその嗣法の内容・真義を説いた『正法眼蔵嗣書』が古くより単独に伝写相伝されていた事を知り得る。
>
> 「長禄本奥書」に以下のように見える。
>
> （上略）于時仁治二年歳次辛丑三月二十七日
> 観音導利興聖宝林寺入宋伝法沙門道元記
> 寛元元年癸卯十月廿六日以越州御書御本交之
> 建長七年乙卯二月廿四日於永平寺室中首座寮書写之畢
> 義鑑又交一校畢
> 応永壱拾陸年姑洗三日伝畢
> 于時長禄元年丁丑八月日於龍門室内伝授畢
> 于時応仁丁亥十二月八日於大寧室内伝授畢

「永禄本奥書」にも相伝の系譜が記載されており、『嗣書』巻が石屋派の室内における相伝史料として位置づけられていたことを知ることができる。おそらく永平寺室内においても、同様の傾向があったのではないかと推察する。永平寺十三世建綱が書写した『正法眼蔵嗣書・三段訣』（『文書編』一巻No.58、『禅籍編』一巻No.19）が相伝史料としての形態を示していると思われるからである。

『嗣書』巻を単独で相伝する伝統が、峨山派下の通幻寂霊にまで遡り得ることが、その「喪記」(『続曹洞宗全書』二巻)によって確認できる。さらに、通幻派下の相伝については、「通幻十哲江附属之次第」(石川県羽咋市永光寺所蔵切紙)においても同様の記事を見出すことができる。

通幻寂霊大和尚十哲江附属之次第／教授戒文　大儀軌
小儀軌　血脈　嗣書巻　畳変　自佗両家訓訣　梅華巻
遠思集　曹山録　十哲トモニ度ル分也、(中略)／元和七
年八月吉日／宗江比丘東察明(花押)／附与媄良畢／

通幻派下では、通幻派下十哲が各自共通に相伝した典籍として、「教授戒文」「大儀軌」「小儀軌」「血脈」「嗣書巻」「重離畳変訣」「自家訓訣」「佗家訓訣」「梅華巻」「遠思集」「曹山録」が挙げられている。事実、一州派の本参史料である群馬県渋川市双林寺所蔵『彩鳳記』(愚明正察書写)に、『正法眼蔵嗣書』が収載されている。

高国以降、旧来の伝法のありかたに変化をもたらしたものと思われる。高国の伝授対象は、永平寺二十八世北州門渚、同二十九世鉄心御州、同三十世光紹智堂の三代にわたっており、高国が積極的に関東における教学を受容し、永平寺室中に定着させようとする意図が垣間見える。三物相承の儀礼を内容とする「永平嫡嗣伝授之儀式」切紙の書写伝授(高国から北州へ)は、この嗣書切紙と連関する。また、「嗣書血脈覚書」に言うように、新たに「嗣書血脈袋」ならびに収納のための箱を施入していることも同様の意図と思われる。高国は永平寺室中の伝法のありかたを規定しようとしたのかも知れない。

参考文献

『永平正法眼蔵蒐書大成』四巻(大修館書店、一九七九年)。
『永平寺史料全書』禅籍編　第一巻(大本山永平寺、二〇〇二年)。
『永平寺史料全書』文書編　第一巻(大本山永平寺、二〇一二年)。

(飯塚大展)

嗣書切紙対照表

永平寺所蔵「道元和尚嗣書切紙」

〇道元在宋時、嗣書ヲ礼拝スル事ヲ得シニ、多般ノ嗣書ヲ礼拝スル事」アリ。其中ニ惟一西堂トテ天童ニ掛錫セシハ、越上ノ人事也。前住広福寺ノ」堂頭也。先師与同郷人也。先師常ニ云、境風ハ一西堂ニ問取スベシ。」或時西堂云、古蹟ノ可レハ観、人間ノ珍玩也。幾クカ見来セシム。先師ノ云、」見来スルコト少シ。時西堂云、吾那裡ニ一軸ノ古蹟アリ。其次第ヲ与テ二老兄ニ一」見セントテ、携来ヲ見ハ、嗣書也。則法眼下ノニテ在リケルヲ、老宿ノ衣鉢」ノ中ヨリ得タリケリ。惟一長老ノニハアラザリケリ。初祖摩訶迦葉ハ釈迦」牟尼仏ニ悟、釈迦牟尼ワ悟二於迦葉仏一ニ、如是カキタリ。予是ヲ見シニ」正嫡々嗣法アル事ヲ決定シ、信受ス。未曽見ノ法也、仏祖ノ冥感シ、児」孫ヲ護持スル時節也。感激不勝也。又、雲門下ノ嗣書トテ、宗月長老、天童ノ」首座職ニ充時、予ニ見セシハ、命〔今カ〕、嗣書ヲウル人ノ、ツキカミノ師ノ及西天東土」地ノ仏祖ヲ双べ連テ、其下頭ニ嗣書ヲウル人ノ名字アリ。諸仏ヨリ直ニ今ノ祖」師ノ名字ニ連ル也。然者、如来ヨリ四十余代共、新嗣名字得来タレリ。譬ハ、」各々新祖ニ授タルガ如、摩訶迦葉・阿難陀等ハ、余門ノ如クニ連レリ。時ニ、」宗月首座ニ問、和尚、今

永久文庫所蔵「嗣書」（応永十六年〈一四〇九〉相伝）

道元在宋ノトキ、嗣」書ヲ礼拝スルコトヲエシニ、多般ノ嗣書アリキ。ソノナカニ惟一西堂トテ、天童」ニ掛錫セシハ、越上ノ人事ナリ。前住広福寺ノ堂頭ナリ。先師ト同郷人ナリ。」先師ツネニイハク、境風ハ一西堂ニ問取スヘシ。アルトキ、西堂イハク、古蹟ノ可観ハ、」人間ノ珍玩ナリ。イクハクカ見来セル。道元云、見来スクナシ。トキニ西堂云、吾那」裏ニ一軸ノ古蹟アリ。甚麼次第ナリ。与老兄看トイヒテ、携来ヲミレハ、嗣」書ナリ。スナハチ法眼下ノニテアリケルヲ、老宿ノ衣鉢ノナカヨリエタリケリ。惟一」長老ノニハアラサリケリ。カレニカキタリシ様ハ、初祖摩訶迦葉悟於釈迦牟」尼仏、釈迦牟尼仏悟於迦葉仏、カクノコトクカキタリ。予コレヲミシニ、正嫡ノ正」嫡ニ嗣法アルコトヲ決定信受ス。未曽見ノ法ナリ。仏祖ノ冥感シテ、児孫ヲ」護持スル時節也。感激不勝也。又、雲門下ノ嗣書トテ、宗月長老、天童ノ」首座職ニ充時、予ニ見セシハ、命〔今カ〕、嗣書ヲウル人ノ、ツキカミノ師ノ及西天東土」地ノ仏祖ヲ双べ連テ、其下頭ニ嗣書ヲウル人ノ名字アリ。諸仏ヨリ直ニ今ノ祖」師ノ名字ニ連ル也。然者、如来ヨリ四十余代共、新嗣名字得来タレリ。譬ハ、」各々新祖ニ授タルガ

群馬県高崎市双林寺所蔵『彩鳳記』所収「嗣書」

道元在宋時、看三得スルニ礼二拝シ嗣書一ヲ、多般ノ有レリ嗣書。其中ニ惟一西堂トテ、掛二」錫ス天童一ニ、越上ノ人事也。前住広福寺堂頭也。先師〈天童ノコト也〉与同郷人也。先師常ニ云、境風可〔同イニ〕レ問二取ス一西堂一ニ。或時西堂云、古蹟ノ可レキハ観ル人間ノ珍玩也。幾度カ」見来ル。道元云、見来ルコト少シ。時ニ西堂云、那裏ニ壱軸ノ古蹟有リ恁麼ノ」次第也。与レテ老兄ニ看セシメント云イ竟テ、携ヘ来リ玉フ、見レバ嗣書也。即有ル二法眼下一ニ、老宿ノ」自リ二衣鉢中一得タリト。不レ有ラ二惟一長老一ニハ。彼レニ為レリシ書キ様ハ、初祖摩訶迦葉ハ、悟リ二於釈迦牟尼仏一ニ、釈迦牟尼仏ハ悟二於迦葉仏一ニ。如レク」是書タリ。予看レテ是ヲ、正嫡之正嫡ニ有レルコトヲ嗣法、決定信受ス。未ダレ曽テ見ノ之法也。」仏祖冥感護持スル時節也。感激ゲキ不レ勝也。雲門下之嗣書トテ、宗月長」老、充ル二天童之首座職一ニ時、道元看セシム、今得レル嗣書ヲ人ノ次ニ、上ノ師及ビ西天・東」土之仏祖双ベ連テ、其下頭ニ得レル嗣書ヲ人之有レリ名字。従リ二諸仏諸祖一、直ニ今ノ新」祖師ノ連ルレ名字ヲ也。然ハ従レリ如来四十余代、共ニ新嗣之名字ヲ得来レリ」矣。譬バ如シ二祖々授一ルガレ新祖ニ。摩訶迦葉・阿難等ハ、如レク余門ノ連ル時ニ、道元」問二宗月首座一云、和尚、吾ガ家之連ルニ宗派ヲ、聊イサヽカ有レリ同異、其ノ心如何。」従レ西天嫡々相承セバ、何ゾ有レンヤ同異。宗月首座

吾家ノ宗派ヲ連ルニ、聊同異在、其心如何、
西天」ヨリ嫡々相嗣セラル、事、ナンゾヤ。
宗月云、タトイ同異遥ナリト云共、只マサ
ニ」雲門山ノ仏ハ如レ此也ト学スベシ。釈
迦牟尼老師、ナニ、ヨリテカ尊重佗」ナリ
ト、予此語ヲ聞ニ、聊領覧アリ。只今江浙
ニ大刹主アルハ、多ク臨済・雲門・」洞山
等ノ嗣也。然ニ、臨済ニ遠孫ト自称スヤカ
ラ、伬ニタツル不是アリ。云、善智」識ノ
会下ニ参シテ、頂相一幅・法語一幅懇請、
嗣法標準ニソナウ。然ニ、一」類ノ狗子ア
リ。尊宿ノホトリニ法語・頂相等ヲ懇請シ
テ、カタシクタクヲウル事」マタアル及テ、
晩年ニ官家ニ陰銭シ、一院ヲ討得シテ伝□住
持職ニ補ル時ハ、」法語・頂相ノ師ニ嗣法セ
ス、当代ノ名誉ノ輩、或ハ王臣等新附ナル
モノニ嗣法」スル時ハ、得法トワズ、名誉
ヲ貪ル而已ナリ。可患(悲カ)、末法悪時、如此族
未曽一」人トシテ仏祖ノ道ヲ夢タモ見聞ク
ニアラス。凡法語・頂相等ヲ許スハ、教家
ノ」講師及在家ノ男女等ニモ授ク、行者・商
人等ニモ許ス也。其旨諸家ノ」録ニ明カナ
リ。或ハ亦、其人ニアラザルガ、妄ニ嗣法
ノ証拠ヲ望ニ依テ一軸ノ書ヲ求ル」コトアリ。
有道ノイタム所也小(トカ)雖、ナマシイニ援筆ス
ル也。此時ハ、シカノ如トキ古来ノ書」式ニ
ヨラズ、聊師吾ノヨシヲカク。近来ノ法ハ、
唯其師ノ会ニテ得ルカトスレバ、則師ト嗣

如、摩訶迦葉・阿難陀等ハ、余門ノ如クニ
連レリ。時ニ、」宗月首座ニ問、和尚、今
吾家ノ宗派ヲ連ルニ、聊同異在、其心如何、
西天」ヨリ嫡々相嗣セラル、事、ナンゾヤ。
宗月云、タトイ同異遥ナリト云共、只マサ
ニ」雲門山ノ仏ハ如レ此也ト学スベシ。釈
迦牟尼老師、ナニ、ヨリテカ尊重佗」ナリ
ト、予此語ヲ聞ニ、聊領覧アリ。只今江浙
ニ大刹主アルハ、多ク臨済・雲門・」洞山
等ノ嗣也。然ニ、臨済ニ遠孫ト自称スヤカ
ラ、伬ニタツル不是アリ。云、善智」識ノ
会下ニ参シテ、頂相一幅・法語一幅懇請、
嗣法標準ニソナウ。然ニ、一」類ノ狗子ア
リ。尊宿ノホトリニ法語・頂相等ヲ懇請シ
テ、カタシクタクヲウル事」マタアル及テ、
晩年ニ官家ニ陰銭シ、一院ヲ討得シテ伝□住
持職ニ補ル時ハ、」法語・頂相ノ師ニ嗣法セ
ス、当代ノ名誉ノ輩、或ハ王臣等新附ナル
モノニ嗣法」スル時ハ、得法トワズ、名誉
ヲ貪ル而已ナリ。可患(悲カ)、末法悪時、如此族
未曽一」人トシテ仏祖ノ道ヲ夢タモ見聞ク
ニアラス。凡法語・頂相等ヲ許スハ、教家
ノ」講師及在家ノ男女等ニモ授ク、行者・商
人等ニモ許ス也。其旨諸家ノ」録ニ明カナ
リ。或ハ亦、其人ニアラザルガ、妄ニ嗣法
ノ証拠ヲ望ニ依テ一軸ノ書ヲ求ル」コトアリ。
有道ノイタム所也小(トカ)雖、ナマシイニ援筆ス
ル也。此時ハ、シカノ如トキ古来ノ書」式ニ

ノ」云、直饒雖フトモ二同異一」遥ナリト、只正ニ雲門
山仏ハ可シレ如ナルレ是。可レ学、釈迦老子、因テカレ
何ニ尊二重スル他一ヲ。依テレ悟道ニ」尊也。雲門大
師、依テカレ何ニ尊二重ス佗一ヲ。依テレ悟道ニ尊重也。
道元聞テレ此ノ語、聊カ有レ」領覧。今江浙ニ為
ニ大刹ノ主一、多ハ臨済・雲門・洞山等之嗣法
也。然臨」済之遠孫ト、自称スル族ヤカラマ間ニ不是ナ
リ。或ハ、善知識ノ会下ニ参シテ、頂相・一幅ノ
法語一軸ヲ懃」請シテ、備フ二嗣法標渠〔準カ〕一ニ。然ル
ニ一類ノ狗子有リ二尊宿辺一リニ、法語・頂相等ヲ
懇」請シテ而蔵蓋タクワユル〔蓄カ〕コト貯ル有レ余多。及デレ
晩年ニ、陪二銭シ官家一院一ヲ、討得シテ住持職ニ
補スル時ハ、」未ダレ嗣二法セ法語・頂相一ヲ、師不レ
嗣法セ、当代名誉之輩、或ハ王臣等ニ親付スル」
長老等嗣法スル時、不レ問レ得法ヲ、貪ル二名誉一ヲ
耳也。可レ哀、末法ノ悪時代、如レ是」有
ルレコトヲ邪風。如レ是ノ未ダ二曽テ一人トシテ仏祖之
道夢ニダモ見聞セ。凡ソ法語・頂相等ヲ」許ス、
教家ノ講師暨ヨヒ在家ノ男女等ニモ授、侍者商客
等ニモ許ス也。其ノ旨ネ、」諸家之録ニモ明ナリ。
或ハ不シテレ在レ其人ニ、謾リニ望ムニ二嗣法ノ証拠一ヲ、
依リ一軸之書ヲ求ムルコト在リ。」雖モ二有道ノ傷
処一ナリト、恣ホシイママニ有ルレ授筆スルコト也。然ル則バ、
古来書式ニ不ズレ依ラ、聊師ノ語之由ヲ書ク、」近
来法ハ、只ダ其ノ師之会ニテ而欲スレバレ得ルカト、即彼
ノ師ヲ為テレ師ト嗣法スル也。曽テ其ノ師ノ」不ザレレ得レ
印ヲ共、只入室・上堂恣ニ参シテ而、在ル二長連
床上一ニ有ル輩住院之時、挙ルニ二其ノ」師承一ヲ未ダレ

法ス」ル也。曽其師ノ印ヲ得ザレドモ、只入室・上堂恣ニ参シテ、長連床ニアル輩、住院ノ時ハ」其師承ヲ挙スルニ、イトマアキアラザレ共、大事ヲ打開スル則ハ、夫師トセルノミ多シ。亦」龍門仏眼禅師清遠ノ禅エンニテ、伝蔵主ト者在。彼師伝蔵主亦嗣書ヲ帯」セリ。嘉定ノ始ニ、隆禅上坐、日本国ノ人也雖、彼伝蔵主病レケルニ、隆禅ヨリ」伝蔵主看病シケルニ、困労頻ナルニヨリテ、看病ヲ謝センガ為ニ、嗣書ヲ取出テ礼」拝セシメケリ。難レ見物也。与レ爾礼セシムト謂ケリ。従夫以来、八年ノ後、嘉定十六年癸(ミズノト)ノ」未秋ノ比、予始テ天童山寓直スルニ、隆禅上坐懇ニ伝蔵主ヲ請シテ嗣書ヲ」令レ見。夫レ嗣書ノ様ハ、七仏従後、臨済ニ至迄、四十五祖連ネ書テ、臨済ヨリ」後ノ師ハ、一円相ヲ作テ、夫中ニメグラシテ、法諱・花字トヲウツシカケリ。新嗣ハヲワリ」ニ、年月ノ下頭ニ書ケリ。臨済ノ尊宿モ、如此不同アリト可知。」

伝後之人ニ無ンバレ之、赦免不レ可レ有レ之者也。」

代々有事也。（三宝印）　高国叟」

ヨラズ、聊師吾ノヨシヲカク。近来ノ法ハ、唯其師ノ会ニテ得ルカトスレバ、則師ト嗣法ス」ル也。曽其師ノ印ヲ得ザレドモ、只入室・上堂恣ニ参シテ、長連床ニアル輩、住院ノ時ハ」其師承ヲ挙スルニ、イトマアキアラザレ共、大事ヲ打開スル則ハ、夫師トセルノミ多シ。亦」龍門仏眼禅師清遠ノ禅エンニテ、伝蔵主ト者在。彼師伝蔵主亦嗣書ヲ帯」セリ。嘉定ノ始ニ、隆禅上坐、日本国ノ人也雖、彼伝蔵主病レケルニ、隆禅ヨリ」伝蔵主看病シケルニ、困労頻ナルニヨリテ、看病ヲ謝センガ為ニ、嗣書ヲ取出テ礼」拝セシメケリ。難レ見物也。与レ爾礼セシムト謂ケリ。従夫以来、八年ノ後、嘉定十六年癸(ミズノト)ノ」未秋ノ比、予始テ天童山寓直スルニ、隆禅上坐懇ニ伝蔵主ヲ請シテ嗣書ヲ」令レ見。夫レ嗣書ノ様ハ、七仏従後、臨済ニ至迄、四十五祖連ネ書テ、臨済ヨリ」後ノ師ハ、一円相ヲ作テ、夫中ニメグラシテ、法諱・花字トヲウツシカケリ。新嗣ハヲワリ」ニ、年月ノ下頭ニ書ケリ。臨済ノ尊宿モ、如此不同アリト可知。」

暇(イトマ)アラ。去レ共、打二開スル大事一ヲ時キ、其ノ師ヲ不レ師トセル耳ミ多シ。又龍門仏眼禅」師清遠和尚、遠ノ孫ニ有リ二伝蔵主ト云者一ノ。従レ彼ノ師伝蔵主、帯二タリ嗣書一ヲ。」嘉定之初、隆禅上座、雖レ為リト二日本国人一、彼ノ伝蔵主病ルニ、隆禅能ク看病ス。依二テ」懃労頻一ナルニ、為レ謝二センカ看病ノ労一ヲ、嗣書ヲ取出シ令レメテ礼拝云、難レキ見物、与テレ爾ニ令レムト看セ」謂也。従リレ其レ以来八年ノ後、嘉定十六年癸未秋ノ比、道元初寓二真(居カ)ス天童」山ニ。隆禅上座、念比ニニ請シテ二伝蔵主ノ嗣書一ヲ、令レ看レ道元ニ。其嗣書ノ様ハ、自リレ七」仏後、到ルマデレ臨済ニ、四十五祖ヲ連書而、自リレ臨済後ノ師ハ、造ツテ二一円相一ヲ、回シテレ其中ニ」法諱ト与レヲ花字書写セリ。此次ニ新嗣ハ、終リノ年月ノ下頭ニ書。臨済下ノ孫ニ、如レ是」有リトレ不同可レ知ル。」

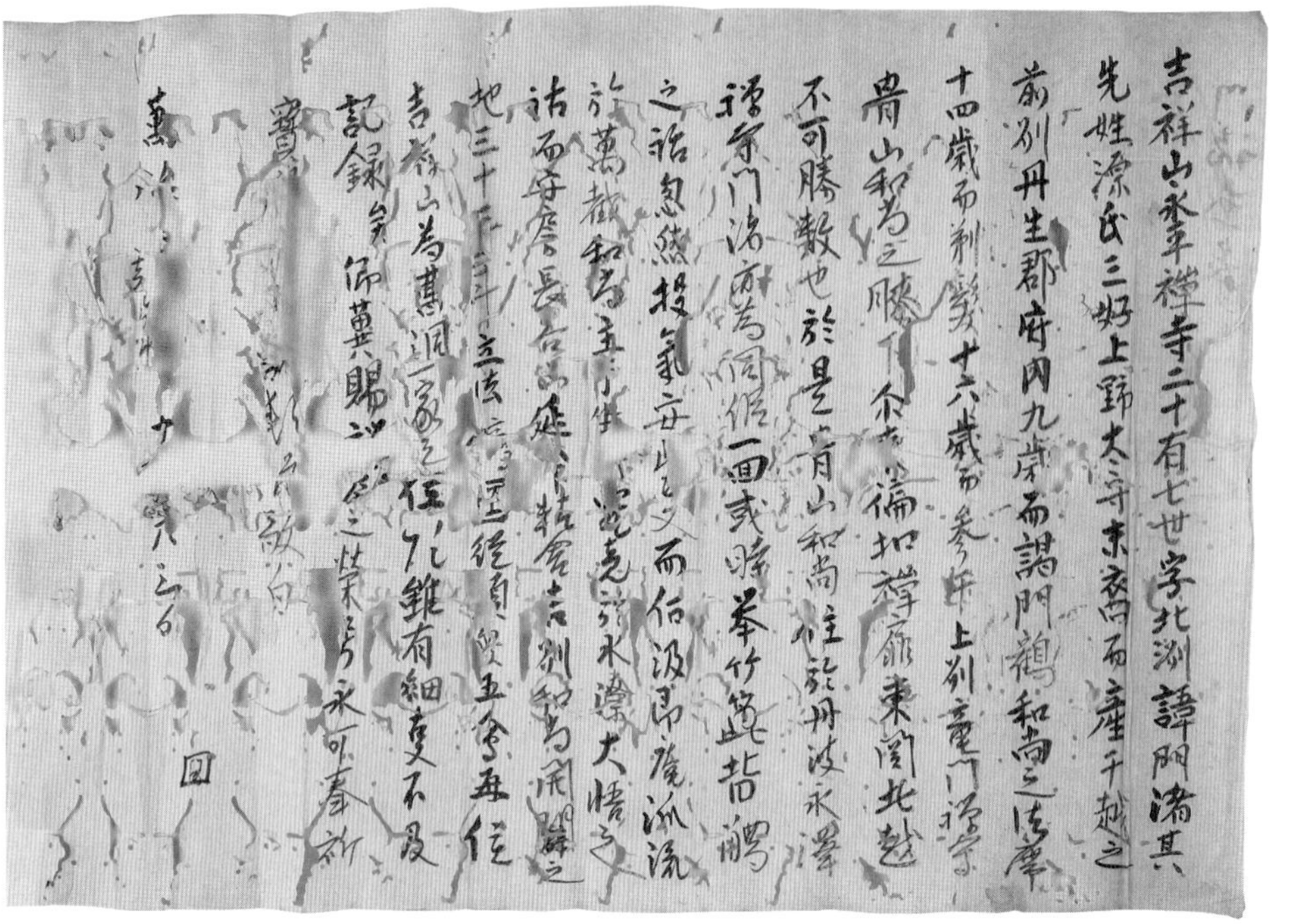
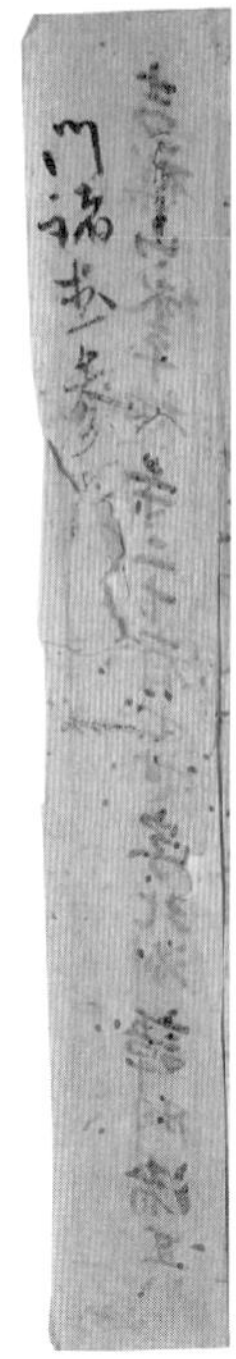

万治二年（一六五九）十月二十三日、永平寺二十八世北州門渚、禅師号を受けるために、朝廷に提出する目子（履歴書）を作成する。

22　北州門渚目子写

（一紙　32.5cm×47.4cm）

（端裏うわ書）
「門諸（渚）直参門」

吉祥山永平禅寺二十有七世、字北洲（州）、諱門渚、其
先姓源氏、三好上野太守末裔而、産于越之
前州丹生郡府内、九歳而謁門鶴和尚之法席、
十四歳而剃髪、十六歳而参于上州龍門禅寺
骨山和尚之膝下、爾来遍扣禅扉東関・北越
不可勝数也、於是骨山和尚、住於丹波永沢
禅寺、門渚亦為同侶一回、或時、挙竹篦背触
之話、忽然投気安此事、而后、汲即庵派流
於万截和尚、主于坐□究竟於水潦大悟之
話、而安房長谷山延命精舎、吉州和尚開闢之
地三十三年立法幢、匡徒領衆五会、再住
吉祥山為曹洞一家之位頭、雖有細事不及
記録矣、仰冀賜禅師之栄号、永可奉祈
宝祚延長、誠頓首敬白、

万治己亥十月廿三日　門渚（印）

【読み下し】

吉祥山永平禅寺二十有七世、字は北州、諱は門渚なり。その先姓は源氏、三好上野太守の末裔にして、越の前州丹生郡府内に産まる。九歳にして門鶴和尚の法席に謁し、十四歳にして剃髪し、十六歳にして上州龍門禅寺の骨山和尚の膝下に参ず。爾来あまねく禅扉を扣くこと東関・北越、数えあぐべからざるなり。是に於て骨山和尚、丹波永沢禅寺に住す。門渚も亦た同侶すること一回、或る時、竹篦背触の話を挙げ、忽然として気を投じ此の事に安んじたり。而后万截和尚に即庵派の流れを汲む、坐□に主り水潦大悟の話に於いて究竟し、而して安房長谷山延命精舎、吉州和尚開闢の地に三十三年法幢を立て、徒を匡し衆を領ること五会、吉祥山に再住し、曹洞一家の位頭と為る。細事有ると雖も記録に及ばざるなり、仰ぎ冀くは禅師の栄号を賜り、永く宝祚延長を祈り奉らん。誠頓首敬白。

【解説】　本史料は永平寺二十八世北州門渚(?～一六六〇)が朝廷より禅師号を受けるために作成された目子である。北州門渚は、現在永平寺二十八世となっているが、本史料の冒頭に「吉祥山永平禅寺二十有七世」とあるように、江戸初期には二十七世として数えられていた。

目子とは、元来、人名や事物などが多い場合に、人名などを記した紙片をいうが、転じて、禅師号等の授与を願い出るに際して差し出す履歴書等も目子というようになった。本史料は北州門渚の履歴書にあたる。本史料の正文は、朝廷に提出された後、門渚には返却されたとは考えにくく、本史料は朝廷に提出された目子の写と思われる。

朝廷に提出された目子を基にして、禅師号を記した天皇の勅書(黄紙に書かれた)が作成された。実際、本史料を基にして作成された勅書の写が、万治二年(一六五九)十月二十六日「後西天皇勅書写」(本巻No.23、『禅籍編』二巻No.41)である。本史料が作成された十月二十三日から三日後の二十六日に勅書が作成されたことがわかる。これに対して、『禅師号直参内之覚』(永平寺所蔵道正庵文書)によれば、目子が作成された約一ヶ月後の同年十一月二十日に禅師号が下賜されたとある。前者は目子が提出されて三日後の禅師号授与であり、少し早すぎるのではないかと思われる。下賜された禅師号は「普照北州禅師」であった。

本史料は、『禅籍編』二巻No.40に収載されており、用語や内容についてはそちらを参照いただきたい。　(皆川義孝)

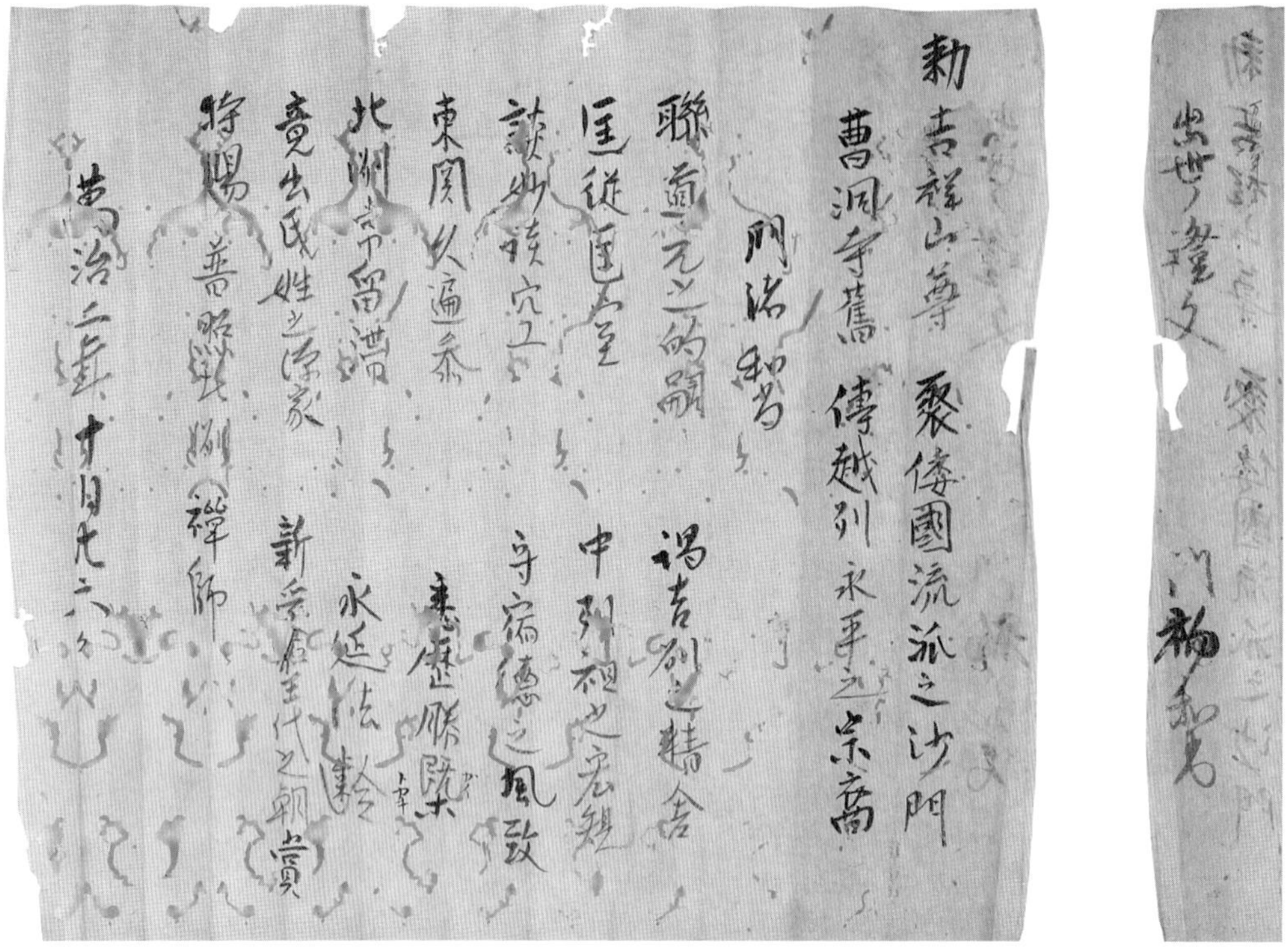

万治二年（一六五九）十月二十六日、永平寺二十八世北州門渚、後西天皇より禅師号を受ける。

23　後西天皇勅書写

（一紙　31.8㎝×36.4㎝）

（端裏書）「万治二年
出世ノ証文　　門初〔渚〕和尚」

勅　吉祥山尊、聚倭国流派之沙門、
曹洞寺旧、伝越州永平之宗裔、
門渚和尚
聯道元之的嗣、　謁吉州之精舎、
匡従匡室、　中列祖之宏規、
談妙談空、　守宿徳之風致、
東関久遍参、　悉歴勝概（ガイ）（トカキ）、
北洲〔州〕常留滞、　永延法齢、
竟出氏姓、之源家、　新受聖代之朝賞、
特賜　普照北洲〔州〕禅師、
万治二年十月廿六日

【読み下し】

勅す。吉祥山尊し、倭国流派の沙門聚る。曹洞の寺旧く、越州永平の宗裔を伝える。門渚和尚。道元の的嗣に聯なり、吉州の精舎に謁ゆ。従を匡し室を匡し、列祖の宏規に中る。妙を談じ空を談じ、宿徳の風致を守る。東関に久しく遍参し、悉く勝概を歴す。北州常に留滞し、永く法齢を延す。竟に氏姓、源家より出で、新たに聖代の朝賞を受く。特に普照北州禅師を賜う。

【解説】 本史料は、永平寺二十八世の北州門渚(?～一六六〇)が、同寺の正式住職として、後西天皇(一六三七～八五)から「普照北州禅師」の禅師号を賜ったときの勅書の写である。本来、勅書は黄紙に書かれる。

本史料は、『禅籍編』二巻No.41にも収載されている。同書では、本史料の名称を「北州門渚禅師号勅書写」としたが、古文書学的な視点から本書では史料名を「後西天皇勅書写」とした。本史料の用語や内容の詳しい解説は、同書にあるので参照されたい。

勅書の草案は、朝廷の大内記局が作成した。勅書の草案作成の基になった史料が、永平寺住持から差し出された目子であった。「北州門渚目子写」(本巻No.22、『禅籍編』二巻No.40)は、本勅書を作成するための史料として、大内記局に提出されたものであろう。

本史料や「北州門渚目子写」、「石牛天梁目子写」(『禅籍編』三巻No.20、『文書編』三巻No.21)は、永平寺住持任命、禅師号勅許をめぐる永平寺と幕府、朝廷との手続き、具体的な事情などを考える上で貴重な史料である。

参考文献

『永平寺史』上巻(大本山永平寺、一九八二年)。

(皆川義孝)

（万治三年〈一六六〇〉以前）二月十五日、上総国真如寺天巌全播、永平寺に対し、末寺妙喜寺明巌逸堂の瑞世を願い出る。

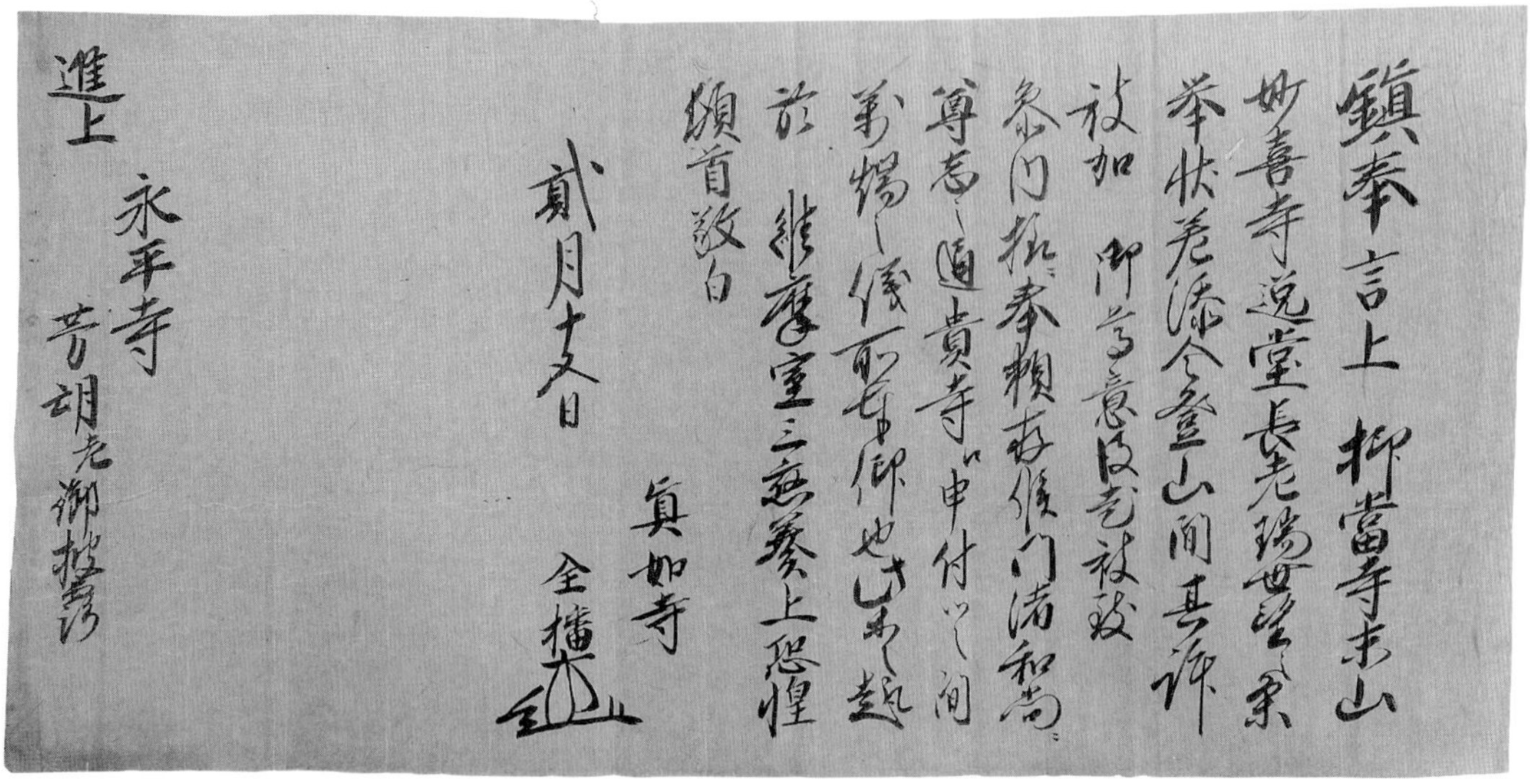

24　天巌全播瑞世添状

（一紙　25.7㎝×50.5㎝）

鎮奉言上、抑当寺末山
妙喜寺[1]逸堂[2]長老、瑞世望[3]之条、
挙状[4]差添、令登山間、其許
被加　御尊意、彼老、被致
参内様ニ奉頼存候、門渚和尚[5]ニ
尊志之通、貴寺江申付候之間、
万端之儀、所奉仰也、此等之趣、
於　維摩室[6]三応奏上、恐惶
頓首敬白、
弐月十五日　　真如寺[7]
全播（花押）[8]
進上　永平寺
芳育[9]老御披露

【読み下し】

鎮んで言上し奉る。抑も当寺末山妙喜寺逸堂長老、瑞世を望むるの条、挙状差添え、登山せしむる間、其許御尊意を加えられ、彼の老、参内致さるる様に頼み存じ奉り候。門渚和尚に尊志の通り、貴寺へ申付候の間、万端の儀、仰せ奉る所なり。此等の趣、維摩室に三応奏上す、恐惶頓首敬白。

【注】

（1）妙喜寺　上総国周集郡市場村（千葉県君津市）にある寺院。真如寺の末寺。文亀元年（一五〇一）に、秋元義久（?～一五六四）が開基、列巌超越を開山として開かれたと伝える。

（2）逸堂　妙喜寺九世、明巌逸堂のこと。

（3）瑞世　出世とも。朝廷の命を受け、寺院に晋住することをいう。

（4）挙状　推挙状のこと。瑞世を推薦する書状。

（5）門渚　永平寺二十八世北州門渚。門渚は、万治元年（一六五八）秋に永平寺へ晋住し、同三年三月十八日に示寂していることから、おそらく、本史料は、門渚住持中の万治元年から三年にかけての時期に書されたものであろう。

（6）維摩室　維摩居士が居住する室。転じて寺院の方丈の事をいう。

（7）真如寺　上総国望陀郡真里谷（千葉県木更津市）にある寺院。山号天寧山。寛正五年（一四六四）真里谷城主武田信興（?～一五一一）の開基で、密山正巌（?～一四八七）が開山という。

（8）全播　真如寺十七世、天巌全播のこと。天和五年（一六八五）六月八日示寂。『大雄山最乗寺住山記』によれば、寛永八年（一六三一）に百七十世太年伊椿の代住を勤めている。同書には享保三年（一七一八）に二百五十七世として輪住していることになっているが、寛巌春登の代住である。花押の法量は3.2㎝×5.1㎝である。

（9）芳育　詳細不明。おそらく侍者か役寮など、全播と面識があり、住持に取次を頼むことの出来る地位にあった永平寺内の一人であろう。

【解説】江戸時代前期、妙喜寺九世明巌逸堂が瑞世を望んだので、挙状（推挙状）を添えて永平寺に登らせるので朝廷に参内できるように頼む旨を、本寺の真如寺天巌全播が書き記して添状として逸堂に持たせた文書である。瑞世拝登者がかような添状を持って上山していたことは注目される。なお、本史料の成立年代は永平寺門渚の寂年より万治三年二月十五日以前とした(注5参照)。

一般に、瑞世者がどのように本山に瑞世してくるかについては、次に引用する『永平寺史』に詳しい。

一人の僧が出世転衣するまでには、慶長一七年の「曹洞宗法度」に示されているごとく、出家してから二〇年の修行期間を経て江湖頭をし、それから五年を経ないと転衣できる資格が得られない。江湖頭を勤めた後は、機が熟するのを待ち、いよいよ、その時がきたならば(江湖頭を勤めてから五年を経なければならないが)、国の録所に瑞世を申し出る。録所は本山(永平寺か総持寺)にその旨を伝える。本山は請状(総持寺では公文)を用意し、推挙状を伝奏役(寺家や武家の意向を朝廷に伝える役、武家伝奏・寺家伝奏という。寺院によって伝奏家は異なる)である勧修寺家に差出しておいて出世者を待つ。本山よりの出世すべしとの内示は録所に伝えられる。出世者は内示を得ると、近隣の寺や末寺、あるいは檀家などから「入院祝誼」と「上京転衣餞別」を受けて、これを旅費に充て、本山へ登り、請状(あるいは公文)を受けて、上洛し、道正庵に滞在して、その作法の指南を受けてから、勧修寺家の伝奏のもと、参内し、拝顔して、綸旨を受けて帰郷するのである。本山への納金が五両、上洛して綸旨料および道正庵での費用を合わせて五両ばかりであったというが(正司考祺編『経済問答秘禄』天保四年刊、『日本思想闘諍史料』三)、江戸初期にも四両前後であった(『永平寺史』上巻五八七頁、傍線部は筆者注)。

以上のように江戸前期の瑞世はかような手続きを踏んだが、加えて本史料のような書状も交わされたことが理解される。

このように、瑞世僧は国の録所に瑞世を申し出、国の録所から本山にその旨を伝えると『永平寺史』にはあるが、本史料の真如寺は確かに国の録所であるものの、相模国香雲寺(神奈川県秦野市)のように(年未詳正月十九日付高巌長策瑞世添状〈永平寺文書、『文書編』三巻収録予定〉)、必ずしもそうでない場合もあったのである。ただし、さらに言えば、真如寺も本寺としての添状であるので、瑞世者は、本寺の添状を持って(持参かどうかは別として)瑞世を行ったということであろう。また、瑞世可能か否かの返答を国で待つのではなく、瑞世僧自らこうした添状を持って、永平寺に直接上山して瑞世を行っている（本山から国録への内示のような確約があってのことであろうか）。録所成立以前は、個人的な人間関係から瑞世願の添書を頼んでいるが、録所が設けられた後も、必ずしも瑞世僧が瑞世を頼むのは録所からのルートのみではなかったといえる。

さて、江戸期の瑞世は永平寺もしくは總持寺どちらかへの登山と、朝廷への参内が必要であった。それは、江戸期の法度に添えられた文書の写が次のように總持寺に伝わることからも理解できる。

【史料一】法度添書写（「總持寺文書」、『曹洞宗古文書』上巻、一一〇号文書）

一、従元和元年、就本寺申降御綸旨、有出世事、従公方様顕然御朱印之事、

一、不遂参内、本寺之状計仁而致出世仁、可為本寺曲事、御綸旨計仁而不登山瑞世之仁、可為違犯事、

一、以御朱印、従本寺諸法度被仰付儀、於末寺違背者於有之者、課其所守護人、申達奉行所、任御法制可理事、

右條目、於違背末寺者、不任宗門法度、随目代所而評定可申付与被仰出旨、執達制状如斯、

（下略）

瑞世僧の拝登は収入に直結するので、永平寺と總持寺は瑞世僧を競って募っていた。瑞世の費用が伽藍修造等に用いられる貴重な費用であったのは中世からのことであるが、本史料でも、かように瑞世僧を永平寺に上山させるのが永平寺門渚の意思を受けたものであることを述べており、門渚も積極的な瑞世勧誘を諸国に行っていたみえる。各寺もそれに応じて本山に瑞世僧を推薦していたのである。

（廣瀬良弘）

参考文献

鷲尾順敬『日本思想闘諍史料』三、（名著刊行会、一九六九年）。
大久保道舟編『曹洞宗古文書』上巻（筑摩書房、一九七二年）。
『永平寺史』上巻、五八七頁（大本山永平寺、一九八二年）。
『南足利市史別編寺社・文化財』（南足柄市、一九九〇年）。

万治三年(一六六〇)二月二十八日、永平寺二十八世北州門渚、越前国永建寺へ壁書を出す。

25 北州門渚壁書写

(『永平寺壁書之写』10オ〜11オ)

(勅印)掟

一、吾宗規矩、可為如当寺之家訓先規矣、勿論諸法度可守　御朱印之表事、

一、江湖聚会万般、衆数等、可為如東関叢林事、

一、其寺家・門末・塔司等勤行集来、保護自己処専要也、当山　初祖大禅師為像季不正師学、有警誡語、修行仏道□(者)、先須信仏道、信仏道者、須信自己云々、当寺先師代々之壁書、依為審細不及重説事、

右条々、於違背族之有之□(者)、□□(急度)当山(江)可被遂披露者也、仍壁書□□(如件)、

万治三(庚子)年　永平寺
仲春廿八日　門渚書判
永建寺

○写真版は『文書編』一巻869頁上段〜下段に掲載。
○欠損部分の翻刻は、正本から文字を補った。

【読み下し】

一つ、吾が宗の規矩(きく)、当寺の家訓先規の如くたるべし。勿論諸法度御朱印の表を守るべき事。

一つ、江湖聚会万般(ごうこじゅえばんぱん)、衆数等、東関の叢林(そうりん)の如くたるべき事。

一つ、其の寺家・門末・塔司(たっす)等勤行(ごんぎょう)に集来し、自己を保護する処専要也。当山初祖大禅師像季(ぞうき)不正の師学のために、警誡の語有り。仏道を修行する者、先ずすべからく仏道を信ずべし。仏道を信ずる者、すべからく自己を信ずべしと云々。当寺先師代々の壁書、審細たるにより重説に及ばざる事。

右条々、違背の族これ有るに於いては、急度当山へ披露を遂げらるべき者也。仍って壁書件の如し。

【解説】　万治三年（一六六〇）二月二十八日、永平寺二十八世北州門渚（?～一六六〇）が越前国永建寺（福井県敦賀市）に宛てて発給した壁書である。

内容は前年の万治二年三月十日、永平寺二十七世高国英峻が同寺に宛てて発給した壁書と同一である。世代替わりの発給と思われる。永平寺が永建寺へ宛てた一連の壁書の最後のものとなる。詳細は本巻No.11を参照いただきたい。

本史料を発給した門渚は、越前国丹生郡府内（福井県越前市）に生まれ、九歳で永平寺二十世門鶴に身を投じ、十四歳で剃髪、十六歳で上野国龍門寺（群馬県高崎市）の骨山如徹に参じている。骨山が丹波国永沢寺（兵庫県三田市）に輪住するとそれに従って赴き、のちに安房国延命寺（千葉県館山市）の九世万載是朔について修行し、嗣法して同寺十世となっている。万治二年秋、永平寺二十七世高国英峻が退院すると、その後席に入り、同年十一月二十日に普照北州禅師という禅師号を下賜される。万治三年三月十八日に示寂。法嗣には永平寺二十九世鉄心御州がいる。開山所は安房国福生寺（千葉県館山市）、寛永九年（一六三二）同国善導寺（同）、寛永年間には同国東光寺（同）、同国大鑑院（同）、承応三年（一六五四）の同国春光寺（同）等がある（『永平寺史』上巻、七〇二～七〇三頁）。

なお、本史料は『永平寺壁書之写』と題する冊子に収録されている。本冊子は、嘉永三年（一八五〇）十二月に永建寺において書写されたものである。永平寺の所蔵となった経緯は未詳。江戸時代初期に、永平寺の歴代住持が永建寺に発給した文書が収録されている。収録されている史料は、本史料の他、『文書編』一巻に所収されている寛永十一年八月二十八日付「仏山秀察達書写」（No.135）、寛永十八年十月八日付「孤峰龍察（札）定書写」（No.141）、慶安元年（一六四八）三月二十八日付「北岸良頓壁書写」（No.155）、慶安二年八月二十八日付「天海良義壁書写」（No.166）の四通、本巻所収の万治二年三月十日付「高国英峻壁書写」（本巻No.11）一通の計六通である。

正本は永建寺に所蔵されており、左記に掲げておく。

（封紙）「　永平寺
永建寺壁書　永平寺」

（朱印文「日本曹洞／第一吉祥山／永平禅寺」）

掟

一、吾宗規矩、可為如当寺之家訓先規矣、勿論諸法度可守　御朱印之表事、

一、江湖聚会万般、衆数等、可為如
　東関叢林事、
一、其寺家・門末・塔司等勤行集来、
保護自己処専要也、当山　初祖大
禅師為像季不正師学、有警誡語、
修行仏道者、先須信仏道、信仏道者
須信自己云々、当寺先師代々之壁書依
為審細不及重説事、
右条々、於違背之族有之者、急度当山江
可被遂披露者也、仍壁書如件、
万治三庚子年　永平寺
　仲春廿八日　門渚(花押)
　永建寺

冒頭には方形の朱印が捺されている。

参考文献
『永平寺史』上巻(大本山永平寺、一九八二年)。

(遠藤廣昭)

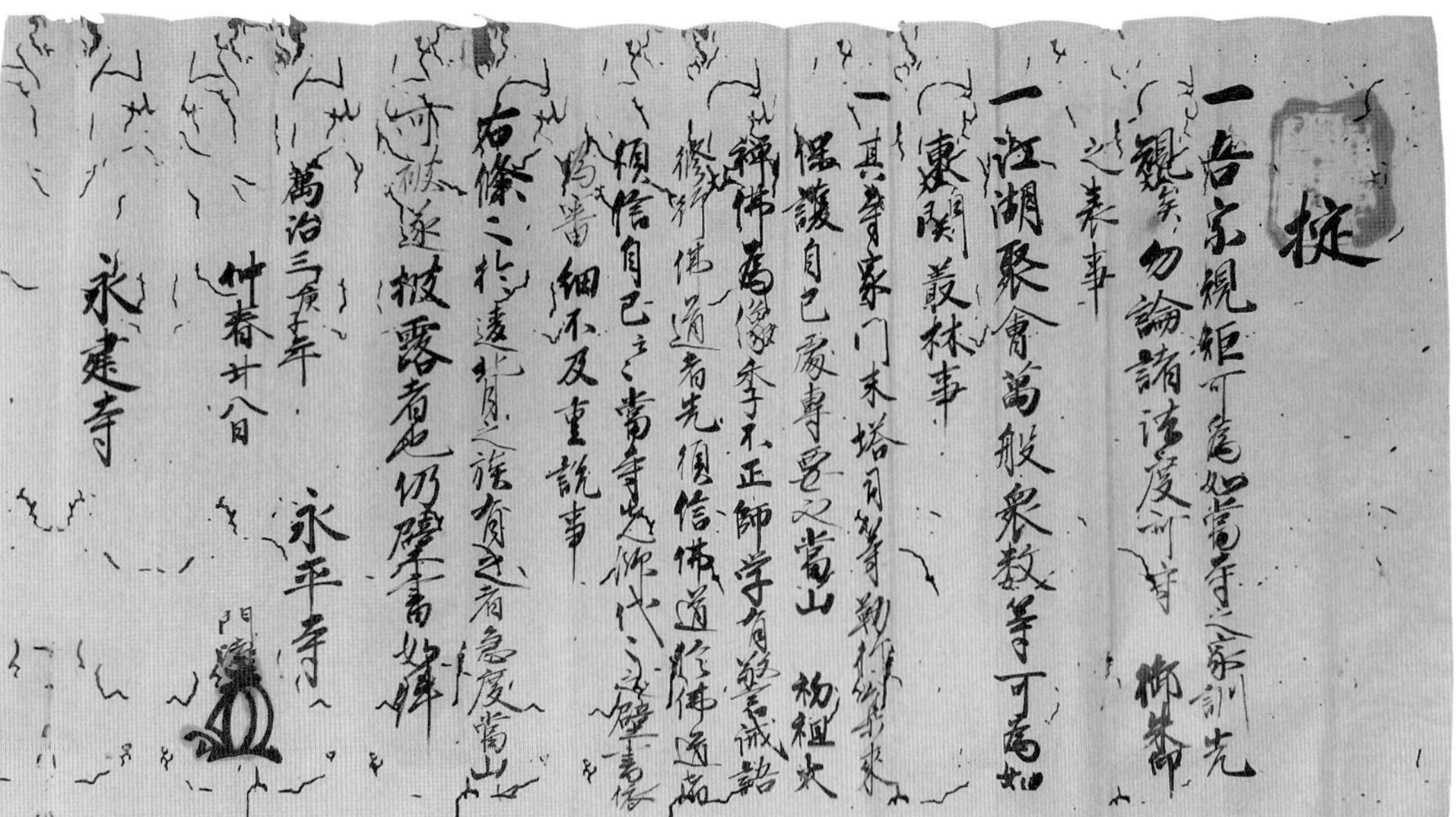
掟
一、当家規矩可為如当寺之家訓先規、勿論諸法度可守御条目之表事
一、江湖聚会万般、衆数等、可為如東関叢林事
一、其寺家門末塔司等勤行集来、保護自己処専要也、当山初祖大禅師為像季不正師学、有警誡語、修行仏道者、先須信仏道、信仏道者須信自己云々、当寺先師代々之壁書依為審細不及重説事
右条々、於違背之族有之者、急度当山江可被遂披露者也、仍壁書如件、
万治三庚子年　永平寺
仲春廿八日　門渚
永建寺

【参考史料一】北州門渚壁書(永建寺文書)

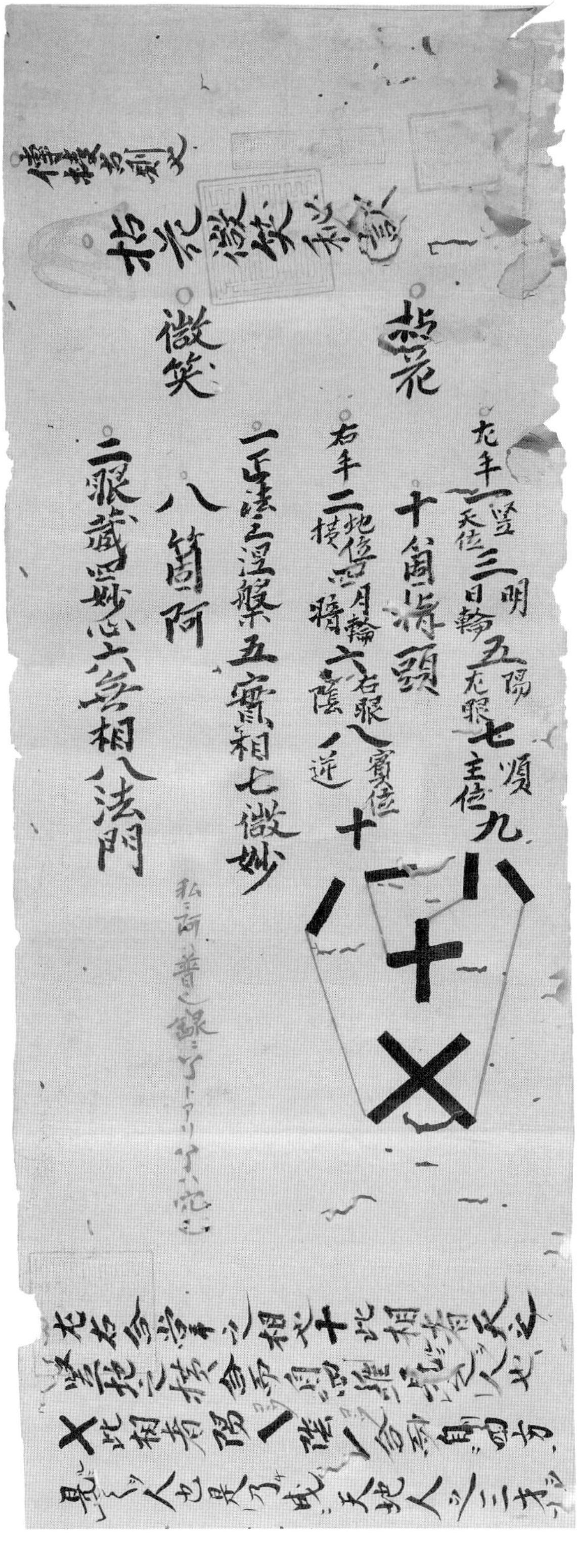

（万治三年〈一六六〇〉八月頃）、永平寺二十九世鉄心御州、永平寺先住高国英峻より「拈華微笑秘訣」を伝授される。

26　拈花微笑秘訣（高国英峻切紙）

（巻子装　20.0㎝×369.5㎝）

（巻子うわ書）

「旧
廿六世（高国）英俊、付御州（鉄心）旧廿八世
廿七世〔峻〕 廿九世
切紙之内雖有之、重而残置ク」

（一張）

○伝授古則也、（朱印文「万照高国禅師」）（朱印文「士峰英峻俊」）
（版刻花押）

○拈花微笑秘訣（朱印文「仏法僧宝」）

○拈花　○微笑

○左手　一竪天位　三明日輪　五陽左眼　七順主位　九
十箇指頭
○右手　二横地位　四暗月輪　六陰右眼　八賁逆位　十
○一正法　三涅槃　五実相　七微妙
八箇阿
○二眼蔵　四妙心　六無相　八法門

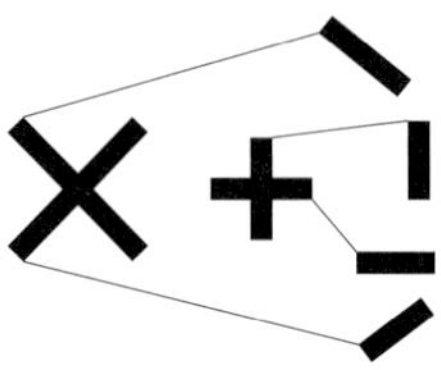

「私（朱書）ニ阿ハ普也、録ニ丫トアリ、丫ハ穴也」

左右、合掌之相也、（朱印文「仏法僧宝」）＋此相者、天之竪、地之横、合而自二四維一見レルニ之ヲ人也、

×此相者陽＼コウ陰／コウ、合而自リ二四方一見レルニ之ヲ人也、是乃チ成ハ二天地人之三才ヲ一、才ハ同レ位ニ也、天地之間之生物者、人也、万物共ニ皆是色相也、世尊之十指、金婆羅花、亦色相也、拈レシテ華ヲ示レタル之ヲ仏意者、於テ二色上ニ一含二蔵スル本分之妙花ヲ一也、妙花者、正法眼蔵、涅槃妙心、実相無相、微妙法門也、是謂二八箇ノ阿一ト、阿者、普也、普ト者、無キ二辺際一謂二空界ヲ一也、十指之中間是空也、亦丫者、穴也、空也、迦葉微笑者、即通ル二八箇ノ阿ニ一也、故ニ世尊云、吾ニ有二正法眼蔵、涅槃妙心、実相無相、微妙法門、不立文字、教外別伝一、附二属摩訶大葉レ迦ニ一、心法相続、証契即通也、（朱印文「仏法僧宝」）

○師云、拈華之意地ヲ、資云、従縁之塵―花於拈而、不従縁之外花於示而走、○師云、

微笑之意地ヲ、（代）、只ダ笑而走、○師云、
夫レハ何ントテ、（代）、只タ笑タ時キ、八箇之阿ニ即通
テ走、○師云、畢竟ニ着語ヲ、（代）、両鏡相
照於中如レ無二影像一、（私）ニ、塵ト者、色相也、外ト
者、性相也、金婆羅花ヲ拈（トツ）テ妙花ヲ示シ玉
也、従縁者色相、不従縁者性相也、従縁ノ
物ハ始終消滅、不従縁ノ物ハ歴劫長堅ト云句
ヲ可レ参也、（句）者、両鏡ト云テ鏡ニアラズ、
世尊・迦葉ノ曇リ無キ仏心ヲ云也、両仏ノ拈花（朱印文「万照高国禅師」）

（二張）

微笑ハ、鏡ト鏡ノ相対也、時キ、影像ハ無キ也、
世尊・迦葉無レ曇キ仏意ヲ両鏡ト心得可
キ也、
○師云、正法ヲ、（資）云、看ル時不レ見ヘ、○師云、眼蔵ヲ、
（資）云、暗昏々、○師云、涅槃ヲ、（資）云、心花発
明、○師云、妙心ヲ、（資）云、照十方刹、○師云、実相
ヲ、（資）云、霊々寂々、○師云、無相ヲ、（資）云、無
色空、○師云、微妙ヲ、（資）云、葉落テ帰スレ根ニ、○師云、
法門ヲ、（資）云、来時無レ口（ハジメ）、（私）ニ、回互宛
転、環ノ如レ無レ端也、扨テ亦葉落タ処ニ、不凋ノ性
相・本分在リ、来時無レ口、目ニハ見ヱヌガ、サテ亦生
ズルゾ、本来無一物之体ト云モ、同意也、性相ノ妙体
ト心得可シ、世間空ハ空而空也、仏性空ハ空而妙也、
可レ参二此句一也、
○師云、拈ジタ意ヲ、（資）云、只拈而走、○師云、微笑シタ意（朱印文「仏法僧宝」）
ヲ、（資）云、只笑テソウ、○師云、句ヲ、（資）云、以心伝心、
○師云、猶ヲモ句ヲ、（資）云、唯仏与仏、乃能究尽、（私）云、
只タ拈ジタ処カ、妙心也、実相無相、微妙ノ法門ノ宗派也、
只タ微笑シタ所カ、妙心即通也、会得カ出レバ、正法
眼蔵、涅槃妙心、実相無相、微妙法門デハ無キ也、
世尊モ迦葉モ、只ダ拈ジ、只ダ笑テ、会得之出デヌ処
ガ、仏意仏心流通也、以二迦葉ノ心ヲ一伝二世尊ノ心ヲ一タル
也、仏祖ノ命脈即通ト云ハ是也、（句）ハ、唯仏与仏、
至〔始〕覚本覚也、乃能究尽トハ、唯仏与仏一般、師
資一枚、至本不二ノ処也、処カ、心法相続ノ旨也、（朱印文「仏法僧宝」）
○師云、拈処ヲ、代、（作）二一円相ヲ一、○師云、花之開キ羊〔様〕ヲ、
（代）、塵外ヱ開テ走、○師曰、句ヲ、（代）云、天上人間一般
春ル、○師云、微笑ノ処ヲ、（代）云、拈ジタ心ニ明キ透ツテ走、
○師云、句ヲ、（代）云、花咲ム心園ノ春ル、○師云、正法ヲ、（代）云、
遍界」曽不レ蔵、○師云、眼蔵ヲ、（代）云、眼中ノ童〔瞳、以下同〕子目前ノ人、
○師云、涅槃ヲ、（代）云、円通大虚、（末句）、無欠無余ト

在リ、○師云、妙心ヲ、(代)云、妙ハ在二遍ノ前一ニ、先聖モ豈ニ容
レ眼ヲ、○師云、畢竟ヲ、(代)云、須弥頂上無根樹、不惜
春風花自開、自動トモ在リ、(私)ニ、一円相ヲ作シタハ、一花
一心ヲ拈而示也、花ハ、心花也、開クトハ、塵外ヱ露レタル
也、塵ハ、色相也、外ハ、性相也、色相ノ塵花ヲ以テ、
本分之外花ヲ示シタト見レバ、塵ヱモ外ヱモ開タ心花
也、塵外ヱ開クト云ハ、色相、性相トモニ心花一円一
心ト云心也、　句モ、天上モ人間モ、久遠モ今時モ一
般ノ春ル、一円一心也、(微笑者、世尊ノ拈ジタ心ニ即
通之時キ、拈ジタ一心、手元ニ明キ透タル也、両仏一心、
一円一体也、(句ハ、微笑シタハ、只タ心花ガ自然ニ開タ迄
デヨ、ドツコモ心園ノ春ル、正法一花、一心一円也、
句モ久遠今時、一心一花、曽不二覆蔵一也、(句モ、
眼中ノ童子ガ、目前ノ人也、世尊ノ眼裡ニモ、迦葉ノ眼
裡ニモ在ル童子也、(句モ、一心一円、無欠無余也、
句モ、妙トハ、心ト喚起サヌ已前也、此ニ於テハ、毘婆
モ燃灯モ、眼ハ及バザル也、正法眼蔵、涅槃妙心、
実相無相、微妙法門ト、異名ハ別々ナレドモ、妙ヲ
名付テ心花一心、色相性相、久遠今時、至覚
本覚ト云也、(句モ、須弥ノ頂上トハ、仏頂上ヲ云也、

無根樹トハ、一妙、一心、一円相也、心花ト云モ、蓮華
宝蓋ト云モ、此ノ無根樹也、此ノ無根樹、心花ニ即通スル
ガ、自開タルコト也、陰気陽光ニ依テ開タル事デハ
無キ也、心法ニ即通スルガ、開タ事、相続也、
○心、天地陰陽(朱印文「仏法僧宝」)和合而人ヲ生ズ、是レ一心受用之始
也、一心一円之処、万物之根本、万法根源、仏
衆生無差別、本分之田地、衆生成仏之道
場也、釈迦頂上ノ一円相、嗣書之三円相、皆ナ
是一心一円、○此ノ相也、◎輪臂三円相之
貌也、是レ即蓮華宝蓋也、下ニ在ル則ンバ蓮
(三張)
華宝座也、拈花モ一心一円、心花ヲ示シ玉ウ也、
微笑ガ一心ニ即通也、両仏一心一体也、亦迦葉
ノ、阿難ト喚玉也、阿難、応諾ス、一心一体、以心伝
心也、阿難ノ、師兄、世尊ニ伝二金襴ノ袈裟一ヲ外、別ニ伝二
箇ノ甚ン(麼、以下同)法一ヲカ、ト一問シタハ、我慢ノ幡タ鋒コ也、処ヲ、
只阿難ト喚玉也、処ヲ、只タヨツト答ヱタ、此時キ、両仏、
一心一体一円也、○師云、迦葉・阿難両仏ノ心ヲ
畢竟而言ヱ、(代)、両句一舌、心ハ、喚応諾
ハ、マギレヌ両口也、在ルガ、喚応諾、一舌也、一心也、
一体也、一円也、是ヲ心法相続ト云也、今日モ

此ノ心ヲ紹続而断絶セヌゾ、此ノ旨ニ即通スルヲ、仏種トモ胡種族トモ云也、○師云、猶ヲモ子細云ヱ、（代云、速礼三拝而退也、（私云、猶ヲモ言ヱト云ガ、両仏ノ心ニ契タカト験ヤウ也、好ク契タニ依テ、只タ礼拝而退也、首尾之合セヤウ也、是レガ両仏一体、隔テ無キ旨也、（門末ヱハ、是モ可也、（済家之御大事ヲ、曹洞家之嗣書・血脈ニ添而、可伝附也、（門末ヱ、済家之伝授不許故如此也、

○血脈不断切紙也、（朱印文「仏法僧宝」）

○夫血脈不断者、混沌未分、威音已前也、一黙者事也、事者心也、円相者、法界平等也、三世諸仏之道場也、衆生成道之一路也、三世之諸仏之窟宅也、歴代之祖師之淵源也、森蘿〔羅〕草木之種子也、依之三界道〔導〕師、三世諸仏謂也、命脈是何、本来無一物也、即是人々本命元辰也、雖然此是先聖之窟宅也、非二別伝之旨一ニ、参、穴賢、々々、

○此是従栄西和尚参得明全和尚畢、然而後、従明全和尚、伝授道元和尚、血脈譲与之時、参得之畢、非嫡嗣者、不可許之、可秘、々々、○於栄西和尚室、法身法性話、道元和尚、参窮之畢、

○血脈不断之参、（朱印文「仏法僧宝」）○師云、血脈不断ヲ、（代云、三世之諸仏モ如是、歴代之祖師モ如是、和尚モ某甲モ如是、

○師云、血脈一点事（ジ）ヲ、（代、良久ス、○師云、意旨如何、（代云、驀此正当三世之諸仏之道場デ走、○師云、喚二什广一ト為二道場一ト、（代云、作二一円相一ヲ、

○師云、是甚广ゾ、（代、無始無終、無住処デ走、○師云、其之上デ血脈ヲ、（代云、三世之諸仏モ此ヲ以テ命トシ、歴代之祖師モ此ヲ以テ脈トシテ走、

○師云、命脈是甚广ゾ、（代云、此之心デ走、○師云、其ノ心ヲ放捨セヨ、（代云、只タ坐ス、○師云、畢竟如何、（代云、只タ来リ、只タ帰ル也、

（非嫡嗣、不可許之、可秘、々々、賢（カシク）、

（私ニ、三世之諸仏モ、歴代之祖師モ、和尚モ、某甲モ、一心一円、平等之所ニ即通スレバ、一心一体也、処ガ、血脈不断也、（如是者、合頭之語也、

（亦契当之語也、（亦血脈一点之事トハ、法界平等、一円相中ニ在ル心ヲ、事ト云也、

ト云テ、一円ト一心ヲ、二ニハ見ベカラズ、事ハワザ、ツカウマツル、（挙処者、良久之正当、妄知妄念ヲ出デヌ所ガ一円一心也、無始無終之所也、無住ト云ハ、無主ト云心也、（曰、血脈ヲト云挙着モ、三世之諸仏モ、歴代之祖師モ、人畜卑猴蝦蟆蚯蚓トモニ、此ノ一心一点ヲ以テ命脈トシ、血脈トシタゾ、（命脈是甚广ゾ、徹カ未徹カヲ験ル也、（挙着者、命脈ト云モ、一心ト云モ、別デハ無キ也、処ヲ、其之心ヲ抛捨セヨト削リ落シ、全提サ（朱印文「仏法僧宝」）

（四張）

□ヌゾ、（挙着モ、只タ坐シタ処ニ座相ハ無イ、良（朱印文「万照高国禅師」）久モ同ジ心也、畢竟ニ云イコトハ無キ也、

○如是、精霊モ、此旨ヲ以テ号スルカ、

当山伝授古則也、蜜故不覆蔵、不覆蔵故蜜者乎、為後来記取之畢、可秘、々々、

当山伝法二十六世

勅万照高国禅師英峻叟（花押）

（朱印文「万照高国禅師」）（朱印文「士峰英峻俊」）

伝附 当山現住御州和尚也、（道元版刻花押）

【読み下し】

英峻、御州に付す。

切紙の内に之れ有りと雖も、重ねて残し置く。

伝授古則なり。

（中略）

「私に、阿は普なり。録に丫とあり。丫は、穴なり」。

左右、合掌の相なり。十此の相は、天の竪、地の横、合して四維よりこれを見るに人なり。✖此の相は、陽╲陰╱、合して四方よりこれを見るに人なり。是れ乃ち成天地人の三才を成す。才は位に同じ。天地の間の生物は、人なり。万物共に皆な是れ色相なり。世尊の十指、金婆羅花、亦た色相なり。華を拈じてこれを示したる仏意は、色上において本分の妙花を含蔵するなり。妙花は、正法眼蔵、涅槃妙心、実相無相、微妙法門なり。是れを八箇の阿と謂うなり。阿は、普なり。普とは、辺際無き空界を謂うなり。十指の中間は是れ空なり。亦た丫は、穴なり、空なり。迦葉微笑は、八箇の阿に即通するなり。故に世尊云く、吾に正法眼蔵、涅槃妙心、実相無相、微妙法門、不立文字、教外別伝有り。摩訶大迦葉に附属して、心法相続し、証契即通するなり。

○師云く、拈華の意地を。資云く、従縁の塵花を拈じて、不従縁の外花を示してそう。
○師云く、微笑の意地を。代って、只だ笑ってそう。
○師云く、夫れは何んとて。代って、只だ笑った時、八箇の阿に即通してそう。○師云く、畢竟に着語を。代、両鏡相照して中に影像無きが如し。私に、塵とは、色相なり。外とは、性相なり。金婆羅花を拈って妙花を示したまうなり。従縁とは色相、不従縁とは性相なり。従縁の物は始終消滅して、不従縁の物は歴劫長堅なりと云う句を参ずべきなり。句は、両鏡と云うて鏡にあらず、世尊・迦葉の曇り無き仏心を云うなり。両仏の拈花微笑は、鏡と鏡との相対なり。時き、影像は無きなり。世尊・迦葉曇り無き仏意を両鏡と心得べきなり。
○師云く、正法を。資云く、看る時見えず。
○師云く、眼蔵を。資云く、暗昏々。
○師云く、涅槃を。資云く、心花発明す。
○師云く、妙心を。資云く、十方の刹を照らす。
○師云く、実相を。資云く、霊々寂々。
○師云く、無相を。資云く、無色空。
○師云く、微妙を。資云く、葉落ちて根に帰す。
○師云く、法門を。資云く、来時口無し。私に、回互宛転して、環の端無きが如きなり。扨て亦た葉落ちた処に、不凋の性相・本分在り。来時口無く、目には見えぬが、さて亦た生ずるぞ。本来無一物の体と云うも、同意なり。性相の妙体と心得べし。世間空は空にして空なり。仏性空は空にして妙なり。此の句に参ずべきなり。
○師云く、拈じた意を。資云く、只拈じてそう。○師云く、微笑した意を。資云く、只笑てそう。○師云く、句を。資云く、以心伝心。
○師云く、猶をも句を。資云く、唯仏与仏、乃能究尽（唯だ仏と仏とのみ、乃ち能く究尽す）。私に云く、只だ拈じた処が、妙心なり。実相無相、微妙の法門の示し派なり。只だ微笑した所が、妙心即通なり。会得が出れば、正法眼蔵、涅槃妙心、実相無相、微妙法門では無きなり。世尊も迦葉も、只だ拈じ、只だ笑いて、会得の出でぬ処が、仏意仏心の流通なり。迦葉の心を以って世尊の心を伝えたるなり。仏祖の命脈即通と云は是れなり。句は、唯仏与仏とは、始覚と本覚となり。乃能究尽とは、唯仏と仏と一般、師資一枚、始本不二の処なり。処が、心法相続の旨なり。
○師云く、拈じた処を。代って、一円相を作す。

○師云く、花の開き様を。代って、塵外へ開いてそう。

○師曰く、句を。代って云く、天上人間の一般の春。

○師云く、微笑の処を。代って云く、拈じた心に明き透ってそう。

○師云く、句を。代って云く、花咲む心園の春。

○師云く、正法を。代って云く、遍界曽て蔵さず。

○師云く、眼蔵を。代って云く、眼中の瞳子目前の人。

○師云く、涅槃を。代って云く、大虚に円通す。末句は無欠無余と在り。

○師云く、妙心を。代って云く、妙は一漚の前に在り、先聖も豈に眼を容れんや。

○師云く、畢竟を。代って云く、須弥頂上に無根の樹あり、春風を借りず花自から開く。自動(自から動く)とも在り。

私に、一円相を作したは、一花一心を拈って示すなり。花は、心花なり。開くとは、塵外へ露れたるなり。塵は、色相なり。外は、性相なり。色相の塵花を以って、本分の外花を示したと見れば、塵へも外へも開いた心花なり。塵外へ開くと云うは、色相、性相ともに心花一円一心と云う心なり。句も、天上も人間も、久遠も今時も一般の春、一円一心なり。微笑は、世尊の拈じた心に即通の時、拈じた一心、手元に明き透たるなり。両仏一心、一円一体なり。句は、微笑したは、只だ心花が自然に開いた迄でよ、どつこも心園の春、正法一花、一心一円なり。句も、久遠今時、一心一花、曽て覆蔵せざるなり。句も、眼中の瞳子が、目前の人なり。世尊の眼裡にも、迦葉の眼裡にも在る瞳子なり。句も、一心一円、無欠無余なり。句も、妙とは、心と喚び起さぬ已前なり。此に於いては、毘婆も燃灯も、眼は及ばざるなり。正法眼蔵、涅槃妙心、実相無相、微妙法門と、異名は別々なれども、妙を名付けて心花一心、色相性相、久遠今時、始覚本覚と云うなり。句も、須弥の頂上とは、仏頂上を云うなり。無根樹とは、一妙、一心、一円相なり。心花と云うも、蓮華宝蓋と云うも、此の無根樹なり。此の無根樹、心花に即通するが、自から開いたることなり。陰気陽光に依って開いたる事では無きなり。心法に即通するが、開いた事、相続なり。○心は、天地陰陽和合して人を生ず。是れ一心受用の始めなり。一心一円の処、万物の根本、万法の根源、仏と衆生とに差別無く、本分の田地、衆生成仏の道場なり。釈迦頂上の一円相、嗣書の三円相、皆な是一心一円、○此の相なり。○○輪臂三円相の貌なり。是れ即ち蓮華宝蓋なり。下に在る則んば、蓮華宝座なり。拈花も一心一円、心花を示したまうなり。微笑が一心に即通するなり。両仏一心一体なり。亦た迦葉の、阿難と喚びたまうなり。阿難、応諾す。一心一体、以心伝心なり。阿難の、師兄、世尊に金襴の袈裟を伝えらるる外に、別に箇の甚麼の法をか伝えらる、と一問したは、我慢の幡鉾なり。処を、只だ阿難と喚びたまうなり。処を、只だよつと答えた。此の時、両仏、一心一体一円なり。

○師云く、迦葉・阿難両仏の心を畢竟じて言え。代って、両句一舌なり。心は、喚ぶと応諾とは、まぎれぬ両口なり。在るが、喚ぶと応諾とは、一舌なり、一心なり、一体なり、一円なり。是れを心法相続と云うなり。今日も此の心を紹続して断絶せぬぞ。此の旨に即通するを、仏種とも胡種族とも云うなり。○師云く、猶をも子細に云え。代って云く、速礼三拝して退くなり。私に云く、猶をも言えと云うが、両仏の心に契ったかと験しようなり。好く契ったに依って、只だ礼拝して退くなり。首尾の合せようなり。是れが両仏一体、隔て無き旨なり。門末へは、是れも可なり。済家の御大事を、曹洞家の嗣書・血脈に添えて、伝附すべきなり。門末へ、済家の伝授許さざる故に此くの如くなり。

○血脈不断の切紙なり。

○夫れ血脈不断とは、混沌未分、威音已前なり。一黙とは事なり。事とは心なり。円相とは、法界平等なり。三世諸仏の道場なり、衆生成道の一路なり、三世の諸仏の窟宅なり、歴代の祖師の淵源なり、森羅草木の種子なり。之れに依って三界の導師、三世の諸仏の謂なり。命脈は是れ何んぞ、本来無一物なり。即ち是れ人々本命元辰なり。然りと雖も、此は是れ先聖の窟宅なり。別伝の旨に非ず、参ぜよ。あなかしこ、あなかしこ。

○此れは是れ栄西和尚より明全和尚に参得せしめ畢んぬ。然して後、明全和尚、道元和尚に伝授し、血脈譲与の時、これを参得せしめ畢んぬ。嫡嗣に非ずんば、これを許すべからず。秘すべし、秘すべし。

○栄西和尚の室において、法身法性の話、道元和尚、これを参窮し畢んぬ。

○血脈不断の参。○師云く、血脈不断を。代って云く、三世の諸仏も是くの如し、歴代の祖師も是くの如し、和尚も某甲も是くの如し。

○師云く、血脈一点の事を。代って、良久す。

○師云く、意旨如何。代って云く、驀此正当、三世の諸仏の道場でそう。
○師云く、什麼を喚んでか道場と為す。代って云く、一円相を作す。
○師云く、是れ甚麼ぞ。代って、無始無終、無住処でそう。
○師云く、其の上で血脈を。代って云く、三世の諸仏も此れを以って命とし、歴代の祖師も此れを以って脈としてそう。
○師云く、命脈是れ甚麼ぞ。代って云く、此の心でそう。
○師云く、其の心を放捨せよ。代って云く、只だ坐す。
○師云く、畢竟如何。代って云く、只だ来り、只だ帰るなり。
嫡嗣に非ずんば、これを許すべからず、秘すべし、秘すべし、賢。
私に、三世の諸仏も、歴代の祖師も、和尚も、某甲も、一心一円、平等の所に即通すれば、一心一体なり。処が、血脈不断なり。是くの如きは、合頭語なり。亦た契当の語なり。亦血脈一点の事とは、法界平等、一円相中に在る心を、事と云うなり。と云て、一円と一心を、二には見べからず、事はわざ、つこう（仕）まつる。挙処とは、良久の正当、妄知妄念の出でぬ所が、一円一心なり。無始無終の所なり。無住と云うは、無主と云う心なり。曰く、血脈をと云う挙着も、三世の諸仏も、歴代の祖師も、人畜卑猴蝦蟆蚯蚓ともに、此の一心一点を以て命脈とし、血脈としたぞ。命脈は是れ甚麼ぞ。徹か未徹かを験るなり。挙着とは、命脈と云うも、一心と云うも、別では無きなり。処を、其の心を抛捨せよと削り落とし、全提させぬぞ。挙着も、只だ坐した処に座相は無い、良久も同じ心なり。畢竟に云い事は無きなり。
○是くの如く、精霊も、此の旨を以って号するか。
当山伝授の古則なり。蜜なる故に覆蔵せず、覆蔵せざる故に蜜なるものか。後来の為にこれを記取し畢んぬ。秘すべし、秘すべし。

【解説】　本史料は、既に退院していた永平寺二十七世高国英峻（一五九〇～一六七四）から現住二十九世鉄心御州（?～一六六四）に伝附されたものであり、題注に「伝授古則なり」とあるように本参史料である。しかしながら、いわゆる参話関係切紙として位置づけることも可能である。事実、巻子の上書きに「切紙之内雖有之、重而残置く」とあり、すでに切紙としてあるものを再度書写して後代に伝えようとしている。
　高国英峻作成の『切紙目録』（本巻No.４、『禅籍編』二巻

No.39）には、「(112)一、拈花微笑之図〔七通〕」とあり、別本の永平寺所蔵『切紙目録』（『禅籍編』二巻No.39【参考史料】）にも「(125)拈華微笑之図参話共二」とある。また、面山瑞方著『洞上室内断紙揀非私記』所収の「永平寺室中断紙目録並引」において「(46)拈華微笑訣参〈他家訓訣邪解カナ抄ナリ〉」と指摘する切紙に相当するものと推定する。

具体的には、駒澤大学図書館所蔵『仏仏祖祖相伝秘密正法眼蔵』にその全容を見ることができる（拙稿「林下曹洞宗における相伝史料研究序説(五)―永光寺関係史料篇(上)―」）。

本史料の内容について、『拈華微笑秘訣（ねんげみしょうひけつ）』の典拠としては、『人天眼目（にんでんがんもく）』巻五宗門雑録に見える「拈花」（『大正蔵』四八巻三二五頁中段）や、『無門関』第六則「世尊拈花」（『大正蔵』四八巻二九三頁下段）であったと思われる。

高国が最も教学的に影響を受けたと思われる勝国良尊の『無門関抄』が群馬県渋川市双林寺に所蔵されている。

　世尊拈華。
代、一盃々々又タ一盃、両人ン対シ酌（クシテ）山花開ク。又、君臣合同兎万年ノ笑イ。取句、爽山点頭。私云、本則ワ定ダ話頭ナ呈ニ、註スルニ不及。（中略）
◯尊上坐註破云、両人対シ酬処如何体究セン。代、巨旲〔霊、以下同〕神ノ力モヲヨビ難イト云心ヂヤ。是レワ、古人ノ意地ヲスコイテ除ケテ、自分ニ見籠デ扱イヂヤ。古老達ノ着語ニ、此ノカ、リ多キナリ。巨旲神ガ大花山ヲ劈破オ由来ヲヨセテ取ラヌ也。仮（カ）〈カル也〉捨（シャ）〈スツル也〉ノ法ト云也。
無門頌云、拈起シ来花ヲ一、尾巴已ニ露ル、迦葉破顔、人天罔シレ措（サシ）ヲクコト。云、拈ズレバ微笑ガ尾巴ノ露シ様也。尾巴ト云ハ、本位ノ趣キヲ互イニ流通ソチヤツト首尾ヲ合セタコト也。サテ何ントシタゾ、微笑シタ幾ワ、サテ何ントシタゾ。謾リニ思量ボク度シ措ナキ也。アタマコトニ不敏ナ事ヂヤヨナ。

高国は、関東における参学を通して、応仁・文明の乱以降、林下道元派下において盛んに抄出された本参や切紙をいかに体系化し、位置づけるかという課題に直面していたと思われる。高国英峻書写「永平嫡嗣伝授之儀式」（本巻No.17、『禅籍編』二巻No.36）について言えば、三物（さんもつ）（嗣書（ししょ）・血脈（けちみゃく）・大事（だいじ））伝授の根拠はしばしばその関連切紙に依拠しており、先行の切紙を前提として成立していることからもわかる。

本史料も、多くの本参・切紙がそうであるように、師資の問答による問題の提起と見解の呈示がなされるが、内容理解にはしばしば切紙が重要な役割を果たしている。

参考になるのは、高国書写の「天童如浄和尚智識験弁点験大明目」の跋文である。それによれば、「日本曹洞宗における正伝の仏法の秘訣は、就中公案(本参)の点検、切紙の点検であり、それこそが開山道元禅師の究極の宗旨である。この一巻の書は、祖師の語録、経典、独則の秘参等でも換えがたい、一大事の秘訣、密意の書なのである。嗣法伝授了畢した、上足の嫡嗣一人にのみ伝附すべきものであり、いいかげんに伝附すれば、立所に仏罰・法罰を蒙り、眼は視力を失い耳は聴力を失って、眉鬚が抜け落ちることだろう」と言う。

高国は、永平寺住持にとって重要不可欠な「当山伝授古則」として本史料を権威化し、嗣法の支証(ししょう)としての価値を付与しようとしたと推察する。高国は切紙・本参の相伝をもって伝法の正当性を保証する相続様式を確立しようとしていたと思われ、本史料も永平寺における新たな教学体系の一端を担うものであった。

なお、本史料は『禅籍編』二巻No.37にも収録される。本史料の全文の写真は同書を参照されたい。

参考文献

『永平寺史料全書』禅籍編　第二巻(大本山永平寺、二〇〇三年)。
飯塚大展「林下曹洞宗における相伝史料研究序説(五)―永光寺関係史料篇(上)―」(『駒澤大学仏教学部論集』四二号、二〇一一年)。

(飯塚大展)

(万治三年〈一六六〇〉八月以降)、永平寺二十九世鉄心御州、晋山後まもなく「永平寺話頭総目録」を書写する。

27 永平寺話頭総目録(鉄心御州本参)

(冊子装　25.8cm×19.2cm)

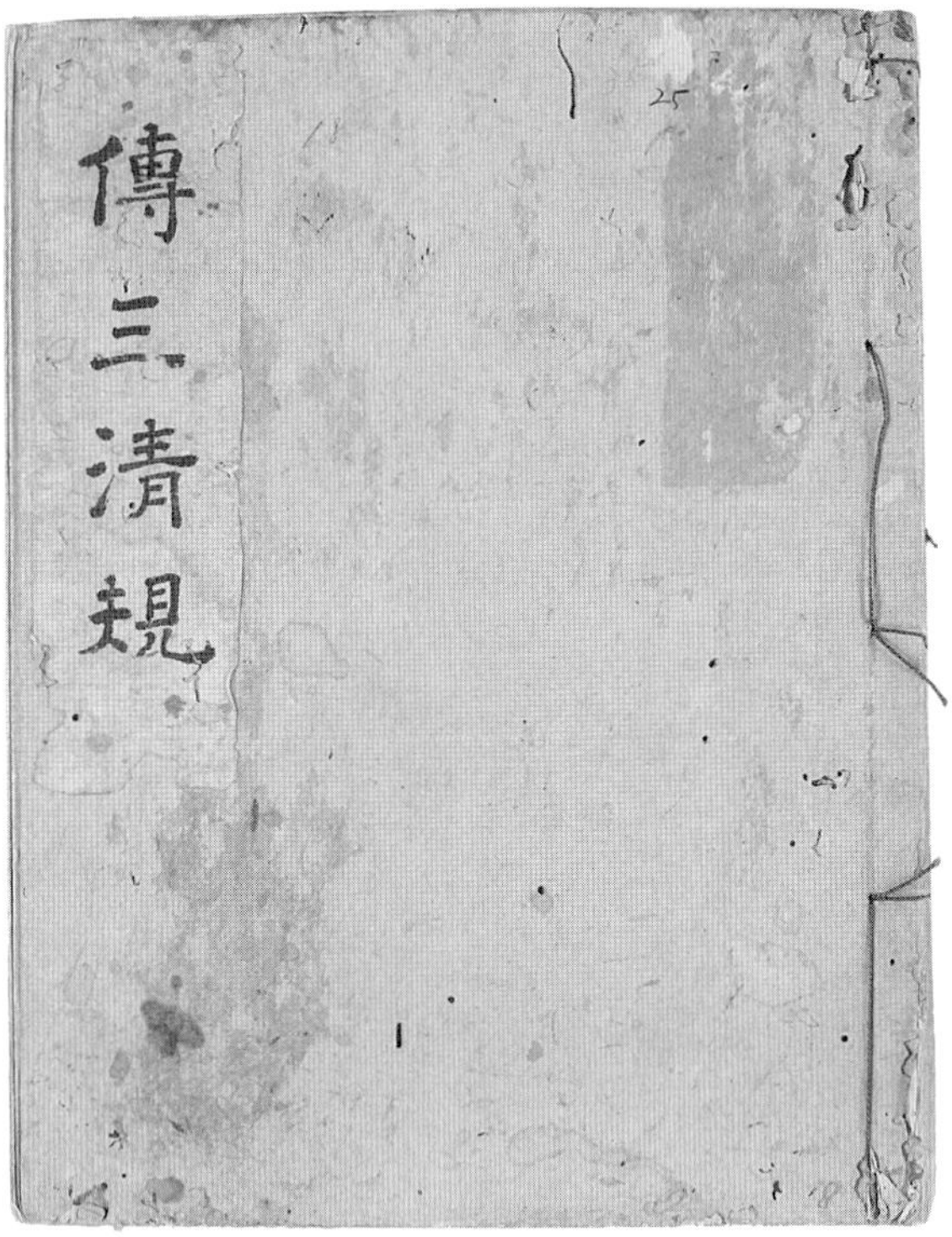

(表紙題箋)「伝二三清規」

(見返し)此ノ題スル二吉祥山永平禅寺話頭一ト之仮字書カナノ一冊ハ者、中古住スル二此ノ山一ニ代語僧ノ之所ニシテ二述作一スル、而固モトヨリ非下ルナリ従二承陽・二代・三代等ノ時一、伝ヘレ之ヲ来テ有ル上底ニハ也、読ム者ノ宜ク下考ヘシ二其ノ時一ヲ、以テ知テ二其ノ人ヲ一而用否スル上焉、

延享二乙丑孟夏

住山円月(江寂)誌之

(朱印文「円月」)(朱印文「江寂之印」)

(1オ)

吉祥山永平禅寺話頭総目録(朱印文「勅大覚仏海禅師」)

自己大人頭

一、首山竹篦背触、二、黄檗六十棒、三、香厳樹上、四、臨済活埋、五、臨済無位真人、六、六外之一句、七、南泉斬猫、八、雪峰鼈鼻蛇、九、万機休罷、十、百尺竿頭進歩、十一、南院啐啄同時眼、十二、芭蕉拄杖、十三、五祖演牛窓櫺、十四、雲門関字、十五、奚仲造車、」十六、塩官犀牛扇子、十七、茶陵橋板堕落、十八、松源大力量人、」十九、睦州担板漢、二十、百丈野鴨子、二十一、雪峰古澗寒泉、」廿二、南泉平常心是道、廿三、盤山猪肉大悟、廿四、玄沙指頭築破、」廿五、保寿本来面目、廿六、雪峰尽大地沙門一隻眼、廿七、馬祖水潦大悟、」廿八、紫胡狗子、廿九、龍潭紙燭吹滅、三十、百丈野狐、」卅一、岩頭是凡是聖、卅二、天衣折担大悟、三十三、倩女離魂、」

(1ウ)卅四、明上座本来面目、卅五、龐居士不落別処、以上三十五則、」自己入頭入派、其数多也、雖然、於当山者、祖師禅之入派大入頭者、竹」篦背触也、其趣者、投子青禅師、於浮山遠禅師之会下、竹篦背」触ニ投機而、洞上・済下一句ニ透脱而、従其以来、洞上ニ済下大事之」話頭之取扱多、」入頭者、或死活当頭入派、或大死底入派、或転凡入聖入派、或万」機休罷入派、或身心脱落入派、何茂自己之入派也、能々諦訛於」可見別者也、」

(2オ)一、首山竹篦背触、師云、背触ヲ離却而一句道将来レ、代云、躍倒」放身ス、師𡿺〔拶〕云、其ハ、触レタゾ、代云、亦躍倒放身ス、師云、此ノ担板漢、恁麼ニ」去レ、ト云テ、クツト打テ追出ス也、私ニ、爰ヲ入頭下ノ大見地ト云也、ホトニ、五年モ三年モ、クツ」ト行ジツメテ、背触・死活ノ窟裡ニ踢籠デ、頭悩ヲ挙ゲサセズシテ、時節因縁」ノ投機ヲ待ツ也、学、有時大眼目ヲ開テ、師ノ頚ヲヲサエテ、何ンノタワコトヲツキヲル、ト」云テ、ホカト躍倒ス、私云、爰ハ、学人忽然トシテ大活現前シ、ホカト師家ヲケタヲシテ」ノクルガ、本分達〇処ノ旨、背触・死活ノ窟裡ヲ離却シテ、天外出頭ノ機也、師云、其」レコソ、先聖ノ窟裡ニ堕在ヨ、心者、足シ土ノコ、ロミ羊〔様、以下同〕也、学、亦師家ヲ躍倒シテ、」吾レモ放身ス、心ハ、ドドニ、師ノ当行ニ依テ、空劫已前ノ一位ニ徹証シ、本来無一物ノ」処ニ契得テ、師ヲケタヲシテノケタ処ニ、何ノ先聖ノ窟裡ノサタガアランニ、マイスヲヒロギ」ヲルト、打頭ノ足土ヲマワサズ、亦師家ヲ躍倒シテ、吾レモ放身シテ退イタ、臨済ナドノ、」元来黄檗ノ仏法無多子、ト云テ、一掌ヲ与エタモ、一ツコトヨ、爰ヲ、入頭下ノ大着力ト」云タ、師拶云、正当恁麼時如何、代、拍テレ手ヲ呵々大笑ス、心ハ、本分当的」

(2ウ)ノ当頭ニ、何ンノ云イコトカ〇アルベキ、アラバ、ヲカシイコト也、向云モ、イラヌコト、只ダ呵々大笑迄デヨ、」師云、句ヲ、代、玉輪機転笑呵々、直下相逢不相識、心ハ、此ノ句ハ、玉輪ト云ハ、」月ノ異名ダ、ト云沙汰モ在ル、アレドモ、修行ヲ以テ心得ル則ンバ、五年モ三年モ、師家ヨリ、背」触・死活ノ両頭ヲ以テ呈スル問ヲ、クツト嫌イ落トサレテ、青汁ヲモミ出ダサレ、皮肉ノ」間ヲシボリカラサレ、骨シヤリヲ削リヲトサレテ、一个ノ玉輪ノ如ニ打成テ、ソツトモカケサワリ」無ク、明白ニシテ、表裡無イ活境界ヲ、自己一色、マジリ物無イ玉輪ト云タ、爰デ、機」転ズト云ハ、自己本分ノ一機ガ、ホカト転ジ出タ事ダ、此ノ当頭、笑呵々、カラ〳〵ト笑ツ」タ、是ヲ、入頭下快活ノ笑ト云タ、末ハ、夫ノ契派ヲ展タ、直下相逢不相識トハ、背触・」死活ノ両頭ヲ、カラリト踏放ス、直下ガ、自己ノ主人公相見ダ、アレドモ、相逢テ相逢タト」知ラヌ、ト云ハ、一機回転ノ快活大笑下ニ、知得ハ出テ、コソ、扨テ、識得ガ出デタラバ、当」頭下ノマワツタコトヨ、爰ハ、師家モ無ク、御州ト云入道モ、出デヌコトダ、師学泯絶ダホトニ、」此ノ直下当頭ハ、相逢タガ知ラヌ、知ラヌガ好イ、扨テ、相見シタト思ウ心ガアラバ、千万里」ヨ、爰デ、自己ノ三底ト云テ、拈底、奪底、折合底ヲ問スル也、」(3オ)是ヲ、入処ノ三休トモ云也、参禅異本ニ在之、透ノ参ノ時者、自レ是、自」己之転処ヱ行ク也、参禅別紙ニ在之、爰デ、竹篦背触ヲ、」首ラ古則トシテ、三十五則ノ話頭ヲ問スル也、」

二、黄檗六十棒、師云、直ニ黄檗ノ棒ヲ不レ受、臨済ノ後ニ不レ随、元来」黄檗ノ仏法無ニ多子一、ト云タ機ヲ道ヱ、嫌道ハ、或ハ躍倒放身シ、或ハ」師ニ与ニ一掌一ヲ、或ハ師ノ前ヲ驀過シ、或ハ拳倒踢翻シテ、見地ヲ以テ挙スワ、」夫レハ、黄檗ノ棒ヲ受タコト、臨済ノ後ニ随ツタコトタゾ、ト打テ落トシ、亦黄檗モ無ク、臨」済モ無ク、師学泯絶ノ羊ニ挙セバ、夫レハ、黄檗ノ棒頭ニ当テ見ツケタ事、臨済ノ」後ニ随テ、働ヲ見テ於テノ挙シ派ナホトニ、思ウサマ棒ヲ受タコト、臨済ノ後ヲ随ウ」タコトタゾ、此ノ両頭ヲ以テ、クツト接シツメテ、自力大見地ノ発処ヲ見ル也、ホトニ、何ントモ挙」シ、挙着ノ間ヲバ、尽クキライ落トシ、接シツメテ、ヤレ大腕力ヲ出シテ、挙シテ見ヨ、」爰ニ垂示有リ、石裡ヨリ迸出ス、是レハ、石ト鉄ト、ハツチト打合スル処デ、火星ガ、」活ト迸出シタゾ、此ノ語ハ、人天眼目ニ、第一句ノ処ノ着語タゾ、ホトニ、背ダ、触ダ、死ダ、」(3ウ)活ダト、クツト嫌イツメ、接シツムル処デ、無ニ多子一ト、石裡ヨリ活ト迸出シタ火星タゾ、爰」ヲ、ヒヨツト産出ノ処デ、ツンタシタ拳、石ト鉄ト、ホカト打合スル処デ、迸出シタ火星ノイキヲ」イ二ニ、見ヌコトタゾ、ホトニ、此ノ心ヲ得テ挙サシ、代、師ノ前ニ至テ、拳ヲ握テ、腰ニヲ」シアテ、、歯ギリヲギツリ〳〵トシテ、虚空ニ向テ、無ニ多子一〳〵ト云テ、三拳スル也、私」云、虚空突出个拳頭ト云モ、爰ノコトダ、此ノ拳頭ト云ハ、虚空ガツンダシタマデヨ、」ホトニ、無多子〳〵ト云テ、三拳シタ、此ノ拳頭下ヲ見ヨ、地獄モ無ク、天堂モ無ク、釈迦」モキヱ、達广〔磨〕モキヱテノイタ、全ク先聖ノ手力ヲ受ヌ拳頭ダ、ホトニコソ、天生不」会禅ノ衲子トハ云タレ、師云、句ヲ、代、清風凛然、私云、是レハ、自己ノ識智・妄」念熱満ノ間ヲ、クツトセメヌカレ、扣キヌカレテ、大活現成シタ、臨済ノ活境界ワ、」只タ清風サツ〳〵マデヨ、何ンデモアツテコソ、処ガ、ヤガテ自己一句ノ不転タゾ、爰ヲ、」赤肉団不会ノ境界トモ云タ、処ガ、則チ本来ノ面目ダ、爰ヲ、不離当処」常湛然、ト云也、類則ニ、洗鉢盂、即心即仏、当則、三則ハ、一ツニ心」得ル事ダ、」

（4オ）三、香厳樹上、師云、樹下忽有人、問二祖師西来意一、不レンバ対則違二他ノ」所問一ニ、若対レ他、又喪身失命ン、当テ二恁麼ノ時一ニ、作麼生カ是ナラント云、垂語ノ幾〔機、以下同〕」ヲ、代、躍倒放身ス、師云、夫レハ、脚踏レ樹タソ、代、亦躍倒放身ス、師云、夫レモ、」先聖ノ圏圚ノ裡ノハタラキタゾ、代、師ヲ丁度打テ、此ノ老賊、師云、何ニトテ、賊デハ」在ルゾ、代、本一法ノ与フレ人ニ「可キモ無イヲ、道ヱ〳〵ト示スガ、賊デソウ、師云、時有二虎」頭上座一ト云モノ、出云、上樹即不問、未上樹、請和尚道、ト云ヱバ、厳呵々大笑也、」両人ノ処ヲ、一句ニ道ヱ、代、本有ノ性デ居、本有ノ性デヲイテソウ、私云、虎頭上坐〔座〕」モ、手ニ「不レ攀レ枝、脚不レ踏レ樹、語黙背触ヲツヽハナレテ、根本生下未分ノ一位ニ「立テ」酬イ、香・坐モ生下未分ノ肌ニスワツテヲイテノ垂示ナホトニ、未上樹、請和尚道ヱ、ト云ヱバ、」厳呵々大笑ハ、落合也、ホトニ、上坐モ本有ノ自性、未分ノ一位デ居タ、ホトニ、香厳モ、」ソレコソ、肝要ト呵々大笑シテ、未分本有ノ自性デヲイタゾ、師云、畢竟ニ着語ヲ、代、」本ト無シ二迷悟ノ可レ関レ渠一ニ、私云、是レハ、生下未分ノ処ヲ以テ、建立シタ話頭ナ」ホトニ、則チ畢竟ニ撃竹悟道ノ頌ヲ以テ、着語ト作シテヲク也、」

（4ウ）四、臨済活埋、師云、活埋ヲ、嫌道ハ、何ント云ヲモ、夫レハ、転凡入聖タゾ、夫レワ、」火葬タゾ、何ントシタガ、活埋タゾト、クツト嫌イツメテ置也、代、チヤツト抽身スル也、私云、」爰ハ、何ントモ理巴ノツカズ、是非ニ落ヌコトタゾ、代、三日ホト過テ後チ、師ノ前ニ「至テ、」活埋ハ向デソウ、ト挙ス、師云、夫レコソ、火葬ヨト、代、拳ヲ握テ、両眼ヲ活ト見」出シテ、略セヨト云テ、師ヲ背ヱツキ倒ス也、私云、爰ガ、天生赤肉不会禅、」自力ノ発処也、臨済一世ハ、背向タゾ、有時ハ師ニ「与二一掌一ヲ、有時ハ愚ノ肋（ロク）下」ヲ築コト「三拳シタモ、自力ノ発処タゾ、全ク師家ノ哰唾ヲ借ラヌゾ、ト云ハ、終イニ師」家ノ接処ニ乗ラヌゾ、師云、着語ヲ、代、幻化空身即法身、師云、夫ノ句ニ病ガ」在ルゾ、代、幻化即法身、私云、爰ヱ、幻化ト出デタガ、赤肉トミレバ、即法身也、爰デ、」我這裡活埋ト云ヲ心得サシ、扨テ、有リトアラユル道理ヲ、空身ト見ルハ、皮腐〔膚カ〕ガ」タヽルホトニ、残シタ也、只柳緑花紅イガ、赤肉即法身タゾ、ソツトモ不レ経、キズツカヌコトヨ、」作レ賊人ト走過レバ、邏贓ノ人喫レ棒ト云モ、赤肉ガ作レ賊人、正賊タゾ、ホトニ、赤肉ニ」先聖ノ棒ハ及ンデコソ、何ゼニナレバ、心賊走過、赤肉法身ノ足本ニ至テハ、前釈迦」（5オ）後弥勒ノ眼ガ不レ及ゾ、況ヤ外道天魔ノ睩ハトヽイテコソ、扨テ、邏贓ノ人ハ、棒」ヲ喫スルゾ、亦黄蘗倒レレ地ニ、維那扶起ス、火葬活埋、清風未レ已、ト云モ、赤肉清風」タゾ、此ノ清風ハ、万劫ヲ経タト云テモ、休ミ派ハアルマイゾ、師云、ソコデ真人ヲ云エ、心ハ、」何ニト云ヲモ、真人当着デハ無イゾト、クツト嫌イツメテ、自然天然ニ投機ヲ見ル也、」代、学、我モ不レ覚、師ノ前ニ至テ、忘然トシテ坐ス、心ハ、爰ハ、背触ニ不レ渉末正当、」是非分別ノ出デヌ境界也、時ガ、真人当着也、師云、句ヲ、代、当位即妙、不離」本位、心ハ、此ノ真人当着ノ当頭ガ、当位タゾ、ソコニウケガイ出デ子バ、即妙也、」爰ニタニ、ヨク落居スレバ、坐臥経行ガ本位デア郎ズゾ、臨済一世ハ、赤肉不会」デ、コロンタゾ、不覚、師ノ前ニ打テ、忘然トシテ坐シタハ、只タ瞎驢ナドノ肌ヱヨ、或イハ臨」済ノ看々ト云イ、道々ト示シテ接シタモ、畢竟赤肉不会ノ境界ニ至タラ」生ガ為タゾ、亦行処ハ、入頭也、」

五、無位真人、師云、真人当着ヲ、爰ニ有ニ垂示一、叢林独歩更無」双、臨済機鋒不可当ト云ハ、不レ契者ノ云タ事也、有ルレ機禅子ナラバ、臨済」(5ウ)ノ機鋒ニ当ラデハ、ホトニ、臨済示衆ノ機ヲモ見サシ、立チ向テ酬対スル底、機鋒」ニ当ル底ヲ待チカケタコトダ、ホトニ、当則ハ、尽ク払イ立テ、嫌イ落トシテ、道エ〱ト」セメツメテ、趣向底ノ無イ処ヲ指シテ、赤肉団上有ニ一無位真人一ト云タ、向見レバ、赤」肉団上ガ無位ノ処、ソコガヤガテ真人ダ、ホトニ、衲子ハ、一度真人当着ノ旨ガ無」クテハ、真人当着ノ時節ト云ハ、吾レモ不レ覚大活現成シ来テ、自力ノ発処ヲ云也、」爰ハ、学者ノ投機次第也、代、躍倒放身シテ云、犬ノ屎ノ云イコトガア郎ニ、心ハ、」是レハ、自力発機シテ、酬イ羊也、在レドモ、亦足土ヲ見ン為メ、師云、看看」ト云タキヲ、代、学、師ニ一掌ヲ与テ云、犬ノ屎ノ見ルコトガア郎ズ、心ハ、看々ト云ハ、」シタ、カナ接処也、師云、時有レ僧出、如何是無位ノ真人ト問タルキヲ、代、好个ノ」一問ナレドモ、ヲキヤウガアシクソウ、心ハ、随分ノ一問ナレドモ、マダシキノ者デハ無イゾ、取テヲサ」ユルガ、臨済下ノ拳タゾ、亦、向モ挙ス、弁、師問ナレドモ、置ヤウガ、請益問デソウ、」師下縄床、扭住云、道々ト云タキヲ、代、凛々威風四」百州、心ハ、臨済ノ道々ト」扭住シテ、セメツメタ当行、マコトニ六十棒下当頭ノ、威風凛々トシテ寒イゾ、此ノ行処下」(6オ)ヱハ、眼ヲ開ケバ、瞎却セラレ、口ヲ開ケバ、啞却セラレ、耳ヲソバダツレバ、塞断セラレ、面ヲ」向ケレバ、面皮ガタ、ル、ゾ、扨テ、シタ、カナ威風当行デハ無イカ、或ハ凛々威風」逼人寒シト云モ、向ヨ、師云、僧無語ヲ、代、金言不出胸、亦、金言有胸、」私云、此ノ僧モ一気概有ル者ダ、何レ一ト接シ接シタ郎ニハ、シキノ者トナ郎ズ、何ゼニ」ナレバ、無レ語ハ、赤肉不会、荒草曽テスカズ、タ、人デハ無イ、ホトニ、無レ語ガ金言」タゾ、ト云ハ、ウケガイノ出デヌコトヨ、六十棒下モ向タゾ、師云、師打一掌托開シテ云、無」位真人是甚麼乾屎橛、ト云テ、帰方丈シタキヲ、代、咬人獅子不露」爪牙、心ハ、何レ臨済ハ、人ヲ咬殺スル獅子ニハマギレヌゾ、アレドモ、ソツクト帰方丈」ハ、爪牙ヲアラワサヌゾ、乍去、大事〳〵、」

六、六外一句、師云、六外一句ヲ云ヱ、私云、是レハ、語底・黙底・動底・静底・総是」底・総不是底、此ノ六ノ間ヲ以テ、打テ落シ、嫌イステヽ、我相・人相ノ出デヌ処、沙」汰無イ処ヲ見ル也、ト云ハ、六根・六識・六境界ヲ離却シテ、本分空劫已前ニ徹証スル」ガ、六外ノ一句当着ダ、一句ト云ハ、本来ノ面目、真竹篦ノ事ヨ、ホトニ、人我、識」(6ウ)情ヲツヽハナレ、背触・死活ニ不レ落、大活現成ノ時節ニ不ンバレ当ラ、知得セラレマイゾ、」代、師ノ前ニ至テ、抽身シテ、チヤツクト跡ヲ回顧スル也、心ハ、是ハ大事ノ挙派ダ、師ノ」前ニ、ツヽト入テ、抽身シタハ、思惟分別ニ渉ヌコトダ、ソコデ、キツト跡ヲ回顧シタハ、無人ノ」処ヲ見タゾ、爰ガ、真如実相、大人ノ境界タゾ、或ハ祖師心印、状侶鉄牛之機、去」即印住シ、住即印破、只如ニ不レ去不レ住一、印即是、不レ印即是、ト云モ、爰ラノ事ダ、」此ノ祖師ノ心印ト云ガ、真如実相、六外ノ一句ダ、ト云ハ、人我・識情ガ去レバ、真如実相、」祖師ノ心印ハ印住スル、人我・識情ガ住スレバ、心印実相ヲ迷却スル也、師、学ヲ」把住シテ云、会麼、私云、是レハ、ヲツツメテ、足土ノコヽロミ羊也、代、学、回顧シテ云、不」会、私云、不会不可得ニシテ、更ニ弁処無イガ好イ、何ゼニナレバ、不可得ノトキ、只麼ニ得タリ、」不会ノ時キ、不尽ノ虚空、真ノ仏性空タゾ、全ク世間空ニアラヌゾ、師云、着語」ヲ、代、空ナルレ故ニ無ニシ所得一、私云、是レガ、不会ノ処ノ手ノ開キ羊也、此ノ真如実」相、六外ノ一句ト云ハ、不会ニシテ仏性空也、仏性ノ空ハ、空ニシテ真也、ホトニコソ、句モ空」故ニ所得無シ、六根・六識ヲツヽハナレテ、所住・所得無イ時キ、実相本分ノ一句」(7オ)デスキガ無イゾ、」

七、南泉斬猫、私云、当則者、平常ノ入派テ、斬不断ニ落ヌ処ガ、肝要ダ、或ハ南」泉ノ猫児ヲ提起シテ、大衆ニ、道得バ救取セン、道不ンバレ得斬脚〔却カ〕セント、此ノ両頭ヲ以テ、立テ」ハサンデ、接シツメタ処ハ、タトイ十成ニ働タト云モ、南泉ノ拳ノ内ニ死在シタコトダ、ホトニ、背触・死」活ヲツヽハナレ、知不知、斬不断ニ落チヌ正当ヲ、痴兀平常ノ活路大道ト云也、扨テ、擬儀〔議カ〕」思量ヲ以テ会得スルハ、兎径曲路ニマタガツタゾ、ト打テヲトス也、或ハ棘荊〔荊棘カ〕林中」有ニ通天活路子一、ト云モ、爰ラノコトダ、ト云ハ、斬タゾ、不斬タゾト、斬不断ノ両頭ヲ以テ、」タテハサンデ接スルガ、荊棘林中タゾ、ソコデ、知不知ニアヅカラズ、斬不断ニ不レ落ガ、活路大」道ニ透入底タ、一度通天ノ活路子ニサヱ立ツタ郎ニハ、ドツチヱ路〔踏カ〕ンダモ、八方通達デ、サワリ」ハアルマイ、此ノ意ヲ以テ、雪豆モ、趙州ノ処ヲ、長安城裡任二閑遊一ノ消息、ト云タゾ、」ト云ハ、趙州一代ハ、平常本有ノ足本ガマワラヌニ依テ、一代好消息デ、足下ニキズガツカヌゾ、」師云、斬不斬ニ不レ渉一句道ヱ、代、学、急ニ師ノ前ヱ行テ、ドウドコロブ也、心ハ、爰」ハ、師ノ前ニ至ツタガ、我レ全ク至ツタト知ラズ、コロンタガコロンタト知ラヌ也、処ガ、不知不覚也、」（7ウ）ホトニ、不知不覚ノ正当ガ、肝要ダ、師云、句ヲ、代、意路不レ到、正好提撕、心ハ、此ノ句ハ、」驪テ斬猫ノ垂示ニ、碧岩ニアル也、意識・々情ヲ以テ、ハカツタ郎ニハ、何ニガ活路大道」デハア郎ズ、ホツカト倒ル丶サカイ、意識・々情、知不知トモニ、クツトツンヌケタ、時キ、意路不」到、活路大道ダ、正好提撕トハ、方レ八通達ニシテ、ソツトモサワリ無イ、アレドモ、亦、爰ガヨイゾト、」クツタクスルハ、悪シイホトニ、コロンタガ、コロンタソト知ラズ、ヲボヱ無イ当頭ヲ、ヨク提撕セデハ、師云、」夫ノ句ノ修行ヲ、爰ハ、キライズテ也、何ントモ云ヱバ、意識ガ出デ、識情ガ出ルゾ、何ントモ」挙サセヌ正当ヲ、ヨク心得テヲカシ、是者、後ニ物語也、古長老ノ、当話ニツマツ」テゴザアル時分ニ、有時キ、女房ノアルガ、水ヲクンデサ丶イデ行クガ、不レ覚倒レタ処ヲ見テ、」投機也、此ノ心ハ、アノ業識ノ女房ガ、水ヲサ丶イテ、不レ覚コロンタ処ヲ見サシ、知不知ヲツ丶」ハナレタ処ガ、大道活路ノ肌ヱダ、爰ヲ、大虚ノ肚裡トモ云タ、ソコデ開タ面目、ソツトモヒヅマヌ娘」生ノ面サシダ、理巴・途轍ヲツ丶ハナレタ、ホトニ、趙州ナドノ、草鞋ヲ一寸ト戴テ出去タモ、向」ヨ、殊ニ至レ晩趙州従レ外帰ルト云ガ、面白イゾ、何ニトモ働ラケ、接処下デハタライタ郎ニワ、」南泉ニ接シ出タサレタハタラキダ、晩ニ外ヨリ帰テノコトト見サシ、終ニ接処下ニ立ヌ、爰ガ、格」（8オ）外タゾ、是ヲ、大道活路ノ消息底ト云也、前ノ雑談ヲ、挙派ノ垂示ニ下ス門徒」在之、師云、趙州便脱二草鞋一、於二頭上一戴出タキヲ、代、嫌道ハ、爰ハ、斬不斬、」是不是ニ不レ落、格外ノ働タゾ、扨テ、挙処・呈処ノ間ヲバ、南泉ノ接処ニ当テノハタラキタゾ、」ト打テ落ス也、ヤレ草鞋ヲ頭上ニ戴テ出デタハ、出格自在ノアリサマタゾ、南泉接処ノ当」行ニモ立ヌゾ、爰ハ、キライステ丶ヲク処ナレドモ、乍去、証拠ノ為ニ、一ツ挙サデハ、代、時キ」ナラズ、師ノ前ヘ行テ、喫茶去、亦、横走モスル也、心ハ、喫茶去ト云タニ、何ニト」モ理巴ハツイテコソ、趙州ノ、草鞋ヲ頭上ニ戴テ出タ処ニモ、利巴ハツカヌゾ、理巴・途轍ニ」落ヌガ、南泉第一頭ノ当行、刀鋒下ニ酬イ羊也、畢竟趙州平常ノ道ハ、言」語明白裡ヲハナレテ、大道活路ノ落居ト、心得テヲカシ、」

八、雪峰鼈鼻蛇、師云、一蛇ノ好看シ羊ヲ、代、躍倒放身ス、師云、早ヤ咬」レタゾ、代、学亦托開ス、心ハ、是レハ、最初入頭ノ直下デ、大機ノ発処ニ当ル当頭ガ、衲」子一蛇好看ノ時節タゾ、ホトニ、躍倒放身ノ径、人我ノ識情ヲツ、ハナレタ、此ノ直下ハ、師学泯」絶ヨ、爰ガ、一蛇好看ノ時節タ、アレドモ、会処ガ出レバ、咬ル、ホトニ、ヤレ咬レタゾ、ト云ガ、当的」（8ウ）正当ヲ、正当トモタセヌコトタ、処デ、亦師ヲ、ホカト托開シテノクルガ、自力発処、好看ノ足土ノ」タガワヌコトダ、扨テ、悪クスレバ、咬ル、ゾ、爰ヲ、宗旨デハ、乾坤大地裂破ノ時節トモ云也、」此ノ正当、一蛇ニ当着シテ、雪峰モ示衆下ニ、好看ノ旨ヲ請レタゾ、師云、当下ニ着」語ヲ、代、脚跟随地転、心ハ、衲子ハ、ホカト師ヲ躍倒シ、我モ放身スル径、脚シ実地ニ踏」ミスユル処デ、一蛇ニ当着シテ、夫ノ脚跟、達処ノ脚力ガ、左転右転シテ転ジタガ、夫ノ時キノ」脚力デ、一代蛇ヲ弄ジタガ、ソツトモ破ラレヌゾ、ホトニ、古人モ、弄レ蛇有ニ手脚一、不レ犯ニ鋒鋩一、明頭モ」亦打シ、暗頭モ亦打ス、ト云タゾ、是レガ、一蛇弄得ノ脚跟ノ随レ地転ジ羊タゾ、師云、長慶」云、今日堂中、大有人喪身失命、ト云タキヲ、代、唱拍相随、心ハ、長慶モ、雪峰下ノ久参」ナホトニ、同道底デ於テ、今日堂中、大有人喪身失命、ト云ハ、満堂ノ大衆ハ、尽ク一蛇ニ咬」破セラレテソウ、ト云ガ、一蛇ノ弄ジ羊也、是レガ、唱拍相随ホド、拍子丁度合タコト也、アレドモ、向斗リ云ハ、」ソウヤクダ、衲僧ハ、一度一蛇当着ノ処デ、天ヲ地ニクラリツト踏ミ返ス正当ガ、衲子三台ノ曲ノ」舞処ダ、爰デ、舞得タ曲ガ、一世サメヌ、或ハ、一度三台曲舞得後、拍々元来総歌、ト云」モ、向ヨ、ホトニ、長慶モ、一蛇当着ノ処デ、宗旨ノ那曲ヲ舞得テ於テ、今日雪峰」（9オ）ノ垂語下デモ、拍子ヲ合セタゾ、師云、玄沙用南山作什麼、ト云タキヲ、代、船頭撥転、心ハ、」船頭撥転トハ、垂〔乗カ〕リ出シ羊ガ、ツ々ト急切ナニヨツテ、向ノ岸ニツイテ、不覚アトヱ帰ツタコト」ダ、ホトニ、玄沙ハ、当リ派ガハシ無イニ依テ、本トノ釣魚、船上ノ謝三郎デ、ソツトモ仏祖裡ノ」悪気ニ不レ触、南山ヲ用テ什麼ニカセン、ト云ハ、雪峰、南山ノ一蛇、爪牙、アラヲビタ、シヤ、用テ」什麼カセント、ハリレシカ、ラヌゾ、ト云ハ、脚指頭ヲヒシトケル端的ガ、ツ々トツヨイニ依テ、元是」謝三郎、元トノ岸デ居タゾ、終ニ出世西来ノ悪風・悪波ニモマレズ、本有ノ儘デ、全体一」蛇デ、船上ニウツフシテ居タ、ホトニ、他ノ一蛇ニ目ヲカケヌゾ、師云、雲門以ニ拄杖一攛ニ向」師面前一作ニ怕勢ヲ一シタキヲ、代、蔵身顕影、心ハ、雲門ノ、師ノ面前ニ拄杖ヲ攛」向シテ、怕勢ヲ作シタハ、一蛇ノ本体ヲアラワ〔サ脱カ〕ズ、只タ用ヲ以テ酬レタトミレバ、身ヲ蔵シテ」影ヲ顕シタコトヨ、師云、雪豆頌ニ、象骨岩高人不到〇、〔到着須ニ是弄蛇手一〕ト云ヲ、代、蔵影顕」身、心ハ、象骨岩高ト云ハ、トツトノ頂ヲ云タ、ソコガ、一蛇ノ本位、雪峰・長慶・玄沙・雲門ノ」立処ダ、爰ハ、人不到、天下ノ者ノヨリツキ難イ処ダ、ト云テ、用ヲカクシテ、扨テ到ル者ハ、須二是」弄レ蛇手一ト云ガ、体ノアラワシ羊也、是レガ、一方便也、師云、如今蔵在二乳峰ノ前一ニ、」(9ウ)来者一一ニ「看ヨ二方便一ヲ、ト云タキヲ、心ハ、爰ハ、一蛇ノスミカヲ指シテ、見セシメ羊ダ、」ホトニ、挙処・呈処ノ間ヲバ、尽ク夫レハフレタゾ、夫レハカマレタゾ、ト云テヲキ、夫レハ頭角ガ看」ヱタゾ、夫レハ尾ヒレガ出デタゾ、キラ〔イ脱カ〕ステ也、手ヲツケズシテヲクガ、一蛇ノ弄処タゾ、

九、万機休罷、師云、万機ヲ休トヤメテ、其休ヲ罷トヤメタゾ、ホトニ、万機ヲ一句ニ」休罷セヨ、代、躍倒放身ス、心ハ、爰ハ、入頭下デ、地獄・天堂ヲ一句ニ踏破」シ、生死会得ノ間ヲ一句ニ休罷ノ時節也、師云、当下着語ヲ、代、崑崙」推倒無倚依、心ハ、是レハ、向上・向下、一句ニ踏ミ破テ除ケタ当頭也、爰ニ、倚」依ハアツテコソ、師云、夫ノ句ノ当人ヲ、代、亦躍倒スル也、心ハ、是レハ、前土ノ見羊」也、師云、夫レハ何ントテ、代、曽テ不レ知、私云、躍倒下踏破ノ正当ハ、不知不覚」デソウゾ、師云、不慕諸聖、不重己霊、ト云タキヲ、代、師資一枚ノ時キ、シタ」ヲウズ諸〇聖モ無ク、ヲモンズベキ己霊モソウヌ、心ハ、爰ハ、向上ノ一位、師学一致、」一枚ニ成ツタ処也、ホトニ、別ニ云ヲウズコトモ無イ、師云、須還師資礼始得、ト云タキヲ、」代、チヤツト礼シテ帰ル也、私云、爰ノ礼ニ、何ントモ是非ノサタワ無キナリ、師云、須三十年」

(10オ)倒屙、ト云キヲ、代、伝灯一千五百〔七カ〕則ノ公案、南方五十三ノ善知識ノ心肝ヲ、」屙却シテノケテソウ、心ハ、得道・得果ノ間ヲ、ヘドニツイテノケタ時キ、万機休罷」ナリ、師云、住山無柴焼、近水無水喫、ト云タキヲ、代、徹底休罷ノ時キ、不」足ガ無ケレバ、山上デ柴ニ用処無ク、山下デ水ニ用処モソウヌ、心ハ、爰ハ、向上・向下、一」句ニ休シタ時キ、飽満ノ家風ニスワツタ、ホトニ、何ニモ不足ハ無キ也、師云、箇中無肯」路ヲ、代、別ニウケガイ、重ウズ事ハソウヌ、私云、爰ハ、父子・師弟、クツト泯絶」シタ、箇ノ中ナホトニ、肯ウコトモ無ク、重ズ可キコトモ無キ也、師云、ソコデ誰ヲ、代、」我レデソウ、師云、我レハ是誰ソ、代、松法師デソウ、師云、松法師トハ、誰ソ、」代、誰ソ、私、爰ハ、誰ソト云ヱバ、誰ソ〳〵デ、更ニ肯イ無キ事也、」

十、石霜竿頭進歩、当則者、四則古則ト云テ、当寺デ大途ナ事也、松源」大力量人、五祖牛過窓櫺、芭蕉柱〔拄カ〕杖、石霜竿頭進歩、此ノ四則」者、何レモ一ニ「心得テ好シ、百尺ノ竿頭ニ進レ歩時節ト云ハ、上ハ梵天ノ頂キ、下ハ八満地」獄ノ底ヲ、タツタ一足ニ踏ンクヅシテ、大千世界ガマツクラヤミト成ル当頭、閻羅大王モノツ」(10ウ)ケニ倒レ、生死ノ両頭ヲ、カラリト踏ンバナシテノケル直下ガ、竿頭進歩ノ径チダ、ホトニ、ヌラリツト」心得ルコトデハ無イ、師云、百尺竿頭ニ進レ歩羊ヲ、代、師ノ前ヱ

ツ々ト入テ、師ノ両肩ヲツ」カンデ、ホカトツキ倒シテ、アタリノ戸障子ヲ、クツトケ破テノクル也、私云、爰ハ、入頭ノ直下デ、」自力ノ発処ダ、此ノ当頭下ハ、天地乾坤ノ間ハ云ニ不レ及、天ノ天外、地ノ地下迄デ、一句ニ踏」破テ除クル時節ノ径チタ、此ノ端的ガ、本性露現、本心当着、百尺ノ竿頭ニ進歩ノ」正当ダ、爰ヲ、活衲僧本位、大坐着ノ当的、得入ノ処トモ云タ、在レドモ、得入トモテバ、」露現ノ本心ガ、妄心トナルホトニ、未レ為レ真、夫ノ正当ヲ正当トモタズ、クツト放下シテノケ」タ処ガ、十方世界ニ全身ノ現ジ羊ダ、ホトニ、爰ニ至テハ、閻羅ノ鉄棒モカラリダ、師云、」着語ヲ、代、前後際断処、遍界曽不蔵、私云、百尺ノ竿頭進歩ノ径チガ、」前後際断、乾坤大地大破ノ処也、ソコデ、露現シタ本心、遍界曽不蔵、ドツコモスキハ」無イ、爰ヲ、三世一枚ニシテ、ヘダテ無イ、衲子ノ心地ト云タ、師云、夫ノ句ノ修行ヲ、代、師ノ前ニ」至テ、低頭シテ云、前後際断、又、仰面シテ、遍界曽不蔵、心ハ、前後断レ際ノ処ト云ハ、」空地ヱ踏入ル処ナホトニ、低頭也、ソコデ、上天・下界、タツタ一枚ニナツテ、本心露現トミレバ、」（11オ）遍界曽不蔵、仰面ナリ、」

十一、南院啐啄同時眼、師云、啐啄同時眼ヲ、代、学者ノ順熟ヲ見テ、師ノソウタゾ、ト」落合ウ境イデソウ、師云、夫ノ証拠ニ句ヲ、代、挙踢相応、心眼相照、私云、当則ハ、」大事ノ話頭ダ、用ノ心得ト、失ノ境界ヲ、ヨク〳〵可レ参者也、啐啄同時ノ眼ト云ハ、大死」底、死活当頭、竹篦背触ナドヲアヅカツテ、二十年モ三十年モ、夫レハ死タゾ、夫レハ、活タゾ、夫ハ」背タゾ、夫レハ触タゾト、クツト嫌イ落シ、嫌イステヽ、死活背触ニ不レ渉、当頭ノ一句ヲ請処ヲ、」学人熟処ノ旨アルニ依テ、師家ノ請処ヲ、トツクト見ヌイテ、驀向デソウ、ト酬ガ、師家」啐啄ノ機、ソコデ、師学見開タ眼ヲ、同時ノ眼ト云也、是レハ、最初当的ノ処デ、学者」本分達処ノ直下デ開タ眼、師家・学者当的ノ処ヲ見テ取タ眼ナホトニ、入頭下ノ働キ」ダ、ホトニ、句モ、学者一拳スレバ、師モ一拳シテ報イ、学者踢スレバ、師モ踢シテ報イ、互ニ」挙踢相応也、此ノ時キ、師学キツト見合セタ、心眼双方相照シテ隔テ無キ也、爰ハ、」作家ト々々トノ機変、一句下デノ眼目ナホトニ、諸方ニモ、同時ノ眼ヲ具スル者ハアルゾ、扨テ、」啐啄同時ノ用ヲ具スル者ハ、マレタゾ、師云、啐啄同時用ヲ、代、逢茶喫茶、逢飯」（11ウ）喫飯、心ハ、啐啄同時ノ眼ト云ハ、最初大機ノ発処下タ、扨テ、啐啄同時ノ用ト云ハ、極則、」末后無事ノ落居ノコトヨ、ホトニ、茶ニ逢テハ茶ヲ喫シ、飯ニ逢テハ飯ヲ喫シタマデヨ、是レノミ」ニカギラズ、転轆々、夫レ〳〵ニハタライタガ、ソツトモ識智ノ出デヌ時キ、何ニカ本分ノ用ナラヌ処ハ」無イゾ、亦、金鎚影動、宝剣光寒、此ノ句モヨキ也、金鎚宝剣ト云ハ、衲子ノ肝要ノ」事ヨ、夫レヲ取テ出スハ、衲子ノ智見ナホトニ、フカシカラヌ影ガ動タ、光ガ寒ト云ハ、大機ノ見」鋒ガ出ズ、用計リダ、此ノ肌ヲ、大用無事ノ行履ト云也、師云、作家不啐啄、啐啄同時」失、ト云ヲ、代、大活眼ヲ開ク処デ、打ツツブシテソウ、師云、句ヲ、代、解二脱将用一ヲ、不レ存セ二」証解一ヲ、心ハ、失ト云ハ、啐啄同時ノ眼ヲ具スル処ニアル、失ダト云ハ、大活眼ヲ開ク処デ、」識智ニフレヌ時、キワマラヌ本トノ肌ヱダ、端的失端的ト云モ、向ヨ、ホトニ、大活眼ヲ開ク処ノ」ハシ無イホト、ウツツブレタト云ハ、失ノ処ヲ云ヲウ為メダ、将用ヲ解脱シテ、証解ヲ存ゼヌコソ、」失ヨ、古老、爰ニ着語シテ云、玄沙元是謝三郎、師云、僧云、猶是学人ノ疑処、」南院云、作麼生是汝疑処、ト云ヱバ、僧云、失ト云タルキヲ、代、狗ノ歯ニノミデソウ、師」云、南院便打、其僧不レ肯、院便趯出シタルキヲ、代、物食イドウナニ、心ハ、此ノ」(12オ)僧ガ、猶是学人ノ疑処ト問ホトニ、南院云、作麼生是汝ガ疑処、トヲセラルレバ、僧云、失、ト云タハ、」ウワノソラト聞ヱタホトニ、南院便打ツタハ、足土ノ見羊也、夫ノ僧不レ肯ハ、足土モ無キ者ト見テ、」便趯出ス也、クライドウナ、ト云心也、師云、僧後ニ到二雲門ノ会裡ニ挙二前話一、有二一僧一云、」南院棒折那、ト云タキヲ、代、夫ノ時キ、打殺シテク令ウズ者ヲ、心ハ、有二一僧一、南院棒折那、」ト云タハ、南院ノ棒ハ折レテバシアルカ、何ゼ一棒ニ扣キコロシテステヌゾ、ト云ギ也、挙派ハ、夫ノ心ヲ云テヲク也、」ホトニ、南院ノ棒折那、ト云処デ、コノ僧ニ深ク当タ棒タゾ、処デ、其僧豁然トシテ有レ省、師云、」其僧豁然有省ヲ、代、覚二了シテ前々非処難一ヲ、如今歩々到長安、心ハ、句面不」レ及、師云、僧云、某甲当初時如灯影裡行相似、ト云タキヲ、代、ヲボロ〳〵トシテソウ、心ハ、」当初時啐啄同時ノ時ハ、如灯影裡行相似、ト云ハ、マダヲホロ〳〵デアツタガ、一僧ニ南院」ノ棒折那、ト云ワル、処デ、省悟シタホトニ、風穴モ、汝会セリ、ト云也、畢竟用ト云ヲバ、三世歴代」モ亦、ヲボロ〳〵デ、手ガツケ難イトモ見可シ、」

十二、芭蕉柱杖〔拄カ以下同〕　私云、有バ与ン、ト云ハ、有ヲバ有以テヲシヌイタ、無クンバ奪ン、ト云ハ、無」ヲバ無ヲ以テ奪タゾ、ト云ハ、有無ニ不レ渉、真拄杖当着底ヲ、コ、ロムル也、ホトニ、嫌道ハ、」(12ウ)挙処・呈処ノ間ハ、有ニ取リツキ、無ニ取リ、是不是ノ両意ニマタガリ、背触ノ二路ニタ、ヨウ」間ダ、衲子ハ、有無、是不是、背触ノ両頭ヲ、一句ニケハナツテ、セメツメラレタ直下デ、自力ノ」発ス処デ、一本ノ拄杖ニ当着セデハ、此ノ拄杖子ニサヱ、好ク当着スレバ、子タモヲキタモ、」挙足・下足、拄杖子デコロンタゾ、ホトニコソ、無門モ、扶過断橋水、伴帰無月村、ト云タ、ト云ハ、」此ノ拄杖ハ、人々具足ヂヤホトニ、橋ノ無イ処デハ、橋トナツテ水ヲスギ、無月ノ村デハ、伴テ路チ」引テ○（イエニ）帰タゾ、ホトニ、宗旨デハ、拄杖子ト云ガ、肝要タ、アレドモ、自力発処ノ時節ニ逢ワズンバ、」当着シ難イコトタゾト、クツトキライ落シテ、拄杖当着ヲ見ルコト也、師云、有無・与」奪ノ両頭ヲハナレテ、拄杖子当着ヲ云テ見ヨ、代、両ノ拳ヲ握テ、師ノ前ヱツヽト」入テ、拳頭ヲ以テ、師ノ旨〔胸カ〕ヲシタヽカニツイテ云、与ントゾウヤ、奪ントゾウヤ、ト拳ス也、私云、」爰ノ拳頭ヲバ、虚空突出此拳頭、ト心得テヲカシ、臨済ナドノ三度築タ拳頭」モ、一ツヨ、衲子ハ、此ノ拳頭デ、過現未ノ三際ヲ、ホカトツヽクヅシテノクル処デ、一本ノ拄杖」子ニ当着シタゾ、ホトニ、此ノ拳頭ト云ハ、大活現成ノ時節、ツン出シタ拳シノコトヨ、師拶云、」正当恁麼時如何、代、亦シタヽカニ躍倒スル也、爰ガ、肝要也、師云、徹処ニ句ヲ、」（13オ）代、神蛇悪発打金剛、師云、悪発ノ正当ヲ、代、師ノ前ヱ行テ、チヤツクト帰ル也、」私、爰ハ、学モ不レ呈、師モ不二落合一所也、」

十三、牛過窓欞、師云、窓ノ定ヲ、代、悟デソウ、師云、水牯牛ヲ、代、此ノ心牛デソウ、」師云、過窓欞羊ヲ、代、躍倒放身ス、師云、正与麼時如何、代、亦如前挙ス、師云、」句ヲ、代、一句合頭語、万劫繋驢橛、師云、其繋驢橛ヲ踢截レ、代云、」袖ヲ翻シテ摽然ト立也、師云、着語ヲ、代、仏祖位中留不留、夜来依旧宿蘆」花、師云、蘆花裡有一頓棒、其ノ棒ノマヌカレ羊ヲ、代、小水如魚、此有何楽、心ハ、」師ニ随テ可レ得、」

十四、雲門関字、師云、関字ニムクイ羊ヲ、私云、先ヅ関ト云者ハ、内ト外トノサカ」イニ立テ、内放入セズ、外放出セズ、ト云タゾ、亦、内ト云ハ、空劫已前也、外ト云ハ、今時日用ノコトダ、」是レガ、生死ノ両頭、関字ノ両門扇ダ、ホトニ、生死背触ノ両戸ビラヲヲツ立テヽ、関横木（ヌキ）ヲ」打ツツメテ○（当行シ、接シツムルト云モ）、生死背触両頭ニ不レ渡、両門扇ヲ、ガラリトフンクヅシテ、関字当的ノ発」明底ヲ見タ事ダ、或ハ関字相酬、失銭遭罪ト云トキモ、此ノ関字ニハ、悪ク相酬ヱバ、」（13ウ）失銭シテ罪ニ遭ゾ、ホトニ、相酬羊ガ、肝要ダ、扨テ亦、相酬ワズンバ、愚人道メダ、代、爰ハ、」五年モ三年モ嫌イツメラレテ、修行積テ、大活現成シテ、マツ向ダヨト、大機ヲ発シテ、師ノ前ニ」ツヽト入テ、ホカト師ヲ躍倒シテ、前後左右ノ戸障子ヲ、グツト踏破テ帰ル也、師拶云、正」当恁麼時如何、代、学打手呵々大笑ス、心ハ、是レハ、快活ノ笑也、師云、着語ヲ、代、玉」輪機転笑呵々、直下相逢不相識、心ハ、前ノ竹篦背触ノト一也、師云、マダ真」実ノ透関底トハ、云イ難イゾ、代、学、師ノ前ヲシヅカニヨギツテ、ウタウナリ、近レ水楼台ハ」先得レ月、向レ陽花木易レ逢レ春ト、ウタニウタウテ、シヅカニ帰ル也、心得肝要也、」

十五、奚仲造車、師云、奚仲造車一百輻、拈却両頭去却軸、

明甚麼辺事、ト云タ」機ヲ、代、師ノ前ニ至テ、不覚アツト
云テ、顚狂ス、師拶云、正当恁麼時如何、代、不覚思」量暗
点頭、師云、直ニ不レ干ニ生死一車ニ乗リ羊ヲ、代云、玄功
路絶処、安」住不死人、心ハ、師ニ逢テ可レ聞、」
十六、塩官犀牛扇子、師云、侍者云、扇子破也、ト云タキ
ヲ、代、一喝放身ス、」私云、犀牛ノ扇子ト云ハ、境界ノコ
トヨ、与レ我将犀牛ノ扇子来、ト云ハ、敗壊スル色身ノ上デ、」
(14オ)敗壊ニアヅカラヌ、犀牛ノ頭角ヲコヽロミタ、爰ガ、大休ノ径
也、ホトニ、最初大休ノ処ニ、ソツトモソヽ」ケヌ、犀牛児
ハア郎ズ、侍者ノ、扇子破也、ト云タモ、色身ヲバ、カラ
リツト破壊シテソウ、ト云」処ニ、心得ノアルコトダ、ホト
ニ、挙派モ、一喝ノ正当、我身ヲ脱離シテ、放身ノ径ガ、破
也ノ旨タ、師」云、句ヲ、代、百雑砕、心ハ、山川海岳
トモニ、クツト微塵トナルサカイニ、自他ハ無イゾ、何ゼニ
ナレバ、百」雑砕、大地、一句ニツブレテノイタゾ、師
云、扇子既破、還我犀牛児来、ト云ヱバ、侍者無」対ノ処
ヲ、爰ハ、大休ノ処ヲモ、歇去トケヅリツメタコトタゾ、
ト云ハ、万幾休罷ノ処ヲモ、クツトケ」ヅリツメテ不レ許、
侍者ノ足土ヲ見タゾ、アレバ、無対、最初入頭ノ石場ガ、
ソツトモクツロカズ、マ」ワラヌゾ、ホトニ、無対ノ処ガ、
肝要タゾ、代、能砕者無破片、心ハ、入頭ノ鉗鎚ニ出逢」
テ、百雑砕ト、微塵ニクツト打砕テノケタ処ヲモユルサズ、
扇子既破、還我犀牛児来ト、」重テ塩官鎚子ヲ下シテ見タガ、
侍者無対、一句ニ、クツト砕テ除イタニ依テ、破片」デモ
ソウヌト、云ノキダ、ト云ハ、畢竟入頭下ヨリ、ヤスリツメ〱
テ、最初ノ足土ヲコヽロムレドモ、」侍者、ソツトモ足土ヲマ
ワサズ、頭ヲ転ゼヌ時キ、堅固ノ犀牛児、当徹ノ旨ハ聞ヱタ、」
十七、茶陵橋板堕落、師云、忽一踏橋板而堕、忽然トシテ大悟
シタル正当ヲ、」
(14ウ)代、師ノ前ヱツル〱ト走リカカツテ、不レ覚躍倒放身シテ、
無念無性ナリ、ト挙ス、心ハ、橋板」ヲホカト一踏シテ
堕シタハ、宗旨デハ、大入頭最初当頭也、マコト乾坤大地
ガ、一句ニサバケテ」除キ、自身他身泯絶ノ径チダ、此ノ
正当ガ、ツヽトツヨイニ依テ、忽然大悟、本ノ新ラ沙弥」
ノ面デ居タ、ト云ハ、堕落ノ端的ガ、ハシ無イ故ニ、白色
本分ノ境界ト打成タ、爰ヲ、六道・」四生平等ノ法トモ云イ、
有情・非情同時成道ノ処トモ云也、師拶云、正当恁麼時」
如何、代、打手呵々大笑シテ云、犬ノ屎ノ云イコトガア郎ズ
ゾ、師云、着語ヲ、代、玉輪機」転笑呵々、直下相逢不相
識、師云、即今不識時如何、代、師家ノ額ニ、吾」ガ額ヲ
打合テ云、伊ハ是レ誰ソ、〱、心ハ、相識ラヌ時キガ、
誰ソ当人也、爰ハ、師学」泯絶ノ処也、師云、遂ニ有レ頌、
我ニ有ニ神珠ノ一顆一、久ク被ニ塵労ニ封鎖一、今朝塵尽」光生、
照ニ見山河万朶一ヲ、ト云ヲ、自己真照ノ淵原ニ合セテ云ヱ、代、

山虚風落」石、楼静月侵門、　師云、虚山ニ乗セヨ、楼台ニ乗ゼヨ、代、坐禅ス、　心ハ、当」則ハ、是レ迄デ、了ルナリ、」

十八、松源大力量人、　私云、当則ハ、挙処・呈処、言語ヲ以テ展ル間ハ、借力タゾ、」

(15オ) ホトニ、自力ヲ出シテ、語黙背触ヲケ放ツテノケデハ、師云、大力量人ヲ云ヱ、代、躍」倒放身ス、　心ハ、躍倒放身ノ時節、背触死活ノ両頭ヲ、ホカト踏放シテ除ル処デ、」上天・下界、タツタ一足ニフミツメテ居タ、時キ、脚ヲ擡ゲ起ソウズスキガ無イ、師云、着語ヲ、代、」四稜踏地、掀幹不動、　心ハ、ホカト躍倒ノ径チガ、衲僧ハ、四稜踏地ノ脚力タ、夫ノ時キ、」踏立タ足下ニ、移動ハ無イ、時キガ、大力量ノ人ノ脚力下ダ、師云、開口不在舌頭上、」ト云キヲ、代、抽身スル也、心ハ、何ニトモ展ベタ郎ニハ、臭口ニナル、大力量底ノ舌上ト云ハ、」広長舌ダ、ホトニ、抽身マデヨ、　師云、脚下紅糸線不断、ト云タキヲ、代為憐松」竹引清風、　心ハ、爰ハ明眼衲僧ナガ、何ゼニ脚下ノ、ソツトシタ紅糸線ヲバ、ケキラヌ」ゾ、録意ハ、ヲサヱタコトタ、在レドモ、当寺デハ、爰ヲ相続ト心得ルコトタ、ト云ハ、ホカト最」初入頭下デ、生死ヲ踏放ス処デ、脚下ノ紅糸線ト云ハ、済下デハ、相続ノ旨アルコトタ、二足」ニ見ヌコトタ、爰ヲ、師資流通、機々相投、心々相合、以心伝心、ト心得ル也、ホトニ、コ、」ヲバ、松竹ニ清風ガ憐ヲ為シ、清風ガ松竹ニヲトツレタ如ク、無心ト無心ノ対談ダ、」

十九、睦州担板漢、　師云、回不回ニ不渡、担板脱却ヲ、私云、当則ハ、トツト」

(15ウ) 大途ナ事ダ、ドノ衲僧モ、語黙背触ノ担板ヲバ、入頭下デ、誰カ脱却セヌ者」ハ無イゾ、ホトニ、語黙背触ノ両頭ヲ脱却シテ於テ、上天・下界、只是一枚ノ大板ト」云ガ、ヲロサレヌゾ、ソレヲ脱却セデハ、ホトニ、師家モ、ソコヲヲツツメ、セメツメテ、五年モ三年モ、」イキデモツカセズ、行ジツメテ於テ、自然ニ修行順熟シ、大活現成シテ挙デハ、ホトニ、」爰ハ、学者ノ投機次第也、代、爰ハ、時節ニカ、ワラズ、時ノ体ヲ挙ス也、師云、」何ニトモ挙セ、夫レガ、宗旨ノ大板タゾ、夫ノ大板ヲヲロセ、代、師ノ前ヱ行テ、師ノ面上」ヱ唾唏ヲ活々ト吐ク也、心ハ、如レ是ノ働キヲ作ス者ハ、格中格外トモニ、皆ナ」ヘドカス、ト見タゾ、睦州ノ深意モ、末向デアル可シ、」

二十、百丈野鴨子、　師云、見野鴨子飛過、馬大師是什麼、ト云タキヲ、代、無孔」鉄鎚抛当面、師云、百丈云、野鴨子、ト云タキヲ、代、随語生解、師云、馬大師云、什麼」処去也、ト云タキヲ、代、金剛宝剣重拈出、師云、百丈云、飛過去也、ト云タキヲ、代、随」レ解他説ク、師云、馬大師遂扭ニ百丈鼻頭一タキヲ、代、儞穿鼻孔、你換眼睛、師」云、百丈作忍痛声タキヲ、代、露柱築着烈声轟、喚起従前自家底、」

(16オ) 師云、正当恁麼時如何、代、爰ハ、只タ師ノ前ニ至テ帰ル、師云、馬大師云、何曽飛」去ン、ト云タキヲ、代、崑崙無縫罅、師云、百丈因テレ茲ニ有レ省ヲ、代、風吹不入、水洒」不着、是迄デ也、此次ニ「馬祖陞堂・同再参一則雖有参、目録無之間、」且置、別紙在之、亦抄別紙在之、」

二十一、雪峰古澗寒泉、 師云、古澗ヲ、代、師ノ前ニ「至テ、トツクト坐ス、師云、寒」泉ノ湧キ羊ヲ、代、自己ノ胸襟ヨリ流出シテソウ、心ハ、雪峰モ、入処・省処・桶底子脱ノ間」ノ湿気ガ、クツトカワイテ、道ヲ成ジタル境界ガ、カラリツトシタル古澗也、ホトニ、爰ハ、色カ打尽テ、大」死底ノアリサマ也、ソコデ、寒泉湧ト云ハ、一息切断ノ時節、道水ガ流出スル也、爰ノアリサマ」ヲ問ホトニ、師云、瞪目不見底、ト云タキヲ、代、師ノ前ニ「至テ、両眼ヲクツト見出シテ、両手」ヲ背ヱ開テ、前ヱゴロリト倒ルヽ也、心ハ、是レハ古澗ヨリ寒泉ノ湧ク時節ナリ、」傍人ノ知ルコトデハ無イ、鼻孔大頭、向下ノヲリカラヨ、 師云、句ヲ、代、石人眼開一壺天、」心ハ、石人・木人ト云ハ、枯木・石頭ナドノ如ニ打成テ、開タ眼コソ、瞪目不見底、大死底ノ人」ノ、声色ヲ分タヌ眼指ヨ、爰ガ、一壺天無陵、壺中ノ天ダ、ドコカ、ドコヤ郎、師云、僧」(16ウ)後ニ到ニ趙州一挙ニ此話一問、古澗寒泉時如何、州云、苦、僧云、飲者如何、州云、死、」トヲセラレタキヲ、代、病即消滅、不老不死、 心ハ、趙州ハ、只タ口ニ任テ、苦ト云イ、死ト云」タ、是ヲ、道人ノ活句ト云也、ト云ハ、鼻孔大頭、向下ノ当人ニ成テ見サシ、何ニヲ云タモ、是非・一」理巴ハツカヌ処ヲ、雪峰モ聞テ、趙州ハ、真ノ古仏デコザアル、ト云テ、遥ニ礼拝アル也、自レ是」不ニ答話一、何ヲ問ニモ、趙州、答話ヲ打〔ナサカ〕レヌ也、畢竟趙州ノ苦ト云イ、死トヲセラレタヲバ、色相」本分ト心得テヨシ、ホトニ、挙句モ、病即消滅スル処ニ、不老不死底ハ、アルコトダ、 師云、畢竟」ヲ、代、伊無生老相、 心ハ、不老不死ノ人ニ、形チハ無イゾ、爰デ、苦ト云イ、死ト云ヲバ、」心得テヲカシ、」

二十二、南泉平常心是道、 先ヅ道ト云ハ、至道、天真ノ大道也、六祖モ、性相如々、常住」不遷、名テレ之ヲ曰レ道也、ヲセラレタ、爰ヲ、趙州モ問ホトニ、南泉モ平常ノ心是道、トヲセラレタ、ト云ハ、」平生ニシテ見聞・声色ノ上ニサヱラレズ、計較・情塵ヲハナレテ、禅道・仏法ヲ記取セズ、心頭」ニ揀択ノ出デヌ、向上ノ活境界、達道〇（人）ノ日用ガ、平常ノ心也、夫ノ心ガ、便チ是天真ノ道也、」ト云テ、亦無事ニ「心得ルコトデハ無イ、扨亦、語黙背触ノハナレ派デ、心得ルコトデモ無イ、ホトニ、」(17オ)当則ヲバ、知不知ヲハナレテ、脱体ノ入派ヲ以テ、心得テヨシ、州云、還可趣向否トハ、夫レナラバ、参」シテ承当ス可キカ、ト云ホトニ、泉云、擬レ向即乖ク、参シテ心得ント、心ニ思ウ理ガ在ラバ、此ノ道ニワ、」早ヤソムクゾ、アレバ、不レ擬争知ニ是道一、ト云ホトニ、泉云、道不属知、不属不知、知是妄覚、」不知是無記、若真ニ「達ニ不疑之道一、猶如ニ大虚廓然洞豁一、豈可強是非、トヲセラレ」タモ、我モ不レ覚、自然天然ニ、知不知ヲハナレテ心得デハ、脱体ノ入派ト云テ、スルコトデハ無イゾ、」ト云ハ、当リ派ガツ、トツヨイニ依テ、好皮腐ニ、ソツトモキズガツカヌゾ、扨テ、入派ガヨワクンバ、皮」腐ニタ、レ目ガツコウズ、或ハ斬不斬ニ不レ落正当ト云モ、向ヨ、趙州モ、南泉ノ言下ニ於テ、」頓悟シテ、夫レヨリ以来、到モ喫茶去、不到モ喫茶去、或ハ無ト云イ、有ト云イ、或ハ庭前ノ」栢樹子、或ハ勘破了也、ト云タモ、大虚活体ノ肚裡ニ落チツイテ於テノコトタゾ、爰ニ」垂示有リ、先師有時門前ナドヱ、遊山ニ出デナサレタ時分、折節秋ノ比、農夫ガ田ノ」稲ナドヲ、何ニ心モ無ク、サラリ〳〵トカツテ居タガ、雷電ノ、シタ〻カニ、ハツチトナル声ヲ聞テ、」不覚鎌子ヲステ、、アツト云テ、アゼヱカケ上ツタゾ、処ヲ見テ、当則ニ投機ナサレタゾ、」ホトニ、平常ノ心、知不知ヲハナル、、ト云ハ、此ノ時節ヨ、アレドモ、本ノ田夫ノ面ラデ居タ、ソツトモ正」(17ウ)当ガマワラヌ、扨テ、正当ガマワレバ、面ガヒヅムゾ、或ハ趙州ノ無ノ頌ニ、青天白日一声雷、大」地群生眼豁開、ト云モ、此ノ正当ノコトヨ、師云、平常道ヲ、代、師ノ前ヱツヽト入テ、師ノ眉」ユノ上ヱノビアガツテ、アツト挙ス也、師云、句ヲ、代、玉輪機転笑呵々、直下相逢不相」識、心ハ、平常ノ時キ、仏気・祖気ニ触レヌゾ、夫ノ肌ヱガ、玉輪タゾ、ソツトモキズガツカヌゾ、我」レモ不覚、アツト云処デ、機転ジタゾ、笑呵々、全機転タト知ラヌゾ、笑呵々ガ、機転ズル径ノ」コト也、此ノ正当ガ、ソツトモマワラヌニ依テ、玉輪ニヒビガ入ラズ、平常ノ心ガ、ヒヅマヌゾ、是レガ、至」道通達シテ、此ノ直下デ、至道、空劫已前ノ誰ニ相逢タガ、端的ガツ、トツヨイニ依テ、相」識ラヌ、扨テ、知レバ、皮腐ガタ、レ、地レ心ニキズガツクゾ、知ラヌガ、当人也、畢竟、当」則ハ、当頭ノ誰ソ、ト沙汰スルコトダ、是レガ、七種ノ誰ノ始リタゾ、是レヨリ、空劫已前ノ誰ニ」行ク也、別紙ニ記シテ在之、師云、夫ノ句ノ修行ヲ、代、曽不知〳〵、心ハ、相逢タガ、相」逢タト知ラヌ時キ、誰当人ダ、扨テ、知ツタト思ヱバ、会得・識情ニナルホトニ、知不知ヲハナレタ正」当ハ、曽不知〳〵マデヨ、師云、畢竟ノ落居ヲ、代、眼横鼻直、只是眼横」鼻直、心ハ、脱体正当ノ端的ガ、ツ、トツヨイニ依テ、元トノ眼横鼻直デ居タ、扨テ、」(18オ)当派ガヨワクンバ、好皮腐ニキズガツキ、眼ガ竪ニ鼻ガ横ニナ郎ズ、○正当ニ（知不知ヲハナレタ）、思惟分別ノ」出デヌ、トキ、覿面当機デ、眉毛ハ元ト眼上ニ有ルマデヨ、或ハ逢茶喫茶、逢飯」喫飯、水ハ元来冷ニ、湯ハアツイト喫シタ、時キガ、平常ノ心、閑事ヲ心頭ニカケヌコトダ、ホトニ、」平常ノ道ト云ハ、諸人トモニ眼横鼻直、只是終日眼横鼻直デ居タガ、我レ全ク知」ラヌ、知ラヌ時キ、脱体平常ノ至道当人ヨ、」

二十三、盤山猪肉大悟、嫌道ハ、何ントモ挙処・呈処ノ間ハ、一片ノ肉デハ無イゾ、亦語」默ノ間、模ヲ作シ様ヲ作スハ、先聖ノ口マ子、先祖ノ足跡タゾト、クツト嫌落ス也、師云」一片肉ヲ、代、学、挙サントシテ、師ノ前ニ至ル処ヲ、師、学ノ胸ヲ取テ、ツカミツメテ、ソコデ」道ヱ〳〵ト、セメツムル処デ、ツヽト立テ、不覚師ヲ躍倒スル也、師云、承当ニ句ヲ、代、」唯心、私云、ホカト躍倒ノ径チ、何ンニモ無イ、唯心マデヨ、扨テ、只タ唯心ト見ルハ、スキ間・」隔テノアルコトヨ、一片ノ活肉ト云ハ、入頭下デ心得ルコトダ、盤山モ、屠〔家カ〕下放下刀、叉手シテ云、長」史〔吏カ〕那箇是不二精底一ト云、一客人ノ言下ニ於テ大悟シテ、ソレヨリ三界無法、何処」求心、ト示衆シタゾ、師云、三界無法ヲ、代、仏祖截断、常磨吹毛剣、心ハ、」(18ウ)三界無法ト見タ時キ、諸法ヲ立セヌゾ、時キガ、仏祖截断ダ、此ノ時キ、尽天尽地、」吹毛ノ剣デサヽヱタ、此ノ句ノ心得ニ、歌ヲ引テ云、雲ハ皆ナ払イハテタル秋キ風ニ松ニ残シテ」月ヲ見カナ、師云、何処求心、ト云タキヲ、代、釣竿截尽重栽竹、師云、竹ノ栽羊ヲ、代、」坐具デモ、扇子デモ、一寸ト取テナグル也、心ハ、此ノ手本、誰モ見タ者ハ無イゾ、爰ガ、無」ノ法ノ修行、本心ノ受用也、亦師云、三界無法ト心得ル時節ヲ、代、躍倒スル也、」心ハ、此ノ当頭ガ、三界無法也、師云、畢竟ヲ、代、師ノ前ニ、如何ニモ行テ、手ヲヒザニヲイテ、」大口忘然トシテ坐ス、師云、句ヲ、代、一竅虚廓、八面玲瓏、心ハ、爰ハ、無法ノ当人也、」

二十四、玄沙指頭築破、師云、脚指頭ヲ築破シテ、省悟ノ正当ヲ、私云、脚指」頭ヲヒシト築破ノ正当、地獄・天堂ヲ、一句ニ踢破テ除ケ、意識・々情ヲ引マワル入道ヲ、」ホカトナケスツル時節ガ、トツトハシ無イニ依テ、忽然トシテ猛省、元是謝三郎ト落着タ、扨テ、」猛省ノ当頭ガヨワクンバ、ヒフニキズガツキ、痛ヲ蒙郎ズ、此ノ身非レ有、痛自レ何来ト、我相・」人相ヲツヽハナツヽ処デ、心ノ活祖ニ相見シ、達磨不来東土、二祖不往西天ト云ハ、往ツ還ツ、去」来シマワルハ、閑達磨ヨ、ト見切テ、生ガイ一生涯釣魚船上ノスマイニナリ得テ、千仏万」(19オ)祖ノ地ニタヨラヌ旨コソ、仏祖ノ頂キヨ、ホトニ、嫌道ハ、何ント云モ、挙処・呈処ハ、仏祖ノ塵坑ニ踏」ミコンタコト、築破ノ正当ノ傾タ事トヨ、ト打テ落ス也、代、師ノ前ヱツヽト入テ、ホカト師」ヲケタヲシテ、我レモカラリト倒ルヽ也、師云、句ヲ、代、敗也、心ハ、築破ノ直下ハ、師モ無ク、」我モ無イ、爰ハ、敗也マデヨ、此ノ句ハ、敗也、白圭無瑕トアル、アレドモ、白圭無瑕ト云ヲ残」シタガ、当則ノ眼ダ、敗也トハ、大破ト云ノ句面タ、ホトニ、ホカト築破ノ正当ハ、敗也、何ント理」巴ガツイタゾ、爰デ、白圭無瑕ト云心ガ出デタラバ、玄沙ノ面皮ノヒヅンタコトヨ、扨テ亦、心」得ハアル、敗也ノ正当ノツヨイホト、謝三郎、元トノ白圭デ、ソツトモキズツカズ、本智ノ性ニク」モリガ無イ、師云、敗也ノ正当ヲ、代、其ノ儘語ル言葉モナシ、心ハ、敗也ノ正当ガ、祖」師禅ノ入処、活法当徹也、爰ニ、何ンノ云イコトガアルベキ、」

二十五、保寿本来面目、私云、是ヲハ、保寿ノ二世禅師ニ、先保寿問、父母未生前、」還二我本来面目一来レ、二世禅師至二深夜一下語スレドモ、不契、辞去、保寿云、汝何往、二」世云、昨日蒙ル二和尚設ルコトヲレ問一ヲ、某甲不レ契、往二南方一ニ参二知識一ニ去ン、保寿云、南方ハ禁シテ」レ夏ヲ不レ禁レ冬ヲ、我此間ハ禁シテレ冬ヲ不レ禁レ夏、汝且ク作テ二街坊一ト過レ夏ヲ、若是仏」(19ウ)法ナラバ、闤〔圏カ〕闠之中チ、浩々タル紅塵常ニ説二正法一ヲ、師敢テ不レ違、一日街頭ニ見ル三両」人交争揮ニ二一拳一ヲ云、你得二恁麼ニ無面目コトヲ一、師当下ニ大悟ス、走見ユ二先保寿一、」未レ及レ出レ語、保寿便云、你会也、不レ用レ説コトヲ、トアルホトニ、仏法ト云者ハ、浩々タル紅塵」ノ中デモ、常ニ正法ヲ説ク者ナホトニ、汝市中ニ行テモ見ヨ、時分至タナラバ、本来ノ面目当」体モア郎ズゾ、トヲセラル、ニ依テ、一日街頭ニ行テアレバ、両人俄然トシテ、ケンクワヲシダシテ、」ヒツシカラリトハリ逢イ、你恁麼ニ無面目ナルコトヲ得タリ、ト云テ、大拳ヲミギ〔ニカ〕ツテ、面上ヲ」丁度ハル処デ、即チコレヲ見当下デ、本来ノ面目ヲ大悟セラル、也、ホトニ、宗旨デモ、最」初入頭ノ径チ、我相・人相ヲ脱離シ、境界ヲ打破スル時節ニ逢ワズンバ、本来ノ面」目ニハカナワレマイゾ、師云、本来ノ面目契当ヲ、代、師ノ前ヱ、ツ、ト入テ、師ノ」面上ヲ丁度ハル也、心ハ、是レハ爛題劈面拳也、此ノ径チ、師モ無ク、学モ無イ、」爰デ心得タ、本来ノ面目ダ、師拶云、夫レガ何ントテ、本来ノ面目契当デハ」アルゾ、代、風颯々雨蕭々、心ハ、爰ハ、換骨脱体ノ正当、只タ這ノ」虚空マデヨ、風颯々雨シウ〳〵、扨テ、イサギヨイコトナ、此ニ御州入道ハ、出テ、コソ、」(20オ)扨テ、本来ノ面目契当ノヲリカラデハ無イカ、師云、着語ヲ、代、玄功路絶処、」安中不死人、心ハ、師・学泯絶ノ処ガ、玄功路絶ノ処ダ、ソコニ安中不死人、本来ノ面目、現」然トシテ住在タゾ、」

二十六、雪峰尽大地沙門一隻眼、当則者、竹篦背触ノ脇古則、三処相見、」鼈鼻蛇、粟米粒、当話頭、四則ハ、当寺デハ、大入頭下ノ契派ヲ以テ、心得ルコト」ダ、ホトニ、背触、語黙、知不知ノ両頭ヲツ、ハナル、処デ開タ眼ヲ、沙門ノ一隻眼ト云タゾ、」何ゼニナレバ、背触、是不是ノ二辺ニマタガルハ、スガギレ眼タゾ、尽大地沙門ノ一隻眼ト」云ハ、衲子ノ入頭下デ開タ大活眼ト云ハ、上天下界、山河大地、タツタ一目デサ、ヱタゾ、コ」レヲ、頂門ノ眼トモ云タゾ、ホトニ、汝等諸人向甚麼処屙ン、ト示衆シテ、一隻眼当」徹底ヲコ、ロミタゾ、師云、雪峰ノ尽大地是沙門一隻眼、向甚麼処屙、ト示シ」タキヲ、代、師ノ前ニ至テ、摽然トシテ立テ、夫ノ儘帰ル也、師云、ソコニ句ヲ、代、過不及」共ニ非ナリ、心ハ、背触、是不是ノ両頭ヲ踏放シテ、一隻眼ニカナイ得テ、摽然ト立」タ、雪峰ノ眼ニ、世界ノ中ニ、何ンデモカヽル者ガ在テコソ、ホトニ、過不及共ニ非ナリ、尽天尽」(20ウ)地ノ間ニ、見アマシタ処ハアルマイ、何ゼニナレバ、四海ニ空ジタ一隻眼ダ、師云、趙州云、上坐」若回ニ雪峰一、我寄ニ箇鍬子去与レ他、トヲセラレタキヲ、代、師ノ前ニシヅカニ行テ、何ニナリ」トモ、時キノコトヲ云テ去ル也、師云、句ヲ、代、挙レ頭有残照、本是住居西、心ハ、趙州」ノ、上坐若雪峰ニ回ラバ、我レ箇ノ鍬子ヲ寄テ与レ他去、トヲセラレタハ、時キノ挨拶ダ、ソツ」トモ平生ヲソムカヌ語話タ、ホトニ、爰ハ、時ノコトヲ打チ云テヲクガ、当人也、句モ、挙レ頭ハヤ残」照ニナツタ、生得、日ハ西ニ沈ンタマデヨ、ト云ハ、趙州ハ平常ノ道デ、ソツトモ本位ヲアラタ」メヌ、本是住居西、夫ノ儘ノ平常ノ語話ダ、時キ、雪峰ト流通ノ旨也、」

二十七、馬祖水潦大悟、当則者、祖師禅ノ入派、入頭ノ直下デ、西来的々意、契当ノ」時節ガ無クテハ、馬祖モ、夫ノ当頭ヲ示シタゾ、処デ、水潦モ契悟シ、根源ヲ識得シテ、作礼シテ」退イタゾ、師云、当胸一踏々倒ヲ、代、躍倒放身、師拶云、正当恁麼時如何、代、亦如前」挙ス、師云、句ヲ、代、清風凛々地、心ハ、爰ハ、直ニ馬祖ニナリ代テ、ホカト躍倒シテ、ソコデ我モ放」身スル也、ト云ハ、ホカト躍倒放身ノ時節、馬祖モ無ク、水潦モ無イ、此ノ当頭ガ、西来的々意、」契当ノ端的ダ、処ヲ、正当恁麼ノ時キ如何、ト足土ヲコ、ロミタ、アレバ、亦躍倒放身シタハ、正当」(21オ)ノ足土ヲ回ワサヌコト也、此ノ直下ハ、只タ清風颯々マデヨ、全ク御州ガ出デヌ、師云、水潦忽」契悟、起来拊掌大笑云、也大奇々々、ト云タキヲ、代、手ヲハツチト打テ、呵々大笑ス、心ハ、」衲子快活ノ大笑也、爰ニ云イコトハ無イ、何ゼニナレバ、活衲僧ノ西来意、当的ノ正当ニ、展ウズ」道理ハ在テコソ、師云、ソコデ根源識得ヲ、代、不可得々々、師云、句ヲ、代、本来無一物、」何処在塵埃、心ハ、根源識得ノ径チハ、只タ不可得〳〵マデヨ、何ンノ云イコトガアランニ、何ゼニナレバ、」根源ハ本来無一物ナホトニ、識得ノ端的ニハ、塵埃モアツテコソ、ト云ハ、出世西来已前ニフミス」ヱタコトヨ、是レモ、只タハ見ヌ、馬祖ノ一踏ガツヨイニ依テ、根源ニ到ツタゾ、」

二十八、紫胡狗子、師云、新到纔相看レバ、便喝云、看レ狗、ト示シタキヲ、当則者、」衲子一代ノ陶派ト心得ヨ、最初入頭ノ直下デ、語黙、背触、生死、知不知ノ両頭ヲ、カツクト踏」放ス処デ、一狗子ニ当着シテ、其ノ初関ノ当派ヲ以テ、衲子ヲセメタコトダ、狗子ト云ハ、人々ニコ」ウテヲカヌ者ハ無イ、宗旨ノ人クライ犬ト云ハ、畢竟一心ノコトヨ、ホトニ、会下僧者、一度切レ目」ニ当ル処デ、養イ得タ狗子ヲ、ハナチカケ〳〵テ、左転右転スル、ヨクナシ入道ドモヲ、尽ク咬ミ」殺シテノクルガ、発明正当ニ立ツタ、衲子ノ日用ノ当行ダ、ホトニ、嫌道ハ、「挙処・呈処ノ間」
(21ウ)ヲバ、夫レハ咬レタゾ〱ト、クツトキライツメテ、「一狗子当着ノ旨ヲ見ル也、代、師ヲホカト躍」倒シテ、即チ師ノ前ヲ走過スル也、師拶云、夫レハ、脚頭ヲカマレタコトタゾ、代、亦如前挙ス、「心ハ、」ツヽト入テ、ホカト躍倒ノ径チ、御州入道ハ出デヌゾ、只タコノ虚空ヨ、爰ガ、一狗子「当着ノ時」節タゾ、処ヲ、夫レコソ、脚頭ヲ咬破セラレタコトヨ、ト拶スルガ、足土ノコヽロミ羊也、処ヲ、亦如前躍倒ス」ル也、師ノ前ヲ走過シタハ、当着ノ当頭ヲ、当頭トモタヌコト也、ト云ハ、当頭ニ「会処・承イ」ノ出デヌコトヨ、扨テ、会処・是非ノ「心ガ出デタラバ、咬破ニ「逢タコトヨ、師云、上取人頭、中取」人腰、下取人脚、ト云、三ノ聞ユル羊ニ云ヱ、代、人頭・人腰・人脚、此ノ三ヲ取ラレ子〔ネ〕バ、本分ノ」一位ニ帰シテソウ、師云、本分ノ一位ヲ、代、師ノ前ニ至テ、トツクト坐ス、師云、句ヲ、代、「金剛ノ」正体露堂々、心ハ、入頭下デ、一狗子当着ノ直下ガ、ツヽトハシ無イニ依テ、一句ニ人我・識情ヲ」ナゲ倒ス処デ、全体狗子ニ打成タ、時キ、頭・腰・脚咬取ノ三ヲ、ツヽハナレタ、ホトニ、夫ノ「儘マ」本分ノ一位ニ「スワツタ、本分ノ一位ト云ハ、未出已前ヨ、爰ハ、只タトクレツト坐シタ処ヲ以テ、心」得テヲカシ、ホトニ、句モ、「一狗子当着ガ、金剛ノ正体ダ、金剛ノ正体トナリ得タ、時キ、」柳ギ緑リ花紅イ、露堂々、何ニ「カ狗子ノ爪牙ナラヌ者ガ在テコソ、頭々物々皆」

(22オ)是レ一狗子、金剛ノ正体ダ、悪クスレバ、咬破ニ逢イ、喪身失命スル、ト云ハ、「正体」ヲ取テ出シ、会処スル故ヱタ、或イハ火ダ、剣タ、蛇タ、虎ダ、狗子ダ、ト云ハ、名コソ代ツタレ、ミ」ナ一ツコトデソウゾ、

二十九、龍潭紙燭吹滅、私云、先ヅ徳山ハ、南方ニ於テ、魔子ノ輩ガ、即心是仏ト」説テ、宗旨ヲ建立シテ、ヲゴリヲ作ス、ト云ホトニ、是非ニ此ノ族ヲ滅却シテ、仏恩ヲ報ゼント」云テ、西蜀ヲ跳リ出デタ、骨相面目ヲ見サシ、伝灯一千五百人ノ善知識ハ云ニ不及、」三世歴代トモニ、クツト目ノ下ニ見ケシテ、発噴シ来ツタ、猛利ノ気勢ガ、当則ノ堕体タゾ、」龍潭紙燭吹滅ノ直下デ、忽然大悟ノ面魂ヲモ見サシ、山形ノ面皮ヲ不レ改、大活眼ヲ、ク」ツト見開テ、毘婆・燃灯、千仏万祖トモニ、グツト踏ミツブシ、上ミハ梵天、下ハ阿毘獄マデ、」一句ニ看破テ、根本白色ノ肌ニスワリ、白棒一本デ、ツヽ立ツタ、此ノ威勢、目光ノ輝ニヲ」ソレテ、天下ニ頭ヲ挙ル者ハ無イ、ホトニコソ、白雲ノ端モ、紙灯忽滅、眼睛出打破、大唐」無二一人一、ト頌シタハ、此ノ径ヲ展ベタゾ、ホトニコソ、竜潭モ陞座シ、告レテ衆ニヲセラレタゾ、可中有二」箇漢一、牙如剣樹、口似血盆、一棒打不回頭、ト証明ナサレタ、牙如剣樹、口似血盆、ト」
(22ウ)云ハ、仏祖ヲ割キ食、ト云ノ方語タゾ、ホトニ、祖仏ヲ八ツザキニシテ、ヒツカミ、ヘドカスニツイテノケタゾ、」此ノ

徳山ノ風情ヲ見サシ、一棒ニ打ツトモ、頭ヲ回ス機ハアルマジイゾ、何レ孤峰頂上ニ坐断シテ、」吾ガ宗ノ道風ヲ立シ羊ズ者ニハマギレヌ、トホウビ也、師云、南方魔子ノ輩ヲ滅却セン、」ト云キヲ云ワシ、代、如何ニモ大威勢ヲ振テ、ツヽト入テ、師ノ両肩ヲ、両手デジツトツカンデ、眼ヲ」クツト見出シテ、両ノワキヲ急度見回シテ帰ル也、心、此ノ眼ザシヲ見ヨ、娑婆世界ニ」人アルトハ思ヌゾ、ホトニ、此ノイキヲイヲ見○(サ)シ、上ヱミヌワシノ振舞デハ無イカ、ホトニ、当則ト、雪」峰粟米粒ト、二則ヲバ、上ヱミヌワシノイキヲイ、宗旨ノ大眼ト心得タガ好イ、師云、」句ヲ、代、頭聳五岳、眼生三角、心ハ、南方魔子ノ輩ヲ滅却セントテ云タイキヲイ、」面魂・眼睛ノアリサマ、真ニ頭ハ五嶽ニサガク、眼ハ三角ニ生ジテ、四百州、只タ一人ノ風情」ダ、或ハ、眼空四海、不恐高兄、ト云モ、爰ラノコトヨ、師云、忽然大悟ヲ、代、鉄丸無」縫罅、心ハ、鉄丸ト云ハ、南ヒンノアラカ子ノ儘デ、終ニ炉治ヲ不経、先聖ノ鎚目ガアタラ」ヌゾ、時キ、縫罅無キ也、ホトニ、徳山大悟ノ骨相・面ラガマチハ、鉄丸鉄面ニシテ、本ト蜀ノ生レ」ナガラノ本智ノ性デ、人着ガ出デヌゾ、扨テ、大悟ノ径チガ、カイ無ケレバ、面皮ヲ改メ、」(23オ)高僧ノ面ガヒヅムゾ、或ハ、鉄船浮水上、ト云モ、爰ラノコトタゾ、師云、徳山ノ落居ヲ、代、」鉄崑崙、心ハ、鉄崑崙ト云ハ、ニジミメノ無イコト也、ホトニ、徳山ノ肌腐ハ、孩児ノ」肌ノ如ニシテ、仏智・祖智ノニジミメノツカヌコトヨ、是ヲ、鉄骨・鉄心肝・生鉄ノ面目トモ云也、」爰ハ、ヨク当人ニナツテ心得サシ、ウキ足シデハ、カナイ難イ也、」

三十、百丈野狐、師云、野狐ノ本形ニ当着ヲ、私云、百丈ハ、馬祖下デ、鼻頭扭得ノ」処デ、背触・是不是・善悪・生死・因果ノ両頭ヲ、一句ニツヽ離ル当頭、野狐ノ疑心ヲ脱」シテ、本形ニ当体シタゾ、野狐ノ疑心ト云ハ、有為転変ノ道理ヨ、本形ト云ハ、空劫已前ノ」大事、生下未分ノ一句子ノ事ヨ、ドノ衲子モ、爰ニ落チツカズンバ、払・篦ヲ取テ、人ノ為ニハナ」ラレマイゾ、代、坐具ナリトモ、扇子ナリトモ、急度指挙テ、是什麼ゾ、心ハ、野狐ノ本形ト云ニ、」イカタハ無イ、何ンナリトモ挙サデハ、衲子ノ叶イ派次第ダ、ホトニ、坐具ナリトモ、扇子ナリトモ、急度挙ス」時ンバ、ソレマデヨ、是什麼ゾ、仏眼モ魔眼モ及ンデコソ、師云、着語ヲ、代、閃電光猶是」鈍、心ハ、有無・背触ヲツヽハナル、処デ、契得タ、野狐ノ本形ト云ハ、ヒツカトシタモ、夫レデモ無イ、何ゼニ」ナレバ、此ノ本形ト云ハ、天地ノ先ニ立ツタ祖」心ノコトタゾ、扨テ、撃石火閃電光ト云ハ、出世西来後ノ」(23ウ)事ヨ、此ノ本形ニ至テハ、仏魔トモニ、什麼ゾ〳〵デ、眼ガ睜シ難イゾ、師云、前百丈不落因果ト云」テ、五百生野狐身ニ堕シタキヲ、代、落チマジイト云見機ガ、野狐身トナツテソウ、心ハ、先百丈」モ、初入頭デ、語黙・背触・生死ノ両頭ヲ、クツトケ放テ除クル処デ、古今・是非・因果ノ沙汰」ハ絶却シタ、ホトニ、何ンノ因果ニ落ルト云道理ガ在ル可キ、ト云、入頭下ノ見地ガ、野狐身ト成」テ、五百生野狐窟ニ堕在也、師云、句ヲ、代、機不離位、堕在毒海、亦、可隣〔憐〕」解脱、堕在塵坑、句面ニ不及、師云、後百丈不昧因果ト云テ、野狐身ヲ」脱シタキヲ、代、落ルト云事モ無ク、落マジイト云事モソウヌ、心ハ、爰ハ、因果ニクラマカサレヌ」時キ、何ニモ汚染セヌ時キ、野狐身ヲ脱シタコトダ、何ゼニナレバ、有無・背触ノ二辺ニ渡ラ」ヌ正当ヲ、是トモツタ故ニ、野狐窟ニ堕在シタ、扨テ、夫ノ正当ヲ、正当ト会セヌ時、〔衍カ〕」時キ、汚染住着ハ無イ、是レガ、野狐ノ本形ニ当徹ノ旨ダ、ホトニ、衲僧ハ、野狐ノ本形ニ」サヱ、好クカナイ得タ郎ニハ、堕シ羊モ脱シ羊モ、儘デソウ、自由自在ハ、伊レガ三昧ダ、」ト云ハ、不汚染ノ旨ニ至タ時キ、堕ニモ脱ニモカマワヌ、是コソ、大修行底ノ人ヨ、師云、」句ヲ、代、莫レ遂〔逐カ〕ニ有縁一、莫レ住ニ空忍一ニ、心ハ、入頭ガハシナイニ依テ、ソコニツナガレヌ」

(24オ)時キ、有縁ヲモヲワズ、空忍ニモ住セヌ、ト云ハ、自己ニモト、マラズ、目前ニモナヅマヌコト」ダ、時キ、因果ニハクラマサレテコソ、師云、老人於言下大悟ヲ、代、堕ガ脱デソウ、師云、」句ヲ、代、誰知潭底月、元在屋頭天、心ハ、ヨク当人ノ時キ、堕脱一枚也、潭底ニ月」ガ落チタガ、元天ノ月トミレバ、脱タゾ、或イハ一月在天、影印衆水、ト云モ、向ヨ、ソツトモ住着・」汚染ハ無イ、是レガ、老人大悟ノ旨デソウゾ、師云、黄檗転々不錯、合作箇甚麼、ト」云タキヲ、代、此ノ何ニナラウナ、師云、夫ノ心ヲ、代、和尚ト成タモ、牛馬ト成タモ、別ノ者デハソウヌ・心ハ、」前百丈ハ、錯テ一転語ヲ下シタニ依テ、野狐身ニ堕シタ、転々不錯、合作箇甚麼、ト云ハ、」錯ラヌ者バシアルカ、堕ガ脱ト見レバ、錯タガ錯ラヌコトダ、黄檗モ、野狐ノ本形ニ、トツクトカナイ」得タ人ナニ依テ、爰ヱ出生ズルガ、皆ナ錯ツタコトダ、扨テ、未出已前ノ本分ニカナツテミレバ、何ンノ錯」リモ無イ、ホトニ、堕脱ハ一致ダ、錯タ上ニ、錯ラヌ旨ガアル、向見タ時キ、和尚ト成タモ、貴クモ」無ク、牛馬ト成タモ、イヤシクモ無イ、本形ニスワツタ郎ニハ、ドレモ一ツヨ、向ウミルガ、錯ツタ上デ、」錯ラヌコトダ、師云、百丈近前来、与汝道、ト云タキヲ、代、師ノ耳本ニ立チヨツテ、物云マ子ヲ」シテ帰ル、師云、句ヲ、代、六耳謀不同、心ハ、是レガ、当則ノ商量ダ、百丈モ、黄檗野」

(24ウ)狐ノ本形ヲ、クツト言イ散ス、ト見タ、ホトニ、近前セヨ、隠密ニ説破セン、人ガ聞キガ生ズ郎、トヲ」セラル丶也、ホトニ、爰ヲバ、師ノ耳辺ニ、ソツト立チヨツテ、物云マ子ヲスル処デ、尽クガ、ヱイ大事ナコトダ」ゲナゾ、ト不審ヲ立ツル也、カジワラガ、ヨリトモノ耳辺ニヨツテ、サ丶ヤイタ羊ナコトダ、ホトニ、句モ、三人」ト耳ニフレサスルナ、ヲヌシ斗リヨ、ト云ノ心也、師云、檗遂近前シテ、師ニ与一掌タキヲ、代、師前ニ」走リカカツテ、師ノ胸ヲ丁度打テ、此ノ老賊、心ハ、コノヲウヌスビト、ヽ云心也、師云、百丈拍レ手」笑云、将為胡鬚赤、更有赤鬚胡、ト云タキヲ、代、同道者正知、心ハ、カツツワ、吾」レニマサツタ猿ル眼ダヨ、畢竟百丈・黄檗ハ、賊ト賊トノ出デ合イ、知音ニシテ、通ジテノハ」タラキナリ、」

三十一、巌頭是凡是聖、師云、徳山便喝シタキヲ、私云、岩頭ノ、是凡カ是レ聖カ、ト問ウ」処ヲ、徳山ノ、ホカト一喝シタハ、凡聖ノ二途ヲ喝散シテ除ケタゾ、此ノ一喝下ヲ見サシ、外道・」天魔ハ云ニ不及、千仏万祖モ、一句ニウツキヌテ、無クナツタ、況ヤ凡聖ノ沙汰ガ、アラウコトガ」在テコソ、ホトニ、嫌道ハ、或ハ躍倒放身、呵々大笑ハ、凡ヲ転シテ聖ニ入ル径チノコトダ、夫レワ、」聖ニカカワツタコトヨ、是レハ、已ニ凡聖共ニ一喝シテ除ケタゾ、此ノ徳山ノ喝下ヲ見ヨ、」(25オ)仏モ無ク、祖モ無イ、徳山一世ハ、仏祖ヲ不レ立、忽然猛省ノ正当ヲ以テ、一生涯ヲ建立」シタゾ、代、一喝ス、師拶云、夫レモ聖ニツナガレタゾ、代、亦、一喝ス、心ハ、徳山ニナリ代テ、ホカト」一喝スルガ、語黙・背触・人我・識情ノ間、凡聖共ニ喝散シテノケ羊タ、此ノ正当ガ、凡」聖ニアヅカラヌ、本分達○処ノ旨ダ、在レドモ、夫レモ聖ニツナガレタゾ、ト拶スルガ、入頭下当頭ノ足」土ノ見羊ダ、処ヲモ、亦ホカト一喝スルガ、足土ノマワラヌ哲〔徹カ〕処ダ、師云、句ヲ、代、的々当陽」句、明々箭後路、心ハ、的々ト云ハ、凡聖迷悟ニ不レ渡正当、端的ノコトダ、当陽」ノ句ト云ハ、一喝ノ端的、凡聖迷悟ニワタラヌ、本分ノ一句ニ当着ノ時節ヲ云也、」アレドモ、爰ガ、当着ノ時節ダ、ト思ヱバ、明々箭後路、早ヤ正当ニハヲクレタコト、取リハヅ」イタコトヨ、本則デハ、岩頭ノ礼拝ガ、当陽ノ句、一喝ノ端的ニ酬イ羊ダ、処ヲ、洞山ノ聞キ得テ、」乃云、若シ不ンバ是レ奯公ニ、也タ大ニ難シ承当シ、ト云ガ、明々箭後路、ハヤサガツタコトタゾ、ホトニ、岩」頭云、洞山老漢、不レ識二好悪一、錯テ下ス二名言ヲ一、ト云タゾ、亦、的々ト云ハ、師家ノ的位」ト、学者ノ的位ト、丁度合タコトタ、ト云ハ、入頭下当陽ノ一句ニ契ウ当的ノコトヨ、是レヲ、啐啄同」時ノ眼トモ云タゾ、或ハ拳踢相応、心眼相照、ト云ノ心也、」

三十二、(25ウ)天衣折担大悟、師云、恁麼不恁麼総不得ノ入派ヲ、当則ハ、入頭古則デ、」大徒ナ沙汰ダ、天衣懐在二翠峰一入室、ト云ハ、参学ナドニアガラレタガ、翠峰恁麼モ不得、不恁麼モ」不得、恁麼不恁麼総ニ不得、ト示サレタ、恁麼不恁麼・是不是・死活ノ両頭ヲ総ニ不得、」ト云ハ、夫ノ両頭ニワタラヌ処ヲモ、セメツメタ処デ、擬議シテ叶ヌホトニ、如レ是ノ者ドモ、水ヤクニ立ヌト云テ、打テ」追出シテゴザアル、アレドモ、水頭ト成テ居ラレタハ、志シ深イコトダ、今時ノ僧ナラバ、向ハアルマイ、アルガ、水ヲ」汲ムヲリ節シ、担子ノハツチト折ル、処デ、忽然トシテ大悟セラレタ、此ノ大悟ノ正当下ヲ見サシ、背触・死活」ノ両頭ヲ、一句ニ脱離シ、人我・識情ヲツ、ハナル、処デ、恁麼不恁麼ニ不レ渡正当、本分・此ノ事」ニ当哲セラレタ、ホトニ、挙処・呈処ノ間ヲバ、尽ク嫌イヲトシテ、自力発処ノ叶イ派ヲ見ルコトタ、代云、」師ノ前ニツ、ト入テ、呵々大笑スル也、　心ハ、担子ノハツチトヲル、処デ、大活現成シテ、呵々大笑ノ正当、恁」麼不恁麼ニツ、ハナレタ、爰ニ云イコトハ無イ、師拶云、夫レハ、恁麼不恁麼ノ間タゾ、心ハ、足土ノ見羊也、」代、亦如前挙ス、師云、句ヲ、代、時節到来開口笑、満懐総是夜明珠、心ハ、恁麼不恁麼」総ニ不得、ト嫌イヲトサレテ、水頭ト成テ、時節ヲ待チタガ、担子ノハツチト折ル、処デ、乾坤大地」ガサバケ、マツラレクヤミトナル処デ、我レモ不覚大口ヲ開テ、カラ〱ト大笑シタ、爰ガ、時節到来ダ、」(26オ)此ノ径チハ、満懐総是夜明珠、一顆ノ好玉光リサンランダ、ト云ハ、日比塵労妄想ニサヱラレ」テ居タガ、折担ノ正当、自己本分ノ、一顆ノ明珠ノ本光ガ、ホカト発チデタゾ、ホトニ、投機」ノ頌ヲモ見サシ、一二三四五六七、万仭峰頭独足立、驪竜領下奪明珠、一言勘破維」摩詰、此ノ心モ、折担ノ正当ハ、一カ二カ三カ四カ五カ六カ七カ、何ントモ理巴ガツイタゾ、此ノ径ハ、万仭峰頭独」足立、霊山・少林ノ葉山ニタヨラズ、須弥ノ頂キニ、独足ニ、ツ、ト立タゾ、驪竜領下ト云ハ、師家ノ当」行ノコトヨ、ソコニアル心ノ明珠ヲ、忽チ大悟ノ処デ、奪得シタゾ、爰デ、心ノ明珠ヲ奪得タヨリミレバ、」一言勘破維摩詰、黙然ノ処ヲ肝悪トシタ、ト云モ、語話ノクドキヨ、ト見ル也、」

三十三、倩女離魂、師云、離魂シ羊ヲ、私云、是レハ、大入頭古則デソウゾ、ト云ハ、最初ノ」径チ、意識精魂ヲ、クツトツ、ハナル、処デ、本分本色、ハイカンニ打チナツタ処デ、当着シタ」真底タゾ、ホトニ、嫌道ハ、挙処・呈処ハ、意識・精魂ノ間タゾ、ト嫌イヲトス也、爰ニ、垂示」有リ、独掌狼〔浪カ〕不鳴、是レハ、師・学、ホカト打合スル端的ノコトダ、扨テ、学一人デハナラヌ也、」代、師ノ額ト、我ガ額ヲ、ホカト打合テ、アツト一喝シテ、師ヲホカトノツケニケ倒ス也、処ヲ、師」起キアガツテ、ムズト学ヲ把住シテ、ソコデ承当セヨ、代、学、拳頭ヲ以テ、打払テ云、」(26ウ)前後際断、ト云テ帰ル、心ハ、入頭下、前後際断ノ処デ、見ツケタ真底也、師云、ソコデ那」箇是真底ヲ、代、狗ノ屎ノ真底ガア郎ズ、心ハ、無形無相ガ、真底ダ、扨テ、是レダト取」テ出シ、何ントモ云タラバ、精魂ヨ、師云、何ゼナクテワ、ホトニ、直ニ真底ヲ云ヌ、代、・度功作ヲ歴」尽シテ、帰来テミレバ、何ニ物カ真底ナラザル物ハソウヌ、心ハ、功作ヲ経尽スト云ハ、入頭下デ、」色身妄想ヲ、クツト脱離シテ、本色本分ノ処ニスワツテミレバ、柳緑リ花紅イ、何ニガ真底」ナラヌト云者ハ無イゾ、百億分身処々真也、師云、此ノ話ノ建立ヲ、代、一切有為法、如」夢幻泡影、如露亦如電、師云、夫ノ経説ヲ説破セヨ、代、如ハ如死、夢ハ夢死、幻ハ」幻死、泡ハ泡死、影ハ影死、露ハ露死、電ハ電死、師云、猶ヲモ子細ニ、代、ソレ〳〵デ、」切レテソウ、心ハ、ソレ〳〵デ切レテ、ソツトモ他ニタヨラヌコソ、真底ヨ、爰ヲ、頭々剣刃上トモ云也、」

三十四、明上座本来面目、師云、不思善不思悪、正当恁麼時ヲ、代、一喝」放身ス、師地打(マヽ)云、恁麼時如何、代、学亦ホカト倒ル、師云、本来ノ面目ヲ云ヱ、代」来テ呈セントスルハ、錯リデソウ、師云、直ニ呈露セヨ、代、師ノ前ニ至テ、手ヲ以テ横ヱ」引テ、無形大法、心ハ、当則ハ、独則ニテ委可心得、不及句面、」

(27オ)三十五、龐居士不落別処、師云、指空中雪云、好雪片々不レ落ニ別処一、ト云タキヲ、私云、」龐居士モ、馬祖下一句頓玄ノ当頭、人我識心ヲツヽハナルヽ処デ、大虚ト、此ト、タツタ一枚ニ打成タ、」ホトニ、空中ニ片々トシタ好雪ガ、居士ガ胸襟ノ内ダト云ハ、全体ガ雪ノ乾坤デ居タ、別処ガ在テ」コソ、此ノ雪ト云ハ、宗門ノ那雪ノコトヨ、万劫ニモ、キユルト云サタガ無イ、全体雪団デ、コロンタ時キ、」一点ノマジリ物ガアツテコソ、此ノ心地ニ落チツカズンバ、閻羅老子ノ鉄棒ヲバ、遁レマジイ、」扨テ、十人ノ禅客ハ、マダ生マ入道ヲツレテ引マワリ、大活現成ノ時節ニ逢ヌ、ホトニ、閻羅老子」モ、不レ放レ你在シ、アタマニ鉄棒ヲ蒙郎ズゾ、代、師ノ前ニ至テ、アツ〳〵ト云テ、ヲドリアガリ〳〵」スル也、心ハ、好雪片々ノ径チ也、満懐雪ノマルデ居タ也、何ンニモ在テコソ、師云、句ヲ、代、」有漏笊籬、無漏木杓、(類、器用在之、)句面ニ不及、亦碧岩ノ参ノ内ヲ可見、委シ、ヽ」

自己大入頭、三十五則、終也、」

(27ウ)

自己転処透　六則」

一、雲門花薬欄、二、蓮花峰庵主、三、霍山四下藤条、」四、船舷未跨棒、五、雲門転句、六、東山水上行、」

一、雲門花薬欄、師云、如何是清浄法身、ト問ヱバ、花薬欄、ト答タキヲ、代、師ノ前ヲ」横走ス、師云、着語ヲ、代、有時乗江月、不覚過滄洲、師云、恁麼去時如何、代」閃電光猶是鈍、」

二、蓮花峰庵主、師云、古人到這裡、為レ甚不ニ肯テ住一、ト云タルキヲ、代、休去リ歇去テ、」更ニ無ニ住着一、師云、楖標横担不レ顧レ人ヲ、直ニ入ニ千峰万峰一去、ト云キヲ、代、師ノ前」ヲ横走スル也、」

三、仰山四下藤条、師云、霍山、仰山ノ前ニ至テ、乃翹(ツマタツテ)ニ一足一云、西天ノ二十八祖モ亦如レ是、唐土ノ六」祖モ亦如是、和尚モ亦如是、某甲モ亦如是、ト云処ヲ、仰山打四下藤条シタキヲ、代、師ノ前ヲ」ズイト過ル也、師云、句ヲ、代、清風過芦山、心ハ、仰山ノ前ニ至テ、キツト足ヲツマタテ、、西天ノ二十八祖」モ如是、唐土ノ六祖モ如是、和尚モ、某甲モ如是、ト云タハ、不汚染ノ正当ヲ全提トシタゾ、」(28オ)処ヲ、丁々ト四度藤条ヲ下スガ、不汚染ニモシトメサセヌコトヨ、ホトニ、向上ニモ向下ニモ住着」サセヌコト也、」

四、船舷未跨棒、師云、未跨ノ船舷処ヲ云ヱ、代、一気未発ノ処デ走、師云、ソコデ好与三〔十脱カ〕」棒ヲ、代、地ヲ丁度打テ、位裡ニ「落在スルコトナカレ、師云、句ヲ、代、機不レ離レ位、堕二在毒海一ニ、」心ハ、是レハ、向上ノ田地・自己本分ヲモ、全提サセヌゾ、此ノ僧ハ、未跨船舷、本分ノ処ヲ、全提トスル」ホトニ、馬祖ハ好与三十棒ト、丁度打ツタゾ、ト云ハ、位裡ニモ落在スルコトナカレ、ト云ギ也、或ハ、徳山ノ、」新羅人、ト云処ヲ、未跨船舷、好与三十棒ト、白棒ヲ行ジタモ、一ツコトヨ、師云、猶ヲモ未跨」ヲ、代、出興「已前デソウ、師云、已前ニ与タ三十棒ヲ、代、荷葉ニハ円ク、松葉ニハ細、ト当テ走、」師云、面前ノ花瓶・香炉ニハ、何ニト当タゾ、代、再興スルコトナカレ、心ハ、是レハ、出興「已前ノ棒」タゾ、天ニハ高ク地ニハ低イ、ト当タ白棒タゾ、」

五、雲門転句、師云、雲門直得、ト云ヲ、私云、直得ト云ハ、門レ雲ハ、門閫折脚ノ正当、」ソツトモ不レ経不レ尽、自己本分ノ田地ニ、夫ノ儘到リ得タゾ、ホトニ、乾坤大地ノ中ニ、繊毫ホトモ智解・」妄念ガ出デヌゾ、扨テコソ、無ニ繊毫過患一、ト云タゾ、アレドモ、ソコヲモ是処スレバ、自己ニツナガ」(28ウ)ル、ト思テ、打頭ノ当リ派ガ、ツ、トツヨイニ依テ、猶是転句ト、無漏白浄ノ地ヱ転ジタゾ、」爰ヲ無漏ノ妙海トモ云タゾ、在レドモ、ソコヲモマダ半提ト見ステ、、全提ノ時節ニ「至ツタゾ、」代、躍倒放身ス、師云、無ニ繊毫過患一ヲ、代、清浄法身デソウ、心ハ、爰ハ、自己清浄」法身ニシテ、一段ノ光明ノ田地也、師云、猶是転句ヲ、代、無漏白浄ノ地ニ至テソウ、心ハ、爰ハ、」清白十分ノ田地ニシテ、マジリ者無イ、白一色ノ智不到タゾ、師云、不見一色、始是半提ヲ、代、」本分ノ地ヱ転シテソウ、師云、夫レハ何ントテ、代、一色十分ノ地ニ至テモ、尽シタミレバ〔ト脱カ〕、半提デソウ、」心ハ、爰ハ、空劫已前ノ一位ニウツ、タ、ホトニ、早ヤ一色ノ田地ヲモ見ヌゾ、ト云ハ、智不到不転ノ」境界ヲモ、全提トモタヌコト也、師云、更須知有全提時節、ト云ヲ、代、天然ノ主ノ時、」全提ノ時節デソウ、心ハ、爰ニ云イコトハ無イゾ、当則ハ、皆ナカタ転ジニ転ジテ、」全提ノ時節ニ至ツタコト也、

六、東山水上行、当則ハ、不汚染古則タゾ、ト云ハ、汚染・会得・識得ガアラバ、諸仏出身」デハアルマイゾ、ホトニ、何ト云モ、挙処・呈処ノ間ヲバ、夫レハ、東山ガ水中ニシヅミ、波ガ立ツタゾ、ト嫌ウナリ、」師云、諸仏出身ノ処、ト問ヱバ、東山水上行、トヲセラレタキヲ、代、師ノ前ヲ、如何ニモシヅカニ、ソロリト」

（29オ）スグル也、心ハ、或ハ躍倒放身シ、払袖横走シ、呵々大笑スルハ、活祖現来ノサタダ、扨テ、」無相無形ノ諸仏ノ出身ト云ハ、東山水上行マデヨ、ソツトモ汚染・会処ガ無イ、ホトニ、爰ワ、」只夕風ノ吹テ過ルガ、師ノ前ヲソロリト過タマデヨ、爰デ、諸仏ノ出身ヲバ心得デハ、師云、天」寧不然、薫風自南来、殿閣生微涼、ト云タキヲ、代、時ニ望ンデ、吾レモシラズ、師ノ前」ヲ、山ヲ見ル羊ニシテ、ソロリトスグル也、心ハ、何ニト云モ、展ル間ハ、皆ナ汚染ダ、只夕時ニ望ンデ、」山ナドヲ見ル羊ニシテ、ソロリト過キタハ、不汚染ニモシトメヌ、清風ナドノ蘆山ヲ過タ如クヨ、」不知不覚也、

亦一説、師云、東山水上行ヲ、代、師ノ前ニ至テ、師ノ胸ヲ打テ、東山水上行、ト挙ス、師云、」天寧不然、薫風自南来、殿閣生微涼ヲ、代、如前挙ス、師云、夫レハ、雲門ノ拳シタゾ、」代、師ノ前ニ「至テ、鼻孔ヲウカツマ子ヲシテ帰ル也、心ハ、爰ハ、如前挙セバ、打頭ノ旨ト一ツダ、」天寧ノ不然、ト云タアラマシハ、雲門ノ東山水上行、ト答ヱラレタヨリ、心ガ別タゾ、」転処ノ透、以上六則也、」

自己本分之透　五則」

（29ウ）一、宏智直空劫、二、巴陵縫坐具行脚、三、雪峰看々東辺底、」

四、南泉茅鎌子、五、雲門鐘声七条、」

一、宏智直空劫、師云、直空劫ノ肌ヱ、亦滄浪ニ釣シタ境界ヲ、代、師ノ前ニ「至テ、」釣ヲ垂ル、模様ヲ作ス、師云、夫レハ何ントテ、代、亦如前挙ス、師云、句ヲ、代、蚌含明」珠、師云、夫ノ句ニ病ガアルゾ、代、蚌明珠、心ハ、是レハ、六祖道体ニ「見ル事ダ、漁人ノ」満身、釣リ一片ニ「成テ、トツクト釣リ入タ処ガ、直空劫ノ肌ヱタ、或ハ、清白十分江上雪、沙郎」満意釣魚舟、ト云ガ、爰ノコトダ、何ゼニナレバ、魚人〔漁カ、以下同〕ノ、トツクト釣リ入テ、他念無ク、釣一片ノ肌」ヱガ、清白十分江上ノ雪、潔白ニシテ、一点ノマジリ物無イ、此ノ境界ガ、蚌含明珠肌ヱヨ、」マコトニ一風不吹、一派〔波カ〕不動、仏祖ノ余気ニ「不レ触、直空劫デ、本分ノ自己ヲ明ルノ旨ダ、」爰ニ、有無・生死ノサタハ在テコソ、爰デハ、明ムト云モ、アカダ、ホトニ、挙着ノ時モ、含ト云字ヲ」嫌テ除ケタ、ホトニ、宏智上堂ノ末モ、夜船ニ「載月釣滄浪シタ処ヲ見サシ、「父全ク」子ニヲシヱズ、子全ク父ニナラワヌ、自然ノ理ニシテ、「父子不伝ノ妙ダ、ホトニ、魚夫ノマツ白色ニ」シテ、清白ノ肌ヱガ、夫ノ家ヱノ伝家、直空劫ノ一位ニ「当人ノ旨タ、如是無クンバ、本」（30オ）分ノ肌ニハ至ラレマイ、扨テ亦、釣一片ニ「釣リ入テ、念レ他ノ出デヌ肌ニ、宗旨ノ尽キヌ風興○ガアル、何」セニナレバ、鹿嶋浦ノ風興ヲバ、鹿嶋浦ノ魚人ガ召メ得、松嶋浦ノ風興ヲバ、松嶋浦ノ魚人ガ」シメ得タ、アレドモ、向ダト言葉ニハノベラレヌ、ト聞ヱタ、言語ニ落ヌコソ、清白伝家ノ好景○ヨ、只如是」「父子不伝ニシテ、魚人ノ家ハ、魚人ノ、夫ノ子ガ、続イタ、

向見レバ、魚夫ノ全体ガ、本分本心ニシテ、蚌明」珠ノ如クダ、亦有ル人参宮シテ、社人ノ体ヲ見テアレバ、カミヲモキラズ、ツメヲモキラズ、生レ乍ラ」ノ儘デ、チハヤヲキテ居タヲ見テ、此ノ上堂ヲ心得ラレタゾ、ト云ハ、神代ノマヽノフゼイ也、」

二、巴陵縫坐具行脚、 師云、脚跟下大事ヲ、代、酒市ヱ行ウカ、魚家カヱ行カ、 師云、何ゼニ、」ソレガ大事デハアルゾ、代、仏祖ガ足シ向ヲシヱイソウヌ、 心ハ、巴陵鑑ハ、雲門下デ、脚跟下ノ大事」ヲ得テ、ソレヨリ常ニ坐具ヲ縫テ、行脚セラルヽ也、ホトニ、脚跟下ノ大事ヲ得ルガ、本分ノ一位当体」ダ、本分ノ一位ニサヱカナ得レバ、日用ノ作業ハ、マヽサコウダ、何ニヲ作ソウモ、吾心次第ダ、ト云ハ、仏祖」位中ヲ離却シテ、格外ノ行履ダ、師云、縫坐具行脚シタキヲ、代、袈裟ヲシイテ、女人」ヲダコウトモ、坐具ヲシイテ、魚肉ヲホフラウトモ、吾ガマヽデソウ、 師云、夫ノ行履ヲ、代、只」ダ意ニ任セテソウ、」

(30ウ)三、雪峰看々東辺底、 師云、看々東辺底、看々西辺底、ト示シタキヲ、代、子ウヤレ」月ノ傾クニ、 私云、雪峰モ、鼇山店ニ於テ成道ノ処デ、本分ニ当徹シテ後、示レ衆サレタゾ、」看々東辺底、看々西辺底ト云テ、機変転変、一機一境、機・賊・機関ノ間ヲ以テ、弄」得シタコトデハ無イゾ、ソレハ、三十年已前ノ事ヨ、是レハ、悟上ノ肌ニ落チツイテ於テミレバ、東辺底・」西辺底、左右ニコラヱヌ風興・本分底ガアルゾ、ホトニ、夫ヲ看々ト示シナサレタ、ホトニ、挙派モ、子ウヤレ」月ノ傾クニ、ト云ハ、向上向下ノ間ヲ超越シテ、キク・法度ノサタ無イ、儘ノアリサマヨ、ホトニコソ、雪峰」モ、拄杖ヲ擲テ、向這裡会取セヨ、トヲセラレタハ、爰ハ、拈杖竪払ノ沙汰モ無ク、仏祖外ノ」アラマシタゾ、」亦一説ニ、師云、看々東辺底、看々西辺底ヲ、代、師ノ前ニ至テ、左右ヲ見テ、ヤラ面白ノ月」ヤ、アラ面白ノ花ヤ、師云、夫レハ何ントテ、代、右転スル則ンバ、酒市茶坊、左転ズル則ンバ、魚」行婬妨、 心ハ、前ト一ツ也、儘ノ行履也、」

四、南泉茅鎌子、 師云、有山上作務ヲ、代、吹レ面不寒楊柳風、 心ハ、山上作務ノ肌、」ト云ハ、夫ノ儘ノ本分ニシテ、癡兀平常ノ左右也、ト云ハ、打頭ヨリ、仏祖ノ暖気ニ、ソツトモフレヌゾ、ホトニコソ、吹」(31オ)面不寒楊柳風、寒暖ヲ知ラヌゾ、師撈云、夫レハ、山上ヲ踏散シタゾ、代、百鳥不来春」亦過、不知誰是到庵人、心ハ、撈ハ、徹未徹ノ足土ノ見羊也、 師云、南泉路ヲ、代、心深」径苔生、 心ハ、南泉ノ路ト云ハ、仏祖ノ消息ヲ不通、痴兀ノ一処ニシテ、苔生シテ、本分ノ一位ニシテ、フミ」分ル底キ也、師云、我這茅鎌子、三十文銭買得リ、ト云キヲ、代、大尽三十日、小尽二十九日、」心ハ、大尽三十日、小尽二十九日、ト云ハ、ソツトモ十二時ニサヱラレヌコトタ、時キガ、南泉ノ直路也、 師云、」我使得正快、ト云キヲ、代、玉腕半掩（ソデマクリス）　雲碧袂ト、楼前幾有断腸人、　心ハ、是レハ、南」泉ノ正ニ快ト云肌ヲ打チ上テ、美人ノ風情ニミル也、ホトニ、正快也ト、フリアゲタ手本ヲバ、内裡禁中ノ」美女ナドガ、十二一トヱヲキカザツテ、玉簾ナドヲ、ソツトマキ上レバ、美風ナドガ吹キ来テ、雲碧ノ袂ヲ、サツ」トフキナビカシタ処デ、楼前ニアル人々、尽ク断腸シタ、此ノ羊ナケ高イ、人ノフゼイノ玉手ト見羊ズ、」ツイニ仏祖ノヨキニフレヌ、夫ノ儘ノ本分底也、師云、円通仙頌ニ、覿面高提第一籌ヲ、代、」乍生養貴人家、　師云、南泉ノ畢竟ヲ、代、寒毛卓竪、心ハ、南泉一」代ハ、仏祖ノ余気ニフレヌ、トキガ、寒毛卓竪ダ、扨テ亦、寒毛卓竪、ト云ハ、生下未分ノ時」ヲ云也、」

(31ウ)五、雲門鐘声七条、　師云、因甚向鐘声披七条、ト云キヲ、代、袈裟ヲヒツハヅシテ、此ノ」袈裟、マイス入道ニ帰ス、　師便学ヲヒツツメテ、恁麼ノ時キ如何、　代、ホカト払袖シテ、世界恁麼ニ」広闊タリ、ト云テ、亦本ノ袈裟ヲ取テ、ヒツキテ去ル也、師云、ソコデ広闊ノ二字ヲ説破セ」ヨ、代、酒肆ヱモ魚行ヱモ、

師云、畢竟ニ句ヲ、代、平生踈逸無拘撿、酒肆茶坊」任意遊、

師云、当則ノワキゾヱニ、死句・活句ト云ガレ事アル、活句ヲ云ヱ、　爰ハ、」何ニト挙スヲモ、夫レハ死句タゾ、仏祖裡ノサタゾ、已ニ雲門ハ、為人釘ヲヌキ、橛ヲヌイテ、新」定ノ機ヲ建立シタ家タゾ、ホトニ、仏祖ノ縛ヲ撥払シテ、格外儘ノ肌ニシテ、ドツコニモ着ヲトメヌ」ガ、活タゾ、トキライヲトス也、　代、死ノ前ニツ、ト入テ、活鱍々ト云テ、出デ去ル也、」自己本分透、以上五則終也、」

自己目前一致透、　八則」

一、世尊見明星悟道、二、霊雲見桃花悟道、三、雪峰三処相見、」四、雲門露柱交参、五、長沙仏名経、六、鏡清雨滴声、」七、鏡清其源、八、南泉牡丹花、」

(32オ)一、世尊見明星悟道、　師云、世尊於雪嶺、六載修行、明星現時、忽然大」悟ヲ、代、十方虚空、只是十方虚空、師云、夫ノ句ニ、病ガアルゾ、代、十方虚空、十方虚空、」心ハ、世尊モ雪山ニ入テ、六年端坐ノ正当、意識ガクツトカワイテ、明星現ズル時、有情非情、」同時成道、自目一致ニシテ、尽不尽無差ノ処ヲ、大悟ナサレタ、　師云、瞿曇眼睛打」失時、雪裡梅花只一枝、師云、眼睛打失ヲ、代、参ヲ休スル也、師云、ソコデ、自己目前」一致ヲ、代、空合空、師云、夫レハ、ヨワイゾ、代、百雑砕、師云、夫レモヨワイゾ、代、能砕者無」破片、」

二、霊雲見桃花悟道、　師云、霊雲見桃花悟道ヲ、代、満眼、

垂示ニ、当山」デ、アル時キ、火焼入道ノ在ルガ、釜ノ前デ、眼ヲ活ト開テ、死スル也、此ノ眼ザシヲ以テ心得テ、挙」ス也、異ニハ、最乗寺ト在ル、アレドモ、心有テ当山ト記ス、師云、句ヲ、代、棺木裡瞠眼、　師云、天童云、」上座ノ眼裡ニ

還テ有レ筋也無也(ママ)、ト問ヱバ、僧云、而今不レ打二這ノ皷笛一ヲ、ト云タキヲ、代、師ノ前ニ」至テ、眼ヲアツカト開テ坐ス、師云、句ヲ、代、満眼不見色、 師云、玄沙云、諦当ナルコトハ甚タ諦当、」敢保老兄未徹在ナルコトヲ、ト云タキヲ、代、一向ノ愚入道デソウ、又、徹シテ無レ可レ徹、師云、自レ従リ」(32ウ)一二見桃花一ヲ後、直至二如今一更ニ不レ疑、ト云キヲ、代、初生ノ儘デ、サシ透シテソウ、師云、」句ヲ、代、孩児ノ胸懐、仏祖ヲ不レ知、」

三、雪峰三処相見、 師云、望州亭与レ汝相見了也、烏石嶺与汝相見了也、僧堂前与」汝相見了也、ト云キヲ、代、学、師ト合面睡着ス、師云、句ヲ、代、驢覰井、師云、夫ノ眼ニハ、影」ガ有リ、スヂガアルゾ、代、井覰井、 師云、後来保福問鵝湖、僧堂前且置、望州亭・」烏石嶺、甚麼処相見、ト云タキヲ、代、師ノ前ニ至テ、アツカト眼ヲ開テ帰ル、師云、夫レハ、何ントト」テ、代、僧堂ノ前門ト、庫裡ノ韋駄天ノ前ト、アキトヲツタ如クノ眼デソウ、師云、句ヲ、代、井」覰井、」

四、雲門露柱交参、 師云、古仏与露柱交参ヲ、代、大口忘然トシテ坐ス、 師云、猶ヲモ」交参シ羊ヲ、代、亦師ノ前ニ至テ、忘然ト坐シテ打睡スル也、 師云、南山雲起リ羊ヲ、代、出息ス、」師云、北山雨下リ羊ヲ、代、師ノ前ニ至テ、坐シテヨタレヲ流ス、 心ハ、南山雲起、北山雨下、ト云ハ、畢竟」隔テ無イ用処也、

五、長沙仏名経、 師云、百千諸仏、 但聞其名、未審、居何国土、ト云タキヲ、代、師ヲヲシ」(33オ)ノケテ、黙然トシテ坐シテ瞪眼スル也、師云、句ヲ、脱却殻漏子、体合虚空、師云、体合虚」空羊ヲ、代、不知々々、師云、其心ヲ、代、冲無形、師云、無形時如何、代、没蹤跡、」

六、鏡清雨滴声、 師云、門外是甚麼ノ声ゾ、ト云タキヲ、代、師ノ前ニ至テ、トツクト耳ヲ傾テ」居ス、 心ハ、是甚麼ノ声ゾ、〳〵ノ時キガ、脱体ノ道ダ、扨テ、簷頭ノ雨漏声ト、聞ニヲトセバ、衆生顛」倒シテ、迷レ己逐レ物タコトダ、迷レ己ト云、鏡清ノ語ニ取リツイテ、不迷己意旨如何、ト問ホトニ、出身猶」可レ易、脱体ニ道コトハ応レ難、トヲセラル、也、出身ト云ハ、自己ヲ破テ、目前ノ道理ヲ見、扨テ、脱体ト」云ハ、好皮腐ヲ、ソツトモ破ラズ、目前ノ理ニカナツタコトタ、トキガ、自目一枚ニシテ、ヘタテ無イコトダ、ホトニ、トツク」ト耳ヲ傾テ、聞入テ居タトキ、全ク聞ニハ落ヌトキ、己ニマヨワズ、脱体也、師云、句ヲ、代、一声ニ聞」尽シテ耳根ヲ休ス、師拶云、夫ノ句ニ、病ガアルゾ、心ハ、聞尽シタ処ニ、耳根ハアルマイ、扨テコソ、休スデハアレ、」代、一声ニ聞レ尽テ即レ休ス、心ハ、聞キ一片、聞ヲヌケタゾ、トキ、耳根ノサタハ無イ、扨テ、聞テ声ヲトムルハ、納」得承当、己ニ迷テ物ヲ逐タコトヨ、師云、休シ羊ヲ、代、聖人無己、無不己処、心ハ、聖人ハ、」物ニ凝滞セヌニ依テ、能ク世ト推

シ移タゾ、ホトニ、甚麼声ゾ、〳〵ノ時キガ、聖人タ、トツクト聞キ入テ、」聞キヲ休シタ処ニ、己レハ無イゾ、此ノトキ、自目一枚ニシテ、アキトヲツタ、トキ、己レナラザル処無シ、遍界」(33ウ)トモニソレヨ、扨テ、己ニ迷ニヨツテ、雨滴声ト聞テ、顚倒スルゾ、玄沙偃渓水声モ、一ツ」事也、」

七、鏡清其源、　師云、其源ヲ、　嫌道者、挙処・呈処ハ末派、夫レハ皆ナ方便タゾ、ト打テヲトス也、」其源ト云ハ、未出已前、母胎上ノコトヨ、爰ヨリ、天地陰陽、日月星辰トモ出ル也、代、師ノ前ニ至テ、」トツクト坐シテ、良久ス、心ハ、爰ニ云イコトハ無イ、師云、一点水墨、両処化竜ヲ、代、師ノ前ニ坐シテ、」眼ヲソツト開クモヨウヲ作シテ帰ル、師云、句ヲ、代、皮毛従得、作仏亦依他、　心ハ、一点水墨、」其ノ源ダ、ソコデ、ソツト眼ヲ開クガ、両処ニ竜ト化シ、目前ノ始リダ、爰ヨリ、人畜生類、諸仏・衆生モ」出生ズル也、何ントナツテ出デタモ、本位ノ主トミレバ、自目一枚ニシテ、ヘタテ無キ也、」

八、南泉牡丹花、　師云、肇法師云、天地与我同根、万物与我一体、ト云ヲ、代、諸縁放尽シテ、」正念無レ私、　心ハ、天地万物ハ目前、我ハ自己也、同根一体、自己目前一致也、隔テ無キコト也、ホトニ、句モ、」諸縁ハ、万境意識也、ソレヲ放尽ト、ヨクヲサムレバ、正念無レ私、自目一枚ニシテ、天地ト我ト同根、万物ト」我ト一体也、師云、夫ノ句ノ修行ヲ、代、師ノ前ニ至テ、両手ヲノベテ、大口忘然トシテ坐ス、

心ハ、此ノ時キ、」自己目前一致也、隔テガ在テコソ、在レドモ、是レハ、教法ノサタダ、ホトニ、当則ヲ向斗リ見テハ、」(34オ)曲モ無イ、　師云、天地与我同根、万物与我同体ヲ、代、教意ノ極妙ヲ、肝要ト持テ」ソウ、心ハ、教意ハ、尽シ尽シテ、天地同根、万物一体ト云肌ニ落居スル、夫レハ、死句下ノ禅ダ、師云、」南泉指庭前牡丹花云、召大夫時、人見此一株花、如夢相似、ト云タキヲ、代、師ノ前ニ至テ、」トツクト極睡シテ、亦睡起ノモヨウヲ作ス、師云、句ヲ、代、佳人睡起髪未梳、　心ハ、南泉ノ処ハ、祖師」禅ノ入リ派、活句也、ホトニ、教意ノ間ハ、子ムリ眼ダ、ソコヲ召二大夫一、子ムリヲサマシテコザアル、教法ヲ肝要ト」スルハ、ナマアタ、カナ花色ヲ愛シタコトヨ、夫レハ、如夢相似、睡リ眼ダ、夫ノ眠リヲサマシテ、ヤレ心花」発開ヲ見ヨ、ト云ガ、祖師禅ノ活法也、ホトニ、句モ、ケタカイ人ノ子ムリザメヲ見ヨ、サメタカ、サメヌカ、理路」ハ、ツクマイ、爰ヲ、宗旨デハ、誰ソノ眼指トモ云也、亦、爰ヲ、霜葉紅於二月花、ト碧岩」ノ参ニハアル、此ノ句ハ、向上、尽不尽一致ノサタニスル、在レドモ、爰デハ、サデハ無イ、誰ソノサダ(タ脱カ)、霜葉ヨリ」モ、二月ノ花ヨリモ紅イナ顔色ニ、弁白ハ無イ、是ヲ、祖師禅デハ、ケ高イ人、ト云也、扨テ、教意ノ間」ニ立ツハ、仏ノイ、ギ(威儀)ヲマナブホトニ、ヌジヒジダ(奴児婢児)、」自己目前一致透、八則終也、」智不到透、十八則」

(34ウ)一、世尊陞座、二、道吾智不到、三、魯祖面壁、」四、馬祖三弟子、五、風穴通不犯、六、船子夾山、」七、趙州至道無難、八、蘆花雪月一色、九、外道問仏、」十、国師無縫塔、十一、曹山孤峰不白、十二、投子海門秋静、」十三、古徳三一色、十四、薬山見月大笑、十五、洞山独木橋、」十六、趙王（横）平地望高坡、十七、玄沙三白紙、十八、宏智廓而無際問答、」

一、世尊陞座、　師云、世尊陞座シタキヲ、代、師ノ前ニ至テ、両手ヲ展テ、大口ヲ開テ、アツカ」トシテ坐シテ帰ル、師拶云、夫レモ、風波ガ立ツタゾ、代、師ノ前ニ至テ、只タ帰ル、師云、着語ヲ、代、浄瑠璃如」含宝月、師云、夫ノ句ニ病ガアルゾ、代、浄瑠璃宝月、心ハ、急度陞座ノ処ハ、浄瑠璃宝月」マデヨ、如含ト云ヱバ、二ニナルゾ、師云、文殊白槌云、諦観法王法、法王法如是、ト云キヲ、代云、」妙唱不干舌、師云、世尊便下坐ヲ、代、師ノ前ニ至テ、只タ帰ル、　心ハ、投子青頌ニ、風管」吹残霜夜月、蘆花粧点海門秋、ト云ガ、当話ノ心得也、或ハ、蘋末風休夜正半、水天」虚碧共秋光、此ノ句ガ、頌ノ注也、蘋末ノ風ト云ハ、出息入息也、夫ノ出息・入息モ休、ト云ハ、」(35オ)断エタゾ、時キ、夜正半也、夜半正当ダ、爰ハ、水天・虚碧ヘダテ無ク、共ニ秋光一色ニシテ、アタ、マリ」無イ、陞坐ノ正当ヨ、頌モ、霜夜ノ月ノ夜スガラニハ、風管ヲモ吹キ、遊ランアリソウナコトダ、アルガ、吹残ト云ハ、」左息モアラク、ワヅカ断エタゾ、爰ガ、陞坐ノ当人、極則ノ肌也、コノ肌ヱハ、蘆花粧点海門秋、一片ノ」秋色ダ、コ、ニヤガテ、終日看山不下楼、ト云消息ガアルゾ、」

二、道吾智不到、　師云、道吾智禅師、与雲岩、到南泉、泉問、闍梨、名ハ甚广〔麼〕ゾ、」師云、宗智、泉云、智不到処、作麼生宗トス、ト云タキヲ、代、智不到、宗ノ行着ヲ勘弁」シテソウ、師云、道吾切忌道着コトヲ、ト云タキヲ、代、師ノ前ニ至テ、坐徹シテ、切忌〳〵、ト挙ス、心ハ、」南泉ノ智不到ノ処、作麼生宗、ト問タハ、智不到ノ内ニ於テモ、段々ノアルコトダガ、ドコノ境界ニ淵」底セリ、ト勘弁シタゾ、道吾ノ、切忌道着コトヲ、ト云タハ、当頭ノ智不到ヲ全提也、ホトニ、爰」ハ、トツクト坐徹シテ、切忌〳〵、ト云テ、手ヲツケヌコト也、師云、ソコデ、南泉ノ家デ、智不到ヲ云ヱ、代、知リ」ソウヌ、師云、南泉ノ家デハ、ドコホトノコトタゾ、代、初夜ヨリモ不レ到、暁天ヨリモ不到、末夜半デ」走、師云、泉云、酌然トシテ道着レバ頭角生ズ、ト云タキヲ、代、曽テ智不到ヲ知リソウヌ、師云、」句ヲ、代、清白円満、心ハ、畢竟清白円満、ト云ハ、智不到ノ地也、爰ハ、道吾モ南泉モ、」(35ウ)不知〳〵デ、ヲカサヌ也、向トモ、左トモ、ヲカセバ、頭角ガ生ズル也、師云、異日道吾ト雲岩ト、在二」後架一ニ把針ス、把針ノ人ヲ、代、不知ノ人デソウ、師云、猶ヲモ子細ニ云ヱ、代、和尚モ某甲モ、終」劫始劫、不知〳〵、師云、何ニト把針シタゾ、代、智ノ間ヲ、把リ失ウテソウ、師云、ソコニコラヱヌ」針鋒ガアルゾ、代、向背ニシテ坐ス、心ハ、不知

ノ人淵底也、或ハ、此ノ人ヲ、物外独騎千里象、」万年松下打
金鐘ト云、石門ノ語ヲ以テ心得可シ、師云、南泉過見再問、
智頭陀」前日道、智不到処、切忌道着コトヲ、道着頭角生、合作
麼生行履、道吾乃抽」身入僧堂タキヲ、代、イザ〳〵行テ、
茶呑ウ、心ハ、爰ハ、合ノ字ガ肝要也、師云、」 雲岩晟禅師、
同ク二道吾ト一、自二南泉一回ル二薬山ニ一、師問二薬山一云、如何是異類
中行、山云、今」日困倦セリ、且ク待テ二別時ヲ一来レ、ト云タキヲ、代、
云テ聞カスルコト、何ニモソウヌ、重テ来リソウヱ、師云、
岩」云、某甲特ニ為二此ノ事ノ一帰山シ来ルト云ヱバ、山云、且ク去、
ト云タキヲ、代、云テ聞カスルコトデソウヌ、師云、岩」便
出、道吾在二方丈外ニ一、聞テ二師ノ不ルヲレ薦一、不レ覚二齩得シテ指頭一
血出ヅヲ、代、学、指頭ヲ」咬ンデ、咦々ト屈伏シテ、既ニ云ワ
セウトシタヨ、〳〵、ト再三云也、師云、吾却テ下来テ、問レ岩、
師兄去テ、」和尚ニ問ヘ、那コノ因縁作麼生、岩云、不下為二某甲一
説上、ト云ヱバ、吾便低頭シタキヲ、代、切忌」
(36オ)道着スルコトヲ、師云、」道吾智禅師、与雲岩、同侍薬山次、
山云、智不到処、切忌道着、道着即頭角生、」ト云ヱバ、道吾
便珍重出去タキヲ、代、作麼生〳〵、扨テ何ント〳〵、師云、
岩遂問、智師兄、為甚」麼不祇対和尚、山云、我今日背痛、是
他却会、汝去問取、岩遂去問、師兄、適来為」甚不祇対和尚、
吾云、我今日頭痛、你去問取和尚、後雲岩遷化、遣人馳辞書」
至、師覧後云、雲岩不知有、悔当時不向伊道、然雖如是、要

且不違薬山之」子、ト云タキヲ、代、不知ヲバ、不知デ続デソ
ウ、師云、猶ヲモ子細ニ、代、智ニハ及ベドモ、愚ニハ及」ビ
ソウヌ、師云、薬山ノ宗風ノ属来リ羊ヲ、代、悔クワト云テ、
不二説破一、有コトヲ不レ知デヲ」イタコソ、父子不伝ノ相続
デソウ、師云、ソコデ、」 大潙祐禅師問二道吾一、甚麼処去来、
吾云、看病来、師云、有幾人病、吾云、有病」底、有不病底、
師云、不病底、莫二是智頭陀一不、不病底ヲ云ヱ、代、本来清
浄」身デソウ、師云、清浄身ヲ、代、高沙弥不受戒、亦、能有
門裡、師云、有病底ヲ」云ヱ、代、此ノ事ニ趣向底デソウ、
師云、尚ヲモ子細ニ、代、夫ノ家相続不断ノ理デソウ、心
ハ、」
(36ウ)合血ノ因縁ガ、此ノ病ダ、尽未来際、誰カ医セン、師云、吾
云、病与不病、総不干他事、」急道、々々、師云、道得也与
佗没交渉、潙山ノ幾ヲ云ヱ、代、間不入髪、」
三、魯祖面壁、師云、面壁ヲ、代、師ノ前ニ行、師ヲ後ニ
シテ、トツトレク坐ス、師云、句ヲ、代、」只照壁有月、更
吹葉無風、心ハ、仏未出ノ時キノヨウダイ也、南泉モ、此
ノヨウダイヲ」聞テ、我尋常向テ二師僧道ニ一仏未出ノ時会取セヨトタ、
ホトニ、畢竟面壁ハ、空劫已前ノア」リサマ也、魯祖モ、馬祖
下、一句ノ根切レガ、シタ、カナニ依テ、今時日用仏事、門中
出世辺ニ、終ニヲモ」ムカズ、参去参来ノ客ニ見ヱヌ也、ホトニ、
南泉モ、癡兀平常ノ肌ヱデ、玉殿苔上ノ御坐ニ」立テ、知

音底ナニ依テ、如是云ワレタ、師云、魯祖ノ当行ヲ、代、不知々々、ト挙ス、心ハ、爰」ハ、当人シテ心得ルコトタ、傍人ノ知ラヌコト也、或ハ、雲岩ナドノ、一生有コトヲ不知〳〵、トヲセラレタモ、当人」シテノコトダ、ト云ハ、ア、面白、本分ノ境界ガアル者ヲト、トツクト我ト自知スル旨ガ無クンバ、面壁ノ肌ニハ」至ラレマイゾ、悪クスレバ、出世名利ニフケルゾ、ホトニ、本分ノ一処ニ落居シテ、ソコヲ守リ切テ、一代行」履スルヲ、師家ノ当行ト云タゾ、或ハ、是ヲ鉄石ノ情トモ云也、師云、句ヲ、代、境対吾吾」対境、傍人言是非口、師云、尚ヲモ子細ニ、代、咬指頭血出、心ハ、爰ハ、傍」(37オ)人ノ知ルコトデハ無イ、当人ニ言語・是非ハ在テコソ、境対吾吾対境、ト云ハ、無心本分、不」知ノ境界也、此ノ境界ニ至ラズンバ、面壁ノ心中ニハ落チツカレマイゾ、

四、馬祖三弟子、師云、西堂云、正好供養ヲ、代、機越仏祖、道帰初心、心ハ、機トハ、」一機ノ発処也、道トハ、至極ノ一道也、ホトニ、一機ノ発処下デ、一句ニ仏祖ヲ超越スル処デ、本分」ノ境界、初心ニ打チナツタ、時キ、至極ノ大道ニ帰シタ処デ、真如ノ一月、本分ノ心淵底ダ、爰ニ、ク」モリ光影ハ在テコソ、師云、百丈云、正行修行ヲ、代、截断仏祖、常磨吹毛剣、心ハ、」截断ト云テ、直ニ仏祖ヲ切ツタコトデハ無イ、極則泯処ノ肌ニ落居シタ、仏祖切断ダ、時キ、常磨吹」毛剣、心地ニ何ンデモ無イ、ト云ハ、坐禅三昧ノコトヨ、ホトニ、仏祖ヲ切断シテ、常ニ吹毛剣ヲ磨シ得タ、時」キ、一月当人、這裡白月ヨ、師云、南泉払袖便去タキヲ、代、獅子遊行無伴侶、心ハ、」南泉払袖シテ便去タハ、獅子ノ遊行ダ、何ンデモアタリニ出デヌ、ト云ハ、癡兀大愚ノ肌ヱノコトヨ、爰ヲ、」異類ノ境界ト云タ、是非ガツカヌ、師云、馬祖ノ、経入蔵、禅帰海、惟有普願、独超物外ニ、」ト云タキヲ、代、蘆葉風冷鷺鷥眠、師云、両三人、畢竟ニ着語ヲ、代、両箇黄」鸝鳴翠柳、一行白鷺上青天、心ハ、供養修行ハ、両箇ノ黄鸝翠柳ニ鳴タ、」(37ウ)ト見羊ズ、扨テ、南泉ノ払袖シテ便去タヲバ、一行白鷺青天上ツタマデヨ、是ヲ、物外ノ消息ト」云タ、」

五、風穴通犯、師云、不犯ニシテ通ジ羊ヲ、代、師ノ前ニ至テ、大口忘然トシテ坐ス、師云、句」ヲ、代、正坐湛然契本空、私云、語黙ノ二ハ、口ニツイタコト、離微ハ、内外・心身ノ二」也、ホトニ、語黙ガアラバ、離微・内外・心身ノ二ツモ無クテハ、夫ノ語黙・離微ノ間ヲ、クツト尽」シテノケタ、時キ、不犯トハ、我ヲ知ラヌ、ト云ノ心也、我相・人相、クツト尽テ、我ヲ知ラヌトキ、カシコ」ノ主人ト一ニナルガ、不犯ニシテ通ジ羊也、畢竟ハ、色相本分也、挙派モ、句モ、夫ノ心得也、」師云、夫ノ句ノ心ヲ、代、円空、心ハ、是レハ、万般巧妙一円空、ト云句ノ心也、師云、常憶」江〔南脱カ〕三月裡、鷓鴣啼処百花香、ト云答話ノ心ヲ、代、坐具ナリトモ、扇子ナリトモ、一」寸トツン出ス也、師云、夫レハ何ントテ、

代、爰ニ、何ントモ理巴ハソウヌ、師云、句ヲ、代、頻呼小」玉、意在旦郎、心ハ、是レハ、智不到不転ノ活句ト心得ルコト也、宏智ノ、唵廬勒」継薩婆訶、ト小参ニ云テヲイテゴザアルガ、爰ノ句面也、何ントモ、理巴ガツイタラバ、語黙・」離微ノ間ヨ、ホトニ、爰ハ、何ントナリトモ、時ニ望ンデ挙ス也、風穴ノ心モソウ也、句モ、風穴ノ、常」本心ニ通処ヲ展ベタ、」トミレバ、頻ニ小玉トヨンダハ、意在(38オ)憶――香ト答テゴザアルモ、コ、デカシコニ通ジ羊、色身デ旦郎、不犯ニシテ通ジ羊ヨ、ト云テ、遠クハ見マイ、人」々ノフトコロノ内ニ、主ハアル、ト心得サシ、或ハ、馬大師ナドノ、日面仏、月面仏、トヲセラレタモ、活句」ト沙汰スルコトダ、」

六、船子夾山、師云、法身無相、法眼無瑕ヲ、法身ト云イ、法眼ト云ハ、仏祖以来、宗旨」肝要ノギ也、吾ガ家デハ、我相・人相ノ間ヲ、時節ヲ以テ、クツト離却シタ、時キ、法身・法眼ニ当人也、」好ク当人スレバ、法身ハ無相、法眼ハ無瑕也、代、師ノ前ニ至テ、トツクト極睡シテ、亦ソツト目ヲサマ」スモヨウヲ作ス、心ハ、人我・識情ノ間ヲ、クツト尽シテ、無伎倆ニ成テ、アツカト眠タ処ガ、空劫已前」ノ肌エ、法身当着、法眼当人也、爰ヲ、夫ノ儘ヲケバ、機空劫ニシヅム、ホトニ、ソツトサマシテ、サメタ」カ、サメヌカノ時キ、無相無瑕ノアラマシ也、扨テ、智解・会得ガ出レバ、有相キズ眼ヨ、我ヲ知ラヌ」時キガ、無相無レ瑕コト也、道吾モ会ヲ作シ、解ヲ作ス処ヲ、失笑セラレタゾ、師云、道吾不レ覚」失笑ヲ、代、不持捨不覚忘、師云、夫ノ心ヲ、代、無心ヲモ、無心ト持チソウヌ、心ハ、不レ持」処、不覚処ハ、無心無念ダ、アルガ、ソコヲモステ忘ジタ、時キガ、法身当人、法眼当体也、畢竟」(38ウ)不汚染也、師云、不是目前法、非耳目之所到、ト云ヲ、代、此ノ一心ハ、何ニモ類シソウヌ、」心ハ、目前ノ法ハ、諸縁・万境・桃紅李白、耳目ノ所到ハ、月白風冷(清カ)也、夫レハ、法身ノ相、法眼ノ」体ダ、向見レバ、頭々物々、法身ノ相、法眼ノ体ナラヌ処ハ無イ、在レドモ、ソウミルハ、汚染・住着ダ、」ホトニ、目前ノ法、耳目ノ所到ニアラヌ時キガ、無相、瑕無イコト也、ホトニ、挙派モ、此ノ一心ト云ハ、法身・」法眼ノコトヨ、是ハ、位次無ク、住相無キ者也、ホトニ、船子大徳住ニ甚麼寺ニカ、ト問ヱバ、船子似バ」則不レ住、住則不似、ト云タモ、爰ヨ、何ニモ類セヌ時キガ、不汚染也、師云、句ヲ、代、説似」一物即不中、心ハ、一物ト云モ、一心トモ(云脱カ)一ツ也、此ノ一物ハ、向ゾ、ト説似スレバ、即不中、早ヤチゴウゾ、向」云モ、汚染ダ、畢竟、此ノ一物ト云ハ、下ラヌ異人ノコトヨ、扨テ、説似ニ落ルハ、下賤ノ客ヨ、爰マ」デハ、法身・法眼ノ沙汰ダ、師云、一句合頭語、万劫繋驢橛ヲ、心ハ、夾山ノ則」ンバ、法身ハ無相、法眼ハ無瑕、是レ不目前法、是非耳目所到、ト云タハ、教意ノ間ニ立」ツタコトダ、末向窟宅シ、解会スルハ、一句合頭ノ語、万劫ノ繋驢橛タゾ、ト云ハ、土チケル驢馬ノ」ツナガレテ、クイヲメグルガ如クタゾ、ト打テヲツ放ナス也、何ゼニナレバ、此ノ事ニ触ル、ガ、繋驢橛ヨ、ホトニ、」爰ハ、挙処・呈処ノ間ヲバ、夫レハ、繋驢橛タゾ、ト尽ク嫌イ落トス可シ、爰ニ、大事ノ心得ガ」(39オ)在ル、生得此ノ本則ニ、自己入頭ノ入派ハ無イ、船子ノ一橈下ガ、夾山祖師禅ノ入派ダ、或ハ、」黄檗ハ六十棒打ツツメ、扣キツムルガ、祖師禅入頭下ノセメ派タ、臨済モ、此ノ六十棒下デ、」赤肉不会、産出ノ肌ニ落居シテ、仏法的々ノ大意ヲ大悟シ、或ハ香厳ナドモ、一本ノ」大樹ヲ推シ立テ、於テ、樹上樹下ノ両位ヲ以テ、セメツメテ於テ、虎頭上座ヲ、本分ノ肌ニ」至ラシメタ、是レ等モ、サシテ入頭自己ノ入リ派ノ沙汰ハ、面テニハ見エ子ドモ、棒下ノ正当、樹上樹」下ノ両頭ノ接処下ヲ、初入頭・大死底・死活当頭・自己ノ入リ派ト云タ、船子ノ時モ、一橈ヲ拈」シテ擬ン開レ口ヲ、上レ船ニ「トスル処ヲ、水中ニ打落スルガ、空劫已前ノ本分ノ境界ニ、夾山ヲ到ラシメ羊ダ、」処デ、夾山豁然トシテ、大悟乃点頭三下ダ、爰ガ、智不到不転ノ境界、祖師禅ノ活法ノ」叶イ派ト一ツダ、ホトニ、ドコヲ自己入頭ノ入派ト云ヲウ羊モ無イ、在レドモ、洞上デハ、八種ノ自己、」八種ノ智不到、八種ノ那時、ト段々ヲ立テ、修行スルホトニ、此ノ本則ニハ入ラ子ドモ、段々ヲ」知ラシメン為ニ、一句合頭語、万劫繋驢橛、ト云ヲ、自己入頭ノ最初トナシテ、或ハ承当下」ノ活句、自己目前一致、自己真照淵源、自己転処、ト段々ヲ立テ、、点頭三下、智不」到不転一色ノ地エ行カシメタ、ホトニ、爰ヲバ、驢橛ノ離レ派ト請テモヨシ、代、躍倒放身ス、」(39ウ)心ハ、爰ハ、前後・死活ノ両頭ヲツ々ハナレ、地獄・天堂ヲ一句ニ踏ングツシテ、人境泯絶ノ当頭、自己入」頭ノ直下、驢橛ノハナレ派也、師拶云、正当恁麼時如何、代、学、師ヲ托開シテ、犬ノ屎ノ云イコトガア郎ズ、」心ハ、爰ヲ、承当下ノ活句ト云也、拶ハ、正当下ノヤスリ、足土ノ見羊也、托開シタモ、躍倒シタモ、一也、」死活ノ両頭ヲ踏ハナシ、大活現成シテミレバ、当頭ニ何ンノ云イコトガアル可キ、ト云ガ、承当下ノ活句也、」師云、自己目前一致ヲ、代、洞然明白、心ハ、余ノ処デハ、自己目前一致ヲ云ワセテ、妄寂智ノ」三関ハ別格ニ云ワスレドモ、爰デハ、自目一致、三関ヲ、一ニ云ワスル也、ト云ハ、驢橛ヲ踏放ス入頭下ガ、」妄ノ休派ダ、ソコデ、寂ト、人我・識情ヲ、一句ニツ、ハナレタ、時キ、本智ガ発シタ、処デ、自己目前一致」ニ打成タ、ホトニ、句モ、洞然ト云ハ、自己デ、憎愛ヲヲツハラツタ、時キ、境界ガ洞ノ如ニ打チ成テ、何ンニモ無イ、」ホトニ、明白ニシテ更ニマジリ物無イ、時キ、自己ト目前ト、色ニシテ、ヘダテ無イコトヨ、師云、自己真照ノ淵」源ヲ、代、耳目ヲ悠々ト開テ、忘然トシテ坐ス、心ハ、自己ト云モ多イ、此ノ自己ハ、最初ヨリ修行ヲ」尽シ〳〵テ、一点ノ識浪無イ境界ガ、真照ノ淵源ダ、爰ヲ、山虚風落石、楼静月侵門トモ」云タ、耳目ヲ開テ、悠々ト坐シタ処ハ、山虚・楼静ナコトヨ、只夕風、石ニ落チ、月、門ヲ侵シタマデヨ。」師云、句ヲ、代、夜月輝肝胆、松風貫髑髏、心ハ、自己デ、皮肉骨ノ間ヲ、クツト扣キヌカレテ、」（40オ）只夕肝胆ニハ、夜月ホガラカニ照シ、髑髏ニハ松風ソウ〳〵マデヨ、ソツトモ臭肉ハ無イ、師云、」自己ノ転処ヲ、代、払袖シテ去ル、師云、夫ノ心ニ句ヲ、代、有時乗江月、不覚過滄洲、心ハ、」自己真照ノ淵源ヲモ、全提トモテバ、毒海ニ堕在スルホトニ、ソコヲ寃家ト見テ、払袖シテ」去ツタゾ、江月ト云ハ、自己真照ノ淵源デ、乗ジタ月ヨ、有時不レ覚過滄洲、夫ノ岸ヲハナレ」タゾ、滄洲ハ、臭気ノ在ル津也、ソコヲ不覚過ルガ、自己ノ転処也、処デ、大功一色ノ地、智不」到ヱ至タゾ、師云、点頭三下ヲ、代、師ノ前ニ至テ、大口忘然トシテ坐ス、師云、承当ニ句ヲ、代」天粘水水粘天、師云、尚ヲモ子細ニ、代、水天虚碧共秋光、師云、夫ノ句ヲ説破セヨ、」代、指ヲ以テ天ヲサシ、地ヲサシテ、亦空ヲ指シ、吾ヲ指シテ、共ニ秋光、ト挙ス、心ハ、爰ヲ、」智不到不転、ト云也、ト云ハ、水中ニ打落ノ処デ、風波識浪ノ間ヲ、クツト扣キヌカレテ、函蓋乾坤、内」外一枚ニ打成テ、隔テ無イゾ、爰ニ、三位トモニアルゾ、ホトニ、句モ、天ト云ハ、陽、水ト云ハ、陰ダ、亦上下ノ二ダ、」天ト水ト、上下ヲ云テ、中ニ手ハツケヌホトニ、三下ノ処ハ、上中下三位トモニ、マツ一ニナツテ、隔テ無ク」円也、亦ノ句モ、

水天ト云ハ、向上向下、虚碧ト云ハ、中タ、共秋光、タツタ一枚一色ダ、或ハ亦、当」処即鳳凰城、或ハ波浪中妙ナドト云モ、心ハ一ツヨ、師云、不犯清波意自殊、ト云ヲ、代、」（40ウ）大口忘然トシテ坐ス、師云、句ヲ、代、清白十分処、無処玄妙頂、心ハ、爰ハ、何トモ挙シ、挙着」ガアラバ、清波ヲ犯シタコトタゾ、嫌落ス也、三下ノ処ニ至テハ、何ントモ云ワレテコソ、口頭ガ開ラレテコソ、」爰ハ、只タ不知・不犯デヲイタ、爰ヲ、或ハ誕生一色トモ云也、ト云ハ、不転独在ノ地也、ソコニ自ラ」殊ナ道理ガアル、ト云ハ、那時ノ主ノ聞耳ダ、ホトニ、句モ、清白十分ノ処ガ、清波不犯処ダ、ソコニ、殊ナ」道理ガアル、ト云ガ、無処玄妙ノ頂也、師云、（那時ノ人派也、）語帯玄無路、舌頭談不談、ト云ヲ、代、トツクト」極睡ス、心ハ、爰デ、玄ト云ハ、初ノ殊也、ト云タト一ツ也、ホトニ、玄ト云ハ、那時ノ主ノコトタ、此ノ那時ノ主ニ」至テハ、釈迦モ達磨モ、説テ語ニ帯テ見タガ、無レ路、終ニ向ゾト云、路チニチガ（ママ）ツカヌゾ、又、終日」舌頭ニ乗セテ談シテ見タガ、不談、舌上ニ乗ラヌゾ、マコトニ三世歴代モ、口ヲツグンタゾ、挙派」モ、トツクト極睡シタハ、是非ノ外タゾ、何ニトモ理巴ガツカヌ、拗テ、理巴ヲツクレバ、傍人ヨ、ト云ハ、」那時ノ主ニ至テハ、語話・理巴ニ落ヌゾ、師云、句ヲ、代、木人夜半語、外人不レ許レ聞、心ハ、」木人ト云ハ、尽シテ至タホトニ、功ノ主タゾ、夜半ト云ハ、尽シタ主ト、本有天然ノ主ト、合面睡着ノ処也、」語ト

云ハ、夜半ノ私語ダ、ホトニ、此ノ語ニ至テハ、外人不許聞、戸外ノ人ノ聞クコトデハ無イゾ、師云、「蔵身処没蹤跡ヲ、代、師ノ前ニ至テ、低頭シテ去ル、師云、句ヲ、代、木人功尽（那時ヱ点処也）低頭去ル、」

（41オ）心ハ、蔵身トハ、功処ヲ転シテ、那時ノ密処ニ、身ヲ蔵（移トモ）シタゾ、没蹤跡ト云ハ、ソコニモ蹤跡ヲトメズ、」ナヲモ奥裡ヱツメタゾ、ホトニ、句モ、木人ト云ハ、功処ノ主也、功尽ト云ハ、功処ヲ転シテ、向上ニ至ツタゾ、ソコヲ」モ低頭去ル、那時ニモ蹤跡ヲトメヌゾ、是レハ、向上ノケヅリ派也、師云、没蹤跡（那時ノ点処）処莫蔵」身ヲ、代、斫額シテ立、師云、句ヲ、代、超然・非超然・非不超然、心ハ、没蹤跡ノ処ニ身ヲ」莫レ蔵、ト云ハ、ソコニモシトメヌ、ナヲモ奥裡・向上極則ノ処ニ至ツタゾ、ホトニ、那時ニモアトヲトメヌ也、」句モ、功処ヲ超ヱテ、那時ニ至ルガ、超然タ、ソノ那時ヲモ全提セヌ時キ、非超然タゾ、ドツコニモ滞」在ヲ要セヌトキ、非不超然ダ、ト云ハ、三位トモニ超越也、師云、ソコデ、吾在薬山三十年ニシテ、」明得方ニ此事、ト云ヲ、代、師ノ前ニ至テ、涙ヲ流スモヨウヲ作ス、師云、句ヲ、代、涙落痛腸、」心ハ、向上極則ノ事ニ淵底スルガ、痛ミ深イコト也、是レガ、ナンダノタ子也、扨テ亦、爰ガ、師弟互ニナゴリノ涙ダ、」師云、接取一箇半箇、嗣続吾宗、無令断絶、ト云ヲ、代、師ノ前ニ、一足ヲ垂下シテ、吾ガ跡ヲ」ヨウ続ゲ〱、心ハ、畢竟ガ相続也、亦、師家ノ愁也、永劫ニモ、カマイテ吾ガ跡ヲ断絶セ」シムルコトナカレ〱、ト也、師云、何ニタル心持デ続タゾ、代、明得モ如喪孝妃、不明得如喪孝」妃、心ハ、此ノ事ニ至テハ、心得タト云モ、心得ヌト云モ、只タ十二時中孝妃ヲ喪スルガ如クニ、長」

（41ウ）養ノ工夫ヲ作サデハ、師云、汝道、別更有在ヲ、代、何ンノ云イコトガソウズゾ、心ハ、是レガ、家」ノ建立也、曹洞宗ハ、語十成ヲ忌ム家ナホトニ、是レ迄テ、ソウトハ、云ワレヌコト也、挙派ノ」心モ、爰ニ何ントモ云イコトハ無イ也、更ニ在ル有リ、ト云ガ、吾ガ家ノ茶ノ呑ミ羊也、扨テ、是」迄デト云タラウニハ、宗旨ハ断絶ヨ、師云、直ニ有ルゾ、云ヱ、代、ワウ、心得テソウ、心ハ、如是」心得ル人コソ、夫ノ家ノ相続底ノ人ヨ、師云、何ニト心得タゾ、代、幾度モ更ニ在ル有リ、ト云イ」ソウズ、師云、句ヲ、代、馳書不到家、心ハ、家ト云ハ、本位・向上ノ一位ヨ、書ト云ハ、皆ナ」文章ノコト也、ホトニ、書ヲ馳テ、従自己智不到、従智不到那時ヱ、ヤラシメ、尽シ」〱シテ、修行ヲキワメ〱見タガ、終ニ家ニ不到〱デ、極則本位ノ家山ヱハ、到リ」キワメヌゾ、ホトニ、曹洞宗ト云ハ、窮恨辺際無イ、広漢ナ家タゾ、扨テ亦、不到」家〱デ、奥裡ヲキワメヌゾ〱、ト云ガ、夫ノ家ノ当人ダ、是レガ、夫ノ家ヲキワメ尽ス」人ノ口辺也、当則者、大事ノ参禅也、」

七、趙州至道無難、当則ヲ参ズルニハ、先、江南野水碧於天、中有白鴎」閑似我、ト云句ヲ参ズル也、師、此ノ句ノ当行ヲ、私云、此ノ句ガ、趙州道体安」(42オ)着ノ旨ダ、参禅ノ時ノ点ニハ、中ニ有ン白鴎ノ閑ニシテ似タル我ニ、トヨム也、ト云ハ、白鴎ノ閑ガ、我」ニ似タ郎ニハ、一世閑禅ヲバ得マイ、白鴎ノ閑ニシテ悠ニ浮ンタガ、我ニ似タ、ト心得タガ好イ、」亦、閑ト云ヱバ、安閑無事ニシテ、終日忘然トシテ居スル、ト全提スル、夫レハ、閑ノ当人デハ無イゾ、」宗旨デハ、閑禅ヲサヱ得タ郎ニハ、七顛八倒、東廊下西廊上、往行ノ上ニモ、閑禅ノ」旨ガ無クテハ、ホトニ、嫌道ハ、何ントモ挙シ、挙着ノ間ヲバ、夫レハ、野水ガ、サカガヱリ濁タゾ、ヤレ風」ガ立ツタゾ、ヤレ波ガ立タゾ、ト嫌イ落トシテ、自然ニ「当体ノ旨ヲミル也、或ハ漂々何似」処、天地一沙鴎ト云モ、爰ノコトタゾ、ト云ハ、漂々トシテ万事ニサヱラレヌ時キ、汚染住着ワ」無イ、爰ハ、何ニ「似タゾ、ナレバ、天地一沙鴎ト別ナラヌ、趙州一生涯ノ家風ガ向タゾ、　爰ニ」有垂示、空劫已前無所住、此人終不渉思惟、　心者、空劫已前ノ一位ニ」到リ得タ人ニ、住所・住着ハ無イゾ、ホトニ、終ニ思惟ニモ渉ラヌゾ、扨テ、何ニ「トモ挙シ、挙」着ガアラバ、所住ニ「成リ、思惟ニ渉ツタコトヨ、思惟ト云ハ、汚染・択レ揀ノコトヨ、汚染・揀」択・憎愛ヲハナレタ時キガ、　閑禅ダ、或ハ清風過芦山、ト云モ、爰ラノコトダ、是レモ、向トモ」云ヱバ、会得ニナルホトニ、爰ハ我モ不覚不知、自然ニ「閑禅ヲ得ルサカイガ、」(42ウ)ア郎ズゾ、夫レハ、喫茶喫飯、坐臥経行ノ上ニモア郎ズ、爰ヲ、或イハ異」類ノ肌トモ云也、　爰ニ、有雑談、在ル人、長老ニ、江南━━閑似我ト云、此ノ句ヲアヅカツテ、」種々ニ挙セドモ、終ニ「許ルサヌ也、然者、此ノ僧、参学ヲ休テ、死シ去ル也、処デ、長老、其レガ為」ニ位牌ヲ立テ、仏事ヲナシテ、焼香三拝シテコザアル、是レガ、修正ナ事デソウゾ、此ノ僧、クツト」休シテ、死シ去ツタ処コソ、此ノ句ノ当人ヨ、ホトニ、長老モ、ソコヲ焼香三拝スルガ、師資ノ礼ダ、ホトニ、」人我・識情ヲ引コヅ郎間デ、此ノ句ハ心得ラレテコソ、自然ニ「我レモ不知休シテ、死処ノ旨ニ「到」ラデハ、爰ハ、嫌捨テ也、心ハ、嫌イヲトサレ〳〵テ、人我・識情ノ間ヲ、自然ニモヌケテ、順熟」ノ境界ニ成ツタ時キ、不疑ノ道ニ達シ羊ダ、不疑ノ道ニ達シ、汚染・揀択ヲハナレタ時キ、大」虚廓然洞豁タルガ如クデ、何ニモ碍ヱラル、コトハアルマイ、爰ヲ、智不到不転ノ境界トモ」云也、師云、至道ノ入派ヲ、　嫌道ハ、挙シ、挙着ガ在リ、悟処・悟辺ノ沙汰ガ在ラバ、」揀択明白、知不知ノ間タゾ、爰ハ、吾レモ不知、自然ニ「大虚廓然洞豁タル如クノ肌ニ「至ル時」節ガア郎ズ、此ノ肌ニ「至ルヲ、異類中行トモ云也、総別趙州道体ト云ハ、修行ノホゾガ、自然ニ「ヌ」ケテ、虚体・空体ト打成タニ依テ、一世始終ガ見ヱヌゾ、爰ヲ、大用ノ肌トモ云也、或ハ、大用」(43オ)ト云テ、徳山・臨済ナドノ、最初入頭ノハシ無イホト、発処ノ大機ニ「当テ、大用ノ肌ニ「スワル、ト云ハ、格」別ナコトデ

ソウゾ、夫レハ、サカイ目ノアルコトダ、趙州ハ、平常脱
体ノ肌ヱガ、大用ノ境界ダ、代、学、師ノ前」ヱ、ツル〳〵
ト行テ、師ノヒサニ走リ掛テ、アツト云テ、ソツクト帰ル
也、心ハ、尽ク嫌イヲトサレ〳〵テ、不知」不覚ノ肌ニナ
ツテ、吾モシラズ、師ノヒサニケカカツテ、アツ、夫ノ不知
ノ肌ヱヲモハナレタ、マギレヌ異類中行」也、或ハ、長安
城裡任閑遊タ消息モ、向ヨ、師拶云、恁麼時如何、心ハ、
前ノ挙派ノ心ヲ」コ、ロムル也、代、師ノ袈裟ヲ掛テ居タ、膝
ノ上ニ、足ヲ、ソツトアグル也、師云、古ヱノ長老ハ」恁麼、
山僧ハ不恁麼、心ハ、此ノ拶ニツイテ、雑談ガアル、アル
長老、此ノ話ヲ参ジナサル、時キ、」至道ノ入派ノ挙処ニ、
師ノヒザノ上ニ、足ヲアゲテ居テコザアル、和尚、以テノ
外カ、御無興在」テ、坐シキヲ追立テ、ゴザアル、夫ノ長
老、立出ルト、吾レモ不覚珠数ヲ足ニヒツカケテ、縁」ヲ
カラリ〳〵ト歩行セラル、ヲ見テ、ソコデ当話ヲ許シテゴ
ザアル、此ノ時ノ消息ハ、赤脚」銅城ヲ下タ足本ダ、知不知・
揀択無イ肌ヱヨ、アレドモ、師ノ袈裟ヲ掛テ居タ膝ノ」上ニ、
足ヲ踏ミ出シテ居タモ、挙派ニナルホトニ、古ヱノ長老ハ恁
麼、山僧ハ不恁麼、ト云ハ、」夫ノ挙派ヲモヲサユル也、夫レ
ハ、千聖ノ挙処ヲ学ンタコトヨ、学ブ間デ、至道ノ入派ワ、」
(43ウ)心得ラレマイ、嫌イスツル也、ホトニ、爰ハ何ントモ挙着
スレバ、タゴウゾ、扨テ亦、爰ニ至テワ、」挙シ派・挙着ハ

アルマイ、ト見タモ、サデモ無イ、殊ニ挙派ガア郎、ト思
ハ、没交渉ヨ、ホトニ、何」ニトモ、是非分別出デヌコト也、
爰ハ、自然ニ参ヲ休スル也、爰ノ休処ハ、一世休処ノ無」
イ休処タゾ、ト云ハ、更ニ知ラレヌコト也、爰ガ、趙州向
上ノ関字ダ、畢竟趙州一世ノ作業ハ、」只タ不知〳〵デヲイ
タガ好イ、ホトニコソ、難ヲサケテ、ミヌコトダ、ホトニコ
ソ、円悟モ、風来樹動キ、浪起レバ」船高、春ハ生ジ夏ハ長、秋ハ
収冬ハ蔵、一種平懐泯然トシテ自尽ク、一世休処無イコトヨ、」
類則ニ、夾山境、長沙遊山、盧行者踏碓、投子道者家風、」
師云、至道無難、唯嫌揀択、纔有語言、是揀択、是明白、老
僧不在明」白裡、是汝還護惜也無、ト示衆シタキヲ、代、好
餌ノ下ニハ必ズ有二賢魚一、心ハ、道ニ」至ルニ難キコトハ無キ
也、平常ノ上デハ、唯嫌二揀択一也、揀択ハ、ヱラムト、二字
トモニヨム、ホトニ、揀ハ、ヱラ」ミトルノ心也、択ハ、ヱ
ラミスルノギ也、ホトニ、揀択・取捨ノ出デヌ処ガ、至極
ノ大道也、サテ、纔有二語言一、」是揀択、是明白也、老僧
ガトキンバ、夫ノ揀択ヲ、クツトウツハナレテ、明白裡ヲ
バ、タノシマザル也、爰ニ、」護惜ハアルマジイヲ、是汝還護
惜也無、ト坐下ヱ請問スル也、是レガ、急度ヱバノ抛ケ羊也、」
(44オ)如是ヱバヲ指テ、至道淵底ノ賢魚モアルカ、トコ、ロムルガ、
至道ノ肚裡ニ咬着底ノ見」羊也、師云、夫ノ句ノ心ヲ、代、好
餌下ニ賢者ノ活魚モアルカ、トコ、ロミテソウ、師云、賢魚

ヲ、」代、師ノ前ニツヽト入テ、不知ト挙ス、心ハ、至道不知ノ髄ニ咬ミ着底ガ、賢魚ダ、爰ガ、ヤガテ」異類也、異類ニ至ルガ、道体不会ノ性ニ当人ダ、扨テ、一棒一喝下デ、頭角ヲアグルハ、蚯」蚓也、師云、時有僧、既不在明白裡、護惜箇什麼、ト云タキヲ、代、一鈎便レ上ル、心ハ、」纔有語言、是揀択、是明白、トヲセラル、処デ、聞テ取郎ズヲ、既不在明白裡、護惜箇什麼、」ト云タワ、此ノ僧、ヱバニヒツタト取リツキ、鈎ニ「カカツタゾ、サモアリソウナ僧トヲモウタレバ、カナワヌ面ノ漢タゾ、」亦天童ナドハ、此ノ僧ノ処ヲヒツ立テ、、着語ナサレタ、ホトニ、夫ノカ、リニ、此ノ挙着ヲミルトキンバ、此ノ一問ハ、サリ」トハ、ヨイツガイ羊ダ、明白裡ニ「アラズンバ、護惜ノサタハアルマイニ、箇什麼ヲカ護惜ス、ト云タハ、却テ趙州ヲ」取テ追ツメタゾ、是レガ、本分ノ道体ニツキ得羊ダ、ホトニ、本分ノ道体ニ「ツキ得ルガ、至道ト云ヱバニ、」ムズトクイツキ羊ダ、是レガ、便一鈎ニ上リ羊ダ、トモ可レ見、師云、一鈎便上リ羊ヲ、代、師ノ前ヱ」ツヽト入テ、餧（セイ）驢餧馬、心ハ、是レモ両羊ニ心得タガヨイ、先ノ心得ノトキンバ、此ノ僧ガ、カツヱ驢」馬ノ如クナニヨツテ、ムズト一鈎ニ「上ツタゾ、亦後ノ心得ノトキンバ、此ノ僧モ驢馬畜生ノ肌ニ「落ツイテ」（44ウ）於テ、至道ノ無味ニカミツイタゾ、是レガ、一鈎ニ上リ羊タゾ、師云、趙州我又不知、ト云タキヲ、」代、鉄蛇斬不入、心ハ、趙州ノ、我亦不知、トヲセラレタ、深意ニ「至テハ、トブツルギデ切ツタリトモ、開」ケマジイゾ、何ゼニナレバ、至道ノ肌ニ至テハ、キツテモツイテモ、知ラレヌコトヨ、師云、僧云、和尚既不レ知、」為什麼却道、不在明白裡、ト云タキヲ、代、狂狗逐塊、心ハ、コノ僧、語ニ「随テ解ヲ生ジ」タ、トコマデモ叶ヌ、アノ犬メガ、ツブテヲ以テ打レテ、夫ノツブテヲヲウテ行テ、イガンダホトノコトタゾ、師云、」問事即得、礼拝了退、ト云キヲ、代、面上挟竹桃花、肚裡参天荊棘、心ハ、ヲヌシ」ワ、事ヲ問コトハ便得リ、口ノ聞タ僧ダ、礼拝シ了テ退、ト云ハ、此ノ僧ヲホメタコトカ、ナブツタコト」カ、更ニ知ラレヌホトニ、趙州ノ処ハ、上ハスナヲナ羊ガ、心ノ内ガ、ヱズイゾ、ホトニ、面上ハ、挟竹ノ桃花ノ如ク、イカニ」モイタイケナ羊ナガ、心ノ内ハ、参天ノ荊棘ノ如ニシテ、トゲタラケタゾ、挟竹ハ、桃花ノ道地、参天ハ、荊」棘ノ道地也、師云、参天荊棘ヲ識取セヨ、代、ソツクト休シ去ル也、心ハ、ソツクト休シ去テ、手ヲ」ツケヌガ、ヨウ肌裡ノ見破シ羊也、師云、雪豆〔竇〕顕頌ニ、至道無難、言端語端ヲ、」代、言語トモニ、端的、内外打成一片デソウ、心ハ、至道ト云ハ、大虚廓然ノ肌ニ「至レバ、本分ノ」大道ニ達スル也、大道ニ達タ処ニ、難ハ無イ、無難ノトキガ、正シイ言語タ、此ノ境界ハ、内外打成」（45オ）一片ニシテ、何ニ「モサワリ無イ、一有多種、二無両般トハ、一カトスレバ多種、幾トモ賊トモナツタ、」二カトスレバ両般、更ニ「数量ニワタラヌ、ト云ハ、至道ニ手ヲツケヌコトダ、師云、天際日上月」下ヲ、代、任運ノ消息デソウ、心ハ、是レハ、道体スワツタ人ノ肌ヱ也、任運自得ノ境界、ト」云テ、万事ニサヱラレヌコトヨ、ト云ハ、異類中行ノ消息也、師云、檻前山深水寒ヲ、代、是」ガ道ノ全体デソウ、心ハ、人我・識情ガ在レバ、皮腐ニキズガツキ、サワリガアル、大虚廓然ノ境」界ニナリ得タ、トキ、檻前ノ山深レバ水寒イ、ソツトモ人我ハキザ、ヌ、無心ノ肌ヱタ、時キ、道ノ全体」堅固也、扨テ、人我ガ出レバ、キズガツキ、心地ガモメソウゾ、師云、髑髑識尽喜何立」ヲ、代、無心体得無心道、心ハ、髑髏ト云ハ、大死底ノ境界也、識ガ尽レバ、喜モツレテ」ナクナル也、ホトニ、ドロレク識尽テ、喜ヲ立セヌ処ガ、無心ノ地ニ至リ羊ダ、無心ノ地ニ至ツタ、時キ、本分」ノ無心、本来無一物ノ至道体得也、師云、枯木龍吟銷未乾ヲ、代、皮腐」脱落尽、只有一真実、心ハ、枯木・髑髏ハ、同位也、枯木無心ノ境界ニ至テ、至道」ノ境ヲ、宗旨デハ、説キアラワスガ、竜吟也、銷未乾、本有ノ性ハ、水ニ入テモ火ニ入テモ、ヲボレヌ」者、ヤケヌ者タ、ホトニ、枯木無心地ニ至ル処デ、人我ノ皮腐ヲ脱落スル処デ、本分ノ境界ニ」(45ウ)落ツイタ処デ、一真実ニ当体タ、夫ノ一心〔真カ〕実ニ当体スルガ、沈ヌ幾、吾ガ家ノ相続ダ、」是ヲ、竜吟、銷未乾、至道ノ本体、ト云也、師云、難難ヲ、代、黄金○〔関鎖〕百千重、心ハ、」此ノ至道・一真実ノミニ至テハ、諸仏諸祖モ難々デ、更ニ知得シ難イコトヨ、ホトニ、黄金ノ関」鎖百千重デ、一世関裡ニ死在シタゾ、師云、揀択明白君自看ヲ、代、見之」不取、千歳難逢、亦、勘破了也トモ、心ハ、択レ揀明白ヲハナレテ、扨テ亦、揀択」明白ノ処ニ力ヲツケテ、君自看、ヨク自知セヨ、ト云イハナツテヲク也、ホトニ、衲僧タ郎ズ者ハ、」雪豆ノ語下デ、至道ノ本位ヲ見テ取ラズンバ、千載ヲ経テモ、道〔趙カ〕州ノ道体ニ」ハ、逢イ難カ郎ズゾ、勘破了也、ト云モ、ヨク看テ取ツタ、ト云ノギ也、」

八、蘆花雪月一色、師云、蘆花雪月、那時一色ヲ、代、山虚風落石、楼静月」侵門、心ハ、蘆花雪月ト云ハ、二十年、三十年、最初ヨリ、ソレハ触タゾ、背タゾ、悟得参得ノ」間タゾ、クツトキライヲトシ、扣キヌカレテ、境界ガ、マツ白色ニ成タニ、比シテ見タゾ、爰ガ、自己真」照ノ淵源也、那時トハ、此ノ時キ、ト云ギ也、此ノ時キノ一色ニ、ヨク淵底シテ、淵底ト知ラヌトキ、」智不到也、ホトニ、句ハ、自己真照淵源ノ的句也、或ハ、天粘水水粘天、亦、湛□〔独カ〕」(46オ)存ズ、ナドト云モ、爰ノコト也、師云、還迷夜水秋空ヲ、代、曽不知、師云、夫レハ、」先聖ノ手垢タゾ、代、知リソウヌ、師云、知ラヌ境界ニ当テ、着語ヲ、代、大用現前、」不存軌則、心ハ、那時一色ノ風景ニ、還迷タ時、夜水秋空、智不到当人也、挙」派・挙着モ、夫ノ心也、師云、箇処大功猶在、如何得色転功忘去、ト云タキヲ、代、」照尽体無依、通身合大道、師云、那辺淵底ヲ、代、一寸ト行テ、モドル也、」
九、外道問仏、私云、世間一切ノ事ニ、有言無言ニハヅレタコトハ無イ、ホトニ、外道モ、語」ヲ以テ答ヱバ、有言ヂヤトヲトシ、黙ヲ以テ答ヱバ、無言ヂヤトヲトサント思テ、有言無言ノ」両頭ヲハナレテハ、何ニト世尊ハハタラカント、問不問ニアヅカラズ、悪ラツノ毒気ヲ含来問タ、」世尊モ、三界ノ大導師ナホトニ、其眼ニシテ、外道ノ心中ヲ見ヌイテ、急度良久也、爰」ヲ、外道モ聡明チヤニ依テ、会シテ賛歎シテ、世尊大慈大悲ナル故ニ、我ガ迷雲ヲ開」テ、我ヲシテ得入セシメタヨ、ト云テ、礼ヲ作シテ去ル也、ホトニ、爰ヲバ、悪毒ノ性霊ノ、シタヽカ」ナホト、夫ノ儘、正覚ノ位ニ至ツタ、ト心得タガヨイ、何ゼニナレバ、不問〳〵、ト云、大悪逆ノ気情」ヲ以テ、即開我迷雲、令我得入タ、扨テ、世尊ニヨタツテ〔タヨカ〕、迷雲ヲ開タ、トミルハ、悪イ、」(46ウ)亦、令我得入、ト云テ、仏力デ得入シタ、ト見ルモ、悪シイ、只外道ハ、外道ノ性デ、我レト」迷雲ガウツハレ、我ト得入シタ、ト見タガ、ヨイ、ト云ハ、根本ノ悪性ヲアラタメズ、得入ダ、師云、」外道有無ヲ離テ、仏心宗ニ入リ羊ガア郎ズ、代、師ノ前ニ至テ、坐シテ師ノヒザノ上ニ、」拳ヲクツトツンダシテ、ウヽ、爰ガ、無相実虚ノ体デアツケルヨ、師拶云、恁麼時」如何、代、湛而独存、心ハ、有言無言ノ間ハ、風波ダ、有無ヲハナレテ、有言不問、無」言不問、ト云、外道ノ性ヲカヱズ、仏心宗ニ入タ、処ガ、智不到不転、独在ノ地ダ、爰」ハ、湛而、風波ノサタ無ク、余人所不見ノ処也、世尊ノ良久モ、爰ヨト云ハ、キツト拠坐」良久ノ傾ヌ処ヲ見テ、我ヲシテ得入セシム、ト云ガ、頓悟ノ入派ダ、無相実虚ノ体ト」云ハ、世尊拠坐良久ノ処也、ホトニ、外道モ、毒気ノシタヽカナホト、湛トシテ風波無イ」処ニ至ツタ、向見レバ、世尊外道ノ処ハ、一般ニシテ、尽不尽一致ヨ、師云、世尊良」久ヲ、代、師ノ前ニ至テ、トツクト坐ス、師云、句ヲ、代、通身無影像、心ハ、拠坐良」久ノ処ハ、無形無相ダ、ホトニ、通身無影像ニシテ、内外モ無ク、皮骨モ無イ処ガ、智不」到一色ニシテ、交リ物無イ、不転ノ境界也、」

(47オ)十、国師無縫塔、師云、粛宗皇帝問忠国師、百年後所レ須(モトムル)何物、ト云タ」ヲ、代、師ノ口ヲ閉ロス、師云、与老僧作(シ)二箇無縫塔一、帝云、請師塔様、国師」良久シテ云、会麼、トヲセラレタ、ホトニ、無縫塔ヲ、代、師ノ前ニ至テ、良久シテ坐ス、師云、句ヲ、」代、通身無影像、心ハ、通身無影像ノ時キ、一个ノ無縫塔ダ、爰ヲ、智不到不」転一色ノ境界、ト云也、師云、湘之南潭之北ヲ、代、師ノ前ニ、トツクト坐ス、師云、夫レハ、」何ントテ、代、涅槃後大人ノ相デソウ、心ハ、爰モ、智不到不転也、師云、中有黄金」充一国ヲ、代、不レ欲レ犯(マク)レ中ヲ、心ハ、中ト云ハ、当頭ノ智不到也、黄金ト云モ、一国ニ充」タ中ノ主也、全ク充タト知ラヌ時キ、一个ノ塔様安着也、中ヲ犯セバ、傾キ、スキガデルゾ、」師云、無影樹下合同船ヲ、代、真空デソウ、師云、瑠璃殿上無知識ヲ、代、不到」亦不到、心ハ、爰ハ、那時ノ当頭也、不到ノ処ヲモ、亦不到トツメタ也、畢竟四句」トモニ、無縫塔ノ安ジ羊也、本分ノ事也、」

十一、曹山孤峰不白、師云、雪覆千山、為甚麼孤峰不白、ト云ヲ、私云、」千山ノ雪ト云ハ、白一色ノ功処也、ソコデ、孤峰ト云ハ、本位タ、拐テ亦、千山ノ雪ト云ハ、尽ノ功、一度ハ消シ」(47ウ)テ行ク、孤峰ト云ハ、不尽本位ノ一山ヨ、近ク見ルトキンバ、千山ノ雪、ト云ハ、五尺ノ境界ヨ、孤峰ト云ハ、」一心ヨ、ホトニ、千山ノ雪ヲ消滅シテ、孤峰ノ頂ヲ見タコトデハ無イ、千山ニ覆タ白一色ノ雪上デ、不」白ノ孤峰ヲ見タガ、好イ、或ハ、清白十分処、無処玄妙頂、ト云句ナドガ、爰ノコトダ、代云、」師ノ前ニ至テ、師ヲトツクト見入リ、見入テ居也、心ハ、是レガ、千山ニ覆タ雪デ、孤峰当人」ノ旨ダ、爰デ、トツクト見入タハ、瞪目ダ、一点ノ照ガ無イ処デ、本位ノ孤峰ニ対シタ、ホトニ、千山」ノ雪ヲ去ケテ、孤峰ヲ見ル、ト心得ハ、悪シイ、師云、句ヲ、代、極、心ハ、極ハ、キワムルダ、ト云ハ、トツ」クト見入テ、弁白ノ無イトキ、孤峰当人、極位淵底也、師云、夫ノ極ノ字ヲ説破セヨ、代、」雪モトツクト見入レバ、後ハ、マツクロニナリソウ、心ハ、四方トモニマツ白ナ時分、トツクト見入レバ、」四方マツクロニナル者ダ、ホトニ、修行ヲキワメ〳〵テ、白色ニナレバ、ソコニ黒処孤峰ガアルゾ、師云、須」知有異中異、ト答話アレバ、如何是異中異、ト問也、ホトニ、異中異ヲ、代、星前人」臥千峰室、仏祖渠識得無由、心ハ、異中異ト云ハ、星前ノ人ノ臥シタ、千峰ノ室ノコトヨ、」ホトニ、孤峰ノ主、渠ト云ハ、主中主ナホトニ、仏祖モ識得スルニ由シ無シ〳〵デヲイタゾ、ホトニコソ、曹」山モ、夫ノ異中異ト云ハ、諸山ノ色ニ不レ堕ゾ、トヲセラル丶也、琅耶覚モ、片々梅花飛落」(48オ)地、ト手ヲツケズシテヲク也、亦、水庵モ、易レ分二雪裡粉一、難レ弁二墨中煤一、ト云也、」

十二、投子海門秋静、師云、海門秋静雁音稀、江水澄々万々微、ト」云両句ヲ、一句ニ、代、師ノ前ニ至テ、イカニモシヅカニ坐シテ、頭ヲウナタレテ即帰ル也、心ハ、是」レハ、大事ナ上堂ダ、海門秋静ナ上デ、雁音稀ナ処ヲ見、江水澄々トシタ上デ、万々微」ナ処ヲ心得タコトダ、ホトニ、海門秋静ナ処、江水澄々タル処ハ、智不到一色、功極ノ地ダ、此ノ一片」ノ功処、大功一色ノ上デ、雁音稀也、万々微也、本分ノ一位ヲ見ツケタ、爰ヲ、衲僧ノ空劫ノ一位、」黒処ニカナウノ旨トモ云也、捴別、曹洞ノ修行ハ、智不到ノ、生レ乍ノ肌ニナレバ、ソコニ夫ノ儘」本分ノ一位ニ至ル旨ハアルコトダ、或ハ、処コソ代レ、最初自己・大入頭ノ入派トモ、心ハ、一ツデソウゾ、」ホトニ、挙派モ、トツクト坐

シタ処ガ、大功一色ノ境界ダ、ソコデ、頭ヲウナタレテ帰
ルガ、生下未分、」本位ノ雁音稀ナ処、万々微ナ旨ニカナイ
羊也、師云、句ヲ、代、清波不犯意自」殊、心ハ、坐徹ノ
正堂〔当カ〕、大功一色、清波不犯地ヨ、ソコニ頭ヲウナタレテ、
ウ、、意自殊ナ」リ、本位ニ淵底也、」
十三、古徳三一色、師云、正位一色ヲ、代、三更月下入無
河、師云、夫ノ句ヲ」
(48ウ)説破セヨ、代、子時当正位、是レハ、正当ニシテ、子ニ
モ刀〔寅〕ニモ不レ傾、時キ、正位一色也、」爰ヲ、空劫已前ノ一色
トモ云也、師云、大功一色ヲ、代、瑠璃殿上騎金馬、明」
月堂前輥繡毬、師云、夫ノ句ヲ説破セヨ、代、下ツタレド
モ、ヲチビレヌ所作デソウ、心ハ、」爰ハ、下リ派ニ見レバ、
誕生一色、生出ノ肌ヱガ、白一色ノ功ダ、アレトモ、金馬ニ
騎リ、繡毬ヲ」輥ジタ、トミレバ、下ツタガ、本位一色ノ
肌トミル、亦、本位ヱノ赴キ派ニスレバ、大功一色ノ処ニ、
那辺」向上ノ旨ガアル、師云、今時一色ヲ、代、白鷺下田
千点雪、黄鶯上樹一枝花、」師云、夫ノ句ヲ説破セヨ、代、
白鷺ト成テハ、千点ノ雪ノ如ク、黄鶯トナツテハ、一枝ノ
花ニ」似テソウ、」亦、三一色、師云、大功一色ヲ、代、陰
精トモ陽精トモ分タヌ已前デソウ、師云、句ヲ、代、」妙有
一漚先、豈容千聖眼、師云、正位前一色ヲ、代、師ノ前ニ至
テ、生出ノモヨウ」ヲ作シテ挙ス、師云、句ヲ、代、元是一精
明、分成六和合、師云、夫ノ句ヲ説破セヨ、代、ハヤ」陰気、
陽光ト相分テソウ、師云、今時一色ヲ、代、森羅万像〔象〕トナ
ツテ、目前ヱ出テ、」ソウ、師云、句ヲ、代、全身偏界露
堂々、是レ少シカワル、五葉集ヲ可レ見、」
(49オ)十四、薬山見月大笑、師云、薬山、月ヲ見テ、大笑ノキヲ、代、
生得本分ニ月ハ」ツタ者ヲ、師云、ソコニコラヱヌ月ガ
在ルゾ、云ヱ、代、心月孤円ニシテ、光呑ニ万象ヲ一、心ハ、」
ソコニコラヱヌ月ガアルゾ、ト云ハ、大笑ノ正当、心月円
ニシテ、ドコカ光リナラヌ処ガアツテコソ、」
十五、洞山独木橋、師云、洞山ノ先過了リ羊ヲ、代、師ヲ
ヲシノケテ坐ス、師拶云、恁麼時」如何、代、子還就父、
師云、拈起木橋、過来ヲ、代、人ヲ請ズルモヨウヲ作ス、師
拶云、」恁麼時如何、代、君望臣位、猶帯凝然、師云、价闍
梨ヲ、代、当処便是鳳」王〔凰カ〕城、師云、放下木橋ヲ、代、爰ハ、
嫌捨也、心ハ、独木橋ト云ハ、此岸ヨリ彼岸ヱカケタ」橋
也、洞上デハ、功ト位ノ間也、洞山ト、密師伯ト、此ノ橋ヲ
渡ル次デ、洞山先ヅツル〳〵ト先ニ渡テ、木」橋ヲ引キハヅ
シテ、アトヱ立チカヱツテ、密師伯ヲ過来、トコ、ロミタ、
是レハ、智不到ノ地ヲ転」シテ至ルカ、不レ転シテ至ルカヲ、
勘弁也、処ヲ、价闍梨ト云タハ、転シテ本位ニ至テノ用処ハ、
不レ転」独在ノ地デ、向上ニ至ル也、ホトニ、爰テハ、只有
照壁月、更無吹葉風、ト云句デ、心得テ」ヲイタガ、ヨイ、

洞山ノ、先過了、ト云テ、転ジ尽シテ至ツタ羊ニ心得ハ、悪シイ、ソツトモ不レ経不」レ尽、独ノ間ヲ過了ル也、ホトニ、爰ハ、不レ歴、夫ノ儘、父ノ坐上ニナヲツテ、急度坐シタ正」(49ウ)当、ソツトモ不傾ソ、爰ヲ、子還就父、子時当正位、ト云タ、先過了ル、ト云ハ、我ガ先」スギ了テ、正位ニ坐シ、主席ニナヲラズンバ、人ヲ過来トハ云ワレマイ、ホトニ、木橋ヲ拈起シテ、」過来ト云ハ、密師伯ヲ過ヨ、ト云ノ旨ダ、爰デ、君ト云ハ、洞山ノコト、臣位ト云ハ、密師伯ノ処ニカカ」ツタ、ホトニ、君臨臣位、猶帯凝然、ト云ハ、不転ノ相対ダ、价闍梨、当処デ、鳳王城ニ」至ツタ、洞山・密師伯一枚ニシテ、向上流通ノ旨ニ至レバ、木橋ハ入ラヌホトニ、放下ダ、放下ノ」処ニ至テハ、何ントモ、挙シ・挙着ハアルマジイ、ホトニ、嫌イステ、ヲク也、木橋ヲ放下シタ、ト」云テ、独在ノ地ヲ転ジタコトデハ無イ、放下ガ、独在地当人也、雲岩ナドノ、一生有コトヲ」不知〳〵トナキツクシタモ、一ツコトヨ、畢竟当則ヲバ、不転ノ転ト心得タガ、好イ、亦、」放下ノ処ヲ、不転ノ活句トモサタスル也、ト云ハ、理巴ノツカヌコト也、」

十六、趙王（横）平地望高坡、師云、趙横山ノ柔禅師、僧問、如何是、師云、平地望高坡、」問答ヲ一句ニ、嫌道ハ、何ト云ヲモ、挙シ・挙着ノ間ハ、化仏タゾ、本仏デハ無イゾ、夫レハ、平地ニ」ホソケガデキ、高坡ガクヅレタゾ、トキ、ヲイヲトス也、代、師ノ前ニ至テ、イカニモシヅカニ坐シテ、睡ツテ、」内ヱ息ヲ引テツク也、師云、着語ヲ、代、当処便是鳳凰城、心ハ、智不」(50オ)到不転ノ境界ガ、心仏当体、平地デ高坡ニ望ミ羊也、師云、雲門ノ家ニ合セテ、」投子ノ青ノ、江山歴尽シテ幾カ施レ功ヲ、方ニ得テレ逢コトヲレ人ニ話ル二背同一ヲ、春ハ到ル洞庭南壁ノ」岸、鳥ハ啼キ二西嶺ニ月ハ、生ナレル東ニ、ト拈提シタ頌ヲ、代、一色ヲツムレバ、ソコガ全提ノ」処デソウ、爰ニ、雲門転句ヲ引ク也、趙横ハ、雲門宗ノ人也、ソレニ依テ、雲門ノ」家ニ合セテハ、乾峰下ノ修行ヲ以テミル也、」

十七、玄沙三白紙、師云、玄沙三白紙ノ送リ羊ヲ、代、我是謝三郎トヲクツテ」ソウ、師云、雪峰ノ、開レ緘三幅ノ白紙ノ誦ミ羊ヲ、代、玄沙元是謝三郎デアツケル」ヨ、師云、両人ノ処ニ句ヲ、代、清白十分江上雪、沙郎満意釣魚舟、心ハ、雪」峰・玄沙、両老トモニ白一色、智不到不転ノ境界也、」

十八、宏智廓而無際問答、師云、廓トシテ而無シ際キワ、不レ立ニ一塵ヲ、湛トシテ而独存ズ、十方」普ク応ズ、ト云ヲ、代、師ノ前ニ、トツクト坐ス、師云、句ヲ、代、独、心ハ、廓而無レ際、智不到」一色ノ境界也、不レ立ニ一塵ヲ、何ンデモアツテコソ、爰ハ、湛而風波無キ也、独存、独在一」色ノ主ニシテ、余人徘徊ヲ絶シタ処也、時キ、十方トモニ普応、独ノ主ノ、応ゼザルト云コト」(50ウ)無キ也、ホトニ、トツクト坐シタハ、独在一色、智不到ノ境界也、爰ニ、独ト云一字関ヲツケ」タモ、ドコカ独ノ主ノ威ナラヌ処ガ在テコソ、　師云、　夜明簾外主ヲ、代、師ノ前ニ至テ、」大口忘然トシテ坐ス、　師云、句ヲ、代、独、　師云、猶ヲモ子細ニ、代、無物堪比倫、教我如」何説、　師云、取不得捨不得、不可得中只麼得ヲ、代、独、」智不到十八則終也、」

　　一句之智不到透、七則」

一、定上座佇立、二、雲門話堕、三、薬山陞座、」四、薬山腰間刀、五、六祖不汚染、六、当扃〔局〕之誰、」七、虚堂送人之成都頌、」

一、定上座佇立、　師云、定上座佇立ノ正当ヲ、代、師ノ前ニツヽト入テ、ヒヨツト立也、師云、」句ヲ、代、卓々不依物、霊々何渉縁、　師云、猶ヲモ子細ニ、代、当人難弁、師云、」難弁物ヲ、代、是甚麼ゾ、　是者、済下一句当頭ノ直下ヲ、独在一句ノ智不到」ト心得ル也、」

(51オ)二、雲門話堕、　師云、光明寂照遍河沙ヲ、代、画ニ一円相ヲ一、師拶云、未在」更ニ道ヱ、代、竪窮三際、横亘十方、　師云、豈不是張拙秀才語、ト問ヱバ、」僧云、是、ト云イ、雲門話堕也、ト云タヲ、一句ニ道ヱ、代、師ノ前ニ至テ、両手ヲ展開シテ、アツカト」坐ス、師云、句ヲ、代、大湖三万六千頃、月在波心説向誰、　爰ハ、智不到独在ニシテ、」光明当体是、ト云タ、此僧ノ境界、雲門ノ話堕ト落ウタ処也、」

三、薬山陞座、　師云、陞坐ヲ、代、師ノ前ニ至テ、大口忘然トシテ坐ス、師拶云、夫レガ何ゼ、陞」座下デハアルゾ、代、下ツタガ、過去ノ御坐ヲバハナレヌソウヌ、師云、句ヲ、代、只有照壁月、更無」吹葉風、　心ハ、何モ陞坐ト云ハ、本位安着ノ肯也、爰ニ言説ハ無イ、妙唱不干舌デ、一」字不説ガ、空劫已前ノ本位ノコトワリ羊ダ、ホトニ、大衆久和尚示誨ヲ思、ト云ヱバ、鐘ヲ打」着ト、院主声レ鐘、衆集、師便陞坐、帰方丈ヲ、扨テ、一言モ宣ベタラバ、ハジヲカイタコト」ヨ、ホトニ、大口忘然トシテ坐シタ処ガ、陞座ノ処タ、夫レガ何ントシテ、陞坐下デハアルゾ、ト拶スル処デ、下ツタガ、」過去ノ御坐ヲハナレヌ、ト云ハ、爰ヱ下テ陞座シタガ、一言モ施サヌ、トミレバ、本位ノ体デ居タ、」ホトニ、陞坐ノ正当ハ、只タ壁ヲ照ス月ノミバカリ、更ニ葉ヲ吹ク風無シ、出息入息モ、断」(51ウ)ヱタト云ハ、坐徹傾ヌ正当ヨ、或ハ、清波不犯意自殊也、大湖三万六千頃、月在」波心説向誰、ト云モ、爰ノコトヨ、世尊陞座モ、一ツ事也、」

四、薬山腰間刀、　当則ハ、嫌道ガ、肝要ダ、先ヅ薬山ト雲岩ト遊山ト云ニ、心ヲツケデハ、宗旨」デ、遊山ト云ニハ、一ツ心得ガ無クテハ、ト云ハ、向上ニモ向下ニモ不ニ相預一、偏正・黒白・君臣・陰陽・」那時這辺・家山今時・本位日用ニモアヅカラ子バコソ、遊山デハアレ、或ハ、洞上デハ、屋裡ノ」主ノコトワラレヌ処ヲバ、或ハ閉口シ、良久シ、払袖シ、抽身シ、斫額シ、帰方丈シ、珍重シテ出デ」去ル、ト云ハ、更ニ「言イ難ク、宣べ難イ処ノヒビカシダ、夫レハ、早ヤ休ミ派ガアリ、的位ガ見ヱタ、」扨テ、的位・休ミ派ガアラバ、薬山・雲岩ノ遊山デハアルマイ、扨テ亦、薬山・雲岩ノ門庭」デハ、或ハ、那時那辺、向上極位、屋裡ノ家山、向上ノ事、向上ノ一竅、向上ノ一路、無極大極」ノ一位、紫奥玄奥、兼中到、無寒暑ノ一処、無面目、無向無背、無差別地、無」寸草ノ処、本有天然、本分ノ田地、孤単頑然ノ正、古殿、古堂、旧家、本郷、玄中ノ玄、妙」中妙、異中ノ異、主中ノ主、君位、正位、黒処、無分暁ノ処、ト云ハ、皆ナ指図ノ定ツタ事、」方処・的位ノ知レタコトヨ、扨テ、腰間デ響タ刀ト云ニ、的位・指図ハ無イ、刀ト云ハ、主ノコトヨ、」(52オ)此ノ主ニ「至テハ、全ク的位無ク、承当ヲ欠タコトダ、時キ、屋裡・本位ニモ穏坐セズ、亦今」時・日用ノ功処ニモ出デヌゾ、時キ、ドツチニモ落居セヌヲ、腰間ニ響タ主ト云也、ホトニ、正」位ニモ不居、偏位ニモ不居、此ノ主ヲ、曹洞デハ、定尺ハヅレト云テソウゾ、尊貴有ルトモ、」尊貴無イトモ、更ニ「沙汰セラレテコソ、ホトニコソ、雲岩モ、甚麼物カ作レ声〳〵デ、終ニ的位」ヲ見出タサヌゾ、思量ト度ニ「落ヌ也、爰ニ、蜀州西禅師、僧問、如何是非思量」処、師云、誰見虚空夜点頭、ト云モ、当則ト一ツコト也、夜虚空ノ点頭シタ、ト云ハ、屋」裡ヨリ、ソツトコナタヱウゴイタコトタゾ、ホトニ、腰間デ響タ主ト云モ、一ツ也、薬山ノ便抽レテ刀ヲ、鬻」口ニ作二斫勢ヲ一シタモ、鬻口ニ刀ヲ抽テアテレバ、中ノ字ダ、中ハ、アタルトヨンダ、ホトニ、中ヲ中トアタ」レバ、早ヤ破ル、ホトニ、勢斗リヲ作シテ於タ、畢竟洞上ノ事ハ、的位ノ無イガ、肝要也、或ハ、」以君臣偏正、言者、不欲犯中、ト云ガ、爰ノコト也、投子青頌ニ、大鵬無レシテ伴モ過ニ「天地ヲ一、」獅子将レテ児ヲ絶後ニ随フ、崑崙触犯ス帰行ノ路、一吼呑レ雲万象馳ス、ト云モ、腰間」ニ響タ主ノサタ也、師云、腰間響タ刀ヲ、代、師ノ前ニ「至テ坐シテ、衣ノ袖ヲクワヱテ、」両手ヲ握テ、ム子ノトニ於テ、模様有リ、心ハ、筋斗ヲ打ツ也、此ノ心ハ、屋裡ヲバ点却」(52ウ)シタガ、マダ今時日用ヱハ出デヌ、扨テコソ、腰間デ響タ刀子デハアレ、師云、句ヲ、代、鞋(靴トモ)」裡揺指頭、心ハ、靴裡トハ、胎内ヲ云也、揺ニ指頭一シタレドモ、今時ニハ、マダ出ヌ、師云、甚麼物」作レ声ヲ、代、少年ノ男カ、少年ノ女カ、心ハ、男ニ落シツクレバ、陽ノ主ニナリ、女ト作セバ、陰ノ主ニ」ナルホトニ、甚麼物作声〳〵、陰陽ニアヅカラズ、的位ノ見ヱヌコト也、師云、便抽刀、鬻口作斫」勢タキヲ、代、五天一隻蓬蒿箭、撹動支那百万兵、心ハ、位裡ノ点側也、誕生王」子ノ体也、ト云ハ、麒麟出現、鳳凰来儀、種々ノ瑞気・瑞雲ノ立ツ処デ、早ヤ誕生ノ奇」瑞アラワル、也、此ノ奇瑞ノタナビク処デ、夫ノ主ノ誕生ハ知レタ、師云、畢竟ヲ、代、青山常」運歩、石女夜生児、心ハ、青山ト云イ、石女ト云ハ、主ノ響シ也、常ト云イ、夜ト云ハ、

屋裡」也、運歩ト云イ、生児ト云ガ、今時ヱ転側也、ホト
ニ、宏智ニ、僧、如何是最初ノ一句、ト問ヱバ、」瑞気綿々、
ト答テゴザアルモ、爰ノコトナリ、亦初雪ト問ヱバ、関ト答
テゴザアルモ、向也、初雪ト云ハ、」屋裡ヨリ産出スルガ、
雪ノ丸ノノ如クデ、今時ヱ出デタガ、関ト云ハ、クツロガ
ヌ、ト云ノ心也、ホトニ、マダ五」色ヲ不レ分、生下ノ儘デ
居タトキガ、初雪デ、本位ノ関ガクツロガヌゾ、」
五、六祖不汚染、　南岳ノ譲初往二曹渓一参二六祖一ニ、　祖問、甚
処来、トヲセラレタ、或ハ、」
(53オ)其後児孫達、近離甚麼ノ処ゾ、ト問ワレタモ、一ツコトダ、
処ヲ、南岳、嵩山来、ト云ヱバ、祖云、」甚麼物恁麼来、ト
ヲセラレタハ、向ニ来ル者ガ有リソウナホトニ、来ル者ガア
ラバ、マギレヌ来」処ガ無クテハ、来処ト云ハ、宗旨デハ、
本位ノコトヨ、爰ハ、或ハ諸仏ノ本源トモ云イ、空劫已」前
トモ云イ、本来ノ田地トモ云也、爰ヨリ、此ノ地ヱ下ルヲ、来ル
ト云也、此ノ来ル者ヲ、本分空」劫已前ノ自己トモ云イ、誰
トモ云イ、渠トモ云イ、本来人トモ云イ、本心トモ云也、ホ
トニ、甚麼」物恁麼来ル、ト云ハ、此ノ理也、師云、甚麼物
恁麼来、ト云ヲ云ヱ、代、清風過蘆山、嫌」云、夫レハ、上面
ダ、参得ト云者ハ、深意ノアルコトダ、モツトモ清風過芦山
ト云ニ、汚染ハ無」イゾ、ホトニ、清風ノ芦山ノ過ギタ如ク
ナ、一物ガアラウズ、ト云ノ心得デハアル、在レドモ、一物
ノ来」処ガ聞ヱヌ、代、来無住処、去無方処、嫌云、ソレモ
似タ羊ナコトデ、格別ナ事ダ、」已ニ六祖モ、甚麼ノ処来ル、
ト云タハ、先ズ来処ヲ問タ、近離什麼処ゾ、ト云モ、出デ処
ヲ問タ、」扨テ亦、コヽヨリ来タ、ト云タ郎ニハ、ヲミノ羊ナ
土僧ノ出デ処ヨ、ホトニ、来処モ無クテハ、去処モ無」クテ
ハ、夫ノ去来スルニツレタ一物ガ、在郎ズゾ、夫ヲ云テ見サ
シ、代、無念無相ニシテ来タ」一物デソウ、嫌テ云、モトヨ
リ念慮・識相ハ、汚染・住着ガアルホトニ、甚麼物カト云一」
(53ウ)物ハ、無念無相デモア郎ズ、在レドモ、夫ノ羊ニ、ウワツラニ
心得ルコトデハ無イ、代、有時横」走ス、嫌云、夫ノ心持ハヨ
イ、本位ニサヱヨクスワツタ郎ニハ、行住坐臥、他物ハ無イ、
在レドモ、」向挙ソウズ、ト云念処ガアラバ、汚染ヨ、代、鳥空
中只麼如飛、嫌テ云、夫レハ、来底誰」ソノ消息タゾ、ホト
ニ、此ノ一物ハ向来シタ、ト云ノ旨デア郎ズ、在レドモ、如ク
ト云ハ、タクラベテ見タコトダ、」一物ノ来処ト云ニ、タクラ
ベ者ハアルマイ、爰ハ、心得タラバ、挙派ガア郎ズ、工夫サ
シ、代、師ノ前ニ至テ、」悠ニ坐シテ、師ノ衣ノハシヲ含ンデ、
ニツコト笑ミヲ含ム也、是レハ、生下ノ時キノモヨウダ、」衣
ノハシヲクワヱタハ、チブサヲ含ムノ心也、或ハ丹鳳含玄珠、
棲遅玉樹、ト云モ、爰ノコト也、」師云、承当ニ句ヲ、代、空
劫已前更已前、亦今時日用不離、心ハ、空劫已前」更已前、不
汚染ノ一位、向云ヱバ、亦久遠未分ノ処ヲ、是トスルホトニ、

亦今時日用不離、不」汚染ノ旨ハ、今時日用ニモアルゾ、ト云ハ、生下シタガ、未分ノ肌ヱデ居タコト也、ト云ハ、空劫ニモ今」時ニモシトメヌ処ガ、不汚染ノ一物ニ叶イ羊也、此ノ一物ト云ハ、空劫已前デモ、是甚麼物ゾ、」今時日用デモ、是レ甚麼物カ恁麼シ来ル〱デ、汚染ニアヅカラヌ、師云、夫ノ句ヲ説」破セヨ、代、空劫ニモソウヌ、今時ニモソウヌ、心ハ、空〔劫〕ニモ無ク、今時ニモナケレバ、終劫始劫シラレ」(54オ)ヌ者ヨ、是ヲ、三世不可得ノ心トモ、賊ノ正体トモ云イ、清浄法身トモ云イ、般若体トモ云タ、」或ハ報身・化身トナツタモ、是ヨ、或ハ本来無一物、或ハ金剛ノ正体、或ハ正法眼蔵、或」ハ涅槃妙心、或ハ本有如来ト云モ、只タ是レ不汚染ノ一物、ト心得テヲカシ、衲子タ郎ズ者」ハ、此ノ一物ト云ヲ心得ズンバ、丁度打チ叺ト喝シ、電巻星飛セ、転変自在ヲメグラシ、」機・賊ヲ弄ジ、天魔外道ヲ降伏シ、是非軽重ヲ正シ、学人分上ヲ当行スル善知」識トハナラレテコソ、爰ニサヱヨク叶ヱバ、鵶鳴鵲噪、柳緑花紅、皆是不汚染ノ」一物ニシテ、別物ハアルマイ、師云、説似一物即不中、ト云タキヲ、嫌道ハ、コ、ハ何ットモ挙」シ、挙着スル間ハ、説似ヨ、早ヤ一物ニガ即不中ヨ、ホトニコソ、還仮修証不、ト云ヱバ、修証」ハ即不レ無、汚染セバ即不可也、ホトニコソ、六祖モ、只此ノ不汚染、諸仏之所二護念一、トヲセラレタ、」或ハ仏印元頌ニモ、玉在池中蓮出水ト云ハ、玉ハ池中ニ在テモ不レ汚、蓮ハ泥水ヲ出テ、」モ、泥ニソマヌトキガ、不汚染ダ、汚染不能絶方比、不汚染ノ一物ト云ニ、方比ハ無イ、大家ハ、ヲシナベテ、」ト云ノギダ、如是タゾトモ、若シ承当セバ、汚染ヨ、ソレナラバ、洞庭ノウラニ風ガ起ンゾ、ト云ハ、風ゼ不」レ立シテコソ、面白カランニ、風ガ立ツタラバ、一物ト云景ハ、何ニカナツツ郎、ト云タモ、畢竟汚染住」(54ウ)着ニアヅカラヌコト也、爰ノ挙派ハ、時ニ望ンデ挙ス可シ、

師拶云、恁麼時如何、」代、曽不知、師云、不知物ヲ、代、抽身ス、師云、句ヲ、代、即不知隠身、不知即端的、」心ハ、即ヲ即ト云ヱバ、早ヤ蹉過スルゾ、即ヲ即トモタヌ時キ、不知ニ隠身ダ、不知ヲ不知ト」知ラヌ時、即ニ端的シタコトコソ、爰ヲ、不汚染ト云也、師云、畢竟ヲ、代、休シ去ル也、心ハ、」当則ハ、最初ニモ見ル、当寺デハ、智不到不転ノ処ニ、空劫已前ノ旨ガアル、智不到不転、」空劫已前コソ、不汚染ノ一処ヨ、扨テ亦、三位トモニ不汚染ニハヅレタコトハ無イ、」

六、当局〔局〕之誰ヲ、師云、当局誰ヲ、私云、局ハ、ツボ子ト云字デ、此ノ誰ハ、未ダツホ子ノ」内ニ在テ、母ノ膝ノ上ヲハナレヌ時キノコト也、代、師ノ前ニ、如何ニモソロリト至テ、坐シテ、ニツコト笑」ヲ含ム也、師云、句ヲ、代、丹鳳含玄珠、棲遅玉樹、師云、誰ノ境界ニ合テ、玉樹ニ」棲遅シ羊ヲ、代、王三昧不知、垂示ニ云、古長老、有時上洛ノ節、細川殿ヱ」御出アル也、在レバ、ヨキ時分入来ナ、ト云テ、細川殿、

〇異ニハ、王ノ字ナシ、ナキモヨシ、

クワンゼ(観世)ヲ喚デ、能ヲサセテ御目ニカケン、ト云テ、」夫ノ時キ、能ヲチソウ也、能ノ時キ、細川殿ノ子息、父ノ膝ノ上ニ居テ、此ノ能ヲゴランアルガ、何ニ」トシタ心ヤ郎、ニツコト笑ミヲ含ンデコザアルヲ、長老見テ、当局誰ト云ニ、投機ナサ」(55オ)レタ、ホトニ、当局ノ誰ト云ハ、生レナガラノ肌ヱテ、ソツトモアラタメズ、夫ノ位ニ在テ、夫ノ位ヲ知ラ」ヌ時キ、生下シテ出デタガ、夫ノ儘ノ久遠ノ肌デ居ル也、或ハ世尊拈花ノ処ヲ、迦葉ノ微」笑シタモ、爰ノコトヨ、句モ、丹鳳ト云ハ、丹山ノ鳳凰児ノコトダ、ホトニ、ヒヨツト生出シタガ、鳳凰児ノ時キ、不」知不覚ノ境界也、ホトニ、ドツチヱサシ向イタモ、玉樹ニ棲遅、本位ヲハナレヌ、本位ヲハナレヌトキ、」王三昧不知ノ肌ヱダ、ト云モ、生出シタガ、何ニモサヱラレヌ時キ、王三昧ダ、王三昧ノトキ、十二時中」ガ不知ダ、爰ヲ、世尊三昧世尊不知、迦葉三昧迦葉不知、トモ云也、亦、棲遅玉」樹ト云ハ、空劫已前更已前ノナリダ、」

七、虚堂送人之成都頌、　智不到ノ処道ヘ二一句ヲ一、一句当レバ機ニ便チ到ルレ家ニ、宿鷺」亭前風擺レ柳、錦官城裡雨催スレ花ヲ、　師云、智不到道一句ヲ、代、不知々々、」心ハ、智不到ト云ニモ、マガイコトガアル、自己・智不到ト云トキノ智不到ハ、ヒキイゾ、道吾智不到」ノ時ハ、高イ也、此ノ頌ハ、道吾智不到ノ心ニ見テヨシ、ト云ハ、仏智・祖智不到ヨ、一句道ヱ、ト一拶」シタ、ホトニ、爰ハ、不知々々デ於タ、時キガ、智不到ノ一句当着ダ、師云、一句当機便到レ家ニ」ヲ、代、師ノ前ニ到テ、トツクト坐ス、心ハ、智不到ノ処ヲ云イ得レバ、ソコガ便家郷ダ、ホトニ、トツト坐シタ処ガ、」(55ウ)智不到当体ダ、ソココソ、家郷ヨ、師云、宿鷺――花ヲ、代、快哉ナ、繊毫モ力ヲ」不レ費、万里ノ本分一処ニ通テソウ、心ハ、宿鷺亭ハ、天童ニ有リ、此ノ頌ハ、虚堂ニテ」作也、錦官城ハ、蜀ノ成都ニ有リ、智不到ノ処ヲ、一句云タラウニハ、コヽノ宿鷺亭前ノ柳(風)」ヲ擺ウ処ニ、夫ノ儘錦官城裡、本分ノ処ハア郎ズゾ、ト云ガ、此ノ僧ノ処、指南也、ホトニ、宗旨デハ、」草鞋ヲツイヤサズ、本分ノ一処ニ通ズル、ト云ハ、生レ乍ラノ智不到ノ肌ニナリ得レバ、ソノ肌ガ則」本心当体也、師云、句ヲ、代、唯独自明了、余人所不見、心ハ、唯独自明了、智」不到当人也、爰ハ、余人所不見、更ラニヨリツク人ナシ、只是本分ノ一人マデ也、」智不到一句之透、七則終也、」智不到異弁眼透　五則」

一、南泉水牯牛、　二、玄沙三種病人、　三、南泉端居丈室、」

四、雪峰軽打我、　五、曹山不変異、」

一、南泉水牯牛、　私云、百年後トハ、命終テハ、ドコヱ向テ去リナサレン、ト問也、在レバ、作一頭水牯牛」去トハ、只タ門前ノ者ノ欄裡ノ牛トナ郎マデヨト也、処ヲ、僧云、

某甲随二和尚一去得ヤ不トハ、ソレナラバ、」(56オ)某甲モ和尚ニ随イ去テ、水牯牛トナリ申サンカト也、アレ

バ、汝若来喞ニ取一枝草一ヲ来トハ、汝若」随来タラバ、一枝ノ草
ヲ含ミ来テ、我ニ与ヨト也、サワリ無イ境界也、 師云、
水牯牛ノ肌ヲ、」嫌道ハ、ソレデモ無イ者、コレデモ無イ者、
イソ打ツ浪ノヲトデモ無イ者、知デモ無ク、不知デ」モ
ナシ、知不知ニ「落ヌガ、牯牛ノ全体タゾ、或ハ如々ノ体ト云
モ、向ヨ、代、師ノ前ニ「行テ、悠然ト立」テ、夫ノ儘帰ル、
心ハ、直ニ「水牯牛ノ往来、ト心得テヨシ、挙派ダト心得テハ、
サテヨ、師云、其ノ心ヲ、代、没」蹤跡、心ハ、知ニモ不
知ニモ、消息ヲ留メヌトキ、没蹤跡也、亦牯牛ノ肌ニ「ナツテ
見ヨ、ドコニ蹤跡ヲ」トメタコトガアル、ト云ハ、智不到
不汚染ノ肌也、 師拶云、夫レハ何ントテ、代、異トナツテ、
跡ヲクラマシテ」ソウ、師云、句ヲ、代、従冥入於冥、心ハ、
極暗ヲモ、極暗ヱツメタコト也、 師云、僧云、某甲」随和
尚去得不、ト云タキヲ、代、師ノ前ヱ行テ、忘然トシテ坐ス、
師云、ソレハドコホトノ在処」ゾ、代、無極大極トイワヌ
已然デソウ、 師云、汝若来喞取一枝草来、ト」云ヲ、代、
虚ノ一位デソウ、心ハ、南泉ハ、大虚ノ肚裡、虚位ニ「行履ナ
サレタニ依テ、ソツトモサ」カワヌ、虚位ト云ハ、本位ヨ、
ホトニ、本位ニ「叶ツタラバ、一枝ノ草ヲ含ミ来ラデハ、一枝ノ
草ト云ハ、本位」ノ一物ヨ、本位ノ一物ト云ハ、此ノ牯牛ノ
コトヨ、此ノ牯牛ニ、知不知、汚染、蹤跡ハ在テコソ、蹤跡」
(56ウ)ガアラバ、ヒヅメノヌケタコトヨ、」

二、玄沙三種病人、 師云、患盲・患聾・患唖底ヲ、代、師
ノ前ニ至テ、只坐シテ」居ル也、心ハ、爰ハ、アノ生レ乍
ラノ児童ナドガ、何ニ心モ無ク、トツクト坐シタマデヨ、
物ヲ見タガ、見」タ会無ク、声ヲ聞タガ、聞タト不レ思、物
ヲ云タガ、云タトシラヌ時キ、眼瞎・耳聾・口唖底ヨ、」時
キ、生下シタガ、本分ノ人デ居タ、是ヲ、向上ノ異人誰底
トモ云也、師云、句ヲ、代、無孔」鉄鎚、当面差過ス、心ハ、
無孔ノ鉄鎚ノ時キ、三種病人ダ、何セニナレバ、六根・六
識ハ」在レドモ、ソレニ行キヲトサレヌ時キ、無孔ヨ、扨
テ、承イ会処ガ出レバ、此ノ人ニハ差過シタコトヨ、 師
云、」地蔵珍出云、某甲有眼耳、和尚作麼生接、ト云タキヲ、
代、師ノ前ニ「至テ、師ニ「対シテ、トツクト」坐ス、 師云、句
ヲ、無孔鉄鎚抛当面、 心ハ、眼耳在テ、眼見、耳聞ニ引
レヌトキ、生出」シタガ、未分已前デ居タ、ホトニ、無孔
ノ鉄鎚ヨ、作麼生カ接、ト云ガ、当面ニ抛テ、玄沙ノ処ノ
引」キ見羊也、ホトニ、玄沙モ慚愧ト云テ、便チ帰方丈ダ、
爰ニ、コトハ無イ、我レ是レハヅルノ「ミダ、」心得、肝要也、
亦碧岩ノ参ニ、委ク在リ、亦別ニ「有リ、」
三、南泉端居丈室、 師云、端居丈室、将レ「何指南、ト云ヲ、
代、昨日者今日ニ「ヲト」
(57オ)ロヱ、今朝ハ今霄ニヲトロイテソウ、師云、昨夜三更失却
牛、天明起来失却火ヲ、」代、水草ヲカヲウ伎倆モ無ク、火

ヲ吹キ立ウズ伎倆モソウヌ、師云、句ヲ、代、寒炉無火、」独臥虚堂、師云、独臥シタ人ヲ、代、一把柳枝収不得、和風玉欄干、心得大事、」

四、雪峰軽打我、当則ハ、閻王ヨリ銀交床ヲ送テ、雪峰ニ与ル也、ソコヲ、僧、和尚、大」王ヨリ如是ノ供養ヲ受ケテハ、何ニヲ以テ報答セン、ト問ヱバ、両手ヲ以テ托レ地、ト云ハ、地ヲヲサ」ヱテ、汝ガ云如ク、此ノ羊ナ信施ヲ受テハ、報ゼン羊ガ無イホトニ、必ズ地獄ノセメヲ受ケ、閻羅ノ」鉄棒ヲ喫セウズ、夫ノ時キ、軽ク我ヲ打テクレヨ〱ト、此ノ僧ヲ直ニ閻羅大王ニシテ、答ヱナサレ」タ、マコトニガマンナイ心意ダ、ナト云モ、岩頭ニクツトヤスリ落トサレテ、皮肉骨髄、人我ノ間ガ、ツンヌ」ケテ、虚々霊々ノ肌ヱ、未生已前ノ根本ニモトヅイテ於テノサタダ、此ノ心地ニナリ得タラ」バ、万両ノ黄金モ消セデハ、師云、雪峰軽打我、々々、ト云タルキヲ、代、天ノ皮ノ火打袋、」ト云テ、カゴヲタ、イタ、心ハ、是レハ世話ノ語ナレドモ、衲僧熟処ノ肌ニ取テ、心得ノアルコトダ、」世法、仏法トモニ離却シテ、未出已前ノ肌ニナラズンバ、知ルマイ、師云、句ヲ、代、娑婆往来」八千度、是レハ、四種ノ異類ノ内、往来異類ノ心ヲ以テ見可シ、世尊ナドモ、娑婆」(57ウ)往来八千度シテ、種々ニ化身シ、往来シテ、人ト成リ、非人トナツタレドモ、根本本分ノ心ハ」変ゼヌゾ、ホトニ、種々ニ類シタガ、異デ居タゾ、ホトニ、知識ノ心デ、大王ヨリ受ケタ信施ガ、報」ゼラレズンバ、馬ニモナリ、牛ニモナツテ、報答シ羊ズ、ト云ハ、本分ノ心ニ、変動ガアルニコソ、爰ヲ」以テ、大王ヲモスクヲウズ、」

五、曹山不変異、師云、曹山不変異処ニ去、ト云タキヲ、代、金鎖玉関ノ処ニ」至テ、却テ這裡ニ行履デ走、是者却来也、師云、不変異処豈有去、ト」云ヱバ、曹山云、去亦不変異、ト云タキヲ、代、下ツタガ、ケタカイ人デソウ、師云、句ヲ、代、」花柳巷中呈舞戯、九衢重（承）酔臥楼台、引而、紫雲丹中人、還遊」楊柳巷、又、春風狂乱酒店人、」

智不到異弁眼透、五則終也、

智不到転処透、七則

一、宏智親切為人底句、二、雲門北斗裡蔵身、三、羅山起滅不停、」四、仰山半月相、五、仰山鏡撲破、六、天童宗珏上堂普天匝地、」(58オ)七、宏智上堂蘆花雪、」

一、宏智親切為人底句、宏智小参、僧問、如何親切為人底句、師云、」文彩未痕初、消息難伝際、文彩未痕初、消息難伝際、ト云ハ、」正位ヲ指ス也、正位ト本位トニハ、差ガアル、正位トハ、那辺也、本位トハ、那時也、親切為人」底句、ト問ホトニ、文彩未痕初、消息難伝際、ト正位ヲ示ス也、是レガ、親切為」人底ノ旨也、僧云、可謂虚明自照、不労心力トハ、正位一片ニシテ、虚明自照ノ処ハ、万境モ無イ」ホトニ、光リガ光ヲ照シタマデ也、処ニ、心力ヲ労スルコトハゴザ無イ、ナト云ホトニ、師云、卓々不倚物、霊」々那渉縁トハ、正位ハ卓々トシテ万物ニタヨラズ、霊々トシテ諸縁ニ渉ラヌ処タゾ、ト也、処ヲ、」僧云、莫二便是十成底ノ時節一ルコト也無、ト云ヱバ、透二過シテ那辺一看ヨ、方ニ有二出身ノ路一、」ト也、師云、親切為人底句ヲ、代、二八ノ男女ノ、ホツカト打合スル当頭デ」走、師云、句ヲ、代、祖仏凡夫不相犯、長松万戸鶴眠深、師云、虚明自照、不」労心力ヲ、代、六鑿エイ糢糊混沌全、師云、掲開金鎖裡頭看、隠々風光元」自異ヲ、代、師ノ前ニ至テ、両手ヲ展テ、トツクト眠テ、ウシロヱコロブ也、師云、不是那」(58ウ)辺事、ト云ヱバ、僧云、如何是那辺事、ト問タキヲ、代、空空ニアラザルガ、那辺ノ事デソウ、」師云、瑠璃殿上行、撲倒須粉砕、心ハ、瑠璃殿上ニ棒喝ノサタハアルマジイカ、何ニト」粉砕シタゾ、代、瑠璃殿上ニ至ツテ、至ツタト思ワヌ時キ、粉砕デソウ、師云、句ヲ、代、坐レ正」不楽正、師云、更須退歩就己、方能徹底相応ヲ、代、師ノ前ニ行クヨウニシテ、」アトヱ三足退歩シテ、キツト斫額シテ云、サテモ窮恨ハナシ〳〵、師云、子帰就父、為」什麼父全不顧ヲ、代、一人ノ時キ、二人トアツテコソ、カヱリミヨウズレ、師云、句ヲ、代、刀斧」斫不開、師云、理合如レ斯、父子之恩何在、始成二父子之恩一、如何是父子恩ヲ、」代、親子一枚ノ時キ、弁白ハソウヌ、師云、句ヲ、代、線道難分、師云、誕生王子、是須」レ有レ父、王子ノ父ヲ、代、涙落痛腸、向上ノ愁意也、師云、个中若了二全無事一、」体用何妨分与不分ヲ、代、真常一色デソウ、師云、犀因翫月紋生角、象被雷」驚花入牙、ト云タキヲ、代、妙尽テ本無ノ妙デソウ、師云、翡翠踏翻荷葉雨、」鷺鷥衝破竹林煙ヲ、代、妙ニシテ更ニ妙也、師云、ソレハ何ントテ、代、サテ何ントシタゾ〳〵、」

二、雲門北斗裡蔵身、師云、透法身句ヲ、私云、雲門モ、睦州門コンデ、ホツキ」(59オ)折脚ノ時節、凡ヲ転シテ聖ニ入ル、夫ノ当頭、人我ヲ離却シ、白地ノ肌ニ落付タ、処ガ、法身地、」一色ノ交リ物無イ肌ヱダ、ソコヲ透リ過レバ、北斗裡ニ身ヲ蔵ス也、北斗裡ト云ハ、紫微殿デ、」内裡デモ一高イ、ト云ハ、本位向上也、代、師ノ前ニ行テ、一寸ト仰面スル也、心ハ、爰ノ仰面者、」キツト見上ル処デ、法身地ヲ透過シテ、北斗裡・本位ニツク也、師云、句ヲ、代、掲開金鎖裡」頭看、隠々風光元自異、心ハ、キツト仰面ガ、金鎖掲開ダ、ソコデ、裡頭ヲ看ル、那時・」向上・極則ノ一位ニ赴ク也、隠々風光元自異、コヽハ、何ントモ弁白無ク、風光隠々トシテ、手ガツカヌ、」ホトニ、北斗裡、異ナ景ニ乗ズルガ、身ヲ蔵シテ、向上ノ主ニ淵底也、爰ニ、ニ云イコトハ無キ也、」

三、羅山起滅不停、　私云、起ハ、生也、滅ハ、死也、ホトニ、起滅ハ、生死ノ二路也、ホトニ、羅山モ、」此ノ生死ノ二路ヲ不停トハ、クツト踏離シテ、本分・本位ニ到着ノ処ヲ問也、石霜モ、直須」寒灰枯木ニシ去コトト云ハ、那時ノ兼対デ、起滅ノサタハ無イ、亦一念万年ニシ去コト、大功一色ノ」処ニシテ、起滅ノサタハ無イ、亦函蓋乾坤ニシ去コト、自己一色ニシテ、起滅ノサタハ無イ、亦純清」絶点去、誕生一色ニシテ、起滅ノサタハ無イ、ホトニ、ドコデモ、起滅不停ニシテ、住着無イ道」理ヲ示ス也、アレドモ、羅山不レ契、復謁二岩頭一ニ、理ル二前問一ヲ、頭喝云、是誰起滅ス、」(59ウ)ハ、ホカト一喝スル処デ、生死ノ二途ヲツ、ハナレタ、時キ、起滅不到ノ正当ニ至ラシメ羊タ、ホトニ、」一喝ノ正当ガ、肝要タ、爰デ、羅山モ大悟スル也、　師云、起滅不停ヲ、　嫌道ハ、」何ント挙スヲモ、夫レハ起滅ノ間タゾ、生死ニツナガレタゾ、ト嫌也、代、一喝放身ス、師云、句ヲ、」代、渠無国土、　心ハ、一喝ノ正当、起滅生死ヲツ、ハナレタ也、夫ノ直下ガ、渠相見ダ、渠」ト云ハ、無相ノ本心ヲ、本心ト云ニ、起滅ノサタハ無イ、起滅ノサタ無イ時、国土無シ、向上ニモ、向下」ニモ、住着無キ也、　師云、石霜答話ノキヲ、代、迢々空劫不収得、豈為塵」機作繋留、

　心ハ、起滅ノ両位ヲサヱ、クツトツ、ハナルレバ、寒灰枯木ノ処ヲモタノシマズ、」一念万年ノ処ヲモタノシマズ、函蓋乾坤ノ処ヲモタノシマズ、純清絶点ノ処ヲモタノシマヌト」キ、向上ニモ、向下ニモ、シトメヌ、サテ、ドコニナリトモ住着ガアラバ、起滅ヨ、師云、畢竟ヲ、代、渠」無生老相、心ハ、此ノ渠ト云ハ、無相無形ナホトニ、起滅ノ○相、生死ノサタハ無イゾ、」

四、仰山半月相、　師云、仰山於地上、画半月相キヲ、代、是者、陰ノ始リデソウ、師云、」僧近前、添作円相シタキヲ、代、是ガ、陽ノ起リデソウ、師云、仰山ト、此ノ僧ノ処ニ、手ヲ入レヨ、」代、陰陽一般デソウ、心ハ、潙仰宗者、体用一致、父子同条、一円相ヲ以テ、建立シタ家ダ、」(60オ)ホトニ、体用ハ、陰陽ノ二ダ、陰陽一般ノ処ヲ、尽不尽相対、君臣合道、至覚本覚」一致、一円相ノ処トモ云也、総別吾ガ宗ハ、体計リデモナラズ、用斗リデモナラヌ、体用ヲ推シ立」テ、ヲイテ、体用ニ落ヌ処ヲ、肝要トシタコトタ、仰山ノ、地上ニ半月ノ相ヲ画テコザアルハ、体ヲ」アラワシテ、用ヲ欠タ処ヲ、此ノ僧、添テ作円相ガ、用ノアラワシ羊ダ、爰ヲ、体用一致ト云タ、挙派モ、」夫ノ心也、師云、此僧以脚抹却シタキヲ、代、天モ無ク地モソウヌ、心ハ、天地ハ、陰陽・体用」ノ二ダ、脚ヲ以テ抹却シタ処ハ、天地・陰陽・体用ノサタ無イ処タ、爰ガ、未出已前、無極本分ノ処デ」ソウ、師云、句ヲ、代、彼此混然、無分般処、心ハ、陰陽未タ分タズ、体用ニ落ヌ処也、師云、」仰山、展

両手タキヲ、代、眉分八字、心ハ、抹却迄テ丶ハ、吾ガ宗
ハ沈ンデ行クホトニ、両手ヲキツト展」ルガ、沈ヌ幾、体
用ノ分チ羊ダ、向ミレバ、体用・陰陽ガ、八字ノ眉、二儀
ノ分チ也、爰ヲ以テ、」吾ガ宗ハツ丶イタ、師云、僧払袖便
出デタキヲ、代、師ノ前ニ行テ、払袖シテ帰也、心ハ、爰ニ」
云イコトハ無イ、心得大事也、」
五、仰山鏡撲破、師云、鏡ノ定ヲ、代、大極已前ノ無極デ
ソウ、爰ヲ、古鏡ト云也、」一円空ノ所也、当則者、仰山
寂禅師住二東平一時、潙山附シテ二書并ニ鏡一面一至シ、」
(60ウ)師陞座シテ授書、乃提二起鏡一ヲ、示レ衆云、大衆、潙山将レ鏡来
ム、而今且道、是潙」山鏡、東平鏡、若是道二東平鏡一ト、又是
潙山寄来、若道二是潙山鏡一、又」在二東平這裡一、道得即存
取ン、道不レ得即打破去也、如是三ビ挙ス、衆皆無」レ対、師
乃撲破、師云、撲破ノキヲ、代、〔烏カ〕鳥亀落漆桶、」
六、天童宗珏上堂云、普天匝地玉玲瓏、雪屋ノ人ハ迷二一色ノ
功一ニ、鞭二起白牛一ヲ」顕二頭角一、独依二欄干一ニ立二東風一ニ、師云、
普天匝地玉玲瓏ヲ、代、ホツクト生レタ」端的デソウ、師
云、夫レガ何ンゾトテ、誕生一色デハアルゾ、ソコニ句ヲ、
代、但莫憎愛、洞然明白、」師云、雪ヲ、代、智不到ト云可
キヲ、雪ト云テソウ、師云、屋ヲ、代、主ト云ヲウズヲ、
屋ト置テソウ、」師云、句ヲ、代、主無主相真為主、師云、
迷二一色功一羊ヲ、代、線道難分処、須」是知不渠、師云、
鞭起白牛顕頭角ヲ、代、牛頭按尾上、豈借大陽機、師云、」
独依欄干立東風ヲ、代、歩々酔倒酒店人、又、春風狂乱酒
店人、異ニ、」四句ヲ、依欄独自立東風共、在之、可見合、」
七、宏智上堂、蘆花雪明月船、三更嶺不留猿、参、師云、
蘆花雪ヲ、代、」
(61オ)自己空寂デソウ、師云、句ヲ、代、但莫憎愛、洞然明白、
師云、明月船ヲ、代、忘然」トシテ坐ス、師云、句ヲ、代、
月船不犯東西岸、師云、三更嶺ヲ、代、那時デソウ、師云、
句ヲ、代、」誰知陰々青山裡、画子抛筆無如何、師云、不
留猿ヲ、代、誰レ知〱、師云、」句ヲ、代、功処離時智全
空、寂々寥々絶消息、師云、参ヲ、代、休去ル也、」智不到転
処、七則終也、」

智不到不転透、」

一、夾山境、二、巴陵吹毛剣、三、万法不侶、」四、宏智清
白伝家雪月光、五、石霜無鬚鎖子、六、浮山八十翁々、」七、曹山
諸仏本源、八、宏智心不能縁、九、世尊生下棒、」
一、夾山境、此ノ古則者、指出シテ、智不到不転トサタスル事
ダ、夾山一世ハ、花亭ニ於」テ、船子ニ橈子ヲ以テ、水中ニ打
落セラレテ、徒ニ口ヲ開、或ハ点頭、山下ノ処デ、此ノ事ニ契」
当シ、本位ノ一景ニ乗ジタ、ト云ハ、人我、意識、我相・人相
ノ間ヲ泯絶シテ、船子モ」無ク、夾山モ無イ処ニ落付ガ、境淵
底ノ旨ダ、ホトニコソ、如何是夾山ノ境、ト問ヱバ、猿抱子」

（61ウ）帰青嶂後、鳥啣花落碧岩前、ト夫ノ儘境ヲ答ヱタ、ト云ハ、全体ガ境ダ、爰」ラハ何ントモ云ヱバ、境ノ話会却ダ、何ゼニナレバ、挙シ挙着ガアラバ、何ニガ境ノ全体デハア郎」ズ、爰ヲ大涅槃ノ地トモ云也、或ハ亦、大涅槃、最大涅槃トニハ、差ノアルコトダ、大涅」槃ト云ハ、智不到不転、最大涅槃ト云ハ、兼中到ノサタ也、涅ハ不生、槃ハ不滅ナホトニ、」生死不到ノ処ガ、夾山ノ境也、爰ヲ、或ハ大人ノ境界トモ云也、亦、古人ニ、夾山ノ境、ト問ヱバ、」大用現前、不存軌則、ト答ヱラレタモ、大用現前ノトキ、境淵底ノ境界ダ、爰ニ、軌則ハ」無イ、爰ヲ、或ハ亦、月不知明月秋、トモ云タ、ト云ハ、満身照シタ時キ、照シタト知ラヌ、ト云ハ、」人相・我相ノ出デヌコトヨ、是レガ、境淵底ノ肌ヱダ、ホトニ、批判ニモ、我二十年只作二境ノ話」会却一ヲ、ト法眼モ云ワレタ、ト云ハ、境ノ話ヲ、ドノ向ノト云テ、会却シテアツタハ、錯タ、ト云也、」何ゼニナレバ、会却ガアラバ、境ト隔タコトヨ、処ヲ、浮山ノ遠ハ、直饒不レ作ルモ二境話会一ヲ、」亦未レ会在トハ、ソウモ早ヤヲトシツクレバ、話会タゾ、ホトニ、境ノ話会ヲ作サヌト云モ、未」ダ会セヌ者ゾ、トヤスツタゾ、夫レ何ニガ故ヱゾ、ナレバ、犀因翫月通紋角、象被雷」驚花入牙トハ、犀ハ月ヲ翫ニ因テ、不覚紋ガ角ニ生ズルゾ、象ハ雷ニ驚サレテ、」（62オ）不レ覚花紋ガ牙ニ生ズルゾ、向見レバ、話会ヲ作サヌ、ト云モ、早ヤ境ノ話会ゾ、爰ニ、」雑談ガアル、先師ニ此ノ古則ヲアヅカツテ、老僧ノアルガ、八年ツマツテ、呈シ羊ズ様モ無クシテ」コサアル時分、和尚ヲリシモ八月中旬ノ時分、縁ニ椅子ヲ立テ、、参学ヲアシライナサル」、也、マコトニ八月最中ノ時分ナホトニ、月キサヱニサヱテ、月色昼ノ如クナヲリカラ、庭上ニ柳」ノアル下ニ、ツマツテ、アツカトシテ我ヲ忘ジテ、右ノ老僧立テ居ラレタヲ、和尚ゴラン在テ、」当則ヲ許シテゴザアル、ト云ハ、アツカト我ヲ忘ジテ立テ居タコソ、月、明月ノ秋ヲ知ラヌ」肌ヱヨ、爰ニ、話会却、人我ハ在テコソ、時キガ、境淵底ダ、爰ヲ、智不到不転ノ境」界ト云也、転ズルト云ハ、功作修行ヲ尽シテ、境界ヲカラシ〳〵シテ至テ、本位ニモトヅクヲ」云、扨テ、不転ト云ハ、智不到ノ処路更ニ不レ転コトヨ、ホトニ、転シテ本位ノ景ニ乗ズルハカイ無」イゾ、夾山ハ、橈下点頭三下ノ処デ、不転・那時・向上ニ叶ツタゾ、爰ガ、不転ノ坐地也、爰ヲ」バ、月不知明月秋ト云句デ、心得テヲカシ、或ハ六祖道体ナドモ、コ、ラデサタスルコトダ、亦タ、」馬祖ナドノ不安〳〵ト、四百四病ヲ、クツトヤミヌイタ旨ナ事コソ、境淵底ヨ、師云、夾山境」ヲ、代、師ノ前ニ至テ、トツクト坐ス、師云、句ヲ、代、蚌含明珠、心ハ、ハマグリガ、風波ノトツクト納タ時分、」（62ウ）何ニ心ロ無ク、アツカト口ヲ開テ居タヲ見ヨ、満懐ガ、明珠タゾ、此ノ肌ガ、境淵底也、師云、答」話ノキヲ、代、師ノ前ヱ至テ、トツクト坐徹シテ、ウシロヱフラリ、前ヱフラリトシテ帰ル也、心ハ、猿」抱子帰青嶂後、ウシロヱフラリ、鳥啣花落碧岩前、マヱフラリ、何〔ンノ〕技倆モ無イ、」時キ、主ニ主相無ク、人我意識ノツブレタ肌ヱヨ、師云、爰ラニ、着語ハ無イ、在レドモ、後」代ノ為ニ、着語ヲシテヲカシ、代、所作皆已弁、既知到涅槃、心ハ、所作話会〔ノ〕」問ヲ、クツト忘シテ、既〔ニ〕涅槃〔ニ〕至ツタコソ、境淵底ヨ、衲僧ハ、十二時中涅槃ノ路頭〔ニ〕立テ」居タ、時キ、生死透脱、所作無イ境界ヨ、」

二、巴陵吹毛剣、師云、僧問巴陵、如何是吹毛剣、陵云、珊瑚枝々撑着月、」問答一般〔ニ〕、代、師ノ前〔ニ〕至テ、坐禅〔ス〕、心ハ、吹毛剣ト云ハ、本心ノ事ダ、爰ヲ問ホトニ、珊瑚」枝々撑着月、ト答ヱタガ、一剣当体〔ノ〕境界ダ、先ヅ珊瑚樹ト云ハ、海底〔ニ〕アツテ、三四尺〔ノ〕樹」也、トアル、アルガ、昼夜ノサカイ無ク、波ガ打チカ丶ル〔ニ〕依テ、片時モ枝〔ニ〕露ガタマラヌ、蓦夜半〔ニ〕至テ、」風モ収リ、波ミモ打チ休ンデ、海上静ナ時分、晴レ切テ、雲モカスミノ無イ折リカラ、枝々葉々〔ニ〕」玉露ヲヲクニ依テ、天上ノ月光ガ、枝毎ニカツカト照リ撑テ、コラヱヌ夜景ダ、爰ヲ、宗旨」(63オ)〔ニ〕取テハ、海底ト云ハ、自己法性ノ淵源、珊瑚樹ト云ハ、白色ノ境界ノコトヨ、枝々ハ、手足ダ、月ハ、」心月也、ホトニ、初更ヨリ二更・三更ト、坐劫ヲ重子〳〵至テ、自然〔ニ〕念労工夫モ休ンデ、会得・」識情・人我・六賊モ収テ、自己ノ識浪・情波モシヅマリ、出息入息モ断テ、吹クヲトセズ、アツ」カ忘然ノ正当、○〔月モホガラカニ照ラシタマ、〕ヲ、坐禅ノ床ト云タ、是レガ、吹毛ノ剣当体ノ旨タ、ホトニ、挙派モ、トツクト坐徹ノ」正当、三百六十〔ノ〕骨節、八万四千ノ毫竅、手〔ノ〕サキ、足〔ノ〕サキマデ、一本〔ノ〕剣光デサ丶ヱ、心月ノ」光リデカ丶ヤキワツタ、サテ、悪クスレバ、剣ニハギレガデキ、サビガウキ、月ガクモルゾ、師云、句ヲ、代、十箇」指八个丫、心ハ、是レハ、古徳ニ祖師西来意、ト問ヱバ、十个┃┃丫ト答ヱタ、ト云ハ、合掌良久」ニシテ、坐禅ノヨウダイ也、坐禅ノ正当ノ傾ヌ時キ、来意、吹毛剣光スキ無ク、枝々月照シテ、」人我無キ也、爰ヲ、智不到不転ノ境界トモ、末後本分ノ行履トモ云也、」

三、万法不侶、師云、不侶底人ヲ、私云、龐居士ノ問意ヲモ見サシ、万法ニ侶テ、不」〔レ〕為〔レ〕侶者、是甚麼人、ト問タガ、聞キ処ダ、ト云ハ、万法〔ニ〕対シテ解会ヲ生ズルハ、万法〔ニ〕「カ、ワツタ」コトタ、万法〔ニ〕対シタガ、解会・納得〔ノ〕出デヌ時キ、万法〔ニ〕引キヲトサレヌコトダ、ホトニ、馬大師モ、待汝」一口吸尽西江水来、即向汝道ン、ト云ハ、不侶底当着ノ旨○〔ヲ示〕シタコトダ、ト云ハ、自己法性」(63ウ)海〔ノ〕識浪・情波ヲ、タツタ一口ニ呑乾シテ、人我・意識ナクナツテ、生レヌ前ノ境界□〔（虫損、トカ）〕」ナリ得テ来レ、トセメツメル処デ、於言下有省、ホカト不侶底ニ叶ツタ、此〔ノ〕境界ヲ、一句智不到」不転ノ肌ヱトモ云也、代、師ノ前ニ至テ、両手ヲ左右ヱ出シテ、口ヲ開テ、アツカト坐ス、師云、」句ヲ、代、清波不犯意自殊、心ハ、坐徹一片ノ時キ、承イ・会得ハ出デヌ、時キ、万法」ヲソ、カサズ、不侶底当着也、師云、夫ノ句ヲ、本則ニ合セヨ、代、清波ハ万法、不犯異ナ」意ガ、不侶底デソウ、心ハ、天童ノ、三千刹海一成秋、明月珊瑚冷相照、ト云ヲ」以テ心得ヨ、」

四、宏智上堂云、清白伝家雪月光レリ、玉壷裡有転身方、情「乾識尽功」勲断、不覚全身入帝郷、師云、清白伝家雪月光ヲ、代、尽ノ功ト、不尽ノ」功ト、一枚ニ相映シテ、毫髪ホトモ隔テヌ処デソウ、師云、ソレハ、ドコソ、代、不転一色ノ地デソウ、」師云、伝家ヲ、代、此ヨリ彼ヱ、ツタヱテソウ、師云、玉壷裡有転身方ヲ、代、玉人端坐」白牛車、師云、情乾識尽功勲断ヲ、代、先聖ノサタモ無ク、功ノ沙汰モソウヌ、」師云、不覚全身入帝郷ヲ、代、白銀盤裡在妙処、」

(64オ)五、石霜無鬚鎖子、石霜僧問、如何是和尚深々処、師云、無鬚鎖子」揺両頭、師云、深々ノ処ヲ、代、大口忘然トシテ坐ス、師云、無鬚鎖子揺頭レ両ヲ、代、」今時ニモ揺キ、久遠ニモ揺テソウ、師云、句ヲ、代、端坐一念超久遠、一毫動即是」今時、」

六、浮山八十翁々、私云、吾ガ家デ、曲ト云ハ、那一曲ノ事ダ、宗風ト云ハ、宗旨ノ道風ノ」事ダ、ホトニ、五家七宗トモニ、此ノ一曲ハ無クテカナワヌ、唱ヱルト云イ、嗣グト云ハ、相続不断ノギダ、上代」ニハ、世尊ノ花ヲ拈ジテ衆ニ示スガ、吾ガ家ノ曲ノ調べ羊ダ、迦葉ノ微笑ガ、曲ノシラべ起シヨウ、唱」ヱ〇（羊）タ、亦、一花ヲ急度拈ズルガ、道風ノ起リタ、飲光ノ微笑ガ、宗門ノ道風ノ嗣ギ起シ羊也、済」下デハ、一棒一喝ヲ行ズルガ、此ノ曲ノ弄ジ羊、洞上デハ、偏正・君臣・理事・黒白ト唱ヱルガ、此ノ曲」ノ弄処、潙仰宗デハ、体用一致、父子同条、ト沙汰スルガ、此ノ曲ノ弄シ羊、雲門宗デハ、閃機」電転新定機、ト行ズルガ、此ノ曲ノ弄ジ羊、法眼宗デハ、尽十方一顆ノ明珠、未挙揚、ト」云ガ、此ノ曲ノ弄ジ羊ダ、此ノ一曲ヲ、夫ノ家々ノカヽリニ唱ヱテ、弄得スルガ、夫ノ家ノ宗風ノ嗣」ギヲコシ羊ダ、師云、済下デ一曲ノ得羊ヲ、代、躍倒放身ス、師云、洞上デ、一曲ノ」(64ウ)得羊ヲ、代、師ノ前ニ至テ、トツクト坐ス、心ハ、済下デハ、躍倒放身ノ時節、人我・識情」ヲ脱離スル処デ、赤肉元来不会、ト落ツク処デ、仏法ノ大意ト云、馬祖下ノ那一曲ニ当」体スル也、扨テ、洞上デハ、二十年修行ノ功力ヲ尽シテ、心地ノ憎愛・意識ヲ、トツクト納テ、」大功一色、智不到不転ノ境界ニ至ル処デ、空劫已前ノ本分ノ一曲ヲシラべ得ル也、」此ノ曲ヲ唱ヱ得ルガ、夫ノ家ヱ〳〵ノ宗風ノ嗣羊也、師云、八十翁々輥繡毬、ト云ヲ、代、」落、心ハ、此僧モ、浮山ハ、済下ノ一匠ナガ、洞上大陽ノ法嗣ト云ハ、不審也、ト思ウテ、」師唱誰家曲、宗風嗣阿誰、ト臨済・曹洞ノ両位ヲ含ンデ問也、処ヲ、八十翁々輥」繡毬、ト答ヱタハ、両家ヲ一句ニ展ル也、八十翁々ト云ハ、済下デハ、老極、洞上デハ、功極也、輥」繡毬ト云ハ、〇少年ノ戯レ也、（斉下デハ）洞上デハ、不功ノ人ノ作也、ホトニ、老極ノ人ガ、輥繡毬レバ、少年ノ戯レダ、」扨テ亦、少年ノ戯レト思ヱバ、老極ダ、済下デ、老不老ニアヅカラヌ人ガ、洞上デハ、功無功・偏正ニ落」チヌ人ダ、ホトニ、シナコソ代レ、本位ハ一ツダ、此ノ老不老・功位・偏正ニアヅカラヌ人ニ叶ウガ、両家ノ曲ノ」唱ヱ羊、臨済・曹洞ノ宗風嗣続ダ、ホトニ、落者、始也、終也、亦、始終ニ落ヌ処ヲ云也、」此ノ字、心ヲ云ニ、杖子ナドガ、ホツカト縁ノ板ノ上ニヲチテ、吾ト上ヱ、ハ子上ツタ如クタゾ、上」（65オ）ヲバハナレ、下ヲバハ子上ツタ、ト云ハ、上下ニタ、ヨワヌ旨也、ホトニ、浮山ノ、八十翁々輥繡毬、トヲ」セラレタハ、済下デハ、老不老ニカ、ワラズ、洞上デハ、功位・偏正ノ両位ニアヅカラヌ、不転正当」ヲ、落ト見可キ也、師云、一句迥然問祖冑、三玄〔戈甲脱カ〕振叢林、ト云タキヲ、代、分明不」顕仏祖霊機、心ハ、恁麼ナラバトハ、ソレナラバ、馬祖一句ノ迥然タル祖師禅ノ甲冑ヲ、」ヒツ立テ、開キ、臨済已来ノ三玄ノ戈甲ヲ、叢林ニ振イナサル、ナ、ト此ノ僧ハ、答話ノ」旨ヲ会セズシテ云也、ホトニ、挙着モ、仏祖ノ霊機ト云ハ、宗門肝要、本分ノ一幾ノコトダ、臨」済下デハ、三玄・三要・四喝・四賓主・四料簡ト、祖冑ヲ開テ、戈甲ヲ振テ、人天ヲタブラカシ、」売弄シタ、ト云モ、仏祖ノ一機ヲ、ムズトヲシカクシテ於テ、ハタラク也、亦、洞上デモ、君臣・偏」正・功位トサタシテ、尽クヲ行ズルモ、仏祖ノ霊機、本分ノ一機ヲ、ヒソカニカクシテ、アラワサズシテ、」天下ノ人ヲ当行シ、宗風ヲ振也、向ミレバ、ドレモ家々ノ建立ハ、一ツ者也、師云、李陵」元是漢朝ノ臣、ト云キヲ、代、偏正曽不離本位、心ハ、李陵将軍ハ、時代ノナラ」イ、身命ヲステ、ハ如何ガセン、ト早クヱビスノ国主ニ降参シタニヨツテ、ソツトモ身ニケガヲセヌ、ト云心ハ、」ドコニヲツテモ、漢朝ノ臣下ヨ、心ハ、変ズマイト云ノ旨也、是レガ、浮山ノキトウ也、大陽ニ法」（65ウ）ヲ得テモ、夫レハ、時キノ投子ヱノ取リツギ、吾レハ県レ葉ノ嫡子也、ト云ノ心也、挙着ノ心モ、」タトイ偏正中ニ身ヲ横テモアレ、元是本位ノ主ト見レバ、本位ヲバハナレヌゾ、時キガ、ヱビ」スニ居テモ、漢下ノ臣ダ、師云、投子青頌云、月裡無根草、山前枯木花、此ノ」両句ヲ、一句ニ、代、偏位雖為偏還正、正位雖為正還偏、心ハ、月裡トハ、」功処、無寸草トハ、位、山前トハ、位、枯木花トハ、功処タ、ホトニ、功ハ偏位、位ハ正位ダ、在ルガ、偏カト」スレバ正、々カトスレバ偏、回互宛転シテ、ドツチニモアヅカラヌ処ガ、中ノ一人、功位・老不老ニ」落ヌ主也、師云、雁回沙塞後、砧杵落誰家ヲ、代、陰陽ニ落ヌ処デソウ、」師云、句ヲ、代、不陰不陽、而中間有不遷位、心ハ、雁ガ沙塞ニ回レバ、春也、」砧杵ガ、人ノ家ニヲトヅレバ、秋也、ホトニ、秋春ハ、陰陽ノ二ツ、向上向下ノ二也、陰陽ニヲチ」ヌ処ハ、中間不遷ノ一位也、爰ガ、投子ノ家デハ、功位・偏正ニ不落ヌ本位也、処ニ、一曲」ハア郎ズ、亦、月裡無根草ハ、位、山前ノ枯木花ハ、功、此ノ二句ハ、功位ニトサタシテモヨシ、」

七、曹山諸仏本源、師云、諸仏本源ヲ、私云、何ニトモ云ウ間、挙ス間ハ、末派タゾ、」本源デハ無イゾ、爰ハ、修行功作ノ間ガ、クツト尽キハテ、、功勲孝養ノ沙汰ヲ絶シタ処」〔66オ〕タ、処〔衍字カ〕タゾ、或ハ空劫已前ノ一位、誰ノ本居ト云モ、爰ノ事ヨ、代、師ノ前ニ至テ、アツカト坐シテ」居ル也、師云、夫ノ心ヲ、是レハ、足土ノ見羊也、亦、如前挙ス、師云、千峰月照更」無月ヲ、代、徹底不知ノ時キ、不知ノ沙汰ハソウヌ、心ハ、是レハ白一色ノ功処デ、即」無功ヲ心得タコト也、ホトニ、徹底不知ハ、智不到ノ境界ダ、智不到ニヨク淵スレバ、其ノ不知」ヲモシラヌ時キガ、本分本源ニ至ルノ旨ダ、師云、句ヲ、代、玉壺裡有転身方、心ハ、」玉壺裡ト云ハ、大功一色、智不到也、ソコニ転身ノ方有リ、本位淵底也、是ヲ不転ノ」転ト云也、」

八、宏智上堂云、心不能縁、口不能議、直饒退歩荷担スルモ、切忌当頭諱触、私云、」心不能縁トハ、心ロヤリ在テモ、及ビ難一処ガアル、口不能議トハ、口頭デモ展ベラレヌ処ガアル、ソコハ、」ドコゾ、マギレヌ本位ヨ、爰ニ至テハ、直饒退歩シテ荷担シタ、ト云モ、ヤレ当頭ノ諱ニ触レ」タコトタゾト、ホトニ、宏智モ、切忌ム〳〵デ、手ヲツケヌゾ、師云、心不能縁、口不能議ヲ、代、師ノ」前ニ至テ、大口忘然トシテ坐スル也、心ハ、爰ハ、諸縁ニ引レズ、擬議ニワタラヌ処、本分ノ」一位、幽遠ノ一処也、爰ヲ、智不到不転ノ境界トモ云也、師云、句ヲ、代、卓々不倚物、」

〔66ウ〕霊々何渉縁、心ハ、物ニタヨラズ、縁ニワタラヌ時キ、不転一色、独在ノ当人ダ、是」レガ、本来本分ノ一位ニ叶ウ底ノ肌ヱヨ、悪クスレバ、諱ニ触レ、当頭ヲヲカスゾ、ホトニ、切忌ム〳〵、」ト云ガ、夫ノ家ノ巴鼻也、師云、宏智良久云、風月寒清古渡頭、夜船撥転」瑠璃地、ト云ヲ、代、師ノ前ニ到テ、斫額ス、師云、句ヲ、代、清波不犯意自殊、心ハ、」風月寒清トハ、風寒ク月清シテ古渡ノ頭リモ、人ト不見、白一色ノ瑠璃ノ地ダ、此ノ地ヲ、」夜船ニ乗シテ、ソツト向ウ撥転スル処デ、兼中到ノ一位ニ至ツタ、ホトニ、清波不犯地ガ、風月寒」清古渡頭、白一色、上下一牧〔枚〕ノ境界タ、ソコニ意自殊、夜船撥転、コラヱ〔又脱カ〕本位ノ一処ガアル、」師云、参ヲ、代、只入テ、一寸ト帰ル也、心ハ、参ト云ニ、云イコトハ無イ、」

九、世尊下棒、師云、天上天下唯我独尊ヲ、代、水天虚碧共秋光、」師云、別ノ本則ニ引テ云ヱ、代、清波不犯意自殊、私云、世尊纔ニ誕生ト云」時キハ、久遠空劫ノ一位ヲハナレテ、誕生ノ縁ヲ借テ、今時ヱ出デタ沙汰タゾ、扨テ、天上天下唯」我独尊、ト云処計リヲ、云ワスル時キハ、智不到不転、独在ノ地ノ沙汰也、般〔船カ〕子夾山檇下点」頭三下モ、コ、ノコトヨ、」(67オ)師云、雲門ノ当時若見、一棒打殺与狗子喫、ト云タキヲ、代、両ノ拳ヲ握テ、腰ニ」当テ、、ハギリヲシテ、イ、、生レサガツタリ、私ニ、生レサガツタリ、ト云ハ、イキガイモナイ、ト云ノ心也、」師拶云、正当恁麼時如何、代、屈棒元来、有二人ノ喫一在リ、心ハ、夫ノ時キ、直ニ出テ、、」世尊ヲ打殺シテノケタナラバ、屈棒デハ無イゾ、屈棒ト云ハ、如何トモシラレズ、更ニヨウスノ」ミヱヌ棒タゾ、ホトニ、雲門ノ二千年後ニ当テ、ヱイ生レサガツタリ、夫ノ時キ、有リ逢ウタ郎ニ」ハ、生レ出テ、、天ヲ指シ地ヲ指シテ、周行七歩シテ、目ニ四方ヲ顧ミテ、天上天下唯我独」尊、ト云、コセガレメヲ、扣キ殺シテ、狗ニクラワ生ウズ者ヲ、ト末代ニ至テ、ハガミヲスルガ、用ノ」棒タ、向ウ与ヱタ屈棒、元来ヨリ今ニ至テ、ノガレタ者ハ無イ、如是後来雲門ノ屈」棒ヲ与ヱタモ、折脚下ニ立テノ腕力ダ、或ハ、理曲不断、車横不推、ト云心也、」智不到不転透、九則絶也、」

偏正一致之透」

一、真歇空劫已前自己、二、洛浦仏法大意、三、長慶仏法大意、」四、巌陽尊者一物不将来、五、教意五位、六、異類五位、」

(67ウ)一、真歇、僧問、如何是空劫已前自己、師云、白馬入蘆花、師云、空劫已前ノ自」己ヲ、私云、空劫已前ト云ハ、偏正・有無・黒白・陰陽ニアヅカラヌ処也、ソコデ、自己ト」云ハ、正当本分ノ主ノコトダ、是ヲ渠モレト、誰ソトモ云タゾ、代、坐禅ス、心ハ、坐禅ノ驀」正当、陰陽・偏正ニ渉ラヌ、ソコヲ、空劫已前ト云タ、ト云ハ、初更ヨリ二更三更ト、夜」半正当ヱ、クツトヲツメテ、子ニモ寅ニモ傾ヌ、牛ノ正当ガ、空劫已前ノ一位、本分」ノ主居処タゾ、師云、句ヲ、代、宮漏沈々夜色深、心ハ、漏刻水モ沈々トシテ、ヲト断ヱタ、」処ハ、夜半正当ダ、ソコハ、子ニモ刀〔寅〕ニモカタムカヌ、ホトニ、夜色深、何ントモ手ノツカヌ処也、師云、」白馬入蘆花、ト云タキヲ、代、白馬ニモ、蘆花ニモ入テソウ、心ハ、白馬ハ、波ノコトタゾ、」空劫已前ノ自己ト云主ガ、白馬ニモ蘆花ニモ入タ、ト云ハ、何ニカモレアマツタ者ハ無イ、」扨テ亦、向ゾト弁白無イ者也、ホトニ、納得・承当ノ無ク、ワキマヱノ出デヌ時キガ、空」(68オ)劫已前ノ自己ダ、ホトニ、此ノ彼ノ渠レト、主ガ偏ニモ正ニモ入リハマツテ、弁処無イコソ、偏正」一致ノ旨ヨ、何セニナレバ、ワケウヨウガ無イ、師云、頌ニ、線道難分処、須知不是伊、」ト云ヲ、代、偏正一致ニヨレアツテ、弁ジ難ソウ、心ハ、線道難分処ト云ハ、偏正・黒白・」君臣、タツタ一牧ニ混雑シテ、差ノ見ヱヌ処、真常一色ニシテ、通身無弁ノ処也、ホトニ、マダ向」上、父ノ一位ヲカ子、伊ヲカヌルキガアル、ホトニ、須知不是伊、本分ノ一位ノ伊レデハ無イゾ、師」云、牛頭安尾上、豈借大陽輝、ト云ヲ、代、子ニモ刀ニモ渉ラヌ一位デソウ、 心ハ、」牛ノカシラヲ、子ノ尾ニ安ズレバ、子デモ無ク、牛デモ無ク、刀(寅)デモ無イ、ト云ハ、空劫已前ノ一処」ノコトヨ、子ニモ刀(寅)ニモヲトシツクレバ、早ヤ傾クゾ、向ウミレバ、陰陽・偏正ガ、牯牛ノ両角タゾ、此ノ」牛ハ、大陽ノ輝ニアヅカラヌ、時キ、無角ノ鉄牛タゾ、師云、句ヲ、代、三更紅日黒漫々、」心ハ、爰ハ、宝殿苔生ジタ処ナホトニ、誰モヨリツク底モ無イゾ、三更カトスレバ杲日、々々カトス」レバ黒漫々也、偏ニ不属、正ニ不属、君臣相忘ジタル処也、畢竟兼中到也、」

二、洛浦仏法大意、 洛浦安禅師、僧問、如何是仏法大意、師云、雪覆孤峰峰不」白、雨滴石笋笋須生、 師云、仏法ノ二字ヲ、代、偏ト正トデソウ、師云、大意ヲ、代、」(68ウ)偏正曽不離本位、 心ハ、本位ト云ハ、中ノコト、偏正ハ左右ダ、中ノ時キ、左右ヲハナレヌ、時キガ、大」意也、師云、答話ノキヲ、代、出世不出、総有裡許、」

三、長慶陵禅師、問霊雲、如何是仏法大意、雲云、驢事未了、馬事到来、」師云、答話ノキヲ、代、師ノ前ニ至テ、如何ニモシヅカニ、出息入息スル也、師拶云、恁麼時如何、」代、渠無向顔、私云、仏法ノ大意ト云ハ、本位ノ肝要ヲ問タ、此ノ肝要ト云ハ、誰ノ渠ノ」コトヨ、此ノ本位ノ誰ソ、渠ト云大意ニサエカナエバ、驢トモナリ、馬トモナリ、偏トモナリ、正トモナツ」タ、何ニトナツタモ、別物デハ無イ、ホトニ、驢事未了、馬事到来、ト云ハ、境界ノ間ヲ、クツト」カワカシテ、尽不尽一枚ノ肌ニナツタ、時キガ、大意当徹、出息入息ノ境界デ、何ンデモ余」事ニ引カレヌ、只タ出息スレバ入息、入息スレバ出息、驢事未了、馬事到来、偏カトスレ」バ正、正カトスレバ偏、出息入息、偏正相ハナレヌ、時キ、一致ノ肌ニ至ル也、此ノ一致ノ肌ニ至テ、叶ツタ」渠レト云人ニハ、向タト云テ、顔ヲ見ルコトモ無ケレドモ、扨テ亦、何ニモナル人ダ、師云、人々分上ニ」於テ道エ、代、仁者是謂仁、智者是謂智、心ハ、人々分上ニ於テモ、仁者」ハ是ヲ仁ト云イ、智者ハ是智ト云タ、ト云ハ、僧ハ僧、俗ハ俗、乾坤大地ニ周ゾ、」(69オ)ホトニコソ、簾ヲ捲テ、一目ニ天下ヲミレバ、万像之中独露身、ト云タゾ、」

四、厳陽尊者一物不将来、 師云、一物不将来ノ境界ヲ、代、師ノヒザノ上エ足ヲ」挙テ、悠々ト居テ、帰ル也、 師云、後ニ住山ス、有一蛇一虎、就手而食ヲ、代、趙州不知ノ知」ト、厳陽一蛇一虎不知ノ知ト、一ツデソウ、 私云、厳陽尊者、初参ニ趙州ニ、一物不」将来時如何ト、無一物ノ処ヲ、肝要トスル、ホトニ、趙州放下着ト、ソコヲステサセタゾ、何ゼニ」ナレバ、一無物ノ処ヲ肝要トスルハ、知不知汚染タゾ、処ヲ、一物不将来、放下箇甚麼ト、マダ」ソコヲ肝要トスル、ホトニ、担取去、ソレコソ、カタノウゴカヌホトノ重荷ヲ、セヲイ来タコトヨ、ソレヲ担」取去、トステサスルガ、至道ノ旨ニ至ラシメ羊也、処デ、大悟ガ至道異類中行ノ修行ニ叶イ羊也、」ソコデ、捨取・揀択ヲハナタ〔レ脱カ〕ニ依テ、一蛇一虎ト一牧ノ肌ニナル也、爰ヲ、趙州不知ノ知ト、狸奴」白牯ノ知ト、一牧ニナル旨ト云也、爰ガ、珠発光光還自然スルガ如也、依レ夫、偏正一致ノ」処ニ、当則ヲバ引テ沙汰スル也、」

五、教意五位、　是ガ、宗門五位之起也、　師云、正中偏ヲ、代、十九出家ノ位デ」ソウ、心ハ、仏ハ久遠実城ノ如来デ、王宮ヲ出デズシテコソ、有ル可レドモ、一切衆生ノ生老病」(69ウ)死ノ苦ヲスクワン為メ、慈悲ノ心ヲ成シテ、此ノ土ニ下テ、十九出家スルガ、正中偏デソウ、師云、」偏中正ヲ、代、六年苦行ノ位デソウ、心ハ、久遠ノ位デ、難行苦行ヲ作ス可キ事ニテナケレ」トモ、偏位ニ下テ、修行ヲセ子バ、涅槃妙心ニ、イカデカ契ン、ト思召シテ、苦辛ヲナサル、ガ、偏」中正デソウ、師云、正中来ヲ、代、三十成道ノ位デソウ、心ハ、六年端坐シ、明星ヲ見テ」悟道ハ、偏正ノ両位ニ不レ干、正当ニ立テ、有情非情同時成道ガ、正中来デソウ、師」云、兼中至ヲ、代、四十九年説頓説漸ノ位デソウ、心ハ、心識ヲ了然ト離却シテ、化度」方便ノ為ニ説示ヲ作シテ、衆生ノ為ト成シテ、本位白色ノ処ニ至ラシムルガ、兼中至」デソウゾ、師云、兼中到ヲ、代、寂滅為楽ノ位デソウ、心ハ、如来ニ涅槃ノサタハアルマジ」ケレドモ、末世ノ衆生ニ、生死是非ノ二ヲ示サン為ニ、涅槃ニ入リ、未分ノ已前ニ至ルナリ、是」レガ、兼中到デソウ、」

六、異類五位、　師云、　偏中正、正中偏ヲ、一句ニ、代、三世諸仏不知有、狸奴」白狐〔牯カ、以下同〕却知有、　師云、夫ノ句ノ修行ヲ、代、三世ノ諸仏ハ、知、狸奴白狐ハ、不知、偏中」正、不知、亦、知、正中偏デソウ、　心ハ、三世ノ諸仏者、知○ダ、知一片ノ時キ、知ノサタガ無ケレ〔バ脱カ〕」(70オ)偏中正ダ、狸奴白狐ハ、不知ダ、不知一片ノ時キ、不知ノサタガ無ケレバ、正中偏ダ、爰ヲ、偏」正一致、知不知一枚ト云タ、ホトニ、五位ハ一位ニ帰シ、一位ハ無位也ダ、向見レバ、尽シタト知ト、不」尽不知ト、中デ相対シタ、ホトニ、異類ノ双対ト云也、兼中至トヲツムレバ、兼中」到也、ト云ハ、至デ到ヲミル也、アルイハ、不知有却成知有、始信喚南泉作牛、ト云モ、前」ノ句ト一也、」

（朱印文「勅大覚仏徳禅師」）

当山伝法二十八世御州比丘書于（朱印文「鉄心御州之印」）

当山維摩室中全不可他出矣、

（以下余白）

【解説】　本史料は、『永平総目録』（『文書編』一巻No.108、『禅籍編』二巻No.28）に基づく、永平寺二十九世鉄心御州（?～一六六四）書写の「三位透」本参である。永平寺三十四世馥州高郁（?～一六八八、大仙国光禅師）が、貞享五年（元禄元年・一六八八）十月永平寺退院に際して記録した「伝授室中之物」によれば、永平寺室中において伝授相伝され、室中の参禅箱に収蔵された本参・切紙類が列挙されている（本巻No.41、『禅籍編』三巻No.14）。その中には三位の本参の書名が多くみられる。相伝の系譜は明らかではないが、既に御州書写以前に本史料の原本が成立し、永平寺に所蔵されていたものと推察する。

表紙題箋に「伝三清規」と墨書されており、内題には「吉祥山永平禅寺話頭総目録」とある（以下書名を『永平寺話頭総目録』に呼称を統一）。

その見返しにみえる、永平寺四十二世円月江寂（一六九四～一七五〇、大智慧光禅師）の一文によれば、本書を中古永平寺住山の代語僧による著述（偽作）として批判している。これは、面山瑞方『洞上室内断紙揀非私記』や承天則地「旧本除却弁」に見られる切紙相伝の批判、代語僧批判の論調と軌を一にするものである。

本史料の構成は、三位（自己・智不到・那時）の体系にもとづいて公案を配分し体系化した本参史料である。その透参の項目とそれに配当された話頭（公案）は、『禅籍編』二巻一〇二六～一〇二八頁を参照していただきたい。なお、本史料の全文の写真は『禅籍編』二巻No.42を参照されたい。

『永平寺話頭総目録』の構成は、三位透参であるが、自己と智不到相当の本参であり、那時の部分を欠いている。また『永平総目録』の公案目録に依拠しているが必ずしも完全には一致しない。また各公案の典拠は、『禅籍編』二巻五五一～五七五頁の公案目次表を参照していただきたい。

（飯塚大展）

参考文献

『永平寺史料全書』禅籍編　第二巻（大本山永平寺、二〇〇三年）。
『永平寺史料全書』禅籍編　第三巻（大本山永平寺、二〇〇五年）。
『永平寺史料全書』文書編　第一巻（大本山永平寺、二〇一二年）。

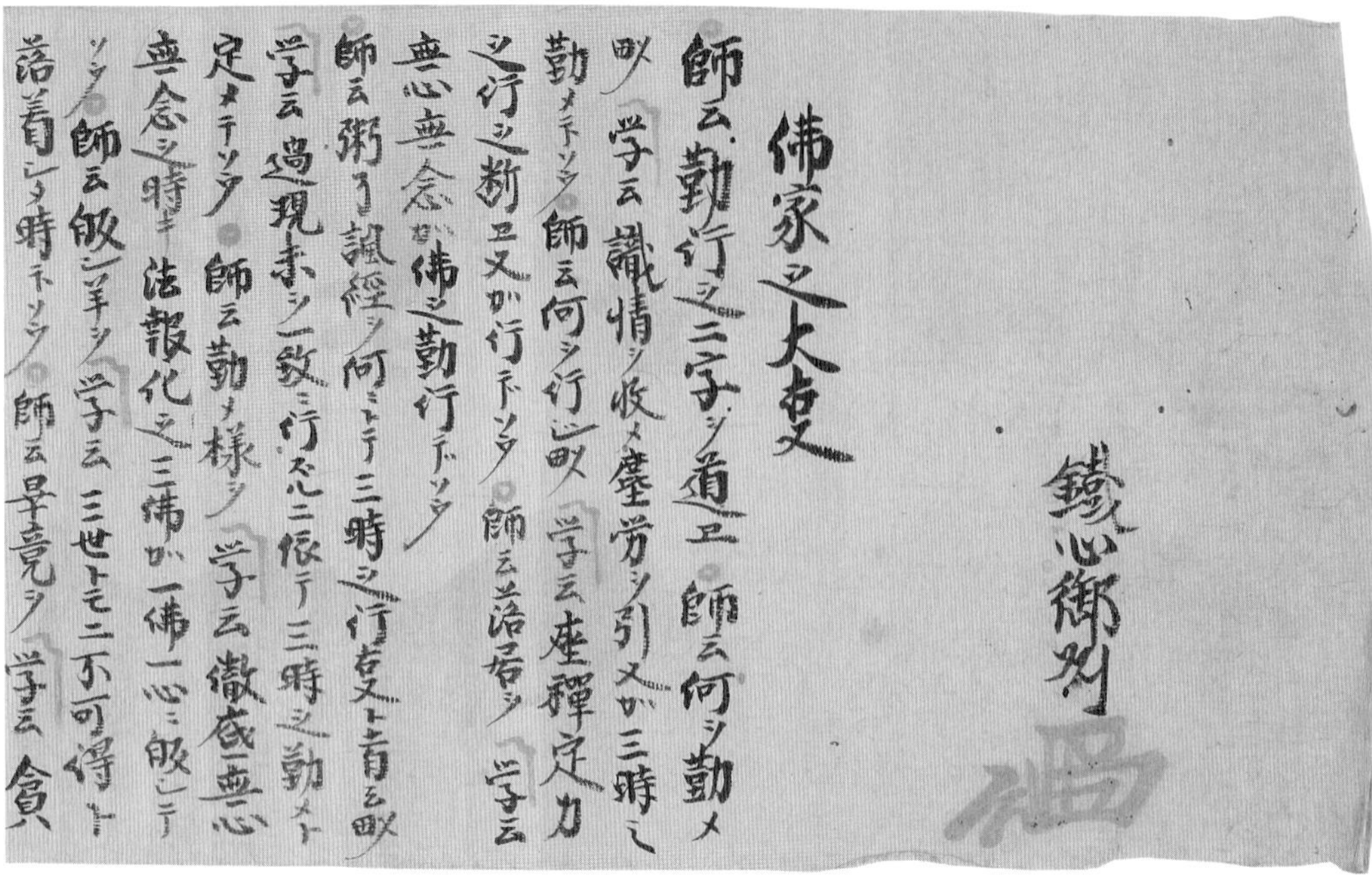

（万治三年〈一六六〇〉八月以降）、永平寺二十九世鉄心御州、晋山後まもなく「仏家之大事」を書写する。

28　仏家之大事（鉄心御州本参）

（四紙継紙　16.9㎝×228.1㎝）

（端裏書）「此レハ御州禅師直筆ニシテ、絹地ニ書レタルモノ等、宝法脈箪笥中ニ有リ、此レハソノ写ナリ、」

（一張）

鉄心御州（朱書）（版刻）（花押）

仏家之大事

○師云、勤行之二字ヲ道ヱ、○師云、何ヲ勤メ田ゾ、学云、識情ヲ収メ、塵労ヲ引ヌガ、三時之勤メデソウ、○師云、何ヲ行ジ田ゾ、学云、座禅定力之行之断ヱヌガ、行デソウ、○師云、落居ヲ、学云、無心無念ガ、仏之勤行デソウ、

○師云、粥了諷経ヲ、何ニトテ三時之行事ト者云田ゾ、学云、過現未ヲ一致ニ行ズルニ依テ、三時之勤メト

定メテソウ、○師云、勤メ様ヲ、学云、徹底無心
無念之時キ、法報化之三仏ガ、一仏一心ニ帰シテ
ソウ、○師云、帰シ羊ヲ、学云、三世トモニ不可得、ト
落着シタ時デソウ、○師云、畢竟ヲ、学云、貪
嗔痴ヲ除ガ為デソウ、
○師云、禅家之本尊者、釈迦デコソ在ルニ、何ニトテ
号シテ二一宿五逆一ト、観音経亦大悲咒ヲバ誦ムゾ、
学云、濁世之衆生ヲ救ントノ、観音之彼願〔悲カ〕デ
ソウ、○師云、救イ様ヲ、学云、祖仏凡夫、有情非情、
乾坤大地共ニ、円通普門之境ニ漏レタ物ワソウ
ヌ、○師云、一分奉多宝仏塔デ、合掌スル理ヲ
云ヱ、学云、世尊之伝授ヲ、尽未来際ニ至
テ断絶サセジガ為デソウ、○師云、家之大事ニハ何ン
ト合セ田ゾ、学云、尽ノ物ニ安座サスル理デソウ、
○師云、日中ガ、何ニトテ住持之祈禱デワ在ルゾ、家ノ大
事ノ上デ一句道ヱ、学云、日ハ火、火ワ心也、心ハ我
也、ホトニ、日中ガ、主人ノ祈禱祈念デソウ、○師云、
（二張）
主ノ心得ヲ、学云、心与空無二、自与他一致デソウ、
○師云、火ヲ消ス用所ヲ、学云、日ハ火也、昼ルガ火ノ
全体ナホトニ、火ヲバケシテソウ、○師云、畢竟ノ落居ヲ
道ヱ、学云、無心無念ノ時キ、心空真如、無二無
別無断故デソウ、○師云、曹洞之宗デハ、中ヲ犯サヌガ、
何ニトテ、維那ガ中之字ヲ学ンデハ立ツゾ、学云、久遠ヲモ、
今時ヲモ欠ヌ理デソウ、○師云、何ニトテ末代ニ金剛経
ヲバ諷誦スルゾ、学云、本心ハ不生不滅ナ程ニ、金剛
不壊之経ヲ読誦セヨト、当寺開山大和尚之
御遺言デソウ、○師云、経中デハ、ドコヲ肝要ニ見田ゾ、
学云、過現未不可得之時、無我無人、夢幻泡影
デ走、○師云、行道ニテ永ク誦ム理ヲ道ヱ、学云、真
ナガ、主人ノ本心デ走、○師云、畢竟ヲ、学云、座禅デ
走、
○師云、放参之二字、先放ノ字ヲ、学云、満月之
忘心・妄念ヲ放除スルニ依テ、放ト云イ走、○師云、参ヲ、
学云、経咒一遍ノ時、湛然空寂、仏心ニ参得シテ
走、○師云、仏家ニ徹底シテ道ヱ、学云、心空境寂ノ
時キ、本師・本仏ニ徹底シテソウ、
○師云、回向無軸ニ理有リ、一句道来レ、学云、無断
絶為デ走、○師云、何ントテ、学云、徹底無心ノ時、法量ハ
断絶シソウヌ、○師云、畢竟ヲ、学、座禅ス、
○師云、座臥経行、坐禅デ在ルヲ、何ニトテ、四時ニハ定メ田

ゾ、」学云、地水火風ヲ離却スルニ依テ、四時ニ定テソウ、
○師云、」遠離シ様ヲ、学云、左視右視、定力一遍ノ時、四相
ヲ」離レ、空性ヲ遠離シテ走、○師云、落居ヲ、学云、空体
空性ノ当人デソウ、私云、空性ヲモ肝要ト持ハ、妄心タゾ、」
○師云、一時之陀羅尼者、仏祖達ニハ、何レモ無キヲ、何ニ
トテ天童山ニハ誦タゾ、学云、偏正ニ落ヌ所ヲ祈念シテ
走、○師云、ソコニ悪魔ハ入ラヌゾ、末向落着スル所ヱコソ、
障碍ヲバナシ走、○師云、四時ノ坐禅デコソ、在ルヲ、何セ
ニ」陀羅尼ヲバ誦ズルゾ、学云、理ニ落ヌ時キ、仏魔不到」
ノ処デ走、○師云、畢竟ヲ、学云、四十九年ノ理巴ワ、
陀羅尼之理ニ落ヌ処ヲ説テ走、○師云、仏家デハ、何ン
ト見田ゾ、学云、聞法結縁ノ為デ走、●八句ノ陀羅尼
ハ、除二煩悩一ガ為也、●荒神咒、●青面金剛ノ咒者、
除二悪鬼神一ヲ、除二〓〔瘧カ〕労侵気一ヲガ為也、薬服
ノ咒ナリ、●仏陀咒者、万病消除之咒也、●光明
真言ハ、自己ノ光ヲ発悟シテ、悟ニモトヅクノ咒也、●随
求陀羅尼ハ、諸願成就之咒也、畢竟ハ、一切群
生結縁、ト云意也、何レモ皆ナ坐禅、ト可心得也、
○師云、鶏鳴ニ一点スル道理ヲ云ヱ、学云、霊仙獅
子法嶺ノ学デ走、○師云、其ノ心ヲ道ヱ、学云、無明

ノ三毒、邪魔外道ヲ殺ガ為デ走、○師云、殺シ用ヲ、
学云、尽天尽地、此ノ一仏性、獅子ノ一吼デ殺シ尽シテ走、
師云、小開城〔静カ〕ニ有道理、一句道ヱ、学云、一ト手添テ走、
○師云、夫ノ心ヲ、学云、極暗ヲハタサジガタメデ走、○師
云、」猶ヲ有ル在リ、学云、サデ御座在ル、」
○師云、大開城ヲ、学云、餓鬼・畜生・修羅・人・天之六門
ヲ開カシヨウガ為デ走、○師云、開キ様ヲ、学云、鼓声・鐘
声ニ驚起スル処デ、無明ノ窠窟ヲ離レテ走、○師云、
宗旨デハ、ドコニ見ゾ、学云、門戸ヲ閉、開クハ、家ニ六賊
ヲ不レ入ジガ為デ走、○師云、参得ノ上デハ、ドコニ見ルゾ、
学」云、閉ハ第一儀、開ハ廓然無聖デ走、○師云、堅ク
可秘、」
○師云、鐘鼓有二参得一、一句道ヱ、学云、凡夫ニ、生死
無常ノ道理ヲ令レ知為デソウ、○師云、真実底ヲ、学
云、諸行無常、是生滅法、生滅々為、寂滅為
楽、
○師云、土地神ハ、何ニトテ、仏法ヲ守護シ在ツ田ゾ、学云、
智見解」会ノ無イ所ヲ守テ走、○師云、夫レガ、何ニトテ仏
法デハ在ルゾ、学云、」無心・無念ノ沙汰モ無ク、空体・空
性ニ至テ、空躰・空性」ノ沙汰モ無イゾ、時キ、本師・本仏

デソウ、○師云、一神タガ、何トテ、」三国ノ仏法ヲバ守護
シ田ゾ、学云、空体・空性ガ、神ノ本」心・本性ナ程、欠
ル所ハ走ヌ、○師云、畢竟ヲ、学云、無心・」無念ノ時、神
ノ和光ハ、動塵〔同カ〕ノ上ニ出現シテ走、○師云、和光」トハ、何
ニヲ云田ゾ、学云、本地之風光デソウ、○師云、本地ノ風光」
ヲ、学云、根本無明ガ、一仏性ノ本光デソウ、」
○師云、祖師堂ノ参ヲ道ヱ、学云、頭々祖師意、物々活
祖デ走、○師云、大証拠ヲ、学云、唯見、唯聞キ、唯居タ
時キ、真如法界一如デ走、○師云、畢竟ヲ、学云、柳緑花
紅ガ、活祖デ走、○師云、夫レハ、何ニトテ、学云、左視右
視、大定デ走、○私云、」大定ト者、汝但タ心如虚空、不着
空見、応用無礙」シテ、動静無心ニ、聖情忘シテ、能所倶
泯、性相如々、ト」
（三張）シテ居タ、時キ、無シ不ト云コト定ノ時ナラ、サテ、出入ノ在ル
ハ、小定也、」
○師云、御影ニ法華経ヲ読誦スルニ、有用処、一句道ヱ、学
云、仏法ハ、妙処ガ肝要デ走、○師云、妙処ヲ、学云、妙
ハ、一点ノ水墨デ走、○師云、夫レハ、何ントテ、学云、両所
ニ」化龍テソウ、○師云、句ヲ、学云、妙有一漚先、豈入
先聖ノ眼、○師云、説破ヲ、学云、妙ヨリ、此ノ一仏性ワ
開ケテ走、○師云、妙法蓮華経之五字ヲ、一句ニ道ヱ、
学云、地水火風空、○師云、蓮華ヲ、学云、心花発
明之処ガ、即今法位ノ人ノ心地デ走、○師云、仏説ノ
総名ヲ、何ントテ、経トハ云タゾ、学云、億々万劫ヲ経テモ尽
ヌ、此ノ一仏性ヲ説ヲ経ト云イ走、○師云、夫レハ、何ント
テ、学云、」三界ノ衆生ヲ不漏救ヲ、経ト云テ走、○師云、
何ニヲ本」体ニシテ、法華ヲバ説イタゾ、学云、法報化空
有、五体・」五輪・五味ヲ以テ体トシテソウ、○師云、畢竟
ヲ、学云、」拈華ノ話ニ帰シテ走、○師云、夫レハ、何ントテ、
学云、化ヲ真ト」見ルガ、真ノ幻デ走、○師云、落居ヲ、
学云、幻々ト説テ」走、○師云、夫ノ証拠ヲ、学云、四
十九年、一字不説、○師云、」真説ヲ、学云、冥〔瞑カ〕目良久、」
○師云、祠堂之本尊ニ、普賢ヲ安置スル用所ヲ、学云、
三界之衆生ヲ、普ク引導サセウガ為デ走、○師云、
普賢之胸〔境カ〕界ヲ、学云、徹底無心・無念ノ時キガ、
真空普賢ノ境界デ走、○師云、畢竟ヲ、学云、坐
禅定力之時、湛然トシテ定水澄ンデ、清浄デ走、○私云、
三界者、是普賢之境界、ト可得心者也、
○師云、鉢ヲバ食堂ニテコソ、行ナヲウスガ、何ニトテ僧堂
デハ行」ゾ、学云、法輪ノ転ズル処ガ、雲堂ナニ依テ、食

輪モ僧堂」中デ転シテ走、○師云、仏家デハ、何ント見田ゾ、学云、法喜食・」禅悦食ガ肝要デ走、程ニ、堂中デ鉢ヲ行イ走、○師云」、法喜食・禅悦食ヲ、人々受用シ様ヲ、学云、祖仏ノ」恵命ヲ継デ走、」

○師云、本尊開山ニコソ、浄頭ヲ定メ、風呂デモ一通ヲ可レ打、何ニトテ、聖僧ニハ打田ゾ、学云、文殊ハ七仏ノ師デソウ、ホトニ、」○師云、何ニトテ文殊ヲ僧堂ニハ安置スルゾ、学云、共入ルニ禅」定ニ者、同証菩提心ト見レバ、僧堂ガ、禅定文殊ノ全」体デ走、○師云、仏心之旨趣ヲ、学云、成仏作祖ノ為デ」走、○師云、以甚广〔麼〕報恩足ノ恩トナラン、学云、風呂モ浄頭」

〔四張〕モ、夫ノ報恩謝徳デ走、○師云、法恩ハ、何モ同事田ゾ、学云、法味飽満ヲ与ン、ト守護スルニ依テ、別々デ信シ走、

○私云、風呂ハ温室、経ニ細ニヨク見ヱタリ、

○師云、小施餓鬼ノ参ヲ、先若人欲了知ヲ、学云、極無心無念之時、了ニ知法界之性ヲ一シテ走、師云、了知シタカ、学云、知リソウヌ、○師云、観ニ法界ノ性ヲ一様ヲ、学云、呈上トシタワ、」錯デ走、○師云、夫レハ、何ントテ、学云、無言無説ノサカイデ走、」○師云、末最初デ在ルヲ、何ニトテ誦ヌゾ、学云、誦スレバ理」葉〔巴カ〕デ走、○師云、段々ヲヨミノコス理ヲ、学、残ガ、曹洞宗」ノ連続デソウ、○師云、七如来ヲ転却シテ誦ム理ヲ、学云、」回互デ走、○師云、末ヱヲ誦ヌ理ヲ、学云、十成ヲ忌ム理」デ走、○師云、南無三満多没駄喃梵デ、水ヲマツリヤウヲ、」学云、此ノ咒ガ、即チ心水デ走、○師云、夫レハ、何ニトテ、学云、」一返ニ湛然ノ時、此ノ咒ガ、定水ノ心源デ走、○師云、水ヲマツル」時ノ心趣ヲ、学云、徹底凡夫ニ成リキツテ、マツツテ走、」○師云、末ヲ同音ニ誦ミハタス理ヲ、学云、同レ皆供養」セウガ為デ走、

○師云、祝聖ニ在ニ道理ニ、一句道ヱ、学云、心王ノ本命元辰ヲ祝シテ走、○師云、心王ノ乱ヌ処ヲ、学云、聖諦ト廓然ト、真」俗不二ノ処ヲ祝シテ走、○師云、何ントテ、世尊ハ王子誕生ノ祈」念ニ、祝聖ヲバナサレタゾ、学云、根本ヨリ仏法ハ、王法ヨリ分」盛シテ走、○師云、根本トハ、ドコヲサシタゾ、学云、天地人ト開ケヌ」已前デ走、○師云、畢竟ノ落居ヲ、学云、極々無心ノ時ガ、」心王ノ納リデ走、○師云、達磨不識、ト可心得也、」○無量寿仏、○修成如来、○聖王、身レ三〇（ママ）即一身、ト可観者也、○師云、護法韋駄天デコザアルヲ、何ントテ、庫下ニハ安置シ田ゾ、」学云、自ニ食輪ニ転ズル法輪デソウ、○師云、何ニトテ、別而諷経行」道ヲバ用ルゾ、学云、法輪与食輪円満シ、真諦ト俗諦」ト無断絶ガ為デ走、

○師云、畢竟ヲ、〽学云、万般巧妙ニ」円空ガ、護法ノ性体デ走、○師云、万般ノ巧ハ、仏法ノ嫌道タゾ、」〽学云、世諦ガ、真諦デ走、●畢竟也」

⺇此参者、仏家之一大事因縁也、大善知識之作用也、伝授之已後、三年而可参得、若為容易、罪過弥天、

⺇従開山大禅仏二代参問了、二代示義介（徹通）、義演・寂円、当山代々住持計可相伝者也、

⺇当山伝法二十八世勅特賜大覚仏海禅師鉄心御州筆、

【解説】本史料名は、内題「仏家之大事」による。

体裁は、四紙継紙の巻子装であり、一張（二四行）・二張（七四行）・三張（三五行）・四張（三七行）、一行約一七～二三字である。

本史料巻首に「鉄心御州」の署名と「版刻花押」朱印一顆が押されている。文中、「師云」の頭に朱にて「○」が附され、「学云」に「〽」が附されている。また、奥書部分にはやはり朱にて「⺇」が附されている。

文体は、「ダゾ」、「デソウ」の口語体である。また「末最初」、「末向」等、「洞門抄物」特有の表現も散見する。

端裏に、「此レハ御州禅師直筆ニテ、絹地ニ書レタルモノ等、宝法脈箪笥中ニ有リ。此レハソノ写ナリ」とあることから、永平寺二十九世鉄心御州（?～一六六四）の自筆原本である絹本の『仏家之大事』が、永平寺室中の宝法脈箪笥に収蔵されており、本書はその写であることがわかる。

奥書から、本史料は、伝授後三年にして参ずべきもの（伝授後参）であり、道元禅師、懐奘、義介、義演、寂円以降、その派下に相伝されてきた本参との位置づけであることがわかる。ちなみに、高国英峻から北州門渚に伝受された『天童如浄和尚智識験弁点験大明目』の相伝の系譜には、寂円の名はみえない（本巻No.18、『禅籍編』一巻No.63）。

その内容は、形式上は寂円派下に相伝されてきた切紙の参の集成ということになる。ちなみにその切紙の項目をあげれば以下の通りである。

（1）勤行、（2）粥了諷経、（3）観音経・大悲咒読誦、（4）日中祈祷、（5）放参、（6）回向、（7）四時坐禅、（8）鶏鳴の一点、（9）小開城（静）、（10）大開城（静）、（11）鐘鼓、（12）土地神、（13）祖師堂、（14）御影堂法華経読誦、（15）祠堂の本尊、（16）鉢、（17）聖僧、（18）小施餓鬼、

(19)祝聖、(20)韋駄天、

しかしながら、寂円派下において、これらの切紙、あるいは本参が相伝されていたとは考えにくい。やはり、高国英峻同様、鉄心御州もまた通幻寂霊派下の関東における教学を永平寺室中に積極的に受容しようとしたものと推定する。本史料を、開山以来、寂円派相伝の本参と位置づけ、権威化を行ったと思われる。鉄心御州から光紹智堂へと伝受された切紙にみえる相伝の系譜は、例えば「(26)五位之別紙亦五体五輪之図」(駒澤大学図書館所蔵『室中切紙謄写』所収)では、「(上略)天童如浄　永平道元　懐奘　寂円(空白)宗奕(空白)門鶴(空白)御州　光紹　花押」とあり、寂円派下の相伝を記載する。

また、「一条紅線」切紙によれば、「寛文三庚辰歳九月廿八日／△永平廿八世御州和尚在判／△附授光紹老衲畢」とあり、寛文三年(一六六三)九月二十八日、御州から光紹へと相伝されたことがわかる(本巻No.40、『禅籍編』二巻No.43)。同様の記事は、「(46)先師取骨之大事」(『室中切紙謄写』所収)にも「寛文三庚辰歳九月吉日」とみえる。一連の御州伝授の切紙もこの時期に相伝されたものと思われる。

参考史料としては、岐阜県関市龍泰寺所蔵の『仏家一大事夜話』を挙げることができる。内容的にも極めて類似性の高い史料である。本書は、石川力山「美濃竜泰寺所蔵の代語・門参資料」において、内容の分析が行われており、また「付録1『仏家一大事夜話』」として全文が翻刻されている。『仏家一大事夜話』は、種々の切紙類の中の「参」を集大成して一冊の冊子本にまとめたものであり、切紙の種類・分量ともに、永平寺所蔵『仏家之大事』を上回るものである。その内容は、叢林における儀礼や修道生活に関するものが多く見られ、特に小施餓鬼・霊供養・亦霊供・廿一社順(巡)礼参・没后作僧参・隔国吊亡霊参・吉方観請参・悪日連続参・鎮守参等のように追善供養的・祈祷的・神仏混淆的傾向が極めて強い。この外にも『仏家之大事』をより簡略化したものが、長野県長野市大安寺所蔵『不出戸』に「仏家之大事作法」として収載されている。本書は、石屋派所伝の参話を含むものである。切紙の参が、参話目録や本参の中に位置づけられるのは、比較的早い時期からであったと思われる。

『永平寺話頭総目録』(本巻No.27、『禅籍編』一巻No.42)に参考資料としてあげた『滐堂派参話目録』の伝授前段階では、その後半の話頭は切紙に依拠するものであった。また、駒澤大学図書館永久文庫所蔵『正法眼蔵抽書梅華嗣書』（永享年間書写）には、石屋派の「本参目録次第」が収載されており、そこにも「一辺消災咒」「上来参」「回向参」「念誦参」の名がみえる。

御州は、龍穏寺（埼玉県入間郡越生町）に住しているが（二十二世）、その先住にあたる、栃木県栃木市金剛寺所蔵『泰叟派秘参』（龍穏寺十九世洪州麐察相伝）の「泰叟派伝授之参」には、切紙由来の参が比較的多く収載されている。永平寺三十世光紹智堂においても、この泰叟派系統の本参のほかに、一州派系統の本参伝授を確認する事ができる。

通幻派下では「仏家一大事」本参が既に受容されていたのであり、御州は龍穏寺系統の本参類、あるいは泰叟派系統の本参類を永平寺室中に持ち込み、寂円派の本参として受容したものと推定される。事実、永平寺には『永平総目録御州本参』が現存しており、また永平寺三十四世馥州高郁（大仙国光禅師）が、貞享五年（元禄元年・一六八八）十月永平寺退院に際して記録した「伝授室中之物」にも「（23）一、三十四関之名目幷十則正法眼、御州改之」とみえる（本巻No.41、『禅籍編』三巻No.14）。

参考文献

石川力山「美濃竜泰寺所蔵の代語・門参資料」（『禅宗相伝資料の研究』上巻、法蔵館、二〇〇一年）。
『永平寺史料全書』禅籍編　第一巻（大本山永平寺、二〇〇二年）。
『永平寺史料全書』禅籍編　第二巻（大本山永平寺、二〇〇三年）。
『永平寺史料全書』禅籍編　第三巻（大本山永平寺、二〇〇五年）。
『永平寺史料全書』文書編　第一巻（大本山永平寺、二〇一二年）。

（飯塚大展）

万治四年（一六六一）三月二十日、江戸幕府老中、関三ヶ寺に三河・遠江・駿河・伊豆国修禅寺門派の僧録は可睡斎であることを達する。

29　江戸幕府老中連署奉書写

（『代々』19ウ～20オ）

一、参河・遠江・駿河、此三箇国曹洞宗幷伊豆国修禅寺
之門派(1)、可睡斎如前々可為僧録之旨、被
仰出候、可被得其意者也、依如件、

万治四辛丑三月廿日

美濃守(2)
豊後守(3)
伊豆守(4)
雅楽頭(5)

総寧寺
龍穏寺
大中寺

○写真版は本巻933頁上段に掲載。

【読み下し】

一つ、参河・遠江・駿河、此の三箇国の曹洞宗幷びに伊豆国修禅寺の門派、可睡斎（かすいさい）前々の如く僧録たるべきの旨、仰せ出され候。其の意を得らるべき者也。依って件の如し。

【注】(1)伊豆国修禅寺之門派　修禅寺（静岡県伊豆市）は寺伝によれば延徳元年（一四八九）に隆渓繁紹（りゅうけいはんじょう）が臨済宗から曹洞宗に改めたという。隆渓は如仲（じょちゅう）門下遠江国石雲院（静岡県牧之原市）の崇芝（すうし）派の禅僧である。修禅寺は伊豆国における如仲派展開の中心寺院となった。『延享度曹洞宗寺院本末牒』によれば、末寺は伊豆国に一四ヶ寺。

(2)美濃守　稲葉正則（いなばまさのり）（一六二三～九六）のこと。稲葉正勝の子。寛永十一年（一六三四）十二月、従五位下叙任、美濃守。相模国小田原藩主。明暦三年（一六五七）～延宝九年（一六八一）まで老中。元禄九年（一六九六）六月六日没。

(3)豊後守　阿部忠秋（あべただあき）（一六〇二～七五）のこと。阿部

忠吉の子。元和九年（一六二三）豊後守。寛永十六年武蔵国忍城主。寛永十年から寛文六年（一六六六）まで老中。延宝三年五月三日没。

（4）伊豆守　松平信綱（一五九六～一六六二）のこと。松平正綱の養子。寛永十一年伊豆守。寛永十六年武蔵国川越藩主。寛永十年から寛文二年まで老中。寛文二年三月十六日没。

（5）雅楽頭　酒井忠清（一六二四～八一）のこと。酒井忠行の子。寛永十四年上野国厩橋藩主。慶安四年（一六五一）雅楽頭。承応二年（一六五三）から延宝八年まで老中。天和元年（一六六一）隠居、五月十九日没。

【解説】　万治四年（一六六一）三月二十日、幕府が三河・遠江・駿河国の三ヶ国と伊豆国の曹洞宗各派の内、修禅寺の門派は以前の様に可睡斎が僧録であることを認めたことを関三ヶ寺に達したものである。

幕府は下総国総寧寺（現千葉県市川市）・武蔵国龍穏寺（埼玉県入間郡越生町）・下野国大中寺（栃木県栃木市）のいわゆる関三ヶ寺に全国を三分して曹洞宗支配を進める体制をとるが、三河・遠江・駿河の三ヶ国と伊豆国の修禅寺門派は遠江国可睡斎の支配に任せたのである。

これは、徳川家康と可睡斎との強力な繋がりによるものと、この三ヶ国が可睡斎と同じ如仲派の寺院が展開する地域で、こうした一定地域数ヶ国に勢力を持つ門派を背景にする中心寺院にその地域・地方の支配を委ねたほうが、円滑に行われると考えたためである。

この体制は、江戸時代初期以降、関三ヶ寺との度重なる訴訟を経て、万治四年三月二十日の「幕府老中連署奉書」によりが決定されたものである。訴訟では、可睡斎は三ヶ国の他、家康が東海五ヶ国を領有していた時に支配していたと思われる甲斐国と伊豆国の支配を主張していたが、これを全面的に外され、三・遠・駿の三ヶ国と伊豆国の修禅寺門派のみの支配が確定したのである。

本史料が収録されている『代々』については、本巻No.10、『文書編』一巻No.98の解説を参照されたい。

参考文献

横関了胤『江戸時代洞門政要』（東洋書院、一九七七年、初版一九三八年）。
大桑斉「幕藩制国家の仏教統制―新寺禁止令をめぐっ

て―」（圭室文雄・大桑斉編『近世仏教の諸問題』、雄山閣出版、一九七九年）。

廣瀬良弘「近世曹洞宗僧録寺院の成立過程―遠江可睡斎の場合―」（圭室文雄・大桑斉編『近世仏教の諸問題』、雄山閣出版、一九七九年）。

『延享度曹洞宗寺院本末牒』大本山總持寺蔵版（名著普及会、一九八二年）。

『永平寺史』上巻（大本山永平寺、一九八二年）。

『新版禅学大辞典』（大修館書店、一九八五年）。

『可睡斎史料集』一巻　寺誌史料（思文閣出版、一九八九年）。

辻善之助『日本仏教史』近世篇之二（岩波書店、一九九二年）。

『静岡県史』通史編二　中世（静岡県、一九九七年）。


（遠藤廣昭）

30　成弁院墓塔

寛文元年（一六六一）九月三日、福井藩主松平光通正室国姫の御局成弁院、死没し、永平寺境内菩提苑に墓塔が建立される。

（高さ280.0㎝×横131.0㎝）

（墓塔正面銘）

寛文元辛丑

成弁院単誉覚月受信大姉　霊位

九月初三烏

【解説】　この墓塔は現在寂光苑に所在する。寂光苑の奥には、永平寺の歴代住職の世代墓があるが、その入口に、向かって右側から、長光院（本巻No.58）・成弁院・永寿院（本巻No.31）の順に建てられている。

この三基に祀られている人物は、福井藩主松平氏に関係する乳母、御局に相当するものと思われる。もともと、これらの墓塔は旧菩提苑（現通用門、一華蔵辺）にあったもので、昭和五年の二祖国師六百五十回忌の折に現在地に移転したものである。

成弁院殿は、福井藩主五代松平光通（大安院殿、一六三六～一六七四）の室国姫（清池院殿、一六三六～一六七一）の御局である。福井藩主松平家の墓地を管理する高野山蓮花院（和歌山県伊都郡高野町）には、天保十三年（一八四二）に書写された「紀州高野山御石塔略絵図」が所蔵されている。これには「紀州高野山、御石塔記録」とあり、福井藩の親戚、津山藩御帳附役伊藤清八郎が登山し、取り調べをしたという識語がある。この史料には成弁院殿墓塔は次頁に示したように記される。

五輪塔に刻される梵字は、空・風・火・水・地であるキャ・カ・ラ・バ・アと思われるが、史料に記されている文字をそのまま示した。成弁院殿は、清池院殿の御局であることが確認される。また、成弁院殿の墓塔の法量と銘文等が記されている。墓塔は御影石で造られた五輪塔であり、高さは七尺である。

【史料】成弁院墓塔

清池院殿御局

成弁院殿

清池院殿御石塔向テ右ノ方前
横向ニ有之

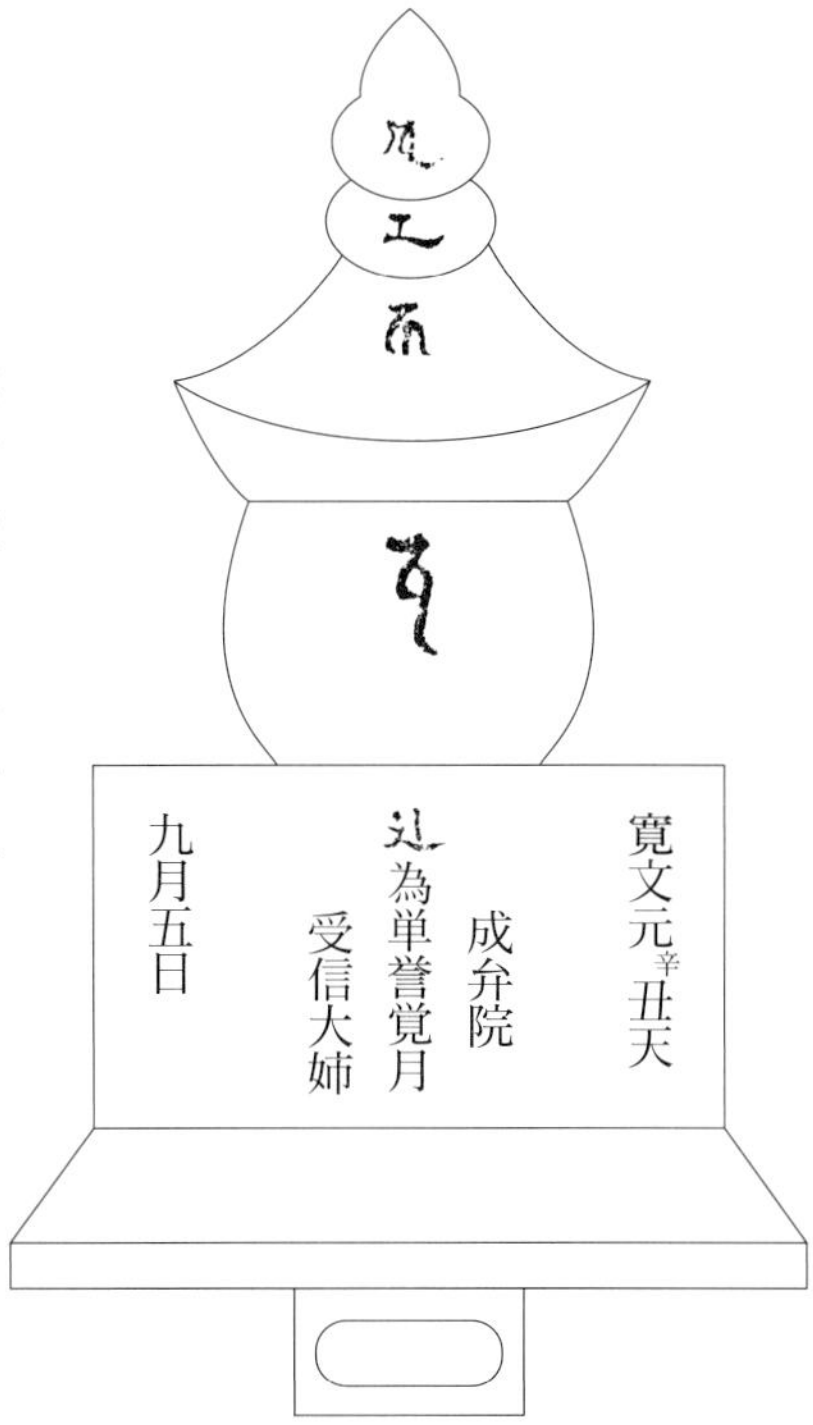

五輪御影石ニテ高七尺
銘如図四方ニ梵字有之

銘文には「寛文元辛丑天九月五日、為成弁院単誉覚月受信大姉」とあり、成弁院の没年月日、法名が確認される。ただし、この「成弁院墓塔」と永平寺「成弁院墓塔」では、成弁院の命日が異なる。前者では、「九月五日」とされているが、後者では、「九月初三鳥」（鳥は太陽、日のこと）と銘されており、二日のずれが生じている。他に史料がないため、どちらが正確であるかは、不明である。「清池院殿御石塔向テ右ノ方前横向ニ立有之」とあるように、成弁院墓塔は国姫にお仕えするが如く建てられている。成弁院は国姫が越後高田藩から松平光通に嫁ぐ際に御局として随行したもので、長光院の石塔とは比較にならないくらい立派なものである。

国姫は寛文十一年（一六七一）七月十日に自刃する。永平寺の五輪塔は、その没後百ヶ日に建てられているから、国姫の五輪塔建立とあわせて、成弁院の五輪塔が永平寺境内（菩提苑）に建立されたものとみえる。

成弁院は寛文元年九月三日（あるいは五日）に死去しているから国姫より十年も前に没している。成弁院については高野山蓮花院の「過去帳」に「清池院殿御局」とある以外、福井藩の記録にも名前が見当たらず、不明である。

（熊谷忠興）

寛文元年（一六六一）九月二十八日、永寿院、死没し、永平寺境内菩提苑に墓塔が建立される。

31 永寿院墓塔

（高さ283.0cm×横98.0cm）

(墓塔正面銘)

寛文元辛丑
永寿院　松山休貞大姉　霊位
九月廿八烏

【解説】　この墓塔は現在寂光苑に所在する。永平寺住職世代墓の入口に、向かって右側から、長光院(本巻No.58)・成弁院(本巻No.30)・永寿院の順に建てられている。

　この三基に祀られている人物は、福井藩主松平氏に関係する乳母、御局に相当するものと思われる。もともと、これらの墓塔は旧菩提苑(現通用門、一華蔵辺)にあったもので、昭和五年の二祖国師六百五十回忌の折に現在地に移転したものである。

　墓塔の銘によれば、永寿院は寛文元年(一六六一)九月二十八日に死去したようである。永寿院については、高野山蓮花院(和歌山県伊都郡高野町)の記録にも、福井藩の『越藩史略』や『片聾記』等にも名前が確認されない。ただし、成弁院と同様に大姉号であり、また、ともに所在する長光院・成弁院の石塔と同じ型であるから、福井藩主五代松平光通(一六三六〜七四)か、その室清池院殿(一六三六〜七一)と関係のある人物であろう。

参考文献

井上翼章編・三上一夫校訂『越藩史略』(歴史図書社、一九七五年)。

(熊谷忠興)

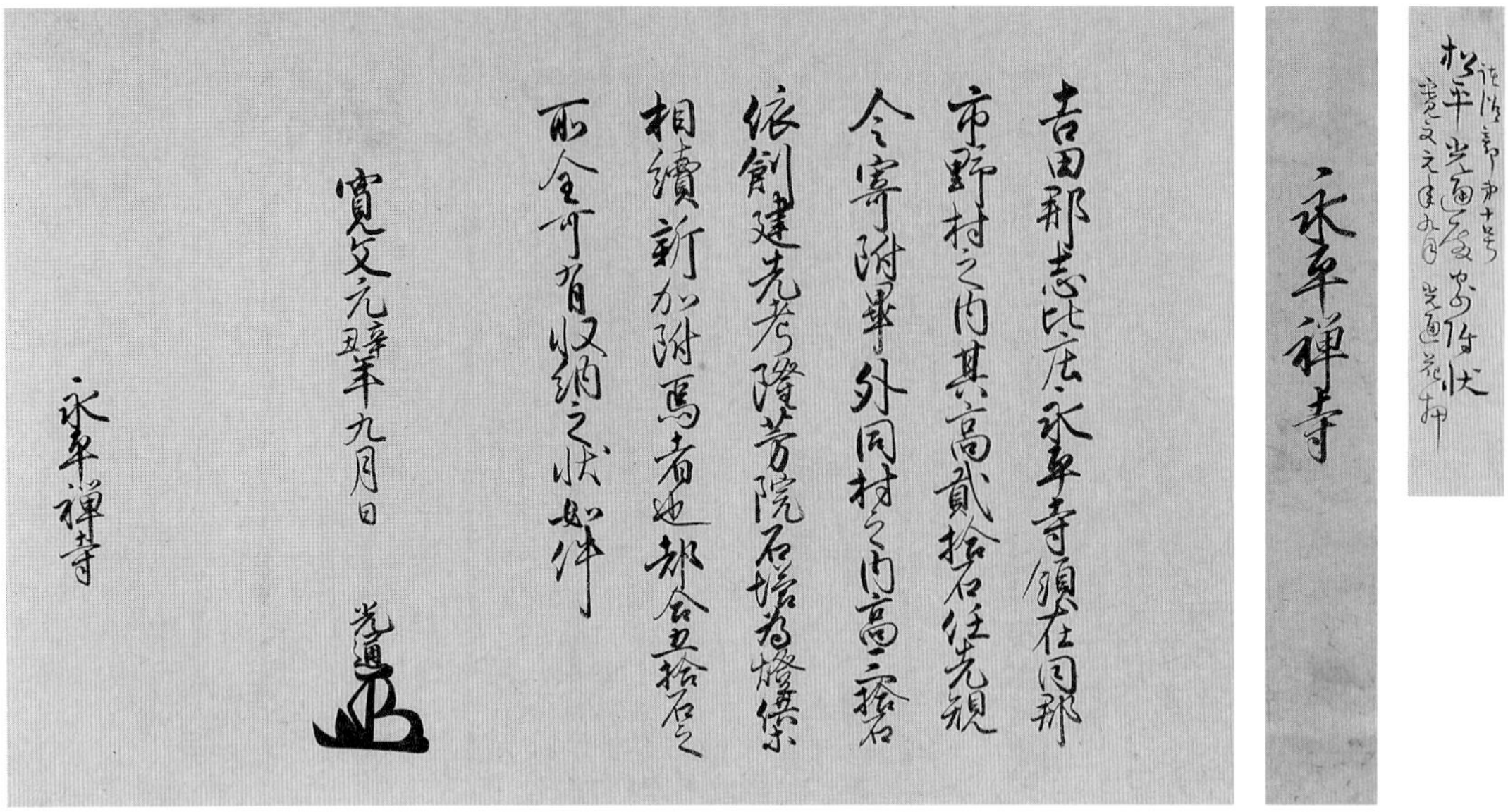

寛文元年（一六六一）九月日、福井藩主松平光通、永平寺領として二〇石を安堵し、新たに三〇石を加える。

32 松平光通寄進状

（台紙装　43.4㎝×65.5㎝）

（台紙貼紙、弘津説三筆）
「諸侯部第十号
松平光通殿寄附状
寛文元年九月光通花押」

（懸紙ウハ書）
「　永平禅寺　」

吉田郡志比庄永平寺領、在同郡
市野村之内、其高弐拾石、任先規
令寄附畢、外同村之内高三拾石、
依創建先考隆芳院（松平忠昌）石塔為灯供等
相続、新加附焉者也、都合五拾石之
所、全可有収納之状、如件、

寛文元辛丑年九月日　光通（松平）（花押）

永平禅寺

【読み下し】
吉田郡志比庄永平寺領、同郡市野村の内に在り。その高弐拾石、先規に任せ寄附せしめ畢んぬ。外同村の内高三拾石、先考隆芳院石塔創建に依り灯供等相続のため、新たに加附する者也。都合五拾石の所、全く収納有るべきの状、件の如し。

【解説】　福井藩五代藩主松平光通（一六三六〜七四）より永平寺に対して出した寺領寄進状である。

　永平寺領として越前国吉田郡市野々村（福井県吉田郡永平寺町）のうちにおいて、先例通り高二〇石の地を寄附するとともに、さらに永平寺に亡父（「先考」とは亡父のこと）松平忠昌（隆芳院は忠昌の院号）の石塔を創建し永平寺を菩提所としたため、その維持のため灯供料として同村において高三〇石の地を新たに追加して寄附したものである。

　なお、このとき、福井藩では、同じ曹洞宗の宝慶寺（福井県大野市）に対して大野郡宝慶寺村内において五〇石の地を安堵するなど、三〇ほどの寺社に対して寺領を安堵している（『永平寺史』上巻）。この史料も領主の代替わりに際しての一斉安堵により、永平寺に対して下付されたものと位置づけられる。

　松平光通は、五代目福井藩主で初代福井藩主結城（徳川）秀康の孫、忠昌は秀康の次男で四代目福井藩主となった。「中納言秀康卿御分限帳之写」（『片聾記』）や「宰相忠直公御給帳」（同）には永平寺領として二〇石が記載されており、福井藩においては、初代秀康のときから永平寺領として二〇石の地を寄進していたと考えられる（『永平寺町史』通史編）。

　なお、本史料の形態は竪紙であり、花押の法量は縦6.3cm×横4.8cmとなる。本史料は台紙の上に貼られており、弘津説三の整理による貼紙が台紙に添付されている。弘津説三の文書整理については、『文書編』一巻No.4の解説参照。

　参考文献

『永平寺史』上巻、六五三頁〜六五四頁（大本山永平寺、一九八二年）。
『永平寺町史』通史編、七二五頁（永平寺町、一九八四年）。

（中野達哉）

33　一切経献納碑銘

寛文二年（一六六二）八月時正日、林羅山、酒井忠勝の永平寺経蔵造立と一切経の寄進を讃える。

（145.6cm×83.0cm×54.0cm）

（正面）

越前国永平寺者、
本朝曹洞宗最初禅窟也、一宗末派無不出於此、弐宝[1]既備、伽藍尤大、然文明年中回禄[2]時、経蔵亦亡不再興者久矣、若狭少将源忠勝朝臣[3]者
幕府三世元老、佳名顕於闔国[4]、声価飛於異朝如風雷矣、羽林公[5]与当寺伝法二十六世
勅特賜万照高国禅師英峻[6]大和尚有檀越之旧縁、故新建立経蔵[7]、納武州東叡山新刊大蔵経[8]六百六十五函、可謂盛挙也、当寺至宝何物如焉、乃刻其由於石、以垂不朽、為後世之証、
旹寛文二年壬寅年仲秋時正日　羅山子[9]下腐儒
　　忠勝公法名
空印寺殿従四位上前羽林次将傑伝長英大居士

（裏面）

仏殿処、経蔵新造寄進施主、
若狭少将酒井讃岐守忠勝、

【読み下し】

（正面）

越前国永平寺は、本朝曹洞宗最初の禅窟なり。一宗末派此に出ざるは無し。弐宝既に備わり、伽藍（がらん）尤も大なり。然れども文明年中回禄（かいろく）の時、経蔵をも亦亡（うしな）いて再興されざること久し。若狭少将源忠勝朝臣は幕府三世の元老にして、佳名闔国（こうこく）に顕われ、声価異朝に飛ぶこと風雷の如し。羽林（うりん）公、当寺伝法二十六世勅特賜万照高国禅師英峻（ばんしょうこうこくぜんじえいしゅん）大和尚と檀越（だんおつ）の旧縁有って、故に新たに経蔵（きょうぞう）を建立し、武州東叡山新刊の大蔵経（だいぞうきょう）六百六十五函（はこ）を納む。謂（い）いつ可し盛挙なりと、当寺の至宝何物か焉（これ）に如（し）かん。乃ちその由を石に刻して、以って不朽に垂れ、後世の証と為（な）す。

（裏面）

仏殿の処、経蔵新造寄進施主、若狭少将酒井（さかい）讃岐守忠勝（ただかつ）。

【注】（1）弐宝　三宝のうち、仏宝と僧宝のこと。

（2）文明年中回禄　文明五年（一四七三）の回禄（火災）のこと。天文八年（一五三九）十月七日付「後奈良天皇綸旨」に「去文明五年、依回禄」とある（『文書編』一巻No.77）。

（３）若狭少将源忠勝朝臣　酒井忠勝（一五八七〜一六六二）のこと。天正十五年（一五八七）六月十五日、酒井忠利の嫡男として三河国西尾（愛知県西尾市）に誕生。元和六年（一六二〇）徳川家光に仕え、同八年に武蔵国深谷城（埼玉県深谷市）一万石を領し大名となった。翌九年に家光が将軍になると、翌寛永元年（一六二四）老中となった。この間、寛永四年には武蔵国川越城（埼玉県川越市）城主、寛永十一年に若狭国小浜城（福井県小浜市）城主となった。この後、家光の側近として寛永十五年には大老に就任し、幕政運営の中心人物となる。慶安四年（一六五一）には徳川家光の葬儀や由井正雪の乱の処理などを行った。明暦二年（一六五六）隠居。寛文二年（一六六二）七月十二日に武蔵国江戸牛込（東京都新宿区）の別邸にて死去。この碑文は忠勝が死去した一ヶ月後の八月時正日（秋彼岸会）に撰述されている。忠勝の活躍は政治の世界だけではなく、天海版大蔵経の開版や隠元隆琦の黄檗山万福寺の造立を援助するなど、当時の仏教界にも大きな功績を残している。

（４）闔国　全国。

（５）羽林公　酒井忠勝のこと。

（６）伝法二十六世勅特賜万照高国禅師英峻　高国英峻（一五九〇〜一六七四）のこと。『永平寺史』上巻によれば、天正十八年の生まれで、今川義元の近侍であった小泉権右衛門の次男であったという説もあるが、詳しいことは不明。得度剃髪の師は、相模国海宝院（神奈川県逗子市）の一機俊宗、本師は下総国総寧寺（現千葉県市川市）十八世の勝国良尊であった可能性が高い。英峻は、下総国龍安寺（千葉県成田市）、常陸国管天寺（茨城県稲敷市）、同国多宝院（茨城県下妻市）、下総国総寧寺の住持となっている。総寧寺では、影堂、客殿、厨庫、山門、総門の新造をはじめ、堂舎の造営で活躍した。その後、慶安元年に同寺住持として相模国大雄山最乗寺（神奈川県南足柄市）に輪住した。同寺でも、客殿、龍門橋、山中の廊下一〇〇余間を新造し、仏殿、小庫裏、風呂を修造している。この後、承応元年（一六五二）八月一日、幕府の命を受けて永平寺に入院している。関三ヶ寺（龍穏寺〈埼玉県入間郡越生町〉・総寧寺・大中寺〈栃木県栃木市〉）からの最初の永平寺入院でもあった。この後、永平寺六十世臥雲童龍（一七九六〜一八七一）までこの体制が続く。永平寺に入院した英峻は、その年の九月二十四日に参内し、万照高国禅師を下賜された。同年、永平寺は道元禅師四百回大遠忌に相当しており、英峻はこの法要を成就させるため、幕命を受けての永平寺入院であった。この大遠忌記念事業で、英峻は酒井忠勝の援助を得て、永平寺の仏殿・経蔵の造営、僧堂・風呂・山門・塔頭の新造、もしくは修造を行った。万治二年（一六五九）二月二十八日には越前国永建寺（福井県敦賀市）に「壁書」を下し（永建寺文書、本巻No.11参照）、同年八月十七日に死去した松平忠昌の室、慶寿院殿浄誉月窓清心大禅定尼の五輪塔の台座銘を撰述している（本巻No.12）。しかし、同年秋には、官許を得て、永平寺を退院し、近くの如意庵に隠退。のち再び江戸に移り、武蔵国傑伝寺（埼玉県川口市）、同国円通寺（同）を開山した。英峻は、延宝二年（一六七四）四月十二日に示寂し、傑伝寺に埋葬された。世寿八十五歳。法嗣に、門渚（永平寺二十八世）、御州（同二十九世）がいる。なお、英峻の永平寺世代は、同五十世玄透即中（一七二九〜一八〇七）の時、二十六世から二十七世に改められた。

（7）経蔵　万治元年、若狭国小浜藩（福井県小浜市）藩主酒井忠勝により造営。その後、宝暦七年（一七五七）に修理されたが、嘉永六年（一八五三）の道元禅師六百回大遠忌の記念事業として、酒井忠勝により造営された経蔵が改築され、現在の経蔵ができた。

（8）武州東叡山新刊大蔵経　江戸の東叡山寛永寺（東京都台東区）の開山、天海が寛永十四年に木彫活字版の大蔵経刊行を計画し、のち慶安元年までに完成した日本で最初に刊行された天海版大蔵経（六三二三巻）のこと。現在、永平寺には、般若部等の一部が失われているが、酒井忠勝により寄進された天海版大蔵経が伝えられている。

（9）羅山　儒者の林羅山（一五八三〜一六五七）。京都建仁寺（京都市東山区）で禅学を学び、慶長九年

（一六〇四）藤原惺窩（ふじわらせいか）に師事。惺窩のすすめで徳川家康に謁見し、以後四代の将軍に仕え、幕府の文書行政に携わる。寛永七年、徳川家光より上野忍岡（しのぶがおか）（東京都台東区）の地を賜り、学寮を建設。これが昌平黌のもととなった。「武家諸法度」・「旗本諸法度」を起草し、「寛永諸家系図伝」を完成した。明暦三年（一六五七）正月十九日の明暦の大火にて神田の本宅の銅文庫を焼失した。翌二十日に発病し、三日後に病死した。数え歳、七十五歳であった。この碑文の石碑は、羅山の死後の寛文二年の建立となっている。羅山の死後、五年後であることから、羅山が死去する前に依頼があり撰述されたものと思われるが、関連史料もなく詳細は不明である。

【解説】　この碑文は、万治元年（一六五八）に若狭国小浜藩藩主酒井忠勝が、承応元年（一六五二）の道元禅師四百回大遠忌の遠忌事業としてはじめられた経蔵の再建と一切経の寄進を顕彰するために作られたものである。現在、この碑文は永平寺山門右側を行くとある石段を登ったところにある経蔵の前庭に立っている石碑に刻されている。

この碑文の文章は江戸時代初期の儒学者で、徳川家康以降の将軍四代とも深い関わりがあった林羅山によって撰述されている。撰者の羅山は、寛文二年（一六六二）の五年前の明暦三年（一六五七）に死去している。羅山の死去してから、数年後のことから、羅山が生前に碑文の撰述の依頼があったものと思われるが、詳細は不明である。また、碑文が刻された石碑は、寛文二年八月時正日（秋彼岸会）に建立された。これは、寛文二年七月十二日に忠勝が死去してから一ヶ月後のことであった。ちょうど秋彼岸の日でもあり、忠勝の死去を偲んでの建立であったのだろうか。

銘文を読むと、永平寺は、文明年中の火災により、経蔵を焼失し、その後長らく再建されることがなかったとある。この度、若狭国小浜藩主の酒井忠勝が、永平寺住持の高国英峻と檀越の旧縁により、新たに経蔵と、そこに納める東叡山寛永寺で開版された天海版大蔵経六六五函が寄進されることになったとある。そして、忠勝の偉業を讃えるために造られたのが、この碑文であるという。

また碑文より、酒井忠勝による経蔵の新造や永平寺への天海版大蔵経の寄進が実現したのは、酒井忠勝と、永平寺住持であった高国英峻との「檀越の旧縁」によるものであったことがわかる。そうしたことが、幕府の要人でもある儒者の林羅山による碑文の撰述へと結びつくのであろう。また、「檀越の旧縁」は、英峻の永平寺晋住以前からの英峻と忠勝との関係であったといえる。英峻は関三ヶ寺の一つ、下総国総寧寺から永平寺に入院している。すなわち、関三ヶ寺として幕府との交渉を行う中で、忠勝と英峻の「檀越の旧縁」が形成されたと思われる。

承応元年八月一日、英峻は永平寺に幕命を受けて入院した。同年八月二十八日は、道元禅師四百回大遠忌に相当していた。

寛文四年十一月、英峻が撰述した「武蔵傑伝寺棟札銘」によれば、道元禅師四百回大遠忌には、全国から諸老宿が集まり、十日間にわたり遠忌の仏事が挙行されたとある(『曹洞宗全書』一五巻)。さらに、この時の遠忌において、小浜藩主の酒井忠勝の援助により、永平寺の仏殿・経蔵を新造し、天海版一切経の寄進を受けたとある。したがって、この時の遠忌において忠勝が寄進したのは経蔵と天海版大蔵経の他、仏殿であったことがわかる。

忠勝は寛永十一年に武蔵国川越藩から若狭国小浜藩に移封となり、同十五年に大老に就任。慶安四年に徳川家光の葬儀、由井正雪の乱の処理など、幕政の重責を担っていた。忠勝と英峻との関係は、これ以降も続いた。寛文二年に忠勝死去の後、忠勝が開基となり同三年から四年にかけて創建された武蔵国傑伝寺の開山に英峻がなっている。

この英峻以降、永平寺六十世の臥雲童龍まで、関三ヶ寺からの永平寺晋住の体制へと変わっていく。すなわち、本史料より永平寺晋住の変化にともなう幕府および関三ヶ寺を始めとする関東系の勢力の永平寺への関与が深まっていくことを考える上でも有益なる史料の一つといえる。

なお、昭和十四年四月に経蔵に保管されていた天海版一切経の調査が行われている。調査結果については、『輪蔵整理調』(永平寺文書)にまとめられている。『輪蔵整理調』によれば、欠本は次の様に九三函あったようである。

天函・地函・玄函・黄函・宇函・宙函・洪函・荒函・日函・月函・盈函・昃函・辰函・宿函・列函・張函・寒函・来函・暑函・往函・秋函・収函・冬函・蔵函・閏函・余函・成函・歳函・律函・呂函・調函・陽函・雲函・騰函・致函・雨函・露函・結函・為函・霜函・金函・生函・麗函・水函・玉函・出函・崑函・岡函・

剣函・号函・巨函・闕函・珠函・称函・夜函・光函・菓函・珍函・李函・柰函・樹函(後)・染函・聖函(中)・聖函(下)・立函(後)・正函(中)・谷函(後)・履函(後)・夙函・盛函・流函(後)・登函(後)・以函・卑函・婦函・子函(後)・虧函・操函・好函・背函(後)・鬱函・肆函(後)・設函(後)・席函・瑟函(後)・星函(後)・右函(後)・左函(後)・達函(中)・達函(下)・墳函(後)・亦函(前)・亦函(後)・稾函(後)・漆函(後)・壁函(後)・禄函・茂函・曲函・微函(後)・旦函(後)・弱函(後)・遵函

この他、破損・汚損したものとしては、次の一〇函があったようである。

夙函・盛函・虧函・操函・好函・亦函(前)・亦函(後)・禄函・茂函・曲函

以上から、昭和十四年の段階で天海版一切経の欠本・破損等が、一〇三函(全六六五函)におよんでいたことが理解される。その後、平成十五年に天海版一切経の整備が行われた。その結果、函は六一五、経本は五〇六九冊残っていることが確認された。

参考文献

『曹洞宗全書』一五巻(曹洞宗全書刊行会、一九三八年)。

笛岡自照『永平寺雑考』(古径荘、一九七三年)。

『日本思想大系』二八　藤原惺窩　林羅山(岩波書店、第二―二刷、一九八〇年)。

『永平寺史』上巻・下巻(大本山永平寺、一九八二年)。

『禅学大辞典』(大修館書店、一九八五年)。

『道元禅師と永平寺の宝物展』(大本山永平寺、一九九四年)。

「天海版一切経整備」(『傘松』七一九号、二〇〇三年)。

『永平寺史料全書』文書編　第一巻(大本山永平寺、二〇一二年)。

鈴木健一『ミネルヴァ日本評伝選　林羅山―書を読みて未だ倦まず―』(ミネルヴァ書房、二〇一二年)。

(皆川義孝)

【参考写真】天海版一切経の一部・一函

寛文二年（一六六二）、越前国義宣寺竹峰広嫩、永平寺棒杭に聖観音菩薩坐像を線刻する。

34　聖観音菩薩坐像銘

（位牌形）

（聖観音菩薩坐像）

【位牌部分拡大写真】
寛文二壬寅年
義宣現住竹峰広嫩彫刻之

【解説】　この磨崖仏は「棒杭の磨崖仏」と称される。永平寺町には中世に線刻された九体の磨崖仏があり、この磨崖仏については『文書編』一巻No.71「線刻磨崖仏」で取り上げた。この九体の磨崖仏がある曹源橋から、永平寺川に沿って、国道三六四号線を八〇〇メートルほど荒谷方面に向けて下ると、右手の山側から大きな岩が突出した場所がある。この場所は「棒杭」と通称されるところである。「棒杭」とは、永平寺の領域、境を示した地名といえる。ここは永平寺川の流れが激突するところで、永平寺へ拝登する者の難所であったと思われる。

その場所に、寛文二年（一六六二）、義宣寺（福井県勝山市）六世である竹峰広嫩がみずから彫刻したものが本磨崖仏である。画像は向かって左側に聖観音菩薩坐像が刻される。円相上部から蓮台下の総高は95㎝である。像の左には、位牌型（縦83㎝、横37㎝）があり、それには「寛文二壬寅年／義宣現住竹峰広嫩彫之」と刻まれている。

竹峰広嫩は駒ヶ嶺法子氏の研究によると、寛永年間（一六二四～四四）に能登の總持寺に拝登して「宗派次第」を總持寺一山の衆議によって撰述する。ついで永平寺に拝登して「竪横之両編」（達磨大師宗派次第）を撰している。また、明暦年中（一六五五～五八）には南条郡小松村（福井県越前市）の妙覚寺に住して山林を求め寺産としている。妙覚寺の位牌には次のようにある。

（表）前永平義宣五世竹峰広嫩大和尚

（裏）此牌為日盃于貫山寄附当山後来住職可知此旨

明暦年中、広嫩は日牌として山林を求めて寄進したといえる。なお、妙覚寺は永平寺五十世玄透即中（げんとうそくちゅう）が、享和二年（一八〇二）に祖蹟を復興し弟子慧門禅智を住職させている。次いで、玄透は文化三年（一八〇六）九月永平寺を退院した後は、妙覚寺に隠居している（詳細は『永平寺史』下巻「第七章古規復古と玄透即中禅師」参照）。現在、この妙覚寺の寺籍はないが、伽藍は存在する。

義宣寺では竹峰広嫩を六世とするが、明暦の頃は五世と称していたか。また『平泉寺史要』では九世ともする。寛文五年には、田倉（福井県南条郡南越前町）の慈眼寺に拝登して開山天真自性の「天真派法系図」一枚を撰す。また延宝六年（一六七八）には永光寺（石川県羽咋市）に拝登して「仏祖正伝教授戒文幷儀規縁起之事」一巻を撰している。

この「仏祖正伝教授戒文幷儀規縁起之事」の解題によると血脈相受のことと血脈功徳の事が記されているから、本書は『永平開山道元和尚行録』の付録「血脈度霊」と類似する内容である。そして寛文七年には竹峰庵（福井県勝山市）を開いて隠棲している。『新訂越前国名蹟考』巻九「大野郡」下に「或云、此寺（義宣寺）の広嫩和尚筑紫にて勝、取来りし本尊のよし、其時の笈も今に在となり」と記録する。なお、『曹洞宗福井県寺院誌』によると昭和二十八年より竹峰庵は笠峰庵と改まっている。

参考文献

杉原丈夫編『新訂越前国名蹟考』（松見文庫、一九八〇年）。

『平泉寺史要』（勝山市平泉寺町昭和史編纂委員会、一九八七年、初版一九三〇年）。

熊谷忠興「越前波多野家系図再考」（『宗学研究』四四号、二〇〇二年）。

駒ヶ嶺法子「竹峰広嫩撰『達磨大師宗派次第』について」（『印度学仏教学研究』五三巻一号、二〇〇四年）。

駒ヶ嶺法子「竹峰広嫩の行状と業績—関係史料の確認を通して—」（『駒沢大学大学院仏教学研究会年報』三九号、二〇〇六年）。

『曹洞宗文化財調査目録解題集』七　北信越管区（曹洞宗宗務庁、二〇〇六年）。

『曹洞宗福井県寺院誌』（福井県宗務所、二〇〇六年）。


（熊谷忠興）

（寛文二年〈一六六二〉頃）、永平寺先住高国英峻、下総国古河城下において、奥村政永に道号頌を記し与える。

35　高国英峻筆奥村政永道号頌

（軸装　51.0㎝×26.4㎝）

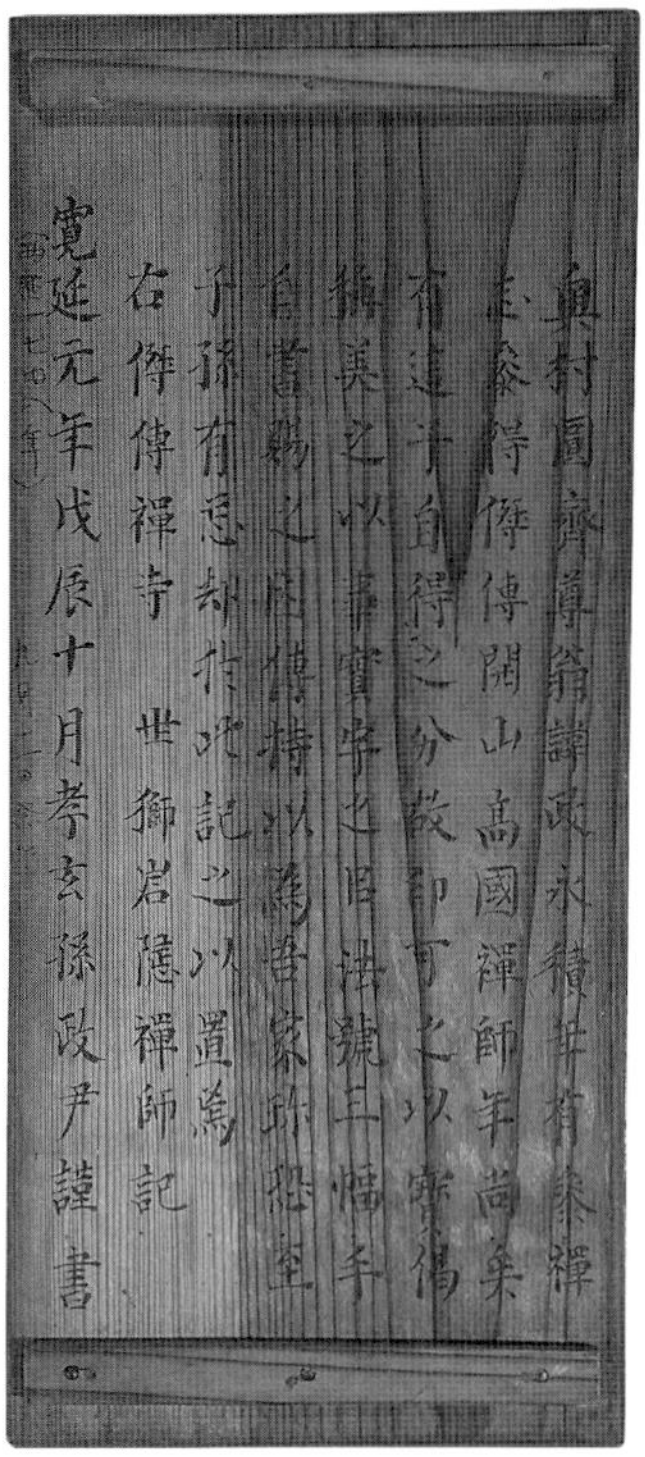

（箱蓋表書）
「宝偈(2)
円斉(1)尊翁　事実(3)　三幅
法号(4)」

（箱蓋裏書）
「奥村円斉尊翁、諱政永、積年有参禅
志、参得傑伝開山高国禅師(5)、年尚矣、
有這子自得之分、故印可之以宝偈、
称美之以事実、字之以法号、三幅手
自書賜之、因伝持以為吾家珍、恐至
子孫有忘却、於此記之、以置焉、
右傑伝禅寺　世獅岩隠禅師(6)記
寛延元年戊辰十月孝玄孫政尹(7)謹書
（後筆、黒字ボールペン）
「（西暦一七四八年）　九月十一日祭ル」」

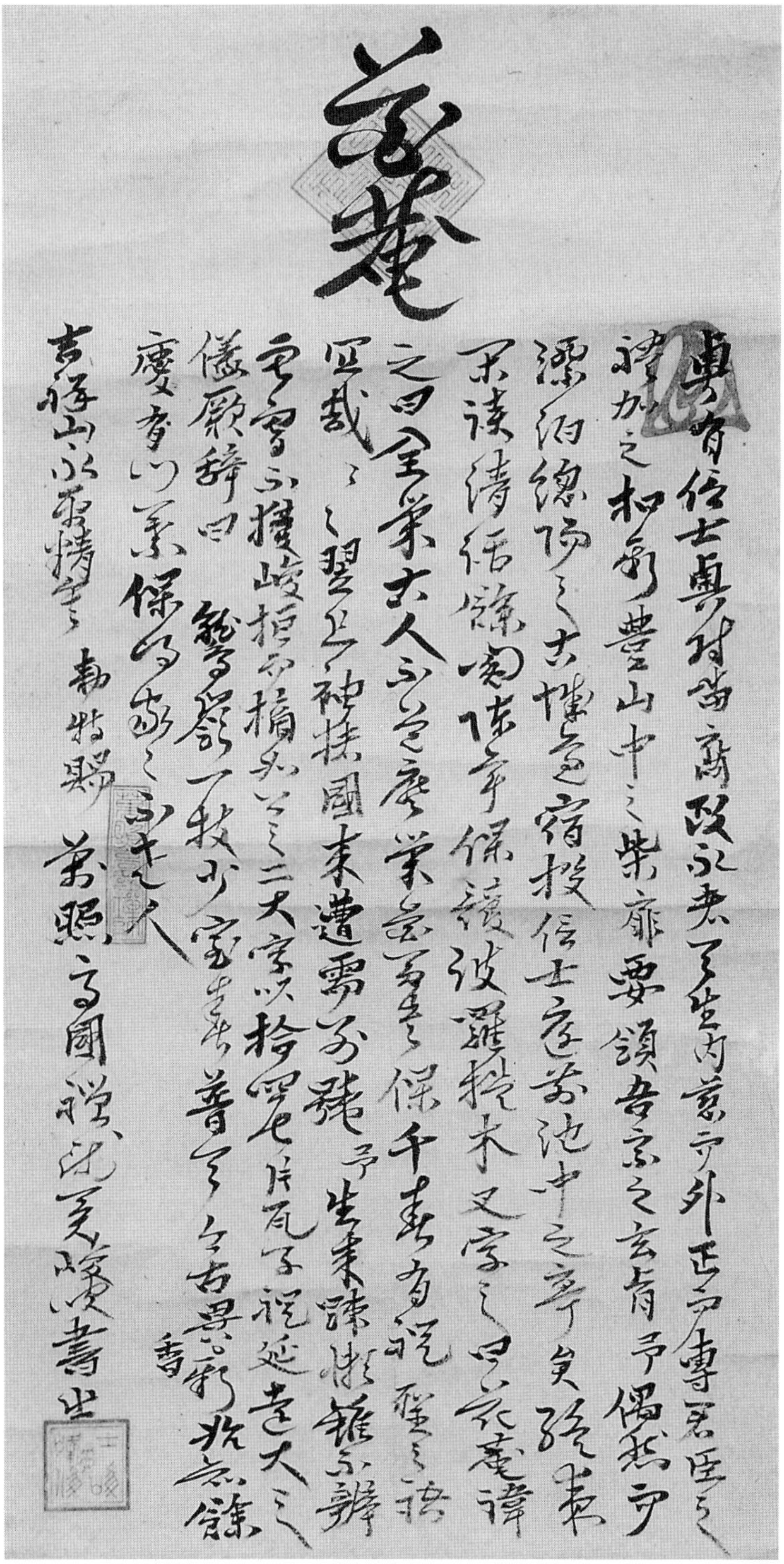

（朱印文「仏法僧宝」）(8)

花庵

（道元花押型朱印）(9)

粤有信士、奥村苗裔、政永者、天生内慈而外正、而専君臣之礼、加之扣新豊山[10]中之柴扉、要領吾宗之玄旨、予偶然而漂泊総陽[11]之古城辺[12]、宿投信士庭前池中之亭矣、終夜閑談清話余、閲陣年保護波羅提木叉[13]、字之曰花庵、諱之曰全栄、古人不道麼、栄花富貴保千春、有祝聖之語、宜哉々々、翌旦、袖楮国来、遭需別号、予生来疎懶、雖不弁魚魯、不獲峻拒、而摘如上之二大字、以拾四七片瓦子、祝延遠大之儀、厥辞曰、鷺嶺[14]一枝少室春[15]、普天今古異香新、始知余慶[16]有門葉、保得家々不老人

吉祥山永平精舎　勅特賜（朱印文「万照高国禅師」）(17)　万照高国禅師英峻叟書之（朱印文「士峰英峻俊」）(18)

【読み下し】

（箱蓋裏書）

奥村円斉尊翁、諱は政永、積年参禅の志有り。傑伝開山高国禅師に参得して、年尚し。這子自得の分有り、故にこれを印可するに宝偈を以てし、これを称美するに事実を以てし、これに字（あざな）するに宝号を以てす。三幅手自ら書きてこれを賜う。因みに伝持して以て吾が家珍と為す。子孫に至り忘却有るを恐れ、此にこれを記し、以て焉（ここ）に置く。右は、傑伝禅寺　世獅岩隠禅師の記なり。寛延元年戊辰十月孝玄孫政尹謹みて書す。

（本文）

花庵

粤（ここ）に信士、奥村の苗裔、政永なる者有り。天生内慈にして外か正しうして君臣の礼を専らにす。しかのみならず新豊山（しんぽうざん）中

の柴扉を扣き、吾宗の玄旨を領ぜんと要す。予偶然にして総陽の古城辺に漂泊し、宿を信士が庭前池中の亭に投ぜり。終夜閑談清話の余、陣年、波羅提木叉を保護するを閲しぬ。これに字して花庵と曰い、これに諱して全栄と曰う。古人道わずや、栄花富貴保千春と。祝聖の語に有り。宜なるかな宜なるかな。翌旦、楮国を袖にし来たり、別号を需むるに遭う。予生来疎懶にして、魚魯を弁えずと雖も、峻拒するを獲ずして如上の二大字を摘し、以て四七片瓦子を拾い、遠大の儀を祝延す。厥の辞に曰く、

鷲嶺の一枝、少室の春、
普天今古、異香新たなり、
始めて知る、余慶門葉に有るを、
保ち得たり家々、不老の人

吉祥山永平精舎勅特賜万照高国禅師英峻叟これを書す。

【注】(1)円斉　奥村政永のこと。本巻No.６注１参照。

(2)宝偈　本巻No.６(六―三)の「辞世」に該当する。本巻No.36参照。

(3)事実　本巻No.６(六―一)の「道号ノ記」に該当する。本項解説参照。

(4)法号　本巻No.６(六―二)の「逆修ノ位牌」に該当する。本巻No.37参照。

(5)傑伝開山高国禅師　永平寺二十七世高国英峻(一五九〇～一六七四)。本巻No.６注10参照。慶安五年(一六五二)永平寺に晋住した。関三ヶ寺(龍穏寺〈埼玉県入間郡越生町〉・総寧寺〈現千葉県市川市〉・大中寺〈栃木県栃木市〉)から晋住した最初の人物である。幕閣の酒井忠勝の支援を得て、永平寺に仏殿や経蔵を新造した。万治元年(一六五八)永平寺を退院して後、民家になってしまっていた如意庵を再興して住したという。寛文元年(一六六一)に江戸に赴き、武蔵国本郷村の地にあった太田道灌の古城址が勝地であることを聞き知った。幕府関係の許可を得てここに草庵を結び、足掛け三年、この間、真田信澄が上野国沼田城下に建てた天桂寺に招かれて開山となり、この縁により寛文三年真田信澄が、大檀越となり宮大工を調達して、傑伝寺(埼玉県川口市)の堂宇を完成させた。寺号の傑伝は、酒井忠勝の戒名「傑伝長英」からとり、山号の天桂は、真田信澄の父信吉の戒

名「天桂院殿月岫浄珊大居士」の院殿号によったものである（主として「武蔵傑伝寺棟札銘」〈『曹洞宗全書』一五巻〉による。『川口市史調査概報』第五集〈一九七九年〉参照）。

(6)獅岩隠禅師　傑伝寺八世獅巌素高。安永二年（一七七三）示寂。世代数が記入されていないのは、政永の子孫の側で、それを確認しえなかったのであろう。

(7)政尹　奥村家の「家譜抜萃」（本巻No.6注1参照）によると、政永から数えて五代目が奥村彦九郎政尹（一六八七～一七六七）であり、陽山と号し、宝暦三年（一七五三）に家譜を作っていたという。

(8)三宝朱印　縦4.4cm×横4.4cm。

(9)道元花押型朱印　縦3.4cm×横3.6cm。

(10)新豊山　高国英峻が再興した如意庵の山号であったかもしれない。現在は、美味峰如意庵という。

(11)総陽　下総国のこと。

(12)古城辺　古河城下。

(13)波羅提木叉　戒のこと。

(14)鷲嶺一枝　霊鷲山で釈尊から迦葉へ大法が付嘱された「世尊拈華微笑」を踏まえている。

(15)少室春　達磨が慧可に伝法した「達磨伝法偈」を踏まえている。

(16)余慶　『周易』の「積善之家、必有余慶」の句を踏まえている。

(17)英峻朱印　縦5.4cm×横1.3cm。

(18)英峻朱印　縦2.9cm×横2.7cm。

【解説】　この書は、永平寺二十七世高国英峻が揮毫して、奥村政永に与えた三幅一対のうちの一つである。政永自身が編集したと考えられる『奥村政永積善記録』（本巻No.6、以下『積善記録』）の中の写本（六―一）において、「道号ノ記」という名称が付けられていたが、寛延元年（一七四八）の箱表書では「事実」という名称になっている。三幅一対はおそらく同時成立であることを意味するので、本巻No.36によって、それは寛文二年（一六六二）と考えられる。上部に奥村政永の道号「華（花とも書く）庵」の二字を書き、下に政永の人となりと戒名の説明と偈頌が書かれている。説明文によると、政永はすでに新豊山（未考）において、高国英峻の下で参禅していたという。今回高国英峻がたまたま古河城下の政永の亭に投宿した。そこで政永が受戒の後永く戒律を保っていることが明らかになり、この戒名のことを話題にした。翌朝、政永は料紙を持参し、高国英峻に別号をいただきたい、という。ところが高国英峻は別号を与えず、「華庵全栄」という戒名の中の道号を取り上げて新たに頌を作り揮毫したのである。この戒名はすでに『積善記録』(一)所収の万治二年(一六五九)の文章に示されていた。ただこの書では称号が「居士」ではなく「信士」になっている。なお高国英峻の署名が、本書では「吉祥山永平精舎勅特賜万照高国禅師英峻叟」であって「隠栖」となっていない。あるいは、この点に戒名の授与そのものは、永平寺在任中であったことをにじませているのであろうか。

また『積善記録』(一)によると、隠居して円斉と名乗っていた政永は、万治二年頃庵を結び、これを政永山円斉寺と号し、主君の位牌を安置したが、さらに矮屋を築いて君恩を報ぜんとしていたところに、永平寺の高国英峻から「花庵全栄居士」という戒名を貰った、という。円斉寺は、『積善記録』(九)に「下総国古河郷奥村円斉屋敷ヲ法華宗本成寺の隠居寺に草創」したとあるように、古河でのことであった。そして今回の揮毫は、高国英峻が古河城下に「偶然」に立ち寄った際とされる。高国英峻は幾度か古河の地を訪れていたのかもしれない。

ところで、上部に大きく道号二字を示し、その下に道号の謂れを記すこの形式の書は、道号の文字の意味、あるいは宗意、本人の徳を讃えるもので、授者が祝意を表して贈るのであるが、偈頌であれば「道号頌」、文章であれば「道号説」「字説」といった。この場合の「字」は「あざな」であり、道号に相当する。授者たる禅僧語録のなかに収録されていることもある。五山文学においては、求めに応えて禅僧に与えられる場合が多い。来日した元僧の竺仙梵僊(じくせんぼんせん)はこの授受に批判的であった(『禅林象器箋(ぜんりんしょうきせん)』)が、やがて在家の居士にも与えられるようになった。

このような形式の書は、中世末期以来、曹洞宗の史料の内にも稀に見かける。例えば瑞祥寺(福井県大野市)には、開山雷沢宗梭が、瑞祥寺の開基であり、受戒して弟子の礼をとった越前国小山庄御給の吏官家、久家公に、永正八年(一五一一)に与えた「万年」という道号の一軸が伝わる(瑞祥寺所蔵)。その戒名は「瑞祥寺殿万年常松大居士」であった。下の文章・偈頌は、「万年」という道号の所縁を説いている。また下妻多宝院(茨城県下妻市)四世独峰存雄(どくほうそんゆう)は、永禄十二年（一五六九）、道智信男に「光室」という別号を与え、道号頌一軸を残している（多宝院所蔵、【参考史料】参照）。光室道号頌には、当人が独峰存雄の室に入って受戒したことが述べられていた。寛永二十年（一六四三）に総寧寺に移るまでの十年程、高国英峻は多宝院の住持であったから、このようなことも知っていて参考にしているはずである。

奥村政永は、受戒をしているが、土井家重臣の反対により出家はしなかった（『積善記録』〈一一〉）。在家受戒は、そのかわりであったのではなかろうか。しかし道号頌は、おそらく在家受戒の血脈とは異なる意味を持ったものと考えられる。政永に与えられたこの偈頌は、政永が釈尊にはじまり達磨の流れをひく境地に達して、広く周辺を感化していることを讃え、転じてこの徳が奥村氏子孫の安泰をもたらしていることを言祝いでいるのであろう。また主家の古河藩主土井家が二代利隆に至り、家中不安定の中で、政永が選んだ生き方を思えば、「家々」の中に土井家の安泰も含ませているようである（本巻No.６・36解説参照）。さらに政永が、高国英峻に相親しみ、永平寺に品々を寄進していることを考えると（本巻No.16解説参照）、「家々」の中には仏家としての永平寺の興隆をも込めた可能性があるだろう。在家の居士にこの形式の書が与えられる事は、参禅する居士の信仰・境地を高く評価したことを示すのであろう。曹洞宗においては、いつ頃はじまったのであろうか。中世中ごろまで曹洞宗においては、おそらく出家重視の立場からして、臨済宗と比較すると居士禅はあまり発展しなかったと考えられる。曹洞宗内に中世末期から跡付けられるこの種の書は、曹洞宗内における一種の居士禅の形成を意味しているのかもしれない。近世初期の事例が、東雲文庫（三重県津市）・常安寺（三重県鳥羽市）などにあるが、全般的に少ない。それは、この種の墨跡が、居士の子孫に伝わる以外、寺院に残されることはめったにないからである。

なお中世曹洞宗内に在家参禅者がいて、印可証明を乱発していた可能性も指摘されており、その検討は今後の課題である。印可証明と似たものに、禅戒の血脈や、切紙があり、これが臨済宗の側から批判されていたのではないか、とも考えられ、道号頌のことも考える必要があるからである。

参考文献

『大野市史』第一巻寺社文書編、三一九頁（大野市、一九七八年）。
『曹洞宗宗宝調査目録解題集』一　東海管区編、一八三頁・二二八頁（曹洞宗宗務庁、一九九一年）。『下妻市史』上　原始古代・中世、四六五頁（下妻市、二〇〇三年）。
廣瀬良弘「温泉と禅僧―民衆と自然のあわいに―」（『禅の風』三九号、二〇一四年）。

（菅原昭英）

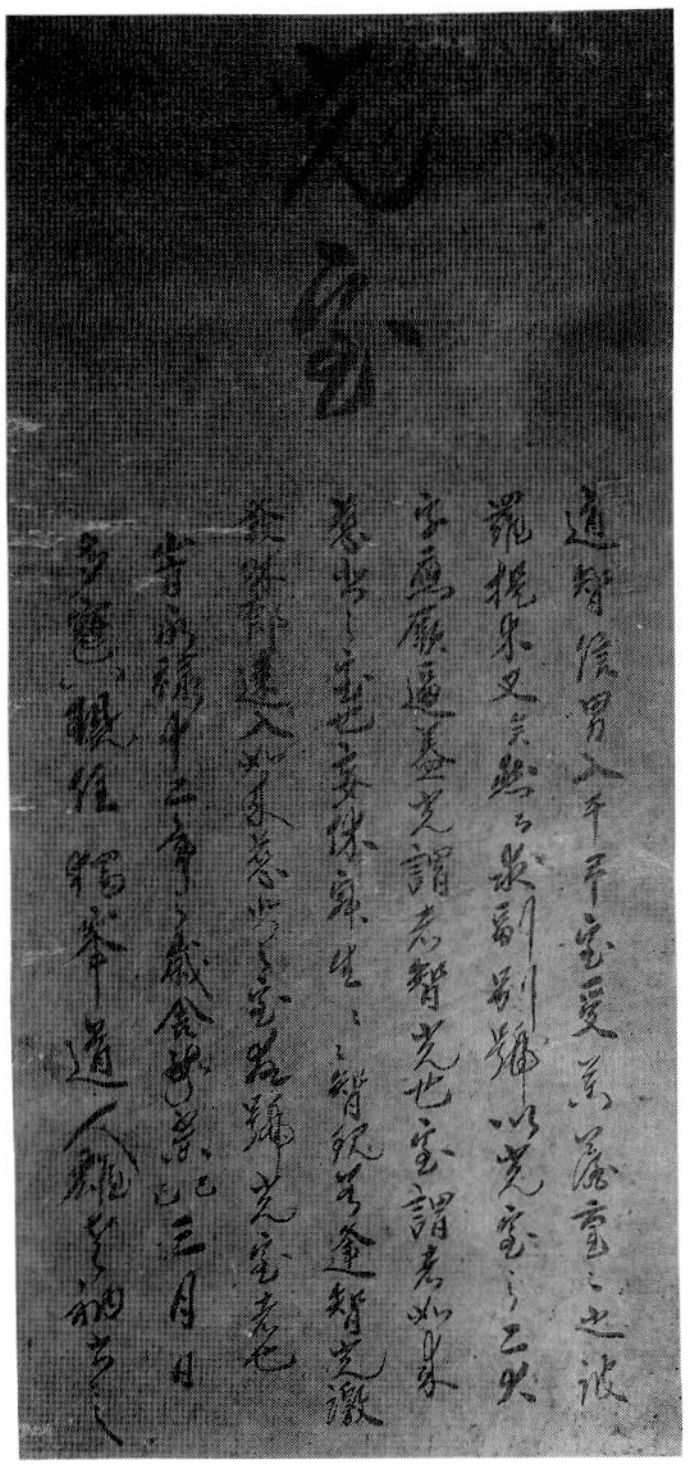

【参考史料】独峰存雄筆光室道号頌（多宝院所蔵）

光室

道智信男入于予室、受菩薩重々之波羅提木叉矣、然而求副別号、以光室之二大字、応厥逼、蓋光謂者智光也、室謂者如来慈悲之室也、妄休寂生々智現、若逢智光激発時節、速入如来慈悲之室、猶号光室者也、
旹永禄十二年之歳舎龍集己巳三月日
多宝現住独峯道人雄老衲書之

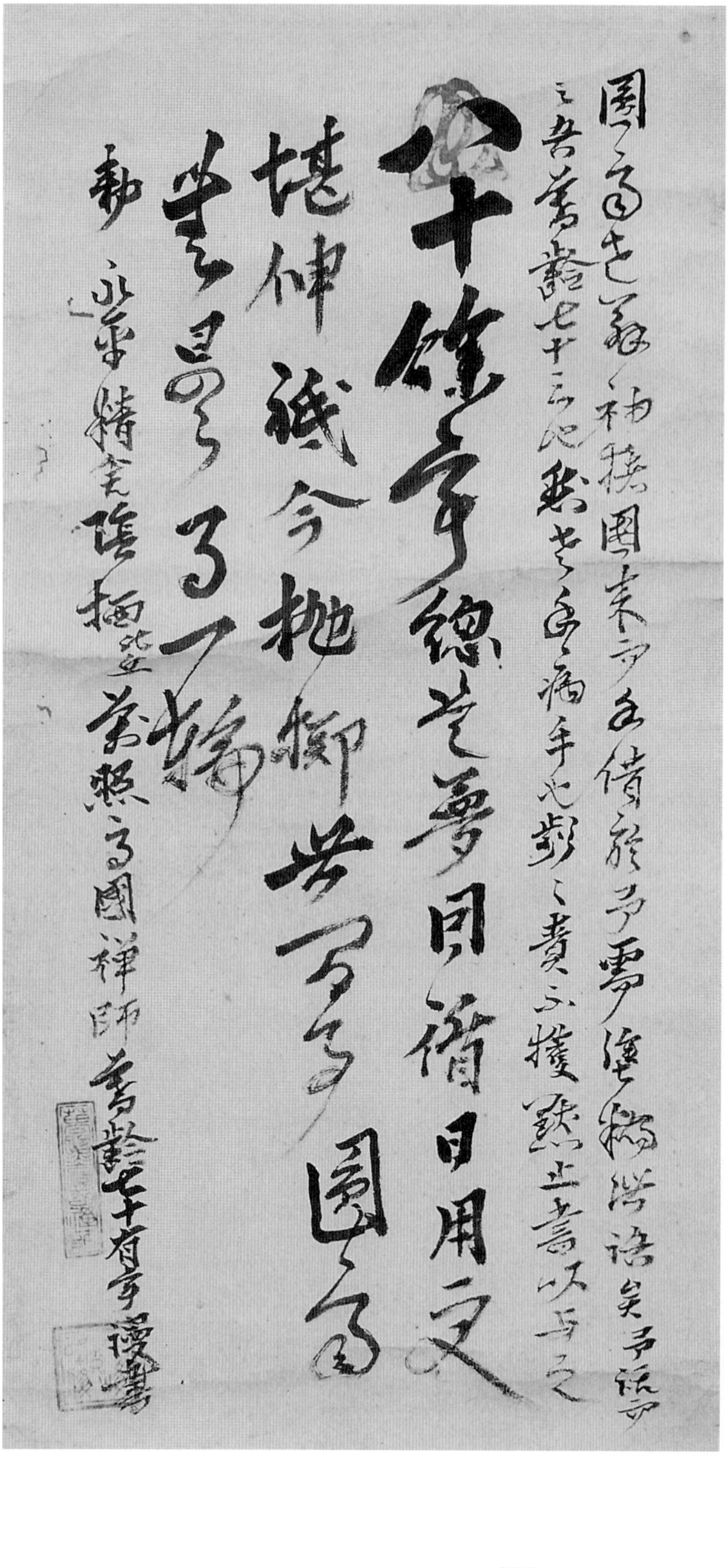

（寛文二年〈一六六二〉頃）、永平寺先住高国英峻、奥村政永のために、同人作辞世頌を大書して与える。

36 高国英峻筆奥村政永作辞世頌

（軸装 51.0㎝×26.4㎝）

円斉老翁(1)、袖楮国来(2)、而手借於予需塗糊(3)此語矣、予辞而
云、吾暮齢七十三也、然老手病手也、頻々責、不獲黙止、書以与之、
（道元花押型朱印）(4)

八十余年総是夢、因循日用更
堪伸、祗〔祇〕今抛擲世間事、円斉
無曇月一輪

勅　永平精舎陰〔隠〕栖比丘万照高国禅師(5)暮齢七十有年漫書
（朱印文「万照高国禅師」）(6)　（朱印文「士峰英峻俊」）(7)

【読み下し】

円斉老翁、楮国(ちょこく)を袖にし来たりて、手を予に借りて此の語を塗糊せしめんことを需めり。予辞して云く、吾れ暮齢七十三なり。然して老手病手なり、と。頻々(ひんぴん)（しくしく）に責む。黙止することを獲ず、書きて以てこれに与う。

八十余年、総(そう)に是れ夢、
日用に因循(いんじゅん)して更に伸ぶるに堪えたり、
祇今(しこん)、世間の事を抛擲(ほうてき)し、
円斉曇り無し、月一輪

勅　永平精舎隠栖比丘万照高国禅師(ばんしょうこうこくぜんじ)暮齢七十有年漫に書す。

【注】（1）円斉老翁　奥村政永。土井利勝に仕えた古河藩士。『寛政重修諸家譜』には収録されていない。政永は承応四年（一六五五）に七十四歳なので、逆算すると天正十年（一五八二）の生まれとなる。本巻No.６参照。

（2）袖楮国　楮紙を袖にしのばせて。兀庵普寧(ごったんふねい)墨蹟法語（弁蔵主に与えたもの）に「冒暑来参、袖紙求語」、南浦紹明墨蹟法語（宗観禅尼に与えたもの）に「袖紙、来求一語」などとあるのと同じ意味であろう（田山方南編『禅林墨蹟』）。楮国公は紙の異名。唐

の薛稷が紙を造って楮国公になってからいう。

(3)塗糊　揮毫というところを、謙遜していったのではないか。

(4)道元花押型朱印　縦3.4cm×横3.6cm。

(5)万照高国禅師　永平寺二十七世高国英峻(一五九〇～一六七四)。寛永十年(一六三三)より下妻多宝院(茨城県下妻市)に住持し、寛永二十年には総寧寺(現千葉県市川市)に住持。慶安五年(一六五二)永平寺に晋住した。関三ヶ寺、龍穏寺・総寧寺・大中寺から晋住した最初の人物である。本巻No.6注10・本巻No.35注5参照。

(6)英峻朱印　縦5.4cm×横1.3cm。

(7)英峻朱印　縦2.9cm×横2.7cm。

【解説】　この一軸は永平寺二十七世高国英峻が、古河藩士奥村政永の需めに応じて書き与えた偈である。他の二軸(本巻No.35・37)と合わせて計三軸に、『奥村政永積善記録』一冊(本巻No.6、以下『積善記録』)を加えて、寛延元年(一七四八)に作られた同じ木箱に納められている。この木箱蓋裏の銘文は、本巻No.35に写真を掲載している。銘文を筆書した政尹は、奥村家の「家譜抜萃」によると、政永の子孫で、「陽山」の号を持つ。銘文の記の作者「獅岩隠禅師」は、高国英峻が開山した傑伝寺(埼玉県川口市)の八世獅巌素高にあたる。

この偈の揮毫された年代は、天正十八年(一五九〇)に生まれた高国英峻が、「暮齢七十三」としているので、寛文二年(一六六二)に当たることが判明する。奥村政永は、天正十年生まれなので、この時八十一歳である。揮毫の場所は、おそらく道号頌(本巻No.35)とおなじく古河城下でのことであろう。この偈頌は、『積善記録』(六―二)にも掲載されているが、偈頌のみで高国英峻が揮毫した謂れの部分はない。

偈は冒頭に「八十余年」とあるように、政永当人のことをうたっている。『積善記録』(六―三)では、これを政永自身の「辞世寓懐」つまり遺偈とみなす。ところが箱蓋裏の銘文は、「之を印可するに宝偈を以ってし」と記し、高国英峻が政永に与えた印可状と位置づけている。遺偈なのか、印可状なのか。

この偈頌の位置づけを理解する上において、重要なのは、政永が偈を高国英峻に示して認められた場に遭遇して感激した海門大渚という僧が同じ脚字を使って偈を作り、政永に与えた一文(№6『積善記録』三)である。海門大渚は、政永の偈を、あらかじめ作った遺偈というだけでなく、「日用菩提正因を修する処」を兼ねているという。単に臨終の場のためという面だけでなく、修行を踏まえた境地の表現という面を重視しているのである。このことは、『積善記録』(一〇)に、政永が多くの僧俗の遺偈を集めたものを「古今智者道人悟歌詩歌集」と題していることと呼応している。遺偈は「悟歌(ごか)」すなわち悟境を詠うべきものだったのである。したがってそれを師に認めてもらうことは、印可に相当すると捉えられて当然であろう。海門大渚は、この時の両者の応酬に同席して感銘を受けたのであろう。このような印可の方法は、一種、独創的な場面であったと思われる。高国英峻の揮毫は、政永にとってまさに印可状を意味したにちがいない。

ところで、海門大渚の文章の成立時期と場所、すなわち当初、政永がその辞世偈を高国英峻に示したのは、いつどこにおいてであろうか。『積善記録』(三)において、海門大渚が「江城の市陌」にあって、といっていることからして、江戸においてのことである。しかも海門大渚の文章には、政永を二代目藩主土井利隆の家臣としている。これからすると、この文章は利隆の隠居以前のものであろう。利隆の事実上の隠居は慶安四年(一六五一)であるが、正式には万治元年(一六五八)なので、遅くとも万治元年以前でなければならない。また(三)における高国英峻への敬称は永平寺住持の慶安五年以降万治二年以前と考えられよう。また政永の戒名には全く触れず、宛所は「無邪円斉公」になっている。この点からしても、万治二年頃、政永が「華庵全栄居士」という戒名を授かる以前ということになろう。いずれにせよ、ここで想定して置かなければならないのは、海門大渚が立ち会った印可の場面は、寛文二年古河城下ではなかった。すでに永平寺を引退している高国英峻が揮毫した場面とは、時期も場所も異なるということである。ただし、そうなると寛文二年でこそいえる「八十余年」という第一句は、もとの形なら「七十余年」であったはずである。

ここで奥村政永という、主君への「忠信」を生涯の目標と思い定めていた武士にとって、高国英峻という禅僧との信仰的な出会いが、どのような意味を持ったのか。そのことを考える手がかりを挙げておきたい。まず、高国英峻は、死んだ主君への供養に打ち込む政永の生き方を高く評価した。このことは、江戸時代初期に家臣の忠節の最たるものが、主君に殉死することとされていたことと、関係があるのではないか。慶長十二年(一六〇七)徳川家康の息子二人が早世した。その清洲城主松平忠吉やあいついでの福井藩主結城秀康の家臣の殉死は評判が高く、殉死の流行は、寛文三年五月天下殉死御禁断の旨により、厳禁されるまで続いた(山本博文『殉死の構造』)。政永も殉死に深い関心をもったことであろう。永平寺には、正保二年(一六四五)、福井藩主松平忠昌とその後を追って殉死した七名の家臣それぞれの五輪塔が建てられている(『文書編』一巻No.152・153)。それは高国英峻が永平寺に晋住した慶安五年のわずか七年前のことである。また政永が『王代年代ノ始終記』を寄進した江戸の賢崇寺(東京都港区)には、明暦三年(一六五七)、開基の佐賀藩主鍋島勝茂とこれに殉死した三〇名もの家臣の墓石が建てられた。さらに政永は、慶安四年(一六五一)萩藩主毛利秀就に殉死した家臣信常右京と小川兵部の辞世を取り上げている(『積善記録』一〇)。しかも信常右京の「死後生前更不離」という句は、殉死から供養へと意味を変えて、政永の文章の「不可離君臣道死後生前」(『積善記録』一)という表現に移し採られている。

主君への供養という忠節の方法は、政永なりの苦渋と決断の選択だったのであろう。その前提を推測してみるに、政永は正保元年、主君土井利勝に殉死する機会を逸したのではないだろうか。これを直接に語る史料はない。しかし二代目古河藩主となった長男土井利隆はともかく、分知を受けた三男利長・四男利房・五男利直は幼少であった。政永にとっては彼ら「幼君」を「抱守」することが、亡き利勝の遺命であったろう。結果から見れば、そう考えるのが自然である。政永の残した文章にそのことを匂わせるところは一切ないけれども、公言を憚る事情を推測するのは容易である。二代利隆に対する古河藩家臣たちの強い批判と動揺がまた、政永の身の振り方に関わっていたのではないか。高国英峻の政永への評価は、暗黙のうちに双方とも殉死のことを念頭に置いた上であったであるに違いない。その故にこそ重く受け止められ、政永の信仰をますます禅へと方向づけたはずである。

政永の信仰が、禅に向かったことは、もともと自分の死をいかに受け止めるかという点で、殉死に向かう心性と繋がっていたと思われる。このような在俗信者の在り方は、永平寺の禅を取りまく近世初頭特有の信仰的土壌の一つとして、無視できないと考えられる。

なお、この一幅は、さらに生前に葬儀を営む逆修(ぎゃくしゅ)供養と結び付けた可能性があるのではなかろうか(本巻No.37参照)。もしそうであるとすると、政永は、自作の偈を高国英峻に清書してもらい、自分の境地が高国英峻によって認められた証拠として、逆修供養の場に掲げたかったのではなかろうか。そうなると、ここにはあきらかに印可状の社会的権威が期待されていたことになる。つまり、この遺偈は単なる遺偈ではない。箱書の記載は、むしろ主張したかった社会的意味が正確に伝承されていた、といえよう。そして奥村氏の先祖のこの名誉を保証してくれたのが、高国英峻を開山とする傑伝寺の世代だったのである。

また、偈の最初の文字「八」の上に押してあるのは、道元禅師の花押型朱印である。これは、いかなる意味があるのだろうか。永平寺所蔵の切紙に用いられているのは、それが道元禅師に由来することを主張したいのであろう。ここでは、高国英峻が道元禅師に成り代わっていることを示したかったのではなかろうか。高国英峻は、ここですでに隠棲比丘と称しているが、「万照高国禅師」などの印はそのまま用いている。そして道元禅師の花押型朱印も、これと同様に用いていることになる。このことは、道元禅師の花押型朱印がこの時期どういう場合に用いられたのか、を明らかにする上で注目しておく必要があるだろう。

参考文献

『曹洞宗全書』十五巻(曹洞宗全書刊行会、一九三八年)。
山本博文『殉死の構造』(弘文堂、一九九四年)。
早川和見『シリーズ藩物語　古河藩』(現代書館、二〇一一年)。

(菅原昭英)

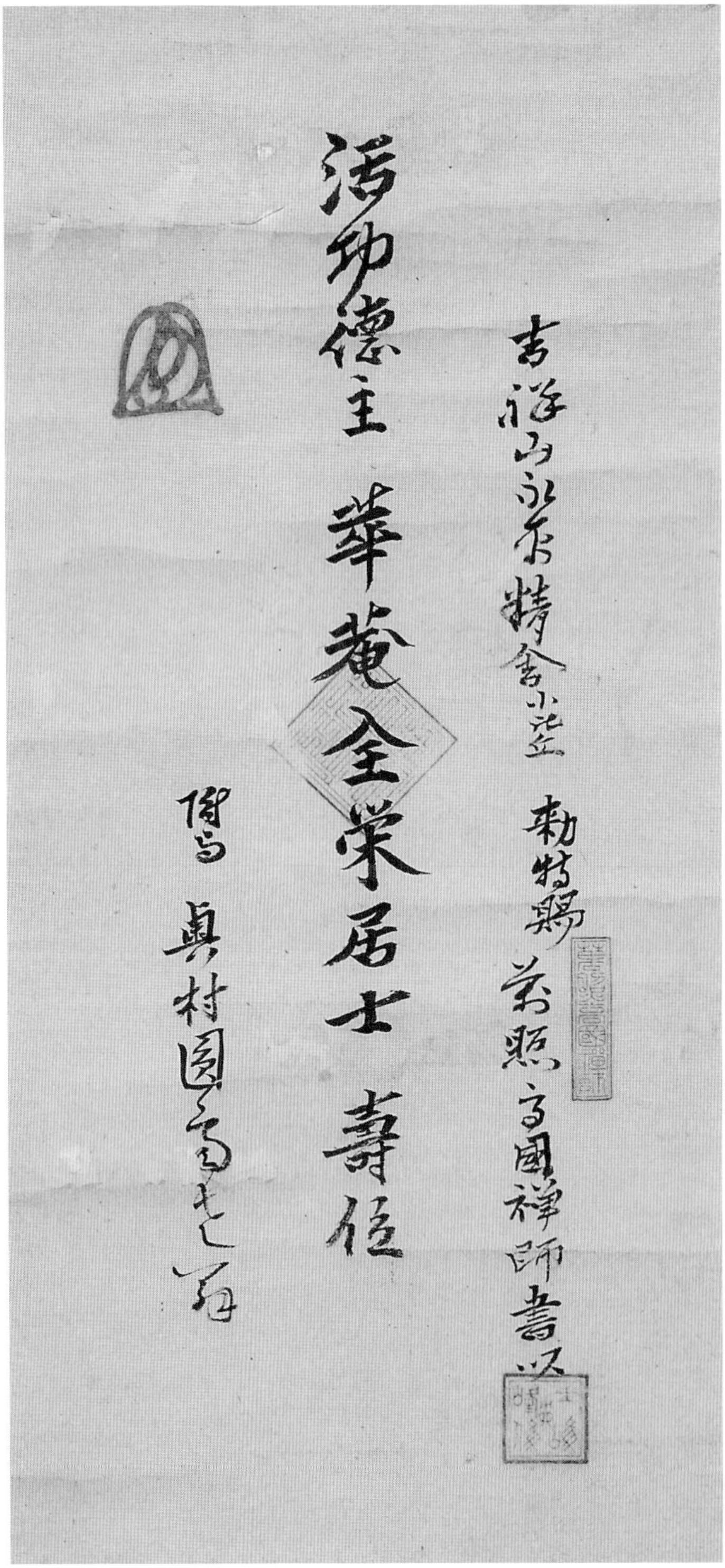

37 高国英峻筆奥村政永逆修位牌

（軸装 51.0㎝×26.4㎝）

（寛文二年〈一六六二〉頃）、永平寺先住高国英峻、奥村政永のために、当人の逆修供養の位牌を大書して与える。

(朱印文「万照高国禅師」)(1)

吉祥山永平精舎小比丘　勅特賜万照高国禅師書以　(2)

(朱印文「士峰英峻俊」)

(朱印文「仏法僧宝」)(3)

活功徳主　華庵全栄居士　寿位

附与　奥村円斉老翁

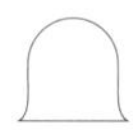

(道元花押型朱印)(4)

【注】(1)英峻朱印　縦5.4cm×横1.3cm。

(2)英峻朱印　縦2.9cm×横2.7cm。

(3)三宝朱印　縦4.4cm×横4.4cm。

(4)道元花押型朱印　縦3.4cm×横3.6cm。

【解説】　この書は、道号頌の軸(本巻No.35)と遺偈の軸(本巻No.36)を合わせて三幅対に表装されている。「位牌（いはい）」と題して、この写が『奥村政永積善記録』に載っている(本巻No.6〈六―一二〉)。紙面には道号・法諱・居士号を書き、奥村政永の位牌に相当するものである。「寿位」と書かれているのは、この本人が生存中であることを示している。この戒名そのものは、万治二年(一六五九)以前に、政永に与えられたものと考えられるが、本書の成立がその時点であったとは言いがたい。ここに高国英峻（こうこくえいしゅん）(一五九〇～一六七四)が永平寺の「隠栖」であると明記されていないのは戒名授与の時点に擬したからかもしれない(本巻No.35・36参照)。しかし、道号頌および遺偈とは表装だけでなく、道元禅師花押型の朱印なども共通である。ともに実際は、寛文二年の同時期に、すでに永平寺を退任して四年にもなる高国英峻に揮毫してもらったのであろう。

　本人が生存中のことは、上に「活功徳主」と冠してあることによっても示されている。「活功徳主」という語は珍しいが、『文書編』一巻No.136に収録されている「仏山秀察偈頌」に「活功徳主賀屋宗慶」とあり、これは逆修（ぎゃくしゅ）供養の法語である。また長国寺(長野県長野市)の史料に、明窓策永撰で慶安四年(一六五一)筆の「活功徳主瑞雲貞祥信女授一百年後秉炬話」がある。『曹洞宗文化財調査目録解題集』七によれば、これはいわゆる逆修秉炬（ひんこ）の香語で、現存する女性に対して秉炬仏事を行い瑞雲貞祥信女という戒名を附与したのである。ここで活功徳主というのは、生存中に自らの葬儀を行って、その法要の功徳全分を得る人の意味であろう。

　生前には善因を修せず多くの罪を造った人のために、その人の死後、親族など生者が功徳を積んでも、死者に届くのは七分の一だけで、七分の六は、功徳を積んだ生者自身の利益となる。だから生前に自分のための仏事を修すれば、全分の功徳が得られる、という(『地蔵菩薩本願経』巻下)。これを「七分全得」といい、逆修供養を意味するキーワードとなっていた。

逆修供養のことは、平安時代から貴族の日記などに出てくるが、中世には、逆修板碑が立てられるなど、各地の信仰熱心な人々の間で盛んに行われた。禅宗では『夢窓国師語録』など禅僧の語録に散見し、臨済宗での仏事の様子は、天倫楓隠の『諸回向清規』(一五六六年成立)に詳しい。永平寺においても、寛文四年(一六六四)三十世光紹智堂が、血脈とともに逆修念誦文の版木を作成している(本巻No.49、『禅籍編』四巻No.25)。逆修念誦文のうち、「龕前念誦」では「現存の〈誰々〉は生縁いまだ尽きない」が、「生死事大、無常迅速」なので、あらかじめ十王(閻魔王が代表)の宝前において諸仏菩薩等の名を唱え、将来しきたる業を消したい、という。また「山頭念誦」では、「この日、現存の〈誰々〉」は、「現世安穏、後生善処」のために、「尊衆(諸仏菩薩)を仰ぎ憑み」、「業縁の恩を資助し」、「七分全徳」を露わしたい、という。「七分全徳」は「七分全得」の功徳であろう。

これらの例を適用すると、この位牌を以て奥村政永は、高国英峻を導師とする、自らの逆修供養に擬したものと考えられる。あるいは、実際に逆修供養を営んだのかもしれない。

参考文献

『曹洞宗文化財調査目録解題集』七　北信越管区編、三五頁(曹洞宗宗務庁、二〇〇六年)。
伊藤良久「中世曹洞宗における逆修とその思想背景」(『宗学研究紀要』二一号、二〇〇八年)。
『永平寺史料全書』文書編　第一巻、六一七〜六二八頁(大本山永平寺、二〇一二年)。

(菅原昭英)

（寛文二年〈一六六二〉～延宝二年〈一六七四〉頃）、「永平寺寺境絵図」が描かれる。

38 永平寺寺境絵図

（軸装　155.0㎝×219.5㎝）

（箱表書）「山内境景絵図」

（箱蓋裏書）「本山七十八世御代　表装替　信州上田　清蘭堂（株）」

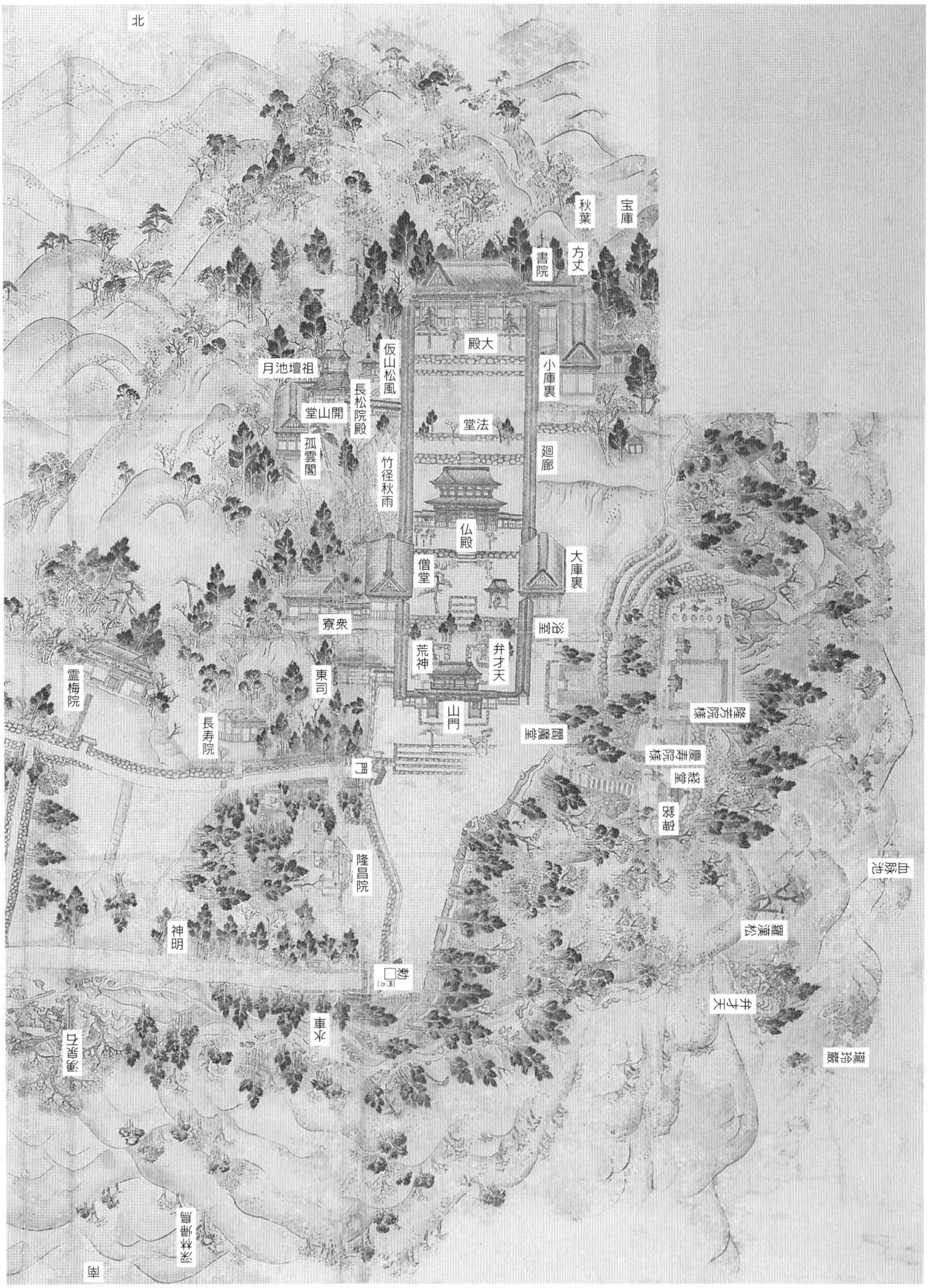
北
宝庫
秋葉
方丈
書院
殿大
仮山松風
月池壇祖
長松院殿
小庫裏
堂山開
堂法
孤雲閣
廻廊
竹径秋雨
仏殿
大庫裏
僧堂
寮衆
浴室
荒神
弁才天
霊梅院
東司
山門
隆芳院様
長寿院
閻魔堂
慶寿院様
門
経堂
隆昌院
血脉池
神明
羅漢松
弁才天

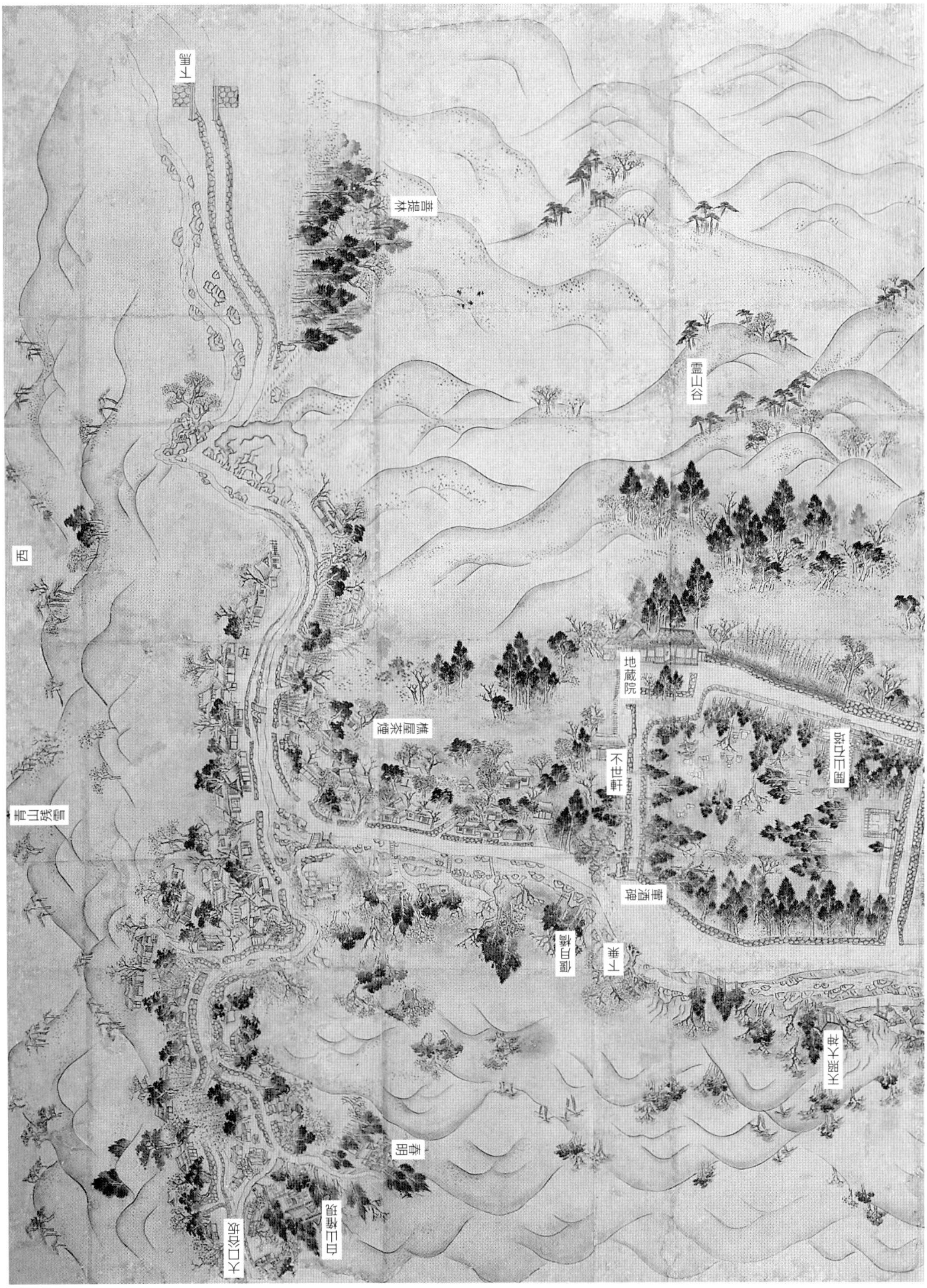

下馬
菩提林
霊山谷
西
地蔵院
樵屋茶煙
不世軒
青山残雪
下乗
春明

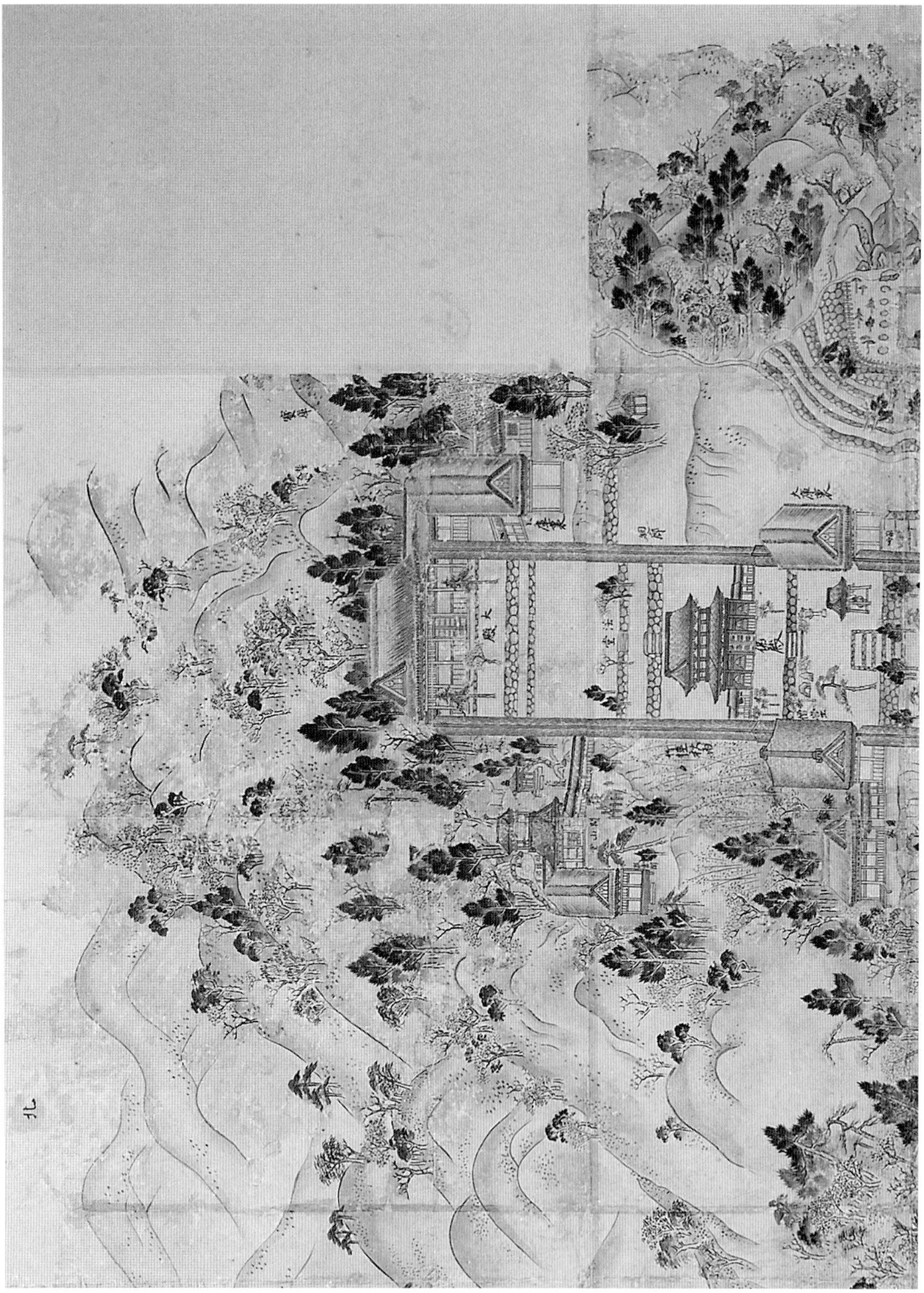

北東部分拡大

南東部分拡大

北西部分拡大

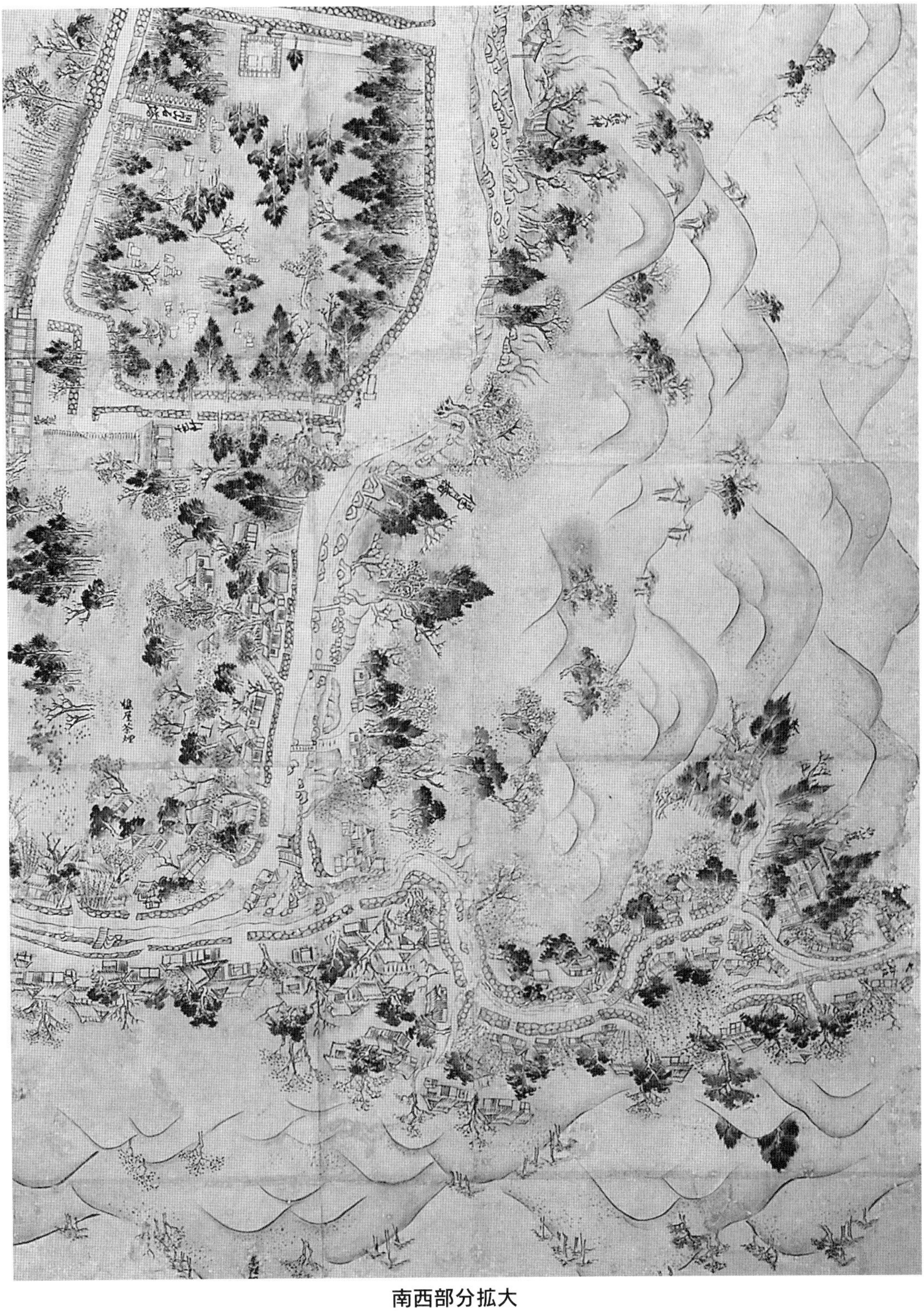

南西部分拡大

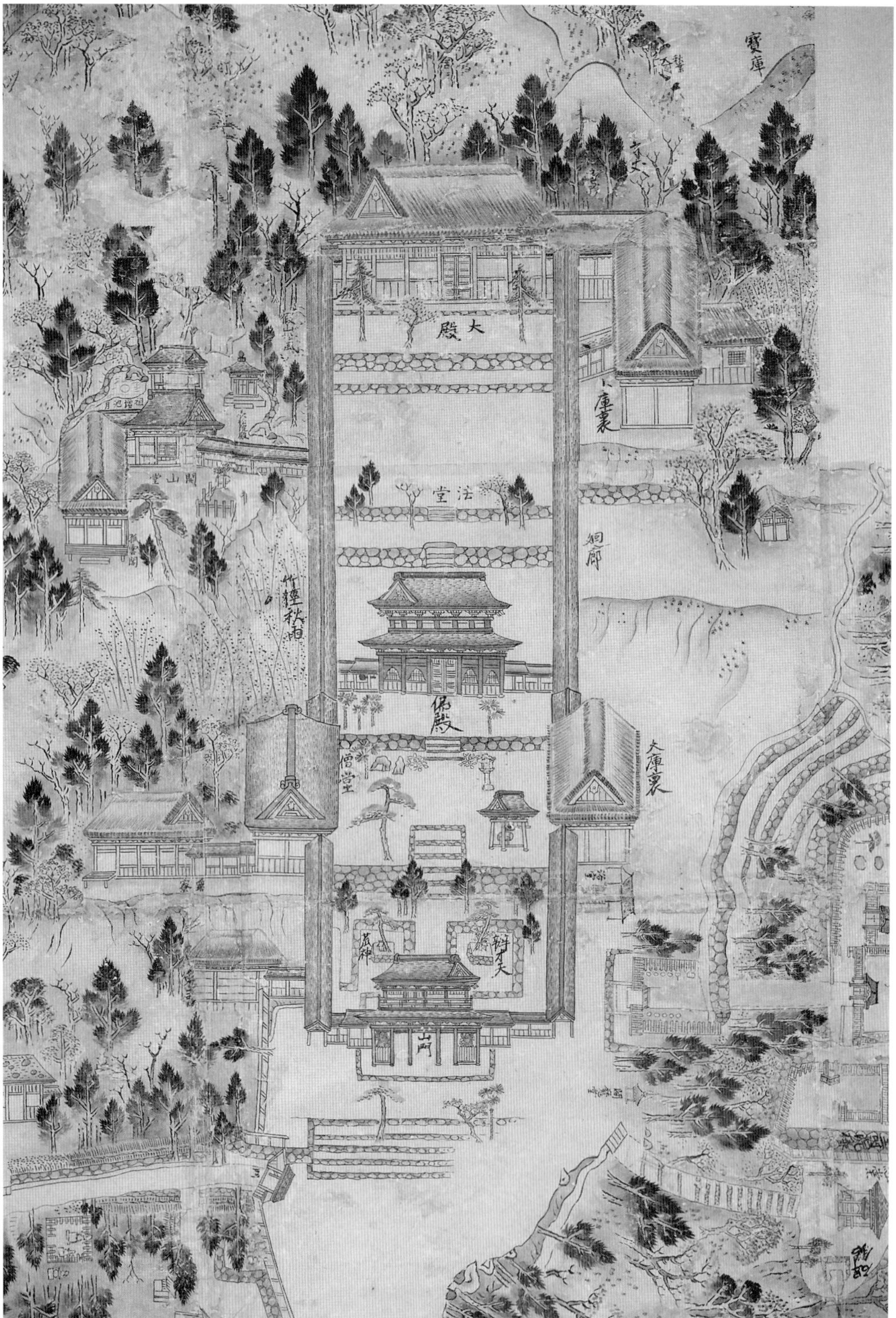

七堂伽藍部分拡大

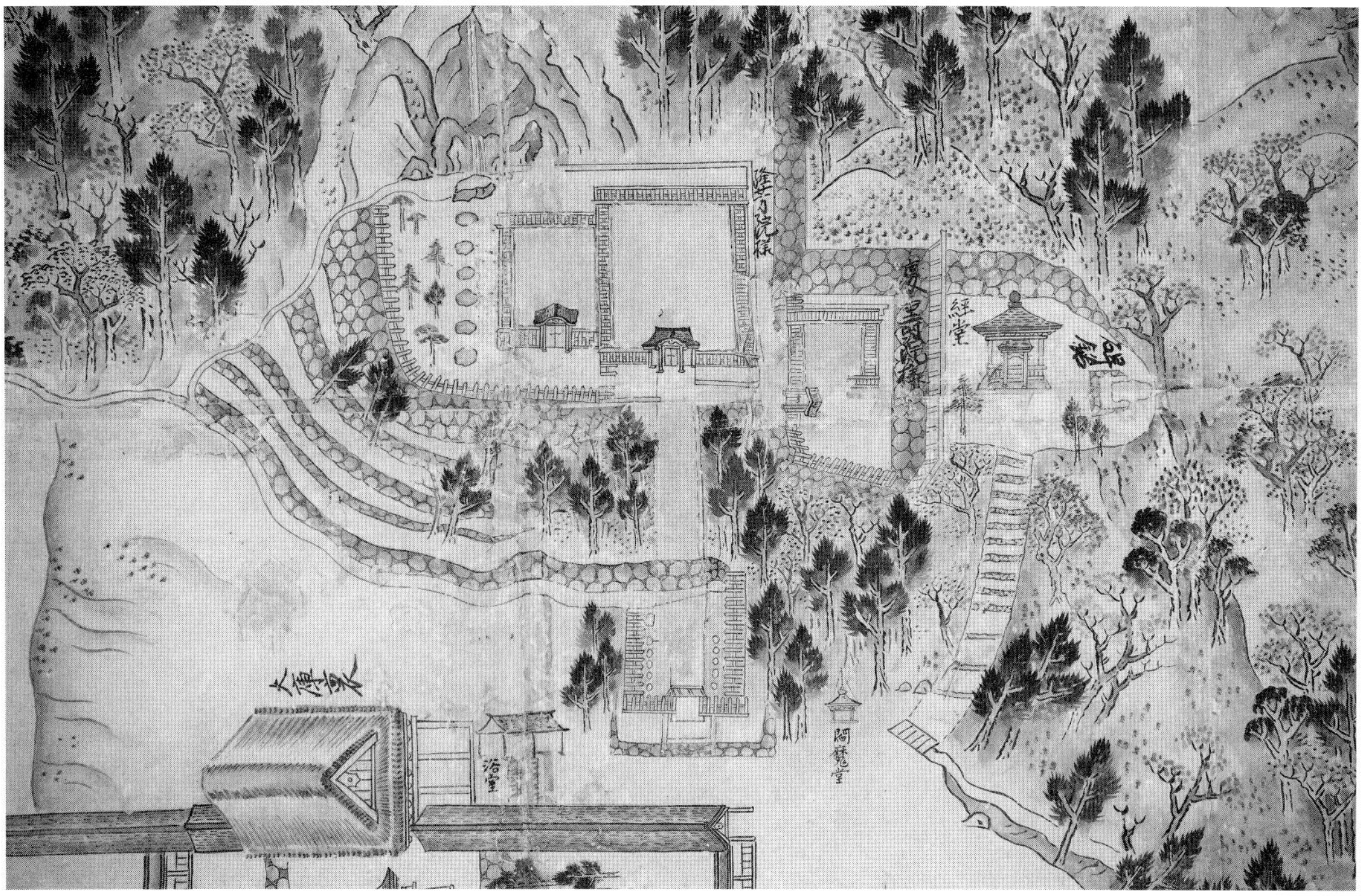

松平公廟所部分拡大

【解説】　本図については、『福井県史』資料編16上にて、金坂清則氏が、その成立を延宝四年（一六七六）から天和元年（一六八一）頃と推定している。

さて、本図は昭和二年の旧大庫裏解体の折、知庫寮から発見されたもので、元々一幅であったものが三幅に切断、題名の部分は取られ、顔料も剥落していた。絵図の料紙は福井藩の御用紙である鳥子で顔料は墨と緑青・群青などで墨色淡彩に仕上げられている。

本図の特長は七堂伽藍が中心でなく寺境図が描かれ、東西南北の四境から俯瞰すると東側の大仏寺山（当時は血脈池の山）から南側は現吉祥閣・通用門・愛宕山、西側は門前下馬先（げばさき）、門前旧大工村、境の大谷坂、北側は現法堂（はっとう）の奥、承陽庵（じょうようあん）の奥、白山水の水源や遠く城山（波多野氏旧跡）まで描かれる。

この構図の趣旨は瑞長本『建撕記』や『道元禅師行録』（『文書編』一巻No.174、『禅籍編』一巻No.50）に「師謂義重曰、這一片地、主山高、案山低、東岳連白山神廟、西渓接青梅（海）龍宮、峰巒重畳、人烟阻隔、実弘法霊場也」とあることを意識できる。

次に、本図が作成された時代を推定したい。山門が二重楼門で仁王像が安置され、現在の山門と相違する。仏殿は彦根藩主二代井伊直孝の二女掃雲院（法名掃雲院殿無染了心大姉）が寄進する以前の建物である。すなわち、本図に描かれた仏殿は、永平寺二十七世高国英峻（一五八九～一六七四）が新造したものといえる。

この点については、『武蔵傑伝寺棟札銘』に次のようにみえる（『曹洞宗全書』一五巻、四七九頁）。

前若狭国主従四位上左近衛少将、兼讃岐守源姓酒井氏忠勝者、東照大権現宮已来幕下三世元老也、締㆓羽林㆒予交有㆓師檀約㆒、故吉祥山裏新造㆓仏殿幷経蔵㆒、而遭㆓納一切経六百六十五函㆒矣、励㆓予亦微志㆒、僧堂・風呂・山門・塔頭、若新造、若修造了也、（中略）万治初遂永平退院

さらに廟所の右側に「経蔵」がある。これは小浜藩主酒井忠勝が万治元年（一六五八）に再建したものである。酒井忠勝は「天海版大蔵経」もあわせて永平寺へ寄進している。そして、これらの酒井忠勝の事績を顕彰するため、経蔵の前に「一切経献納碑」（本巻No.33）が建てられた。これは寛文二年（一六六二）八月十五日、儒者林羅山（一五八三～一六五七）が撰述したものである。本図においても、経蔵の脇に「碑銘」の文字が見える。「一切経献納碑」は現在も存在するが、その位置は多少違っている。

また、『永平寺史』下巻によれば、元禄八年（一六九五）四月の段階で、七年後の道元禅師四百五十回忌に向けての勧化を全国寺院に布告する（同書八三六頁）。その「奉告日本国中洞宗諸位禅師疏幷序」に「仏殿・僧堂・両廊・方丈・庫廩・僧寮・賓館・塔院」の名称がみえ、この名称はこの絵図の伽藍と符合するものもある。

次に絵図から七堂伽藍を中心に関係名所を拾ってみる。

大殿・書院・秋葉・宝庫・開山堂・長松院殿・法堂・方丈・小庫裏・大庫裏・孤雲閣・仏殿・僧堂・廻廊・衆寮・東司・浴室・弁財天・荒神・山門・門・勅□〔門カ〕・隆芳院様・慶寿院様・閻魔堂・経堂・碑銘

なお、「閻魔堂」の閻魔像は現在祠堂殿の左側に安置する。

次に注目するのは庫院右側の松平公廟所である。廟所には二つの門がみえ、四区画に分かれている。中央右側には「隆芳院様」、その右側に「慶寿院様」とある。「隆芳院」とは、福井四代藩主松平忠昌である。「慶寿院」は松平忠昌の継室、道姫である。この場所には、共に五輪塔が描かれていないという不自然さがある。隆芳院の左側には門がある

が標識がなく、その左側の六個の○印は灯籠であろうか。現在の廟所とは大いに相違する。また、福井五代藩主松平光通は延宝二年三月二十四日に三十九歳で死去し、その後、この廟所に光通の五輪塔が建立されるため、本図はその間の整地期間を示しているとみえる。

したがって、本図は経蔵の「一切経献納碑」が建立された寛文二年秋頃から福井藩主松平光通の死去した延宝二年三月以降までに描かれたと推定できる。

ついで、松平公廟所にある門について述べたい。現在の廟所門と、絵図に描かれている門が同じであるか否かは検討を要するが、遺構が同じとみれば福井藩江戸上屋敷（江戸城大手門と前の龍之口）の遺構（「江戸図屏風」）と類似している。現在、門の屋根は銅板葺きとなっているが、元は瓦葺きで長押（なげし）の彫刻などは江戸初期の作風である。両門扉には十六弁菊紋の痕が伺え、現在は五七桐紋が付いている。

また、隆芳院左側の門は福井藩により廟所が整理され、浄土宗本願寺派杉谷山南専寺（なんせんじ）（福井県大野市）の門として現存する。国京克巳氏の研究によれば、南専寺の山門棟札（むなふだ）から、この門は安永九年（一七八〇）に移築され、永平寺大工の玄之源左衛門が棟梁を務めている。つまり、廟所の門はそれ以前に取り除かれたとみられる。

次に大殿の左側に注目すると、「開山堂」・「孤雲閣」と、松平秀康の生母「長松院殿」の御霊屋（ごれいおく）が描かれる。この場所は南面である（永平寺には長松院殿が寄進した袈裟裏〈『文書編』一巻No.116、『禅籍編』二巻No.32〉や墓所〈『文書編』一巻No.126〉がある）。陽も良く当たり、瑞長本『建撕記』に開山道元禅師を祀り承陽庵と命名するとある。なお、二祖懐奘は道元禅師入滅後、隣りに孤雲閣を建立した。

また、開山堂の北に奥殿（御真廟にあたるカ）がみえる。その左側に「祖壇池月」と識語がある。これは境内の「吉祥山十一境」の一つで、『永平広録』巻十の山居（一一一）に「雲封松栢池台旧、雨滴梧桐山寺秋」の池台旧に相当するか。開山堂から下の僧堂までは急斜面で、「竹径秋雨」（十境の一）の景であった。

本図には永平寺の山下に隆昌院・長寿院・霊梅院・地蔵院・不世軒の五つの塔頭（たっちゅう）が描かれている。地蔵院は永平寺開基波多野家の関係、霊梅院は五世義雲（ぎうん）の塔頭である。この二つは戦国時代の永平寺の塔頭について触れている、明応四年（一四九五）十二月二十四日付の「永平寺幷諸塔頭霊供田目録」（『文書編』一巻No.63）に承陽庵・霊梅院・地蔵院・霊山院・如意庵・多福庵の名がみえる。一方、長寿院・隆昌院・不世軒についてはわからない。ただ、後世長寿院は永平寺三十五世版橈晃全の塔頭、隆昌院は三世徹通義介の塔頭とされる。

次に開山石塔とある部分をみたい。この場所は永平寺歴代住職の墓地があった菩提園である。現在の通用門から聖宝閣、通用門辺りに相当する。『建撕記』には古くは二祖懐奘の塔頭と記録する。これらの墓は昭和五年の二祖国師六百五十回忌にあたり境内の拡張や門前街の新設に因み現在の寂光苑に移転する。ここの墓所には、石塔等を記録している。

次に、「葷酒碑」・「下乗」・「偃月橋」と、永平寺川の流れに沿って西側を眺めると民家が描かれる。この部分には、門前百姓村・大工村がある。川の合流地点から、北へ向かう川（下流側）を辿ると、凹凸の岩がみえる。この部分は、永正七年（一五一〇）から同十四年にかけて九体の仏像が刻まれた磨崖仏に該当するものと思われる（『文書編』一巻No.71）。さらに、北側には「菩提林」の文字がみえる。これは門前住民の墓地、三昧所で、永平寺開基波多野家の墓地もこの場所にあったといわれる。なお、波多野家の墓地は昭和四十三年八月に寂光苑に移築された。

次に、この絵図の年代推定ともなる「吉祥山十一境」の内、六つの名称がある。

（北側）仮山松風（大殿東廻廊外側）
　　　祖壇池月（開山堂と御真廟左側、池の下）
　　　竹径秋雨（仏殿東廻廊外）
（南側）深林帰鳥（現法堂真前の山）
（西側）青山残雪（大工村の奥）
　　　樵屋茶煙（門前百姓村左側）

このほかに名称として「血脈池」「羅漢松」「弁財天」「涌泉石」「天照大神」「偃月橋」「白山権現」「春□（明カ）」「大□谷坂」「菩提林」が認められる。

この大谷坂は永平寺にいたる街道（南側）の一つで、『伝光録』五二章懐奘の「気縁」に「仏法上人といひし人、うさかの北の山に住して」とある「うさか」（宇坂）は宇坂峠のことで、永平寺側からは「大谷峠」にあたる。

面山瑞方は享保十九年（一七三四）九月、永平寺に半月滞在した折り、四十世大虚喝玄と永平寺境内の境致にふれて、この絵図を元に対談している。

面山の『傘松日記』には「血脈池」を「血脈池之峰」と

している。これは現在の大仏寺山の事で、「血脈池」は「血脈度霊」とし、肥前州探牛首座が寛文十三年に上梓した「仏祖正伝菩薩戒血脈」の功徳譚である。「羅漢松」は建撕記には経蔵奥の松に降臨したとする。大工村にある「白山権現」は二十七世高国英峻が拝殿を造るといい、「伊勢宮」は三十世光紹智堂（こうしょうちどう）（一六一〇～七〇）が建て、その拝殿は三十五世版橈晃全の建立という。

『傘松日記』にはないが、「天照大神」は現在、通用門の向かいに天照大神宮があり、版橈が勧請したもので棟札が現存する（天照大神宮に確認された棟札については長谷川論文参照）。また、「弁財天」については触れることがないが、池と水に関係し七弁天像の説もある。絵図には既に剥落して消えた名所もある。先にも触れたが名称の筆痕は一筆でなく二筆とみえ、後に名称を追加している。

寛文九年閏十月十五日、月坡道印（げっぱどういん）は三十世光紹下で首座を勤めるが、その間永平寺にあって次の詩偈を撰している（『月坡禅師全録』巻三〈『続曹洞宗全書』二一巻、二八七頁〉）。

玲瓏千丈碧巖前。橋偃二渓流一覓湧レ泉。風渡二仮山一春色老。雪埋二西嶺一石居玄。雲林鳥窠二祖壇月一。竹径雨春二樵屋煙一。於レ我最為二吉祥境一。勅分二半座一楽二安禅一。

ここに十一境の「玲瓏岩（れいろう）」「湧泉石」「偃月橋」「仮山松風」「春色」「西山積雪」「深林帰鳥」「祖壇池月」「竹径秋雨」「樵屋茶烟」の十境が詠われる。

また『傘松日記』には「禅師又話云。此山従レ古十一境者。未審不レ分二境与レ一景。只有二玲瓏巖・湧泉石・偃月橋之名一。故無二橋之用一。此故堰月橋亦如レ無耳。是暴流衝崩古今之路不レ同也云々」とある。

次に面山が喝玄の依頼で撰述した『永平吉祥草』十境の第一に「傘松峰」を置いているが、この絵図には大仏山とか傘松峰という呼称もない。これは面山によって創作されたもので、現在山門に掛かる額「吉祥の偈」も同類といえる。

本図は五十世玄透即中（げんとうそくちゅう）（一七二九～一八〇七）以降、『越前州志比荘永平禅寺全図』が版木として摺られ、参詣者に頒布される様になると、その必要がなくなりお蔵入りとなったものといえる。

参考文献

『曹洞宗全書』一五巻（曹洞宗全書刊行会、一九三八年）。
『永平寺吉祥草』（貝葉書院、一九六七年）。

『続曹洞宗全書』五巻（曹洞宗全書刊行会、一九七三年）。

笛岡自照『永平寺雑考』（古径荘、一九七三年）。

横山秀哉『禅苑文化の鑑賞』（山喜坊仏書林、一九七三年）。

『続曹洞宗全書』九巻（曹洞宗全書刊行会、一九七四年）。

『福井県史』資料編一六　上絵図・地図（福井県、一九九〇年）。

国京克巳「松平公廟所と『永平寺寺境絵図』」（『傘松』六四七号、一九九七年）。

国京克巳「永平寺隆芳院廟所の四脚門について―福井藩の霊廟建築に関する研究　その二―」（『日本建築学会計画系論文集』五二二号、一九九九年）。

国京克巳「南専寺山門について―福井藩の霊廟建築に関する研究その三―」（『日本建築学会計画系論文集』五二七号、二〇〇〇年）。

長谷川幸一「天照大神宮調査報告」（『傘松』八六七号、二〇一五年）。


（熊谷忠興）

39

前堀政国建立五輪塔

寛文三年(一六六三)四月二十日、前堀政国、永平寺境内に釈浄門信士のために、五輪塔を建立する。

(高さ171.0㎝×横79.5㎝)

（空輪銘）「釈」

（火輪銘）「浄門」

（水輪銘）「信士」

（地輪正面銘）「前堀半兵衛政国
敬白
寛文三癸卯年　四月廿日」

【解説】　この五輪塔であるが、浄土系の法名「釈浄門信士」と付いている。五輪塔三段目の火層には、文字が摩滅しているが、信士号が確認できる。施主は前堀半兵衛政国とあり、前堀が「釈浄門信士」のために建立したものである。
なお、前堀氏については詳細が不明である。

（熊谷忠興）

寛文三年（一六六三）九月二十八日、永平寺二十九世鉄心御州、光紹智堂（のち永平寺三十世）に「一条紅線」を伝授する。

40　一条紅線（鉄心御州切紙）

（二紙継紙　37.1㎝×102.2㎝）

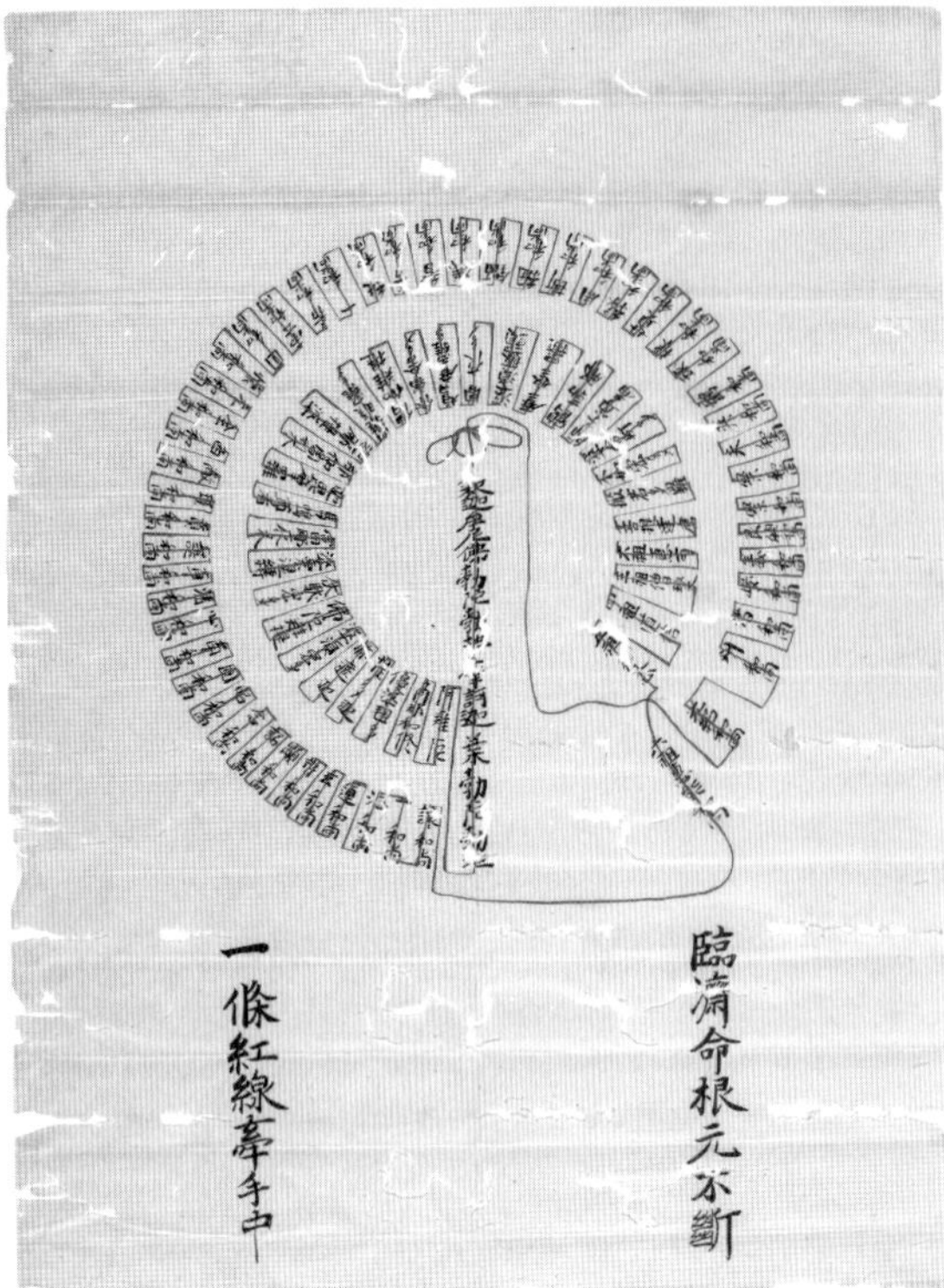
臨済命根元不断
一條紅線牽手中

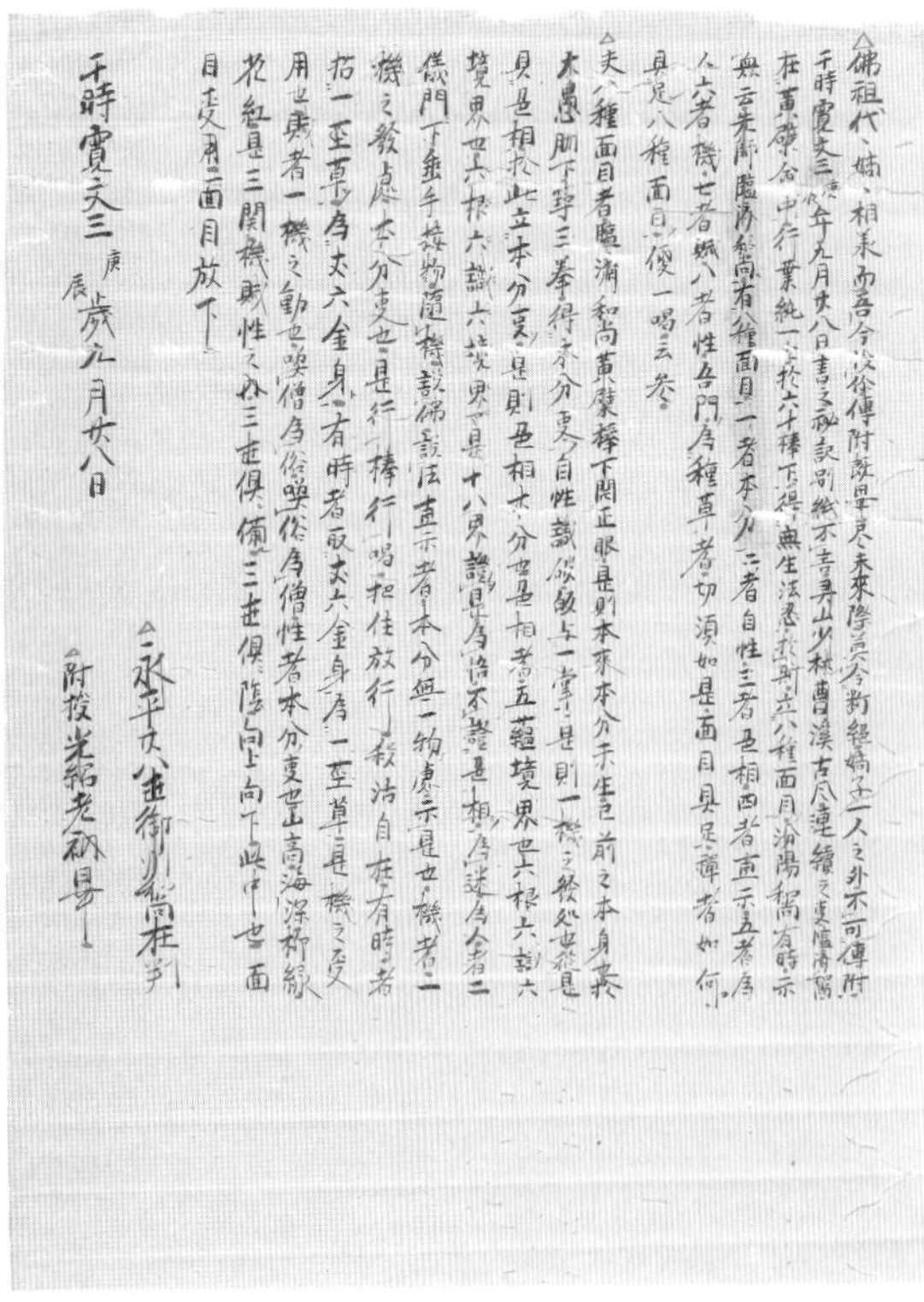
于時寛文三庚辰歳九月廿八日

（一張）（端裏書）「一条紅線」

（血脈図略）

臨済命根、元不断、
一条紅線、牽手中、

（二張）△仏祖代々、嫡々相承而、吾レ今授レ儞、伝附既畢、尽未来際、莫レ令二断絶、嫡子一人之外、不レ可二伝附一」于時寛文三庚辰年九月廿八日書之、秘訣別紙ニ不レ言、霊山・少林・曹渓古風、連続之事、臨済和尚」在二黄檗会中一ニ、行業純一也、於二六十棒下一ニ、得二無生法忍一、於レ斯、立二八種面目ヲ、汾陽和尚、有時示レ衆云、先師臨済和尚ニ、有二八種面目一、一者本分、二者自性、三者色相、四者直示、五者為」人、六者機、七者賊、八者性、吾門ノ為二種草一者、切須如是面目具足一、禅者如何」具二足シ八種面目一ヲ、便一喝云、参、」

△夫八種面目者、臨済和尚、黄檗棒下開二正眼一、是則本来本分・未生已前之本身也、於」大愚脇下尋二拳〔築カ〕、得二本分事一ヲ。自性識破、帰与二一掌一、是則一機之発処也、従レ是」見二色相一、於レ此立二本分事一ヲ、是則、色相・本分也、色相者、五蘊境界也、六根・六識・六」境界也、六根・六識・六境界也、是十八界、証レ是ヲ為レ悟、不レ証二色相一ヲ為レ迷、為人者、二」儀〔義カ〕門下、垂手接物、随レ機、説レ仏説レ法、直示者、本分無一物ノ処、示レ是也、機者、一」機之発処、本分事也、是行レ棒、行レ喝、把住放行、殺活自在、有時者、」拈二一茎草一ヲ、為二丈六金身一ト、有時者、取二丈六金身一、為二一茎草一、是機之受」用也、賊者、一機之動也、喚レ僧為レ俗、喚レ俗為レ僧、性者、本分ノ事也、山高海レ深、柳緑」花紅、是三関、機・賊・性之内、三世倶二備ル、三世倶二陰、向上・向下、此中也。面」目受用、面目放下、」

△永平廿八世御州和尚、在判、

△附授光紹老衲畢、

于時寛文三庚辰歳九月廿八日

○写真版と史料の全文は『禅籍編』二巻1029〜1033頁を参照。
○一張の血脈図は省略。

【読み下し】
臨済の命根、元より断ぜず、
一条の紅線、手中に牽く。

△仏祖代々、嫡々相承して、吾れ今儞に授く。伝附既に畢んぬ。尽未来際、断絶せしむることなかれ。嫡子一人の外、伝附すべからず。時に寛文三庚辰年九月廿八日これを書す。秘訣別紙に言わず（＊西明寺本「書くべからず」）。霊山・少林・曹渓の古風、連続の事、臨済和尚、黄檗会中に在って、行業純一なり。六十棒下において、無生法忍を得たり。ここにおいて、八種面目を立つ。汾陽和尚、有る時示衆に云く、先師臨済和尚に、八種面目有り。一つには本分、二つには自性、三つには色相、四つには直示、五つには為人、六つには機、七つには賊、八つには性なり。吾門の種草たる者は、切に須らく是くの如き面目を具足すべし。禅者如何が八種面目を具足せん。便ち一喝して云く、参ぜよ。

△夫れ八種面目は、臨済和尚、黄檗棒下に正眼を開く。是れ則ち本来本分・未生已前の本身なり。大愚脇下において築三拳せられて、本分の事を得たり。自性識破して、帰りて一掌を与う。是れ則ち一機の発する処なり。是れより色相を見て、此において本分の事を立つ。是れ則ち、色相・本分なり。色相は、五蘊の境界なり。六根・六識・六境界なり。是れ十八界なり。是れを証するを悟と為し、色相を証せざるを迷と為す。為人とは、二義門下に、垂手接物し、機に随って、仏を説き法を説く。直示は、本分無一物の処、是れを示すなり。機は、一機の発する処、本分の事なり。是れ棒を行じ、喝を行じ、把住放行、殺活自在なり。有る時は、一茎草を拈じて、丈六の金身と為し、有る時は、丈六の金身を取って、一茎草と為す。是れ機の受用なり。賊は、一機の動ずるなり。僧を喚んで俗と為し、俗を喚んで僧と為す。性は、本分の事なり。山は高く海は深し、柳は緑り花は紅いなり。是れ三関とは、機・賊・性の内に、三世倶に備る。三世倶に陰るとは、向上・向下、此の中なり。面目の受用、面目の放下なり。

時に寛文三庚辰の歳九月廿八日

△永平廿八世御州和尚、在判。

△光紹老衲に附授し畢んぬ。

【解説】　本史料名は、「端裏書」により、「一条紅線」切紙と呼称する。永平寺所蔵『切紙目録』（本巻No.４、『禅籍編』

二巻No.39）に「(70) 一、一条紅線」とあり、同別本『切紙目録』（『禅籍編』二巻No.39【参考史料】）にもみえる。「永平寺室中断紙目録並引」（『洞上室内断紙揀非私記』所収）にも「(66) 済下一条紅線切紙」としてみえる。訓読に際しては、長野県長野市大安寺所蔵「一条紅線切紙」（慶長九年〈一六〇四〉極月大吉日、沙門存佐相伝）ならびに愛知県豊川市西明寺所蔵「臨済宗一枚血脈」（寛永十三〈一六三六〉、玉耘書写）を参考にした。

「一条紅線」切紙は、その奥書によれば、寛文三年（一六六三）九月二十八日に永平寺二十九世鉄心御州（?～一六六四）より同三十世光紹智堂（一六一〇～七〇）へ伝授された、臨済宗血脈に関する切紙である。臨済宗血脈に関するものとして、「林際曹洞両派血脈」などがある。ちなみに、上述の大安寺所蔵「一条紅線切紙」には、「于時太宋宝慶元年己酉五月廿四日明全伝附道元御在判」の記事が見える。

光紹署名切紙の正文には、「慧輪永明禅師」「光紹高風」朱印二顆と版刻花押が押されているのに比して、本切紙には見られないことから、案文であると思われる。又、下段本文の二行目、四行目に訂正の跡が見られる。全文にわたり、記号、句読の朱点が付され、署名の固有名詞に朱線が引かれている。

曹洞宗道元派下に相伝された切紙の中でも、嗣書・血脈伝授に関する切紙の比重は極めて高い。本史料は、嗣法の際に師資の間で秘密相伝される一連のものとして位置づけられていたと思われる。

嗣法に関して相伝すべき切紙がどのようなものであったかについては、永平寺二十九世鉄心御州の法嗣である正龍寺（埼玉県大里郡寄居町）九世普満紹（詔）堂所伝の「伝授之儀規」（正龍寺所蔵）が参考になる。また、駒澤大学図書館所蔵『室中切紙』所載の「嗣書諸目録之切紙」は、永正十二年（一五一五）に集成されたとみられる一州派（群馬県渋川市双林寺所伝）の切紙目録である。光紹は双林寺に住しており（脱牌されている）、所載の切紙を参看した可能性がある。

そこには「臨済下血脈」の記事が見えており、これは、「一条紅線」切紙と同内容のものと思われる。

本史料の体裁は、上段の臨済宗血脈の円相図と、下段の二行に大書された二句（三玄三要）と、更に血脈相承に関連する参禅了畢の内容と思われる八種面目の注釈より構成されている。

なお、本史料は、『禅籍編』二巻No.43、一〇二九～一〇三三頁に全文が影印翻刻されている。

血脈円相の図に関していえば、『嗣書』（『文書編』一巻No.7、『禅籍編』一巻No.60）が一重の円相であるのに対して、本史料、臨済宗の血脈が二重の円相になっていることが特徴的である。

「一条紅線」切紙と内容を同じくする臨済宗血脈が相伝された例としては、神奈川県小田原市香林寺所蔵「済家之血脈」が挙げられる。

また、三重県度会郡玉城町広泰寺所蔵「円相八種面目切紙并臨済宗血脈」は、「一条紅線」と同じ形式と内容を持つものであるが、中段の二行書き部分が、参の形式となっている。この他、二重の円相の形式を取るものは、例えば正龍寺所蔵「臨済之門風」切紙などが挙げられる。

臨済宗所伝とされる嗣書伝授儀礼に関していえば、愛知県豊川市西明寺所蔵、「臨済宗嗣書伝授」の切紙が存在する。

香林寺所蔵「済家（さいけ）応身（おうじん）、伝授之作法」（寛永十六年三月二十三日、宗達所伝）によれば、臨済宗の血脈（嗣書）が宗派図の形式を取るものであり、血脈伝授の前提として、『碧巌録』・「八種面目」を中心とする公案を透過すること、すなわち参禅了畢が求められている。

曹洞宗所伝の切紙には、「国皇授戒作法」に見られるように、国王（皇）に対して附与される血脈（嗣書）の形式も成立していたとされる。正龍寺所蔵、格叟寅越所伝の「国王血脈」（仮題）の端裏に「［奉授］国皇嗣書、仏祖正伝菩薩戒血脈」とあることによって知られる。血脈を嗣書と見なして授与する、国王（皇）付授血脈の形式は、臨済宗の血脈・嗣書伝授の切紙に極めて類似する。血脈下段に記された「臨済八種面目」を内容とする文章はほぼ同一のものである。林下曹洞・臨済両宗の僧侶において参禅了畢が嗣書血脈伝授の要件であったのと同じように、居士嗣書の授与には居士の参禅が前提とされていた。事実、そのための参禅話頭日録も現存することを勘案すれば、「臨済八種面目」は、国皇嗣書伝授資格を得るための、参禅の内容であったと推定される。

次に、「臨済八種面目」（「八境界」とも呼称される）は、林下大徳寺派系の語録抄・密参録（みっさんろく）において、公案理解の原理として、あるいは公案における体系そのものとして機能している。さらに、「八境界」は一つの公案として、『百則密参録』『百五十則密参録』の中に見出すことができる。

林下曹洞宗道元派下において、「臨済八種面目」は、切紙のみならず、本参等においても参究されている。佐賀県武雄市円応寺所蔵『参禅』(石屋派本参、円応寺八世華岳宗芸所持)が参考になる。

参考文献

『永平寺史料全書』禅籍編 第一巻(大本山永平寺、二〇〇二年)。
『永平寺史料全書』禅籍編 第二巻(大本山永平寺、二〇〇三年)。
飯塚大展「林下曹洞宗における相伝史料研究序説(四)—大安寺史料を中心にして(続)—」(『駒澤大学仏教学部論集』四〇号、二〇〇九年)。

(飯塚大展)

（一張）

（三張）

（寛文四年〈一六六四〉七月二十八日以前）、永平寺二十九世鉄心御州、「永平寺本参」と「三十四関之名目幷十則正法眼」を永平寺常住として確認する。

41　伝授室中之物

（一三紙継紙　19.7㎝×469.9㎝）

（一張）

伝授室中之物

（中略）

（三張）

一、永平寺本参　　壱冊

御州改之、

（中略）

（四張）

一、三十四関之名目幷十則正法眼

御州改之、

（後略）

【解説】「伝授室中之物」は、永平寺の室中に置かれた「参禅箱」におさめられている。前半部は、室中からの帯出を禁じられ、世代交代の伝授にあたって渡された門参・切紙等の四八項目である。後半部は、それ以外で方丈において住持の身辺に置かれ、「内方丈校割帳」に記入されていた文書・書籍等の内、特に重視されるべき二七項目を列記する。いずれも各項目に若干の説明を加えた目録である。前半四八項目のあとに、「貞享五戊辰十月吉日　高郁」とあることから、貞享五年（元禄元年・一六八八）十月、永平寺三十四世馥州高郁（?〜一六八八）が、三十五世版橈晃全（一六二七〜九三）に席を譲って後、示寂するまでの間の作成であったことがわかる。後半も、記載方法や筆蹟から、同時に成立したものと考えられる。「内方丈校割帳」とあり、別に「本校割」があったことが確認できる。

　御州は、永平寺二十九世鉄心御州（?〜一六六四）のことである。御州関連の本参・切紙については、『禅籍編』二巻No.42の飯塚大展氏による解説を参照されたい。また、本巻No.27・28の飯塚氏の解説も参照のこと。

　「永平寺本参」に相当する史料は不明である。ちなみに御州が著した「永平寺話頭総目録」（本巻No.27、『禅籍編』二巻No.42）は、本史料中では「吉祥山諸話頭総目録」に該当するものと考えられるため（『禅籍編』第三巻二二四頁）、別の史料である。「三十四関之名目并十則正法眼」は、門参史料の「三十四関」と、瑩山禅師の撰述とされる『秘密正法眼蔵』が合冊された史料と推測される。例えば、駒澤大学図書館所蔵『南谷老師三十四関』（宝永五年〈一七〇八〉写、請求番号H149/39）には、この両書が同じ順番で書写されており、これに類する史料であると考えられる。

　なお、永平寺室中の参禅文献・切紙等の体系については、『禅籍編』一巻No.28および飯塚大展「永平寺所蔵の禅籍抄物について」に詳しい。本史料の全文と禅籍としての解説は、『禅籍編』三巻No.14を参照のこと。

参考文献

『永平寺史料全書』禅籍編　第三巻（大本山永平寺、二〇〇五年）。

飯塚大展「永平寺所蔵の禅籍抄物について—相伝史料を中心として—」（廣瀬良弘編『禅と地域社会』吉川弘文館、二〇〇九年）。

（廣瀬良弘）

（寛文四年〈一六六四〉七月二十八日以前）、永平寺二十九世鉄心御州、刊本『人天眼目』六巻二冊を永平寺常住に施入する。

42 人天眼目（鉄心御州手沢本）

（冊子装 27.0㎝×18.0㎝）

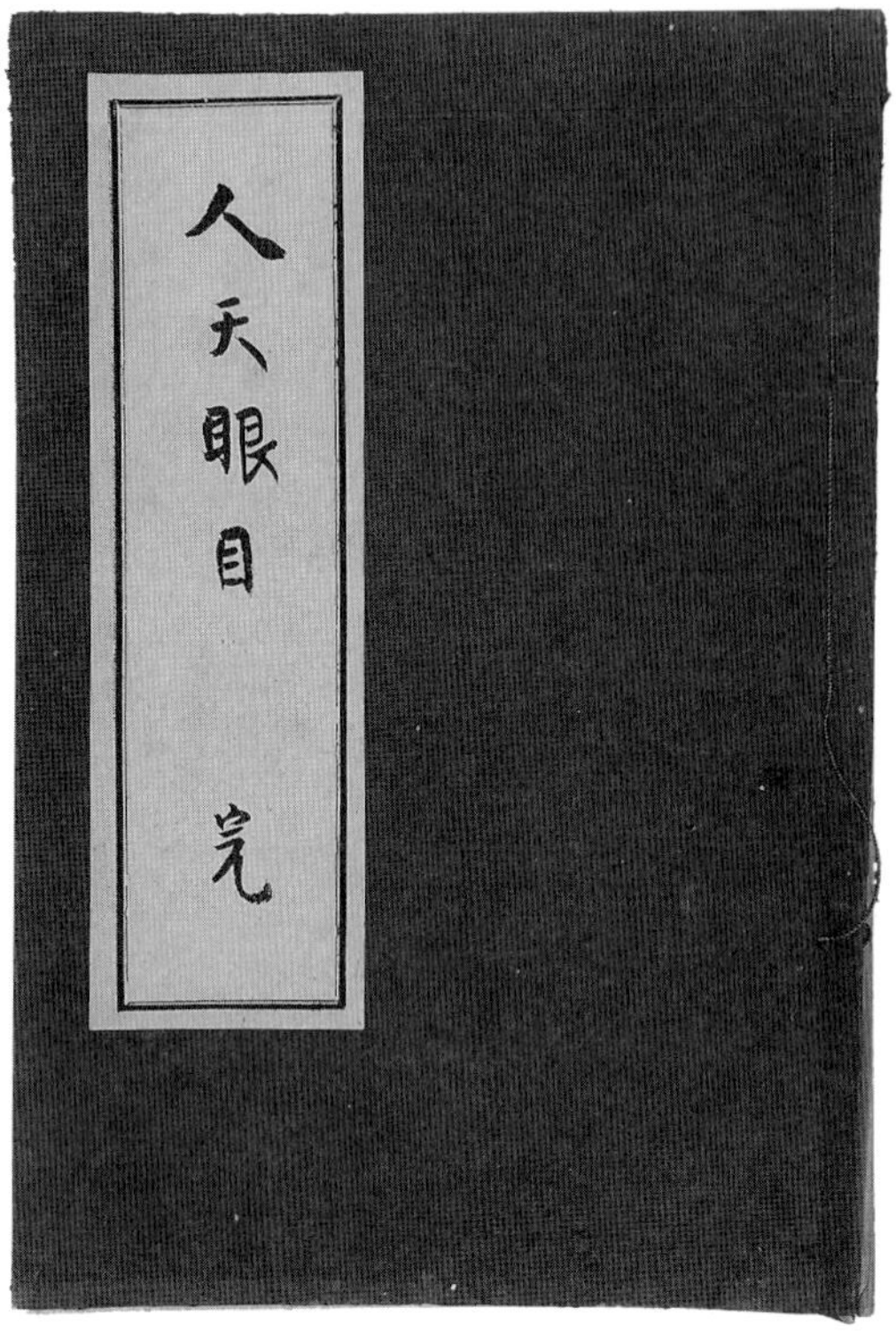

（表紙）

（表紙題箋）「人天眼目　完」

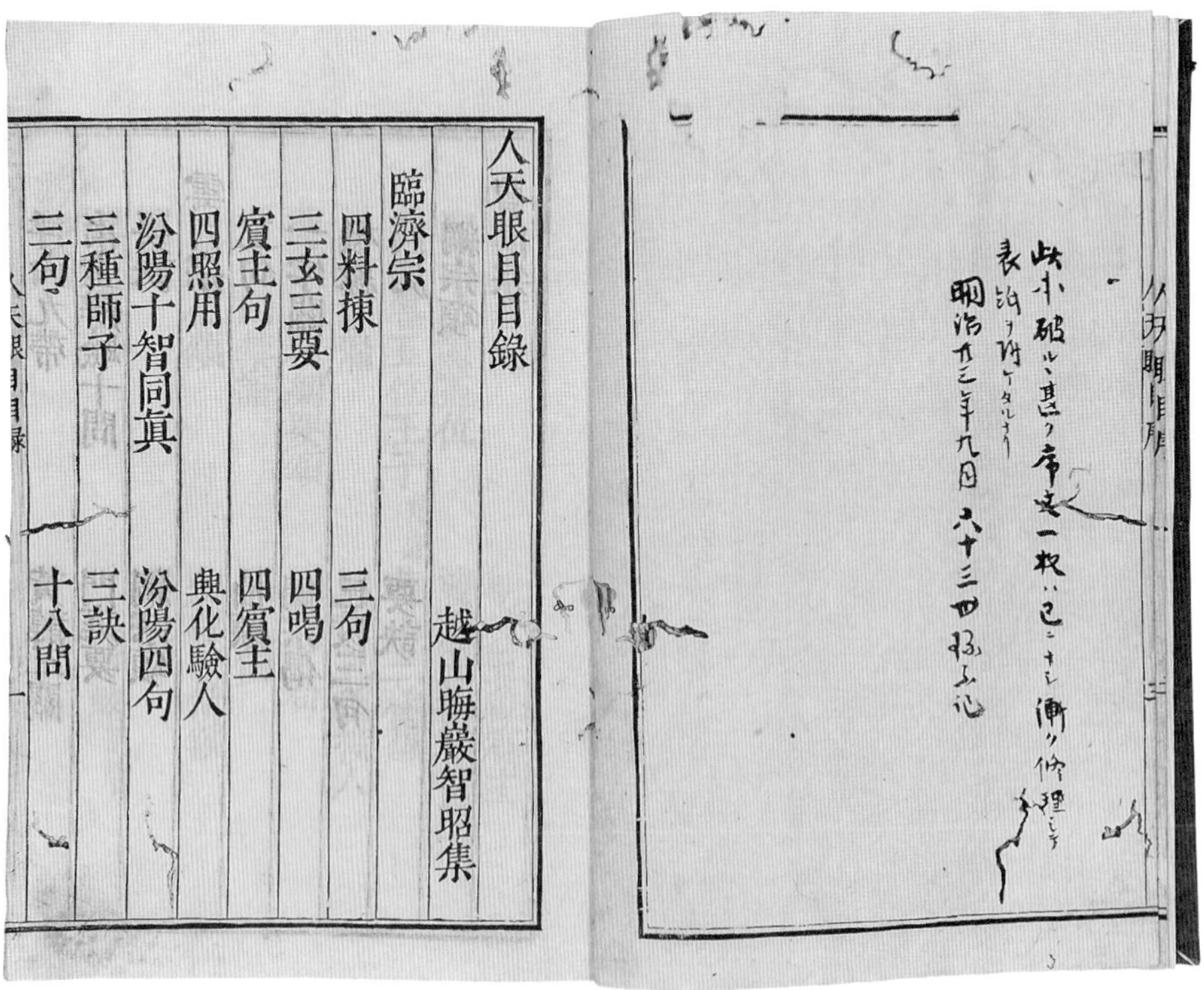

（序3ウ）

（目録1オ）

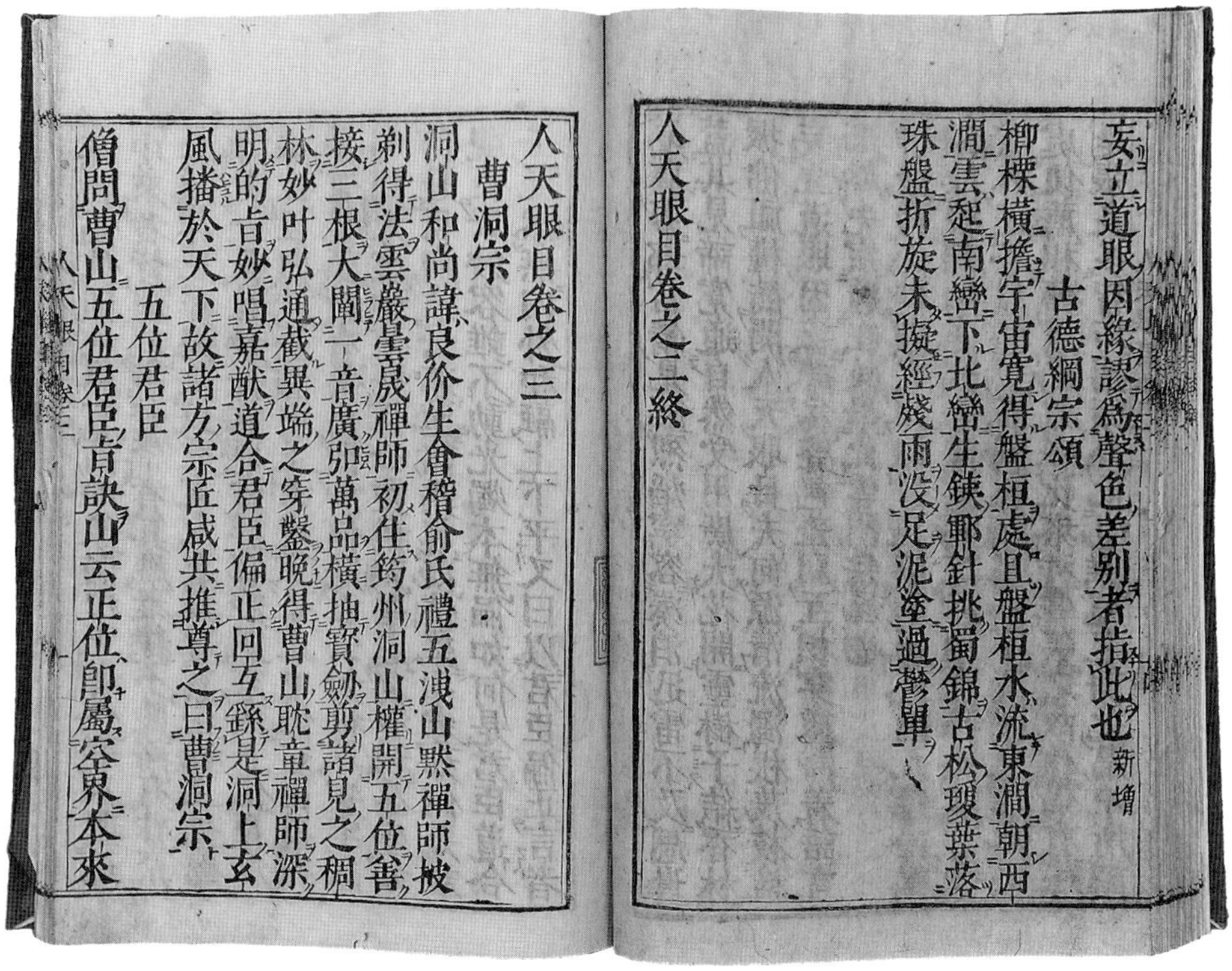
妄立道眼因緣謾爲聲色差別者指此也 新增
古德綱宗頌
楖栗横擔宇宙寛得盤桓處且盤桓水流東澗朝西
澗雲起南巒下北巒生鉄鄲針挑蜀錦古松瑌葉落
珠盤折旋未擬經殘雨沒足泥塗過鬱單
人天眼目巻之二終

人天眼目巻之三
曹洞宗
洞山和尚諱良价生會稽俞氏禮五洩山黙禪師披
剃得法雲巖晟禪師初住筠州洞山權開五位善
接三根大闡一音廣弘萬品横抽寳劔剪諸見之稠
林妙叶弘通截異端之穿鑿晩得曹山耽章禪師深
明的旨妙唱嘉猷道合君臣偏正回互繇是洞上玄
風播於天下故諸方宗匠咸共推尊之曰曹洞宗
五位君臣
僧問曹山五位君臣旨訣山云正位卽屬空界本來

(巻二14ウ)　(巻二-一オ)

【解説】　本書は永平寺二十九世鉄心御州(?～一六六四)が永平寺に施入した『人天眼目』である。巻三の巻首に御州の朱印が押されていることから、御州の手沢本であったことが判明する。この朱印は、『永平総目録御州本参』(本巻No.27・『禅籍編』二巻No.42)や手沢本に使用されている。御州の手沢本としては、『仏果撃節録』(本巻No.45、『禅籍編』四巻No.23)・『虚堂集』(本巻No.44、『禅籍編』四巻No.24)が確認されていたが、本史料とともに、『人天眼目鈔』(本巻No.43)・『大般涅槃経』(本巻No.46)が新たに確認された。

本書序文末には、永平寺六十三世滝谷琢宗氏が明治二十三年九月に記した墨書があり、「此本破ルヽ甚ク序文一枚ハ已ニナシ漸ク修理シテ／表紙ヲ附ケタルナリ／明治廿三年九月　六十三世琢宗記」とある。これによれば、本書の破損は甚だしかったため修補を行い、表紙を付したことが記される。また現在、巻首序文一丁は欠落しているが、これも墨書から、滝谷氏が確認した時点で失われていたことがわかる。

本書は、明治に修補された際、外周部の切断や裏打ちを行っている。そして、元々は分冊であったと思われる巻一～四を合冊し、新たな表紙を付したようである。そのた

第三巻首朱印部分

め、巻一の一二丁裏の上部には墨書があるが、上部が切断されてしまっている。また、巻三巻首には、現在御州の朱印が確認されるが、本来は他の御州手沢本に確認されるように、「永平常住御州叟置焉」か「永平寺常住御州老納置之」といった墨書があったものと思われる。なお、新たに付された表紙や題簽の筆跡は、『人天眼目鈔』と同一のものである。

『人天眼目』は、宋淳熙（じゅんき）十五年（一一八八）以来、中国・朝鮮・日本各国で二〇回以上開版されているが、その中でも本書は、承応三年（一六七五）の開版本（六巻二冊）である。承応三年本は本朝において最も流布した本で、後に『大正蔵』四八巻への収録にあたってその底本として用いられた。同一本である駒澤大学図書館所蔵本（請求番号H122.1/1）との比較により、本書は巻一の巻首序文一丁に加えて、巻五・六を欠く端本である事がわかる。駒澤大学図書館所蔵本の刊記は「承応三暦孟冬吉旦／中野市右衛門刊行」とあり、京都の中野市右衛門による開版本である事がわかる。この刊記も『人天眼目鈔』と同一のものであることから、御州代に両者が同時に永平寺に施入された可能性が高いことを裏付けるものである。

永平寺には本書とは別に『人天眼目』の写本も収められており（『文書編』一巻No.171、『禅籍編』四巻No.2）、飯塚大展氏による解説がなされている。曹洞宗における『人天眼目』の位置づけや展開等についてはそちらを参照されたい。

参考文献

椎名宏雄「人天眼目」の諸本」（『宗学研究』二〇号、一九七八年）。
椎名宏雄「高麗版『人天眼目』とその資料」（『駒沢大学仏教学部研究紀要』四四号、一九八六年）。
『永平寺史料全書』禅籍編　第三巻（大本山永平寺、二〇〇五年）。
『永平寺史料全書』禅籍編　第四巻（大本山永平寺、二〇〇七年）。
『永平寺史料全書』文書編　第一巻（大本山永平寺、二〇一二年）。

（廣瀬良弘）

（寛文四年〈一六六四〉七月二十八日以前）、永平寺二十九世鉄心御州、刊本『人天眼目鈔』六巻六冊を永平寺常住に施入する。

43 人天眼目鈔（鉄心御州手沢本）

（冊子装　26.2cm×19.3cm）

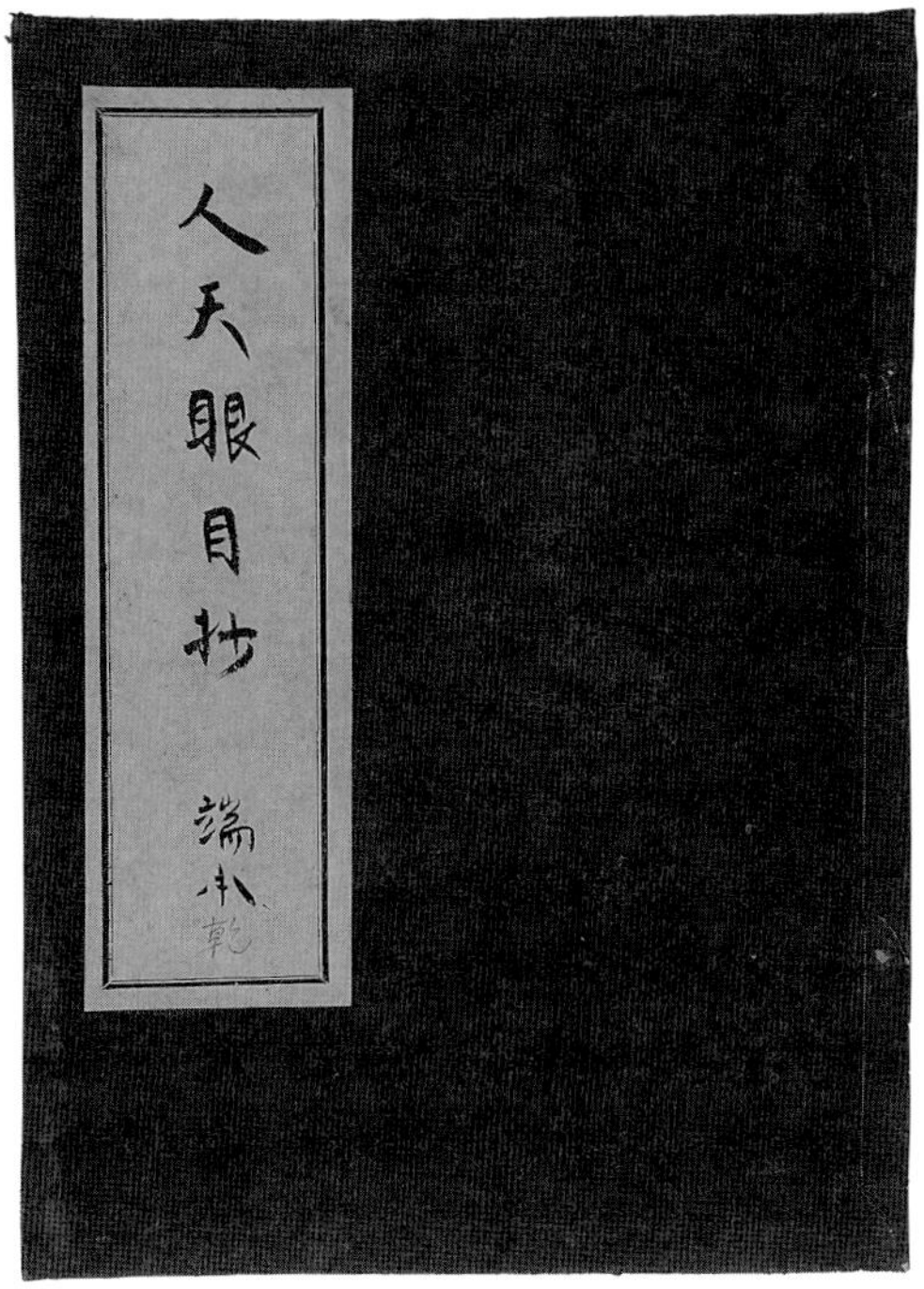

（第一冊表紙）

（表紙題簽）「人天眼目抄　端本（鉛筆書）「乾」」

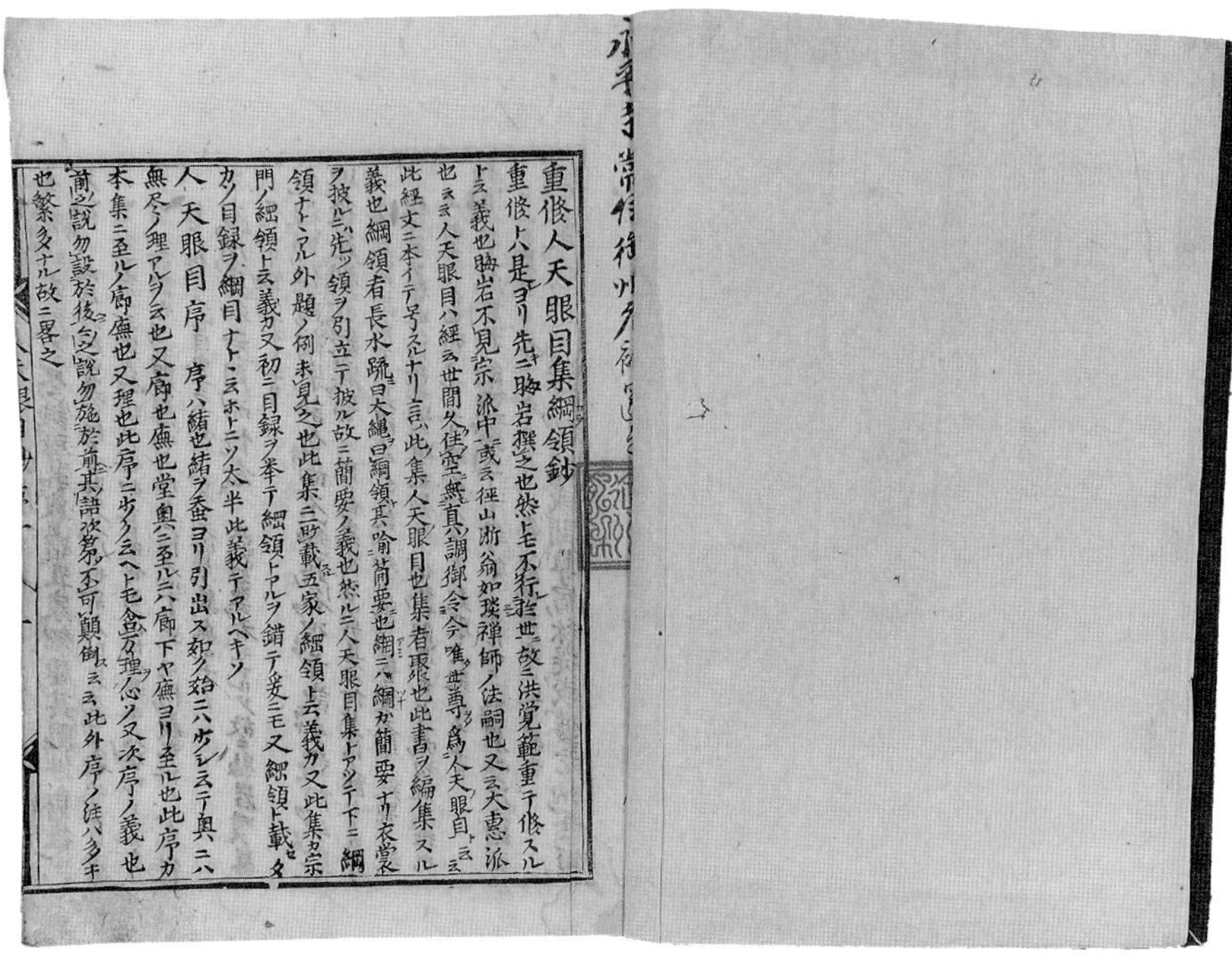

（見返し）

（序1オ）

（欄外墨書）「永平寺常住御州老衲置之（朱印文「鉄心御州之印」）□」

(巻一40ウ)

(欄外墨書)「永平寺常住御州老衲置之□」(朱印文「鉄心御州之印」)

(巻二1オ)

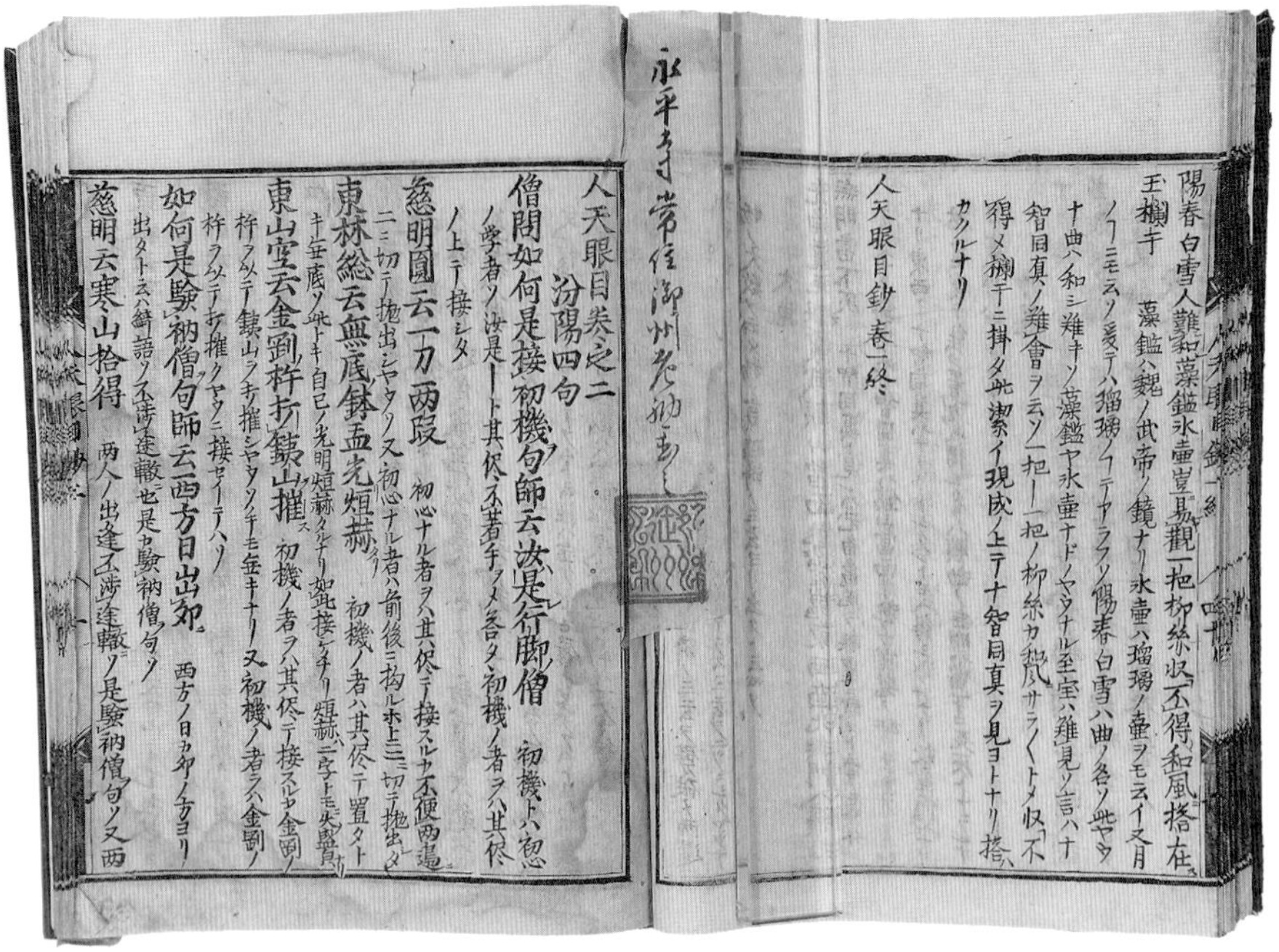
陽春白雪人難和藻鑑氷壺豈易覩一把柳絲収不得和風搭在玉欄干

人天眼目鈔巻一終

人天眼目巻之二

汾陽四句

僧問如何是接初機句師云汝是行脚僧

慈明圓云一刀兩段

東林総云無底鉢盂光爍爍

東山空云金剛杵打鐵山摧

如何是験衲僧句師云西方日出卯

慈明云寒山拾得

(巻二43ウ)

(巻三1オ)

(欄外墨書)「永平寺常住御州老衲置之□」(朱印文「鉄心御州之印」)

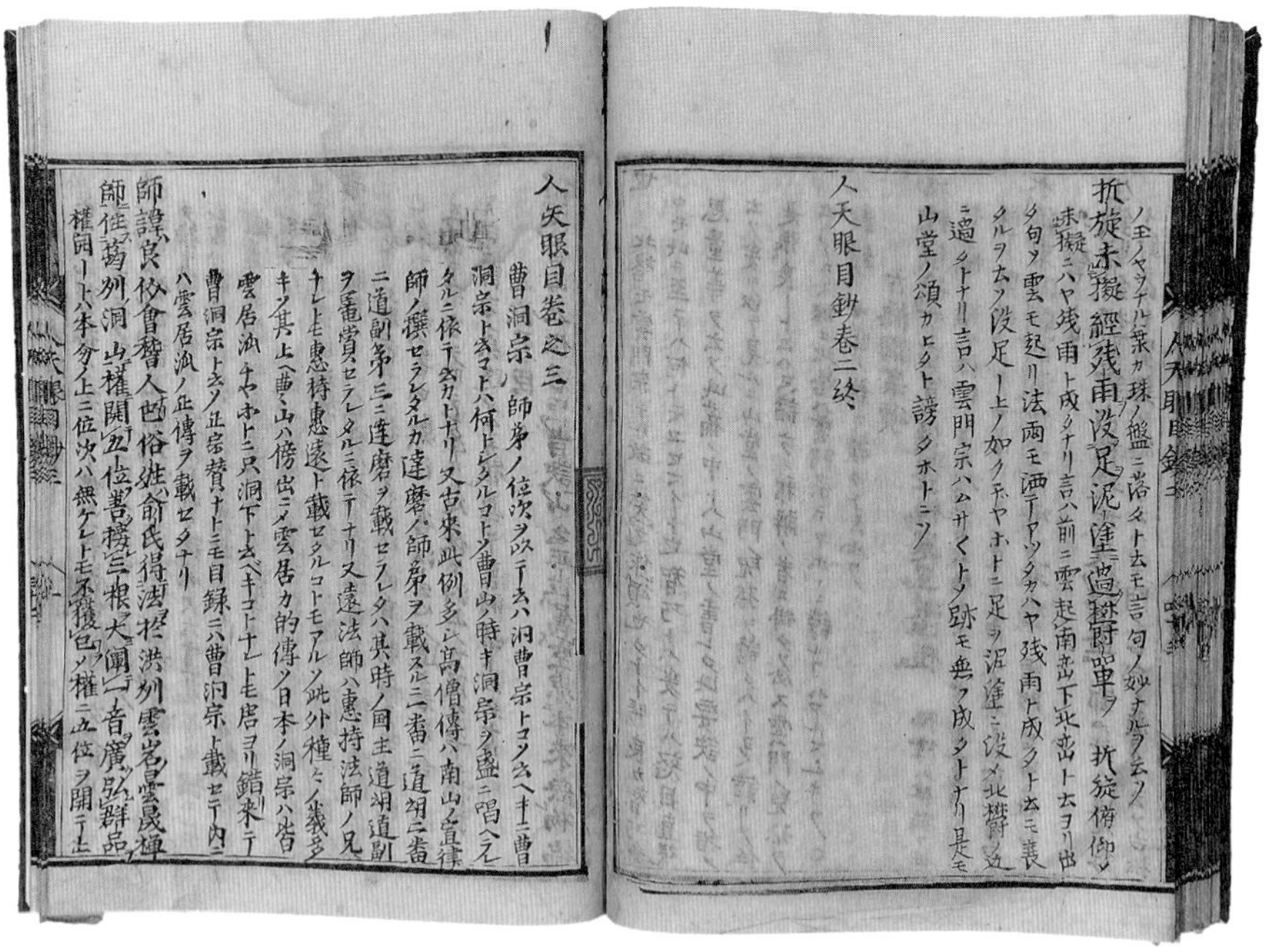
折旋未擬經残雨没足泥塗過樹時

人天眼目鈔巻二終

人天眼目巻之三

曹洞宗

師諱良价會稽人也俗姓兪氏得法於洪州雲巖曇晟禅師住筠州洞山

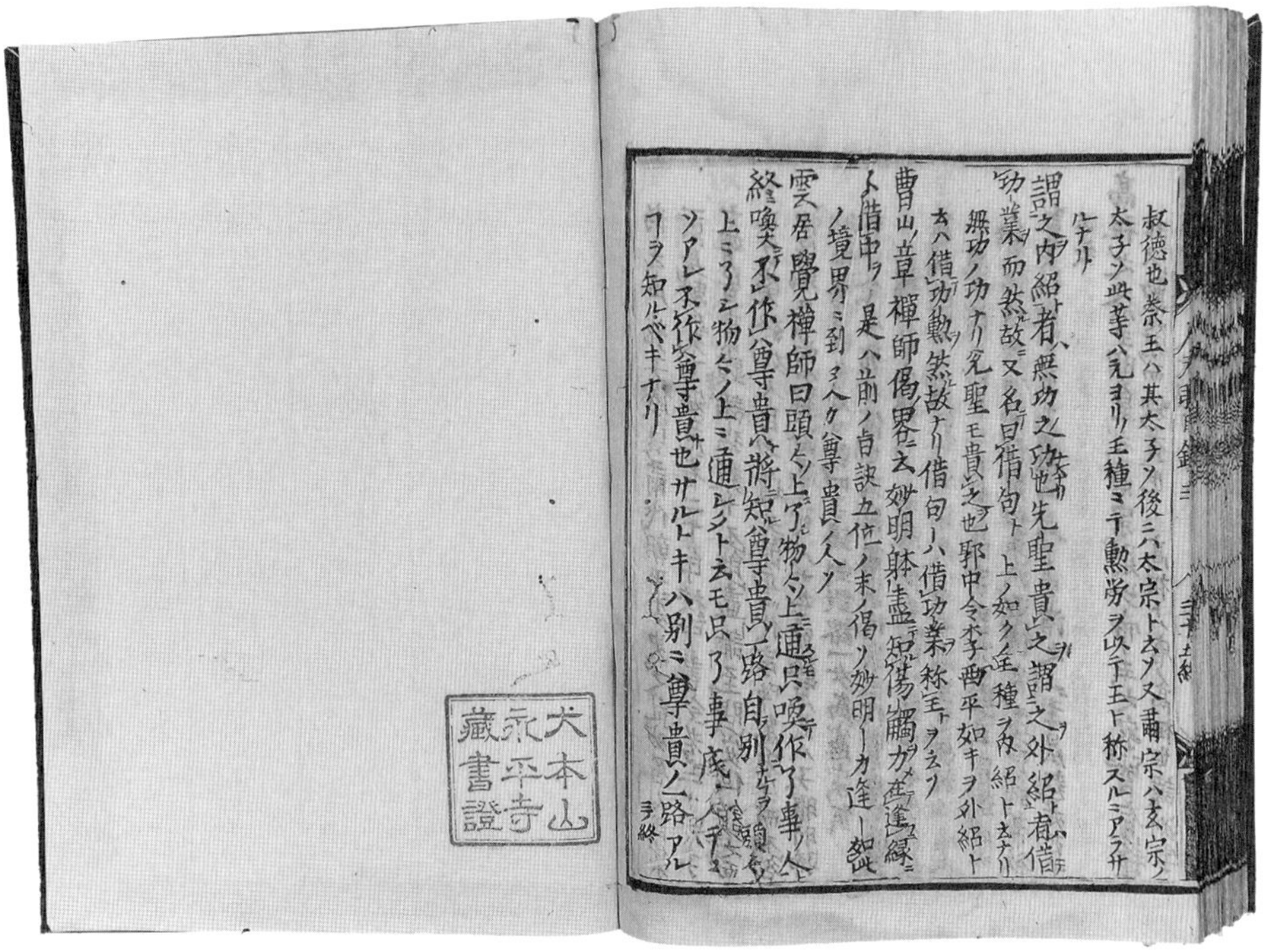
叔徳也恭王ハ其太子ノ後ニハ太宗ト云ソ又粛宗ハ玄宗ノ
太子ソ此等ハ元ヨリ王種ニテ勲労ヲ以テ王ト称スルニアラサ
ルナリ
謂之内紹者無功之功也先聖貴之謂之外紹者借
功業而然故又名曰借句ト上ノ如ク王種ヲ内紹トスナリ
無功ノ功ナリ先聖モ貴之也郭中令李西平如キヲ外紹ト
云ハ借功勲然故ナリ借句トハ借功業称王トヲ云ソ
曹山章禅師偈曰玄妙明躰尽知傷觸犯進縁ニ
ト借中ヲ是ハ前ノ白訣五位ノ末ノ偈ソ妙明一カ逢一錯
ノ境界ニ到ラ人ク尊貴ノ人ソ
雲居膺禅師曰頭々上了物々上通只喚作了事人
終不喚作尊貴ハ将知尊貴一路自別ナラ頭々
上ニ了ニ物々ノ上ニ通レタト云モ只了事底ノ人ニテ
ソアレ不作尊貴也サルトキハ別ニ尊貴ノ一路アル
コヲ知ルベキナリ

大本山永平寺藏書證

（裏表紙見返し）

（巻三35ウ）

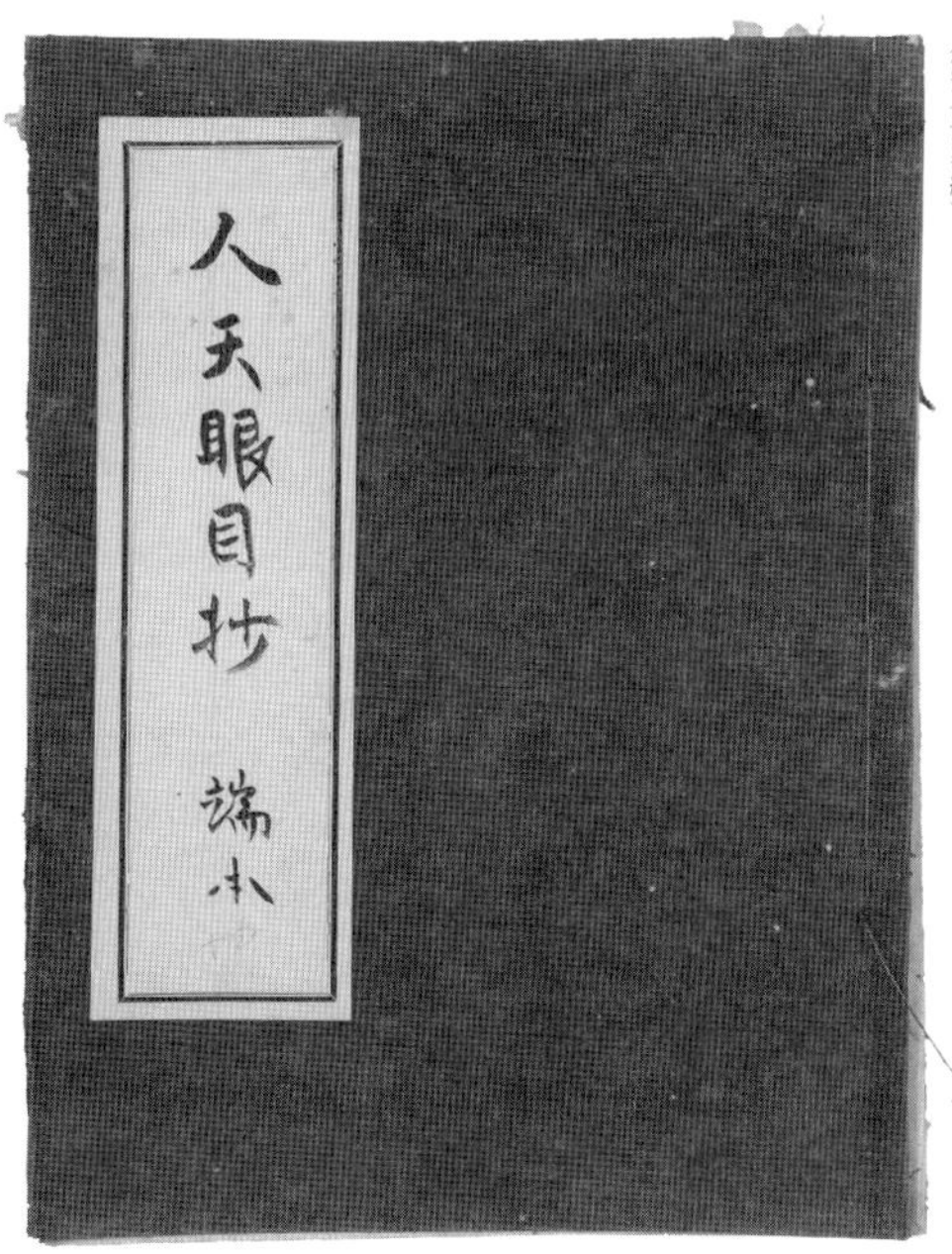

（表紙題簽）「人天眼目抄　端本（鉛筆書）「坤」」

（第二冊表紙）

（第一冊裏表紙）

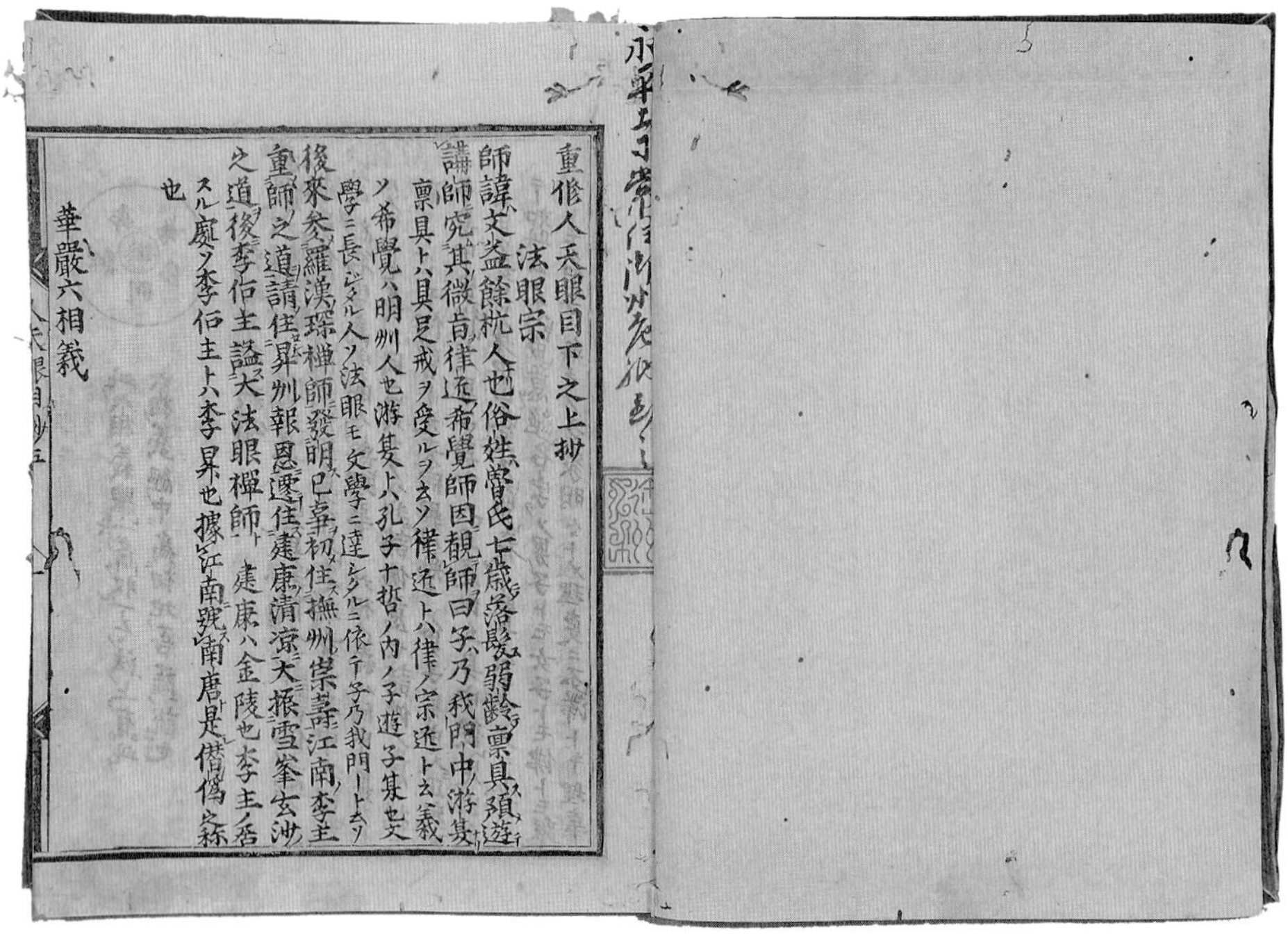
重修人天眼目下之上抄
法眼宗
師諱文益餘杭人也俗姓魯氏七歳落髪弱齢稟具頌遊
講師究其微旨律述希覺師因覲師曰子ハ乃我門中游夏
稟具トハ具足戒ヲ受ルヲ云ソ律述トハ律ノ宗述ト云義
ソ希覺ハ明州人也游夏トハ孔子十哲ノ内ノ子遊子夏也文
學ニ長シタル人ソ法眼モ文學ニ達シタルニ依テ子乃我門ノトセソ
後來参羅漢琛禪師發明已事初住撫州崇壽江南李主
重師之道請住昇州報恩遷住建康清涼大振雪峯玄沙
之道後李佰主謚大法眼禪師　建康ハ金陵也李主ノ君
スル處ソ李佰主トハ李昇也據江南號南唐是僭偽之称
也
華嚴六相義
人天眼目抄五

（見返し）

（巻五－1オ）

（欄外墨書）「永平寺常住御州老衲置之□」（朱印文「鉄心御州之印」）

【解説】　本史料は、永平寺二十九世鉄心御州（てつしんぎょしゅう）（?～一六六四）が、永平寺に施入した『人天眼目鈔』（にんでんがんもくしょう）である。まず、本史料名であるが、墨書による題簽題は第一冊が「人天眼目抄　端本　乾」（乾は鉛筆書）、第二冊は「人天眼目抄　端本　坤」（坤は鉛筆書）である。巻頭書名は「重修人天眼目集綱領鈔」、版心題は「人天眼目鈔」で、その下に各巻数を付している。本書内に複数の書名が見られるが、『禅籍目録』には『人天眼目鈔』の書名で採録されている。

本史料の状態について、第一冊は巻一～三、第二冊は巻五・六となっており、巻四を欠いている。巻一・二・三・五の各巻一丁表には墨書「永平寺常住御州老衲（ろうのう）置之」及び長方形朱印（朱印法量3.2㎝×2.9㎝、印文「鉄心御州之印」）がある。ただし巻二ではのどに挟み込まれた紙片に墨書および朱印があり、巻三では綴じにより墨書および朱印が隠れている。巻六の一丁目は落丁している。各冊の末尾には「大本山／永平寺／蔵書証」の正方形朱印（朱印法量4.5㎝×4.5㎝）がある。

永平寺では、第一冊を仏典・経本類12、第二冊を仏典・経本類11と別々に目録で登録しているが、同一本である。同様のものとして、駒澤大学図書館所蔵本（請求番号

188.84/658、縦28.0cm×横19.8cm、以下駒大本）が確認される。第一冊の欄外墨書の上部が切断されているが、もともとは駒大本と同様の法量であったと考えられる。その名残として、巻二の二五丁ウの欄外墨書はその周辺に切り込みをいれ、折り込んでおり、その部分を伸ばすと縦27.9cmとなる。表紙および題簽題の筆跡が『人天眼目』（本巻No.42）と同一であることから、『人天眼目』と同時期に補修されたと考えられる。

本史料の内容について、晦巖智昭（ちしょう）編、桂堂瓊林覆刊の『人天眼目』に片仮名混じりの文で評釈を加えている。その撰者は未詳で、『禅学大辞典』には、万安英種（ばんなんえいしゅ）の著作であるとするも、その根拠は不明であるとする。『人天眼目』および『人天眼目鈔』については、『禅籍編』四巻No.2およびNo.3で飯塚大展氏により詳細な解説がなされている。特筆すべきことは、飯塚大展氏によれば、「林下曹洞宗において、『人天眼目』のテキストとして最も流布したと思われるものは、寛永十二年（一六三五）に中野市右衛門が刊行した『人天眼目抄』三冊（以下漢文抄）と、その説に依拠した承応三年刊本『人天眼目抄』六冊（仮名抄）とである」（『禅籍編』四巻No.2解説）とあり、本史料が承応三年刊本に相当することである。

本史料を刊行した中野市右衛門は市右衛門尉ともいい、豊雪斎道伴と号する。京都四条寺町大文字町の書肆で、慶長末年頃から寛文末年頃まで出版活動を行っており、初代は寛永十六年（一六三九）四月に没している。近世初頭における出版界の中心人物の一人で、仏書を中心に出版している。

参考文献

『新纂禅籍目録』（駒沢大学図書館、一九六二年）。

井上和雄『増訂慶長以来書賈集覧』（高雄書店、一九七〇年）。

井上宗雄他編『日本古典籍書誌学辞典』（岩波書店、一九九九年）。

井上隆明『日本書誌学大系76 改訂増補 近世書林板元総覧』（青裳堂書店、一九九八年）。

『永平寺史料全書』禅籍編 第四巻（大本山永平寺、二〇〇七年）。


（廣瀬良弘）

（寛文四年〈一六六四〉七月二十八日以前）、永平寺二十九世鉄心御州、刊本『虚堂集』六巻六冊を永平寺常住に施入する。

44 虚堂集（鉄心御州手沢本）

（冊子装 26.8㎝×16.8㎝）

（第一冊〈表紙欠〉）

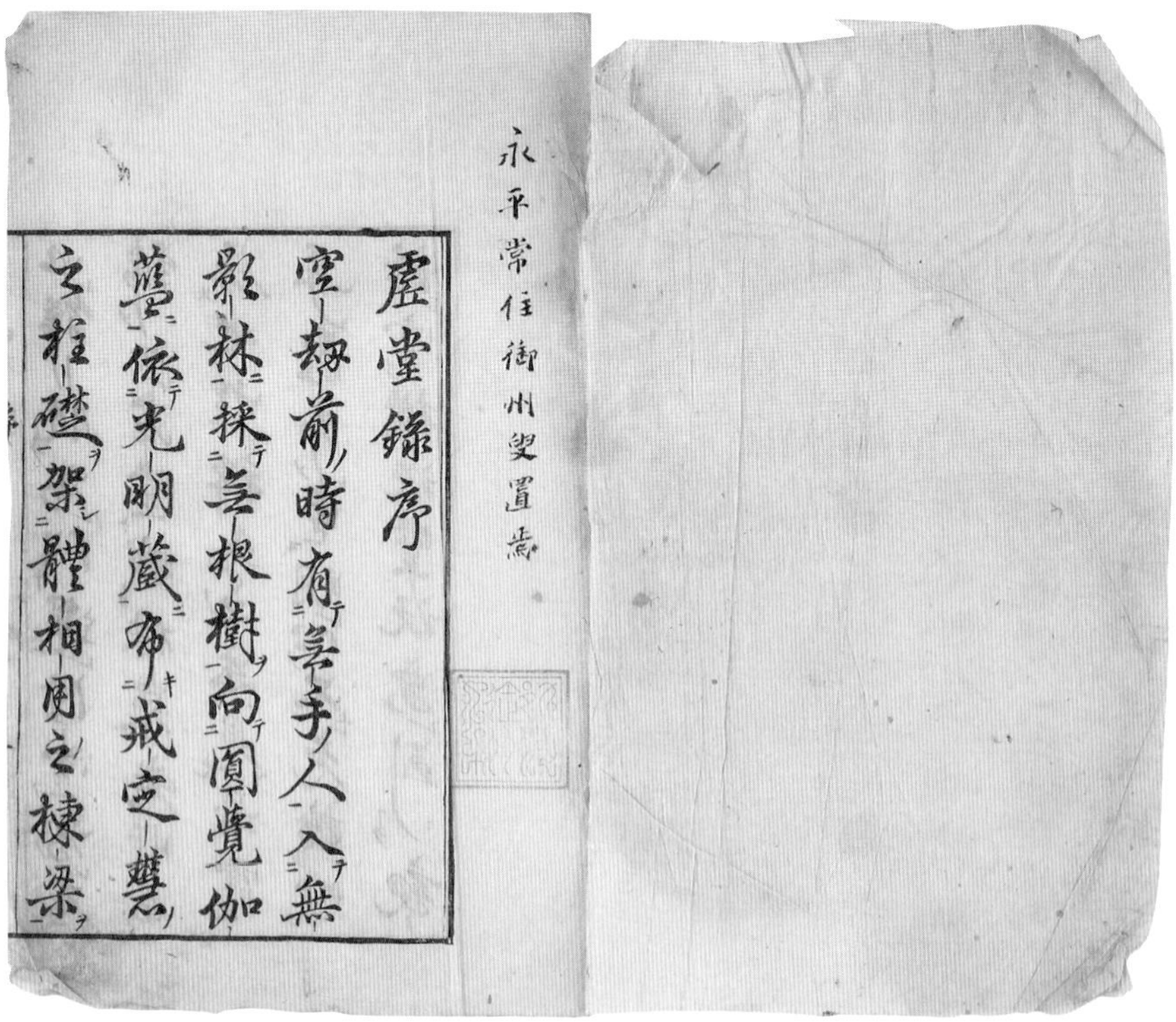
永平常住御州叟置焉

虚堂録序
空劫前時有無手人入無
影林採無根樹向圓覺伽
藍依光明藏席戒定慧
之柱礎架體相用之棟梁

（見返し）

（序1オ）

（欄外墨書）「永平常住御州叟置焉 □」（朱印文「鉄心御州之印」）

【解説】　本書は、永平寺二十九世鉄心御州（?～一六六四）が永平寺に施入した『虚堂集』である。各冊の巻首に鉄心御州の墨書および朱印が押されていることから、御州の手沢本であることが判明する。

本書は六冊中、巻五・六を欠く端本である。同一本を参照すると、巻六の末に刊記が確認できる。それによれば、承応三年（一六五四）京都の中野次郎兵衛・林伝左衛門によって刊行された本であるということがわかる。その内、林伝左衛門は、寛文七年（一六六七）に永平寺三十世光紹智堂が開板した『永平清規』の板元でもあり、また、寛文十年に『正法眼蔵随聞記』（『禅籍編』三巻No.9）を永平寺に献納していることから、当時より永平寺と関係があり、その縁で施入された可能性も考えられる。

本書は、『禅籍編』四巻No.24において、岩永正晴氏による解説がなされている。『虚堂集』という文献そのものの詳細や、刊行の歴史等についてはそちらを参照されたい。

参考文献

『永平寺史料全書』禅籍編　第四巻（大本山永平寺、二〇〇七年）。

（廣瀬良弘）

（寛文四年〈一六六四〉七月二十八日以前）、永平寺二十九世鉄心御州、刊本『仏果撃節録』二巻二冊を永平寺常住に施入する。

45 仏果撃節録（鉄心御州手沢本）

（冊子装 27.0㎝×19.4㎝）

（表紙欠）

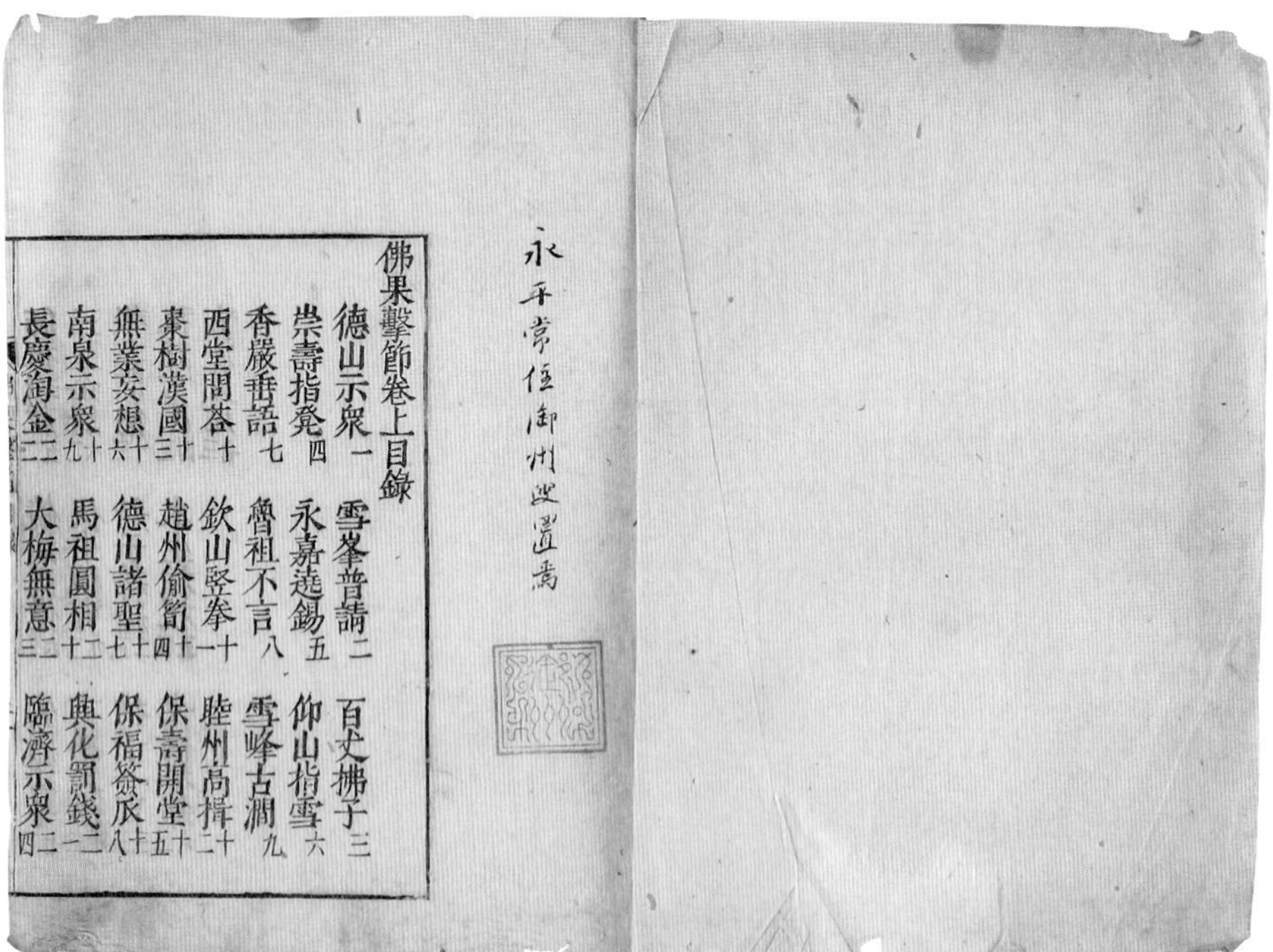

（見返し）　（1オ）

（欄外墨書）「永平常住御州叟置焉 □」（朱印文「鉄心御州之印」）

【解説】　本書は、永平寺二十九世鉄心御州（てつしんぎょしゅう）（?〜一六六四）が永平寺に施入した『仏果撃節録（ぶっかきゃくせつろく）』である。それによれば、各巻の巻首に鉄心御州の墨書および朱印が押されていることから、御州の手沢本であることが判明する。また第一冊末の刊記から、明暦元年（一六五六）に京都の堤六左衛門によって刊行された本であることがわかる。本書の保存状態は良好でないが、欠本等はなく完本である。

本書は、『禅籍編』四巻No.23において、岩永正晴氏による解説がなされている。『仏果撃節録』という文献そのものの詳細や、刊行の歴史等についてはそちらを参照されたい。

参考文献

『永平寺史料全書』禅籍編　第四巻（大本山永平寺、二〇〇七年）。

（廣瀬良弘）

（寛文四年〈一六六四〉七月二十八日以前）、永平寺二十九世鉄心御州、刊本『大般涅槃経』（北本）四〇巻二〇冊を永平寺常住に施入する。

46　大般涅槃経（鉄心御州手沢本）

（冊子装　27.0cm×19.7cm）

（第一冊表紙）

（表紙題箋）涅槃経 一二

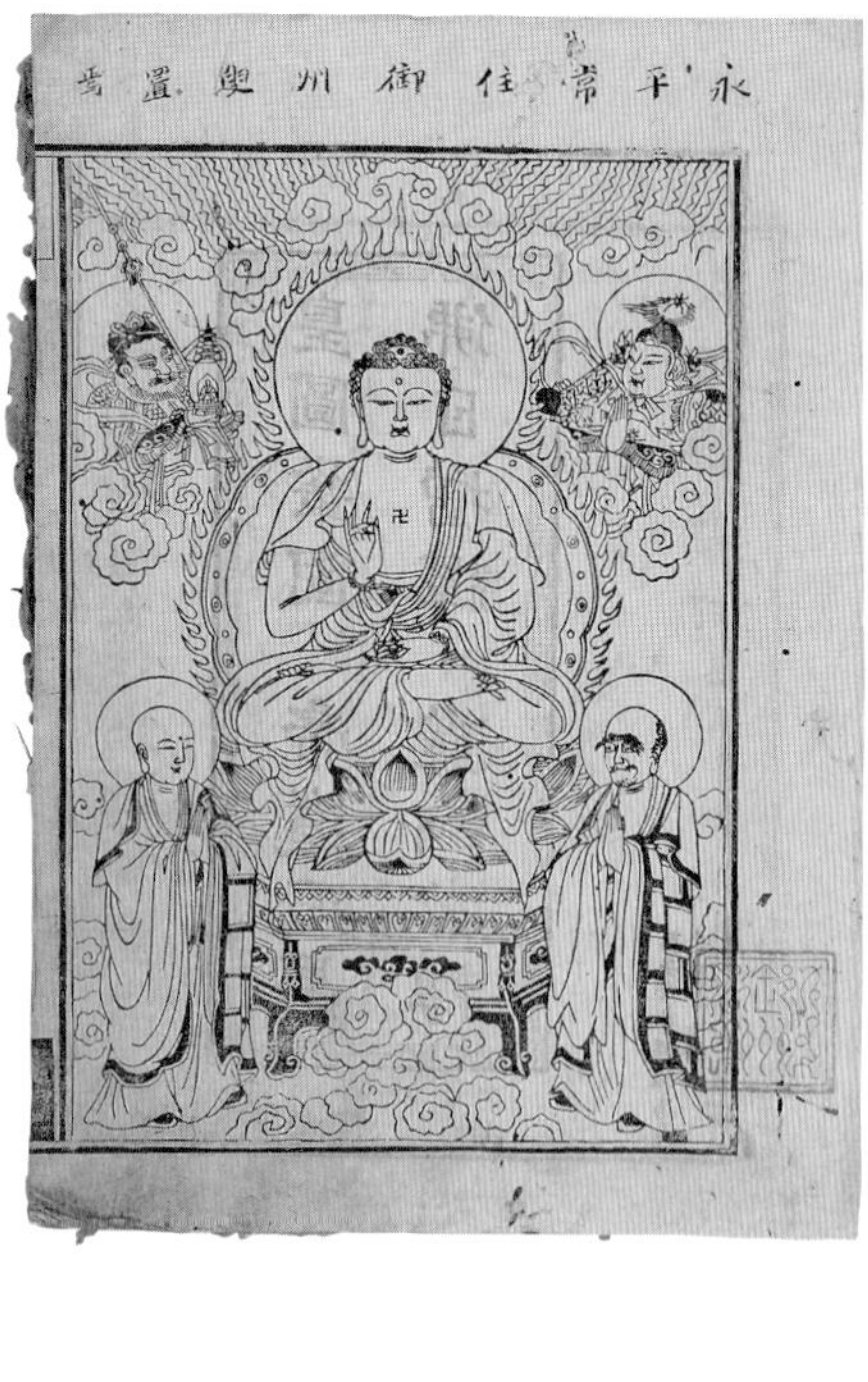

（第一冊扉絵）

（欄外上部墨書）「永平常住御州叟置焉」

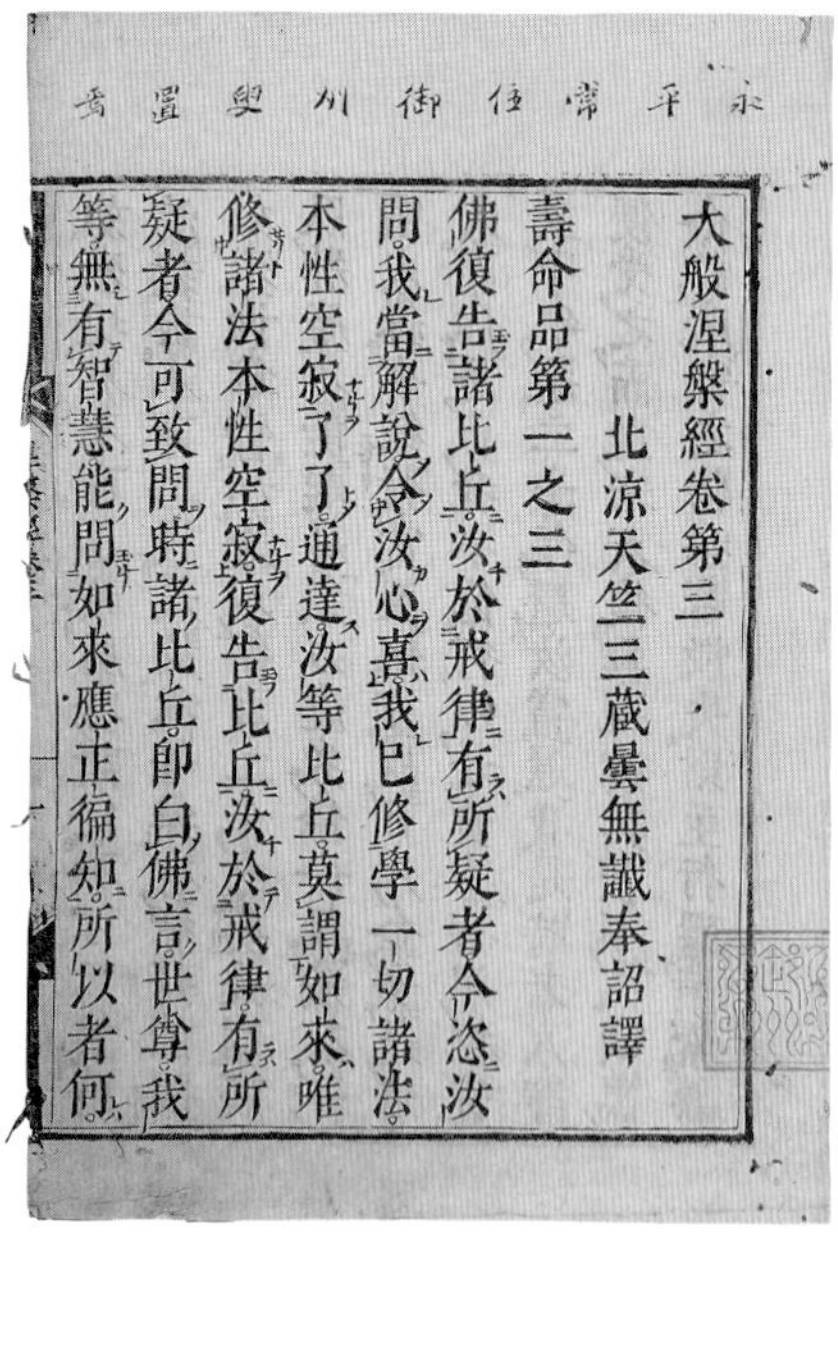

永平常住御州叟置焉

大般涅槃經卷第三　北涼天竺三藏曇無讖奉詔譯
壽命品第一之三
佛復告諸比丘汝於戒律有所疑者今恣汝
問我當解說令汝心喜我已修學一切諸法
本性空寂了了通達汝等比丘莫謂如來唯
修諸法本性空寂復告比丘汝於戒律有所
疑者今可致問時諸比丘即白佛言世尊我
等無有智慧能問如來應正徧知所以者何

（第二冊巻三一オ）

（欄外上部墨書）「永平常住御州叟置焉」

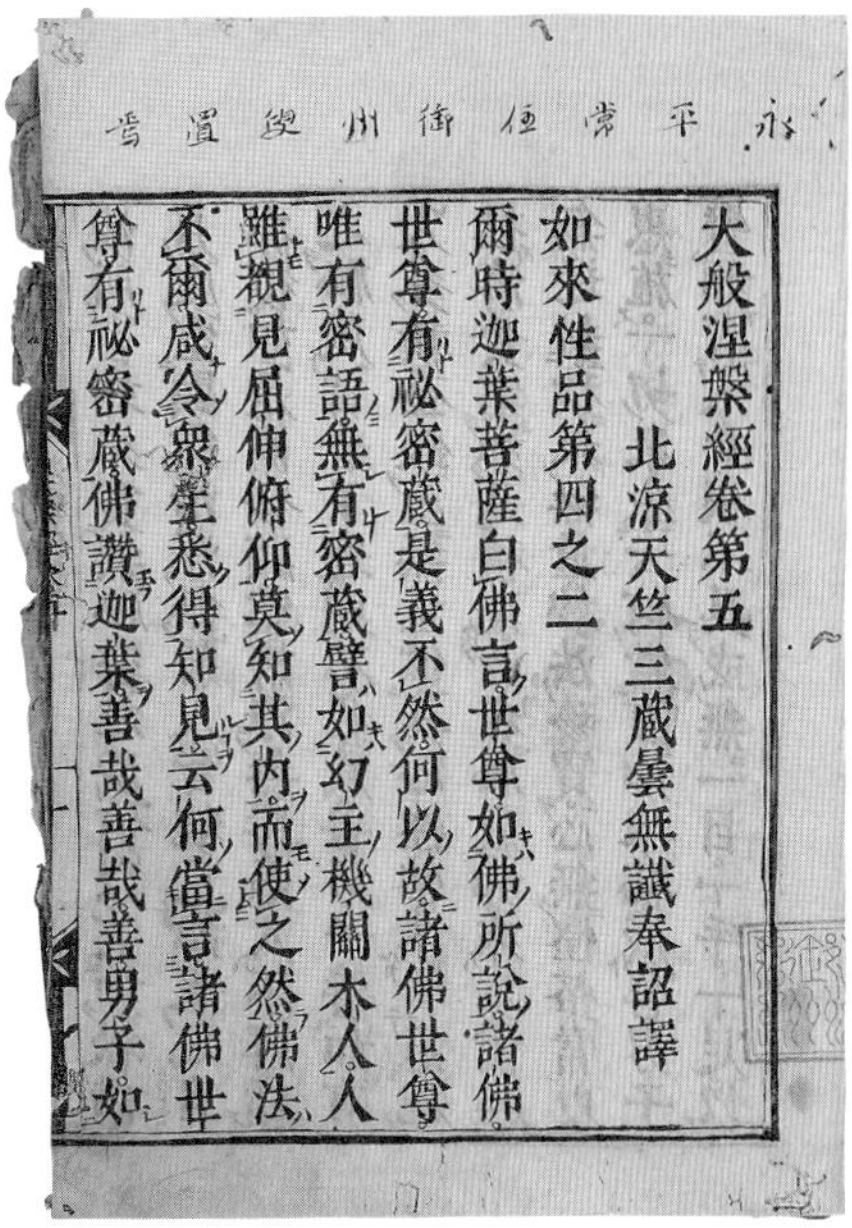

永平常住御州叟置焉

大般涅槃經卷第五

北涼天竺三藏曇無讖奉詔譯

如來性品第四之二

爾時迦葉菩薩白佛言世尊如佛所說諸佛
世尊有祕密藏是義不然何以故諸佛世尊
唯有密語無有密藏譬如幻主機關木人人
雖覩見屈伸俯仰莫知其內而使之然佛法
不爾咸令衆生悉得知見云何當言諸佛世
尊有祕密藏佛讚迦葉善哉善哉善男子如

(第二冊巻五ー1オ)

(欄外上部墨書)「永平常住御州叟置焉」

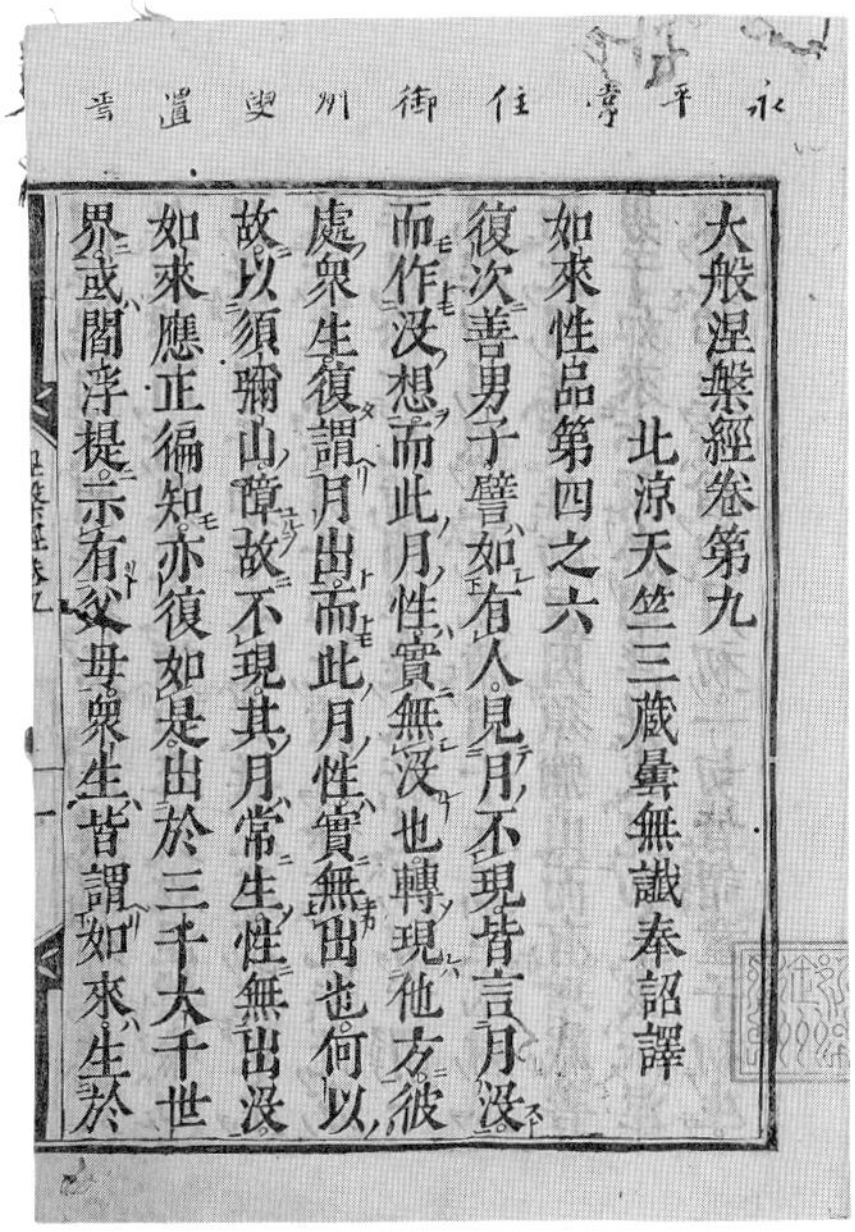

永平常住御州叟置焉

大般涅槃經卷第九

北涼天竺三藏曇無讖奉詔譯

如來性品第四之六

復次善男子譬如有人見月不現皆言月沒
而作沒想而此月性實無沒也轉現他方彼
處衆生復謂月出而此月性實無出也何以
故以須彌山障故不現其月常生性無出沒
如來應正徧知亦復如是出於三千大千世
界或閻浮提示有父母衆生皆謂如來生於

(第五冊巻九ー1オ)

(欄外上部墨書)「永平常住御州叟置焉」

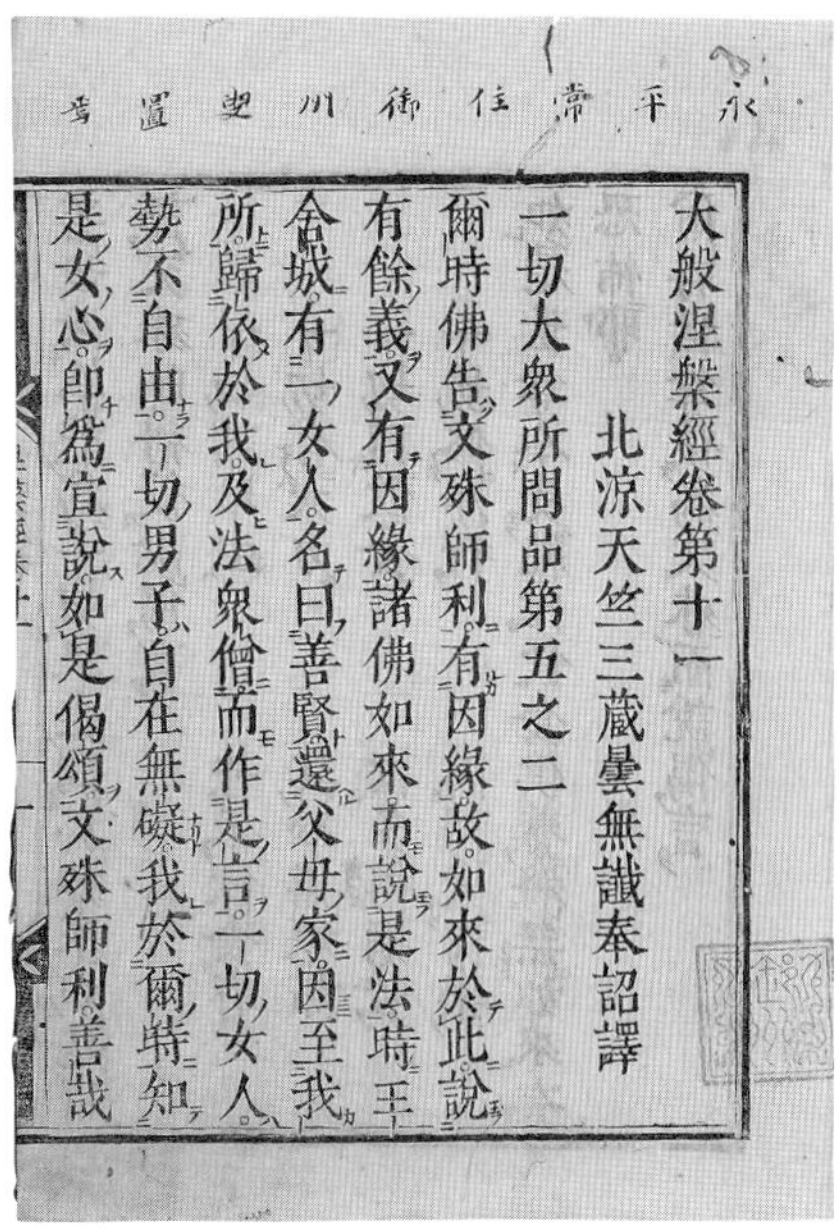

永平常住御州叟置焉

大般涅槃經卷第十一

北涼天竺三藏曇無讖奉詔譯

一切大衆所問品第五之二

爾時佛告文殊師利有因緣故如來於此說
有餘義又有因緣諸佛如來而說是法時王
舍城有一女人名曰善賢還父母家因至我
所歸依於我及法衆僧而作是言一切女人
勢不自由一切男子自在無礙我於爾時知
是女心即爲宜說如是偈頌文殊師利善哉

(第六冊巻一一ー1オ)

(欄外上部墨書)「永平常住御州叟置焉」

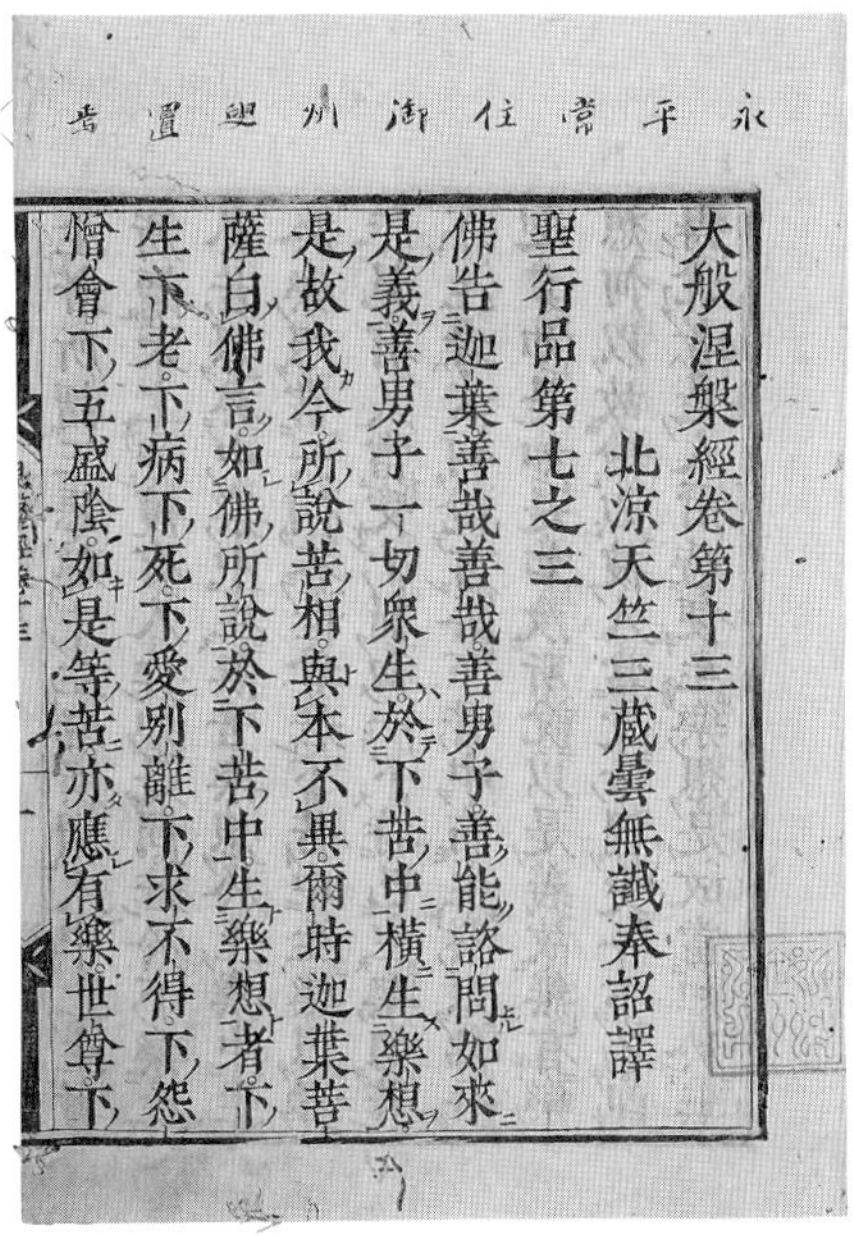

永平常住御州叟置焉

大般涅槃經卷第十三

北涼天竺三藏曇無讖奉詔譯

聖行品第七之三

佛告迦葉善哉善哉善男子善能諮問如來
是義善男子一切衆生於下苦中橫生樂想
是故我今所說苦相與本不異爾時迦葉菩
薩白佛言如佛所說於下苦中生樂想者下
生下老下病下死下愛別離下求不得下怨
憎會下五盛陰如是等苦亦應有樂世尊下

(第七冊巻一三ー1オ)

(欄外上部墨書)「永平常住御州叟置焉」

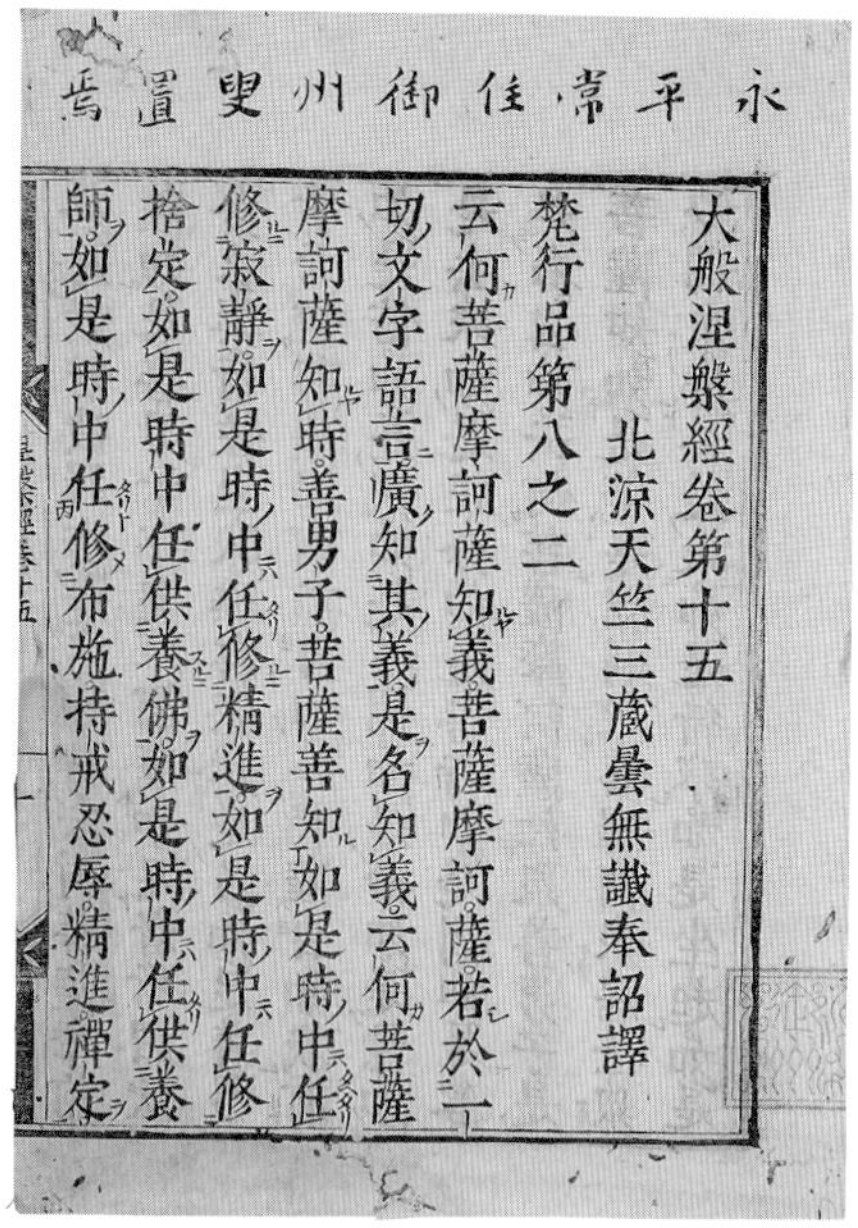
永平常住御州叟置焉

大般涅槃經卷第十五　北涼天竺三藏曇無讖奉詔譯
梵行品第八之二
云何菩薩摩訶薩知義菩薩摩訶薩若於一
切文字語言廣知其義是名知義云何菩薩
摩訶薩知時善男子菩薩善知如是時中任
修寂靜如是時中任修精進如是時中任修
捨定如是時中任供養佛如是時中任供養
師如是時中任修布施持戒忍辱精進禪定

（第八冊巻一五1オ）

（欄外上部墨書）「永平常住御州叟置焉」

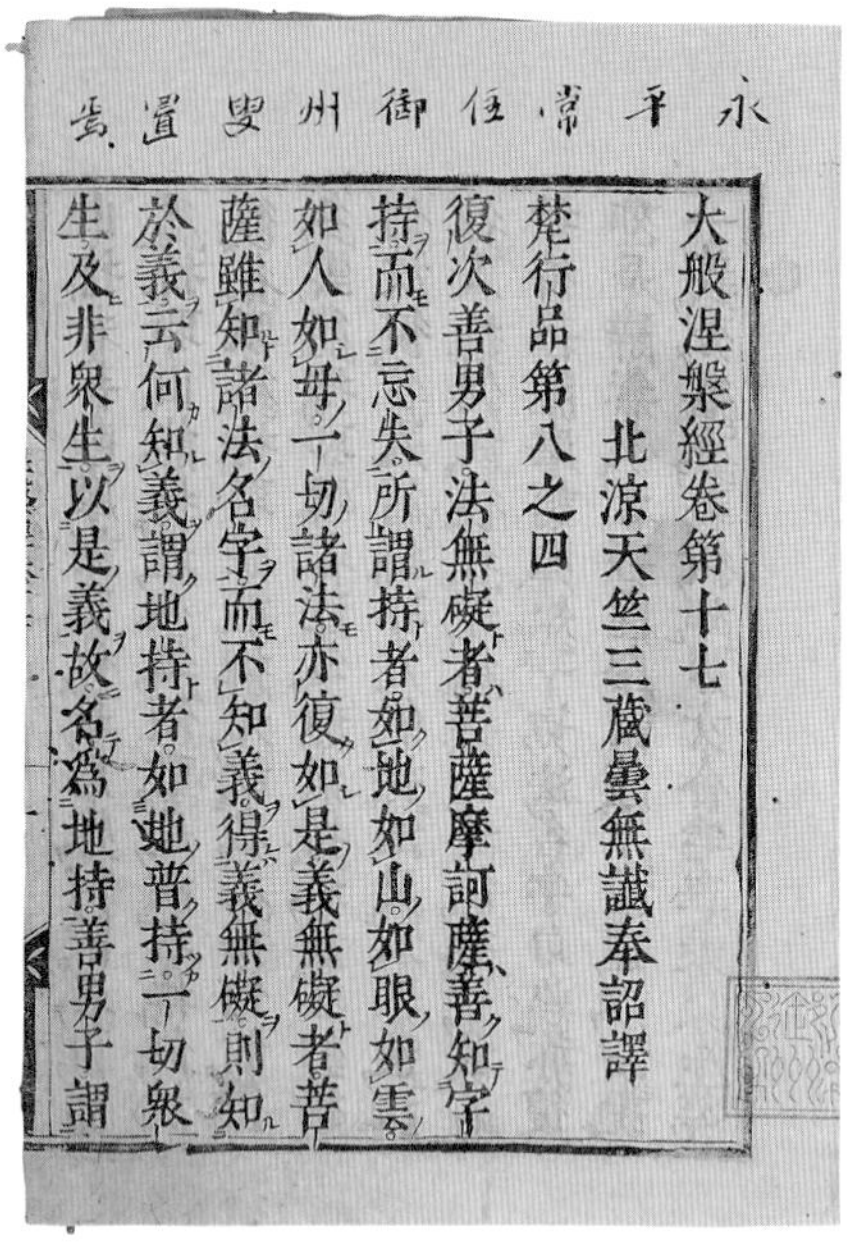
永平常住御州叟置焉

大般涅槃經卷第十七　北涼天竺三藏曇無讖奉詔譯
梵行品第八之四
復次善男子法無礙者菩薩摩訶薩善知字
持而不忘失所謂持者如地如山如眼如雲
如人如母一切諸法亦復如是義無礙者菩
薩雖知諸法名字而不知義得義無礙則知
於義云何知義謂地持者如地普持一切衆
生及非衆生以是義故名爲地持善男子謂

（第九冊巻一七1オ）

（欄外上部墨書）「永平常住御州叟置焉」

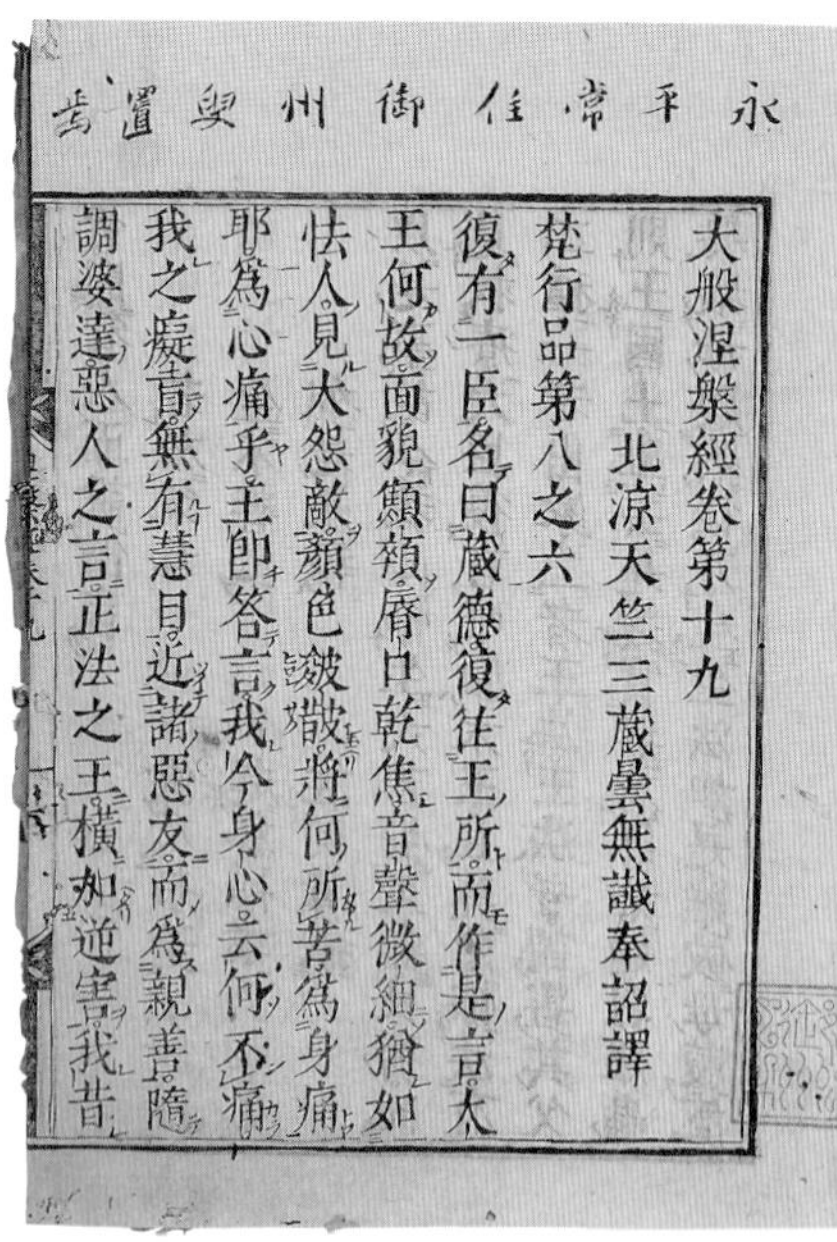
永平常住御州叟置焉

大般涅槃經卷第十九　北涼天竺三藏曇無讖奉詔譯
梵行品第八之六
復有一臣名曰藏德復往王所而作是言大
王何故面貌顦顇脣口乾焦音聲微細猶如
怯人見大怨敵顏色皺戚將何所苦爲身痛
耶爲心痛乎王即答言我今身心云何不痛
我之癡盲無有慧目近諸惡友而爲親善隨
調婆達惡人之言正法之王横加逆害我昔

（第一〇冊巻一九1オ）

（欄外上部墨書）「永平常住御州叟置焉」

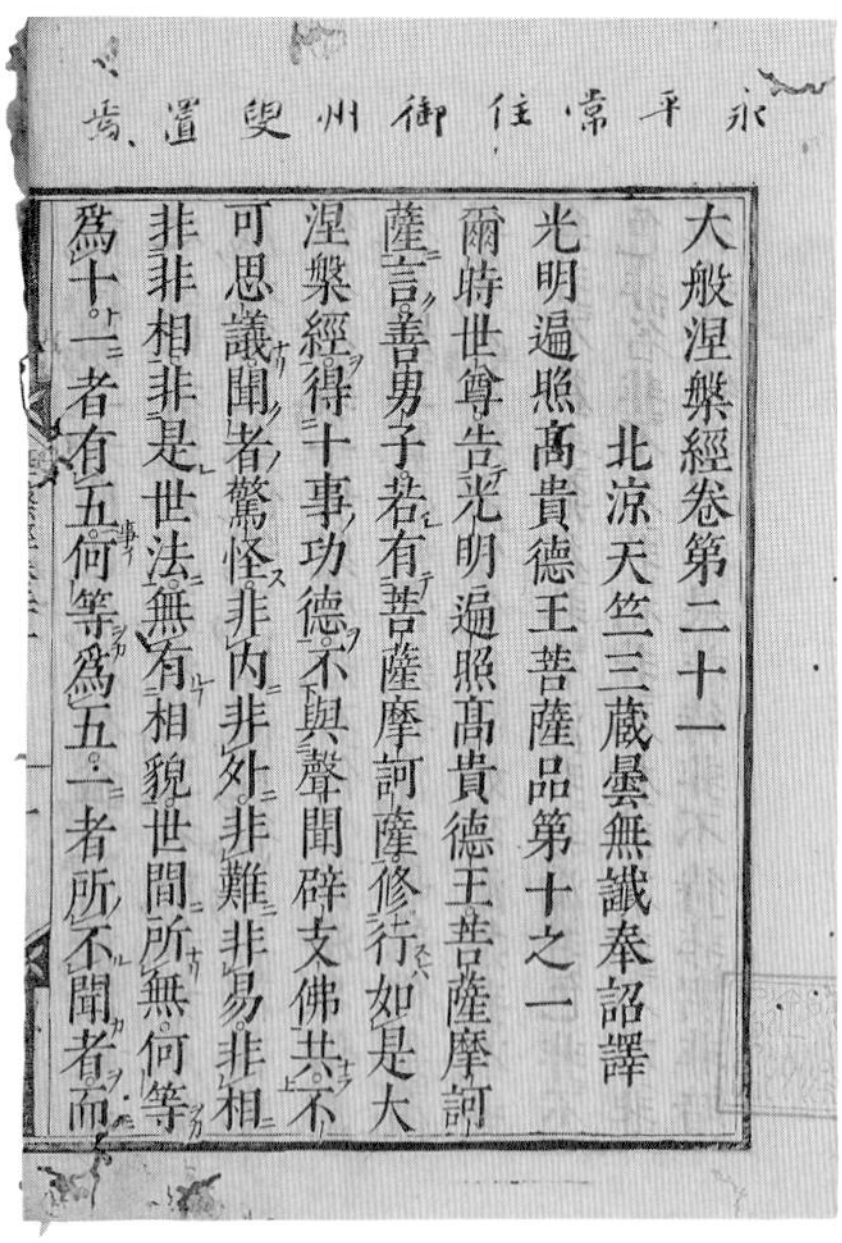
永平常住御州叟置焉

大般涅槃經卷第二十一　北涼天竺三藏曇無讖奉詔譯
光明遍照高貴德王菩薩品第十之一
爾時世尊告光明遍照高貴德王菩薩摩訶
薩言善男子若有菩薩摩訶薩修行如是大
涅槃經得十事功德不與聲聞辟支佛共不
可思議聞者驚怪非内非外非難非易非相
非非相非是世法無有相貌世間所無何等
爲十一者有五何等爲五一者所不聞者而

（第一一冊巻二一1オ）

（欄外上部墨書）「永平常住御州叟置焉」

（第一二冊巻二三1オ）

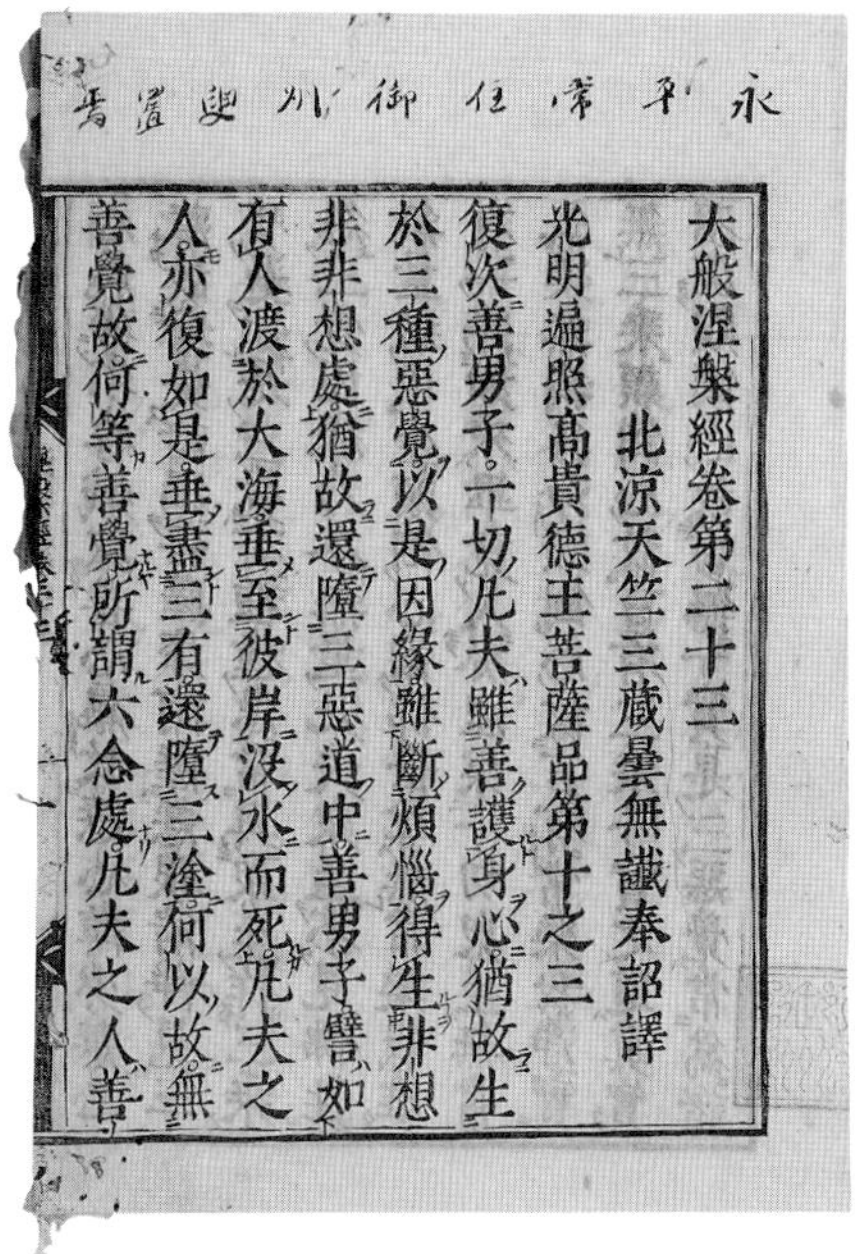
永平常住御州叟置焉
大般涅槃經巻第二十三
北涼天竺三藏曇無讖奉詔譯
光明遍照高貴徳王菩薩品第十之三
復次善男子。一切凡夫雖善護身心猶故生
於三種惡覺以是因緣雖斷煩惱得生非想
非非想處猶故還墮三惡道中善男子譬如
有人渡於大海垂至彼岸沒水而死凡夫之
人亦復如是垂盡三有還墮三塗何以故無
善覺故何等善覺所謂六念處凡夫之人善

（欄外上部墨書）「永平常住御州叟置焉」

（第一二冊裏表紙遊紙）

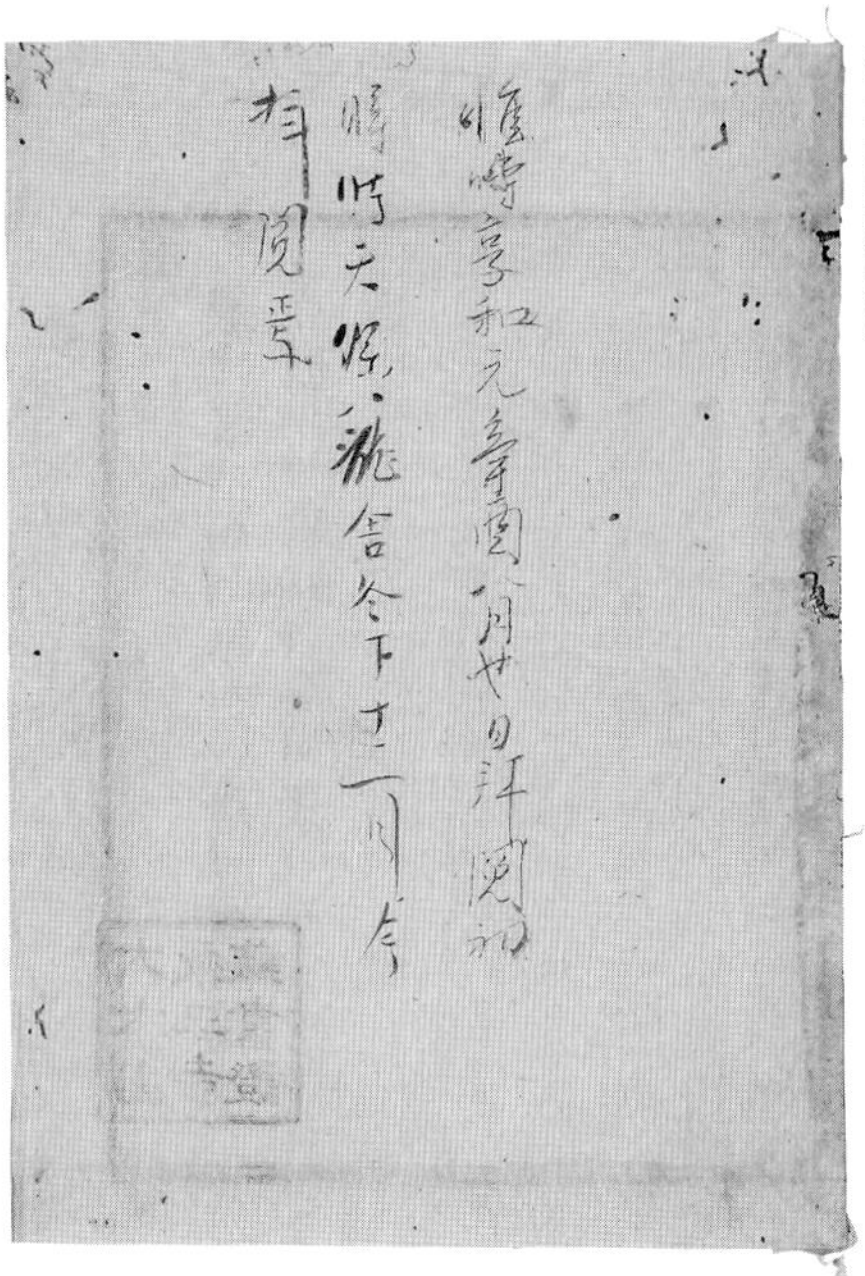
惟時享和元年辛酉八月廿日拝閲初
時時天保八龍舎冬下十二月今
拝閲焉

（墨書）「惟時享和元年辛酉八月廿日拝閲初／時時（惟カ）天保八龍舎冬下十二月今／拝閲焉」

（第一三冊表紙内側）

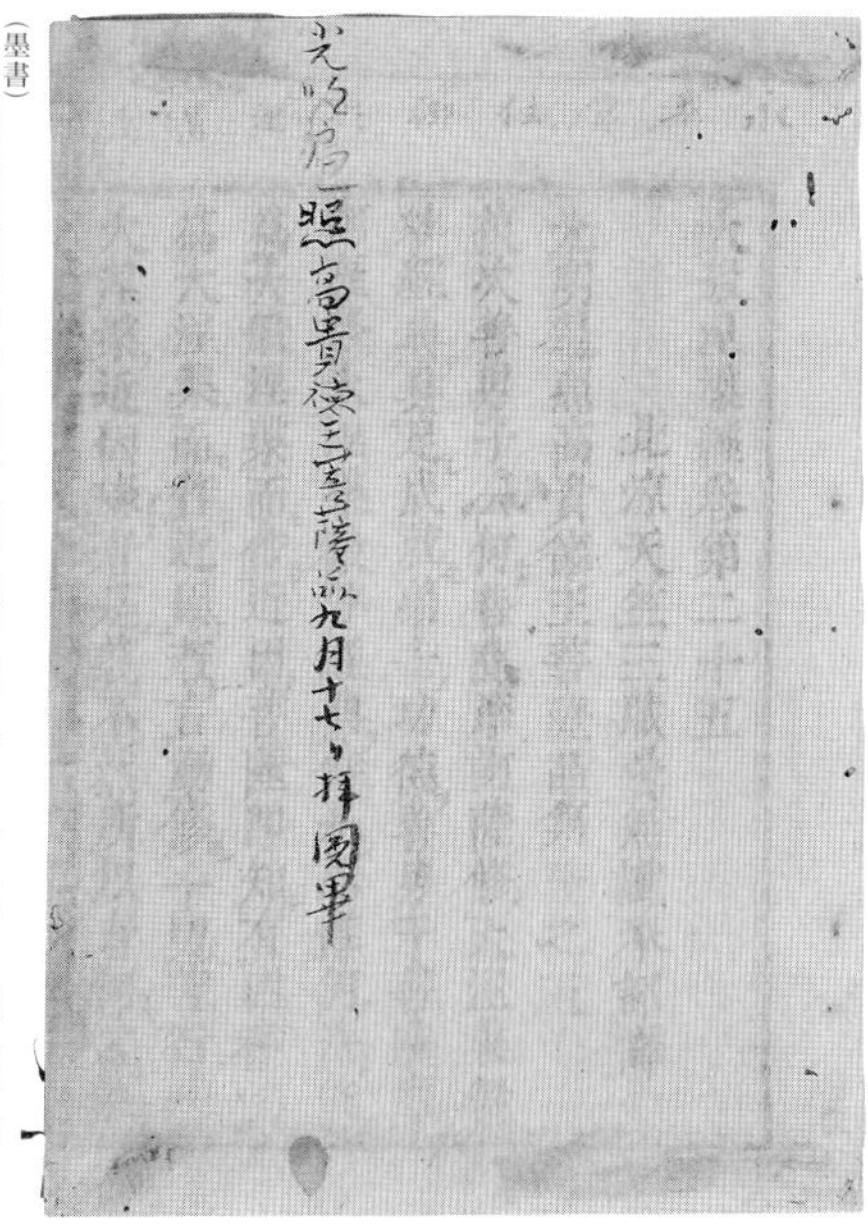
光明遍照高貴徳王菩薩品九月十七日拝閲畢

（墨書）「光明遍照高貴徳王菩薩品九月十七日拝閲畢」

（第一三冊巻二五1オ）

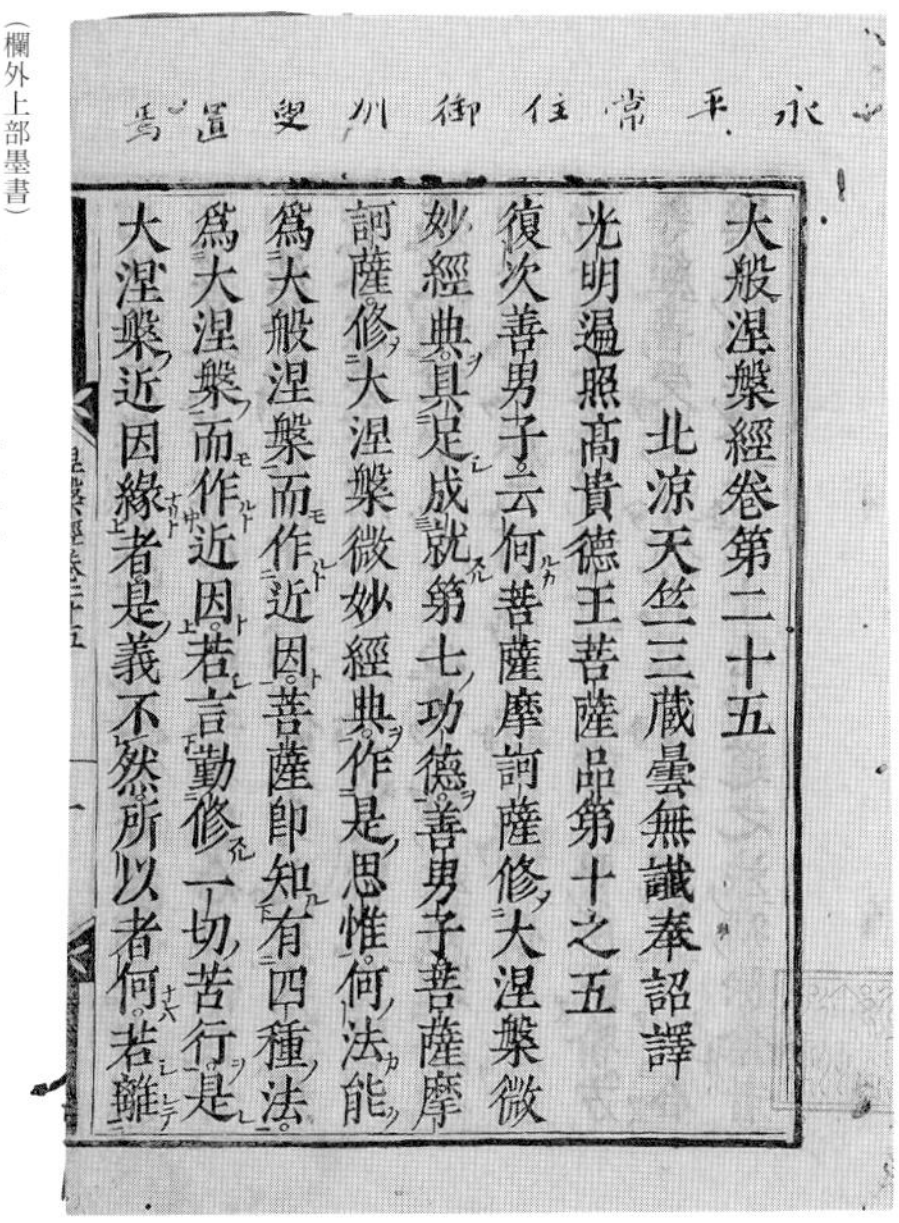
永平常住御州叟置焉
大般涅槃經巻第二十五
北涼天竺三藏曇無讖奉詔譯
光明遍照高貴徳王菩薩品第十之五
復次善男子云何菩薩摩訶薩修大涅槃微
妙經典具足成就第七功德善男子菩薩摩
訶薩修大涅槃微妙經典作是思惟何法能
爲大般涅槃而作近因菩薩即知有四種法
爲大涅槃而作近因若言勤修一切苦行是
大涅槃近因緣者是義不然所以者何若離

（欄外上部墨書）「永平常住御州叟置焉」

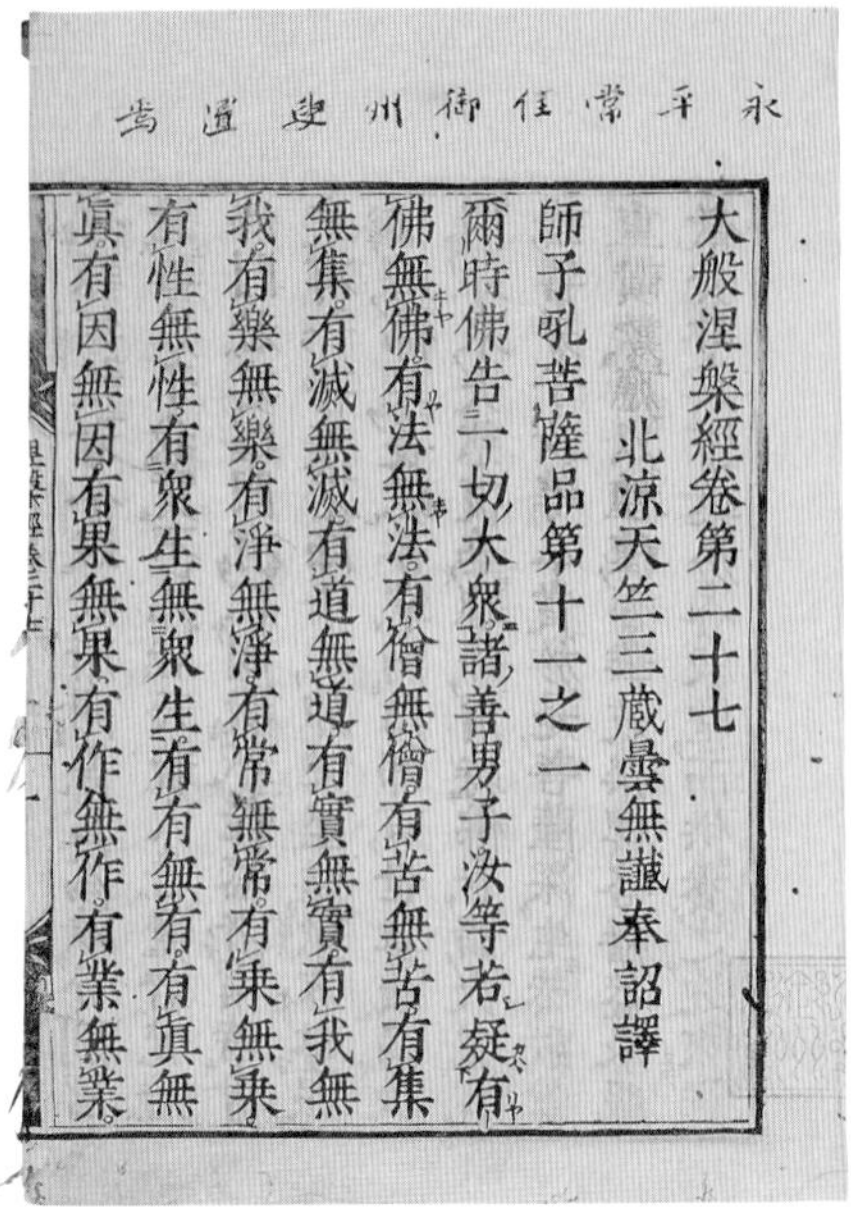

永平常住御州叟置焉

大般涅槃經卷第二十七
北涼天竺三藏曇無讖奉詔譯
師子吼菩薩品第十一之一
爾時佛告一切大衆諸善男子汝等若疑有
佛無佛有法無法有僧無僧有苦無苦有集
無集有滅無滅有道無道有實無實有我無
我有樂無樂有淨無淨有常無常有乘無乘
有性無性有衆生無衆生有有無有有眞無
眞有因無因有果無果有作無作有業無業

(第一四冊巻二七1オ)

(欄外上部墨書)「永平常住御州叟置焉」

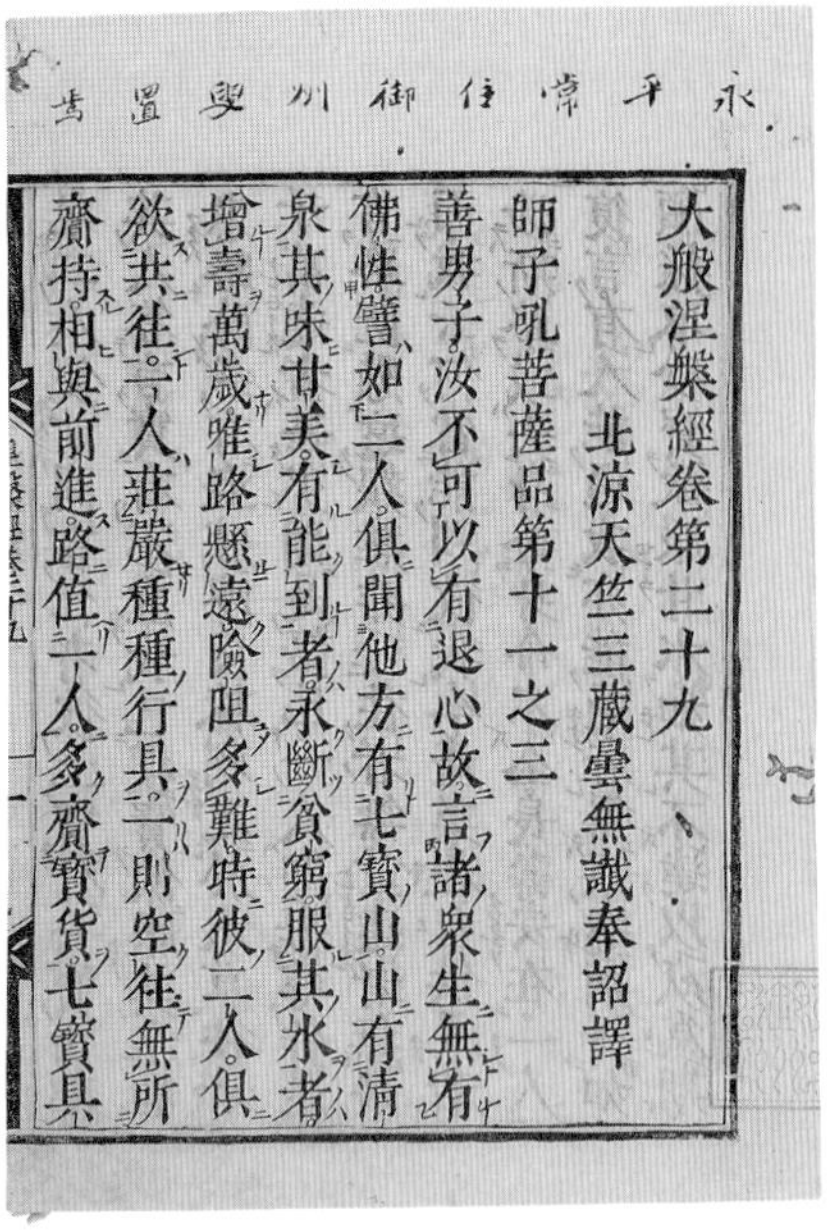

永平常住御州叟置焉

大般涅槃經卷第二十九
北涼天竺三藏曇無讖奉詔譯
師子吼菩薩品第十一之三
善男子汝不可以有退心故言諸衆生無有
佛性譬如二人倶聞他方有七寶山山有清
泉其味甘美有能到者永斷貧窮服其水者
增壽萬歳唯路懸遠險阻多難時彼二人倶
欲共往一人莊嚴種種行具一則空往無所
齎持相與前進路値一人多齎寶貨七寶具

(第一五冊二九1オ)

(欄外上部墨書)「永平常住御州叟置焉」

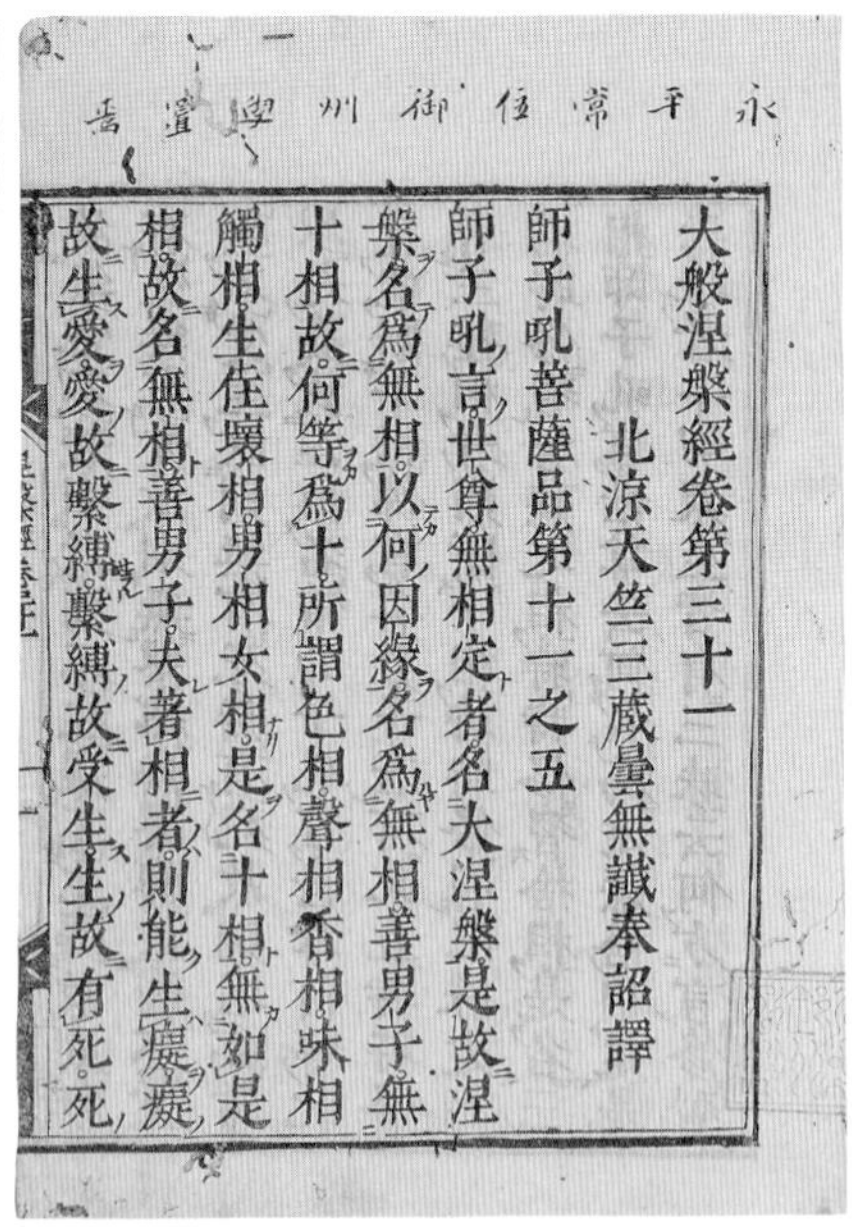

永平常住御州叟置焉

大般涅槃經卷第三十一
北涼天竺三藏曇無讖奉詔譯
師子吼菩薩品第十一之五
師子吼言世尊無相定者名大涅槃是故涅
槃名爲無相以何因緣名爲無相善男子無
十相故何等爲十所謂色相聲相香相味相
觸相生住壞相男相女相是名十相無如是
相故名無相善男子夫著相者則能生癡癡
故生愛愛故繫縛繫縛故受生生故有死死

(第一六冊巻三一1オ)

(欄外上部墨書)「永平常住御州叟置焉」

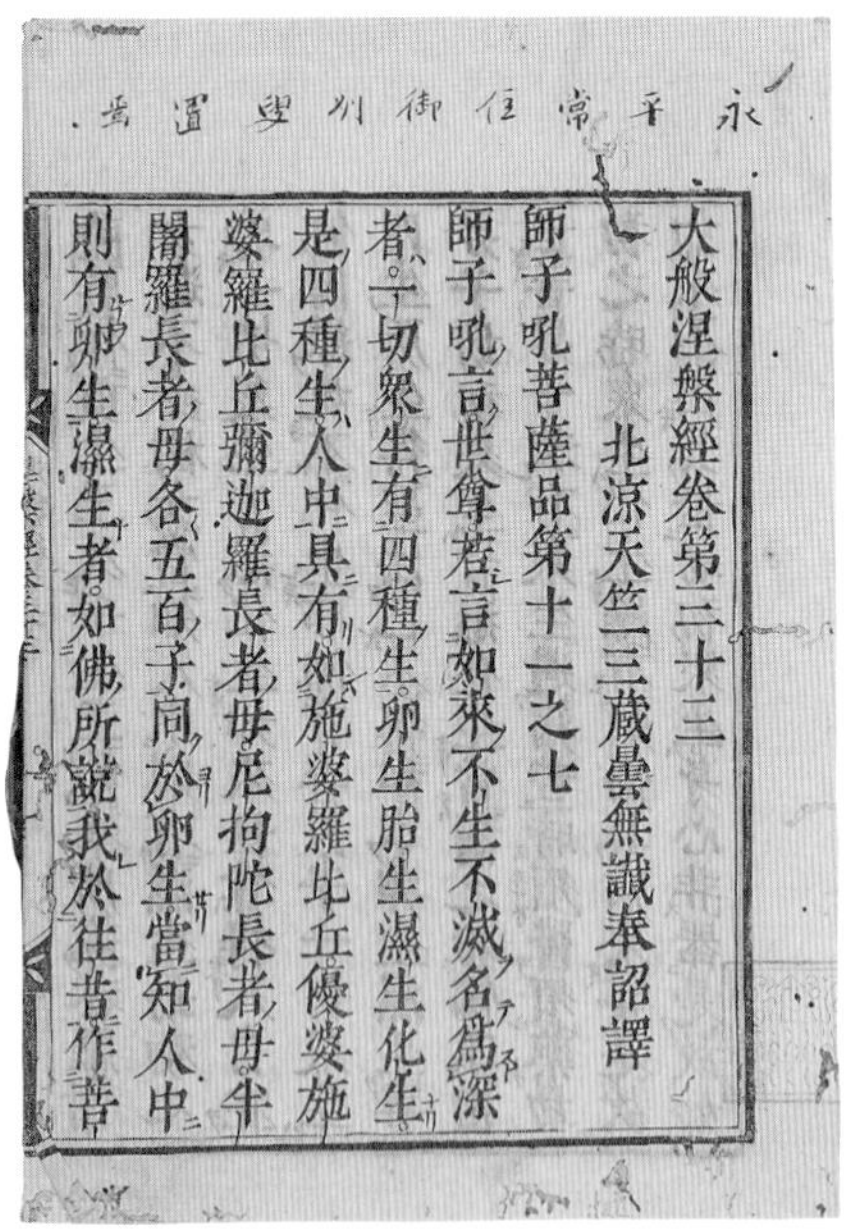

永平常住御州叟置焉

大般涅槃經卷第三十三
北涼天竺三藏曇無讖奉詔譯
師子吼菩薩品第十一之七
師子吼言世尊若言如來不生不滅名爲深
者一切衆生有四種生卵生胎生濕生化生
是四種生人中具有如施婆羅比丘優婆施
婆羅比丘彌迦羅長者母尼拘陀長者母半
闍羅長者母各五百子同於卵生當知人中
則有卵生濕生者如佛所說我於往昔作菩

(第一七冊巻三三1オ)

(欄外上部墨書)「永平常住御州叟置焉」

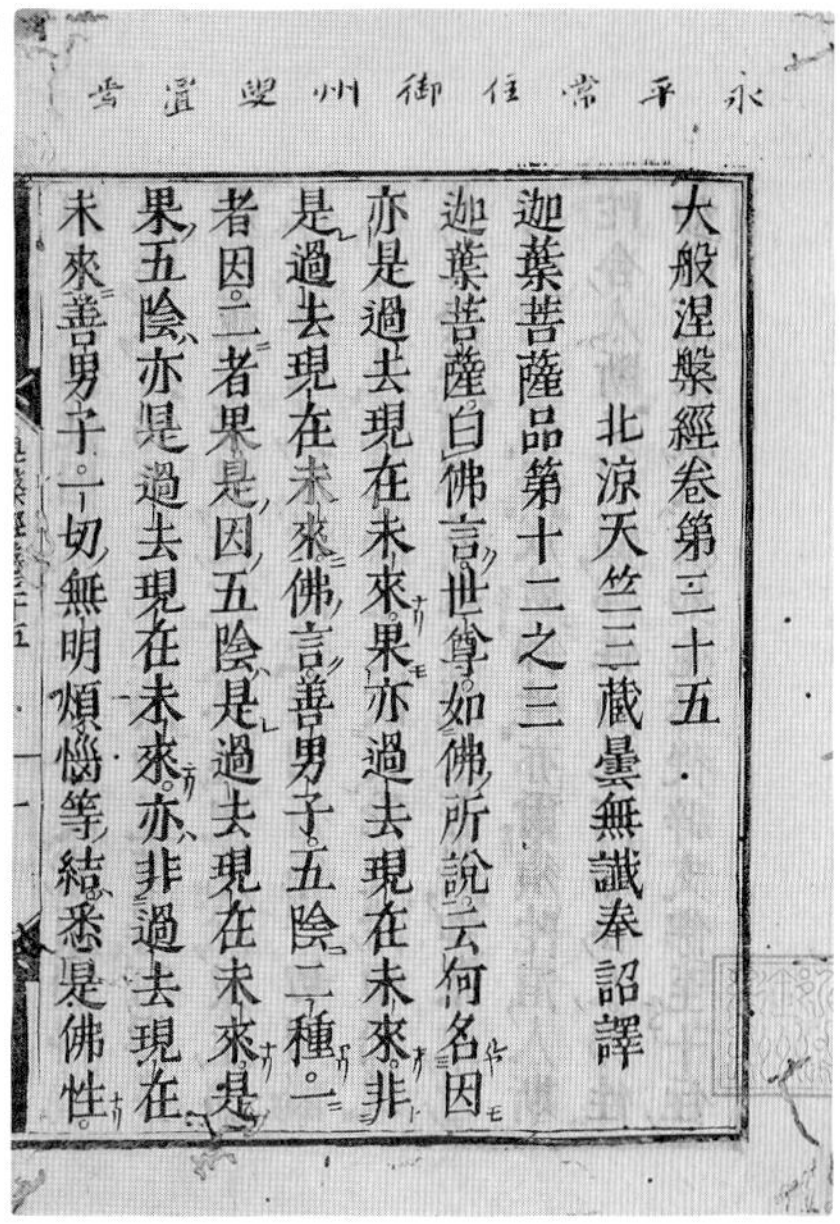

大般涅槃經卷第三十五
北涼天竺三藏曇無讖奉詔譯
迦葉菩薩品第十二之三
迦葉菩薩白佛言世尊如佛所說云何名因
亦是過去現在未來果亦過去現在未來非
是過去現在未來佛言善男子五陰二種一
者因二者果是因五陰是過去現在未來是
果五陰亦是過去現在未來亦非過去現在
未來善男子一切無明煩惱等結悉是佛性

（第一八冊巻三五1オ）

（欄外上部墨書）「永平常住御州叟置焉」

直音
梡昔 鑚子官切 麁雷 邠賓 繒情 菟兎

（第一八冊巻三六30ウ）

（朱墨）「大般涅槃経巻三十六十月十三日初□五点拝読ス」

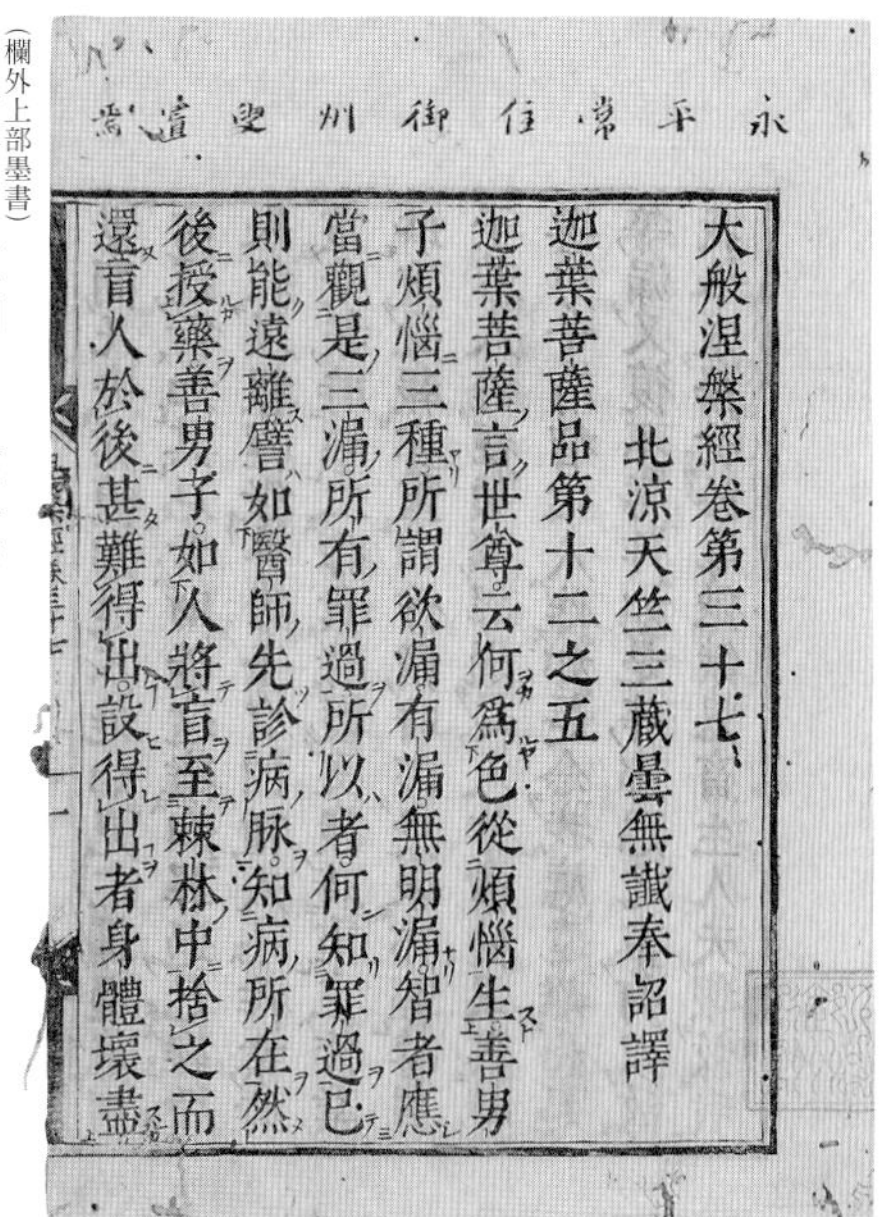

大般涅槃經卷第三十七
北涼天竺三藏曇無讖奉詔譯
迦葉菩薩品第十二之五
迦葉菩薩言世尊云何爲色從煩惱生善男
子煩惱三種所謂欲漏有漏無明漏智者應
當觀是三漏所有罪過所以者何知罪過已
則能遠離譬如醫師先診病脉知病所在然
後授藥善男子如人將盲至棘林中捨之而
還盲人於後甚難得出設得出者身體壊盡

（第一九冊巻三七1オ）

（欄外上部墨書）「永平常住御州叟置焉」

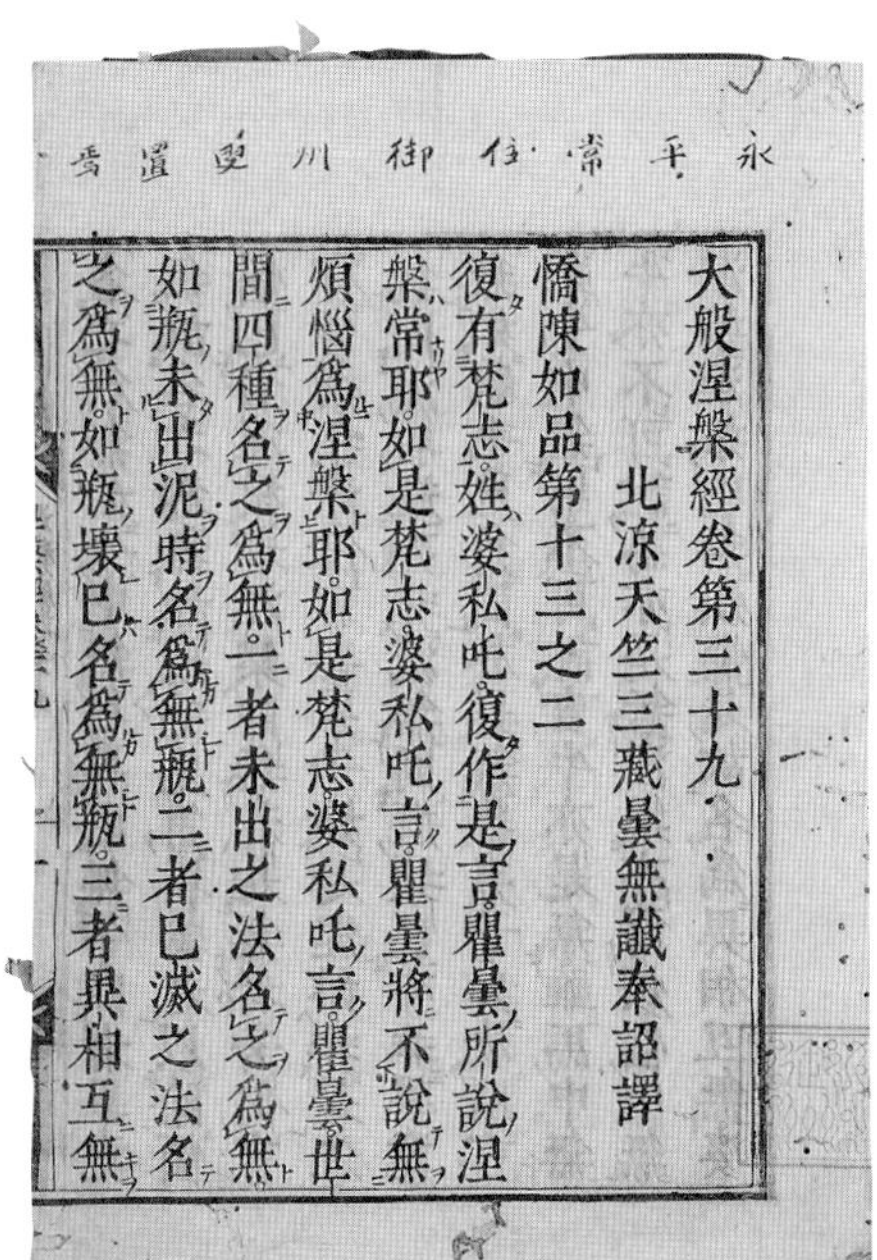

大般涅槃經卷第三十九
北涼天竺三藏曇無讖奉詔譯
憍陳如品第十三之二
復有梵志姓婆私吒復作是言瞿曇所說涅
槃常耶如是梵志婆私吒言瞿曇將不說無
煩惱爲涅槃耶如是梵志婆私吒言瞿曇世
間四種名之爲無一者未出之法名之爲無
如瓶未出泥時名爲無瓶二者已滅之法名
之爲無如瓶壊已名爲無瓶三者異相互無

（第二〇冊巻三九1オ）

（欄外上部墨書）「永平常住御州叟置焉」

【解説】　北本『大般涅槃経』(四〇巻)は、いわゆる五胡十六国の時代の北涼にて曇無讖(三八五～四三三)が玄始四年(四一五)から同十年にかけて訳出した大乗経典である。阿含経典およびパーリ聖典が伝える『大般涅槃経』とは内容が異なる。法顕訳『仏説大般泥洹経』六巻が六巻泥洹経と称されるのに対して大本涅槃経と呼ばれる。また南方の宋にもたらされた同経は鳩摩羅什門下の慧厳(三六三～四四三)や慧観(生没年未詳)および謝霊運(三八五～四三三)の手によって六巻泥洹経を斟酌しながら三十六巻本として再治された。その三十六巻本が南本涅槃経と称されるのに対して、北本涅槃経と呼ばれる。ただし北本と南本との相違は主に調巻の違いであって経文に大きな異同はみられない。北本に対する注釈は少なく、天台を始めとして多くは南本を対象とする注が作成された。

大乗の『涅槃経』は法身の常住、涅槃の常楽我浄、一切衆生悉有仏性を説く点に大きな特徴があるとされ、訳出以後は宗派を超えて、中国や朝鮮半島および我が国の仏教に多大でかつ深刻な影響を与えた。また天台教学では、『法華経』に対する追説追泯と位置づけられ、扶律談常の経とされたが(『法華経』に対する補説であって、如来滅後に戒律の護持によって教法を久住ならしめることを説き、如来の常住を説く)、この評価は大きな影響をもたらした。また直接に、あるいは他書からの引用という形で、道元禅師も多く依用されたことは夙に知られる。

さて本史料は寛文元年(一六六一)に京都の書肆野田庄右衛門が開板した四〇巻二〇冊の和刻本である。ただし第四冊(巻第七・八)を欠いていて伝存していない。現存する一九冊の各冊初丁には、「永平常住御州叟置焉」の書き入れがあって、永平寺二十九世鉄心御州(?～一六六四)が永平寺の什物として新添したことが知られる。

鉄心御州は寛文四年七月二十八日に示寂しており、本史料の新添はこれ以前ということになるが、刊記には「寛文元年〈辛丑〉極月吉辰／烏丸通下立売下町／野田庄右衛門板行」とあって、翌二年には永平寺にもたらされたのではないかと想像される。

なお野田庄右衛門はこの時期に和漢書および仏書を盛んに刊行しているが、『涅槃経』と同年同月の刊記を有する『大智度論』一〇〇巻をも刊行しており、これが永平寺にもたらされた可能性もあろう。

参考文献

鎌田茂雄『中国仏教史』三巻　南北朝の仏教　上(東京大学出版会、一九八四年)。

(岩永正晴)

（寛文四年〈一六六四〉七月二十八日以前）、永平寺二十九世鉄心御州、箱入の刊本『伝灯宗派図』を永平寺常住に施入する。

47　伝灯宗派図箱銘

（36.0㎝×20.2㎝×2.4㎝）

（箱表書）「
伝灯宗派図
（貼紙）「通宝中
第七号」
仏海代新添
」

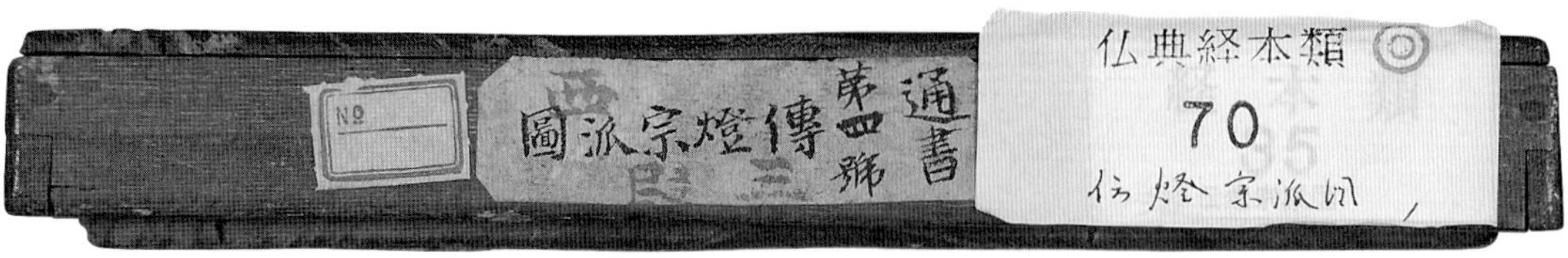

「（箱側面）（ラベル1）
仏典経本類◎
70
伝灯宗派図」

「（ラベル2）
経　本　類
35
伝灯宗派図」

「（貼紙）通書
第四号
『（朱書）西』
図派宗灯伝
『（朱書）三　段』」

（2折）

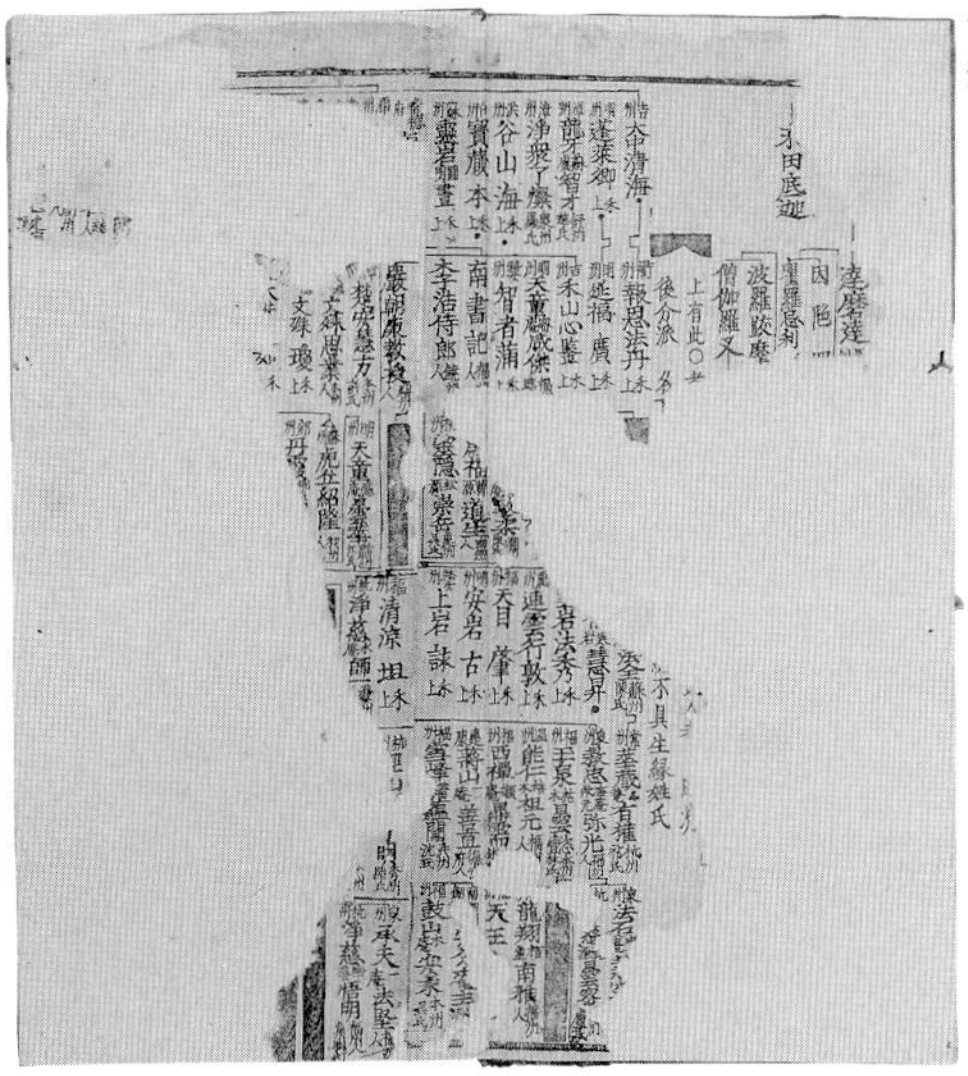

（1折）

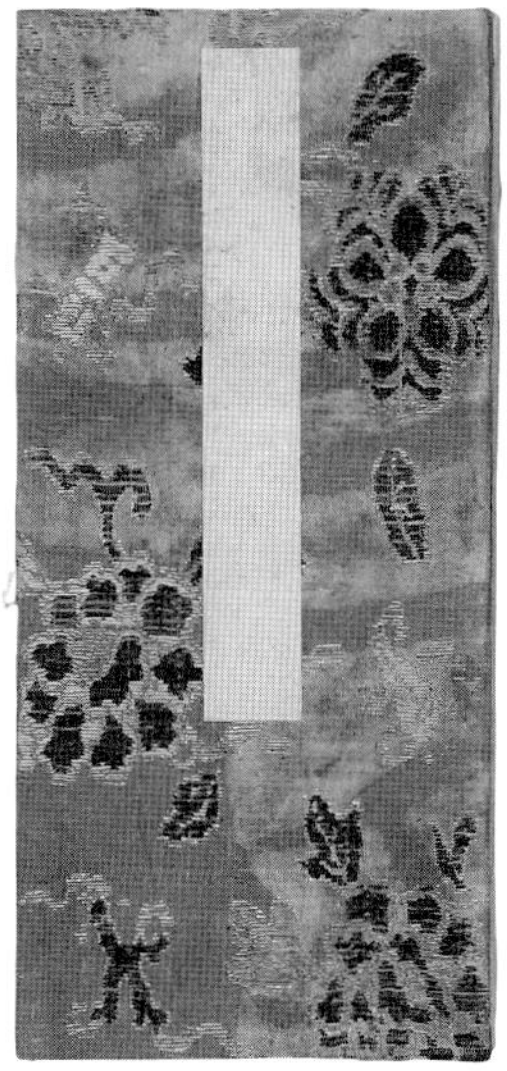

（表紙）

（35折）

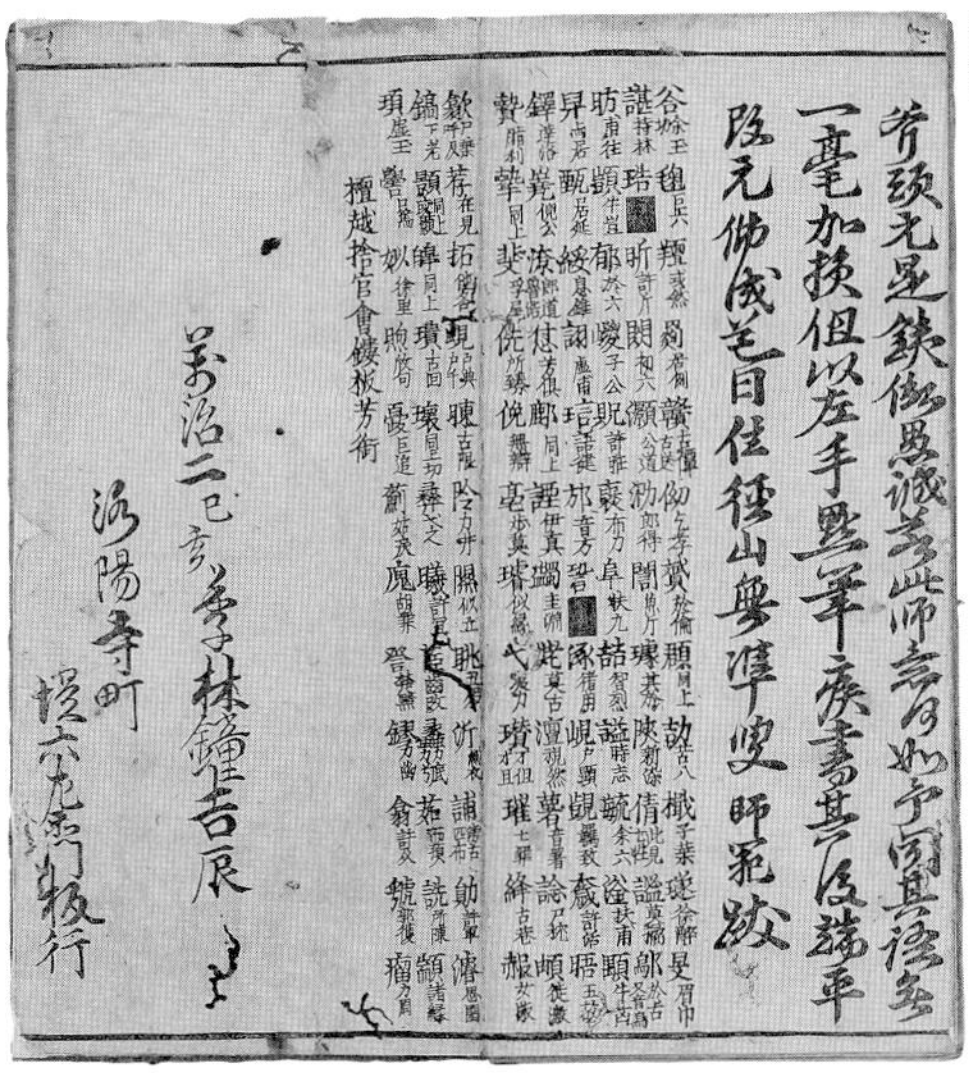

（34折）

（34折）

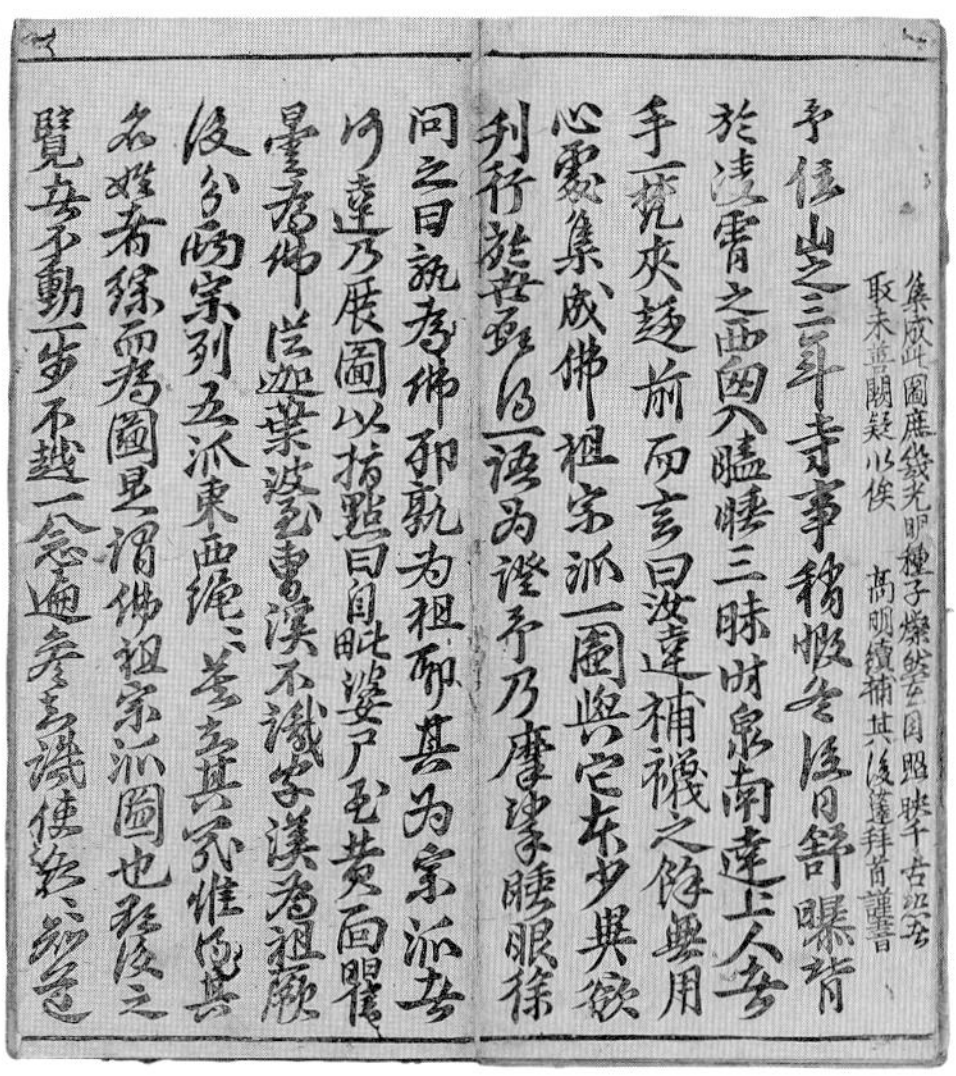

（33折）

【解説】　本箱は、「仏海代新添」と墨書があるように、永平寺二十九世鉄心御州（?～一六六四、大覚仏海禅師）代に永平寺に新たに施入されたものである。箱表の貼紙は『御直渡並通常宝物一覧』（永平寺文書）等に見られる通常宝物の番号に該当することを意味し、側面の貼紙は『宝蔵内宝物棚記号録』（永平寺文書）の番号である。また側面のラベルは、ラベル2の上にラベル1が貼り付けられている。このほか永平寺所蔵の宝物を収納する木製の箱については、本巻No.125の【表】永平寺世代別宝物箱および貼紙・ラベル一覧を参照いただきたい。本箱には、「伝灯宗派図」（表題は箱の墨書による）が収められている。本書は折本（全三五折）で、法量は33.0㎝×15.0㎝である。本書は万治二年（一六五九）六月に洛陽寺町の堤六左衛門によって刊行された。なお、本書の写真は紙幅の都合により一部分のみの掲載とした。本帖は前部分を虫欠損により欠いているが、その構成は次のようである。

・「過去七仏世尊」（一部存）
・「仏祖宗派総図」（一部虫損）
・「三教出興仏祖遷化年代」
・「禅門達者有名於時」
・「出世未詳嗣法」
・汝達撰跋
・無準師範撰跋（端平元年〈一二三四〉）
・音釈
・「檀越捨官会鏤板芳銜」
・刊記「万治二己亥季林鐘吉辰洛陽寺町堤六左衛門板行」

本書の底本になったと考えられるのが、宋版『仏祖宗派総図』（以下、宋版）である。この宋版は東福寺（京都市東山区）に所蔵されており、柳田聖山・椎名宏雄『禅学典籍叢刊』第一巻に影印収録されている。本帖の底本が宋版と判断する理由は、東福寺所蔵『仏祖宗派総図』（宋版）と比較すると、その版式、構成順が同様であることによる。ただし本書は前部分「釈迦宗派」「総編嗣法人数目録」および「過去七仏世尊」の大部分を欠いており、「過去七仏世尊」の末尾部分から現存していることがわかる。また本帖の末尾には「檀越捨官会鏤板芳銜」とありながら助刻者をあげないが、宋版ではこの後に助刻者の一覧と刊記がある。なお、五山版『仏祖宗派総図』（以下、五山版）が大東急記念文庫に所蔵されており、椎名宏雄『五山版中国禅籍叢刊』第三巻に影印収録されている。この五山版も宋版を底本としていることはあきらかであり、本書の底本が五山版である可能性も否定できない。しかし宋版にみられる「檀越捨官会鏤板芳銜」の一文がこの五山版にはみられないことから、ここでは底本を宋版とした。

本書の撰述者である汝達について、その詳細は不明である。玉村竹二氏は無準師範（一一七八〜一二四九）の弟子とする（『日本禅宗史論集』下之二）。本書にある無準師範の跋文には「泉南達上人」とあり、汝達が泉南の人であることを伝える。これについて椎名宏雄氏は「泉南」を当時泉州（福建、泉州市）に属していた西方の南安県（南安市）と推察している（柳田聖山・椎名宏雄『禅学典籍叢刊』第一巻）。汝達の跋文を次に挙げる（句読点は筆者による）。

汝達跋

汝達暇日因覧五灯録諸家語、以碑刻伝記、考証同異、集成此図。庶幾光明種子、燦然在目、照映千古。恐去取未善闕疑、以俟高明続補其後汝達拝首謹書

この跋文において、汝達は「五灯録」「諸家語」を見て、「碑刻」「伝記」を以て同異を考証し此の図を集成したことがわかる。玉村氏と椎名氏はその内容からみてこの「五灯録」を特定しているが、椎名氏はさらに汝達が当時閲覧可能な刊本を特定しており、『五灯会元』（一二五三）はまだ未編であること、汝達の閲覧可能な刊本が（一）『景徳伝灯録』（一〇〇四、当代の各入蔵本、福州・台州・明州の各民間刊本）、（二）『天聖広灯録』（一〇二九、開宝蔵本、福州版大蔵経本）、（三）『建中靖国続灯録』（一一〇一、福州版入蔵本）、（四）『聯灯会要』（一一八三、淳熙十一年〈一一八四〉の阿育王寺〈浙江、鄞県〉刊本）、（五）『嘉泰普灯録』（一二〇四、嘉定年間〈一二〇八〜二四〉の浄慈寺（杭州市）刊本）を挙げ、その刊行状況から基礎文献の閲覧自体が至難であったことを示唆している（椎名宏雄『五山版中国禅籍叢刊』第三巻）。

本書の内容について、その大部分を占めるのが「仏祖宗派総図」である。系図の中央に「仏祖宗派総図」と大字二行で書かれており、「初祖達磨大師」以下末広がりに展開する法系譜である。この「仏祖宗派総図」については、須山長治氏が東福寺所蔵『仏祖宗派総図』（宋版）を対象として精査しており、ここに収録される禅僧を一覧化している（「汝達の『仏祖宗派総図』の構成について」）。それによれば、収録総人数四七七三人で、青原下十六世、南嶽下十八世までを収録している。末尾には「青銼観」ら数名の師承

関係について異説を付記している。

「三教出興仏祖遷化年代」には、「混沌」にはじまり天地創造時に出現したという「盤古（ばんこ）」以下歴代帝王名・王朝名を記しており、その横に釈迦からはじまる西天（さいてん）二十八祖、東土（とうど）六祖および青原（せいげん）・南嶽（なんがく）の両系統から五家に至るまでの禅門祖師などを配している。また各祖師の寂年も記している。

「禅門達者有名於時」と「出世未詳嗣法」には禅者の名が挙げられている。「禅門達者有名於時」にはかならずしも禅僧ではない人、嗣法関係が明確ではない人で、禅門で道に達した者として名の知られる人を挙げており、「天台寒山子（てんだいかんざんし）」「天台拾得（てんだいじっとく）」「〈明洲奉化〉布袋和尚（ほてい）」などが見える。

なお『国書総目録』は、本書と同板と考えられる堤六左衛門から刊行された万治二年の版が、成簣堂文庫（せいきどうぶんこ）に所蔵されているとする。また、鉄心が永平寺に施入した『仏果撃節録』（本巻No.45、『禅籍編』四巻No.23）の版元もこの堤久左衛門であり、この関係性が察せられる。

参考文献

玉村竹二『日本禅宗史論集』下之二（思文閣出版、一九七九年）。

柳田聖山・椎名宏雄『禅学典籍叢刊』第一巻（臨川書店、一九九九年）。

須山長治「汝達の『仏祖宗派総図』の構成について―資料編―」（『駒沢短期大学仏教論集』九号、二〇〇三年）。

菅原昭英「禅戒血脈と栄西」（大隅和雄編『文化史の構造』、吉川弘文館、二〇〇三年）。

須山長治「汝達の『仏祖宗派総図』について」（『宗学研究』四六号、二〇〇四年）。

須山長治「『仏祖宗派総図』の分析―「総編嗣法人数目録」の内容―」（『駒沢短期大学仏教論集』一〇号、二〇〇四年）。

須山長治「『仏祖宗派総図』と五灯録」（『印度學佛教學研究』五三巻二号、二〇〇五年）。

須山長治「『仏祖宗派総図』と『五灯会元』」（『宗学研究』四七号、二〇〇五年）。

椎名宏雄『五山版中国禅籍叢刊』三巻（臨川書店、二〇一五年）。

（廣瀬良弘）

第二章　相伝書の整備と仏典・禅籍の充実

（寛文四年〈一六六四〉八月以降）、永平寺三十世光紹智堂、血脈の版木を作る。

48　光紹智堂木版血脈

（版木８－１　46.4㎝×30.2㎝×1.9㎝）

版木８－１裏（血脈下段）

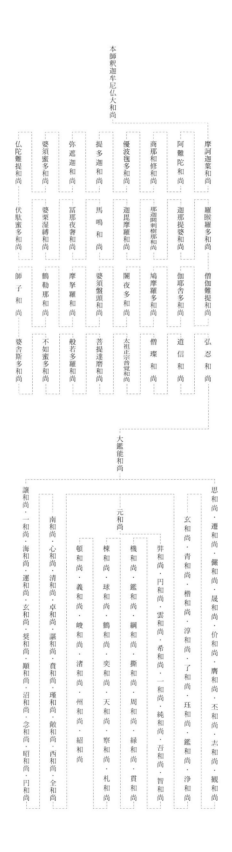

本師釈迦牟尼仏大和尚

摩訶迦葉和尚
阿難陀和尚
商那和修和尚
優波毱多和尚
提多迦和尚
弥遮迦和尚
婆須蜜多和尚
仏陀難提和尚
伏駄蜜多和尚
婆栗湿縛和尚
冨那夜奢和尚
馬鳴和尚
迦毘摩羅和尚
那迦閼剌樹那和尚
迦那提婆和尚
羅睺羅多和尚
僧伽難提和尚
伽耶舎多和尚
鳩摩羅多和尚
闍夜多和尚
婆須盤頭和尚
摩拏羅和尚
鶴勒那和尚
師子和尚
婆舎斯多和尚
不如蜜多和尚
般若多羅和尚
菩提達磨和尚
太祖正宗普覚和尚
僧璨和尚
道信和尚
弘忍和尚

大鑑能和尚

思和尚・遷和尚・儼和尚・晟和尚・价和尚・膺和尚・丕和尚・志和尚・観和尚
玄和尚・青和尚・楷和尚・淳和尚・了和尚・珏和尚・鑑和尚・浄和尚
元和尚
弉和尚・円和尚・雲和尚・希和尚・一和尚・純和尚・吾和尚・智和尚
機和尚・鑑和尚・綱和尚・撕和尚・周和尚・縁和尚・貫和尚
楝和尚・球和尚・鶴和尚・奕和尚・天和尚・察和尚・札和尚
頓和尚・義和尚・峻和尚・渚和尚・州和尚・紹和尚
南和尚・心和尚・清和尚・卓和尚・諶和尚・賁和尚・瑾和尚・敞和尚・西和尚・全和尚
譲和尚・一和尚・海和尚・運和尚・玄和尚・奨和尚・顒和尚・沼和尚・念和尚・昭和尚・円和尚

日、於吉祥山永平堂奥室、

曰、夫仏戒者宗門之大事也、　　昔、
霊山・少林・曹渓・洞山皆附嫡嗣、従如来嫡嫡相承来而
到吾、吾今、附法弟子　　伝附既畢、

維時　　　　　今

東林敞和尚、在天台日、於維摩室示西和尚云、菩薩戒者
禅門之一大事因縁也、汝、航海来、問禅於予、因先授此戒、
法衣・応器・坐具・宝瓶・拄杖・白払不遺一物授畢、

旹太宋淳熙己酉菊月望日　懐敞記

同伝授

吉祥山永平精舎

【読み下し】

「　」日、吉祥山永平の堂奥の室に於て、

曰く、夫れ仏戒は宗門の大事なり。昔、霊山・少林・曹渓・洞山は皆な嫡嗣に附す、如来従り嫡嫡相承し来たりて吾に到れり。吾れ今、弟子「　」に附法す、伝附既に畢んぬ。

維時「　　」今「　」

東林の敞和尚、天台に在りし日、維摩室に於いて西和尚に示して云く、菩薩戒は禅門の一大事因縁なり、汝、航海し来たり、禅を予に問う、因に先ず此の戒を授く、法衣・応器・坐具・宝瓶・拄杖・白払、一物を遺さず授け畢んぬ、と。

旹に太宋淳熙己酉菊月望日、懐敞記す。同じく伝授す。

【解説】本史料は、永平寺三十世光紹智堂(一六一〇～七〇)が作成した木版の血脈である。本史料はすでに『禅籍編』四巻No.25に収録される。版木および木版刷りの画像については、同書を参照されたい。全三面からなり、内容は細かい語句の違いを除けば、「高国英峻木版血脈」(本巻No.3、『禅籍編』四巻No.22)とほぼ同一である。最大の違いは、法系に、高国英峻・北州門渚・鉄心御州が書き足されて光紹に至っている点である。本史料は本巻No.49「光紹智堂木版逆修念誦文」とともに、『禅籍編』四巻No.25に掲載され、菅原昭英氏による解説がなされている。そこで菅原氏は曹洞宗の血脈の奥書を四系統に分類し、本史料は曹洞臨済別存型であると定義している(同書一一五四頁)。また文章の冒頭の日付は削り取られているが、その空白は削り跡より「今日本寛文甲辰■■十八日」と刻されていることがわかる。

「寛文甲辰」は寛文四年(一六六四)である。同年は、光紹智堂が永平寺に晋住した年である。前住である鉄心御州は寛文四年七月二十八日に示寂しているので、本史料は寛文四年八月以降に作成されたといえる。このように、年月日部分が削りとられていることは、この版木が光紹以降の永平寺住持によって再利用されていたのであろう。光紹以降、三十三世山陰徹翁代の版木は永平寺に伝来していることから(本巻No.114、『禅籍編』四巻No.26)、三十一世月洲尊海・三十二世大了愚門の二代にわたってこの版木が再利用されていたことになろうか。このように木版が再利用されていたことも、「高国英峻木版血脈」と共通する。

また、「高国英峻木版血脈」と比較すると、「勅特賜」の禅師号を記載していないことも指摘できる。これは「光紹智堂木版逆修念誦文」に記されているため、ここには記していないものであろう。このように「光紹智堂木版逆修念誦文」は、本史料と共に用いられたと推測される版木である。この点は本巻No.49の解説、および『禅籍編』第四巻No.25の菅原氏の解説も参照されたい。

参考文献

『永平寺史料全書』禅籍編　第四巻(大本山永平寺、二〇〇七年)。

(廣瀨良弘)

版木８－２裏（逆修念誦文）

（寛文四年〈一六六四〉八月以降）、永平寺三十世光紹智堂、逆修念誦文の版木を作る。

49　光紹智堂木版逆修念誦文

（版木８－２　48.4㎝×28.3㎝×2.0㎝）

預龕前　　保念誦

切以、生死交謝、寒暑互遷、其来也、電、激長空、其去也、波、停大海、

是日、即有現存　　生縁未尽、大命曽不落、生死事大、無常迅速、故預送没後善根、恭裒僧衆、就于十王宝前、誦諸聖之洪名、欲消将来業、

清浄法身毘盧舎那仏　　円満報身盧遮那仏

千百億化身釈迦牟尼仏　　当来下生弥勒尊仏

西方無量寿仏　　十方三世一切仏

大聖文殊師利菩薩　　大行普賢菩薩

大悲観世音菩薩　　大智大勢至菩薩

諸尊菩薩摩訶薩　　摩訶般若波羅蜜

預山頭　　保念誦

切以、是日即有現存　　非浮幻姿於在日、為

現世安穏後生善処、謀仰憑尊衆、資助業縁恩、欲露
七分全徳、南無三世諸菩薩世尊大慈大悲無量寿仏
　上来、称揚聖号、資助往生、惟願、慧鏡分輝、真風散彩、菩
提園裡、開敷覚意之華、法性海中、蕩除塵心之垢、茶傾三
奠、香熱一炉、奉送雲程、和南聖衆

維時
　吉祥山永平精舎
　勅特賜〔慧輪永明禅師光紹叟〕[redacted]

【読み下し】

龕前に預りて「　　　」念誦を保つ。
切に以てすれば、生死交謝し、寒暑互いに遷る。其の来るや、電、長空に激し、其の去るや、波、大海に停まる。是の日、即ち現存「　　　」有るに、生縁未だ尽きず、大命曽て落ちず。生死事大は、無常迅速なり。故に送没の後の善根を預かりて、恭しく僧衆を裒めて、十王の宝前に就いて、諸聖の洪名を誦す、欲するは将来の業を消せんことを。

清浄法身毘盧舎那仏　　円満報身盧遮那仏
千百億化身釈迦牟尼仏　　当来下生弥勒尊仏
西方無量寿仏　　十方三世一切仏
大聖文殊師利菩薩　　大行普賢菩薩
大悲観世音菩薩　　大智大勢至菩薩
諸尊菩薩摩訶薩　　摩訶般若波羅蜜

山頭に預かりて、念誦を保つ。切に以てすれば、是の日即ち現存「　　　」有りて、幻姿を在日に浮かぶること非ず、現世安穏にして後生の善処を為す、謀って仰いで尊衆を憑んで、業縁の恩を資助す、欲するは七分全徳の露れんことを。

南無三世諸菩薩世尊大慈大悲無量寿仏
上来、聖号を称揚し、往生を資助す。惟だ願くは、慧鏡輝きを分ち、真風彩りを散ず。菩提園裡に、覚意の華を開敷し、法性海中に、塵心の垢を蕩除す。茶三奠を傾け、香一炉に熱し、雲程に奉送し、聖衆を和南す。

【解説】　本史料は、永平寺三十世光紹智堂（一六一〇～七〇）によって作成された逆修念誦文の版木である。本史料は、本巻No.48「光紹智堂木版血脈」とともに、『禅籍編』四巻No.25に掲載され、菅原昭英氏による解説がなされている。念誦文の内容は、古くは『禅苑清規』から『瑩山清規』に受け継がれ、

現在も葬儀の際に用いられる龕前念誦と山頭念誦とほぼ同じである。

しかし、菅原氏が指摘するように、「預龕前」・「預山頭」・「現存」・「生縁未尽」・「七分全徳」といった用語があることから、本史料は逆修供養、すなわち生前に自らの葬儀を預修してもらう法要の際に用いられたものといえる。このような逆修供養を行っておくことで、病気等をきっかけとする突然の死を迎えることに備えておくのである。そしてその法要の際に、住持は血脈を授与し、合わせてその際に読み上げた念誦文を付与していたものであろう。

伊藤良久氏によれば、逆修供養の起源は平安時代の十世紀中頃まで遡ることができ、鎌倉時代に入ると天皇家をはじめ、公家・武家ともに一般化していったとされる。そして浄土宗や禅宗等においても逆修供養は行われていた。曹洞宗においても活発に行われ、瑩山禅師の孫弟子である通幻寂霊等、多くの事例が確認されている(「中世曹洞宗における逆修とその思想背景」)。

本史料は、授与日と授与者が削り取られているが、削り跡より光紹智堂の名が読み取れる。それによって、これが光紹代に作成されたこと、そしてその後も日付や名前を書写することで、その後も用いられたことが推測される。

本史料の念誦文の特徴は、所謂「十仏名」を十二称としている所であろう。曹洞宗には、『正法眼蔵』「安居」巻の十称と、『赴粥飯法』・『瑩山清規』の十一称が伝えられ、現在通常は後者を用いている。しかし、ここでは『諸回向清規』所収文の注記にある「律家」の用いた十二称を用いているが、その理由は不明である。いずれにせよ、曹洞宗における逆修供養の事例のみならず、十仏名の唱号の実際を知るための貴重な史料ともいえるであろう。

本史料は、「光紹智堂木版血脈」とともに用いられた可能性が高いものである。この点は本巻No.48の解説、および『禅籍編』四巻No.25の菅原氏の解説を参照されたい。

参考文献

松浦秀光「十仏名について」(『宗学研究』二六号、一九八四年)。
『永平寺史料全書』禅籍編　第四巻(大本山永平寺、二〇〇七年)。
伊藤良久「中世曹洞宗における逆修とその思想背景」(『宗学研究紀要』二一号、二〇〇八年)。

(廣瀬良弘)

寛文四年(一六六四)十一月二十五日、江戸幕府、キリシタン禁制を触れ出す。

50　江戸幕府書出写

(『上』16オ〜17オ)

従御　公儀之御書出

一、邪蘇宗門雖為御制禁、密々弘之族有之ト相見、于今断絶無之条、向後者遂穿鑿候仮〔役人〕令定〔ニヲ〕脱カ、常々無油断家中幷領内改之、不審成モノ無之様ニ、可被申付、若此上、吉利支丹宗門領内ニ有之ヲ他所ヨリ於顕者、可為不念事、

一、吉利支丹宗門、其所ニ有之儀者、名主五人組可存之処ニ、此以前ヨリ高札ニ書載候意趣、令違背不申出候、以来わき〔ヨリ〕脱カ於顕者、穿鑿之上乍存不申出候者、可被行罪科之旨、兼々申聞之、無油断相改之様ニ、可被申付事、

一、吉利支丹宗門、近年カロキモノ共令露顕、法ト〔ヲカ〕モヒロムルヨキ吉利支丹ハ不出候、スヽメヲモイタシ候程之モノハ、フカクカクレ可有之候間、情ヲ入遂穿鑿捕候様ニ、急度可被申付候事、

付、宗門訴人之輩者、此以前ヨリ御定之通リ、御褒美可被下之事、以上、

寛文四年十一月廿五日

○写真版は『文書編』一巻851頁上段、本巻923頁上段に掲載。

【読み下し】

一つ、邪蘇宗門御制禁たると雖も、密々これを弘める族これ有るとあい見え、今に断絶これ無き条、向後は穿鑿を遂げ候役人を定め、常々油断なく家中幷びに領内これを改め、不審成るものこれ無き様に、申し付けらるべし。若しこの上、吉利支丹宗門領内にこれ有るを、他所より顕わるるにおいては、不念たるべき事。

一つ、吉利支丹宗門、その所にこれ有る儀は、名主五人組存ずべきの処に、これ以前より高札に書き載せ候意趣、違背せしめ申し出ず候。以来わきより顕わるるにおいては、穿鑿の上存じながら申し出ず候は、罪科に行われるべきの旨、兼々これを申し聞かせ、油断なくあい改むる

様に、申し付けらるべき事。
一つ、吉利支丹宗門、近年かろきもの共露顕せしめ、法をもひろむるよき吉利支丹は出ず候。すすめをもいたし候程のものは、ふかくかくれこれあるべく候間、情を入れ穿鑿を遂げ捕らえ候様に、急度（きっと）申し付けらるべく候事。
付けたり、宗門訴人の輩は、これ以前より御定の通り、御褒美下さるべき事。以上。

【解説】　この史料は、寛文四年（一六六四）十一月二十五日に江戸幕府がキリシタン（吉利支丹）禁制を触れだしたものである。同内容の史料が寛文四年十一月付けで『御触書寛保集成』に収録されている。

『上』において本史料に続いて記載されている、寛文五年一月二十八日付けの文書を確認すると（17オ〜18ウ）、本史料（触書）は、関三ヶ寺が各地の僧録（そうろく）寺院へ発給した文書の中に記載された内容であることが知られる。関三ヶ寺が発給した文書に関しては、本巻No.51を参照されたい。

また、本史料は、覚書として『代々』にも収録されているが、三条目末尾の「付けたり」以下は記録されていない。発給年次も、「寛文五乙巳正月」とされているが、これは関三ヶ寺から各地の僧録寺院へ発給された年次を記したものであると推定される。なお『上』については本巻No.7、『代々』については、本巻No.10の解説を参照されたい。

本史料と同内容の史料は、景福寺（鳥取県鳥取市）文書に確認される。以下、参照のため掲載する。

【史料一】　関三ヶ寺触状（鳥取県鳥取市景福寺文書）

従御　公儀之御書出

一、邪蘇宗門雖為御制禁、密々弘之族有之と相見、于今断絶之条、向後ハ遂穿鑿候役人を定、常々無油断家中幷領内改之不審成もの無之様ニ可被申付候、若此上切支丹宗門領内于有之を他所ゟ於顕可為不念候事、

一、切支丹宗門其所于有之儀者、名主五人組可存之処、于此以前より高札ニ書載候意趣、令違背不申出候、以来わきより於顕者、穿鑿之上乍存不申出候者、可被行罪科之旨、兼々申聞之、無油断相改候様ニ可被申付事、

一、切支丹宗門近年かろきもの共令露顕、法をもひろむるよき吉利支丹ハ不出候、すゝめおもいたし候程之ものハ、ふかくかくれ可有之候間、情を入遂

穿鑿捕候様ニ、急度可被申付候事、
付、宗門訴人之輩者、此以前より御定之通御褒美可被下之事、以上、

寛文四年十一月廿五日

吉利支丹御制禁ニ付而、如此之御書付、日本曹洞之一宗江申付候様ニと、三箇寺江被　仰渡候間、其国之僧録江指越候御書付之通、堅相守候様ニ、曹洞一宗之自他門大小不残可被申付候、此御書付請取申候由、早々御返書待入者也、

寛文五乙巳年正月廿八日

総寧寺
祖峰(印)
大中寺
尊海(印)
龍穏寺
三宅(印)

因幡
景福寺

此境先師之代、貴寺江僧録被仰付候通、其国之大小之寺院へ右之御書出可被申付者也、以上、

本史料は、三ヶ条からなり、キリシタン禁制を徹底した内容になっている。年月日は寛文四年十一月二十五日と記される。近年では、徳川家康五十回忌にあたる年次としても注目される。以下、その規制内容をみていく。

第一に、この当時、密かにキリスト教をひろめる人物がいたことが示され、役人を設定して取り締まることが指示されている。また領内のキリシタンが他所から発覚した場合は「不念」としている。

第二に、キリシタンがいる場合は、名主・五人組が対処するが、これ以前より高札に掲載させてある「意趣」に違反し、キリシタンを発覚していても申し出てこず、それ以降、ほかからキリシタンが発覚した場合は穿鑿の上で「罪科」とする。そして、その旨は兼ねてより申し聞かせてきており、今後も油断なき対処を示している。

第三に、近年、「かろき」キリシタンが発覚したが、法を広めるキリシタンは出てこない。キリシタンを進めるほどの者は、深く隠れており、情をいれて穿鑿することを示した。

付けたりとして、このようなキリシタンに関して訴え出てくる者は、以前の通り褒美を下す。

このようなキリシタン禁制を、幕府は曹洞宗寺院に命じるため、関三ヶ寺から各国の僧録へキリシタン禁制を伝え

るよう指示をしている。そして、この「御書付」を受け取ったならば、速やかに返書することが示されている。これらの指示については、関三ヶ寺から各僧録へ連署状が出されている(本巻No.51、および【史料一】後半部参照)。

ところで明暦三年(一六五七)、四代将軍家綱は「天主教考察」を井上政重に命じ、キリシタン禁制を指示している。当時の井上は大目付としてキリシタン禁制にあたり、多くのキリシタンの捕縛にあたった。なお、井上は、かつてキリシタンであったことも指摘されている。井上のキリシタン捕縛が進められつつも、一般に寛文五年時点におけるキリシタン対策は、不徹底であったことが知られる。本史料は、その状態を示したものともいえるが、キリシタン対策を担ったとされる井上政重の江戸小日向(東京都文京区)の下屋敷は、キリシタンを収容する牢屋敷の役割を担った。これが、いわゆるキリシタン屋敷であるが、井上政重は寛文二年に死去しており、井上の役務を北条氏長らが受け継ぎ、幕府の宗門改役として、その統制が進められた。なお、キリシタン屋敷の絵図面が『東京市史稿』産業篇三八に所収されている。

参考文献

『御触書寛保集成』(岩波書店、一九八九年)。

村井早苗『キリシタン禁制の地域的展開』(岩田書院、二〇〇七年)。

(菅野洋介)

寛文五年（一六六五）正月二十八日、関三ヶ寺、江戸幕府より
キリシタン禁制を命ぜられ、諸国僧録へその旨を通達する。

51　関三ヶ寺連署状写

（『上』17オ〜17ウ）

吉利支丹御制禁ニ付而、如此之御書付、日本
曹洞之諸寺院江申付候様ニト、三箇寺江被
　仰渡候間、其国之僧録江指越候御書
出之通、堅相守候様ニ、曹洞一宗之自他門
大小不残可被申付候、此御書付請取申候由、
早々返書待入者也

寛文五乙巳暦正月廿八日　　総寧寺祖峰(1)　印
　　　　　　　　　　　　　大中寺尊海(2)　印
　　　　　　　　　　　　　龍穏寺三宅(3)　印

長源寺江者従大中寺右之御書出可被越候、
先規ヨリノ僧録場江可被申付候、銀山・野辺
沢幷サカヒニ別ニ支配之人有之ニ者、其寺院ト
同前ニ可有相談、右之所長源寺ト四ヶ寺之僧
録場ニモ弥四ヶ寺ニ而可被申付候、以上、

最上
　法祥寺
同
　光禅寺
同
　龍門寺

○写真版は本巻923頁上段〜924頁上段に掲載。

【読み下し】

吉利支丹御制禁について、かくの如くの御書付、日本曹洞の諸寺院へ申し付け候様にと、三箇寺へ仰せ渡され候間、其の国の僧録へ指し越し候御書出しの通り、堅く相守り候様に、曹洞一宗の自他門大小残らず申し付けらるべく候。此の御書付請け取り申し候由、早々返書待ち入る者なり。

（中略）

長源寺へは大中寺より右の御書出越さるべく候。先規よりの僧録場へ申し付けらるべく候。銀山・野辺沢幷びにさかいに別に支配の人これ有るには、その寺院と同前に相談有るべし。右の所、長源寺と四ヶ寺の僧録場にもいよいよ

四ヶ寺にて申し付けらるるべく候。以上。

【注】（1）総寧寺祖峰　一間祖峰。寛文四年（一六六四）に、総寧寺二十二世光紹智堂（一六一〇～一六七〇）が永平寺三十世として晋住するにあたって、その後席を継いだ。その後寛文十二年には、最乗寺に二百十一世として輪住した総寧寺十四世万極良寿（?～一六〇七）の代住を務めている。しかし『下総総寧寺記』（『曹洞宗全書』十五巻）には「一間退居之後有故追院、世牌除之」とあり、現在の世代には数えられていない。

（2）大中寺尊海　後の永平寺三十一世月洲尊海（一六〇九～一六八三）。大中寺には寛文二年に十八世として入院し、寛文十年に永平寺に晋住するまでの約八年間住持を務めた。

（3）龍穏寺三宅　龍穏寺二十三世淵碧三宅（?～一六八四）。

（4）長源寺　山号は淵室山。開山は直州良淳で、山形禅宗四ヶ寺の一つ。山形市七日町に所在する。慶長五年（一六〇〇）、鳥居忠政が、父元忠の菩提を弔うため、忠政の領地である陸奥国平（福島県いわき市）に開創されたが、元和八年（一六二二）、忠政の山形転封にともない、間もなく現在地に移転した。

（5）銀山・野辺沢　出羽国の北東部の地名。現在の山形県尾花沢市にあたる。慶長年間（一五九六～一六一五）に銀鉱が発見され、野辺沢銀山（延沢銀山とも）として最上氏の家臣・野辺沢氏が経営にあたった。寛永年間（一六二四～四五）には公儀山として幕府領となり、佐渡銀山、院内銀山（秋田県雄勝郡）にも比肩する国内屈指の大銀山と称されたという。しかし、寛永年間以降は急速に衰え、宝永年間（一七〇四～一一）には廃山同然であったという。

（6）法祥寺　山号は瑞雲山。最上氏の菩提寺。開山は向川寺三世の可屋良悦。山形市七日町に所在。

（7）光禅寺　山号は天滝山。開山は春林禅冬。はじめ慶長寺と号した。元和八年に鳥居氏の転封にともない、七日町（現在の長源寺）から現在地（山形市鉄砲町）に移転した。

（8）龍門寺　山号は登鱗山。最上氏の菩提寺。朴堂良淳が開山。山形市北山形に所在。

【解説】　この史料は、前半部と後半部とあり、前半部は寛文四年十一月二十五日付で江戸幕府から発布されたキリシタン禁制（本巻No.50）についての「御書付」を全国の曹洞宗寺院へ申しつけるように関三ヶ寺（龍穏寺〈埼玉県入間郡越生町〉・総寧寺〈現千葉県市川市〉・大中寺〈栃木県栃木市〉）へ指示があったことを示すものである。

また、関三ヶ寺から国々の「僧録」へ「指越」した書き出しの通り、禁制を守るように曹洞一宗の寺院に指示する旨も記されている。

最後に「御書付」を受け取った寺院は、早々に返書することも示されている。本史料から、関三ヶ寺を通じたキリシタン禁制の進展がうかがえる。本史料の発給者は、関三ヶ寺の一間祖峰・月洲尊海・淵碧三宅にあたる。

史料の後半部は、最上の法祥寺・光禅寺・龍門寺が発給者となっている。その内容は、長源寺へは、大中寺より「右之御書出」（キリシタン禁制の触書）が発給されている旨が書かれている。また、銀山や野辺沢などの境界に「支配人」がいる場合は、寺院の対処と同様に相談することも示され、これらが長源寺および四ヶ寺に指示されている。また、すでに寛文五年以前の段階で銀山へキリシタンが入りこんでいることが明らかとなっており、このような社会背景と関連した史料内容となる。

なお、寛文五年当時の長源寺が龍門寺・光禅寺・法祥寺とともに「最上僧録」であったかなど検討すべき問題もあるが、本史料とともに『上』に収録される享保八年（一七二三）四月付「関三ヶ寺掟」・享保十年十一月付「関三ヶ寺掟」の宛先には、法祥寺・光禅寺・長源寺・龍門寺とある。以上から、享保年間には、長源寺は他の三ヶ寺とともに「最上僧録」であったことがわかる。なお、『上』については本巻No.7の解説を参照されたい。

ただし、「最上僧録」を考えるにあたっては、長源寺のみが大中寺末であること（他の法祥寺・光禅寺・龍門寺は總持寺直末の向川寺〈山形県北村山郡大石田町〉の末寺である）や、長源寺が陸奥国平（福島県いわき市）から移転してきた寺院であることも注目される。

近年では曹洞宗の僧録の設置をめぐって藩領における流動性が指摘されているが、本史料の内容は僧録制の設定と江戸幕府のキリシタン禁制とが関連しあっていることを示しており、今後、追究すべき問題である。

参考文献

『東京市史稿』市街篇六(東京市役所、一九二九年)。

小葉田淳『日本鉱山史の研究』(岩波書店、一九六八年)六五一～七一二頁。

『山形市史』通史編中巻、一一〇一頁(山形市、一九七一年)。

『東京市史稿』産業篇三八(東京市役所、一九九四年)。

村井早苗『キリシタン禁制の地域的展開』(岩田書院、二〇〇七年)。

永井俊道「摂丹境永沢寺の僧録支配とその変遷について」(『駒沢史学』八一号、二〇一三年)。

野村玄『徳川家光』三四〇頁～三五一頁(ミネルヴァ書房、二〇一三年)。


(菅野洋介)

寛文五年(一六六五)三月、江戸幕府、寺社の朱印改めについて布達す。

52　江戸幕府覚書写

(『代々』21オ～21ウ)

覚

一、当御三代之御朱印、又者　御両代之　御朱印頂戴候寺社之分、神領・寺領之不寄多少事

一、御壱代之　御朱印頂戴之分者五拾石以上之事

一、寺領無之境内計之　御朱印頂戴候者、一宗本寺計之事

一、今度寺社方江　御朱印可被成下之旨被　仰出候条、右之書付之通、　御朱印被致所持、当夏六月中江戸江可有参府候、此外者重而可相触候間、其節可為参向候也

寛文五巳年三月

○写真版は本巻933頁下段～934頁上段に掲載。

【読み下し】

一つ、当御三代の御朱印、又は御両代の御朱印頂戴候寺社の分、神領・寺領の多少に寄らざる事。

一つ、御壱代の御朱印頂戴の分は五十石以上の事。

一つ、寺領これ無き境内計りの御朱印頂戴候は、一宗本寺計りの事。

一つ、今度寺社方へ御朱印成し下さるべきの旨仰せ出だされ候条、右の書付の通り、御朱印所持致され、当夏六月中江戸へ参府有るべく候。此の外は重ねて相触れべく候間、其節参向たるべく候也。

【解説】　この史料は、江戸幕府将軍徳川家綱の代替わりにともない寺社に発給された朱印地認定に関するものである。また、寛文五年(一六六五)には大名・公家・寺社に対して、はじめて統一的な朱印状と領知目録が発給されており、これまで幕府の支配強化とあわせて理解されている。

一般に朱印地は、徳川将軍から朱印状の発給を受けて寺社の領知として領有権および租税徴収権を承認・確認された土地にあたる。また朱印地は将軍の代替わりごとに発給される朱印状によって支配・継続が保証された。

ところで、永平寺は、これまで朱印状を受けていないことが明らかにされている。その状況をふまえつつ以下、史料内容をみておく。

第一に、家康・秀忠・家光までの三代の御朱印状、または秀忠・家光から朱印状を頂戴している寺社の分は、それまでの神領・寺領の「多少」によらず許可される。第二に、一代限りの朱印状頂戴の分は、五〇石以上のみ朱印地が許可される。第三に、寺領がなく境内のみで朱印状を頂戴している例は、一宗の本寺に限ることが示される。第四に、今回の朱印状発給について、右の書付の通り、朱印状を所持するようにし、当夏中に江戸へ出向くことなどが示される。

先に述べたように、永平寺は朱印状を受給していないが、一代限りの朱印状のあり方などが示されており、その受給のあり方に注目がおよぶ。曹洞宗の大本山にあたる永平寺が何故に朱印状を受給しないのかも含め、朱印状の評価を再検討する試みがまたれる。

本史料が収録されている『代々』については、本巻No.10の解説を参照されたい。

参考文献

重田正夫「御朱印寺社領の成立過程—武蔵国(埼玉県域の場合—」(『埼玉県立文書館紀要』創刊号、一九八五年)。

藤井讓治『徳川将軍家領知宛行制の研究』(思文閣出版、二〇〇八年)。

保垣孝幸「近世「御朱印」寺社の所領特質と制度的展開」(『関東近世史研究論集二　宗教・芸能・医療』、岩田書院、二〇一二年)。

松本和明「近世中後期における寺社朱印改め—播磨国の事例を中心に—」(『日本歴史』七九〇号、二〇一四年)。

(菅野洋介)

寛文五年（一六六五）七月十一日、江戸幕府、諸宗寺院法度を制定する。

53　諸宗寺院法度写

（『代々』22オ〜22ウ）

定

一、諸宗法式不可相乱、若不行議〔儀〕之輩於有之者、急度可及沙汰事、

一、不存一宗之法式之僧侶、不可為寺院住持事、

　附、立新儀、不可説寄怪之法事、

一、本末之規式不可乱之、雖本寺、対末寺不可有理不尽之沙汰事、

一、檀越之輩、雖為何寺可任其心、従僧侶方不可相争事、

一、結徒党、企闘諍、不似合事業不可仕事、

一、背国法輩到来之節、於有其届者、無異儀可返之事、

一、寺院仏閣修復之時、不可及美麗事、

一、寺領一切不可売買之、並不可入質物事、

一、無由緒者雖有弟子之望、猥不可令出家、若無拠子細於有之者、其所之領主・代官江相断、可任其意事、

右条々、諸宗共可堅守之、此外先判之条数弥不可相背之、若於違犯之者、随科之軽重可沙汰之、猶載下知状者也、

　　寛文五年七月十一日

○写真版は本巻934頁上段〜下段に掲載。

【読み下し】

一つ、諸宗法式（ほっしき）相乱すべからず。若し不行儀の輩（ともがら）これ有るに於いては、急度沙汰に及ぶべき事。

一つ、一宗の法式を存ぜざるの僧侶、寺院住持たるべからざる事。

附けたり、新儀を立て、奇怪の法を説くべからざる事。

一つ、本末の規式これを乱すべからず。本寺と雖も、末寺に対し理不尽の沙汰有るべからざる事。

一つ、檀越の輩、何寺たると雖も其の心に任すべし。僧侶方より相争うべからざる事。

一つ、徒党（ととう）を結び、闘争を企て、不似合の事業仕るべからざる事。

一つ、国法に背く輩到来の節、其の届け有るに於いては、

異儀無くこれを返すべき事。
一つ、寺院仏閣修復の時、美麗に及ぶべからざる事。
一つ、寺領一切これを売買すべからず。並びに質物(しちもつ)に入るべからざる事。
一つ、由緒無き者弟子の望み有ると雖も、猥(みだ)りに出家せしむべからず。若し拠(よんどころ)無き子細これ有るに於いては、其の所の領主・代官へ相断り、其の意に任すべき事。

右の条々、諸宗共堅くこれを守るべし。この外先判の条数いよいよこれに相背くべからず。若し違犯の者に於いては、科の軽重に随いこれを沙汰すべし。なお下知状に載せる者也。

【解説】　寛文五年(一六六五)七月十一日、江戸幕府より仏教諸宗派に対して出された九ヶ条からなる寺院法度である。

第一条は、それぞれの宗派の儀式や宗規を乱してはならない。もしそれを乱すものがあれば、厳重に裁くものとする。

第二条は、その宗派の儀式や宗規すら知らない僧侶は、寺院の住持であってはならない。附けたり、新しい教義を立て奇怪の法を説いてはならない。

第三条は、本寺・末寺の規則を乱してはならない。本寺であっても末寺に対して理不尽な裁きを行ってはならない。

第四条は、檀越の輩がどの寺の檀家になろうとも、僧侶から檀越の獲得のために争うようなことがあってはならない。

第五条は、僧侶が徒党を組んで闘争を企て、不似合いな事業を行ってはならない。

第六条は、国法に背いた者が寺院内に逃げ込んできた場合、返還の申し出があれば、異論をはさまず返すこと。

第七条は、寺院や仏閣を修復する時、堂宇の外観や荘厳など、華美に走ってはならない。

第八条は、寺領は一切売り買いしてはならない。質入れも禁物である。

第九条は、由緒のないものが弟子になることを望んで来ても、みだりに出家させてはならない。もしよんどころない事情があるのであれば、出身地の領主や代官へ断った上で、本人の意思に任すように、というものである。

江戸幕府は仏教諸宗派統制のため、開府以前の慶長六年(一六〇一)高野山(和歌山県伊都郡高野町)に法度を下して以降、元和二年(一六一六)まで仏教諸宗に対し法度を制定し発布する(辻善之助『日本仏教史』第八巻、近世篇之二、一七三～一七六頁）。その内容は、宗学儀礼の奨励、本寺・末寺関係の確立、僧侶の階級厳守、悪僧徒党の庇護の禁止、僧侶の任命法などに関する規定であった。

その後幕府は、寛永十一年（一六三四）のキリシタン禁止にともない、キリシタン信徒でないことをその檀那寺に証明させる寺請制度を設ける。各宗寺院はその担い手となることによって、幕府からの保護を受けるとともに、檀家に対して絶大な権力を示すようになり、檀家の負担の増大にも繋がっていた。また、寺院相互の関係においても、本末制度の強化によって圧倒的に本寺の権限が強化され、末寺の不満が増大することにもなった。こうした中で、幕府も寺院保護政策の見直しの必要に迫られてきたのである（圭室文雄『日本仏教史　近世』八四頁）。

万治二年（一六五九）六月朔日、幕府は「寺社方諸式猥成作法無之様常々堅可申付事」として八ヶ条の「定」を、また発布年は不明であるが同時期と思われる「寺社方之定」として十二ヶ条の「定」をすでに制定していた（横関了胤『江戸時代洞門政要』一六四～一六六頁）。しかしこれらはいずれも寺社に対しての法度で、前述の諸事情に鑑み、幕府は改めて仏教諸宗派寺院に対しての法度を制定発布する必要があったのである。

寛文五年七月十一日、幕府は二通の法度を仏教諸宗派に対して発布する。将軍徳川家綱判物による「定」九ヶ条と、同日付老中連署による「条々」五ヶ条である（辻善之助『日本仏教史』第八巻、近世篇之二、二七七～二七八頁）。

寛文年間は幕府が諸制度の完備を図る時期で、寛文三年武家諸法度の改定をはじめ、度量衡（どりょうこう）・貨幣・交通・職制・風俗等の各方面にわたり、法令の整備を行っている。この寺院法度の制定も、幕府による法令整備の一環でもあったのである（辻善之助『日本仏教史』第八巻、近世篇之二、二七五頁）。

本史料は、将軍徳川家綱判物による「定」で、内容は、諸宗の法度の順守、寺院住持の資格および新義の禁止、本末制を守ること、徒党の禁止、国法に背く者の処置、寺院修復の制限、寺領売買および質入れの禁止、師弟契約の制規を定めている。

この中で、第三条と第四条は注目される。第三条では本末制度の維持を掲げつつも、「本寺であっても末寺に対して理不尽な裁きを行ってはならない」と、末寺側に立った規定を制定している。これまで末寺が本寺の命に背くことを認めなかった幕府の大きな方針転換である。また、第四条では、「檀越の輩がどの寺の檀家になろうとも、僧侶から檀越の獲得のために争うようなことがあってはならない」と、檀越の意思によって檀那寺の選択ができるように規定しているのである。これは、檀家獲得において寺院間の競争を煽り、寺院同士の自由な争いに仕向けることによって、檀家が持っている経済力が一定の寺院のみに吸収され、寺院経済が拡大されて行くということを嫌ったのである。寺院の勢力を削ぐ動きに出たのである。またこの条目は、寺院にとって死活問題に発展する、離檀の自由が認められるようになったと解釈できるものである。

幕府による諸法度の制定は、寺院が強大な勢力を蓄えることの防止と、寺院組織に対してこれまでのように傍観しているのではなく、絶えず監視していることの表明ともとれるものである。

つまり、本末体制・寺檀制度により本寺および寺院の権力が強大になると、また一つ本寺を中心とした寺院勢力ができてしまう。幕府はそれを嫌い、防止する方向に舵をきったのである。

圭室文雄氏は『日本仏教史　近世』の中で、「寛文五年七月の「定」「条々」は幕府がこれまでは寺院保護政策をとってきたのに対して、ここで本格的に寺院を統制していくという形に方針変更したことを意味する。そのことはとりもなおさず、本末制度・檀家制度に対する批判ということでもある」と述べられている(同書、九二頁)。

竹貫元勝氏は『日本禅宗史』の中で、「この「定」から、幕府はこれまで本寺の末寺支配、寺院の一方的檀家支配を認め、それを統制の基本としてきたが、寛文五年に至って末寺・檀家を重視する姿勢に転換している」と述べ、さらに「本末制では本寺の側、寺檀制では寺側に立ってきた幕府は、それぞれ末寺・檀家の側に立つ統制政策にかえている」と述べられている(同書、二三八～二三九頁)。

いずれにしても、本法度の制定は、寛文年間に入り幕府がこれまで定め実施してきた諸制度を改訂・整備するに当り、制定以来明らかになってきた法令と実際との齟齬から来る混乱を生じないように、改訂を図るため打ち出されたのである。

本法度の制定は、幕府をして、改めて各宗寺院に対する統制の意図を明確に打ち出すものとなったのである。

本史料は、『御触書寛保集成』(一一七四の(二)番)と比較すると、第七条目に「附、仏閣無懈怠掃除可申付事」が抜けている。

本史料が収録されている『代々』については、本巻No.10の解説を参照されたい。

参考文献

辻善之助『日本仏教史』第八巻　近世篇之二(岩波書店、一九七〇年)。
高柳眞三・石井良助編『御触書寛保集成』(岩波書店、一九七六年)。
横関了胤『江戸時代洞門政要』(東洋書院、一九七七年)。
『永平寺史』上巻(大本山永平寺、一九八二年)。
圭室文雄『日本仏教史』近世(吉川弘文館、一九八七年)。
竹貫元勝『日本禅宗史』(大蔵出版、一九八九年)。
『永平寺史料全書』文書編　第一巻(大本山永平寺、二〇一二年)。

(遠藤廣昭)

寛文五年(一六六五)七月十一日、江戸幕府老中、徳川家綱の命により、僧侶の綱紀粛正等に関する条々五ヶ条を下す。

54 江戸幕府老中連署奉書写

(『代々』23オ～23ウ)

条々

一、僧侶之衣体応其分際可着之、幷仏事作善之義(儀)式、檀那雖望之、相応軽可仕事、

一、檀方建立由緒有之寺院住職之儀者、為其檀那計之条、従本寺遂相談、可任其意事、

一、以金銀不可致後住之契約事、

一、借在家、搆(構)仏檀、不可求利用事、

一、他人者勿論、親類之好雖有之、寺院・坊舎女人不可抱置之、但有来妻帯者可為格別事、

右条々、可相守之、若於違犯者、随科之軽重、可有御沙汰之旨依　仰執達如件、

寛文五年巳七月十一日　大和守(1)

美濃守(2)

豊後守(3)

雅楽頭(4)

○写真版は本巻934頁下段～935頁上段に掲載。

【読み下し】

一つ、僧侶の衣体(えたい)其の分際に応じてこれを着すべし。幷に仏事作善の儀式、檀那これを望むと雖も、相応に軽く仕るべき事。

一つ、檀方建立の由緒これ有る寺院住職の儀は、其の檀那の計いたるの条、本寺より相談を遂げ、其の意に任すべき事。

一つ、金銀を以て後住の契約致すべからざる事。

一つ、在家を借り、仏檀を構え、利用を求むべからざる事。

一つ、他人は勿論、親類の好(よし)みこれ有ると雖も、寺院・坊舎に女人これを抱え置くべからず。但し有り来る妻帯の者格別たるべき事。

右の条々、これを相守るべし。若し違犯に於いては、科の軽重に随い、御沙汰有るべきの旨仰せに依り執達件の如し。

【注】（1）大和守　久世広之（くぜひろゆき）のこと。幕府老中。下総国関宿（千葉県野田市）藩主。寛文三年（一六六三）八月十五日から延宝七年（一六七九）六月二十五日まで在職。

（2）美濃守　稲葉正則（いなばまさのり）のこと。幕府老中。相模国小田原（神奈川県小田原市）藩主。明暦三年（一六五七）九月二十八日から延宝九年九月六日まで在職。

（3）豊後守　阿部忠秋（あべただあき）のこと。幕府老中。武蔵国忍（埼玉県行田市）藩主。寛永十年（一六三三）三月二十六日から寛文六年三月二十九日まで在職。

（4）雅楽頭　酒井忠清（さかいただきよ）のこと。幕府大老。上野国前橋（群馬県前橋市）藩主。寛文六年三月二十九日から延宝八年十二月九日まで在職。

【解説】　寛文五年（一六六五）七月十一日、幕府老中連署により仏教諸宗派に下知された五ヶ条からなる定である。

第一条は、僧侶が着用する衣は、身分の程度に応じて着用すること。また、仏事や作善の儀式は、檀那が盛大に行うことを望んでも、身分相応で簡単にすること。

第二条は、檀方が建立した由緒を持つ寺院の住職を決める場合は、開基檀那の望みの通りであるが、本寺より檀那に相談する手順で決定すること。

第三条は、金銀を使って（賄賂などを用いて）寺の後住となってはならない。

第四条は、市中に町屋等を借りて、その中に仏壇を構え、それを便宜的な手段（仮堂宇）として使用してはならない。

第五条は、他人はいうまでもなく、親類の縁故であっても、寺院や坊舎に女人を居住させてはならない。ただし、従来から妻帯を公認されて来た僧侶の場合は別である、というものである。

本史料は、本巻No.53で述べたように、将軍徳川家綱判物による九ヶ条の「定」と同日に出され、同史料に「猶載下知状者也」とみえる下知状である。こちらは内容からすると、諸宗僧侶法度というべきもので、主に僧侶の綱紀粛正等に関する要心を定めている。

すなわち、僧侶の衣体服装に関しては本来の僧階に見合ったものにすべきとしている。また、仏事作善についても檀家の望みがあっても身分相応に簡単にすべきとしている。有力な開基檀那が建立した寺院の住職を決める場合は、開基檀那の意向を反映して決定すべきことを強調している(寺院住職任命は本山・本寺の先決事項であった)。後住を金銀で買うような行為はすべきでないとしている。新しい寺院の建立が禁止される中、市中の民家に仏壇・仏像など宗教用具を備え小寺院的役割をもたせることを禁止している。浄土真宗寺院と山伏の寺院は別として、たとえ親類の縁故であったとしても、女性の寺院内での宿泊を堅く禁止している。

本史料の中で、注目されるのは第一条・第二条・第四条である。

第一条では、仏事や作善の儀式の簡素化を命じている。ここで言う檀那とは大名や旗本等であろうから、彼らが府内において盛大な仏事・作善を施行することを取り締まっているのである。第二条では、檀方が建立した由緒寺院の住職の決定権について下知を加えている。幕府はこれまで、寺院住職の選定にあたっては、本寺に決定権を認めていた。しかし、実際は大名や旗本が建立した寺院の住職を決めていたのであろうから、幕令と実状との間に齟齬があったものと思われる。そこで幕府は混乱が生じないように、改めて檀那の決定権を認めたのである。第四条は市中に新たな活動拠点を設けることへの制限である。市中での自由な宗教活動は、庶民エネルギーの集中を招きかねないものであった。幕府はこうした庶民のパワーの拡大を恐れたものともとれる条目である。

圭室文雄氏は『日本仏教史　近世』の中で、「寛文五年七月の「定」「条々」は幕府がこれまでは寺院保護政策をとってきたのに対して、ここで本格的に寺院を統制していくという形に方針変更したことを意味する。そのことはとりもなおさず、本末制度・檀家制度に対する批判ということでもある」と述べられている(同書、九二頁)。

竹貫元勝氏は『日本禅宗史』の中で、「これまで本寺・寺側にたって来た幕府が、末寺・檀家の側に立つ統制政策にかえている。末寺や檀家の主張が反映されやすくなっている」と述べられている(同書、二三九頁)。

本史料は、本巻No.53とともに寛文期の幕府の宗教政策の転換を考える上で重要な史料といえる。

本史料が収録されている『代々』については本巻No.10の解説を参照されたい。

参考文献

辻善之助『日本仏教史』第八巻　近世編之二(岩波書店、一九七〇年)。

高柳眞三・石井良助編『御触書寛保集成』（岩波書店、一九七六年）。
横関了胤『江戸時代洞門政要』（東洋書院、一九七七年）。
『永平寺史』上巻（大本山永平寺、一九八二年）。
圭室文雄『日本仏教史　近世』（吉川弘文館、一九八七年）。
竹貫元勝『日本禅宗史』（大蔵出版、一九八九年）。
『永平寺史料全書』文書編　第一巻（大本山永平寺、二〇一二年）。

（遠藤廣昭）

55　堅油英固信士五輪塔

寛文六年（一六六六）正月二十四日、尾高長吉父、永平寺境内に堅油英国信士のために五輪塔を建立する。

（高さ177.0㎝×横78.0㎝）

「空」(空輪銘)

「風」(風輪銘)

「火」(火輪銘)

「水地」(水輪銘)

(地輪正面銘)
「寛文六丙午歳
　　　　　菩
卍　堅油英固信士
　　　　　提
　　　尾高長吉父
正月廿四日」

【解説】　この五輪塔は、寛文六年（一六六六）正月二十四日、堅油英固信士の菩提のために尾高長吉の父が建立したものである。尾高も、福井藩士とみられる。五輪塔には空・風・火・水・地という文字が刻まれている。

また、これらの五輪塔は昭和五年の二祖懐奘六百五十回大遠忌を記念して永平寺境内の菩提園から移転されたものである。すなわち、延宝期の永平寺境内を記した「永平寺境絵図」（本巻No.38）には別の地点に立地していたことが窺える。江戸初期まで、永平寺の境内は、納骨や石塔を供養した状況があったことを推察しておきたい。

参考文献

笛岡自照著『永平寺雑考』（古径荘、一九七三年）。
「三代藩主忠昌と殉死の七士」（福井市歴史ボランティアグループ「語り部」分科会編集委員会／編『郷土に埋もれた宝』、福井市歴史ボランティアグループ「語り部」分科会編集委員会、二〇〇九年）。

（熊谷忠興）

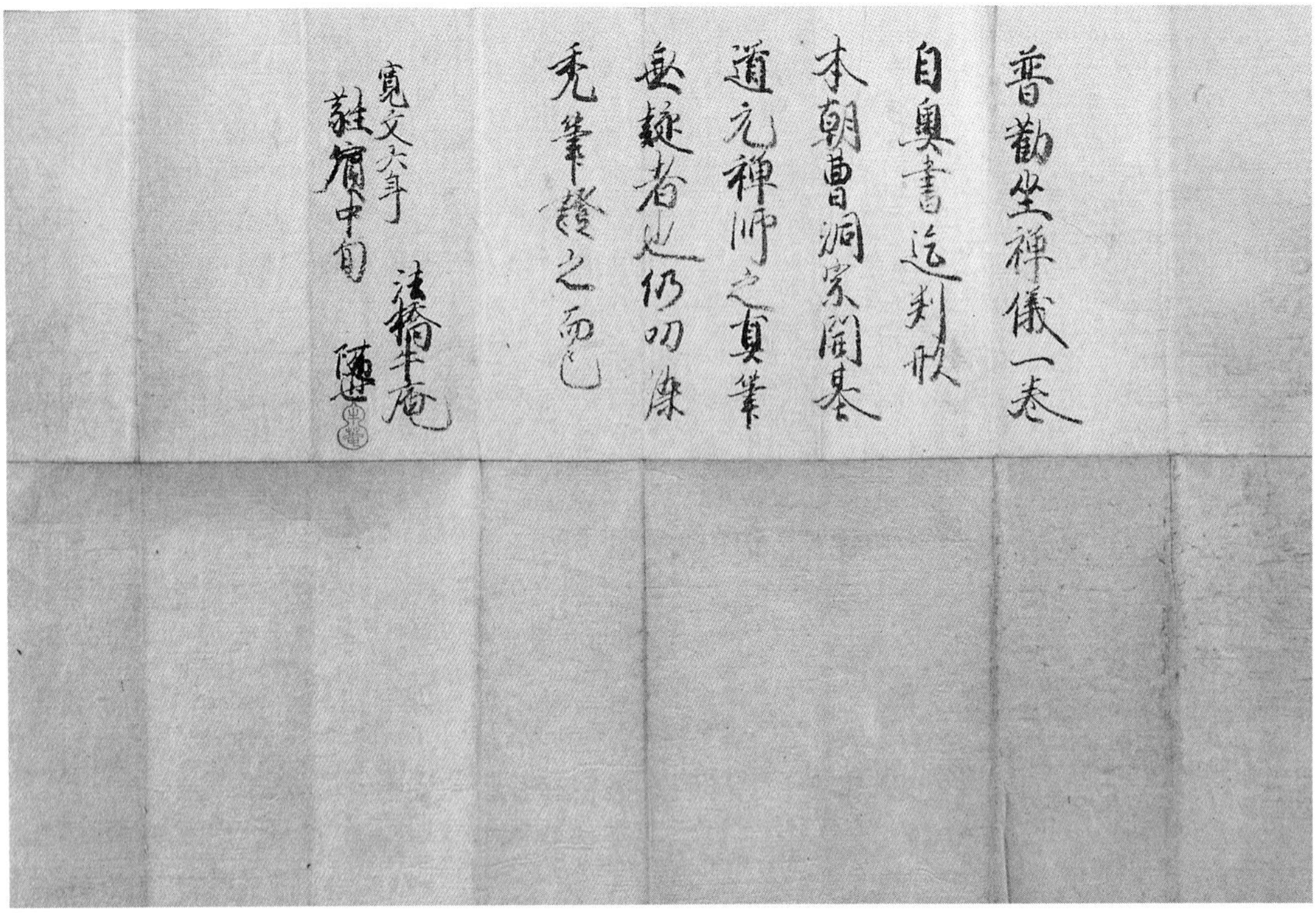

寛文六年（一六六六）五月中旬、畠山随世、天福本『普勧坐禅儀』を道元禅師の親筆として極書を記す。

56　畠山随世極書

（一紙　35.7cm×54.5cm）

普勧坐禅儀一巻、
自奥書迄判形、
本朝曹洞宗開基
道元禅師之真筆
無疑者也、仍叨染
禿筆、証之而已

寛文六年
蕤賓中旬　　法橋牛庵
随世（畠山義高）（朱印文「牛庵」）

【読み下し】

普勧坐禅儀一巻、奥書より判形(はんぎょう)まで、本朝曹洞宗開基道元禅師の真筆(しんぴつ)にて疑いなきものなり。すなわち 叨(かたじけなく)も禿筆(とくひつ)を染め、これを証するのみ。

【解説】　古筆了伴書状(『禅籍編』一巻No.1附属文書三)によって道元禅師六百回遠忌の令辰(れいしん)にあたる嘉永五年(一八五二)七月に『普勧坐禅儀』(『文書編』一巻No.10、『禅籍編』一巻No.1)が永平寺へ寄進されたことが判明する。しかし、道元禅師が深草の観音導利院(興聖宝林寺、現京都府宇治市)において、『普勧坐禅儀』を書したが、その後、『普勧坐禅儀』が嘉永五年に永平寺に伝わるまでの所蔵先・所蔵者などの変遷は不明である。

本史料にも、『普勧坐禅儀』がそれまでどこにあり、誰が所持していたのか、それを誰が畠山随世に鑑定を依頼したのかなど、何も記されていない。

本史料は、奉書用紙を横に二つ折りし、さらに縦に八つ折りしている。その表の中ほどに筆墨で本文六行、年号・署名(朱印を含む)を上下に二行ずつに認めたもの。

ところで、本史料は『禅籍編』一巻No.1附属文書一にも収録されている(高橋秀栄氏解説)。同書解説では畠山随世の事績を不明としていたが、『国書人名辞典』・『国書総目録著作者索引』・『名人忌辰録』・『国学者伝記集成　続編』・『近世漢学者著述目録大成』・『森銑三著作集』一二巻を用い、まとめておきたい。

随世は寛永三年(一六二六)、初代畠山牛庵光政の子として生まれる。父光政は常陸国水戸藩医を勤め、春耕斎仙室、中外随応と号す。随世は実名を義高といい、伝庵二世、君水随世、桂花即翁と号す。また「畠山桂花」とも称す。父光政は極印(きわめいん)として瓢印「牛庵」、方印「仙室」を用いる。一方、随世は瓢印「牛庵」を相伝し、方印は「伝庵」を用いている。『禅籍編』一巻附属文書四に収録した「畠山伝庵極札」の方印は「伝庵」が押されていることから、随世による極札であることが知れる。

随世は家業の儒医を継ぎ、寛文二年(一六六二)十二月に法橋(ほっきょう)位に叙される。父と同じく和歌をよくし、書画鑑定家として知られる。著作には『温知雑事』をはじめ『鑑定雑記』・『古筆人名考』・『桂花園文集』・『桂花園詩集』・『桂花園和歌集』などがある。彼は江戸小石川に住み、没年は元禄六年(一六九三)四月二十七日、行年六十八歳である。森(もり)

銑三氏によれば、墓は駒込吉祥寺(東京都文京区)にあるという。墓所が吉祥寺にあることから、随世は吉祥寺の檀信徒であった可能性が高い。

明暦三年(一六五七)の江戸大火によって、吉祥寺は焼失し、神田台(駿河台)から駒込へ移転する。本史料の極書が出された寛文六年は、吉祥寺の再中興とされる離北良重が住職を務めていた。当時、吉祥寺に『普勧坐禅儀』があったとすれば、移転を機に、吉祥寺の檀信徒である随世へ、離北より『普勧坐禅儀』の鑑定が依頼され、「極書」が出されたという余地も残る。また、『普勧坐禅儀』が吉祥寺に一定期間所蔵されていた可能性も指摘できる。

『普勧坐禅儀』が吉祥寺に所蔵されていた可能性を想定できるのは、慶長三年(一五九八)頃、当時、神田台にあった吉祥寺が曹洞宗の学問専修寺院として、五世用山元照により学寮を設置していたと伝えるからである。さらに明暦の大火後に再建された吉祥寺にはすでに「旃檀林」と称す学寮も敷設された。その法宝として、『普勧坐禅儀』に勝るものはない。

この頃、卍山道白が元禄期の講師時代、学寮の規則を定めたと伝える。最盛期の十七世臨峰良極代の享保七年(一七二二)頃には「廿七寮舎、一千余員僧徒」を数え、嘉永五年当時には「九寮、七二六人」を要していた。駒澤大学の発祥は、この吉祥寺旃檀林にある。当時の宗門における優れた指導者、有能な学生が自然と集まり、当然ながら由緒ある古文書・貴重な文物を収集し、彼らによって持ち込まれていたと推定される。

ちなみに森銑三氏は、随世の長女が永井尚政の六男永井尚申に嫁していることを指摘する。永井尚政は宇治興聖寺を再興し、万安英種を中興開山に招請した人物として有名である。万安や尚政が、尚申から『普勧坐禅儀』の存在を知らされ、関心を抱き、永平寺と興聖寺への情報提供や伝播・将来にも多少は関わっていたかもしれない。このように随世の周辺における人縁から本書の伝播経路の一端がわずかに見え、種々類推できる。すなわち随世により吉祥寺と興聖寺を結ぶ線ができたといえる。また天福本『普勧坐禅儀』が吉祥寺から興聖寺へ、ないし興聖寺から吉祥寺へと移動していた可能性も若干考慮できる。しかし、その伝播の実際や過程は、全く不明といえよう。

なお、高橋秀栄氏が解説後半部に引用していた笛岡自照著『永平寺雑考』について付言する。同書「第十五、祖山所蔵の主なる文化財(上)祖山所蔵の国宝と重文」中の「真筆本・坐禅儀模本(木版印刷の複製本)」に付せられた肉筆の古筆了仲「極書」の翻刻文の末尾にある「古筆了仲伴証之」は「古筆了仲判証之」の誤植である。笛岡師は、この古筆了仲について「了伴の嗣子の了仲」としているが、もしこの「極書」が本物であれば、同名の古筆別家三代了仲とは年代から明らかに別人である。また、古筆了伴(一七九〇〜一八五三)は古筆宗家十代であり、同家十一代を継いだのは、了伴の四男了博である。したがって、この「極書」の了仲は、中絶していた分家の再興者である古筆了仲(分家重三代と称す・一八二〇〜九一)である。彼には『扶桑画人伝』・『紫巌印章花押譜』等の著書が知られる。

ちなみに、嘉永五年七月付の古筆了伴書状は、『普勧坐禅儀』を永平寺への寄進に際し、「願いがましいこと」は毛頭ないこと(無所得)を、永平寺御役僧衆へ表明するものである。覚書(『禅籍編』一巻No.1附属文書五)はいずれの包紙に入っていたか不明だが、右の事象を統括的に示す語「高祖大師御真蹟　普勧坐禅儀　古筆了伴寄附」を確認する「書札」的なものである。

次に「畠山法橋牛庵／川勝宗久　折紙証文」の包紙(『禅籍編』一巻一四頁)にあったと思われる川勝宗久極書(『禅籍編』一巻No.1附属文書二)が、享保十三年(一七二八)仲秋に認められている。『禅籍編』の解説において不明とされていた川勝宗久は、初代と二代がいる。それは古筆家初代了佐(一五七二〜一六六二)と並び川勝宗久の「極札」を付す「烏丸光広卿歌連俳三句」(寛永十三年)があり、その川勝宗久(初代か)は古筆家ゆかりの門弟(高弟か)と判明する。したがってこの包紙にある二人(牛庵と宗久)は、同時代の人物ではなかろう。また「藤原佐理『恩命帖』極書」に関し、川勝宗久の享保七年(一七二二)のものとならび古筆了延の元文三年(一七三八)の「極書」がある。つまり、この川勝宗久はその年記より二代と想定され、古筆了延とほぼ同世代の鑑定家ということになろう。

また『普勧坐禅儀』一巻を納めていた漆箱の中箱底裏にある「法橋胡民造」とは、幕末の蒔絵師中山胡民、通称は祐吉、号は胡民斎・泉々・風観子である。彼は当時の有名な蒔絵師柴田是真と併称される。生まれは武蔵国葛飾郡寺島村(東京都墨田区)の名主金兵衛の三男。江戸両国矢の倉、後に今戸に移り住んでいた。原羊遊斎に入門、作風を継承し櫛・硯箱・手箱・茶道具類を多く制作した。法橋に叙される。門人に小川松民・渡邉東民がいる。向島の法泉寺(東京都墨田区東向島)に葬られた(『朝日日本歴史人物事典』)。胡民は明らかに法泉寺の檀家で、戒名「泉々庵玉龍胡民居士」、墓名は「泉々胡民墓」、基台を「名花山(なかやま)」とする。法泉寺は曹洞宗寺院、駒込吉祥寺の末寺(吉祥寺二世大州安充が開山)である。これも吉祥寺との縁が濃厚にあるといえよう。

なお、平成二十三年より二年かけて、『普勧坐禅儀』の保存修理が行われた。保存修理をした佐味義之氏によって、『普勧坐禅儀』の修理前の損傷状況、修理方針、修理仕様、修理行程、知見および考察がまとめられた報告書が『傘松』に掲載されている(佐味義之「国宝『普勧坐禅儀』一巻の保存修理について」)。詳しくは佐味氏の論稿に譲るが、次に掲げる事項を『普勧坐禅儀』の補足として追加しておきたい。

同論において、まず『普勧坐禅儀』の「料紙の紙質」は古来より中国で使用される竹繊維であること、また「巻子装解体」によって旧軸木は割軸構造になっていて、割軸上に「嘉永五壬子年七月吉日　永平寺寄進　古筆了伴(花押)」、割軸下に「嘉永五壬子年七月二十二日出来　江都下谷山下辻番鋪丁　経師名畑鋼次郎(花押)」と墨書されていることが判明した。これは解体することにより初めて知られたわけである。割軸上に書かれた点は、「古筆了伴極書」により明らかであったが、割軸下の墨書から経師の住所と名前が明らかになったわけであり、新しい情報といえる。古筆了伴と経師名畑鋼次郎の二人による連携は他の古文書でもなされた可能性が高い。宇治興聖寺と駒込吉祥寺および両寺の住職、永井尚政と尚申親子と畠山随世親子、古筆鑑定家の了伴と畠山随世、蒔絵師中山胡民、経師名畑鋼次郎等の人びとが直接間接に関与していることが、地縁や人縁を通じ浮かび上がったという点を指摘しておきたい。

なお、道元禅師の真蹟と伝える『正法眼蔵』「嗣書」(駒澤大学禅文化歴史博物館所蔵)にも、随世は寛文三年舞射(九月)上旬に後藤覚兵衛(素性不明、豪商か)に与えた添状がある(『修訂増補　道元禅師伝の研究』三八〇頁、掲載)。ただ、この添状に押される朱印「君水」は本史料のものとは違い、事例としては国文学研究資料館所蔵『古今和歌集』(和古書請求記号 99-2-1 ~ 1)を鑑定した延宝(七年)己未舞射(九月)下旬付けの添状と同様のものである。

参考文献

岩本勝俊編集『吉祥寺史』(吉祥寺、一九五三年)。

大久保道舟『修訂増補　道元禅師伝の研究』(筑摩書房、一九六六年)。

『森銑三著作集』十二巻(中央公論社、一九七一年)。

笛岡自照『永平寺雑稿』(古径荘、一九七三年)。

『国史大辞典』五(吉川弘文館、一九八五年)

『朝日　日本歴史人物事典』(朝日新聞社、一九九四年)。

『国書人名辞典』四巻(岩波書店、一九九八年)。

『永平寺史料全書』禅籍編　第一巻、一九～二一頁(大本山永平寺、二〇〇二年)。

佐味義之「国宝『普勧坐禅儀』一巻の保存修理について」(『傘松』八三六号、二〇一三年)。


(吉田道興)

寛文六年（一六六六）五月、若狭藩主酒井忠直、「若狭国紫石硯」を永平寺に寄進する。

57 酒井忠直硯銘

（硯 38.8cm×29.9cm×4.2cm）
（箱 42.3cm×33.8cm×10.3cm）

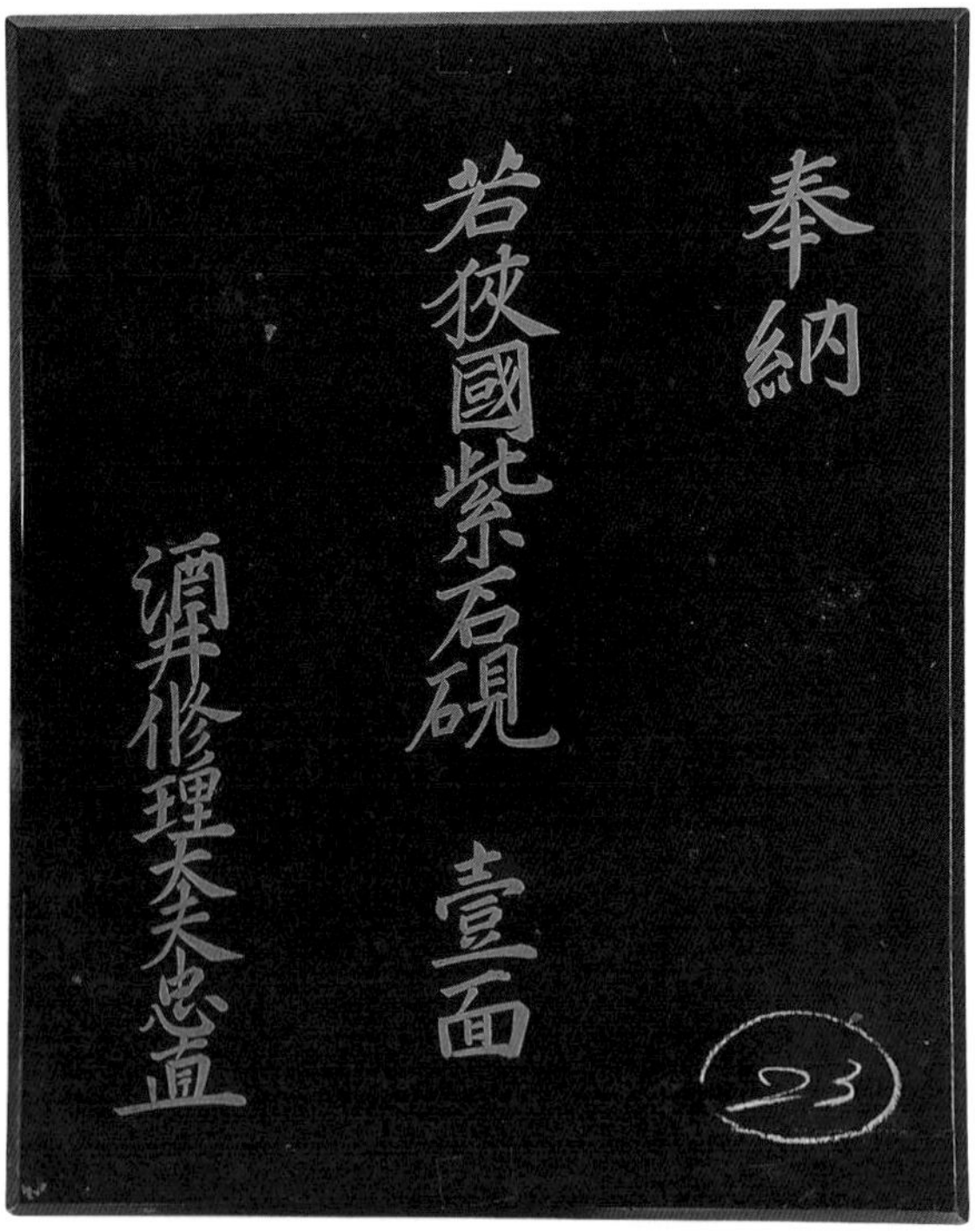

（箱蓋表書）

「奉納

若狭国紫石硯[1]　壱面

酒井修理大夫忠直[2]」

（硯表面上部）

紫潭祥雲

」

（硯裏面）

先考[3]若狭少将兼讃岐守源忠勝[4]、竭勤労蒙洪恩
賜若狭壱国暨数郡、余襲封其国郡、実
官家厚恵先考余慶也、若州土地、膏腴所産数品、就
中紫色之石、特鮮明堅緻、方今、命工雕刻為硯而
寄進越前国永平禅寺、夫硯寿者、也永伝千年、祝
国家繁栄也、弘文院[5]林子[6]、自先考相識故請之、記
其事、

寛文六年丙午仲夏　日

若狭国主従四品修理大夫源姓酒井氏忠直

【読み下し】

先考若狭少将兼讃岐守源忠勝、勤労を竭くし洪恩を蒙って若狭壱国曁数郡を賜り、余その国郡を襲封す。実に官家の厚恵と先考の余慶なり。若州の土地は、膏腴にして産する所数品、就中紫色の石は、特に鮮明にして堅緻、方に今、工に命じ雕刻し硯と為して越前国永平禅寺に寄進す。夫れ硯の寿は、また永く千年に伝え、国家の繁栄を祝すなり。弘文院林子、先考より相い識るが故にこれを請け、その事を記す。

【注】（1）紫石硯　「端渓紫石硯」（唐硯、小杉放庵記念日光美術館所蔵）や「渭原葡萄硯」（北朝鮮鴨緑江の左岸渭原、名古屋市蓬左文庫所蔵）の用例から、中国広東省肇慶市高要区南東斧果柯山や北朝鮮にもあり、日本の特産品（和硯）とは限らないようである。

（2）酒井修理大夫忠直　酒井忠勝の子忠直（一六三〇～八二）は、若狭小浜藩二代藩主、父忠勝の政治方針である主従関係を深め、治水事業に努めるなどその遺志を継ぎ、諸方の寺社に対し造営や修復等に尽力し、信仰心に厚い父子であったことが知られる。

（3）先考　亡き父のこと。

（4）若狭少将兼讃岐守源忠勝　酒井忠勝は、幼名小五郎、通称左衛門尉。江戸初期の大名。当初武蔵深谷藩主、次に同川越二代藩主、そして若狭小浜藩初代藩主、讃岐守となっている。明暦二年（一六五六）に致仕し、ついで万治三年（一六六〇）剃髪して空印と号した。三代将軍徳川家光に仕え、後に老中、大老となる。さらに家光の没後、四代将軍家綱を補佐している。忠勝は永平寺の仏殿・経蔵等の造営を行っている。経蔵は道元禅師四百回忌に描かれた「永平寺寺境絵図」（本巻No.38）中に見える。また本巻No.33「一切経献納碑銘」（林羅山撰）の解説も参照のこと。

（5）弘文院　「弘文院」とは、学問所を指し、名称として古く平安期・和気広世の建立したものが知られるが、これは江戸初期の学問所である。本史料の撰者林春勝（一六一八～八〇）、別号春斎の父林羅山が三代将軍徳川家光から上野不忍池の地に創建されたもので、「弘文館」（後の昌平黌）とも称す。

（6）林子　弘文院林子とは、「弘文院学士林子（林家の子息）」の意。その人物は、江戸初期の儒者林羅山の三男、名は恕・春勝、字は子和、号は春斎・桜峰・鵞峰・向用軒などと称す。彼には『国史館日記』『鵞峰林学士集』等の著書がある。若狭藩主の忠勝・忠直と儒家の羅山・春斎の父子二代にわたる親密な関係もこれらの資料により判明できたわけである。

【解説】　本史料は、寄贈者酒井忠直が、父である若狭国小浜藩初代藩主酒井忠勝の死去にともない、寛文六年（一六六六）夏、これを永平寺に永く伝えられ、さらに千年も国家が繁栄することを祈願し奉納したものである。当時の永平寺住持は、三十世光紹智堂（一六一〇～七〇）である。

本史料は、硯の表面上部に「紫潭祥雲」と刻字してある。永平寺の本史料に伝える近代の筆らしき【附属文書一】添文（筆者不明）には「紫潭祥雲の命名がしてある、恰も大山の聳え立つ風を偲ばせる、紫色の明瞭に出ている縦尺に横七八寸のもので、幽邃な山奥にある池を思わしめる貌をした墨池があり、自然そのままの赤みを帯びた石は雲の往来か風の調にさも似ている、紫潭祥雲の銘には流石にと首肯される」と記されており、後に「銘文」を書き起こしている（誤字含む）。

本史料は別に「鳳足石」とも称し、若狭国神宮寺（福井県小浜市）の【参考史料一】「鳳足石硯」（福井県立歴史博物館委託）があるように、周辺に多数存在している。

紫石は、福井県小浜市宮川地区に産する紫色（赤紫）がかった石（宮川石）をさす。本史料に類似するものに、若狭国龍泉寺（福井県小浜市）に所蔵される「龍泉寺紫硯」が知られる。これは、硯の裏面に記す銘文「天文三年二月五日献之　宮川住武田中務源元度（信高）」から、若狭国遠敷郡を領有していた新保山城（福井県小浜市）主武田信高が天文三年（一五三四）二月五日に同寺へ寄進したものである。同品は、宝暦十二年（一七六二）に小浜の文人木崎惕窓が偶然入手し、龍泉寺に寄納したものと伝える。その土地柄から、これが紫石とすれば、最も古い記録とされている（『石をめぐる歴史と文化』五〇頁）。

青雲山龍泉寺は、若狭国永厳寺（福井県敦賀市）末である。創建は、天文十年、新保山城主武田信高（法名は「龍泉寺殿蒲澗稜公大禅門」）による。彼の室は細川幽斎の姉宮川尼、開山は信高の子、大功文政（明峰派）である。

酒井忠直の父である忠勝は、寛永十二年（一六三五）十月二十七日付で、紫石の勝手な切り取りを規制し、油断なく管理すべき旨（藩の独占）を申し付けている（『福井県文書』）。

「続御事跡類説集考草稿」（小浜市立図書館、「酒井家文庫」蔵）によれば、寛文六年に酒井忠直が大社（24）・名刹（14）の合計三八ヶ所へ同品を奉納したことが記されている。以下、その寺社を列挙する。

伊勢神宮（内宮・外宮）・石清水八幡宮（山城）・賀茂大社（山城）・春日大社（大和）・日吉大社（近江）・住吉大社（摂津）・熱田神宮（尾張）・浅間大社（駿河）・三嶋大社（伊豆）・箱根神社（相模）・山王神社（武蔵）・香取大社（下総）・鹿嶋大社（常陸）・輪王寺（下野）・熊野大社（紀伊）・厳島神社（安芸）・白鳥神社（讃岐）・宇陀神社（大和）・阿蘇神社（肥後）・高良神社（筑後）・遠敷神社（若狭）・気比神宮（越前）・白山神社（加賀）・諏訪大社（信濃）《以上、大社》、神護寺（山城）・延暦寺（近江）・東大寺（大和）・四天王寺（摂津）・金剛峰寺（紀伊）・円教寺（播磨）・大山寺（伯耆）・観世音寺（筑前）・神宮寺（若狭）・永平寺（越前）・智恩寺（丹後）・信光明寺（三河）・寛永寺（武蔵）・松島寺（陸奥、瑞巌寺）《以上名刹》。

右の中、現存を確認できるのは、永平寺、若狭国神宮寺（じんぐうじ）、熱田神宮（あつたじんぐう）（愛知県名古屋市）、信光明寺（しんこうみょうじ）（愛知県岡崎市）である（【参考史料一～三】参照）。他の寺社においても何点か存在することは確実であろう。

信光明寺は、宝徳三年（一四五一）、三河国岩津城（愛知県岡崎市）主松平信光が祖父親氏・父泰親の菩提を弔うために建立した寺院である。開山は浄土宗鎮西派の釈誉存冏。親氏は松平氏・徳川氏の始祖とされる。

若狭国神宮寺は、和銅七年（七一四）開創の若狭一の宮の神願寺（じんがんじ）、鎌倉初期に若狭彦神社別当寺神宮寺と改名、豊臣時代に衰微し、明治時代に廃仏毀釈において衰滅後、天台宗に改宗し霊応山神宮寺と称し現在に至る。

信光明寺へ奉納された「若狭紫石硯」の銘文には、「奉納参州信光明寺」となっているだけで前後の文章は、本史料と同一である。同様に、若狭神宮寺の「若狭紫石硯」は「鳳足石硯」と名づけられ、その銘文中にも「寄進若狭国神宮寺」となっており、熱田神宮所蔵の「若州紫石硯」も銘文中に「奉納熱田大明神社」となっており、本史料と前後の文章は同一である。そのため、他の寺社に寄進されたものも、その形式や文章は、ほとんど同じと推定できる。

なお、福井県立若狭歴史民俗資料館の学芸員有馬香織氏から小浜市関係の資料と情報の提供を受けた。また、熱田神宮宝物館の学芸員内田雅之氏にも諸種のご協力とご便宜を頂いた。ここに記して御両者に深く感謝いたします。

参考文献

『熱田神宮史料　張州雑志抄』（熱田神宮庁、一九六九年）。

『小浜市史』藩政史料編一（小浜市、一九八三年）。

『国史大辞典』六（吉川弘文館、一九八五年）。

『福井県立博物館11回特別展・開館5周年記念　石をめぐる歴史と文化　笏谷石とその周辺』（福井県立博物館、一九八九年）。

『特別企画展　松平、徳川氏の寺社　岡崎に残る遺産と歴史』（岡崎市美術博物館、二〇〇〇年）。

『若狭小浜藩―大老酒井忠勝とその家臣団―』（福井県立若狭歴史民俗資料館、二〇〇九年）。

（吉田道興）

【附属文書一】　添文

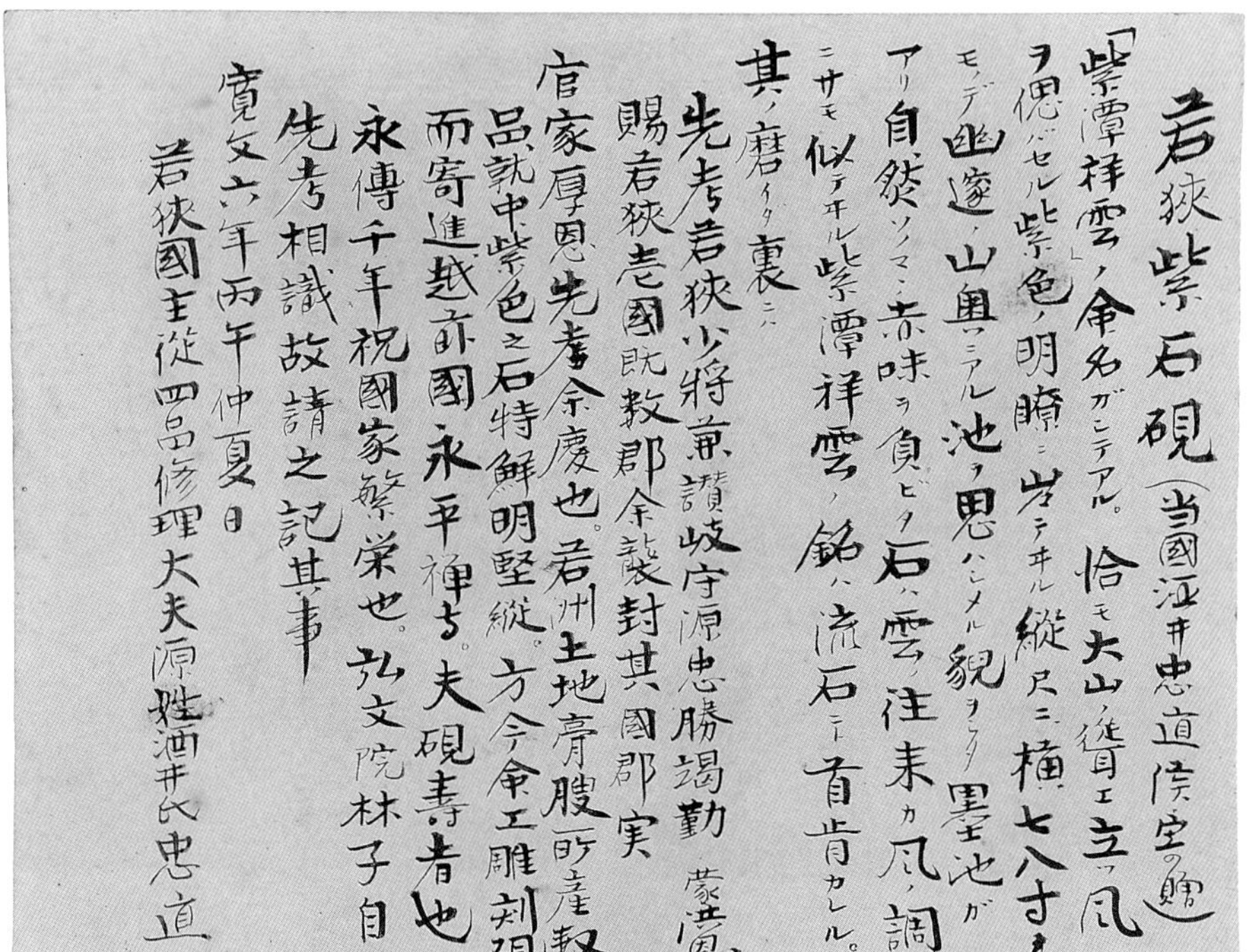
若狭紫石硯（当國酒井忠直侯定の贈）
「紫潭祥雲」ノ命名ガシテアル。恰モ大山ノ背ニ立ツ凡ヲ偲バセル紫色ノ明瞭ニ出テヰル縦尺二横七八寸ノモノデ幽邃ノ山奥ニアル池ヲ思ハシメル貌ヲナス墨池ガアリ自然ソノマヽ赤味ヲ帯ビタ石ハ雲ノ往来カ凡ノ調ニサモ似テヰル紫潭祥雲ノ銘ハ流石ニ首肯カレル。
其ノ磨イタ裏ニハ
先考若狭少将前讃岐守源忠勝竭勤蒙寵
賜若狭壱國既数郡余襲封其國郡実
官家厚恩先考余慶也。若州土地膏腴所産叔
品就中紫色之石特鮮明堅緻。方今命工雕刻硯
而寄進越前國永平禅寺。夫硯寿者也
永傳千年祝國家繁栄也。弘文院林子自
先考相識故請之記其事
寛文六年丙午仲夏日
若狭國主従四品修理大夫源姓酒井氏忠直

【参考史料一】紫石硯（神宮寺〈福井県小浜市〉所蔵、写真提供　福井県立歴史博物館）

【参考史料二】紫石硯（熱田神宮所蔵）

【参考史料三】紫石硯(信光明寺〈愛知県岡崎市〉所蔵、写真提供　岡崎市美術博物館)

58 長光院墓塔

（寛文六年〈一六六六〉七月二十二日）、長光院、死没し、永平寺境内菩提苑に墓塔が建立される。

（高さ288.5㎝×横134.0㎝）

（墓塔正面銘）

長光院　春庵青華大信女　霊位

【解説】　この墓塔は現在寂光苑に所在する。永平寺住職世代墓の入口に、向かって右側から、長光院・成弁院（本巻No.30）・永寿院（本巻No.31）の順序で建てられている。

　この三基に祀られている人物は、福井藩主松平氏に関係する乳母、御局に相当するものと思われる。もともと、これらの墓塔は旧菩提苑（現通用門、一華蔵辺）にあったもので、昭和五年の二祖国師六百五十回忌の折に現在地に移転したものである。

　長光院は福井藩主五代松平光通（まつだいらみつみち）（一六三六～一六七四）の乳母で、光通死去の延宝二年（一六七四）より八年前の寛文六年（一六六六）七月二十二日に没している。

　福井藩主松平家の墓地を管理する高野山蓮花院（和歌山県伊都郡高野町）には、天保十三年（一八四二）に書写された「紀州高野山御石塔略絵図」が所蔵されている。これには「紀州高野山、御石塔記録」とあり、福井藩の親戚、津山藩御帳附役伊藤清八郎が登山し、取り調べをしたという識語がある。この史料には長光院殿墓塔は次のように記される。

【史料】長光院殿墓塔

美濃部半七茂成母
大安源公乳母也
長光院殿　慶寿院殿
大安院殿御石塔ノ間小〔尓カ〕後へ退有之
御影石ニテ如図

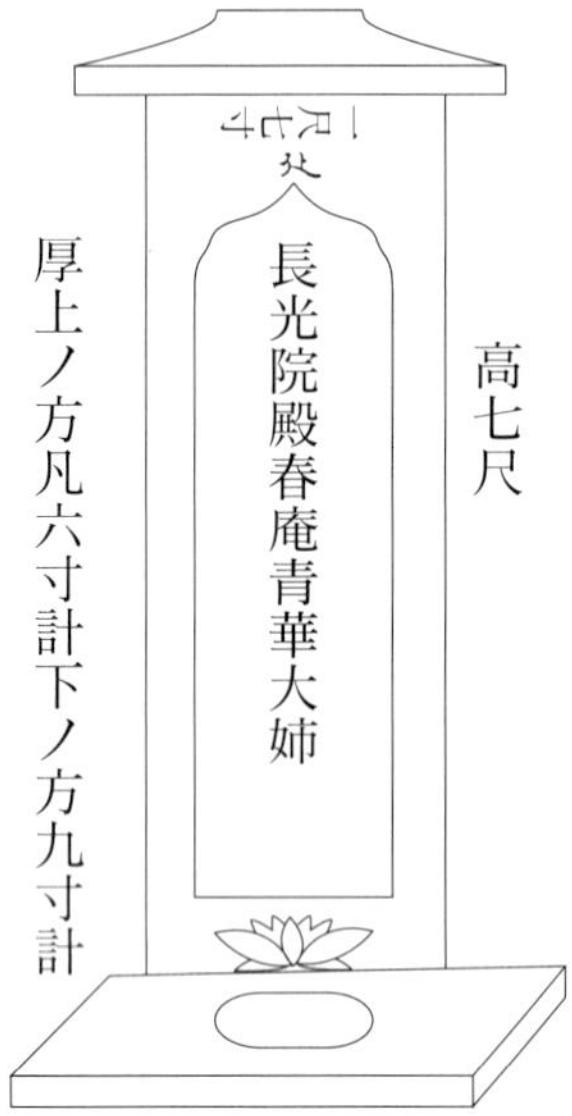

墓塔に刻される梵字は、「地」を指す「ア」と思われるが、史料に記されている文字をそのまま示した。これによれば、長光院殿は美濃部半七茂成の母、松平光通の乳母であることが確認される。また、絵図には長光院殿の墓塔の法量と銘文が記されている。墓塔は、御影石でできており、高さが七尺、墓塔上の厚さが六寸、下の厚さが九寸であり、横幅が一尺七寸である。そして、墓塔には「長光院殿春庵青華大姉」と銘が記されている。

本絵図にも、長光院殿の没年号は記入されていない。長光院の事績については、福井市金屋町の弘祥寺跡に、寛文六年七月に、子息美濃部半七茂成（高野山蓮花院「過去帳」）が建立した「局・俗にうばの墓」がある。この石塔には、「長光院殿春庵看(ママ)華大信女」とあるものの、笏谷石の墓塔が所々摩滅して判読ができない。戒名の「青」は、「看」と明治十七年三月に発行された『福井県足羽郡誌』で解読している。そして、墓塔の右側に「寛文六丙午暦七月廿二日造立之」とある。同郡誌によると「奥行き三間巾四間の石柵が回されて」いたという。現在はこの隣に「貞性院殿柏英□□居士」、右側に「美濃部□□□貞享三年□(全)□造之」と読める墓塔があり、これも子息が建立したものであろう。

弘祥寺旧跡の説明板によれば、長光院は光通の乳母として、金屋の臨済宗弘祥寺跡を松平光通に訴えて、福井県福井市大安寺四世黙印素周（住職一六七三～八一）を拝請して伽藍を復興、光通も二〇石の御朱印を寄進したが、明治の廃仏毀釈になり、大安寺に合併されたという。

松平光通は延宝二年三月、三十九歳で自刃するが、乳兄弟にあたる美濃部茂成も出家して、近江に一寺を結び菩提を弔っている。これは幕末の福井藩主松平春嶽の『真雪草紙(みゆきぞうし)』にみえる。それには「幕末期、藩士が近江の草堂の中に安置」されている松平光通の木像を発見したとある。寺伝によると長光院が製作したものだという。このため、美濃部家のものが近江に派遣され、交渉の結果、光通の木像と長光院の木像を藩士の佐々木長淳が移して福井の松平家菩提寺の運正寺（福井県福井市）に納めたという。

現在、円光寺旧跡（滋賀県大津市）には、次のような由来を書いた看板がある。

> 当寺は元来桂昌庵と号していたが延宝六年戊年（一六七八）、宝鏡山円光寺（臨済宗妙心寺派）と号し、地蔵寺盤珪禅師の弟子休山禅師により再興す。（県公文書より）
>
> 休山禅師（俗名美濃部半七）は、母親（長光禅尼）が福井藩主第四代松平光通公の乳母として仕えていたことから、光通公が延宝二年三月卒去されたことを知り、今までの光通公から受けたご厚恩を感じ奉り、光通公の木像を刻み、盤珪禅師に師事し、休山禅師となり、円光寺を再興し、光通公の御霊を弔う。（松平家家譜より）
>
> 元禄十七年三月休山禅師没す、当寺境内に墳墓あり。
>
> 明治維新後、政府の神仏分離政策により廃仏毀釈の運動がおこり、明治十三年九月十三日京都山科の華山寺と合併、廃寺となる。
>
> 平成二十一年三月五日
>
> 円光寺を考える会
>
> 穴太町自治会

旧境内には光通や春光院等の墓塔も存在している。さて、長光院の子息休山は盤珪永琢（一六二二～九三）の弟子という。盤珪は臨済宗の僧侶であるが、藤本槌重著『盤珪国師の研究』付録「盤珪法脈図」には休山の名前がみえない。盤珪は四十三歳の寛文四年に山科の地蔵寺を再興している。この折、美濃部半七は盤珪の弟子になったと思われる。盤珪は京都と江戸を往来の時に地蔵寺に足を止めたといわれるが、地蔵寺は明治維新後、北花山の花山寺に合併、更に休山の円光寺も花山寺に合併している。

また、長光院が福井市金屋町の弘祥寺を再興し、その本寺臨済宗の大安寺との関係が伺えるから、子息休山との関係も模索されるが詳しい事はわからない。

それでは長光院の墓塔は、いつ頃永平寺境内に建立されたのであろうか。『越藩史略』には「公の墳墓をまた永平寺及び紀州高野山に建つ」としているから、先に触れた如く、大安院の墓石が延宝三年の小祥忌までには完成したといえる。乳母長光院の墓塔も、ともに福井藩によって建立、翌四年には六代藩主昌親が大安院石塔料として永平寺に二〇石を加増している（本巻No.95）。

長光院は、福井藩の中では光通の乳母として特別扱いされ、子息半七は乳兄弟の関係で有名な盤珪に弟子入りし、主君光通の菩提を供養したといえる。

参考文献

藤本槌重『盤珪国師の研究』（春秋社、一九七一年）。

井上翼章編・三上一夫校訂『越藩史略』（歴史図書社、一九七五年）。

石橋重吉『若越墓碑めぐり』（歴史図書社、一九七六年、初版一九三〇年）。

足立尚計『ふくい女性風土記』（日刊県民福井、一九九六年）。

『越前松平家と大安禅寺―殿様が建てたお寺の宝拝見―』（福井市立郷土歴史博物館、二〇〇六年）。

足立尚計訳註『現代語訳真雪草紙（みゆきそうし）』（福井県観光営業部ブランド営業課、二〇一二年）。

（熊谷忠興）

寛文八年（一六六八）二月二十六日、関三ヶ寺、師家以下、分限に応じ、衣類の素材を定める。

59 関三ヶ寺掟書写

（『代々』71オ〜71ウ）

掟

一、師家衣類不可過絹紬、并衆（「頂」脱カ）以上同師家、

一、遍歴徒衣類不可過紙綿布、

一、不致遍歴持参（寺）僧者、不可過絹紬、附不修行不持寺僧者、不可過紙綿布、

右件目、違犯可為重科、（「者也」脱）

総寧寺
一間(1)判

寛文八戊申年二月廿六日　大中寺
月洲(2)判

龍穏寺
大了(3)判

○写真版は本巻958頁下段〜959頁上段に掲載。

【読み下し】

一つ、師家の衣類は絹・紬を過ぐべからず。并びに衆頂以上は師家に同じ。

一つ、遍歴の徒の衣類は紙・綿・布を過ぐべからず。

一つ、遍歴を致さず寺を持つ僧は、絹・紬を過ぐべからず。附けたり、修行せず寺を持たざる僧は、紙・綿・布を過ぐべからず。

右の件目、違犯せば、重科たるべきものなり。

【注】（1）一間　一間祖峰のこと。永平寺三十世光紹智堂（？〜一六七〇）の法嗣。『曹洞宗文化財調査目録解題集六　関東管区編』所掲の総寧寺（現千葉県市川市）世代表には見えない。『江戸時代洞門政要』は総寧寺前住とし、『曹洞宗全書系譜』は総寧寺二十三世とし、『曹洞宗全書大系譜一』は養徳寺開山とする。なお、『江戸時代洞門政要』等は「一関」と表記する。

（2）月洲　月洲尊海（一六〇八〜八三）のこと。永平寺三十一世で芳山月洲と諡された。相模国天岳院（神奈川県藤沢市）の鉄外呑鷟に嗣法して寛永十九年（一六四二）に天岳院六世となり、寛文二年

（一六六二）には下野国大中寺（栃木県栃木市）の十八世となる。寛文十年に光紹智堂に嗣いで永平寺に住した。

（3）大了　大了愚門（だいりょうぐもん）（一六一三〜八七）のこと。永平寺三十二世で因光大了と諡された。月洲尊海の法嗣で、明暦二年（一六五六）には江戸青松寺（東京都港区）、寛文七年には武蔵国龍穏寺（埼玉県入間郡越生町）二十五世となり、延宝四年（一六六七）に永平寺に住した。

【解説】　本史料は、寛文八年（一六六八）時点で、関三ヶ寺（龍穏寺・総寧寺・大中寺）が曹洞宗諸寺院に対して、師家や学人などの分限に応じた衣類の素材を定め、その定を守るべき旨命じたものである。なお本史料は『江戸時代洞門政要』「第一篇制度」に「(六)掟」として収載されており（二一一〜二一二頁）、本史料の欠字は『洞門政要』によって補った。本史料が規定する具体的な定は以下の通りである。

　師家分上の僧侶と衆頂（首座か？）以上の僧侶は絹や紬より上質な織物の使用を禁じている。遍歴の徒（修行中の学人）は紙・綿・布（麻・苧（からむし）・葛（くず）などの繊維でおった織物）より上質な織物の使用を禁じている。修行せず寺院の住職を務めている僧侶は絹と紬より上質な織物の使用を禁じている。さらに修行もせず寺院の住職を務めてもいない僧侶は紙・綿・布より上質な織物の使用が禁じられている。

　この時期以前の曹洞宗僧侶の衣類について考察する史料として、興聖寺（現京都府宇治市）文書にある慶安元年（一六四八）四月日付の「関東従三ヶ寺学文法度之壁書之事」を掲げておこう（『宇治興聖寺文書』一巻二〇頁）。

関東従三ヶ寺学文法度之壁書之事

一、近年曹洞之師学もうす（帽子）を略し、すみつきん（角頭巾）をなし、ほう衣（布衣）を略して木綿衣を着す、綿衣之袖は地にたれ路ほうのちんあい（塵埃）をはろふ、外にはしゆしやう（殊勝）をつくりなし、内にはしつかいりよゐんをけうこす、此等のとたう（徒党）於諸山かたくきよやう（許容）すへからさる事、

一、へんさん（遍参）の輩は布衣を着よ、是をぬかハきやふ（脚布）を腰に巻へし、但途中往還之時は布衣をはしおり、玉たすきあけ修行之体たらく想て、前々之ことく師匠を求、友をゑらひ洞家の法を可守事、

一、今時分学文僧の体たらく両様にして、布衣の僧と

木綿衣の僧とけんまくをあらはし、あらそいをふかくする事有、自今以後雑学をもつはら(専)にする木綿衣の輩、江湖の頭幷法之弟子に不可定、尤衣を替さすへからさる事、

一、へんさん(遍参)する僧共、古跡之寺にかんなん(艱難)之修行をきらい身持の安きを好、或ハ都へ登り或ハ遠国にたゝすミ、似合さる友を引さそひ年月を送る、此等之師学者堅可令法度事、

一、先年如仰出之遠近に不限、諸寺諸山其所に相応せさる住持私ニ不可定、其上師匠をすへき僧ハ、先規を守新法を不可立事、

右之条々於相背者可任御朱印之表者也、

総寧寺英峻(高国)

大中寺門解(蘆関)

龍穏寺嶺樹(鉄春)

慶安元戊子首夏日

可睡斉松頓

総持寺

永平寺良頓(北岸)

この「壁書」は、代語講録事件(雑学事件)の発端となったもので、新たな曹洞宗統制の仕組みの枢要である両本山と関三ヶ寺および可睡斎(かすいさい)(静岡県袋井市)の連署で出されている。「壁書」では、当時僧侶の間で新たに用いられた角頭巾や木綿衣の使用などを禁止し、遍参(へんざん)の僧侶(学人)には脚布の上に布衣(麻等の衣)を使用することや、師を求めよき道友を択ぶ従来通りの遍参を曹洞宗のならいとして推奨している。特に、当時、布衣(麻の衣)を用いる修行僧と木綿衣を用いる修行僧とが争っているとし、関三ヶ寺等の僧録方は「雑学をもつはらにする木綿衣の輩」を首座としたり嗣法を許したりしてはならないと規定していることは注目される。

さらに次に掲げるように、享和元年(一八〇一)十二月に関三ヶ寺から寺社奉行に差し出された文書によれば、平僧、立職、嗣法転衣などの分限に応じた衣や袈裟の素材と色について、実に詳細な規定がなされるに至っている(『江戸時代洞門政要』一一二頁)。

一、沙弥並遍参之僧、袈裟衣之次第、衣は紺黒色或は蝋引布麻細美之類着用仕、但し袖衫附之儀は不相成候、袈裟は九条七条、右同様布麻紺黒色にて着用仕、五条衣平日は掛落(絡)と相唱申候、是は遍参中も絹紗縮緬綸子純子之類黒紺色にて着用仕候、

一、江湖頭相勤候長老袈裟之次第、衣は黒紺色にて紗緞子絹紬縮緬之類にて袖は色衫附を着用仕候、袈裟は九条七条五条共に絹紗縮緬綸子純子之類黒紺色にて着用仕候、
但し一生出世之望無之塔司等へ住職仕候平僧着用之衣は、黒紺紗緞子にて袖衫附候儀は不相成候、袈裟は七条五条絹紗緞子黒紺色にて着用仕候、
一、御綸旨頂戴転衣之和尚袈裟次第、衣は紫衣を除き何色にても色衣着用仕候、袈裟は廿五条九条七条五条等錦金襴紗其外諸品之色袈裟着用仕候、

享和元辛酉年十二月　富田　大中寺恵源（霊岳）
越生　龍穏寺慧苗（天産）
国府台　総寧寺宣峰（独雄）

寺社奉行所

本史料は、江戸時代幕藩体制下での曹洞宗僧侶の身分による統制が進展する一過程を示すものであるといえよう。なお、この統制の進展は、江戸時代のはじめに曹洞宗の学問の正統性を争った代語（だいご）講録事件（雑学事件）、『正法眼蔵』を中心とする道元禅師の撰述に依拠する宗乗の方向性が定まった宗統復古、幕府による本山版『正法眼蔵』開板の允許（一七六九）という、いわゆる江戸宗学の生成過程とも無関係とは思われない。

本史料が収録されている『代々』については、本巻No.10の解説を参照されたい。

参考文献

横関了胤『江戸時代洞門政要』（東洋書院、一九三八年）。
中山成二「「代語講録事件」考」（『曹洞宗研究員研究紀要』一一号、一九七九年）。
安藤嘉則「万安」（『道元思想のあゆみ3江戸時代』、吉川弘文館、一九九三年）。

（岩永正晴）

寛文八年（一六六八）二月、江戸幕府寺社奉行、寺院伽藍の作事にあたり、梁行の間数等を規制する。

60　江戸幕府寺社奉行覚書写

（『代々』24オ〜24ウ）

覚

一、梁行(1)京間(2)三間を限るへし、但桁行(3)ハ心次第たるへし、
一、仏壇・つの屋(4)京間三間四方を限るへし、
一、四方しころ庇(5)京間壱間半を限へし、
一、小棟作(6)たるへし、
一、ひち木作(7)より上の結構無用たるへし、
右、堂舎・客殿・方丈・庫裏、其外何ニ而茂、此定ゟ梁間広作へからす、若広く可作之子細於有之者、寺社奉行所江申伺之可任差図候、以上、

寛文八年申二月

○写真版は本巻935頁上段〜下段に掲載。

【読み下し】


一つ、梁行は京間三間を限るべし。但し桁行は心次第たるべし。

一つ、仏壇・つの屋は京間三間四方を限るべし。

一つ、四方しころ庇は京間壱間半を限るべし。

一つ、小棟作りたるべし。

一つ、ひち木作りより上の結構無用たるべし。

右、堂舎・客殿・方丈・庫裏、其の外何にても、此の定より梁間を広く作るべからず。若し広くこれを作るべき子細これ有るに於いては、寺社奉行所へこれを申し伺い差図に任すべく候。以上。


【注】（1）梁行　建物の棟を支える梁の長さのこと。
（2）京間　柱間を曲尺の六尺五寸（約一・九五メートル）に取り、これを一間とするもの。これを本間・大間ともいう。別に四寸角の柱の中心から測り、二寸を減じて六尺三寸（約一・八九メートル）を一間とするものを中京間という。京都地方の住宅や寺社建築には普通に中京間が用いられた。
（3）桁行　桁は家や橋などの柱の上に渡してその上に

のせる梁を受けさせる材木。桁行は家の桁のわたされている方向。また、その長さ。

(4)つの屋　角屋のこと。民家で別棟を長方形平面ではなく、T字形などに突き出して作られた建物。

(5)しころ庇　錣庇。普通の屋根の軒から少し下がったところに、片流れにとりつけた庇。兜の錣にその形が似ているところからいう。

(6)小棟　小さい棟のこと。

(7)ひち木　肘木は、斗の上に乗る横木のこと。

【解説】　寛文八年(一六六八)二月、江戸幕府寺社奉行より出された寺院伽藍の建立にあたり梁の間数等を規定した定である。

本史料が出された寛文八年の二月は、江戸が大火に見舞われた月であった。一日には、牛込の酒井忠直屋敷より出火し、四日には鮫ヶ橋より出火して赤坂より日ヶ窪に飛び火して三田・高輪まで焼失、六日には小日向から出火するなど、その被害は武家屋敷二、四〇〇余り、寺社一三〇余り、町屋一三二町、農家一七〇におよんだ(『東京市史稿』)。幕府は明暦の大火(一六五七)後、府内の寺社を大外堀の外に移転させるが、寛文八年の大火後も残った寺院を移転させている。この寛文八年二月の火災と同月に出された本史料は、寺院伽藍の梁行等の間数を制限し、寺院建築の規模の縮小を打ち出した。また、肘木作りより上部の構えは無用とするなど、華美な寺院建築を禁止しているのである。これは堂舎・客殿・方丈・庫裏はもちろん付属の施設についても同様としている。

つまり幕府は焼失した寺院を大外堀に移転させるにおよんで、その規模に制約を掛けたのである。なぜこのような制約を課したかは、本史料では明らかにできないが、こうした寺院建築の規模の縮小に関する法令はこの後も出される。

時代は下るが、江戸は享保二年(一七一七)正月と十二月にも大火にあい、大きな損害を出している。大火の後、幕府は寺院再建にあたり寺院建築に制限を加えている。同三年六月の「覚」では「今度類焼の寺院の普請かるくいたすべく候、もっとも焼失以前の間数よりちいさく作り候様心得べく候、この度、作り候寺院、焼失以前は間数等何程に候得共、このたびはあい減じ、何ほどに作り候と申儀、絵図に仕り、差出候様にいたさるべく候」としている(『御触書寛保集成』一一九〇番、六一三頁)。つまり、焼失以前より間数を減じて規模を小さくすること、焼失前と新しく建立した建物の間数の差を明記し、絵図とともに差し出すよう命じているのである。さらに同「覚」では「普請につき、檀方へ奉加など申し候とも、強くせり立て候ては、難儀たるべく候間、寺々にてその心得これ有るべく候」とあり、焼失した寺院の再建にあたっては、寺側が檀家に対して、建築にかかる費用の寄付を強く催促することを禁じているのである。

圭室文雄氏は『日本仏教史　近世』の中で、「幕府が、この時期(享保三年六月)の寺院の建築が、檀家にかなり経済的負担をかけるものとしてとらえていたことがわかる。(中略)(寺院への寄付は)強力な檀家制度につなぎとめられているだけに、断ることはできなかったことであろう」と述べている(同書、三〇九頁)。つまり圭室氏は、寺院再建にあたっての檀家の負担軽減が、こうした寺院規模縮小を命じた法令発布の狙いの一つであったと指摘する。

しかし、享保三年の「覚」は寛文八年に発給された本史料とは五十年も隔たりがあり、圭室氏の挙げた理由がこの時期にもそのまま当てはまるかどうかについては一考の余地があるものと思われる。

本史料の発給は、前述の如く、寛文八年二月の火事で焼失した寺院の再建を行うにあたり、これまで華美に奔る傾向にあった寺院建築への制限を目指したものであることは明らかである。しかし、同時期こうした寺院を建立する主体は大名・旗本等であったであろう。そのため、享保三年の「覚」を事例に圭室氏が述べたような檀家(庶民層)の負担軽減を意図したというよりは、大外堀の外に寺院を移転するにあたり、さらに広大な寺域と壮大で華美な寺院建築を望んだであろう大名・旗本等に対して、彼らを押さえることを意図した法令発布と考えられないだろうか。

本史料が収録されている『代々』については、本巻No.10の解説を参照されたい。

参考文献

『東京市史稿』変災篇　四(東京市、一九一七年)。
高柳眞三・石井良助編『御触書寛保集成』(岩波書店、一九七六年)。
井上光貞監修『図説歴史散歩事典』(山川出版社、一九九六年)。
圭室文雄『日本仏教史　近世』(吉川弘文館、一九八七年)。

(遠藤廣昭)

寛文九年（一六六九）七月二十四日、道正庵十九世卜順、道正庵元祖隆英の画像に賛文を記す。

61　道正庵卜順賛道正庵元祖隆英画像写

（軸装　137.8cm×41.0cm）

（箱蓋表書）

「　道正大庵主肖像　　一軸

（貼紙）
「軸
　第廿号」

（箱蓋裏書）

「　画所預正五位下伊勢守藤原光清(1)□（朱印文「光清之印」）」

道正菴元祖道正大菴主肖像讃序

道正菴元祖道正大菴主肖像讃序

原夫縣山従三位藤原隆英卿碩儒宏學而為鼎輔之器諸家播
紳之徒雖伏而歴仕實未大顯莫不蔭其德宇於是全眼官億兆
納言而不遂且外祖父源仲家戰于宇治川而自殺故嗟嘆之餘薙髪
法名道正乃廻鷲名區欲見明眼斯時道玄禪師入宋道正亦同侶謁
天童如淨而一朝聞雞聲豁然大悟燒香礼拜去季然後催帰楫
玄禪師絶死不意老嫗出現與一丸藥弁蘇矣道正傳正方是神仙
解毒万病圓也由是為曹洞家必備之霊劑也凡治諸病之妙豈圖因盖於四
海尓来帰　本朝世曰三教老人　安貞上皇累徴踞于禪榻不起
而使嫡男隆英朝臣相續於縣山家仕　朝矣不文人物而絶慶弔之礼自
免老終矣下棺于宇治興聖寺隅云讃曰

道正德輝倭漢旌切儒而克明兼樂孔風禪而戴徹
既謁天童神藥之祖今古恢洪緇徒之慈去来設葱
三教之號盛名極崇　安貞之詔辞栄善終
無窮永誉宇内感通

寛文己酉七月廿有四日道正菴第十九世裔法眼藤原德邑下頓敬識

嘉永五年壬子七月二十七代法眼藤原隆禧勝順寫画及讃　八十一老大翁代菴主書

道正庵元祖道正大庵主肖像讃序

原夫、県山従三位藤原隆英卿[2]、碩儒宏学[3]而為鼎輔之器[4]、諸家搢紳之徒[5]雌伏而、虚往実来[6]、大概莫不蔭其徳宇、於是同服官僚競、納言而不遂、且外祖父源仲家[7]、戦于宇治川而自殺、故嗟嘆之余薙髪、法名道正、乃廻鷲名区[8]欲見明眼、斯時道玄禅師[9]入宋、道正亦同侶、謁天童如浄、而一朝、聞鶏声、豁然大悟、焼香礼拝去焉、然後、催帰楫[10]、玄禅師絶死、不意老媼出現、与一丸薬再蘇[11]矣、道正伝正方、是神仙解毒万病円[12]也、由是為曹洞家必備之霊剤也、凡治諸病之妙、豈図固蓋於四海、爾来、帰　本朝、世曰三教老人[13]、　安貞上皇累徴踞[14]、于禅搨[15]不起、而使嫡男隆実朝臣[16]相続於県山家、仕　朝矣、不交人物、而絶慶弔之礼、自免老終矣、下棺于宇治興聖寺隅[17]云、讃曰、

道正徳輝、倭漢旌功、儒而克明、茲楽孔風[18]、禅而載徹[19]、
既謁天童、神薬之祖、今古恢洪[20]、緇徒之慈[21]、去来設葱[22]、
三教之号、盛名極崇、　安貞之詔、辞栄善終[23]、
無窮栄誉、宇内感通[24]、

寛文己酉七月廿有四日、道正庵第十九昆裔法眼藤原徳幽卜順[25]敬識

嘉永五年壬子七月、二十七代法眼藤原隆禧勝順[26]写、画及讃、八十一老大鋼[27]、代庵主書

【読み下し】

原るに夫れ、県山従三位藤原隆英卿、碩儒宏学にして鼎輔の器たり。諸家搢紳の徒に雌伏し、虚にして往き、実にして来たる。大概その徳宇、蔭われざることなし。是において同服の官僚と納言を競えども遂げず。且つ外祖父の源仲家、宇治川に戦いて自殺す。故に嗟嘆の余り薙髪す。法名は道正、乃ち名区を廻驚し明眼に見えんと欲す。斯の時、道玄禅師入宋するに、道正も亦た同侶たり。天童如浄に謁して、一朝、鶏声を聞き、豁然として大悟し、焼香礼拝して去る。然る後、帰楫を催すに、玄禅師絶死せんとす。不意に老媼出現し、一丸薬を与うるに再蘇す。道正、正しく伝うる、方に是れ神仙解毒万病円なり。是れより曹洞家、必備の霊剤となすなり。凡そ諸病を治すの妙、豈に固より四海を蓋うことを図らんや。爾来、本朝に帰る。世に曰く三教老人と。安貞上皇、累ねて徴するも踞り、禅搨より起たず、嫡男隆実朝臣をして県山家を相続せしめ、朝に仕わす。人物に交わらず、慶弔の礼を絶ち、自ら免れ老い終る。棺を宇治興聖寺の隅に下すと云う。讃じて曰く、道正の徳輝、倭漢に功を旌わす。儒にして克明、茲に孔風を楽しむ。禅にして徹を載ね、既に天童に謁す。神薬の祖、今古に恢洪す。緇徒の慈、去来して葱を設く。三教の号、盛名は極めて崇し。安貞の詔、辞して栄れ善終せむ。無窮の栄誉、宇内を感通す。

寛文己酉七月廿有四日、道正庵第十九昆裔法眼藤原徳幽卜順敬て識す。

嘉永五年壬子七月、二十七代法眼藤原隆禧勝順写す。画及び讃、八十一老大綱、庵主に代わり書す。

【注】（1）正五位下伊勢守藤原光清　土佐派別家三代土佐光清（一八〇五～六二）、父は土佐光孚（一七八〇～一八五二）。土佐派別家は本家十九代光芳の次子光貞が初代、父光孚は光貞の子。光清は豊前介・伊予守・土佐守なども歴任。従六位下から正五位下に昇級。土佐派の源流「大和絵」の研究を行う。

（2）県山従三位藤原隆英卿　『道正庵系譜』（木下長彦氏所蔵）の「道正庵元祖隆英」の項には、嘉応元年（一一六九）誕生、母は六条蔵人源仲家の娘、清水谷大納言公定（実経カ）の養子、号は県山、京洛木下に住し、世に木下殿と称し、外祖父源仲家が宇治川の戦で破れ自殺後、薙髪し道正と名乗る。ところが末尾に宝治二年（一二四八）七月二十四日、七十八歳で薨じ、宇治興聖寺に葬られる。入宋以前に廓然と号し、帰朝以後に道正と追記し矛盾した記述をしている。そもそも明全と入宋した同侶「廓然」は中国で客死している（『永平広録』第十「看然子終焉語二首」）。道正庵十九世卜順が記した「道正庵元祖伝」には、京極法住寺相国為光公九世の裔、弾正少弼顕盛朝臣の男、清水谷大納言公定卿の養子と父の名が加わる（『文書編』一巻No.139）。いずれもその内容は、隆英の存在を歴史的に関連づけるには至らないであろう。「従三位」も根拠なく疑わしい。

（3）碩儒宏学　碩儒は碩学のことで、学を究めた大学者をさす。「宏学」の用例なし。卜順の造語か。「宏碩」「宏儒」の用例あり（『大漢和辞典』）。

（4）鼎輔之器　鼎輔とは大臣「三公」をさす。中国皇帝の臣下・最高位の三人。高級官僚の器量者。各時代によって異なる（『中国歴代官制簡表』）。日本では、太政大臣・左大臣・右大臣に相当する。

（5）搢紳之徒　笏を紳（大帯）にさしはさむ。転じて朝廷に仕える高官をいう。高貴の人。紳士・縉紳（『大漢和辞典』）。

（6）虚往実来　『荘子』徳充符篇の「虚往実帰」に由来する語句。頭中を空にして出かけ、充実して帰ること。師などから無形の感化や徳化を受けるたとえ。

（7）外祖父源仲家　平安末期、河内源氏の武将。源義賢の嫡男、八条院蔵人・帯刀先生、木曽義仲の異母兄。また源頼朝・義経の従兄弟に当たる。『道正庵初祖伝』によれば、父義賢が源義平に討たれたので源頼政の養子となる。治承四年（一一八〇）五月二十六日、宇治川の合戦で自殺したという。

（8）廻鶩名区　「廻鶩」の用例見あたらず。「廻翔」・「廻旋」と同義か。「早馬で駆け巡る」の意。名区とは「すぐれた土地」「名勝地」の意。

（9）道玄禅師　『古写本建撕記（瑞長本）』「詠歌」の後「道元禅師縁記」に道元禅師の「諱号の事」として「道元、希玄、義元、仏法禅師」を挙げる内に含まれないが、寛元四年（一二四六）の動静中「永平庫司」の末尾に「開闢沙門道玄華押」（面山撰『訂補建撕記』）

とある。道正庵関係の文書に、道正庵十九代卜順以降、この「本朝曹洞初祖道玄禅師」「道玄大徳大禅師」「道玄禅師」「道玄大禅師」等と記されている（永平寺所蔵『道正庵備忘集』・元禄十一年（一六九八）七月二十四日、二十二世木下貞順誌「道正庵四百五十回忌」等）。この遠忌の時、永平寺三十六世融峰本祝が道正庵「高祖隆英木像」に点眼供養のうえ承陽庵に安置している。

(10)帰楫　『大漢和辞典』に「帰楫」の用例はないが、「帰心」「帰省」の意であろう。「楫」は船のかじ・かいをさす。船を早く進める意となろう。

(11)再蘇　『大漢和辞典』に「再蘇」の用例なし。「蘇生」「再生」の意であろう。

(12)神仙解毒万病円　当該薬の製造は「伝承」として元祖隆英に発するが、実際のところ不明である。道正庵とは別に伊勢神官の久志本家製造に関する記事が天文三年（一五三四）成立の『管蠡備急方』中巻に「神仙解毒万病円」の効能書きと処方等を掲載、また『神官医方史』には、「天正年中（一五七三～九二）、後陽成天皇に「神仙解毒万病丸」を献上、御宸筆を拝領した」（一二四頁）と記す。道正庵の販売関係文書は、道正庵十八世休甫の慶長十二年（一六〇七）四月二日「ふく起請文」・同年八月八日「にせ薬販売」等から確認される（永平寺所蔵道正庵文書）。同薬の宣伝に関連する史料は、同十九世徳幽卜順記「道正庵由緒記」（寛文十一年〈一六七一〉撰）の記事等に基づく。道正庵元祖木下隆英（道正）と当該薬における道元禅師伝の初出は、江戸期の版橈晃全撰『僧譜冠字韻類』「道元伝」（貞享二年〈一六八五〉撰・元禄元年刊）であり、次いで面山瑞方撰『訂補建撕記』（宝暦四年〈一七五四〉刊）等がある。薬名は、他に「解毒万病円」「解毒円」「解毒丸」「稲荷明神霊薬」等と称される。

(13)三教老人　道正庵元祖隆英の尊称。三教とは、儒教・道教・仏教をさし、その通達者をいうが、裏づけ史料に欠ける。卜順による誇張表現か。

(14)安貞上皇　安貞年間（一二二七～二九）在位の天皇、すなわち第八十六代後堀河天皇（一二一二～三四）をさす。後高倉院守貞親王の皇子。

(15)禅搨　禅床・禅牀のこと。搨はこしかけの意。僧掲とも。

(16)嫡男隆実朝臣　隆英の嫡男。卜順撰『道正庵系譜』には、「左兵衛督正四位下、道号嘿外、法名紹円、表徳号曰覚念。母吉田大弐中納言藤原資経卿女。建治二年十月七日卒。宋沙門兀庵普寧之参徒」と記しながら、本文には道号と法名をもち出家した嫡男に県山家を相続させ朝廷に仕えさせたという矛盾があり、信じがたい。

(17)下棺于宇治興聖寺隅　建墓の年次、宝治二年当時の興聖寺は深草（京都府京都市）の地であり、宇治ではない。『道正庵備忘集』によると、卜順が寛文五年、万安英種が再興した宇治興聖寺の地に道正庵元祖の「石碑」を建立、続いて翌年に二代から六代までの五世、および七代から十八代までの十二世の石碑を建立したという。なお右の「碑陰」には応永年間（一三九四〜一四二八）、慈円山安養寺（時宗、京都府京都市）開基〈開山〉宣阿弥上人（？〜一四二三）が道正庵七世一伯（悟関）の弟であるという縁からその後、道正庵の墓所にした、と識している。

(18)茲楽孔風　前句と連動し儒学の傾倒を示すものか。「三教老人」の一端。

(19)載徹　徹底・徹透・徹頭徹尾・徹上徹下など、初めから終わりまで、上下など余すところなく、貫き通すことの意か。

(20)恢洪　恢弘・恢張「広くて大きい、大きくする。広める。さかんにする」の意。

(21)緇徒之慈　僧侶の慈悲心および衆生済度の実践行。

(22)設葱　不明。外来者中、僧侶との往来か。

(23)善終　『荘子』大宗師篇に「善夭善老、善始善終（夭を善くし老を善くす、始〈生〉を善くし終〈死〉を善くす）」。「あるがまま、大自然のままに任せる」という意。関連語として『史記』楽毅伝に次の語句がある「善作者不必善成、善始者不必善終」（善き事をなし始めたとて、立派に為し終えるとは限らない）（『大漢和辞典』）。

(24)宇内　天地の間、あめのした、天下、世界、四海、世間、海内とも。

(25)藤原徳幽卜順　道正庵十九世中興、父は同十八世休甫、母は益田氏左近将監源高胤の女。号は味杏堂・釣雪斎、字は徳幽、隠居し寒松軒・秋江・日可。元禄三年八月十三日卒、七十五歳。

(26)藤原隆禧勝順　道正庵二十七世、父は同二十六世永順(?～一八二三)、母は不明。十四歳で家督を継ぎ、文政八年(一八二五)五月に法橋宣下、天保五年(一八三四)三月に法眼宣下される。明治維新後、御医が廃され、士族に属した。道正庵の号は廃され木下姓のみ用いること、神仙解毒万病円の販売は官許を得たようである。明治十三年六月十二日卒、六十六歳、法名は環山勝順庵主、紫野の大徳寺塔頭黄梅院に埋葬(参照『道正庵系譜』)。

(27)八十一老大綱　臨済宗大徳寺〈輪住〉四百三十五世〈黄梅院住〉大綱宗彦(一七七二～一八六〇)のこと。嘉永五年(一八五二)時、八十一歳であり、没年が安政七年(一八六〇)二月十六日であるので世寿は八十九歳となる。彼は道正庵勝順とかねてから昵懇の間柄であり、「讃文」筆記の依頼を受けたと思われる。和歌や書画にすぐれ、千家十代千宗左・十一代千宗室と交流、『黄梅院日記』あり。黄梅院は永禄五年(一五六二)、織田信長が父信秀の菩提寺黄梅庵として創建される。その後、豊臣秀吉が天正十四年(一五八六)、信長の菩提寺として改築、小早川隆景が天正十六年に方丈を建立し、黄梅院と改称する。

【解説】本史料は、道正庵元祖木下(藤原)隆英の「肖像」であり、その上段に卜順の「賛文」(大綱の筆記)を付している。

その「賛文」(正式名「道正庵高祖大庵主尊像讃并序」)は、寛文九年(一六六九)七月二十四日、道正庵十九世木下卜順(一六一六～九〇)が元祖四百二十回忌にあたり撰述したものを道正庵二十七世勝順が、大綱宗彦に写させたものである。それは、卜順自身がすでに寛永十六年(一六三九)一月二十八日に撰述した『道正庵元祖伝』に基づき、①薙髪のいきさつ、②道元禅師と共に入宋、③如浄禅師の下で大悟、④帰朝時、道元禅師の急病の際、老媼(稲荷神)が出現し、道元禅師に丸薬「神仙解毒万病円」を与え蘇生した等の項目を挙げ、⑤その霊薬が「曹洞家必備の霊剤・道正家伝薬」と宣伝文で綴られている(『文書編』一巻No.139)。①ないし④は裏づける史料がなく、不明である。「散文」は末尾に元祖を讃嘆する偈を加え、まとめている。

本史料に描かれている「肖像」は、土佐派別家三代の土佐光清(一八〇五～六二)の彩色画である。成立年代は不明であるが、「賛文」から嘉永五年(一八五二)頃と推定できる。この年は、道元禅師六百回大遠忌にあたり、道正庵二十七世木下勝順(一八一六～八五)により、永平寺へ納められたものである。唐草文の凝った曲彔(永平寺蔵「御開山自賛像」〈『文書編』一巻No.24、『禅籍編』一巻No.40〉の曲彔の形に相似、模様は以一頂相〈『文書編』一巻No.50、『禅籍編』二巻No.15〉・光周頂相〈『文書編』一巻No.61、『禅籍編』二巻No.22〉の曲彔に相似)に結跏趺坐し、黒の法衣に青紫で無環の袈裟を着け、法界定印を結び、左に横向き、顔は眉の両端が長く白髪混じり、鬚(あごひげ)と髭(口ひげ)も同様に生え、七十年配の風貌。足元に皮鞋と少々高めの台が置いてあり、曲彔の敷布が朱色で絵図全体に鮮やかなアクセントを呈している。

また、本史料「肖像」と比較するために永平寺承陽殿に安置されている「木下道正庵主坐像」を考察する(『大本山永平寺瑠璃聖宝閣』二四・六二頁)。この木像は、京都木下家に安置されていたものを、元禄十一年(一六九八)七月二十四日、道正庵四百五十回忌の際、道正庵二十一世貞順(一六五六～一七〇二)により永平寺承陽庵塔下に納められている。永平寺三十六世融峰本祝の点眼供養が厳修され、その「法語」「重唱伽陀」「点眼廻向」が残っている(永平寺所蔵『道正庵備忘集』・『永平寺史』下巻、八四〇～八四二頁)。その木像の姿形と容貌は、低い曲彔に法界定印を結び坐し、法衣の左肩下に環紐の袈裟を着け、剃髪した顔の眼光は鋭いが穏やかに瞑想している様子である。年配は五十代半ば頃であろうか。

これと比較し、木像と絵図の大きな相違は、環紐の袈裟と無環の袈裟である。

この袈裟の相違に関しては、永平寺六十世臥雲童龍(一七九六～一八七〇)によって問題提起され、嘉永三年から文久二年(一八五〇～六二)までの十二年間にわたる「三衣・衣体」の論争(「弊風改革」「古規則改正〈復興〉」)が生じた反映と見なされる。安政七年(一八六〇)二月、実用(古規衣＝古規用と南山衣＝世間衣)と木像・「肖像」の袈裟等の点検が行われ、特に永平寺側と總持寺側、それに仲介と裁定役の関三ヶ寺と寺社奉行所が加わり、一応、両山はお互いに示談の上、取り計らうことになった(『洞門政要』、一一二～一一七頁)。当該の「道正庵安置高祖御木像改装一件」によれば、「永平寺の僧拙量によって環紐が取られ改造された」(『永平寺史』下巻、一三一六頁)とあるが、「木下道正庵主坐像」には環紐が着いている。これは木像が複数体造像され、現存している木像は改造を免れた一体ということであろう。

永平寺蔵の気品ある「御開山自賛像」は、一見、環紐がなく、「三衣論争」の典拠(永平寺側)になったものであるが、よく見ると左胸元辺の黒色が襟元と共に不自然である。ちなみに宝慶寺(福井県大野市)のいわゆる「月見の御像」には環紐が着いている。これらの点に注目しておきたい。

「讃文」の筆記者は京都紫野大徳寺塔頭黄梅院の大綱宗彦である。関係する史料(『道正庵系譜』)と経歴から道正庵勝順とは昵懇の間柄と見え、勝順から筆記を依頼されたものと思われる。嘉永五年当時、彼は八十一歳の高齢である。そのためか「賛文」の文字の大小、縦横の構成などがやや崩れている。しかし、大綱が誠意を込めて記している印象を持つ。なお勝順の墓塔は、その縁からか大徳寺黄梅院に建てられている。

参考文献

金岡秀友著『古寺名刹辞典』(東京堂出版、一九七六年)。

横関了胤著『江戸時代洞門政要』(東洋書院、一九七七年)。

『永平寺史』下巻(大本山永平寺、一九八二年)。

『曹洞宗大本山永平寺開創七五〇年記念大本山永平寺展』(共同通信社、一九九四年)。

『大本山永平寺　瑠璃聖宝閣』(永平寺、二〇〇二年)。

吉田道興「高祖伝の形成と道正庵—策謀家道正庵十九世徳幽卜順」(『曹洞宗総合研究センター学術大会紀要』一二回、二〇一一年)。


(吉田道興)

寛文九年（一六六九）十一月二十四日、道正庵十九世卜順、薩摩国福昌寺へ狩野永真筆近江八景図の跋文を記す。

62　福昌寺近江八景木下卜順跋

（巻子装　36.0㎝×475.5㎝）

寄附薩州福昌寺(1)永真(2)筆近江八景跋

右、近江八景図、狩野永真所写矣、夫玉龍山福昌盛刹者、石屋大禅師(3)之開闢而西海甲第之名場也、是故予家元祖道正(4)者、県山、左兵衛督正四位下藤原隆英朝臣、居於京兆木下、京極(5)相国為光公九世之裔顕盛之男、清水谷亜相公定卿之養子而、秀出俊逸之器、博学孔孟之書而通達于儒理、厚玩蘇韓之法、而勝絶于詞章矣、諸官家負笈、抱書多満門戸、為望河之志焉、矧街談衢話、当時之標幟、可謂世無倫矣、同服官僚競、納言不遂、而叙従三位任左衛門督、且治承年中、外祖父源仲家(6)戦於宇治川而敗績自殺、由是発半生嘗胆之思、而遁世薙髪、法名道正、修歴名区、欲見明眼、於是永平開山大禅師入宋、道正亦同侶、而参天童如浄禅師、一朝庭前有鶏声、浄曰、会麼、道正言下豁然悟徹了、則焼香礼拝去、然而催帰楫、歴深山、渉広野、永平開山大禅師身体困羸絶死(7)、同侶失魂魄、不意蒼 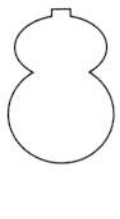(8)（五張）顔白髪老媼出現与一丸薬、倏爾再蘇矣、道正、冀欲伝正方、老媼教授曰、吾是日東蘠〔稲〕荷神祠(9)、感永平開山大禅師之求法善根、而擁護故今救急云々、予家神仙解毒万病円是也、永平開山大禅師謂道正曰、斯実神、授希有之妙剤、吾法守護神之製也、帰　本朝而法流盛于後世、則毎歳贈後昆(10)諸刹、且吾系族帰京洛(11)、営一宇為加眷遇幸孔、乃与道正所約契若金蘭、是故至于今不背其遺誡、而祖識不虚也、蘠〔稲〕荷神祠亦安于道正庵裏矣、道正宝治二祀七月二十四日卒、葬于興聖禅壇(12)也、予家第二世左兵衛督従四位下隆実道号嘿外法名紹円、第三世治部大輔正四位下範房道号惟寧法名道琢、第四世典薬頭正四位下忠俊道号芳岳法名良信、始為官医、業医術、有（ママ）十全之功而名振宇内(13)、及老年剃髪、称元祖之法名号道正庵、従是累代至于今曰道正庵、亦曰味杏堂(14)、第五世宣安字愚伝、第六世睦用字寂

然、為義詮公⑮之侍医、是時石屋大禅師掛錫⑯于瑞
龍山蒙山和尚⑰、而居于道正庵衆寮矣、於是石屋大
禅師与睦用仰拜芝蘭之化⑱、故嶋津家第五世道
鑑公⑲亦辱千里命駕矣、爾来嶋津家与予家其
交不絶矣、従二世至六世不知所以何処葬焉、故予
建碑於興聖寺也、第七世一伯字悟関、第八世玄
栄字別叟、第九世昌順字明室、中院大納言通
氏卿男、玄栄養子、第十世康琳字樸堂、第十
一世道寿字松隠、大内氏贈三品政弘⑳朝臣男㉑、康
琳養子、為竹居禅師㉒之媒酌也、第十二世立敬字
他誰、四条亜相隆量卿㉓男、道寿養子、第十三世
了意字了絶、医療見医和・扁鵲之術、是以
正親町院㉔勅為侍医、聴昇殿叙法印、第十四世宗
源字浄本、叙法印、第十五世玄養字文如、叙法
印、第十六世一貞字直翁、第十七世宗固字堅岩、
慶長庚子秋　東照宮㉕与義弘公㉖戦于関原而
義弘公㉗部将二人、軍士三人帰竄㉘於道正庵裡㉙、是時
　東照宮探索彼将士益甚跼天蹐地㉚、豈可勝言
哉、宗固深隠而不出焉㉛、四海安平、帰之於薩陽、龍
伯公㉜、中納言家久公㉝、賞以感贖㉞、謝以俸禄矣、是以
寺檀二倶与予家其交異於他矣哉㉟、第十八世休
甫字携室、佐々木氏源一綱㊱男、宗固養子、以他
姓雖相続、従元祖道正至于予不失其統譜者、
其致一也哉、安養寺㊲開基宣阿弥上人者、一伯族
第〔弟カ〕也、是以一伯創于安養寺為累世之墓所、
是故従第七一伯至于予父休甫葬于安養寺、
予家凡為序次如右矣、元祖道正之榜及歴
葉之榜建玉龍山矣㊳、後光明院㊴宸毫黒竹
一幅㊵、花瓶一双、近江八景一巻、捧　法席、聊旌芹
意㊶、祝椿年云々、　寛文九暦十一月廿四日、道
正庵法眼藤原徳幽卜順敬識㊷

○写真版は本巻969頁上段～970頁下段に掲載。

【読み下し】

薩州福昌寺に永真筆近江八景を寄附する跋(ばつ)。

　右、近江八景図、狩野永真の写す所なり。夫(そ)れ玉龍山福昌盛刹は、石屋(せきおく)大禅師の開闢(かいびゃく)にして西海甲第の名場なり。是れ故(ふる)く予が家の元祖道正は、県山、左兵衛督(さひょうえのかみ)正四位下

藤原隆英朝臣、京兆木下に居し、京極相国為光公九世の裔顕盛の男、清水谷亜相公定卿の養子にして、俊逸の器を秀出し、博く孔孟の書を学びて儒理に通達し、厚く蘇韓の法を玩び、詞章に勝絶す。諸官家笈を負い、書を抱いて多く門戸に満ち、望河の志を為す。矧んや街談衢話、当時の標幟、世に倫無しと謂つべし。同服の官僚競い、納言は遂げず。従三位に叙せられ左衛門督に任ず。且つ治承年中、外祖父源仲家宇治川に戦いて敗績自殺す。是に由り半生嘗胆の思いを発して、遁世薙髪、法名道正、名区に修歴し明眼に見えんと欲す。

　是において永平開山大禅師入宋す。道正も亦た同侶にして、天童如浄禅師に参ず。一朝庭前に鶏の声有り、浄曰く、会す麼。道正言下に豁然として悟徹し了る、則ち焼香礼拝して去る。

　然るに帰楫を催し、深山を歴、広野を渉るに永平開山大禅師、身体困羸絶死し、同侶魂魄を失う。不意に蒼顔白髪の老嫗出現し一丸薬を与うると、倏爾に再蘇す。道正、正方を伝えんとして冀う。老嫗教授して曰く、吾はこれ日東の稲荷神祠なり。永平開山大禅師の求法の善根に感じて、擁護の故に今急を救うと云々。予が家の神仙解毒万病円是なり。永平開山大禅師道正に謂いて曰く、斯の実神、希有の妙剤を授く、吾が法の守護神の製なり。本朝に帰りて法流後世に盛んなれば、則ち毎歳後昆の諸刹に贈らん。且つ吾が系族京洛に帰りて一宇を営み、眷遇幸孔を加えんとす。乃ち道正と約契する所金蘭の若し。是の故に今に至るまで其の遺誡に背かず、祖讖虚からざるなり。稲荷神祠亦た道正庵裏に安ず。道正は宝治二祀七月二十四日卒し、興聖の禅壇に葬るなり。

　予が家第二世左兵衛督従四位下隆実は道号嘿外法名紹円、第三世治部大輔正四位下範房は道号惟寧法名道琢、第四世典薬頭正四位下忠俊は道号芳岳法名良信、始めて官医となる。医術を業とし、十全の功有りて名宇内に振るう。老年に及び剃髪し、元祖の法名を称し、道正庵と号す。是より累代今に至り道正庵と曰う。亦た味杏堂と曰う。

　第五世宣安は字愚伝。第六世睦用は字寂然、義詮公の侍医と為る。是の時石屋大禅師、瑞龍山蒙山和尚に掛錫し、道正庵衆寮に居す。是において石屋大禅師と睦用と芝蘭の化を仰ぎ拝す。故に嶋津家第五世道鑑公も亦た千里の命駕を辱す。爾来島津家と予が家と其の交わり絶えず。二世より六世に至るまで以て何処に葬する所を知らず。故に予、興聖寺に碑を建てるなり。

第七世一伯は字悟関、第八世玄栄は字別叟、第九世昌順は字明室、中院大納言通氏卿の男、玄栄の養子、第十世康琳は字樸堂、第十一世道寿は字松隠、大内氏贈三品政弘朝臣の男、康琳の養子、竹居禅師の媒酌たるなり。第十二世立敬は字他誰、四条亜相隆量卿の男、道寿の養子。

第十三世了意は字了絶、医療は医和・扁鵲の術を見る。是を以て正親町院から勅して侍医と為す。昇殿を聴され法印に叙さる。

第十四世宗源は字浄本、法印に叙す。第十五世玄養は字文如、法印に叙す。第十六世一貞は字直翁。第十七世宗固は字堅岩、慶長庚子の秋、東照宮と義弘公関原に戦いて義弘公部将二人、軍士三人道正庵裡に帰竄す。是の時東照宮彼の将士を探索すること益す甚しく跼天蹐地。豈に勝言すべけんや。宗固深く隠して出さず。四海安平にしてこれを薩陽に帰す。龍伯公、中納言家久公、賞するに感牘を以てし、謝するに俸禄を以てす。是を以て寺檀の二倶予が家と其の交は他に異なるなり。

第十八世休甫は字携室、佐々木氏源一綱の男、宗固の養子、他姓を以て相続すと雖も、元祖道正より予に至るまで其の統譜を失わざるは、其れ致一なるかな。安養寺開基宣阿弥上人は一伯の族弟なり。是を以て一伯安養寺を創し、累世の墓所と為す。是の故に第七一伯より予が父休甫に至るまで安養寺に葬す。予が家凡の序次為るは右の如くなり。元祖道正の榜及び歴葉の榜玉龍山に建つなり。

後光明院宸毫の黒竹一幅、花瓶一双、近江八景一巻、法席に捧げ、聊か芹意を旌し、椿年を祝う、と云々。

【注】(1)福昌寺　山号は玉龍山。応永元年(一三九四)島津氏七代元久(恕翁)によって島津氏一族の石屋真梁を開山にして創建。島津氏の菩提寺。總持寺の末寺薩摩・大隅・日向三州の僧禄寺。鹿児島県鹿児島市にあったが、明治二年、廃仏毀釈により廃寺となり、現在は跡地として残っていて六代師久、氏久から二十八代斉彬までの墓がある。

(2)狩野永真　狩野安信(一六一三~八五)のこと。慶長十八年(一六一三)十二月一日、孝信の第三子として京都に生まれ、貞信の養子となる。寛永年中(一六二四~四四)幕府より江戸中橋に屋敷を拝領、中橋狩野家の祖となる。貞享二年(一六八五)九月

四日病没。七十三歳。法名は長源院殿法眼永真日実居士。

(3)石屋大禅師　石屋真梁(一三四五～一四二三)のこと。父は島津氏九代忠国(一四〇三～七〇)、母は阿多氏。六歳で郷里の広済寺の童行(ずんなん)となり、十六歳で京の臨済宗南禅寺蒙山智明(ちみょう)に投じ落髪進具、その後、曹洞宗通幻寂霊(つうげんじゃくれい)の法嗣となる。応永元年に島津元久が創建した福昌寺の開山、能登總持寺、薩摩西来寺開山、丹波永沢寺(ようたくじ)等に転住。なお、『道正庵備忘集』(永平寺所蔵道正庵文書、以下『備忘集』)ではこの箇所のみ「石至大禅師」としている。

(4)元祖道正　道正庵元祖である木下隆英(一一七一～一二四八)のこと。藤原顕盛の子、俗名は隆英。清水谷公定の養子となり官職に就き経学(けいがく)に通じたが、治承の乱で、外祖父源仲家が戦死したのを機に官を辞し、仏門に入り「廓然(かくねん)」と称す。貞応二年(一二二三)建仁寺の明全および道元禅師・亮照らとともに入宋。諸山を歴訪し、漢方医薬の製法を学び帰朝。木下(京都市上京区)に道正庵と称し、庵を結ぶ(『道正庵元祖伝』)というが、史実としては疑わしい。

(5)木下京極　『備忘集』では「木下故世曰木下京極」としている。

(6)源仲家　源義賢の長男。源義仲の異母兄。父が源義平に討たれたため源頼政の養子となった。八条院の蔵人。治承四年(一一八〇)頼政の平氏打倒の挙兵に加わり、宇治平等院で討たれるという。

(7)身体困羸　体が疲れ果て、行きづまる様子。

(8)貞順朱印　縦2.2㎝×横1.5㎝。

(9)日東稲荷神祠　日本の稲荷神。

(10)後昆　子孫や後裔など後世の人をさす。

(11)系族　血筋を引いた一族。

(12)興聖禅壇　深草興聖寺をさす。

(13)有有(ママ)十全之功而名振宇内　『備忘集』では「有十全之功而名振于宇内」としている。これにより下の「有」を削除する。

(14)道正庵従是累代至于今曰道正庵亦曰味杏堂　『備忘集』では「道正庵亦曰味杏堂従是累世至于今曰道正庵也」としている。

(15)義詮公　足利義詮(一三三〇～六七)のこと。尊氏の

子。室町幕府の二代目将軍。幼名千寿王。法号は宝篋院道惟瑞山。贈左大臣従一位。三代義満の父。

(16)掛錫　錫杖を僧堂の壁に掛けるという意味で、転じて禅僧が僧堂に滞在し修行することを言う。掛搭とも。

(17)瑞龍山蒙山和尚　瑞龍山は京都五山(臨済宗)の南禅寺のこと。蒙山は蒙山智明(一二九一〜一三六六)のこと。

(18)芝蘭之化　立派な人と交われば自然に同化されること。『孔子家語』。

(19)嶋津家第五世道鑑公　島津家五代貞久(一二六九〜一三六三)のこと。島津家四代忠宗の嫡男。薩摩国・大隅国守護、島津荘惣地頭。法号道鑑。

(20)大内氏贈三品政弘　大内政弘(一四四六〜九五)のこと。父は教弘。寛正六年(一四六五)亡き父の後を相続、周防・長門・豊前・筑前守護、左京大夫に任ぜられ、従四位上に至る。公卿・禅僧・学者らとの交際深く、和歌にも秀でていた。なお『道正庵系譜』には、その政弘の男子(幼名不明)が道正庵十世康琳に子供が無かったので養子として育てられ十一世道寿となった旨の注がある。つまり大内家と道正庵木下家は親戚関係の間柄になったわけである。

(21)朝臣男　『備忘集』では「卿男」としている。

(22)竹居禅師　竹居正猷(一三八〇〜一四六一)のこと。伊集院の出身。薩摩国妙円寺(鹿児島県日置市)石屋真梁の法をつぎ、のち同寺の住持となる。惟肖得巌に竹居の道号をうける。また、大内弘忠に要請されて長門国大寧寺(山口県長門市)の住持となる。福昌寺二世、周防国龍文寺(山口県周南市)の開山。俗姓は長氏。別号に化化禅、幻寄叟。ちなみに竹居の法嗣中翁守邦(一三七九〜一四四五)は島津元久の一子であり、福昌寺三世となる。

(23)四条亜相隆量卿　四条隆量(一四二九〜一五〇三)のこと。四条隆盛の息子、房卿。従一位、権大納言に任ぜられる。

(24)正親町院　正親町天皇(在位一五五七〜八六)百六代天皇。父後奈良天皇、母万里小路賢房の娘、吉徳門院栄子。なお、『備忘集』ではこの箇所を平出とせず闕字とする。

(25)東照宮　ここでは徳川家康(一五四三～一六一六)のこと。

(26)義弘公　島津義弘(一五三五～一六一九)のこと。島津貴久の第二子。母は入来院弾正忠重聡の娘。仮名又四郎、初名忠平、兵庫頭を称す。天正十五年(一五八七)五月羽柴秀長に降伏、同年同月二十五日大隅一国ならびに日向国真幸院を豊臣秀吉より安堵される。朝鮮出兵より帰国後は向島(桜島)に蟄居した。慶長十一年帖佐より平松(姶良町)に移り、翌十二年加治木に隠棲した。法名、松齢自貞庵主。なお、『備忘集』では「東照宮与嶋津氏義弘公」に作る。

(27)而義弘公　『備忘集』では下に「敢為淮陰候背水之勢名遍宇内矣於是義弘公」が入る。

(28)帰竄　竄逃、竄匿、竄伏。のがれかくれる。

(29)於道正庵裡　『備忘集』では「道正庵裏」に作る。

(30)跼天蹐地　天が高いのに身をかがめ、地が厚いのにぬき足さし足で歩く。非常に恐れてびくびくするたとえ。

(31)宗固深隠而不出焉　『備忘集』では「宗固」の二字なし。

(32)龍伯公　島津義久(一五三三～一六一一)のこと。島津貴久の長子。母は入来院重聡の娘。童名虎寿丸。初名又三郎忠良。足利義輝の偏諱を受け、三郎左衛門尉義辰、のち義久と改めた。天正十五年三月秀吉の介入を受け、同年四月十七日、日向根白坂において羽柴秀長の軍と戦って敗れ、同年五月六日薙髪、龍伯と号し、同月八日川内泰平寺において秀吉に降り、薩摩・大隅・日向諸県郡などを安堵され、同年七月上洛。十月在京賄料一万石を充行われる。十六年九月十四日堺を出発、十月十四日鹿児島着、十七年十一月次弟義弘の長男又一郎久保を秀吉の命により家督後継者に定めた。法名貫明存忠庵主妙国寺殿。

(33)中納言家久公　島津家久(一五七六～一六三八)のこと。島津義弘の三男。母は広瀬氏の娘。初名忠恒。官途は、慶長四年少将、同九年陸奥守、元和三年(一六一七)参議、薩摩守、寛永三年(一六二六)従三位、権中納言、同八年大隅守となる。文禄二年(一五九三)兄久保が朝鮮で病死後、島津家の継嗣となる。慶長十一年六月、家康の偏諱を賜り家久と改名。家久は、妻子の江戸定府を、他にさきがけて寛永元年から実施した。翌年二月二十三日、鹿児島において死去。享年六十三。法名は慈眼院花心琴月大居士。

(34)感牘　翰牘(書き物、文書、書札、手紙)。感謝状か。

(35)其交異於他矣哉　『備忘集』では「其交異于他矣哉」に作る。

(36)佐々木氏源一綱　宇多源氏佐々木氏流の一員、佐々木一綱のこと。素性不明。その子が宗固の養子となり、道正庵十八世休甫であるという。

(37)安養寺　京都府東山区にある寺院。山号は慈円山大乗院、略して円山、現在は時宗。寺伝によれば、延暦年間(七八二〜八〇六)桓武天皇の勅命により最澄が創建し、その後良源が止住、法然・親鸞の旧跡地、通称「吉水草庵」。応永年間、宣阿弥上人(道正庵七世一伯の弟)が開山となり時宗寺院になる。

(38)榜建玉龍山矣　『備忘集』では「榜亦立玉龍山矣」に作る。

(39)後光明院　後光明天皇(一六三三〜一六五四)のこと。後水尾天皇の第四皇子。在位は一六四三〜五四。母は贈左大臣園基任の娘光子(壬生院)。諱は紹仁、幼称は素鵞宮という。痘瘡により崩御。享年二十二歳。後光明院と追号され、京都泉涌寺山内に葬られる。陵は月輪陵と称す。儒学・朱子学によく通じた人物で、詩作を好み、詩九十一首が御集『鳳啼集』(『続々群書類従』詩文部所収)に収めて伝えられている。

(40)宸毫黒竹一幅　宸毫は「宸筆」に同じ。天皇の直筆。『備忘集』では「宸毫墨竹一幅」に作る。

(41)芹意　芹献(贈りものをへりくだっていう語)。献芹とも。

(42)道正庵法眼藤原徳幽卜順敬識　『備忘集』では「道正庵法眼徳幽卜順敬記」に作る。

【解説】本史料は、寛文九年(一六六九)十一月二十四日、道正庵卜順(一六一五〜九〇)が狩野永真筆「近江八景図」を福昌寺に寄附するにあたり記した跋である。はじめに作品は狩野永真の作であることを明確に述べ、次に寄贈先の福昌寺は、石屋真梁の開闢した「西海甲第之名場」(西日本第一の名刹)であると讃える。

その後に、道正庵元祖木下隆英より卜順の父十八世休甫までの人物と事績などを紹介する。その中で特に福昌寺と道正庵との関係を複数の人物を挙げつつ、その密接な様子を綴っている箇所が印象的である。

福昌寺の開山石屋真梁、二世竹居正猷、三世中翁守邦の三人は島津氏ゆかりの人物である。道正庵六世陸用は、島津家五代貞久(号道鑑)にともなわれて京都に来た石屋(当時十六歳)を、京都南禅寺蒙山智明のところへ案内し出家させた。この因縁が両家交流の始まりであったという。また同庵七世一伯は島津家七代元久の子である中翁と親戚付き合い(通家の交)をしたとある。さらに同庵十一世道寿は大内政弘の子であり、同庵十世康琳に子がいなかったので彼を養子とした。その際、島津家ゆかりの竹居が媒介し、大内家とも親縁関係になり、大内家より道正庵へ所領二〇〇〇石が寄附されたという。なおまた、関ヶ原の戦いにおいて島津義弘側の敗軍の武将が道正庵に逃げ込んできたが、同庵十七世宗固は彼らを匿い、探索から救い薩摩に無事帰したところ、島津家より所領三〇〇石を寄附された逸話も綴り、両家の深い交流を記している。以上の叙述は、いずれも『道正庵系譜』の各世の「注」に依拠するものであり、本史料にそれらを概説しているのである。

このように本史料は、大半が道正庵の歴代庵主と福昌寺の世代との交流を述べる内容であり、寄贈の「狩野永真作画近江八景」に関する解説はなく末尾に添える程度であり、違和感がある。というよりまさに卜順による本跋の主眼は、道正庵の歴史と宗門との関係を強調し、両大本山や末寺の諸寺院などにそれを知らしめる宣伝文を作成することにあったといえる。

右と同様に歴代庵主で典薬頭、侍医として活躍した人物を列記し、注目しておきたい。まず第四世忠俊は「始めて官医となる」と述べている。第六世睦用は足利義詮の侍医、第十三世了意は正親町天皇の侍医となり、昇殿し「法印」に叙されたという。また第十四世宗源と第十五世玄養の二人は、侍医となった記述はないが「法印」と記されている。江戸時代、僧侶に準じて医師や仏工(仏師)、画工(絵師)などにも授けられたことがあるもので、その類であろうか。これら道正庵木下家の典薬頭と侍医の裏づけ史料の有無も大いに興味がある。四世忠俊の伝記としては、卜順が寛永十六年(一六三九)正月二十五日付で記した「道正庵四世典薬頭伝」が原本として永平寺所蔵道正庵文書にある。また、これを写したものが、永平寺文書の「道正庵証文」と題された巻子に収録されており、この史料は『文書編』三巻に収録する予定である。「道正庵証文」については、本巻No.119の解説を参照されたい。この典薬頭と侍医の官位に関しては、甚だ疑わしいといえる。

本史料も「道正庵証文」に収録されている。写真は巻末に一括掲載しているので参照されたい。なお、本史料の案文は『備忘集』44ウ～48ウに収録されている。

参考文献

渡辺世祐『室町時代史』（早稲田大学出版部、一九〇七年）。

『山口県文化史』（山口県総務部、一九六三年）。

鏡島元隆ほか編『講座道元』一巻（春秋社、一九七九年）。

田中義成『足利時代史』（講談社、一九七九年）。

『鹿児島県史料』旧記雑録前編一・二、後編一～四（鹿児島県、一九七九～八三年）。

『永平寺史』上・下巻（大本山永平寺、一九八二年）。

近藤清石著『大内氏実録』（マツノ書店、一九八四年）。

木下忠三「道正庵と鹿児島島津家に就いて」（『傘松』大本山永平寺鹿児島出張所吉祥山紹隆寺再興書院落慶法要特集、一九八八年）。

『永平寺史料全書』文書編　第一巻（大本山永平寺、二〇一二年）。


（吉田道興）

寛文十年（一六七〇）正月二十二日、関三ヶ寺、袈裟衣について曹洞宗の先例に従うべきこと等、二ヶ条を定める。

63　関三ヶ寺掟書写

（『代々』71ウ〜72オ）

掟

一、先三箇寺代々以壁書(1)如被相定、袈裟衣万事、曹洞之風規可守先例、幷遠国可為同前事、

一、縦雖致学道不可居在家、但遠国可為同前事、

右之通於違犯之師学有之者、急度脱衣可令追放者也、

寛文十庚戌年正月廿二日

総寧寺　一間（祖峰）印

大中寺　月洲（尊海）印

龍穏寺　大了（愚門）印

○写真版は本巻959頁上段に掲載。

【読み下し】

一つ、先の三箇寺代々の壁書を以て相い定めらる如く、袈裟衣、万事、曹洞の風規は先例を守るべし。幷びに遠国も同前たるべきこと。

一つ、たとい学道致すと雖も在家に居すべからず。但し遠国も同前たるべきこと。

右の通り違犯の師学これあらば、急度を脱衣して追放せしむべきものなり。

【注】（1）先三箇寺代々以壁書　「三箇寺」は関三ヶ寺（龍穏寺〈埼玉県入間郡越生町〉・総寧寺〈現千葉県市川市〉・大中寺〈栃木県栃木市〉）のこと。「代々以壁書」とは本史料に先立ち、関三ヶ寺が曹洞宗における師家および学人それぞれの袈裟の衣体や衣色を規定したもので、具体的には、本巻No.59や、その解説に掲げた慶安元年（一六四八）四月日付の「関東従三ヶ寺学文法度之壁書之事」などが知られる。

【解説】　本史料は、関三ヶ寺の総寧寺一間祖峰（生没年未詳）、大中寺月洲尊海（一六〇八〜八三、のちの永平寺

三十一世）、龍穏寺大了愚門（だいりょうぐもん）（一六一三～八七、のちの永平寺三十二世）が連署して曹洞宗諸寺院宛に下した掟である。その内容は、袈裟衣については関三ヶ寺代々の壁書にしたがい曹洞宗の慣習を守るべきこと、寺院を離れ在家にあって宗教活動を行ってはならないことを規定している。

寛文五年（一六六五）七月十一日付諸宗宛江戸幕府老中連署奉書写（本巻No.54）を見ると、第一条に「僧侶之衣体応其分際可着之（僧侶の衣体はその分際に応じてこれを着るべし）」とあり、また、第四条に「借在家搆仏壇不可求利用事（在家を借りて仏壇を構え、利用を求むべからざる事）」との規定がみえる（詳細は本巻No.54の遠藤廣昭氏の解説を参照のこと）。本史料はこの国法を踏まえ、曹洞宗諸寺院にその徹底を図ったものであろう。

本史料以前の規程については、本巻No.59とその解説を参照されたい。

なお、江戸幕府の統治は、武家地は老中・若年寄、江戸城下の町地は町奉行、地方については勘定奉行・代官、そして寺社地については寺社奉行が分担して行うものであった。一方、例えば曹洞宗にあっては、印可を受け嗣法了畢した僧侶が巷間にあって修行する、いわゆる悟後の修行・聖胎長養といった形態が、中世以来存した。寺社奉行支配の僧侶が、町奉行支配の町地や勘定奉行支配の地方に住するといった統治の原則に反するふるまいは強く規制されたことが察せられる。

本史料が収録されている『代々』については、本巻No.10の解説を参照されたい。

参考文献

横関了胤『江戸時代洞門政要』（東洋書院、一九三八年）。

（岩永正晴）

（寛文十年〈一六七〇〉八月十五日以前）、永平寺三十世光紹智堂、「吉祥参禅、入派竹篦背触」他三冊を永平寺常住として確認する。

41　伝授室中之物

（一三紙継紙　19.7cm×469.9cm）

（一張）
伝授室中之物

（中略）

（三張）
一、吉祥参禅、入派竹篦背触[1]　壱冊
光紹改之、

（中略）

（三張）
一、伝後之参目録　壱冊
光紹改之、

（中略）

（四張）
一、正法眼蔵之内、梅花巻
光紹代、明光院二休大居士日牌ノ砌納之、小本一冊、

（中略）

（五張）
一、室内事伝授之作法、青表紙
折本也、　光紹改之、

（後略）

【注】（1）光紹　永平寺三十世光紹智堂。寛文四年（一六六四）秋、永平寺三十世となり、寛文十年（一六七〇）八月十五日、示寂。

【解説】　永平寺三十世光紹智堂（一六一〇～七〇）授受の参禅文献については、本巻No.66に飯塚大展氏により解説がなされているのでそちらを参照のこと。また、永平寺室中の参禅文献・秘伝書の体系については、『禅籍編』二巻No.28および飯塚大展「永平寺所蔵の禅籍抄物について―相伝史料を中心として―」に詳しい。

本史料の全文と禅籍としての解説は、『禅籍編』三巻No.14を参照のこと。

参考文献

『永平寺史料全書』禅籍編　第二巻（大本山永平寺、二〇〇三年）。

『永平寺史料全書』禅籍編　第三巻（大本山永平寺、二〇〇五年）。

飯塚大展「永平寺所蔵の禅籍抄物について―相伝史料を中心として―」（廣瀬良弘編『禅と地域社会』吉川弘文館、二〇〇九年）。

（廣瀬良弘）

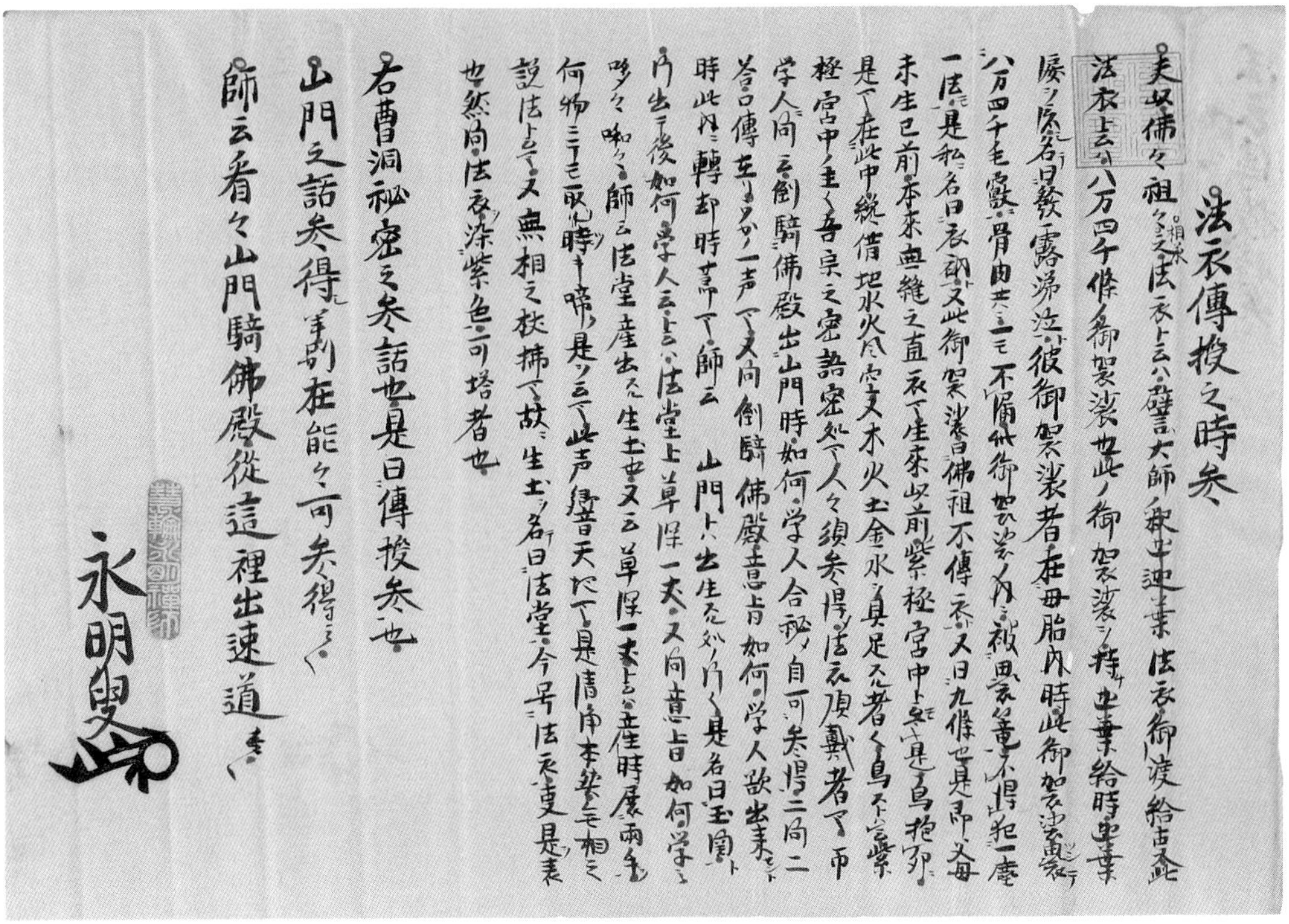

（寛文十年〈一六七〇〉八月十五日以前）、永平寺三十世光紹智堂、「法衣伝授之時参」を書写する。

64 法衣伝授之時参（光紹智堂切紙）

（一紙 36.7㎝×51.3㎝）

（端裏書）
「（朱印白文「慧輪永明禅師」）法衣伝授時参　」

（朱印文「仏法僧宝」）○法衣伝授之時参

○夫以、仏々祖々○（相承）之法衣ト云ハ、譬ハ大師釈迦、迦葉法衣御渡給事、此」法衣ト云ハ、八万四千条ノ御袈裟也、(1)此ノ御袈裟ヲ持チ、迦葉給時、迦葉」涙ヲ流シ（スカ）、名テ曰二発露涕泣一ト、彼御袈裟者、在二母胎内一時、此御袈、裟裏（ツヽンテ）」二八万四千毛竅（ケウ）一二、骨肉共二、一モ不レ漏、此御袈裟ノ内二、被二裏篭(2)一、不レ得レ犯二一塵」一法一モ、是私二名曰二衣衲(3)一ト、又此御袈裟、曰二仏祖不伝衣一ト、又曰二九条也、是即父母」未生已前、本来無縫之直衣也、生来以前(4)ノ紫極宮中ト云モ也」是、烏、抱レ卵ニ、」是也、在二此中一、纔借地水(5)火風空、又木火土金水ヲ具足スル者也、烏ストハレ云、紫」極宮中ノ主也、吾宗之密語密処也、人々須参得シテ、法衣頂戴者也、師、」学人ニ問云、倒騎二仏殿一出二山門一時如何、(6)学人合秘シテ自可二参得一、二問二」答、口伝在リ、ウガノ一声也、(7)又問、倒騎仏殿、意旨如何、学人欲出来セント」時、此内ニ転却時節也、師云、山門トハ、出生スル処ノ門也、是名曰二玉関一ト(8)、」門出テ後如何、学人云、ト云ハ、法堂上草深一丈(9)、又問、意旨如何、学云、」哆々啝々、師云、法堂産出スル生土也、又云、草深一丈ト云ハ、産時展二両手一ヲ、」何物ニテモ取ル時キ啼ク、是ヲ云也、此声、響天地也、是清浄本然、無相之」説法ト云也、又無相之杖払也、故ニ生土ヲ名テ曰二法堂一、今号二法衣一事、是ヲ表」也、然問〔間カ〕、法衣ヲ染二紫色一(10)、可塔者也、」

○右曹洞秘密之参話也、是曰二伝授参一也、

○山門之話参得シ羊〔様〕、別在、能々可参得云々、

○師云、看々山門、騎仏殿、従這裡出、速道、云々、

（朱印白文「慧輪永明禅師」）永明叟（版刻花押）

（光紹智堂）

【読み下し】

○法衣伝授の時の参

夫れ以んみれば、仏々祖々相承の法衣と云うは、譬えば大師釈迦、迦葉に法衣を御渡し給ふ事なり。此の法衣と云うは、八万四千条の御袈裟なり。此の御袈裟を持ち、迦葉に給いし時、迦葉涙を流す、名づけて発露涕泣と曰う。彼の御袈裟は、母の胎内に在りし時、此の御袈裟、八万四千毛竅を裹んで、骨肉と共に、一つも漏らさず、此の御袈裟の内に、裹み篭まれて、一塵一法も犯すことを得ず、是れを私に名づけて衣衲と曰う。又た此の御袈裟、仏祖不伝衣と曰う。又た九条と曰うなり。是れ即ち父母未生已前、本来無縫の直衣なり。生来以前の紫極宮中と云うも是れなり。烏、卵に抱かる(卵を抱くカ)、是れなり。此の中に在って、纔かに地水火風空を借りて、又た木火土金水を具足するものなり。烏と云うは、紫極宮中の主なり。吾が宗の密語密処なり。人々須らく参得して、法衣を頂戴すべきものなり。師、学人に問うて云く、倒しまに仏殿に騎りて山門を出づる時如何。学人合に秘して自から参得すべし。二問二答、口伝在り。うがの一声なり。又た問う、倒しまに仏殿に騎る、意旨如何。学人出来せんとする時、此の内に転却する時節なり。師云く、山門とは、出生する処の門なり。是れを名けて玉関と曰うなり。門出でて後如何。学人云く、と云うは、法堂上に草深きこと一丈。又問う、意旨如何。学云く、哆々啝々。師云く、法堂は産出する生土なり。又た云く、草深きこと一丈と云うは、産する時両手を展べて、何物にても取りつき啼く、是れを云うなり。此の声、天地に響くなり。是れ清浄本然、無相の説法と云うなり。又た無相の杖払なり。故に生土を名づけて法堂と曰う。今法衣と号する事、是れを表すなり。然る間、法衣を

紫色に染めて、塔すべき者なり。
○右曹洞秘密の参話なり、是れを伝授の参と曰うなり。
○山門の話参得し様、別に在り。能く能く参得すべし、と云々。
○師云く、看よ看よ山門、仏殿に騎り、這裡より出づ、速やかに道え、と云々。

【注】(1)八万四千条ノ御袈裟　『正法眼蔵』「伝衣」に「八万四千条衣　八長一短。／いま略して挙するなり。このほか諸般の袈裟あるなり。ともにこれ僧伽梨衣なるべし」とあり、無量無辺の袈裟をいう。

(2)在二母胎内時、……被二裹篭一　「八万四千毛竅、骨肉」は、抱衣に包まれた胎児の肉体をいい、それは袈裟に包含される仏子としての法孫を暗喩する。

(3)衣衲　衲衣に同じ。ここでは、「抱衣(えな)」と「衣衲(えのう)」を響かせるか。

(4)父母未生已前本来無縫之直衣　ここでは「直衣(なほえ)」とよみ、「衲衣」を響かせるか。袈裟は、自己の肉体を持たない以前から存在し、人為によらないものであるとする。

(5)紫極宮中　「紫極宮中烏抱卵」は、『宏智録(わんしろく)』巻五の「天童小参録」(大正蔵四八・七二下)にみえる。この句は宏智の前八句と呼ばれ、本参や切紙においてしばしば取り上げられる。

(6)倒騎仏殿出山門　石川県永光寺所蔵「合判之参(仮題)」(寛永十九年〈一六四二〉久外媄良書写)に、この句について参話があり、参考になる。

(7)ウガノ一声　産声(うぶごえ)をいう。

(8)山門トハ、出生スル処ノ門也、是名曰二玉関一ト、「山門」は、仏子が出身する門であるように、胎児が産出する門を「玉関」というか。あるいは「玉門」を婉曲的にいうか。

(9)法堂上草深一丈　『秘密正法眼蔵』第五十二則に、「湖南長沙景岑禅師、我若一向挙揚宗教、法堂裏須草深一丈。我事不護已、所以向汝諸人道、尽十方世界是沙門眼、尽十方世界是沙門全身、尽十方世界是自己光明」とある。

(10)法衣ヲ染二紫色一　永平寺所蔵「袈裟之切紙」(本巻No.65、『禅籍編』三巻No.2)に「五色和合紫極衣、上衣也、是ヲ謂二上衣一ト也、因縁曰、是両部大日和合也」とみえる。

【解説】本史料は、内題により「法衣伝授之時参」切紙と呼称する。永平寺所蔵『切紙目録』（本巻No.４、『禅籍編』二巻No.39）に、「一、法衣伝授参」とみえる切紙に相当する。また、面山瑞方（一六八三〜一七六九）が著した「永平寺室中断紙目録並引」（『洞上室内断紙揀非私記』所収）によれば、「法衣伝授参話」「法衣伝授大事」という二種の切紙が永平寺に所蔵されていたことがわかる。駒澤大学図書館所蔵『室中切紙謄写』（H172/17）にも、「山門法衣之大事／法衣伝授時参話」として、本切紙とほぼ同内容のものが収載されている。

本史料は、他の光紹智堂（一六一〇〜七〇）所伝の切紙同様、縦長の細い短冊形に折り込まれ、その端裏に切紙の項目名が記され、さらに「慧輪永明禅師」の朱印が捺されている。また、全文にわたり、項目・段落に「○」、並びに句の朱点が付されており、「釈迦・迦葉」の箇所に朱線が引かれている。

切紙の形式であるが、冒頭に切紙の名前が書かれ、第一行目から二行目にかけて、三宝印が押されている。切紙は本来師資相承の伝授物であるから、その末尾には、相伝の日時、伝授関係が記載されるのが一般である。しかし、本切紙では、相伝した光紹智堂の署名「永明叟」と、「慧輪永明禅師」の朱印、版刻の花押が押されているだけである。実は、光紹相伝の切紙の形式は一定ではない。鉄心御州（？〜一六六四）から光紹へと相伝された永平寺所蔵「一条紅線」（本巻No.40、『禅籍編』二巻No.43）では、「于時寛文三庚辰歳九月廿八日／△永平廿八世御州和尚在判／△附授光紹老衲畢」とあり、相伝の日時と伝授関係が記載されているが、花押と朱印は押されていない。同「永平和尚一枚密語」（本巻No.69、『禅籍編』一巻No.25）では、「御州在判／付与光紹老衲」と伝授関係が記載され、「慧輪永明禅師」「光紹高風」の二顆の朱印と版刻の花押が押されている。本切紙とほぼ同じ署名の形式の切紙としては、「元和尚黒衣之由来」（本巻No.72、『禅籍編』一巻No.26）・「宗旨秘書」（本巻No.73、『禅籍編』一巻No.27）があるが、これらの切紙との間にも形式において少異がみられる。

次に内容についてみてみたい。本史料は、永平寺三十世光紹智堂が相伝した、法衣伝授の意味を問答体の参で注釈する参話切紙の一つである。また、「山門の参話」と関連することを記している。上掲の「切紙目録」や「伝授室中物」（本巻No.41、『禅籍編』三巻No.14）には、伝法に関する儀軌関連の切紙が多く記載されている。嗣書の伝授を中心とする儀礼が「小儀規」「小儀式」と呼ばれるのに対し、「大儀規」とも呼ばれる『菩薩戒作法』の伝授が嗣法を前提とするとされたが、江戸時代中期以降、室内伝授物を嗣書・血脈・大事の三物として定着していく。一方で「天童如浄禅師、道元和尚嗣法論」等の切紙にみられる、芙蓉の法衣・竹篦・白払・宝鏡三昧・五位顕訣等の相承があったとする伝承も存する。

『永平開山御遺言記録』には、「伝衣作法」の記事が見える。事実法衣伝授の儀礼が伝法儀軌関係切紙にもみられる。鉄心御州の法嗣である正龍寺（埼玉県大里郡寄居町）九世普満紹(詔)堂（一六〇一～七六）所伝の「伝授之儀規」には法衣伝授に関する参が取り上げられている。『室中切紙謄写』所載の「伝法儀軌」（智堂相伝）にも法衣伝授の儀礼が記述されている。

次に、本文において「法衣（袈裟）」と「仏子（伝授者）」との関係を「抱衣（抱衣）」と「胎児」とのそれに象徴するのは、袈裟関連切紙に、比較的よくみられるものである。「袈裟之切紙」（本巻No.65、『禅籍編』三巻No.２）解説に取り上げた岩手県奥州市正法寺所蔵『仏祖嫡伝聖財之巻』（享保年間〈一七一六～三六〉書写）には、「伝衣」に関する月泉派相伝の切紙が記録されているが、そこには、

夫受衣者、我宿ルコト二母体内ニ一九月也、其ノ間ノ修理次第シテ、謂二受衣作法ト一、又謂二之受持衣ト一也、然ルニ袈裟者、我レ在コト二母ノ体内ニ一九月、其間ノ消息次第顕ル也、

とあり、普満紹(詔)堂所伝の「衣鉢血脈伝授作法」にも、「受衣作法」は、子の母の胎内に宿ることを象徴するとし、「袈裟」は「抱衣」を表すと記す。

（飯塚大展）

参考文献

石川力山『禅宗相伝史料の研究』下巻、五一三～七一八頁（法蔵館、二〇〇一年）。
『永平寺史料全書』禅籍編　第一巻（大本山永平寺、二〇〇二年）。
『永平寺史料全書』禅籍編　第二巻（大本山永平寺、二〇〇三年）。
『永平寺史料全書』禅籍編　第三巻（大本山永平寺、二〇〇五年）。

65　袈裟之切紙（光紹智堂切紙）

（二紙継紙　36.4㎝×101.0㎝）

（寛文十年〈一六七〇〉八月十五日以前）、永平寺三十世光紹智堂、「袈裟之切紙」を書写する。

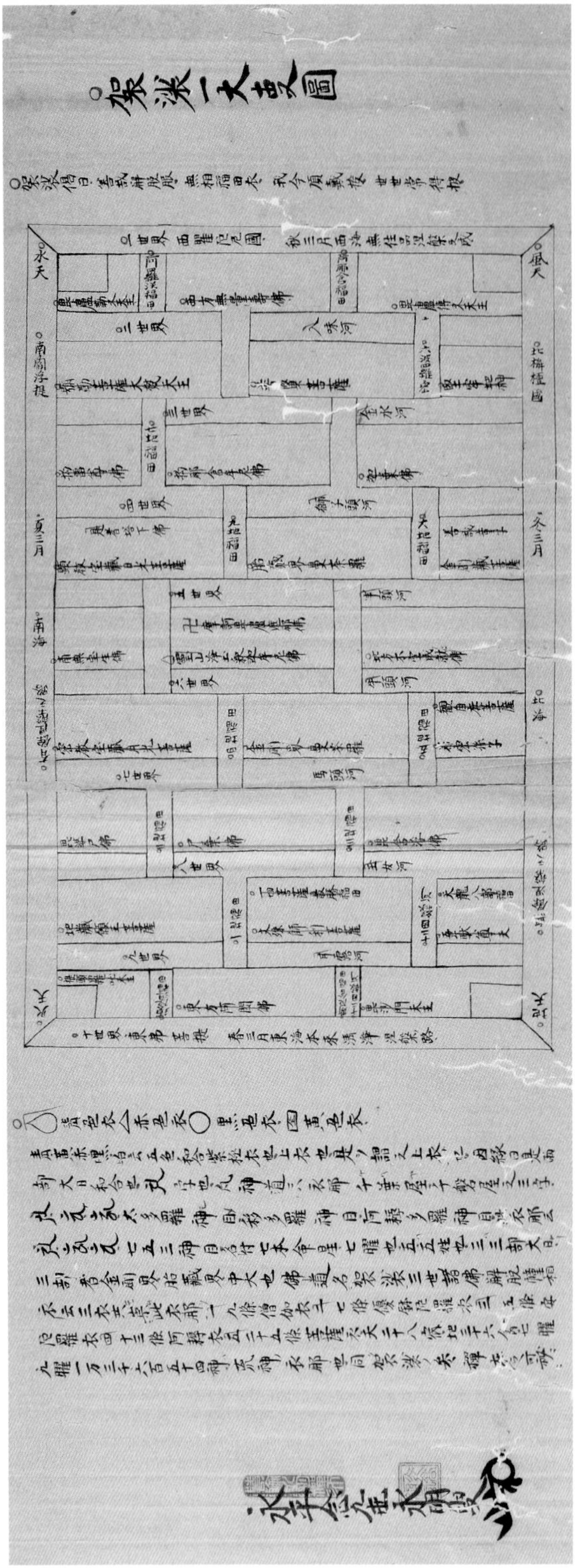

（端裏書）「袈裟之切紙」

（一張）

○袈裟一大事図

○袈裟偈曰、(1)善哉解脱服、無相福田衣、我今頂戴授、世世常得披、

※図形中略

（二張）○◯青色衣、△赤色衣、○黒色衣、金黄色衣、

青黄赤黒白云、五色和合紫極衣也、(2)上衣也、是ヲ謂二之上衣一ト也、因縁曰、是両」下上部大日和合也、[梵字]字也、凡神道ニハ、衣那、(3)千葉屋（チハヤ）、(4)千磐屋之三字、」[梵字]、[梵字]、[梵字]、太多羅神目、(5)移多羅神目（シメ）、(6)阿耨多羅神目、(7)此衣那云」[梵字]、[梵字]、[梵字]、七五三神目、名付七本命星、(8)七曜(9)也、五ハ、五姓也、(10)三ハ、三部大日ナリ、(11)」三部者金剛界・胎蔵界・中大也、仏-道名二袈裟一、「三世諸仏解脱幢相」衣(12)レ云、三衣共モ崇ム二此衣那ヲ一、一、九条僧伽衣、二、七条優鉢陀羅衣、三、五条安」陀羅衣、四、十三条阿耨衣、五、二十五条菩薩衣、天二十八宿、地三十六禽、七曜、」九曜、一万三千六百五十四神ハ、荒神ノ衣那也、同ク袈裟ノ参禅、(13)在レ之、可秘々々、

（朱印白文「慧輪永明禅師」）永平念九世（朱印文「光紹高風」）永明叟（版刻花押）
（光紹智堂）

○一張の図形は省略。

【読み下し】

◯◯青色衣、△赤色衣、○黒色衣、金黄色衣。

青黄赤白黒の五色和合するを紫極衣と云う、上衣なり。是れを上衣と謂うなり。因縁に曰く、是れ両部の大日の和合なり、[梵字]字なり。凡そ神道には、衣那、千葉屋（ちはや）、千盤屋の三字は、[梵字]、[梵字]、[梵字]、太多羅神目（たたらしめ）、移多羅神目（いたらしめ）、阿耨多羅神目（あのくたらしめ）、此れを衣那と云う。[梵字]、[梵字]、[梵字]、七五三神目（なごみしめ）、七本命星と名付く、七曜なり。五は、五姓なり。三は三部大日なり。三部は金剛界・胎蔵界・中大なり。仏道を袈裟と名づく、三世諸仏の解脱幢相衣を云う。三衣共も此の衣那を崇む。一つには九条僧伽衣（くじょうそうぎゃえ）、二つには七条優鉢陀羅衣、三つには五条安陀羅衣、四つには十三条阿耨衣、五つには二十五条菩薩衣なり。天二十八宿、地三十六禽、七曜、九曜、一万三千六百五十四神は、荒神の衣那なり。同じく袈裟の参禅、これ在り。秘すべし秘すべし。

【注】(1)袈裟偈曰　搭袈裟の偈。袈裟を身に着けるとき唱える偈。今日の曹洞宗では、「大哉解脱服、無相福田衣、披奉如来教、広度諸衆生」と唱える。

(2)紫極衣　天子の衣服。

(3)衣那　「抱衣（えな）」、胎盤。
(4)千葉屋　「襷血（ちはや）」。神事、葬礼などに用いられる斎服の一種。
(5)太多羅神目　たたらしめ。
(6)移多羅神目　いたらしめ。
(7)阿耨多羅神目　あのくたらしめ。
(8)七本命星　「本命星（ほんみょうしょう）」は、北斗七星、及び金輪星、妙見星の九つの星が、それぞれの生まれた年に相当するとし、その運命を左右すると考えられた。ここでは、北斗七星をさしていう。
(9)七曜　七曜星。仏教、陰陽道で、北斗七星をいう。
(10)五姓　五性（ごしょう）の意か。陰陽道の五行説による、木性・火性・土性・金性・水性をさしていう。
(11)三部大日　金剛界・胎蔵界・中大のこと。密教では、胎蔵界の曼陀羅における蓮華部・金剛部・仏部の総称で、仏の大定、大智、大悲の三徳を表わすという。一説に、胎蔵法・金剛法・蘇悉地法の総称として用いられ、台密では胎蔵、金剛、金胎不二の三つをさすという。
(12)解脱幢相衣　『大乗大集地蔵十輪経』巻四「無依行品」に「時羅刹母便告子言、被殑伽沙仏、解脱幢相衣、於此起悪心、定堕無間獄」（大正蔵一三・七四二頁下）とみえる。
(13)袈裟ノ参禅　現存しないが、永平寺室中に相伝された袈裟に関する参話の切紙があったことを示す。

【解説】　本史料は、『禅籍編』三巻No.2、二〇〜三四頁に収録される。図形全体の翻刻は、これによられたい。同書によれば、史料名は「端裏書」によって「袈裟之切紙」としたが、内題の「袈裟一大事図」に依拠すべきと思われる。『切紙目録』（本巻No.4、『禅籍編』二巻No.39）には「(92)一、袈裟之大事」とあり、「永平寺室中断紙目録並引」（『洞上室内断紙揀非私記』所収）は「(25)袈裟大事図」とみえる。また埼玉県寄居町正龍寺所蔵「(53)袈裟大事（従永平寺室巾直伝、普満留堂所持）」も現存する。

相伝年次、相伝関係に関する記載はなく「永平念九世永明叟」の署名と「版刻花押」、および朱印二顆「慧輪永明禅師」「光紹高風」が押印されている。全文にわたり、記号、句読点が朱書され、朱線が付されている。

袈裟は、「三衣一鉢」といわれるように、僧尼の衣食のために保持を許されるもののうち、その衣服をさしていう。「衣(袈裟)」がある時期よりその所伝の法の象徴「伝衣」として、またその法の相承の正当性の証である「法信」としての意味が付与されるようになった。中国では神会(六八四~七五八)が提唱した「法信」としての袈裟の観念がその後も受け継がれており、日本における禅宗宣揚の嚆矢となった達磨宗の大日房能忍も、中国阿育王山の拙庵徳光(一一二一~一二〇三)より、達磨の頂相等とともに法衣の相伝を受けている。道元禅師もまた中国留学から帰国するに際しては、芙蓉道楷(一〇四三~一一一八)以来、師資により相伝され、如浄(一一六二~一二二七)に至ったとされる青黒色の袈裟を伝授しており、切紙史料においても、「元和尚黒衣之由来」(本巻No.72、『禅籍編』一巻No.26)として取り上げられている。道元禅師は、『正法眼蔵』「伝衣」や「袈裟功徳」を撰して、衣法一如、仏袈裟としての位置づけを行っているが、仏袈裟の正伝性を強調したとされる。

　切紙史料においては、芙蓉の法衣・竹篦・白払・宝鏡三昧・五位顕訣等の相承があったとする伝承が各種の「伝法儀軌」をはじめ、「天童如浄禅師、道元和尚嗣法論」などの嗣法論に見られる。また、出家得度に際して、袈裟を伝授することの儀礼は、例えば正龍寺三世格叟寅越(?~一五七八)所伝の「出家略作法文」に「授衣鉢加法」が付記されていることからも確認できる(正龍寺文書)。

　貞享五年(一六八八)三月、東京都府中市高安寺九世大器保禅(?~一七一二)が同寺八世普岩言説(?~一七〇四)に伝授した「三国相伝福田切紙」には、袈裟が福田衣と別称される由来と、その相伝著用の功徳が示されている。

　岩手県奥州市正法寺所蔵『仏祖嫡伝聖財之巻』(享保年間〈一七一六~三六〉書写)には、「伝衣」に関する月泉派相伝の切紙が記録されている。

　正龍寺九世普満紹堂は、永平寺二十九世鉄心御州より授与された多くの切紙を相伝しており、そこには永平寺室中より直接に伝えたとの記事が見える。「衣鉢血脈伝授作法」も普満所伝のものであり、伝授作法とあるが、内容は袈裟の田相や、鉢を黒く塗る意味、血脈についての口訣を一枚に記したものである。

　曹洞宗における袈裟功徳の意義は、基本的には道元禅師の著作に求められるが、さらに中世における秘密相伝の風潮を受けて、袈裟の象徴性は「袈裟大事」の切紙において顕著となる。普満には、二種類の「袈裟大事」関連の切紙が相伝されている。正龍寺所蔵の「福田衣切紙」は、袈裟(九条衣)の田相を具体的に提示して、五条・七条・九条〜二十五条の別や袈裟を結ぶ緒、衣の色について記し、さらに四隅の角帖を四天王に配し、周縁を五行説で意味付けしながら四季・五色を併せて配し、田相の各部位(壇隔)を朝廷や内裏の構造の譬喩で解説しようとしたものである。更に、その説明には五位説や「三裡底(州裡・県裡・村裡)」等の曹洞宗旨も援用されている。

また、光紹智堂所伝の「袈裟切紙」と同じ内容を持つものに、普満所伝の「袈裟大事」(正龍寺文書)があるが、両者の間には仏菩薩や諸天の名称に異同がみられる。

この切紙は、袈裟の各条の田相(壇隔)、周囲の四縁、各葉等に、過去七仏をはじめ、諸仏・諸菩薩・金胎両曼荼羅・諸天・宇宙世界を配し、袈裟一領の上を一つの宇宙に見立てたものである。西明寺(愛知県豊川市)所蔵「九条衣之図」(書写年不詳)によれば、「袈裟大事」切紙は、原初的には「袈裟曼荼羅」と同じく画像と宝号とによって表されていたことがわかる。それがやがて宝号のみで表現されるようになり、諸仏諸菩薩と諸天とを区別するために朱筆によって記号が冠されることとなった。しかし、西明寺蔵「九条衣之図」にはその区別が残るが、光紹所伝のものや普満所伝のものではそれが失われつつある。更に田隔の数を増し、諸仏諸菩薩諸天の数を増したものに、静岡県島田市静居寺所蔵「袈裟(二十五条衣)大事」(仮題)がある。

こうした切紙の先駆的存在としては、袈裟の各田相に仏・菩薩を示す梵字の種子を配した「袈裟曼荼羅」が挙げられ、鎌倉末期の版木摺刷物の存在が確認されている。

面山瑞方『洞上室内断紙揀非私記』によれば、「九条衣図」は、好事家の偽作捏造であり、三衣の真実義を知ろうと思うならば、『正法眼蔵袈裟功徳巻』を熟読すべきであるとする。この「袈裟切紙」と関連するものは、やはり光紹が相伝した「法衣伝授之時参」(本巻No.64、『禅籍編』三巻No.1)が挙げられるほか、「袈裟心伝大事」、「法衣伝授大事」、「衣鉢血脈伝授作法」、「緒環之参」、「福田衣之参」等が永平寺室中に相伝されていたことが確認できる。

なお、本史料の写真を、本巻では全体像をよりわかりやすくするため、あえて画像を加工して、原史料の体裁通りとなるように写真を合成して掲載した。

(飯塚大展)

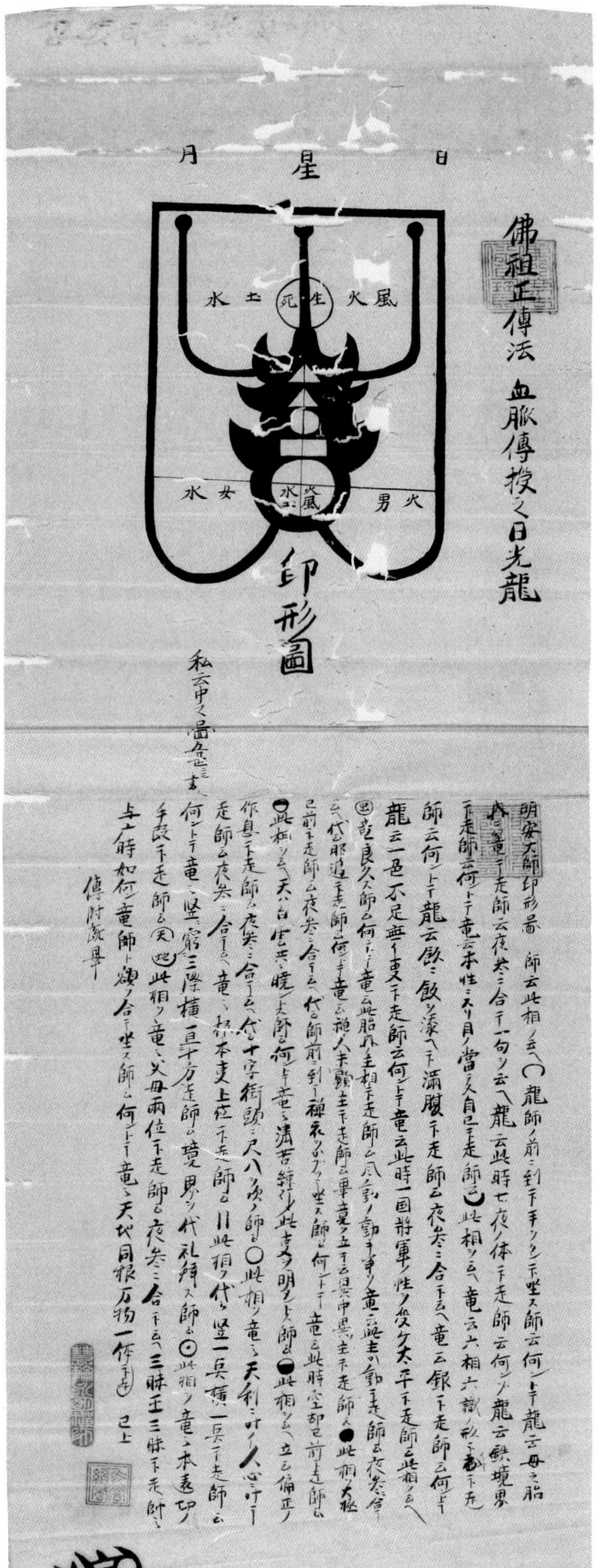

66　卯形血脈幷参禅（光紹智堂切紙）

（二紙継紙　36.0㎝×99.0㎝）

（寛文十年〈一六七〇〉八月十五日以前）、永平寺三十世光紹智堂、「卯形血脈幷参禅」を書写する。

（一張）
（端裏書）
「印形血脈并参禅在之」〔卯カ、以下同〕
（朱印文「仏法僧宝」）
仏祖正伝法　血脈伝授之日光龍

※図形中略

印形図
私云、中之図五色ニモ書也、
（二張）
（朱印文「仏法僧法」）
明安大師印形図　師云、此相ヲ云ヘ、(、龍、師ノ前ニ到テ、手ヲクンデ坐ス、師云、何ントテ、龍云、母之胎」内ニ篭テ走、師云、夜参ニ合テ、一句ヲ云ヘ、龍云、此時、七夜ノ体デ走、師云、何ンゾ、龍云、鉄境界」デ走、師云、何ントテ、竜云、本性ニスリ目ノ当ラヌ自己出イテデ走、師云、)此相ヲ云ヘ、竜云、六相六識ノ形デ走デ走、」師云、何ントテ、龍云、飯ニ飯ヲ添ヘテ、満腹デ走、師云、夜参ニ合テ云ヘ、竜云、銀デ走、師云、何ントテ、」龍云、一色不足無イ事デ走、師云、何ントテ、竜云、此時、一国将軍ノ性ヲ受ケ、太平デ走、師云、此相ヲ云ヘ、」(虫)、竜良久ス、師云、何ントテ、竜云、此主胎内ノ主相デ走、師云、風動ノ動キ羊ヲ、竜云、此主ガ、動テ走、師云、夜参ニ合テ」云ヘ、代云、那辺デ走、師云、何ントテ、竜云、禅人未レ顕主デ走、師云、畢竟ヲ、立テ云、異中異ノ主デ走、師云、●此相ヲ、大極」已前デ走、師云、夜参ニ合テ云ヘ、代云、師前ニ到テ、禅衣ヲカブツテ坐ス、師云、何ントテ、竜云、此時、空〔劫カ〕却已前デ走、師云、」◓此相ヲ云ヘ、天ハ白雲共ニ暁ントス、師云、何ントテ、竜云、清苦練行シテ、此事ヲ明メントス、師云、◒此相ヲ云ヘ、立云、偏正ノ」作息デ走、師云、夜参ニ合テ云ヘ、代云、十字街頭ニ尺八ヲ吹ク、師云、○此相ヲ、竜云、天利ニ叶イ、人心ニ叶テ」走、師云、夜参ニ合テ云ヘ、竜云、根本事上位デ走、師云、‖此相ヲ、代云、竪一点横一点デ走、師云、」何ントテ、竜云、竪ニ窮二三際一、横亘二十方一走、師云、境界ヲ、代、礼拝ス、師云、⊙此相ヲ、竜云、本遠功ノ」手段デ走、師云、(天地)、此相ヲ、竜云、父母両位デ走、師云、夜参ニ合テ云ヘ、三昧王三昧デ走、師云、」与广〔麼〕時如何ン、竜、師ト額ヲ合テ坐ス、師云、何ントテ、竜云、

天地同根、万物一体デ走、已上、」(朱印文「光紹高風」)　(光紹智堂 版刻花押)

伝附既畢、(朱印白文「慧輪永明禅師」)

○一張の図形は省略。

【解説】 本史料は、永平寺三十世光紹智堂(一六一〇～七〇)が相伝した、大陽警玄(九四三～一〇二七)が龍に示したとされる切紙であり、天地の生成を図と参(問答)を用い、三位・五位説によって解釈する。「卵形血脈幷参禅」切紙は、「切紙目録」(本巻No.4、『禅籍編』二巻No.39)に「一、卵形之血脈幷参禅有之、三通」とあることから、その三通の中の一通と推定される。光紹智堂が鉄心御州から相伝した切紙の一つに、「卵形之図」(本巻No.70、『禅籍編』二巻No.45)があり、大陽警玄から浮山法遠に示されたものとされる。

本切紙の名称であるが、端裏書に「印形血脈幷参禅」とあり、本文中においても「印形」として記されているが、他の切紙目録、本切紙以前に成立した切紙によれば、「卵形図」切紙として相伝されてきている。内容からも、「卵形」の名称の方が妥当であると思われる。「印形」としたのは、光紹写誤によるものなのか、その元となった御州の切紙が既に誤っていたのかは、明確にはし得ないが、光紹の写誤の可能性がある(以下「卵形」で呼称を統一する)。

相伝年次、相伝関係の記載はなく、版刻花押、および「慧輪永明禅師」「光紹高風」の朱印二顆が、また本文「仏祖正伝法」ならびに、その下部「参」本文冒頭の二箇所に三宝印が押されている。

本史料は、『禅籍編』三巻No.3、三五～三九頁に、全文が影印翻刻されている。

「卵形血脈幷参禅」切紙は、上半分に描かれた「卵形図」と下半分に描かれた参(問答)とにより構成されている。「卵形図」は、日・月・星の星辰、地水火風の四大、男・女の両性、生・死等を配した図である。切紙の呼称の一つである「血脈」は省略されており、「仏祖正伝法血脈伝授之日光龍」とのみ記されている。また、「私云、中之図五色ニモ書也」とあるように、「卵形図」が本来彩色された図であることがわかる。

下半分の参の内容は、前半と後半とに大別され、前半が三位説による解釈であり、後半が五位説によるそれである。前半の三位説による解釈では、一つには、（、母胎内にあること、鉄の境界、自己を謂い、二つには、）、六相六識の形相を顕すこと、銀の境界、将軍位（智不到カ）を、三つには、㊉、胎内の主相、那辺、禅人未顕の主、異中異の主を謂う。後半の五位説は、圏児と代語との関係およびその典拠については、未詳とせざるを得ない。

なお、本史料の写真は『禅籍編』三巻No.３および口絵に掲載されているように、前後半で分割して撮影したものであるが、本巻では全体像をよりわかりやすくするため、あえて画像を加工して、原史料の体裁通りとなるように写真を合成して掲載した。

参考文献

『永平寺史料全書』禅籍編　第三巻（大本山永平寺、二〇〇五年）。

（飯塚大展）

67　十智同真（光紹智堂切紙）

（三紙継紙　36.5㎝×150.5㎝）

（寛文十年〈一六七〇〉八月十五日以前）、永平寺三十世光紹智堂、「十智同真」を書写する。

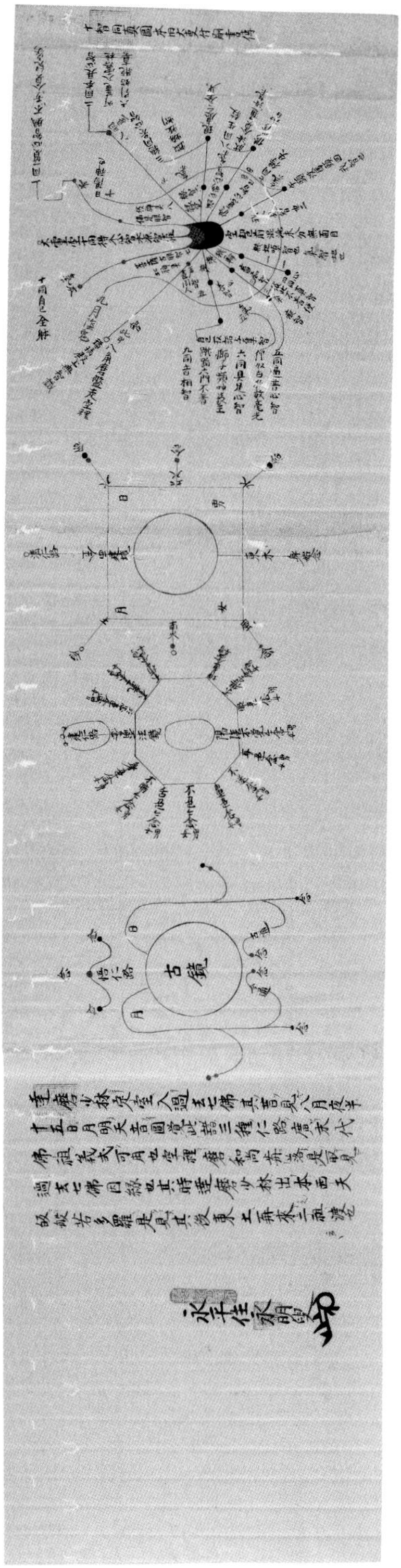

（端裏書）「十智同真」（一張）

（朱印文「仏法僧宝」）十智同真図本旧大事付嗣書伝

※図形中略

（三張）（朱印文「仏法僧宝」）達磨少林ニテ定ー室ニ入テ、過去七仏、其ノ昔ヲ見ルニ、八月夜半ニ、」十五日ニ月ー明ニシテ天音アッテ二円覚一、此ノ諸ノ三種ノ仁路ヲ広メテ末代、」仏ー祖ノ義（儀カ）ー式ヲ可レ用也、空ー裡ヨリ磨ー和尚寿（前）ニ落トス、是ヲ取テ見ルニ、」過去七仏因縁也、其ノ時達磨、少林ヲ出テ、本トノ西ー天」帰テ、般若多羅ニ是ヲ見ミス、其ノ後、東ー土ニ再来シテ、〇（〇之ヲ）二ー祖ニ渡也、」云々、

（朱印白文「慧輪永明禅師」）永平住永明叟（光紹智堂）（版刻花押）

〇一・二張の図形は省略。

【読み下し】

達磨少林にて定室に入りて、過去七仏、其の昔を見るに、八月夜半に、十五日に、月明にして円覚（ママ）に天音あって、此の諸の三種の仁路を末代に広めて、仏祖の儀式を用うべきなり。空裡（くうり）より磨和尚の前に落とす。是れを取って見るに、過去七仏の因縁なり。其の時達磨、少林を出て、本との西天（さいてん）に帰りて、般若多羅（はんにゃたら）に是れを見す。其の後、東土に再来して、これを二祖に渡すなり、と云々。

【解説】 端裏書に「十智同真」とあり、内題には「十智同真図本旧大事、付嗣書伝」とある。相伝年次、相伝関係の記載はなく、「永平住永明叟」の署名のあとに「版刻花押」が押される。あるいは、光紹が後世の為に残した案文ではないかと推察する。「慧輪永明禅師（えりんえいめい）」「光紹高風」の朱印二顆が押印され、「十智同真図本旧大事」ならびに「達磨少林」の二箇所に三宝印が押印されている。大事部分には、朱書、朱線が用いられている。「切紙目録」（本巻No.４、『禅籍編』二巻No.39）に「十智同真」（別種の「切紙目録」〈『禅籍編』二巻No.39参考史料〉には「十知同真」）とみえる。また、延享二年（一七四五）夏に、面山瑞方（めんざんずいほう）があまねく閲覧した永平寺室中所在の切紙（面山は「断紙」とする）の総数は「断紙一百四十余通」であったとするが、そこにも「十地同真切紙」の記載がみられる。

本史料は、『禅籍編』三巻No.４、四二～五三頁に、全文が

影印翻刻されている。

本切紙は、「十智同真」と「三種滲漏」の二つから構成されている。この形式を取るものに、例えば愛知県豊川市西明寺所蔵「宝鏡三昧図切紙」がある。この切紙は、同寺九世鉄山天牛(?～一六五四)所伝と推定されるものであるが、光紹所伝の本切紙と比較し、かつ語句の典拠によって検討してみると、両者共に誤字の多いことが目につく。これは、この時代の切紙相承の実状を考察する上で、重要である。光紹の場合も、複数の派の切紙を相承し、量的にも大部の相伝を受けているにもかかわらず、あるいはそれ故か、誤写と思われる箇所がそれぞれの切紙の中に少なからずみられる。誤写の頻度の高さは、江戸時代前半において、碩学とも言える曹洞宗の禅者が切紙の内容を十全に理解していなかったか、あるいは切紙相伝自体が形骸化していた事を示唆する。

「十智同真」の大事(図)について、考えてみたい。端裏書きに「十智同真」とあり、内題に「十智同真図本旧大事付嗣書伝」と記されており、これが本切紙全体の名称なのか、第(1)図のみを指すのかは判然としないが、私見では、後者であると考える。『人天眼目』によれば、「十智同真」とは、汾陽善昭(九四七～一〇二四、首山省念法嗣)の示衆の語であり、「一同一質、二同大事、参総同参、四同真智、五同遍普、六同具足、七同得失、八同生殺、九同音吼、十同得入」からなる機関(公案)として設定されている。本切紙の「十智同真」に対する下語から、出典は『人天眼目』「古宿十智同真問答」(大正蔵四八・三〇五上～三〇六上)によると思われる。

普済寺十三派の一つ潔堂派の拠点寺院である常光寺(愛知県渥美町)には、「三滲漏之大事」があり、光紹書写の「十智同心」切紙を理解する上で参考になる。

この切紙によれば、道元禅師、寒巌義尹、鉄山士安、東洲至遼、梅巌義東、華蔵義曇、潔堂義俊、竹印光忠、樹王是秀と次第相伝されたとする。「潔堂派参話目録」に「于時明応三年甲寅拾二月念廿日、於普済禅寺之丈室、忠和尚令附授是秀畢、光忠(花押)」とあることから、本切紙もこの時期に伝授されたものと思われる。本史料は、切紙の中でも成立が古いものの一つと推定される。

『人天眼目』によれば、「三種滲漏」は、洞山良价が曹山本寂(八四〇～九〇一)に「宝鏡三昧」と共に伝授された機関であり、洞山は先師雲巌曇晟より相伝したとされる。永平寺所蔵『人天眼目』巻中には、以下のようにみえる(『禅籍編』四巻No.２、一九五頁)。

〇三種滲漏

洞山謂テ二曹山一ニ曰ク、吾レ在テ二雲岩先師ノ処一ニ、親ク印セラル二宝鏡三昧ヲ一、事窮メテ」的要ナリトヲ、今付二授ス汝一ニ、汝善ク護持シテヨ、無レ令レ断絶一、遇ハ二真ノ法器一ニ、方ニ可レ伝授」委イ、直ニ須ク下秘密シテ不レ中得彰露ルコトヲ上、恐ハ属ハ二流布一ニ、喪二滅ン吾カ宗一ヲ、夫レ末法ノ時」代人多シ二乾慧一、若シ要レハ弁二験ント向上之ノ人ノ真偽一ヲ、有リ二参種滲漏一、当テ認トイ」機直須レ具レ眼、」

(『大正蔵』四八・三一八上に該当箇所あり)

本切紙の後半は、「清仁路」「建仁路」「悟仁路」から構成されており、それぞれに正方形、八角形、円相を中心として図を示している。しかしながら、前述の常光寺所蔵「三滲漏之大事」では、「情滲漏」「見滲漏」「語滲漏」として図示されており、この名称は通称もしくは宛字と思われる。

なお、本史料の写真は『禅籍編』三巻No.４および口絵に掲載されているように、前後半で四分割して撮影したものであるが、本巻では全体像をよりわかりやすくするため、あえて画像を加工して、原史料の体裁通りとなるように写真を合成して掲載した。

(飯塚大展)

参考文献

『永平寺史料全書』禅籍編　第二巻(大本山永平寺、二〇〇三年)。

『永平寺史料全書』禅籍編　第三巻(大本山永平寺、二〇〇五年)。

『永平寺史料全書』禅籍編　第四巻(大本山永平寺、二〇〇七年)。

（寛文十年〈一六七〇〉八月十五日以前）、永平寺三十世光紹智堂、「州県村」を書写する。

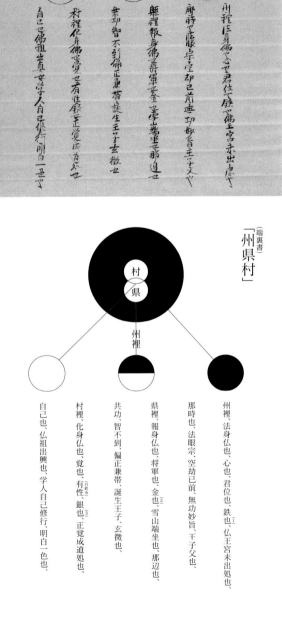

68　州県村（三裡之図切紙）（光紹智堂切紙）

（一紙　36.8㎝×52.0㎝）

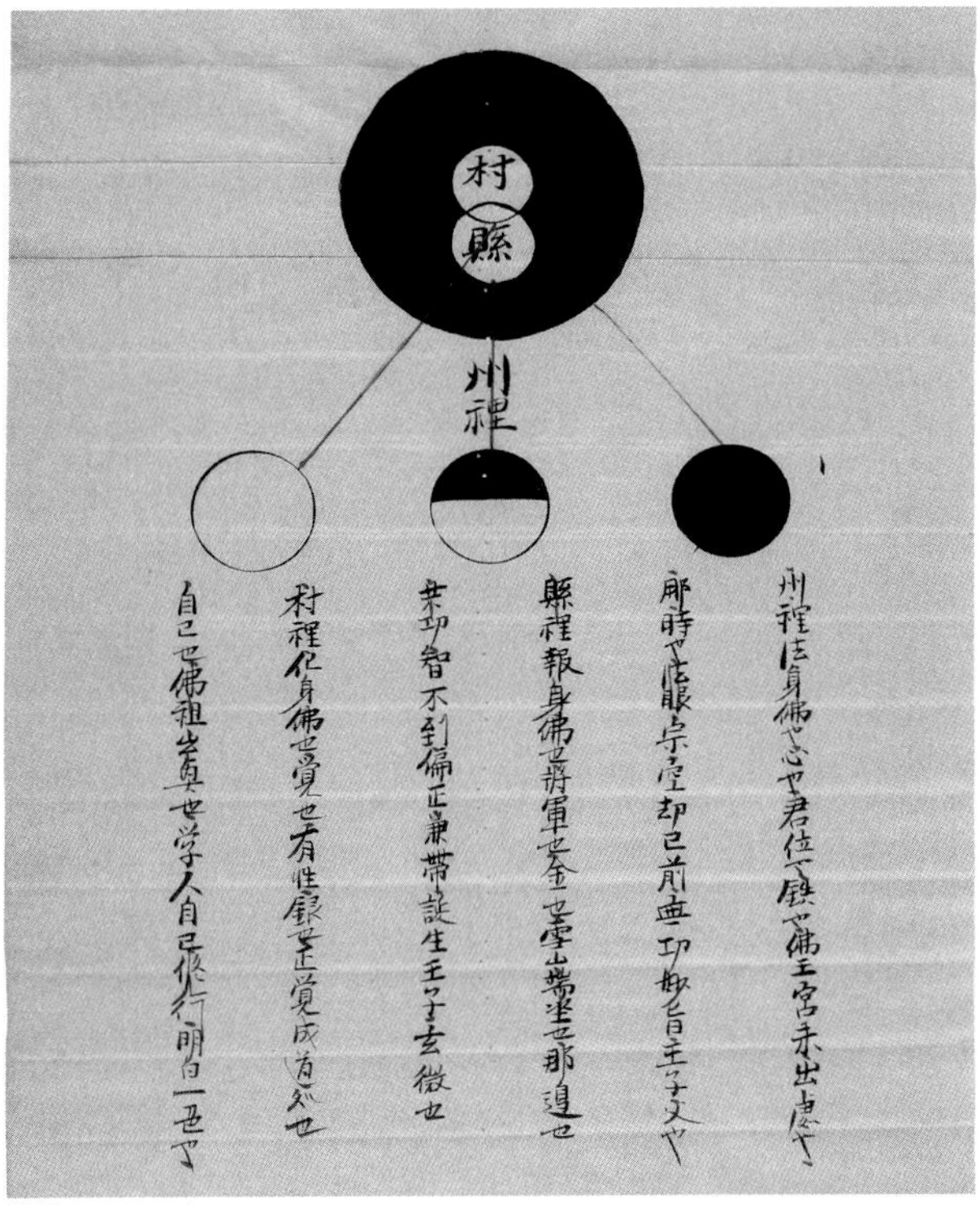

（端裏書）
「州県村」

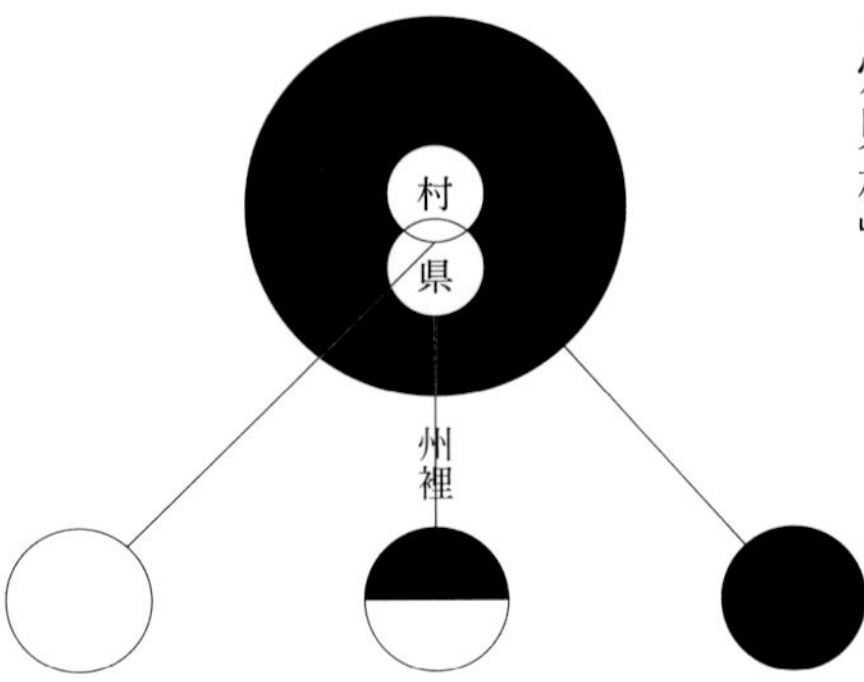

州裡、法身仏也、心也、君位也、鉄也、(1)仏王宮未出処也、
那時也、法眼宗、空劫已前、無功妙旨、王子父也、
県裡、報身仏也、将軍也、金也、(2)雪山端坐也、那辺也、
共功、智不到、偏正兼帯、誕生王子、玄微也、
村裡、化身仏也、覚也、有性（百姓カ）、銀也、(3)正覚成道処也、
自己也、仏祖出興也、学人自己修行、明白一色也、

【読み下し】

州裡は、法身仏なり。心なり。君位なり。鉄なり。仏の王宮を未だ出でざる処なり。那時なり。法眼宗なり。空劫已前なり。無功の妙旨なり。王子の父なり。

県裡は、報身仏なり。将軍なり。金なり。雪山端座なり。那辺なり。共功なり。智不到なり。偏正兼帯なり。誕生王子なり。玄微なり。

村裡は、化身仏なり。覚なり。有性なり。銀なり。正覚成道の処なり。自己なり。仏祖出興なり。学人自己の修行なり。明白一色なり。

【注】(1)鉄也　他の「三裡底図」では、三位説の「那時」に対応することから、「金」が配されるのが一般的である。

(2)金也　他の「三裡底図」では、三位説の「智不到」に対応することから、「銀」が配されるのが一般的である。

(3)銀也　他の「三裡底図」では、三位説の「自己」に対応することから、「鉄」が配されるのが一般的である。

【解説】　本史料には、相伝年次、相伝関係、署名(花押・印)の記載は見られないが、その形態および筆蹟から、永平寺三十世光紹智堂が相伝、書写した切紙と推定される。永平寺室中に相伝されるべき切紙の雛型として書写されたものか。

　史料名は端裏書に「州県村」とあるのに依拠する。本巻No.4、「切紙目録」(『禅籍編』二巻No.39)および永平寺所蔵の別種の「切紙目録」(『禅籍編』二巻No.39参考史料)に、「三位三裏之図」と記されているものが、「州県村」切紙に相当すると思われる。

　本史料の相伝書写については、「一条紅線」切紙(本巻No.40、『禅籍編』二巻No.43)に「寛文三年(一六六三)九月二十八日に永平寺二十九世鉄心御州より同三十世光紹智堂へ伝受された」とする解説を参考にすれば、これを上限とし、下限は智堂の示寂した寛文十年八月十五日ということになる。

　なお本史料は『禅籍編』三巻No.5に全文が影印翻刻されている。

　本切紙の内容は、中国における州・県・村という地方行政上の単位を、三位説(自己・智不到・那時、鉄・銀・金)や、五位説(偏正・君臣・王子)を依用して説明しようとするものである。ただし、その位置づけについては、注でも指摘したように錯誤がみられる。智堂の相伝史料全般にいえる特徴であるが、正確な書写の意識が希薄ではないかと疑われる。

面山瑞方（めんざんずいほう）は、『洞上室内断紙揀非私記（とうじょうしつないだんしけんぴしき）』「三位図断紙」の項に、「面山謂く、古へに此の図無し。中古の代語僧の私案なり。州県村の三種体裁を知らんと欲せば、則ち須らく宏智禅師の挙示に参ずべし。此の断紙、揀非に附すべし」と言っている。面山が延享二年（一七四五）夏に、永平寺に五〇日間余り滞在し、室中の法宝（ほうぼう）を閲覧した際、一四〇通を超える切紙（面山は「断紙」と記す）を閲覧している。面山は、おそらくこの智堂所伝の一連の切紙を参看したと思われるが、その評価は他の「断紙」同様、「中古代語（だいご）僧が捏造した物である」と断じている。また、面山は「州県村」の体裁を知ろうとするならば、宏智正覚（わんししょうがく）の示衆に参じなければならないとしているが、それは『宏智広録』の上堂語（大正蔵四八・四四下～四五上）を念頭に置いていると思われる。この公案は永平寺二十八世高国英峻（こうこくえいしゅん）の『高国代』ならびに『高国代鈔』においても拈提されている。

この「州県村」切紙とほぼ同じ内容を持つ切紙に、石川県羽咋市永光寺（ようこうじ）所蔵の「三裡之図」切紙がある。

（端裏書）
「三裡之図」

※図形省略

州裡底ヲ。代、無レ名無レ相。

県裡底ヲ。代、有レ名無レ相。

村裡底ヲ。　有レ名有レ相。

州裡、法身、心也、君ノ位也、金也、仏ヲ王宮ヲ未レダ出デ処ロ也、那時也、空劫以前也、無功妙旨手也、父也。

県（ケン）裡、報身、性也、将軍、銀也、雪山端座ノ処ロ、那辺也、共功、知不到、偏正兼帯、誕生王子也、玄微（ビ）也。

村裡、化身、覚也、百性、鉄也、正覚成道之処也、自己也、仏祖出興也、学人自己修行、明白一色也。

師云、州裏底ヲ。云、形チ無ク顕レヌ主デ走。師云、何ントテ。云、清浄法身仏デ走。

師云、県裡底ヲ。云、形チ有テ顕レヌ主デ走。師云、何ントテ。云、円満報身仏デ走ゾ。

師云、村裏底ヲ。云、形有テ顕ル、主デ走。師云、何ントテ、千百億化身仏デ走。

この切紙には、永平寺所蔵のものには記されていない参が付加されており、本文と大事(図)と参が一体となっている切紙である。智堂所伝の切紙と比較すると、三位説・五位説の排列次第が異なっていることが分かる。

この切紙と同内容のものが、神奈川県小田原市香林寺に相伝されており、智堂書写の「州県村」切紙の理解する上で参考になる。

さらに、永光寺所蔵の別の「三裡之図」切紙は、慶長十九年(一六四二)書写では、州裏が兼中到、県裏が正中偏・偏中正の二位、村裡が兼中至に想定されている。さらに三重県玉城町広泰寺蔵「三裡底之図」は、別系統の「大事(図)」を記録している。

ちなみに「三裡底」の公案は、下語や代語・代語抄の中で盛んに拈提されてきた。例えば、神奈川県南足柄市最乗寺蔵『御開山語録』(内題「大雄山最乗禅寺御開山御代」)は、了庵慧明の代語とされる史料であるが、その冒頭の代語は、「洞山三裡底」の公案である。同様に山梨県山梨市永昌院蔵『龍谷開山大和尚下語』は、一華文英の下語集であるが、やはり冒頭の公案は「洞山和尚三个之児子」である。中世の下語、代語史料等に、この公案は比較的頻繁に拈提されているが、その多くは君(皇帝)・臣(将軍)・民(百姓)に配して説かれることが多い。切紙史料では、特に三位説を中心に図示化され、五位説と合糅されることが多いように思われる。

(飯塚大展)

参考文献

石川力山『禅宗相伝資料の研究』上巻(法蔵館、二〇〇一年)。
『永平寺史料全書』禅籍編第二巻(大本山永平寺、二〇〇三年)。
『永平寺史料全書』禅籍編第三巻(大本山永平寺、二〇〇五年)。

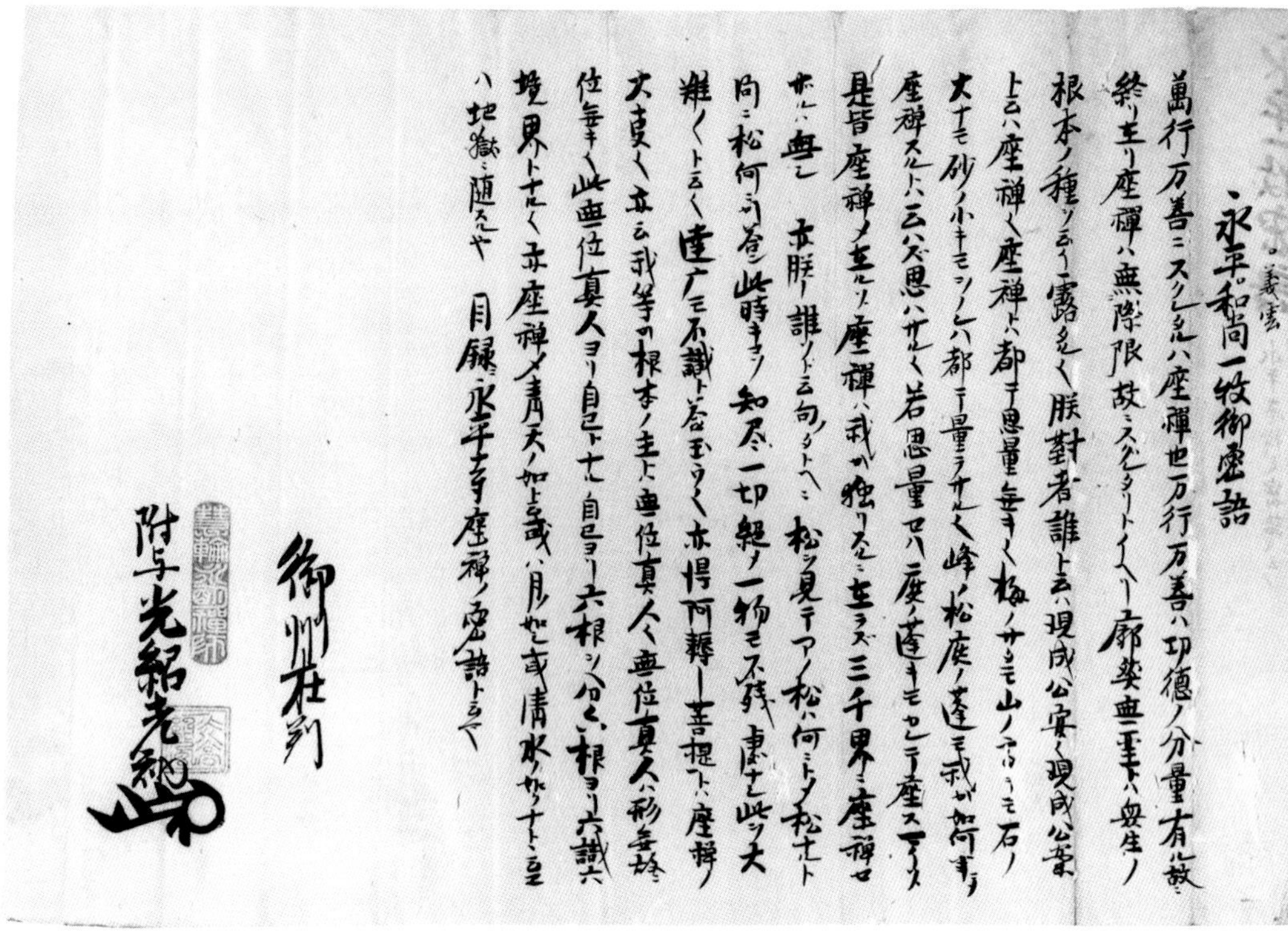

（寛文十年〈一六七〇〉八月十五日以前）、永平寺三十世光紹智堂、「永平一枚密語」を書写する。

69　永平一枚密語（鉄心御州切紙）

（一紙　34.6㎝×50.9㎝）

（端裏書）
「永平一枚密語　永平座禅之密語トモ云フ」

○義雲
永平○和尚一枚御密語

万行万善ニスクレタルハ、座禅也、万行万善ハ功徳ノ分量有ル故ニ」終リ在リ、座禅ハ、無二際限一故ニ、スグレタリトイヘリ、廓然無聖トハ、衆生ノ」根本ノ種ヲ云イ露タル也、朕対者誰ト云ハ、現成公安（案カ）也、現成公案」ト云ハ、座禅也、座禅トハ、都テ思量無キ也、梅ノサタ（沙汰）モ、山ノ高キモ、石ノ」大ナモ、砂ノ小キモ、ヲノレ（己）ハ都テ量ラサル也、峰ノ松・庭ノ蓬モ、我ガ如何羊ニシテ」座禅スルトハ云ハズ、思ハサル也、若思量セハ、庭ノ蓬キモカレテ、座スマイゾ、」是皆座禅シテ在ルゾ、座禅ハ、我ガ独リスルニ在ラズ、三千界ニ座禅セ」ザルハ無シ、亦朕―誰ゾト云句ノタトヘニ、松ヲ見テ、アノ松ハ何ニトシテ松ナルト」問ニ、松何ニガ答ン、此時キコソ、知尽、一切絶シテ、一物モ不レ残処ナシ、此ヲ大」難〱ト云也、达广（磨）モ不識ト答玉ウ也、亦得阿耨――菩提一トハ、座禅ノ」大事也、亦云、我等カ根本ノ主トハ、無位真人也、無位真人ハ、形無故ニ」位無キ也、此無位真人ヨリ自己トナル、自己ヨリ六根ヲ分、六根ヨリ六識・六」境界トナル也、亦座禅シテ青天ノ如ト云、或ハ月ノ如シ、或清水ノ如クナト、云ヱ」ハ、地獄ニ堕スル也、(5)目録ニ永平寺座禅ノ密語ト云也、

御州(鉄心)在判

(朱印白文「慧輪永明禅師」)(朱印文「光紹高風」)

附与光紹(智堂)老衲(花押)

【読み下し】

永平義雲和尚一枚御密語

万行万善にすぐれたるは、座禅なり。万行万善は、功徳の分量有る故に、終り在り。座禅は、際限無き故に、すぐれたりといえり。廓然無聖とは、衆生の根本の種を云い露したるなり。朕に対する者は誰ぞ、と云うは、現成公案なり。現成公案と云うは、座禅なり。座禅とは、都て思量無きなり。梅の沙汰も、山の高きも、石の大きなも、砂の小きも、己は都て量らざるなり。峰の松、庭の蓬も、我が如何様にして座禅するとは云わず、思わざるなり。若し思量せば、庭の蓬も枯れて、座すまいぞ。是れ皆な座禅して在るぞ。座禅は、我が独りするにあらず、三千界に座禅せざるは無し。亦た朕ーー誰(朕に対する者は誰ぞ)と云う句のたとえに、松を見て、あの松は、何として松なる、と問うに、松何にが答えん。此の時こそ、知尽き、一切を絶して、一物も残さざる処なし。此れを大難、大難、と言うなり。達磨も、不識と答えたまうなり。亦た云く、阿耨多羅三藐三菩提を得たりとは、座禅の大事なり。亦た云く、我らが根本の主とは、無位の真人なり。無位真人は、形無きが故に、位無きなり。此の無位の真人より、自己となる。自己より六根を分かち、六根より、六識・六境界となるなり。亦た座禅して、青天の如しと云い、或いは月の如し、或いは清水の如くなどと云えば、地獄に堕するなり。目録に永平寺座禅の密語と云うなり。

【解説】　本文冒頭に「永平○和尚一枚御密語」(○に「義雲」と補入)として義雲の名が補入され、この切紙を義雲に擬している。補入の記事は、後筆かと推定する。端裏書に「永平一枚密語　永平座禅之密語トモ云フ」とあるように、道元禅師のものとして相伝されてきたものと思われる。本文中に、「目録ニ永平寺座禅ノ密語ト云也」とあるが、永平寺所蔵の二種の『切

紙目録』（本巻No.4、『禅籍編』二巻No.39・『禅籍編』二巻No.39参考史料）には、この呼称はみられない。『切紙目録』（高国英峻書写、光紹智堂相伝）には「（87）一、永平一枚蜜語」、別本には「（41）永平一枚密語」とみえる。史料名は、端裏書により「永平一枚密語」切紙とする。なお本史料は、『禅籍編』一巻No.25に、全文が影印翻刻されている。

相伝年次の記載はなく、相伝関係については、「御州在判」附与光紹老衲（版刻花押）」の署名があり、朱印二顆「恵輪永明禅師」「光紹高風」が押印されている。これにより、永平寺二十九世鉄心御州から同三十世光紹智堂へ相伝されたことがわかる。本史料は後世に相伝するための雛型として書写されたのではないかと推察する。

神奈川県小田原市香林寺所蔵『永平道元和尚自天童山之本目録家々之大事』にも「永平密語」としてみえる外に、天正二十年（一五九二）の年記を有する長野県松本市徳雲寺所蔵『切紙数量之目録』（傑心盾英書写）に「永平之密語」として取り上げられている。

内容については、坐禅があらゆる修行（万行万善）の中で最も優れたものであることを強調している。東土初祖菩提達磨と梁の武帝との間になされた問答の語を踏まえて、坐禅の意味を敷衍する。「廓然無聖」の語は「衆生根本の種」を表現し、「朕に対する者は誰ぞ」の語は「現成公案」を意味するという。そして「現成公案」とは、坐禅そのものであり、その坐禅はすべての思量を排したものであるから、非情（峰の松、庭の蓬）がそれと思量することなく坐禅しているとし、自己のみならず三千世界のありとあらゆる者が坐禅しているとする。また我ら衆生の根本の有り様は「無位の真人」（『臨済録』の上堂語に見える）であるとし、「無位の真人」とは形相なく、定位し得ないものであるとする。坐禅は、功徳の際限のないものであり、全く思量が介在しないものであるから、坐禅をしてその境地を「青天ノ如」「月ノ如シ」「清水ノ如ク」などと譬喩を用いて表現するのは、地獄に堕ちるに相応しい行いだという。

参考文献

石川力山『禅宗相伝資料の研究』上巻（法蔵館、二〇〇一年）。
『永平寺史料全書』禅籍編第一巻（大本山永平寺、二〇〇二年）。
『永平寺史料全書』禅籍編第二巻（大本山永平寺、二〇〇三年）。

（飯塚大展）

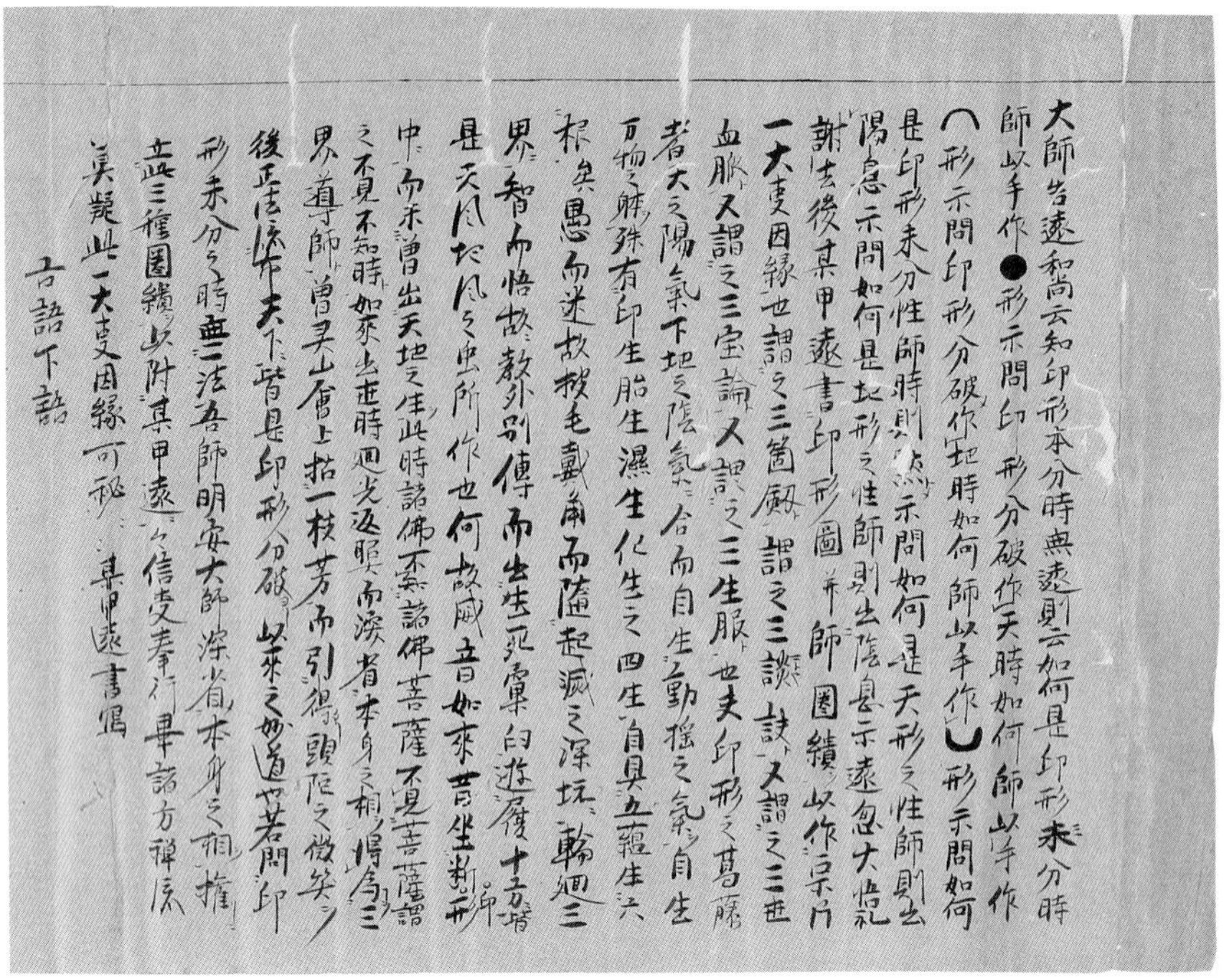

（寛文十年〈一六七〇〉八月十五日以前）、永平寺三十世光紹智堂、「卵形之図」を書写する。

70 卵形之図（光紹智堂切紙）

（三紙継紙　35.8㎝×140.0㎝）

（端裏書）
「印〔卵カ、以下同〕形之図」

（一張）
大師、告遠和尚云、知印形本〔未カ〕分時無、遠則云、如何是印形未ミ分時、」師以手作●形示、問、印形分破作レ天時如何、師以レ手作（形示、問、印形分破シテ作レ地時如何、師以手作レ）形示、問、如何」是印形未分性、師時則黙トシテ示、問、如何是大形之性、師則出」レ陽‐息示、問、如何是地形之性、師則出二陰息一示、遠忽大悟、礼」謝‐去、後某甲遠、書二印形図并師圏繢一ヲ、以作二宗門」一大事因縁一也、謂二之三箇剣一ト、謂之三談訣マトヤ一ト、又謂二之三世」血脈一ト、又謂二之三宝論一ト、又謂二之三生服一ト也、夫印形之葛藤」者、天之陽気下、地之陰気ニ合而、自生二動揺之気一ヲ、自生」万物之体一ヲ、殊有二印生・胎生・湿生・化生之四生一、自具二五蘊、生二六」二根一矣、愚而迷故、披毛戴角而、堕二起滅之深坑一二、輪廻三二」界一二、智而悟故二、教外別伝而、出二生死窠臼一、遊二履十方一二、皆」是天風・地風之、虫所作也、何故、威音如来、

昔坐二断〇(〇印)形」中一ニ而、未三曽出二天地之生一ヲ、此時、諸仏不レ知二
諸仏一、菩薩不レ見二菩薩、謂」之不見不知時一ト、如来出世時、
廻光返照而、深省二本身之相一ヲ、得レ為コトヲ二三」界導師一ト、曽霊山
会上、拈二一枝芳一而、引レ得タリ頭陀之微笑一ヲ、」後正法、流二布天
下一ニ、皆是印形分破ヨリ以来之妙道也、若問二印」形未分之時一、
無二一法一、吾師明安大師、深省二シテ本身之相一ヲ、権リニ」立二此三
種圏繢一ヲ、以附二某甲遠一ニ、々、信受奉行畢、諸方禅流、」莫疑此
(二張)一大事因縁、可秘、々々、某甲遠、書写、------------

古語下語

(中略)

御州(鉄心)在判

附与光紹(智堂)老衲

〇写真版と史料の全文は『禅籍編』二巻1076～1079頁を参照。

【読み下し】

大師、遠和尚に告げて云く、卵形未だ分かたざる時を知るや無や。遠則ち云く、如何なるか是れ卵形未分(ミ)の時。師手を以て●形を作して示す。問う、卵形分破して天と作る時如何。師手を以て◠の形を作して示す。問う、卵形分破して地と作る時如何。師手を◡形を作して示す。問う、如何なるか是れ卵形未分の性。師時則黙として示す。問う、如何なるか是れ天形の性。師則ち陽息を出して示す。問う、如何なるか是れ地形の性。師則ち陰息を出して示す。遠忽ちに大悟して、礼謝して去る。後に某甲遠、卵形図幷びに師の圏繢を書して、以て宗門の一大事因縁と作すなり。これを三箇剣と謂い、これを三談訣と謂うなり。又たこれを三世の血脈と謂い、又たこれを三宝論と謂い、又たこれを三生服と謂うなり。夫れ卵形の葛藤とは、天の陽気下り、地の陰気に合して、自から動揺の気を生じ、自から万物の体を生ず。殊に卵生・胎生・湿生・化生の四生(ししょう)有り、自から五蘊(ごうん)を具し、六根(ろっこん)を生ず。愚にして迷うが故に、披毛戴(たい)角(かく)して、起滅の深坑(しんこう)に堕して、三界に輪廻す。智にして悟るが故に、教外別伝して、生死の窠臼(かきゅう)を出でて、十方に遊履す。皆な是れ天風・地風、虫の作(な)すところなり。何が故

ぞ。威音如来、昔卵形中に坐断して、未だ曽て天地の生を出でず。此の時、諸仏は諸仏を知らず、菩薩は菩薩を見ず、之れを不見不知の時と謂うなり。如来出世する時、廻光返照して、深く本身の相を省して、三界の導師と為ることを得たり。曽て霊山会上にて、一枝の芳を拈じて、頭陀の微笑を引き得たり。後に正法、天下に流布す、皆な是れ卵形分破してより以来の妙道なり。若し卵形未分の時を問わば、一法も無し。吾が師明安大師、深く本身の相を省して、権に此の三種の圏繢を立て、以て某甲遠に附し、遠、信受奉行し畢んぬ。諸方の禅流、此の一大事因縁を疑う事莫れ、秘すべし、秘すべし。某甲遠、書写す。

【解説】　本史料の名称は、端裏書に「印形之図」とあり、本文中にも「印形」として記されているが、他の切紙目録、より古い同種の切紙を勘案すれば、「卵形之図」切紙が相応しい。「印形之図」としたのは、光紹智堂の写誤によるものなのか、その元となった鉄心御州の切紙がすでに誤っていたのかは、明確にはし得ない。私見では、光紹の写誤の可能性があると思われる（以下「卵形之図」切紙で呼称を統一する）。

「卵形之図」切紙は、永平寺所蔵『切紙目録』（本巻No.4、『禅籍編』二巻No.39）に「一、卵形之血脈幷参禅有之、三（卵カ）通」とあり、その三通の中の一通と推定される。やはり光紹智堂が相伝した切紙の一つに、「卵形血脈幷参禅」（本巻No.66、『禅籍編』三巻No.3）があり、本文中に「明安大師印（卵）形図」の語が記されている。本史料の体裁は、端裏書に切紙の名称が墨書されており、本文末尾に「御州在判／附与光紹老衲」と相伝関係が記されている。光紹相伝のいくつかの切紙に見られる、版刻花押、朱印等は押されていない。私見によれば、あるいは案文かと疑う。他の光紹相伝の切紙同様に、現状は細い短冊状に織り込まれている。

「卵形之図」切紙は、詳しくは「郢州大陽開山明安大師卵形之図」といい、伝授に関わる切紙の一つとして相伝されてきた。御州の法嗣である正龍寺（埼玉県大里郡寄居町九世普満紹（詔）堂所伝の「伝授之儀規」には「一、卵形図」と見える。これによれば、血脈・嗣書伝授に関する儀軌及びその意味づけを行う一連の切紙の一つに、「卵形之図」切紙は位置づけられている。神奈川県小田原市香林寺所蔵「大樹派本参之次第」（「于時寛永丙寅年／初春五日／附与林渚耆衲畢／高林九世長林（花押）」）においては、「卵形未分図（切紙在之、亦快庵派）」とあり、三位の本参を了畢して後に参ずべき、伝授時の参の一つとして位置づけられている。

本史料は、永平寺二十九世鉄心御州から三十世光紹智堂へと相伝された、大陽警玄が浮山法遠に示したとされる切紙であり、混沌未分から天地が生成する次第になぞらえて三段階の下語によって解釈する。

「卵形図」切紙の構成について見てみると、最初に大陽警玄とその法を付嘱された浮山法遠との問答が全体の序となっている。図の前半は、「古徳下語」として、混沌未分の状態から陰陽二気が生じ、やがて天地が生成する次第に合わせて、古人の下語を取り上げており、峨山韶碩、通幻寂霊、大源宗真の名がみえる。後半が大陽警玄が示された「卵形之図」に相当すると思われる。しかしながら、この構成は、他のより古い切紙史料や本参などとは順序が異なる。そこでは、最初に大陽が説示したとされる「卵形之図」があり、次に大陽と浮山法遠の問答ならびに別名などの本文が続き、三番目にこれに対する古人の解釈(下語)が図示され、最後に相伝の系譜が示されるというような構成になっている。また、「卵形之図」「古徳下語」は、「三固剣」、「三談訣」、「三世血脈」、「三宝論」、「三生服」の別名が示すように三段階の構成である。面山瑞方は、『洞上室内断紙揀非私記』「大陽卵形図断紙」の項において、一名「曹洞夜参血脈」ということ、大陽警玄の作ではないことを指摘した上で、日本曹洞宗の代語僧が儒家の「大極図」をいい加減に解釈して私製したものであると批判する。面山の説は、これ以降の切紙の相伝に関して、影響力を持っていたと思われる。駒澤大学図書館所蔵『百二十通切紙』(群馬県渋川市双林寺所伝、文化八年〈一八一一〉東天梅渓から慧光へ伝授)所収の「卵形図」切紙には、その注記に同様の記事がみえる。上述の香林寺には、この「卵形図」と同内容の切紙が現存している。香林寺本では、端裏に「夜参之切紙」とあり、文中に「宗門之一大事因縁洞家夜参之血脈」とあることから、夜参において参ずべきものという位置づけであったと確認でき、石川県羽咋市永光寺所蔵『截紙之目録』(永光寺輪住四百七十九世万山林松書写)にも、同様である。

なお、本史料は『禅籍編』二巻No.45にも収録されている。

参考文献

『永平寺史料全書』禅籍編　第二巻(大本山永平寺、二〇〇三年)。

(飯塚大展)

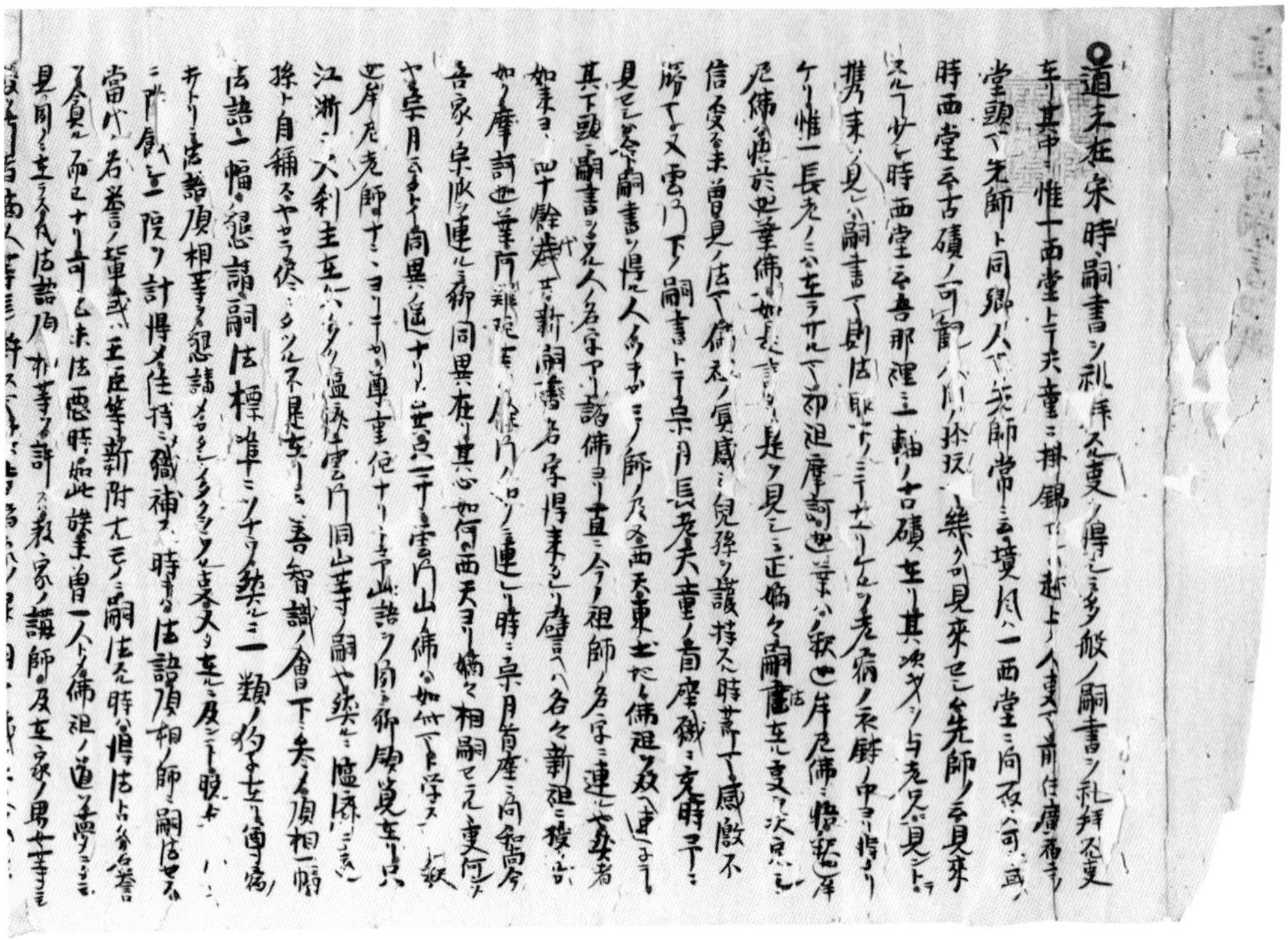

（寛文十年〈一六七〇〉八月十五日以前）、永平寺三十世光紹智堂、「道元和尚嗣書切紙」を書写する。

71 道元和尚嗣書切紙（光紹智堂切紙）

（二紙継紙　36.2㎝×101.2㎝）

〔端裏書〕「道元和尚嗣書切紙」

〔一張〕〔三宝印文「仏法僧宝」〕

○道元在宋時、嗣書ヲ礼拝スル事ヲ得シニ、多般ノ嗣書ヲ礼拝スル事」在リ、其中ニ惟一西堂トテ、天童ニ掛錫セシハ、越上ノ人事也、前住広福寺ノ」堂頭也、先師ト同郷人也、先師常ニ云、境風ハ一西堂ニ問取ス可シ、或ル」時西堂云、古磧〔蹟カ、以下同〕ノ可レ観、人間ノ玩也、幾クカ見来セシム、先師ノ云、見来」スルコト少シ、時西堂云、吾那裡ニ、一軸ノ古磧在リ、其次第ヲ与老兄ニ一見ントテ、」携来ヲ見レハ、嗣書也、則法眼下ノニテ在リケルヲ、老宿ノ衣鉢ノ中ヨリ得タリ」ケリ、惟一長老ノニハ在ラサル也、初祖摩訶迦葉ハ、釈迦牟尼仏ニ悟、釈迦牟」尼仏ハ、悟於迦葉仏一、如是書タリ、是ヲ見シニ、正嫡々嗣書(法)在ル事ヲ決定シ」信受ス、未曽見ノ法也、仏祖ノ冥感シ、児孫ヲ護持スル時節也、感激不」勝也、又、雲門下ノ嗣書トテ、宗月長老、天童ノ首座職ニ充、時予ニ」見セシハ、命〔今〕・嗣書ヲ得ル人ノツキガミノ師ノ、及、又、西天・東土地ノ仏祖ヲ双ヘ連子テ、」其下頭ニ嗣書ヲウル人ノ名字アリ、諸仏ヨリ直ニ今ノ祖師ノ名字ニ連ル也、然者、」如来ヨリ四十余歳（代）（ヒ）共、新嗣書名字得来タレリ、譬ヘハ、各々新祖ニ授クルカ」如ク、摩訶迦葉・阿難陀等ハ、余門ノ如クニ連レリ、時ニ宗月首座ニ問、和尚今」吾家ノ宗派ヲ連ルニ、聊同異在リ、其心如何、西天ヨリ嫡々相嗣セラル、事何ンゾ」ヤ、宗月云、タトイ同異遥ナリト云共、只マサニ雲門山ノ仏ハ如此也、ト学ス□□（ヘシ）、釈」迦牟尼老師、ナニ、ヨリテカ尊重佗ナリト、予此語ヲ聞ニ、聊領覧在リ、只」江浙ニ大刹主在ルハ、多ク臨済・雲門・洞山等ノ嗣也、然ルニ、臨済ニ遠〔知〕」孫ト自称スヤカラ、侭ニタツル不是在リ、云、善智識ノ会下ニ参シテ、頂相一幅・」法語一幅懇請、嗣法標準ニソナウ、然ルニ、一類ノ狗子在リ、尊宿ノ」打（ホカ）トリニ、法語・頂相等ヲ懇請シテ、カタシクタクヲウル事、又タ在ルニ、及ンテ、晩年、□□（官家）」ニ陰銭シ、一院ヲ討得シテ、住持ニシテ職補スル時キハ、法語・頂相ノ師ニ嗣法セス、」当代ノ名誉ノ輩、或ハ王臣等、新附ナルモノニ嗣法スル時ハ、得法トワス、名誉」ヲ貪ル而已ナリ、可思末法悪時、如此族、未曽一人トシテ、仏祖ノ道ヲ、夢ニタモ」見聞クニ在ラス、凡法語・頂相等ヲ許スハ、教家ノ講師、及在家ノ男女等ニモ」

（二張）授ク、行者・商人等ニモ許ス也、其旨諸家ノ録ニ明ナリ、或ハ亦、其人□□□（ニアラ）」サルガ、妄ニ嗣法ノ證拠ヲ望ニ依テ、一軸ノ書ヲ求ルコト在リ、有道ノイタム所也」小（トカ）雖、ナマシイニ援筆スル也、此ノトキハ、シカノ如トキノ古来ノ書式ニヨラス、聊師吾」ノヨシヲカク、近来ノ法ハ、唯其師ノ会ニテ得ルカトスレハ、則師ト嗣法スル也、曽其」師ノ印ヲ得ザレトモ、只入室・上堂恣ニ参シテ、長連床ニ在ル輩ニ、住院ノ時ハ、」其師承ヲ挙スルニ、以上ニ明キ在ラサレ共（トモ）、大事ヲ打開スル則ハ、夫師トセルノミ」多シ、亦、竜門仏眼禅師清遠ノ禅ヱンニテ、伝蔵主トハ在リ、彼師伝蔵」主、亦嗣書ヲ帯セリ、嘉定ノ始ニ、隆禅上坐、日本国ノ人也雖、彼伝蔵主病」レケルニ、隆禅ヨリ伝蔵主看病シケルニ、困労頻ナルニヨリテ、看病ヲ謝センガ為」ニ、嗣書ヲ取リ出テ、礼拝セシメケル、難レ見物也、与レ你礼セント謂ケル、従夫以来八年」ノ後、嘉定十六年癸未秋ノ比、予始メテ天童山寓直スルニ、隆禅上」坐、懇ニ伝蔵主ヲ請シテ、嗣書ヲ令レ見、夫レ嗣書ノ様ハ、七仏従後、臨済」ニ至ル迄テ、四十五祖連子書テ、臨済ヨリ師ハ下後ノ上、一円相ヲ作テ、夫中ニ」メクラシテ、法諱・花字ヲウツシカケリ、新嗣ハ、ヲワリニ、年月ノ下ニ頭ニ」書リ、臨済ノ尊宿モ如此、不同在リト可レ知、」

伝授之人無レシハ之、赦免不可有之者也、

（朱印白文「慧輪永明禅師」）

永明叟（花押）（朱印文「光紹高風」）

（光紹智堂）

【解説】　本書は、永平寺三十世光紹智堂（こうしょうちどう）（一六一〇～一六八三）が書写した切紙で、内容は二十七世高国英峻（こうこくえいしゅん）（一五八七～一六七四）が著した、「道元和尚嗣書切紙」（本巻No.21、『禅籍編』一巻No.20）と同一のものである。

本書に対する批判として、三十九世承天則地（じょうてんそくち）（一六五九～一七四四）の著した「旧本除却弁」（『禅籍編』一巻No.21【参考史料】）、面山瑞方（一六八三～一七六九）『洞上室内断紙揀非私記』（『曹洞宗全書』一五巻所収）等がある。これらでは、宗統復古運動以降の禅者によって、このような切紙等を禅宗相伝史料として意味づけようと試みた事が問題視されている。

本書は参考史料とともに、『禅籍編』一巻No.21に全体写真、翻刻および飯塚大展氏の解説が掲載されている。また本巻No.21には高国英峻書写本が掲載されており、こちらも飯塚氏が解説を担当されている。内容等の詳細はそれらを参照されたい。

参考文献
『永平寺史料全書』禅籍編　第一巻（大本山永平寺、二〇〇二年）。

（廣瀬良弘）

（寛文十年〈一六七〇〉八月十五日以前）、永平寺三十世光紹智堂、「元和尚黒衣之由来」を書写する。

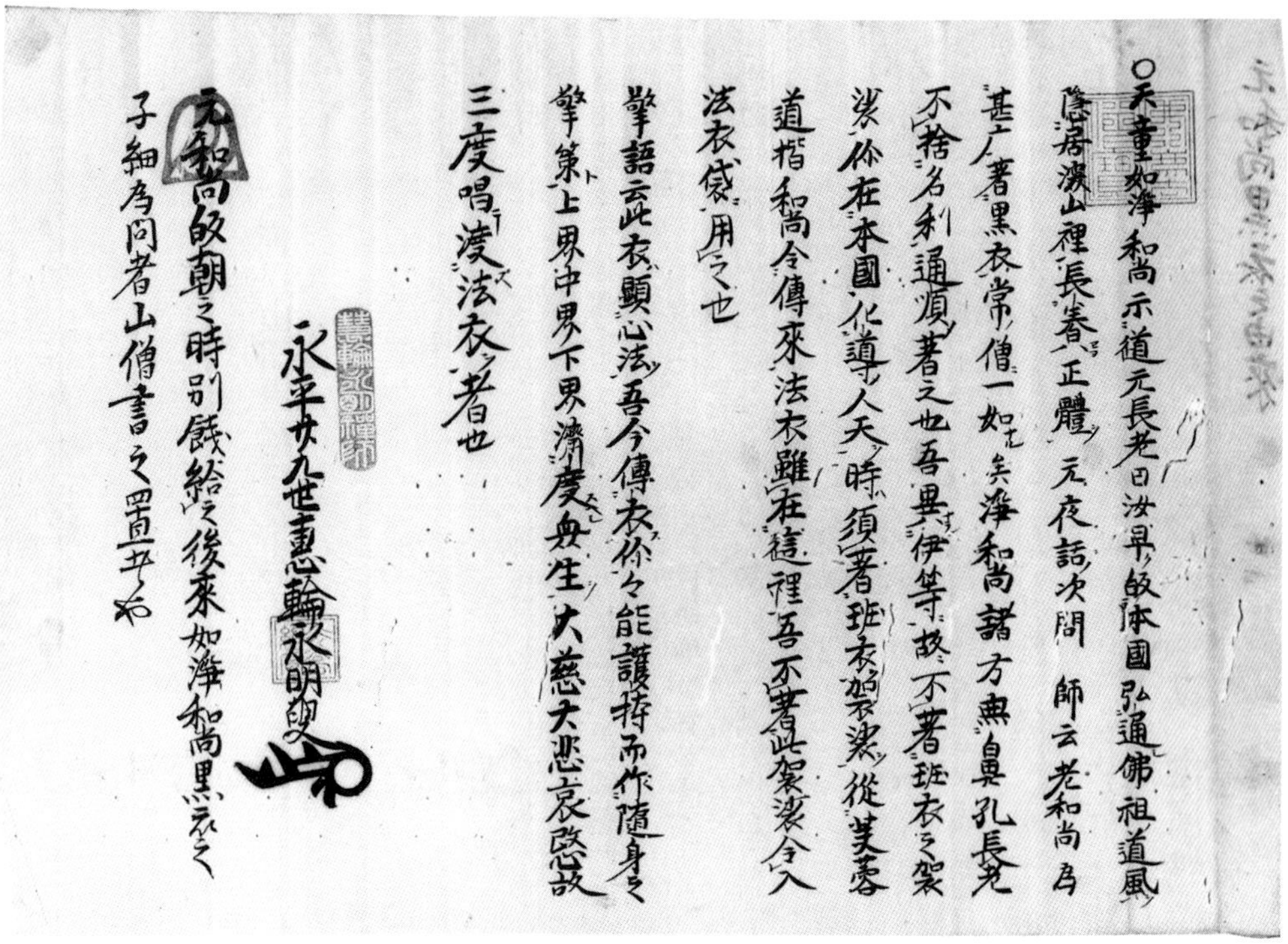

72 元和尚黒衣之由来（光紹智堂切紙）

（一紙　36.6㎝×51.1㎝）

（端裏書）
「元和尚黒衣之由来」

（朱印文「仏法僧宝」）
○天童如浄和尚示ニ道元長老曰、汝早ク帰ニ本国(1)、弘ニ通シ仏祖ノ道風一ヲ、」隠ニ居深山裡一、長ニ養セヨ正体一ヲ、元夜話ノ次、問、師云、老和尚為」ニ甚〔麼〕广一著ニ黒衣(2)一、常ノ僧ニ一如ナル矣、浄和尚、〔曰脱カ〕諸方無ニ鼻孔長老(3)、」不レ捨ニ名利一、通順シテ著之也、吾異ナランニ伊等ニ一故ニ、不レ著ニ班〔斑カ、以下同〕衣之袈」裟(4)一、儞在ニ本国一、化ニ導シテ人天一ヲ時ハ須レ著ニ班衣一ヲ袈裟（ママ）一ヲ、従ニ芙蓉」道楷和尚令ニ伝来一法衣(5)、雖レ在ニ這裡一、吾不レ著ニ此袈裟、令レ入」法衣袋(6)ニ一用レ之也、擎語云、此衣ハ顕ニ心法一ヲ、吾今伝ニ衣ス儞一、々能護持而作ニ随身之」擎〔警カ〕策一ト、上界・中界・下界、済ニ度スヘシ衆生一ヲ、大慈大悲哀愍故、」三度唱テ渡ニ法衣一ヲ者也、

（朱印白文「慧輪永明禅師」）
永平廿九世恵輪永明叟（版刻花押）（朱印文「光紹高風」）（光紹智堂）

（道元版刻花押）
元和尚帰朝之時(7)、別餞給レ之、後来如浄和尚黒衣之子細、為問者、山僧書之置者也、

【読み下し】

天童如浄和尚道元長老に示して曰く、汝早く本国に帰り、仏祖の道風を弘通し、深山裡に隠居して、正体を長養せよ。元夜話の次、問う、師云く、老和尚甚麼（なん）としてか黒衣を著け、常の僧と一如なる。浄和尚曰く、諸方の鼻孔無き長老、名利を捨てず、通順してこれを著くるなり。吾は伊等と異ならん故に、斑衣（はんえ）の袈裟を著けず、儞本国に在りては、人天を化導して、時に須く斑衣の袈裟を著くべし。芙（ふ）蓉道楷（ようどうかい）和尚より伝来せしむる法衣、這裡に在りと雖も、吾れは此の袈裟を著けず、法衣袋に入れしめこれを用いるなり。語を擎（ささ）げて云く、此の衣は心法を顕す。吾れ今ま儞に伝衣す、儞能く護持してこれを随身の警策と作し、上界・中界・下界、衆生を済度すべし。大慈大悲哀愍故。三度唱えて法衣を渡すものなり。

（中略）

元和尚帰朝の時、別れに餞（はなむ）けしてこれを給う。後来如浄和尚黒衣の子細、問者の為に、山僧これを書き置くものなり。

【注】（1）汝早帰本国　『伝光録』に「即ち浄和尚囑して曰く、早く本国に還り、祖道を弘通すべし。深山に隠居して、聖胎を長養すべしと」とある。早く日本に帰り、仏祖道を広めなさい。（名聞利養を離れて）深山幽谷に隠れ、悟後の修行につとめなさい、の意。

（2）為甚麼著黒衣　黒衣は、一般の修行僧の身に纏うものであり、住持たるべき人の着るべきものではない、の意。日本において、「黒衣」は、侍者、蔵主、首座などの一般修行僧が身に着けた。また中世においては、顕密僧が「白衣」を身に纏い、その周縁にあった禅律僧は「黒衣」を纏ったとされる。一方で、懐奘は自らを「黒衣の非人」と位置づけているように、名聞利養を離れ、世俗的な価値観から自由な者の指標としても機能した。「唯名利の学業を為さず、黒衣の非人にして背後に笠を掛け、往来唯かちより行

けと思ふのみなり」(『伝光録』懐奘章)。

(3)無鼻孔長老　顔を顔たらしめている鼻を持たない長老。禅の深奥に触れることもない、愚かな長老、の意。

(4)不著班衣之袈裟　『正法眼蔵』「嗣書」によれば、如浄は、芙蓉道楷の袈裟と法衣とを相伝していたが、住持として、上堂陞座(説法)においても、斑なる衣は身に着けなかったとする。

(5)従芙蓉道楷和尚令伝来法衣　芙蓉道楷(一〇四三〜一一一八)は、投子義青の法嗣、その門から真歇清了、宏智正覚などが輩出した。『三祖行業記』「道元伝」に「芙蓉衲衣伝来」という記事がみえるほか、『碧山日録』には、碧巌・弾虎拄杖・払子の相伝があったとする。さらに、『明極和尚語録』巻三、「日東可禅人回郷」という、宗可侍者(永平五世義雲の弟子)が入元し帰国しようとした際の語に、如浄は道元禅師に、芙蓉の法衣・竹篦・白払・宝鏡三昧・五位顕訣等を伝授したとしており、道元禅師滅後百年も経ない頃に、すでにこうした伝承が成立していたとされる。

(6)法衣袋　袈裟袋。「袈裟嚢(袋)」の切紙が存在する。

(7)元和尚帰朝之時　道元禅師は貞応二年(一二二三)に明全と共に入宋し、安貞元年(一二二七)に帰朝した。

【解説】端裏書には「元和尚黒衣之由来」とあり、相伝年次、相伝関係の記載はなく、「永平廿九世恵輪永明叟(版刻花押)」と署名がある。また、「恵輪永明禅師」「光紹高風」の朱印二顆が押印され、本文冒頭に三宝印、本文後ろから二行目「元和尚」の上に、版刻花押が押されている。相伝年次、相伝の系譜は記載されていない。

本史料は、『禅籍編』一巻No.26に影印翻刻されている。

衣(袈裟)は、「三衣一鉢」と称されるように、比丘の生活に密着した衣服を意味し、六物や八物・十八種物にもすべて含まれ、中国・日本の禅宗清規類にも、禅僧の所持物として例外なく明記される。禅宗史の上からは、この「衣」(袈裟)がある時期よりその所伝の法の象徴「伝衣」として、またその法の相承の正当性の証「法信」としての意味が付与されるようになった。

中国初期禅宗史における伝衣説は慧能関係の文献資料に

例外なく受け継がれている。慧能が弘忍より伝えたとされる伝衣は、所住地の曹渓宝林寺に留め置かれて、他に継承されることはなかったが、神会が提唱した「法信」としての袈裟の観念はその後も受け継がれた。日本における禅宗宣揚の嚆矢となった達磨宗の大日房能忍も、中国阿育王山の拙庵徳光より、達磨の頂相等とともに法衣の相伝も受けている。道元禅師も中国留学から帰国するに際しては、芙蓉道楷以来伝来したとされる青黒色の袈裟を伝授しており、道元禅師によって袈裟はさらに新たな象徴的意味を獲得するに至ったとされる。事実道元禅師は、『正法眼蔵』「伝衣」や『正法眼蔵』「袈裟功徳」を撰して、衣法一如、仏袈裟としての功徳を強調し、袈裟の著け方、受持の仕方、衣財、袈裟浣洗の法、種類、十種の勝利等を示し、仏袈裟の正伝性を強調している。

道元禅師の伝衣相伝については、熊本県玉名市広福寺所蔵の文書中に、延慶二年(一三〇九)、加賀大乗寺(石川県金沢市)徹通義介が弟子の瑩山紹瑾禅師に法衣を伝授したことを証する附属状がある。道元禅師在世中に山城の俗弟子生蓮房なる者の妻室が自ら織った細布を、道元禅師がさらに自ら縫い常用していた袈裟を、宝治二年(一二四八)に至って袈裟嚢を縫ってこれを収納した。これを建長五年(一二五三)七月、永平寺住持職を譲るに際して懐奘に付し、弘安三年(一二八〇)には懐奘より義介に、また永仁二年(一二九四)正月十四日には義介より瑩山禅師へ、さらに応長元年(一三一一)十月十日、瑩山禅師より明峰素哲(一二七七～一三五〇)へと代々伝授されたことが知られる。加うるに、同寺所蔵「素哲附法状」によれば、肥後大慈寺(熊本県熊本市)の寒巌義尹(一二一七～一三〇〇)や釈運西堂に参じた後、中国留学も果たした大智に対して、元弘三年(一三三三)正月十七日、大事了畢に際して、この伝衣も同じく附授されたとされる。

参考文献

『永平寺史料全書』禅籍編　第一巻(大本山永平寺、二〇〇二年)。

(飯塚大展)

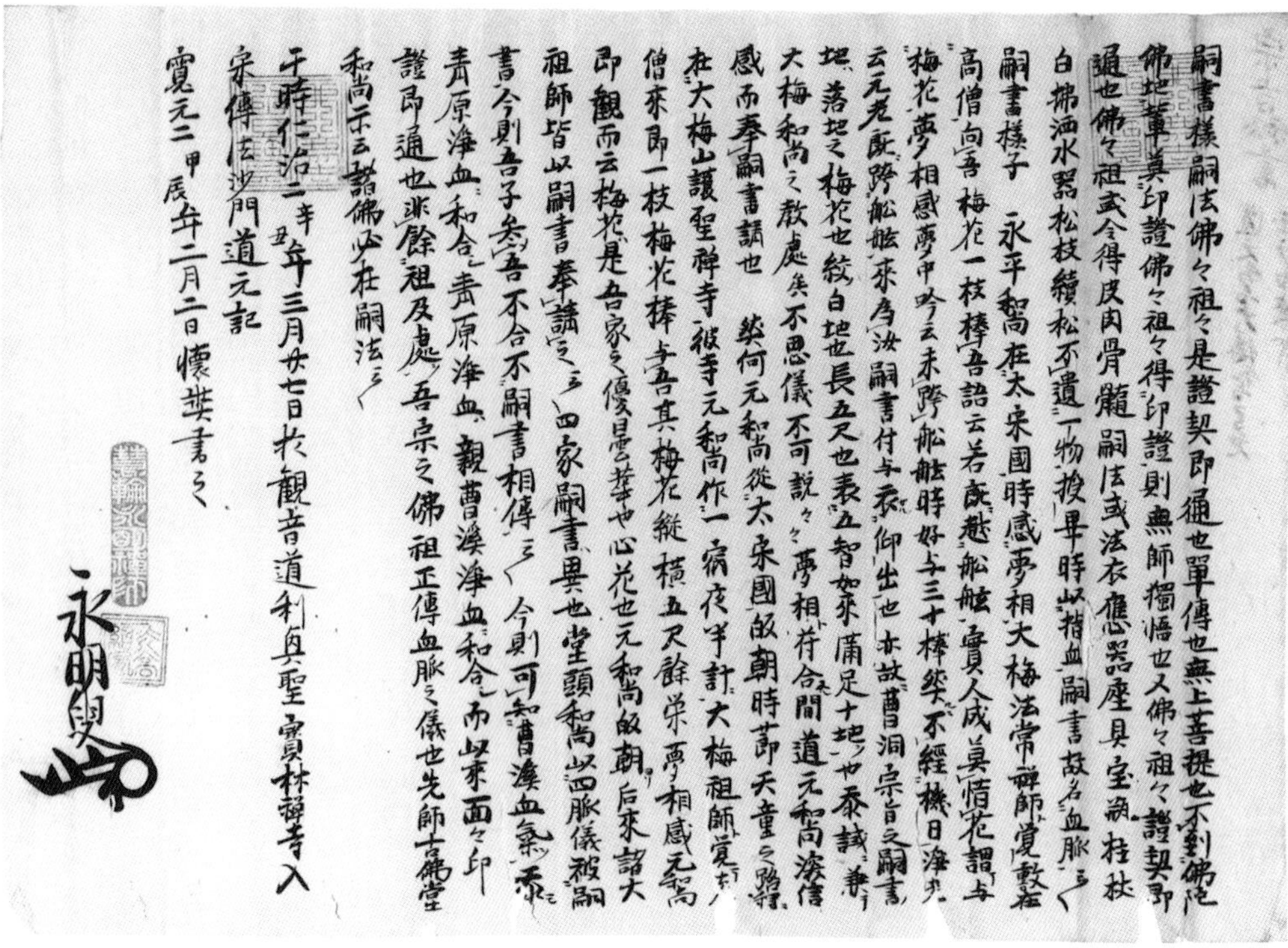

（寛文十年〈一六七〇〉八月十五日以前）、永平寺三十世光紹智堂、「宗旨秘書」を書写する。

73 宗旨秘書（光紹智堂切紙）

（一紙 36.4㎝×50.8㎝）

（端裏書）
「宗旨秘書道元和尚、大梅和尚夢見玉ウ由来也、」

（朱印文「仏法僧宝」）
嗣書様、嗣法、仏々祖々、是証契即通也、(1) 単伝也、無上菩提也、不レ到二仏陀一仏地一輩、莫二印証、仏々祖々得二印証一、則無師独悟也、又、仏々祖々、証契即」通也、仏々祖、〔々脱カ〕或令得皮肉骨髄嗣法、或法衣・応器・座具・宝瓶・拄杖・」白払・洒水器・松枝・続松、不レ遺二一物一授畢、時以二指血一嗣書故、名二血脈一云々、」嗣書様子、永平和尚、在二太宋国一時、感二夢相一、大梅法常禅師ト覚敷在」二高僧一、向レ吾梅花一枝棒〔捧カ〕レ吾語云、若既ニ越二船舷一実人成、莫レ惜レ花謂テ、与」二梅花一、夢相感、夢中吟云、未レ跨レ船舷時、好与三十棒、然ルニ不レ経二機〔幾カ〕日一、浄老」云、元老既ニ跨二船舷一来、為レ汝嗣書付与、衣〔被〕サル二仰出一也、亦故ニ、曹洞宗旨之嗣書ノ」地ハ、落地之梅花也、絞ノ白地也、長五尺也、表二五智如来・満足十地一ヲ也、忝試ニ兼テ」大梅和尚之教処矣、不思儀不可説、々々、夢相ト符合スル間、道元和尚深信」感而奉レ嗣書請也、 然何、元和尚、従二太宋国一帰朝時節、天童之路程ニ、在二大梅山護聖禅寺一、彼寺元和尚、作二一宿夜半計一ニ、大梅祖師ト覚テ、元老」僧来、即一枝梅花棒〔捧カ〕与レ吾、其梅花縦横五尺余、栄夢相感、元和尚、」即観而云、梅花ハ是吾家之優曇華也、心花也、元和尚帰朝ヨ

リ、后来諸大」祖師、皆以嗣書奉レ請レ之云々、四家嗣書ハ異也、堂頭
和尚以二四脈儀被二嗣」書一、今則吾子参レシテ吾不合、不二嗣書相伝一
云々、今則可レ知二曹渓血気一ヲ、忝モ」青原浄血ニ和合シ、青原浄血ハ親曹
渓浄血ニ和合シ而以来、面々印」証即通也、非レ余二祖及処一ヲ、吾宗之
仏祖正伝血脈之儀也、先師古仏堂」〔頭脱カ〕和尚示云、諸仏必在嗣法云々、
（朱印文「仏法僧宝」）于時仁治二辛丑年三月廿七日、於観音道利興聖宝林禅寺、入
宋伝法沙門道元記、
寛元二甲辰年二月二日、懐奘書之、(1)
（朱印白文「慧輪永明禅師」）（朱印文「光紹高風」）
永明叟（版刻花押）
（光紹智堂）

【読み下し】

嗣書の様、嗣法は、仏々祖々、是れ証契即通なり。単伝なり、無上菩提なり。仏陀仏地に到らざる輩は、印証すること莫れ。仏々祖々印証を得れば、則ち無師独悟なり。又、仏々祖々、証契即通なり。仏々祖々、或いは皮肉骨髄を得せしめて嗣法し、或いは法衣・応器・座具・宝瓶・拄杖・白払・洒水器・松枝・続松、一物遺さず授け畢んぬ。時に指血をもって嗣書する故に、血脈と名づくと云々。

嗣書の様子、永平和尚、太宋国に在りし時、夢相に感ずるに、大梅法常(だいばいほうじょう)禅師と覚しき高僧在り、吾に向かって梅花一枝を捧げて吾に語って云く、若し既に船舷(せんげん)を越ゆる実人成れば、花を惜しむこと莫れと謂いて、梅花を与う。夢相に感じ、夢中に吟じて云く、未だ船舷を跨(また)がざる時、三十棒を与うるに好し。然るに幾ばくの日を経ずして、浄老云く、元老は既に船舷を跨ぎ来る、汝が為に嗣書を付与せんと、仰せ出さるるなり。亦た故に、曹洞宗旨の嗣書の地は、落地の梅花なり、絞(しぼり)の白地なり。長(たけ)五尺なり。五智如来・満足十地を表すなり。忝(かたじけな)くも試みに兼ねて大梅和尚の教ゆる処なり。不思儀不可説、々々。夢相と符合する間、道元和尚深信に感じて嗣書を請い奉るなり。然るに何ぞや、元和尚、太宋国より帰朝の時節、天童の路程に、大梅山護聖禅寺在り、彼の寺に元和尚、一宿夜半計りに作(な)って、大梅祖師と覚えて、老僧来りて、即ち一枝梅花を捧げて吾に与う。其の梅花縦横五尺余り、栄んに夢相を感じて、元和尚、即ち観じて云く、梅花は是れ吾が家の優曇華なり、心花なり。元和尚帰朝してより、后来諸の大祖師、皆な嗣書を以てこれを請い奉ると云々。四家嗣書は異なり。堂頭和尚は四脈儀を以て嗣書せらる。今は則ち吾が子吾に参じて合わず、嗣書相伝せずと云々。今は則ち曹渓の血気を知るべし。忝(かたじけな)くも青原の浄血に和合し、青原の浄血

は親しく曹渓の浄血に和合してより以来（このかた）、面々印証即通なり。余祖の及ぶ処にあらず、吾宗の仏祖正伝血脈の儀なり。先師古仏堂頭和尚示して云く、諸仏は必ず嗣法在りと云々。

【注】（1）証契即通　師と弟子がぴたりと契合し法を通ずること。『正法眼蔵』嗣書に、「仏、かならず仏仏に嗣法し、祖祖、かならず祖祖に嗣法する。これ証契なり、これ単伝なり、このゆえに無上菩提なり」とある。道元禅師のものとされる嗣書の下段識語は、「仏祖命脈、証契即／通、道元即通。／大宋宝慶丁亥／住天童如浄（花押）」とみえる。

【解説】史料名は端裏書に「宗旨秘書〈道元和尚、大梅和尚夢見玉ウ由来也〉」とあることによる。永平寺所蔵『切紙目録』（本巻No.4、『禅籍編』二巻No.39）に「(98)宗旨秘書」とみえ、駒澤大学図書館所蔵『室中謄写（しっちゅうとうしゃ）』に「(63)宗旨秘書」として全文が収載されている。なお本史料の全文は『禅籍編』一巻No.27に影印翻刻されている。

筆跡は、他の智堂相伝の切紙、本参等の史料と同筆と考えられる。本文冒頭、ならびに「道元記」とする奥書の二ヶ所に三宝印を押す。「永明叟」と自署され、「版刻花押」ならびに朱印二顆「恵輪永明禅師」「光紹高風」が押印されている。相伝年次、相伝関係の記載は見られない。ただし奥書に見えるように、仁治二年（一二四一）三月二十七日、宝林寺において道元禅師が記し、寛元二年（一二四四）二月二日、懐奘が相伝し書写したとの記事がある。

しかし、「一条紅線」切紙（本巻No.40、『禅籍編』二巻No.43）には、「于時寛文三庚辰歳九月廿八日／△永平廿八世御州和尚在判、／△附授光紹老衲畢」とあり、駒澤大学図書館所蔵『室中切紙謄写』所収「先師取骨之大事」切紙にも同様の記事が見える。これによれば、二十九世鉄心御州より三十世光紹智堂（一六一〇～七〇）へ、寛文三年（一六六三）に相伝された一連の切紙の一つとも推定される。御州から光紹へ相伝を前提とすれば、寛文三年九月二十八日以降となり、下限は、御州の示寂した寛文四年七月二十八日となろうか。しかしながら、智堂は、後代のために「雛形」（案文）を作成しており、例えば「山居伝戒切紙」には「永平念九世光紹叟（版刻花押）」とあり（本巻No.75、『禅籍編』一巻No.29）、「血脈袋之大事切紙」には「永平住永明叟（版刻花押)」の署名が見える(本巻No.74、『禅籍編』一巻No.28)。これによれば、その書写の下限は、智堂の示寂年次である寛文十年八月十五日となる。

内容は、「嗣書」下段の記事、嗣書の様子(梅花文、法量)、道元禅師と大梅法常(七五二～八三九)との霊夢感応、青原行思の合血の儀礼等が記されているが、これらは『正法眼蔵』嗣書巻を典拠とするものである。この切紙が依拠した「嗣書」のテキストは判然としない。本史料成立の背景については、永平寺十三世建綱書写「正法眼蔵嗣書・三段訣(縁思宗之抄・同有嗣書)」(『文書編』一巻No.58、『禅籍編』一巻No.19)、同二十八世高国英峻書写「嗣書切紙」(本巻No.21、『禅籍編』一巻No.20)を参照して頂きたい。

参考文献

『永平寺史料全書』禅籍編　第一巻(大本山永平寺、二〇〇二年)。
『永平寺史料全書』禅籍編　第二巻(大本山永平寺、二〇〇三年)。
『永平寺史料全書』文書編　第一巻(大本山永平寺、二〇一二年)。

(飯塚大展)

(寛文十年〈一六七〇〉八月十五日以前)、永平寺三十世光紹智堂、「血脈袋之大事」を書写する。

74 血脈袋之大事(光紹智堂切紙)

(一紙 36.5㎝×51.3㎝)

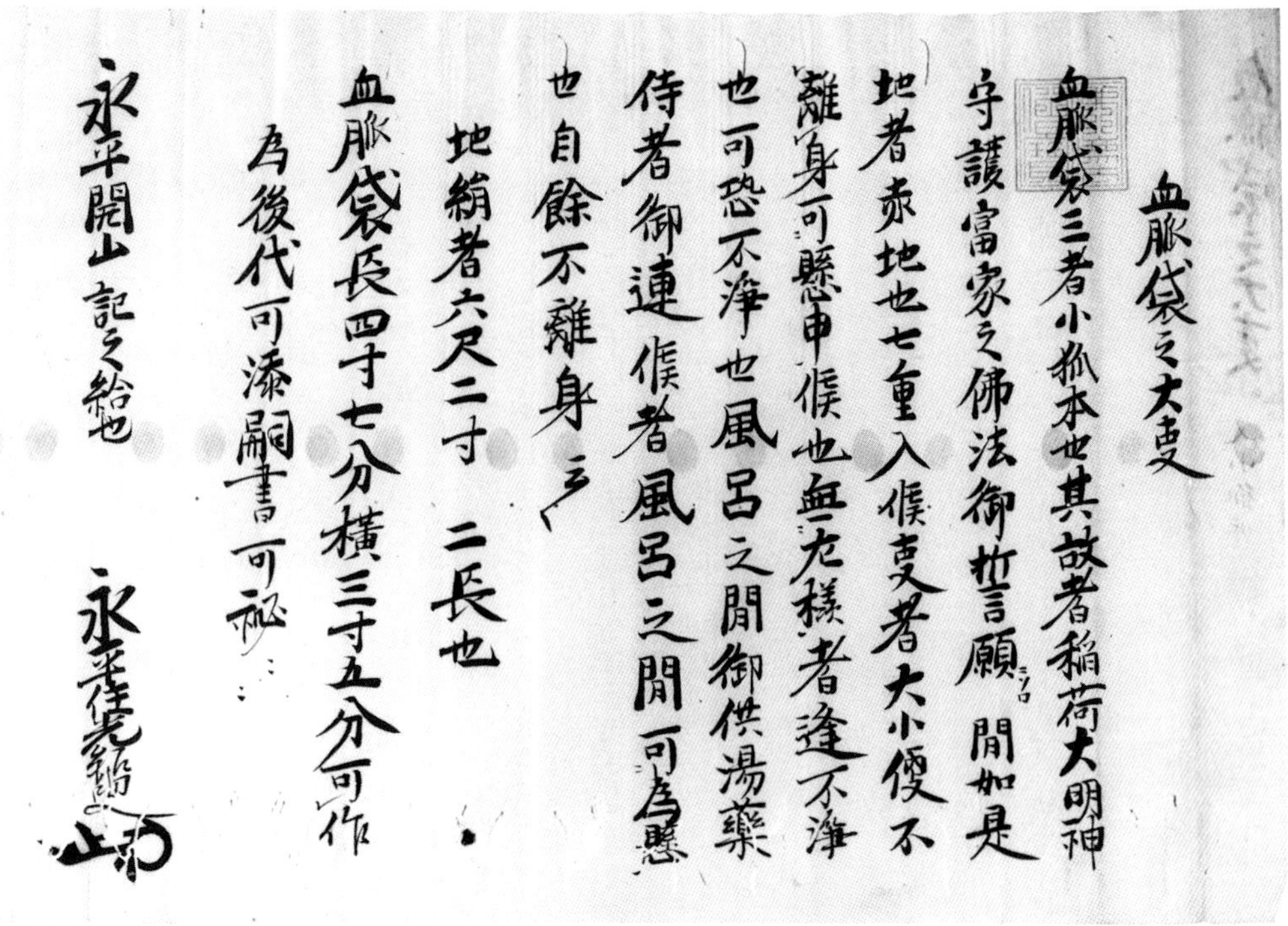

血脈袋之大事

(端裏書)「血脈袋之大事 又小狐トモ 」

(朱印文「仏法僧宝」)血脈袋三(文)者、小狐本也、其故者、稲荷大明神
守護富(当)家之仏法、御誓願ニソロ(候)間、如是、
地者、赤地也、七重入候事者、大小便不
レ離レ身、可ニ懸申一候也、無ニ左様一者、逢不浄
也、可恐不浄也、風呂之間、御供湯薬
侍者、御連候者、風呂之間、可ニ為懸一
也、自余不離身、云々、
地絹者、六尺二寸、二長也、
血脈袋、長四寸七分、横三寸五分可レ作、
為後代可添嗣書、可秘、々々、
永平開山、記之給也、
永平住光紹(智堂)叟(花押)(版刻)

【読み下し】

血脈袋の文は、小狐が本なり。其の故は、稲荷大明神は当家の仏法を守護したまう、御誓願に候間、是くの如し。地は、赤地なり。七重に入れ候う事は、大小便にも身より離さず、懸け申すべく候うなり。左様に無くんば、不浄に逢うなり。不浄を恐るるべきなり。風呂の間は、御供の湯薬侍者、御連れ候わば、風呂の間は、為に懸くべきなり。自余は身より離さず、云々。

地絹は、六尺二寸、二長なり。

血脈袋は、長は四寸七分、横は三寸五分に作るべし。

後代の為に嗣書に添えるべし。秘すべし、秘すべし。

永平開山、これを記し給うなり。永平に住する光紹叟。

【解説】　史料名は端裏書、内題共に「血脈袋之大事」とあるのによる。また、「小狐之切紙」ともいわれる。高国英峻が著し、智堂が相伝した『切紙目録』（本巻No.4、『禅籍編』二巻No.39）に「(59)血脈袋大事」とみえるほか、駒澤大学図書館所蔵『室中切紙謄写』に全文が掲載されている。本史料は、『禅籍編』一巻No.28に影印翻刻されており、菅原昭英師が解説されている。

本文冒頭に「三宝印」が押され、末尾に「永平住永明叟」の署名、さらに「版刻花押」が記されている。しかし、相伝の年次及び相伝関係の記載がないことから、後世のために雛型として書写されたものかと推察する。智堂相伝の、他の切紙同様に細く幾重にも折り込まれた形状で所蔵されている。

内容は、血脈袋の文様は小狐の文様が本来のものである。それは稲荷大明神が曹洞の家を守護なさるとの御誓願が存在するからである。血脈袋は小狐の文様であり、地色は赤色である。七重に血脈を包むのは、この血脈袋は大小便の時も身を離さず掛けるべきであり、それは不浄を恐れてのことである。風呂の際は、お伴の湯薬侍者が懸けるべきである。それ以外は片時も身より離してはならない。地絹は、縦四寸七分、横三寸五に作るべきである。後代の人のために、これを記し置くものである、と言う。

小狐の文様は、曹洞宗では、血脈袋の表に卍字と、相対する二匹の狐を文様として用いる伝統があることと符合する。稲荷大明神が曹洞宗を守護するとの誓願を立てたと言うが、典拠は未詳である。道正庵十九世卜順が著した「道元禅師四百回忌祭文」（本巻No.1、『禅籍編』二巻No.35）には、道元禅師が帰途病に倒れた際に、薬を与えた老婆は実は日本の稲荷神祠であったとする。中世以来、その本地である荼枳尼天は護法神として信仰されてきたこともこの背景にあるのではないだろうか。

参考史料としては、智堂が住持となった群馬県渋川市双林寺に所蔵される「小狐之切紙」（双林寺十二世訣山銀鎖書写）には、「永平開山記置給也。大智御在判／于時天正十九卯年極月十三日／天然在判／双林十二代訣山叟写之」とあり、大智の相伝ならびに、双林寺十一世天然玄悦の天正十九年（一五九一）相伝の記事が見える。また、駒澤大学図書館所蔵『室中切紙謄写』には、智堂相伝の「嗣書袋図并払子・竹篦寸尺」切紙が収載されている。

参考文献

石川力山『禅宗相伝資料の研究』上巻、三八〇～三八二頁（法蔵館、二〇〇一年）。

『永平寺史料全書』禅籍編　第一巻（大本山永平寺、二〇〇二年）。

『永平寺史料全書』禅籍編　第二巻（大本山永平寺、二〇〇三年）。

（飯塚大展）

75　山居伝戒切紙（光紹智堂切紙）

（一紙　36.6㎝×51.8㎝）

（寛文十年〈一六七〇〉八月十五日以前）、永平寺三十世光紹智堂、「山居伝戒切紙」を書写する。

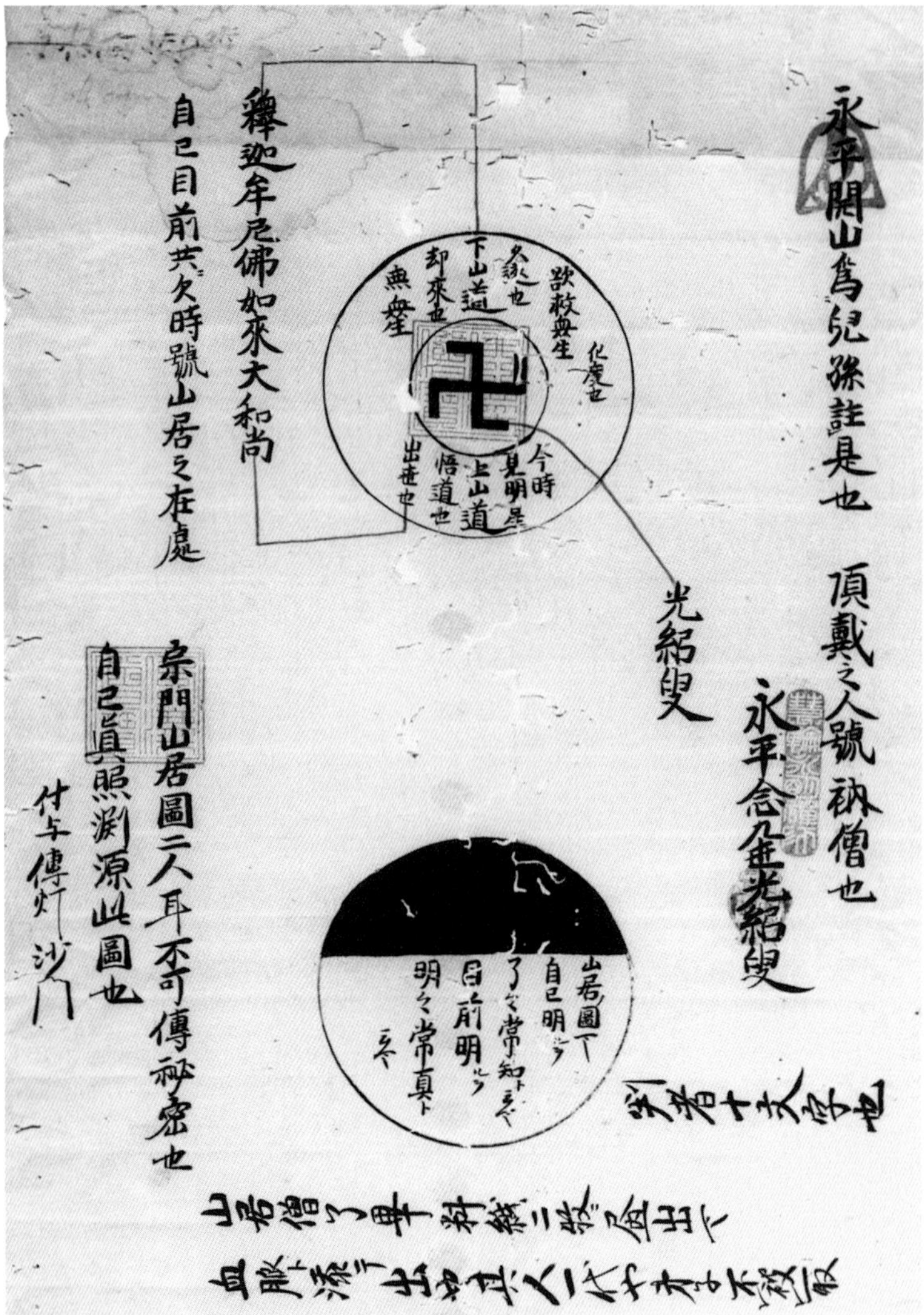

（端裏書）
「山居図也、

山居伝戒切紙

宗門一大事　　是ハ、山居之御大事也、書キ様ハ上巻ノ内ニ有之」

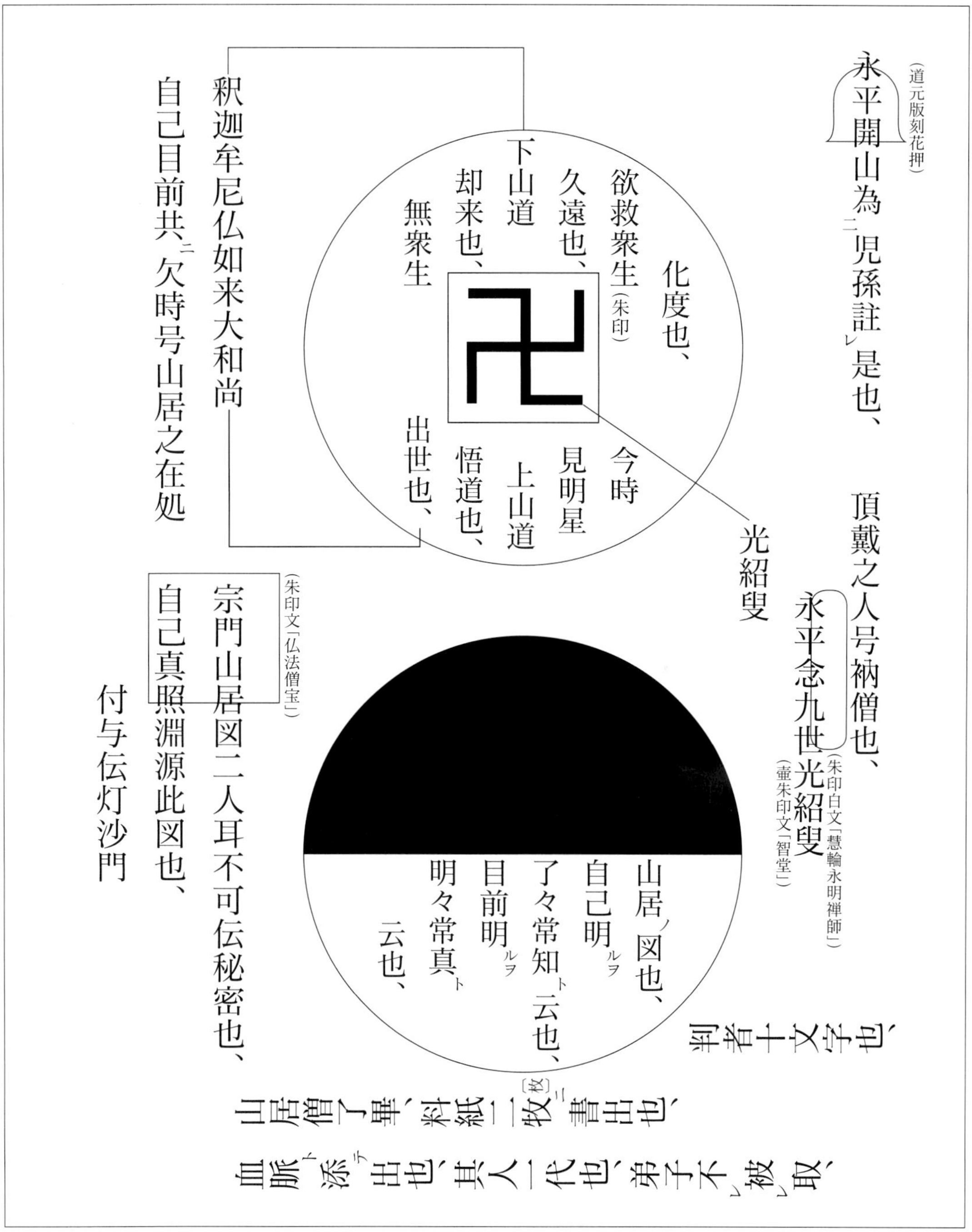

（道元版刻花押）
永平開山為ニ児孫註一是也、
頂戴之人号衲僧也、
永平念九世（朱印白文「慧輪永明禅師」）光紹叟（壺朱印文「智堂」）
光紹叟
化度也、
欲救衆生（朱印）
久遠也、
下山道
却来也、
無衆生
卍
今時
見明星
上山道
悟道也、
出世也、
釈迦牟尼仏如来大和尚
自己目前共ニ欠時号山居之在処
山居ノ図也、
自己明ルヲ
了々常知ト云也、
目前明ルヲ
明々常真ト
云也、
判者十文字也、
（朱印文「仏法僧宝」）
宗門山居図二人耳不可伝秘密也、
自己真照淵源此図也、
付与伝灯沙門
山居僧了畢、料紙一牧〔枚〕ニ書出也、
血脈ト添テ出也、其人一代也、弟子不レ被レ取、

【読み下し】

永平開山、児孫の為に是に註するなり。これを頂戴する人は、衲僧（のうそう）と号するなり。永平念九世光紹叟

（外円中上段）

衆生を救わんとす、化度（けど）なり。久遠（くおん）なり。下山道。却来（きゃらい）なり。衆生無し。

（外円中下段）

今時なり。上山道。明星（みょうじょう）を見る、悟道なり。出世なり。

（下山道から血脈）釈迦牟尼仏如来大和尚

自己・目前共に欠く時、山居の在処と号す。

（二分白一分黒円相内下段）

山居の図なり。自己明らかなるを了々常知と云うなり。目前明らかなるを明々（めいめい）常真と云うなり。

（二分白一分黒円相図の左側）

宗門山居図は二（一カ）人のみには伝うべからざる秘密なり。自己真照の淵源、此の図なり。伝灯沙門（しゃもん）に付与するなり。

（二分白一分黒円相図の下部）

判は、十文字なり。山居僧の了畢（りょうひつ）は、料紙二枚に書き出すなり。血脈（けちみゃく）と添えて出すなり。其の人一代のみなり。弟子は取られず。

【解説】　端裏書に「山居図也。／山居伝戒切紙／宗門一大事、是ハ山居之御大事也、書キ様ハ、上巻内ニ有之」とある。史料名はこれによって「山居伝戒切紙」とする。「山居伝戒切紙」は、永平寺所蔵『切紙目録』二種（本巻No.4、『禅籍編』二巻No.39・『禅籍編』二巻No.39参考史料）のいずれにもみえない。但し石川県羽咋市永光寺所蔵『截紙之目録』には、「山居血脈、同（山居）嗣書、同（山居）判、同（山居）切紙、同（山居）参禅、同（山居）了畢［ノ］判、同（山居）赦面様子」とあり、七種類の山居関連切紙が収載されており、『洞上室内断紙揀非私記』（以下『揀非私記』、括弧内は筆者による整理番号）には、（88）「仏祖正伝山居断紙」（89）「山居赦免様子断紙」（90）「山居図断紙」（91）「山居嗣書断紙」（92）「山居支証状断紙」（125）「山居判形断紙」の六種の切紙が取り上げられている。本史料は「山居」関連切紙の一つで、「山居之図」、「山居之大事」とも称すべきものであり、その書様（体裁）は上巻（別の切紙）に書かれていることが注されている。また本文末尾には、「山居僧了畢」切紙は料紙二枚に書き出し、「山居血脈」と共に本史料に添えて伝授すべき事が指摘されている。

ちなみに本史料は『揀非私記』にいう「山居図断紙」に相当する。「面山（瑞方）謂う、円相の重輪を作して正中に卍字を書

し、久遠・今時、却来・向去、下山路・上山路の文字を環書す。又円相を作して、目前・自己の字を書す。又た是れ代語僧の妄製なり。放擲すること上に同じ」として批判している。このほかに長野県松本市徳雲寺所蔵「切紙数量之目録」（天正二十年〈一五九二〉傑心盾英書写）にも[116]「山居之図」とみえる。

相伝年次、相伝関係の記載はなく、「永平念九世光紹叟（版刻花押）」の署名と「慧輪永明禅師」「光紹高風」の朱印二顆が押印されている。また本文「卍」と「宗門山居図」の二箇所に「三宝印」、「永平開山」の箇所に道元禅師の花押を象った版刻花押が押されている。この版刻花押は本巻No.76「円相之参」（『禅籍編』一巻No.30）にも五箇所に押されている。

なお本史料は、『禅籍編』一巻No.29に全文が影印翻刻され、菅原昭英師によって解説がなされている。

本史料は、上述のように大事（図）を内容とする切紙であり、重輪（二重の円相）の中に卍字を描く円相図と、二分白一分黒の円相図が描かれている。前者には「久遠・今時」、「却来・向去」、「下山路・上山路」、「欲救衆生化度・見明星悟道」等の語が用いられており、後者には「自己・目前」の語が説明されている。本文中の「自己」「目前」「自己真照淵源」の語は、「三位説」の術語であり、全体としては三位説に基づく解釈がなされているといえる。

「山居僧」の定義については、本史料のみでは断定できないが、本文中に「其の人一代のみなり。弟子は取られず」とあるように、三物（あるいは二物）相伝の正統な（正式な）嗣法の弟子に準ずる位置づけであったと思われる。このことは上述の「山居」関連切紙によって確認できる。

参考文献

石川力山『禅宗相伝資料の研究』上巻（法蔵館、二〇〇一年）。
『永平寺史料全書』禅籍編　第一巻（大本山永平寺、二〇〇二年）。
『永平寺史料全書』禅籍編　第二巻（大本山永平寺、二〇〇三年）。

（飯塚大展）

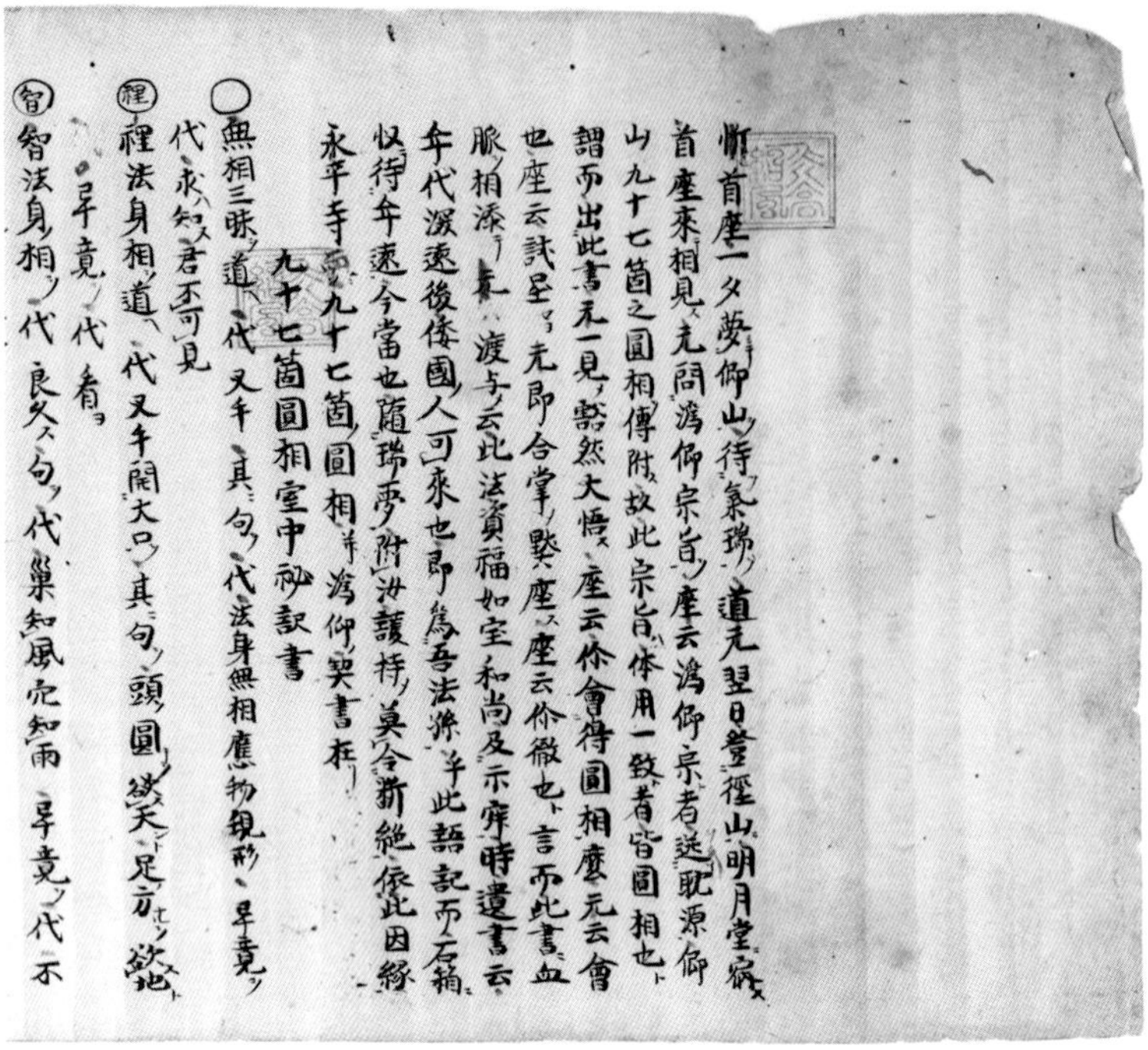
惟首座一夕夢仰山待象現道元翌日登徑山明月堂寂
首座来相見元問潙仰宗旨座云潙仰宗者遂恥源仰
山九十七箇之圓相傳附故此宗旨体用一致者皆圓相也
謂而出此書元一見豁然大悟座云你會得圓相麼元云會
也座云試呈元即合掌斃座座云你徹也言而此書血
脈相添渡与云此法資福如宝和尚及示寂時遺書云
弁代深遠後倭國人可来也即為吾法孫乎此語記而石稱
以待弁遠今當也隨瑞夢附汝護持莫令断絶依此因縁
永平寺九十七箇圓相并潙仰奥書在
九十七箇圓相室中祕訣書
○無相三昧道代又手其句代法身無相應物現形畢竟
代永知君不可見
(裡)裡法身相道代又手開大口其句頭圓欲天足方欲地
畢竟代看
(智)智法身相代良久句代巣知風穴知雨畢竟代不

76　円相之参（光紹智堂切紙）

（八紙継紙　28.0㎝×301.3㎝）

（寛文十年〈一六七〇〉八月十五日以前）、永平寺三十世光紹智堂、「円相之参」を書写する。

（端裏書）
「　　　　三十世
　　　　光紹代（智堂）
円相之参
　　　　　　　　　　」

（二張端裏うわ書）
「三十世　光紹
　　　　　　　　　　」

（一張）

（朱印文「光紹高風」）

忻首座(1)一夕夢ニミテ仰山(2)ヲ、待ツ気瑞〔奇カ〕ヲ、道元翌日登径山(3)ニ、明月堂(4)ニ宿ス、
首座来テ相見ス、元問潙仰宗旨ヲ、座云、潙仰宗ト者、送リ耽ヲク源(5)、仰
山九十七箇之円相(6)ヲ伝附ス、故此宗旨ハ、体用一致(7)ト者、皆円相也ト
謂而、出此書、元一見シテ豁然大悟ス、座云、爾会得円相麼、元云、会
也、座云、試呈セヨ、元即合掌シテ黙座ス、座云、爾徹也ト言而、此書ニ血
脈ヲ相添テ元渡ミ与シテ云、此法、資福如宝和尚及示寂時、遺書云、
年代深遠後、倭国ノ人可レ来也、即為吾法孫乎、此語記而、石箱ニ
収テ待年遠、今当也、随瑞夢附レ汝、護持シテ莫レ令断絶、依此因縁、
永平寺而九十七箇ノ円相并潙仰ノ契書在リ、

(9) 九十七箇円相室中秘訣書（朱印文「光紹高風」）

○無相三昧ヲ道ヘ、代、叉手、其ニ句ヲ、代、法身無相、応物現形、畢竟ヲ、
代、求ハ知ヌ、君不レ可レ見、

㊧〔理カ〕〔理カ〕
㊧裡法身相ヲ道ヘ、代、叉手開大口ヲ、其ニ句ヲ、頭ノ円キヲ欲レスレ天ントト、
足ノ方ナルヲ欲レス地ト、」畢竟ヲ、代、看ヨ、

㊂智法身ノ相ヲ、代、良久ス、句ヲ、代、巣知レ風穴知レ雨、畢竟ヲ、代、不
レ作法身トヽノ会ヲ、

㊙浄妙法身相ヲ、代、在〔妙脱カ〕一漚前ニ、豈レ容先聖ノ眼ヲ、畢竟ヲ、代、
千手千眼不レ得レ看、

㊀自受用身ヲ、代、自由自在伊三昧、畢竟ヲ、代、那箇指〔枝カ〕
頭不レ帯レ春ヲ、

㊁受用身相ヲ、代、自心他心体無二、畢竟、代、万物与レ我一体、

（二張）

㊇円満身相ヲ、代、伊無生死ノ相、畢竟、代、王登宝殿、野老

謳歌、

㊤応身相ヲ、代、看ヨ、句ヲ、代、種々変化身、往来不変、
畢竟ヲ、代、看ヨ、心得両説在之、

㊦応身相ヲ、代、百億分身処々真、畢竟ヲ、代、春ル入ルニ
千林ニ処々花、秋沈万水ニ家々月、

㊥応化身相ヲ、代、以レ掌打レ師、師云、此ノ野狐精、畢竟ヲ、代、
三面ノ狸泓足踏レ天、心ハ、三面トハ、左右天ヘ〔仰〕ノケニカエツテ喜ンダコト也、

㊙覚地相ヲ、代、妙徳尊ク寰宇ニ、高名朗ナリ大虚ニ、畢竟ヲ、
代、妙中妙、

㊔覚地相ヲ、代、上無レ攀ハン〔仰カ〕向、下モ絶タリ己窮〔射カ〕ヲ、畢竟、代、閉レ目也、

㊤菩薩地相ヲ、代、挙拳頭ヲ、師云、未聞僧開拳頭ヲ、
句ヲ、代、樹交花両色、渓合水長流、

㊥縁覚地相ヲ、代、野花焼〔火カ〕不レ尽、春風吹又生、畢竟ヲ、
代、只可レ観時節因縁ヲ、

㊦世間地相ヲ、代、聞声耳根洗曽、畢竟、代、我洗手
結レ脚、

㊝堂相七識相ヲ、代、良久、句ヲ、代、眼耳鼻舌身意、其レハ
六職デコソ在レ、ト打テ走、

㊟道相ヲ、代、道元ト無レ言、以レ言顕レ道、畢竟ヲ、代、我亦不レ知、

㊀道相ヲ、代、道不レ属レ知、不レ知不レ属〔不属不知カ〕、畢竟ヲ、代、隠身去、

㊇阿修羅相ヲ、代、修羅醸レシテ〔採花醸成酒カ〕酒作レ酒、酔倒ス文殊与ヲ普賢、畢
竟ヲ、托〔拓〕開ス、

㊂畜生相ヲ、代、若有レ見仏、即同レ畜生ニ、畢竟ヲ、代、狗子
却有仏性、

㊢地獄相ヲ、代、良久云、寒時寒殺闍梨、熱時熱殺闍梨、

(鬼)餓鬼相ヲ、代、良久云、元来無一物、畢竟ヲ、代、早朝喫粥、午時喫飯、

（三張）

(眼)無相無根ヲ、代、見処見尽、聞処聞尽、畢竟ヲ、代、眼不レ見二黄葉落一ヲ、耳不レ聞二雁音啼一ヲ、

(呑)〔舌カ〕無相ヲ、代、但念水草、余無所知、畢竟ヲ、代、居一切不起忘念、

(耳)無相ヲ、代、眼処ニ不レ聞レ声、耳処不レ分レ色、畢竟ヲ、代、文殊聳タカウスレ耳ヲ、聳シヤウハ高也、

(身)無相ヲ、代、脱体無依、通身活卓、畢竟ヲ、代、鉄牛通身無レ骨、

(鼻)無相ヲ、代、人口得暗デ走、畢竟ヲ、代、庫裡饃レ香ヲ鼻足レレリ舌ニ、

(意)無相ヲ、代、聞〔閉カ〕トジテ二目口一ヲ眠ル、畢竟ヲ、代、意似二和伎者一ニ、伎楽者ノ事カ、

(色)無相六塵ヲ、代、幻人身識本来無、罪福皆空無所住、畢竟ヲ、代、本空デ走、

(味)無相ヲ、代、唖子喫レ密、畢竟ヲ、代云、父子不伝神仙ノ妙訣、

(声)無相ヲ、代、松竹相争聞声、畢竟、代、我身打著、

(触)無相ヲ、代、一点梅花蘂、三千刹界香、畢竟ヲ、代、花紅柳緑、

(香)無相ヲ、代、饃レ物ヲ振舞也、畢竟ヲ、代、拈二得シテ鼻孔一ヲ、失二却スロ一ヲ、

(法)無相ヲ、代、諦観法王法、々々如是、畢竟ヲ、代、一段風光画トモ不レ成、

(心)無相ヲ、代、心デ走、畢竟ヲ、代、心随二万境一ニ転、々処実能幽、

(性)真実相ヲ、代、一人発レ真帰レスレハ源ニ、十方虚空、悉皆消損ス、畢竟ヲ、代、虚空撲落、拍樹成仏、

（四張）

(相)妙相具足相ヲ、代、作二一円相一ヲ、畢竟ヲ、代、天地同根、万物一体、

(真)本相ヲ、代、虚空ガ体デ走、畢竟、代、虚空即法身、々々即虚空、

(体)真妙相ヲ、代、松直荊曲レリ、畢竟、代、柳緑花紅、

(用)真如相ヲ、代、見二直上一、句ヲ、代、烏不レ染黒シ、鷺不レ洒サラサ白シ、畢竟ヲ、代、秘相也、

(月)無相ヲ、代、天暁不露、夜半正明、畢竟ヲ、代、中、

(カ)十相ヲ、代、十指先頭ニ金容現、畢竟ヲ、代、家ニ無白沢図、如レ是在リ二妖怪一、○外道放セハ二水象一、世尊指頭現二獅子一ヲ、是モ同シトコ也、○上頭老婆不レスンバ見レ仏ヲ、世尊指頭金容現、

(果)極相ヲ、代、本源無二風波一、畢竟ヲ、代、真箇法王妙中妙、

(作)無相ヲ、代、天地作シレ炉ト万物ヲ集ヤクス〔焦カ〕、畢竟、代、四時遷謝承二誰力一ヲカ、

(本)本相ヲ、代、看、畢竟、代、空合空、水合レ水、亦云、更ニ何トカ道ン、

(色)衆相ヲ、代、虎班易レ見、人班難レ見、畢竟ヲ、代、色即是空、

(月)輪相相二照昏相一ヲ、代、月随レ水器二方円一、畢竟、代、山河無二隔越一、処々是光明、

(口)真性相達磨隻履也、字為二中下ノ二器一ヲ、代、達磨西来、有レ口無レ舌、畢竟ヲ、代、師カシマシ、

(星)輪相明相ヲ、代、挙レ眼千里、畢竟、代、眼空二四海一ニ恣縦横、

(日)輪相真化相ヲ、代、作二一円相一ヲ、畢竟、代、日出二海中一入二海中一、

(地)大相ヲ、代、雲出二層寸一ニ、自蓋二覆三山五岳一ヲ、地カ聞ヌゾ、代、一雨霑二千山一ニ、畢竟、代、残円相也、

(水)大相ヲ、代、君看石頭城下ノ水、終ニ帰二大海一ニ作ル二波濤一ト、畢竟ヲ、代、四条ノ水益シテ重ヲ知ル、

(空)大相ヲ、代、見ル二直上一ヲ、畢竟、代、柳自緑、花自紅、

(火)大相ヲ、代、臘月火焼レ山、畢竟、代、火後一茎茆、

(相)大相ヲ、大人境界絶二按排一、畢竟、代、頭ノ円ヲ欲レ天、足方ナルヲ欲レ地ト、

(風)大相ヲ、代、風吹二南岸柳一、雨打二北池ノ蓮一ヲ、畢竟ヲ、代、眠ル也、

(識)大相ヲ、代、根茎也識ノ三本蘆、畢竟、代、蘆花風静ニシテ、鷺鷥睡ル、

(権)般若三昧相ヲ、代、枯松談ス二般若一ヲ、畢竟、代、塵々刹刹処々談、

(仮)隠身三昧相ヲ、代、入テハ徹二幽玄底一ニ、出テハ遊二三昧ノ門一ニ、畢竟、竪窮二三際一、横亘二十方一ニ、

(実)法華三昧相ヲ、代、蓮花荷葉報シテレ君ニ知ル、畢竟、代、虚多カランヨリ実少カランニハ不レ如、

(中)首楞厳三昧ノ相ヲ、代、良久、句ヲ、代、観身実相、観仏亦然、畢竟、代、睡ル、

○不受一切法相ヲ、代、真箇法王妙中妙、畢竟、代、迢々空劫不レ得レ収コトヲ、豈三為レ塵機ノ作ンニ繋留一ヲ、

◓除煩悩相ヲ、代、古仏争二人我一、畢竟、代、軽別軽随、

⦶十二因縁相ヲ、代、森羅万象、頭々物現、畢竟ヲ、代、柳緑花紅、

◒断無相ヲ、代、心デ走、畢竟ヲ、代、無明実性即仏性、幻化空身即法身、

○三世平等相ヲ、代、一段光明亘古明〔今カ〕、畢竟ヲ、代、遍界露堂々、

○四諦相小乗相ヲ、代、開レ半眼、畢竟ヲ、代、無返〔辺カ〕ノ風月眼中眼、

○十方普偏相ヲ、代、十方沙界現二全身一ヲ、畢竟ヲ、代、万里一条鉄、万里ハ目前、一条ハ心也、

◑諸仏出身相ヲ、代、応物現形、畢竟ヲ、代、乾坤只一人、

○成道相ヲ、代、山本山、水本水、畢竟、代、只得二雪ノ消去一ヲ、自春到来、

○衆生成道相ヲ、代、本有円成如来、却同二迷倒ノ衆生一、

○転凡相偏〔偏カ〕中正ヲ云、代、天晴日頭出、畢竟ヲ、代、誰ソ面前暗シ、

◉降魔鬼兼中至ヲ云、代、宴二座水月道場一、降二伏ス鏡裡魔軍一ヲ、畢竟、代、大弁如レ納ナツク〔訥カ〕、

⊙許陀相見相ヲ、代、無心左右、々々亦無心、畢竟ヲ、代、風吹草偃ノヘフス、

㊉転法輪相ヲ、代、天轆々、畢竟、代、電巻星飛一槌下、

(牛)縦意相ヲ、代、任レ手取捉、任レ足運奔、畢竟、代、

遊杖尋レ花金谷ノ園ノ、
●黒円相ヲ、代、混沌未分先、畢竟、代、夜半烏
鶏抱二黒卵(ラン)一ヲ、
(仏)奪意相ヲ、代、孤舟蓑笠翁、独釣二寒江雪一ニ、畢竟、
代、寒時寒殺闍梨、
(隠)女人体相ヲ、代、裡頭移シテ二一歩一、明月逐二波流一、畢竟、
代、夜半正明、
(人)肯意相ヲ、代、井堀呑田耕シテ食、畢竟、代、早朝
喫粥、午時喫飯、
○許他相ヲ、代、扶過二断橋水一ヲ、伴帰二無月村一ニ、畢竟ヲ、
代、自由自在伊三昧、
○義海相ヲ、代、刹々衆生説〔説カ〕、三世一時説、畢竟、代、
仏事門中、不レ捨二一法一ヲ、
（七張）
○暗機一相ヲ、代、那羅淵窟見二竜蟠一ヲ、畢竟、代、
千手千眼看不レ及、
○挙函索蓋相ヲ、代、開二大口一ヲ、閉レ目ヲ良久、畢竟、代、
以大円覚、為我伽藍、
○婁至徳仏相ヲ、代、打レ胸、畢竟、代、呼レ伊有レ声、
見レ伊無レ形、又云、看ヨ、
●○半月待レ円相ヲ、代、無心デ走、畢竟、代、半夜澄
潭月正ニ円ナリ、
○玄印玄旨相ヲ、代、従来倶ニ住シテ不レ知レ名、畢竟、代、
来所無二住所一、
○鉤八索続相ヲ、代、繞〔撓カ〕鉤塔〔搭カ〕索、畢竟、代、竿頭ノ
糸線、具眼正知、

○(|)抱玉求二鑑相一ヲ、代、物ヲ抱ク振舞也、句ヲ、石含
レ玉々不レ知レ無レ瑕、畢竟、代、看、
(仏)已成宝器相ヲ、代、良久、畢竟、代、諸仏在二心頭一ニ、
(ム)良鑑相ヲ、代、閉目良久、開二大口一無心、畢竟ヲ、
代、鉢盂口向レ天、
(×)解脱相、因果円満ヲ、代、骨ヲ砕キ肉ヲ割ク、畢竟、
代、脱殻(コク・カラ)烏亀飛上ルレ天ニ、
(イ)続成宝器相ヲ、代、生デ走、畢竟、代、乍レ生帝
王、有ンニ何ノ尊貴カ一、
●最上乗相ヲ、代、閉レ目良久、畢竟、代、午頭按二尾
上一ニ、豈レ借二大陽ノ輝一ヲ、機トモ在リ、
点劃提起相ヲ、代、僧両手展二開、句一ヲ、代、総在二此
内一円ナリ、畢竟ヲ、代、若是、不二我汝ニ惑一セラレ、
○九十七箇之円相ヲ、一時ニ点破来、代、僧放身、
畢竟如何、代、師ヲ托開ス、句ヲ、代、小児取レ月抛レ銀
盤、金香炉下鉄崑崙、
（八張）
右九十七〔道元版刻花押〕箇之円相、一一参畢、
右九十七箇之内図外、無極之一位在リ、従レ是九
十六箇ヲ唱出也、総而円相ハ未分ヲ体トス、
道元和尚豁然大悟之筋也、
〔道元版刻花押〕此図九十七箇円相之根本也、
卍十之字也、一(シュヲウ)縮メテ図外レ也、
示云、〔道元版刻花押〕円相之根本ヲ道ヘ、合掌シテ坐、低頭ス、
私云、未分也、師拶云、何ントテ〔道元版刻花押〕一十デハ
在ルソ、云、卒度仰面ス、師云、畢竟ヲ、云、立テ

拝シテ、ソツクト身ヲヌク、師、衣之スソヲ引カヘテ、
猶在ル有リ、ト云テ、帰方丈、道元九十七箇之円
相ニ契イ派也、

（道元版刻花押）

（壺朱印文「智堂」）

（朱印文「光紹高風」）

（光紹智堂）（版刻花押）

【読み下し】

忻首座一夕に仰山を夢みて、奇瑞を待つ。道元、翌日に径山に登りて、明月堂に宿す。首座来って相見す。元、潙仰の宗旨を問う。座云く、潙仰宗とは、耽源に従り、仰山九十七箇の円相を伝附す。故に此の宗旨は、体用一致とは、皆な円相なりと謂いて、此の書を出せり。元一見して、豁然として大悟す。座云く、儞、円相を会得すや。元云く、会せり。座云く、試に呈せよ。元、即ち合掌して黙座す。座云く、儞、徹せりと言いて、此の書に血脈を相添えて、渡与して云く、此の法、資福如宝和尚、示寂に及びし時、遺書に云く、年代深遠の後、倭国の人来るべし。即ち吾が法孫為るか。此の語を記して、石箱に収めて年遠を待つに、今まに当たれり。瑞夢に随って汝に附す、護持して断絶せしむること莫かれ。此の因縁に依って、永平寺にては九十七箇の円相幷びに潙仰契書在り。

九十七箇円相室中秘訣書

〇無相三昧を道え。代って、叉手す。其に句を。代って、法身は無相にして、応物現形す。畢竟を。求めば知んぬ、君見べからず。

(理)理法身の相を道え。代って、叉手して大口を開く。其に句を。頭の円きを天とす、足の方なるを地とす。畢竟を。代りて、看よ。

(智)智法身の相を。代、良久す。句を。代って、巣、風をしらず、穴、雨を知る。畢竟を。代って、法身、法身の会を作さず。

(妙)浄妙法身の相を。代って、一漚前に在り、豈に先聖の眼を容れんや。畢竟を。代って、千手千眼、看ることを得ず。

(自)自受用身を。代、自由自在、伊が三昧なり。畢竟を。代、那箇の指頭か春を帯びざる。

(他)他受用身の相を。代、自心と他心と、体無二なり。畢竟を。代って、万物と我と一体なり。

(報)円満身の相を。代って、伊に生死の相無し。畢竟を。代って、王、宝殿に登り、野老、謳歌す。

(勝)応身の相を。代って、看よ。句を。代って、種々の変化身、往来して不変なり。畢竟を。代って、看よ。心得は両説これ在り。

(劣)応身の相を。代って、百億分身して処々に真なり。畢竟を。春、千林に入る、処々の花、秋万水に沈む、家々月。

(応)応化身の相を。代って、掌を以て師を打つ。師云く、此の野狐精。畢竟を。代、三面の狸泓、足天を踏む。心は、三面とは、左右天へ仰(の)けにかえって、喜んだことなり。

(妙)覚地の相を。代って、妙徳は寰宇(かんう)に貴く、高名は大虚に朗(あき)らかなり。畢竟を。代って、妙中妙。

(等)覚地の相を。代、上(かみ)攀仰無く、下(しも)己窮を絶す。畢竟を。代って、目を閉づるなり。

(上)菩薩地の相を。代って、拳頭を挙ぐ。師云く、未だ聞かず、僧の拳頭を開くを。句を。代、樹は交りて花両色なり、渓は合して水長流す。

(中)縁覚地の相を。代って、野火焼けども尽きず、春風吹きて又た生ず。畢竟を。代って、只だ時節因縁を観ずべし。

(下)世間地の相を。代って、聞声耳根洗曽(?)。畢竟を。代、我手を洗って脚を結する。

(天)堂相七識の相を。代って、良久す。句を。代って、眼耳鼻舌身意。其れは六識(ろくしき)でこそ在れ、と打って走。

(人)道相を。代って、道、元と言無く、言を以て道を顕す。畢竟を。代って、我も亦た知らず。

(仙)道相を。代って、道は知に属せず、不知にも属せず。畢竟を。代、隠身し去る。

(修)阿修羅の相を。代、修羅花を採りて醸して酒を作り、文殊と普賢とを酔倒す。畢竟を。托開す。

(畜)畜生の相を。代って、若し見仏有らば、即ち畜生に同じ。畢竟を。代、狗子(くし)却って仏性有り。

(獄)地獄の相を。代って、良久云、寒時、闍梨を寒殺し、熱時、闍梨を熱殺す。

(鬼)餓鬼の相を。代って、良久して云く、元来、無一物。畢竟を。代って、早朝に喫粥し、午時に喫飯す。

(眼)無相の無根を。代って、見処に見尽し、聞処に聞尽す。畢竟を。代って、眼に黄葉の落つるを見ず、耳に雁音の啼くを聞かず。

(呑)無相を。代って、但だ水草を念(おも)いて、余に所知無し。畢竟を。代って、一切に居して忘念を起こさず。

(耳)無相を。代って、眼処に声を聞かず、耳処に色を分かたず。畢竟を。代って、文殊耳を聳(たか)うす。聳(しょう)は高きなり。

(身)無相を。代って、脱体無依にして、活卓々。畢竟を。代って、鉄牛は通身に骨無し。

(鼻)無相を。代って、人口得暗でそう。畢竟を。代って、庫裡に香を齅(か)ぎ、鼻は舌に足れり。

(意)目口を閉じて眠る。畢竟を。代って、意は和伎者に似たり。伎楽者のことか。畢竟を。代って、本空でそう。

(色)無相六塵(ろくじん)を。代って、幻人、身識本来無し、罪福は皆な空にして所住無し。畢竟を。代って、本空でそう。

(味)無相を。代って、唖子(あし)密を喫す。畢竟を。代って云く、父子、神仙の妙訣を伝えず。

(声)無相を。松竹相争いて声を聞く。畢竟を。代って、我身を打著(たじゃく)す。

(触)無相を。代って、一点の梅花の蘂(しべ)、三千刹界の香り。畢竟を。代って、花は紅い、柳は緑。

(香)無相を。代って、物を齅ぐ振舞なり。畢竟を。代って、鼻孔を拈得して、口を失却す。

(法)無相を。代、法王の法を諦観す、是くの如し。畢竟を。代って、一段の風、光画ども成らず。

(心)無相を。代って、心でそう。畢竟を。代って、心は万境に随って転じ、転ずる処実に能く幽なり。

(性)真実の相を。代って、一人真を発し源に帰すれば、十方虚空、悉皆消損す。畢竟を。代って、虚空、撲落(ぼくらく)し、柏樹、成仏す。

(相)妙相具足の相を。代って、一円相を作す。畢竟を。代って、天地は同根、万物は一体なり。

(真)本相を。代って、虚空が体でそう。畢竟を。代って、虚空は即ち法身、法身は即ち虚空なり。

(体)真妙の相を。代って、松は直く荊(いばら)は曲れり。畢竟を。代って、柳は緑り花は紅い。

(用)真如の相を。代って、直上を見る。句を。代って、烏は染めずして黒し、鷺は洒さずして白し。畢竟を。代って、秘相なり。

(月)無相を。代って、天暁不露、夜半正明。畢竟を。代って、中れり。

(力)十相を。代って、十指先頭に金容を現ず。畢竟を。代って、家に白沢の図無し、是くの如く妖怪在り。〇外道水象を放せば、世尊は指頭に獅子を現ず。是も同じことなり。

〇上頭の老婆、仏を見ずんば、世尊の指頭、金容現わる。

(果)極相を。代って、本源に風波無し。畢竟を。代って、真箇の法王、妙中妙。

（作）無相を。代って、天地を炉と作し万物を焦す。畢竟を。代って、四時遷謝し誰が力をか承けん。

（本）本相を。代って、看よ。畢竟を。代って、空は空に合し、水は水に合す。亦た云く、更に何とか道わん。

（色）衆相を。代って、虎班見易く、人班は見難し。畢竟を。代って、色即是空。

（月）輪相、昏相を相い照らす。代って、月は水器の方円に随う。畢竟を。代って、山河に隔越無く、処々是れ光明なり。

（口）真性の相、達磨隻履なり。字は中下の二器を為す。代って、達磨西来して、口有って舌無し。畢竟を。代って、師しし。

（星）輪相の明相を。代って、眼を千里に挙す。畢竟を。代って、眼は四海を空じて、恣に縦横す。

（日）輪相の真化相を。代って、一円相を作す。畢竟を。代って、日は海中に出で、海中に入る。

（地）大相を。代って、雲は層寸に出で、自ら三山五岳をす。地が聞ぬぞ。代って、一雨千山を霑す。畢竟。代って、残りの円相なり。

（水）大相を。代って、君看よ石頭城下の水、終に大海に帰して波濤と作る。畢竟を。代って、四条の水益して重きを知る。

（空）大相を。代って、直上を見る。畢竟を。代って、柳は自ずから緑、花は自ずから紅いなり。

（火）大相を。代って、臘月、火、山を焼く。畢竟を。代って、火後の一茎茆。

（相）大相を。大人の境界、按排を絶す。畢竟を。代って、頭の円きを天と欲て、足の方なるを地と欲す。

（風）大相を。代って、風は南岸の柳を吹き、雨は北池の蓮を打す。畢竟を。代って、眠るなり。

（識）大相を。代って、根茎も也た識の三本の蘆。畢竟を。代って、蘆花風静かにして鷺鷥睡る。

（権）般若三昧の相を。代って、枯松、般若を談ず。畢竟を。代って、塵々刹々、処々に談ず。

（仮）隠身三昧の相を。代って、入りては幽玄底に徹し、出ては三昧の門に遊ぶ。畢竟を。竪に三際を窮め、横に十方に亘る。

（実）法華三昧の相を。代って、蓮花の荷葉、君に報じて知る。畢竟を。代って、虚多からんより、実少なからんには如かず。

（中）首楞厳三昧の相を。代って、良久す。句を。代って、観身の実相、観仏も亦た然り。畢竟を。代って、睡る。

○不受一切法の相を。代って、真箇の法王、妙中の妙。畢竟を。代って、迢々（ちょうちょう）として空劫収むることを得ず、豈に塵機の為に繋留（けいりゅう）を為さんや。

◓除煩悩の相を。代って、古仏、人我を争う。畢竟を。代って、軽やかに別れ軽やかに随う。

⦶十二因縁の相を。代って、森羅万象、頭々物（々）を現ず。畢竟を。代って、柳は緑、花は紅い。

◒断無の相を。代って、心でそう。畢竟を。代って、無明の実性、即ち仏性、幻化の空身、即ち法身なり。

⚲三世平等の相を。代って、一段の光明、古今に亘る。畢竟を。代って、遍界露堂々。

◯四諦の相小乗の相を。代って、半眼を開く。畢竟を。代って、無辺の風月、眼中の眼。

⊖十方普偏の相を。代って、十方沙界、全身を現ず。畢竟を。代って、万里一条鉄。万里は目前、一条は心なり。

◑諸仏出身の相を。代って、物に応じて現形す。畢竟を。代って、乾坤只だ一人。

○成道の相を。代って、山本と山、水本と水。畢竟を。代って、只雪の消え去るを得て、自ずから春到来す。

○衆生成道の相を。代って、本有円成の如来、却って迷倒の衆生に同ず。

○転凡の相、偏中正（へんちゅうしょう）を云え。代って、天晴れて日頭出づ。畢竟を。代って、誰が面前に暗し。

◘降魔鬼、兼中至を云え。代って、水月道場に宴坐して。鏡裡の魔軍を降伏す。畢竟を。代って、大弁、訥（とつ）なるが如し。

⊙許陀相見の相を。代って、心に左右無く、左右も亦た無心。畢竟を。代って、風吹いて、草、偃（のべふ）す。

⊕転法輪の相を。代って、天轆々。畢竟を。代って、電巻き星飛ぶ、一槌の下。

(牛)縦意の相を。代って、手に任せて取捉し、足に任せて運奔す。畢竟を。代って、遊杖、花を尋ぬ、金谷の園。

●黒円相を。代って、混沌未分の先。畢竟を。代って、夜半の烏鶏、黒卵を抱く。

(仏)奪意相を。代って、孤舟、蓑笠の翁、独り寒江の雪に釣る。畢竟を。代って、寒時、闍梨を寒殺す。

(隠)女人体の相を。代って、裡頭、一歩を移して、明月、波流を逐（お）う。畢竟を。代って、夜半正明。

(人)肯意の相を。代って、井、堀りて呑み、田、耕して食す。畢竟を。代って、早朝に粥を喫し、午時に飯を喫す。

◯許他の相を。代って、扶して断橋の水を過ぎ、伴いて無月の村に帰る。畢竟を。代って、自由自在、伊が三昧。

◯義海の相を。代って、刹説き、衆生説き、三世一切説く。畢竟を。代って、仏事門中、一法を捨てず。

◯暗機の一相を。代って、那羅淵窟に竜蟠を見る。畢竟を。代って、千手千眼、看れども及ばず。

◯挙函索蓋の相を。代って、大口を開き、目を閉じて良久す。畢竟を。代って、大円覚を以って、我が伽藍と為す。

◯婁至徳仏の相を。代って、胸を打す。畢竟を。代って、伊を呼んで声有り、伊を見て形無し。又た云く、看よ。

●◯半月、円相を待つ。代って、無心でそう。畢竟を。代って、半夜、澄潭、月正に円かなり。

◯玄印玄旨の相を。代って、従来倶に住して名を知らず。畢竟を。代って、来所、住所無し。

◯鉤八索続の相を。代って、撓鉤搭索(にょうこうたっさく)。畢竟を。代って、竿頭の糸線、具眼正に知る。

⦶◯抱玉鑑相を求む。代って、物を抱く振舞なり。句を。石、玉を含み、玉、瑕(きず)無きを知らず。畢竟を。代って、看よ。

(仏)已成宝器の相を。代って、良久す。畢竟を。代って、諸仏、心頭に在り。

㋰良鑑相を。代、閉目良久し、大口を開いて無心。畢竟を。代って、鉢盂の口、天に向かう。

◯解脱相、因果円満を。代って、骨を砕き肉を割く。畢竟を。代って、脱殻(コク・カラ)烏亀、飛んで天に上る。

㋑続成宝器の相を。代って、生でそう。畢竟を。代って、生れ乍らに帝王、何の尊貴か有らん。

●最上乗の相を。代って、目を閉じて良久す。畢竟を。代って、午頭、尾上に按じ、豈に大陽の輝を借らんや。機とも在り。

点劃提起の相を。代って、僧、両手展開す。句を。代って、総じて此の内に在って円かなり。畢竟を。代って、若し是ならば、我れ汝に惑せられず。◯九十七箇の円相を、一時に点破し来れ。代って、僧放身す。畢竟如何。代って、師を托開す。句を。代って、小児月を取りて銀盤に抛げ、金香炉下の鉄崑崙。

右九十七箇の円相、一一に参じ畢んぬ。

右九十七箇の内図の外に、無極の一位在り。是れより九十六箇を唱え出すなり。総じて円相は未分を体とす。

此の図、九十七箇円相の根本なり。

十の字なり。丨一（シュヲウ）縮めて図外れなり。

※図形中略

示して云く、円相の根本を道え。合掌して座し、低頭す。私に云く、未分なり。師拶して云く、何んとて丨一十では在るぞ。云く、卒度、仰面す。師云く、畢竟を。云く、立って拝して、そっくと身をぬく。師、衣のすそを引かえて、猶在る有り、と云いて、方丈に帰る。道元、九十七箇の円相に契い派なり。

【解説】　史料名は、端裏書に「円相之参」とあり、これに依拠する。また、序文の後に記された内題には「九十七箇円相室中秘訣書」とみえる。相伝年次、相伝関係は記載されていないが、版刻花押、ならびに朱印三顆、すなわち本文冒頭に「光紹高風」、末尾に「智堂」（壺印）「光紹高風」（角印）が押印されている。本史料は、光紹智堂の書写した本参と思われる。ほかに「九十七箇円相室中秘訣書」の上に三宝印、本文後ろから一二行目より末尾にかけて道元禅師の版刻花押（五箇所）が押されている。

なお本史料は、『禅籍編』一巻No.30に全文が影印翻刻されており、菅原昭英師が解説されている。

永平寺所蔵『切紙目録』二種（本巻No.4、『禅籍編』二巻No.39・『禅籍編』二巻No.39参考史料）、および「伝授室中之物」（本巻No.41、『禅籍編』三巻No.14）には、その史料名はみられない。ただし、愛知県渥美町常光寺所蔵「潔堂派参話目録」（中世以降の相伝の系譜を有する）に(192)「九十七則去之円相」とあり、「其の家相承し了って、伝后の参共皆な罷参して、此の透りの参和在るべし。末後の参なり」の説明がなされている。寒巌派下普済寺十三門派の一つ「潔堂派」において、末后の参の一つとして「九十七則去之円相」が位置づけられていたことがわかる。太源派の参話目録である、三重県度会郡玉城町広泰寺所蔵「伝授八則之目録」（寛文七年〈一六六七〉二月、同寺十世覚山鉄觜から寒察へ伝授）では、太源派の公案が「大悟・投機・伝授・印可・摩頂・自家・訓訣・訓訣始終」の八項目に分類されており、「訓訣」の項に「九十七箇之円相」が挙げられている。光紹智堂が了庵派下に属し、関東において修学し、諸寺（双林寺、長年寺等）に出世していることを勘案すれば、了庵派下に相伝された本参の可能性がある。なかんずく、内容的に近似する、群馬県松井田町補陀寺所蔵「九拾七箇之円相」

（以下「補陀寺所蔵本」）によれば、奥書に「徹記之／于時応永三十年癸卯林鐘廿五日」とあり、「徹」とは無極慧徹（一三五〇～一四三〇）をさすと推定されることから、永平寺所蔵「円相之参」もまた、無極派（あるいは一州派）の門参ではないかと推定する。

構成は、「円相之参」の由来を内容とする序文、九十七箇の円相を代語を介して敷衍する本文にあたる「九十七箇円相室中秘訣書」、そして跋文に相当する、師資の問答による総括の三つの部分からなっている。ちなみに「補陀寺所蔵本」には、序と跋が存在しない。

序文において、その由来が説明されている。忻首座はある日の夕べに夢告があり、奇瑞を待っていた。折しもその翌日、道元禅師が径山に登り、明月堂に宿泊していることを聞き、忻首座は赴いて相見した。道元禅師が潙仰宗の宗旨を尋ねると、忻首座は次のように言った。潙仰宗の宗旨は、耽源（南陽慧忠の弟子）から仰山慧寂へ九十七箇の円相が伝授されました。我が宗旨において、体用一致とは、この九十七箇の円相そのものなのですと言って、「円相之参」を差し出した。道元禅師は一見して、その宗旨を理解した。忻首座は、問答を通して、道元禅師が悟徹したことを証明し、「円相之参」（此の書）に「潙仰宗の血脈」を添えて渡した。その際、忻首座は以下のように言った。この潙仰宗の法は資福如宝和尚の遺書（讖）に基づいて、私が保持してきたが、昨日の奇瑞の夢に随って汝（道元禅師）に付与すると言った。こういった次第で、「九十七箇の円相」と潙仰宗の宗旨に契当したことの証明（血脈）が伝わっているのだとする。

この序の措辞は、『人天眼目』巻四「円相因記」や『祖庭事苑』巻二「円相」等の記述を下敷きにしている。「円相因記」によれば、円相の作は南陽慧忠国師に始まり、それは侍者の耽源に伝授された。慧忠は示寂に臨んで「わが滅後三十年立って、南方に一沙弥（仰山）が現れ、この道（禅）を大いに盛んにするであろう」との讖（未来記）を耽源に残した。かくて、慧忠の讖記どおりに「九十七箇の円相」は仰山慧寂へと伝えられた。「円相之参」の序では、南陽慧忠が如宝和尚に、耽源が忻首座に、仰山が道元禅師に擬されていることがわかる。上述のように、この一文は「補陀寺所蔵本」に見られないことから、あるいは智堂の時代に本史料を権威づけるために創作されたものかもしれない。

本史料は、「補陀寺所蔵本」と比較してみると、必ずしも二〇一二年）。

（飯塚大展）

同系統の本参史料とは同定できない。円相の配列、箇箇の円相の代語に相違点がみられる。管見の史料が限定される現状では、本史料の位置づけは判然としない。また、代語の記述に錯誤がみられ、智堂の相伝史料全般にいえる特徴であるが、相伝書写の意識が希薄ではないかと疑われる。跋に相当する、「円相之参」を総括する問答も、やはり道元禅師契当の意旨に通ずるものとして、序の部分と相応し、本史料を権威づける意味があるのではないかと考える。

参考文献

石川力山『禅宗相伝資料の研究』上巻（法蔵館、二〇〇一年）。

『永平寺史料全書』禅籍編　第一巻（大本山永平寺、二〇〇二年）。

『永平寺史料全書』禅籍編　第二巻（大本山永平寺、二〇〇三年）。

『永平寺史料全書』禅籍編　第三巻（大本山永平寺、二〇〇五年）。

『永平寺史料全書』禅籍編　第四巻（大本山永平寺、二〇〇七年）。

『永平寺史料全書』文書編　第一巻（大本山永平寺、

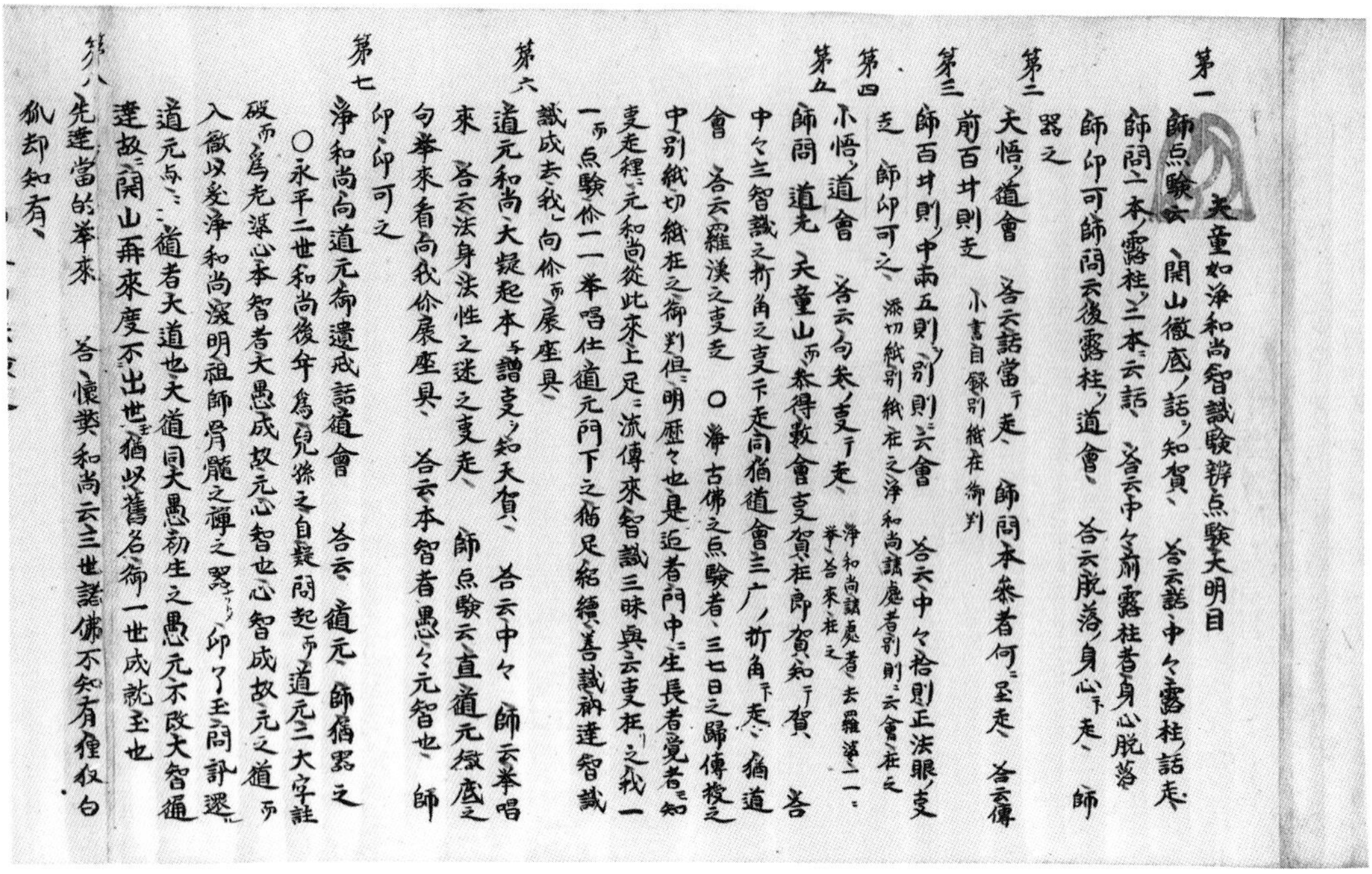

第一　天童如浄和尚智識験辨点験大明目
師点験云、開山徹底ノ話ヲ知賀、　答云、諸中々露柱ノ話走、
師問一本ノ露柱ヲ二本ニ云話、　答云中々前露柱者身心脱落
師印可師問云後露柱ヲ道會、　答云脱落ノ身心デ走、　師
器之
第二　天悟ヲ道會　答云話當テ走、　師問本参者何ニ至走、　答云傳
前百廿則走　小書目録別紙在御判
第三　師百廿則ノ中両五則ヲ別則ニ云會　答云中々拾則正法眼ノ支
走　師印可之　添切紙別紙在之浄和尚識處者別則ニ云會在之
第四　小悟ノ道會　答云句失ノ支テ走、　浄和尚識處者去羅漢一一ニ挙テ答来在之
第五　師問道元天童山而参得数會支賀在郎賀知テ賀、　答
中々三智識之折角之支テ走、尚猶道會三广ノ折角下走、猶道
會　答云羅漢之支走　○浄古佛之点験者、三七日之歸傳授之
中別紙切紙在之御判但ニ明歴々也是近者門中ニ生長者覚者ヲ知
支走徑ニ元和尚従此来上足ニ流傳来智識三昧與云支在リ之我一
一而点験俗二一挙唱仕道元門下之猶足紹續、善識而達智識
識成去我ニ向俗而展座具、
第六　道元和尚大疑起本ヲ譜支ヲ知天賀、　答云中々　師云挙唱
来　答云法身法性之迷之支走、　師点験云直道元徹底之
句挙来看向我俗展座具、　答云本智者愚々元智也、　師
印ヲ印可之
第七　浄和尚向道元御遺戒話道會　答云　道元、　師猶器之
○永平二世和尚後年為児孫之自疑問起而道元二大字註
破而為老婆心本智者大愚成故元心智也心智成故元之道而
入徹以炙浄和尚深明祖師骨髄之禅之器ナリ、印了王問許還ニ
道元与ニニ道者大道也大道同大愚初生之愚元不改大智通
達故ニ開山再来度不出世ヲ猶以舊名御一世成就至也
第八　先達當的挙来　答、懐奘和尚云三世諸佛不知有狸奴白
狐却知有、

（寛文十年〈一六七〇〉八月十五日以前）、永平寺三十世光紹智堂、「天童如浄和尚智識験弁点験大明目」を書写する。

77　天童如浄和尚智識験弁点験大明目（光紹智堂筆門参）

（一二紙継紙　28.0㎝×452.4㎝）

（端裏書）
「光紹代」

（一張）

（序文）
於天童山　、御開山大和尚曹洞宗修行参禅、窮極粉骨、（道元版刻花押）師資流通、以心伝心、仏種嗣続之旨、此一巻書顕露也、喚之名秘伝之書云々、
可秘々々、

（二張）

第一　天童如浄和尚智識験弁点験大明目

師点検云、（道元版刻花押）開山徹底ノ話ヲ知賀、　答云、諸、中々露柱ノ話走、
師問、一本ノ露柱ヲ、二本ニ云話、　答云、中々、前露柱者、身心脱落、
師印可、師問云、後露柱ヲ道会、　答云、脱落ノ身心デ走、　師

器之、

第二

大悟ヲ道会、　答云、話当テ走、　師問、本参者何ニ呈走、　答云、伝前百廿則走、　小書目録別紙、在御判

第三

師、百廿則ノ中両五則ヲ別則ニ云会、　答云、中々、拾則正法眼ノ事走、　師印可之、　添切紙、別紙在之、浄和尚請処者、別則ニ云会、在之、

第四

小悟ヲ道会、　答云、句参ノ事テ走、　浄和処者、去羅婆一一ニ挙答尚請来在之、

第五

師問、　道元　天童山而参得数会事賀、　在郎賀知テ賀、　答、中々、三智識之折角之事デ走、　同、　猶道会、　三摩ノ折角デ走、　猶道会、　答云、　羅漢ノ事走、　○浄古仏ノ点検者、三七日之帰、伝授之中、別紙切紙在之、御判但ニ明歴々也、是迄者、門中ニ生長者覚者モ知事走程ニ、　元和尚従此来上足ニ流伝来智識三昧与云事在リ之、我一一而点験、你一一挙唱仕、　道元門下之猫足、　紹続善識衲達智識識成、　去我レ向你而展座具、

第六

道元和尚大疑起本与謂事ヲ知天賀、　答云、中々、師伝、挙唱来、　答云、法身法性之迷之事走、　師点験云、直道元徹底之句挙来、看、向我你、展座具、　答云、本智者愚、々元智也、　師印印可之、

第七

浄和尚向道元御遺戒話道会、　答云、　道元、　師猶器之、

○永平二世和尚後年為児孫之、自疑問起而、道元二大字註破而為老婆心、本智者大愚成故元心智也、心智成故元之道而入徹、以爰浄和尚深明祖師骨髄之禅之器ナリトシテ印了玉、問訊還ル道元与々々、道者大道也、大道同大愚、初生之愚元不改大智通達故ニ、開山再来度不ニ出世一玉、猶以旧名御一世成就玉也、

第八（三張）

先達之当的挙来、　答、懐奘和尚云、三世諸仏不知有、狸狈白狐却知有、

●御内印法験段

第一

浄和尚問云、道元者我門長老也無否、　道元答云、即明了、浄和尚長老成ラバ、先這極何事長老与道麼、　道元云、血脈極走、　浄和尚問云、名ニ這甚麼ヲ喚血脈一、　道元答云、莫和尚道、本来無門道与、道畢、　低頭叉手、合眼未向、血脈事走、浄和尚猶拶云、深明雖得道、恁麼中無折角、速道々々、道元答云、　道元般々業明者皆是一円空、道畢、低頭叉手、合眼未向、血テ走、仰面放手、開眼未向、脈デ走、　般々及妙皆之是開放也、　浄和尚印可玉、

第二

恁麼大地知麼、　道元答云、地綿事是也麼、

第三

何而白圏地而在、　道元答云、空大地而走、　師拶云、白圏地成者誰、　道元答云、誰々、

第四

寸人一口知賀、　道元答云、中々、　浄和尚云、挙来你向展座具、　道元答云、七尺二寸走、　浄拶云、是甚表要、　道元

答云、七字円成者、渠全体也、　浄捞云、渠全体是何
物麼、道元答云、血成流目前機、脈成起空劫心走、
師印之、

第五
浄問恁麼大地甚白圏地成、　道元答云、白智元来誰全
体走、師印之、

第六
浄問云、上下大事知麼、　道元答云、頂上之一円相事走、
捞云、恁麼大事踏透麼、　元答云、突句踏走、師者是
賊過後張弓、

第七
三杲(果)上虚席知天賀、　道元答云、中々、三尺之地綿事走、
浄捞云、是向要心賀虚席成、　元答云、誰本郷走、

第八
浄問云、左右祖師、甚麼要心与麼、　道元答云、久遠今時
無差別、箇々一円走、

(四張)
第九
去羅者其而仏界道会、　道元答云、長老二字走、浄印之、

第十
浄云、長老十二時之本尊道会、　道元答云、羅漢三昧走、

第十一
浄云、自身成仏知賀、　道元答云、智識走、

第十二
浄云、邪正一如大道知麼、　道元答云、中々、左右血筋走、

第十三
浄云、黄金世界知麼、　道元、中々、道場荘厳時、七
条之袈裟ノ布走、

第十四
浄云、天円器踏麼、　道元答云、中々、一牧反故走、

第十五
浄云、一仏三記知賀、　道元答云、中々、迦文勒三記走、

第十六
浄云、両頭安居知麼、　道元答云、中々、如浄道元合血
之切紙走、

第十七
七度九拝三度三拝合賀、　道元答云、七条之袈裟之切紙ト、
九条之袈裟之切紙ト、九品浄土之切紙走、

第十八
三身如来説十如幻道場知賀、　道元答云、十三仏之切
紙走、　浄問、前仏之本尊指示来、　道元答云、不動
尊走、　浄捞云、甚麼物恁麼道、　道元答云、業堅不
動之仏心、虚地而安故ニ前仏与安走、　浄問云、後仏示
来、　道元答云、叉手胸体(タイ)而本師釈迦如来走、　浄云、
甚广(麼)恁麼道、　道元答云、如幻三昧走、

第十九
浄云、三世一道図知麼、　道元答云、三悟道一位之切紙
走、浄捞云、徹処作麼生、　道元答云、我旨打未爰
賀、一道三世穿大道走、

第廿
浄云、涅槃之根本知麼、　道元答云、達磨知死期法要切紙走、

第廿一
浄問、栄西記文録知麼、　道元答云、栄西僧上之法請之偈事走、
第廿二
達磨参知賀、　道元、中々、歌之事走、
第廿三
世尊誕生七歩之参知麼、　道元答云、二時三形巡堂（五張）儀式事走、
第廿四
一点雨露仏形洗广レ恁事知麼、　道元答云、授形灑水之法要事走、
第廿五
二仏大事知麼、　道元答云、唯仏与仏之切紙走、
浄拶云、徹処作麼生、　道元答云、空与真之二走、亦尽与不尽、一合中有千差、
第廿六
四字参知麼、　道元答云、摩頂之図走、
第廿七
禅之活筆与道事知麼、　道元答云、三報書切紙事走、
浄拶云、為甚广恁广道、　道元答云、三隆筆頭上極走、
第廿八
浄云、好箇仏殿指示来、　道元答云、山僧而走、　浄拶云、入仏仕来、看、　道元答云、我社唯仏走、
第廿九
浄云、仏心相見道会、　道元答云、最初発明之大事走、　浄拶云、徹処作麼生、　道元答云、這呈甚广、亦無言初通恁麼大事、
第三十
浄問、自己七仏空殿知广、　道元答云、馬祖七堂之図之事走、　浄和尚印可之、

○無始無終段初

第一
浄和尚問曰、嗣書伝授仕賀、　道元答云、中々、浄云、喚甚广為二嗣書一ト、　道元答云、喚二虚無自然一為シテ二嗣書一ト走、
浄拶云、虚無自然道作广生、　道元答云、我師元来同無名、
第二
浄云、嗣書二字道会、　元答云、師資一般即同如来走、　浄拶云、是何嗣是何書广、　元答云、吾元大我ニ有嗣書名無名嗣書走、
第三
長短二道知广、道元答云、七尺五寸走、　浄拶云、是何法要、　道元答云、七尺者七世安楽、七字円成之体、五寸者五仏成就、五行即明了走、
第四
頂上三人二口之空錦知广、　道元答云、過現未三際共而（六張）如幻法要白心頭体走、
第五
器文応身知广、　道元答云、七仏之本位之事走、

浄印可玉、

第六

伝灯之大宗派知广、　道元答云、嗣書事走、　師撈云、恁广有大事速道々々、　道元答云、勃陀勃地嗣書走、浄撈云、你速挙来、向我你展座具、　道元答云、自救勃陀与道、他救勃地与道走、浄渡眼而、我宗到你太興広而、本座下座展座具九拝玉、

第七

維摩之丈室道会、　道元答云、器文中之一走乎、浄撈云、作广生　元答云、空劫已前、更以前走、　浄撈云、更以前作广生、　元答云、十到不通毫ヲ、　浄云、空劫作广生、　道元、作換自一円仕玉、　浄撈云、空劫事作广生、道元答云、無始無終事走、

第八

七仏之御大事道会、　元答云、無始無終一心事走、

第九

其而宗門入院道会、　元答云、空劫已前而到而、更以前、荘厳劫之仏心而相見乎、吾宗之入院而走、

第十

去羅婆開堂道会、　道元答云、空劫已前地而到、無始無終之一心而契当乎、吾宗開堂之修行走、　浄撈云、開堂一句作广生、　道元答云、元劫仏之出世時、一機暗裏不居、　浄撈云、珍重不尽、

第十一

山門主眼道会、　道元答云、善（禅）知識走、

第十二

善智識十二時之本尊道会、　道元答云、阿羅漢走、

第十三

善智識十二時之念提事作广生、　道元答云、大涅槃当頭受用走、

第十四

善智識入院開堂、十二時中之焼香事作广生、　浄印之、广界来壓、

第十五

你十二時中床座而、大小有折角、大魔是小魔便是、道元答云、器文図大而走、師撈云、器文図大実而大則寸人一口道会、　道元答云、一尺走、　浄可印々、為□□（日本）開

（七張）

闢之上足玉々々、祖子派者九寸者参徹知广、

第十六

大眼形顔知广、道元答云、山門主眼之切紙走、浄印之玉、

第十七

海女成仏之話知广、道元答云、龍女成仏之切紙事走、

第十八

不浄洗却知广、　道元答云、日果罸状之切紙走、

第十九

明暗大事知广、　道元答云、鉢円内外之切紙走、

第廿

十二時安楽大事知广、　道元答云、嗣書看経切紙走、

第廿一

自他成仏四字知广、　道元答云、勃陀勃地切紙走、
第廿二
一円大事知广、　道元答云、嗣書合書走、
第廿三
主之一機知广、道元答云、頂門眼切紙走、
□（第）廿四
善智識三引導知广、道元答云、非人引導切紙走、
第廿五
釈尊印鎖知广、道元答云、仏印々可切紙走、
第廿六
師資紹続不快心知广、　道元答云、鉄漢辜負切紙走、
第廿七
道場恩書知广、　道元答云、孝田之切紙走、
第廿八
雲水領数打給知广、　道元答云、僧藉図走、
第廿九
十二時清浄参知广、道元答云、加行切紙走、
第卅
命脈書知广、道元答云、血脈之参事走、
第卅一
霊山回向二字知广、道元答云、上来切紙走、

○向上巻段始

第一
向上巻知广、　道元答云、御大事段走、　浄可印、
第二
五智之如来知广、　道元答云、御大事中、五形円相事走、
浄可印、
第三
混沌未分之前白田地知广、　道元答云、向上白錦之地走、
浄拶云、為甚广白田地广、　道元答云、如幻元来如幻
座、　浄印可之、
第四
五形向上一中者大是小是、　道元答云、大満走、　浄
可印為上足、　亦小与道者祖師可印、小者大字書
也、書塔在之、
（八張）
第五
大卍字是何要心广、　道元答云、右点者混沌未分根本走、
第六
左点者大極一点混沌全体走、　浄云、猶速道会々々、
道元答云、大極大易大物大始大索之一中走、　浄可印、
第七
過去七仏之血脈知广、　道元答云、三光之図之事走、
浄拶云、速道会、　道元答云、前黒一色者過去未分之田
地走、中赤色者現在安楽之田地走、外黒一色者未来走、
猶拶云、為甚广与血脈道广、　道元答云、一処能通達
三世、一心三身自在要心、
第八
一心自在三身要心知广、　道元答云、三段下之三星月弓
守走、浄拶云、守心作广生、　道元答云、三界唯心、万
法唯識、虚空一念、物急起天然自然、下慮従此中心一

時起心走、

第九

過去七仏血脈而合道会、　道元答云、現在心起者未来而通達走、　浄可印、

第十

世尊明星一見悟道会、　道元答云、三星月弓守心而悟道走、浄拶云、血脈合道、　元答云、一見悟道世尊現世三世通達時、過去之本仏而伝授走、

第十一

勃陀勃地本郷道会、　道元答云、一円中之空之字走、浄可印、　猶拶云、本郷事速会来、　道元答云、有為時無為、悟道明者、自己勃陀者、他心勃地悟道走、猶拶云、悟道事作广生、　道元答云、仏衆生同時而空身円満走、

第十二

空亦作广生、　道元答云、九品浄土世走、　浄拶云、一句道会、　道元答云、本来面目者本地風光、本国者有本家、虚空者寂光浄土、唯心世界、久遠釈迦、自身弥陀走、　拶云、　即今徹処作广生可道广、　道元答云、有為者無為之空心、三世受用走、

第十三

五智一智事作广生、　道元答云、百千事業者一血貫（九張）通、　浄可印、

第十四

有為無為一時成仏之御大事知广、　道元答云、本田之図之事走、　浄拶云、猶速道、　道元答云、有為悟凡生成仏、無為悟凡生心成仏走、

第十五

大善智識道、　道元答云、老者不老前、　浄可印、

第十六

大魔道会、　道元答云、知不知無智前禅道捨却還小児、　浄可印、

第十七

大阿羅漢道、　道元答云、自在滅却大愚心、

第十八

再大涅槃道、　道元答云、生死当脱時々不知生死、

第十九

人人分上一血脈道、　道元答云、旨打本心走、

第廿

袋道、　道元答云、入道走、

第廿一

凡夫諷者大善智識广、　道元答云、正眼大愚眼、具凡心社未分本来血脈走、　右三仏大事、不残一毫付属你了、能護持莫令断絶々々、浄遍拶云、奥蔵一句道会、　道元答云、何有道事广、　猶拶云、三仏満足之大善智識与成得、重上掃地一句道会、我向你展座具、使九拝、　道元答云、三仏本師擲酬云、無用要心自契了、浄和尚展座具九拝畢、

（跋文）此書者、如浄和尚曹洞宗之秘訣、道元和尚密伝之後、
天童如浄和尚（道元版刻花押）向道元曰、曹洞一宗你弘通於日本、而
欲建立吾宗、猶更粉骨砕身、而可明吾宗之修行
窮極之秘事、於自己分上、不会分明秘訣、何又勘弁
於他、点験於他而、可有識得賢愚徹未徹哉云々、
此書御開山御直書深収法庫置之也、
於日本曹洞正伝之秘訣、上足不上足之折角
知識勘弁、話頭参禅点験并切紙点験開山和尚
宗旨極妙之徹処、宗旨建立之眼目、師資流通、
（一〇張）
以心伝心、正法眼蔵附属、不立文字、教外別伝
之密旨、有這一巻書、此一巻書者、難換却諸録
経巻、独則秘参等、一大事秘訣密意書也、伝授
後伝附上足嫡嗣一人者也、容易者、仏罰・法罰、
立地当迷、眼瞎耳聾、眉鬚堕落云々、穴賢々々、
建長五年癸丑年七月十四日、二代懐奘書判

（奥書）右如件々、当寺住職比丘、代々此書巻之末、以自
筆吾諱書、是嫡嗣上足験也、上古皆如斯也、然
近世先師七八代略、却而吾諱書、是私意之
至、猥乱之基本也、故現住英峻比丘改之書之、
箱入置之者也、

天童如浄大和尚

当寺開山道元大和尚（道元版刻花押）
当寺二世懐奘大和尚
当寺前住義介（徹通）大和尚
当寺前住義演大和尚
当寺中興義雲大和尚
当寺五世曇希大和尚
当寺六世以一大和尚
当寺七世喜純大和尚
（一一張）
当寺八世宗吾大和尚
当寺九世永智大和尚
当寺十世祖機大和尚
当寺十一世了鑑大和尚
当寺十二世建綱大和尚
当寺十三世建撕大和尚
当寺十四世光周大和尚
当寺十五世宗縁大和尚
当寺十六世以貫大和尚
当寺十七世祚棟大和尚

当寺十八世祚球大和尚
当寺十九世門鶴大和尚
当寺二十世宗奕（海巌）大和尚
当寺二十一世祚天（常智）大和尚
当寺二十二世秀察（仏山）大和尚
当寺二十三世龍札（孤峰）大和尚
当寺二十四世良頓（北岸）大和尚
当寺二十五世良義（天海）大和尚
当寺二十六世英峻（高国）大和尚

（一二張）

当寺二十七世門渚（北州）大和尚
当寺二十八世御州（鉄心）大和尚
当寺二十九世光紹（智堂）天和尚（朱印文「光紹高風」）

【解説】　永平寺二十七世高国英峻は、万治二年（一六五九）秋、その退院以前に「天童如浄和尚智識験弁点験大明目」（本巻No.18、『禅籍編』一巻No.63、以下「高国書写本」）を書写し、永平寺室中の参禅箱に収めている。「高国書写本」は、同寺二十八世北州門渚に伝授され、さらに鉄心御州、光紹智堂へと相伝された。本史料は、その案文（副本）として、永平寺三十世光紹智堂によって書写された本参史料（以下「光紹書写本」）である。智堂による書写年次は、万治二年秋を上限とし、示寂した寛文十年（一六七〇）八月十五日を下限とする。

相伝の系譜（血脈に相当）の末尾「当寺二十九世光紹大和尚」の箇所に「光紹高風」の朱印一顆が押されている。また、本文の四箇所に、道元禅師の花押をかたどった朱印（版刻花押）が押されている。

「光紹書写本」は、「高国書写本」の本文の錯誤を訂正し、その体裁も整えられている。また、「高国書写本」では、序に相当する部分の末尾「可秘々々」に続けて「万照高国禅師英峻叟代／箱入置之也、奥書一大／事也」の記述があるが、「光紹書写本」にはみられない。

なお、本史料は、『禅籍編』一巻No.64に全文が影印翻刻されており、菅原昭英師が解説されている。本参史料としての位置づけ、および本文の解釈については、本巻No.18「高国書写本」の解説を参照いただきたい。

「高国書写本」において、当寺（永平寺）十七世（現世代呼称では十八世)までは「大和尚」と敬称されているが、第十八世(同十九世)以降「大和尚」の語は記されていない。光紹写本では、末尾の「当寺二十九世(同三十世)光紹大和尚」まで「大和尚」の語が付されている。書写者が光紹智堂であるとして、「大和尚」と自称するかという点で、その書写を疑う余地がある。しかし、ほかの光紹相伝の史料と比較して、同筆ではないかと考え、光紹書写とここでは比定した。また、光紹の相伝史料に関していえば、切紙においては、鉄心御州より光紹智堂へとする相伝の記述が比較的多くみられるが、そのすべてが御州より直接に伝授されたかについては、今後史料批判が必要と考える。

高国は「天童如浄和尚智識験弁点験大明目」について、嗣法伝授了畢した、上足の嫡嗣一人にのみ伝附すべきものとして、永平寺の住職がその巻末に法諱を自ら記すことが正嫡の弟子の証明であり、上古においてはそのように署名されてきたことを強調している。高国は切紙・本参の相伝をもって伝法の正当性を保証する相続様式を確立しようとしていたものと推定されるが、光紹もまたその意旨を継承しているといえる。高国書写の相伝史料に光紹が自署しているものとしては、ほかに『切紙目録』(本巻No.4、『禅籍編』二巻No.39)がある。

参考文献

『永平寺史料全書』禅籍編第一巻(大本山永平寺、二〇〇二年)。
『永平寺史料全書』禅籍編第二巻(大本山永平寺、二〇〇三年)。
『永平寺史料全書』文書編第一巻(大本山永平寺、二〇一二年)。

(飯塚大展)

（寛文十年〈一六七〇〉八月十五日以前）、永平寺三十世光紹智堂、刊本『博山老人剰録』六巻六冊を永平寺常住に施入する。

78　博山老人剰録（光紹智堂手沢本）

（冊子装　26.9㎝×18.0㎝）

（表紙）

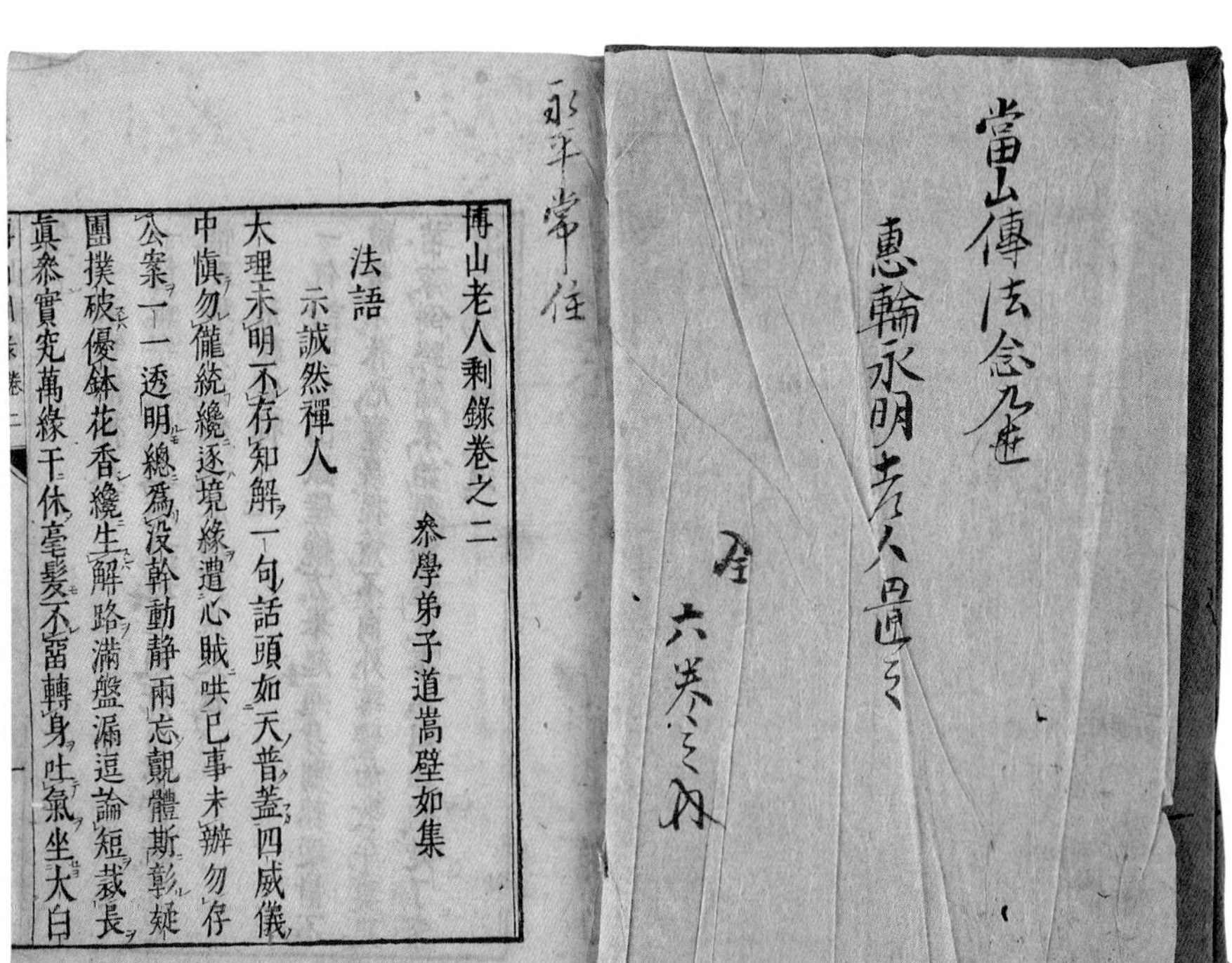

（見返し）

（墨書）「当山伝法念九世／恵輪永明老人置之／全／六巻之内」

（巻二１オ）

（欄外墨書）「永平常住」

【解説】　『博山老人剰録』は、『博山剰録』とも称され、中国明代末の曹洞宗禅者である無異元来（一五七五～一六三〇）の語録である。編者は、参学門人の道嵩と壁如である。

　本書には、巻三以外の各冊の表紙見返しに、「当山伝法二十九世（巻二は「当山伝法念九世」）、恵輪永明老人置之全六巻之内」の墨書がみられ、同じく各冊の一丁表に、「永平常住」の上欄外墨書がみられる。この墨書から、本書が永平寺三十世（当時は二十九世）光紹智堂（慧輪永明禅師、一六一〇～一六七〇）によって永平寺に施入されたこと、もとは全六冊であったが、現在は巻一・五が欠本であることがわかる。

　『博山剰録』は日本において、慶安五年（一六五二）刊本を含めて、およそ一一回の刊行を重ねるが、本書は慶安五年刊本であることが刊記によってわかる。版元は京都の「三条通菱屋町婦屋　甚右衛門尉」である。

　なお、本書の巻頭巻末写真および佐藤秀孝氏による解説が、『禅籍編』三巻No.7に掲載されており、詳細はそちらを参照されたい。

　参考文献

　長谷部幽蹊「無異元来禅師略伝」（『禅研究所紀要』四・五合併号、一九七五年）。

（廣瀬良弘）

（寛文十年〈一六七〇〉八月十五日以前）、永平寺三十世光紹智堂、刊本『宋文憲公護法録』一〇巻一二冊を永平寺常住に施入する。

79　宋文憲公護法録（光紹智堂手沢本）

（冊子装　26.9㎝×18.8㎝）

（表紙）

（墨書）「二ノ上」

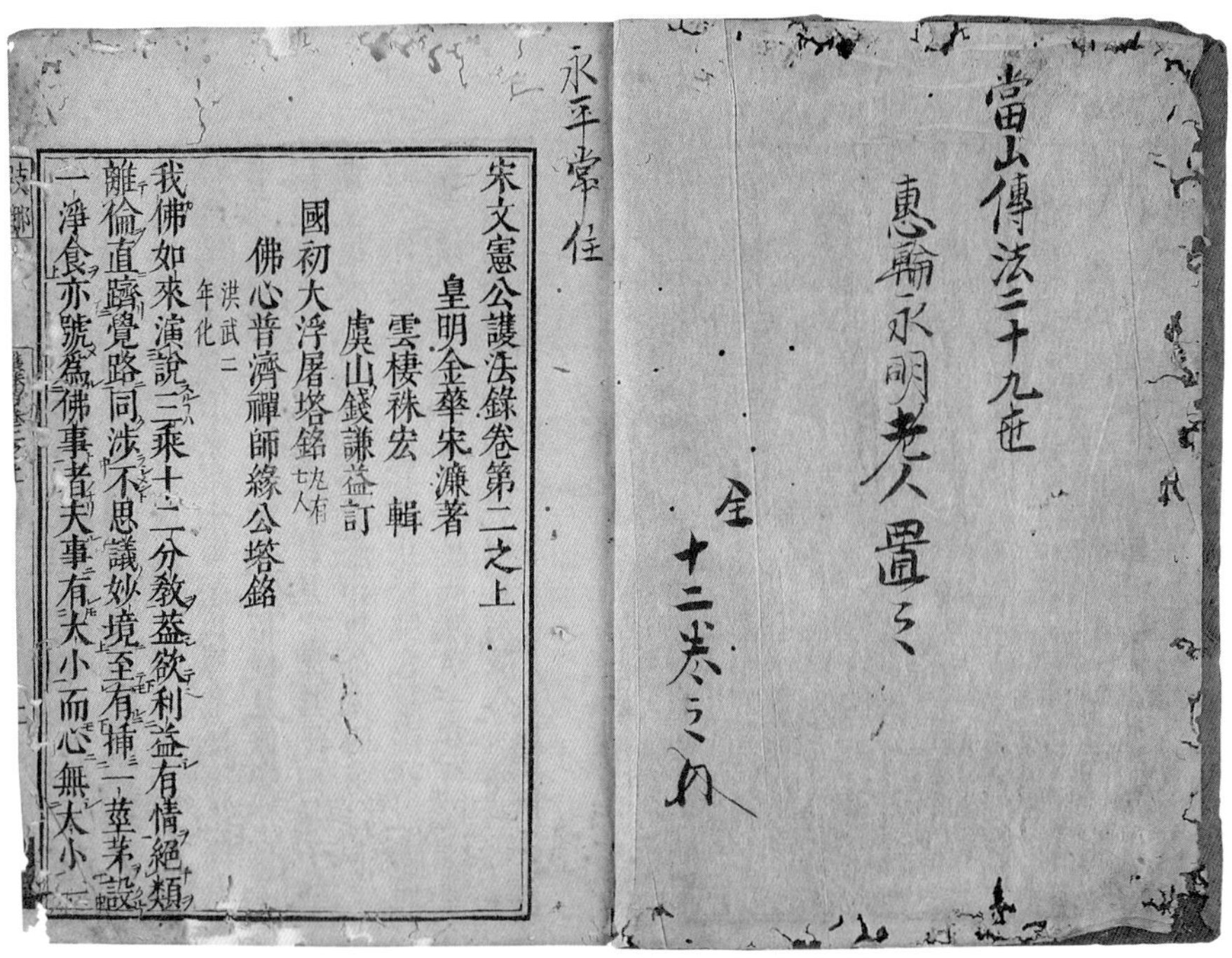

（見返し）

（墨書）「当山伝法二十九世／恵輪永明老人置之／全／十二巻之内」

（巻二上1オ）

（欄外墨書）「永平常住」

【解説】　本書は中国明代初期の学者である宋濂（一三一〇～一三八一）の著書から仏教に関する記事を抜粋・整理したものである。編集は、明代の僧侶雲棲袾宏（一五三五～一六一五）が行い、その後文人銭謙益（一五八二～一六六四）が校訂・増補の上、万暦四十四年（一六一六）に完成させた。宋濂は『元史』の編集を行ったことで著名であるほか、儒学だけでなく仏教にも通じていたことでも知られる。

本書は「当山伝法二十九世恵輪永明老人置之　全十二巻之内」の墨書が各冊表紙見返しにみられ、同じく各冊の一丁表に、「永平常住」の欄外墨書がみられる。この墨書から、永平寺三十世（当時は二十九世）光紹智堂（慧輪永明禅師、一六一〇～一六七〇）によって、本書が永平寺に施入されたこと、もとは巻一・二を上下に分冊した計一二冊本であったこと、現在は巻一上下・巻二下・巻五が欠本であることがわかる。

『宋文憲公護法録』は万暦四十四年の序と刊を持つ、一〇巻四冊本が明代に刊行され、その後清末の宣統十一年（一九一九）に重刻されているが、本書は日本で明刊本を復刻した、寛文六年（一六六六）刊本に該当する。巻一〇末の刊記には、寛文六年十一月に、京都二条通鶴屋町（京都市上京区）の田原氏文林によって刊行されたとある。本書と同一の刊記・巻構成の本は関西大学図書館に所蔵されている。

なお、本書の巻頭巻末写真、部分翻刻および佐藤秀孝氏による解説が、『禅籍編』三巻№８に掲載されており、本書に道元禅師に関する記事があることも指摘されている。詳細についてはそちらを参照されたい。

参考文献

『永平寺史料全書』禅籍編　第三巻（大本山永平寺、二〇〇五年）。

（廣瀬良弘）

(寛文十年〈一六七〇〉八月十五日以前)、永平寺三十世光紹智堂、刊本『大蔵一覧集』一〇巻一一冊を永平寺常住に施入する。

80　大蔵一覧集(光紹智堂手沢本)

(冊子装　26.5㎝×18.9㎝)

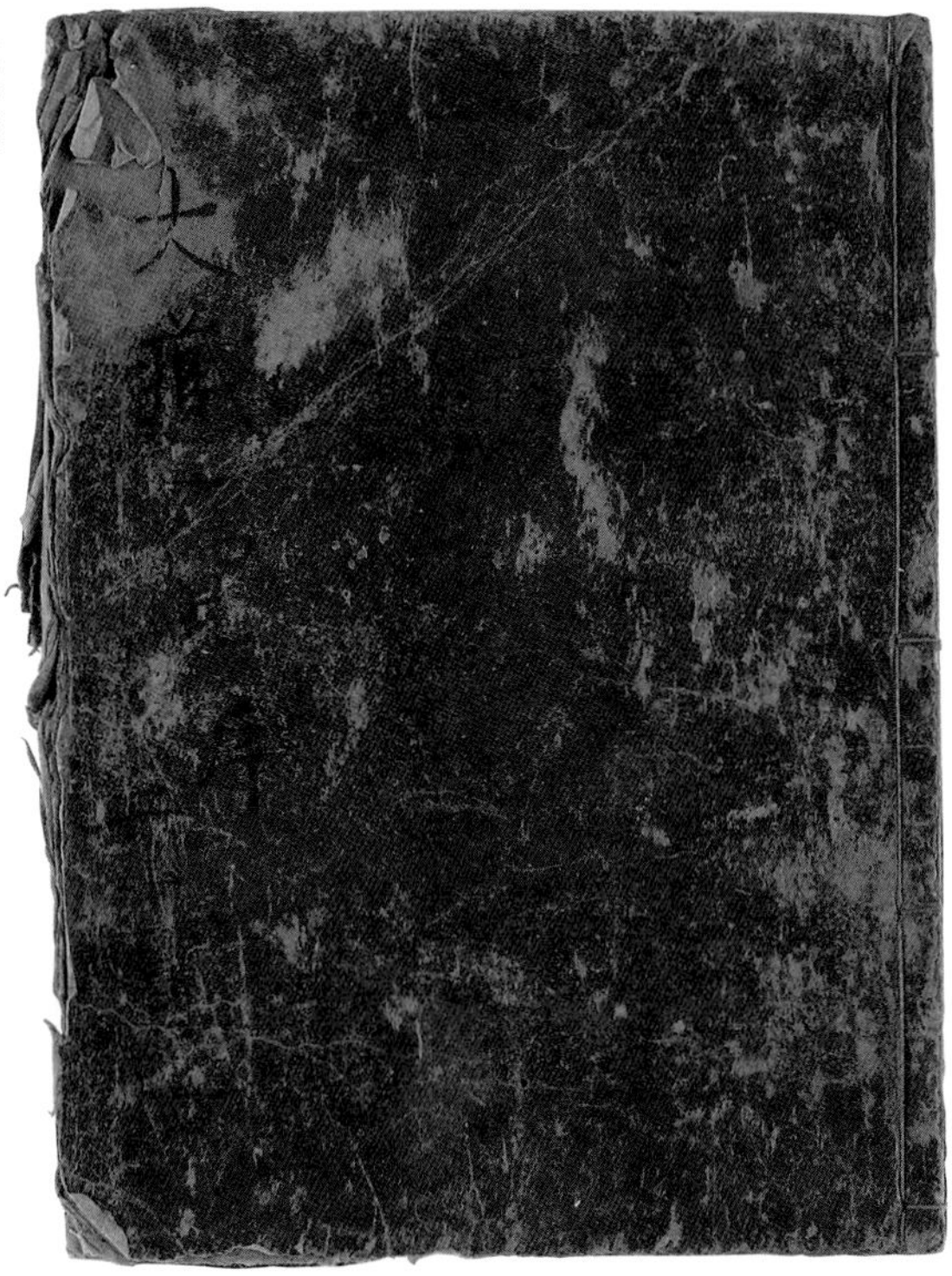

(第一冊表紙)

(表紙墨書)「大蔵一覧集序/共十一巻」

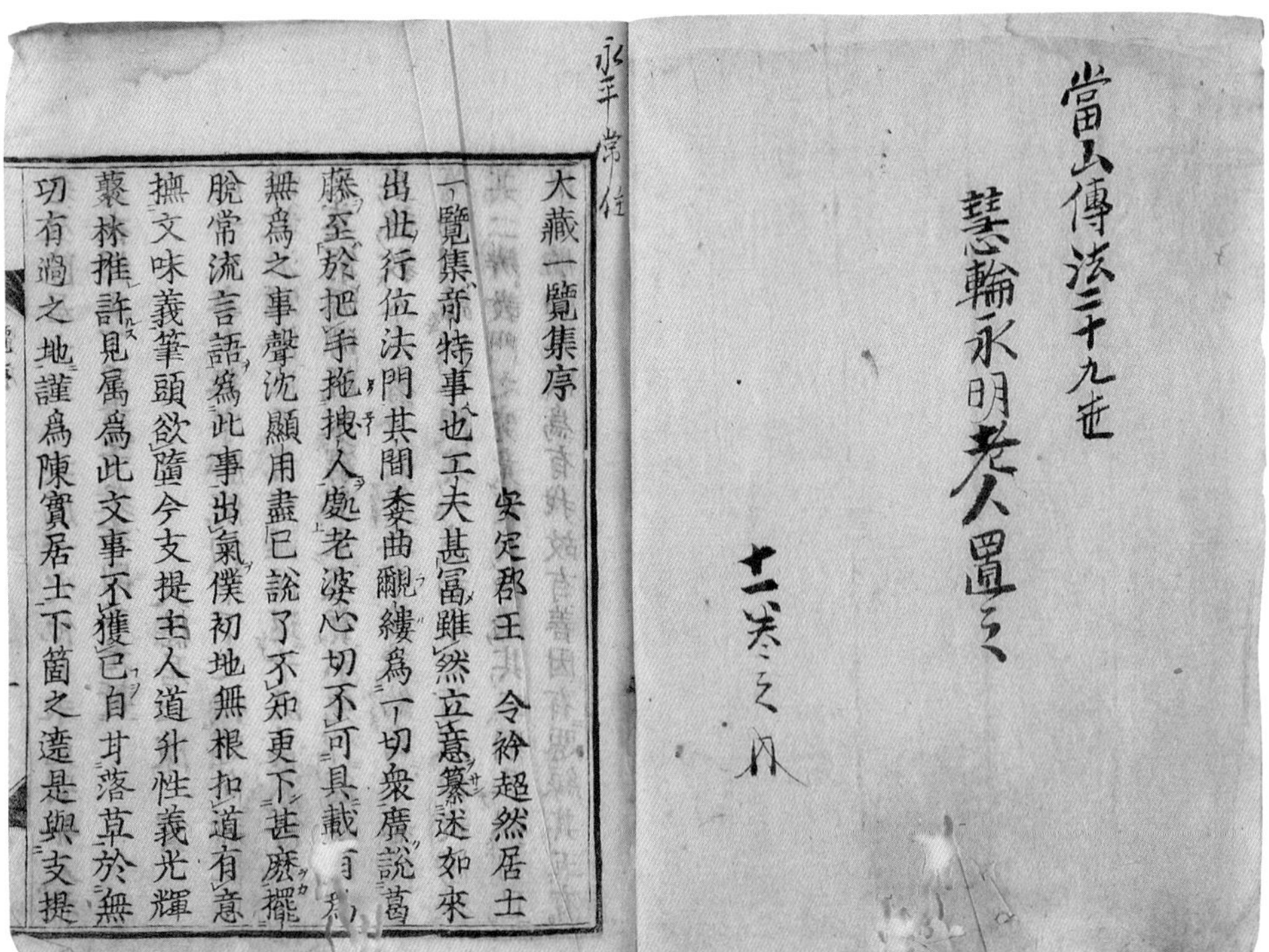

當山傳法二十九世
慧輪永明老人置之
十一巻之内

永平常住
大藏一覽集序
安定郡王　令衿　超然居士
一覽集奇特事也工夫甚富雖然立意纂述如來
出世行位法門其間委曲覼縷為一切衆廣説葛
藤至於把手拖拽人處老婆心切不可具載有[illegible]
無為之事聲沈顯用盡已説了不知更下甚麽擺
脫常流言語為此事出氣僕初地無根扣道有意
撫文味義筆頭欲藺今支提主人道升性義光輝
褎林推許見屬為此文事不獲已自甘落草於無
功有過之地謹為陳實居士下箇之遠是與支提

(見返し墨書)「当山伝法二十九世/慧輪永明老人置之/十一巻之内」

(序1オ)

(欄外墨書)「永平常住」

【解説】 『大蔵一覧集』一〇巻一一冊(第一冊は目録冊)は、宋代の大蔵経刊行を背景として成立した仏教の類書であり、福州東禅寺版大蔵経に基づいて出拠が記されていることから、一種の目録ともなっている。編者は参禅もした大隠居士陳実。成立時期は「安定郡王 令衿超然居士」(?~一一五八)による「大蔵一覧集序」に「紹興丁丑」とあることから、紹興二十七年(一一五七)の頃と考えられている。大蔵経の閲覧が困難であった状況下で『興禅護国論』を撰述する際に、栄西が本書を大いに依用したことは、つとに柳田聖山氏によって指摘されている。

後述するように、本書の和刻本が永平寺二十五世北岸良頓(一五八六~一六四八)と第三十世光紹智堂(一六一〇~七〇)とによって永平寺にもたらされており、北岸本は『禅籍編』二巻No.34と『文書編』一巻No.158に、智堂本は『禅籍編』三巻No.6に収載され、すでに解説がなされている。これら解説や先行研究に基づき、残存の状況を挙げておくならば以下のとおりである。

一、宋版 神奈川県立金沢文庫の写本(宋版の補写)と京都市右京区栂尾高山寺の所蔵が知られる。

二、高麗版 再雕高麗版大蔵経の補版十数種の一として刊行される。高麗高宗三十二年(一二四五)に開板された『祖堂集』と同時期に開板されたとみられる。

三、元版 大東急文庫所蔵本に五冊が知られる。

四、五山版 応永十年(一四〇三)五山版『大蔵一覧集』十冊が開板される。成簣堂文庫および京都右京区天龍寺雲居庵の所蔵が知られる。

五、明版蔵経本 『明版続蔵経』所収『大蔵一覧集』には、明の万暦四十二年(一六一四)の序がある。

六、駿河版 慶長二十年(一六一五)六月、徳川家康の命による銅活字本『大蔵一覧集』十一冊が刊行。大東急文庫、国立公文書館の所蔵が知られる。なお、『新纂禅籍目録』が「へ②一一冊 ④〔元和頃刊〕活字本 ③岩崎(一種)京大、谷大、大東急(三、五缺)」と著録する一本は、あるいは駿河版のことかと思われる。

七、西田勝兵衛開板本(永平寺所蔵本) 寛永十九年(一六四二)九月、和刻本『大蔵一覧集』十巻十冊開板。板元は京都の西田勝兵衛。刊記には「寛永十九年九月吉辰 洛陽寺町通二条下町 西田勝兵衛刊行」とある。なお該本は北岸良頓代に永平寺に施入され、第三冊(第二巻)を欠くとはいえ現存している。

八、野田庄右衛門蔵板本　七の西田勝兵衛開板本と同じ板木から刷られた一本。刊記には「寛永十九年九月吉辰　野田庄右衛門」とあるが、「辰」字の下部がまっすぐに削られていること、「野田庄右衛門」の部分が別筆であることから、西田勝兵衛開板本の刊記のうち、「洛陽寺町通二条下町　西田勝兵衛刊行」の部分を削って埋木をし、「野田庄右衛門」と補刻したものとみられる。よって、板木所蔵者が西田から野田に移動したものと思われるがその時期は未詳である。駒澤大学図書館のほか、大正大学図書館・大谷大学図書館・龍谷大学図書館・京都大学図書館などの所蔵が知られる。

さて、本史料は永平寺三十世光紹智堂が永平寺什物とした和刻本『大蔵一覧集』である。一〇巻一一冊のうち、第一冊(序・門目総類・目録)、第五冊(第四巻)、第七冊(第六巻)、第八冊(第七巻)、第九冊(第八巻)、第一〇冊(第九巻)の六冊のみが現存し、ほかの五冊は散逸している。永平寺二十五世北岸良頓が永平寺に施入した西田勝兵衛開板本と同一の板木から刷られた一本と思われるが、第一一冊(第一〇巻)の末に存したと思われる刊記を確認することはできない。よって、西田勝兵衛開板本か、もしくは同じ板木を用いた野田庄右衛門蔵板本と思われる。

すでに北岸代に永平寺に所蔵されていた該本を、なぜ改めて智堂が永平寺蔵本として求めたものか、その事情は知られない。板木が野田庄右衛門に移動し新たに刷られた際に、新刷本として購入されたものかとも思われる。

参考文献

柳田聖山「栄西と『興禅護国論』の課題」(『日本思想大系16中世禅家の思想』、岩波書店、一九七二年)。

椎名宏雄『学術叢書・禅仏教　宋元版禅籍の研究』(大東出版社、一九九三年)。

椎名宏雄「解題」(『禅学典籍叢刊』六巻上、臨川書店、二〇〇一年)。

『永平寺史料全書』文書編　第一巻(大本山永平寺、二〇〇二年)。

『永平寺史料全書』禅籍編　第二巻(大本山永平寺、二〇〇三年)。

『永平寺史料全書』禅籍編　第三巻(大本山永平寺、二〇〇五年)。


(岩永正晴)

（寛文十年〈一六七〇〉八月十五日以前）、永平寺三十世光紹智堂、刊本『法華経要解』七巻七冊を永平寺常住に施入する。

81　法華経要解（光紹智堂手沢本）

（冊子装　26.8cm×18.6cm）

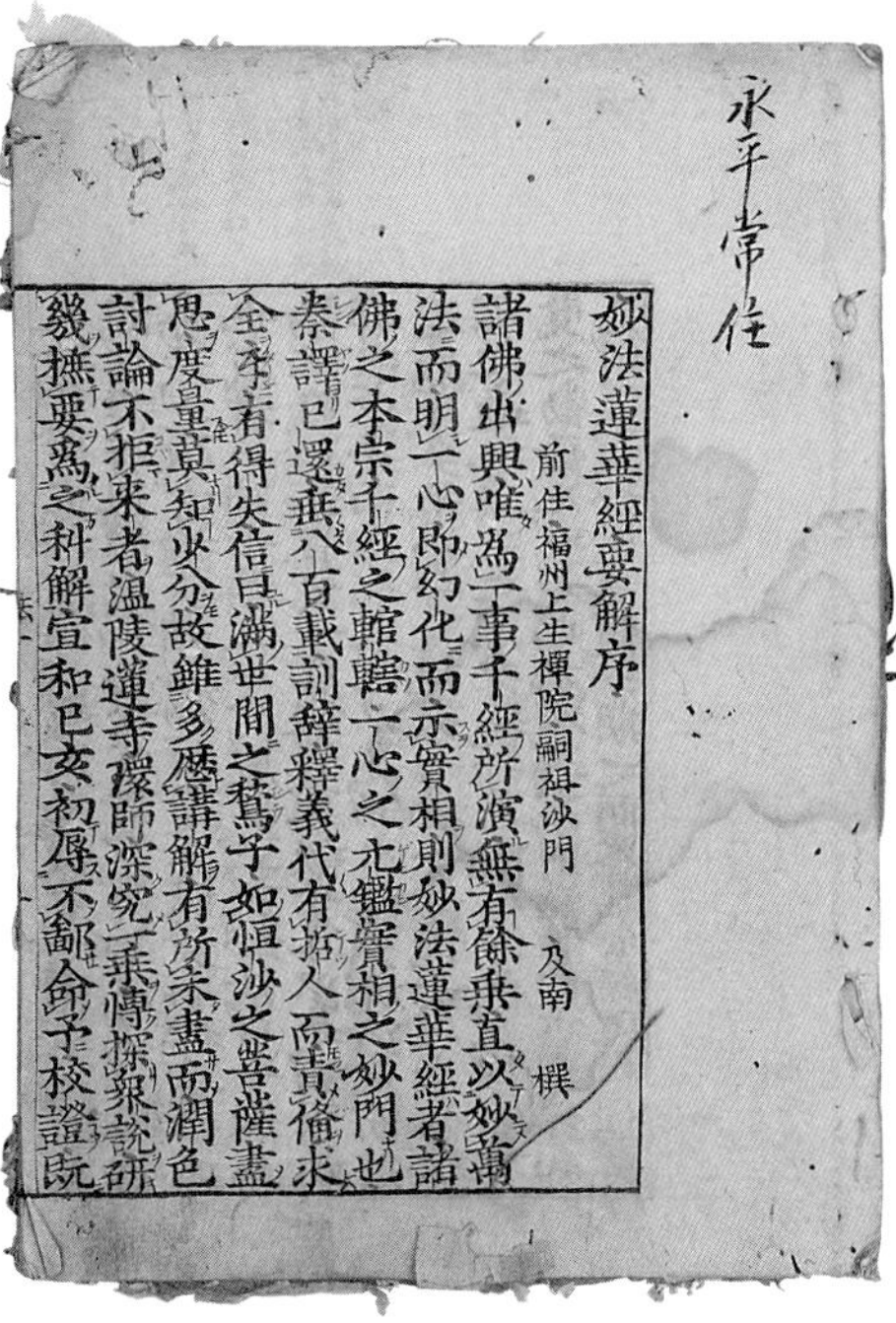
永平常住
妙法蓮華經要解序
前住福州上生禪院嗣祖沙門　及南　撰
諸佛出興唯爲一事千經所演無有餘乘直以妙萬
法而明一心即幻化而示實相則妙法蓮華經者諸
佛之本宗千經之轄轄一心之亢鑑實相之妙門也
秦譯已還垂八百載訓辭釋義代有其人而責備求
全率有得失信曰滿世間之鶖子如恒沙之菩薩盡
思度量莫知少分故雖多歷講解有所未盡而潤色
討論不拒來者溫陵蓮寺環師深究一乘傳採衆說研
幾撫要爲之科解宣和已亥初辱不鄙命予校證既

（第一冊〈表紙欠〉序1オ）
（欄外墨書）「永平常住」

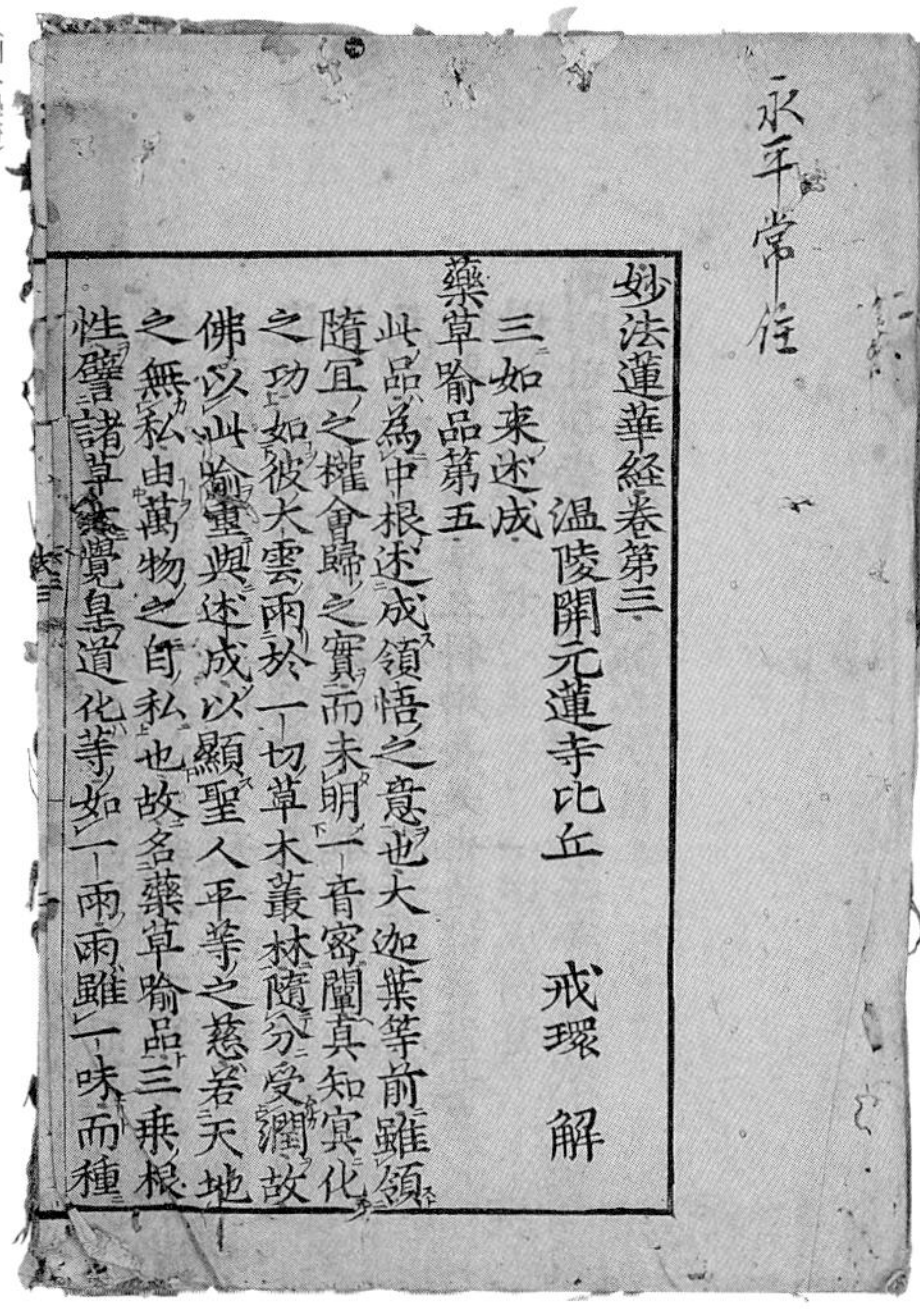
永平常住
妙法蓮華經卷第三
溫陵開元蓮寺比丘　戒環　解
三如來述成
藥草喩品第五
此品爲中根述成領悟之意也大迦葉等前雖領
隨宜之權會歸之實而未明一音密闡真知冥化
之功如彼大雲雨於一切草木叢林隨分受潤故
佛以此喩重與述成以顯聖人平等之慈若天地
之無私由萬物之自私也故名藥草喩品三乘根
性譬諸草木覺皇道化等如一雨雨雖一味而種

（第三冊〈表紙欠〉巻三1オ）
（欄外墨書）「永平常住」

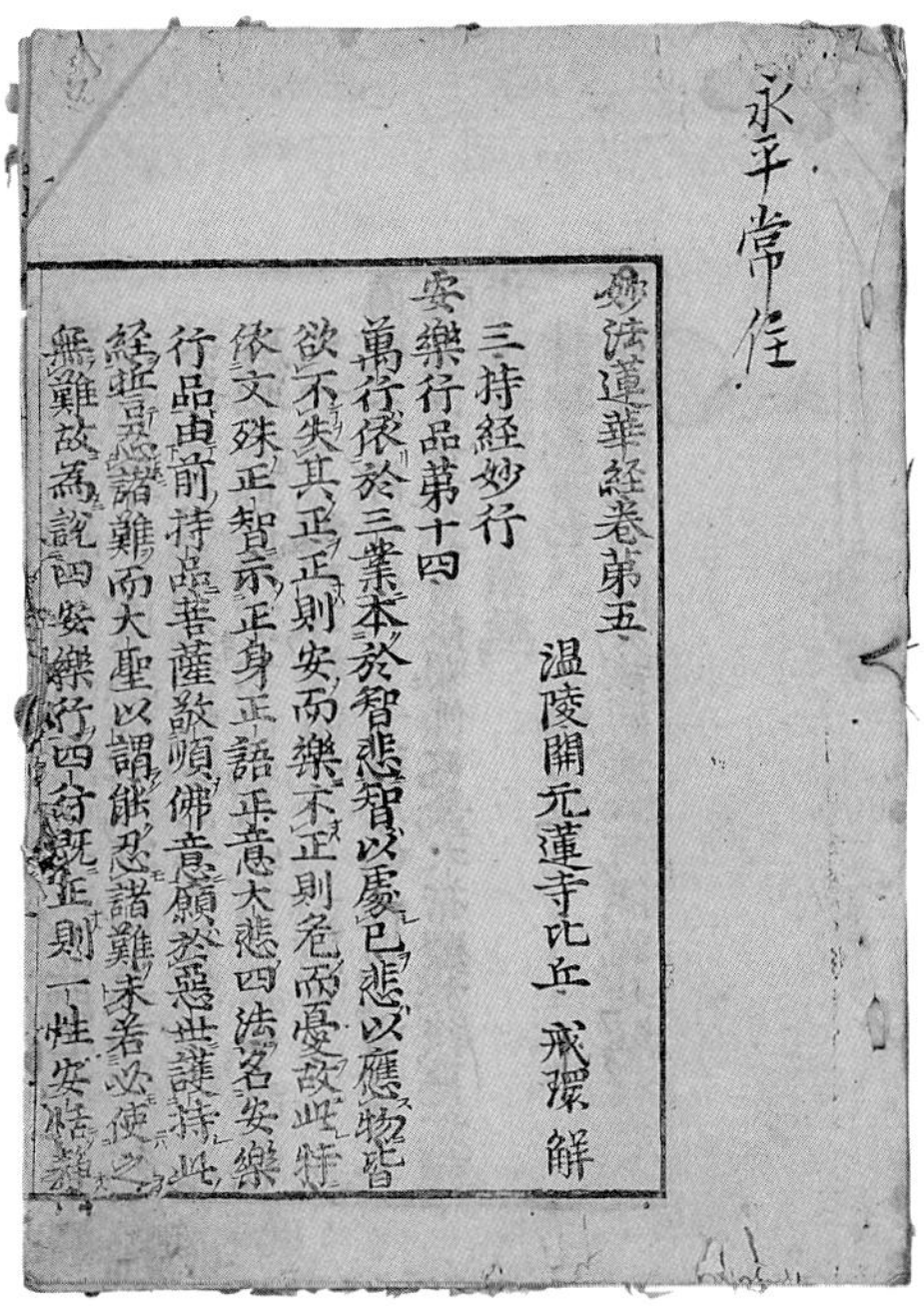
永平常住
妙法蓮華經卷第五
溫陵開元蓮寺比丘　戒環　解
三持經妙行
安樂行品第十四
萬行依於三業本於智悲智以處己悲以應物皆
欲不失其正正則安而樂不正則危而憂故此特
依文殊正智示正身正語正意大悲四法名安樂
行品由前持品菩薩發願佛意願於惡世護持此
經並示忍諸難而大聖以謂能忍諸難未若必使之
無難故爲說四安樂行四行既正則一性安恬

（第五冊〈表紙欠〉巻五1オ）
（欄外墨書）「永平常住」

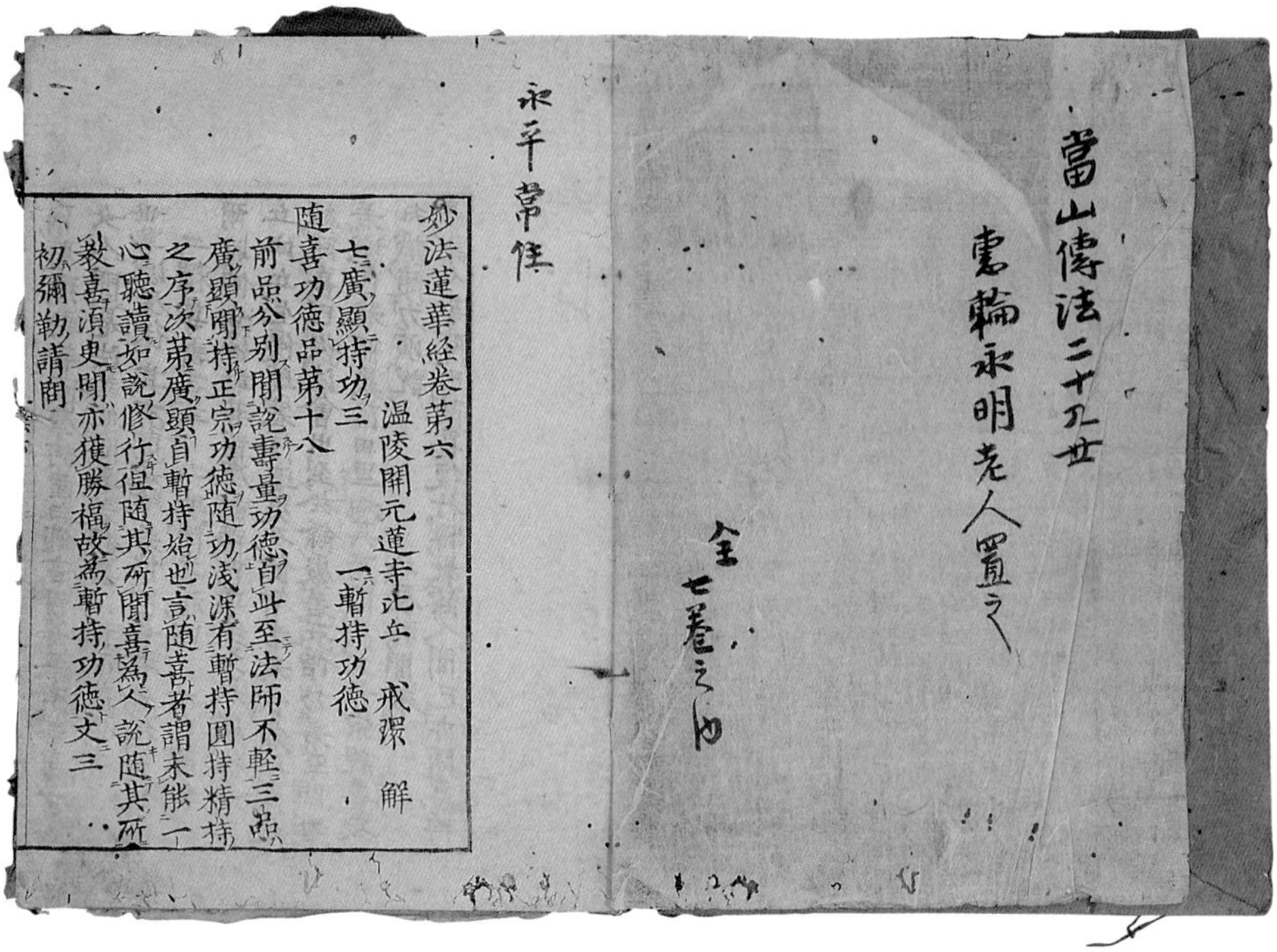

（第六冊見返し）（墨書）「当山伝法二十九世／恵輪永明老人置之／全／七巻之内」

（巻六1オ）（欄外墨書）「永平常住」

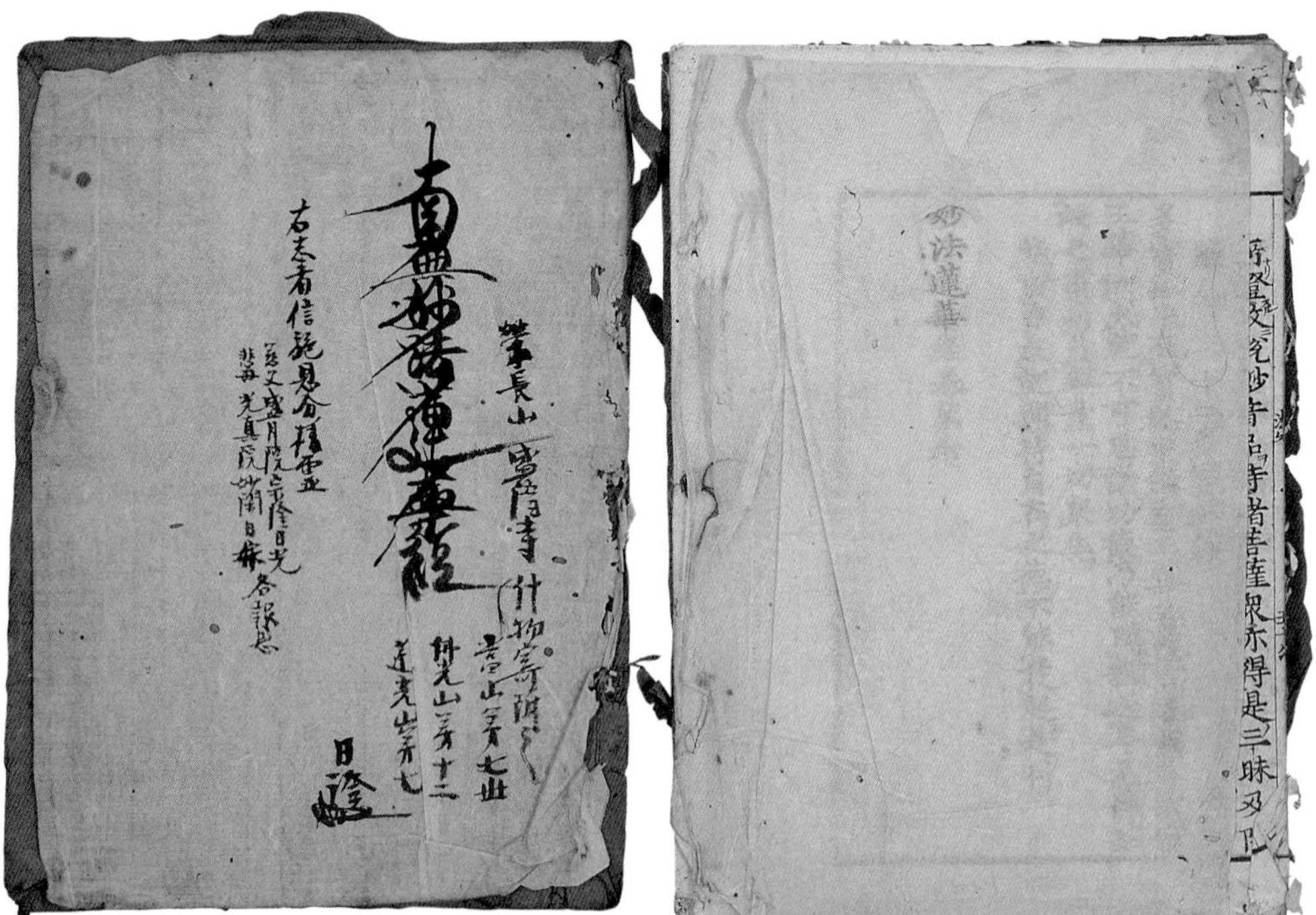

（第六冊裏表紙見返し）

【解説】　『法華経要解』（七巻七冊）は、宋の戒環（生没年未詳）が撰述した『妙法蓮華経』の注釈書である。撰者戒環の伝は未詳であるが、臨済宗黄竜派の無示介諶（かいじん）（一〇八〇〜一一四六）の法嗣（はっす）であり、天台や華厳の教学に通じ、『法華経要解』のほか、『楞厳経要解』と『華厳経要解』が伝存する。この三書は高麗に流伝して大きな影響をおよぼしたといい、宋の嘉慶四年（一七九九）の跋を有し、漢文にハングルを併記する朝鮮開板本『法華経要解諺解（げんげ）』も存する。

また戒環のこの三書は我が国の禅門でもよく用いられたが、我が国への伝来や開板の事情は不明な点が多い。『法華経要解』についていえば、駒澤大学図書館が開板年・開板者とも未詳の一本（請求番号353.5/5-1〜7）を架蔵しており、あくまで卑見ではあるが江戸時代の初期頃（十七世紀中頃）の刊行ではないかと思われる。その後、元禄十五年（一七〇二）に頭注本『標幟（ひょうじ）法華経要解』（京都岡権兵衛開板）が板行されて以降は、この板が数次にわたって印行され流布したようである。

永平寺所蔵の本史料は、第一冊・第三冊・第五冊・第六冊のみ伝存し、かつ第六冊以外は表紙も失われている。本史料を駒澤大学図書館所蔵の刊行年未詳本と比較してみると、界線の欠損等、板木に由来する特徴がよく一致することから、同板から印行されたものであろうと思われる。

さて、現存する各冊の初丁には「永平常住」と墨書され、第六冊表紙裏には、「当山伝法二十九世／恵輪永明老人置之／全七巻之内」との書き入れがある。失われた各冊の表紙裏にも同様の書き入れがあったものかと察せられる。光紹智堂（こうしょうちどう）は、寛文五年（一六六五）に慧輪永明（えりんえいめい）禅師の勅号を賜り、寛文十年（一六七〇）八月十八日に示寂したとされるから、この間に智堂により本史料が永平寺の什物とされたことが知られる。なお当然ながら玄透即中による世代改め以前であるから「二十九世」と署しているが、現在では三十世とされている。

本史料の第六冊裏表紙裏には、興味深いことに以下の書き入れがみられる。

栄長山盛隆寺什物寄附之
当山第七世
南無妙法蓮華経　仏光山第十二
蓮光山第七
日澄（花押）

右志者信施恩分精霊
慈父　盛月院宗隆日光
悲母　光真院妙閑日寂　各報恩

残念ながら「栄長山盛隆寺」「仏光山」「蓮光山」という寺院も、「日澄」「盛月院宗隆日光」「光真院妙閑日寂」という人物についても、現在のところ比定することができない。ただし、福井県鯖江市小泉町に現存する法華宗真門流の盛隆寺の山号は栄長山であって、本史料の識語にみえる「栄長山盛隆寺」である可能性もある。『吉川村郷土誌』四輯によれば、その第七世は「修玄院日澄上人」であるとしており、これも「当山第七世」との識語の記述と合致する。同書によれば、日澄上人の遷化は明和六年(一七六九)七月二十六日であり、盛隆寺に住した後、常眼寺に転住したという。

常眼寺(越前市本多)は、盛隆寺の本寺である妙法蓮華経山平等会寺(鯖江市平井町)と同じく、京都本隆寺の末寺である。『福井県南条郡誌』の常眼寺の項には、「元和三年建立、蓮光院日誠開基」とあり、また「蓮光山開山日誠〈寛永十九年遷化〉」ともある。よって、本史料識語にみえる「蓮光山」とはこの常眼寺をさす可能性もある。

なお、識語にみえる「仏光山」は未詳である。

以上の比定が妥当なものだとすれば、本史料には以下のような移動があったことになる。

栄長山盛隆寺第七世にして蓮光山常眼寺と仏光山に転住した修玄院日澄上人(明和六年七月二十六日寂)は、父の盛月院宗隆日光と母の光真院妙閑日寂の追善供養のため、『法華経要解』七巻をみずからかつて住した盛隆寺に寄進した。あるいは両親の墓が同寺に存したのかもしれない。ただしその『法華経要解』は、寛文十年八月以前に永平寺三十世光紹智堂が永平寺の什物としたものであった。永平寺から日澄の手に渡り盛隆寺に寄進された書物が、さらに永平寺の什物とされるに至ったということになる。

なお以上に述べた山号寺号や人名の比定、本史料の移動の推定、いずれも限られた情報からの推理であって、決して論理的な推論ではない蛇足である。

参考文献

『福井県南条郡誌』(南条郡教育会、一九三四年)。
『吉川村郷土誌』四輯(私家版、一九四〇年)。
『日本歴史地名大系第一八巻　福井県の地名』(平凡社、一九八一年)。

『永平寺史』上巻、七〇四〜七〇六頁（大本山永平寺、一九八二年）。
崔昌植「戒環の楞厳経教判について」（『大久保良順先生傘寿記念論文集　仏教文化の展開』、山喜房仏書林、一九九四年）。

（岩永正晴）

（寛文十年〈一六七〇〉八月十五日以前）、永平寺三十世光紹智堂、伝道元禅師所用袈裟環の袋を施入する。

82 袈裟環袋墨書

（袋　径15.7cm）

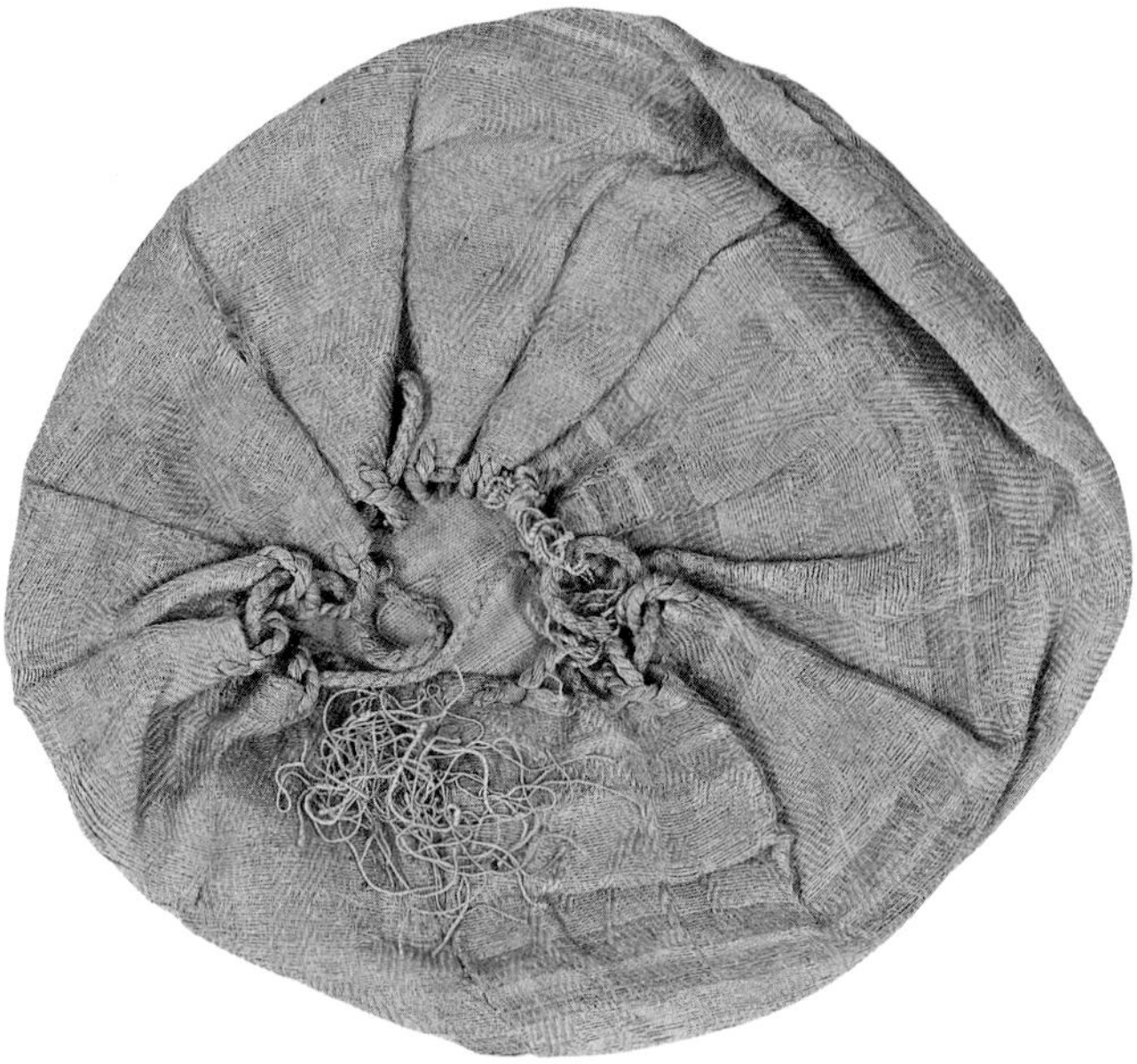

（袋底部）

（袋底部墨書）
「御開山袈裟環袋
廿九世
永明代」

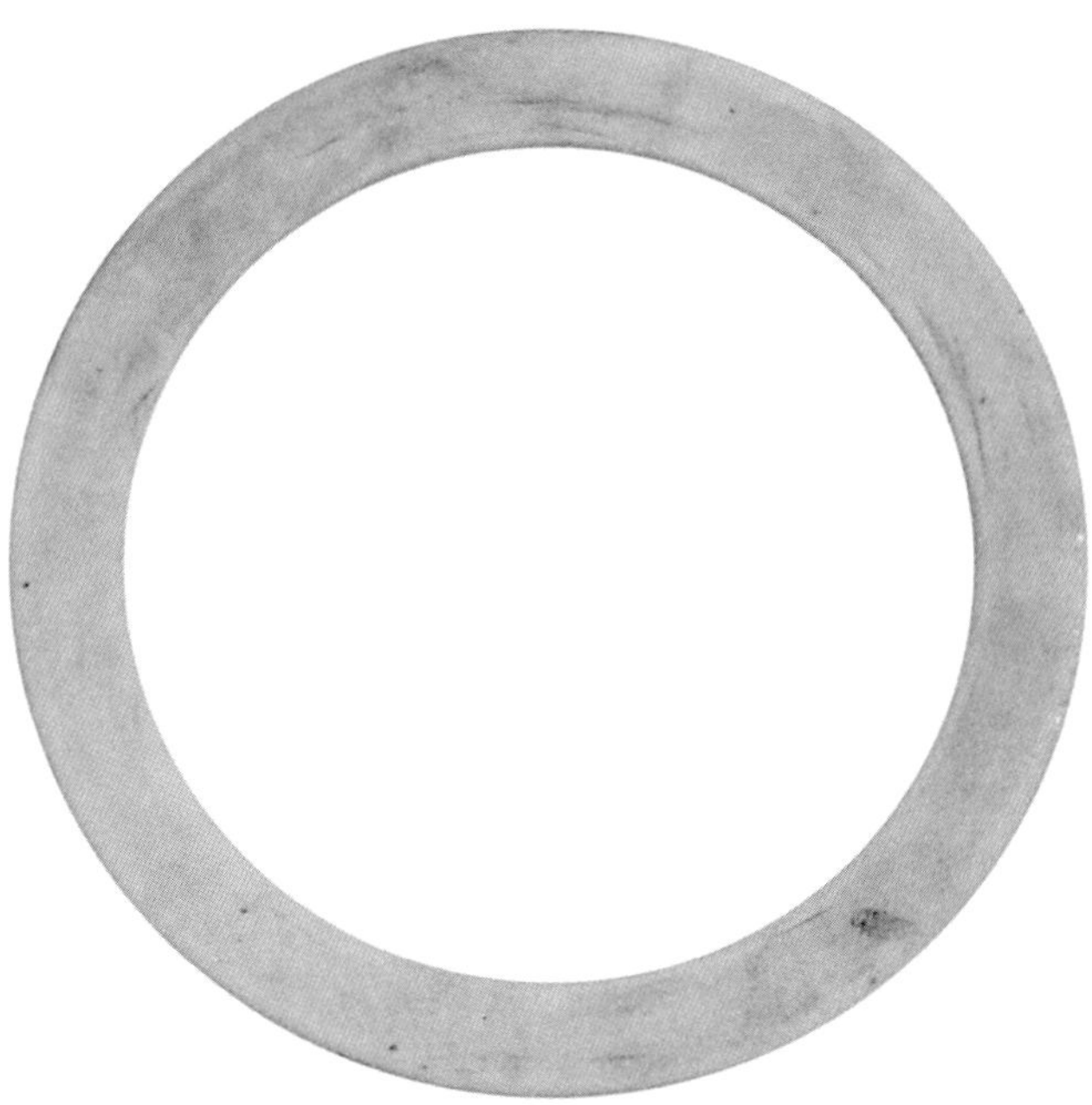

【附属資料一】 伝道元禅師所用袈裟環

【附属資料二】 袱子

【附属資料三】伝道元禅師所用袈裟環

【附属資料四】伝道元禅師所用絡子切

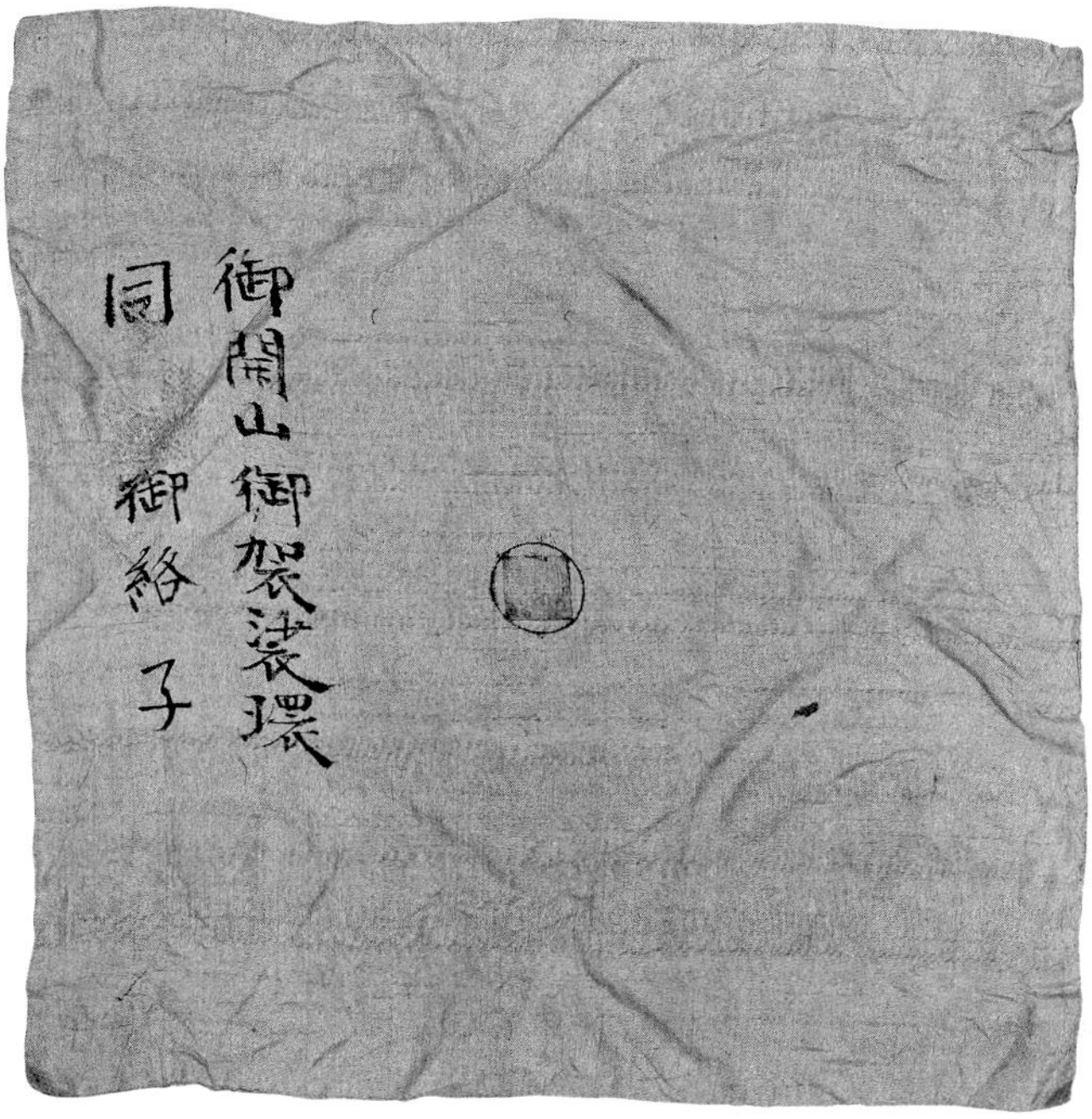

【附属資料五】袱子

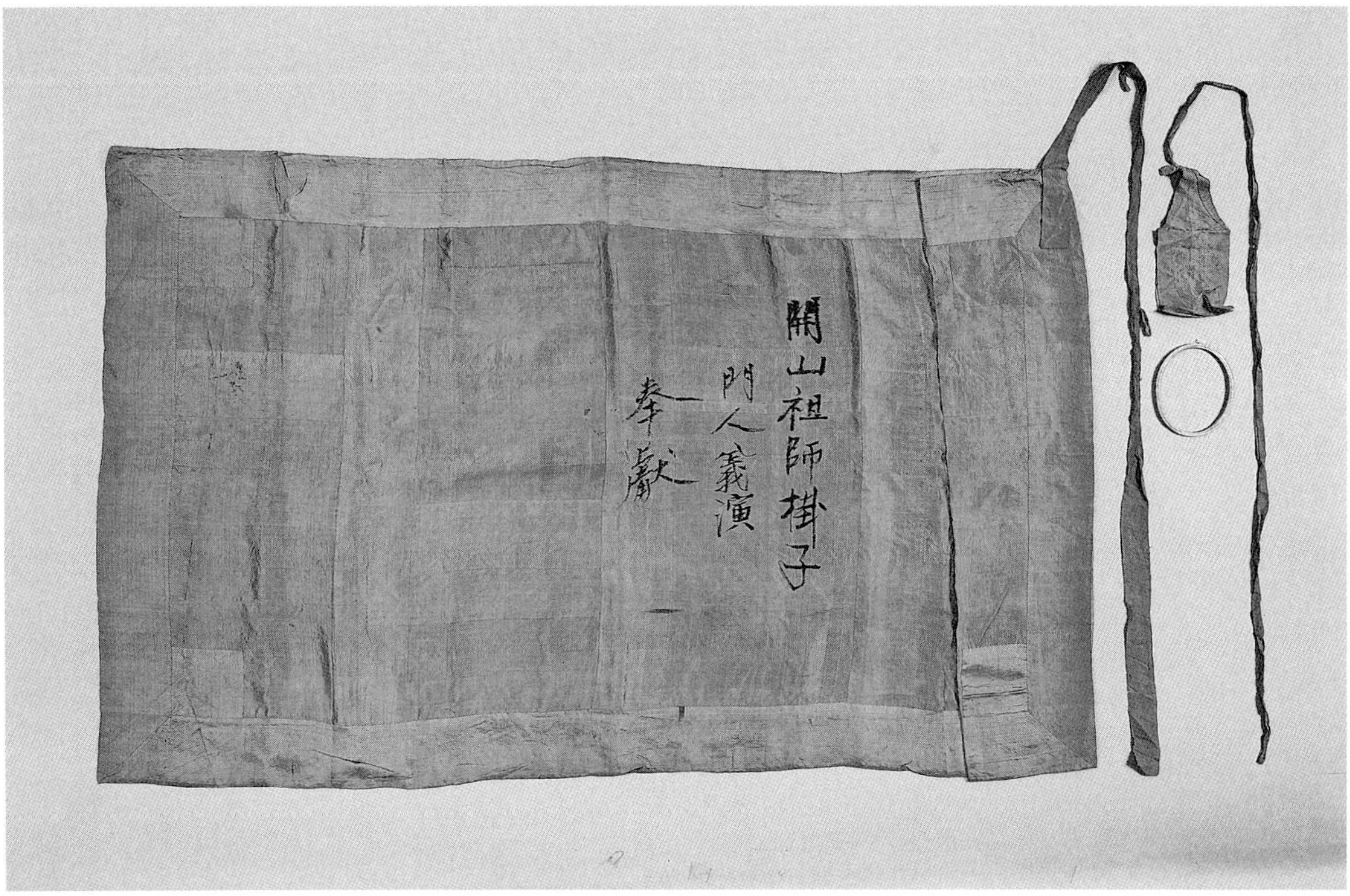

【参考写真】道元禅師掛子と袈裟環

【解説】　この袈裟環袋は麻製で、袋の底部には「御開山袈裟環袋、第廿九世永明代」とある。「永明」とは永平寺三十世光紹智堂（一六一〇～七〇）の勅賜号「慧輪永明禅師」のことである。光紹は寛文四年（一六六四）秋に永平寺に晋住し、寛文十年八月十五日に示寂している。この袋は、光紹が永平寺住職中、作成されたものであろう。なお、袈裟環袋には、道元禅師所用と伝える袈裟環（【附属資料一】、直径8.4㎝）が収められている。

この袈裟環袋は、茜色の袱子（袱紗、【附属資料二】、法量縦60.0㎝×横47.0㎝）に包まれて保管されている。この袱子には「御開山絡子包、承天代」と墨書がある。「承天」とは、永平寺三十九世承天則地（一六五五～一七四四）であり、承天代にこの袱子が用意されたのであろう。墨書には「絡子」とあるが、現在は袈裟環とその袋が包まれている。

この袈裟環と袈裟環袋は「開山大禅仏絡子」と銘がある箱に収められている（本巻No.101）。この箱は、光紹の跡を継いだ永平寺三十一世月洲尊海代に、月洲の会下である海音が永平寺常住に施入したものである。

この箱には、袈裟環と袈裟環袋のほか、別の袈裟環（【附属資料三】、直径12.7㎝）と絡子切（【附属資料四】、環の直径14.0㎝）も収められている。

永平寺には、四世義演が奉献した道元禅師の掛子（『文書編』一巻No.35、『禅籍編』二巻No.8、【参考写真】参照）がある。掛子とは、掛絡・絡子などと称される五条袈裟の一種である。この掛子には「開山祖師掛子、門人義演奉献」と墨書がある。このことから、義演はこの掛子を所有していたが、改めて永平寺に奉献することで、道元禅師の掛子を永平寺の公的な宝物とすることを意図したのであろう。義演がこの掛子を道元禅師から生前に譲られたものなのか、あるいは禅師の示寂後に配分されたものか不明ではあるが、この墨書によって、この掛子が道元禅師のものであったことを知ることができる。

この掛子と【附属資料三】の紐と紐座の裂は同一であることが佐々木佳美氏によって指摘されている（佐々木佳美「22掛子・環（道元料）」〈『大永平寺展』〉）。佐々木氏によれば、本来この掛子には【附属資料三】の象牙製の環が付き、棹と紐が二重にかかる形状であった可能性があるという。しかし、【附属資料三】の環はいつのころか分離し、保管場所も別々にされてしまったようである。なお、【参考写真】として、義演墨書がある道元禅師掛子（むかって左側）と

【附属資料三】（むかって右側）を並べたものを挙げた。

次に【附属資料四】であるが、この絡子切は、卵色の袱子（【附属資料五】、法量35.2㎝×横34.0㎝）に包まれて保管されている。この袱子には、「御開山御袈裟環、同御絡子」と墨書がある。

袈裟環については、江戸時代末期の嘉永五年（一八五二）に、永平寺が無環の袈裟が正しいと主張し、有環を正しいとする總持寺と争った。これは三衣（さんえ）論争と称され、文久二年（一八六二）に解決するまで論争が続いた。その結果、現在の曹洞宗では無環の袈裟が用いられている。またその影響か、永平寺に所蔵される道元禅師頂相（『文書編』一巻No.24、『禅籍編』一巻No.40）や、建綱和尚頂相（『文書編』一巻No.59、『禅籍編』二巻No.19）には、もともと描かれていた袈裟環が削り取られたり、塗り潰されたりしている痕跡があるほか、木像の中にも、袈裟環を削る加工が施されているものもある。

なお、この袈裟環袋のほか、光紹の時代に、道元禅師所用と伝えられる頭陀袋の箱（本巻No.83）・硯の箱（本巻No.84）・団扇骨の箱（本巻No.85）・払子の箱（本巻No.86）・数珠の箱（本巻No.87）が永平寺常住に施入されている。

参考文献

『永平寺史』上巻・下巻（大本山永平寺、一九八二年）。
『永平寺史料全書』禅籍編　第一巻（大本山永平寺、二〇〇二年）。
『永平寺史料全書』禅籍編　第二巻（大本山永平寺、二〇〇三年）。
『永平寺史料全書』文書編　第一巻（大本山永平寺、二〇一二年）。
『大永平寺展―禅の至宝、今ここに―』（福井県立美術館、二〇一五年）。

（熊谷忠興）

83　御頭陀袋箱銘

（30.3㎝×19.5㎝×11.1㎝）

（寛文十年〈一六七〇〉八月十五日以前）、永平寺三十世光紹智堂の座下の智恩、伝道元禅師所用頭陀袋の収納箱を寄進する。

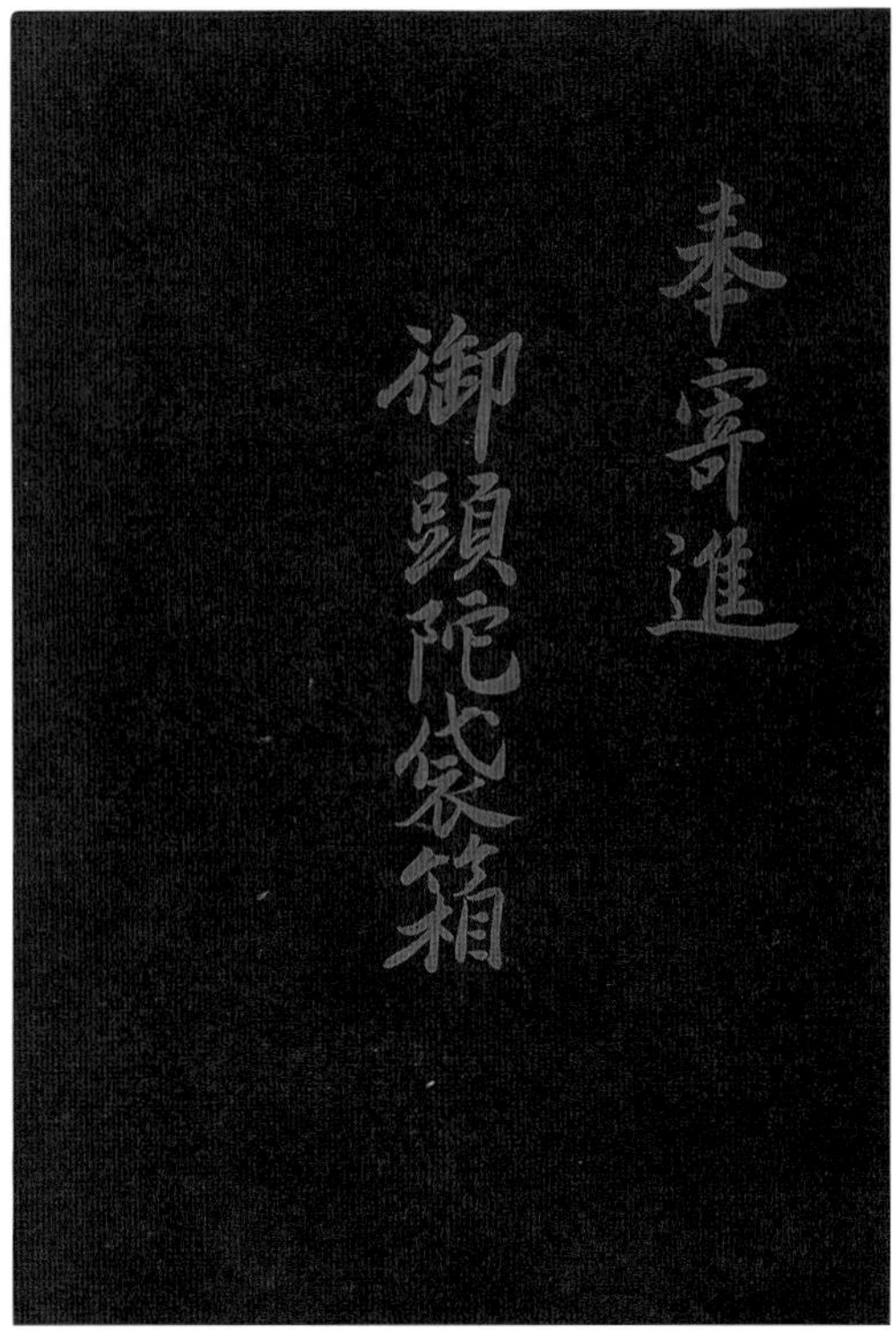

（箱蓋表書）
「（金文字）奉寄進
御頭陀袋箱」

（箱底裏書）
「（朱文字）永明禅師座下智恩」

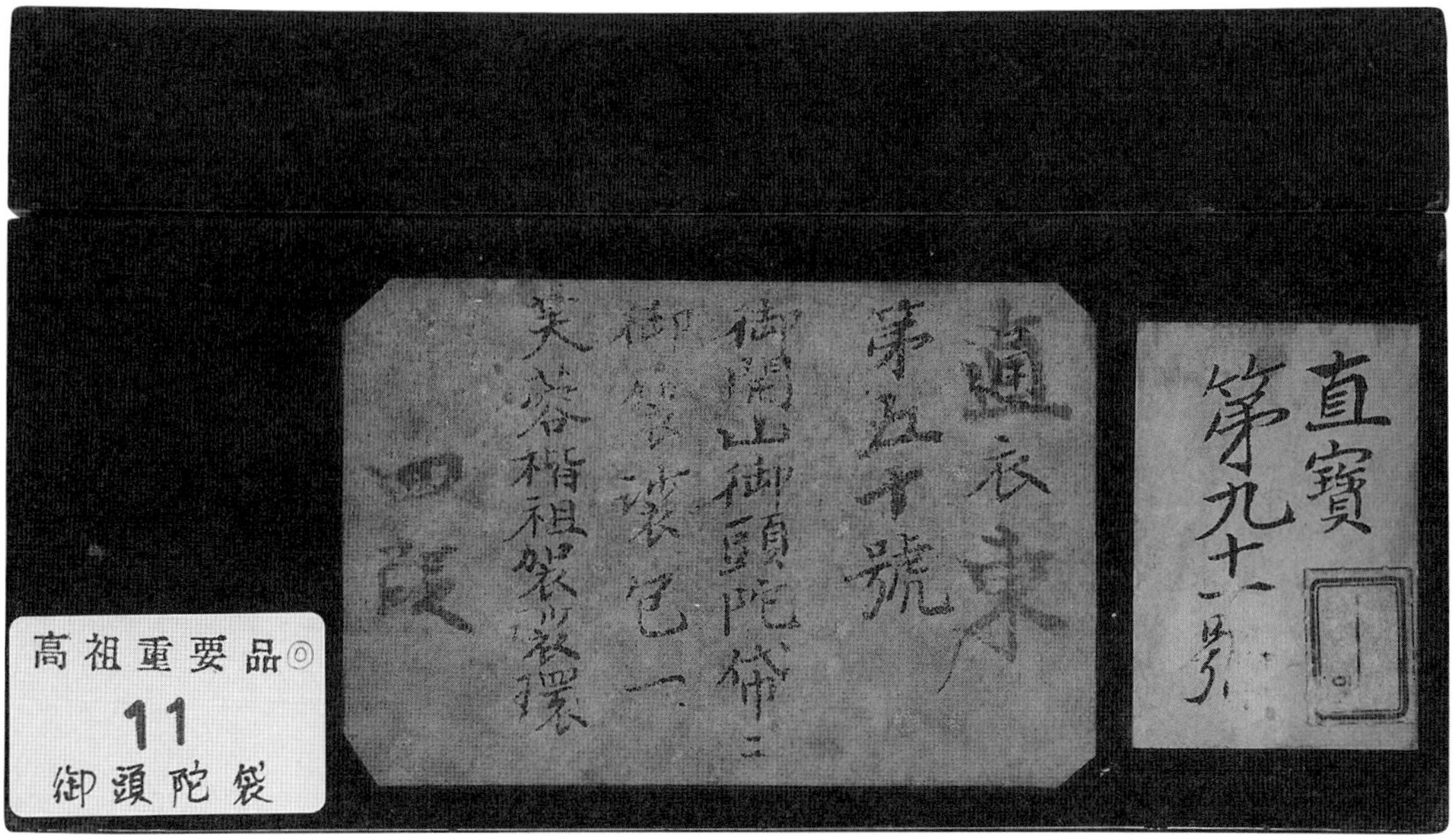

（箱側面貼紙一）
「直宝
第九十一号」

（箱側面貼紙二）
「『直』（朱書）
通衣『東』（朱書）
第五十号
御開山御頭陀帒二
御袈裟包一
芙蓉楷祖袈裟環
『四段』（朱書）」

（箱側面ラベル）
「高祖重要品◎
11
御頭陀袋」

【解説】　この箱には「奉寄進、御頭袋箱」と漆書きし、箱の底には「永明禅師座下　智恩」と識語する。智恩については、永平寺三十世光紹智堂（一六一〇〜七〇）代の「祠堂金覚」（本巻No.88）にみえるから、寛文十年（一六七〇）八月十五日、智堂が遷化後も法嗣として後始末をしたものとみえる。

　智恩は、『曹洞宗全書』大系譜一によれば、光月智思〔恩カ〕の名が確認される。光月智思は、永寿院（山梨県都留市）の八世にあたり（『曹洞宗全書』大系譜一、三三三頁）、寂年は享保十五年（一七三〇）である。光月智思は、校割帳の署名から示寂まで六十年間存命していることになる。そのため、本史料中の智恩として比定するには、検討の余地がある。

　次に『永平寺前住牒』（永平寺文書）によれば、智恩は六名確認できる。この内、元禄以前の人物で可能性があるのは、寛文九年八月二十二日に盛翁寺（神奈川県足柄上郡山北町）より瑞世した人物（嗣法師「嶺存」）、天和二年（一六八二）八月十二日に聖応寺（愛知県豊明市）より瑞世した三悦の嗣法師、元禄九年（一六九六）三月十八日に正覚寺（千葉県富津市）より瑞世した人物（嗣法師「前正覚寺無徹」）の三名である。このうち、光紹代に瑞世した盛翁寺智恩が、本史料の智恩と同一人物であろうか。

　また、『總持寺住山記』によれば、智恩は一二名確認できる。元禄以前の人物を挙げれば次のようになる。すなわち、延宝八年（一六八〇）四月十六日に光現寺（福島県二本松市）より瑞世した九〇六三世、同九年四月十五日に法雲寺（島根県安来市）より瑞世した九一三二世、元禄六年（一六九三）五月十二日に快禅寺（秋田県にかほ市）より瑞世した一〇九六〇世、元禄九年三月十日に信濃国天高寺より瑞世した一一三六二世、元禄十三年三月一日に信濃国従容寺より瑞世した一一九一三世通道の嗣法師、同年同月同日に信濃国吉祥寺（長野県佐久市）より瑞世した一一九一四世義天の嗣法師、元禄十四年三月十五日に常栄寺（島根県松江市に二ヶ寺所在するが、現時点では比定が困難である）より瑞世した一二一一四世智端の受業師・嗣法師、元禄十五年四月十九日に宝光寺（福島県いわき市）より瑞世した一二三四〇世、元禄十七年三月六日に宝勝寺（長野県下高井郡木島平村・伊那市・茅野市に三ヶ寺所在するが、現時点では比定が困難である）より瑞世した一二六二二世要玄の嗣法師の計九名である。ただし、本史料の智恩に比定できるかどうかは今後の課題である。

　なお、この頭陀袋箱のほか、光紹の時代に、道元禅師所用と伝えられる袈裟環の袋（本巻No.82）・硯の箱（本巻No.84）・団扇骨の箱(本巻No.85)・払子の箱(本巻No.86)・数珠の箱(本巻No.87)が永平寺常住に施入されている。このほか永平寺所蔵の宝物を収納する木製の箱については、本巻No.125の【表】永平寺世代別宝物箱および貼紙・ラベル一覧を参照いただきたい。

さて収容の中身は現在、頭陀袋が入っている(『文書編』三巻No.17・18に収録予定)。その生地裏(刺し子)には「洞山九世手自把針袋之形容也」とあり、この上に「六」、左側に「融峰九拝」とあり、これら墨書は永平寺三十六世融峰(ゆうほう)本祝(ほんしゅく)(?～一七〇〇)のものであることがわかる。これは「洞山九世手ずから自らの把針袋の形容なり」という意味か。洞山九世とは洞山良价(とうざんりょうかい)から九世、すなわち「雲居道膺(うんごどうよう)―同安道丕(どうあんどうひ)―同安観志(どうあんかんし)―梁山縁観(りょうざんえんかん)―大陽警玄(たいようきょうげん)―投子義青(とうすぎせい)―芙蓉道楷(ふようどうかい)―丹霞子淳(たんかしじゅん)―真歇清了(しんけつせいりょう)」の頭陀袋をまねて作ったものという意味か。

しかし、箱の貼附には「直宝第九十一号」とか「通衣、第五十号、御開山御頭陀袋二、御袈裟包一、芙蓉楷祖袈裟環」等とあり、時には色々の宝物が収容されていたといえる。最近の貼附には「高祖重要品11御頭陀袋」とあるがこれは近年、白浜幸三氏の整理された折の番号である。

参考文献

『住山記―總持禅寺開山以来住持之次第―』(大本山總持寺、二〇一一年)。

(熊谷忠興)

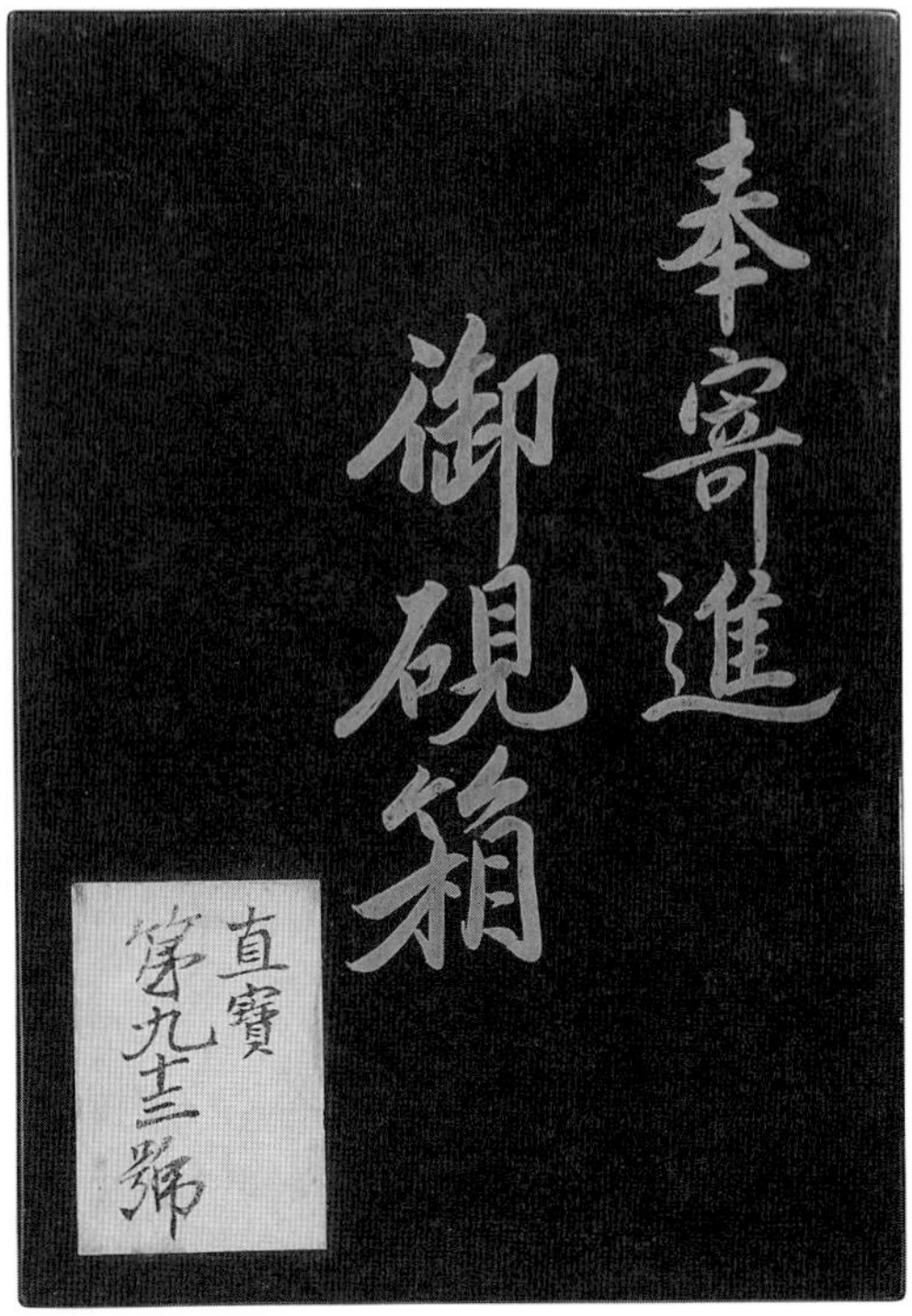

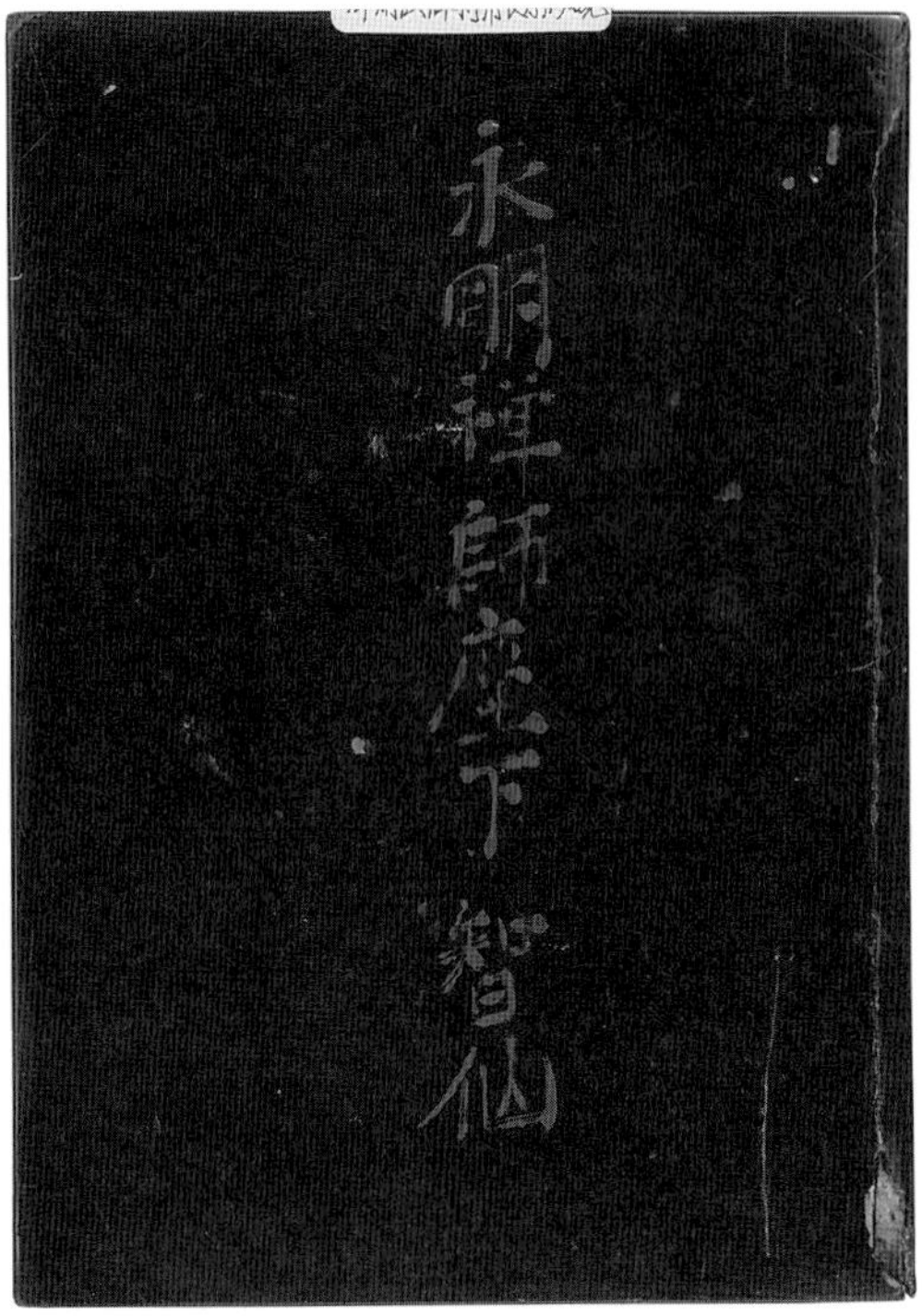

(寛文十年〈一六七〇〉八月十五日以前)、永平寺三十世光紹智堂の座下の智仙、伝道元禅師所用硯の収納箱を永平寺に寄進する。

84 御硯箱銘

(20.0cm×13.8cm×4.4cm)

(箱蓋表書)
「(金文字)奉寄進
　御硯箱
　　(貼紙)「直宝
　　第九十三号」
」

(箱底裏書)
「(朱文字)永明禅師座下智仙
」

（箱側面）

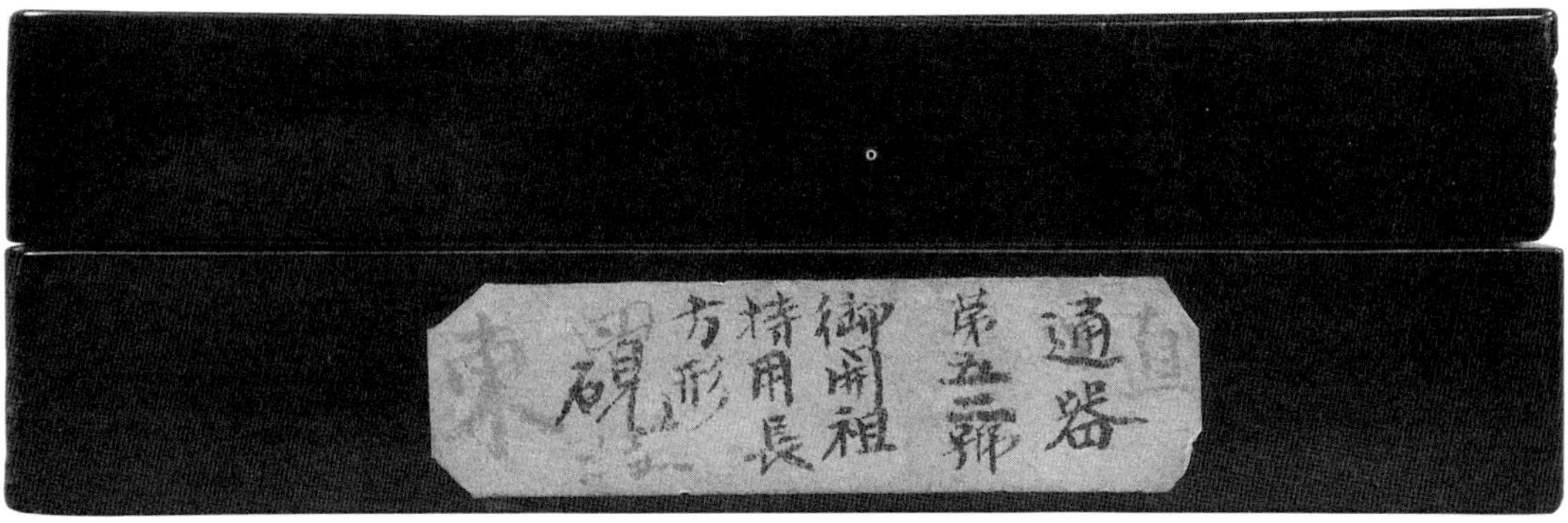

（箱側面貼紙）
「『直』（朱文字）
通器
第五二号
御開祖
持用長
方形
『四』（朱文字）硯『段』（朱文字）
『東』（朱文字）
」

（箱側面）

【附属資料】道元禅師所用硯

【解説】　道元禅師所用と伝える硯（【附属資料】、縦17.2㎝×横11.3㎝×厚さ1.5㎝）がある。この硯が収納された漆箱の蓋表には「奉寄進　御硯箱」とあり、箱裏に「永明禅師座下智仙」とある。この「永明禅師」とは、永平寺三十世光紹智堂（こうしょうちどう）（一六一〇～七〇）の勅賜号「慧輪永明禅師」（えりんえいめい）のことである。光紹は寛文四年（一六六四）秋に永平寺に晋住し、寛文十年八月に示寂している。智仙については、『永平寺前住牒』（永平寺文書）には二名確認できる。まず、寛文二年八月二十九日に大雲寺（群馬県藤岡市または高崎市カ）から永平寺に瑞世している（嗣法師「天佐」）。また、寛文八年六月十六日に、正福寺（群馬県北群馬郡吉岡町）から瑞世した紹昌の嗣法師として確認できる。

また『總持寺住山記』（總持寺文書）の寛文十二年三月三日に、總持寺八〇一六世として瑞世した存盛の嗣法師に智仙の名が確認できる。これらに確認できる智仙が同一人物であるかどうかは不明である。

しかし、紹昌の嗣法師として確認できる智仙は、本史料を寄進した智仙と同一人物の可能性がある。なぜならば、紹昌は、光紹の座下として、払子箱を永平寺に寄進しているからである（本巻No.86）。この点は今後の課題となる。なお、智堂光紹の役者に周呑・智恩・永心が知られる（本巻No.88）。智仙も「智」の系字から弟子であったといえる。このほか、光紹の門下には、月洲尊海（永平寺三十一世）・月坡道印なども挙げられる（『永平寺史』上巻七〇六頁）。

この箱が作成された背景などについては不明である。いずれにしても、この箱は、光紹智堂が永平寺住職であった折、光紹の門下である智仙が永平寺常住に寄進したものであろう。なお、この硯箱のほか、光紹の時代に、道元禅師所用と伝えられる袈裟環の袋（本巻No.82）・頭陀袋の箱（本巻No.83）・団扇骨の箱（本巻No.85）・払子の箱（本巻No.86）・数珠の箱（本巻No.87）が永平寺常住に施入されている。このほか永平寺所蔵の宝物を収納する木製の箱については、本巻No.125の【表】永平寺世代別宝物箱および貼紙・ラベル一覧を参照いただきたい。

参考文献

『永平寺史』上巻（大本山永平寺、一九八二年）。
『住山記―總持禅寺開山以来住持之次第―』（大本山總持寺、二〇一一年）。

（熊谷忠興）

（寛文十年〈一六七〇〉八月十五日以前）、永平寺二十世光紹智堂の座下の門鎖、伝道元禅師所用団扇骨の収納箱を永平寺に寄進する。

85　団扇骨箱銘

（42.6㎝×7.3㎝×4.8㎝）

（箱蓋表書）
「（金文字）奉寄進　団扇骨箱　（貼紙一）「直渡
第三十四号」　（貼紙二）「直宝
第三十四号」
」

（箱底裏書）
「（朱文字）永明禅師座下　門鎖
」

（箱小口地）

（箱小口地貼紙）

「直器
第二号
東
団扇
骨箱
（朱文字）『一段』」

（箱小口天）

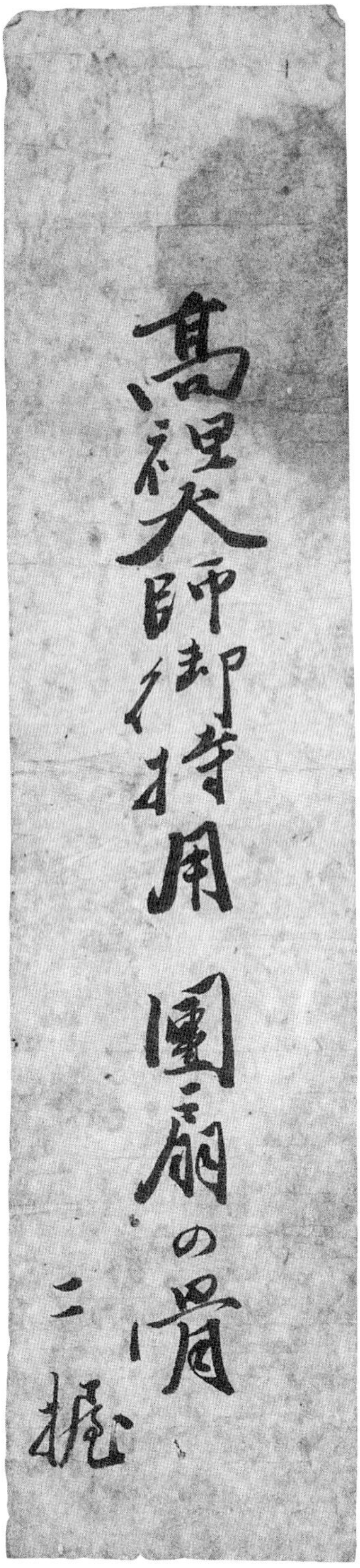

【附属文書】

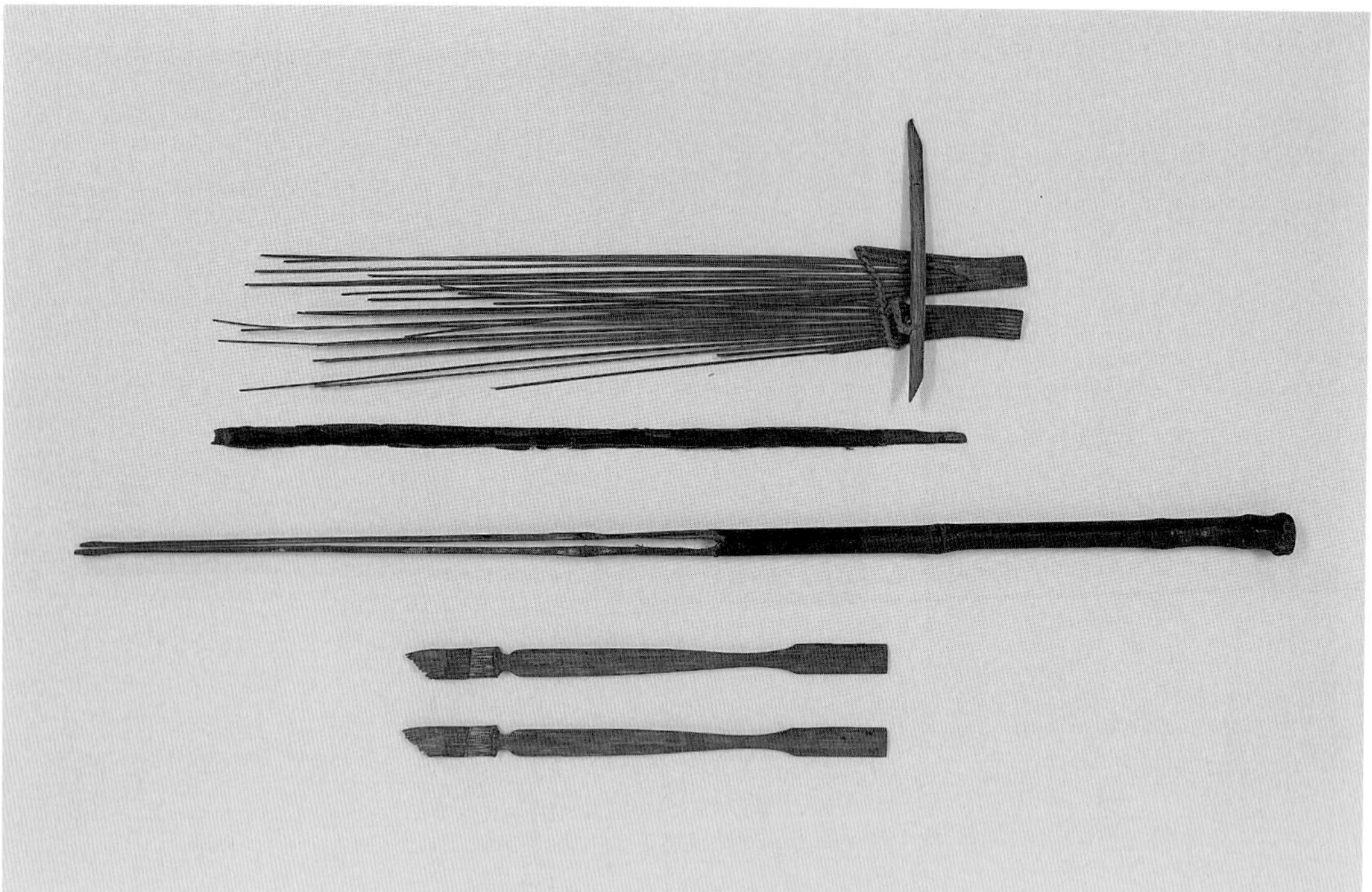

【附属資料】伝道元禅師所用団扇骨

【解説】　道元禅師所用と伝える団扇骨がある。この団扇骨が収納された漆塗箱の蓋表には「奉寄進団扇骨箱」とある。箱には団扇骨が収納される。団扇骨については【附属資料】を参照されたい。団扇骨の全長の法量は、【附属資料】の上から順番にそれぞれ27.0cm、25.1cm、39.5cm、15.9cm、15.9cmとなる。箱底には、「高祖大師御持用　団扇の骨／二握」と墨書がされた紙片(【附属文書】)があるが、この「二握」がどの団扇骨を示すのかは不明である。

箱裏には「永明禅師座下門鎖」とある。「永明禅師」とは、永平寺三十世光紹智堂(一六一〇～七〇)の勅賜号「慧輪永明禅師」のことである。光紹は寛文四年(一六六四)秋に永平寺に晋住し、寛文十年八月に示寂している。門鎖については、光紹の門下であること以外の事績は詳らかでない。なお、光紹の門下には、月洲尊海(永平寺三十一世)・月坡道印などが挙げられる(『永平寺史』上巻七〇六頁)。

この箱が作成された背景などは不明である。いずれにしても、この箱は、光紹が永平寺住職であった折、光紹の門下である門鎖が永平寺常住に寄進したものであろう。

道元禅師と団扇に関する伝説については、例えば『道元禅師行録』(『文書編』一巻No.174、『禅籍編』一巻No.50)に、「三年春正月、立羅漢供会時、応真自空放充降臨、止老松上（時人呼曰羅漢松、在于今）瞻礼師以団扇（現在本庵庫蔵）擲下、山門内緇素磋異、歎未曽有勝会、又行菩薩大戒布薩、到今不怠」（『禅籍編』一巻八六二頁参照）とある。宝治三年（一二四九）正月の羅漢供養の法要の際に、応真（阿羅漢）が天より降臨して松の上に止まり、道元禅師を礼拝して団扇を山門の中に投げた。居合わせた在俗の人々は驚き、未だかつてない素晴らしい出来事であったと褒め称えた。さらに布薩を行い、それが今に至るまで行われているとある。そしてこの時に羅漢が止まった松（羅漢松）が永平寺に現存し、さらに団扇も永平寺の庫蔵に残っていると記されている。面山瑞方『訂補建撕記』によると、その時の団扇が室中に秘伝されており、その団扇は檳榔扇（びろうおうぎ）に似たようなもので、大きいものであったとある。現存する団扇骨と、この伝説に登場する団扇が関係のあるものなのかどうかは不明であるが、全長の長い団扇骨もあるため、可能性がないとは言い切れない部分もある。あるいは、道元禅師の時代から残っている団扇骨ということで、これを道元禅師所用とする伝承が新たに生まれたものであろうか。

なお、この団扇骨の箱の他、光紹の時代に、道元禅師所用と伝えられる袈裟環の袋（本巻No.82）・頭陀袋の箱（本巻No.83）・硯の箱（本巻No.84）・払子の箱（本巻No.86）・数珠の箱（本巻No.87）が永平寺常住に施入されている。このほか永平寺所蔵の宝物を収納する木製の箱については、本巻No.125の【表】永平寺世代別宝物箱および貼紙・ラベル一覧を参照いただきたい。

参考文献

『永平寺史』上巻（大本山永平寺、一九八二年）。
『住山記―總持禅寺開山以来住持之次第―』（大本山總持寺、二〇一一年）。
吉田道興編『道元禅師伝記史料集成』（あるむ、二〇一四年）。

（熊谷忠興）

（寛文十年〈一六七〇〉八月十五日以前）、永平寺三十世光紹智堂の座下の紹昌、伝道元禅師所用払子の収納箱を永平寺に寄進する。

86　御払子箱銘

（39.2cm×9.0cm×6.7cm）

（箱蓋表書）
「（金文字）奉寄進御払子箱」

（箱底裏書）
「（朱書）永明禅師座下　紹昌」

(箱小口天)

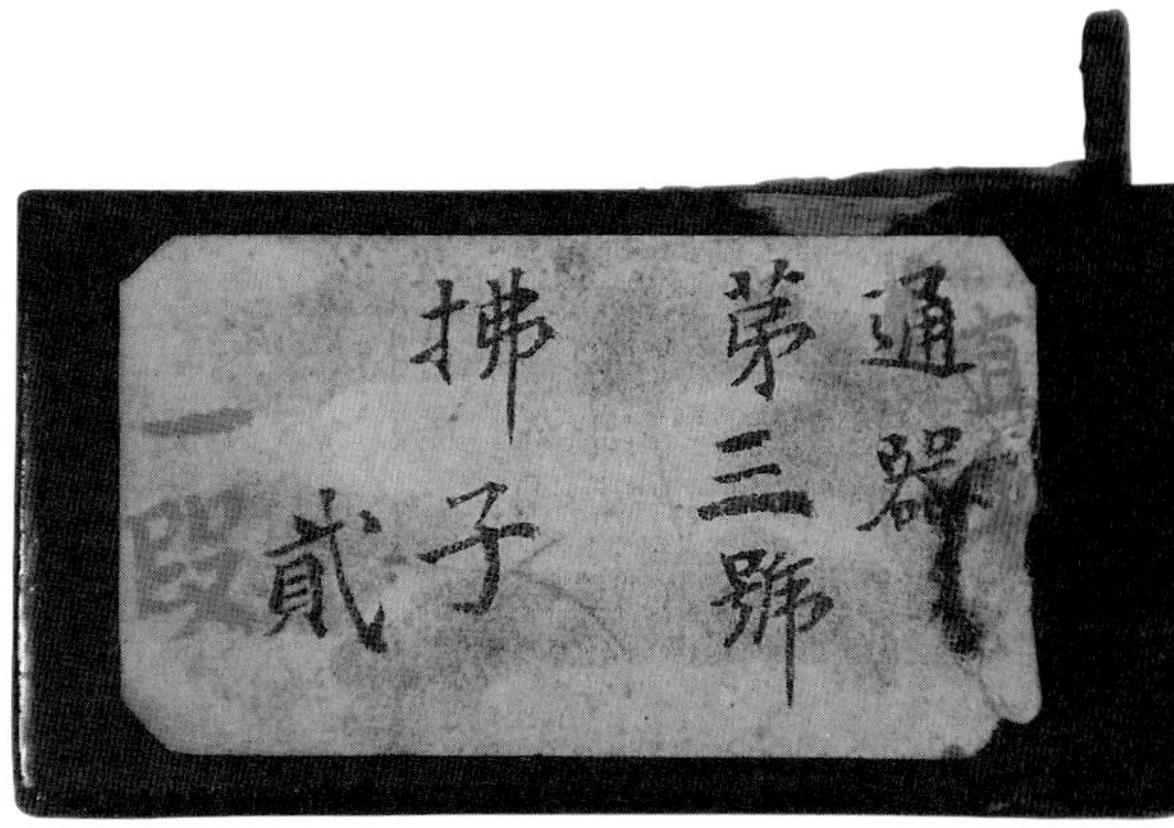

(箱小口天貼紙)「『直器』(朱書)
通器
第三号
払子
弐
『一段』(朱書)」

【解説】　本払子(白毛長49.5cm、柄長14.0cm)は道元禅師所用と伝えるものである。払子の入った黒漆箱の表に「奉寄進払子箱」と漆書き、内側に「永明禅師座下　紹昌」とある。「永明」とは永平寺三十世光紹智堂(こうしょうちどう)(一六一〇〜七〇)の勅賜号「慧輪永明禅師(えりんえいめい)」のことである。光紹は寛文四年(一六六四)秋に永平寺に晋住し、寛文十年八月十五日に示寂している。

寄進者の紹昌は紹の継字からみて光紹智堂の法嗣(はっす)といえる。紹昌は、『永平寺前住牒』(永平寺文書)によれば、寛

(箱小口地)

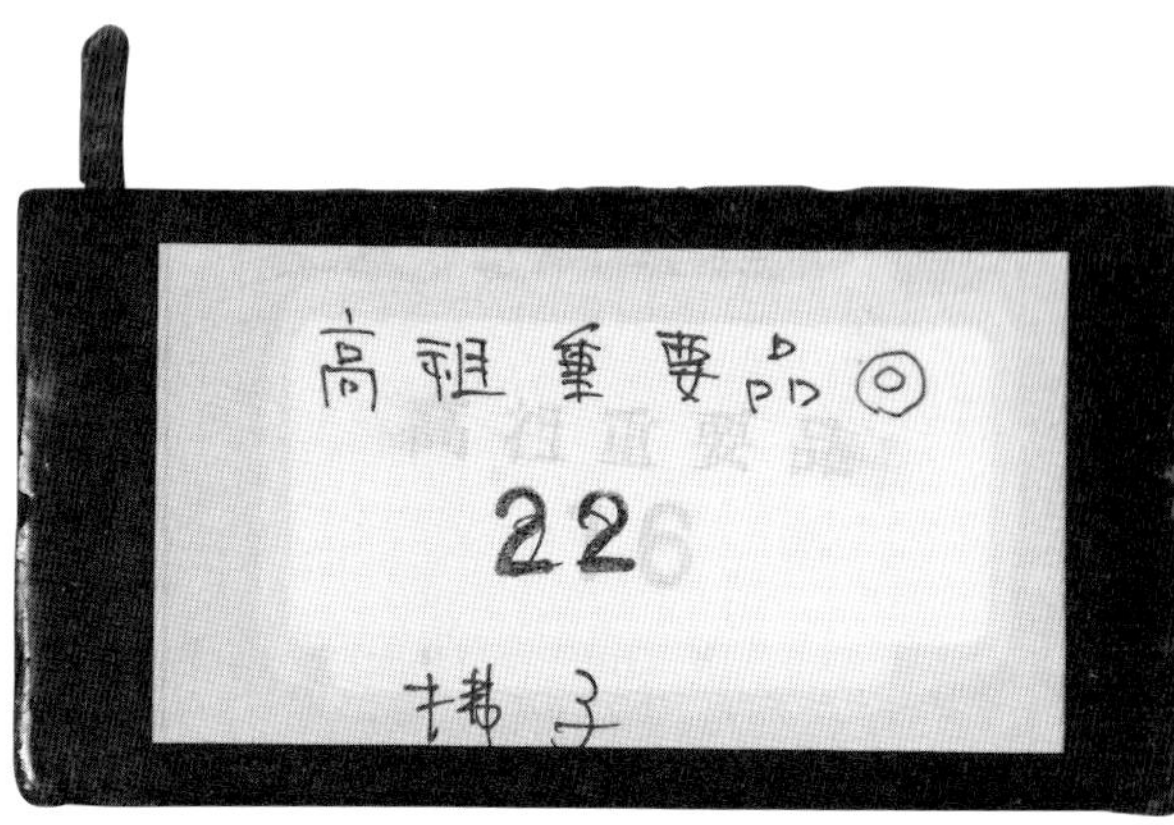

文八年(一六六八)六月十六日に、正福寺(群馬県北群馬郡吉岡町)から永平寺に瑞世していることが確認できる。嗣法師は智仙である。この智仙は光紹代に硯箱を寄進している智仙と同一人物であろうか(本巻No.84)。そうであれば、智仙と紹昌は、師弟で永平寺に安居していたのであろう。収容の払子は光紹が使用していたものか、または開山道元禅師に擬(なぞ)らえたものか。払子の毛・性質等内容については専門的調査が望まれる。

なお、この払子の箱のほか、光紹の時代に、道元禅師所用と伝えられる袈裟環の袋(本巻No.82)・頭陀袋の箱(本巻No.83)・硯の箱(本巻No.追加84)・団扇骨の箱(本巻No.85)・数珠の箱(本巻No.87)が永平寺常住に施入されている。

参考文献
『永平寺史』上巻(大本山永平寺、一九八二年)。
『大永平寺展—禅の至宝、今ここに—』(福井県立美術館、二〇一五年)。

(熊谷忠興)

【附属資料】伝道元禅師所用払子

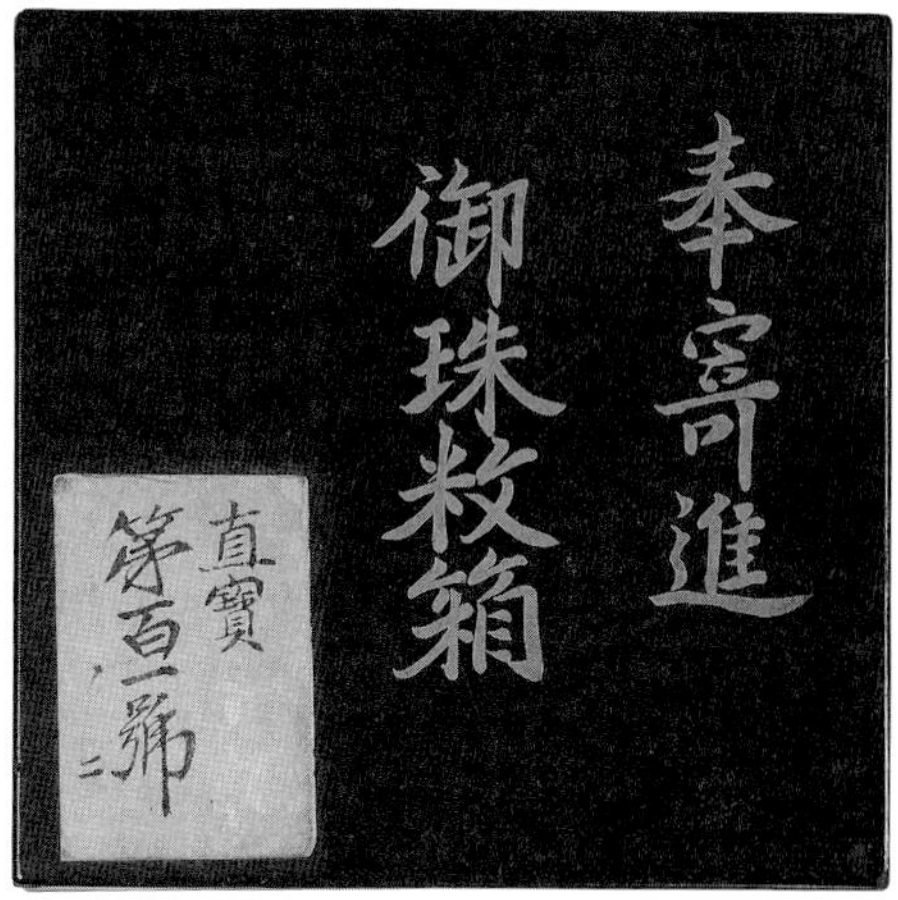

87　御数珠箱銘
（13.2㎝×13.2㎝×6.2㎝）

（寛文十年〈一六七〇〉八月十五日以前）、永平寺三十世光紹智堂の座下の恵門、伝道元禅師所用数珠の収納箱を永平寺に寄進する。

「（箱蓋表書）
（金文字）奉寄進
御珠数箱
（貼紙）「直宝
第百一号
ノ二」
」

「（箱底書）
（朱文字）永明禅師座下
恵門
」

（箱側面）

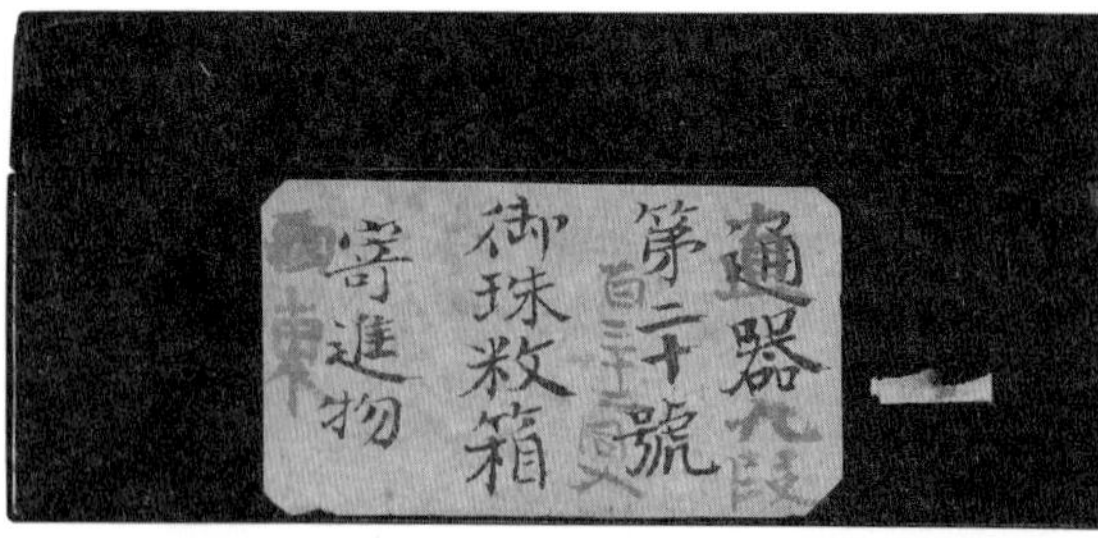

（箱側面貼紙）

「（×通）
『直』器『九段』（朱書）
第二十号（朱書）
『百三十二同入』（朱書）
御珠数箱
寄進物
『西東』（朱書）　　」

【解説】　正方形の収納箱の蓋の表に「奉寄進／御珠数箱」とあり、箱底の銘に「永明禅師座下／恵門」とある。また箱側面の貼紙には宝庫の整理番号が付いている。

「永明禅師」とは、永平寺三十世光紹智堂（こうしょうちどう）（一六一〇～一六七〇）の勅賜号「慧輪永明禅師（えりんえいめい）」のことである。光紹は寛文四年（一六六四）秋に永平寺に晋住し、寛文十年八月十五日に示寂している。恵門に関しては、光紹の門下であること以外の事績は詳らかでない。『曹洞宗全書』大系譜一によれば、恵門の名は、亮山恵門、定山恵門、大洲恵門、大享恵門の四名が確認される。亮山恵門は瑠璃寺（島根県浜田市）十六世、定山恵門は妙劉寺（愛知県豊川市）十二世、大洲恵門は正法寺（静岡県掛川市）二十四世・養福寺（静岡県静岡市カ）十九世、大享恵門は普門寺（京都府福知山市）十一世・普仙古峰の弟子とされるが、これら四名は、早くとも享保年間（一七一六～三五）以降の人である。したがって、光紹智堂の永平寺住山中に数珠箱を寄進することは不可能であ

（箱側面）

る。また、『總持寺住山記』を参照すると、恵門という僧が一九名ほど見出されるが、こちらもすべて宝暦年間(一七五一〜六四)以降の人であり、本史料の寄進者である恵門に比定することは困難であり、さらなる検討を要する。そして、『永平寺前住牒』(永平寺文書)には恵門の名は確認されない。なお、光紹の門下には、月洲尊海(げっしゅうそんかい)(永平寺三十一世)・月坡道印(げっぱどういん)などが挙げられる(『永平寺史』上巻七〇六頁)。

収容される数珠【附属資料】の法量は、親玉が3.0cm(一顆)と1.5cm(一顆)、主玉が0.9cm(九一顆)、四天玉が0.6cm(四顆)となっており、玉の合計は九一顆となる。

なお、この数珠箱のほか、光紹の代に、道元禅師所用と伝えられる袈裟環袋(本巻No.82)・頭陀袋の箱(本巻No.83)・硯の箱(本巻No.84)・団扇骨の箱(本巻No.85)・払子の箱(本巻No.86)が永平寺常住に施入されている。このほかの宝物箱については、本巻No.125の【表】を参照されたい。

参考文献

『永平寺史』上巻(大本山永平寺、一九八二年)。
『住山記—總持禅寺開山以来住持之次第—』(大本山總持寺、二〇一一年)。

(熊谷忠興)

【附属資料】伝道元禅師所用数珠

寛文十年（一六七〇）十一月二十三日、永平寺三十世光紹智堂代の役者周香・智恩・永心、祠堂金を書き上げ、安穏寺・了真寺・秀道に引き継ぐ。

88 光紹智堂代祠堂金覚

（巻子装　30.6㎝×73.5㎝）

（箱蓋表書）
「永代校割(1)」

（箱内底書）
「古記録　本山七十八世代表装替
信州上田　清蘭堂」

（巻子題簽）
「（記載なし）」

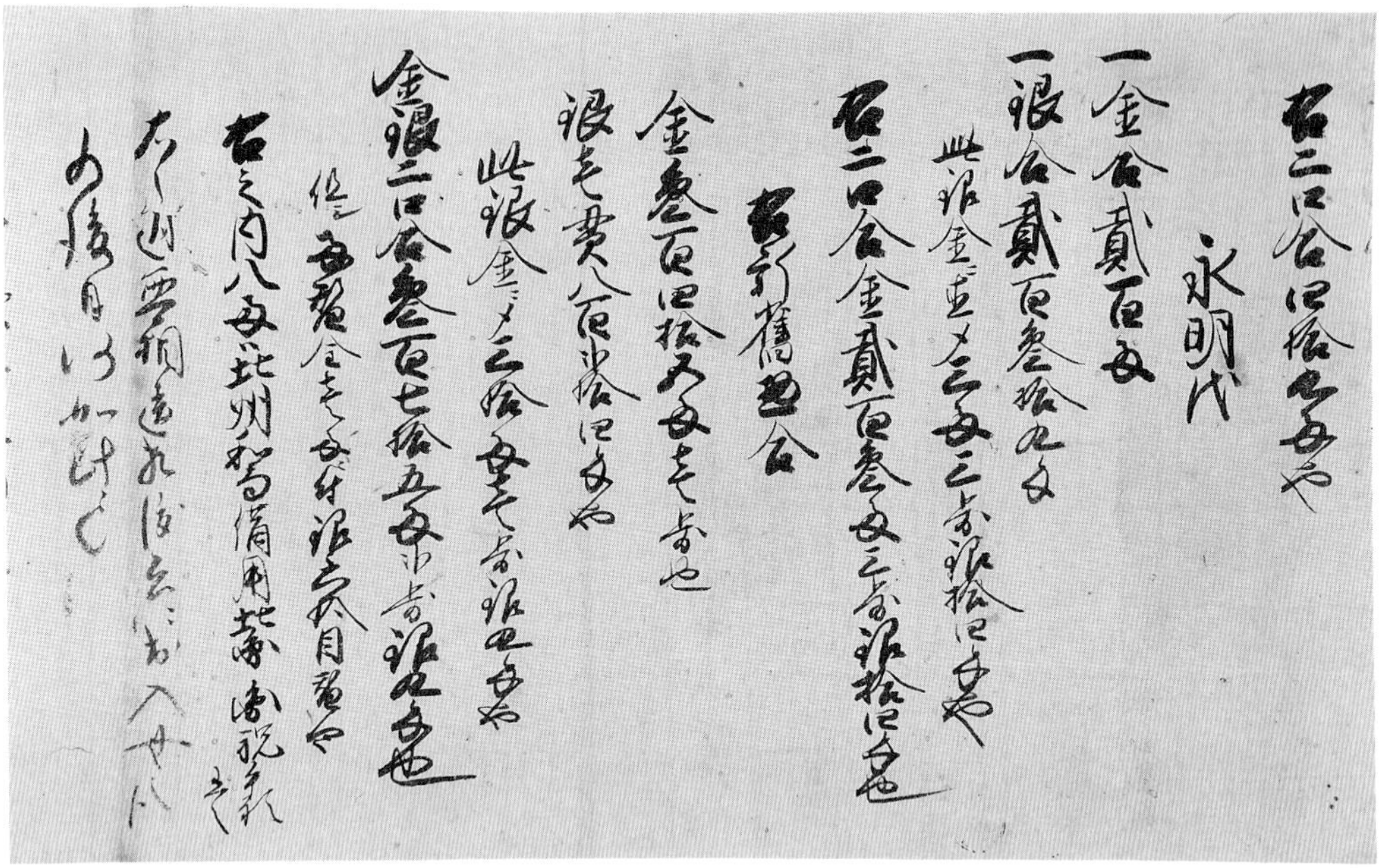

（前欠）

（一張）右二口、合四拾九両也、

永明代(2)

一、金合弐百両

一、銀合弐百参拾九匁

此銀、金ニ直シテ(3)三両三歩銀拾四匁也、

右二口、合金弐百参両三歩銀拾四匁也、

右新旧惣合、

金参百四拾五両壱歩也、

銀壱貫八百弐拾四匁也、

此銀、金ニシテ三拾両壱歩銀九匁也、

金銀二口、合参百七拾五両弐歩銀九匁也、

但シ両替金壱両ニ付、銀六拾目替也、

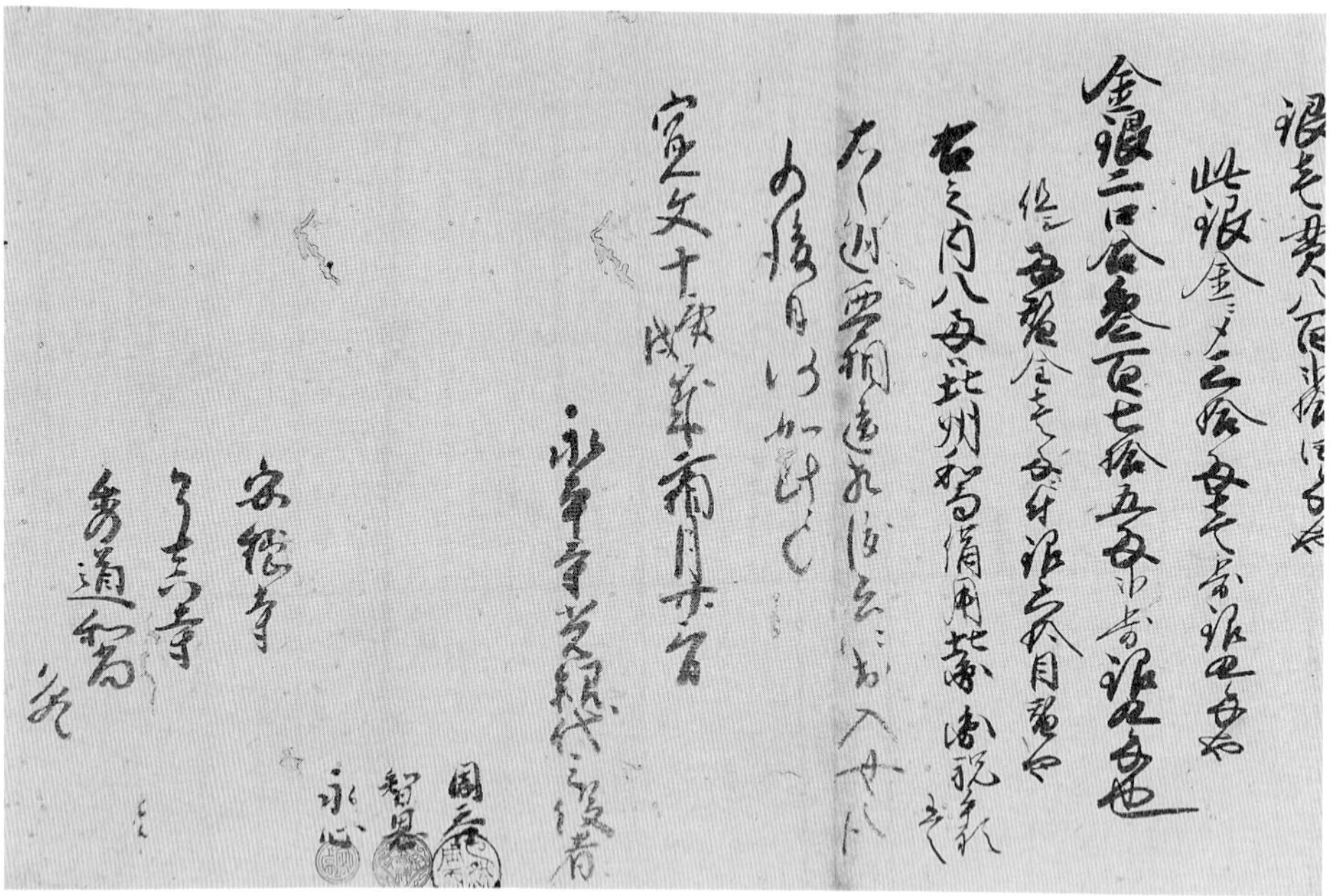

右之内八両ハ北州和尚借用[4]、北円[5]・円祝[6]手形有之[7]、
右之通無相違相渡云々、出入無之候、
為後日仍如此ニ候、

（二張）

寛文十庚戌歳霜月（十一月）廿三日
永平寺光紹（智堂）代之役者
周呑[8]◯（黒印文「了然周呑」）
智恩[9]◯（黒印）
永心[10]◯（黒印）

安穏寺[11]
了真寺[12]
秀道和尚[13]
参

【読み下し】

右二口、合わせて四拾九両なり。永明代。一つ、金合わせて弐百両。一つ、銀合わせて弐百参拾九匁。この銀、金に直して三両三歩銀拾四匁なり。右二口、合わせて金弐百参両三歩銀拾四匁なり。右新旧惣合、金参百四拾五両壱歩なり。銀壱貫八百弐拾四匁なり。この銀、金にして三拾両壱歩銀九匁なり。金銀二口、合わせて参百七拾五両弐歩銀九匁なり。但し両替金壱両に付き、銀六拾目替なり。右の内八両は北州和尚借用。北円・円祝手形これ有り。右の通り相違無く相渡すと云々、出入これ無く候。後日のため仍ってかくの如くに候。

【注】(1)永代校割　校割とは僧侶の持ち物の目録であり、その人の死後の形見分けのための目録であったが、のちに寺の財産目録を意味するようになり、さらに、寺の祠堂金の目録を意味するところとなった。歴代住持の交替時に交わされたものである。

(2)永明　永平寺三十世光紹智堂(一六一〇～一六七〇)のこと。勅賜号は慧輪永明禅師である。寛文四年(一六六四)秋、永平寺三十世となり、寛文十年八月十五日、示寂。

(3)シテ　「〆」(シメテ)と誤記されやすい。

(4)北州和尚　永平寺二十八世北州門渚(?～一六六〇)のこと。万治二年(一六五九)二十八世となり、万治三年三月十八日、示寂。

(5)北円　不詳。北州代の祠堂金管理者。

(6)円祝　不詳。北州代の祠堂金管理者。『總持寺住山記』によれば、円祝は八名確認できる。寛文年間までの人物を挙げれば次のようになる。

すなわち、寛永十八年(一六四一)五月十七日に常堅寺(岩手県遠野市カ)より瑞世した四五九六世(五七一八世および八一四四世の受業師・嗣法師でもある)、正保二年(一六四五)七月二十四日に松月寺(石川県金沢市)より瑞世した四八一五世、慶安二年(一六四九)に加州松雲寺より瑞世した五二五一世音州の嗣法師、明暦四年(一六五八)四月九日に宗源寺(石川県鳳珠郡穴水町、現廃寺)より瑞世した六三五九世万利の嗣法師、寛文十年十月五日に加州□栄寺より瑞世した七八七四世光音の受業師・嗣法師が挙げられる。

(7)手形　証明書。

(8)周呑　『曹洞宗全書』大系譜一によれば、周呑の名は、月秋周呑と了然周呑の二人が確認される。しかし、印章の印文に「了然周呑」とあることから、本史料の周呑は了然周呑である可能性が高い。了然周呑は本光寺(栃木県佐野市)の十六世にあたり(同書八七〇頁)、寂年は元禄四年(一六九一)である。

なお、周呑の印章の法量は直径1.9㎝である。

(9)智恩　不詳。『曹洞宗全書』大系譜一によれば、智恩の名は、光月智思(恩カ)が確認される。光月智思は、永寿院(山梨県都留市)の八世にあたり(『曹洞宗全書』大系譜一、三三三頁)、寂年は享保十五年(一七三〇)である。光月智思は、校割帳の署名から示寂まで六十年間存命していることになる。そのため、本史料中の智恩として比定するには、検討の余地がある。

また、『永平寺前住牒』(永平寺文書)には、智恩は六人確認できる。その内、年代的に該当する可能性があるのは、寛文九年八月二十二日に盛翁寺(神奈川県足柄上郡山北町)より瑞世した「智恩」(嗣法師「嶺存」)、天和二年(一六八二)八月十二日に聖応寺(愛知県豊明市)より瑞世した三悦の嗣法師「智恩」、元禄九年(一六九六)三月十八日に正覚寺(千葉県富津市)より瑞世した「智恩」(嗣法師「前正覚寺無徹」)の三名である。

なお、智恩の印章の法量は直径1.8㎝である。

(10)永心　不詳。永心の印章の法量は直径1.4㎝である。

(11)安穏寺　福井県福井市に所在する結城山安穏寺のことであろうか。もともと、安穏寺は応安四年(一三七一)に源翁心昭(げんのうしんしょう)を開山、結城直光(ゆうきなおみつ)を開基として下総国結城(茨城県結城市)に開かれる(『日本洞上聯灯録』)。のち、結城秀康(ひでやす)の越前転封にともない、慶長七年(一六〇二)現在地に移った。

(12)了真寺　不詳。曹洞宗の了真寺は東京都品川区に所在するが、現在のところ、永平寺との関係性については不明である。

(13)秀道和尚　不詳。『永平寺前住牒』には、秀道は三人確認できる。寛永二十一年(一六四四)三月二十五日に上野泉光寺(現廃寺)より瑞世した「秀道」（嗣法師「運雪」）、寛文十一年四月五日に武州高源院（東京都文京区）より瑞世した「秀道」（嗣法師「解厳」）、元禄十二年（一六九九）九月三十日に予州円光寺（愛媛県今治市）より瑞世した「秀道」（嗣法師「前円光寺凸嶺」）である。この内、該当する可能性が最も高いのは寛文十一年の秀道である。

また『總持寺住山記』には、五六二八世（慶安五年〈一六五二〉三月六日）、五七三五世（慶安五年八月二日）の受業師、七〇〇四世（寛文三年八月三日）、八七一九世（延宝六年〈一六七八〉二月二十八日）の嗣法師等に確認できる。

このほか、『曹洞宗全書』大系譜一によれば、秀道は天極秀道（?～一六八六、豪徳寺〈東京都世田谷区〉四世・善養院〈前同〉四世）、宝山秀道（円光寺〈愛媛県今治市〉五世）が確認できる。

【解説】本史料は「永代校割」という軸に納められている。「永代校割」に納められている文書は、永平寺三十世光紹智堂から四十世大虚喝玄の代までの代替わりの際の祠堂金引き継ぎの「覚」である。

笛岡自照師は、これら文書を昭和三十二年に写真撮影し、『祖山文化財写真集』と題したアルバムを昭和三十三年に作成している。この『祖山文化財写真集』に収録された写真をみると、これら文書は現在のように軸装されていないことが確認できる（永平寺現蔵）。覚海代と高郁代は同じ一紙に記されているが、ほかのものはいずれも継がれることもなく、独立している。その後、これら文書は軸装されたようである。昭和五十二年六月にマイクロ撮影された際には、軸装されており、巻子外題には「歴代祠堂金目録」とある（駒澤大学図書館所蔵マイクロ紙焼本、請求記号H115/123-26/1 参照）。外題の脇には「祠堂金御代々目録／従北州禅師御代有之／布薩金月洲禅師代ヨリ」と墨書がされている。この時巻子に収録されている文書の順番を示せば、石牛天梁代祠堂金覚（【関連史料一】）・山陰徹翁代祠堂金覚（本巻No.127）・馥州高郁代祠堂金覚（本巻No.132）・光紹智堂代祠堂金覚（本巻No.88）・月洲尊海代祠堂金覚（本巻No.105）・大了愚門代祠堂金覚（本巻No.113）・版橈晃全代祠堂金覚（『文書編』三巻No.8）・融峰本祝代祠堂金覚（『文書編』三巻No.20）・緑巌厳柳代祠堂金覚（【関連史料二】）・承天則地代祠堂金覚（【関連史料三】）・大虚喝玄代祠堂金覚（【関連史料四】）となり、年代順に軸装されたわけではなかったといえる。また、この巻子には収納箱があったようであり、その箱蓋にも「歴代祠堂金目録」と書かれていた。ただ、現在はこ

旧箱表書

旧巻子外題

の外題や箱の所在は不明である。

　この「歴代祠堂金目録」の巻子は、道元禅師七百五十回遠忌（二〇〇二年）の際、宮崎奕保代に信州上田の清蘭堂が並べ替え、軸装しなおしている。しかし、順番は年代順ではなくアトランダムである。その順番は、光紹智堂・月洲尊海・大了愚門・山陰徹翁・馥州高郁・版橈晃全・融峰本祝・緑巌厳柳・石牛天梁・大虚喝玄・承天則地である。なお、この遠忌の折、箱も新調して作成され、その蓋には「永代校割」と書かれた。年代順に並び替えれば、光紹智堂・月洲尊海・大了愚門・山陰徹翁・馥州高郁・版橈晃全・融峰本祝・緑巌厳柳・石牛天梁・承天則地・大虚喝玄である。本巻に収録するにあたり、史料はそれぞれの年代のところに掲載した。なお、元禄以後の史料は、本項目の最後に【関連史料一～四】として挙げた。

　本史料では、智堂の代以前から、その一世代もしくは数世代前から祠堂金が住持交代の際に書き上げられ引き継がれていたことがわかる。それまでの祠堂金がどのように変遷してきたかは不明であるが、本史料に記されている額面から計算すれば、光紹智堂が継いだ時には、すでに金一四五両一歩と銀一貫五八五匁が存している。ただし、こ

【表】永平寺30～40世祠堂金表

住持	年月日	新金計上額	新旧金合計額
30世光紹智堂	寛文10年(1670) 11月23日	203両3歩／銀14匁	375両2歩／銀9匁
31世月洲尊海	延宝4年(1676) 10月27日	186両3分10匁	564両2分4匁
32世大了愚門	延宝7年(1679) 6月29日	132両2分	687両／銀4匁
33世山陰徹翁	貞享3年(1686) 9月2日	17両3歩／銭436文	724両3歩／銀4匁／銭436文
34世馥州高郁	貞享5年(1688) 10月4日	15両	739両3分／銀4匁／銭436文
35世版橈晃全	元禄6年(1693) 5月28日	10両3分	750両2歩／銀4匁／銭436文
36世融峰本祝	元禄12年(1699) 7月23日	23両2歩	774両／銀4匁／銭436文
37世石牛天梁	宝永5年(1708) 6月7日	84両1歩	858両1歩／銀4文目／銭436文
38世緑巌厳柳	享保元年(1716)	45両1歩／銀20匁	903両2歩／銀24匁／銭436文
39世承天則地	享保14年(1729) 5月5日	49両2歩	501両1分／銀6匁／銭436文
40世大虚喝玄	享保21年(1736) 5月5日	29両3歩	531両／銀6匁／銭436文

の内の八両は二十八世北洲門渚代の借用手形によるものであり返済されないまま永平寺に手形が残っていたと思われる。

こうした祠堂金の引き継ぎは、当代の住持の役者から次代住持の役者へ署名捺印もしくは署名花押で行われていたことが理解できる。祠堂金管理の役を勤めていた者から次の役者への引き継ぎであったのである。なお、三十世光紹智堂代から四十世大虚喝玄代の歴代祠堂金については、【表】に示した。三十一世月洲尊海代から三十六世融峰本祝代の祠堂金の詳細は、本巻No.105・113・127・132、『文書編』二巻No.8・20の解説文を参照されたい。

しかしながら、承天則地の代では、則地みずから署名花押をしている(【関連史料三】)。則地がみずから署名花押した理由としては、宝永金から享保金への金銀改正が考えられる。

【関連史料三】の冒頭に、「乾金銀ニ而請取、今新金銀改正之而惣高シテ、金四百五拾壱両三分ト銀六文目銭四百三拾六文也」とあり、厳柳から則地の代へ引き継がれた祠堂金は、「乾金銀」(宝永金)のため、「新金銀」(享保金)の価値で計算している。則地の代の額面上の変動は、そうした金銀改正という背景によるもので、不正はないと証明するために、則地の署名花押が要請されたとみることができよう。

乾金銀とは、裏面に「乾」字が打印されているために乾字金と呼ばれた宝永小判、および宝永一分判のことである。乾金銀は、宝永七年以降通用したため、宝永金とも呼ばれる。慶長金に比して金含有率の低い元禄金に比べて金含有率は高いものの、大きさが小さく、慶長金の半分ほどの金含有量であったため、二分小判と呼ばれた。さらに、その四分の一の価値を持つ一分判も製造され、宝永一分判と呼ばれる。その後に、正徳金・享保金など改鋳が行われたこともあり、享保七年末(一七二二)、宝永金は通用停止と定められたが、引換が進まず、享保十五年に再度許可され、元文三年(一七八三)四月末までの通用となった。【関連史料四】大虚喝玄代祠堂金覚に記される新金銀に該当する貨幣とは、享保金のことをさすと考えられる。

以後、則地から大虚喝玄へ住持交替においても、祠堂金は、新金銀換算の価値での引き継ぎがなされている。

こうして永平寺が日牌・月牌(がっぱい)・布薩の回向料として受け取った祠堂金は、永平寺の貴重な財源として寺院運営に資されていたと考えられる。

なお、本史料は続紙であり、第一紙の法量は縦30.6cm×横44.5cm、第二紙の法量は縦30.6cm×横29.0cmである。

参考文献

『永平寺史』下巻、一五〇二頁(大本山永平寺、一九八二年)。
速水融・宮本又郎「概説十七—十八世紀」(同編『経済社会の成立　日本経済史1』、岩波書店、一九八八年)。
『永平寺史料全書』禅籍編　第二巻、八五九～八六三頁(大本山永平寺、二〇〇三年)。

(廣瀬良弘)

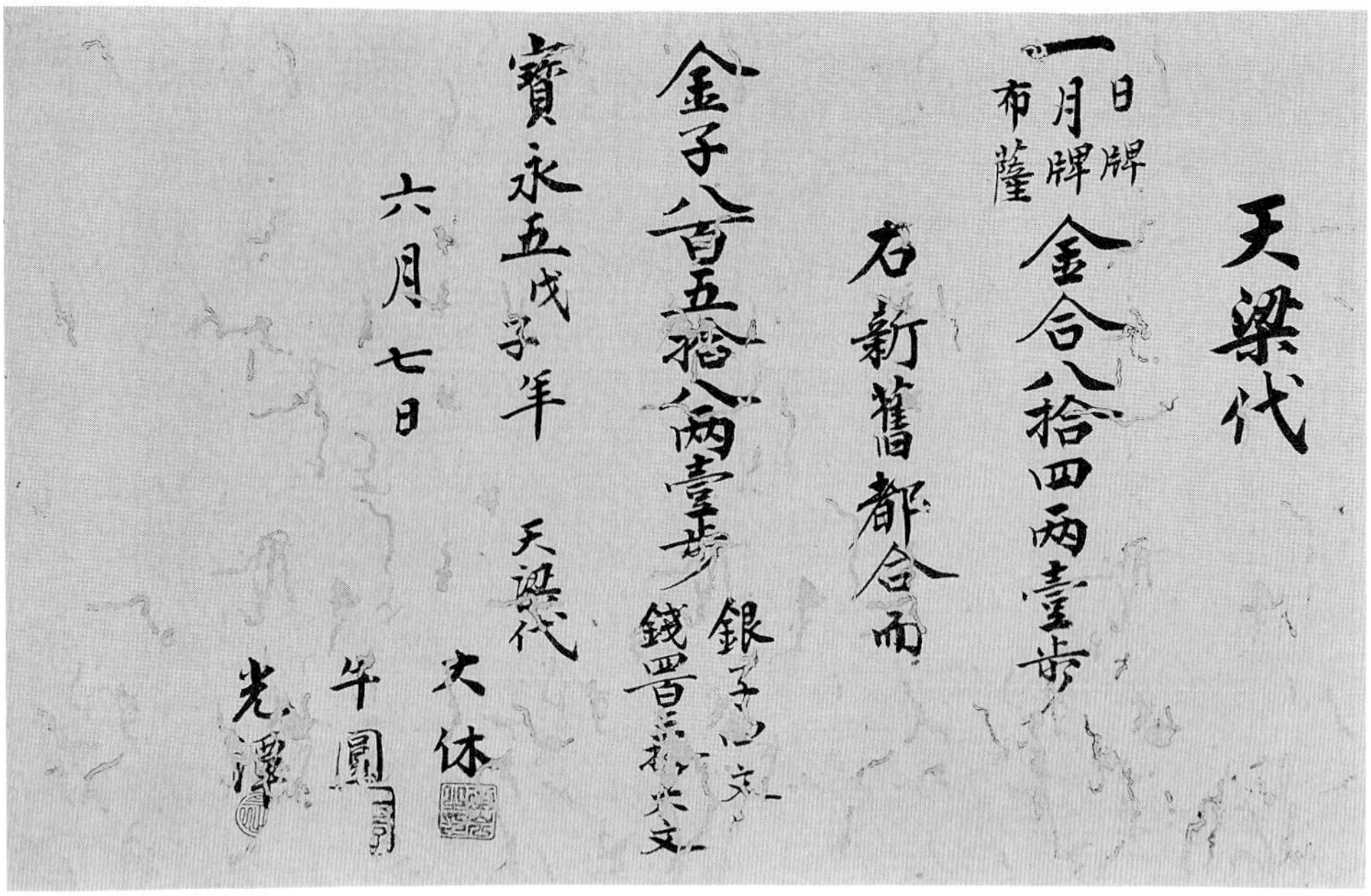
天梁代
一 日牌
月牌
布薩　金合八拾四両壹歩
右新舊都合而
金子八百五拾八両壹歩　銀子四文
銭四百三拾六文
寶永五戊子年　天梁代
六月七日　大休
牛圓
光潭

【関連史料一】石牛天梁代祠堂金覚　（巻子装　30.6㎝×47.2㎝）

天梁（石牛）代

一、日牌
月牌
布薩　金合八拾四両壱歩

右新旧都合而

金子八百五拾八両壱歩　銀子四文
銭四百三拾六文

宝永五戊子年　天梁代

六月七日　大休（黒印）
牛円（黒印）
光潭（黒印）

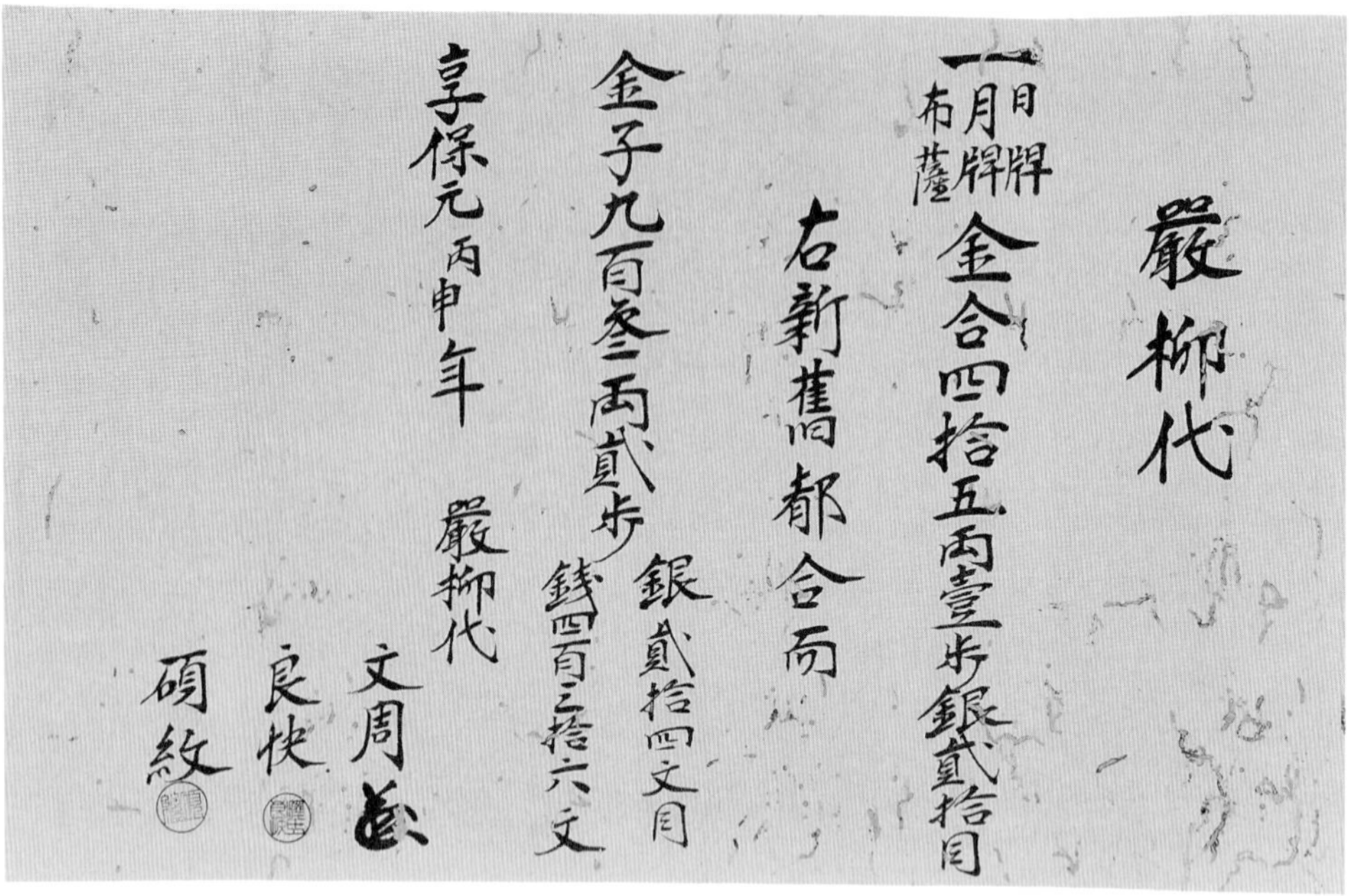

【関連史料二】　緑巌厳柳代祠堂金覚　（巻子装　30.6㎝×47.0㎝）

（緑巌）
厳柳代

一、日牌
　　月牌　金合四拾五両壱歩銀弐拾目
　　布薩

右新旧都合而

金子九百参両弐歩
　　　　銀弐拾四文目
　　　銭四百三拾六文

享保元丙申年　　厳柳代

文周（花押）
良快（黒印）◯
硯紋（黒印）◯

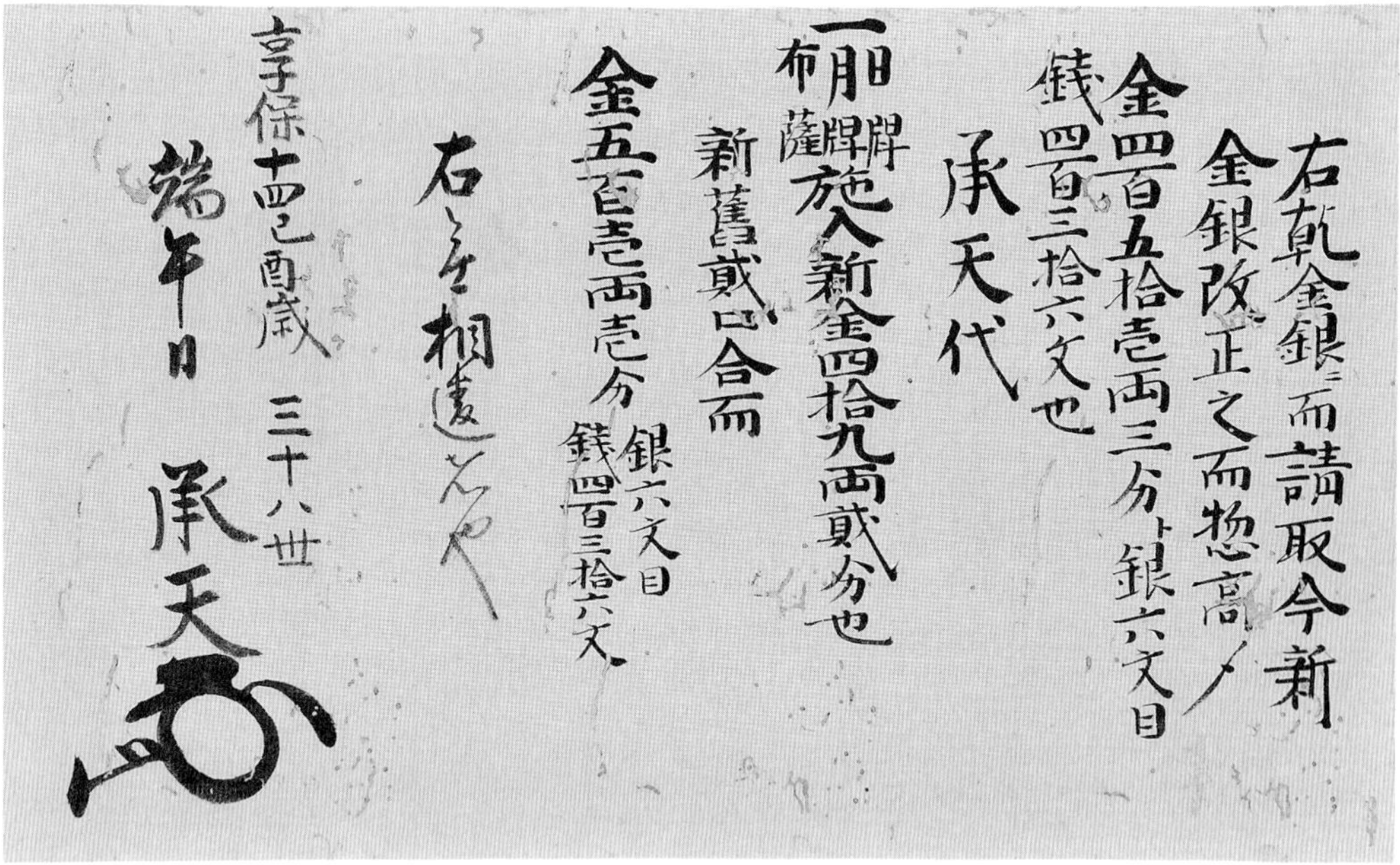

【関連史料三】 承天則地代祠堂金覚 （巻子装 30.6㎝×49.8㎝）

右乾金銀ニ而請取、今新
金銀改正之而惣高シテ、
金四百五拾壱両三分ト銀六文目
銭四百三拾六文也、
承天（則地）代

日牌
一、月牌 施入新金四拾九両弐歩也、
布薩

新旧弐口合而
金五百壱両壱分 銀六文目
銭四百三拾六文

右ニ無相違者也、

享保十四己酉歳 三十八世
端午日 承天（花押）

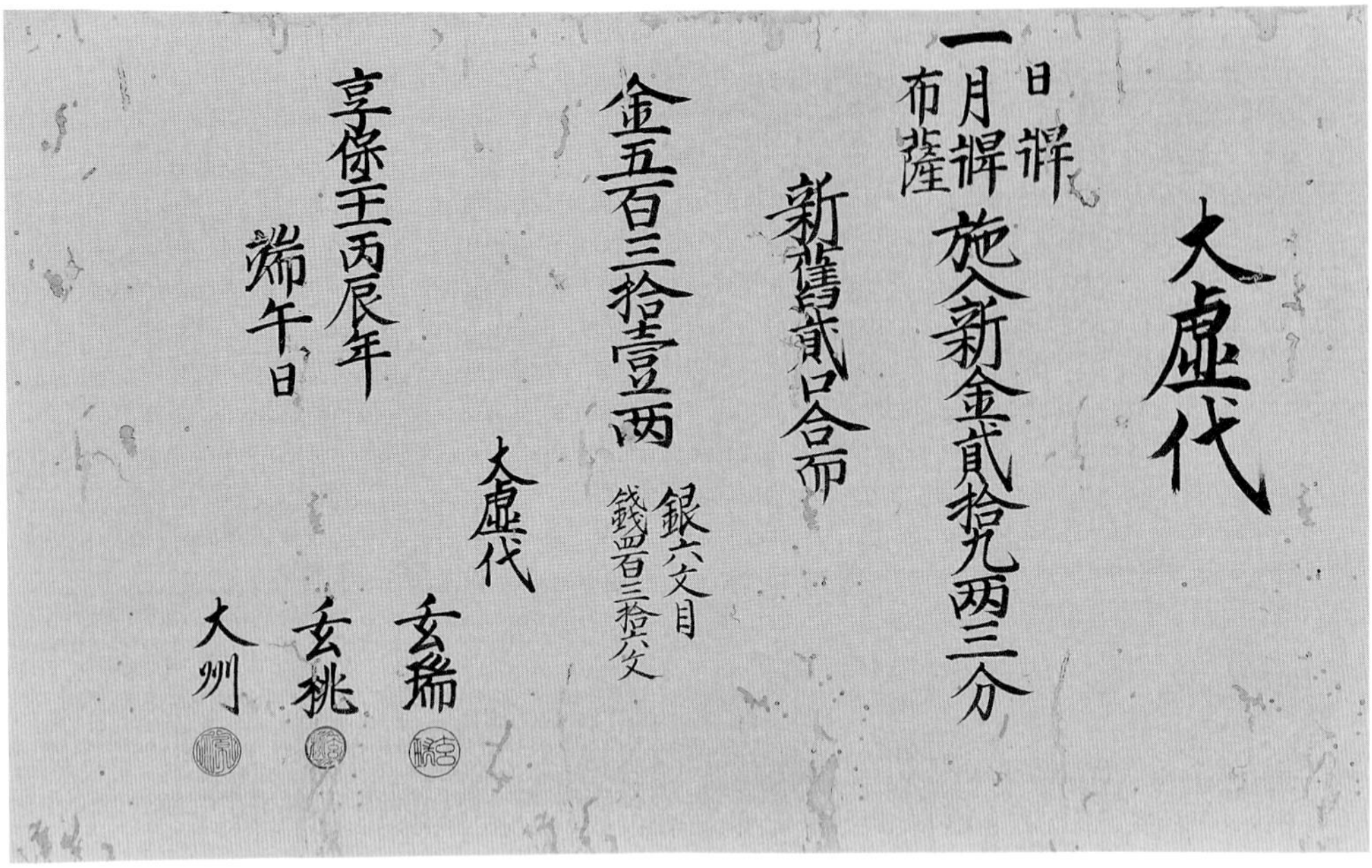

【関連史料四】　大虚喝玄代祠堂金覚　（巻子装　30.6㎝×49.2㎝）

大虚（喝玄）代

一、日牌
　　月牌　施入新金弐拾九両三分
　　布薩

新旧弐口合而

金五百三拾壱両　銀六文目
　　　　　　　　銭四百三拾六文

　　　　　　　　大虚代

享保二十一丙辰年
　端午日
　　　　　　　　玄瑞（黒印）
　　　　　　　　玄桃（黒印）
　　　　　　　　大州（黒印）

第三章　福井藩主の菩提寺としての永平寺

寛文十一年（一六七一）二月二十九日、関三ヶ寺、出羽国龍門寺帳面問題および同国宝泉寺・長福寺本末争いを裁断する。

89　関三ヶ寺裁許状写

（『上』18ウ〜19ウ）

龍門寺(1)ニ有之候帳面相乱処茂有之候間、各
四箇寺和融之上、以時分帳面可被相改之旨、法
祥寺(2)・龍門寺・光禅寺(3)三寺共ニ長源寺(4)ト自
体一同ニ被存之由、尤四ヶ寺相談ニ而何時成共
相改、其帳三ヶ寺江指上、三判可被申請候、
一、宝泉寺ト長福寺本末之出入、従双方被申立
候ヨリ遂僉議候所、宝泉寺并長福寺双方ニ実
正無之旨数多有之候間、四ヶ寺国本(元)ニ而相談
之上、何之寺院江成具、長福寺迄末寺ニ可被
申付者也、為後日依而如件

寛文十一辛亥年
二月廿九日

総寧寺印
大中寺印
龍穏寺印

最上僧禄
四箇寺

○写真版は本巻924頁上段〜下段に掲載。

【読み下し】

龍門寺にこれ有り候帳面相乱るる処もこれ有り候間、各四箇寺和融の上、時分を以て帳面相改めらるべくの旨、法祥寺・龍門寺・光禅寺三寺ともに長源寺と自体一同に存ぜらるるの由、尤も四ヶ寺相談にて何時成るとも相改め、その帳三ヶ寺へ指し上げ、三判申し請けらるべく候。

一つ、宝泉寺と長福寺本末の出入、双方より申し立てられ候より僉議を遂げ候所、宝泉寺并びに長福寺双方に実正これ無き旨数多これ有り候間、四ヶ寺国元にて相談の上、何れの寺院へ成るとも、長福寺迄末寺に申し付けらるべき者也。後日の為依って件の如し。

【注】（1）龍門寺　登鱗山と号し、開山は朴堂(ぼくどう)良淳。山形城下禅宗四ヶ寺の一つで、現在は山形県山形市北山形に所在する。文明二年（一四七〇）、山形城主最上義秋が父義春の菩提を弔うため城内に建立したが、のちに初代山形藩主最上義光が山形城を拡張するに際し、現在地に移転させたと伝えられる。

「寛文朱印留」では朱印高一八〇石（『山形県寺院大総覧』・『歴史地名大系六　山形県の地名』）。

（2）法祥寺　瑞雲山と号し、開山は可屋良悦。山形禅宗四ヶ寺のひとつで、現在山形市七日町に所在する。応永二年（一三九五）、山形城主最上満家が父満直の菩提を弔うため建立、横山向川寺三世可屋良悦を開山に招く。もとは山形城三の丸内にあったが、文禄二年（一五九三）頃、最上義光が城地を拡張した折に現在地に移転したという。「寛文朱印留」で朱印高二〇〇石。「最上義光分限帳」（色川文書）には法性寺と記され、寺領二〇〇石とある。正保年間（一六四四～四八）山形藩主松平直基が中興し、中興開基となる。

（3）光禅寺　天滝山と号し、開山は春林（しゅんりん）禅冬。山形禅宗四ヶ寺の一つで、現在山形市鉄砲町に所在する。慶長元年（一五九六）山形城主最上義光が横山（北村山郡大石田町）の向川寺の春林禅冬を招いて開山とし、七日町に慶長寺を創建したが、のちに幕府が発令した年号寺名禁止令により、元和年間（一六一五～二四）に光禅寺と改称したと伝えられる。元和八年に鳥居忠政が山形に入封すると、当寺を父元忠の菩提寺として長源寺と改め、光禅寺には城下の諏訪神社前の天正寺の建物を与え、移した。朱印高は二七五石（嘉永三年「山形社寺調町々高明細帳写」〈長井政太郎氏旧蔵〉）。

（4）長源寺　淵室山と号し、開山は直州良淳。山形禅宗四ヶ寺のひとつで、現在山形市七日町に所在する。慶長五年、伏見城で戦死した鳥居元忠の菩提を弔うため、関ヶ原の戦い後に徳川家康が息子鳥居忠政の領地陸奥国平（福島県いわき市）に一寺を建立して寺領一〇〇石を寄進したのに始まると伝える。のち元和八年、鳥居忠政は山形転封に際し、七日町の光禅寺に父元忠の位牌を託したが、間もなく光禅寺を城下南部の三日町に移転させ、陸奥国平の長源寺三世直州良淳を招いて、元の光禅寺を長源寺と改めた。朱印地はないが、嘉永二年（一八四九）「山形社寺調町々高明細帳写」（長井政太郎氏旧蔵文書）には、領主引付米一〇〇俵と境内地一万六六〇〇坪余がみられる。

【解説】　『上』に収録された申渡しの写である。なお、『上』については、本巻No.7の解説を参照されたい。発給者にみられる総寧寺（現千葉県市川市）・大中寺（栃木県栃木市）・龍穏寺（埼玉県入間郡越生町）は関三ヶ寺である。この史料は、寛文十一年（一六七一）に、曹洞宗寺院を統制した曹洞宗の僧録として関三ヶ寺が山形地方の寺院を統制する「最上僧録」の四ヶ寺に宛てて発給した申渡しである。宛所の四ヶ寺とは、史料中に出てくる龍門寺・法祥寺・光禅寺・長源寺である。なお、関三ヶ寺の執務については、本巻No.108「江戸幕府寺社奉行覚書写」の解説を参照されたい。

申渡しの内容は次の二点からなる。一つは、龍門寺で管理している帳面に乱れている部分があり、四ヶ寺で納得・合意のうえ適当な時期に帳面を改めること、また、法祥寺・龍門寺・光禅寺の三ヶ寺と長源寺とは本来同じと考えるべきこと、そして、四ヶ寺でいつでも相談して改め、その帳面を関三ヶ寺に提出し、三ヶ寺から判（承認）を得ることを申し付けている。史料の内容から、「四箇寺」とは、法祥寺・龍門寺・光禅寺・長源寺を指していると思われる。この四ヶ寺は、山形城下四ヶ寺と称され、関三ヶ寺から触を受け、配下寺院に伝達する山形地方の禄所（触頭）を務めていた。

さて、この史料の述べる「帳面」とは、何をさしているのかここでは述べられておらず、関連史料も確認できないため詳細は不明である。しかし、山形城下四ヶ寺の一つで山形地方の触頭を務める龍門寺に伝来し、山形城下四ヶ寺の間で問題になっていることを考えると、山形地方の本末関係や寺格など諸寺院の関係を示したものであると考えられる。また、法祥寺・龍門寺・光禅寺と長源寺とが「一体」であるとしており、ともに山形地方の触頭を務める三ヶ寺と長源寺との間で対立し、問題が発生していることがうかがえる。三ヶ寺と長源寺との間で問題が発生にした背景には、一つに三ヶ寺が大徹派の出羽国村山郡黒滝（現山形県北村上郡大石田町）の向川寺末で、長源寺が快庵派の陸奥国磐崎（いわさき）郡護摩沢（福島県いわき市）の長源寺末であること、もう一つに、法祥寺は応永二年（一三九五）、龍門寺は文明二年（一四七〇）、光禅寺は、その前身の慶長寺（改名して光禅寺）が慶長元年（一五九六）に最上氏により創建された寺院であるのに対し、長源寺が近世大名鳥居忠政により、元和八年（一六二二）の山形転封にともなって光禅寺を他所に移転させ、その跡地に長源寺を創建したという由緒が関わっているのかもしれない。旧来からの寺院と新たな領主の庇護を受けた新興の寺院との間に断絶があったのであろう。

次に、宝泉寺と長福寺の間で起こった本末争いに対して、両者の申し立てに基づき取り調べを行ったが、ともに証拠がないことであり、山形城下四ヶ寺で相談し、四ヶ寺のうちのどの寺院でも構わないので宝泉寺のみならず長福寺を末寺とするよう申し付けたものである。

関連する史料がなく、宝泉寺と長福寺については、具体的に記されておらず、どの寺院が比定できるのか確定できない。『延享度本末帳牒』には、出羽国内の寺院として、宝泉寺と長福寺が【表】「『延享度本末牒』にみる出羽国内の宝泉寺・長福寺」のように確認される。このうち、本寺が同じであるのは、廻舘村宝泉寺と花立村長福寺、上虻川村長福寺と西馬音内村宝泉寺であり、五味沢村長福寺と大川渡村宝泉寺はともに村上耕雲寺を本寺としている。問題が本末争いであることから、これらのいずれかが相当する可能性が強い。

さて、山形においては、関三ヶ寺の配下の小触頭寺院として、法祥寺・龍門寺・光禅寺・長源寺が置かれた。これらの小触頭寺院は、戦国大名最上氏の領国体制が成立する過程で、有力寺院として本末関係の下に地方教団の監督権を与えられたものが、近世以降も踏襲したものと考えられている（梅津保一「龍門寺書留帳　解説」〈『山形市史編集資料』二号〉一二頁）。また、「龍門寺書留帳」（山形市龍門寺所蔵文書、『山形市史編集資料』二号、一〇～一三一頁）の分析により、幕府の触書・布達類のほとんどが、触頭→山形藩江戸藩庁（江戸藩邸）→山形藩寺社奉行→小触頭寺院という経路で布令されており、触頭（関三ヶ寺）が直接配下の小触頭寺院に布令するところを、山形藩に依頼して伝達しているとし、天明期に触頭から嶋屋飛脚便で直接布達された触書も数通みられるが、山形藩江戸藩庁が取り込んだ旨の添え書きがあることから例外的なものとして位置づけられている（前掲梅津論文）。

しかし、この「龍門寺書留帳」をみると、天明元年（一七八一）閏五月付けの幕府触書（『山形市史編集資料』二号、九三頁～九五頁）の奥には、大中寺が山形四ヶ寺の役元に宛てて、「此公用状先月中御領主御屋敷江御頼申候処、公用其外急キ等ニ而之書状ハ右請取不被成との事ニ而此方ニ而甚タ込り申候間、今般ハ此方ニ而賃銭相払候而嶋屋まで差遣申候」と記されている。つまり、山形藩の江戸藩邸では、幕府の触書を伝達する公用の書状や急ぎの書状などは請け取ってもらえず、大中寺が直接飛脚嶋屋に飛脚賃を払って送ったことがみられる。さらに「此触状御請書差出之時分御屋敷之外ニ而状届場所御定置被成候而届所家名等委細ニいたし越被成候、以来急御用ニ而茂有之時分甚タ手間候事ニ候間此段得其意候、夫共外ニ届場所茂無之候て嶋屋まて以来差遣可申候哉、いつれニも此御請之時分委う御申越被成候」ともみられ、この触書の請書を送付する時には、御屋敷すなわち藩邸外に場所を定めて送るように伝え、また急ぎの御用であっても手間取ることがあるとし、さらに送付すべき場所が見つからない場合は飛脚嶋屋どめとしても構わないが、詳しく伝えるよう求めている。天明期には、急ぎの公用状などは山形藩に依頼して送付するのではなく、飛脚を頼み送付していたことなどが確認できるのである。また、同史料一四八号には、「嶋屋飛脚之儀者奥州福嶋迄ハ参り候得共嶋屋ゟ当地へ者幸便ニ相届申儀ニ候得者遅滞之程無覚束候間、得と相尋追而可申上候」とみられる。飛脚が福島までしか来ないこと、そこからは「幸便」すなわち都合の良い便りの機会によるので遅延することも覚束ないとしている。この史料にもみられるとおり、定飛脚嶋屋の飛脚便は、奥州道中を往復しており、山形はそこから外れることになる。また、「山形棚佐賀志」にも山形には飛脚がないことが記されているという（藤村潤一郎「飛脚問屋について」）。関三ケ寺が触書などの伝達を山形藩に頼った背景には、こうした飛脚の運搬状況があったのであろう。

参考文献

山形市史編集委員会編『山形市史編集資料』一一号（山形市史編集委員会、一九六六年）。

藤村潤一郎「飛脚問屋について」（『日本歴史』一三八号、一九六八年）。

山形県寺院総覧編纂委員会編『山形県寺院大総覧』（山形総合出版社、一九六九年）。

『日本歴史地名大系六　山形県の地名』（平凡社、一九九〇年）。


（中野達哉）

【表】『延享度本末牒』にみる出羽国内の宝泉寺・長福寺

派	本寺	所在地	寺院名
大源派	出羽国田川郡大山（山形県鶴岡市）善宝寺	田川郡回（廻）館村 （山形県東田川郡庄内町） 仙北郡花立村 （秋田県大仙市）	宝泉寺 長福寺
無底派	出羽国秋田郡松原村（秋田県秋田市）補陀寺	秋田郡上虻川村 （秋田県南秋田郡庄和町） 雄勝郡西馬音内村 （秋田県雄勝郡羽後町）	長福寺 宝泉寺
大源派	越後国岩船郡村上（新潟県村上市）耕雲寺末 出羽国置賜郡小坂村（山形県西置賜郡小国町）光岳寺 出羽国田川郡国見村（山形県鶴岡市）玉川寺	置賜郡五味沢村 （山形県西置賜郡小国町） 田川郡大川渡村 （山形県鶴岡市）	長福寺 宝泉寺
大源派	出羽国田川郡添川村（山形県鶴岡市）永鷲寺	田川郡千原村 （鷺畑村枝郷、山形県鶴岡市）	宝泉寺
大徹派	出羽国村山郡黒瀧（山形県北村上郡大石田町）向川寺	仙北郡土川村 （秋田県大仙市）	宝泉寺
一州派	出羽国置賜郡米沢（山形県米沢市）林泉寺	置賜郡山上村 （山形県米沢市）	宝泉寺
大源派	越後国岩船郡下関村（新潟県岩船郡関川村）桂岩寺	置賜郡小玉川 （山形県西置賜郡小国町）	宝泉寺
大源派	出羽国飽海郡横町村（山形県飽海郡遊佐町）円通寺	飽海郡升田村 （山形県酒田市）	宝泉寺
安叟派	出羽国田川郡鶴ヶ岡（山形県鶴岡市）禅龍寺	田川郡高田麦村 （山形県鶴岡市）	宝泉寺
玄翁派	出羽国田川郡大山（山形県鶴岡市）正法寺	田川郡鈴村 （山形県西田川郡温海町）	宝泉寺
玄翁派	出羽国飽海郡尾落臥村永泉寺（山形県飽海郡遊佐町）	飽海郡内野目村 （上大内目村、山形県飽海郡遊佐町）	宝泉寺
大源派	出羽国村山郡山家村金勝寺（山形県山形市）	村山郡谷沢村 （山形県寒河江市）	長福寺

『延享度本末牒』より作成。

寛文十一年（一六七一）七月十日、永平寺三十一世月洲尊海、福井藩主松平光通正室清池院殿の五輪塔の銘を撰する。

90 清池院殿五輪塔

（高さ270.0㎝×横112.0㎝）

（地輪正面銘）

寛文十一辛亥七月十日、相丁　国主夫人清池院殿法誉性龍大禅定尼
卒哭之忌辰、預馳介使就当山封霊骨創建石塔、此日　国主白詣供養、緇
素諷演経咒希依、上来功力資菩提糧、且覆萌遺孽孫謀、仍石表

銘曰

国主夫人　女流憲章　坤儀粛穆
賦性温良　弐十余歳　俄然掩粧
厭梧旌泣　炊臼民傷　到卒哭日

地

寛文十一辛亥

清池院殿法誉性龍大禅定尼

三月廿八日

公　詣道場　霊骨封棺　石［塔聳岡］
供養緇素　諷演経主　［諸般仏事］
豈易杖揚　依斯功力　［資菩提糧］
願為遺孽　永賜余慶　［依識石表］
聊以徳香　徳具不朽　［石亦堅剛］
且徳与石　因以山長

寛文［十一年辛亥七月十日］

［勅賜当山伝法三十世芳山月洲禅師尊海識焉］

【読み下し】

寛文十一辛亥七月十日、国主夫人清池院殿法誉性龍大禅定尼卒哭忌の辰に相丁り、預め介使を馳せ当山に就いて霊骨を封じ石塔を建立する。此の日国主自ら供養に詣でる。緇素経咒を諷演し希に依り、上来の功力菩提の糧を資け、且つ覆萌遺孽孫謀、仍て石に表す。銘に曰く、

国主夫人、女流の憲章、坤儀粛穆、賦性温良、三十余歳、俄然粧を掩う、栢を厭い旌泣、臼を炊しぎ民傷つく。卒哭の日に到り、公道場に詣で、霊骨棺に封じ、石塔罔に聳ゆ、緇素に供養し、経主を諷演、諸般の仏事、豈杖を揚げ易む、斯の功力依り、菩提の糧を資け、願いは遺孽為り、永に余慶を賜り、石表に識すに依り、聊か徳を以て香しく、徳具に不朽たり、石亦堅剛、且つ徳と石、因て山を以て長えに。

寛文十一年辛亥七月十日、勅賜当山伝法三十世芳山月洲禅師尊海識す。

【解説】　清池院殿(一六三六~七一)は福井五代藩主松平光通(一六三六~一六七四)の正室で、寛文十一年(一六七一)三月二十八日死去する。清池院は松平光長(一六一五~一七〇七)の娘で、国姫と呼ばれる。光通とは従姉妹同士の婚姻といえるが、三十六歳で死去。『片聾記』には「武家第一之御歌人にて、堂上にても東の小町と被レ仰候由」と評し、光通の前で割腹自殺をする。江戸天徳寺(東京都港区)に葬られる(『国事叢記』)。百ヶ日に光通みずからが永平寺に参詣して、分骨したことが本史料からわかる。

永平寺三十一世月洲尊海(一六〇九~八三)は、寛文十年十月に下野国大中寺(栃木県栃木市)より入院して、同十一年十一月に「芳山月洲」の禅師号を下賜されている。永平寺に住職すること六年、延宝四年(一六七六)春に退院して越前国勝山義宣寺(福井県勝山市)に隠居する。

寛文十一年は住山の翌年になる。尊海の銘が五輪塔に刻まれているが、笏谷石が剥落して、解読が不可能な部分がある。この部分は、安政五年(一八五八)十一月、松平公廟所の五輪塔の銘文を書写した「福井侯結縁由緒写」(永平寺文書)から欠字部分を補った。偈の序文に「遺孽孫謀」とあり、遺された子孫のために功を称える。古詩は七陽の韻を踏み詩歌に秀で、三十余歳で亡くなることを民(家臣一同)が悼み、卒哭忌に至り、城主光通みずから参詣供養したことが刻まれている。それは寛文十一年七月十日のことで

あった。

また、同日、尊海は清池院殿五輪塔前に灯籠一双を寄進している（「松平公廟所灯籠銘一覧」〈『文書編』一巻701～702頁〉参照）。

この五輪塔や灯籠は、現在も松平公廟所に安置されている。配置図については本巻157頁を参照されたい。

参考文献

福井県立図書館・郷土誌懇談会共編『片聾記・続片聾記』上、福井県郷土叢書一集（福井県立図書館、一九五五年）。

笛岡自照『永平寺雑考』（古径荘、一九七三年）。

『永平寺史料全書』文書編　第一巻（大本山永平寺、二〇一二年）。

（熊谷忠興）

寛文十二年（一六七二）七月十九日、関三ヶ寺、師学に対する三ヶ条の条目を出す。

91　関三ヶ寺条々写

（『代々』72ウ～73オ）

申渡条々

一、位牌・石塔ニ法名を除キ俗名計書付儀、曹洞一宗ニ無之作法之間、堅禁制たるへし、

一、先三箇寺代々申付候掟之外、不可企新規、

一、江戸中江、徘徊いたしなから、江戸三ヶ寺(1)之内、向寄次第壱ヶ寺江披露無之輩者、何事有之候共、宗旨之僧ニあるへからす、

右之旨、違背之師学於有之者、急度曲事可申付者也、

寛文十二子年七月十九日

総寧寺　判
大中寺　判
龍穏寺　判

○写真版は本巻959頁下段に掲載。

【読み下し】

一つ、位牌・石塔に法名を除き俗名ばかり書付く儀、曹洞一宗にこれ無き作法の間、堅く禁制たるべし。

一つ、先に三箇寺代々申し付け候掟の外、新規を企つべからず。

一つ、江戸中へ、徘徊いたしながら、江戸三ヶ寺の内、向寄次第の壱ヶ寺へ披露これ無き輩は、何事これ有り候共、宗旨の僧にあるべからず。

右の旨、違背の師学これ有るに於いては、急度曲事に申し付くべき者也。

【注】（1）江戸三ヶ寺　関三ヶ寺（龍穏寺〈埼玉県入間郡越生町〉・総寧寺〈現千葉県市川市〉・大中寺〈栃木県栃木市〉）の総寧寺末の橋場総泉寺（現東京都板橋区）、龍穏寺末の芝青松寺（東京都港区）、大中寺末の高輪泉岳寺（東京都港区）のことで、関三ヶ寺とともに曹洞宗諸寺院の統制にあたった。

【解説】　寛文十二年(一六七二)七月十九日、関三ヶ寺より下された三ヶ条の条々の写である。

第一条では、位牌や石塔に戒名を書かないで俗名ばかりを書くことを、曹洞宗にはない作法として、禁止している。

第二条では、先に関三ヶ寺が定めた掟以外の行動を起こすことを禁止している。

第三条では、曹洞宗の僧侶が、江戸で徘徊する時は江戸三ヶ寺の内管轄下にある一ヶ寺に届け出るよう命じている。届け出ないものは宗門の僧ではないとしている。

僧録である関三ヶ寺が発した掟の最も古いものは、寛永七年(一六三〇)正月二十日の宗法十七条である。これ以降、同十六年二月十九日には十七条の宗定を説示した七条が発せられた。明暦二年(一六五六)三月二十六日には追放僧、無本寺、浪人長老去来、江湖頭検議、新地建立等の五ヶ条の定が発せられた。寛文四年正月には江湖に関する掟五条が発せられている。同八年二月二十六日には師学(師匠と弟子)の衣類の品質等についての掟が発せられている。同年同月には江湖掟、寛文十年正月二十二日には衣体掟、同年九月十四日には禁酒の定が発せられている(以上、『江戸時代洞門政要』、二〇五～二一四頁)。

この条々はこのように、曹洞宗の諸制度が整えられていくなかで、発せられたものである。当時、位牌や石塔に檀家のなかで、法名を記さず俗名のみで通す者がいたことや、僧録が策定する掟にない行動を行う者がいたことがわかる。また、諸国を遍歴徘徊の僧侶に対する定は寛文四年正月に出されているが、特に諸国より参府し江戸市中で徘徊する僧侶が、江戸三ヶ寺の内の管轄下の一寺に披露するようにとの定は、幕府との関係もあろうが、江戸へ出る僧侶が増えてきた証拠であろう。

本史料が収録されている『代々』については、本巻No.10の解説を参照されたい。

参考文献
横関了胤『江戸時代洞門政要』(東洋書院、一九七七年)。
『覆刻　総持寺史』(大本山総持寺、一九八〇年)。
『新版禅学大辞典』(大修館書店、一九八五年)。

(遠藤廣昭)

（表紙）

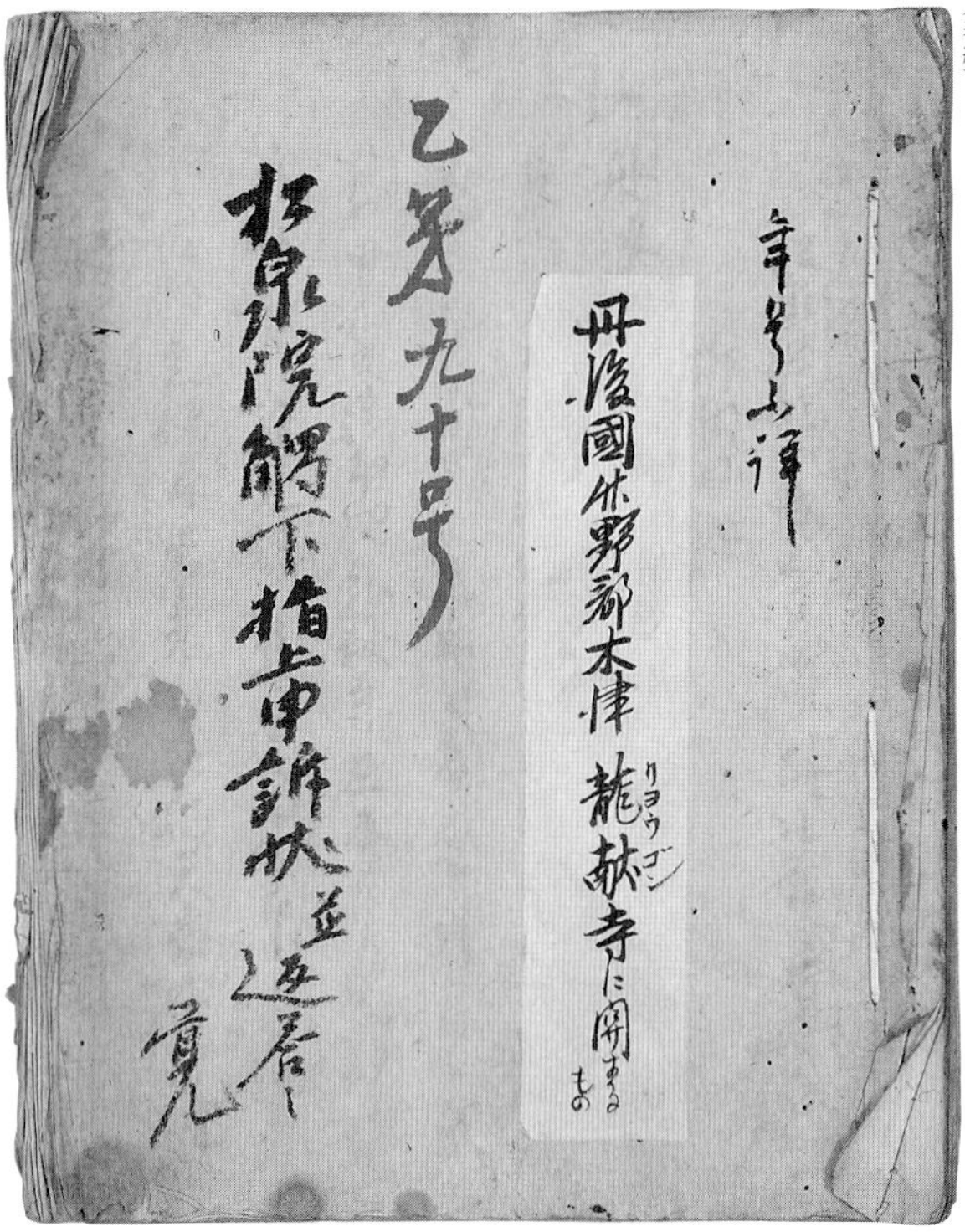

（寛文十三年〈一六七三〉）五月六日、丹後国智源寺密堂炉雪、松泉院との訴訟に関わる訴状および返答の覚等を永平寺へ提出する。

92 松泉院触下指上申訴状並返答之覚

（冊子装　27.5㎝×21.1㎝）

「（表紙）

年号不詳

「（貼紙）丹後国竹野郡木津(1)　龍献(リョウゴン)(2)寺に関するもの」

「（朱書）乙第九十号」

松泉院(3)触下指上申訴状並返答之

覚

」

（見返し）

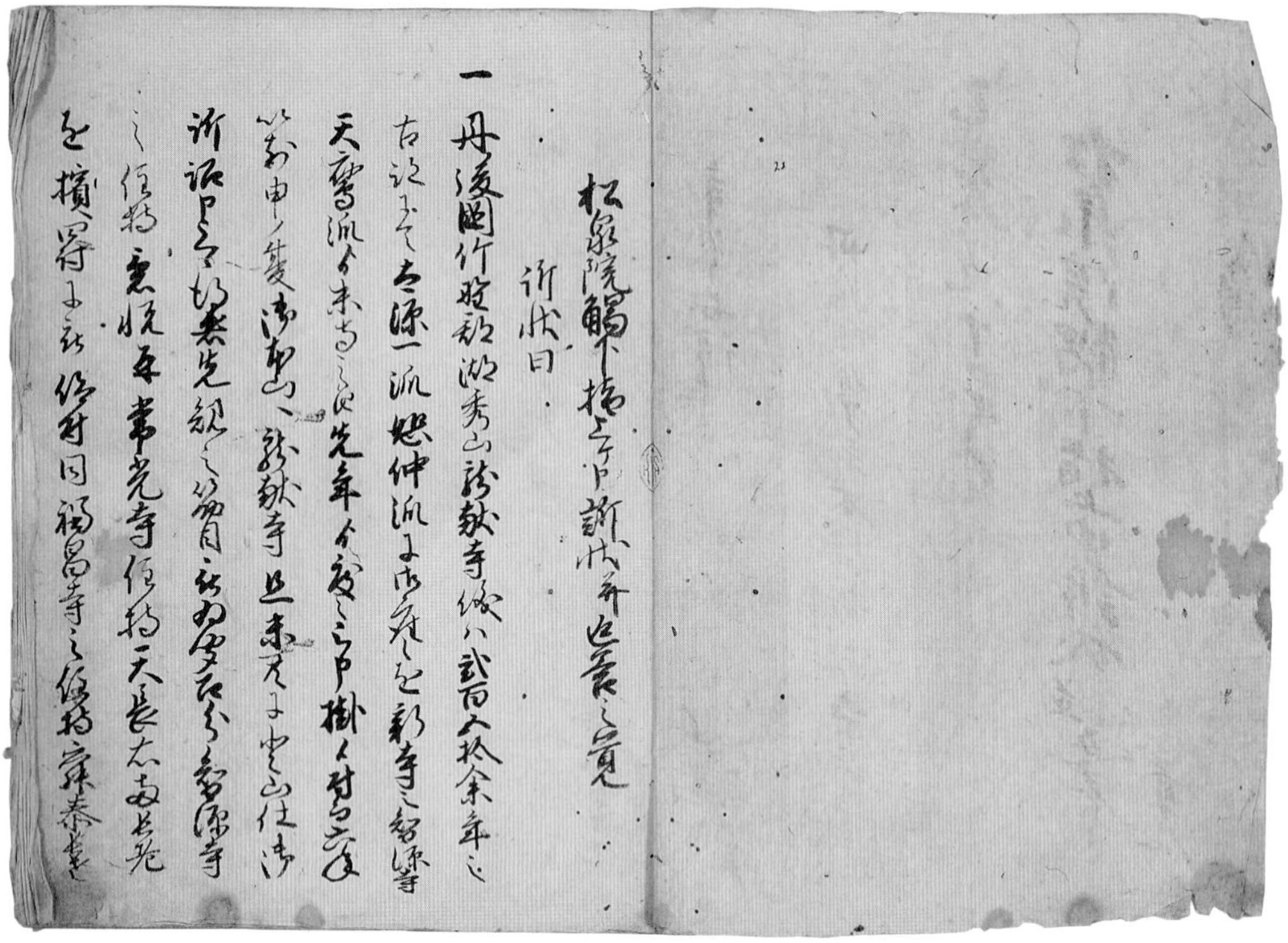

（見返し）

（記載なし）

（1オ）

松泉院触下指上ヶ申訴状并返答之覚

訴状曰、

一、丹後国竹野郡湖秀山龍献寺儀ハ、弐百五拾余年之
古跡[4]にて、太源一派恕仲派[5]に御座候を、新寺[6]之智源寺[7]
天鷹派[8]右末寺之由、先年右度々被申掛候付而、六年
以前申（寛文八年）ノ夏、御本山へ龍献寺旦末共に登山仕、御
訴訟申上候得者、先規之筋目被為聞召分、智源寺
之住持意悦[9]、並常光寺[10]住持天長[11]右両長老
を擯罰[12]に被仰付、同福昌寺[13]之住持舜泰[14]長老

(2オ)　　　　　　　　　　　　　　　　　　　　(1ウ)

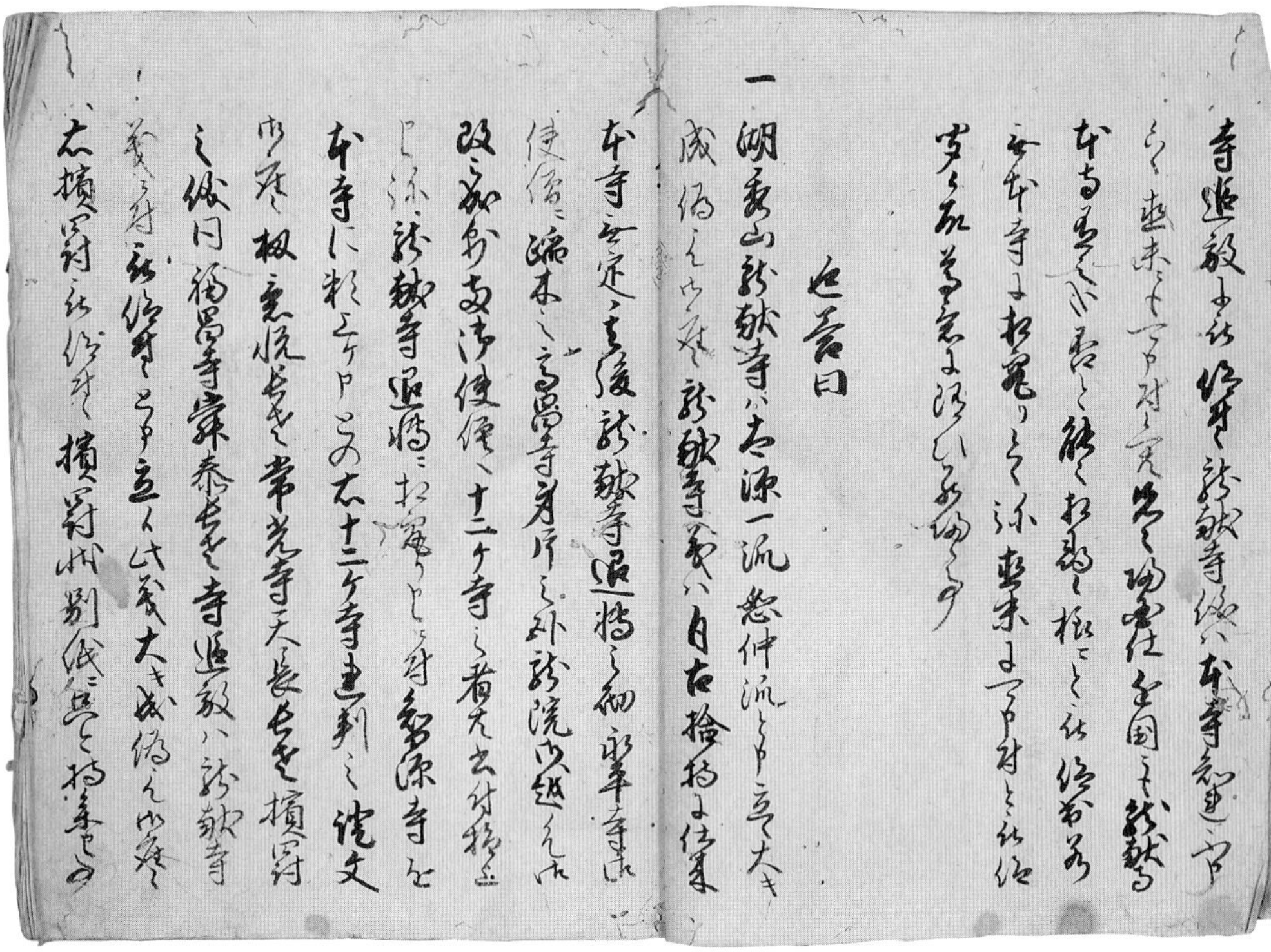

(1ウ)

寺追放に被仰付候、龍献寺儀ハ本寺知れ不申
候ハヽ、直末ニも可申付候ヘ共、先々帰国仕、近国ニも龍献寺
本寺有之哉否と、能々相尋候様ニと被仰出、若
無本寺に相究リ候ハヽ、弥直末に可申付と被仰
聞候故、尊意に随ひ罷帰候事、

返答曰、

一、湖秀山龍献寺ハ、太源一派怨仲派と申立候、大キ
成偽ニて御座候、龍献寺義[儀]ハ自古拾[15]持に仕来

(2オ)

本寺無定、其後龍献寺退転之砌、永平寺御
使僧ニ蹈木之高昌寺[16]・身片[方][17]之臥龍院御越ニて御
改被成、則両御使僧ヘ十二ヶ寺之者共書付指上
申候、弥龍献寺退転ニ相究リ申候ニ付、智源寺を
本寺に頼上ケ申との右十二ヶ寺連判之証文
御座候、扨意悦長老・常光寺天長長老擯罰
之儀、同福昌寺舜泰長老寺追放ハ、龍献寺
義ニ付被仰付候と申立候、此義大キ成偽ニて御座候、
右擯罰被仰付候擯罰状別紙ニ只今持参申候事、

(2ウ)

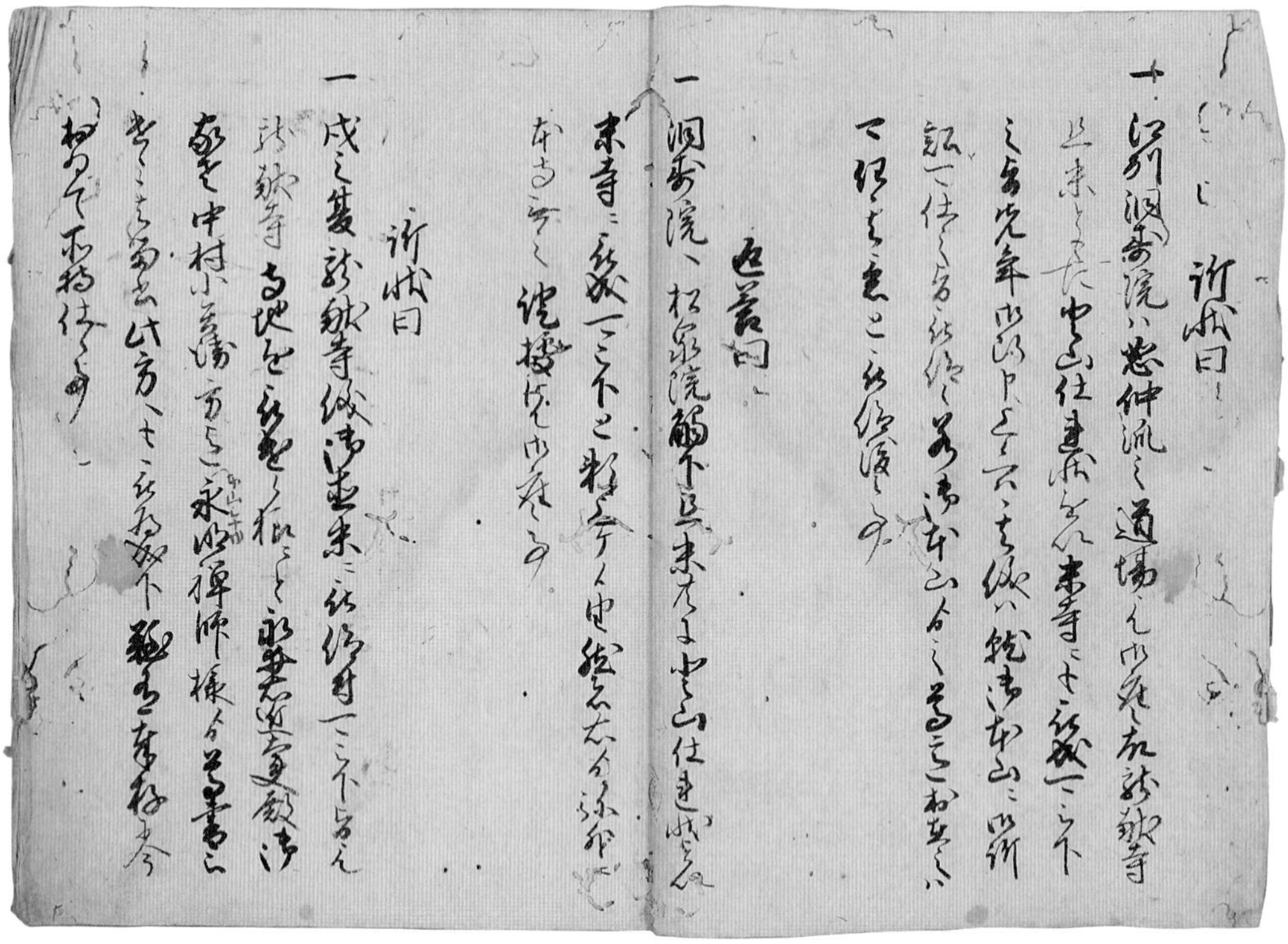

(3オ)

(2ウ)

訴状曰、

一、江州洞寿院[18]ハ恕仲派之道場ニて御座候故、龍献寺旦末ともに登山仕、連状を以末寺ニも被成可被下之旨、先年御断申上候へハ、其儀ハ就御本山ニ御訴訟可仕之旨被仰候、若御本山ゟ之尊意於在之ハ、可任其意と被仰渡候事、

返答曰、

一、洞寿院へ松泉院触下旦末共に登山仕、連状を以

(3オ)

末寺ニ被成可被下と頼上ヶ候由、然者、右ゟ弥外ニ本寺無之証拠にて御座候事、

訴状曰、

一、戊之夏（寛文十年）、龍献寺儀御直末ニ被仰付可被下旨ニて、龍献寺寺地を被遣候様ニと、永井右近太夫殿御[19]家老中村小兵衛方迄[20]、（朱書）（永明禅師様（本山三十世）[21]ゟ尊書被遣候、其留書此方へも被為成下難有奉存、爾今おゐて所持仕候事、

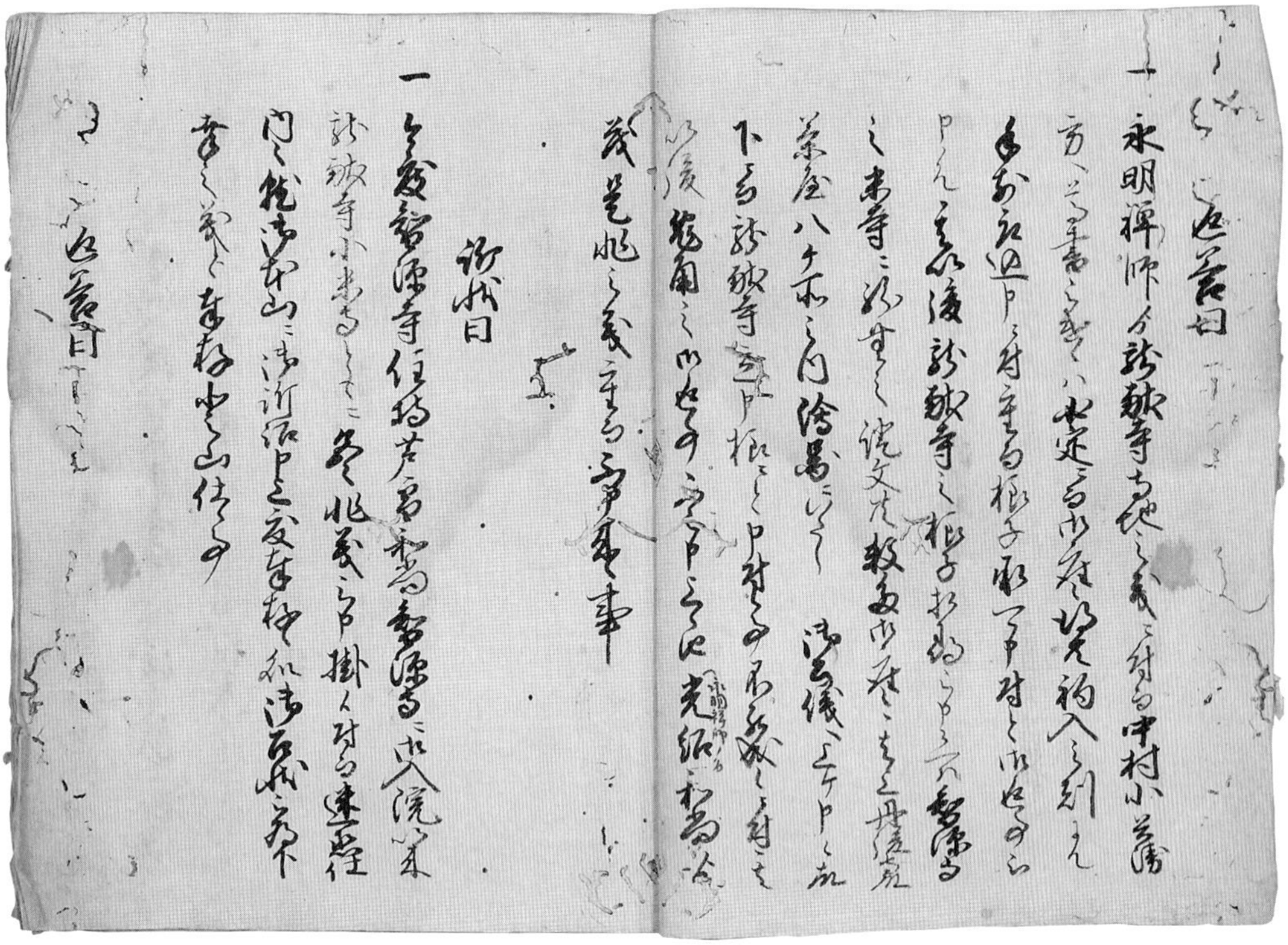

（3ウ）

返答曰、

一、永明禅師ゟ龍献寺寺地之義ニ付而、中村小兵衛
方へ尊書被遣候ハ必定ニ而御座候得共、初入之刻にて
手前取込申ニ付、重而様子承可申付と御返事被
申ニて、其以後、龍献寺之様子相尋被申候ヘハ、智源寺
之末寺ニ紛無之証文共数多御座候、其上丹後守殿(22)
茶屋八ケ所之内絵図ニいたし（致） 御公儀へ上ケ申候故、
下ニ而龍献寺立申様ニと申付候事不被成候ニ付、其
以後兎角之御返事不被申上候由、光紹（朱書）「永明禅師ノ名」和尚ゟ

（4オ）

茂是非之義重而不申来候事、

訴状曰、

一、今度、智源寺住持蘆雪和尚(23)智源寺ニ御入院以来、
龍献寺小末寺ともニ色々非義被申掛候付而、迷惑仕、
内々就御本山ニ御訴訟申上度奉存候処、御召状被為下
幸之義と奉存登山仕候事、

返答曰、

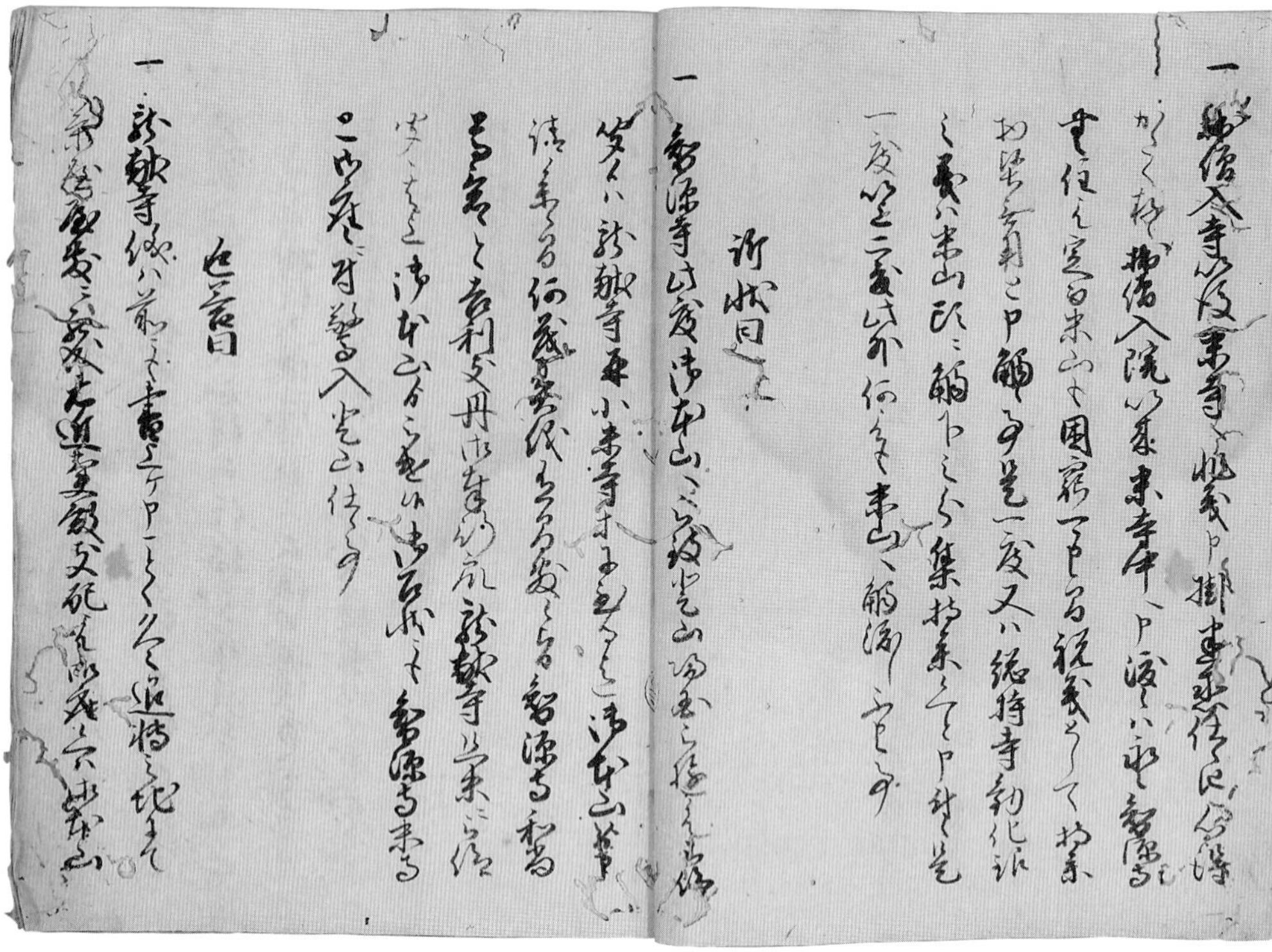
(5オ)　(4ウ)

（4ウ）一、拙僧入寺以後、末寺へ非義申掛迷惑仕候由、心得
かたく存候、拙僧入院以来、末寺中へ申渡候ハ、永々智源寺
無住ニて、定而末山も困窮可申候間、祝義として持参
物堅無用と申触候事是一度、又ハ総持寺勧化銀
之義ハ、末山頭ニ触下之分集持参候へと申付候、是
一度、以上二度、此外何ニても末山へ触渡し不申候事、

訴状曰、

一、智源寺此度御本山へ被致登山、帰国被遊ニて被仰
（5オ）聞候ハ、龍献寺并小末寺等に至る迄、御本山ゟ申
請参候間、何茂異儀有間敷候旨、智源寺和尚
尊意と吉利支丹御奉行衆[25]・龍献寺旦末ニ被仰
聞、其上御本山ゟ被遣候御召状ニも、智源寺末寺
と御座候ニ付、驚入登山仕候事、

返答曰、

一、龍献寺儀ハ、前ニも書上ヶ申ことく久々退転之地にて、
茶屋屋敷ニ罷成、右近太夫殿支配ニて御座候へハ、御本山

(6オ)　(5ウ)

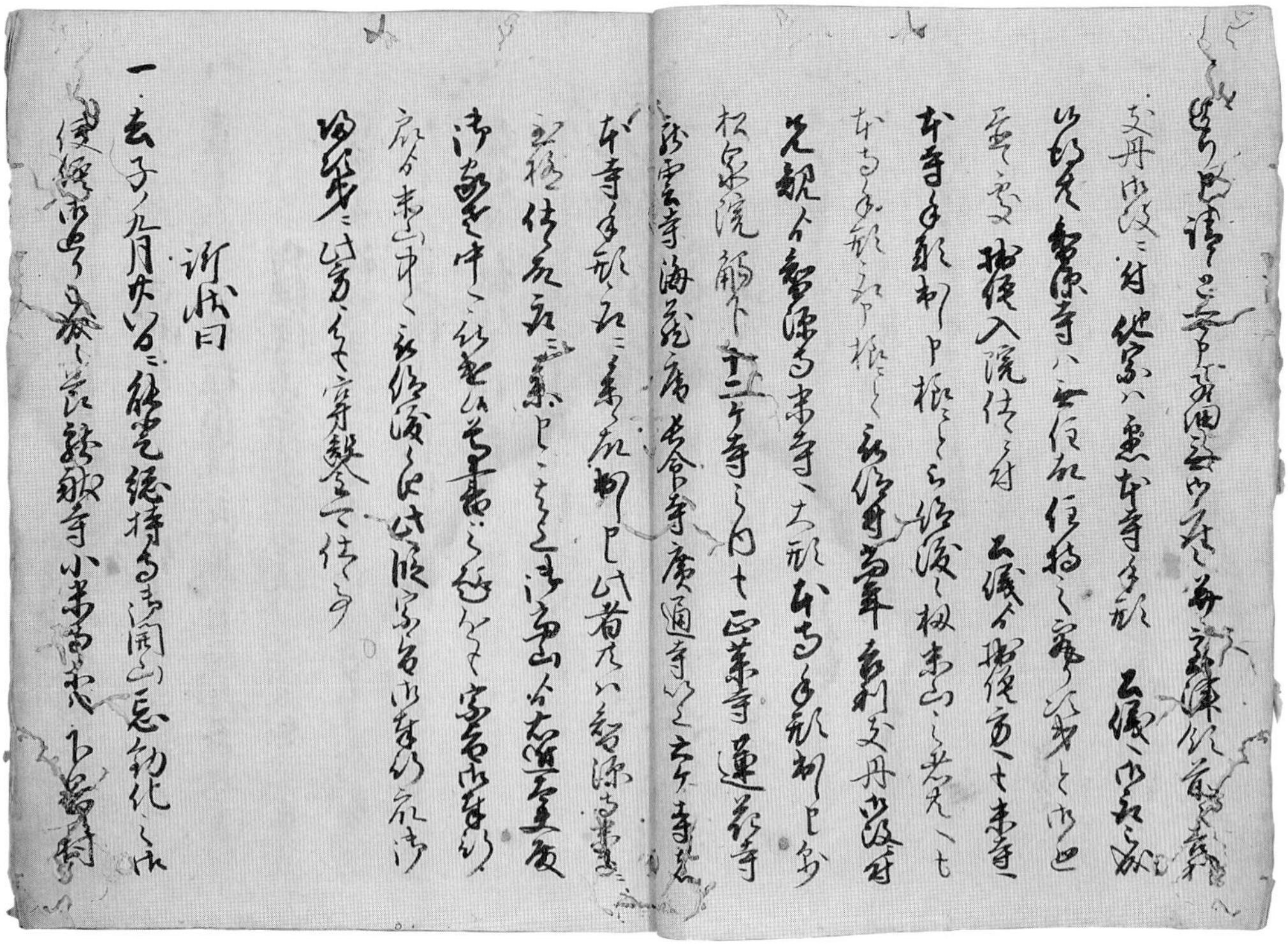

(5ウ)

より申請候と可申子細無御座候、幷宮津領前々吉利
支丹御改ニ付、他宗ハ悉本寺手形　公儀ヘ御取被成
候得共、智源寺ハ無住故、住持之究リ次第と御廻
置候処、拙僧入院仕候ニ付、公儀ゟ拙僧方ヘも末寺ヘ
本寺手形出し申様ニと被仰渡候、扨末山之者共ヘも
本寺手形取申様ニと被仰付、当年吉利支丹御改ニ付、
先規ゟ智源寺末寺ヘ大形本寺手形出し申候、則
松泉院触下十二ヶ寺之内も、正薬寺(26)・蓮花寺(27)・
龍雲寺(28)・海蔵庵(29)・長命寺(30)・広通寺(31)、以上六ヶ寺者

(6オ)

本寺手形取ニ参候故出し申候、此者共ハ、智源寺末寺ニ
至極仕候故取ニ参申候、其上御当山ゟ右近太夫殿
御家老中ヘ被遣候尊書之趣をも、宗旨御奉行
衆ゟ末山中ヘ被仰渡候由、此段宗旨御奉行衆御
帰次第ニ此方ニても穿鑿可仕候事、

訴状曰、

一、去子(寛文十二年)ノ九月廿八日ニ、能登総持寺御開山忌勧化(32)之御
使僧御廻リ被成候節、龍献寺小末寺等ハ、下岡村

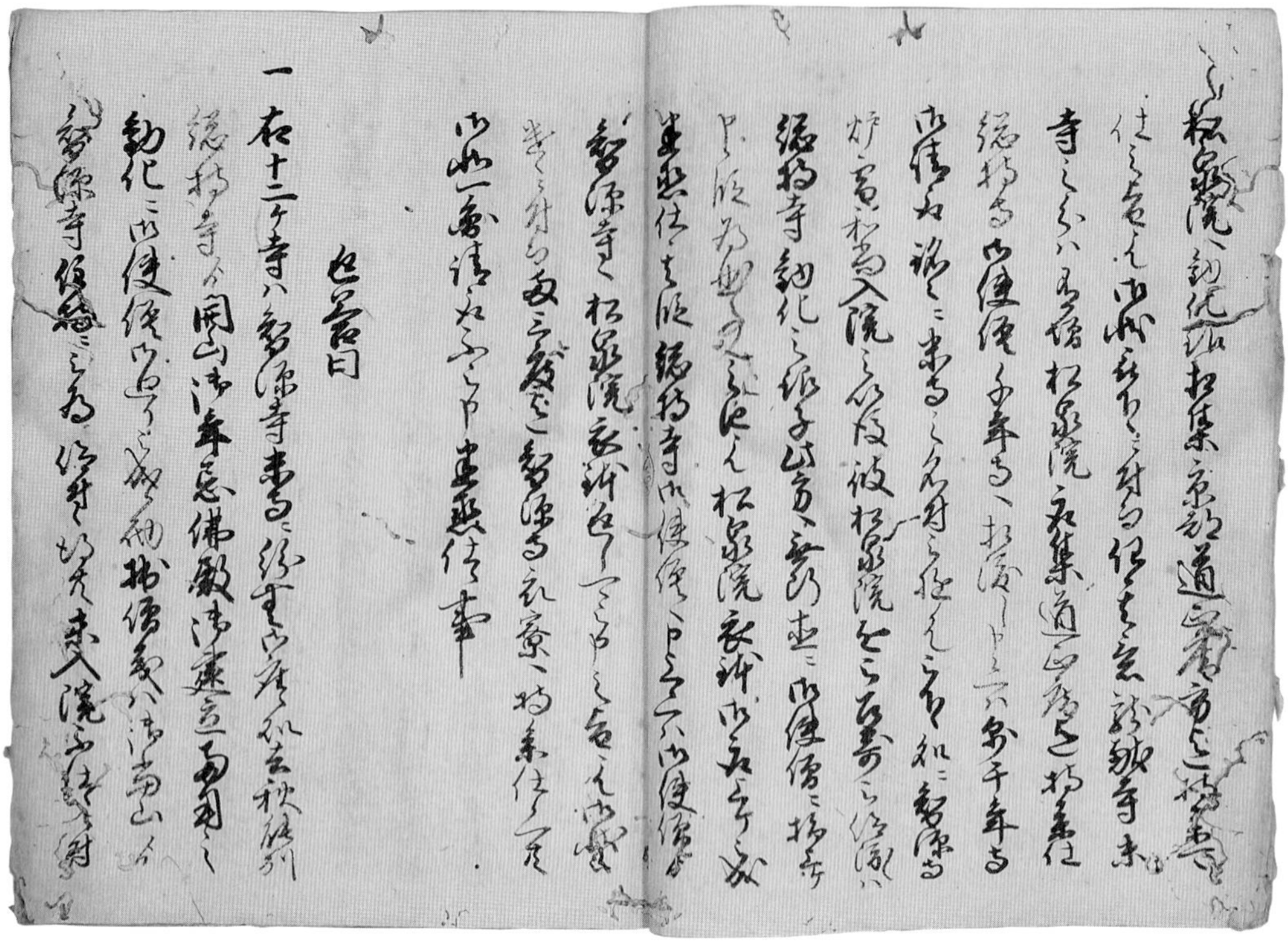

（7オ）　（6ウ）

（6ウ）
松泉院へ勧化銀相集、京都道正庵[33]方迄持参可
仕之旨ニて、御状被下候ニ付而、任其意、龍献寺末
寺之分ハ、有増松泉院取集、道正庵迄持参仕、
総持寺御使僧千年寺[34]へ相渡し申候ヘハ、則千年寺
御請取、銘々ニ末寺之名付被遊候て被下候処ニ、智源寺
炉雪和尚入院之以後、彼松泉院を被召寄被仰渡候ハ、
総持寺勧化之銀子、此方へ無断、直ニ御使僧ニ指上ケ
申候段、為曲事之由ニて、松泉院衣鉢御取上ケ被成
迷惑仕、其段総持寺御使僧へ申上候ヘハ、御使僧ゟ
（7オ）
智源寺へ松泉院衣鉢返し可被申之旨ニて、御状之
遣候ニ付而、両三度迄智源寺衆寮へ持参仕候ヘ共、
御状一円請取不被申迷惑仕候事、

返答曰、

一、右十二ケ寺ハ、智源寺末寺ニ紛無御座候処、去秋能州
総持寺ゟ開山御年忌・仏殿御建立両用之
勧化ニ御使僧御廻リ被成候砌、拙僧義ハ、御当山ゟ
智源寺住持ニ被為仰付候得共、未入院不仕候ニ付、

(8オ)

(7ウ)

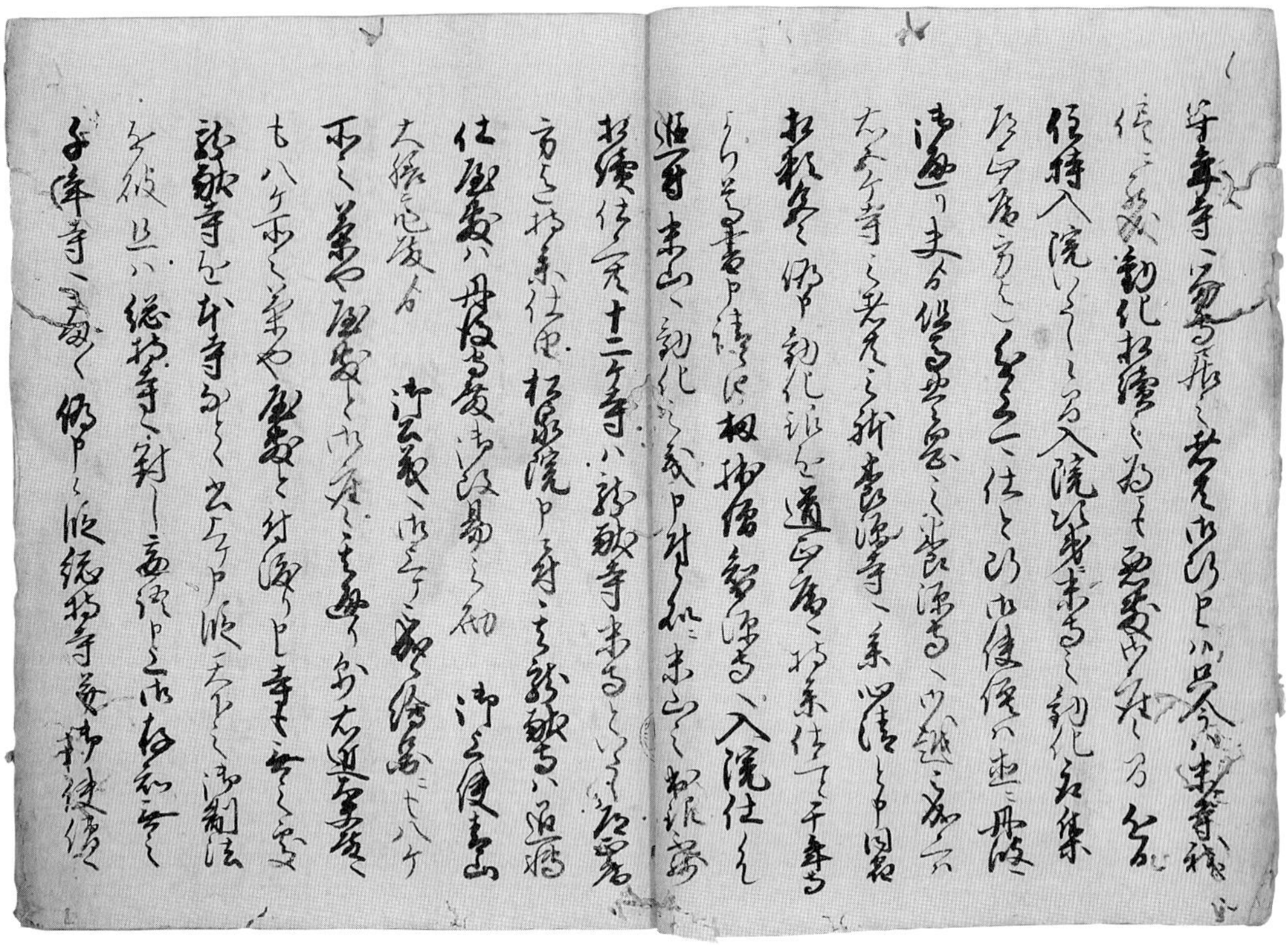

(7ウ)

千年寺ヘ留守居之者共御断申候ハ、只今ハ末寺我
侭ニ罷成、勧化相続之為ニも悪敷御座候間、近日
住持入院いたし候間、入院次第ニ末寺之勧化取集、
道正庵方迄進上可仕と断、御使僧ハ直ニ丹波ヘ
御通リ、夫ゟ但馬豊岡之養源寺(35)ヘ御越被成候ヘハ、
右五ヶ寺之者共之体、養源寺ヘ参、心清と申同宿
相頼、色々偽申、勧化銀を道正庵ヘ持参仕候ヘと、千年寺
より尊書申請候由、扨拙僧智源寺ヘ入院仕候て、
追付末山ヘ勧化之義申付候処ニ、末山之出銀不残

(8オ)

相続仕候ヘ共、十二ヶ寺ハ龍献寺末寺といたし、道正庵
方迄持参仕由松泉院申ニ付、其龍献寺ハ退転
仕、屋敷ハ丹後守殿御改易之砌、御上使青山
大膳亮殿(36)ゟ　御公義ヘ御上ケ被成候絵図ニも、八ケ
所之茶や屋敷と御座候其通リ、則右近大夫殿ヘ
も八ヶ所之茶や屋敷と付渡リ申候、寺も無之処、
龍献寺を本寺なとゝ書上ケ申段、天下之御制法
を破、且ハ総持寺ヘ対し妄語申上、御存知無之
千年寺ヘ度々偽申候段、総持寺幷御使僧ヘ

(9オ)

(8ウ)

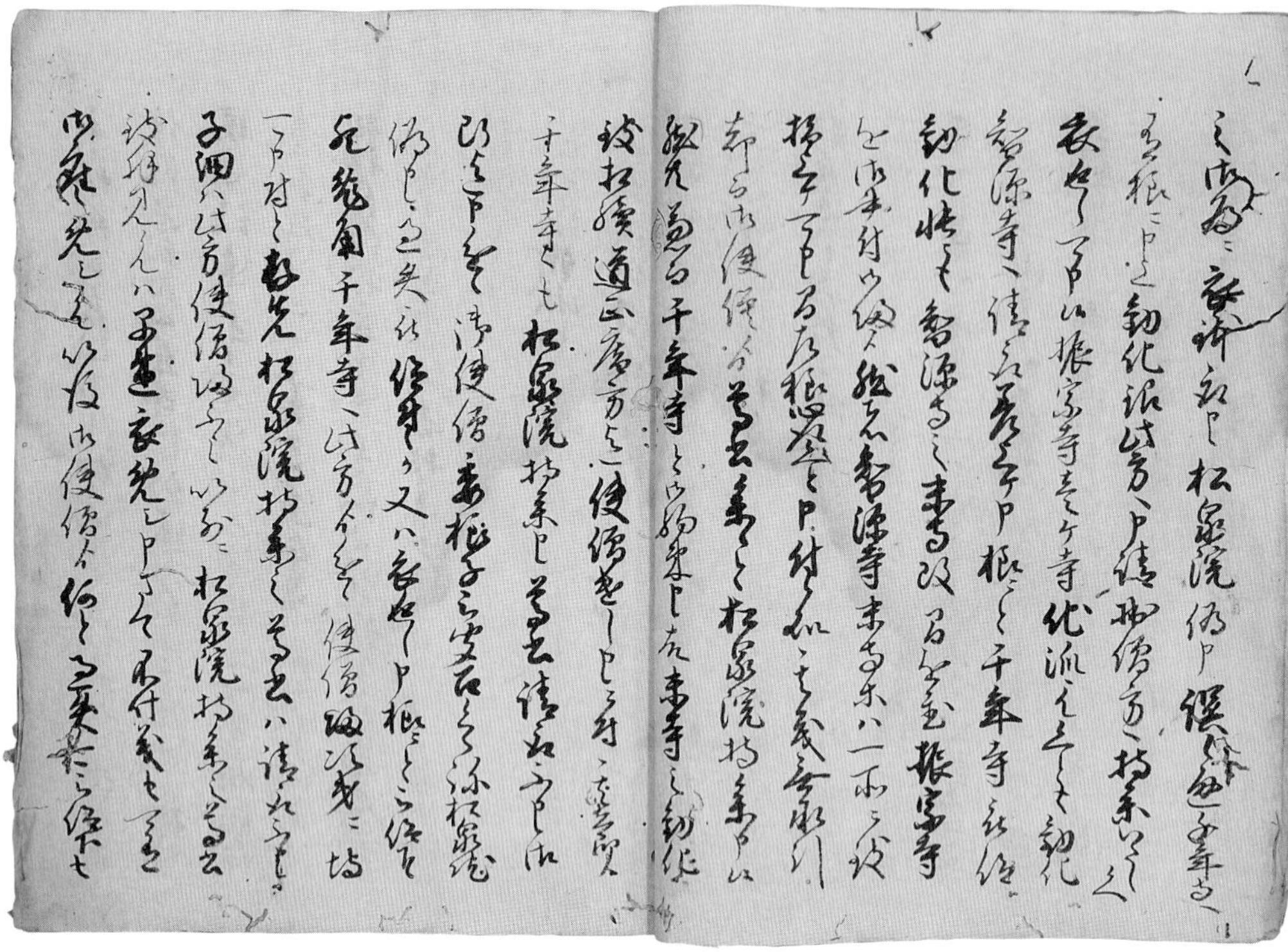

(8ウ)

之御為ニ衣鉢取申候、松泉院偽申誤候通、千年寺へ
有様ニ申上、勧化銀此方へ申請、拙僧方へ持参いたし候へ、
衣返し可申候、振宗寺[37]壱ケ寺他派ニて候へとも、勧化
智源寺へ請取差上ケ申様ニと千年寺被仰、
勧化帳ニも智源寺之末寺改、間を置振宗寺
を御書付御帰候、然者、智源寺末寺等ハ一所ニ致
指上ケ可申候間、左様心得候へと申付候処、其義無承引、
却而御使僧ゟ尊書参候と松泉院持参申候、
然共、兼而千年寺と御約束申候故、末寺之勧化

(9オ)

致相続、道正庵方迄使僧遣し申候ニ付、其節ハ
千年寺へも松泉院持参申候尊書請取不申候、御
断迄申進候、御使僧委様子被聞召候て、弥松泉院
偽申候、過失被仰付候か又ハ衣返し申様ニと被仰下候
歟、兎角千年寺へ此方ゟ進候使僧帰次第ニ埒
可申付と存、先松泉院持参之尊書ハ請取不申候、
子細ハ此方使僧帰不申候以前ニ、松泉院持参之尊書
致拝見ニてハ、早速衣免シ申たて不叶義も可有
御座候、免シニて以後、御使僧ゟ何と過失可被仰下も

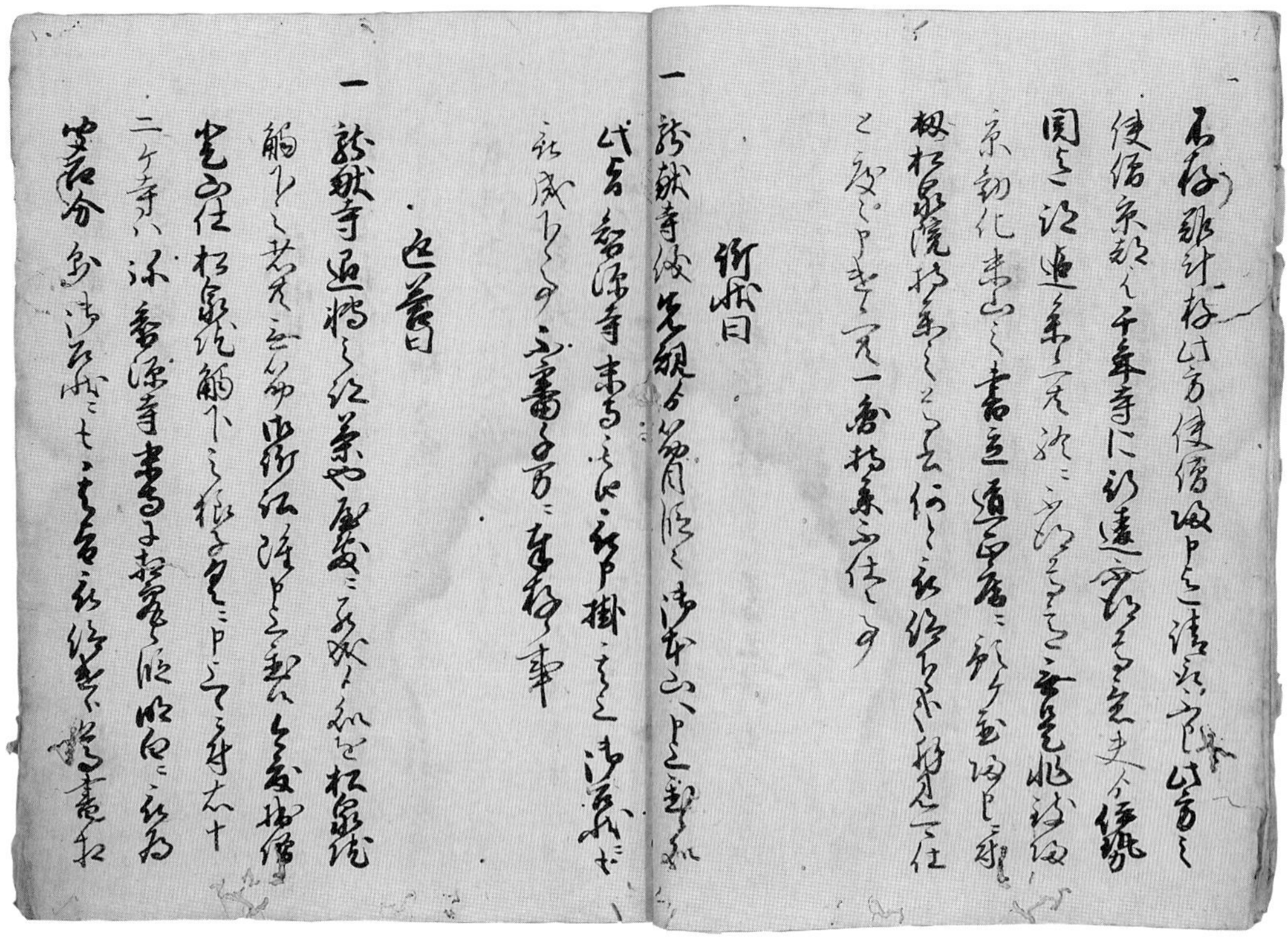

(10オ)　(9ウ)

(9ウ)
不存、難計存、此方使僧帰申迄請取不申候、此方之
使僧京都ニて千年寺に行違、不得尊意、夫ゟ伊勢
国迄跡追参候ヘ共、終ニ不得尊意無是非致帰
京、勧化末山之書立道正庵ニ預ケ置帰申候ニ付、
扨松泉院持参之尊書、何と被仰下候哉、拝見可仕
と、度々申遣候ヘ共、一円持参不仕候事、

訴状曰、

一、龍献寺儀、先規ゟ筋目段々御本山ヘ申上置候処、
(10オ)
此旨智源寺末寺之由被申掛、其上御召状ニも
被成下候事、不審千万ニ奉存候事、

返答曰、

一、龍献寺退転之跡、茶や屋敷ニ罷成候処を、松泉院
触下之者共、無筋御訴訟雖申上置候、今度拙僧
登山仕、松泉院触下之様子具ニ申上候ニ付、右十
二ヶ寺ハ、弥智源寺末寺に相究候段、明白ニ被為
聞召分、則御召状ニも其旨被仰遣候、尊書相

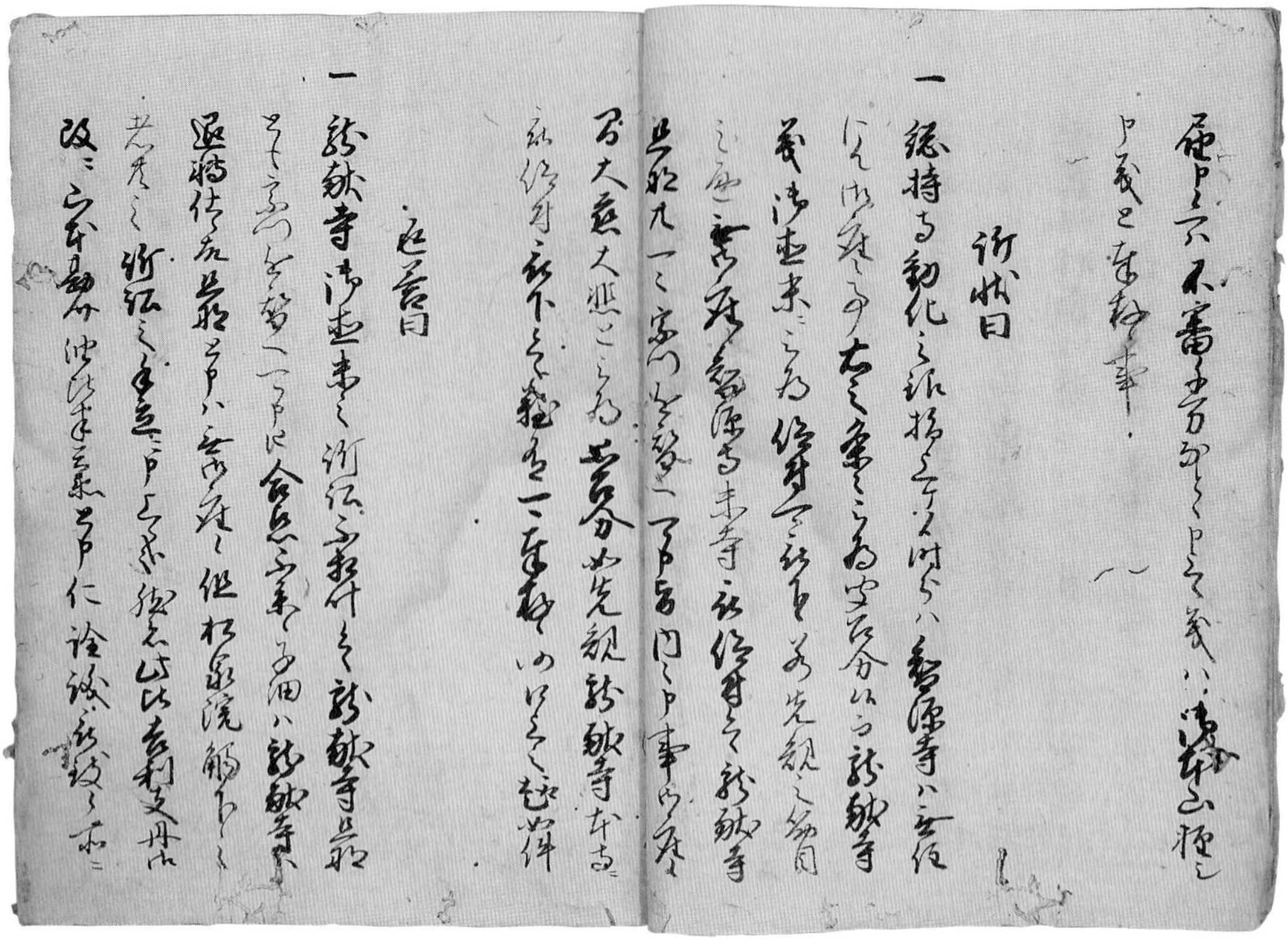
（10ウ）（11オ）

（10ウ）
届申候ヘハ、不審千万なと〻申上候義ハ、御本山軽シ
申義と奉存候事、

訴状曰、

一、総持寺勧化之銀指上ヶ候時分ハ、智源寺ハ無住
にて御座候事、右之条々被為聞召分候而、龍献寺
義、御直末ニ被為仰付可被下候、若先規之筋目
之通無御座、智源寺末寺被仰付候ハヽ、龍献寺
旦那共一々宗門を替ヘ可申旨、内々申事御座候
（11オ）
間、大慈大悲と被為思召分、如先規龍献寺本寺ニ
被仰付被下候ハヽ、難有可奉存候、仍口上之趣如件、

返答曰、

一、龍献寺御直末之訴訟不相叶候て、龍献寺旦那
とも宗門を替ヘ可申由合点不参候、子細ハ、龍献寺ハ
退転仕候故、旦那と申ハ無御座候、但松泉院触下之
者共之訴訟之手立ニ申上候哉、然者、此比吉利支丹御
改ニ山本勘介(38)・油比半兵衛(39)と申仁詮議被致候所ニ、

（12オ）（11ウ）

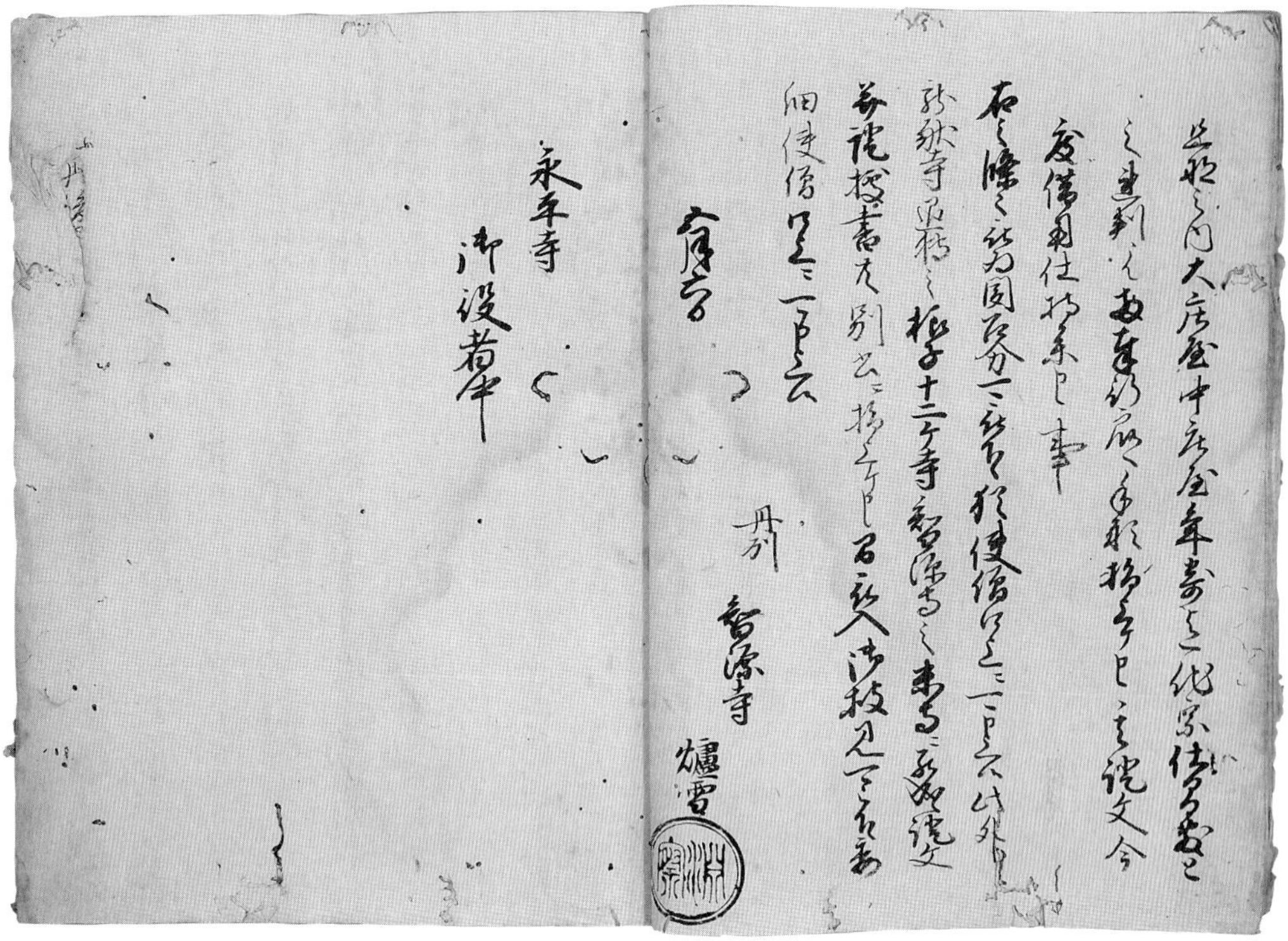

（11ウ）

旦那之内、大庄屋・中庄屋・年寄迄他宗仕間敷と
之連判ニて、両奉行衆へ手形指上ヶ申候、其証文今
度借用仕持参申候事、
右之条々被為聞召分可被下候、猶使僧口上ニ可申上候、此外
龍献寺退転之様子、十二ヶ寺智源寺之末寺ニ罷成、証文
幷証拠書共別書ニ指上ヶ申候間、被入御披見可被下候、委
細使僧口上ニ可申上候、

五月六日

丹州
智源寺
炉雪
（黒印文「淵察」）

（12オ）

永平寺
御役者中

(12ウ)　(13オ)

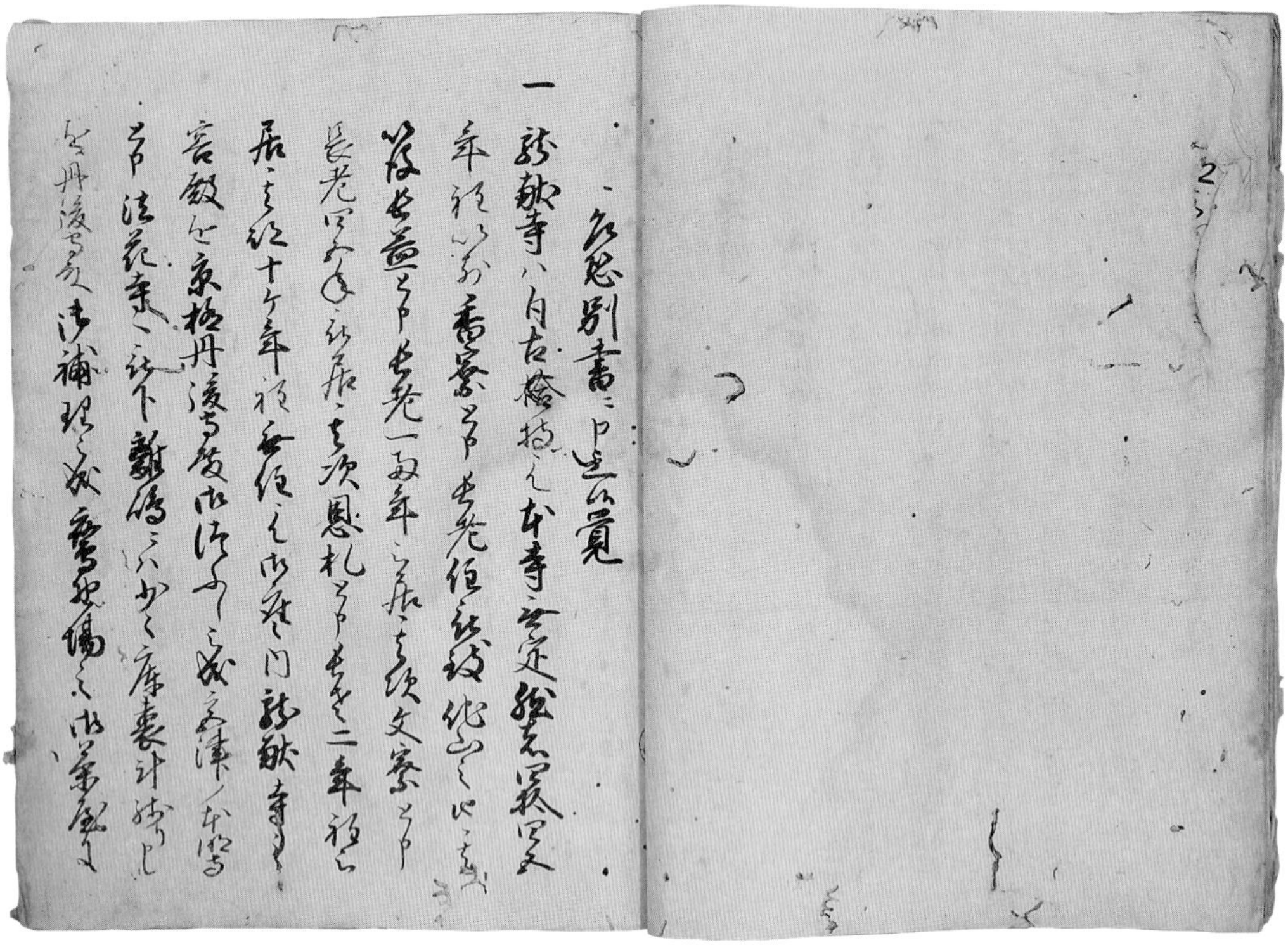

(12ウ)

（記載なし）

(13オ)

乍恐別書ニ申上候覚

一、龍献寺ハ自古拾持(ママ)ニて本寺無定、然者、四拾四五
年程以前香寮と申長老住被致他山之由、其
以後長益と申長老一両年被居、其次文寮と申
長老四五年被居、其次恩札と申長老二年程被
居、其跡十ケ年程無住ニて御座候内、龍献寺之
客殿を京極丹後守殿御つふし被成、宮津ノ本明寺(40)
と申法花寺ヘ被下、離島ニハ少々庫裏計残リ申候
を、丹後守殿御補理被成、鷹野場之御茶屋に

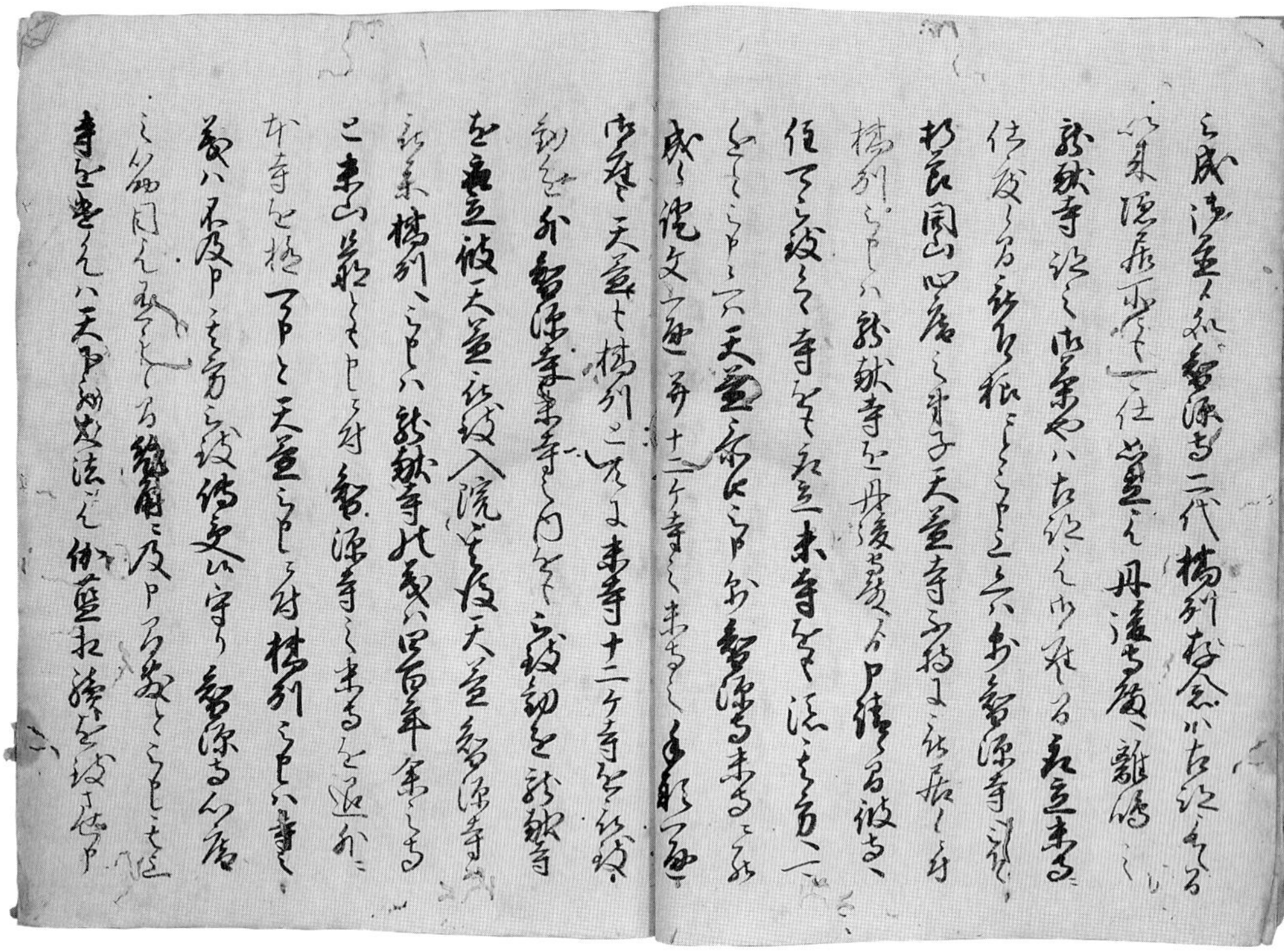

（14オ）（13ウ）

（13ウ）

被成御置候処、智源寺二代橘州(41)存念ハ古跡ニて候間、
以来隠居所ニも可仕思立ニて、丹後守殿へ離島之
龍献寺跡之御茶や(屋)ハ古跡ニて御座候間、取立末寺ニ
仕度候間被下様ニと被申上候へハ、則智源寺へ被下候、
折節開山心庵之弟子天益寺不持に被居候ニ付、
橘州被申候ハ、龍献寺を丹後守殿ゟ申請候間、彼寺へ
住可被致候ハヽ、寺をも取立、末寺をも諸其方へ可
進と被申候へハ、天益忝由被申、則智源寺末寺ニ罷
成候証文一通幷、十二ヶ寺之末寺之手形一通

（14オ）

御座候、天益も橘州と共に末寺十二ヶ寺を被致
勧進、外智源寺末寺之内をも被致勧進、龍献寺
を取立、彼天益被致入院、其後天益智源寺へ
被参、橘州へ被申候ハ、龍献寺の義ハ、四百年余之寺
と末山旦那とも申候ニ付、智源寺之末寺を退、外ニ
本寺を極可申候と天益被申候ニ付、橘州被申候ハ、寺之
義ハ不及申、其方被致伝受候守リ、智源寺心庵(42)
之筋目ニて有之候間、兎角ニ及申間敷と被申候、其上
寺を遣候てハ、天下之大法ニて伽藍相続を致させ申

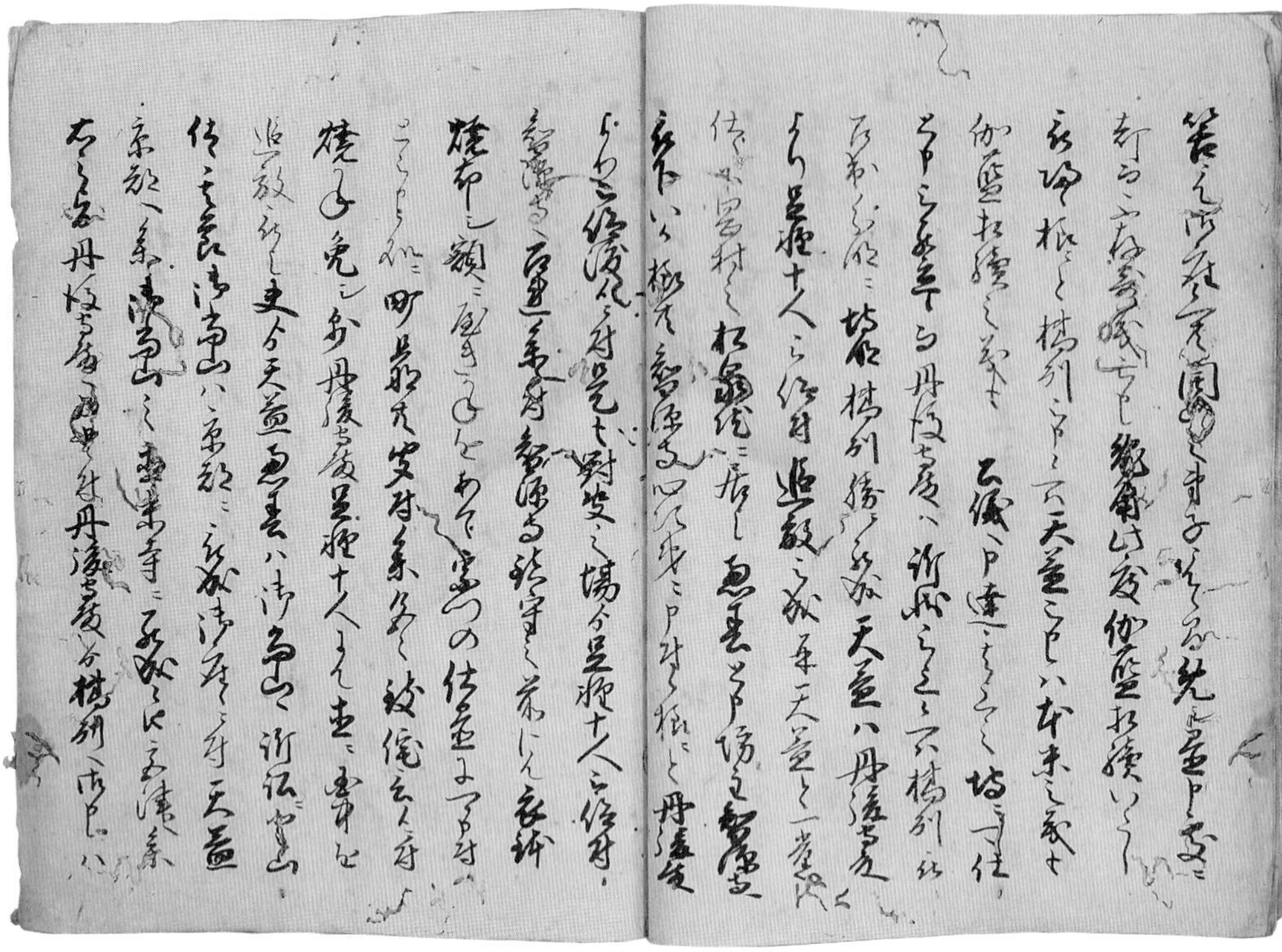

（14ウ）（15オ）

（14ウ）
筈ニて御座候へ共、開山之弟子ニて候間免シ置申候処ニ、
却而不存寄義被申候、兎角此度伽藍相続いたし
被帰候様ニと橘州被申候へハ、天益被申候ハ、本末之義も
伽藍相続之義も　公儀へ申達、其上之埒ニ可仕
と申被罷立候而、丹後守殿へ訴状被上候へハ、橘州被
召出分明ニ埒明、橘州勝ニ罷成、天益ハ丹後守殿
より足軽十人被仰付追放被成、并天益と一党
仕候下岡村之松泉院ニ居申候恵春と申坊主、智源寺へ
被下、いか様共智源寺心次第ニ申付候様ニと丹後殿
（15オ）
より被仰渡候ニ付、是も対決之場ゟ足軽十人被仰付、
智源寺へ召連参候付、智源寺鎮守之前にて衣鉢
焼却シ、額ニやきかね（焼鉄）をあて、宗門の仕置に可申付
と被申候処ニ、町旦那共聞付参、色々致侘言候ニ付、
焼かね免シ、則丹後守殿足軽十人にて直ニ国中を
追放被申候、夫ゟ天益・恵春ハ御当山へ訴訟ニ登山
仕候、其節御当山ハ京都ニ被成御座候ニ付、天益
京都へ参、御当山之直末寺ニ罷成候由、宮津へ参
右之旨丹後守殿へ［被遣候］ニ付、丹後守殿ゟ橘州へ御申候ハ、

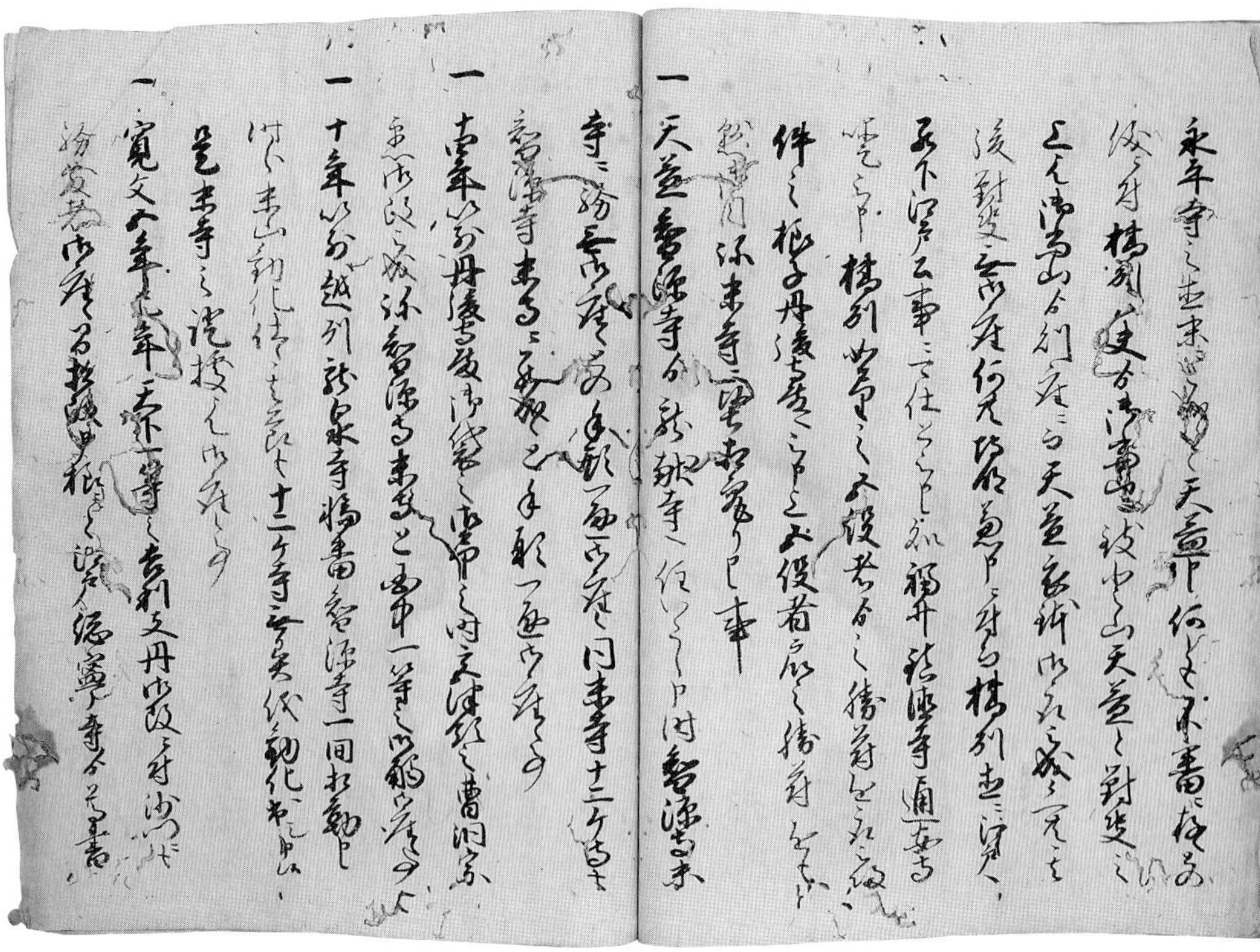

（15ウ）
永平寺之直末ニ被成候と天益申候、何とも不審ニ存候との
儀ニ付、橘州八夫ゟ御当山へ致登山、天益と対決之
上ニて、御当山ゟ別座ニ而天益衣鉢御取被成候へ共、其
後対決無御座、何共埒明兼申ニ付而、橘州直ニ江戸へ
罷下、江戸公事ニ可仕と被申候処、福井鎮徳寺(43)・通安寺(44)
曖被申、橘州如望之五役者ゟ之勝符を取被帰、
件之様子丹後守殿へ被申上、五役者衆之勝符をも
懸御目、弥末寺ニ堅相究リ申候事、
一、天益智源寺ゟ龍献寺へ住いたし申時、智源寺末
（16オ）
寺ニ紛無御座候との手形一通御座候、同末寺十二ヶ寺も
智源寺末寺ニ罷成候と手形一通御座候事、
一、十四年以前、丹後守殿御袋(45)之御弔之時、宮津領之曹洞宗
悉御改被成、弥智源寺末寺と国中一等之御触御座候事、
一、十年以前、越州龍泉寺(46)輪番智源寺一回相勤申候
時分、末山勧化仕候、其節も十二ヶ寺無異儀勧化出シ申候、
是末寺之証拠ニて御座候事、
一、寛文五年巳年、天下一等〔統〕之吉利支丹御改ニ付、沙門ニも
紛敷者御座候間相改申様ニと江戸総寧寺(47)ゟ尊書

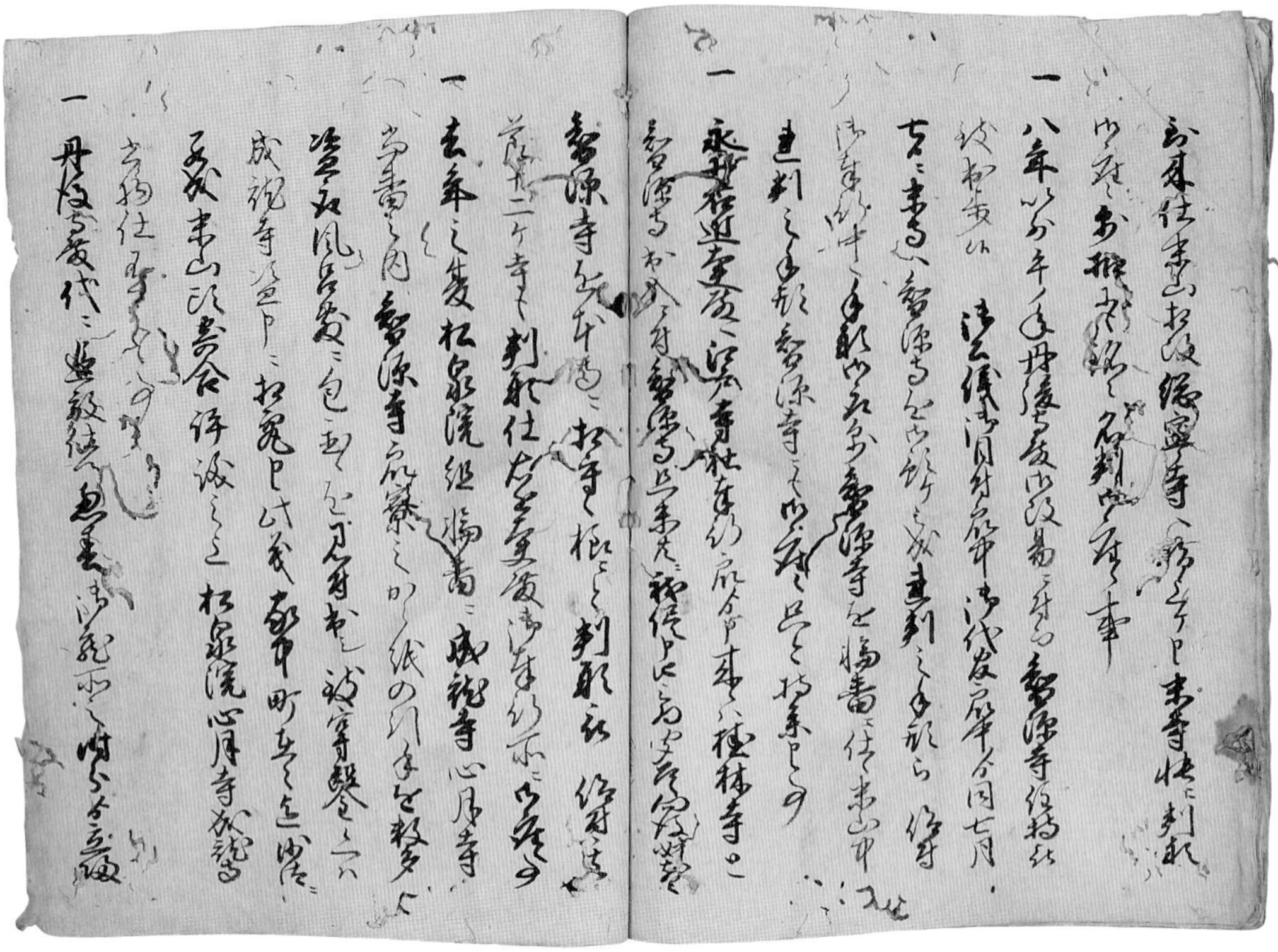

(16ウ)

到来仕、末山相改、総寧寺ヘ指上ケ申候末寺帳ニ判形
御座候、則扣にも銘々名判御座候事、

一、八年以前午ノ年(寛文六年)、丹後守殿御改易ニ付而、智源寺住持被
致出歩候、御公儀御目付衆中[48]・御代官衆中[49]ゟ同七月
七日ニ末寺ヘ智源寺を御預ケ被成、連判之手形被　仰付、
御奉行中ヘ手形御取、則智源寺を輪番ニ仕候末山中
連判之手形智源寺ニも御座候、只今持参申候事、

一、永井右近大夫殿[50]ヘ江戸寺社奉行衆ゟ申来候ハ、桂林寺[51]と
智源寺出入ニ付、智源寺旦末共ニ我侭申由被為聞召候、向後如前々

(17オ)

智源寺を本寺ニ相守候様ニと判形被　仰付、其
節十二ケ寺も判形仕、右近大夫殿御奉行所ニ御座候事、

一、去年之夏松泉院組輪番ニ成就寺[52]・心月寺[53]
当番之内、智源寺衆寮之から紙の引手を数多
盗取、風呂敷ニ包置候を見付出シ、致穿鑿候ヘハ、
成就寺盗申ニ相究申候、此義家中町在々迄沙汰ニ
罷成、末山頭寄合評議之上、松泉院・心月寺・成就寺
書物仕有之候事、

一、丹後守殿代ニ追放仕候恵春、御蔵所之時分ゟ立帰、

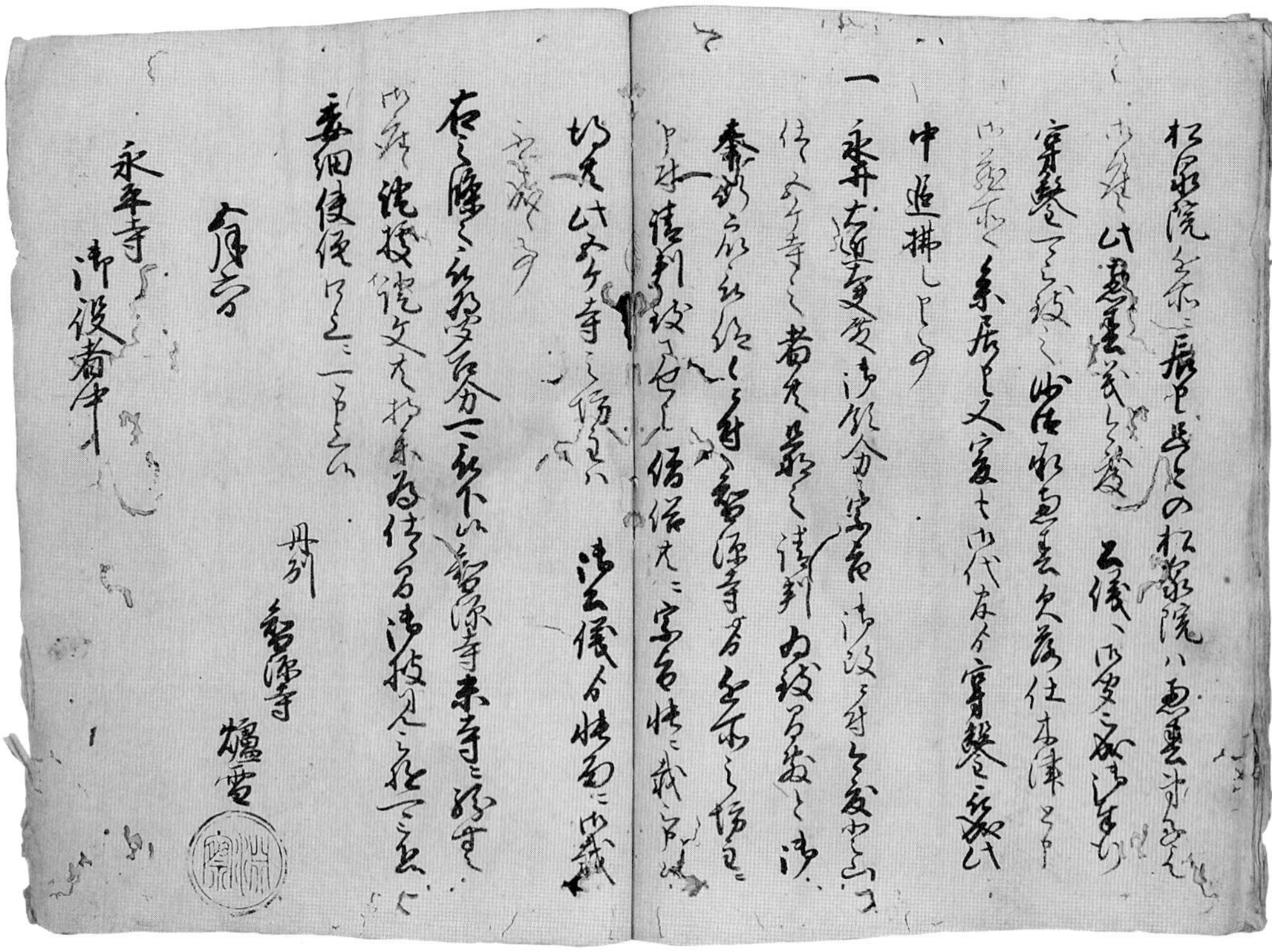
(18オ)　(17ウ)

(17ウ)
松泉院近所ニ居申候、只今の松泉院ハ恵春弟子ニて
御座候、此恵春義今度　公儀へ御聞被成、御奉行
穿鑿可被致之沙汰承、恵春欠落仕、木津と申
御蔵所へ(54)参居申候、又爰も御代官ゟ穿鑿被成、此
中追払し申候事、
一、永井右近大夫殿御領分宗旨御改ニ付、今度登山
仕候五ヶ寺之者共、旦那之請判為致間敷と御
奉行衆被仰候ニ付、智源寺ゟ近所之坊主ニ
申付請判致させ申候、僧俗共ニ宗旨帳ニ載被申候
(18オ)
得共、此五ヶ寺之坊主ハ、御公儀ゟ帳面ニ御載
不被成候事、
右之条々被為聞召分可被下候、智源寺末寺ニ紛無
御座候証拠証文共持参為仕候間、御披見被遊可被下候、
委細使僧口上ニ可申上候、

五月六日

丹州
智源寺
炉雪　(黒印文「淵察」)

永平寺
御役者中

（18ウ）（19オ）

（18ウ）

（記載なし）

（19オ）

（記載なし）

（裏表紙）

（裏表紙）

（記載なし）

【読み下し】

松泉院触下指し上げ申す訴状幷びに返答の覚

訴状に曰く、

一つ、丹後国竹野郡湖秀山龍献寺の儀は、弐百五拾余年の古跡にて、太源一派如仲（じょちゅう）派に御座候を、新寺の智源寺天鷹（てんよう）派より末寺の由、先年より度々申し掛られ候に付いて、六年以前申の夏、御本山へ龍献寺旦末共に登山仕り、御訴訟申し上げ候へば、先規の筋目聞こし召しなさるる分、智源寺の住持意悦、並びに常光寺住持天長右両長老を擯罰に仰せ付けられ、同福昌寺の住持春泰長老寺追放に仰せ付けられ候。龍献寺の儀は本寺知れ申さず候はば、直末にも申し付くべく候へ共、先々帰国仕り、近国にも龍献寺本寺これ有り哉否と、能々相尋ね候様にと仰せ出だされ、若し無本寺に相究まり候はば、いよいよ直末に申し付くべしと仰せ聞かされ候故、尊意に随い罷り帰り候事。

返答に曰く、

一つ、湖秀山龍献寺は、太源一派恕仲派と申し立て候、大き成る偽りにて御座候。龍献寺の儀は古くより拾持に仕り来たり本寺定め無く、その後龍献寺退転の砌、永平寺御使僧に踏木の興聖寺・身方の臥龍院御越にて御改め成られ、則ち両御使僧へ十二ヶ寺の者共書き付け指し上げ申し候。いよいよ龍献寺退転に相究まり申し候に付き、智源寺を本寺に頼み上げ申すとの右十二ヶ寺連判の証文御座候。扨意悦長老・常光寺天長長老を擯罰の儀、同じく福昌寺春泰長老寺追放は、龍献寺儀に付き仰せ付けられ候と申し立て候。此の儀大き成る偽りにて御座候。右擯罰仰せ付けられ候擯罰状別紙に只今持参申し候事。

訴状に曰く、

一つ、江州洞寿院は恕仲派の道場にて御座候故、龍献寺旦末ともに登山仕り、連状をもって末寺にも成され下さるべくの旨、先年御断り申し上げ候へば、その儀は御本山に就いて御訴訟仕るべきの旨仰され候。若し御本山よりの尊意これ在るにおいては、その意に任すべしと仰せ渡され候事。

返答に曰く、

一つ、洞寿院へ松泉院触下旦末共に登山仕り、連状をもって末寺に成され下さるべしと頼み上げ候由、然らば、右よりいよいよ外に本寺これ無き証拠にて御座候事。

訴状に曰く、

一つ、戌の夏、龍献寺儀御直末に仰せ付けられ下さるべき旨にて、龍献寺寺地を遣され候様にと、永井右近大夫殿御家老中村小兵衛方まで、(本山三十世)永明禅師様より尊書遣され候。その留書此の方へも成し下しなされ有り難く存じ奉り、今において所持仕り候事。

返答に曰く、

一つ、永明禅師より龍献寺寺地の儀に付て、中村小兵衛方へ尊書遣され候ば必定にて御座候へ共、初入の刻にて手前取り込み申すに付、重ねて様子承り申し付くべしと御返事申さるにて、それ以後、龍献寺の様子相尋ね申され候へば、智源寺の末寺に紛れ無きの証文共数多く御座候。その上丹後守殿茶屋八ヶ所の内絵図に致し　御公儀へ上げ申し候故、下にて龍献寺立ち申す様にと申し付け候事成されず候に付、それ以後兎角の御返事申し上げられざる候由、光紹(永明禅師の名)和尚よりも是非の儀重ねて申し来らず候事。

訴状に曰く、

一つ、今度、智源寺住持蘆雪和尚智源寺に御入院以来、龍献寺小末寺ともに色々非義を申し掛られ候に付いて、迷惑仕り、内々御本山に就いて御訴訟申し上げたく存じ奉り候処、御召状下しなされ幸の儀と存じ奉り登山仕り候事。

返答に曰く、

一つ、拙僧入寺以後、末寺へ非義申し掛け迷惑仕り候由、心得かたく存じ候。拙僧入院以来、末寺中へ申し渡し候は、永々智源寺無住にて、定めて末山も困窮申すべく候間、祝儀として持参物堅く無用と申し触れ候事これ一度、又は總持寺勧化銀の儀は、末山頭に触下の分を集め持参候へと申し付け候。これ一度、以上二度、此の外何にても末山へ触れ渡し申さず候事。

訴状に曰く、

一つ、智源寺此の度御本山へ登山致され、帰国遊さるにて仰せ聞かされ候は、龍献寺幷びに小末寺等に至るまで、御本山より申し請け参り候間、何れも異儀有る間敷く候旨、智源寺和尚尊意と吉利支丹御奉行衆・龍献寺旦末に仰せ聞かされ、その上御本山より遣され候御召状にも、智源寺末寺と御座候に付き、驚き入り登山仕り候事。

返答に曰く、

一つ、龍献寺の儀は、前にも書き上げ申すごとく久々退転の地にて、茶屋屋敷に罷り成り、右近太夫殿支配にて御座候へば、御本山より申し請け候と申すべき子細御座無く候。幷びに宮津領前々吉利支丹御改めに付き、他宗は悉く本寺手形公儀へ御取り成られ候へ共、智源寺は無住故、住持の究まり次第と御廻し置き候処、拙僧入院仕り候に付き、公儀より拙僧方へも末寺へ本寺手形出し申す様にと仰せ渡され候。扨末山の者共へも本寺手形取り申す様にと仰せ付けられ、当年吉利支丹御改めに付き、先規より智源寺末寺へ大形本寺手形出し申し候。則ち松泉院触下十二ヶ寺の内も、正薬寺・蓮華寺・龍雲寺・海蔵庵・長命寺・広通寺、以上六ヶ寺は本寺手形取りに参り候故出し申し候。此の者共は、智源寺末寺に至極仕り候故取に参り申し候。その上御当山より右近太夫殿御家老中へ遣され候尊書の趣をも、宗旨御奉行衆より末山中へ仰せ渡され候由、此の段宗旨御奉行衆御帰り次第に此の方にても穿鑿仕るべく候事。

訴訟に曰く、

一つ、去子ノ九月廿八日に、能登總持寺御開山忌勧化の御使僧御廻り成られ候節、龍献寺小末寺等は、下岡村松泉院へ勧化銀相集め、京都道正庵方まで持参仕るべきの旨にて、御状下され候に付て、その意に任せ、龍献寺末寺の分は、有増し松泉院取り集め、道正庵まで持参仕り、總持寺御使僧千年寺へ相渡し申し候へば、則ち千年寺御請け取り、銘々に末寺の名付け遊され候て下され候処に、智源寺炉雪和尚入院の以後、彼の松泉院を召し寄せられ仰せ渡され候は、總持寺勧化の銀子、此の方へ断り無く、直に御使僧に指し上げ申し候段、曲事たるの由にて、松泉院衣鉢御取り上げ成られ迷惑仕り、その段總持寺御使僧へ申し上げ候へば、御使僧より智源寺へ松泉院衣鉢返し申さるべくの旨にて、御状これ遣し候に付いて、両三度まで智源寺衆寮へ持参仕り候へ共、御状一円に請け取り申されず迷惑仕り候事。

返答に曰く、

一つ、右十二ヶ寺は、智源寺末寺に紛れ無く御座候処、去る秋、能州總持寺より開山御年忌・仏殿御建立両用の勧化に御使僧御廻り成られ候砌、拙僧儀は、御当山より智源寺住持に仰せ付けなされ候へ共、未だ入院仕らず候に付き、千年寺へ留守居の者共御断り申し候は、只今は末寺我侭（わがまま）に罷り成り、勧化相続のためにも悪敷く御座候間、近日住持入院いたし候間、入院次第に末寺の勧化取り集め、道正庵方まで進上仕るべくと断り、御使僧は直に丹波へ御通り、夫より但馬豊岡の養源寺へ御越し成られ候へば、右五ヶ寺の者共の体、養源寺へ参り、心清と申す同宿に相頼み、色々偽り申し、勧化銀を道正庵へ持参仕り候へと、千年寺より尊書申し請け候由、扨拙僧智源寺へ入院仕り候て、追っ付け末山へ勧化の儀申し付け候処に、末山の出銀残らず相続仕り候へ共、十二ヶ寺は龍献寺末寺といたし、道正庵方まで持参仕る由松泉院申すに付き、その龍献寺は退転仕り、屋敷は丹後守殿御改易の砌、御上使青山大膳亮殿より御公儀へ御上げ成られ候絵図にも、八ヶ所の茶や屋敷と御座候その通り。則ち右近大夫殿へも八ヶ所の茶や屋敷と付け渡り申し候。寺もこれ無き処、龍献寺を本寺などと書き上げ申す段、天下の御制法を破り、且は總持寺へ対し妄語申し上げ、御存知これ無き千年寺へ度々偽り申し候段、総持寺幷びに御使僧への御為に衣鉢取り申し候。松泉院偽り申し誤り候通り、千年寺へ有り様に申し上げ、勧化銀此の方へ申し請け、拙僧方へ持参いたし候へ、衣返し申すべく候。振宗寺壱ヶ寺他派にて候へども、勧化智源寺へ請け取り差し上げ申す様にと千年寺仰せられ、勧化帳にも智源寺の末寺を改め、間を置き振宗寺を御書付け御帰り候。然らば、智源寺末寺等は一所に致し指上げ申すべく候間、左様心得候へと申し付け候処、その儀承引無く、却って御使僧より尊書参り候と松泉院持参申し候。然れ共、兼ねて千年寺と御約束申し候故、末寺の勧化相続いたし、道正庵方まで使僧遣し申し候に付き、その節は千年寺へも松泉院持参申し候尊書請け取り申さず候。御断りまで申し進せ候。御使僧委（つぶ）さに様子聞こし召され候て、いよいよ松泉院偽り申し候。過失仰せ付けられ候か又は衣返し申す様にと仰せ下されれ候歟。兎角千年寺へ此の方より進せ候使僧帰り次第に埒（ら）ち申し付くべきと存じ、先ず松泉院持参の尊書は請け取り申さず候。子細は此の方の使僧帰り申さず候以前に、松泉院持参の尊書拝見いたすにては、早速衣免じ申したて叶わざる儀もあるべく御座候。免じにて以後、御使僧より何と過失仰せ下さるべくも存ぜず、計りがたく存じ、此の方の使僧帰り申すまで請け取り申さず候。此の方の使僧京都にて千年寺に行き違い、尊意を得ず、夫れより伊勢国まで跡追い参り候へ共、終に尊意を得ず是非なく帰京致し、勧化末山の書立て道正庵に預け置き帰り申し候に付き、扨松泉院持参の尊書、何と仰せ下され候哉、拝見仕るべしと、度々申し遣し候へ共、一円持参仕らず候事。

訴状に曰く、

一つ、龍献寺の儀、先規より筋目段々御本山へ申し上げ置き候処、此の旨智源寺末寺の由申し掛けられ、その上御召状にも成し下され候事、不審千万に存じ奉り候事。

返答に曰く、

一つ、龍献寺退転の跡、茶や屋敷に罷り成り候処を、松泉院触下の者共、筋無く御訴訟申し上げ置き候といえども、今度拙僧登山仕り、松泉院触下の様子具に申し上げ候に付き、右十二ヶ寺は、いよいよ智源寺末寺に相究まり候段、明白に聞こし召し分けなされ、則ち御召状にもその旨仰せ遣され候。尊書相届き申し候へば、不審千万などと申し上げ候儀は、御本山軽し申す儀と存じ奉り候事。

訴状に曰く、

一つ、總持寺勧化の銀指し上げ候時分は、智源寺は無住にて御座候事。右の条々聞こし召し分けなされ候て、龍献寺の儀、御直末に仰せ付けなされ下さるべく候。若し先規の筋目の通り御座無く、智源寺末寺に仰せ付けられ候はば、龍献寺旦那共一々宗門を替へ申すべき旨、内々に申す事御座候間、大慈大悲と召し分けられなされ、先規の如く龍献寺本寺に仰せ付けられ下され候はば、有り難く存じ奉り候。仍って口上の趣き件の如し。

返答に曰く、

一つ、龍献寺御直末の訴訟相叶わず候て、龍献寺旦那とも宗門を替へ申すべく由合点参らず候。子細は、龍献寺は退転仕り候故、旦那と申は御座無く候。但し松泉院触下の者共の訴訟の手立てに申し上げ候哉。然らば、此比吉利支丹御改めに山本勘介・油比半兵衛と申すに詮議致され候所に、旦那の内、大庄屋・中庄屋・年寄まで他宗仕り間敷くとの連判にて、両奉行衆へ手形指し上げ申し候。その証文今度借用仕り持参申し候事。

右之条々聞し召し分けなされ下さるべく候。猶使僧口上に申し上ぐべく候。此外龍献寺退転の様子、十二ヶ寺智源寺の末寺に罷り成り、証文幷びに証拠書共別書に指し上げ申し候間、御披見に入れられ下さるべく候。委細使僧口上に申し上ぐべく候。

恐れ乍ら別書に申し上げ候覚

一つ、龍献寺は古く自り拾持にて本寺定め無く、然らば、四拾四五年程以前香寮と申す長老住致され他山の由、それ以後長益と申す長老一両年居られ、その次文寮と申す長老四五年居られ、その次恩札と申す長老二年程居られ、その跡十ヶ年程無住にて御座候内、龍献寺の客殿を京極丹後守殿御つぶし成られ、宮津の本妙寺と申す法花寺へ下され、離島には少々庫裏計り残り申し候を、丹後守殿御補理成られ、鷹野場の御茶屋に成され御置き候処、智源寺二代橘洲存念は古跡にて候間、以来隠居所にも仕るべく思い立つにて、丹後守殿へ離島の龍献寺跡の御茶屋は古跡にて御座候間、取り立て末寺に仕り度く候間下さる様にと申し上げられ候へば、則ち智源寺へ下され候。折節開山心庵の弟子天益寺を持たずに居られ候に付き、橘洲申され候は、龍献寺を丹後守殿より申し請け候間、彼の寺へ住致さるべく候て、寺をも取り立て、末寺をも諸その方へ進すべしと申されれ候へば、天益忝く由申さる。則ち智源寺末寺に罷り成り候証文一通幷びに、十二ヶ寺の末寺の手形一通御座候。天益も橘洲と共に末寺十二ヶ寺を勧進致され、外に智源寺末寺の内をも勧進致され、龍献寺を取り立て、彼の天益入院致さる。その後天益智源寺へ参られ、橘洲へ申され候は、龍献寺の儀は、四百年余の寺と末山旦那とも申し候に付き、智源寺の末寺を退き、外に本寺を極め申すべく候と天益申さるるに付き、橘洲申され候は、寺の儀は申すに及ばず、その方伝受致され候守り、智源寺心庵の筋目にてこれ有り候間、兎角に申し及び間敷くと申され候。その上寺を遣し候ては、天下の大法にて伽藍相続を致させ申す筈にて御座候へ共、開山の弟子にて候間免じ置き申し候処に、却て存じ寄らざる儀を申され候。兎角此の度伽藍相続いたし帰られ候様にと橘洲申され候へば、天益申され候は、本末の儀も伽藍相続の儀も公儀へ申し達し、その上の埒に仕るべくと申し罷り立たれ候て、丹後守殿へ訴状上げられ候へば、橘洲召し出だされ分明に埒ち明き、橘洲勝に罷り成り、天益は丹後守殿より足軽十人仰せ付られ追放に成られ、幷びに天益と一党仕り候下岡村の松泉院に居し申し候恵春と申す坊主、智源寺へ下され、いか様共智源寺心次第に申し付け候様にと丹後殿より仰せ渡され候に付き、是も対決の場より足軽十人仰せ付られ、智源寺へ召し連れ参り候に付き、智源寺鎮守の前にて衣鉢を焼却し、額に焼鉄をあて、宗門の仕置に申し付くべきと申され候処に、町旦那共聞き付け参り、色々侘言致し候に付き、焼鉄免じ、則ち丹後守殿足軽十人にて直に国中を追放申され候。夫れより天益・恵春は御当山へ訴訟に登山仕り候。その節御当山は京都に御座成られ候に付き、天益京都へ参り、御当山の直末寺に罷り成り候由、宮津へ参り右の旨丹後守殿へ遣され候に付き、丹後守殿より橘洲へ御申し候は、永平寺の直末に成られ候と天益申し候。何とも不審に存じ候との儀に付き、橘洲は夫より御当山へ登山致し、天益と対決の上にて、御当山より別座にて天益衣鉢御取り成られ候へ共、その後対決御座無く、何れ共埒ち明き兼ね申すに付いて、橘洲直に江戸へ罷り下だり、江戸公事に仕るべきと申され候処、福井鎮徳寺・通安寺曖かい申され、橘洲望の如く五役者よりの勝符を取り帰らる。件の様子丹後守殿へ申し上げられ、五役者衆の勝符をも御目に懸け、いよいよ末寺に堅く相究まり申し候事。

一つ、天益智源寺より龍献寺へ住いたし申す時、智源寺末寺に紛れ御座無く候との手形一通御座候。同じく末寺十二ヶ寺も智源寺末寺に罷り成り候と手形一通御座候事。

一つ、十四年以前、丹後守殿御袋の御弔の時、宮津領の曹洞宗悉く御改めに成られ、いよいよ智源寺末寺と国中一等の御触御座候事。

一つ、十年以前、越州龍泉寺輪番智源寺一回相勤め申し候時分、末山勧化仕り候その節も、十二ヶ寺異儀無く勧化出だし申し候。是れ末寺の証拠にて御座候事。

一つ、寛文五年巳年、天下一統の吉利支丹御改めに付き、沙門にも紛らわしき者御座候間、相改め申す様にと江戸総寧寺より尊書到来仕り、末山相改め、総寧寺へ指し上げ申し候末寺帳に判形御座候。則ち扣(ひかえ)にも銘々の名判御座候事。

一つ、八年以前午ノ年、丹後守殿御改易に付いて、智源寺住持出歩致され候。御公儀御目付衆中・御代官衆中より同七月七日に末寺へ智源寺を御預け成られ、連判の手形仰せ付けられ、御奉行中へ手形御取り、則ち智源寺を輪番に仕り候。末山中連判の手形智源寺にも御座候。只今持参申し候事。

一つ、永井右近大夫殿へ江戸寺社奉行衆より申し来り候は、桂林寺と智源寺出入に付き、智源寺旦末共に我侭申す由聞こし召しなされ候。向後前々の如く智源寺を本寺に相守り候様にと判形仰せ付けられ、その節十二ヶ寺も判形仕り、右近大夫殿御奉行所に御座候事。

一つ、去年の夏、松泉院組輪番に成就寺・心月寺当番の内、智源寺衆寮のから紙の引手を数多盗み取り、風呂敷に包み置き候を見付け出し、穿鑿致し候へば、成就寺盗み申すに相究まり申し候。此の儀家中町在々まで沙汰に罷り成り、末山頭寄合評議の上、松泉院・心月寺・成就寺書物仕りこれ有り候事。

一つ、丹後守殿代に追放仕り候恵春、御蔵所の時分より立ち帰り、松泉院近所に居し申し候。只今の松泉院は恵春弟子にて御座候。此の恵春も今度公儀へ御聞成られ、御奉行穿鑿致さるべくの沙汰承り、恵春欠落仕り、木津と申す御蔵所へ参り居し申し候。又爰も御代官より穿鑿成られ、此の中追払し申し候事。

一つ、永井右近大夫殿御領分宗旨御改めに付き、今度登山仕り候五ヶ寺の者共、旦那の請判致させ間敷くと御奉行衆仰され候に付き、智源寺より近所の坊主に申し付け請判致させ申し候。僧俗共に宗旨帳に載せ申され候へ共、此五ヶ寺の坊主は、御公儀より帳面に御載せ成られず候事。

右の条々聞こし召し分けなされ下さるべく候。智源寺末寺に紛れ無く御座候証拠証文共持参し仕り候間、御披見遊され下さるべく候。委細使僧口上に申し上ぐべく候。


【注】(1)丹後国竹野郡木津　現在の京都府京丹後市。
(2)龍献寺　京都府京丹後市。永平寺直末。山号は湖秀山。本尊は釈迦如来。建治二年(一二七六)永平寺五世義雲(ぎうん)が観音霊場巡礼のため成相寺(京都府宮津市)に登ったところ、三時山の西北五、六里に奇瑞があった。その地を尋ねたところ、小浜の郷であった。郷に湖があり水辺の奇岩に倚座すると、

一夜にして湖中に一島が湧出したという。これを離島（湖山）といった。近郷の民が大殿堂を建立し湖秀山龍献寺と号した。その後、弟子の漢嶺瑞雲が嗣いで世代を重ねた。寛永八年（一六三一）領主京極家が湖山の奇絶を愛し、一覧亭を建てる。この時末寺が三八ヶ寺、また末寺が一三ヶ寺あった。寛文の頃、京極高国が湖山に訪れ、湖で魚を捕り、境内で宴を開いた。時の住持が殺生禁断の地であるので捕魚・宴会の禁止を願うが、高国の逆鱗に触れ、住持を捕える命が出される。住持は木津に逃れるが、高国は伽藍を焼き滅ぼした。高国は寺を焼いてから幾ばくかを経ないうちに改易となった。天和三年（一六八三）三月密雲大授が現在地に移し堂宇を再建し、永平寺三十一世月洲尊海を伝法開山に請じ、以後寺運が高まったが、貞享四年（一六八七）火災に遭い、元禄五年（一六九二）八月三日に再建されたという。安永三年（一七七四）八月十一日万江の時、新しく伽藍を再建した（『丹後国竹野郡誌』三〇八頁）。

（3）松泉院　京都府京丹後市。龍献寺末。山号は城岳山。古くは城林山松泉寺という真言宗寺院で廃絶していたものを、延宝九年（一六八一）三月、龍献寺（京都府京丹後市）の石牛天梁（一六三七〜一七一四）を請じて曹洞宗に改めたという（『丹後国竹野郡誌』二三三頁）。龍献寺二世石牛天梁は、永平寺三十七世である。網野町浅茂川正徳院の開山でもある（『網野町誌』一五七頁）。寺号については、下岡村六神社所蔵の寛永七年の棟札には「松泉院」とあるが（同書一五九頁）、承応元年（一六五二）の「永平寺御開山四百年御茶湯代指上候龍献寺末寺三拾八箇寺」には「下岡村松泉寺」とある（『丹後国竹野郡誌』三〇九頁）。本史料でも智源寺との訴訟の中心となっていることから、延宝九年以前にも曹洞宗松泉寺（院）として存続していたことが知られる。

（4）古跡　江戸時代、寛永八年以前に建立された寺院のこと。それ以後に建立された新しい寺院を新地といい、幕府は元禄元年にその区別を行ったが、同五年には、新地も古跡として認め、以後新地の寺院の建立を禁じている。

（5）太源一派恕仲派　太源派とは、峨山韶碩の法嗣で加賀国仏陀寺（現仏大寺〈石川県能美郡辰口町〉）を開いた太源宗真門派下のことをいう。その門下には越前国龍沢寺（福井県あわら市）開山の梅山聞本、大和国補巌寺（奈良県磯城郡田原本町）開山の了堂真覚があった。それらの派下には太初継覚、傑堂能勝、如仲天誾、竹窓智厳等多くの法嗣があった。後世、太源の法系を称して太源派といった。如仲派とは、梅山聞本の法嗣で近江国洞寿院（滋賀県長浜市）、遠江国大洞院（静岡県周智郡森町）を開いた如仲天誾門派下のことをいう。その門下には備中国洞松寺（岡山県小田郡矢掛町）開山の喜山性讃、洞寿院二世の真巌道空、遠江国雲林寺（静岡県周智郡森町）二世の不琢玄珪、遠江国崇信寺（同右）二世の石叟円柱、遠江国海蔵寺（同県袋井市）開山の物外性応、遠江国最福寺（同県掛川市）開山の大輝霊曜等がいる（中嶋仁道『曹洞教団の形成とその発展』二五頁〜七六頁）。

（6）新寺　新地ともいう。江戸時代、寛永八年以後、元禄四年に禁止されるまでの間に、新しく建てられた寺院のことをいう。

（7）智源寺　京都府宮津市。桂林寺（京都府舞鶴市）末。山号は松渓山。本尊は釈迦如来。開創は寛永二年。宮津藩主京極高広（一五九九〜一六七七）により、慶長十七年（一六一二）に没した母、惣持院殿松渓智源大禅定尼の菩提のために建立され、本寺である桂林寺の十世心庵盛悦（一五七三〜一六五七）を開山に懇請した。また、『京都府の地名』によれば、京極高広は母、惣持院殿松渓智源大禅定尼の菩提を弔うため、心庵を招じて朱光庵を改めて智源寺としたと伝える。朱光庵は慶長五年、細川藤孝の田辺（舞鶴市）籠城の時細川氏と行動をともにしなかったため、関ヶ原合戦後寺領は没収され、寺もろとも田辺桂林寺の支配とされたという。江戸時代には随意会地となり、末寺六六ヶ寺を擁して、桂林寺とともに丹後国の僧録所を勤めている。寛政九年（一七九七）、火災により諸堂焼失。文化元年（一八〇四）十七世啓山忍柔（文化十年八月二十四日または同三年九月二十五日寂）の代に再建。赤門を中心として本堂・坐禅堂・庫裡などの伽藍が配された（『曹洞宗文化財調査目録解題集』5　近畿管区編）。なお、智源寺が丹後国の僧録に任命されるのは、年未詳十月十二日、智源寺が幕府寺社奉行に提出した「口上書」では寛文元年（一六六一）十月、「歴住諸和尚晋院譜」に付された「僧録状拝受記」では同年九月十一日とある（いずれも智源寺文書）。

（8）天鷹派　天鷹祖祐の一派のこと。祖祐は峨山韶碩の法嗣通幻寂霊の法嗣。尾張国正眼寺（愛知県小牧市）、同国雲興寺（同県瀬戸市）、丹波国洞光寺（兵庫県篠山市）を開いている。その法嗣には尾張国万松寺・善篤寺（ともに愛知県名古屋市）を開山した天先祖命、洞光寺二世の澄照良源がいる。澄照の法嗣竺翁雄山は、丹後国舞鶴の桂林寺を開山している。また、天鷹十三世の法孫である心庵盛悦は同国宮津の智源寺の開山に迎えられている。天鷹派は篠山洞光寺・舞鶴桂林寺・宮津智源寺を中心に丹波・丹後国に展開する（『曹洞教団の形成とその発展』一五四頁〜一五七頁）。

（9）意悦　意悦は現在智源寺の世代に数えられていない。しかし、寛永十八年十一月十七日に永平寺二十四世孤峰龍札（察）より永平寺瑞世請状（智源寺文書）を得ている。さらに同年同月二十三日には明正天皇綸旨を下賜されている（同右）。

（10）常光寺　京都府福知山市。智源寺末。山号は宝月山。明徳元年（一三九〇）、丹波国永沢寺（兵庫県三田市）を開いた通幻寂霊を開基、同寺六世不見明見を開山とする。延宝三年、宮津智源寺二世橘州宗曇を招き中興開山とする（『大江町誌』通史編、上巻、六八七頁）。『延享度曹洞宗寺院本末牒』によれば末寺三ヶ寺。

（11）天長　常光寺二世、賢山天長のこと。丹波国何鹿郡新庄村（京都府綾部市）に長楽寺を開いている（『大江町誌』通史編、上巻、六八七頁）。

（12）擯罰　叢林で重罪を犯した僧侶を放逐すること。

（13）福昌寺　京都府京丹後市。智源寺末。山号は万寿山。古くは真言宗であったが万治三年（一六六〇）四月曹洞宗に改宗。開山は然巌春泰。二世密庵長伝の時に伽藍が造営される。文政四年（一八二一）十世仏庵心宗の時に伽藍が再建される（『丹後国竹野郡誌』一六三頁）。

（14）舜泰　福昌寺開山然巌春泰のこと。智源寺三世橘

州宗曇の法嗣（『丹後国竹野郡誌』四六三頁）。

(15)拾持　本寺の定まっていない寺のことと思われる。

(16)高昌寺　「蹈木之高昌寺」とある。蹈木は近江国高島郡朽木（滋賀県高島市）のこと。高昌寺は興聖寺のことと思われる。興聖寺は山号を高巌山。永平寺直末。嘉禎三年（一二三七）佐々木信綱が、永平寺二世孤雲懐奘を請じて開山とした近江国最初の禅林である。享保七年（一七二二）火災にあい、創建時の上柏指月谷より現在地に移る（『曹洞宗文化財調査目録解題集』５　近畿管区編）。『延享度曹洞宗寺院本末牒』によれば末寺四〇ヶ寺。

(17)臥龍院　福井県上中郡若狭町。盛景寺（福井県越前市）末。文応年間（一二六〇～六一）北条時頼の開創。当時は無位山宝福寺といった。小浜藩主京極家は田一〇〇畝を寄進、酒井家は、入部に際して当院に寄宿したことから、以後歴代藩主は江戸参勤交代の時には当院で中食するのを例としたという（『角川日本地名大辞典　18　福井県』）。『延享度曹洞宗寺院本末牒』によれば末寺一八ヶ寺。

(18)洞寿院　滋賀県長浜市。山号は塩谷山。本尊釈迦如来。開創は応永十年（一四〇三）。開山は如仲天誾（『日本名刹大事典』六五二頁）。『延享度曹洞宗寺院本末牒』によれば、本寺は越前国龍沢寺。末寺四六ヶ寺。

(19)永井右近太夫　山城国淀藩主永井尚政の嫡子尚征のこと。尚征は慶長十八年に生まれる。万治二年、淀藩領一〇万石のうち、七万三〇〇石余を継ぐ。寛文九年丹後国宮津藩主として山城国より入封し、七万三六〇〇石余を領する。延宝元年十一月十一日没。従五位下、右近大夫、夫人は毛利秀元の女。延宝二年、尚征の嫡子尚長が藩主となるが、同八年尚長が増上寺法会の際、内藤忠勝に殺害されたため改易となる（『国史大辞典』）。

(20)中村小兵衛　宮津藩主永井尚征の家老。

(21)永明禅師　永平寺三十世光紹智堂のこと。永平寺二十九世鉄心御州の法嗣。慶長十五年生まれという。寛永十六年武蔵国秀源寺（埼玉県蓮田市）に入院。正保二年同国宝祥寺（東京都新宿区）に転住。同三年上野国長年寺（群馬県高崎市）に住持し、明暦三年には同国双林寺（同県渋川市）に入院している。万治二年下総国総寧寺(現千葉県市川市)二十二世として入院している。永平寺二十九世の御州が寛文四年に示寂すると、その秋には永平寺に昇住する。翌五年には慧輪永明という禅師号を下賜されている。寛文七年、『永平清規』を編集。寛文十年八月十五日に示寂している(『永平寺史』七〇四頁)。

(22)丹後殿　宮津藩三代藩主京極丹後守高国のこと。元和二年(一六一六)丹後国田辺に生まれる。二代藩主京極高広の長男。寛永十一年将軍徳川家光の上洛に供奉して従五位下に叙せられ、山城守を称した。承応三年家督を嗣ぎ、宮津藩主となって丹後守と称した。藩政初期は善政を施したが、やがて虐政を重ねるようになり、親不孝、親族との不仲などの理由で、父高広は高国を廃して、弟高勝を藩主につけようとした。しかし幕府はこれを許さず、京極家の宮津藩を没収し、高国一族を処分した。寛文六年五月三日改易となった高国は、陸奥国南部藩(岩手県盛岡市)南部重信に預けられる。一族も藤堂家、池田家等に預けられている。延宝八年いずれも赦免されるが、高国はその前の延宝三年十二月二十四日盛岡で死去した。墓は京都府京都市大徳寺芳春院にある。法名淵竜寺殿静山宗光(『国史大辞典』)。

(23)炉雪和尚　密堂炉雪のこと。智源寺四世。智源寺所蔵「歴住諸和尚晋院譜」によれば、寛文元年八月に晋山し、四ヶ年住職を務めたという。また同史料に所収されている「僧録状拝受記」によれば、同年九月十一日に永平寺二十九世鉄心御州から僧録状が初めて智源寺に下付された時、「四世　炉雪拝受」とあり、炉雪が拝受したという。また同史料によれば、炉雪の次の住持である五世万水大樹は、寛文五年一月に入院し、同十三年三月までの八年間住持を務めたとある。しかし、本史料の訴訟の一連の内容から、炉雪の智源寺入院は、寛文十二年九月二十五日以降であることがわかる。寛文七年一月二十一日付、関三ヶ寺宛の「智源寺末山及び旦那中書状」(智源寺文書)や延宝三年四月十九日、智源寺宛の「永平寺役者連判状」(同右)から炉雪が智源院に入院した時の様子がわかる。それによると、京極高国の時、永平寺に対し高国より智源寺を僧録所に取り立てるよう再三要請があり、僧録所に任じたが、その折永平寺より聖海賢祝を智源寺住持に任命する。この賢祝は桂林寺と本末論争を起こすが、桂林寺の勝訴で落着する。寛文六年京極高国改易の折、賢祝は出奔し智源寺は無住になる。本寺である桂林寺は智源寺住持を任命するが、檀家・末寺がこれに反対して智源寺は長々無住になり、寺は大破する。智源寺の檀家・末寺は江戸の寺社奉行所へ訴え、寺社奉行所は檀家・末寺の意を汲んで永平寺が智源寺住持を任命するように言い渡した。永平寺は智源寺の檀家・末寺の望む長老があるならば、その長老を任命するので申し出るようにと申し渡した。檀家・末寺は炉雪を望み、永平寺は炉雪を智源寺住持に任命したというのである。炉雪は、延宝元年九月十三日示寂している。開山所に京都高禅寺（京都府京丹後市。現廃寺）がある。

(24)勧化銀　勧化は仏寺の建立・修復などのために、人びとに勧めて寄附を募ること。

(25)吉利支丹御奉行衆　寛文四年十一月、江戸幕府はキリシタン改め専門の役人（宗門奉行）を各藩に置くことを命じている。「寛文六丙午年大旦那京極丹後守高国公改易被仰付御上使諸事留」（智源寺文書）によれば、京極高国時代の宗旨奉行は、品川次郎左衛門と中村六兵衛で、町奉行と寺社奉行を兼ねていた。また同書によれば、寛文九年二月には永井尚征が入部するが、宗旨奉行は佐川田喜六であった。

(26)正薬寺　京都府京丹後市。智源寺末。本尊薬師如来。長享三年（一四八九）二月、可山大悦開創。開基は梅田四良左衛門（『丹後国竹野郡誌』三七五頁）。

(27)蓮花寺　蓮華寺のこと。京都府京丹後市。智源寺末。山号は雲濱山（現在は雲渓山）。本尊阿弥陀如来。文明三年（一四七一）八月開創。開山利貞。正保二年（一六四五）十二月法地になり、開山を本寺三世橘州宗曇とした。文政元年本堂伽藍再建（『丹後国竹野郡誌』三七四頁）。

(28)龍雲寺　京都府京丹後市。智源寺末。山号は海宝山。本尊阿弥陀如来。元禄元年良国好謙の創建。

三世曇華隆芳（どんげりゅうほう）の時に伽藍を拡張、什器を具備してその基を開く（『丹後国竹野郡誌』五一七頁）。

(29)海蔵庵　京都府京丹後市。智源寺末。山号は掛津山。本尊は釈迦如来。開山は智源寺三世橘州宗曇。開基は元和三年三月梅岩舜貞。長和三年（一〇一四）の頃より長禄三年（一四五九）頃まで字椿原にあり真言宗であった。元和三年堂宇を大通に移し、正徳二年（一七一二）寺屋敷に伽藍を創建し海蔵寺と称した。文政六年四月一日火災に遭い、寺を東の丘に移して伽藍を建立した。中興二世良岳鶴栄の代という（『丹後国竹野郡誌』三八〇頁）。

(30)長命寺　京都府京丹後市。智源寺末。山号は寿宝山。本尊阿弥陀如来。往古は平僧地（へいそうち）で、宝暦十三年（一七六三）法地（ほうち）となる。開山は智源寺十三世定山俊豊〔峰〕。二世石峰は堂宇を建立した（『丹後国竹野郡誌』四〇八頁）。

(31)広通寺　京都府京丹後市。智源寺末。山号は万松山。本尊は薬師如来。文禄二年（一五九三）七月五日、三津城（京都府京丹後市）主和田助之進（法名心賜浄本禅定門）が死去した際、伽藍を建立し開基としたという。その後明暦三年までは何宗とも明らかでなかったが、この年曹洞宗に改め、延享二年法地となり、本寺智源寺十一世斤山智峰を請じて開山とした。その後三世一洲末発の時、明和元年十一月十二日に堂宇が焼失。安永三年に本堂再建供養をした（『丹後国竹野郡誌』三八一頁）。

(32)能登総持寺御開山忌勧化　總持寺開山瑩山紹瑾禅師は正中二年（一三二五）八月十五日に示寂しており、三百五十回大遠忌が延宝二年に当たる。本史料の返答中に「去秋能州総持寺ゟ開山御年忌仏殿御建立両用之勧化」とあることから、開山忌と仏殿建立の勧化であったことがわかる。總持寺の仏殿は『總持寺誌』によれば、延宝元年に修造されている。なお、元和元年七月の「總持寺諸法度」で開山・二代忌は、加賀・能登・越中国の諸末寺は残らず出仕すること、遠国の者は志趣にまかすと規定している（總持寺文書）。しかし、勧化についての規定はない。

(33)道正庵　京都市上京区道正町。木下道正の開創。道正は道元禅師に随って入宋したことから、曹洞宗と関係が深く、曹洞宗の出世・瑞世・転衣等の伝奏家勧修寺家へ請奏を取り次ぎ、庵主は代々法眼の地位にあった。また、曹洞宗僧侶参内の際の宿坊となった(『新版禅学大辞典』)。

(34)千年寺　總持寺の山内寺院と思われる。本史料にみえる国々のほかに、寛文十二年八月の「諸岳山化疏」(總持寺祖院文書)によれば、千年寺春哲が、延宝二年の瑩山紹瑾禅師三百五十回大遠忌にあたり、長門・備中・備前・播磨・摂津・和泉の六ヶ国の勧化を行っていることが知られる。また、延宝元年の「当寺録下諸寺院印鑑」(同文書)によれば、總持寺が寛文十二年八月に丹波国僧録永沢寺に対し、丹波・但馬・播磨国内の永沢寺支配下の寺院(大寺・小寺・独庵、自派・他派を問わず)を残らず書き上げ提出することを命じるが、その折永沢寺へ千年寺が使僧として遣わされている。

(35)養源寺　兵庫県豊岡市。円通寺(京都府京都市)末。山号は大原山。本尊聖観音。開創は慶長二年。開山は天室育厳。開基は豊岡城主杉原帯刀。古くは養寿院と称し、天正三年(一五七五)兵火で焼失。杉原氏の豊岡移封で現在地に再建(『日本名刹大事典』八八四頁)。『延享度曹洞宗寺院本末牒』よれば、末寺二四ヶ寺。

(36)青山大膳亮　摂津国尼崎藩(兵庫県尼崎市)の二代藩主。従五位下。幸利。元和二年、初代藩主青山幸成の長男として生まれる。寛永二十年に父が死去したため、家督を継いで二代藩主となる。万治二年二月二十一日に奏者番となる。寛文六年五月二十九日、宮津藩主京極高国の改易にともない、宮津城請取りの上使として派遣された。同六月二十五日城請取りを終え帰国している。延宝五年、畿内、播磨国(兵庫県)における直轄地の検地を実施している。貞享元年八月二日没。墓所は神戸市中央区楠町の安養寺にある(『国史大辞典』)。

(37)振宗寺　京都府与謝郡伊根町。龍生寺(福井県丹生郡越前町)末。山号は荷玉山。本尊釈迦牟尼仏。平安時代中期の開創。開基は藤原保昌。真言宗で鹿葬寺と称された。応永年間日庵曇光(にちあんどんこう)が振宗寺と改め、師天徳曇貞(てんとくどんてい)を勧請開山とする。文明十一年池本徳左衛門を施主として再興され、中興開山に故岳慈温が招かれる(『与謝郡誌』上、一二三頁)。『延享度曹洞宗寺院本末牒』によれば、末寺一五ヶ寺。

(38)山本勘介　不詳。

(39)油比半兵衛　不詳。

(40)本明寺　本妙寺のこと。京都府宮津市。妙顕寺(京都府京都市)末。山号は長久山。開山は仏乗院日賢。開基は京極高広の室寿光院。寿光院は池田輝政の娘。万治二年六月四日没。法名寿光院殿昌栄日慈大姉。寛永二年四月、養父二代将軍徳川秀忠が菩提のために当山を建立し、田辺妙法寺住持仏乗院日賢を請じて開山とし、その弟子、湛応院日遥が住持する。京極家改易の後も累代の城主が参拝帰依したという。嘉永年中、日要が本堂を再建する。寺領三〇石(『与謝郡誌』上、一三〇頁、『宮津市史』通史編下、四〇七頁、『江戸幕府寺院本末帳集成』中、一六〇三頁)。

(41)橘州　橘州(洲)宗曇のこと。智源寺三世。智源寺所蔵の「当寺歴代開山所誌」には、二世で寛文元年三月十六日示寂とある。同史料によれば、開山所は京都円福寺・龍淵寺・龍雲寺・雲龍寺・禅勝寺・万泉寺・宝蔵寺・常林寺・蓮華寺・常徳寺・安養寺・徳運寺・養国寺・成願寺(以上京都府京丹後市)・常光寺(同府福知山市)がある。また、「歴住諸和尚晋院譜」(智源寺文書)によれば、中興と称され、慶安二年(一六四九)に入院し、十二年住持を務めたとある。『曹洞宗文化財調査目録解題集』5　近畿管区編には、三世または二世で、万治四年三月十六日または五月二十八日示寂とある。

(42)心庵　智源寺開山心庵盛悦のこと。心庵は明治二十六年三月に同寺三十三世大綱玄機が記した「当寺開祖老和尚略伝」(智源寺文書)によれば、天正元年、越後国上杉家の家臣本庄家に生まれ、相国寺(京都府京都市)において薙髪。のち十七年遊方する。常に紙服を着していたため、人びとから紙(かみ)袍僧(こそう)と称された。越後国楞厳寺(新潟県上越市)で修行の後、出羽国興源院(山形県最上郡大蔵村)の巻室□舘の印可を受ける。瑞世の後、同国永持寺(同県酒田市)に住して法幢を建て、後に丹波国洞光寺に住し、丹波桂林寺に移転。能登總持寺(石川県輪島市)に輪住する。寛永三年五十四歳の時、京極高国の建立した智源寺の開山となる。同寺に十四年住持の後、寛永十五年に寺を可山太悦(二世または三世)に譲って諸方を遊化する。可山が退院すると、同十八年再住する。翌十九年ふたたび法幢を建てる。慶安二年橘州宗曇(三世または二世)に席を譲り、十方院に隠退し、明暦三年(一六五七)五月二十二日示寂。霊骨は智源寺と十方院に塔を建て納めた。世寿八十五歳、剃度弟子四〇人余、瑞世六人という。

(43)鎮徳寺　福井県福井市。永平寺直末。山号は福聚山。本尊釈迦如来。開山は永平寺十九世祚玖(そきゅう)。天正二年の一向一揆で永平寺が焼失したため、祚玖は北庄(福井市)に逃れ、一寺を建立し新永平寺と号した。一揆平定後、祚玖により永平寺が旧地に再建されると、新永平寺は弟子祚天に譲られ、北庄城鬼門鎮護として鎮徳寺と改称された(『日本名刹大事典』六二八頁)。江戸時代の永平寺関係の諸公事には、通安寺とともに福井近門寺院として使僧や取次の役割を果たしている(『永平寺史』一二八二頁)。

(44)通安寺　福井県福井市。永平寺直末。山号は仙桃山。開山永平寺二十三世仏山秀察(ぶっさんしゅうさつ)。江戸時代を通して鎮徳寺と同様に福井近門寺院として重要な役割を果たしている(『永平寺史』一一六九頁)。

(45)丹後守殿御袋　京極高国の母、池田輝政の娘。前掲注(40)も参照。

(46)龍泉寺　福井県越前市。總持寺直末。山号は太平山。本尊釈迦如来。応安元年(一三六八)能登国總持寺通幻寂霊を開山に招き、藤原義清を開基として創建。明徳二年の通幻没後、門下による輪住制(りんじゅうせい)が敷かれた。慶長六年以降は府中城主本多家の菩提寺となる。本多家の後は松平家が寺領を加増するなど外護する。輪住制は享保元年三百二十三世を最後に、翌年から独住制となった(『通幻禅師と龍泉寺』)。

(47)総寧寺　現千葉県市川市。山号は安国山。本尊釈迦如来。江戸時代は関三ケ寺の一つ。

(48)御公儀御目付衆　「寛文六年丙午年大旦那京極丹後守高国公改易被仰付御上使諸事留」(智源寺文書)によれば、宮津城請け取り時の在番目付は、野瀬治左衛門と西尾藤兵衛である。

(49)御代官衆　「寛文六年丙午年大旦那京極丹後守高国公改易被仰付御上使諸事留」（智源寺文書）によれば、御代官は藤林市兵衛・飯飼次郎兵衛・中林杢右衛門である。

(50)江戸寺社奉行衆　永井尚征時代の幕府寺社奉行は、加々爪（かがつめ）甲斐守直澄・小笠原山城守長頼・戸田伊賀守忠昌・本多長門守忠利である。

(51)桂林寺　京都府舞鶴市。洞光寺末。山号は天香山。本尊阿弥陀如来。丹後国僧録。『日本名刹大事典』によれば、創建は欽明天皇三十六年、勅願建立の薬師寺にはじまるという。また応永八年開山竺翁雄山による洞林寺を、宝徳年中（一四四九～五一）に桂林寺と改号ともいう。天正九年には細川忠興が領主となり寺領三〇石を安堵している。「天香山桂林寺由緒旧記之控」（桂林寺文書）によれば、桂林寺住持が継目披露に永平寺に登山した折、永平寺二十三世仏山秀察より丹後国の一派寺院の支配を命ずる録状が下し置かれたという。桂林寺がいつ丹後国の僧録に任命されたかは明らかでないが（『永平寺史』五七八頁）、秀察の永平寺入院は寛永十一年であることから、桂林寺が僧録となるのはこれ以降であることがわかる。ちなみに、秀察は寛永十八年二月一日に江戸または永平寺山内の隠寮で示寂している（『永平寺史』六九一頁）。また「天香山桂林寺由緒旧記之控」によれば、京極家が宮津城に入ると、丹後国四郡の桂林寺支配下の寺院九八ヶ寺を智源寺へ分け、桂林寺末寺は三九ヶ寺になったという。『延享度曹洞宗寺院本末牒』によれば、末寺三七ヶ寺。

(52)成就寺　京都府京丹後市（現廃寺）。龍献寺末。山号は安養山。文安二年（一四四五）開創。開山は春岳本性。開基は松本入道梵地（梵地入道）である。（『丹後国竹野郡誌』三一五頁、『網野町誌』下巻、一三四頁）。

(53)心月寺　京都府京丹後市。龍献寺末。山号は日照山。宝永元年（一七〇四）開創。開山は龍献寺五世聖州廓門。安政五年（一八五八）三月堂宇焼失。明治十六年再建（『丹後国竹野郡誌』一二二頁、『網野町誌』下巻、一六七頁）。

(54)木津と申す御蔵所　幕府直轄領のこと。寛文六年京極高国が改易になると、木津庄は幕府領となる、寛文九年永井尚征が宮津に入部すると大方は宮津藩領となるが、一部は幕府領として残り、代官支配となる（『丹後国竹野郡誌』二八六頁）。

【解説】　本史料は、内容から寛文十三年（一六七三）のものと思われ、同年五月六日、智源寺（京都府宮津市）四世密堂炉雪が永平寺に提出した、龍献寺末松泉院（京都府京丹後市）との一連の訴訟において取り交わされた訴状と返答を、要約および別書としてあげたものの覚である。

訴訟であることから、それぞれに都合の良い申し出が行われている可能性はあるが、さまざまなことがわかる好史料である。江戸時代初期、丹後国宮津に入部した京極家の曹洞宗政策、さらには新領主の改易が、複雑に絡んだ曹洞宗寺院相互の関係にいかなる問題を巻き起こすか、具体的に知ることができる。ほかには切支丹改や寺請制度、寺院本末制度等、江戸幕府の寺院政策が具体的に当地方で実施されていく過程がわかる。曹洞宗宗門にとって重要であった總持寺の勧化において、その勧化金の収集方法や使僧のルート、それに関わる京都道正庵の役割などもわかる。また曹洞宗僧侶への刑罰がいかなるものであったかの具体例がわかる。特に永平寺直末を望む寺院のために、永平寺住持が寺地の確保等領主に働きかけを行うことがみられ、直末の成立における永平寺住持の役割の一端を窺い知ることができる。

この訴訟と返答は八ヶ条におよび、内容が複雑であることから、まず最初にお互いの主張や争点等を示しておきたい。

（一）訴訟人　松泉院　返答人　智源寺

・龍献寺が永平寺直末であることを示す（松泉院の主張）。

（二）訴訟人　松泉院　返答人　智源寺

・洞寿院が龍献寺の本寺とすることを示す（智源寺の主張）。

（三）訴訟人　松泉院　返答人　智源寺

・一と同内容。

（四）訴訟人　松泉院　返答人　智源寺

・智源寺炉雪の動向に困っている（松泉院）。問題はない（智源寺）。

(五)訴訟人　松泉院　返答人　智源寺

・松泉院触下の六ヶ寺が智源寺末寺となった(驚いた松泉院)。

(六)訴訟人　松泉院　返答人　智源寺

・勧化銀をめぐる智源寺と松泉院の対立。千年寺を介している(松泉院の立場)。

(七)訴訟人　松泉院　返答人　智源寺

・龍献寺が智源寺の末寺であることが永平寺から示された、内約できない。

(八)訴訟人　松泉院　返答人　智源寺

・龍献寺を永平寺直末にしてほしい。そうでなければ宗門をかえることになる(松泉院の主張)。

それでは次に一つ一つの内容をみていきたい。

一つ目の訴状は、松泉院の本寺であった龍献寺は、二百五十余年の古跡で、太源派の一派である如仲派に属す寺院であったが、新寺の天鷹派の智源寺から末寺であるという訴訟を先年よりたびたび起こされている。これに対して、寛文八年の夏に永平寺へ龍献寺旦末と共に訴訟した時には、これまでの言い分が認められ、智源寺の住持意悦と常光寺(京都府福知山市)の住持天長に擯罰が命じられた。同じく福昌寺(京都府京丹後市)の住持春泰には寺からの追放が命じられた。龍献寺は本寺が不明であるので、永平寺の直末としてもよいが、帰国して龍献寺が無本寺であるかどうかを近国にも尋ねるようにと永平寺から言われた。もし無本寺であることがわかれば、いよいよ直末に取り立てると聞かされたので、永平寺住持の思し召しに従って帰った次第である、というものである。以上の経緯から、龍献寺は永平寺直末への意向を示していることがわかる。

これに対する返答は、龍献寺は太源派の一派如仲派と言っているのはまったくの偽りで、古くから「拾持」で本寺は決まっていなかった。その後龍献寺が退転した折、興聖寺(滋賀県高島市)と臥龍院(福井県三方上中郡若狭町)が永平寺の使僧としてこのことを確認し、一二ヶ寺の僧侶も両使僧に書付を差し上げた。そして龍献寺は退転と決まったので、智源寺を本寺に仰ぎたいとの一二ヶ寺の連判の証文が存在する。ところで意悦長老と常光寺の天長長老の擯罰のこと、同じく福昌寺春泰長老の寺追放のことは、龍献寺の問題で追放されたと申し立てているが、これもまったくの偽りである。擯罰を命じられた時の擯罰状もただいま持参している、というものである。以上、龍献寺は智源寺の末寺であると示している。さらに、次の訴状から新たに争点が浮上する。

二つ目の訴状は、近江国の洞寿院(滋賀県長浜市)は如仲派の道場なので、龍献寺旦末ともに同院を訪れた。そこで、連状をもって末寺にしてほしい旨を申し出たというもので、そのことについては、本山永平寺へ訴え出てほしいと洞寿院が言った。そして、もし永平寺より龍献寺を洞寿院の末寺にするようにとの尊意があったならば、それに従うと洞寿院は言ってきた、というものである。

これに対する返答は、洞寿院へ松泉院触下の旦末が登山し、連状をもって洞寿院の末寺にしてほしいと頼み上げたということであるならば、いよいよほかに本寺のない証拠となるのではないか、というものである。以上、二つ目の訴状と返答から、如仲派の洞寿院が龍献寺の本寺とする意向が窺える。

三つ目の訴状は、寛文十年の夏、龍献寺を永平寺の直末にしたいので、龍献寺に寺地を遣わすようにと、永井尚征の家老中村小兵衛まで、永平寺の光紹智堂より尊書が送られた。その留書は松泉院へも送られており、現在でも所持している、というものである。

これに対する返答は、光紹智堂より龍献寺寺地のことについて、永井家家老中村小兵衛へ尊書が送られたことは確かであるが、炉雪は智源寺へ入院したばかりで、改めて様子を確認した上で処置すると返事した。その後、龍献寺の様子を尋ねてみれば、智源寺の末寺であることは疑いないという証文が多数あった。その上、京極高国が領内の茶屋八ヶ所を絵図にして幕府へもそのように申し上げているので、永井尚征も龍献寺を建てるというような押しつけもできなかった。それ以後いずれにせよ返事は申し上げていない。光紹からも、どのようになったかについて、重ねて問い合わせも来ていない、というものである。三つ目の訴状と返答から龍献寺の永平寺直末への意向がわかる。

四つ目の訴状は、智源寺住持として炉雪が入院して以来、龍献寺小末寺ともにいろいろと非義(義理にそむくこと)を申しかけられ迷惑を蒙っている。ついては内々で本山へ訴訟を起こそうと思っていたところ、本山よりの召状が来たので、幸いと思い登山をした、というものである。

これに対する返答は、私、炉雪が智源寺へ入院して以降、末寺へ非義を申しかけて迷惑をかけた覚えはない。入院以来末寺へ言い渡したことは、長く智源寺が無住で末山も困窮しているであろうから入院の祝儀として品物を持参することは無用と触れたことが一度、總持寺（石川県輪島市）の勧化銀のことは、末山頭に支配下寺院の分を集めて持参するようにと命じたことが一度あり、この二度のほかは末山へ触れ渡したことはない、というものである。以上、四つ目の訴状と返答から、炉雪の動向に焦点が集まっている。

五つ目の訴状は、炉雪が永平寺へ登山し、帰国して智源寺より松泉院が聞かされたことは、龍献寺と小末寺に至るまで、永平寺より智源寺支配下であることを認めてもらったので、これに異議を挟まないようにというもので、炉雪の尊意であると切支丹奉行衆から龍献寺末寺旦那は聞かされた。その上、永平寺より遣わされた召状にも、智源寺末寺とあったので驚いて登山した、というものである。

これに対する返答は、龍献寺は前にも書き上げたように、久々退転の地で、茶屋屋敷となり、永井尚征支配地となったため、永平寺より寺地を申し請けたいということもなくなった。ならびに宮津領の前々の切支丹改めで、他宗はことごとく本寺手形を公儀へ提出したが、智源寺は無住であったため、住持が決まり次第に提出することにしてほかの寺院へ廻しておいたが、拙僧（炉雪）が入院したので、公儀より末寺へ本寺手形を出すようにと言ってきた。末寺へも本寺手形を取るようにと命じ、当年は切支丹改めがあるので、これまでの規則に従い智源寺の末寺へ大方本寺手形を出した。松泉院触下一二ヶ寺の内も、正薬寺・蓮華寺・龍雲寺・海蔵庵・長命寺・広通寺（以上京都府京丹後市）の六ヶ寺は、本寺手形を取りにきたので出した。この六ヶ寺は智源寺末寺に決まったために取りにきたのである。その上永平寺より永井家の家老中へ送られてきた尊書の趣をも宗旨奉行衆より末山中へ仰せ渡されたということについては、宗旨奉行衆が帰り次第こちらでも穿鑿する、というものである。以上から、松泉院下の寺院が一部認められていることがわかる。

六つ目の訴状は、寛文十二年九月二十八日に、能登国總持寺の開山忌勧化の使僧が廻ってきた折、龍献寺小末寺等は下岡村松泉院へ勧化金を集め、京都の道正庵へ持参するようにという書状が来た。そこで、龍献寺末寺の分は大方松泉院が取り集めて道正庵まで持参し、總持寺の使僧である千年寺へ渡した。千年寺はこれを受け取ってそれぞれに末寺の名前を付けた。しかし、智源寺の炉雪が入院して後、松泉院へ仰せ渡すには、總持寺勧化の銀子を智源寺へ断りもなく、直に使僧に差し上げたことは曲事であるとして、松泉院は衣鉢を取り上げられて迷惑している。このことを總持寺の使僧に申し上げたならば、使僧より智源寺へ、松泉院の衣鉢を返却するようにとの書状を遣わしていただいた。両三度まで智源寺衆寮へ書状を持参したものの、受け取ってもらえないので迷惑している、というものである。

これに対する返答は、一二ヶ寺は智源寺の末寺に間違いないが、去る秋、總持寺より開山年忌と仏殿建立両用の勧化に使僧が廻ってきた折、拙僧(炉雪)は永平寺より智源寺住持に任命されてはいたが、いまだ入院していなかった。そこで、千年寺へ留守居の者どもが言い訳するには、今は末寺が自分勝手を言うようになり、勧化を続けるためにも良くない。近日住持が入院するので、入院次第末寺の勧化を取り集め道正庵まで持参すると説明した。使僧はただちに丹波国を通り、但馬国豊岡の養源寺(兵庫県豊岡市)へ来られたので、五ヶ寺は養源寺へ来て、心清に頼んでいろいろ偽りを言って、勧化銀を道正庵へ持ってくるようにと、千年寺よりの尊書を受け取ったということである。

ところで、自分が智源寺へ入院して、追って末山へ勧化のことを申し付け、末山の勧化銀は残らず収集したものの、一二ヶ寺は龍献寺末寺として道正庵まで持参すると松泉院は言ったが、その龍献寺は退転して屋敷は京極高国改易の折、上使の青山幸利より公儀へ提出された絵図には八ヶ所の茶屋屋敷とあるとおりで、永井尚征にも八ヶ所の茶屋屋敷と付け渡されている。

寺もないのに、龍献寺を本寺などと書き上げたことは、天下の制法を破り、さらには總持寺に対し妄語を申し上げ、事情をなにも知らない千年寺へたびたび偽りを言ったことは許しがたく、總持寺と使僧のためにも衣鉢を剥奪することにした。松泉院が言った偽りを千年寺へそのとおり申し上げ、勧化銀は智源寺が申し請けて拙僧(炉雪)の元へ持参させ、剥奪した衣鉢を返した。

振宗寺(京都府与謝郡伊根町)一ヶ寺は別派であるけれども、勧化銀は智源寺が請け取り差し上げるようにと千年寺が言われ、勧化帳にも智源寺の末寺を改めた上で、間を置いて振宗寺を書きつけて帰られた。

そして智源寺の末寺は一所にして差し上げるので、そのように心得るようにと申し上げたところ、そのことは承諾できないとして、かえって使僧より尊書が来たと松泉院が持参してきた。そうは言っても、かねて千年寺と約束を交わし、末寺の勧化銀は智源寺が収集して道正庵まで使僧を派遣したので、その節は千年寺へ松泉院が持参した尊書を受け取らなかった。言い訳まで言ってきたが、使僧はつぶさに様子を聞かれたので、いよいよ松泉院は偽りを述べた。過失を仰せつけるか、または衣の返却を申し付けるか、どちらか。いずれにせよ千年寺へ此方(智源寺)より送った使僧が帰り次第、解決できると思い、先に松泉院が持参した尊書を請け取ることはしなかった。

細かなことは、智源寺の使僧が帰らない以前に松泉院が持参した尊書を拝見してしまっては、早速衣を免じては叶わないこともあるので、免じて以後使僧より過失があると言うこともあるかもしれないと、計りかねて、智源寺の使僧が帰るまで、請け取らなかった。

智源寺の使僧は京都で千年寺と行き違い、尊意を得ることはできなかった。それより伊勢国まで追っていったが、最終的には尊意を得ることはできず、仕方なく帰京した。勧化末山の書き立てを道正庵に預けて、帰ってきた。ところで、松泉院持参の尊書に何と書いてあるのか拝見したいと、たびたび申し遣わしたが、一向に持参してこない、というものである。

七つ目の訴状は、龍献寺は、これまでのことを筋目立てて永平寺へ申し上げたところ、智源寺の末寺であると申しかけられ、その上、召状にもそのように書かれていたことは、不審千万で納得できない、というものである。

これに対して返答は、龍献寺が退転した跡地は、茶屋屋敷になったところを、松泉院触下は理由なく訴訟を起こしたのであるが、今度、拙僧(炉雪)が永平寺に登り、松泉院触下の様子を詳しく申し上げたので、一二ヶ寺はいよいよ智源寺の末寺であることが明白になったとはっきり聞いた。永平寺よりの召状にもそのように書かれたものが遣わされた。永平寺の尊書が届いたのであれば、不審千万などと疑うことは永平寺を軽視しているのと同じである、というものである。

八つ目の訴状は、總持寺勧化銀を差し上げた時分は、智源寺は無住であったことをお聞きいただいて、龍献寺を永平寺の直末にしてほしい。もし先に決められたとおりではなく、智源寺の末寺を仰せ付かるのであれば、龍献寺旦那も宗門を替えることを相談している。これまでとおり龍献寺を本寺とすることを許してくれるのであれば、ありがたいことである、というものである。

これに対して返答は、龍献寺が永平寺の直末となることが叶わないのであれば、龍献寺と旦那は宗門を替えると言っているが、納得がいかない。その理由は、龍献寺が退転したため檀家というものはないからである。ただし、松泉院触下の訴訟の手立てとしてそう言っているものであろうか。そうであれば、この頃、切支丹改めで、山本勘介と油比半兵衛が詮議をしたが、檀家のうち、大庄屋と中庄屋と年寄まで他宗とはならないとのことを連判で両奉行所に手形を差し上げている。その証文を今度借用して持参する、というものである。

右の条々を聞いていただきたい。詳しいことは使僧が口上を述べます。このほか、龍献寺退転の様子や、一二ヶ寺が智源寺の末寺になった証文や証拠書は別書で差し上げるので、ご覧いただきたい。委細は使僧が申し上げます、というものである。

次に別書に書かれたことの覚であるが、一〇ヶ条におよぶ。内容は以下のとおりである。

第一条は、龍献寺は古くより、拾持ちで、本寺がなかった。このため、四十四、五年ほど以前には香寮が住持し、その後は長益が一両年、次は文寮が四、五年、次に恩礼が二年ほど居住したが、その後十年は無住であった。龍献寺の客殿を領主であった京極高国が潰して本妙寺(京都府宮津市)という日蓮宗の寺院に与えた。このため龍献寺があった離島には庫裏ばかりが残っていたが、京極高国が鷹場の茶屋にしてしまった。

智源寺二世の橘州は、龍献寺は古くからの寺であると思っていたので、隠居所にしようと思い立ち、京極高国に離島の龍献寺跡の茶屋は古跡であるから、寺院を再建して智源寺の末寺にしたいので譲ってほしいと申し上げ、智源寺に龍献寺跡が与えられた。たまたま、智源寺開山である心庵の弟子天益が寺を持たないでいたので、橘州は龍献寺を天益に与え寺院を再建するとともに、もともとあった龍献寺の末寺も天益に与えることを申し出た。天益は申し出を承諾し、龍献寺は智源寺の末寺となった。その証文一通と末寺一二ヶ寺の末寺手形一通も存在する。

天益は橘州と共に末寺一二ヶ寺を勧進し、ほかに智源寺の末寺も勧進し、龍献寺の再建にあたり、天益は入院する。その後、天益は智源寺の橘州のもとを訪れ、龍献寺は四百年以前に建立された寺院であると末寺や旦那が言うので、智源寺の末寺を外れて、改めて本寺を探したいといってきた。橘州は寺のことは当然であるが、あなた(天益)は智源寺開山である心庵から法を伝授された者であり、その法を嗣ぐことも必要なので、そのようなことを言ってはならない。その上寺院の相続についても本来ならば天下の大法に照らして手続きを踏んで相続させなければならないところ、開山の弟子ということもあって免じたことがかえって思いも寄らないことになった。いずれにせよこの度は伽藍を相続し寺へ帰るよう橘州は天益を諭したが、これに対して天益は、本末のことも伽藍相続のことも公儀に申し上げたうえで明らかにしなければならないと京極高国に訴状を上げた。

橘州は呼び出されてこのことが明らかになり、訴訟は橘州が勝利し、天益は京極高国の裁定で足軽十人を付けられ追放になった。天益に同調した下岡村松泉院に居た恵春も智源寺に身柄を預けられ、智源寺の裁定に委ねられた。智源寺に連れてこられた恵春は、智源寺の鎮守の前で、衣鉢を焼かれ額に焼鉄をあてる宗門の仕置きを受けることとなったが、町の旦那たちが赦免を申し出たため、焼鉄は免じて京極高国は足軽十人を付けて国中追放とした。

追放された天益と恵春は、永平寺へ訴訟のため登山した。その時永平寺住持は京都にいたため、天益は京都に上り、永平寺の直末になった旨を、京極高国に申し出た。京極高国は天益の話しを受けて、橘州へ龍献寺が永平寺の直末になったことを伝えたが、なんとも不審であると言っていた。このため橘州は永平寺へ登り天益と対決し、別座において天益の衣鉢を剥奪したが、その後の対決はなく、埒が明かなかった。

そこで、橘州はただちに江戸へ下り、江戸公事(訴訟)により解決することを永平寺に告げたところ、鎮徳寺(福井県福井市)と通安寺(同上)の仲立ちにより橘州の望みのとおり、永平寺五役者より勝符を取り持ち帰り、それらの様子を京極高国へ告げるとともに、五役者の勝符を京極高国に見せ、龍献寺は智源寺の末寺に決まった。

第二条は、天益が智源寺より龍献寺へ住持していた折、智源寺の末寺に間違いないという手形一通が存在すること。同じく末寺一二ヶ寺も智源寺の末寺となったことを示す手形一通が存在することを述べる。

第三条は、十四年以前、京極高国の母親の弔いの時、宮津領の曹洞宗寺院を悉く改め、国中の曹洞宗寺院を智源寺の末寺とするというお触れが存在することを述べる。

第四条は、十年以前、越前国龍泉寺(福井県越前市)の輪番を一度務めた時分、末寺を勧化した折も、一二ヶ寺は異儀を言うことなく勧化に応じており、これも末寺の証拠であることを述べる。

第五条は、寛文五年の切支丹改めの折、沙門にも紛らわしい者があるので改めるようにと、江戸総寧寺(現千葉県市川市)より尊書が到来した。その折、末寺を改め総寧寺へ差し出した末寺帳に龍献寺の判形がある。控えにも銘々の名判が存在することを述べる。

第六条は、寛文六年、京極高国改易の時、智源寺住持も出奔してしまった。公儀の目付・代官衆は同年七月七日に智源寺を末寺に預け、智源寺を輪番で経営することについて、末寺が承諾した旨の連判手形も智源寺に存在することを述べる。

第七条は、永井尚征へ江戸寺社奉行より申し来たことは、桂林寺と智源寺との本末論争の折、智源寺の檀家と末寺がわがままを言っていることが聞こえてきたが、智源寺の末寺はこれまでどおり智源寺を本寺とするようにとの判形をいただいた。その折、一二ヶ寺の判形も永井尚征の奉行所に存在することを述べる。

第八条は、寛文十二年の夏、松泉院組の成就寺・心月寺が智源院に輪番した時、衆寮のから紙の引き手を多数盗み取って風呂敷に包んでおいたところを見つけだし、穿鑿したところ、成就寺が盗んだことがはっきりした。このことが家や町中・近在まで知れわたり末山頭が集まって評議し、松泉院・心月寺・成就寺に詫びを書かせたものが存在することを述べる。

第九条は、京極高国の代に追放した恵春が幕府領の時分より立ち帰り、松泉院の近所に居している。今の松泉院の住持は恵春の弟子である。この恵春もこのたび公儀へ聞いた所、御奉行が穿鑿するということを聞いて、恵春は欠落して木津へ行って居している。またここも代官より穿鑿を受け、追い払われたことを述べる。

第十条は、永井尚征の支配地での宗門改めに付いて、永平寺へ登山した五ヶ寺は旦那の請判ができないと奉行衆へ言ってきたので、智源寺から近くの坊主に命じて請判を押させた。僧侶も宗門改帳に名前を載せるのであるが、この五ヶ寺の坊主は公儀より帳面に記載されないとする。

右のことをお聞き入れいただき、智源寺末寺で間違いない証拠・証文を持参するのでご覧いただきたい。細かなことは使僧が申し上げます、というものである。

本史料で、訴訟の当事者となっているのは松泉院と智源寺である。松泉院は、建治二年(一二七六)永平寺五世義雲が開いた龍献寺の末寺で、龍献寺が寛文の頃京極高国により廃寺となると、その末寺の一部である一二ヶ寺の触頭としてさまざまな寺務にあたっていたようである。

本史料中の「乍恐別書ニ申上候覚」によれば、廃寺となった離島の龍献寺跡には、智源寺二世橘州のはからいで、同寺の開山心庵盛悦の弟子天益が入院し、智源寺末として再興される。しかし天益は橘州の意に反して松泉院恵春らの申し立てを受け、智源寺末からの離脱の訴訟を領主京極高国に起こすのである。その結果は橘州の勝訴となり天益と恵春は放逐される。追放された両者は、永平寺に直訴し、直末となったことを京極高国に告げる。このことを京極高国から聞いた智源寺橘州は不審に思い、永平寺に登山し天益と対決するが、勝敗がつかず、江戸の寺社奉行へ直訴を行う姿勢を示すにおよび、永平寺は智源寺の主張を認め、龍献寺は永平寺直末ではなく、智源寺末であることが確定する。また龍献寺末寺一二ヶ寺も智源寺の末寺となったというのである。

智源寺は、寛永二年(一六二五)に宮津城主京極高広が母の菩提寺として建立し、田辺桂林寺十世心庵盛悦を開山とした寺院である。京極家との関係が深かったこともあり、寛文六年五月の京極高国改易の折には混乱したらしく、智源寺住持は出奔し、同年七月七日には幕府の沙汰により、智源寺は末寺預けとなり、寺は末寺の輪番により維持されることになった。智源寺住持出奔のことは、寛文六年七月七日に智源寺末寺が連判で公儀目付・代官衆に提出した「智源寺末寺連判状写」(智源寺文書)に「一、丹後国宮津智源寺住持七月七日致退出其後無住ニ付」とあることからも確認できる。また翌七年正月二十一日に智源寺末山九一ヶ寺ならびに旦那中が関三ヶ寺に宛てた「智源寺末寺及び旦那中連判状写」(同)にも「七月七日ニ賢祝も出歩被申ニて」とあり、出奔した智源寺住持は賢祝であることも知られる。賢祝は聖海賢祝といい、『通幻禅師と龍泉寺』によれば、寛文五年に二七一世として龍泉寺に輪住している。同書には「智源寺三世孫」とあるものの、現在智源寺歴代住持には数えられていない。さらに、智源寺が輪番となったことは、前述の寛文六年七月七日付「智源寺末寺連判状写」に「末寺中替る替る二相続可申候」とあることからも事実である。

その後の智源寺であるが、延宝三年（一六七五）四月十九日に永平寺が智源寺に宛てた、「永平寺役者連判状」（智源寺文書）によれば、智源寺は賢祝の時、本末論争をした桂林寺の炉雪を住持に懇請し、その末寺になることで存続の危機を脱しているのである。

京極高国改易により、寛文六年七月七日に智源寺住持賢祝が出奔し、寺が無住状態になると、ふたたび松泉院触下一二ヶ寺による智源寺末寺離脱運動が始まる。本史料の訴状からすると、智源寺末寺離脱と龍献寺の永平寺直末再訴訟運動は、寛文八年に始まったようである。

寛文十三年、智源寺四世として入院した炉雪は、松泉院とのこれまでの訴状・返答の抜粋および経過の覚書と、智源寺の末寺である証拠証文を添えて、同年五月六日付けで永平寺に送っているのである。そして、松泉院との訴訟に対して裁許を望んだのである。

これに対して永平寺は、前述の延宝三年四月十九日付「永平寺役者連判状」によれば、「一、去々丑（寛文十三年）六月、龍献・振宗両寺之末寺、前々之通申渡す裁許状」と、同年六月には龍献寺と振宗寺の二ヶ寺の末寺について裁許状を出し、龍献寺の末寺は前々のとおりを認めたのである。

龍献寺の末寺は『丹後国竹野郡誌』によれば、承応元年（一六五二）、永平寺で行われた開山四〇〇回忌に御茶湯代を奉献した時には、松泉院を含め三八ヶ寺あり、そのほかに一三ヶ寺の亦末寺があったことが確認できる。しかし、前述の寛文七年正月二十一日付「智源寺末寺及び旦那中連判状写」には智源寺の末山として九一ヶ寺が連判しているが、その中に開山四〇〇回忌に御茶湯料を奉納した龍献寺（龍献庵とある）を含め、すべての末寺が智源寺の末山として名を連ねている。つまり寛文七年段階では、智源寺の末寺であったのである。

これが、寛文十三年六月段階で永平寺の裁許を受け、これまで龍献寺の末寺であった寺院は、智源寺末から離れることが認められたのである。しかしこの裁許を受けて、龍献寺の末寺全てが元に戻ったのではないようである。『延享度曹洞宗寺院本末牒』によれば、龍献寺は永平寺直末と記載されているものの、竹野郡（京都府京丹後市）内に正徳院・周泉寺・松泉寺・心月寺の四ヶ寺の末寺を持つのみとなっている。

以上からみると、寛文十三年六月の永平寺の裁許により、松泉院触下十二ヶ寺は智源寺末から離れることが許されたものの、実際には丹後国の僧録である智源寺末に残った寺院がほとんどであったのである。

一方、龍献寺であるが、『丹後国竹野郡誌』によれば、天和三年(一六八三)三月密雲大授が現在地(木津)に移し堂宇を再建し、永平寺三十一世月洲尊海を伝法開山に請じたとある。

これまでの一連の史料から足跡をたどれば、寛文の頃、京極高国により離島にあった龍献寺は廃寺となり、茶屋屋敷となっていた跡地を智源寺二世橘州が天益に与え再興入院させるが、天益は智源寺末からの離脱を図り訴訟を起こすものの敗訴し国中追放になる。のちに天益は永平寺の直末を願い訴訟を起こすがこれも認められず、龍献寺は智源寺の末寺となるのであった。寛文六年、京極高国が改易になると、宮津城を受け取った青山幸利も離島の龍献寺跡を茶屋屋敷と幕府に報告する。三年後の寛文九年、永井尚征が宮津城に入り、延宝八年まで永井領となる。本史料の訴状第三条によれば、寛文十年の夏、龍献寺を永平寺の直末にと考えているので寺地を与えてほしいと、永井尚征の家老中村小兵衛に永平寺の三十世光紹智堂が尊書を遣わしており、智源寺炉雪もそのことは知っていたとの記載がある。しかし、このことはその後うやむやになったようである。うやむやになった理由は定かではないが、光紹が同年八月十五日に示寂していることが最大の理由と思われる。

この後、龍献寺がどのような扱いになったのかは不明である。しかし、寛文七年正月二十一日付「智源寺末寺及び旦那中連判状写」(智源寺文書)には智源寺の末山として九一ヶ寺が連判している中、「龍献庵」とみえ、住持の花押が押されている。このことから察すれば、天益が再興して入院したという龍献寺は、天益放逐(ほうちく)の後も、龍献庵という庵室として命脈を保っていたものと思われる。

寛文十三年六月永平寺の裁許により、智源寺の末寺から離れた龍献寺(庵)は、天和三年但馬国豊岡長松寺(兵庫県豊岡市)七世密雲大授が木津に移し再興がなり、永平寺世代である月洲尊海を伝法開山に請じることで、永平寺直末となるのである。龍献寺の再興とその末寺への復帰、また永平寺直末という松泉院の試みはようやくここに成就したことになる。

ただ、龍献寺と振宗寺の末寺を前々のとおりとした裁許には、智源寺檀末には不評であったようで、前述の「永平寺役者連判状」によれば、永平寺は、「(前略)上件明鏡之雖為裁許状、貴寺檀末共不扈其理、於当山之役者非儀なる裁断之様存、悪口申段不届之至也」と申し渡している。

『永平寺史』によれば、永平寺の直末寺は三つの種類に分けることができるという。このうち龍献寺の場合は、永平寺の世代が開山になっている寺院の部類に入る。これは、とくに江戸期に入ってからのものが多く、これには、永平寺の世代が隠居するために開創された寺院、住持中に開創あるいは再興されたので勧請した寺院などがあるという。

龍献寺の場合はまさにこれにあたるが、永平寺直末を願った理由は、領主による廃寺という憂き目を二度と見ないよう、曹洞宗本山の直の傘下に入ることを意図したところにあるものと思われる。これを可能にしたのは、とりもなおさず、龍献寺が、建治二年三月、永平寺五世義雲が観音霊場巡礼のため成相山に登山し、義雲の徳を慕った近郷の人びとが龍献寺を建立したという寺伝なのである。

なお、『網野町誌』の湖秀山龍献寺の項によれば、松泉院が智源寺を相手取ったこの訴訟は、寛文十三年六月九日に問題は決着し、龍献寺は永平寺の預り寺として許可され、「小本寺」という公称も認められるようになったとある。

以上、経過の複雑な本末論争になるが、寛文期に生じた直末寺院の性格づけを見る上で注目される史料である。特に丹後半島の曹洞宗寺院史を語る上でも注目されよう。

参考文献

『与謝郡誌』上巻(名著出版、一九七二年)。
『延享度曹洞宗寺院本末牒』(名著普及会、一九八〇年)。
『京都府の地名　日本歴史地名体系 26』(平凡社、一九八一年)。
『永平寺史』上巻・下巻(大本山永平寺、一九八二年)。
『大江町誌』通史編、上巻(京都府大江町、一九八三年)。
『日本史総覧Ⅳ』近世一・近世二(新人物往来社一九八四年)。
『国史大辞典』(吉川弘文館、一九八四年)。
『丹後国竹野郡誌』新訂版(臨川書店、一九八五年)。

『新版禅学大辞典』（大修館書店、一九八五年）。

中嶋仁道『曹洞教団の形成とその発展』（大本山總持寺出版部、一九八六年）。

山口正章『通幻禅師と龍泉寺』（龍泉寺、一九八八年）。

『角川日本地名大辞典 18 福井県』（角川書店、一九八九年）。

圭室文雄編『日本名刹大事典』（雄山閣、一九九二年）。

『網野町誌』上巻・下巻（網野町、一九九二・一九九六年）。

『宮津市史』史料編第二巻・第三巻、通史編下巻（宮津市役所、一九九七・一九九九・二〇〇四年）。

『江戸幕府寺院本末帳集成』中（雄山閣、一九九九年）。

『曹洞宗文化財調査目録解題集』五 近畿管区編、四一九～四四〇頁（曹洞宗宗務庁、一九九九年）。

『新修門前町史』資料編二 総持寺（門前町、二〇〇四年）。

田中宏志「禅宗寺院文書の基礎的研究」（『駒澤大学禅研究所年報』第十八号、二〇〇七年）。


（遠藤廣昭）

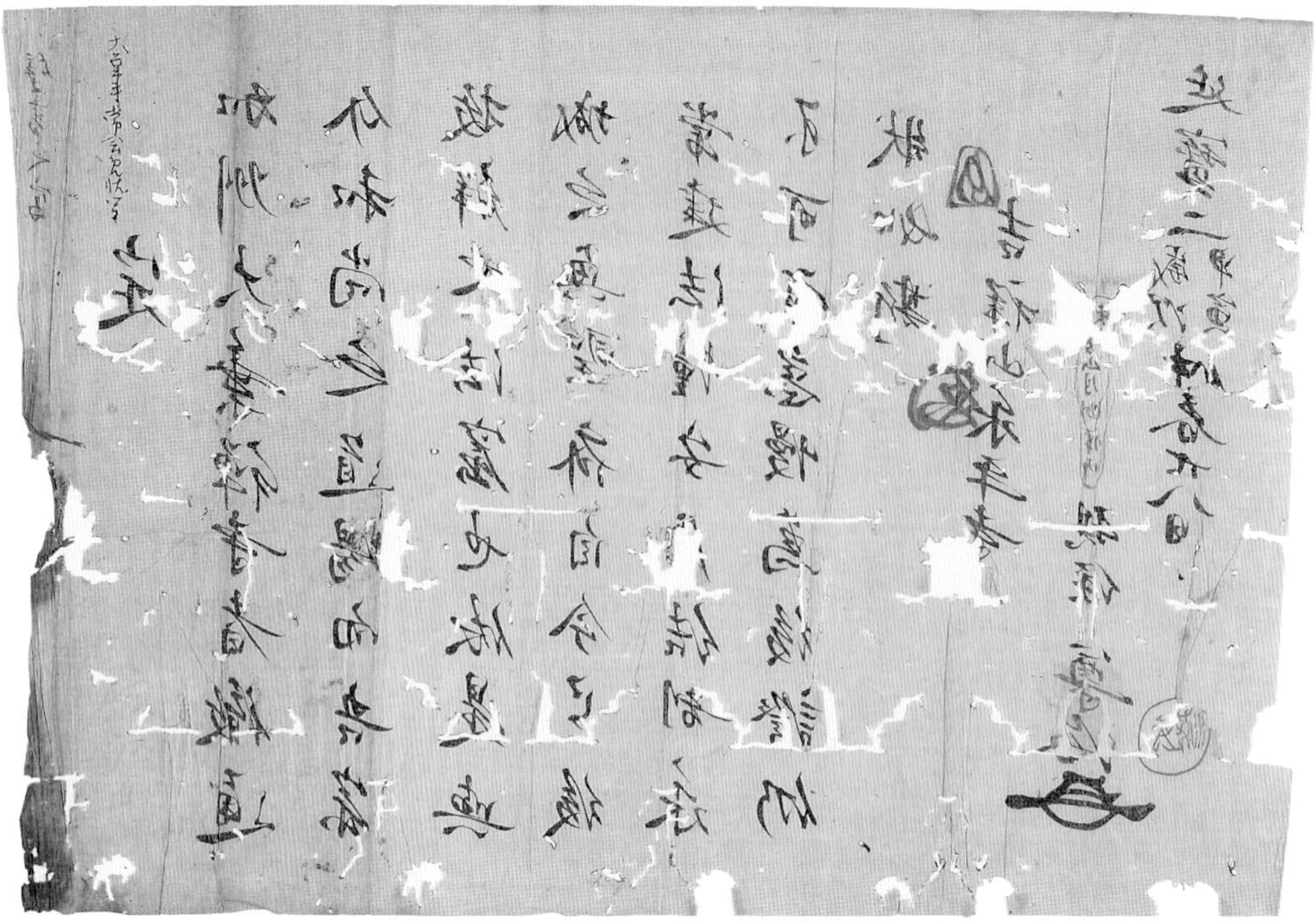

延宝二年（一六七四）二月二十八日、永平寺三十一世月洲尊海、加賀国大乗寺に対し、常恒会地の寺格を免許する。

93　月洲尊海定書写

（一紙　28.2㎝×38.3㎝）

（端裏書）「大乗寺常会免状写」(1)

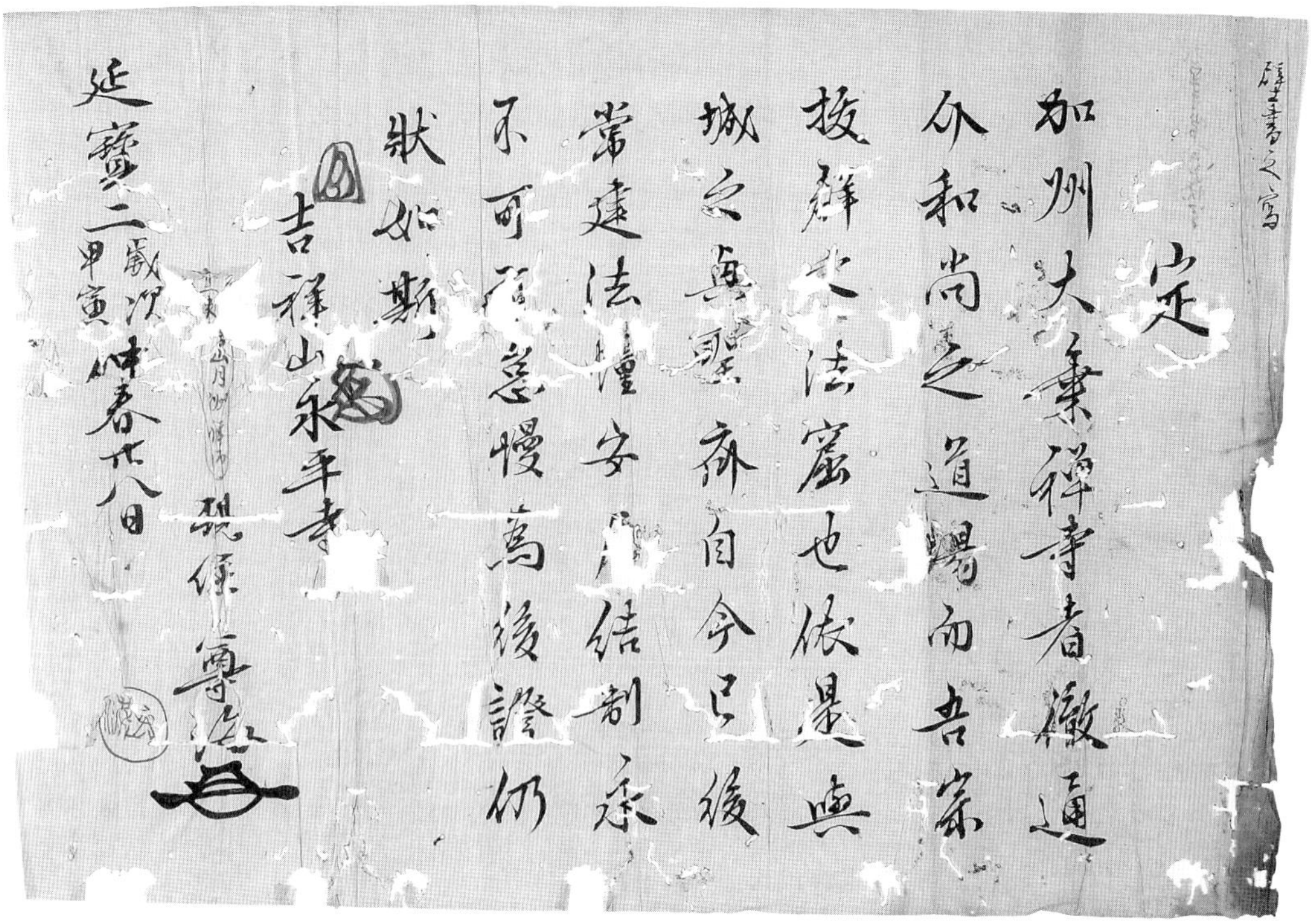

壁書之写

定

加州大乘禅寺者[2]、徹通

介[3]和尚之道場而、吾宗

抜群之法窟[4]也、依是与

城之興聖[5]斉、自今已後、

常建法幢[6]安居[7]結制[8]、永

不可有怠慢、為後証仍

状如斯、

（道元）（花押影）（懐奘）（花押影）

吉祥山永平寺

勅芳山月洲禅師　現住尊海（月洲）（花押影）

延宝二歳次甲寅仲春廿八日

（印影、印文「尊海」）

【読み下し】
加州の大乗禅寺は、徹通介和尚の道場にして、吾が宗の抜群の法窟なり。是れに依りて城の興聖と斉し。自今已後、常に法幢を建てて安居結制し、永く怠慢有るべからず。後証の為めに状に仍りて斯くの如し。

【注】(1)大乗寺　石川県金沢市にある曹洞宗寺院。山号は東香山。椙樹林とも称す。富樫家尚が弘長三年(一二六三)加賀国石川郡野々市(石川県野々市市)に一寺を建立して真言宗の澄海阿闍梨を住まわせた。のちに澄海は徹通義介(一二一九～一三〇九)に帰依し、正応二年(一二八九)、義介を住持に招き、以後、曹洞宗寺院となる。「三代相論」で永平寺を出た徹通派は、この大乗寺を根本道場となし、同派発展の一大拠点となった。室町時代末に外護者富樫氏が一向一揆勢力におさえられたことにより寺勢は衰微した。その後、金沢木ノ新保、石浦大乗寺坂へと寺地を移し、元禄七年(一六九四)現在地に新寺地を求め、同十年に移建された。前田家の家臣加藤氏の保護を得たあと、加賀藩(石川県金沢市)の重臣本多氏の菩提寺となる。寺領二〇〇石を有し、定光院・東光院・高安軒の塔頭三宇があった。

(2)大乗禅寺　注1参照。

(3)徹通介和尚　永平寺第三世徹通義介のこと。

(4)法窟　修行の道場。

(5)城之興聖　山城国興聖寺(現京都府宇治市)のこと。

(6)法幢　宝幢とも。説法の標幟とした旗じるしの意で、仏法のこと、または、仏法を、高くそびえる幢、あるいは魔軍を調伏する猛将の幢にたとえていう。また、宝珠で装飾した幢ともいう。

(7)安居　毎年四月十五日から七月十五日までの夏季九十日間にわたって行われる修行期間。坐禅修行や経典の講説が行われる。安居の開始を結夏・結制、終わりを解夏・解制という。

(8)結制　注7参照。

【解説】　延宝二年(一六七四)二月二十八日、永平寺三十一世月洲尊海(一六〇九～八三)より大乗寺宛に申し渡された定書の写である。加賀国大乗寺(石川県金沢市)は、永平寺第三世の徹通義介が開創した道場であり、曹洞宗では群を抜く別格の古刹であることを述べ、道元禅師が開いた山城興聖寺（京都府京都市）と肩を等しくしている点を強調する。そのため今後、常に法幢を建てて安居・結制を行い、久しく懈怠することなく正法を守るよう、後世の証しのためにこの書状を残す旨が語られている。原本は大乗寺に所蔵されている（下記【参考写真】参照）。

参考文献

舘残翁『加賀大乗寺史』（石川史書刊行会、一九七一年）。
『加賀の古刹大乗寺の名宝』（石川県立美術館、一九八七年）。
『野々市町史』資料編二近世（石川県野々市町、二〇〇一年）。

（佐藤秀孝）

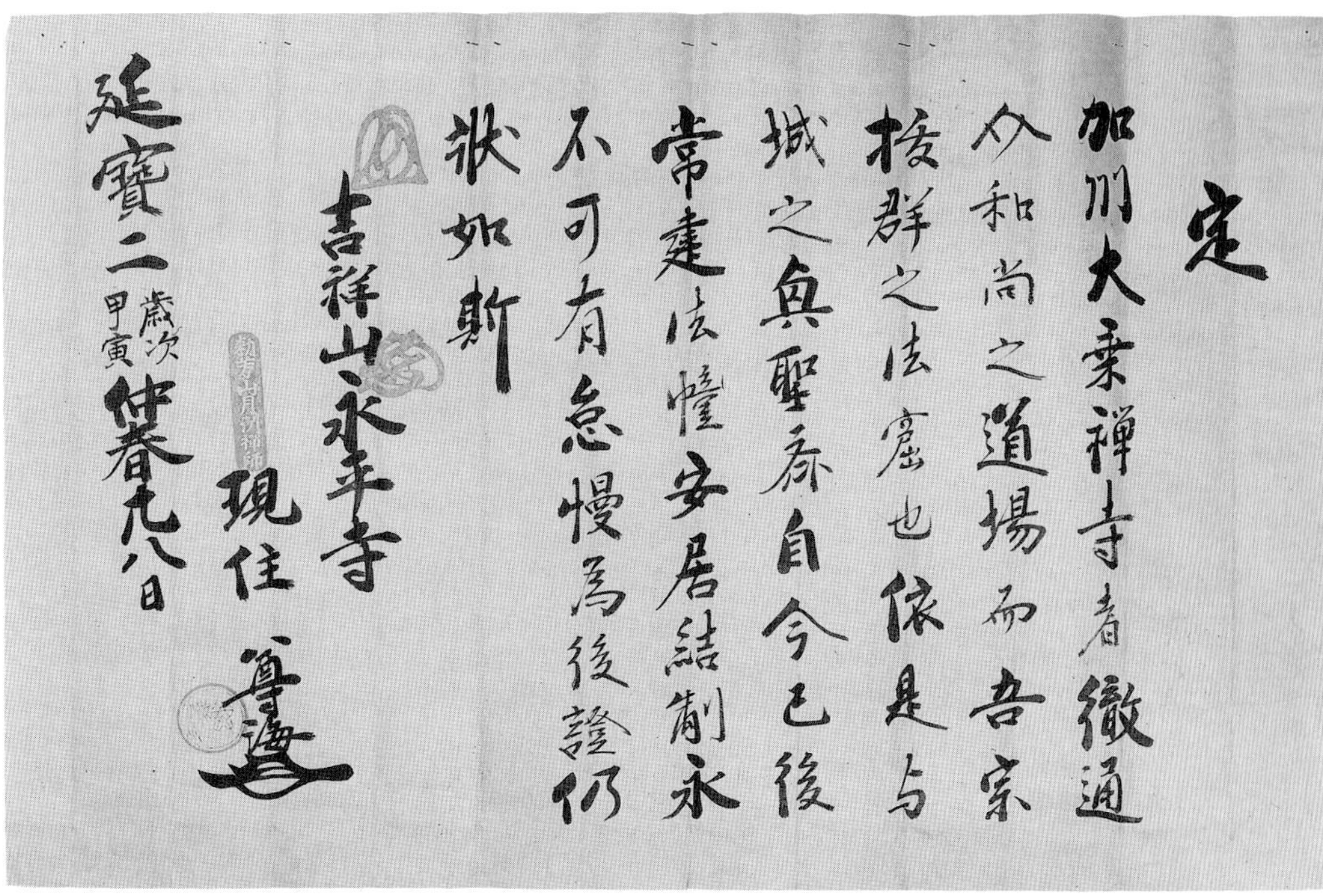
定
加州大乗禅寺者徹通
介和尚之道場而吾宗
抜群之法窟也依是与
城之興聖寺自今已後
常建法幢安居結制永
不可有怠慢為後證仍
状如斯
吉祥山永平寺
現住　尊海
延宝二 甲寅歳次 仲春九八日

【参考写真】月洲尊海定書（大乗寺文書、写真提供石川県立美術館）

延宝二年(一六七四)三月二十四日、福井藩主松平光通、死没し、永平寺三十一世月洲尊海が五輪塔の銘を撰する。

94 松平光通(大安院殿)五輪塔

(高さ285.0cm×横107.0cm)

（地輪正面銘）

延宝二甲寅歳

地

大安院殿前羽林次将賢誉徳超万休大居士

三月二十四日

（台座銘）

銘曰

齢登不惑

俄捨社稷

臣妄傷尽

執応八方

民之爺嬢

法之金湯

巌巌高聳

勢圧丘■〔壟〕

歴劫基■〔堂〕

勅特賜芳山月洲禅師尊海識焉

【読み下し】

銘に曰く。齢不惑に登る。俄に社稷を捨てる。臣妄りに傷尽くす。応に八方に執えり。民の爺嬢、法の金湯、巌々高く聳える。丘壟を勢圧、歴劫基鞏たり。

【解説】　福井五代藩主松平光通（一六三六～七四）は延宝二年（一六七四）三月二十四日、三十九歳で逝去した。光通の経歴は、以下のとおりである。

光通は福井四代藩主松平忠昌（一五九七～一六四五）の次男として寛永十三年（一六三六）五月に生まれ、幼名を万千代丸と称した。正保二年（一六四五）十月、父忠昌の死去にともなって十歳で後を継いだ。承応元年（一六五二）六月に越前に入国し、藩政を主導した。しばらく結城秀康以来の宿老の補佐をうけたが、宿老が相次いで死去すると、家臣団とともに親政を始めた。

永平寺との関わりでは、正保四年に永平寺に亡父忠昌の五輪塔を建立する（『文書編』一巻No.152、『国事叢記』）。また寛文元年（一六六一）九月、光通は永平寺領として先例どおり二〇石を安堵するとともに、亡父松平忠昌の廟所の灯供料として新たに三〇石を寄進している（本巻No.32）。

そして、光通の妻は福井二代藩主松平忠直（一五九五～一六五〇）息で従兄の松平光長（一六一五～一七〇七）の娘、国姫である。光通と国姫の二人の間には男子がなく、女子二人のみであった。その継嗣に関連して、祖母である勝姫（一六〇一～七二、徳川秀忠の三女で忠直室）との間に確執が生じ、それを苦に国姫は寛文十一年三月二十八日に自裁してしまう。国姫の墓所は永平寺にも設けられ（本巻No.90）、国姫の没後一〇〇日目にあたる同年七月十日、光通は永平寺に国姫の供養に詣でている。

その後、光通は親族からの圧力や妻の死等から家庭的・政治的な苦悩が続いて、国姫夫人の後を追うようにして、延宝二年三月二十四日に庶弟の松岡藩主松平昌勝（一六三六～九三）に遺言して自裁した。

光通は、浄光院（福井県福井市、のち運正寺）で荼毘に付され、大安寺（福井県福井市）に納骨される。この大安寺は光通が明暦元年（一六五五）に臨済宗の大愚宗築（一五八四～一六六九）を開山に招請し建立したものである。山上には千丈敷の廟所がつくられ、以後、大安寺は福井藩松平家の菩提所ともなる。

光通の遺骨は大安寺のほか、光通の遺志により永平寺・

高野山(和歌山県伊都郡高野町)にも分骨される(『国事叢記』)。永平寺には、五輪塔が建立される。五輪塔には、永平寺三十一世月洲尊海(げっしゅうそんかい)(一六〇九~八三)による讃がある。五輪塔は、現在も松平公廟所に安置されている。配置図については本巻157頁を参照されたい。

尊海は寛文十年十月に下野国大中寺(栃木県栃木市)より入院して、同十一年十一月に「芳山月州」の禅師号を下賜されている。永平寺に住職すること六年、尊海は延宝四年春に退院して越前国勝山義宣寺(福井県勝山市)に隠居する。

尊海の銘には、「俄に社稷を捨てる」とあり、光通は「社稷」(国家)を捨てたと表現している。

なお、五輪塔の銘は摩滅しているため、不明な文字は安政五年(一八五八)の「福井侯結縁由緒写」(永平寺文書)より補った。

この後、光通の跡を継いで福井六代藩主となった松平昌親(一六四〇~一七一一)は、延宝四年三月、光通の三回忌の折り、永平寺に光通の石塔灯明料として二〇石を新たに加増している(本巻No.95)。

参考文献
『国事叢記』上　福井県郷土叢書第七集(福井県郷土誌懇談会、一九六一年)。
『大安禅寺伽藍』(萬松山大安禅寺、二〇〇七年)。
『福井市史』通史編二　近世(福井市、二〇〇八年)。
『永平寺史料全書』文書編　第一巻(大本山永平寺、二〇一二年)。

(熊谷忠興)

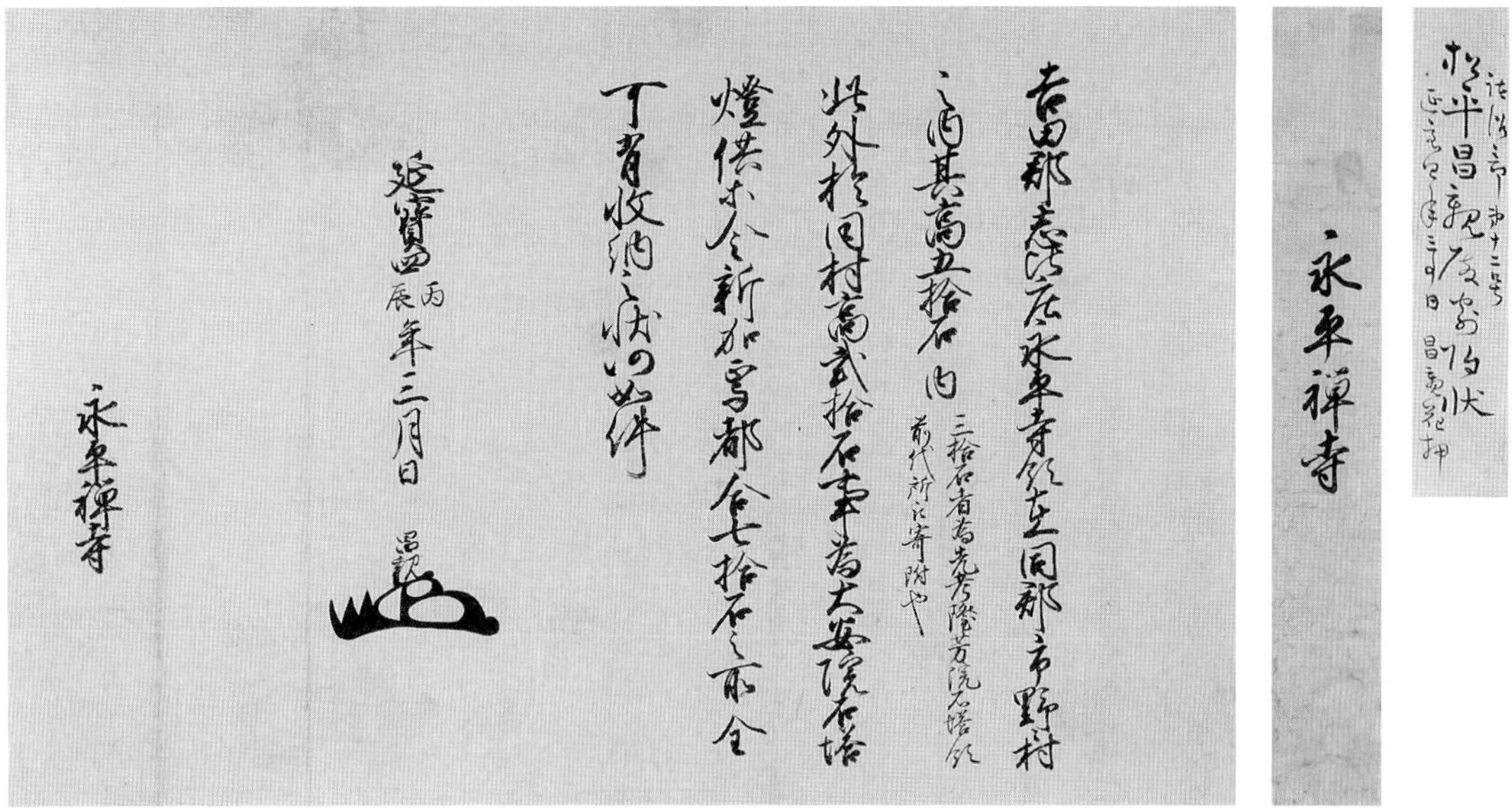

延宝四年（一六七六）三月日、福井藩主松平昌親、永平寺領として五〇石を安堵し、新たに二〇石を寄進する。

95　松平昌親寄進状

（台紙装　43.3㎝×65.0㎝）

（台紙貼紙、弘津説三筆）
「諸侯部第十二号
松平昌親殿寄附状
延宝四年三月日　昌親花押」

（懸紙ウハ書）
「　　永平禅寺　　」

吉田郡志比庄永平寺領、在同郡市野々村
之内、其高五拾石、内（三拾石者為先考（松平忠昌）隆芳院石塔領、前代所被寄附也、）
此外於同村高弐拾石事、為大安院（松平光通）石塔
灯供等令新加焉、都合七拾石之所、全
可有収納之状、仍如件、

延宝四（丙辰）年三月日　　昌親（松平）（花押）

永平禅寺

【読み下し】
吉田郡志比庄（しひのしょう）永平寺領、同郡市野々村の内に在り。その高五拾石、うち三拾石は先考（せんこう）隆芳院石塔領として、前代寄附せらるる所也。この外同村において高弐拾石の事、大安院石塔灯供等として新たに加えしむ。都合七拾石の所、全く収納有るべきの状、仍って件の如し。

【解説】　福井藩六代目藩主松平昌親（まつだいらまさちか）（一六四〇～一七一一）が永平寺に対して出した寺領寄進状である。

　永平寺領として越前国吉田郡市野々村（福井県吉田郡永平寺町）のうちにおいて、すでに寄進していた五〇石の地を安堵し、そのほかに、五代目藩主光通（大安院は光通の院号）の石塔（本巻No.94参照）灯供などとして同村内において新たに二〇石を寄進したものである。すでに寄進していた五〇石のうち三〇石は、亡父忠昌（隆芳院は忠昌の院号）の石塔（『文書編』一巻六九七頁）料として先代光通の時に寄附したものであることも記している。これによって、永平寺領は、合計七〇石となった。

　六代目昌親は、四代目忠昌の五男（五代光通の弟）で、正保二年（一六四五）、兄光通が福井藩五代目藩主となった時に二万五〇〇〇石を分けられて吉江藩が成立し藩主となっていたが、延宝二年（一六七四）に兄光通が死去した跡を継いで福井藩主となった。

　なお、本史料の形態は竪紙であり、花押の法量は縦3.7㎝×横8.9㎝となる。本史料は台紙の上に貼られており、弘津（ひろつ）説三（せっさん）の整理による貼紙が台紙に添付されている。弘津説三の文書整理については、『文書編』一巻No.4の解説参照。

（中野達哉）

（第一冊見返し）　（1オ）

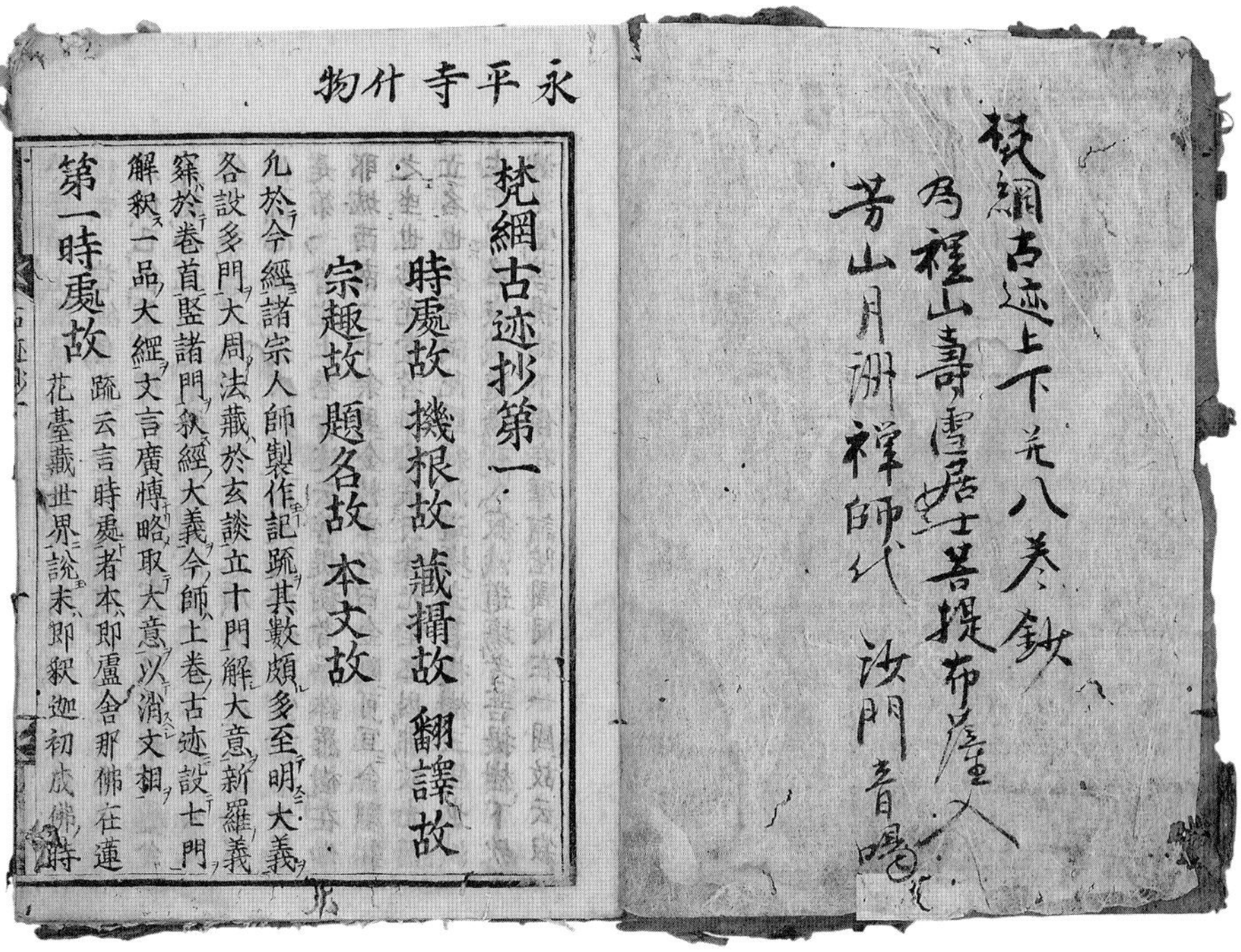

（延宝四年〈一六七六〉春以前）、永平寺三十一世月洲尊海代の沙門音喝、刊本『梵網経古迹記』二巻二冊と、刊本『梵網古迹抄』八巻八冊を、裡山寿雪居士菩提のために永平寺常住に施入する。

96　梵網古迹抄（月洲尊海手沢本）

（冊子装　26.3㎝×18.9㎝）

（第一冊見返し）

梵網古迹上下幷八巻鈔
為裡山寿雪居士菩提布薩入
芳山月洲禅師代　沙門音喝

（1オ）

（欄外上部墨書横書）
「永平寺什物」

（1オ）

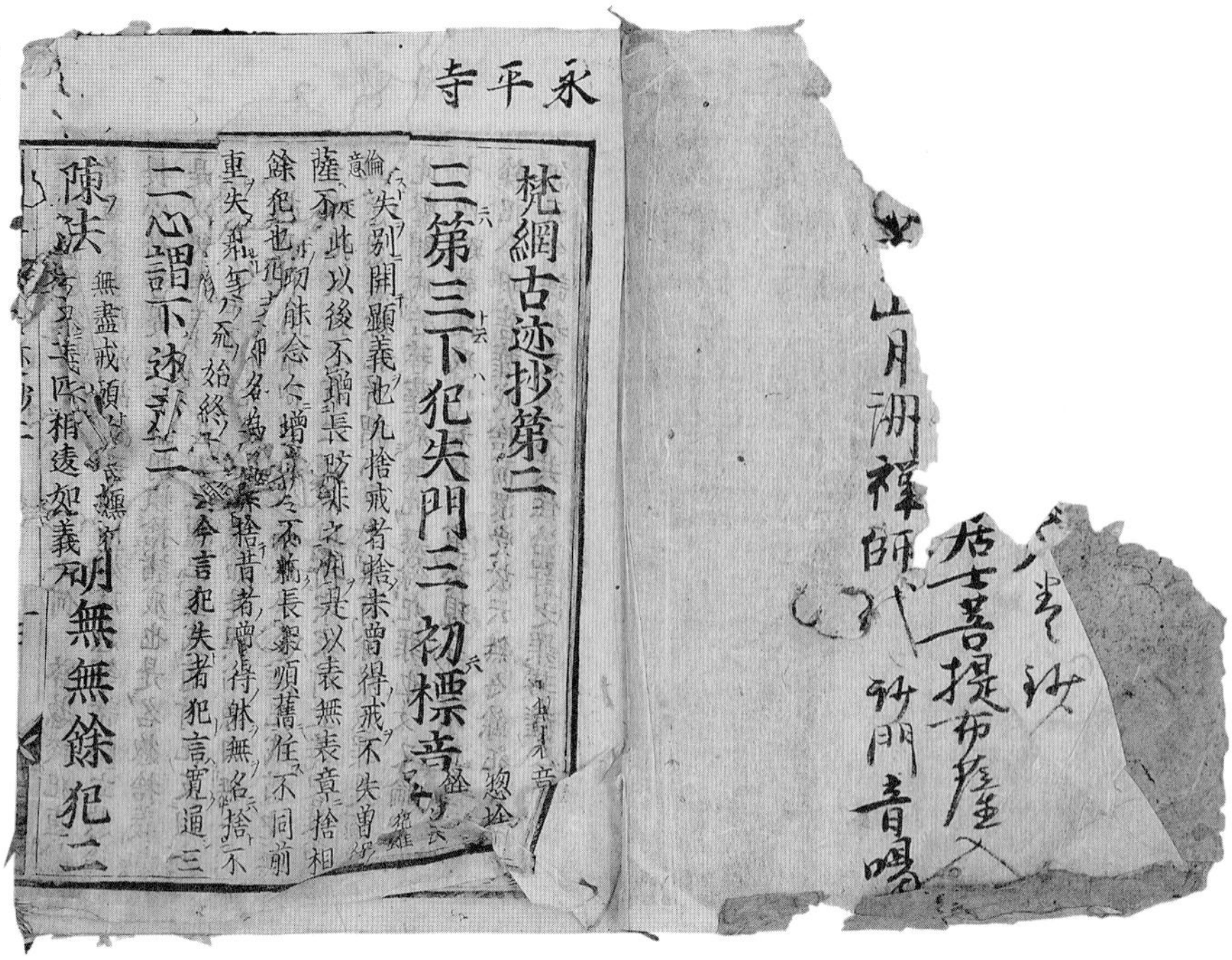

（第二冊見返し）

（第二冊見返し）

「〔梵網古迹上下并八〕」巻鈔
「〔為裡山寿雪〕」居士菩提布薩入
□〔芳〕山月洲禅師代　沙門音喝

（1オ）

〔欄外上部墨書横書〕
「永平寺「〔什物カ〕」」

（第三冊表紙裏）

（見返し裏）

（見返し裏）

（第三冊表紙裏）

鷲二帝知事ノ梵網也

(1オ)

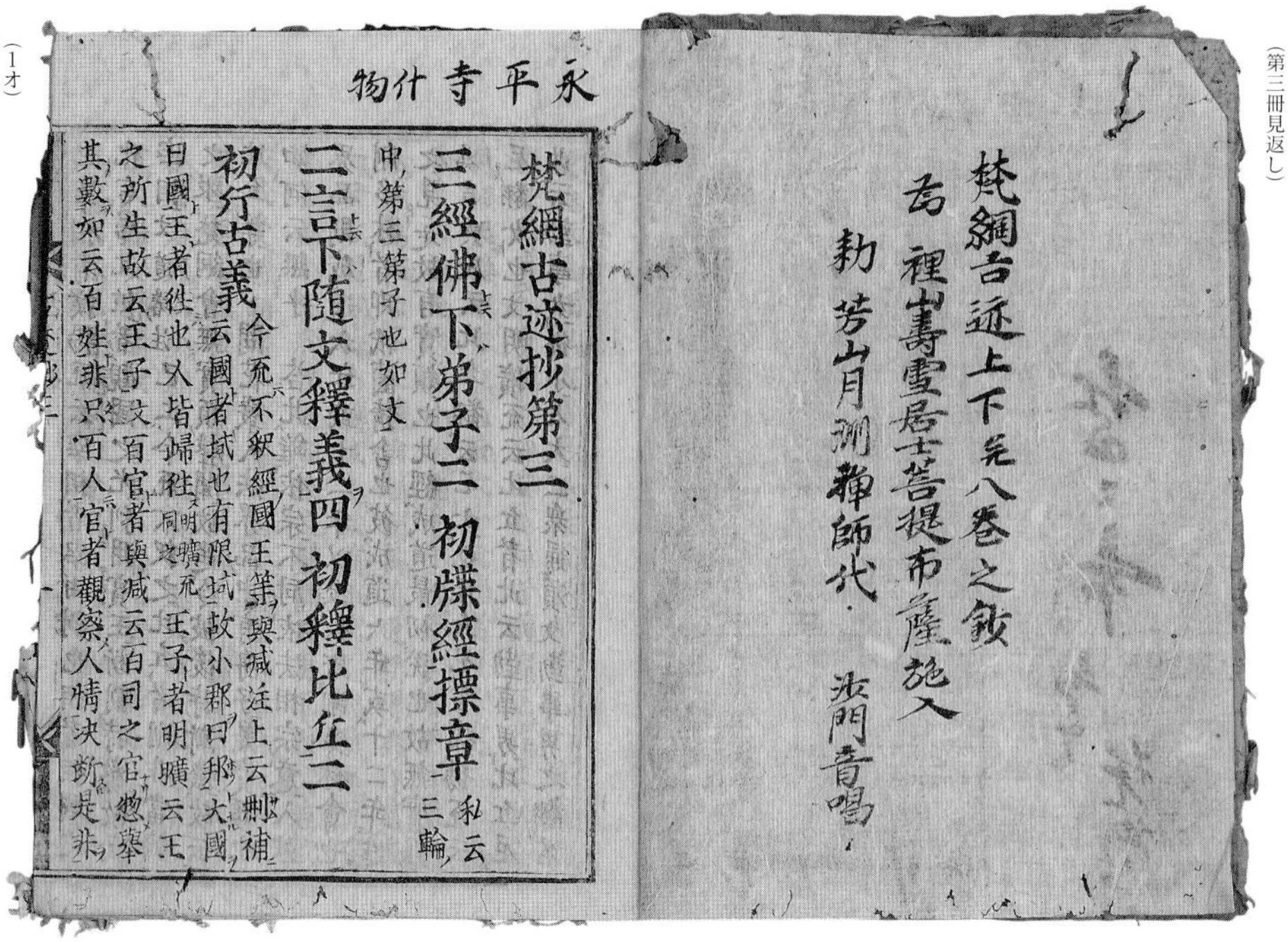

(第三冊見返し)

(第三冊見返し)

梵網古迹上下幷八巻之鈔

為　裡山寿雪居士菩提布薩施入

勅　芳山月洲禅師代　沙門音喝

(1オ)

(欄外上部墨書横書)

「永平寺什物」

(1オ)

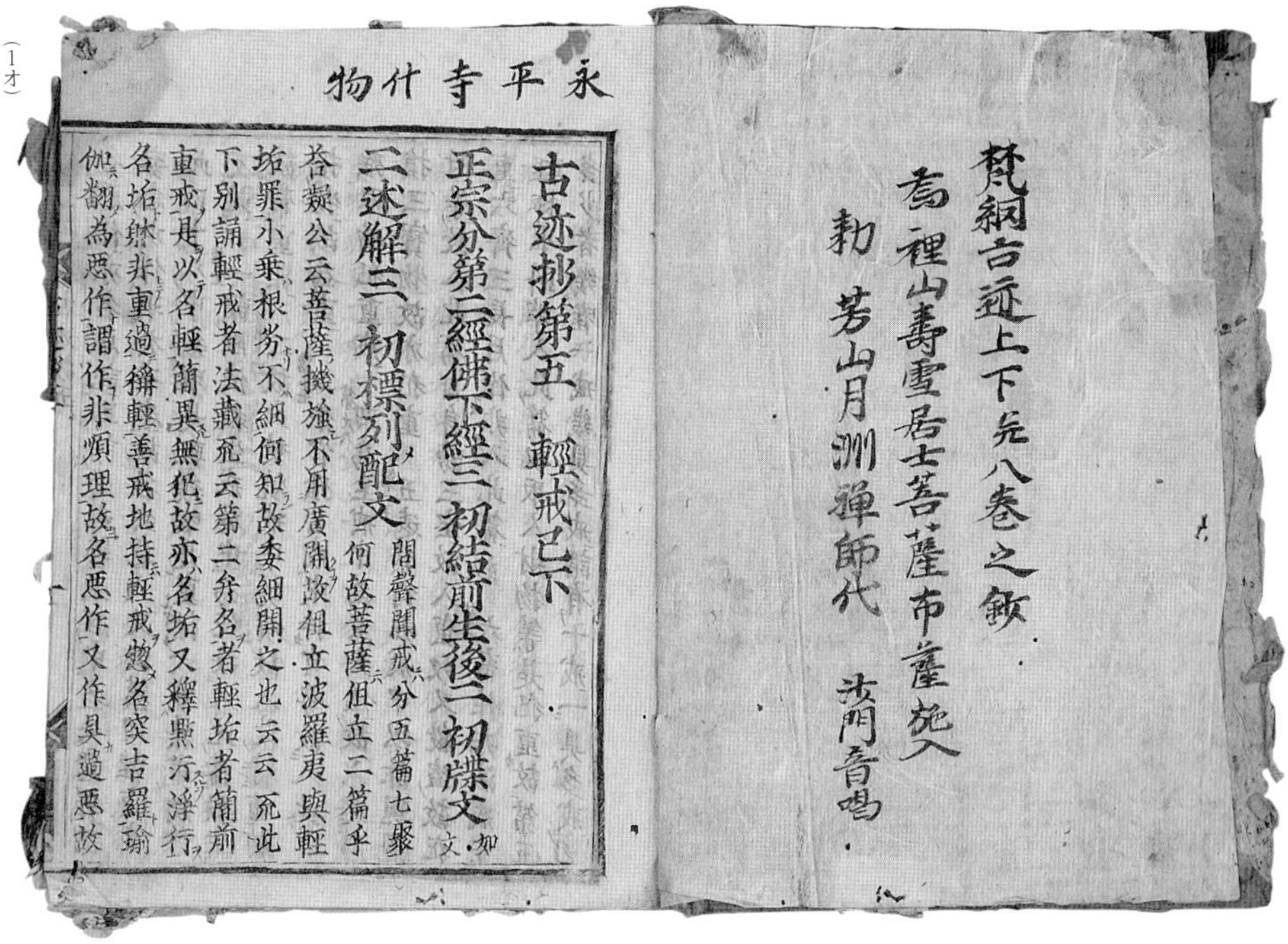

永平寺什物
古迹抄第五　輕戒已下
正宗分第二經佛下經三　初結前生後二　初牒文
二述解三　初標列配文
梵網古迹上下幷八巻之鈔
為裡山寿雪居士菩薩布薩施入
勅　芳山月洲禅師代　沙門音喝

(第五冊見返し)

梵網古迹上下幷八巻之鈔

為　裡山寿雪居士菩薩(ママ)布薩施入

勅　芳山月洲禅師代　沙門音喝

(1オ)

(欄外上部墨書横書)

「永平寺什物」

（1オ）

（第六冊見返し）

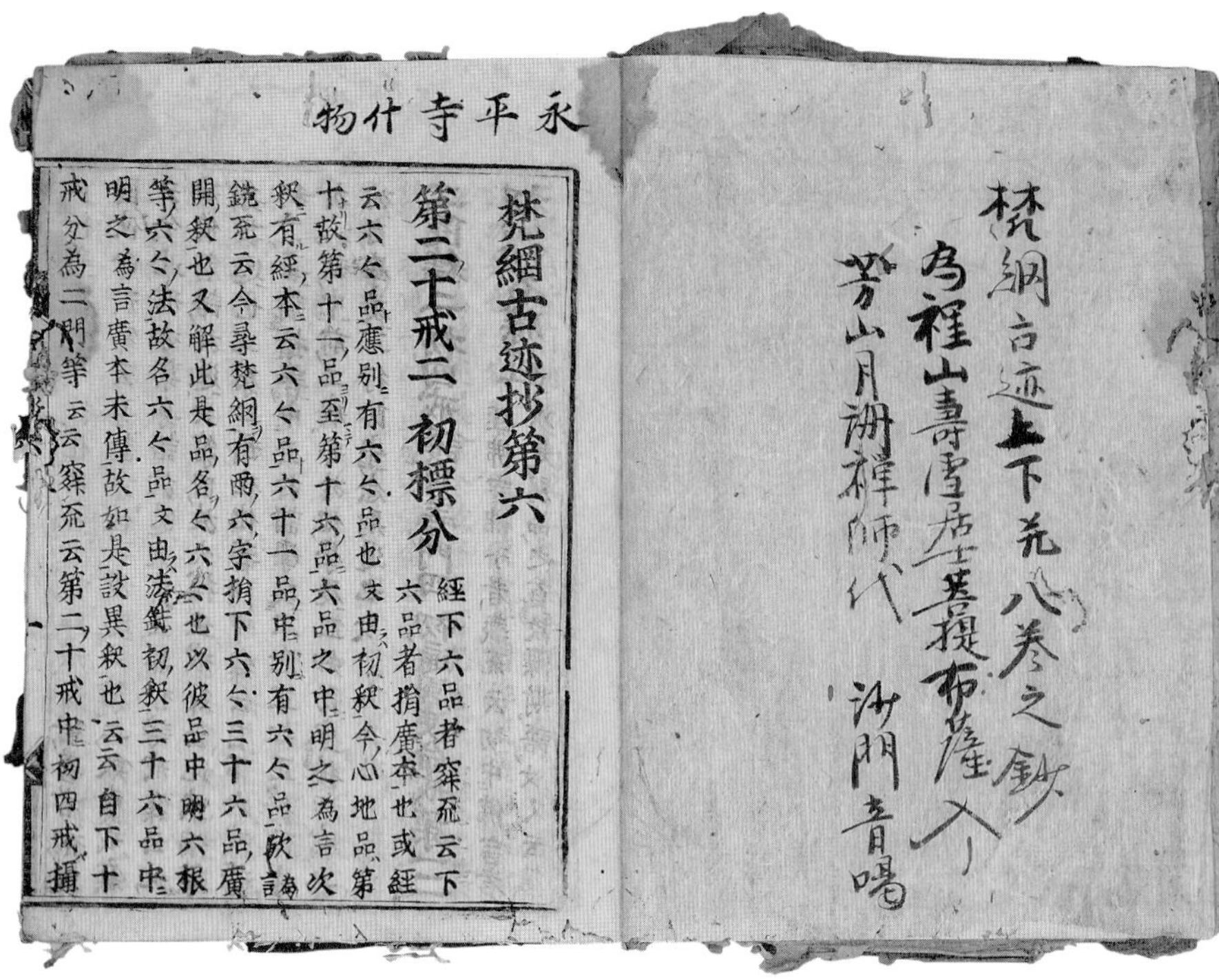

永平寺什物
梵網古迹抄第六
第二十戒二　初標分
梵網古迹上下并八巻之鈔
為裡山寿雪居士菩提布薩入
芳山月洲禅師代
沙門音喝

（第六冊見返し）

梵網古迹上下幷八巻之鈔

為裡山寿雪居士菩提布薩入

芳山月洲禅師代　沙門音喝

（1オ）

（欄外上部墨書横書）

「永平寺什物」

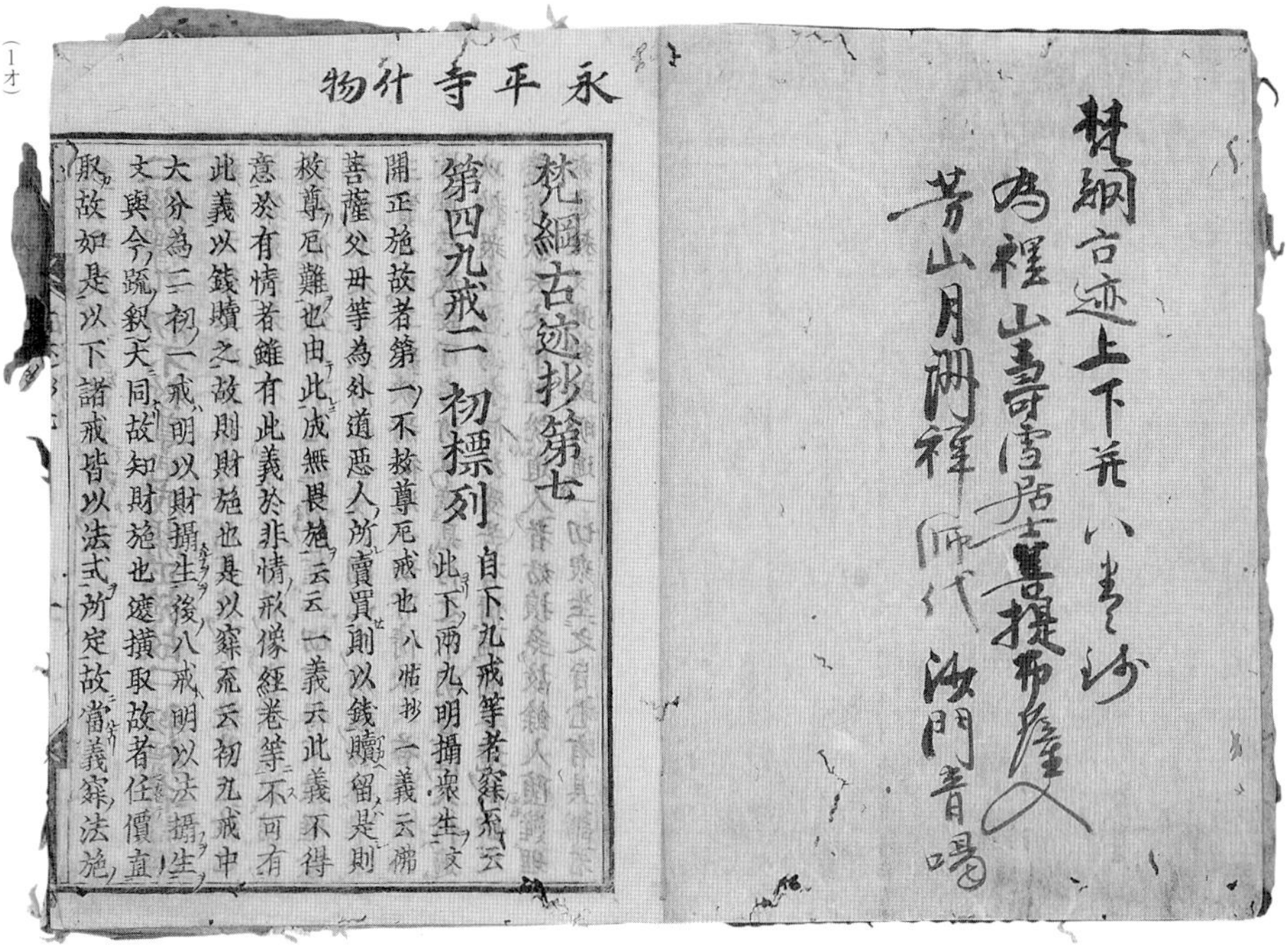

（第七冊見返し）

梵網古迹上下幷八巻鈔
為裡山寿雪居士菩提布薩入
芳山月洲禅師代　沙門音喝

（1オ）

（欄外上部墨書横書）
「永平寺什物」

【解説】『梵網古迹抄』八巻八冊は、菩薩戒経『梵網経』の注釈であるが、撰者不明である。ただし、第五冊初丁に「凝公云、菩薩機強、不用広開、故但立波羅夷与軽垢罪、小乗根劣、不細何知、故委細開之也云云」として、東大寺凝然(一二四〇～一三二一)の語を引くから、我が国の南都僧の手になる撰述かとも思われる。

その注釈態度は書名からも察せられるように、主として新羅の太賢(生没年未詳、八世紀)が撰述した『梵網経古迹記』によりながら『梵網経』を注釈しようとするものであるが、唐の法蔵(六四三～七一二)撰『梵網経菩薩戒本疏』、新羅の義寂(七世紀末～八世紀)撰『梵網経菩薩戒本疏』、唐の明広(生没年未詳、八世紀か)撰『天台菩薩戒疏』など、主要な注釈を多数引用している。また、凝然の語を引いていることは先に述べたとおりである。鎌倉時代中期以降、南都においては『梵網経』の注釈としては『古迹記』が重視されたから、あるいは本書も南都の成立かと思われる。

さて本史料と同板のものを駒澤大学図書館に検尋すれば、原装をとどめ初刷に近いと思われる一本(請求番号H266/26A)と、可成り後世の後刷と思しき一本(請求番号H266/26)の二種の架蔵が確認できる。この両本の刊記には「寛永甲申中冬吉辰／中野氏是誰新刻」とあって、寛永二十一年(一六四四)十一月に京都の書肆である中野是誰によって開板されたものであることが知られる。永平寺所蔵の本史料は刊記を存しないが、界線の欠損や文字の磨耗からみて、この中野是誰の板本による一本であり、時期的には駒澤大学図書館所蔵の両本の間に刷られた後印本ではないかと推察される。架蔵する図書館等も少なく、一種稀覯とも思われる本書が永平寺に所蔵されていることは僥倖であるが、第四冊と第八冊を欠いていることが惜しまれる。

本史料の各冊には書き入れがみえ、その書き入れから、以下のことが知られよう。

まず本史料が、太賢の『梵網経古迹記』(上下二巻)とともに永平寺に施入されたことが知られる。この時施入されたと思しき『古迹記』は永平寺に伝存しないようであり、確認することはできない。あるいは寛永二十一年に西村吉兵衛が版行した一本であったかもしれず、またあるいは寛文八年(一六六八)に京都の書肆で「銅陀坊」や「平楽寺」と称した村上勘兵衛が開板したものであったかもしれない。

次に施入の時期が月洲尊海の代(一六七〇～七六)であっ

たことが知られる。しかも月洲が「芳山月洲禅師（ほうざんげっしゅうぜんじ）」の勅号を賜ったのが寛文十一年、その退堂が延宝四年(一六七六)であるから、この間に施入されたとみられよう。

さらに施主が「音喝」なるものであり、その音喝が「裡山寿雪居士」なる者の菩提のために施入されたことが知られる。「音喝」と「裡山寿雪居士」のいずれも未詳である。月洲の会下には「海音」なる者の存在が認められ(本巻No.101～103)、可能性は低いが「音喝」もあるいは月洲会下の僧であったかもしれない。なお故人の菩提のために布薩が修せられたことも確認でき興味深い。

(岩永正晴)

参考文献

石田瑞麿『仏典講座14　梵網経』(大蔵出版、一九七一年)。
『永平寺史』上巻、七〇六～七〇七頁(大本山永平寺、一九八二年)。
大谷由香「凝然の『梵網経古迹記』注釈態度とその後世への影響について―散佚文献：凝念撰『梵網上巻古迹修法章』の検出を通して―」(『龍谷大学大学院文学研究科紀要』三〇集、二〇〇八年)。
岡雅彦ほか編『江戸時代初期出版年表』(勉誠出版、二〇一一年)。

（延宝四年〈一六七六〉春以前）、永平寺三十一世月洲尊海、京都書肆林伝左衛門より刊本『正法眼蔵随聞記』六巻三冊を献納され、永平寺常住に施入する。

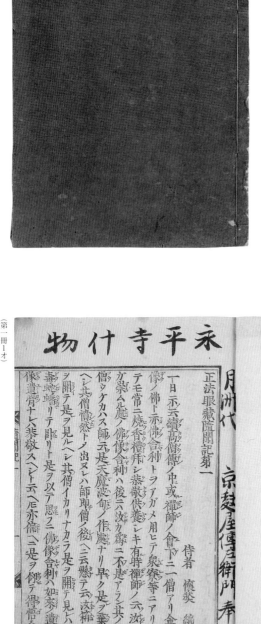

97　正法眼蔵随聞記（月洲尊海手沢本）

（冊子装　26.5㎝×19.1㎝）

（表紙）

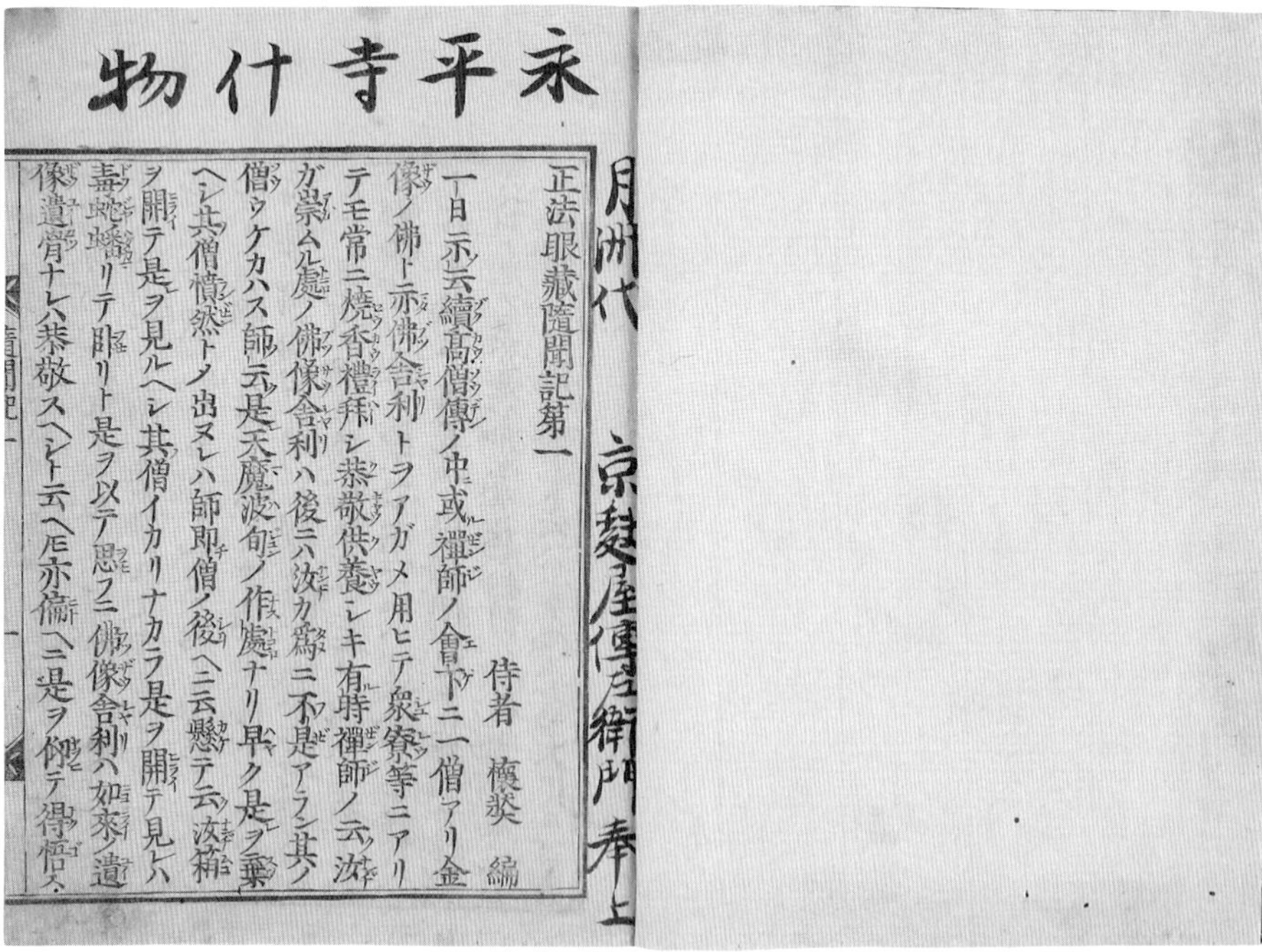

永平寺什物

月洲代　京麩屋傳左衛門奉上

正法眼藏随聞記第一

侍者　懐奘　編

一日示云續高僧傳ノ中ニ或ル禪師ノ會下ニ一僧アリ金
像ノ佛ト亦佛舎利トヲアガメ用ヒテ衆寮等ニアリ
テモ常ニ焼香禮拜シ恭敬供養シキ有時禪師ノ云ク汝
ガ崇ムル處ノ佛像舎利ハ後ニハ汝カ爲ニ不是アラン其ノ
僧ウケカハス師ノ云ク是天魔波旬ノ作ス處ナリ早ク是ヲ棄
ヘシ其僧憤然トシテ出ヌレハ師即僧ノ後ヘニ云ク懸テ云ク汝箱
ヲ開テ是ヲ見ルヘシ其僧イカリナカラ是ヲ開テ見レハ
毒蛇蟠リテ臥リ是ヲ以テ思フニ佛像舎利ハ如來ノ遺
像遺骨ナレハ恭敬スヘシトイヘトモ亦偏ヘニ是ヲ仰テ得悟ヘ

（見返し）（第一冊1オ）

（欄外上部墨書横書）「永平寺什物」

（欄外墨書）「月洲代　京麩屋伝左衛門奉上」

【解説】　本史料は、『禅籍編』三巻No.９に収載されている。よって、本史料の解題と永平寺三十一世月洲尊海（一六〇九～八三）については、同書の解説を参照されたい。

本史料の第一巻には一丁表の、のどの部分に「月洲代　京麩屋伝左衛門　奉上」、上層には「永平寺什物」と墨書されている。以下、第三巻・第五巻の初丁表の上層に「永平寺什物」との書き入れが見られる。よって本史料は、現在は一冊に合綴されているが、永平寺に献納された当初は、二巻ごとに合綴されて六巻三冊の形であったろうことが察せられる。

また以上の書き入れから、板元が京都麩屋の書肆林伝左衛門であること、月洲尊海の代に献納されたことなどが知られる。月洲は寛文十年（一六七〇）十月に永平寺に晋住、延宝四年（一六七六）春に退堂しているから、献納もこの六年のうちに行われたと推測される。

林伝左衛門から永平寺に献納された経緯は明確ではない。当然、道元禅師と二世懐奘にかかる著作であるから、その縁によって献納されたものであろう。林伝左衛門は、多くの俗書や仏教書も刊行しているが、独庵玄光の著作や『永平元禅師語録抄』（三巻、明暦三年開板）など曹洞宗関連の書籍の板元ともなっている。特に寛文七年に永平寺三十世光紹智堂（一六一〇～七〇）が開板した『日域曹洞初祖道元禅師清規』（『永平大清規』）の板元でもあり、永平寺とのつながりもあったであろうから、あるいは可能性として、寛文九年に開板されたばかりの本書を、翌年に再び開板するに際して永平寺が入銀して銀主となった（開板の資金を出して板権所有者となった）ことも考えられよう。

なお、月洲尊海が永平寺に施入した諸本は、本史料を除き、『永覚和尚洞上古轍』（本巻No.98、『禅籍編』三巻No.10）、『伝法正宗記』（本巻No.99、『禅籍編』三巻No.11）、『増集続伝灯録』（本巻No.100、『禅籍編』三巻No.12）がある。

参考文献

池辺実「正法眼蔵随聞記の版本について」（『宗学研究』四号、一九六二年）。

矢島玄亮『徳川時代出版者出版物集覧』正・続（徳川時代出版者出版物集覧刊行会、一九七六年）。

『永平正法眼蔵蒐書大成』四　本文篇（四）（大修館書店、一九七九年）。

『永平寺史』上巻、七〇六～七〇七頁（大本山永平寺、一九八二年）。

（岩永正晴）

（延宝四年〈一六七六〉春以前）、永平寺三十一世月洲尊海、刊本『永覚和尚洞上古轍』二巻二冊を永平寺常住に施入する。

98 永覚和尚洞上古轍（月洲尊海手沢本）

（冊子装　27.0㎝×19.2㎝）

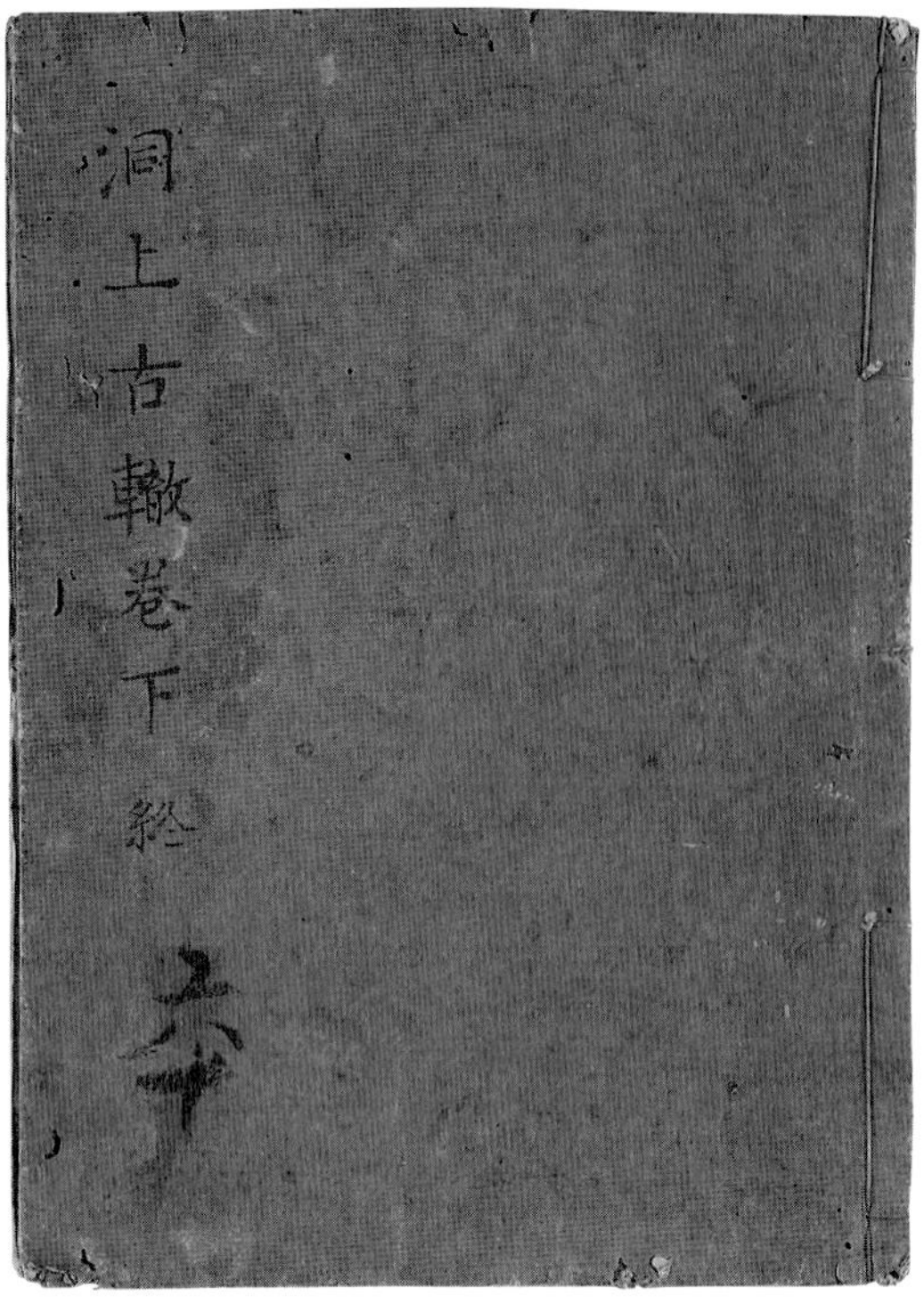

「（表紙）洞上古轍巻下 終　（異筆）『六十』」

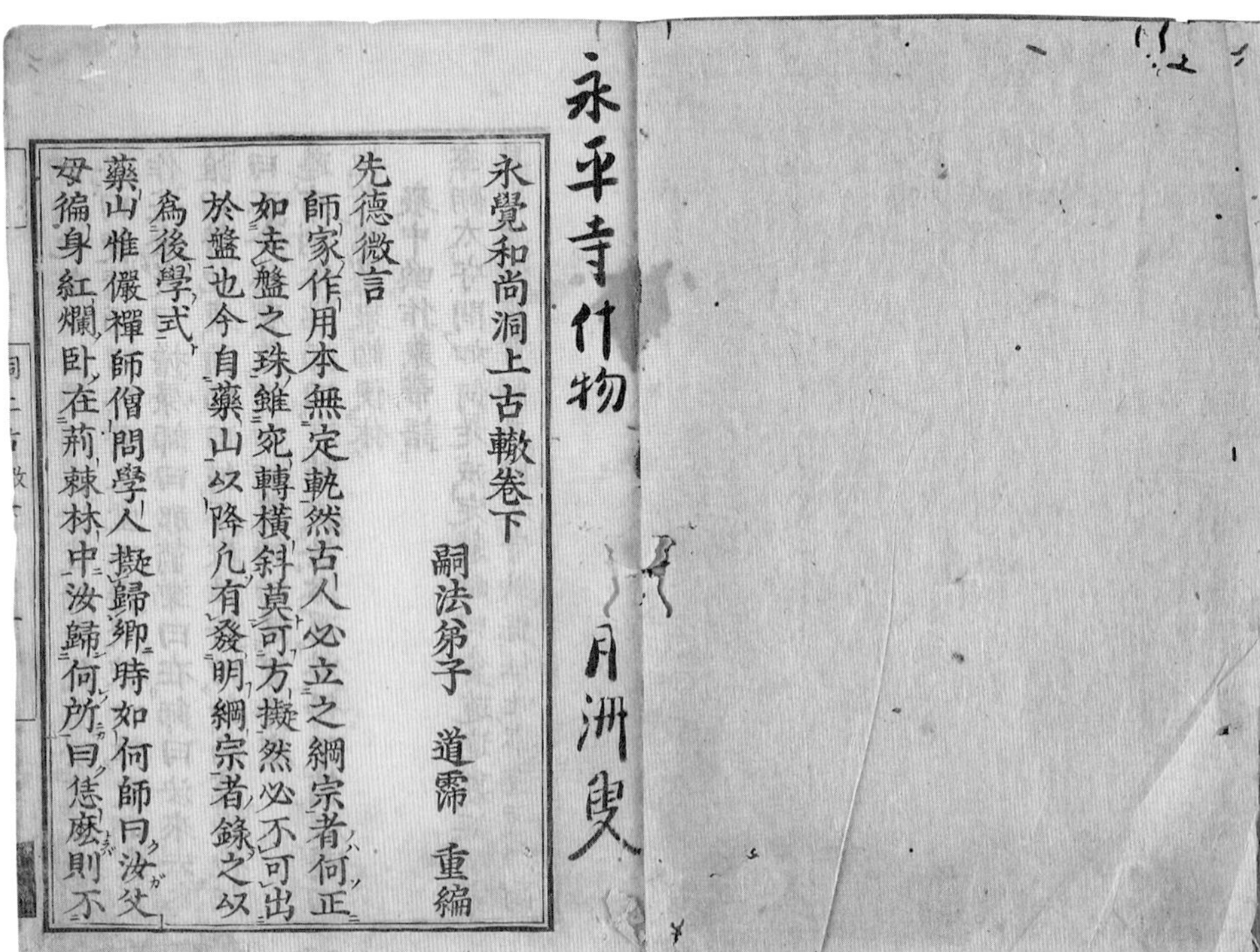

永平寺什物
月洲叟

永覺和尚洞上古轍卷下
嗣法弟子 道霈 重編
先德微言
師家作用本無定軌然古人必立之綱宗者何正
如走盤之珠雖宛轉橫斜莫可方擬然必不可出
於盤也今自藥山以降凡有發明綱宗者錄之以
爲後學式
藥山惟儼禪師僧問學人擬歸鄉時如何師曰汝父
母徧身紅爛臥在荊棘林中汝歸何所曰恁麼則不

「（欄外墨書）永平寺什物　月洲叟」

【解説】『永覚和尚洞上古轍』(二巻)は、明末の曹洞宗僧たる永覚元賢(一五七八~一六五七)が「宝鏡三昧」や「参同契」および「洞山五位頌」等に註釈を施し、さらに四禁・三滲漏等の機関や諸家徴語などを集めたものである。永覚の自序によれば、曹洞宗旨の独自性を示し、参究のための信頼しうるテキストたることを目指して撰述されたという。

その成立は崇禎十七年(一六四四)で、永暦元年(一六四七)に刊行された。日本での初刊は延宝元年(一六七三)である。また、同八年には梅峯竺信(一六三三~一七〇七)編註の首書本が刊行された。元賢の伝を含め本書の解題については、『禅籍編』三巻No.10の解説を参照されたい。

本史料は下巻のみ存する欠本であり、末丁(四二丁)には「延宝癸丑歳吉日/三条菱屋町婦屋/林伝左衛門板行」の刊記がみられ、同初丁の巻首題下には「嗣法弟子道霈重編」とあって、その書誌的特徴から延宝元年に京都の書肆林伝左衛門が板行した本邦初刊本であると推定される。

また、下巻初丁に「永平寺什物　月洲叟」の書き入れがあり、永平寺三十一世月洲尊海代(一六〇九~八三)に新添された什物であることが知られる。月洲は寛文十年(一六七〇)十月に永平寺に晋住、延宝四年春に退堂しているから、献納もこの六年のうち、おそらくは開板の延宝元年頃に行われたと推測される。しかしその由来等は未詳である。『正法眼蔵随聞記』(本巻No.97、『禅籍編』三巻No.9)には別の事情も考えられるが、『伝法正宗記』(本巻No.99、『禅籍編』三巻No.11)・『増集続伝灯録』(本巻No.100、『禅籍編』三巻No.12)など、月洲は新刊本を積極的に購入している(あるいは寄進をうけたものか)。これは月洲の資質にもよろうが、一宗の本山として、多くの修行僧を育成する叢林として歩む永平寺の進取の一面をも示していよう。

参考文献

新井勝龍「五位思想の展開」(曹洞宗宗学研究所編『道元思想のあゆみ3』、吉川弘文館、一九九三年)。
松田陽志「『洞上古轍』をめぐる偏正五位解釈の一視点」(『宗学研究』三八号、一九九六年)。
『永平寺史』上巻、七〇六~七〇七頁(大本山永平寺、一九八二年)。

(岩永正晴)

99 伝法正宗記（月洲尊海手沢本）

（冊子装　26.4cm×19.0cm）

延宝四年〈一六七六〉春以前、永平寺三十一世月洲尊海、刊本『伝法正宗記』一二巻六冊を永平寺常住に施入する。

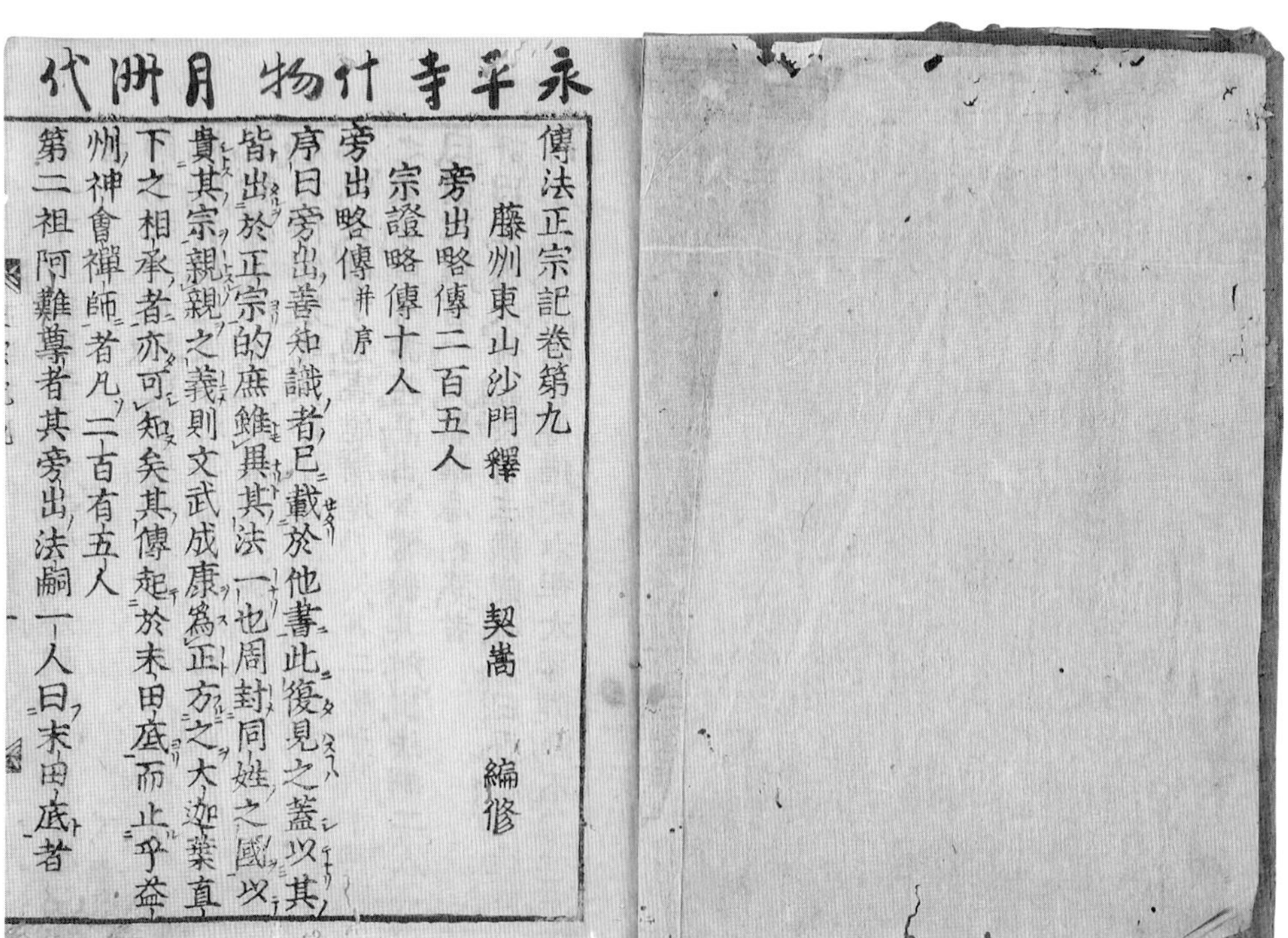
永平寺什物月洲代
傳法正宗記卷第九
藤州東山沙門釋　契嵩　編修
旁出略傳二百五人
宗證略傳十人
旁出略傳并序
序曰旁出善知識者已載於他書此復見之蓋以其
皆出於正宗的庶雖異其法一也周封同姓之國以
貴其宗親親之義則文武成康為正方之大迦葉直
下之相承者亦可知矣其傳起於末田底而止乎崙
州神會禪師者凡二百有五人
第二祖阿難尊者其旁出法嗣一人曰末田底者

（巻九1オ）
（欄外上部墨書横書）
「永平寺什物月洲代」

【解説】『伝法正宗記(でんぽうしょうしゅうき)』(十二巻)は、北宋の仏日契嵩(ぶつにちかいすう)(一〇〇七〜七二)が撰述した禅宗史書であり、禅宗祖統説の確立を目指し、教家、特に天台からの論難に反駁を加えるために著された。該書の詳細については、椎名宏雄氏の解題(『禅学典籍叢刊』三巻所収)、および『禅籍編』三巻No.11の解説を参照されたい。

『伝法正宗記』の和刻本は次のものが知られる。

寛永七年(一六三〇)、比叡山延暦寺開板本。

寛永十七年、京都書肆(しょし)西村又左衛門開板本。

延宝四年(一六七六)二月、京都書肆紀伊国屋半兵衛印行本(寛永十七年本の後印)。

このうち、本史料は、延宝四年本と思われる。

月洲尊海(げっしゅうそんかい)(一六〇九〜八三)は、寛文十年(一六七〇)に永平寺に晋住し、延宝四年春、退院し、義宣寺(福井県勝山市)に隠居したとされる(『永平寺史』上巻)。月洲は、退院の間際に印行された『伝法正宗記』を、すぐさま永平寺の什物としたと察せられるが、その経緯の詳細は不明である。

なお本史料以外に月洲が永平寺に新添した典籍と判明した史料として、本巻では『正法眼蔵随聞記』(本巻No.97、『禅籍編』三巻No.9)、『永覚和尚洞上古轍』(本巻No.98、『禅籍編』三巻No.10)、『増集続伝灯録(ぞうしゅうぞくでんとうろく)』(本巻No.100、『禅籍編』三巻No.12)を収載している。

参考文献

椎名宏雄「伝法正宗記解題」(『禅学典籍叢刊』三巻、臨川書店、二〇〇〇年)。
『永平寺史』上巻、七〇六〜七〇七頁(大本山永平寺、一九八二年)。

(岩永正晴)

100 増集続伝灯録（月洲尊海手沢本）

（冊子装 26.4cm×19.2cm）

（延宝四年〈一六七六〉春以前）、永平寺三十一世月洲尊海、刊本『増集続伝灯録』六巻六冊を永平寺常住に施入する。

（第一冊表紙）「（朱書）全部六巻之内」

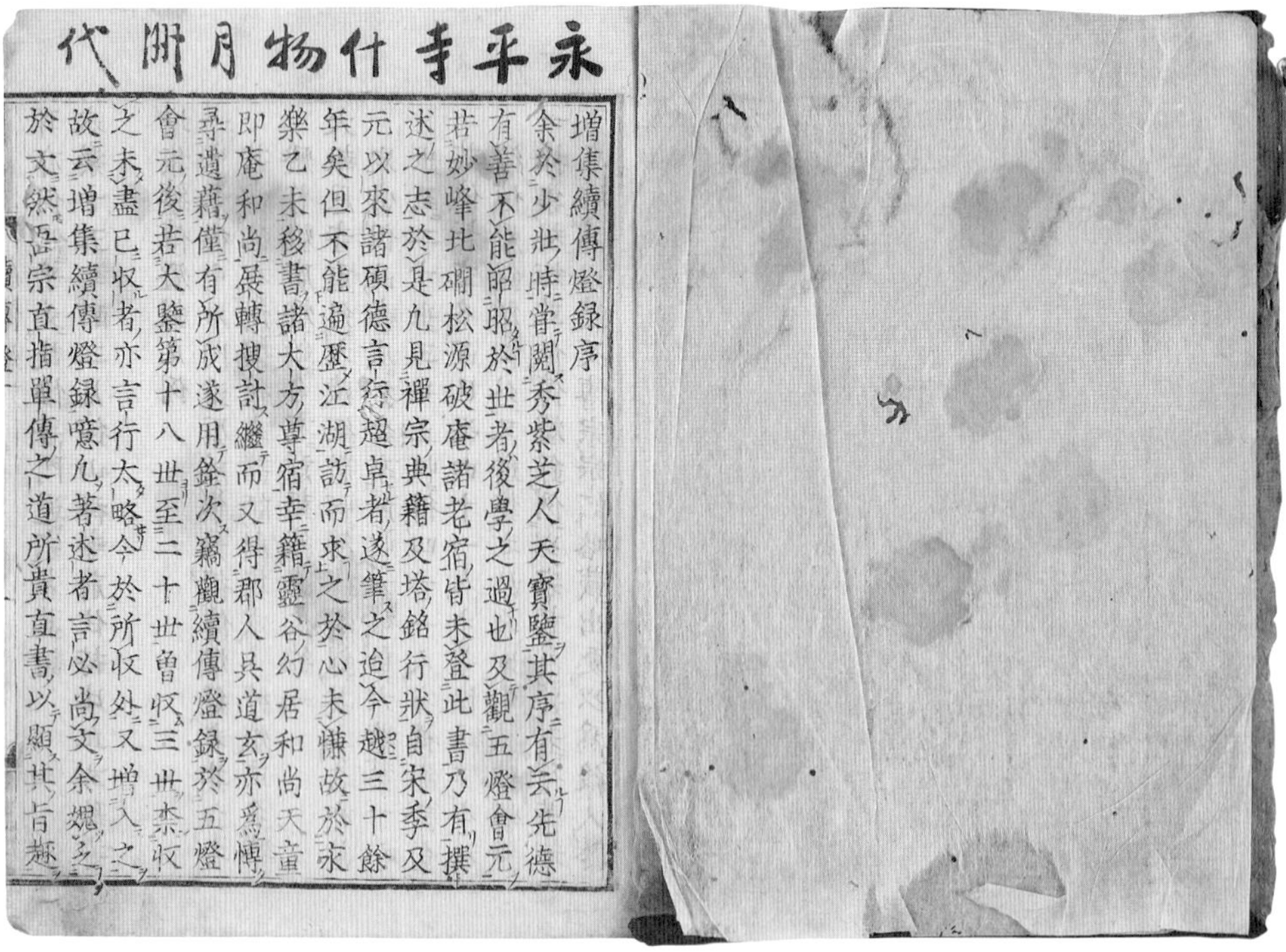
永平寺什物月洲代

増集續傳燈録序
余於少壯時甞閲秀紫芝人天寶鑒其序有云先德
有善不能昭於世者後學之過也及觀五燈會元
若妙峰北礀松源破菴諸老宿皆未登此書乃有撰
述之志於是九見禪宗典籍及塔銘行狀自宋季及
元以來諸碩德言行超卓者遂筆之迨今越三十餘
年矣但不能遍歷江湖訪而求之於心未慊故於永
樂乙未移書諸大方尊宿幸藉靈谷幻居和尚天童
即庵和尚展轉捜訪繼而又得郡人呉道玄亦爲博
尋遺藉僅有所成遂用銓次竊覩續傳燈録於五燈
會元後若大鑒第十八世至二十世曽收三世未收
之未盡已收者亦言行太略今於所収外又増入之
故云増集續傳燈録噫凡著述者言必尚文余媿乏
於文然吾宗直指單傳之道所貴直書以顯其旨趣

（見返し）

（序・凡例・巻一目次1オ）
（欄外上部墨書横書）「永平寺什物月洲代」

【解説】『増集続伝灯録』(六巻)は、明の南石文琇(一三四五～一四一八)が撰述した禅宗史書であり、『五灯会元』と『続伝灯録』を継承せんとして成立したものである。該書の詳細については、長谷部幽蹊『明清仏教教団史研究』と、『禅籍編』三巻No.12に譲る。

本書の和刻としては、次のものが知られる。

元和二年(一六一六)、妙心寺宗鉄刊行古活字本

寛永十八年(一六四一)、京都書肆風月宗智(風月庄左衛門)刊行本(元和二年本の復刻)

開板年未詳本(元和二年本あるいは寛永十八年本の復刻)

このうち、本史料は開板年未詳本に相当すると思われる。

本史料は全六巻六冊のうち、第二巻(第二冊)を欠く。各冊初丁表の欄外に「永平寺什物月洲代」の書き込みがある。永平寺三十一世月洲尊海(一六〇九～一六八三)については、『永平寺史』上巻および、本巻No.97『正法眼蔵随聞記』(『禅籍編』三巻No.9)の解説を参照されたい。本史料が永平寺の什物とされた経緯については未詳である。

なお本史料以外に月洲が永平寺に新添した典籍と判明した史料として、本巻では『正法眼蔵随聞記』(本巻No.97、『禅籍編』三巻No.9)、『永覚和尚洞上古轍』(本巻No.98、『禅籍編』三巻No.10)、『伝法正宗記』(本巻No.99、『禅籍編』三巻No.11)を収載している。

参考文献

長谷部幽蹊『明清仏教教団史研究』(同朋社出版、一九九三年)。
『永平寺史』上巻、七〇六～七〇七頁(大本山永平寺、一九八二年)。

(岩永正晴)

（延宝四年〈一六七六〉春以前）、永平寺三十一世月洲尊海代の会下の海音、父母のために伝道元禅師所用絡子の収納箱を永平寺常住に施入する。

101　開山大禅仏絡子箱銘

（24.3㎝×16.8㎝×7.7㎝）

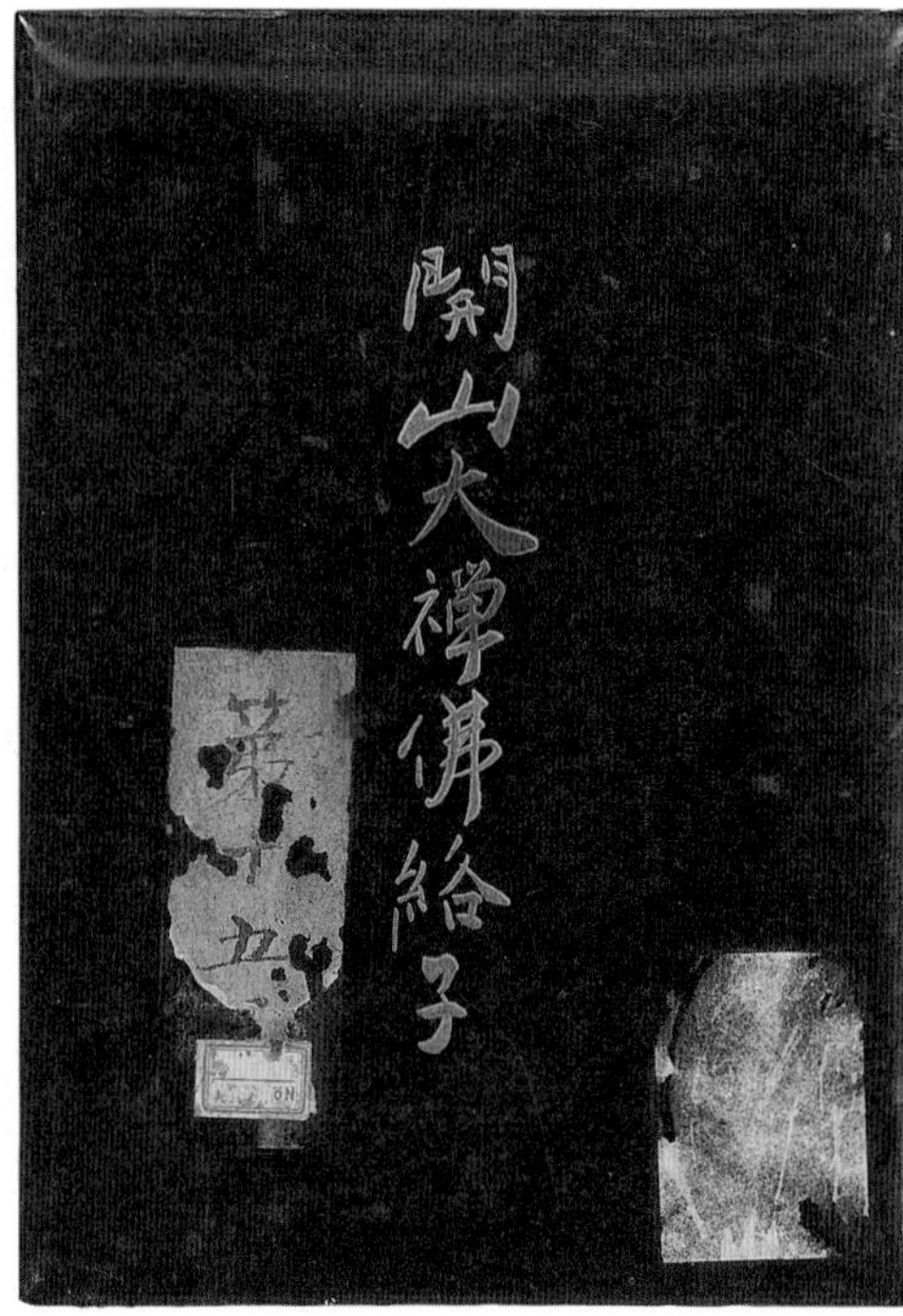

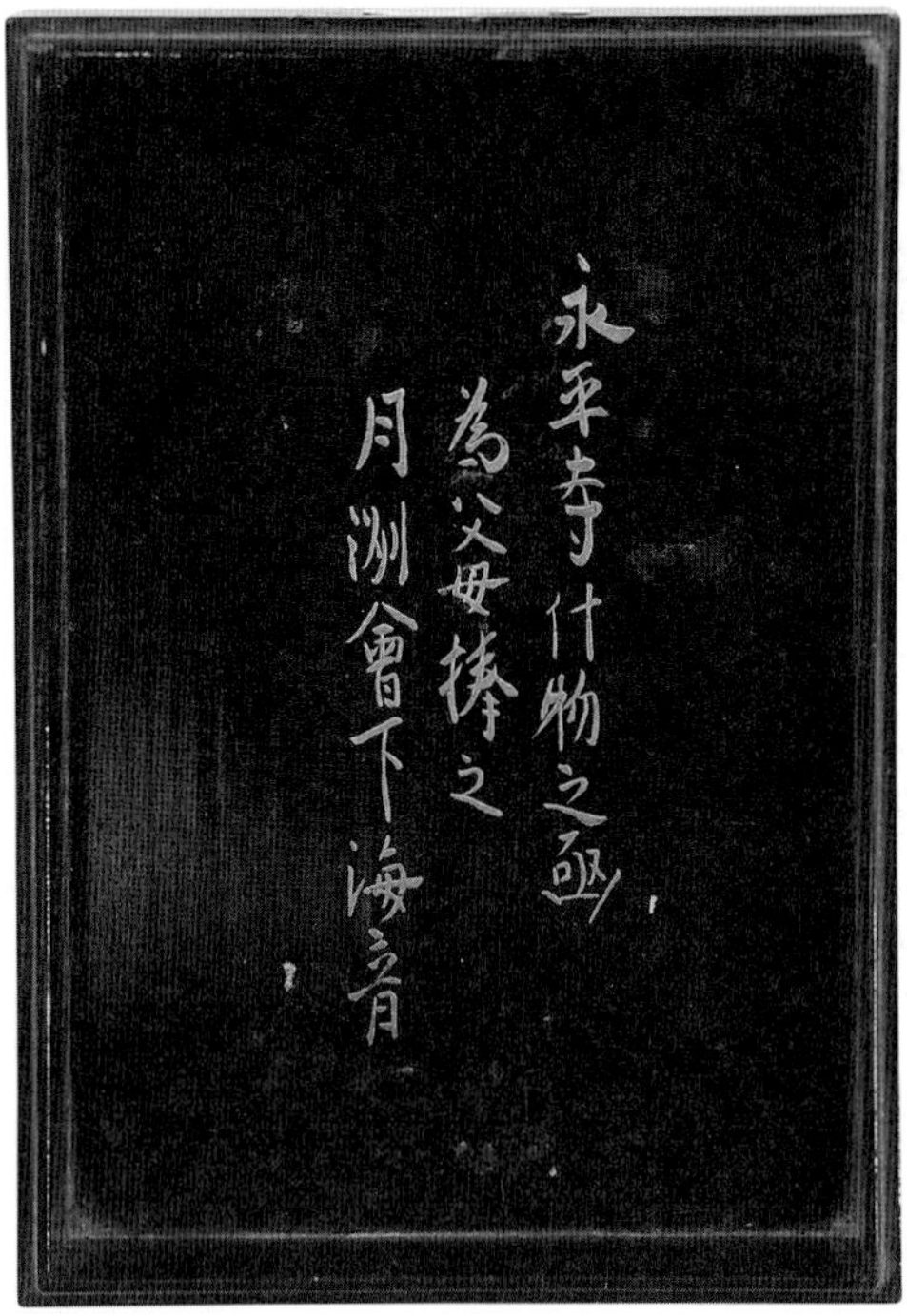

（箱蓋表書）
「（銀文字）開山大禅仏絡子
（貼紙）「第十五」」

（箱内底書）
「（銀文字）永平什物之函、
為父母捧之、
月洲会下海音」

（箱側面）

（箱側面貼紙）
「通　衣『直』（朱文字）
第五三号
高　五条衣
祖　絡子
『四段』（朱文字）
『東』（朱文字）
環三個　」

（箱側面）

【解説】　現在この箱には、道元禅師所用と伝えられる袈裟環（けさかん）（本巻No.82【附属資料一・三】）と絡子切（らくすぎれ）（本巻No.82【附属資料四】）が収納されている。永平寺所蔵の宝物を収納するこのほかの木製の箱については、本巻No.125の【表】永平寺世代別宝物箱および貼紙・ラベル一覧を参照いただきたい。

この箱の蓋表面には「開山大禅仏絡子」とあり、箱内底には「永平什物之函、為父母捧之、月洲会下海音」とある。月洲は永平寺三十一世月洲尊海（げっしゅうそんかい）（一六〇九〜八三）のことである。月洲は寛文十年（一六七〇）十月に永平寺に晋住し、延宝四年（一六七六）春に永平寺を退院している。

一方、この箱を永平寺に施入した海音であるが、月洲尊海の会下（えか）として、永平寺常住に本史料のほか、「開山和尚大禅仏尼師壇（にしだん）箱」（本巻No.102）・「開山大徳大禅師尊払子（ほっす）箱」（本巻No.103）を施入している。本史料は父母のために、「開山和尚大禅仏尼師壇箱」は祖母のために永平寺に施入したことが、その銘文から知られる。そのほかの海音の事績は不明である。

なお、『永平寺前住牒』（永平寺文書、以下『前住牒』）によれば、海音は次のように確認できる。

①寛文三年八月二十日に武蔵国松岳院（神奈川県横浜市）より瑞世（ずいせ）した人物（嗣法師（しほうし）「冷川」）。

②寛文九年三月八日に陸奥国天徳寺（福島県耶麻郡猪苗代町）より瑞世した人物（嗣法師「泉海」）。

③寛文十年二月二十八日に武蔵国修広寺（神奈川県川崎市）より瑞世した竜武の嗣法師となった人物。

④寛文十一年三月十四日に相模国大松寺（神奈川県横須賀市）より瑞世した智肝の嗣法師となった人物。

⑤延宝九年三月二十三日に上野国□雲寺より瑞世した人物（嗣法師「宅凰」）。

⑥貞享元年九月二十五日に越前義宣寺（福井県勝山市）より瑞世した人物（嗣法師「尊長」）。

⑦貞享二年三月十六日に備後国法運寺（広島県尾道市）より永平寺に瑞世した人物（嗣法師「□（林カ）□」）。

⑧貞享二年四月六日に上野国桂林寺（群馬県伊勢崎市）より瑞世した人物（嗣法師「海□」）。

⑨元禄九年三月二十一日に肥州永明寺（佐賀県佐賀市、現廃寺）より瑞世した人物（嗣法師は肥州高伝寺〈佐賀県佐賀市〉の恵芳）。

⑩宝永五年三月五日に周防国安国寺（山口県周南市）より瑞世した徳音の嗣法師となった禅昌寺（山口県山口市）

住職。
⑪宝永六年四月二十五日に陸奥国慈徳寺（福島県福島市）より瑞世した人物（嗣法師は好国寺〈福島県福島市〉の丹市）。
⑫宝永六年四月二十八日に肥州天祐寺（佐賀県佐賀市）より瑞世した雪門の嗣法師となった寂光庵住職。
⑬宝永八年三月二日に武蔵国長徳寺（埼玉県入間市）より瑞世した人物（嗣法師は長昌寺の廓然）。
⑭享保八年三月十五日に周防国学音寺より瑞世した愚山の嗣法師で、前禅昌寺住職。
⑮享保十一年三月九日に下野国東陽寺（栃木県足利市）より瑞世した人物（嗣法師は大光寺〈栃木県佐野市〉の徳岩）。
⑯元文二年三月六日、周防国定林寺（山口県）より瑞世した物先の嗣法師で、前源昌寺住職。

これらのうち、注目したいのが⑥の嗣法師にみえる尊長である。尊長は、宗悦・俊益とともに「月洲尊海代祠堂金覚」（本巻No.105）に月洲代の役者として署名していることが確認できる。義宣寺の七世には、久岩尊長を確認できることから、この尊長は義宣寺七世久岩尊長と比定できよう。この想定が成り立つのであれば、尊長の弟子としてみえる海音が、尊長とのつながりから「絡子箱」を永平寺に施入した可能性がある。ただ、月洲は延宝四年春には永平寺を退院している。この海音が瑞世した貞享元年九月二十五日は三十三世山陰徹翁代である。そのため、月洲が永平寺住持であった期間に瑞世した③④の海音である可能性もある。

なお、『曹洞宗全書』大系譜や『總持寺住山記』にも海音を多数確認できるが、いずれの人物が本史料の海音と同一人物かは検討を要する。

参考文献

『永平寺史』上巻、七〇七頁（大本山永平寺、一九八二年）。

（熊谷忠興）

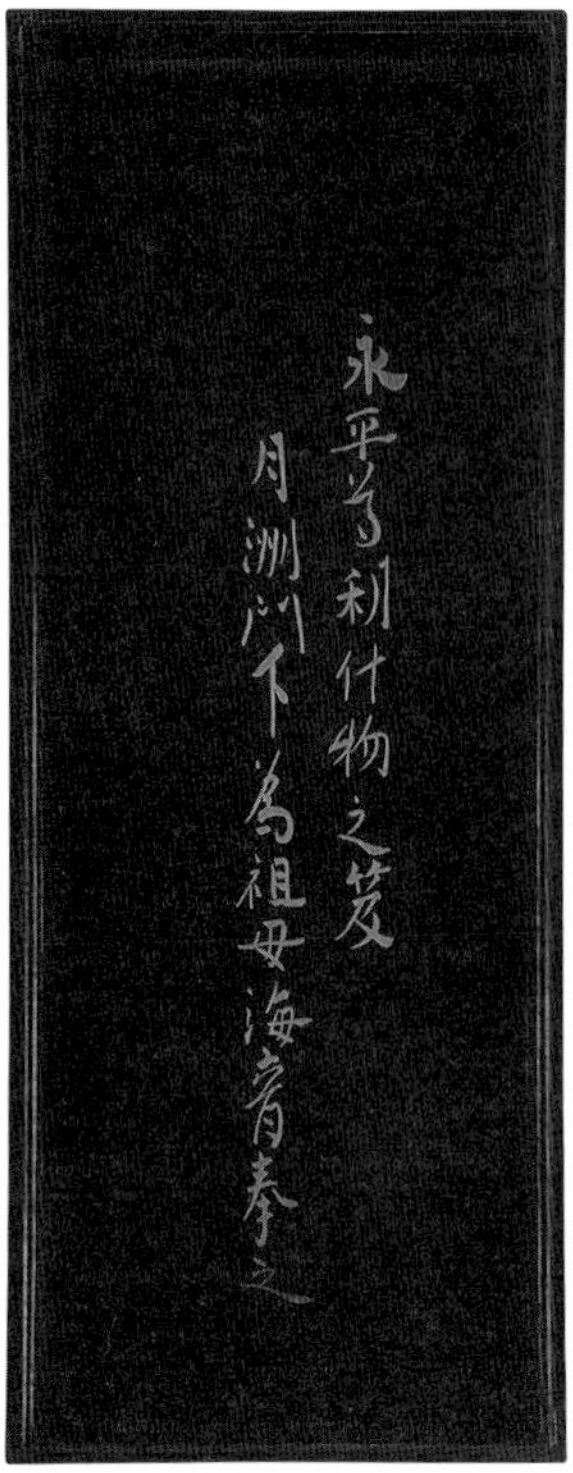

（延宝四年〈一六七六〉春以前）、永平寺三十一世月洲尊海代の門下の海音、祖母のために伝道元禅師所用尼師壇の収納箱を永平寺常住に施入する。

102 開山和尚大禅仏尼師壇箱銘

（33.3㎝×12.7㎝×5.6㎝）

（箱蓋表書）
「（貼紙）
「第拾四号
　甲」
（銀文字）
開山和尚大禅仏尼師壇
」

（箱内底書）
「（銀文字）
永平尊刹什物之笈
　月洲門下為祖母海音奉之
」

（外包紙ウハ書）
「高祖大師
　御尼師壇
」

（箱小口地）

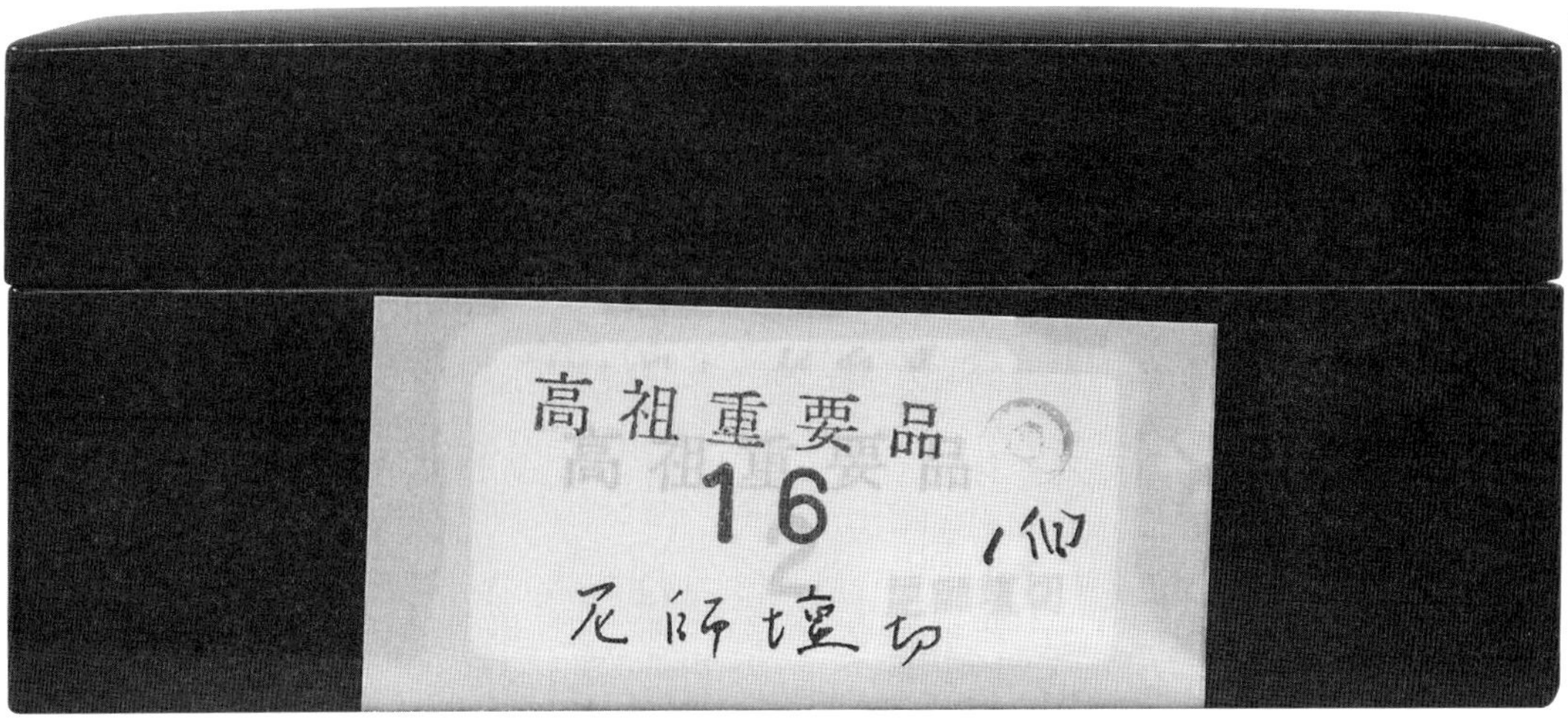

外包紙に包まれた内包紙

内包紙に包まれた尼師壇切

【解説】 道元禅師所用と伝える尼師壇（にしだん）（高祖重要品16）がある。尼師壇とは、お拝のときに展（の）べて敷く布のことである。

現在、この箱には尼師壇切（にしだんぎれ）が収納される。尼師壇切は外包紙と内包紙と二重に包まれている。外包紙の端裏には「高祖大師／御尼師壇」と墨書がある。外包紙は二紙継紙で、法量は一紙32.6㎝×50.1㎝、二紙32.6㎝×51.6㎝である。外包紙には尼師壇を包んだ内包紙が包まれている。内包紙は三紙継紙で、法量は一紙15.8㎝×19.2㎝、二紙15.8㎝×43.5㎝、三紙15.8㎝×2.2㎝である。この内包紙に尼師壇切が包まれている。

この箱の蓋表面には「開山和尚大禅仏尼師壇」とあり、箱の内底には「永平尊刹什物之笈／月洲門下為祖母海音奉之」とあることから、永平寺三十一世月洲尊海（げっしゅうそんかい）（一六〇九～八三）の門下である海音が寄進したことがわかる。なお、月洲は寛文十年（一六七〇）十月に永平寺に晋住し、延宝四年（一六七六）春に永平寺を退院している。

海音については、「月洲門下」であること以外、その事績は不明である。海音は、この箱を祖母のために寄進したようである。このほか、海音が寄進した箱として、道元禅師所用と伝えられる絡子の箱（本巻No.101）・払子の箱（本巻No.103）が確認される。これらはいずれも父母のために海音が永平寺に施入したことが、その銘文から知られる。そして、月洲代に永平寺に施入された箱として、釈尊誕生茵褥の箱がある（本巻No.104）。これは月洲の座下である俊益が施入したものである。永平寺所蔵の宝物を収納するこのほかの木製の箱については、本巻No.125の【表】永平寺世代別宝物箱および貼紙・ラベル一覧を参照いただきたい。

なお、海音の名は『永平寺前住牒』（永平寺文書）や『總持寺住山記』などに所見されるが、この点は本巻No.101の解説を参照されたい。

（熊谷忠興）

（延宝四年〈一六七六〉春以前）、永平寺三十一世月洲尊海代の門下の海音、伝道元禅師所用払子の収納箱を永平寺常住に施入する。

103　開山大徳大禅師尊払子箱銘

（39.5cm×7.7cm×7.4cm）

（箱蓋表書）
「（銀文字）開山大徳大禅師尊払子
二代奘和尚禅師真筆
（後筆カ）『但払子在室中』」

（箱内底書）
「（銀文字）吉祥山什物之笈月洲門下海音奉焉」

（箱小口地）

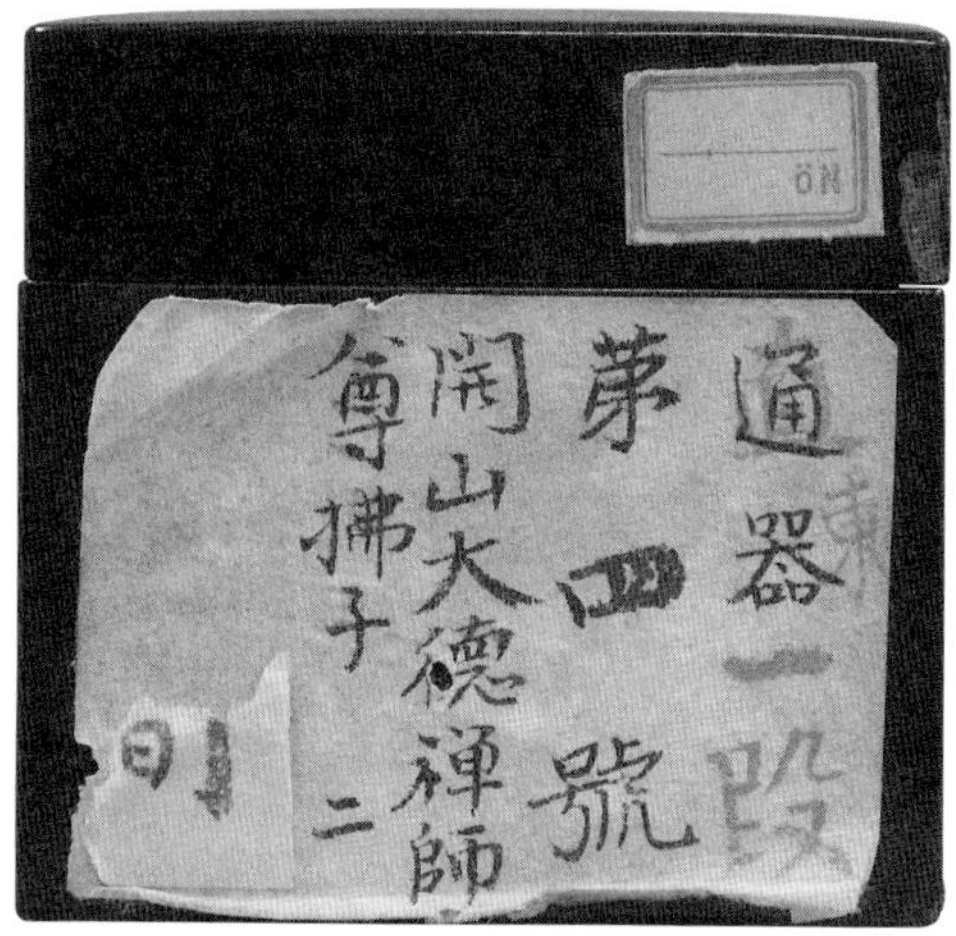

（箱小口地貼紙）

「『東』（朱書）
直器（×通）『一段』（朱書）
第 四 号
開山大徳禅師
尊払子 二
」

【解説】 道元禅師所用と伝える払子（ほっす）（【附属資料一】、黒毛長47.9cm、柄長14.0cm）がある。この払子には、墨書銘などはない。現在、この払子は「払子包」と墨書された袱子（ふくす）（【附属資料二】、袱紗）に包まれ、箱に収められている。

この払子が納められた箱には、表書に「開山大徳大禅師尊払子」・「二代奘和尚禅師真筆」と銀泥で記される。なお、右側下にも「但払子在室中」と銀泥があるが、これは異筆とみえる。この「大徳大禅師」という尊称はあまり聞かない。開山道元禅師を尊称してのことであるが、その例はあまりみない。永平寺三十五世版橈晃全（はんぎょうこうぜん）が『正法眼蔵』「八大人覚」（寛巌本）の識語に「我が高祖大禅仏のとき」等と尊称するくらいである。

（箱小口天）

次に、「二代奘和尚禅師真筆」であるが、永平寺二世懐奘（えじょう）の真筆とは、払子を包んだ袱子の識語「払子包」を指すものであろうか。払子の取手の漆は剥落しているが、時代は懐奘の時代と相応するか。なお、大乗寺（石川県金沢市）には懐奘の払子が伝えられている。

そして箱底の銀泥書には「吉祥山什物之笈月洲門下海音奉焉」と識語する。「笈」の意味には、箱という意味が『名義抄』にあり、永平寺三十一世月洲尊海（げっしゅうそんかい）（一六〇九～八四）

の門下海音が奉納したことがわかる。

尊海は寛文十年（一六七〇）十月に六十三歳で永平寺に入院、住職すること七年、延宝四年（一六七六）春に義宣寺（福井県勝山市）に退院する。尊海は延宝二年二月に加賀の大乗寺月舟宗胡の叢規再興を賀し、興聖寺（京都府宇治市）とともに常法幢結制安居の免牘を下している。同四年三月、越前藩主四代松平光通をして永平寺の松平公廟所に五輪塔が建立されるが、その銘を撰している（本巻No.94）。尊海は義宣寺に隠居すること八年、天和三年（一六八三）十二月十五日、六十七歳で江戸で示寂する。法嗣・随徒に久岩尊長（義宣寺七世）・宗悦・俊益・愚門（永平寺三十二世）等が知られる（『永平寺史』上巻七〇七頁）。

一方、海音は「月洲門下」であること以外、その事績は不明である。詳しくは本巻No.101の解説を参照されたい。なお、海音は、父母のために、道元禅師所用とする絡子の収納箱（本巻No.101）・尼師壇の収納箱（本巻No.102）を永平寺に施入していることが確認される。この箱も同様な理由で海音によって寄進されたものであろう。また、尊海の門下には俊益がおり、俊益は釈尊誕生茵褥箱を永平寺に寄進している（本巻No.104）。このほかには、音喝がいたことも確認される（本巻No.96）。

これら宝物収容箱の寄進については、菅原昭英氏の「永平寺の宝物箱について」という論考が示唆に富む（『大永平寺展』、本巻No.125の【表】も参照）。おそらく道元禅師に関する遺品が高値な箱が寄進されて収納されていたといえる。

また、尊海の前住光紹代より寛文十年十一月に引き継いだ鎮金は、「金銀二口合参百七拾五両弐分銀九匁」であったが（本巻No.88）、尊海の退院した延宝四年十月には「五百五十四両弐分卜四匁」と、金約一五〇両余り増えている（本巻No.105）。このことから、尊海代になり、永平寺常住も多少の経済的余裕ができ、仏像修復や宝物の保存に力が入れられたものであろうか。

参考文献

『永平寺史』上巻、七〇六頁（大本山永平寺、一九八二年）。
『大永平寺展―禅の至宝、今ここに―』（福井県立美術館、二〇一五年）。

（熊谷忠興）

【附属資料一】伝道元禅師所用払子

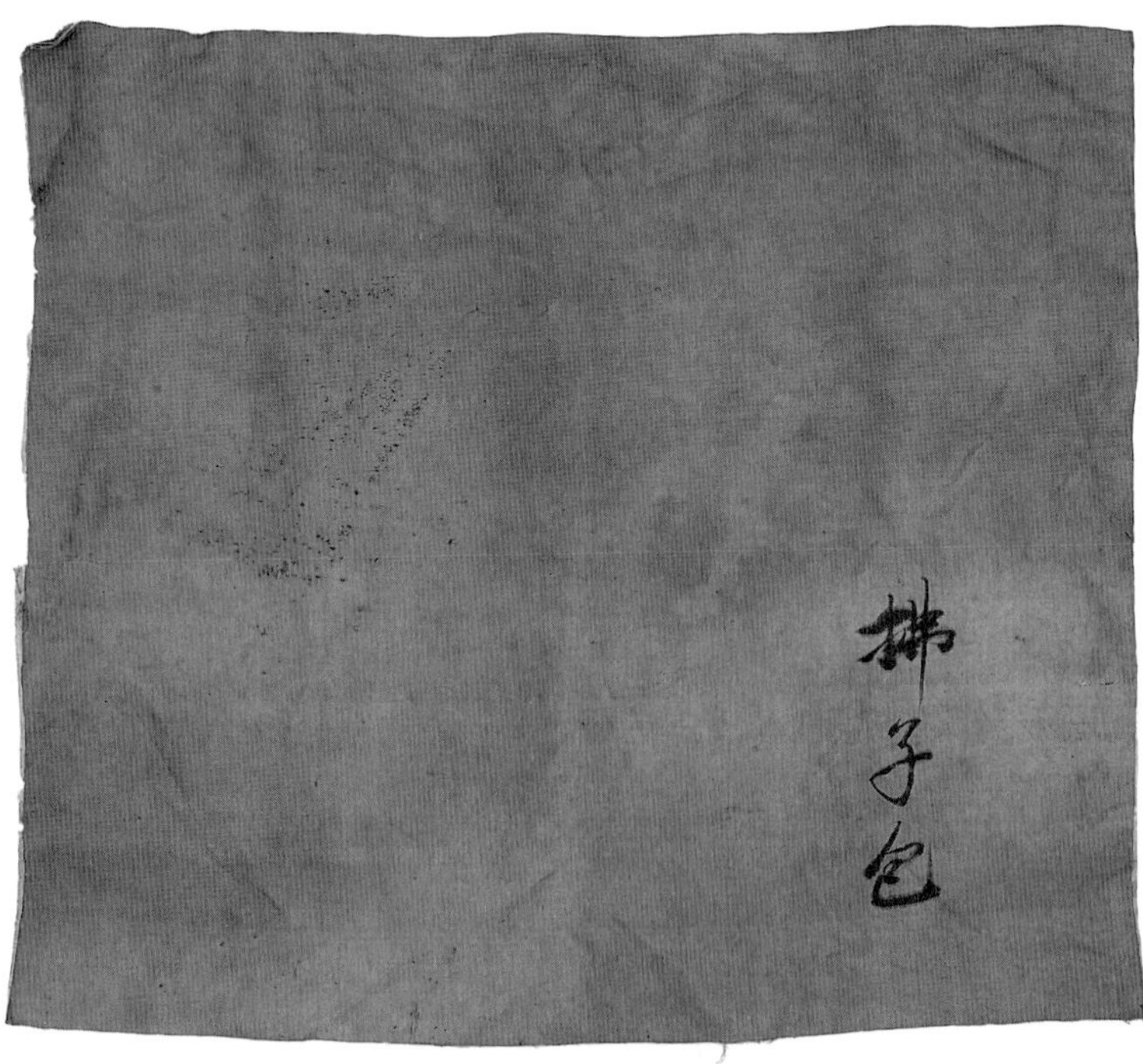

【附属資料二】袱子（伝懐奘筆）

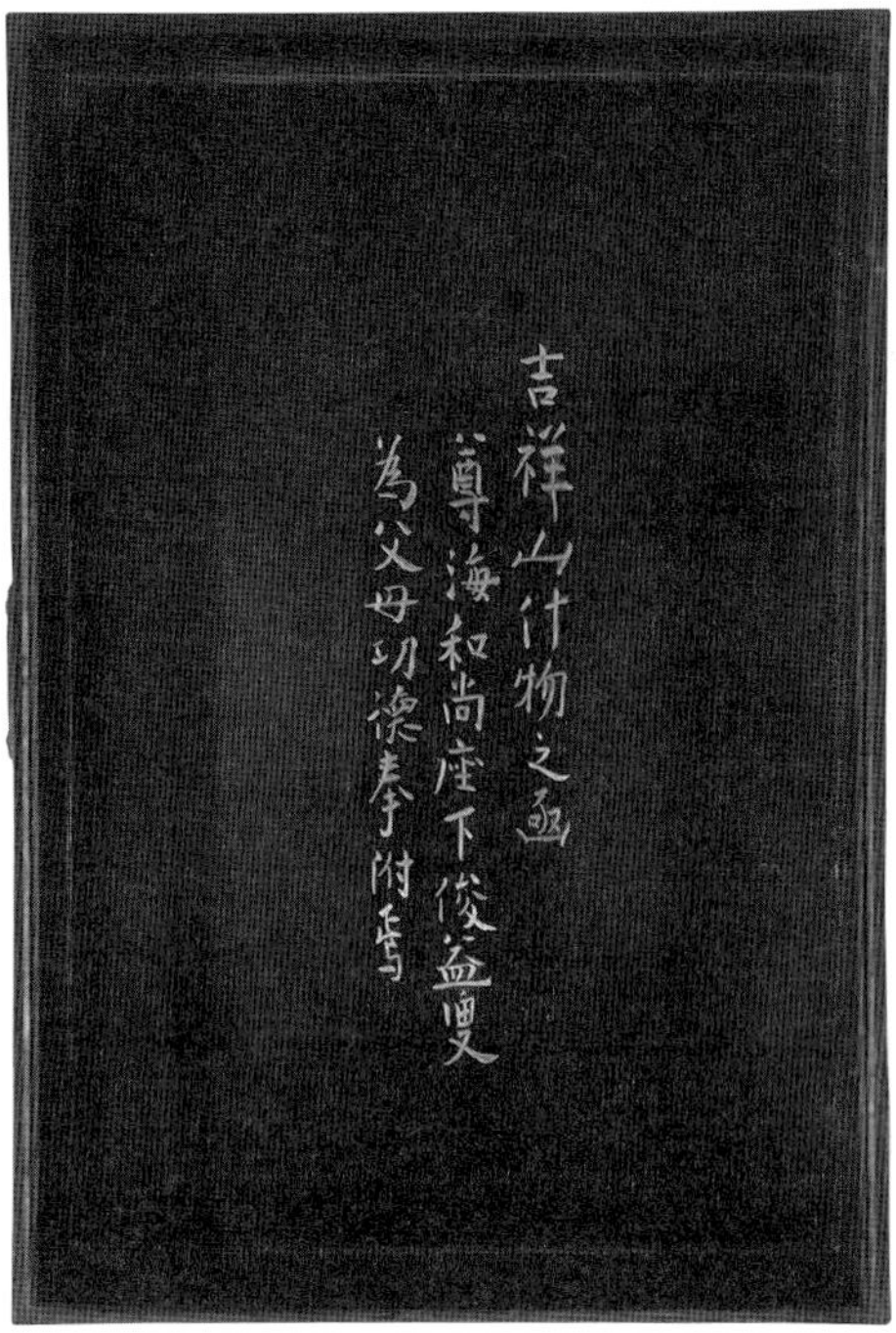

(延宝四年〈一六七六〉春以前)、永平寺三十一世月洲尊海の座下の俊益、父母のために伝釈尊誕生茵褥の収納箱を永平寺常住に施入する。

104　釈尊誕生茵褥箱銘　(36.6cm×24.3cm×12.9cm)

(箱蓋表書)
「(貼紙)「直渡
第三拾二号」
(銀文字)釈尊誕生茵褥」

(箱内底書)
「(銀文字)吉祥山什物之函
尊海和尚座下俊益叟
為父母功徳奉附焉」

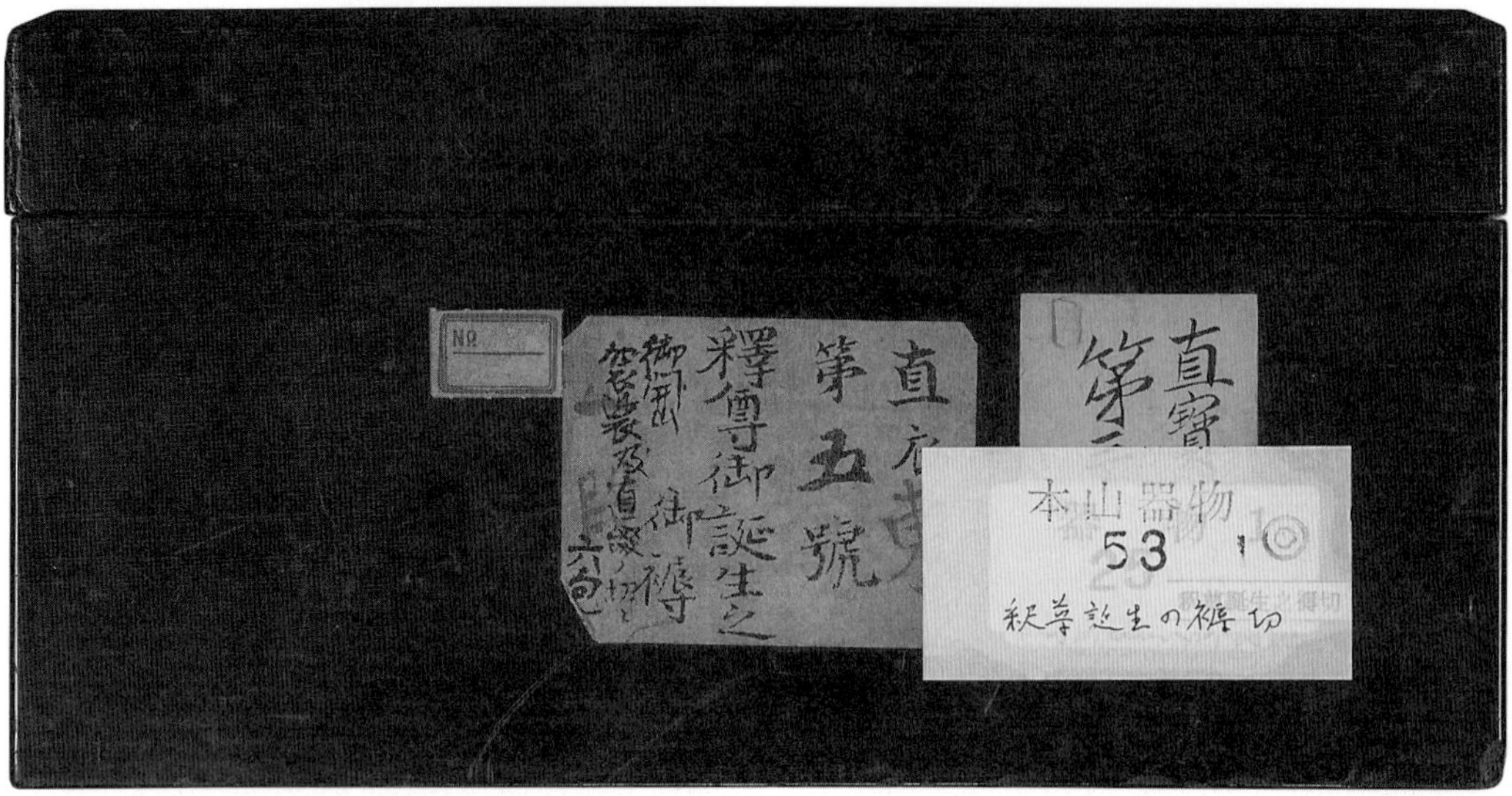

（箱側面）

（箱側面貼紙一）
「直宝［　　］
第三［　　］（「十二号」カ）」

（箱側面貼紙二）
「直衣『東』（朱字）
第五号
釈尊御誕生之
御開山　御褥
袈裟及直綴ノ切々
（朱字）『一段』　六包」

（箱側面旧ラベル）
「器物　1
25
釈尊誕生之褥切」

（箱側面現ラベル）
「本山器物
53
釈尊誕生の褥切」

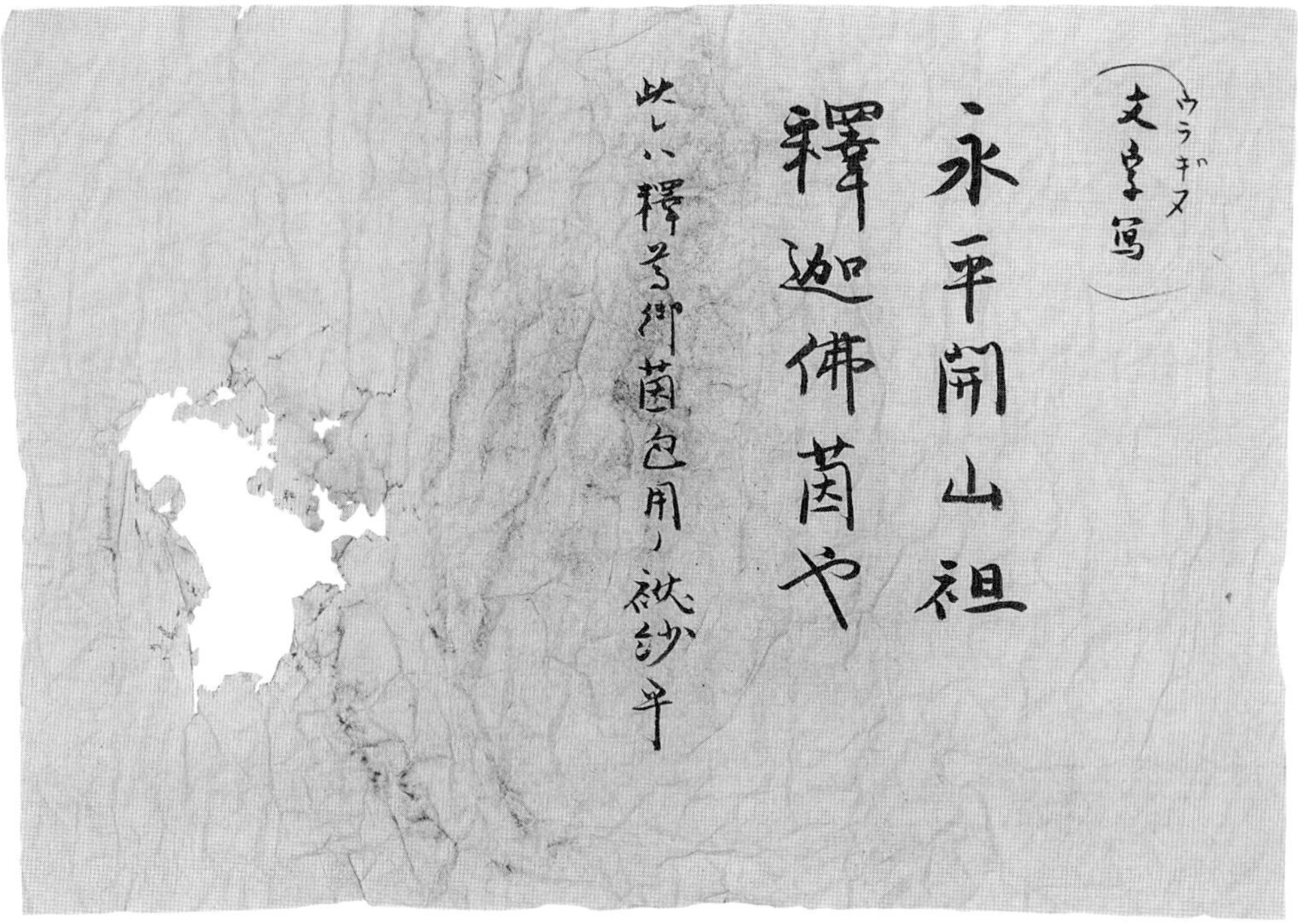

【附属文書一】

（文字写（ウラギヌ））

永平開山祖

釈迦仏茵也

此レハ釈尊御茵包用ノ袱紗乎

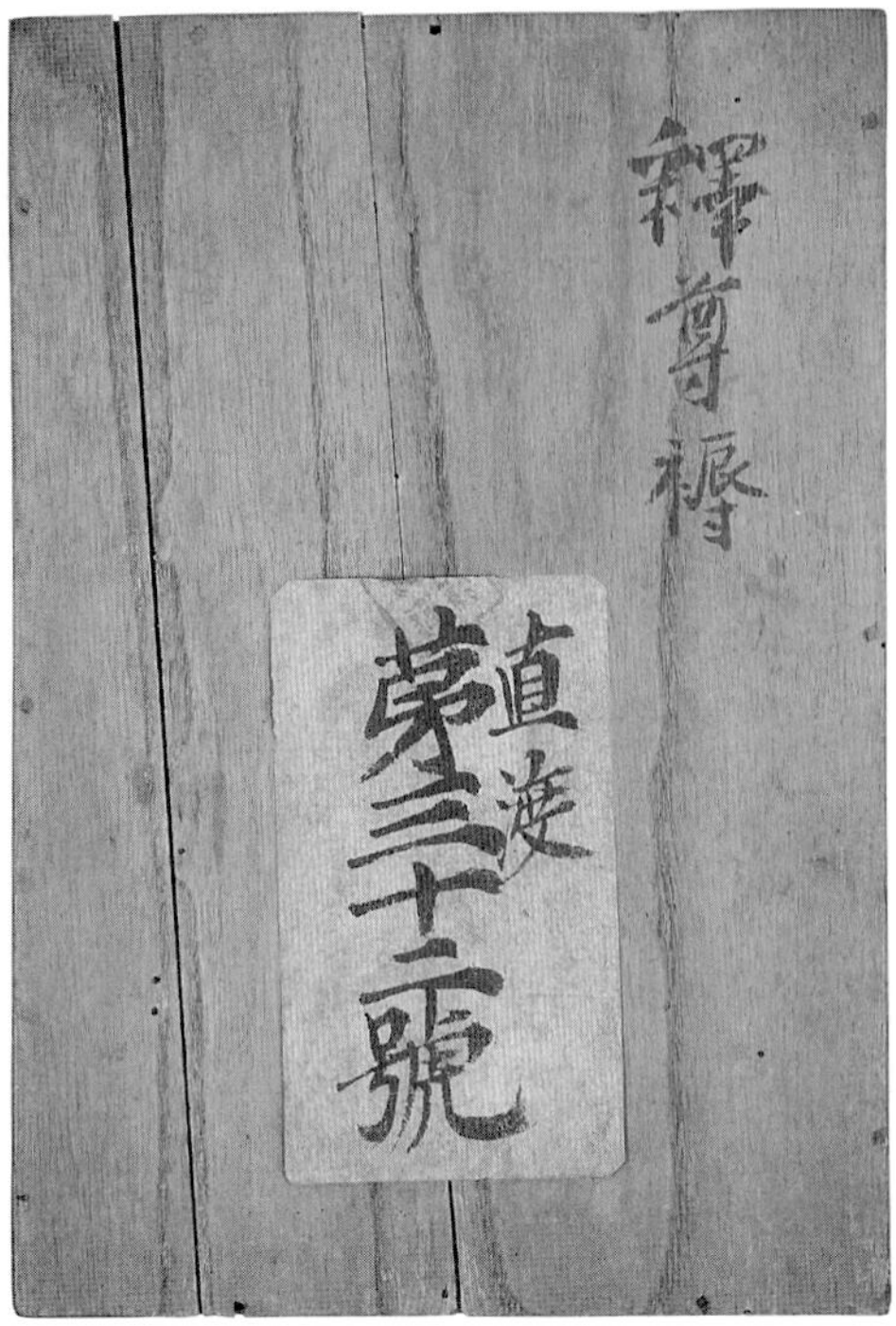

【附属資料一】（24.1㎝×16.2㎝×2.7㎝）

（中箱蓋表書）「
釈尊褥

（貼紙）「直渡
第三十二号」

」

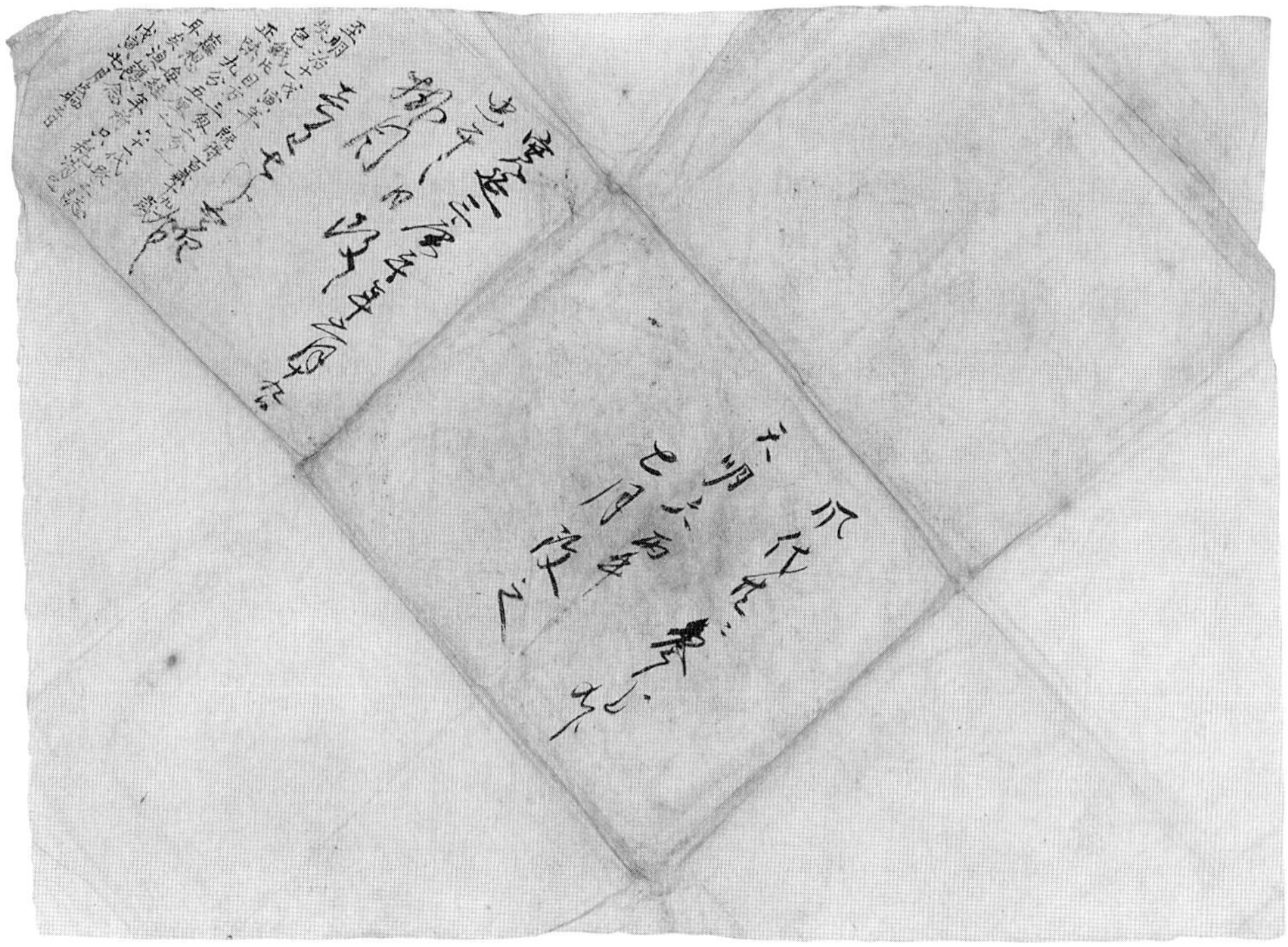

【附属文書二（表）】

風代共ニ参匁九分
天明六丙午
　七月改之、

寛延三庚午年六月十九日
虫干之日改之、
掛目
　壱匁七分五厘記
　　有之、

（後筆）
「至明治十一戊寅年既得百弐十九歳
此包紙トモ目方三匁二分也、
正味九分五厘也、六十一代改之誌、
竊想毎経年所品耗消已
耳矣須護念、
戊寅七月出晒之日」

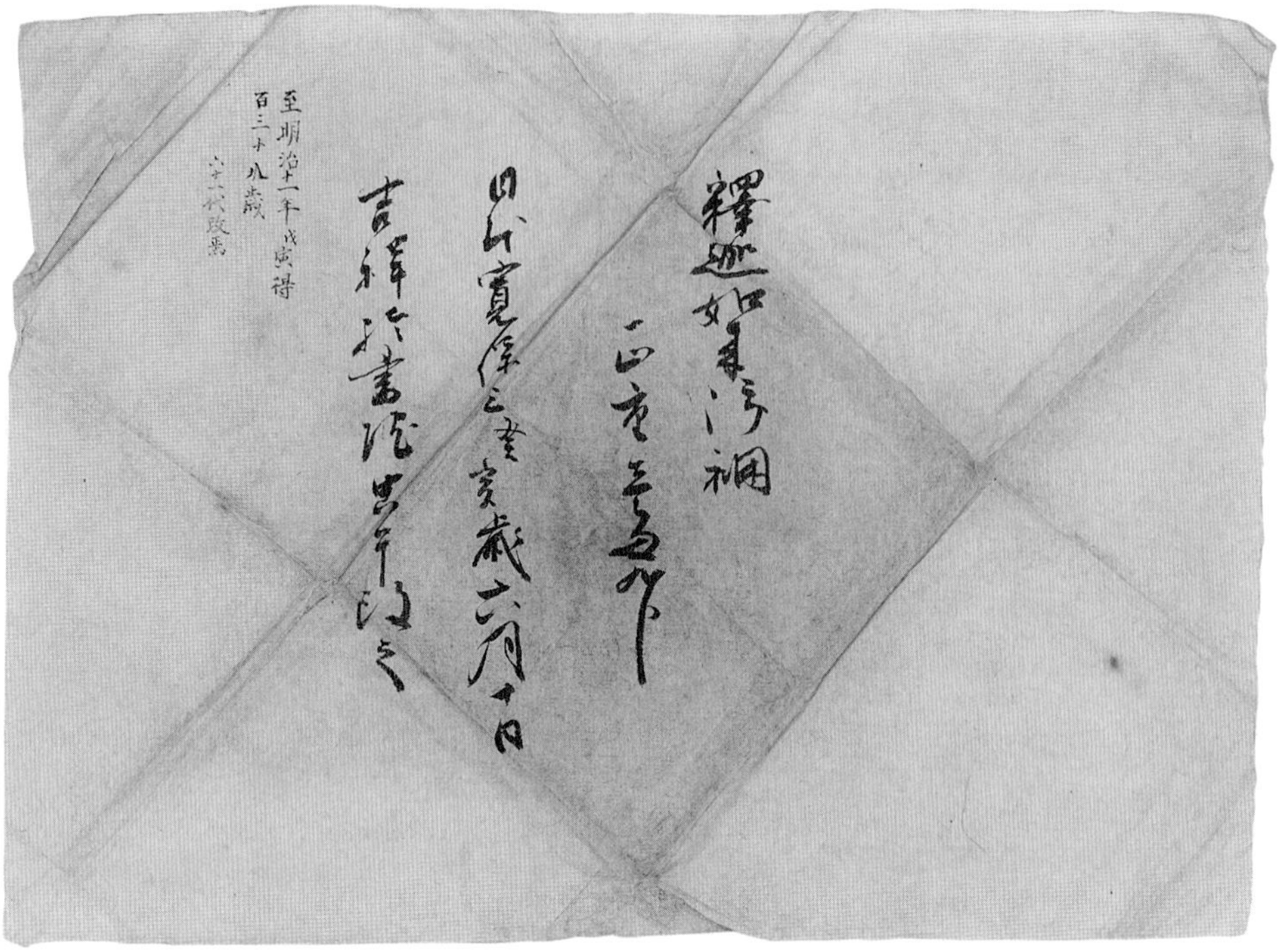

【附属文書二（裏）】

釈迦如来御祠

　正重一匁九分

日本寛保三癸亥歳六月十日

吉祥於書院虫干改之

（後筆）「至明治十一年戊寅得

百三十八歳

　六十一代改焉　」

【附属資料二】
＊【附属文書一】に包まれている。

【附属資料三】
＊【附属文書二】に包まれている。

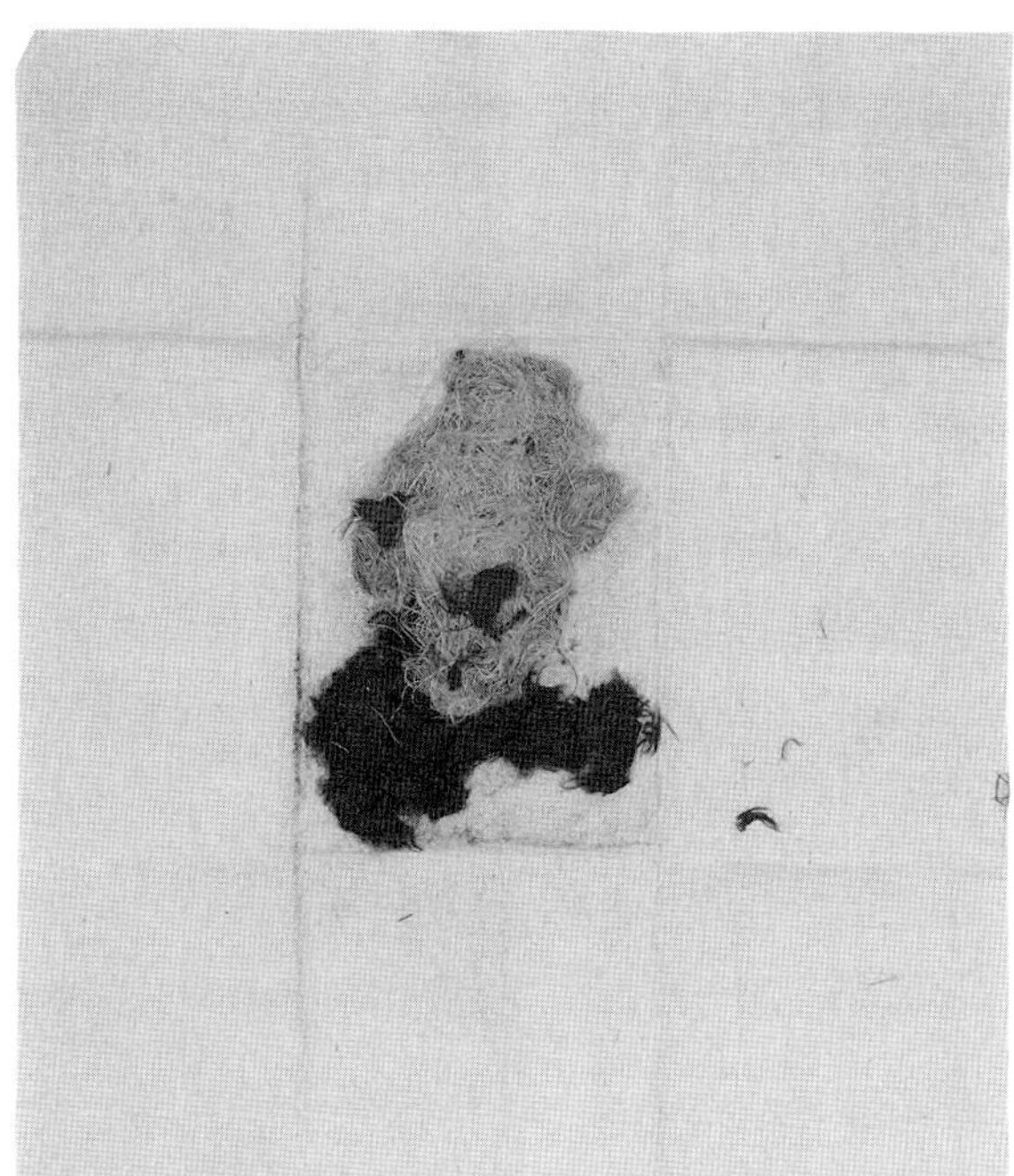

【附属資料四】
＊【附属文書二】に包まれている。

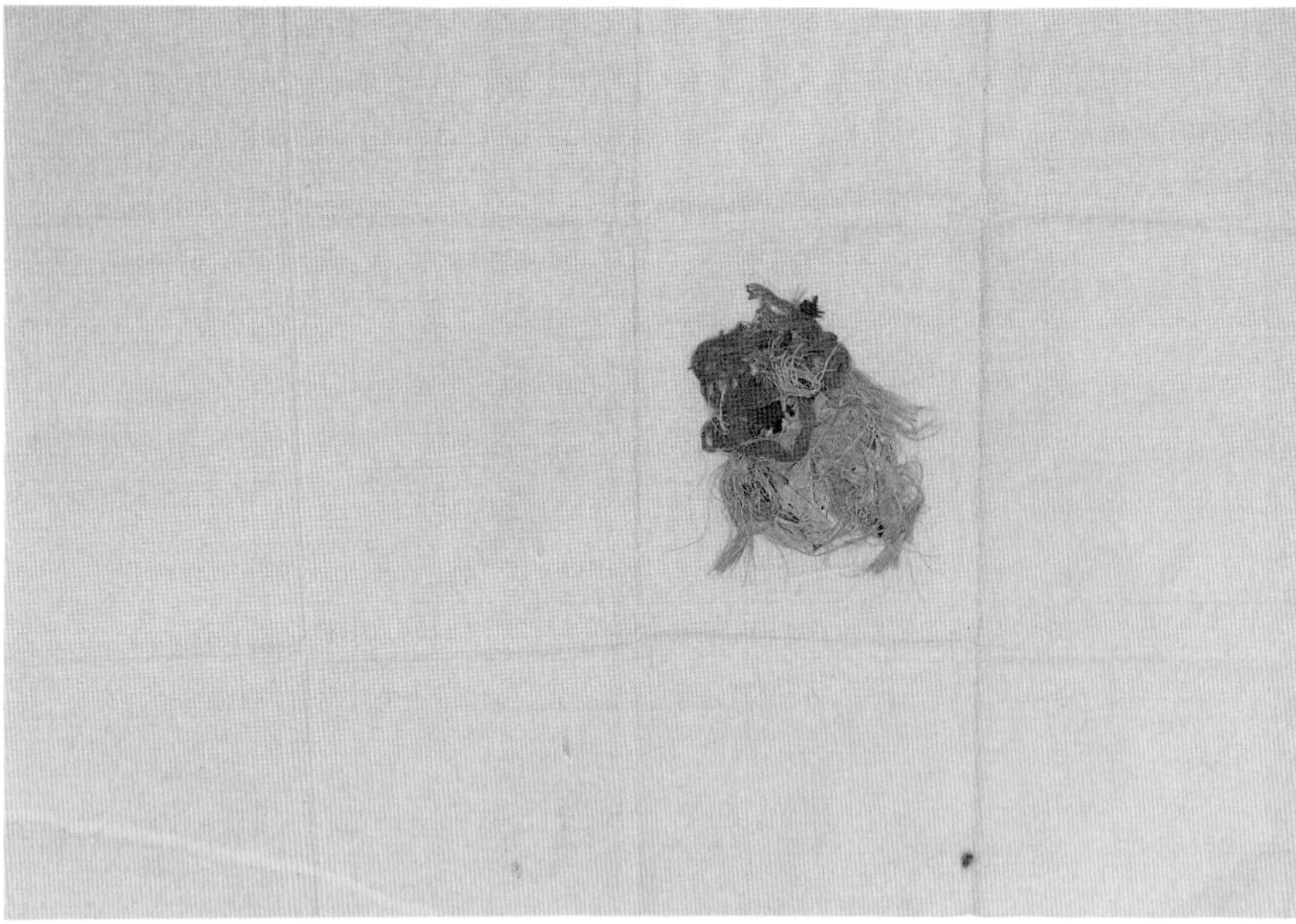

【附属資料五】
＊【附属資料一】に収められている。

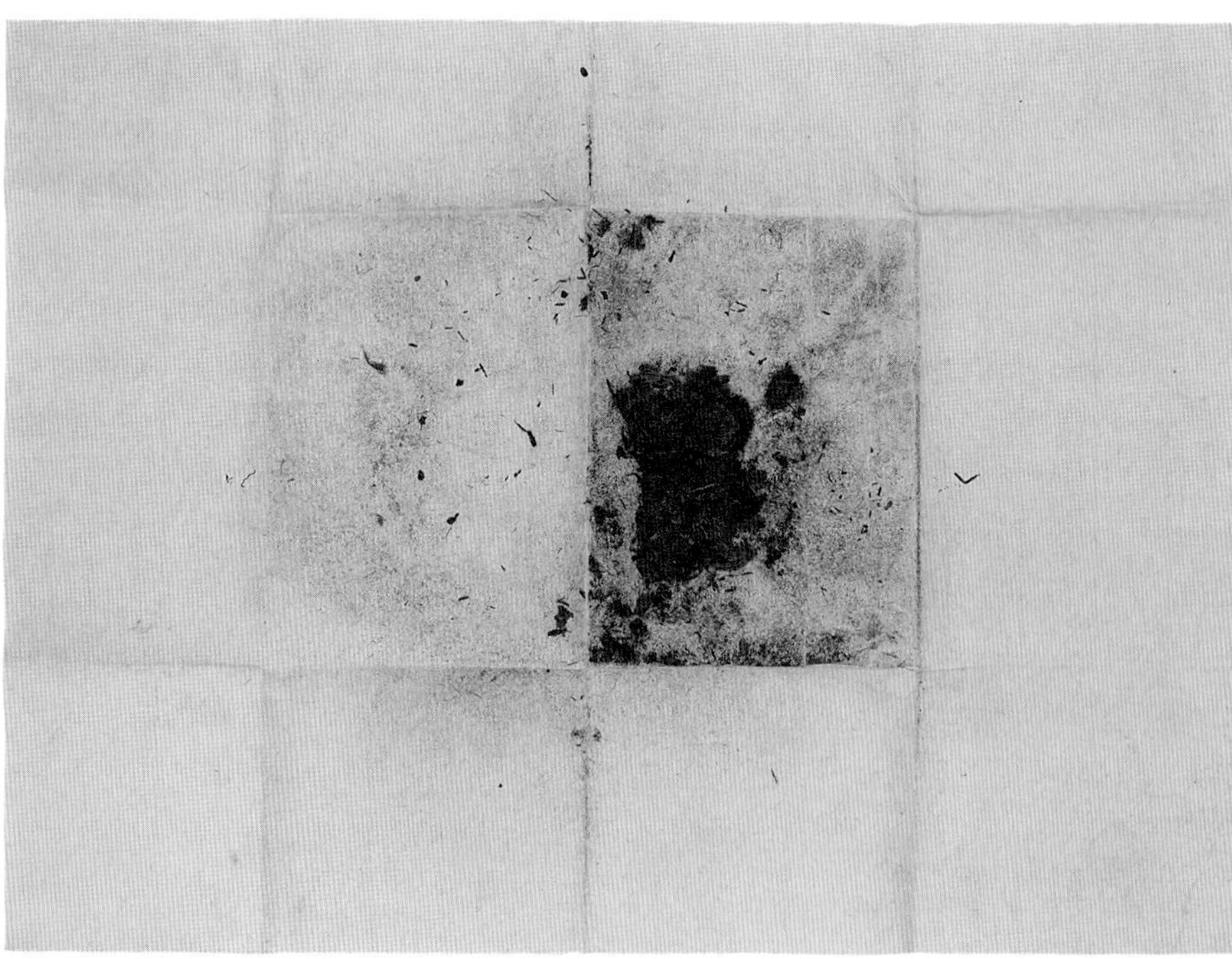

【解説】「釈尊誕生茵褥」と記された箱は、永平寺三十一世月洲尊海（一六〇九～八三）代尊海座下（門弟）俊益が奉納したものである。永平寺所蔵の宝物を収納するこのほかの木製の箱については、本巻No.125の【表】永平寺世代別宝物箱および貼紙・ラベル一覧を参照いただきたい。

尊海は遠江（静岡県）出身、表号「如雲」、寛文二年（一六六二）下野大中寺（栃木県栃木市）に入院し十八世となり、その後、寛文十年十月に永平寺へ入院、翌年六月に参内し「芳山月洲禅師」の勅旨号を受け、止住六年間、延宝四年（一六七六）春に退院し、義宣寺（福井県勝山市）に隠退し、天和三年（一六八三）十二月十五日、七十六歳で示寂している（『続曹洞宗全書』寺誌「大中寺縁起」）。

「釈尊誕生茵褥」の収納箱を永平寺へ奉納した俊益は、「月洲尊海代祠堂金覚」（本巻No.105）に署名する以外行実不明であるが、尊海の法嗣に俊誉がいるので、その法兄弟であろう（『永平寺史』下巻七〇七頁）。ちなみに、俊益については、『永平寺前住牒』（永平寺文書）には六名確認できる。すなわち、寛文元年閏八月二十九日に臨川寺（林泉寺〈静岡県焼津市〉のことヵ）から瑞世した人物（嗣法師「良育」）、寛文十一年四月五日に了真寺（東京都品川区）から永平寺に瑞世した人物（嗣法師「祖寂」）、延宝七年（一六七九）五月二十日に越前国源心寺（現廃寺）から永平寺に瑞世した禅虞の嗣法師、天和三年三月十二日に林泉寺（静岡県焼津市）から瑞世した鶯音の嗣法師、同じく同日に泉龍寺（静岡県に該当寺院は二箇所あるが比定はできなかった）から瑞世した智禅の嗣法師、元禄八年十月十三日に林泉寺（山梨県に該当寺院は二箇所あるが比定はできなかった）から永平寺に瑞世した人物（嗣法師は歓盛院〈山梨県中央市〉奕端）である。天和三年三月十二日に瑞世した鶯音と智禅の嗣法師はおそらくは同一人物であろう。

次に『曹洞宗全書』大系譜によれば、俊益は次の二名が確認できる。すなわち、了山俊益（泉岳寺〈東京都港区〉八世）と、大宣俊益（大中寺〈日向国児湯郡佐土原に所在、現宮崎県宮崎市〉、現廃寺）三世である。

そして、『總持寺住山記』によれば、俊益は次の四名が確認できる。正保四年三月二十九日に長興寺（肥後国天草郡御領村〈熊本県天草市〉）より瑞世した人物（受業師「麟的」・嗣法師「良肇」）、正保四年四月十五日に備中国吉祥寺（岡山県に該当寺院は三箇所あるが比定はできなかった）より瑞世した人物（受業師・嗣法師「儒林」）、寛文十年九月二日に臨川寺(林泉寺〈静岡県焼津市〉のことヵ)から瑞世した三智の受業師(嗣法師「俊良」)、寛文十二年九月十四日に臨川寺(林泉寺〈静岡市焼津市〉のことヵ)から瑞世した誼俊の嗣法師物(受業師「俊良」)である。

以上のように俊益については確認されるが、本箱を永平寺に施入した俊益との比定は今後の課題である。

では、この「釈尊誕生茵褥」の由来と伝承は、どこまで遡源できるのであろうか。道元禅師の諸伝記を想起すると、記録として早いものは懶禅舜融が撰述した『曹洞列祖行業記』(寛文十三年刊)がある。同書には、道元禅師の帰朝時の将来物として「釈迦文仏之茵褥、四祖道信香合、六祖恵能念珠、洞山頂相、其餘欝多羅僧、安陀会、鉢多羅、竹篦、払子等甚衆、今在永平庫蔵」として記されている。

次に延宝八年書写の『道元禅師行業記』(延宝本建撕記)へと同品が継承される。さらに『永平開山道元和尚行録』(祖山本と明和八年〈一七七一〉刊)には、「釈迦文仏茵褥、六祖恵能念珠、欝多羅僧、安陀会、鉢多羅、尼師檀、黒竹篦、白払子、洞山頂相、如浄語録等、皆師帯来者也」と記され、将来物に多少変化がみられる。また永平寺三十五世版橈晃全の貞享二年(一六八五)撰『僧譜冠字韻類』には、「釈迦文仏茵褥、四祖道信香合、洞山頂相、其餘欝多羅僧、安陀会、鉢多羅、竹篦、払子等」と踏襲されていく(同書は『禅籍編』三巻No.18参照)。

上掲書のいずれも冒頭に挙げる「釈迦文仏之茵褥」がまさに当該品であり、すでに上述の如く寛文十三年に永平寺の宝庫に所蔵されていたこと、その後、俊益によりこの収納箱が奉納され、上掲の記述とつながり、その収蔵も証明されたといえる。

それら伝記史料とは別に月洲尊海より四代前の永平寺二十七世高国英峻(万照高国禅師)の在住時代に檀越奥村政永(花庵全英居士)が高国に師事し、高国の入寂した延宝二年に、「高国禅師の御影(頂相)」を永平寺へ寄進する。その際、居士自身の「月牌の位牌」とともに七点の刺繍も鮮やかな「袋」(一「御開山鏡ノ御影箱ノ袋」、二「道元ノ御法衣箱の袋」、三「釈迦牟尼仏御シト子(褥)袋」、四「六祖太(ママ)師御数珠入箱の袋」、五「御開山ノ御払子之袋」、六「御開山御鉢盂ノふくろ(袋)」、七「御開山ノ御拄杖ノ袋」)があり、および居士の書写した『王代年代ノ始終記』上下二巻を永平寺に納入している(詳細は本巻No.6の菅原昭英師の解説を参照)。この中に「釈迦牟尼仏御シト子袋」がある。

それは、万治二年以前、奥村居士により永平寺へ奉納され、後益が収納箱を奉納する以前に袋に入っていたのである。さらに「釈尊誕生茵褥」そのものは、慶安年間以前に別人が奉納していたことになる。その本体「釈尊誕生茵褥」は、いつ誰がどこで入手し、永平寺へ納入するに至ったのか、それらの事情や経緯は現在のところ依然として不明なのである。

永平寺所蔵の文政元年（一八一八）に記録された『校割帳』には、什物が次のように列記されている（『文書編』三巻収録予定）。

一、**釈迦文仏誕生之褥**　箱入　一
一、六祖大師念珠　箱入　二
一、**芙蓉道楷和尚御袈裟環排**　箱入　三
一、御開山絡子　箱入　四
一、御開山御袈裟環　箱入　五
一、同行状記、五十代改二巻　六
一、同御念珠　箱入　七
一、**同御頭陀袋**　箱入　八
一、同御手巾　九
一、同御法被　十
一、**御開山直綴**　十一

この中、「芙蓉道楷和尚御袈裟環排」と「同（御開山）御頭陀袋」は、『文書編』三巻にとりあげる什物である。その前に挙げる「同（御開山）御袈裟環」は、道元禅師の袈裟に附属する「環」の所蔵を示す。また「御開山直綴」は、御袈裟とは別にして文政元年当時に現存していたことが知られる。

釈尊誕生茵褥は、その後、明治時代および大正時代、同様に「道元禅師御袈裟及直綴」と併記し記載している。現在、当該品は黒漆の木箱に納められ、蓋表の右上に貼った貼紙に「直渡／第三十二号」とある。また、箱の側面には二枚の紙と二枚のラベルが貼られている。【箱側面貼紙一】の上に【箱側面旧ラベル】があり、さらにその上に【箱側面現ラベル】がある。それら貼紙とは別に【箱側面貼紙二】がある。

明治時代、永平寺六十一世久我環渓代の「校割帳」である『御直渡幷通常宝物一覧』（永平寺文書、『文書編』三巻収録予定）中の「御直渡宝物」の「第三十二号」には「釈尊誕生之御褥并道元禅師御袈裟及直綴ノ切レ六包入　壱箱」と記され、「直渡第三十二号」は本山の宝物分類番号であっ

たことがわかる。次に、大正年間（八年頃）の『宝蔵内宝物棚記号録』（永平寺文書、『文書編』三巻収録予定）には、当時永平寺にあった宝蔵内における宝物の置き場所を示したものである。これによれば、宝蔵には「中央棚東之部」・「中央棚西之部」・「西棚」・「南棚」・「中央棚南方最下」・「北棚」・南棚下簞笥」があったようであり、本品は「高祖御袈裟及直裰ノ切六包／釈尊誕生御褥」として、中央棚東の一段に「直衣五」としてある。これは【箱側面現ラベル】にある「直衣第五号」、朱字で「東一段」とあることと符号する。なお、また「本山器物53」とは、現在の分類番号である。

　したがって本箱の表記には、「釈尊誕生之御褥」と御開山の「袈裟」・「直綴」切れとの三品、およびそれに関係する「三包」を収納していることを示している。

　ただし、現在収納する木箱には、比較的大きな「糸屑状の一包（【附属資料二】）は「釈尊褥」であろうが、御開山の「袈裟」・「直綴」切れに相当する「布切れ」は見あたらず、粉末状に近い「三包」（【附属資料三・四・五】）は御開山の「袈裟及直綴ノ切レ」に該当するものではないであろう。

　御開山のお袈裟といえば、深草時代の篤信者生蓮房の妻室が寄進した御袈裟に手を入れた「祖師自縫の袈裟」（十六条の糞掃衣）が、懐奘（えじょう）・義介（ぎかい）・紹瑾（じょうきん）・素哲（そてつ）・大智（だいち）と師資相承され、熊本広福寺に伝来していることで有名である（現、熊本県立美術館蔵）。御開山の「直綴」は、前掲の文政元年の『校割帳』の一一番目に確認できる。

　黒漆の木箱の中には、包紙（【附属文書一】）に包まれた「釈尊誕生茵褥」らしき「糸・布くず」（乳白色・茶色・焦げたような黒色）が収められている。それを包む（【附属文書一】）には、右上に「ウラギヌ／文字写」とあり、その後の中央付近に「永平開山祖／釈迦仏茵也」とある。その左側に後筆の「注」らしき筆で「此レハ釈尊御茵包用ノ袱紗乎」（滝谷筆カ）と記すだけで年記・記名がない。おそらく次に触れる桐箱内の文書以降に収納したもので筆致から明治期頃のものと思われる。

　これとは別に黒漆の木箱底に比較的小さな桐箱（【附属資料一】）がある。その中には和紙で左右の斜線上に折りたたみ文字が書かれた包（【附属文書二】）の中、さらに小さく縦横に折りたたまれた小さな包（糸屑・粉末）が二つ入っている（【附属資料三・四】）。また、桐箱にも包みが一つある（【附属資料五】）。それがすべて「釈尊誕生茵褥」の「切レ」なのであろうか。

現在、「高祖重要品」として分類されている中に高祖重要品8・9に「直綴切」二種（膨らんだ三袋と空の二袋）が、高祖重要品5の「袈裟切」および高祖重要品10の「道服切」、高祖重要品13の「脚絆（きゃはん）切・襪子（べっす）切」と共に一箱に収納されている。その高祖重要品8・9の「直綴切」が道元禅師のものとすれば、当該の木箱に入っている三袋は全く別の品物となろう。いずれも「釈尊誕生茵褥」と「道元禅師御袈裟・直綴」を指す明治・大正ないし昭和期の関連史料とみなされる。

【箱側面貼紙二】に「六包」と記すが、上記の如く実際は比較的大きな包みと桐箱内の小さな包み三袋しかなく（合計四包）、各包にそれらの品名表示等の区分はされていない。残りの二包はどこに行ったのであろうか、各時代により幾種の分類の仕方が相違する過程で混乱を生じたものと思われる。すなわち、当初収納し別置されていた御開山の直綴（文政元年の『校割帳』）が明治期に「釈尊誕生茵褥」と合わせて収納されたのはその例である。

推測であるが、桐箱の中に丁寧に和紙で包み、筆で認めた文字とともに入っている三包が「釈尊誕生茵褥」に該当し、外側の比較的大きな包みの「糸・布くず」は、そこに記す説明書きは確かに「釈迦仏茵」ないし「釈尊御茵包用ノ袱紗乎」とあり、多少疑念が残るものの、ここではこの時期にかようにみなされていたと判断できよう。

【附属文書二】には「虫干し」関連の文字を認めている。それによると本品は、「虫干し」の時期である六月や七月に宝庫より出され、時に原物を確認し認め書きをしていたことが、この桐箱に納められている文書によって知られる。【附属文書二】には、のちの明治十一年に永平寺六十一世環渓密雲の「奥書」が記されている。文中の「竊想毎経年所品耗消已耳矣」の意味は、年を経るごとに次第に消耗していることに対し、その筆者が嘆きの声を漏らしているのである。

「釈尊誕生茵褥」が江戸時代の永平寺に伝承され、収蔵されているとすれば、そのこと自体、まことに不思議である。単に歴史的にありえないと否定することは簡単であるが、「釈迦牟尼仏」の信仰史の面から考慮されてもよいであろう。その面からいえば、非常に興味深いことである。ちなみに『瑞長本建撕記』の末尾、禅師寂後の「永平寺諸般雑記」の中に「釈迦仏之袈裟」が「承陽庵打板」とともに開山大和尚御道具にある、ということが確認できる。釈尊の「袈裟」とともに「誕生茵褥」の存在も一般的には荒唐無稽に近いといえようが、『瑞長本建撕記』写本成立当時の天文七年(一五三八)以後、疑いも抱かず「釈迦仏之袈裟」が永平寺に所蔵され伝承していたのである。

なお、【附属資料二】の桐箱内にアラビア語とペルシャ語で記された「イスラム教関係文書」が収納されていた。その内容を解明すべく名古屋の金城学院大学講師シェル・アフザル・レカ氏とともに永平寺へ上山した。宝物館(聖宝閣)で調査中、明治七年九月、岩倉具視が将来し永平寺に寄贈した「貝多羅葉(貝葉)」とその書簡、およびその関連資料「貝多羅葉、印度古代経簡」と「梵字古写本　洋綴」(明治期「校割帳」に「通宝　甲三八号、大正期「校割帳」に「西六段　通二七」」を対比し点検していた際、偶然にもその「イスラム教関係文書」が「梵字古写本」として明治期・大正期の「校割帳」に記載されている裏表紙に挿入されていたことが判明した。その洋本は動物の革で表装した模様が圧縮して、かの文書に写っていることが判ったのである。その「梵字古写本」とは、実は梵字(サンスクリット)ではなく、イスラム教の聖典『クフラーン(コーラン)』(一一四章中の一部、三六章「ヤースイーン」以下の部分。おそらく全体の四分の一程度)を綴ったアラビア語とペルシャ語で記された注釈的な教材であることが、レカ氏により明らかになったのである。さらに当該本の表紙にも同様な文書が薄い布地に挿入されていることが点検できた。

参考文献
大久保道舟『修訂増補道元禅師伝の研究』(筑摩書房、一九六六年)。
吉田道興編著『道元禅師伝記史料集成』(あるむ、二〇一四年)。

(吉田道興)

(延宝四年〈一六七六〉秋)、永平寺三十二世大了愚門、永平寺に入院し、その際の「法語」・「山門疏」・「勅書(黄紙)」・「入院之指南之帳」などが記録される。

41 伝授室中之物　(一三紙継紙　19.7cm×469.9cm)

(一張)

(九張)

(一張)

伝授室中之物

(中略)

(九張)

一、大了(愚門)禅師代入院之法語、山門之疏、勅黄、同永平入院之指南之帳壱冊有之、

(後略)

【解説】　本史料中、大了とあるのは、永平寺三十二世大了(だいりょう)愚門(ぐもん)（一六一三〜一六八七）のことである。大了は延宝四年（一六七六）秋から同七年春まで永平寺住持を勤めたが、その際の法語・山門で唱えられた疏(しょ)、禅師号下賜の際の勅書(ちょくしょ)（黄紙）などの文書類や、入院(じゅえん)の際の一連の指南書などが残されていたことが知られる。

本史料の全文と禅籍としての解説は、『禅籍編』三巻No.14を参照のこと。

参考文献

『永平寺史料全書』禅籍編　第三巻（大本山永平寺、二〇〇五年）。

（廣瀬良弘）

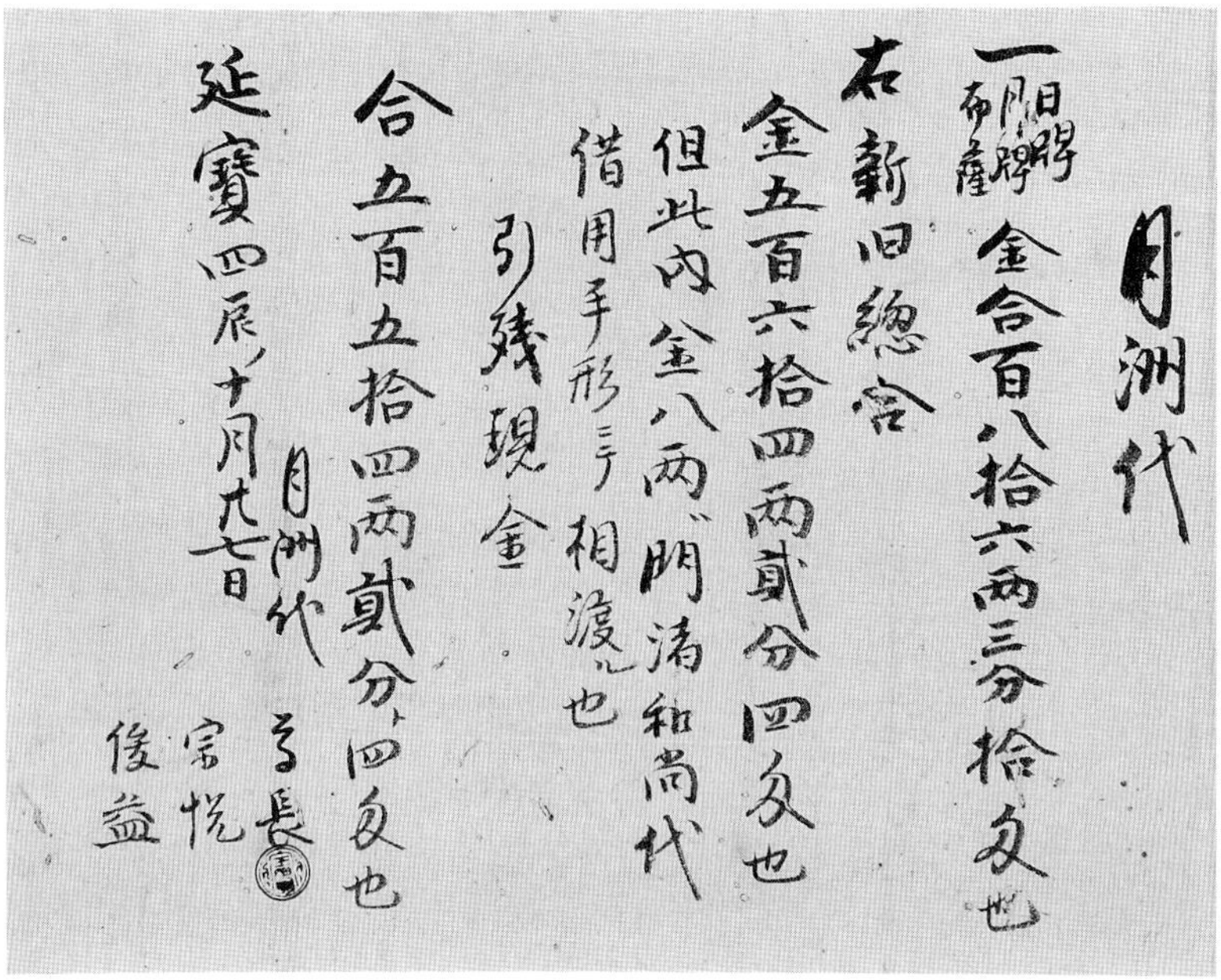

延宝四年（一六七六）十月二十七日、永平寺三十一世月洲尊海代の役者尊長・宗悦・俊益、祠堂金を書き上げる。

105　月洲尊海代祠堂金覚

（巻子装　30.6㎝×43.8㎝）

月洲代(1)

一、日牌(2)
　　月牌(3)　金合百八拾六両三分拾匁也、
　　布薩(4)

右、新旧総合、

金五百六拾四両弐分四匁也、

但此内、金八両ハ門渚和尚代(5)、

借用手形(6)ニテ相渡ル也、

引残現金、

合五百五拾四両弐分ト四匁也、

延宝四辰ノ十月廿七日

月洲代
　尊長(7)（黒印文「宝」）
　宗悦(8)
　俊益(9)

【読み下し】
月洲代。一つ、日牌・月牌・布薩金合わせて百八拾六両三分拾匁なり。右、新旧総合、金五百六拾四両弐分四匁なり。但し此の内、金八両は門渚和尚代、借用手形にて相渡るなり。引き残る現金、合わせて五百五拾四両弐分と四匁なり。

【注】(1)月洲　永平寺三十一世月洲尊海(一六〇九～一六八三)のこと。寛文十年(一六七〇)十月、永平寺三十一世となり、延宝四年(一六七六)春に退院。天和三年(一六八三)十二月十五日、江戸で示寂。

(2)日牌　毎日供養される故人のこと。またその人物の位牌であり、そのための祠堂金。

(3)月牌　毎月命日に供養される故人のこと。またその人物の位牌であり、そのための祠堂金。

(4)布薩　半月ごとに戒律を確認し、懺悔する儀式であるが、その功徳をもって追善供養がなされる式でもあった。布薩料・布薩金とは、半月ごとの布薩の際に故人を供養するための祠堂金。

(5)門渚和尚　永平寺二十八世北州門渚(?～一六六〇)のこと。万治二年(一六五九)二十八世となり、万治三年三月十八日、示寂。

(6)借用手形　金銭など貸借の証文であり、借用証文。

(7)尊長　義宣寺(福井県勝山市)七世久岩尊長のことか。『永平寺前住牒』(永平寺文書)には、天和四年(一六八四)九月二十五日に、義宣寺から永平寺に瑞世した海音の嗣法師として尊長が確認できる。

海音は、月洲尊海会下として永平寺常住に「開山大禅仏絡子箱」(本巻No.101)・「開山和尚大禅仏尼師壇箱」(本巻No.102)・「開山大徳大禅師尊払子箱」(本巻No.103)を寄進したことが確認される。そのため、海音とのつながりから、本史料の尊長は義宣寺七世久岩尊長の可能性が高いであろう。

なお、参考までに尊長を確認できる史料については以下のとおりである。

まず、『永平寺前住牒』にはほかにも、天和二年(一六八二)八月十三日に上嶽寺(静岡県袋井市)より瑞世した尊長がいる(嗣法師「長沢」)。

この他、『曹洞宗全書』大系譜一によれば、尊長の名は、松山尊長が確認される。松山尊長は、城前寺(山梨県韮崎市)四世にあたり(『曹洞宗全書』大系譜一、六〇六頁)、通幻派の僧として元禄十一年(一六九八)三月三日に総持寺へ一一五九五世として瑞世している(『總持寺住山記』)。

最後に、『總持寺住山記』によれば、尊長は十二名確認できる。延宝年間までの人物を挙げれば次のようになる。すなわち、寛文五年(一六六五)五月四日に正法院(秋田県北秋田市)より瑞世した七二四二世応村の受業師、同六年四月十八日に羽州天王寺(天翁寺カ、山形県鶴岡市)より瑞世した七三六五世、延宝五年に奥州洞雲寺より瑞世した八五八八世、同八年に武州東国寺(埼玉県大里郡寄居町と東京都台東区の二箇寺があるがいずれか不詳)より瑞世した九〇二五世探牛の嗣法師がいる。

なお、尊長の印章の法量は直径1.6㎝である。

(8)宗悦　不詳。『曹洞宗全書』大系譜一によれば、宗(そう)悦(えつ)の名は、凭聃宗悦(観海寺〈大分県別府市〉三世、『曹洞宗全書』大系譜一七七頁)、喜法宗悦(松元寺〈山梨県甲府市〉二十四世、同書二五〇頁)、霊庵(嶺)宗悦(千眼寺〈新潟県村上市〉八世、西法寺〈新潟県村上市〉三世、同書三五二頁)、雪光宗悦(本田寺〈新潟県佐渡市〉四世、同書三八〇頁)、大忍宗悦(正福寺〈千葉県市原市〉二十五世、同書五二一頁)、一棹宗悦(昌福寺〈埼玉県川口市〉六世、同書五八三頁)、快舟宗悦(広教寺〈山梨県都留市〉五世、龍安寺〈山梨県笛吹市〉五世、少林寺〈山梨県笛吹市〉開山、同書六一六頁)、忻室宗悦(峰全院〈福島県白河市〉六世、同書六二一頁)、栄室宗悦(峰全院八世、雲月寺〈福島県西白河郡泉崎村〉三世、同書六二一頁)、喜雲宗悦(太寧寺〈兵庫県篠山市〉三世、同書九六六頁)、懌之宗悦(大広寺〈大阪府池田市〉五世、同書九七七頁)の十一人が確認される。

なお、『永平寺前住牒』には、宗悦は二人確認できる。まず、正保二年(一六四五)三月十三日に下野雲叟寺(栃木県鹿沼市)より瑞世した「宗悦」(嗣法師「泉尭」)である。この人物は、同寺から寛文十一年九月六日に瑞世した分越、および貞享元年九月七日に瑞世した卓心の嗣法師としてもその名が確認できる。また、万治二年(一六五九)九月三日に越後大光寺(新潟県柏崎市)より瑞世した「宗悦」(嗣法師慶寿)がいる。しかし、月洲代の役者としてはやや時代が離れているように思われる。

また、『總持寺住山記』によれば、宗悦は二十五名確認できる。参考に、延宝・天和年間の人物を挙げれば次のようになる。すなわち、延宝四年四月十四日に瑞川寺（宮城県大崎市）より瑞世した八四五九世暈悦（祖印雲悦カ）の嗣法師、同年八月十四日に大奥寺（広島県庄原市）より瑞世した八五三二世鑑達の受業師、同五年八月十五日に奥州龍淵寺より瑞世した八六七〇世雲貞の受業師、天和二年（一六八二）五月九日に奥州善勝寺より瑞世した九一二八世宗哲の受業師である。しかしながら、いずれの人物も寂年が不明であり、本史料における宗悦の比定は、今後の課題となる。

（9）俊益　不詳。なお、釈尊誕生茵褥の箱（本巻No.104）を永平寺に施入した人物に俊益がいる。この俊益も月洲の座下であることから、本史料の俊益と同一人物の可能性がある。俊益の名は『曹洞宗全書』大系譜、『永平寺前住牒』や『總持寺住山記』にも確認されるが、本史料の俊益として比定するにはさらに検討の余地がある。この点は本巻No.104の解説を参照されたい。

【解説】本史料は、延宝四年（一六七六）十月、永平寺へ晋住する永平寺三十二世大了愚門の代に祠堂金の引き継ぎとして、三十一世月洲尊海代が三十世光紹智堂代から引き継がれた祠堂金と月洲代の祠堂金の合計を書き上げたものである。

そのうち八両は、二十八世北洲門渚代に作成された借用手形として存在している。これは、光紹代の祠堂金書上にも記されていたもので、三代にわたり、返済を受けないまま永平寺に引き継がれていたことになる。

なお、本史料は、「永代校割」と題され、巻子装となっている。この点は本巻No.88の解説を参照のこと。

参考文献

『永平寺史』下巻、一五〇二頁（大本山永平寺、一九八二年）。

『住山記―總持禅寺開山以来住持之次第―』（大本山總持寺、二〇一一年）。

（廣瀬良弘）

（延宝五年〈一六七七〉四月十五日以前）、道正庵二十世恒順、曲輪香盒を永平寺に施入する。

106　曲輪香盒旧箱銘

（13.0㎝×13.0㎝×8.3㎝）

（箱蓋表書）
「（貼紙）「第廿一号」
吉祥山
曲輪香盒
周明造
道正庵二十代
養三 順」

（箱外底書）
「曲輪香盒
道正庵」

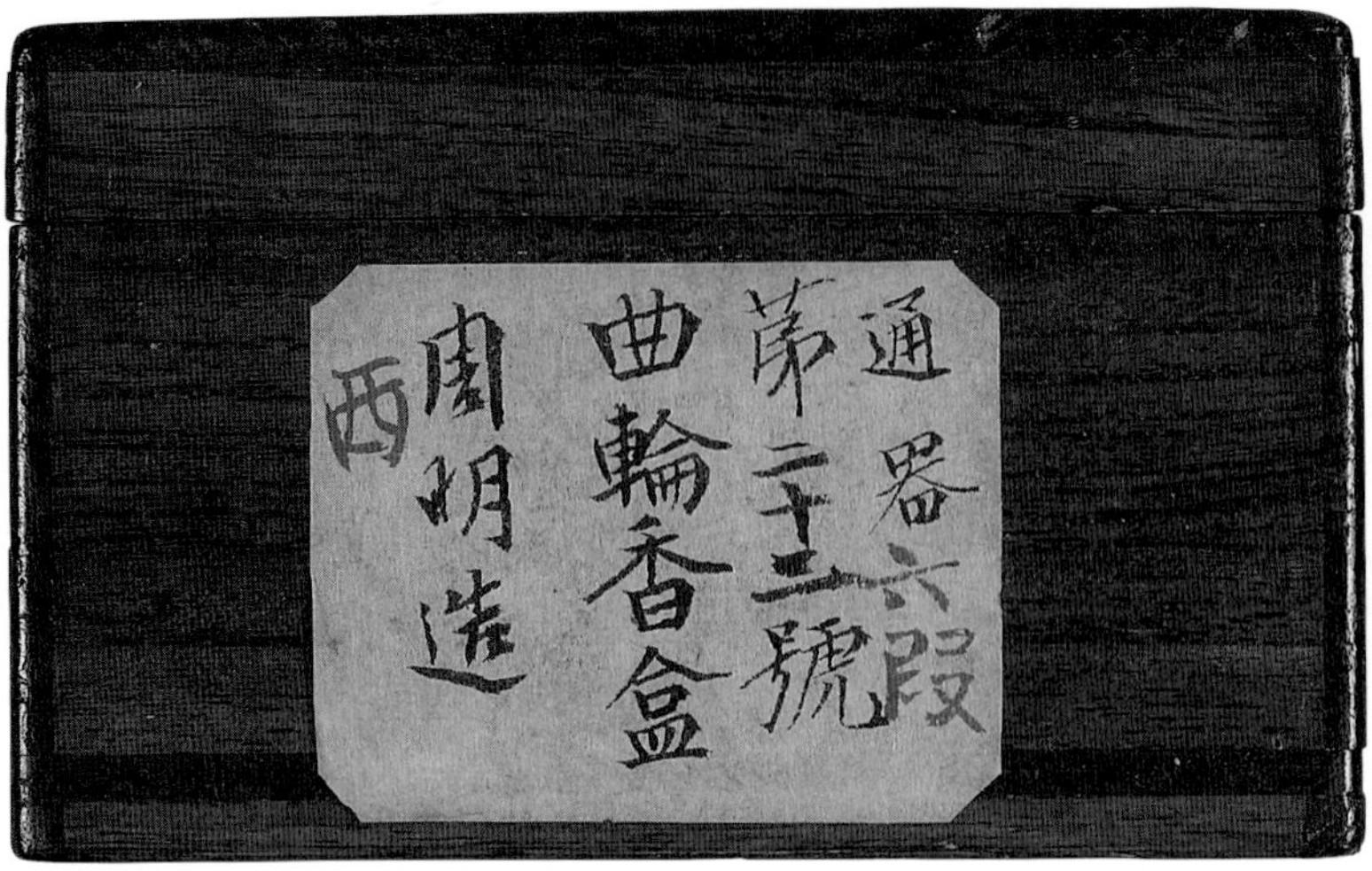

「（箱側面貼紙）通器『（朱字）六段』
第二十二号
曲輪香盒
周明造
『（朱字）西』　」

【解説】本史料は、永平寺に所蔵する文政元年（一八一八）および同八年の『校割帳』監院寮・宝庫之部「宝庫一之笈部」中に「一、同曲輪小香盒　箱入　一箇　廿八」と記されているものに該当するものと思われる（永平寺文書）。しかし、原物は現在確認できず、この箱のみ現存する。永平寺所蔵の宝物を収納するこのほかの木製の箱については、本巻No.125の【表】永平寺世代別宝物箱および貼紙・ラベル一覧を参照いただきたい。

一方、贈答側の関連史料である『道正庵備忘集』（永平寺所蔵道正庵文書）には、寛文年間（一六六一〜七三）および延宝年間（一六七三〜八一）における箇所に、この品目に関する贈答の記載がみえない。

「曲輪香盒」とは、香合の体裁が「曲輪」になっているものを指すと思われるが、この字は「屈輪」（渦巻き文様）の間違いである可能性もある。また「周明」は、香合作家の名前であるが、日本人か中国人かを含め不明である。

贈答者である道正庵二十世恒順（一六四九〜七七）は、『道正庵系譜』（木下長彦氏所蔵）には、太字で「恒順」と記し、「字養三、叙法橋、早世　延宝五年四月十五日卒、二十九歳」、「小川坊城大納言俊完卿之男、卜順養子」と記す。また同書によれば養父の卜順には、四人の娘がいて、その三女が恒順に嫁いでいた「恒順室法名隆光院」（実名は不明、隆光院は恒順没後の戒名・尼僧号）であり、京の安養寺（東山区八坂鳥居前東山円山町）に葬ったことが知られる。夫の恒順もすでに同寺に葬られていたと思われる。ちなみに『道正庵備忘集』の延宝四年四月八日の項に養父卜順と妻室が、円山安養寺に彼ら夫婦の「逆修石碑」を生前に建立したことが知られる。

安養寺境内には木下家の墓が十数基建っているが、十九世卜順夫婦の「逆修石碑」は残念ながら確認できなかった。

当該品の贈答者恒順は幼少期から卜順の養子となっていた。慶安二年（一六四九）五月二十六日付坊城俊完宛木下卜順書状案と同年六月十一日付の坊城俊完宛木下卜順書状には、その養子縁組の相談が進んでいることを示す（永平寺所蔵道正庵文書）。これが恒順であるとすれば、まだ二歳未満の乳幼児である。

「道正庵恒順像賛」（本巻No.107、撰者は永平寺三十二世大了愚門（だいりょうぐもん））によれば、「督其家十有余年、不幸早逝」とあるので、恒順は約十年余、庵主を勤め二十九歳で死亡したのであるからその就任年代は、寛文四年か五年頃年齢は十八、十九歳頃と推定できる。養父卜順は彼が成長するにつれ、家督を譲り隠居の準備を着々と進めていたわけである。その頃のものであると思われる史料が若干残されているので以下に列挙する（断りのない限りいずれも永平寺所蔵道正庵文書）。恒順は寛文十一年二月十三日、霊元天皇より「法橋」の叙任を得て、着々と家督を継ぐ準備が進んでいた。

そうした中、延宝五年四月四日付道正庵恒順書状写がある。この史料は、恒順が死去する十一日前、貞順へ道正庵の「跡式譲渡し」を病床において島津家の家臣である渋谷四郎左衛門と長谷場伊角宛へ知らせる書状の写である。文中に「近じか相果てる」旨を述べ、恒順が重篤の病で死が近いことを告げ、あたかも遺言のような趣である。

延宝五年四月十五日、恒順が死去した。いったい何が起こったのであろうか。その四ヶ月後、卜順の実子貞順が、恒順の養子となり道正庵二十一世に就任する。貞順に関し『道正庵系譜』には、「字隆守、母伏原二位賢忠卿女」、「卜順之男、恒順養子、自号嗔醒子／叙法眼」と記す。実父は卜順であるが、貞順を早世した恒順の養子とするといった込み入ったかたちで家督を継がせている。

恒順の死去一ヶ月後、貞順が總持寺(五院)宛の書状に「此方の儀も先月十五日、恒順相果て御存知の通久しく候。相煩難治の証、覚悟の儀にて御座候得共、今更の様に存じられ当惑是非に及ばざり候。老父も取り乱し罷ることあり候。これ迄の仕合、書中に申し尽き難く候」とあり、その間の極秘事情を暗示している(總持寺宝物殿所蔵道正庵文書、文書番号二二)。

右にある「恒順相果」から、彼が尋常ではない死に方(非業の死)を暗示しているように思われるが、いかがであろう。

この後、延宝五年八月二十八日、永平寺三十二世大了愚門が、この道正庵二十世養三恒順庵主像に賛を付していることが知られるとおりである(既述)。

続いて貞順の「法橋」の叙任と道正庵二十一代に就任するステップが築かれる。ちなみに卜順の実子貞順は、元禄十五年(一七〇二)八月二十三日、四十六歳で卒している(『道正庵系譜』)。恒順死去の延宝四年当時、彼は二十五歳である。つまり年齢は四歳しか離れていないという事実も、この件に関して何らかの意味を示唆しているように思われる。

延宝五年十二月十八日付「霊元天皇口宣案」によれば、貞順は「道正庵二十一世」に就任している。

恒順の短い道正庵主時代、奇しくも永平寺に「曲輪香盒」が贈答されたことにより、庵主としてその存在を歴史的に位置づけられたことは、意味深く誠に喜ばしい。

元禄十一年七月、後継の道正庵二十一世木下貞順が、道正庵元祖藤原隆英の正当四百五十回忌にちなみ永平寺に「堆朱香合」を奉納したことも何か因縁深いことが感じられる(『文書編』三巻No.16)。

参考文献

納冨常天「総持寺宝物殿所蔵『道正庵文書』」(『鶴見大学仏教文化研究所紀要』一一号、二〇〇六年)。

(吉田道興)

延宝五年（一六七七）八月二十八日、永平寺三十二世大了愚門、道正庵二十世恒順画像に賛を記す。

107　大了愚門賛道正庵恒順画像

（軸装　103.0㎝×42.2㎝）

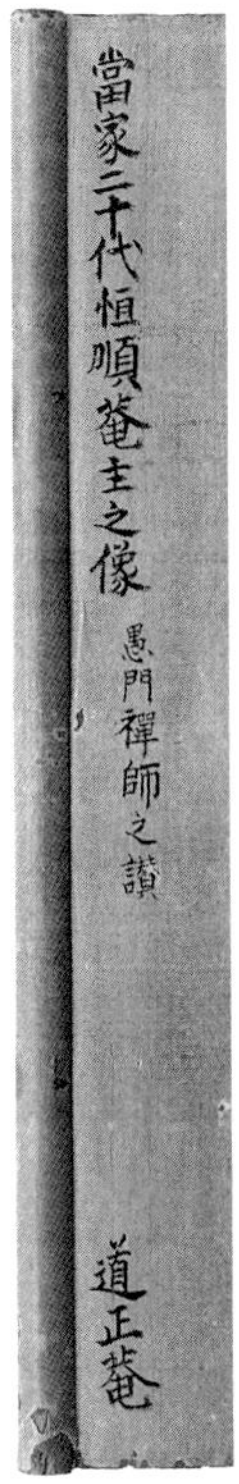

（箱蓋表書）
「当家二十代恒順庵主高像　道正庵」

（軸端裏外題）
「当家二十代恒順庵主之像 愚門禅師之賛　道正庵」

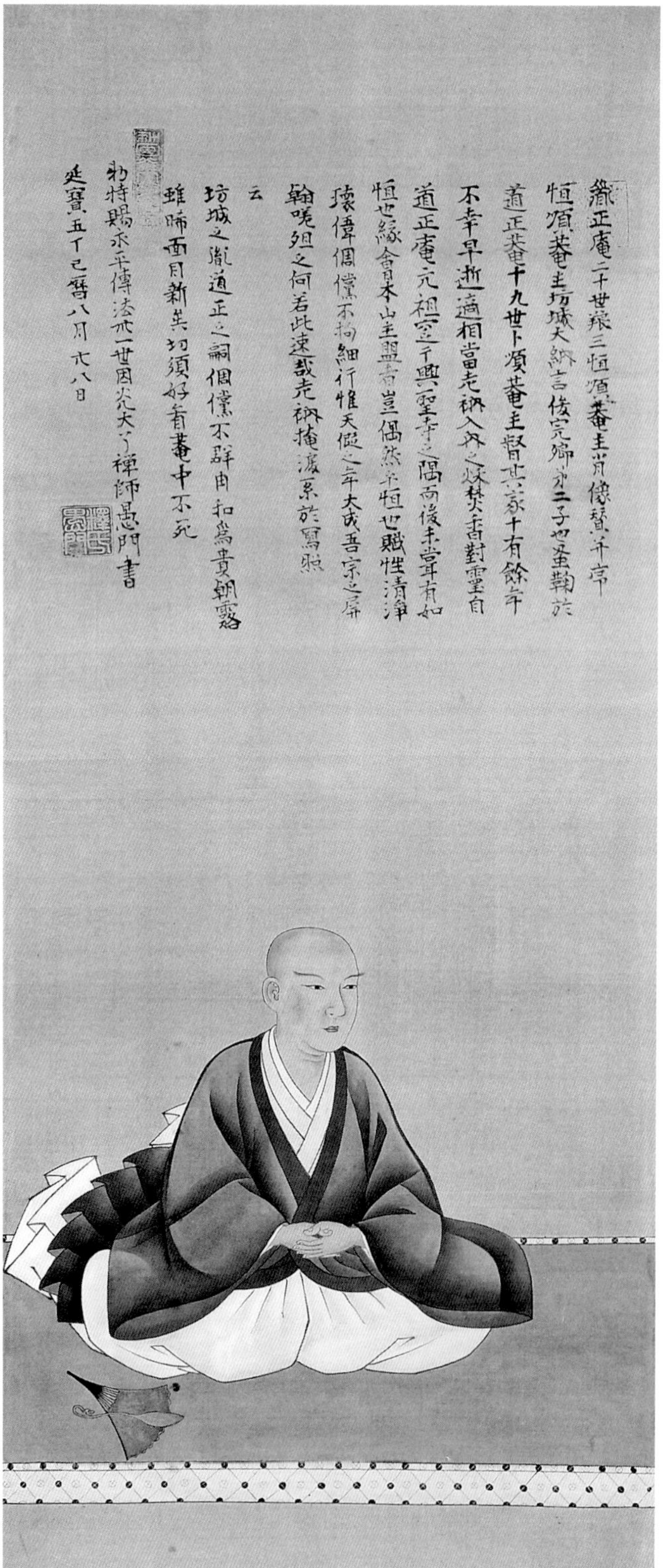
坊城之徹道正之嗣倜儻不群由和爲貴朝露
雖晞面目新矣切須好看菴中不死
延寶五丁巳暦八月廿八日

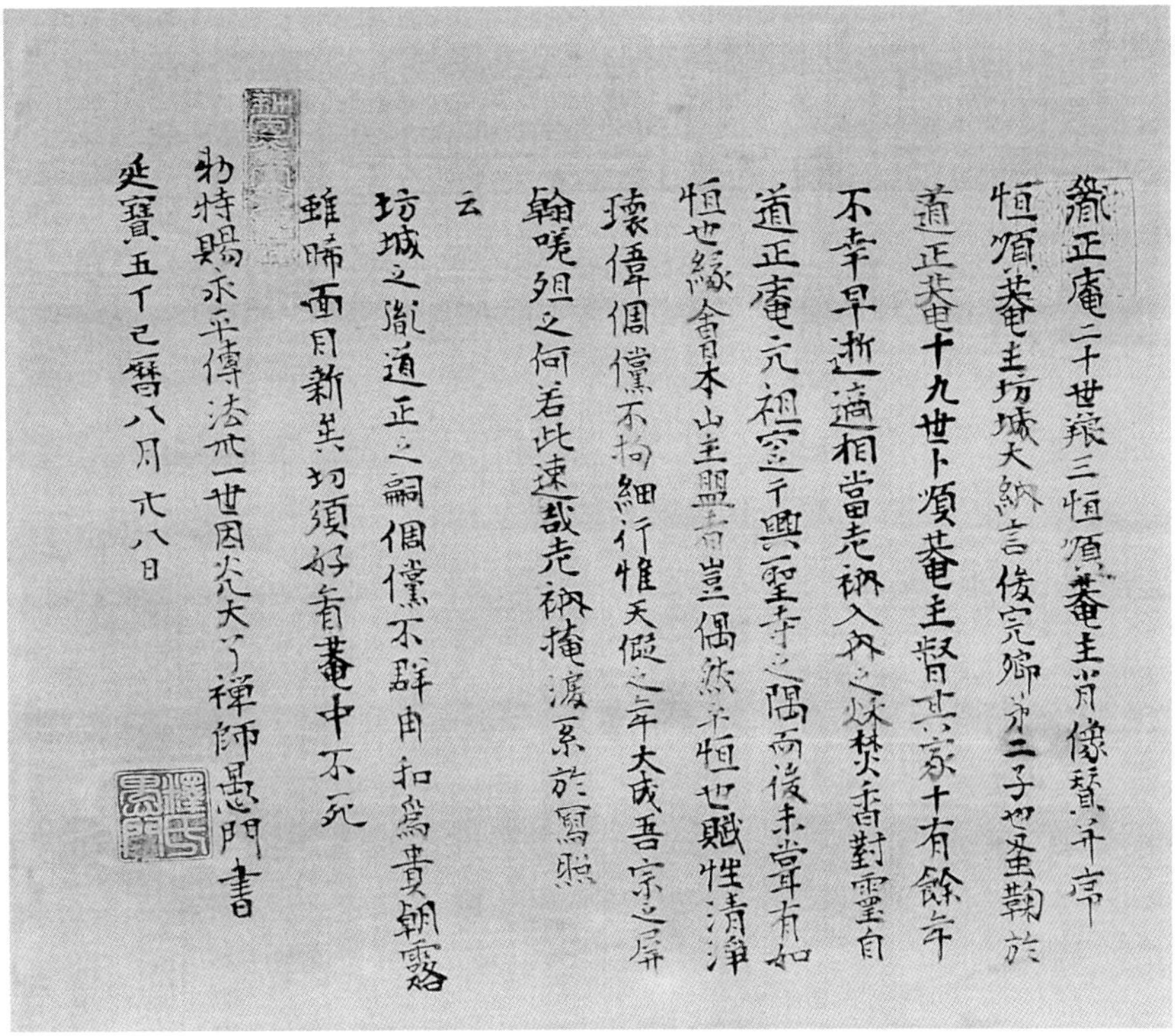

（朱印）道正庵(1)二十世養三恒順庵主(2)肖像賛并序
恒順庵主、坊城大納言俊完卿第二子也、(3)〔養脱カ〕蚕鞠於〔歳脱カ〕
道正庵十九世卜順庵主、督其家十有余年、
不幸早逝、適相当老衲入内之秋、焚香対霊自
道正庵元祖、窆(4)イ興聖寺之隅、而後未嘗有如
恒也、縁会本山主盟者、豈偶然乎恒也、賦性清浄(5)
瓌偉倜儻(6)不拘(7)細行、惟天仮之年大成(8)、吾宗之屏
翰(9)、嗟殂〔死〕之何、若此速哉、老衲掩涙系於写照
云、
坊城之胤道正之嗣、倜儻不群用和為貴、朝露
雖晞面目新矣、切須好看庵中不死(10)、
(11)（黒印白文「勅因光大了禅師」）
勅特賜永平伝法卅一世因光大了禅師愚門(12)書
(13)（朱印白文「愚門」）
延宝五丁巳暦八月廿八日

【読み下し】

道正庵二十世養三恒順庵主肖像の賛幷びに序

恒順庵主、坊城大納言俊完卿の第二子なり。蚤歳より道正庵十九世卜順庵主に鞠養され、その家を督ぎ十有余年、不幸にして早逝す。適たま老衲、入内の秋に相当し、自ら道正庵元祖の興聖寺の隅に窆亻するに焚香対霊す。而して後、未だ嘗て本山主盟者として縁会するは恒の如くに非ず、豈に偶然たるか恒なるか。賦性は清浄にして瓌偉、倜儻の細行に拘わらず、惟うに天仮の年に大成す、吾が宗の屛翰、嗟死の何なるぞ、かくの若く速なるぞ、老衲、掩涙し写照に系わりて云く、坊城の胤、道正の嗣、倜儻にして群せず、和を用って貴しと為し、朝露の晞くと雖も、面目新たなり、切に須らく好く看るべし、庵中不死。

勅特賜永平伝法卅一世因光大了禅師愚門書す。

【注】(1)大了朱印　縦4.3㎝×横4.3㎝。印文不明。

(2)道正庵二十世養三恒順庵主　木下恒順(一六四九～七七)のこと。恒順は道正庵中興十九世卜順(一六一五～九〇)の養子となる。実父は坊城俊完(一六〇九～六二、初名頼豊)である。恒順は俊完の第二子にあたるか。

(3)蚤　「歳」の字が脱字であろうか。そうであれば、蚤歳と解釈できる。蚤歳とは、若い時。若年の意味である。

(4)窆亻　墓を建てること。「窆于」ともみえる。

(5)賦性　天賦の性質・天性。天から与えられたすぐれた性質の意。

(6)瓌偉　瑰偉・瑰瑋。心が広くものごとにこだわらない、すぐれて立派な人柄。

(7)倜儻　才気が勝れこだわらない、物事に拘束されない。

(8)天仮之年　天寿をまっとうすること。なお「天年」で、天寿、寿の意。

(9)屛翰　一般には「国家の重臣」の意。ここでは「すぐれた人物」をさす。

(10)庵中不死　禅語「庵中不死人」(石頭希遷撰『草庵歌』)に由来。肉体(庵)を持ち、仏性(不死人)を有すること、すべての人に備わる仏性をさす。

(11)大了黒印　縦6.4㎝×横2.0㎝。

(12)永平寺三十二世大了愚門　永平寺三十一世月洲尊

海の法嗣大了愚門(一六一二〜八七)は、武蔵国龍穏寺(埼玉県入間郡越生町)住職より、延宝四年(一六七六)秋に永平寺昇住、翌年禅師号「因光大了禅師」を下賜される。延宝六年正月に『永平仏法道元禅師紀年録』を上梓し、延宝七年春に退院し、江戸に在住。貞享四年(一六八七)十一月一日示寂、世寿七十五歳。

(13)大了朱印　縦3.9㎝×横3.9㎝。

【解説】　永平寺三十二世大了愚門が、永平寺に昇住する前、入内の際に宇治興聖寺(京都府宇治市)を訪問し、道正庵元祖の墓塔に拝礼したことを記し、その因縁に感応したものか、のちに生ずる事象を不思議な契機と受け止めている。正にその年、延宝五年(一六七七)四月十五日、二十九歳で早世した道正庵二十世木下恒順の肖像が完成し、同年八月二十八日(両祖忌)に大了が「賛文」を認めたものである。道正庵の先代十九世卜順は、隠退していたものの在世中のことであり、おそらく彼のたっての要請により大了が心地よく応じたものと思われる。

恒順の「早世」の背景には、何やら複雑な問題が内包している様子であるが、それに関しては本巻No.106の解説を参照されたい。

本肖像は、「絹本着色」されている。「絹本着色」とは、「紙本」(紙製)と異なり、絹(布製)に彩色された絵をさす。特に上等な絹の場合は、「絖本」という。当該品には、白黒の法衣、肌色、扇子、畳等それぞれに淡い色で彩色されている。

「肖像賛」の内容は、大了が卜順の養子であった恒順に対し、その才覚や人柄を讃嘆するものである。恒順の義父であった卜順は悲嘆の中にあり、尊崇する永平寺住持のお墨付きである「賛文」を頂き、心が癒され、大いに満足したであろう。

参考文献

「永平寺所蔵の宝物　その八十一」(『傘松』十二月号、二〇一二年)。

(吉田道興)

延宝五年(一六七七)十一月十八日、江戸幕府寺社奉行、関三ヶ寺に対し、執務に関する規定として、五ヶ条の覚書を出す。

108 江戸幕府寺社奉行覚書写

(『代々』24ウ〜26オ)

覚

一、総寧寺・龍穏寺・大中寺者、為僧録之間、不立我意、三箇寺令和融、諸事遂吟味、無依怙贔屓可有其沙汰、若不及了簡儀者、奉行所江申達之、相談之上可受差図事、

一、三箇寺致月替、当番之方ニ而寄合仕、訴状之裏判、或召状(1)・触頭〔状〕、或万証文等、当番之輩可為先判、但、軽儀者、月番(2)一判ニ可仕候、不依何事、落着之義者、三箇寺立会、当番之方ニ可書留置事、

一、御用之儀、於奉行〔所脱カ〕三箇寺〔江脱カ〕令内談、未申出以前、一切他言仕間敷候、依其所〔品〕一人江相通儀有之者、残二箇寺江不可洩之事、

一、従　公儀住職被　仰付寺之後住御吟味之時者、三箇寺存寄之通互申出之、遂評義〔議〕随多分相応之僧可書上之、勿論三箇寺相計申付住職茂僉議之上可定之事、

一、於諸本寺末寺之僧仕置申付之処、彼僧軽之三箇寺江訴之族有之者、其本寺江委細相尋、裁許之趣理至極之儀者、不可取上之、若本寺非道有之者、急度奉行所江相達、僉議之上可有落着事、

附、三箇寺在寺之時者、総泉寺(3)・青松寺(4)・泉岳寺(5)江諸事申置、差当用事者可調之事、

右之条々、堅相守、三箇寺令一同可相計之者也、

延宝五巳年十一月十八日　太　摂津守(6)

板　石見守(7)

小　山城守(8)

総寧寺

龍穏寺

大中寺

○写真版は本巻935頁下段〜936頁上段に掲載。

【読み下し】

一つ、総寧寺・龍穏寺・大中寺は、僧録(そうろく)たるの間、我意を立てず、三箇寺和融せしめ、諸事吟味を遂げ、依怙贔屓(えこひいき)無く其の沙汰あるべし。若し了簡に及ばざる儀は、奉行所へこれを申し達し、相談の上差図を受くるべき事。

一つ、三箇寺月替致し、当番の方にて寄り合い仕り、訴状の裏判、或いは召状・触状(ふれじょう)、或いは万ず証文等、当番の輩先判たるべし。但し、軽き儀は、月番(つきばん)一判に仕るべく候。何事に依らず、落着の義は、三箇寺立ち会い、当番の方に書き留め置くべき事。

一つ、御用の儀、奉行所において三箇寺へ内談せしめ、未だ申し出さざる以前は、一切他言仕り間敷く候。その品より一人へ相通ずる儀これ有らば、残り二箇寺へこれを洩らすべからざる事。

一つ、公儀より住職仰せ付けらるる寺の後住御吟味の時は、三箇寺存じ寄りの通り互いにこれを申し出、評議を遂げ多分に随って相応の僧これを書き上ぐべし。勿論三箇寺相計り申し付く住職も僉議(せんぎ)の上これを定むべき事。

一つ、諸本寺において、末寺の僧仕置申し付くのところ、彼の僧これ軽く三箇寺へこれを訴うる族これあらば、その本寺へ委細相尋ね、裁許の趣理至極の儀は、これを取り上ぐべからず。若し本寺非道これ有らば、急度(きっと)奉行所へ相達し、僉議の上落着有るべき事。

附けたり、三箇寺在寺の時は、総泉寺・青松寺・泉岳寺へ諸事申し置き、差し当り用事はこれを調うべき事。

右の条々、堅く相守り、三箇寺一同をしてこれを相計るべき者也。

【注】

(1)召状　関三ヶ寺から出される宗用の召喚状のこと。召状が届くと寺は旅費等自弁で出府することになる。持参するものは、召状・印形・召状の飛脚代金で、出府した寺は宿寺へ届け出ることになっている。この他関三ヶ寺の鑑司からの召喚状もある。

(2)月番　関三ヶ寺は江戸の宿寺において一ヶ月交代の月番で事務を執った。月番の次第は、延宝五年(一六七七)極月十一日の定によれば、同十二月総寧寺(現千葉県市川市)、同六年一月龍穏寺(埼玉県入間郡越生町)、同二月大中寺(栃木県栃木市)とあり、月番次第は総寧寺、龍穏寺、大中寺の順となった。総寧寺は三月・六月・九月、龍穏寺は四月・七月・十月、大中寺は五月・八月・十一月が番月である。また関三ヶ寺の寄合日は三日・十六日・二十三日であった(『江戸時代洞門政要』、二十七〜三十一頁)。

(3)総泉寺　江戸三ヶ寺の一つ。江戸触頭。浅草橋場(東京都台東区)にあったが、現在は板橋区小豆沢に移転している。開山は、大綱派の舂屋宗能の法嗣である噩叟宗俊。総寧寺末。江戸三ヶ寺は、府内三ヶ寺と称して関三ヶ寺の会議にも出席し、関三ヶ寺と合わせて関府六ヶ寺と称した。さらに四谷天龍寺(現東京都新宿区)・三田功雲寺(現東京都中野区)・麻布長谷寺(東京都港区)を下三ヶ寺と称し、府内三ヶ寺の副役を勤めた。

(4)青松寺　江戸三ヶ寺の一つ。文明八年(一四七六)八月、太田道灌が開基となり、無極派の雲岡舜徳が開山したことに始まる。はじめ貝塚(東京都千代田区)にあったが、慶長年間(一五九六〜一六一五)に現在地(東京都港区愛宕町)に移転した。龍穏寺末。

(5)泉岳寺　慶長十七年(一六一二)、快庵派の門庵宗関が徳川氏の請を受けて外桜田(東京都千代田区)に創建され、寛永十年(一六三三)現在地(東京都港区)に移転された。大中寺末。赤穂四十七士の墓所があることで著名。

(6)太　摂津守　太田摂津守資次(一六三〇〜八四)のこと。遠江国浜松藩主。寺社奉行在任期間は、延宝四年七月二十六日から同六年六月十九日までである。

(7)板　石見守　板倉石見守重種(一六四一〜一七〇五)のこと。下野国烏山藩主。寺社奉行在任期間は、延宝五年六月二十一日から同八年九月二十一日までである。

(8)小　山城守　小笠原山城守長頼(一六二四〜七八)のこと。三河国吉田藩主。寺社奉行在任期間は、寛文六年(一六六六)七月十九日から延宝六年二月六日までである。

【解説】　延宝五年(一六七七)十一月十八日、関三ヶ寺の執務に関する規定が幕府寺社奉行から示された。その内容は次のとおりである。

第一条は、総寧寺・龍穏寺・大中寺は、僧録であるので、自分の意見を押し通すことなく、三ヶ寺が和融して、諸々のことを念入りに調べ、気に入った者だけの方を持つことなく、正しく処理すること。もし、思案が難しいことについては、奉行所に通知し、相談の上、指図を受けるようにすること。

第二条は、三ヶ寺が月替えし、月番の寺に寄り合い、訴状の裏判や召状・触状、また諸々の証文等への押印は、当番の者がまず判を押すこと。ただし、簡単なことについては、月番の判のみでもよい。何でも落着した件については、三ヶ寺が立ち会って、当番が書き留めて置くようにすること。

第三条は、幕府御用のことは、寺社奉行と三ヶ寺で内々で相談し、寺社奉行から諮問を受けたものは、寺社奉行よりその結果が発表されるまでは、その内容を一切他人に話してはならない。その件によって、一人にのみ相談することがあれば、その内容を残りの二ヶ寺に洩らすようなことがあってはならない。

第四条は、幕府より住職を命じられる寺院の後住を決定する場合は、三ヶ寺は考えているとおりをお互い申し出て、評議をして多数決により相応の僧侶を書き上げること。もちろん三ヶ寺が相談して任命することになっている住職についても三ヶ寺で相談の上定めること。

第五条は、本寺が末寺の僧に仕置きを申し付けたところ、本寺の裁決を軽んじて裁判の結果を三ヶ寺へ訴え出る輩があれば、その本寺へ子細を尋ね、本寺の下した裁許が道理にかなっているものであれば、末寺の僧の訴えを取り上げてはならない。もし、本寺に非道があったならば、奉行所へ申し述べ、相談の上に解決すべきである。

次に附けたりとして、三ヶ寺がそれぞれの寺院に帰郷している時は、総泉寺・青松寺・泉岳寺にさまざまな役目を伝えておいて、当面の用事は、出来るようにしておくこと。これらのことを守り、三ヶ寺が相談して支障なく行うこと、というものである。

つまり、この覚書では、まず諸事の決裁は三ヶ寺の合議で行うという合議制が打ち出されている(第一・二条)。さらに幕府から諮問を受けた場合は、秘密を漏らしてはならないことが厳命されている(第三条)。住職任命にあたっても三ヶ寺の合議が必要とされている(第四条)。本寺は裁判権を持ち、末寺が本寺の裁定に不満で三ヶ寺に訴え出てきた場合、道理にはずれるもの以外はこれを認めない。つまり本末体制の維持が打ち出されている（第五条）。附けたりとして、三ヶ寺が不在の時には、江戸三ヶ寺である総泉寺・青松寺・泉岳寺が当面必要な用事を行う、ということが規定されたのである。

そして、四年後の延宝九年正月二十三日、月番であった龍穏寺の宿所（麻布四ノ橋）で評定が行われ、同年二月二十三日、総泉寺において関三ヶ寺の支配国が籤により決定される。

すなわち、下野国大中寺は、下野・常陸を直支配とし、上総・安房・甲斐・加賀・能登・越中・越前・出羽・陸奥・近江・若狭・備前・大隅・日向・薩摩・壱岐・対馬・飛騨・尾張国の二一ヶ国を、下総国総寧寺は、下総・相模を直支配とし、因幡・伯耆・丹後・丹波・但馬・播磨・摂津・大和・山城・河内・和泉・伊賀・伊勢・志摩・出雲・石見・隠岐・美濃・伊豆国の二一ヶ国を、武蔵国龍穏寺は、武蔵を直支配とし、上野・信濃・越後・佐渡・備後・備中・美作・長門・周防・安芸・土佐・阿波・讃岐・伊予・豊前・豊後・筑前・筑後・肥前・肥後・紀伊・淡路国の二三ヶ国をそれぞれ支配することになったのである（『江戸時代洞門政要』、九八〜一〇五頁）。

ここに江戸時代をとおして、関三ヶ寺が全国の曹洞宗寺院を支配するという体制が構築されるに至ったのである（万治四年〈一六六一〉に決定された遠江国可睡斎の支配国〈駿河・遠江・伊豆の一部〉は除く〈本巻No.29参照〉）。

なお、本史料の写は総寧寺文書にもある。（『曹洞宗古文書』一三三七号文書）これと比較すると、一条目の「触頭」が「触状」、三条目の「奉行」が「奉行所」、「三箇寺」が「三箇寺江」、「其所」が「其品」となっている。

本史料が収録されている『代々』については、本巻No.10の解説を参照されたい。

参考文献

大久保道舟編『曹洞宗古文書』下巻（筑摩書房、一九七二年）。

横関了胤『江戸時代洞門政要』（東洋書院、一九七七年）。

『永平寺史』上巻（大本山永平寺、一九八二年）。

『永平寺史料全書』文書編　第一巻（大本山永平寺、二〇一二年）。

（遠藤廣昭）

109　首楞厳無上神咒

延宝五年（一六七七）十二月八日、永平寺三十二世大了愚門代の侍衣門超、「首楞厳無上神咒」一巻を書写する。

軸装　一張目　27.7cm×139.1cm
　　　二張目　27.7cm×139.1cm

（軸表紙）

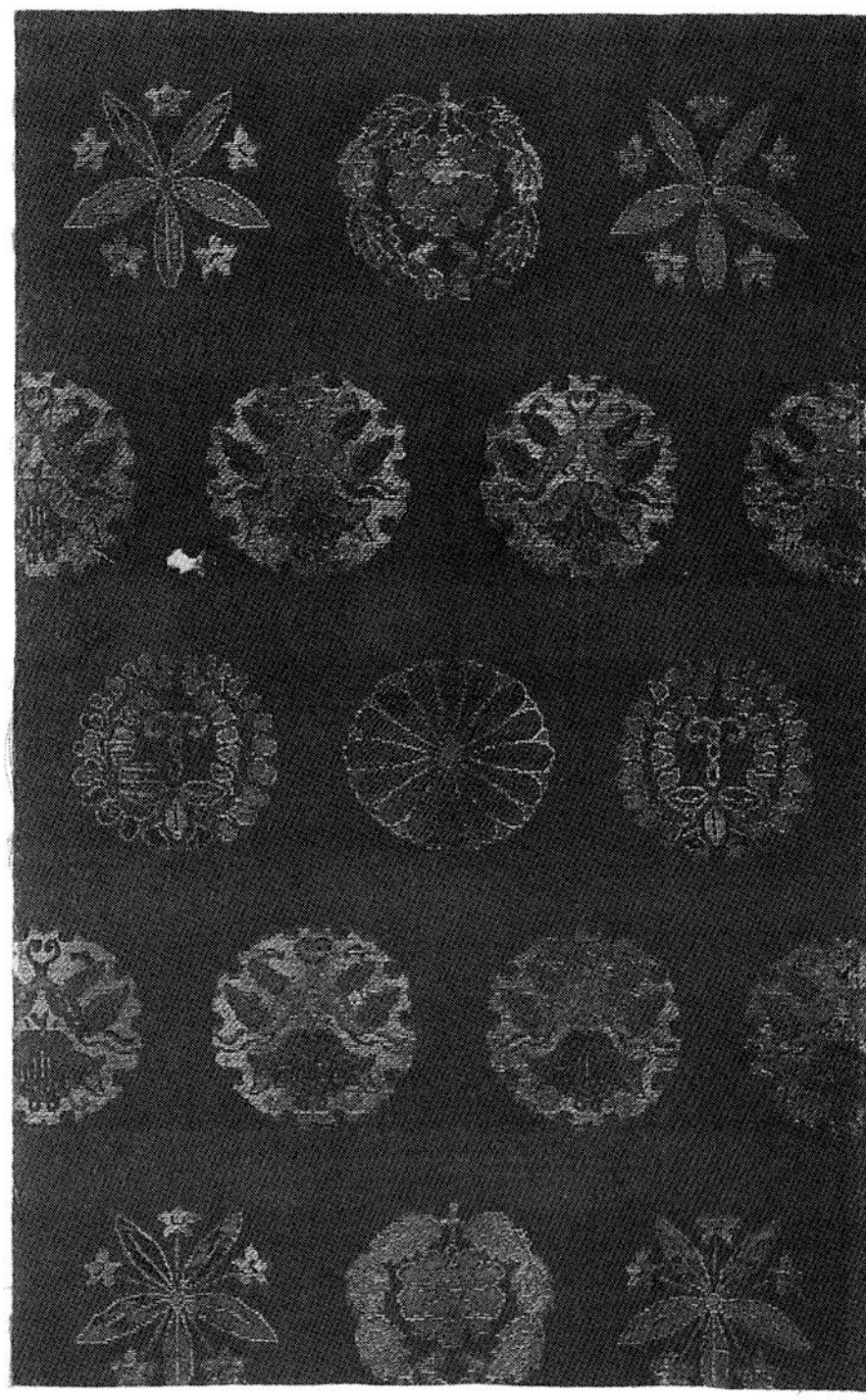

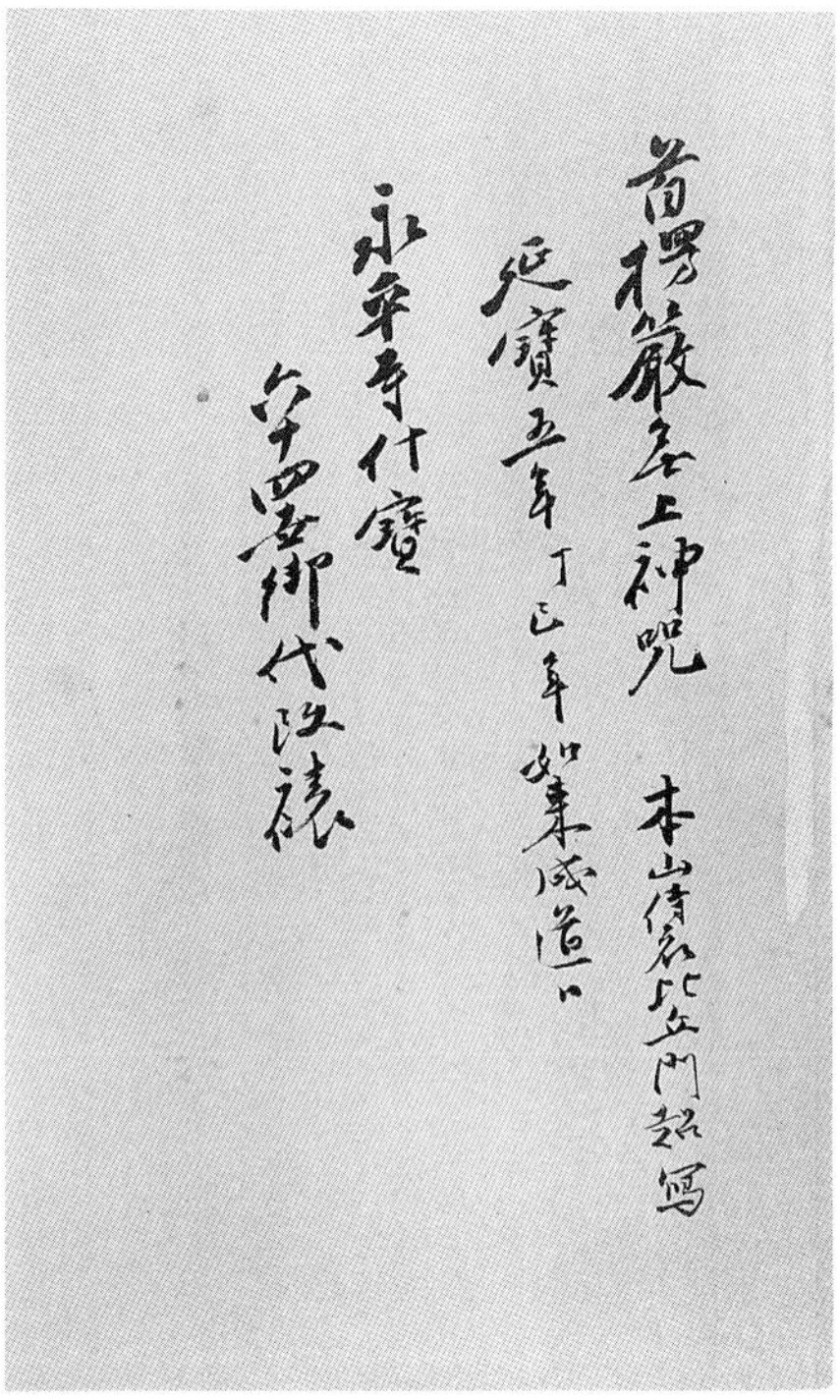

（軸裏書）
首楞厳無上神咒　本山侍衣比丘門超写
　延宝五年丁巳年如来成道日
永平寺什宝
　六十四世御代改裱

(一張)

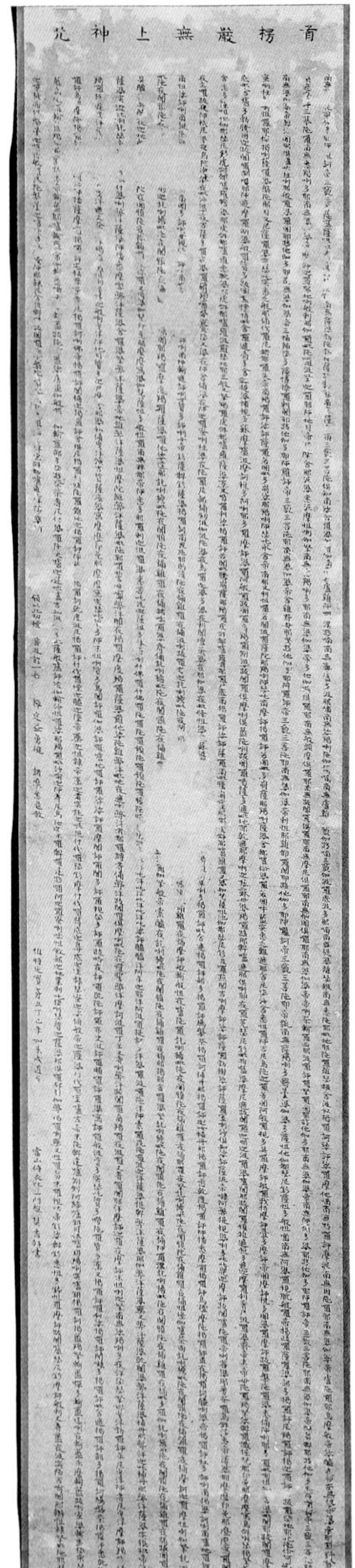

(二張)

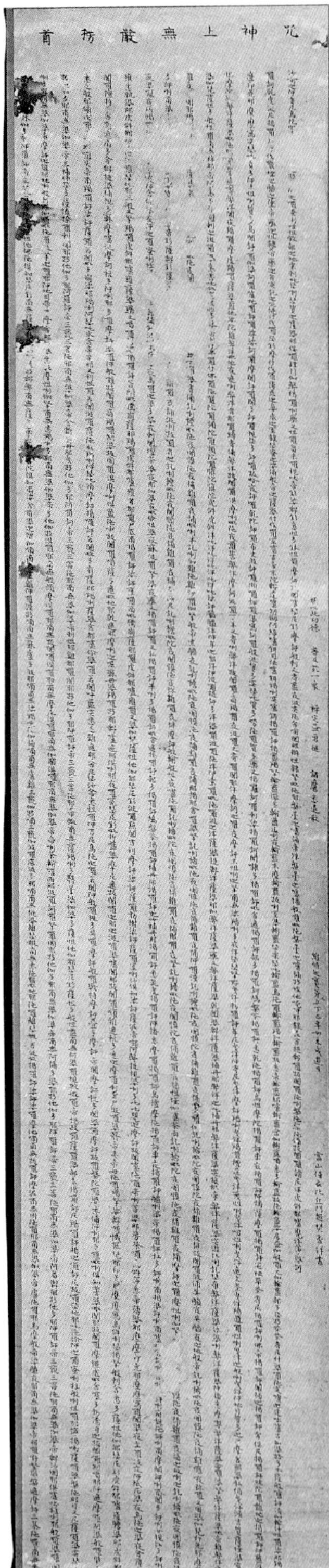

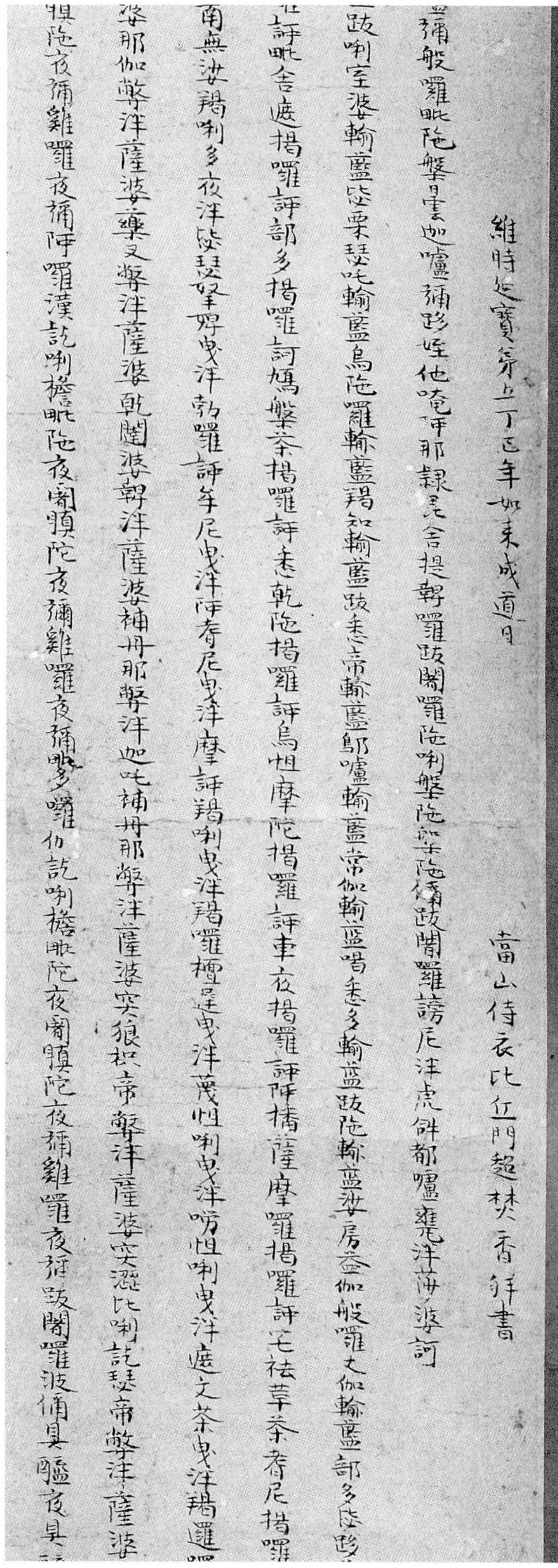
維時延寶第五丁巳年如来成道日
當山侍衣比丘門超焚香拜書

（一張識語部分）

維時延宝第五丁巳年如来成道日

当山侍衣比丘門超焚香拝書

（二張識語部分）

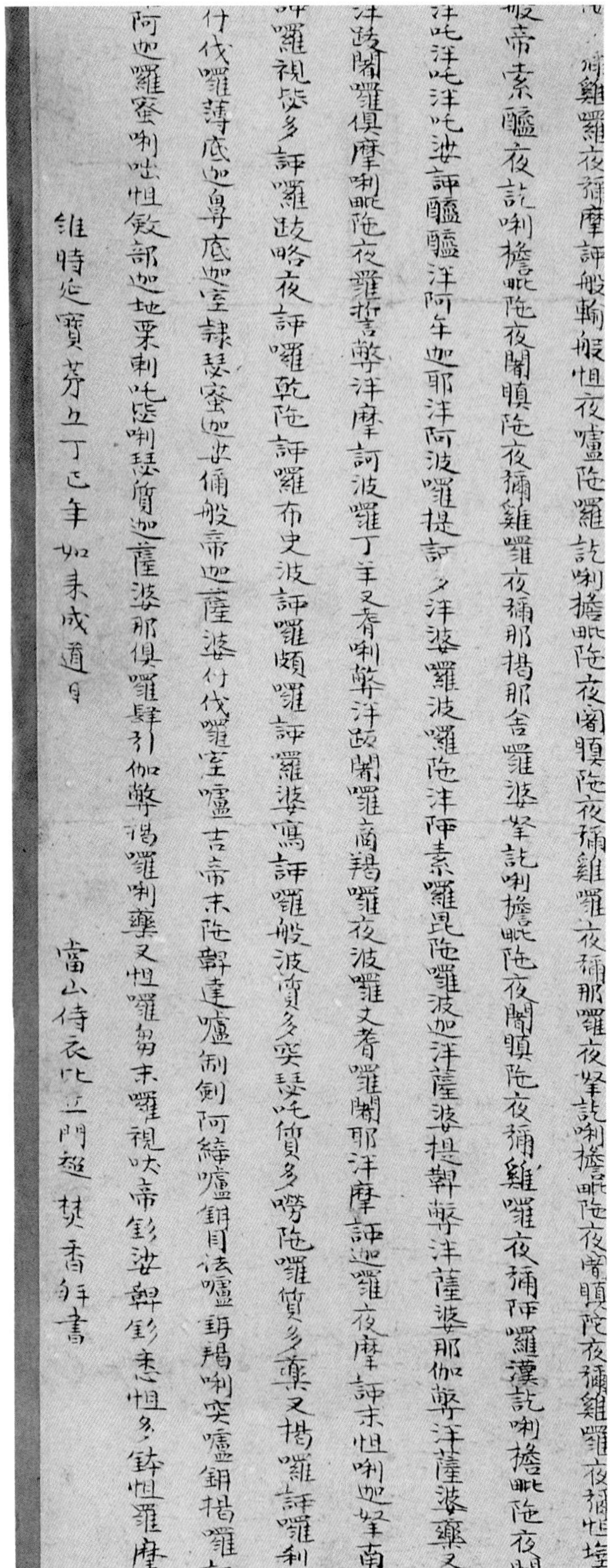

維時延宝第五丁巳年如来成道日　当山侍衣比丘門超焚香拝書

【解説】　本史料は、『首楞厳経』巻七の神咒部分である「楞厳咒」の末尾部分を書写したものである。『首楞厳経』の正式名は『大仏頂如来密因修証了義諸菩薩万行首楞厳経』十巻（略称、大仏頂萬行首楞厳経、単に大仏頂経、首楞厳経・楞厳経とも）と称するものである。巻七の前半部「大仏頂如来放光悉端怛多鉢怛囉菩薩万行品灌頂部録出」（大仏頂如来放光悉端怛多鉢怛囉陀羅尼）、一名「印度那蘭陀曼荼羅潅頂金剛大道場神呪」・「大仏頂如来頂髻白蓋陀羅尼」・「大仏頂真言」の四三九句よりなる陀羅尼は、真言宗で読誦されるものであり、後半部の「大仏頂万行首楞厳経」の四二七句よりなる陀羅尼が禅宗で読誦されるものであり、両者は異なる。さらに経名が共通しているものの、一般に使用される『首楞厳経』等と略称される『仏説首楞厳三昧経』二巻（姚秦、鳩摩羅什訳）とも、まったく異なる経典である。

本史料は、無著道忠撰『禅林象器箋』第二一類「経録門」によれば、唐の般刺蜜帝（中国名は極量）が梵本を持って南海（インド）より中国広州に到り、制止寺（達磨ゆかりの寺院）において訳出・筆受し、唐・中宗の神龍元年（七〇五）五月三日に完成し謄写して入奏（献納）、たまたま北宗禅の神秀が宮中の内道場（経論の講解施設）において、それを伝写し湖北省荊州の度門寺へ帰った。時に慧振（行実不詳）が度門寺を訪ね、この経を得てさらに弘まっていった（『首楞厳経円通疏』）との主旨を述べている。

道元禅師は『宝慶記』（六）において、在宋中、この『首楞厳経』と『円覚経』に関し、諸経に劣る言句があり、逆に諸経に勝れる義勢が全くなく、六師（外道）に等しいとして如浄禅師にその判定を求めた。如浄はそれを肯定し、近代（宋代）痴暗の輩がこれを読み愛している。『円覚経』もしかり、両経は文相、起尽（始終）が頗る似ていると答えている。現代でも望月信亨氏等をはじめとする多くの仏教研究者は、当該経典を中国撰述の疑経（偽経）とみなしている。

ところが道元禅師在宋中の中国仏教界では、圭峰宗密以来の「教禅一致」思想とともに『首楞厳経』は流行し、叢林を席巻していた様子である。至元二年（一三三六）撰『勅修百丈清規』巻下には、真偽はさておき洞門の真歇清了が会下に病僧が多く、そのためにこの咒を誦し治癒を願ったことにより「楞厳会」が設定されたとの主旨が述べられている。以後、中国や日本においてもそれが踏襲され、瑩山禅師撰『瑩山清規』にも夏安居の結制から解制まで「楞厳咒」の読誦が修され、その初め四月十五日（現在、五月十三日）

に「楞厳会啓建」が行われていたことが知られる。卍山道白撰『椙樹林清規』や面山瑞方撰『洞上僧堂清規行法鈔』等にも、「楞厳会」「楞厳会啓建」が設定されている。永平寺でも、いつの頃か、同様に結制期間中、朝課の前、または午時に「楞厳呪行道」が行われてきている。玄透即中撰『吉祥山永平小清規』にも「楞厳会啓建」があり、同玄透撰『円通応用清規』には「楞厳勝会図」を掲載している。

また宗門には、撰者・成立年代不詳の『楞厳経事考』や宝巌興隆撰『楞厳経問訣略選』(『続曹洞宗全書』注解三所収)・『楞厳経顕密幽玄記』がある。これらの流れが、最近の『洞上行持規範』にも反映してか、宗門の諷経経典の中に「楞厳呪」が入っているのである。ところで、もし道元禅師が在世されていたならば、このような状況をどう思われるであろうか。

「楞厳会」が厳修される理由は、叢林の衆僧に対し、彼らの安居中の修行が護法の諸天神や土地伽藍の諸聖に祈念し無事に円成することを願うからであると思われる。宗門では、この「楞厳呪」を読誦後に「回向偈」を唱える。そこには「回向護法衆龍天、土地伽藍諸聖造、三途八難倶離苦、四恩三有尽霑恩、国界安寧兵革銷、風調雨順民康楽、一衆薫修希勝進、十地頓超無難事、山門鎮静絶非虞、檀信帰崇増福慧」(冒頭・末尾の句を除く)とある。略述すると、この「神咒」の誦読、さらに誦持により、「諸魔を降伏し、群苦を抜済し、諸難を排除する」と説かれているように、衆僧の修行成就への素朴な祈りから発するものであろう。

本史料は、大了愚門(一六一二〜八七)の代役者門超(行実・生没年不詳。大了には他に門察・元栄がいる)が延宝五年(一六七七)如来成道日(十二月八日)に、いわゆる『首楞厳経』の末尾にある「咒文」部分を写経したものである。しかも、この巻物の上下二回にわたり、筆記しているのである。それは当時、永平寺において「楞厳咒」が通常に読誦されていたことを示すものである。

経巻の上部には、右から左に「首楞厳無上神咒」と認め、経文も縦書き一五行に書写し、末尾に「維時延宝第五丁巳年如来成道日　当山侍衣比丘門超焚香拝書」とある。下部には上部とは逆に左から右に「首楞厳無上神咒」と認め、経文等もほかは全同である。なお経文は、文中に数ヶ所にわたり擦り切れた跡がみえるが、文字に乱れはなく丁寧に書かれている。門超の写経による真摯な信仰と功徳、さらに上記に示す諸種の祈願が合揉されたものといえよう。

なお本書の形態（上下の左右からなる呪文と軸仕立て）から、楞厳会の「楞厳咒行道」において、法堂の柱などに掛けて用いられた可能性も推定できるがいかがであろう。

当該品は巻物に仕立てられ、軸の覆布は緋色地に「久我龍胆紋」をはじめ「下がり藤紋」（浄土真宗西本願寺）、本願寺抱牡丹紋、「十六菊紋」（天台宗か）が刺繍で織られている。ほかの図柄（宝相華紋）は不明であるが、日本仏教の宗派の紋章（宗紋）と思われるが残念ながら特定できない。この覆布は複数の「宗紋」があるので特定の宗派の御袈裟や打ち敷きの類ではなさそうであり、法衣・仏具店等で使用する各種什具（什器）類を包む風呂敷かもしれない。巻物の表地の両端は、わずかな量であるが緋色に見え、「写経」の装丁にしては、少々派手で違和感を抱かざるを得ない。裏地は不明ながら、白地の可能性がある。

軸の冒頭（端書）に前掲の経名と年紀の後に同筆で「永平寺什宝／六十四世代改裱」と認めている（筆者不明）。六十四世は森田悟由（一八三四〜一九一五）であり、永平寺の止住は明治二十四年九月から大正四年二月まで二十四年間にわたる。具体的な「改裱」の年次はどこにも記されず不明である。

この「改裱」は、巻物だけをさすのか、それとも収納箱を含むものか、これも判然としない。その収納箱の下方に貼られた下地の白紙（三枚）中の一番古いものには、上部は字が見えず下部に「仏家　３８」がかろうじて透かし見える。中ほど二枚目には、上部に活字で大きく「写経」と書かれ、その下に「１６」、さらに下に同じく活字で左側に「門超」、右側に「首楞厳無上神咒巻」と見える。その上に新しく活字で大きく「写経」、その右に朱で二重丸、その下に「８」、さらにその下に筆字で「首楞厳無上神咒巻／１巻」と多少乱暴な字で書かれている。以上三枚の紙に認められた番号は、各時代における所蔵ないし編集上の分類でつけられたものと思われる。

参考文献

『禅林象器箋』二一類「経録門」（誠信書房、一九六三年、初版一九〇九年）。
『曹洞宗全書』解題索引（曹洞宗全書刊行会、一九七八年）。
『永平寺史』下巻（大本山永平寺、一九八二年）。
『総合仏教大辞典』下（法蔵館、一九八八年）。

（吉田道興）

延宝五年（一六七七）十二月十一日、関三ヶ寺、師学に対する五ヶ条の条目を出羽国光禅寺へ出す。

110 関三ヶ寺条目写

（『上』33ウ～35ウ）

一、権現様(1)已来有来吾宗之風規、不可相乱之事、

一、寛文四辰(2)・寛文八申年(3)、先三ヶ寺所書出之件目可相守之、師学共ニ新規之風姿堅令停止事、

一、吾宗之僧侶、帰依他宗、則従其師匠三ヶ寺江可訴之、義〔我カ〕意自在而重而吾宗之徘徊堅禁止、若其師匠三ヶ寺江蔵〔隠カ〕置、脇ヨリ令露顕者、可為重過事、

一、初法幢披露之儀、其本寺ニ而遂僉議、其派頭江相届、派頭ヨリ本寺江モ遂披露、又派頭ヨリ月番之方江添状可致之、段々之本寺無之、則其本寺ヨリ月番江添状可致之、且又遠国ニ本寺有之寺院者、同門之寺ニ而受僉議添状可取之、同門モ無之、則最寄之大地(4)ニ而可相究事、

附、三ヶ寺直末之寺院ハ、同門ヨリ添状ヲ取可致持参、但副僧録(5)支配下江湖披露之儀、先規之通可致之事、

一、三ヶ寺月番之次第ハ、巳極月総寧寺・午正月龍穏寺・同二月大中寺ト如斯定置、終而亦始、寄会日者三日・十六日・廿三日、是又毎年毎月定置事、

右之旨師学共ニ可相守者也、

延宝五巳年

十二月十一日

総寧寺　山陰印(6)

大中寺　好山印(7)

龍穏寺　耕屋印(8)

山形

光禅寺(9)

○写真版は本巻931頁下段～932頁上段、『文書編』一巻851頁下段に掲載。

【読み下し】

一つ、権現様已来有り来る吾宗の風規、これを相乱すべからざる事。

一つ、寛文四辰年・寛文八申年、先の三ヶ寺書出す所の件目これを相守るべし。師学共に新規の風姿堅く停止せしむる事。

一つ、吾宗の僧侶、他宗に帰依せば、則ち其の師匠より三ヶ寺へこれを訴うべし。我意自在にして重ねて吾宗の徘徊堅く禁止す。若しその師匠三ヶ寺へ隠し置き、脇より露見せしめば、重過たるべき事。

一つ、初法幢（しょほうどう）披露の儀、其の本寺にて僉議（せんぎ）を遂げ、其の派頭へ相届け、派頭より本寺へも披露を遂げ、又派頭より月番の方へ添状これを致すべし。段々の本寺これ無くば、則ち其の本寺より月番へ添状これを致すべし。且つ又遠国に本寺これ有る寺院は、同門の寺にて僉議を受け添状これを取るべし。同門もこれ無くば、則ち最寄の大地にて相究むべき事。

附けたり、三ヶ寺直末の寺院は、同門より添状を取り持参致すべし。但し副僧録支配下江湖（ごうこ）披露の儀、先規の通りこれを致すべき事。

一つ、三ヶ寺月番の次第は、巳極月総寧寺・午正月龍穏寺・同二月大中寺と斯くの如く定め置き、終って亦始む。寄会日は三日・十六日・廿三日、是れ又毎年毎月定め置く事。

右の旨師学共に相守るべきもの也。

【注】

(1)権現様　徳川家康(一五四三〜一六一六)のこと。家康は慶長十七年(一六一二)五月二十八日に曹洞宗法度を布達して以降、元和元年(一六一五)七月には永平寺諸法度・總持寺諸法度を、同三年七月には二代将軍徳川秀忠が永平寺諸法度を出している。詳細は、『文書編』一巻No.113・114・117・121を参照のこと。

(2)寛文四辰年　寛文四年(一六六四)正月に関三ヶ寺は江湖会に関する五ヶ条の掟を出している。

(3)寛文八申年　寛文八年二月二十六日には関三ヶ寺から師学の衣類に関する三ヶ条の掟が出されている。また『江戸時代洞門政要』によれば、同月江湖会に関する三ヶ条の掟が出されている。

(4)大地　大寺院のこと。

(5)副僧録　本史料が「副僧録」という文言の初見史料と思われる。関三ヶ寺の支配国は『録所記』によれば、延宝九年(一六八一)正月二十三日、月番龍穏寺(埼玉県入間郡越生町)の麻布四ノ橋の宿所で評定され、二月二十三日、総泉寺(現東京都板橋区)において鬮取(くじとり)をもって決定されている(『江戸時代洞門政要』九八頁)。同書には諸国の録所寺院とともに、総寧寺(現千葉県市川市)支配国の丹波国永沢寺(兵庫県三田市)の副僧録として、丹波国洞光寺(兵庫県篠山市)・円通寺(兵庫県丹波市)、摂津国景福寺(兵庫県川辺郡猪名川町)が記されている。また龍穏寺支配国の上野国双林寺(群馬県渋川市)の副僧録として信濃国長国寺(長野県長野市)、越後国林泉寺(新潟県上越市)・乗国寺(同上)・種月寺(新潟県新潟市)・長興寺(新潟県長岡市)・慈光寺(新潟県五泉市)・英林寺(新潟県魚沼市)・耕雲寺(新潟県村上市)・雲洞庵(うんとうあん)(新潟県南魚沼市)、佐渡国総源寺(新潟県佐渡市)が記載されている(同書一〇〇頁〜一〇二頁)。永沢寺と双林寺の下に副僧録が置かれていたことがわかる。双林寺は、慶長十年十一月十一日、十二世鶴峰聚孫代に徳川家康から上野、信濃、越後、ならびに佐渡国の四ヶ国の僧録として、曹洞宗寺院の支配を認められており(同書九頁)、また『天下僧録牒』にも「四箇国大僧録、上野国越後国信州佐渡也」とある(『永平寺史』上巻、五七二〜五七五頁)。四ヶ国ともに、双林寺と別派である太源派が主流として展開を遂げ、さらに古刹も多いことが、副僧録を置くことが認められた理由と思われる。

(6)総寧寺山陰　下総国総寧寺二十四世山陰徹翁(さんいんてつおう)(?〜一七〇〇)のこと。永平寺三十三世。山陰は上野国勢多郡の境野氏の出身で、十四歳で同聚院(群馬県伊勢崎市)鑑翁について剃髪受戒している。その後、諸方の善知識のもとで遊学し、武蔵国香林寺(埼玉県熊谷市)喜州玄欣(きしゅうげんきん)の安居において、首座(しゅそ)をつとめ、喜州に師侍して十年を過ごす。万治元年(一六五八)冬安居では衆徒を一五〇人も集めて結制を行っている。ついで、武蔵国清善寺(埼玉県行田市)の住職となり、十年を過ごす。さらに同国成田の龍淵寺(埼玉県熊谷市)に約十年住職し、この間に二度の結制を行い、延宝五年には幕府の命を受け下総国総寧寺の丹心了墀のあとを董して二十四世となる。永平寺には延宝七年七月五日に入院する。同年八月二十四日には二祖懐奘の四百年忌にあたり法会を営んでいる。同八年三月十八日には、禅師号下賜を朝廷に願い出て、五月三日に覚海知円の禅師号を下賜されている。同年四月八日には、五ヶ条の誓約を道正庵に与え（永平寺所蔵道正庵文書）、八月には周防国禅昌寺に壁書を下し（禅昌寺文書）、天和二年（一六八二）八月二十日には、下総国東陽寺（茨城県坂東市）宅峰の転衣出世に関して綸旨の下賜を求めて勧修寺家に書状を出している（勧修寺家文書）。貞享元年（一六八四）九月十三日には宝慶寺（福井県大野市）に対して、寂円の古道場であり、本山における「内護傑格之一寺」たる「免牘」を下している（宝慶寺文書）。また、貞享二年七月十日には、大龍寺に対して、周防国大島郡（山口県大島郡周防大島町）一島の寺庵の支配を安堵する旨の「下知状」を出す（龍心寺文書）。永平寺退院は貞享三年の夏頃と考えられる。九月二日には徹翁代の役者である智白・徹伝・可全が連署して、鎮金七二四両三歩、銀子四匁と銭四三二文を後住に引き渡している（本巻No.127）。そして、元禄十三年（一七〇〇）四月二十五日に寂している。法嗣・随徒には馥州高郁（永平寺三十四世）、智白・徹伝・可全・雄峰（天龍寺二世）などが存在する。開山所として伊勢国宝積寺（三重県松阪市）、徹翁牌銘の地として越前国吉峰寺（福井県吉田郡永平寺町）が知られる（『永平寺史』上巻、七〇八頁～七一一頁）。

（7）大中寺好山　下野国大中寺（栃木県栃木市）二十世好山鉄柔のこと。好山は貞享四年（一六八七）七月十日示寂。

（8）龍穏寺耕屋　武蔵国龍穏寺二十六世耕屋普春のこと。耕屋は年未詳十月二十日示寂。

（9）光禅寺　山形県山形市。最上氏の菩提寺。はじめ慶長寺と号す。詳しくは、本巻No.7の注（2）を参照。

【解説】　延宝五年（一六七七）十二月十一日、関三ヶ寺より山形光禅寺に対して出された五ヶ条からなる定である。内容は次のとおりである。

第一条は、権現様、すなわち徳川家康以降江戸幕府将軍が発布した曹洞宗法度で定められた宗の風紀を乱してはならない、というものである。

第二条は、寛文四年(一六六四)と寛文八年に関三ヶ寺より出された掟の条目を守ること。師学(師匠と弟子)ともに、そこに定められた衣服の素材を守り、新規の風姿は堅く禁ずる、というものである。

第三条は、曹洞宗の僧侶が他宗に帰依したならば、その師匠は関三ヶ寺へ訴え出なければならない。我がままを言おうとも、重ねて曹洞宗内への徘徊は堅く禁止する。もし、師匠がそのことを関三ヶ寺に隠しておいて、他から露見するようなことがあれば、重い罪となる、というものである。

第四条は、初法幢の披露は、法幢を建てた寺院の本寺が規定どおりに行われたかを僉議し、その結果を門派の代表である派頭へ届け出、届出を受けた派頭より、派頭の上の本寺へも披露し、また派頭より関三ヶ寺の月番へ添状を付けて披露するように。順次対応する本寺がない場合は、初法幢を建てた寺の本寺から月番へ添状を付して披露すること。かつまた、遠国に本寺がある寺院は、同門の寺院において僉議を受け、規定どおりに行ったことを証明する添状を取り月番へ報告すること。近隣に同門もない場合は最寄りの大寺が確かめること。附けたり、関三ヶ寺の直末寺院については、同門から添状をもらって持参すること。ただし、副僧録が支配する寺院の江湖会を披露する時は、すでに決められたとおりにすること、というものである。

第五条は、関三ヶ寺の月番の次第は、延宝五年の十二月は総寧寺、翌年一月は龍穏寺、二月は大中寺と定められ、一回りの後はまた最初からはじまる。関三ヶ寺の寄合日は、月の三日と十六日と二十三日で、これは毎年・毎月定められたことである、というものである。

そして最後に、これらの条目を師学ともに守ること、と言い渡されている。

本史料は、同じ年月日に関三ヶ寺が品評を遂げて幕府に伺いをたてた上、宗門内に令達した四ヶ条の「定」があり(『江戸時代洞門政要』八五六〜七頁)、これに本史料第四条目の「一、初法幢披露之儀…」を追加し光禅寺へ下したものである。

これらの条目はこれまで幕府によって制定された条目

で、大方は従来規定されたものを再説重論したものである。しかし、五ヶ条目は新規に規定された条目で重要なものである。

幕府は同年の十一月十八日に関三ヶ寺に対して、執務に関する規定を示している(本巻No.108参照)。これは関三ヶ寺による全国の曹洞宗寺院支配体制構築の第一歩であったが、本史料の五ヶ条目によって月番の順番や寄合日など細かな事項を規定されているのである。

つまり月番次第は総寧寺、龍穏寺、大中寺の順となり、総寧寺は延宝五年の十二月、龍穏寺は同六年の一月、大中寺は同年二月から始まって、終了の後はまた総寧寺から始まることが決定されたのである。また寄会日は三日・十六日・二十三日となったことがわかる。

この四年後の延宝九年正月二十三日、すでに万治四年(寛元元年・一六六一)に決定されていた可睡斎の支配地を除いた関三ヶ寺の支配国が決定されている。

なお、本史料は『江戸時代洞門政要』(二一五~二一六頁)に掲載されている。これと比較すると第三条目の「義」が「我」、「蔵」が「隠」となっている。さらに第四条目の「段々之本寺無之、則其本寺ヨリ月番江添状可致之」「但副僧録支配下江湖披露之儀、先規之通可致之事」は同書には記載されていない。

宛先の光禅寺は寛永六年(一六二九)六月二十二日には出羽国最上の僧録となっている。本史料も僧録寺院として関三ヶ寺より下されたものである。

本史料が収録された『上』については、本巻No.7の解説を参照されたい。

参考文献

横関了胤著『江戸時代洞門政要』(東陽書店、一九七七年)。
『禅宗地方史調査会年報』第一集(禅宗地方史調査会、一九七八年)。
『禅宗地方史調査会年報』第二集(禅宗地方史調査会、一九八〇年)。
『永平寺史』上巻(大本山永平寺、一九八二年)。

(遠藤廣昭)

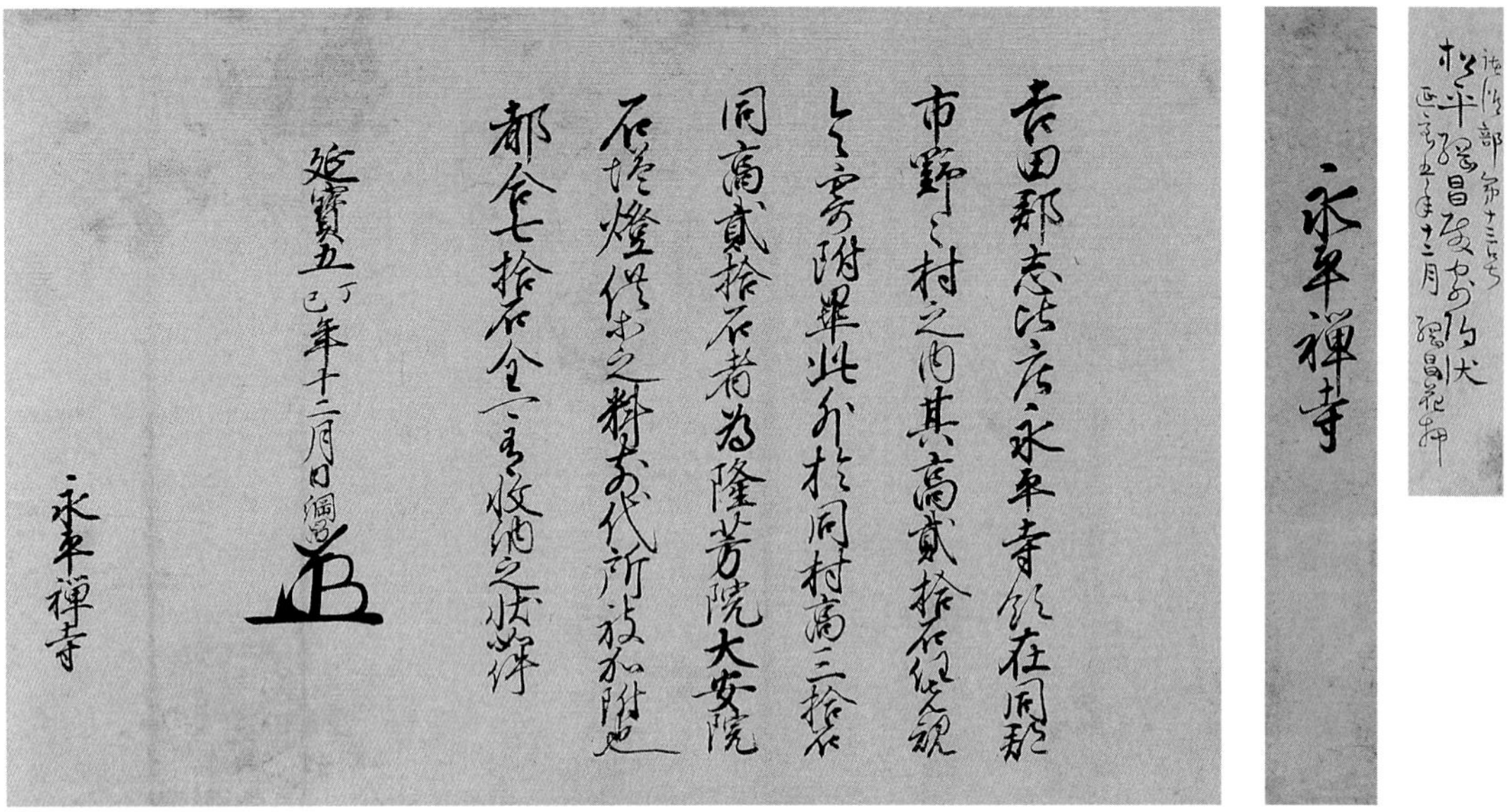

延宝五年（一六七七）十二月日、福井藩主松平綱昌、永平寺領として七〇石を安堵する。

111　松平綱昌安堵状

（台紙装　43.2㎝×64.7㎝）

（台紙貼紙、弘津説三筆）
「諸侯部第十三号
松平綱昌殿寄附状
延宝五年十二月綱昌花押」

（懸紙ウハ書）
「　永平禅寺　」

吉田郡志比庄永平寺領、在同郡
市野々村之内、其高弐拾石任先規
令寄附畢、此外於同村高三拾石・
同高弐拾石者為隆芳院（松平忠昌）・大安院（松平光通）
石塔灯供等之料前代所被加附也、
都合七拾石、全可有収納之状、如件、

延宝五丁巳年十二月日　綱昌（松平）（花押）

永平禅寺

【読み下し】

吉田郡志比庄永平寺領、同郡市野々村の内に在り、その高弐拾石先規に任せ寄附せしめ畢んぬ。この外同村において高三拾石・同高弐拾石は隆芳院・大安院石塔灯供等の料として前代加附さるる所也。都合七拾石、全く収納有るべきの状、件の如し。

【解説】　福井藩七代目藩主松平綱昌（一六六一～九九）が、藩主を継いだことにより、それまでの永平寺の寺領を先代までと同様に安堵した「継目安堵状」である。

永平寺領として越前国吉田郡市野々村（福井県吉田郡永平寺町）のうちにおいて、結城秀康以来与えていた二〇石の地と、以前から寄進していた四代忠昌の石塔（『文書編』一巻No.152参照）灯供料三〇石（隆芳院は忠昌の院号）、五代光通（大安院は光通の院号）の石塔（本巻No.94参照）灯供料二〇石の地、合計七〇石の地を安堵したものである。

本巻No.32・95の史料でも明らかなように、忠昌の石塔灯供料は五代目藩主光通が、光通の石塔灯供料は六代目藩主昌親が寄進したものである。

松平綱昌の父昌勝は、四代目藩主忠昌の次男で、兄光通より五万石を分知されて創設された松岡藩の藩主であった。綱昌は昌勝の長男で、延宝二年（一六七四）に昌親が藩主となると、その養子となり、延宝四年七月二十一日養父（叔父）である昌親の跡を継いで、七代目福井藩主となった。

なお、本史料の形態は堅紙であり、花押の法量は縦5.3cm×横5.7cmとなる。本史料は台紙の上に貼られており、弘津説三の整理による貼紙が台紙に添付されている。弘津説三の文書整理については、『文書編』一巻No.4の解説参照。

（中野達哉）

（**延宝五年**〈一六七七〉**頃**）、波多野通高等、永平寺に波多野家の法名碑を建立する。

112　波多野家法名碑

（73.0cm×97.0cm×40.0cm）

○

二代道威居士　八代　道慶居士　十四代道珊居士
三代道憲居士　九代　元徳居士　十五代元覚居士
四代道珙居士　十代　道明居士　十六代道観居士
五代元知居士　十一代道瑞居士　十七代道体居士
六代元喜居士　十二代道了居士　十八代元宗居士
七代元尚居士　十三代元園居士　十九代元心居士

波多野儀（通高）兵衛
永井平左衛門

【関連史料一】波多野家法名碑

（121.0cm×75.0cm×42.0cm）

六代元喜居士
四代[道珙居士]
二代道威居士
当山[開]基是元照大[居]士
三代道憲居士
五代元知居士
七代元[尚居士]

八代　道慶居士　十五代　元覚居士
[九代]　元徳居士　十六代　道観居士
十代　道明居士　十七代　道体居士
十一代　道瑞居士　十八代　元宗居士
十二代　道了居士　十九代　元心居士
十三代　元園居士　廿代　道智居士
十四代　道珊居士　廿一代　[元識カ]居士

宝林清珍信女
施主　波多野儀兵衛
同名平左衛門

【参考写真】五輪塔三基と法名碑二基

【解説】　現在、寂光苑には波多野家のものとされる五輪塔三基、そしてこの五輪塔三基の両側には、それぞれ法名碑が一基ずつ置かれている（【参考写真】参照）。これら五輪塔・法名碑は、もともとは門前の下馬先である墓地入口（旧菩提林）にあったもので昭和四十三年八月に寂光苑に移転された（『傘松』三一〇号参照）。それ以前は現在の聖宝閣や正門参道あたりの旧「菩提園」にあったと思われる（菩提園は本巻No.38「永平寺寺境絵図」に確認できる）。

まず、五輪塔三基であるが、いずれも無銘である。中央は波多野義重の五輪塔と思われ、水輪部分はたびたび補修されている。両側の五輪塔の一つは妻である「唯心性空大姉」、いま一つは幽霊供養「血脈池の説話に登場する永平の寵姫」塔であろうか（堤論文）。

これら五輪塔の成立は、型式から中世までさかのぼるという説もあるが、『多福庵史』の著者早津良規氏は同書の口絵解説で二基は古いものとして、一基は後世のものという。

次に法名碑二基をみたい。向かって左側の法名碑は二人の施主名の上に年号が記されているものと思われるが、石碑の摩滅、苔により読みとることが困難である。そのため、この碑の成立年代は刻まれている世代から検討する必要がある。その際、比較検討できるものとして、『波多野家血統鑑』(波多野俊夫氏所蔵、以下『血統鑑』)がある。この法名碑には、二代道威(波多野時光)より十九代元心(波多野通清)までの世代が刻される。

『血統鑑』によると十九代元心は波多野通清のことである。通清は平太夫と称し、延宝四年(一六七六)九月十日に没する。そのため、法名碑は通清が亡くなった延宝五年に建立したと推定されている(『永平寺史』上巻、同書第一章第四節は、河村孝道氏ではなく、熊谷が執筆)。

なお、この年代推定の手がかりとなる人物に、江戸青松寺(東京都港区)十三世不中秀的(一六二一~七七)が挙げられる。『日本洞上聯灯録』巻十二によれば、秀的は越前の出身、父は山崎氏、母は波多野氏で永平寺二十三世仏山秀察に受具して、秀察の勧めで東野の大了愚門(後の永平寺三十二世)に参じ、寛文七年(一六六七)青松寺に住職する。同十一年に同寺を退院して東堂となり永平寺に拝登する。その記事を『万年志』よりみる(『曹洞宗全書』史伝上)。

丁巳北遊上二永平一、掃二業師塔一、次尋二大了禅師一、寝二疾於山房一、了来問候、師危坐款話而別、忽顧二侍僧一曰、吾行矣、侍僧請レ留レ偈、索レ筆書曰、如レ是来如レ是去、
十方界不レ中レ的、遂修然而逝、
延宝五年九月十八日也、春秋五十有七、門徒荼毘収二骨殖一、帰二於万年塔一焉。

秀的は延宝五年に永平寺に拝登して、受業師の永平二十三世秀察の真前に焼香、次いで寝堂(住持の室)に現董三十二世大了愚門に問候する。愚門は秀的の師匠でもあり、青松寺の前住であった。ところが秀的は、この永平寺滞在中に病に罹り、延宝五年九月十八日塔頭長寿院で遷化する(世寿五十七歳)。遺弟は荼毘に附して霊骨を納めて青松寺に祀る。秀的は生前に母の生家である花谷の波多野家を尋ね、次いで如是山多福庵に拝登して金一両を寄進する。いま多福庵に祀る位牌には次のようにある。

延宝五年雲州代月牌料多福前山代銀之内
金壱両寄附之　　江戸青松寺不中叟
　　現住実田
天明三卯ノ四月改之　　波多野三左衛門

これは天明三年(一七八三)四月、耕翁実田代に改められたもので、不中秀的の位牌も次のようにある。

(正面)前永平青松十四世不中秀的大和尚

（裏面）此牌面為月牌料金子壱両被寄附之、右此金大舜代
須流賀谷山買得之時節加助焉、為後代裏書　如此、
延宝丁巳九月十八日

この一両は秀的が雲州公（初代波多野義重）の月牌料として納めたものである。多福庵の大舜代には寺産として山を購入している事、天明三年には実田により世代（波多野家）が改められたとみえる。

また、永平寺塔頭の長寿院には、秀的の日牌料として、金二両二分が納められていることが『長寿院月牌帳』（永平寺文書）からわかる。これは秀的の遺弟が寄付したものであろう（『永平寺年表』九一頁）。これらのことから、左側の法名碑は秀的が永平寺で円寂したことが機縁となり、延宝五年頃に建立されたのであろう。なお、その折に法名碑建立の資金を提供したか否か明らかでない。

これに対して右側の法名碑（以下、【関連史料一】）は自然石（安山岩）に刻まれ、十五年程前に調査した時と比べると文字が摩滅して判読されない。しかし左側の法名碑や『血統鑑』から推定が可能である。【関連史料一】の左側の凹部分には施主として「宝林清珍信女・波多野儀兵衛・同名平左衛門」の三名の名前が刻まれる。【関連史料一】には、初代波多野義重（如是元性）より二十一代までの法名が刻まれる。なお、早津良規氏は、初代から二十四代夢道（波多野久義、文化九年〈一八一二〉三月七日没）まで刻まれていたとし、二十五代波多野義正（天保八年〈一八三七〉四月十三日没）が建立したとする（『多福庵史』口絵解説）。

しかし、現在確認できる部分は二十一代までである。二十一代の法名部分は剥落しており、解読が困難である。二十代には「道智」とあり、この人物は波多野家福井系の通高（不見道智）であることが確認できる。そのため、二十一代の剥落部分には通高の跡を継いだ通航（不白元識）の法名「元識」が刻されていた可能性がある（【表1】参照）。東京都渋谷区在住の波多野家（福井系）に伝わる『波多野家尊霊歴代記』（以下『歴代記』）には、通航は安永七年（一七七八）十月十日に亡くなっていることが確認できる。なお、この『歴代記』は昭和五年東京市渋谷、波多野進氏が書写したもので、故郡司博道老師が蒐集したもので『傘松』誌上に波多野家の伝記を掲載した時に参考とされた一本でもある。

以上から【関連史料一】は、通航が亡くなった安永七年以降に建立されたと推定できる。ただ、問題は施主名に

【表 1】波多野家系譜と墓碑の比較

代　数	波多野家血統鑑		波多野家尊霊歴代記		墓碑【関連史料一】
	法　号	実　名	法　号	実　名	法　号
1	如是元性	義重	如是元性	義重	是元照
2	道威	時光	道威	時光	二代道威
3	道憲	重通	道憲	重通	三代道憲
4	道珙	朝道	道珙	通貞	四代道珙
5	元知	通貞	元智	信貞	五代元知
6	元喜	通郷	元喜	通郷	六代元喜
7	元尚	通春	元尚	通春	七代元尚
8	(記載なし)	秀貞	道慶	秀貞	八代道慶
9	元徳	通定	元徳	通定	九代元徳
10	道明	通直	道明	通直	十代道明
11	道瑞	定通	道瑞	定通	十一代道瑞
12	道了	通秀	道了	通秀	十二代道了
13	元園	通里	元園	通里	十三代元園
14	道珊	経通	道珊	経通	十四代道珊
15	元覚	通長	元覚	通長	十五代元覚
16	道観	通茂	道観	通茂	十六代道観
17	安叟道休	通芸	安叟道休	通芸	十七代道体
18	貴山元宗	一政	貴山元宗	一政	十八代元宗
19	一庭元心	通清	一底元心	通清	十九代元心
20	久山元長	通欣	不見道智	通高	二十代道智
21	実眼道悟	義通	不白元識	通航	二十一代［元識ヵ］

「宝林清珍信女」がみえることである。多福庵には、山門をくぐり右側に「三界万霊塔」が建つ(『多福庵史』二一九頁参照)。この「三界万霊塔」には「貞享四丁卯年八月二十四日」・「願主大春・光董・覚奘」・「願主波多野儀兵衛・永井平左衛門敬白」とある。法名碑の施主名とも同じであることから、【関連史料一】が建立された年は貞享四年(一六八七)であった可能性もある。施主三名については、『歴代記』には次のようにある。

　　如山寺殿安叟道泰大居士　慶長九甲辰年八月三日

　十八代貴山元宗居士　　~~寛永三年丙寅二月二十日~~

　　通芸養子(本名木下左兵衛)藤原一政

ここでは、『血統鑑』の年号である「寛永三年丙寅二月二十日」を消して、慶長九年(一六〇四)と訂正する。次に波多野儀兵衛については『歴代記』に次のようにある。

　二十代当家中興

　秋峰院不見道智居士　宝永四丁亥年七月十一日

　　正道ノ男虎之助、次郎左衛門、儀兵衛、藤原通高

次に宝林清珍信女については拙稿で触れたように儀兵衛通高の妻である(熊谷論文)。『歴代記』に次のようにある。

　宝室是珍大姉　享保六辛丑年四月二十一日

通高ノ妻、牟久、通清ノ女
（初メ政光ニ嫁シ政吉与覚性ヲ生ム）

牟久は本家十九代通清、法名元心居士の娘に生まれ、初め政光に嫁ぎ二人の子供をもうけた。後、離縁して通高の妻となった。法名碑には「宝林清珍信女」とあったが、江戸へ移った後に「宝室是珍大姉」と改めている。夫通高は宝永四年（一七〇七）七月に没する。

次に、神奈川県茅ヶ崎市在住の波多野氏の『波多野氏系図』（故波多野収通氏所蔵）をみてみる。これには二十代道南居士（正道）の子供に通清と通高を次のように並べている。

通清――――秀政（谷口波多野系）
波多野事、永井平太夫又政一（ママ）
実早崎九左衛門子也、波多野
続家督、延宝四辰年九月十日逝
法名一庭元心居士
母森喜右衛門女

通高――――（福井市波多野系）
虎之助・次郎左衛門
正道ノ子ニシテ通清ノ養子トナル

なぜ、年代もそう隔てず二基の法名碑があるか。おそらく右側の碑は花谷から別れた福井藩士の墓碑として別に永平寺塔頭に建立したものであろうが、【関連史料一】の建立年代は確定することができず、今後の課題である。

なお、波多野家（福井市波多野系、現東京在住）の墓地は、明治以降まで多福庵に石碑が建立されていたが、平成二十五年北陸自動車道の拡張で移転整理されている。

最近「波多野氏」の研究をしている千葉市在住の波多野稔夫氏によると十八代一政は福井藩（福井県福井市）に、十九代通清は丸岡藩（福井県坂井市）に、二十一代通欣は松岡藩（福井県吉田郡永平寺町）にそれぞれ仕えている。『続片聾記（ぞくかたつんぼき）』七の「松岡分限帳全」に、正徳四年（一七一四）、願いにより御役御免（御徒）された人物に永井三左衛門・波多野通欣がみえる。そして、波多野儀兵衛とは牟久の夫、通高をさし、平左衛門とは本家二十代秀政をさすという。本家の平左衛門は「永井勘介事波多野三左衛門」（通欣カ）この頃まで永井姓を名乗り御徒役（おかちやく）を勤めている。

さて、『血統鑑』は筆蹟からみて大織冠鎌足から義重（初代）を経て二十三代通定頃までに成立したといえる。故に享保十九年（一七三四）九月、面山瑞方が永平寺へ滞在した時の『傘松日記』には通欣まで記録され、中には「通里」も記録される(『続曹洞宗全書』法語・歌頌四五七頁)。

この『血統鑑』に順じて建立されたのがこれら二基の法名碑であるが、本家の波多野家は当時零落しており、実質的に法名碑建立の金銭的援助をした人物は、福井藩に仕えていた波多野儀兵衛通高であったといえる。

ちなみに現在の承陽殿下壇左側に安置する法名碑を掲げて参考とする。

十三代元園居士　廿一代元長居士
十一代道瑞居士　十九代元心居士
九代元徳居士　十七代道休居士　廿九代元如居士
七代元尚居士　十五代元覚居士　廿七代隆永居士
五代法覚寺殿元智大居士　廿五代自性居士
三代見性寺殿道憲大居士　廿三代道喜居士
当山開基前雲州大守従五位上大仏寺殿如是元性大居士　神儀
二代真如寺殿道威大居士　廿二代道悟居士
四代潤徳寺殿道珙大居士　廿四代元覚居士
六代道喜居士　十四代道珊居士　廿六代興盛居士
八代道慶居士　十六代道観居士　廿八代丹堂居士
十代道明居士　十八代元泰居士
十一代道了居士　二十代元察居士

これを『血統鑑』と比較すれば、十五代通長と二十四代久義は「元覚」とあり、二人とも同じ法号である。

参考文献

『福井県郷土叢書』二集(福井県立図書館、一九五五年)。

『続曹洞宗全書』九巻(曹洞宗全書刊行会、一九七四年)。

『系図纂要』三冊(名著出版、一九七五年)。

熊谷忠興『永平寺年表』(歴史図書社、一九七八年)。

『国史大系　尊卑分脈』二篇(吉川弘文館、一九八〇年)。

『永平寺史』上巻(大本山永平寺、一九八二年)。

松原信之「志比庄地頭波多野氏」(『永平寺町史』通史編、永平寺町、一九八四年)。

早津良規『多福庵史』(多福庵、一九八八年)。

堤邦彦「近世仏教と祖師高祖絵伝の版本化」(『京都精華大学紀要』九号、一九九五年)。

熊谷忠興「越前波多野家系図再考」(『宗学研究』四四号、二〇〇二年)。


(熊谷忠興)

第四章　永平寺・関三ヶ寺・江戸幕府の協調

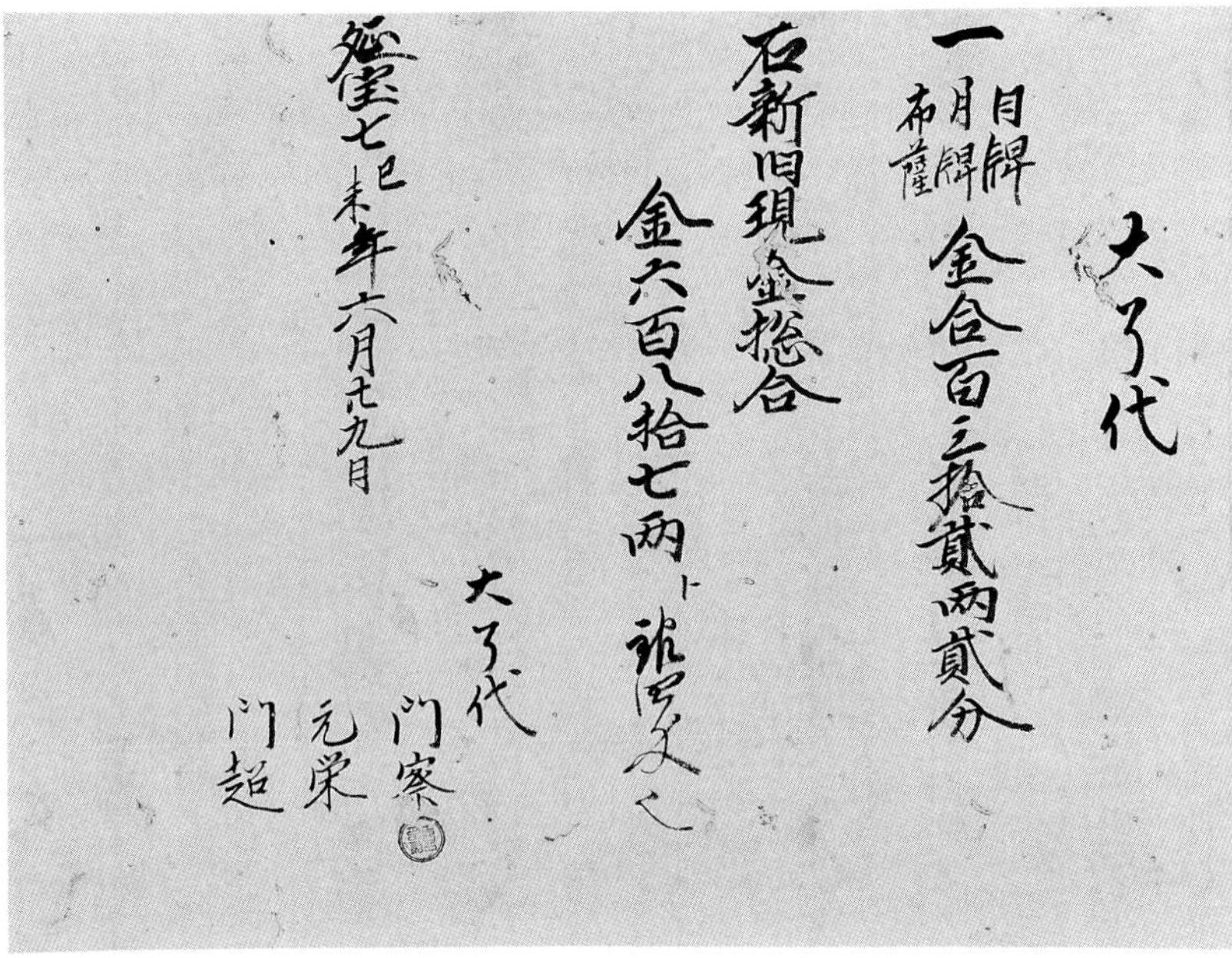

延宝七年（一六七九）六月二十九日、永平寺三十二世大了愚門代の役者門察・元栄・門超、祠堂金を書き上げる。

113　大了愚門代祠堂金覚

（巻子装　30.6㎝×40.0㎝）

大了代(1)

一、日牌(2)
　　月牌(3)　金合百三拾弐両弐分
　　布薩(4)

右、新旧現金総合、

金六百八拾七両ト銀四匁也、

延宝七己未年六月廿九日

大了代
門察(5)（黒印）
元栄(6)
門超(7)

【読み下し】

大了代。一つ、日牌・月牌・布薩金合わせて百三拾弐両弐分。右、新旧現金総合、金六百八拾七両と銀四匁なり。

【注】(1)大了　永平寺三十二世大了愚門(一六一二～一六八七)のこと。延宝四年(一六七六)秋、永平寺三十二世となり、延宝七年春、退院。貞享四年(一六八七)十一月一日示寂。

(2)日牌　毎日供養される故人のこと。また、その人物の位牌であり、そのための祠堂金。

(3)月牌　毎月命日に供養される故人のこと。また、その人物の位牌であり、そのための祠堂金。

(4)布薩　半月ごとに戒律を確認し、懺悔する儀式であるが、その功徳をもって追善供養がなされる式でもあった。半月ごとの布薩の際に供養される故人のこと。またそのための祠堂金。

(5)門察　不詳。『曹洞宗全書』大系譜一によれば、門察の名は、観応門察、甄室門察、籌堂門察、泰簾門察の四人が確認される。

まず、観応門察は、大智寺(神奈川県平塚市)十三世にあたり(『曹洞宗全書』大系譜一、三三五頁)、寂年は元禄十三年(一七〇〇)である。次に甄室門察は、顕聖寺(新潟県上越市)九世にあたり(同書六六四頁)、寂年は元和元年(一六一五)である。次に籌堂門察は、瑞光寺(栃木県鹿沼市)十五世にあたり(同書六九七頁)、寂年は延宝二年である。最後に泰簾門察は、常安寺(新潟県長岡市)開山にあたり(同書八七三頁)、寂年は永禄十一年(一五六八)である。

いずれかの人物で、時代的には観応門察が対象者となるが、永平寺に存していたか否かは明確ではない。このほか、『永平寺前住牒』(永平寺文書)に、延宝七年六月二八日に大善寺(東京都板橋区、現廃寺)より瑞世した人物としてその名が確認できる(嗣法師「伝鋪」)。

また『總持寺住山記』によれば、門察は一四名確認できる。元禄まで確認できる人物を挙げれば次のようになる。すなわち、寛永六年(一六二九)閏二月二十日に羽州天龍寺(秋田県秋田市、山形県鶴岡市のいずれかに該当しよう)より瑞世した三六二〇世玄察の受業師、寛永七年十月十五日に林香院（宮城県仙台市）より瑞世した三七八三世門棃の嗣法師、寛永十七年九月四日に円明寺（新潟県魚沼市）より瑞世した四五〇八世、慶安五年（一六五二）三月十六日に桂林寺（群馬県伊勢崎市）より瑞世した五六三九世、寛文元年（一六六一）八月五日に永国寺（熊本県人吉市）より瑞世した六七七二世門竜の受業師かつ嗣法師、寛文二年三月十日に隅州竜昌寺（現在地不詳）より瑞世した六八三一世、延宝二年五月十七日に隅州竜昌寺より瑞世した八二八八世峰運の嗣法師、延宝八年八月三日に羽州高松寺（山形県山形市、同県西村山郡大江町のいずれか）より瑞世した九〇八七世存周の受業師、元禄三年三月五日に慈眼寺（神奈川県横須賀市、平塚市、藤沢市のいずれか）より瑞世した一〇三五六世高祝の嗣法師、元禄十年三月六日に長竜寺（神奈川県綾瀬市）より瑞世した一一四六七世来禅の嗣法師が挙げられる。

しかし、本史料の門察として比定するには、さらに検討の余地がある。

なお、門察の印章の法量は直径1.4㎝である。

（6）元栄　不詳。『曹洞宗全書』大系譜一によれば、元（げん）栄（えい）の名は、大考元栄、古灯元栄、利山元栄の三人が確認される。

まず、大考元栄は、万福寺（愛知県新城市）二十二世であり（『曹洞宗全書』大系譜一、五〇七頁）、寂年は不明である。次に古灯元栄は、門葉寺（山形県飽海郡遊佐町）八世であり（同書六二九頁）、寂年は不明である。最後に利山元栄は、永光寺（石川県羽咋市）百三十五世であり（同書八一四頁）、寂年は不明である。

このほか、『永平寺前住牒』には、延宝七年（一六七九）四月二十日に龍沢寺（東京都港区）から永平寺に瑞世した人物（嗣法師「秀木」）、元禄八年三月十二日に龍泰院（茨城県久慈郡大子町）より瑞世した祖田の嗣法師で常明寺（茨城県久慈郡大子町）住職であった人物が確認できる。

また、『總持寺住山記』によれば、五人の元栄がみられるが、元禄まで確認できる人物を挙げれば次のようになる。すなわち、正保五年（一六四八）

四月六日に正法寺（青森県十和田市）より瑞世した五〇四五世謚益の受業師、寛文十三年五月十三日南昌寺（岩手県和賀郡西和賀町）より瑞世した八一八八世がいる。しかし、いずれの人物も、寺院・世代以外は不明であり、本史料における元栄の比定は、今後の課題となる。

（7）門超　門超（もんちょう）は、延宝五年十二月八日付で、永平寺に「首楞厳無上神咒」一巻を寄進していることが確認できる（本巻No.109）。

『曹洞宗全書』大系譜一によれば、門超の名は、格堂門超が確認される。格堂門超は、青龍寺（東京都港区）五世である（『曹洞宗全書』大系譜一、六二五頁）。しかし、青龍寺が第二次世界大戦の空襲において全焼したため、格堂門超の行状、寂年等は不明である。また『總持寺住山記』によれば、門超は四名確認できる。このうち、元禄までに確認できる人物は、元禄六年七月十日に紹孝寺（山口県萩市）より瑞世した一〇九八八世のみである。なお、『永平寺前住牒』には門超の名は確認できない。本史料における門超の比定は今後の課題である。

【解説】　本史料は、延宝七年（一六七九）六月、永平寺へ晋住（しんじゅう）する永平寺三十三世山陰徹翁（さんいんてつおう）の代に祠堂金の引き継ぎとして、三十二世大了愚門代の役者が三十一世月洲尊海（げっしゅうそんかい）代から引き継がれた祠堂金と愚門代の祠堂金の合計を書き上げたものである。また、本史料は二十八世北州門渚（ほくしゅうもんしょ）代の借用手形分が計上されておらず、何らかの形で返済したものと思われる。

なお、本史料は、「永代校割」と題され、巻子装となっている。この点は本巻No.88の解説を参照されたい。

参考文献
『永平寺史』下巻、一五〇二頁（大本山永平寺、一九八二年）。
『住山記―總持禅寺開山以来住持之次第―』（大本山總持寺、二〇一一年）。

（廣瀬良弘）

延宝七年（一六七九）七月五日、永平寺三十三世山陰徹翁、血脈の版木を作り改める。

114　山陰徹翁木版血脈断簡

（版木　縦53.7㎝×23.8㎝×2.0㎝）

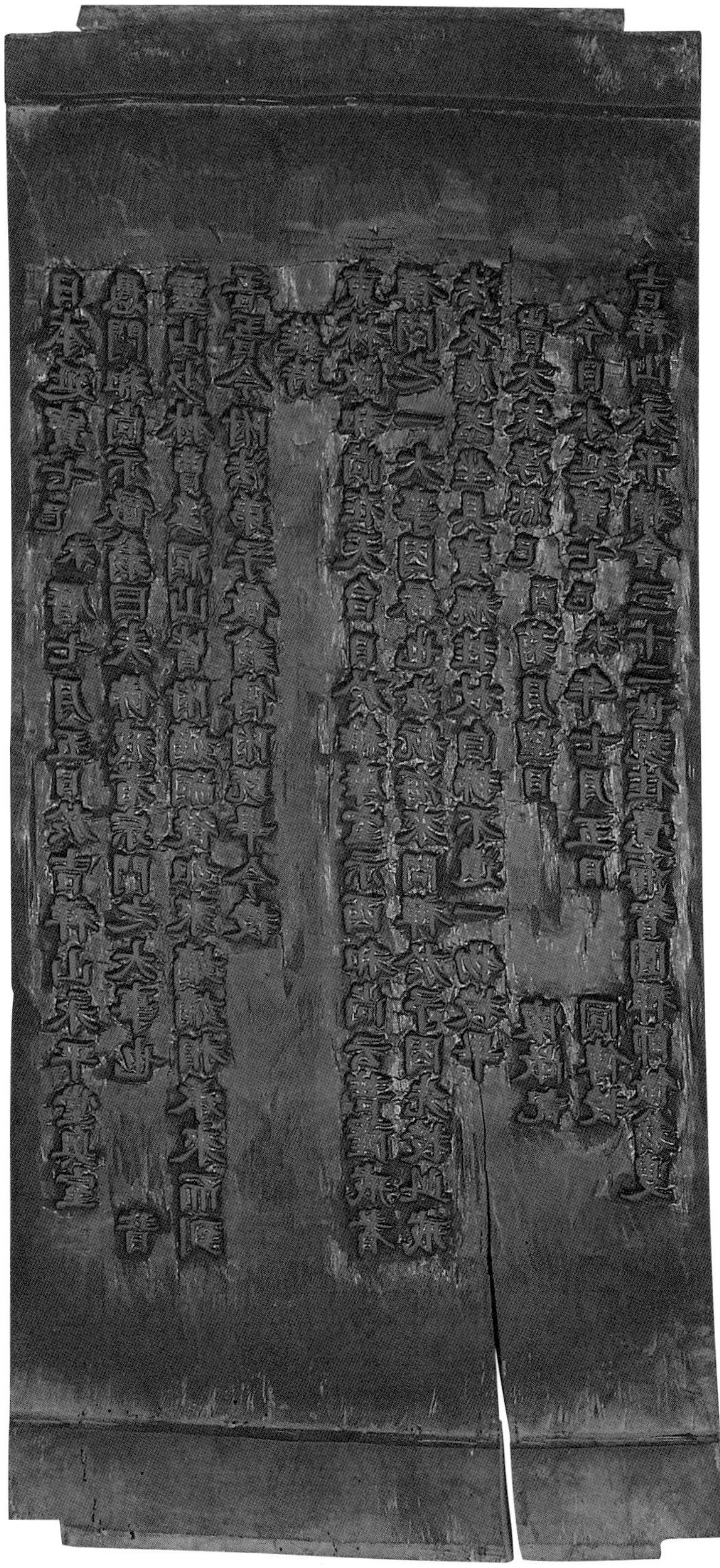

版木９表（血脈下段）

日本延宝七己未暦七月五日(1)、於吉祥山永平堂奥室
愚門和尚示徹翁曰、夫仏戒者宗門之大事也、　昔
霊山(2)・少林(3)・曹渓(4)・洞山(5)、皆附嫡嗣、従如来嫡嫡相承来
而到吾、吾今附法弟子徹翁、伝附既畢、今授
　維時
東林(6)敞和尚(7)在天台日(8)、於維摩室(9)示西和尚(10)云、菩薩戒者(11)
禅門之一大事因縁(12)也、汝航海来問禅於予、因先授此戒、
法衣・応器・坐具・宝瓶・拄杖・白払(13)、不遺一物授畢、
　昔大宋淳熙(14)己酉(15)菊月望日(16)　　懐敞記
　今日本延宝七己未年七月五日　　同伝授
吉祥山永平精舎三十二世現住覚海智円禅師徹翁叟

【読み下し】

日本延宝七己未暦七月五日、吉祥山永平の堂奥室に於いて、愚門和尚、徹翁に示して曰く、「夫れ仏戒は宗門の大事なり。昔、霊山・少林・曹渓・洞山、皆な嫡嗣に附す。如来より嫡嫡相承し来たりて吾れに到る。吾れ今、弟子徹翁に附法す。伝附すること既に畢わる。今、授く」と。

維の時、

東林の敞和尚、天台に在りし日、維摩室に於いて西和尚に示して云く、「菩薩戒は禅門の一大事因縁なり。汝、航海し来たりて禅を予に問う。因りて先に此の戒を授く。法衣・応器・坐具・宝瓶・拄杖・白払、一物を遺さず授け畢わる」と。

昔、大宋の淳熙己酉菊月望日、　懐敞記す。

今、日本の延宝七己未年七月五日　同じく伝授す。

吉祥山永平精舎、三十二世現住覚海智円禅師徹翁叟。

【注】

(1)延宝七己未暦七月五日　延宝七年(一六七九)七月五日。京都東山建仁寺開山の明庵栄西(千光法師、一一四一～一二一五)は建保三年(一二一五)七月五日に示寂しており、この日は栄西忌にあたる。

(2)霊山　霊鷲山の釈迦牟尼仏のこと。

(3)少林　洛陽(河南省)登封県の嵩山少林禅寺に居した禅宗初祖の菩提達磨(円覚大師)のこと。

(4)曹渓　韶州(広東省)曲江県の曹渓山宝林禅寺(後の南華寺)に住した六祖慧能(盧行者、大鑑禅師、六三八～七一三)のこと。

(5)洞山　筠州(江西省瑞州)新昌県の洞山普利禅院(広福寺)に住した中国曹洞宗祖の洞山良价(悟本大師、八〇九～八六九)のこと。

(6)東林　江州(江西省)の廬山に存する東林寺のこと。東晋代に廬山慧遠が白蓮社を結んだ寺として知られ、宋代には禅寺として臨済宗黄龍派の東林常総(照覚禅師)など多くの禅僧が住持している。

(7)敞和尚　臨済宗黄龍派の虚庵懐敞のこと。郷関や俗姓は定かでない。黄龍派の雪庵従瑾(一一一七〜一二〇〇)の法を嗣ぎ、江州(江西省)廬山の東林寺や台州(浙江省)天台山の万年報恩光孝寺に住持し、明州(浙江省)鄞県の天童山景徳寺に陞住する。門下に日本の明庵栄西を輩出したことで名高い。

(8)天台　台州天台県の西北に位置する天台山のこと。ここではとくに山中の平田に存する万年報恩光孝禅寺をさす。万年寺は唐代に南岳下の平田普岸によって創建されている。

(9)維摩室　万年寺内に存した方丈の名称。

(10)西和尚　明庵栄西のこと。出自は備中国(岡山県岡山市)の賀陽氏。二度の入宋をなし、特に再入宋において、臨済宗黄龍派の虚庵懐敞の法を嗣いで帰国する。筑前国博多の聖福寺(福岡県福岡市)、相模国鎌倉の寿福寺(神奈川県鎌倉市)、京都東山建仁寺(京都府京都市)の開山となる。建保三年(一二一五)七月五日に七十五歳で示寂する。

(11)菩薩戒　仏戒・禅戒とも。仏祖正伝菩薩戒。

(12)一大事因縁　仏道修行における最も重大なこと。悟道印可をいう。

(13)法衣・応器・坐具・宝瓶・拄杖・白払　虚庵懐敞が日本僧栄西に付与した品々。伝法衣(袈裟)・応量器(鉢盂)・坐具・花瓶・拄杖・払子などが嗣法の証しとして相伝されている。

(14)大宋　大宋国。趙匡胤(宋の太祖)が建てた中国の王朝。趙宋とも称され、北宋と南宋の二期に分けられる。ここではとくに南宋をいう。

(15)淳熙己酉　淳熙十六年(一一八九)にあたる。淳熙年間(一一七四〜一一八九)は南宋の第二代皇帝、孝宗(在位は一一六三〜一一八九)の代の年号。

(16)菊月望日　九月十五日。菊月は九月、望日は十五日。

【解説】　この版木は上段の系図部分を欠き、下段の文章部分のみとなっている。延宝七年(一六七九)七月五日に永平寺現住(三十二世)の大了愚門(一六一二〜八七)が永平寺三十三世となる山陰(さんいん)徹翁(?~一七〇〇)に伝授した旨が記されている。文章の右側には曹洞宗系の仏戒が釈尊・達磨・六祖慧能・洞山良价と代々相承されて愚門まで到ったことが記されている。次いで淳熙十六年(一一八九)九月十五日に天台山万年寺の維摩室(方丈)で、虚庵懐敞が日本の栄西に臨済宗黄龍派の菩薩戒と法衣などを授与したことが記されている。本史料は『禅籍編』四巻No.26に収録されているので、詳しくは菅原昭英氏の解説を参照されたい。

参考文献

菅原昭英「道元禅師の嗣書と禅戒」(『駒澤大学仏教学部論集』三四号、二〇〇三年)。

菅原昭英「禅戒血脈と栄西」(大隅和雄編『文化史の構想』、吉川弘文館刊、二〇〇三年)。

『永平寺史料全書』禅籍編　第四巻(大本山永平寺、二〇〇七年)。

佐藤秀孝「明庵栄西の在宋中の動静について(中)」(『駒澤大学仏教学部論集』四四号、二〇一三年)。

佐藤秀孝「明庵栄西の在宋中の動静について(下)」(『駒澤大学仏教学部論集』四五号、二〇一四年)。


(佐藤秀孝)

延宝八年（一六八〇）三月十八日、永平寺三十三世山陰徹翁、禅師号を受けるため、目子（履歴書）を作成する。

115　山陰徹翁目子写

（一紙　30.5㎝×43.2㎝）

（端裏書）
「三十三世ノ行状　（赤ボールペン字）延宝八年」

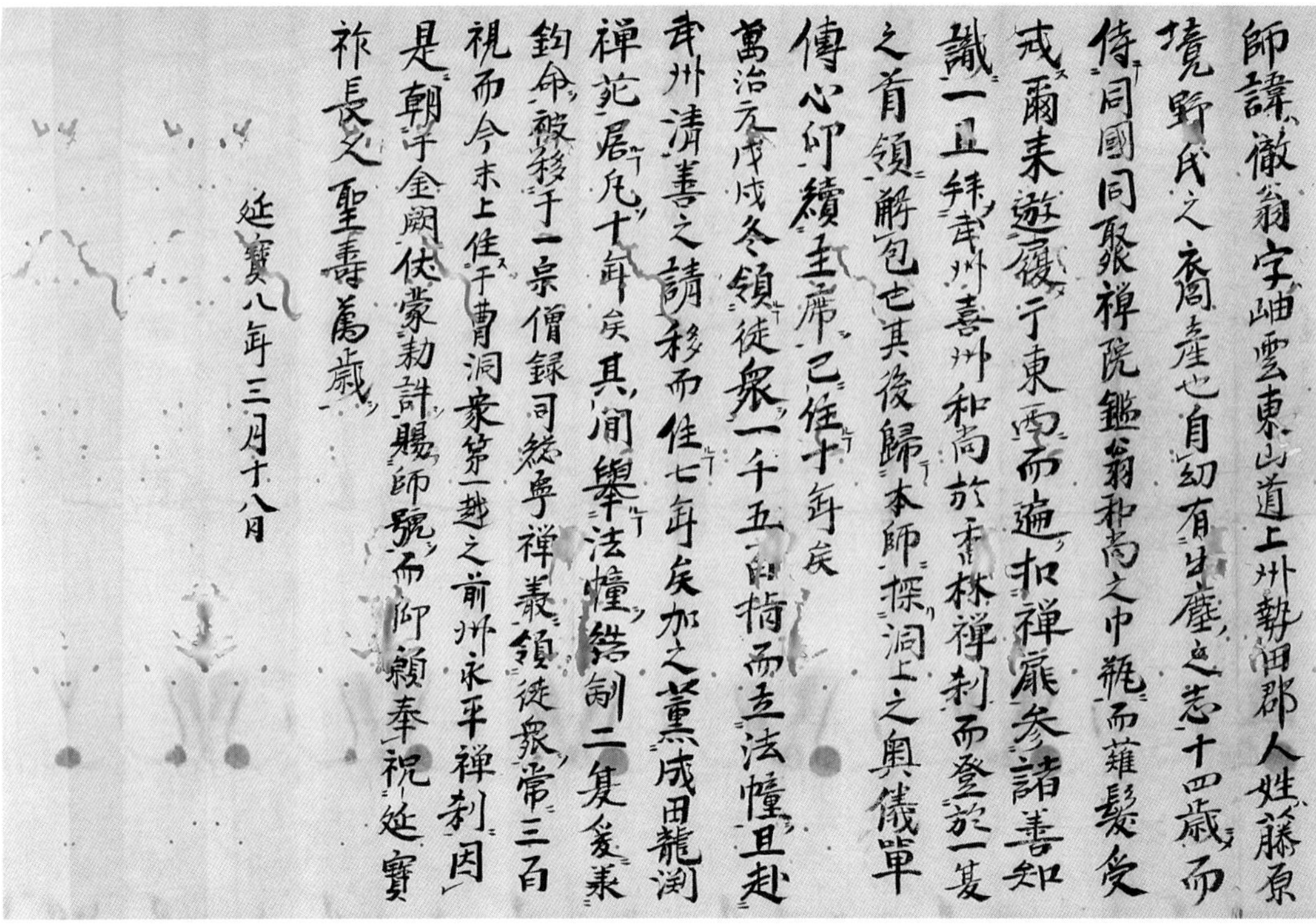

師諱ハ徹翁、字ハ岫雲、東山道上州勢多郡人、姓ハ藤原、
境野氏之裔産也、自レ幼有ニ出塵ノ之志一、十四歳ニシテ而
侍テニ同国同聚禅院鑑翁和尚之巾瓶一ニ而、薙髪受
戒ス、爾来遊ニ一履シテ于東西一ニ而、遍ク扣ニ禅扉一、参ニ諸善知
識一ニ、一日拝シテニ武州喜州和尚於香林禅刹一而、登ニ於一夏
之首領一ニ解レ包也、其後帰テニ本師一ニ探リニ洞上之奥儀、単
伝心印一、続ニ主席一ヲ、已ニ住ルコト十年矣、
万治戊戌冬、領ルコトニ徒衆ヲ一千五百指而、立ニ法幢一ヲ、且赴ニ
武州清善之請一、移而住ルコト七年矣、加之薫(董)ニ成田龍淵
禅苑一、居ルコト凡ソ十年矣、其ノ間挙ルコトニ法幢一ヲ、結制二夏、爰ニ承ニ
鈞命一ヲ被レ移ニ于一宗僧録司総寧禅叢一ニ、領ニ徒衆一ヲ常ニ三百
視、而今末上住スニ于曹洞衆第一越之前州永平禅刹一ニ、因レ
是ニ朝ニ于金闕一ニ、伏蒙ニ勅許ヲ一賜ニ師フ号ヲ一、而仰願奉レ祝ニ一延宝
祚長久聖寿万歳ヲ一

延宝八年三月十八日

【読み下し】
師、諱は徹翁、字は岫雲、東山道上州勢多郡の人、姓は藤原、境野氏の裔産なり。幼きより出塵の志あり。十四歳にして同国同聚禅院鑑翁和尚の巾瓶に侍りて薙髪受戒す。爾来、東西に遊履して遍く禅扉を扣き、諸善知識に参ず。一旦、武州喜州和尚を香林禅刹に拝し、一夏の首領に登りて包を解くなり。その後、本師に帰り、洞上の奥儀を探り、単伝心印し主席を続ぐ。已に住すること十年なり。万治戊戌冬、徒衆を領すること一千五百指、法幢を立つ。且つ武州清善の請に赴き、移りて住すること七年なり。しかのみならず成田龍淵禅苑を董し、居ること凡そ十年なり。その間、法幢を挙ること、結制二夏なり。爰に鈞命を承け一宗僧録司の総寧禅叢に移らる。徒衆を領すこと常に三百視。今、末上に曹洞衆の第一、越の前州永平禅刹に上住す。是れに因り金闕に朝し、伏して勅許を蒙り師号を賜うことを。仰ぎ願わくは、宝祚長久、聖寿万歳を祝延し奉らんことを。

【解説】　本書は、すでに『禅籍編』三巻No.13に所収する「山陰徹翁目子写」である。禅師号の授与を申請するため永平寺役寮が山陰徹翁(?～一七〇〇)のために作成した「目子」(履歴書)の案(控え)であり、同種のものに「北州門渚目子写」(本巻No.22、『禅籍編』二巻No.40)・「石牛天梁目子写」(『文書編』三巻No.21、『禅籍編』三巻No.20)がある。

禅師号は天皇より下賜されるものであり、その「目子」は「出世転衣」の手続きと同様に永平寺より伝奏家である勧修寺家に綸旨を依頼する上に必要な「推挙状」の資料となったものであろう。それは、また参内する礼式作法を指南する道正庵を仲介役にして行われたものと思われる。

なお万治四年(一六六一)三月十九日、道正庵卜順が作成し、鉄心御州に呈示し承認を得た「日本曹洞家永平開山大禅師派流出世之次第附官物之覚」には、当時の禅師号参内に要する費用として銀一貫七七四銭目余と杉原紙七束が納められていたこと、道正庵には銀一五〇銭目が納められていたことが知られる。具体的には不明であるが、勧修寺家にも道正庵と同等か多少高額の銀銭が納められていたはずである。

次に山陰徹翁の略伝を本史料とほかに知られる史料を用いて挙げてみよう。まず本書によれば、彼は字(元服名)を岫雲という。山陰は道号として通用しているが、ここでは本書に記すように名を「岫雲徹翁」としておきたい。

上野国勢多郡（群馬県前橋・桐生付近）の出身、姓は藤原、境野氏の裔産という。十四歳で同聚院（同県伊勢崎市）の四世鑑翁和尚について剃髪得度。その後、諸方に遊歴、諸師に参訪。その中、香林寺（同県熊谷市）の喜州玄欣に認められ、夏安居の首座となり、後に鑑翁の下に帰り嗣法している。同聚院の後席を継いで住持として十年勤めた。

その間、万治元年冬、一五〇人の徒衆を集め法幢（結制）を厳修している。次に清善寺（埼玉県行田市）に転住して七年経ち、龍淵寺（同県熊谷市）に晋住して十年間経過した。その間に二度（寛文十年〈一六七〇〉・延宝五年〈一六七七〉）の法幢（武蔵龍淵寺年代記）を営弁している。その後、延宝五年十月十七日、関三ヶ寺の一つ、下総国総寧寺（現千葉県市川市）三十四世となり、次に延宝七年七月五日、永平寺に入院している。以上、本書に綴られている項目分。

入院した延宝七年八月には、「永平寺二祖孤雲懐奘禅師四百回忌」を厳修している。翌延宝八年四月八日、道正庵に「五カ条誓約」を下付（永平寺所蔵道正庵文書）、また同年八月に防州禅昌寺（山口県山口市）に「壁書」を下付している（禅昌寺文書）。天和二年（一六八二）八月二十日、下総国東陽寺（茨城県坂東市）宅峰の転衣出世に関し綸旨降下の執奏を勧修寺家に申請（勧修寺家文書）。貞享元年（一六八四）九月十三日、宝慶寺宛ての「免牘状」（宝慶寺文書）がある。翌貞享二年七月十日、大龍寺に周防大島（山口県大島郡周防大島町）一島における宗門の寺庵の支配を安堵させる「下知状」を差し出し（周防龍心寺文書）、翌貞享三年夏頃、永平寺を退院している。退院の際、代役者の智白・徹伝・可全が連署して鎮金七二四両三歩、銀子四匁、銭四三二文を後住に引き渡している。

入寂は元禄十三年（一七〇〇）四月二十五日、世寿・法臘はともに不明である。法嗣に馥州高郁・智白・徹伝・可全・融峰本祝等が知られる。馥州と融峰の二人は、後日、永平寺の世代となっている。山陰の開山所は宝積寺（三重県飯南町）、徹翁の碑銘地は吉峰寺（福井県吉田郡永平寺町）である。

参考文献

熊谷忠興『永平寺年表』（歴史図書社、一九七八年）。
『永平寺史』上巻、五八六〜六三二頁、六六八〜七一四頁（大本山永平寺、一九八二年）。

（吉田道興）

延宝八年（一六八〇）四月八日、永平寺三十三世山陰徹翁、道正庵のために五ヶ条の証文を定める。

116　山陰徹翁証文写

（巻子装　36.0㎝×475.5㎝）

（一張）

証文

一、天下曹洞宗諸寺院江、道正庵解毒円(1)、毎年家来者共致持参、各納受有之儀、慕元祖　仏法禅師(2)之遺誡、至于今無断絶事、

一、曹洞一宗之僧侶、洛中之宿所、道正庵衆寮一宇相定儀、　道元大和尚之遺誡、無其紛事、

一、自他宗僧俗共、他日若進呈或売薬之族、曹洞一宗之諸寺院江徘徊分賦而道正庵真似之輩出来候共、一宗之諸山堅不可有許容事、

一、曹洞一宗之僧侶、洛中之宿所、構屋舎、請待、道正庵真似之輩出来候共、　道元大和尚如禁約、是又同心有間敷事、

一、曹洞之寺院、於　禁裏出世、其外　奏聞訴訟等之儀、道正庵主之外可停止事、

右五箇条之趣、仏法禅師遺誡之筋目如斯、御当代新法之儀堅制禁也、尤曹洞一宗之僧侶違背有之間敷者也、為後証任先判、如件、

延宝八庚申暦四月八日　　永平寺現住
　　　　　　　　　　　　徹翁(3)
　　道正庵

○写真版は本巻965頁下段～966頁上段に掲載。

【読み下し】

一つ、天下曹洞宗諸寺院へ、道正庵の解毒円、毎年家来の者共持参致し、各納受これ有る儀、元祖、仏法禅師の遺誡を慕い、今に至るまで、断絶無き事。

一つ、曹洞一宗の僧侶、洛中の宿所、道正庵衆寮一宇、相定むる儀、道元大和尚の遺誡、其の紛れ無き事。

一つ、自他宗の僧俗共、他日若し進呈或いは売薬の族、曹洞一宗の諸寺院へ徘徊分賦して道正庵真似の輩出来し候共、一宗の諸山堅く許容有るべからざる事。

一つ、曹洞一宗の僧侶、洛中の宿所、屋舎を構え、請待し、道正庵真似の輩出来し候共、道元大和尚の禁約の如く、是また同心有るまじき事。

一つ、曹洞の寺院、禁裏の出世、其の外奏聞訴訟等の儀に於いては、道正庵主の外停止すべき事。

右の五箇条の趣、仏法禅師遺誡の筋目斯の如し、御当代新法の儀堅く制禁なり。尤も曹洞一宗の僧侶違背これ有るまじき者なり。後証の為に先判に任す。件の如し。


【注】(1)道正庵解毒円　道正庵に伝わる薬。道正庵元祖道正が道元禅師の「遺誡」を慕い、同家の家来が薬を持って諸山や僧徒に贈るようになったという(『文書編』一巻No.140「神仙解毒万病円記」参照)。その「遺誡」の語句は、元祖道正の述べた語句である。ところが、永平寺三十三世山陰徹翁(さんいんてつおう)(?～一七〇〇)は、それを禅師の「遺誡」として述べている。道正庵十九世木下卜順撰「道正庵元祖伝」(『文書編』一巻No.139)の文中では、道正が禅師と右のことを「約契」(契約)したとあり、「遺誡」の語句ではない。おそらく卜順の意向に徹翁が応じたものであろう。
(2)仏法禅師　後嵯峨院が紫方袍(ほうぼう)とともに道元禅師の禅師号を下賜した(延宝元年〈一六七三〉刊『道元和尚行録』等)と伝わるが、それは比叡山修行時代の房号「仏法上人」に由来する。
(3)徹翁　永平寺三十三世山陰徹翁のこと。総寧寺(現千葉県市川市)より延宝七年七月五日、永平寺に晋住、貞享三年(一六八六)夏に退院。

【解説】　本史料は、延宝八年(一六八〇)四月八日に永平寺三十三世山陰徹翁が、道正庵に対して定めた証文の写である。原本は永平寺所蔵道正庵文書にある。なお、本史料は「道正庵証文」と題された巻子の一張目に収録されている。写真は巻末に一括掲載しているので参照されたい。「道正庵証文」については、本巻No.119の解説を参照されたい。

では、本史料の内容をみていきたい。

一条目では、曹洞宗寺院へ解毒円を頒布することは、今に至っても断絶していないことを述べる。

二条目では、曹洞宗僧侶の京都での宿所として道正庵衆寮を定めた。それは道元禅師の遺戒である、という。

三条目では、道正庵の薬を真似て進呈・売却するものに対し、曹洞宗はそれを許容しないとする。

四条目では、曹洞宗僧侶が道正庵を真似て京都で別の宿所を構えていても、同調してはならないとする。

五条目では、曹洞宗僧侶が、道正庵以外を頼って、朝廷に出世や訴訟を取り次ぐことは禁止とする。

これら五つの条目は、道元禅師の「遺戒」である。御当代幕藩体制下で新たな法を定めることは堅く禁ずるとして、曹洞宗の僧侶は、これに準じて条目に違背してはならないと述べている。つまり道正庵宛になっているが、これを曹洞宗寺院へ通達し、この条目を遵守させることに目的があるのである。換言すれば、道正庵の持つ特権にお墨付きを永平寺から与えたものといえよう。

なお、本史料とは別に、寛文十年（一六七〇）三月二十四日付永平寺三十世光紹智堂証文、同十一年五月二十八日付永平寺三十一世月洲尊海証文がある（いずれも永平寺所蔵道正庵文書）。これらも本史料と同じく道正庵宛の五ヶ条の証文である。この三書における五ヶ条の各条目を厳密に比較すると、数ヶ所にわたり微妙に異なる。それは別の機会（『永平寺史料全書』道正庵文書編）の解説に譲る。全体的な骨子は同趣旨という指摘に留め、以下、条目の内容を考察する。

一条目に記されている木下家の家伝「神仙解毒万病円」の家業化と販売記録は、天正年間（一五七三〜九二）ないし慶長年間（一五九五〜一六一五）頃から確認される（永平寺所蔵道正庵文書）。また「遺誡」は徹翁が道正庵の家業に対して、権威づけと強制力を与えている点に留意しておく。

二条目には、徹翁が道正庵を曹洞宗僧侶の宿所とし、衆寮の建設も道元禅師の「遺誡」とするが、それも卜順自身が「神仙解毒万病円記」中に元祖道正が「吾系族儻系族帰帝都則営一宇為加眷遇接以温色幸孔云々」と述べており、道元禅師がそれを命じた史料は存在しない。

三条目に記されている秘伝である「神仙解毒万病円」は道正庵の創意工夫もあり、次第に相当規模の販売数となる。その中で、慶長十二年には奉公人が田舎で「似せ薬」の製造販売を行ったことが発覚した。また寛永十七年（一六四〇）には京や信州などでも同様な事態になっていた（永平寺所蔵道正庵文書）。それを許したり、買い入れたりしないようにという注意である。道正庵としては家名を汚し収入減につながる。それを阻止する措置を道正庵が講ずるのは当然である。

四条目から確認できることとして、曹洞宗僧侶の京都滞在の宿所は、用途を問わず道正庵に限定されていたところ、これに反し別の宿所(旅館や寺院)が設けられ、そこに僧侶が滞在するため、それに対する注意である。出世・参内時ならばともかく、それ以外の旅でも、かように強要していたとすれば、宿泊代等の収入減を憂慮していたのであろうか。

五条目から確認できることとして、曹洞宗僧侶が出世・参内・訴訟などの際、その取り次ぎ仲介は、織豊政権時代の天正年間、道正庵十五世玄養の頃から始まり、道正庵および勧修寺家が行政上の役職として公的に担っていた。出世・参内等に伴う一定の教授・指導料を道正庵等へ支払う必要があった。いわば、それを強調する内容である。

禅師号の下賜や転衣などは、宗門各僧侶にとって一大イベントであるとともに教団発展の原動力となっていたことも事実であり、これを両大本山と道正庵が一体となり組織的に行っていたのである。

大事なことは、その体制を崩すことなく「定」を守るようにとの趣旨である。この「証文」は、卜順の意向に沿う形で寛文十年、同十一年、そして延宝八年の三回、道正庵宛に発せられ、やがて定着するに至った。その体制は結局、幕末・明治政府発足前まで続いた。

その間、永平寺の三人の各禅師が発した「証文」に則り、曹洞宗寺院ならびに僧侶は、みなこの道正庵の「定」に従わなければならないことになっていた。そこから波及する道正庵における諸種の利益は、計り知れないものであったであろう。同時に両大本山と宗門僧侶にも名誉や地位が保障されたのである。

要するに、この「証文」は永平寺より差し出し、道正庵宛になっているが、その背景には道正庵十九世木下卜順が水面下で永平寺の三人の禅師と綿密な打ち合わせを繰り返し行い、実施するに至ったものと推定できるのである。

参考文献

『永平寺史』上、四九七～五〇一頁、五八六～六三二頁、七〇八～七一一頁(大本山永平寺、一九八二年)。

圭室文雄「『道正庵文書』について(一)・(二)・(完)」(『傘松』六二二～六二四号、一九九五年)。

廣瀬良弘「中、近世における木下道正庵と曹洞宗教団」(『道元禅師研究論集』、大本山永平寺、二〇〇二年)。

(吉田道興)

延宝八年(一六八〇)五月二十一日、江戸幕府寺社奉行、徳川家綱死没につき、寛永寺・増上寺等への納経を命じる。

117 江戸幕府寺社奉行触書写

(『代々』 26ウ〜27オ)

諷経納経覚

一、御当地遠国共、独礼相勤候寺院納経可致事、

一、関八州ニ而者、高五拾石以上之御朱印地之寺院、可致納経事、

一、遠国者一宗之大本寺迄可致納経事、

一、諸宗者東叡山江可致納経事、

一、浄土宗者増上寺江可致納経事、

右之外、古跡各別由緒有之寺院、吟味之上、可指加候、無断罷出間鋪事、

延宝八申年五月廿一日

○写真版は本巻936頁下段に掲載。

【読み下し】

一つ、御当地遠国共、独礼相勤め候寺院納経致すべき事。

一つ、関八州にては、高五十石以上の御朱印地の寺院、納経致すべきこと。

一つ、遠国は一宗の大本寺迄納経致すべき事。

一つ、諸宗は東叡山へ納経致すべき事。

一つ、浄土宗は増上寺へ納経致すべき事。

右の外、古跡各別由緒これ有る寺院、吟味の上、指し加えるべく候。断りなく罷り出でまじき事。

【解説】 この史料は、江戸幕府四代将軍徳川家綱の死去(延宝八年〈一六八〇〉五月八日)に伴って作成されたものになる。主に葬儀における諷経納経についての寺社奉行からの達しにあたる。なお、同内容の史料の写が天台宗など他宗派の寺院にも残されており、比較的広く認知された内容と考えられる。

さて、家綱の葬儀をめぐっては、すでに寛永寺(東京都台東区)と増上寺(東京都港区)の間で軋轢があったことが知られる。実際の葬儀は、家綱の遺言により寛永寺において実施されているが、それに対して増上寺(浄土宗)が寛永寺での葬儀に反対の訴えをおこしている。この軋轢は、こ

れまで徳川氏の菩提寺認識を考える上で注目されてきた。

なお、家綱死去の直後である五月十六日に、寛永寺門主にあたる輪王寺宮守澄法親王が死去している。守澄法親王は後水尾天皇の第三皇子にあたる人物として知られ、承応三年(一六五四)に関東へ下向している。寛永寺は、その主導者である守澄死去という問題をかかえながら、家綱死去後の対処にあたっていたことになる。

さて、史料の内容をみていく。第一に、当地(江戸)および遠国において「独礼」を勤める寺院への納経を指示する。この「独礼」は正月六日の江戸城の徳川将軍年始御礼を単独(独礼)で実施できた有力寺院と考えられる。第二に、関東では朱印地五〇石以上の寺院へ納経を指示する。第三に、遠国の寺院は一宗の大本寺へ納経することを指示する。この条目は、永平寺が該当する可能性が高く、徳川将軍と永平寺の繋がりを窺わせる。第四に各諸宗派の寺院は寛永寺に納経すること、第五に浄土宗は増上寺に納経すること。以上が掲げられている。全体として寛永寺の主導性が認められるものの、増上寺側への配慮も窺える。そして最後に、追記として五ヶ条に該当しない「古跡格別由緒」のある寺院は吟味の上に追加する旨を記し、断りなく参列することを禁じている。

以上の内容は、徳川将軍と各寺院とのあり方を考える上でも注目される。第一・第二条目で、江戸城における将軍との関係や関東の朱印地をもつ寺院が掲げられているように、当時の寺院の格付けを捉える上で注目できる。また、遠国の大本寺(おそらくは永平寺を含む)では納経が実施されることから、遠国寺院であっても徳川将軍とのつながりが認められることもあり注目されよう。

これまで家綱の葬儀をめぐっては、先に述べたように、比較的、寛永寺と増上寺の対立に注目がおよんできたが、この史料の内容から永平寺のような遠国の有力寺院にも影響があったことも想定しておくべきである。また、この史料は永平寺と徳川将軍との関係を考える上でも注目したい。

本史料が収録されている『代々』については、本巻No.10の解説を参照されたい。

参考文献

『増上寺史料集』五巻(増上寺、一九七九年)。

『仙台仙岳院文書　天台宗』(東洋文化出版、一九八四年)。

(菅野洋介)

天和二年（一六八二）七月、江戸に滞在中の明僧東皐心越、版橈晃全（のち永平寺三十五世）の偈に和して偈を奉呈する。

118 東皐心越奉呈偈

（軸装 102.7㎝×29.5㎝）

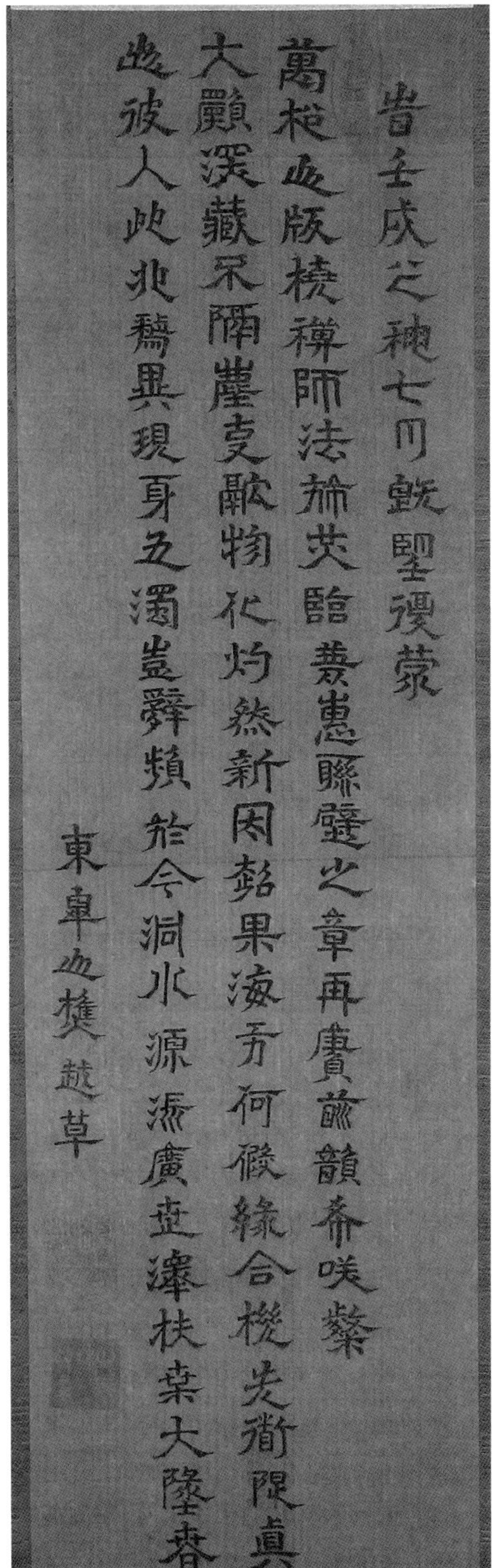

旹壬戌之秋七月既望、復蒙
（朱印文「曹洞正宗」）
万松山版橈禅師法旆光臨、兼恵聯璧之章、再賡前韻、希咲粲、
大願深蔵不隔塵、事融物化、灼然新、因超果海、功何仮、縁合機先道限真、
出彼入此非驚異、現身五濁豈辞頻、於今洞水源流広、世沢扶桑大陸春、

東皐山樵越草
（朱印文「鷲峰野樵」）
（朱印白文「心越杜多章」）

【読み下し】
旹に壬戌の秋七月既望、復た万松山版橈禅師の法旆と光臨を蒙り、兼ねて聯璧の章を恵まる。再び前韻に賡ぐ、希わくは咲粲されんことを。

大願は深く蔵して塵を隔てず、事融じ物化し、灼然として新たなり。因は果海を超ゆ、功何ぞ仮らん。縁は機先に合して道は真に限る。彼を出で此に入るは驚異にあらず。身を五濁に現ずるは豈に頻を辞さん。今に洞水は源より流れて広く、世に扶桑と大陸を沢す春。

東皐山樵越草す。

【解説】　本史料は『禅籍編』三巻No.17に収録される。本史料が永平寺の所蔵となった由縁は、本史料の附属文書「宇野默音覚書」（『禅籍編』三巻No.17附属文書）と、箱蓋裏書（『禅籍編』三巻二六二頁参照）によって知られる。それは、山形県米沢市春日山林泉寺住職宇野默音師が、明治十八年の岐阜市本覚寺の晋住記念に購入していたものであり、それを昭和五年の永平寺二祖国師懐奘禅師六百五十回大遠忌の勝縁に献納したことを記している。

東皐心越（一六三九～九五）は、明末清初に来朝した曹洞宗寿昌派の禅僧。初名は兆隠、諱は興儔、字は心越。別号を東皐という。心越興儔とも称す。ほかに印文に「鷲峰」・「樵雲」・「西湖一人」・「墨樵」等の雅号を持つ。杭州金華府蒋氏の出身、崇禎十二年（一六三九）八月二十八日の生まれ。八歳で剃髪、十三歳で覚浪道盛に師事、のちに濶堂大文に嗣法。三十二歳頃、金華山永福寺（杭州市西湖）の住持となる。その後、興福寺（長崎県長崎市）の明僧澄一覚亮の招請に応じ、延宝五年（一六七七）正月十三日に来朝した。澄一とは同郷であり、同姓（蒋）であった。

当時、来朝した明僧は代表的な隠元隆琦（一五九二～一六七三）など、大部分が臨済宗系黄檗派で勢力が強かった。そうした中で例外的に木庵性瑫は、修行時代に洞門の永覚元賢に参じたこともあり、親近感からか東皐の加護をしてくれたが、東皐は黄檗宗末徒との間に「宗趣」争いに巻き込まれて改宗を迫られるなど、疎まれ興福寺に幽閉状態にされていた。そこで信濃国頼岳寺（長野県茅野市）の焉智と美濃国龍泰寺（岐阜県関市）の鼇山見雪、肥前国晧台寺（長崎県長崎市）逆流禎順などが同じ曹洞宗ということで水戸光圀に啓上して法の外護を願い出、彰考館の一員今井小四郎（弘済）の斡旋により、各地で自由に布教することができるようになった(浅野斧山編『東皐全書』乾所収「日本来由両宗明弁」・『日本洞上聯灯録』巻一二・『続日本高僧伝』巻一)。

東皐が天和元年(一六八一)より翌年まで江戸小石川の水戸徳川家屋敷に滞在中、高輪泉岳寺(東京都港区)の住持として『僧譜冠字韻類』を編纂していた版橈晃全が訪問し道交を深めた。それは数回に上るものであったと思われる。そのような関係にあった仲で版橈が東皐に七言律詩の偈を贈呈した模様である。なお、その版橈の詩偈が逸亡し、対比できないのが惜しまれる。

本書の冒頭文には、東皐が天和二年七月に版橈の詩偈に応じ作成されたものであることがわかる。この東皐の詩偈は末尾の字句「大陸春」から推定し、翌年春の作であろう。詩偈の文字は、彼得意の隷書体であり、装飾的で凝った形になっている。東皐は、当時の来朝僧の大半が身につけていた教養ともいうべき詩文のほかに書画や篆刻および琴なども嗜んでいた。

本文の一行目と二行目との間の上方に朱印文「曹洞正宗」が押されている。これは東皐が前述のとおり黄檗派の明僧に対抗し意識的に自己の宗派を強調しているように思われる。また、本文の意味も東皐自身の来朝した抱負を語っていると解釈できる。すなわちその大意は、海を隔て渡ってきたおのれは、あなたと同じ「曹洞宗」です。その教えをともに民衆の中に入り弘宣流布していこうではありませんか、というものであろう。

版橈と東皐との道交は、版橈の『僧譜冠字韻類』出版時、貞享四年(一六八七)三月にその「序」を寄せている(『禅籍編』三巻272~275頁参照)。その序文の末尾にある「識語」には「書於龍穏雲源処」とあり、東皐が版橈ゆかりの前住地武蔵国龍穏寺(埼玉県入間郡越生町)の書院「雲源」(方丈)辺において書したことがわかる。

東皐と道交のあった洞門僧には、上記のほかに独庵玄光・月舟宗胡・卍山道白・天桂伝尊・月坡道印・連山交易・丹嶺祖衷など多数に上る。永平寺世代関係者には、融峰本祝・石牛天梁・緑巌厳柳がいる。

その後、東皐は、天和三年秋に水戸光圀の外護によって江戸より水戸へ入り、元禄五年(一六九二)十月六日、新築となった岱宗山天徳寺(後の寿昌山祇園寺、茨城県水戸市)の祝国開堂を厳修し、洞門僧も多数随喜して祝福した。

元禄七年春、微疾に罹り、種々の治療の甲斐もなく、翌年九月三十日、安祥に坐して寂した。遺偈「五十有七年、生死海中遊」、世寿五十七、法臘四十九。

参考文献

浅野斧山編『東皐全集』乾・坤(一喝社、一九一一年)。

『永平寺史』上巻、六八八~七一四頁(大本山永平寺、一九八二年)。

『永平寺史』下巻、七八九~八三六頁(大本山永平寺、一九八二年)。

熊谷忠興「永平寺三十五世版橈晃全禅師と東皐心越禅師に就いて」(『傘松』六九八号、二〇〇一年)。

菅原昭英『永平寺史料全書』禅籍編 第三巻、二六一~二六八頁(大本山永平寺、二〇〇五年)。


(吉田道興)

貞享元年（一六八四）四月八日、道正庵二十一世貞順、証文等六篇を写し、奥書を記す。

119　道正庵証文貞順奥書

（巻子装　36.0㎝×475.5㎝）

右六篇道正庵証文矣、写而納置　吉祥山（六張）（１）之宝蔵也、後代若紛失、則請求　尊山再写、而冀欲為道正庵之証文云々、
貞享元暦甲子四月八日道正庵二十一世隆守貞順（２）（３）（４）
（朱印白文「隆守」）（朱印文「貞順之印」）

○写真版は本巻970頁下段に掲載。

【読み下し】

右六篇、道正庵証文なり。写して吉祥山の宝蔵に納め置くなり。後代若し紛失せば、則ち尊山に請求し再写せん。而（しこう）して冀（こいねが）わくは道正庵の証文と為さんと欲す、と云々。

【注】（１）貞順朱印　縦2.2㎝×横1.5㎝。

（２）道正庵二十一世隆守貞順　父は道正庵十九世徳幽卜順、母は伏原賢忠の娘。早世した二十世恒順の形式的な養子。自号は嗔醒子。元禄元年（一六八八）十一月、法眼に叙せられる。元禄十五年八月二十三日没、享年四十六歳。

（３）貞順朱印　直径2.6㎝。

（４）貞順朱印　縦1.9㎝×横1.9㎝。

【解説】　本史料は「道正庵証文」とされる史料の奥書である。「道正庵証文」（以下六篇）は、軸装されており、次に示す順番で六点の史料が罫紙に写されている。罫紙は六枚継がれている。その寸法を示すと①91.8②92.6③92.3④92.1⑤92.2⑥14.5㎝である。継ぎ目には瓢箪形の朱印が押される。なお、「道正庵証文」の写真は本巻965～970頁に一括掲載しているので参照されたい。

①延宝八年（一六八〇）四月八日付、「道正庵宛山陰徹翁証文写」（本巻No.116）。永平寺所蔵道正庵文書に原本がある。

②寛永十六年（一六三九）正月二十四日付、道正庵十九世木

下卜順撰「道正庵元祖伝写」（本史料とは別種の写は『文書編』一巻No.139に収録済み）、永平寺所蔵道正庵文書に原本がある。

③寛永十六年正月二十五日付、木下卜順撰「道正庵四世典薬頭伝写」（『文書編』三巻収録予定）。永平寺所蔵道正庵文書に原本がある。

④寛永十六年正月二十八日付、木下卜順撰「道正庵神仙解毒万病円記写」（本史料とは別種の写は『文書編』一巻No.140に収録済み）、永平寺所蔵道正庵文書に原本がある。

⑤寛永十二年二月如意珠日付、木下卜順撰「道正庵衆寮造営帳序文写」（『文書編』三巻収録予定）。本史料の案文を永平寺所蔵道正庵文書『道正庵備忘集』（92オ～94オ）に収録。

⑥寛文九年（一六六九）十一月二十四日付、「福昌寺近江八景木下卜順跋」（本巻No.62）、本史料の案文を永平寺所蔵道正庵文書『道正庵備忘集』（44ウ～48ウ）に収録。

「道正庵証文」は木箱に収められており、木箱蓋表には「道正庵証文」、木箱蓋裏に「証文六点」とある。この「道正庵証文」は道元禅師七百五十回大遠忌（平成十四年）にあたって、表装や木箱が新しく改められた。

奥書によれば、木下貞順はこれら史料を「道正庵証文」と命名し、永平寺の宝蔵に納めたことがわかる。もし木下家でこれらの文書を紛失した場合は、永平寺に請求し、文書の再写をしたいとも述べている。

いずれも十九世卜順の在世時（晩年）である。そこに卜順自身の何らかの狙いがあるように思われる。六篇の内容を概説する。

①は、永平寺の三十世光紹智堂・三十一世月洲尊海・三十三世山陰徹翁の歴代三禅師により「五ヶ条」の制禁が出されている。内容を集約すれば、要点は三つ、解毒円の独占的頒布と道正庵の家来（職員）による諸寺院への徘徊、宿所としての道正庵衆寮の利用と保障、曹洞宗僧侶の出世・訴訟等の仲介を掌ることにおいて、その保障（証）を得ること。

②は道元禅師と元祖道正の関係が入宋以来深く、木下道正の家伝薬「神仙解毒万病円」の製造販売の根拠（道元の「遺誡」）を示すこと。

③は道正庵四世忠俊が「典薬頭」として七朝の天皇に仕えたほどの立派な人物であることを強調し、宗門僧侶に誇示しようと意図したこと。

④では「神仙解毒万病円」の製造に至る逸話と一子相伝の家伝薬の伝承を長々と綴り、その効能と霊験を語る「宣伝文」を作り上げていること。

⑤はすでに①でふれた道正庵衆寮の造営・修理を道元禅師の「遺誡」と主張することで暗に寄進を促す「造営帳」であること。

⑥では福昌寺へ寄贈する狩野永真筆「近江八景図」の跋文であるが、その内容は大半が「万病円」の宣伝と道正庵歴代庵主の列記・紹介であり、寄贈品のことは末尾に挙げるだけである。

このように六篇をみてくると、卜順がいかに道元禅師と永平寺との関係、および家伝薬「万病円」の宣伝、衆寮の造営修理と禅師号下賜、出世の仲介などを中心に考慮し配当している。つまり、卜順はそれらを両大本山のお墨付きを得て、地方の宗門僧侶に知らしめ徹底することを目指していたことが判明するであろう。

当時、すでに隠退している卜順であるが、わが子貞順に今後の道正庵の行く末をしっかりと託し、晩年を安心して過ごすことを最優先にしていたことが、全体の構成と内容から窺うことができるのである。

なお、この「道正庵証文」と同種の史料が、總持寺祖院（石川県輪島市）に現存する。貞享元年当時と思しき古びた桐箱に六篇が巻子装で収納されている。数ヶ所の虫損もあるが、判読にはさしつかえない。また貞順の「奥書」中、本史料と相違する箇所は当然ながら末尾の「吉祥山」が「諸岳山」となっているだけであり、ほかはすべて同じである。

（吉田道興）

貞享元年（一六八四）七月七日、江戸幕府寺社奉行、五代将軍徳川綱吉就任に際し、寺社領安堵および朱印状下付について命じる。

120 江戸幕府寺社奉行触書写

（『代々』27オ～27ウ）

覚

一、御当家　御代々之　御朱印所持之寺社之輩者勿論、

一、（ママ）御一代之　御朱印於令所持者、不依寺社領之多少、亦者境内計之雖為　御朱印、此度御朱印可被下之旨、被　仰出候条、面々領分幷支配所ニ有之寺社之輩、御先代之　御朱印ニ写を差添、今年七月ゟ八月迄之内、江戸江致持参、土屋相模守（政直）・本多淡路守（忠周）所江相達候様可被相触之候、以上、

貞享元年子七月七日　本多淡路守

○写真版は本巻936頁下段～937頁上段に掲載。

【読み下し】

一つ、御当家御代々の御朱印所持の寺社の輩は勿論、御一代の御朱印所持せしむるにおいては、寺社領の多少によらず、または境内計りの御朱印たると雖も、この度御朱印下さるべき旨、仰せ出され候条、面々領分幷びに支配所にこれ有る寺社の輩、御先代の御朱印に写を差し添え、今年七月より八月迄の内、江戸へ持参致し、土屋相模守・本多淡路守所へ相達し候様これを相触れらるべく候。以上。

【解説】　延宝八年（一六八〇）五月八日四代将軍徳川家綱が没した後、同年八月二十三日徳川綱吉が五代将軍となった。江戸幕府は、将軍の代替わりに際して、大名・旗本・公家・寺社などに対して所領安堵の判物・朱印状を発給し、主従関係の再確認を行っている。代替わりの判物・朱印状の発給は、六代家宣・七代家継・十五代慶喜の三人は、その在任期間が短かったため行われなかったが、それ以外は発給している。五代将軍綱吉のとき、寺社に対しては、貞享二年（一六八五）六月十一日に一斉に下付している。

この史料は、将軍の代替わりに際し、全国の寺社に対し、わずかでも朱印地（朱印状）をもつ者に代替わりの朱印

状を発給する旨を触れ渡したものである。

二ケ条で記されているが、史料三行目の一つ書きは、ほかに伝来する写にはなく、二ケ条目の「一」は写し間違いであろう。本来は、この「一」はなく、一ケ条目から「寺社之輩者勿論、御一代之御朱印於令所持者」と続けて記されたものである。

触の内容は、朱印状を持つ寺社は、先代の朱印状に写を添えて、七月から八月までのうちに江戸に持参し、土屋相模守・本多淡路守のもとに届け出るよう命じている。史料自体は、寺社に対して直接伝えられたものではなく、「面々領分幷支配所ニ有之寺社之輩」とみられ、大名・代官等に対して、支配領内の寺社に伝えるよう触れ出したものである。

土屋相模守は、諱を政直(まさなお)といい、駿河国田中などで四万五〇〇〇石を領する大名で奏者番を務めていたが、貞享元年七月十日に大坂城代に転じている(『寛政重修諸家譜』)。

また、差出人ともなっている本多淡路守は、諱を忠周(ただちか)といい、この時期五〇〇〇石を知行していた。それより以前、延宝三年十二月二十六日に従五位下淡路守に叙任し、天和三年(一六八三)二月二日寺社奉行に就任する。貞享元年十一月二十六日に諸家に下付する朱印のことを命じられ、備前重光の刀を拝領している(『寛政重修諸家譜』)。

なお、これと同じ内容で貞享元年六月付けで発令された触が『御触書寛保集成』と『教令類纂』初集(独立行政法人国立公文書館蔵)に、同月六日付けの触が『憲教類典』五(独立行政法人国立公文書館蔵)に収録されている。これらにはいずれも差出人本多淡路守の記載はない。本史料が七月七日付けとなっているのは、本多が実際に触れだした期日が記されているのであろう。

本史料が収録されている『代々』については、本巻No.10の解説を参照されたい。

参考文献

『教令類纂初集』二〈内閣文庫所蔵史籍叢刊二二〉(汲古書院、一九八二年)。
『憲教類典』五〈内閣文庫所蔵史籍叢刊四一〉(汲古書院、一九八四年)。
『御触書寛保集成』(岩波書店、一九八九年)。

(中野達哉)

（貞享元年〈一六八四〉七月）、江戸幕府寺社奉行、諸寺院に対し、将軍代替りの際の朱印状下付の手続きについて触れ出す。

121　江戸幕府寺社奉行添書写

（『代々』　27ウ〜28ウ）

右御書付ニ御添書

口上之覚

一、諸国之寺院参府之時、為届参候節、触頭ニ而篤与様子被承届、其上ニ而手紙相添、御朱印改之両奉行江可被差出候、一宗一派之於為本寺者、触頭之内壱人同道候而可被参候、右副手紙両奉行江別紙ニ認不及差越、連名ニ認可被相越候、手紙名付等之義〔儀〕、平生之可為副手紙之通事、

一、御朱印・御制札等之写幷口上書弐通宛相認、両奉行江壱通宛可被差出候事、

一、所持之　御朱印焼失・紛失之面々、今度可令参府候間、触頭ニ而吟味之上、口上書いたさせ可被差出候事、

○写真版は本巻937頁上段〜下段に掲載。

【読み下し】

一つ、諸国の寺院参府の時、届けのため参り候節、触頭にて篤と様子承け届けられ、その上にて手紙相添え、御朱印改めの両奉行へ差し出さるべく候。一宗一派の本寺たるにおいては、触頭の内壱人同道候て参らるべく候。右副手紙両奉行へ別紙に認め差し越すに及ばず、連名に認め相越さるべく候。手紙名付け等の儀、平生の副手紙の通りたるべき事。

一つ、御朱印御制札等の写し幷びに口上書弐通宛つ相認め、両奉行へ壱通宛つ差し出さるべく候事。

一つ、所持の御朱印焼失・紛失の面々、今度参府せしむべく候間、触頭にて吟味の上、口上書いたさせ差し出さるべく候事。

【解説】　本史料は、『代々』に本巻No.120に続けて収録されている。「右御書付ニ御添書」とみられるように、本巻No.120に添えて出されたもので、本巻No.120・121をあわせて受け取り、書き写したものであろう。

その内容は、朱印改めのときの手続き方法について述べられている。まず第一条で、朱印改めのために参府するときは触頭に届け出て、触頭の手紙を添えて朱印改めの両奉行に届け出ること、宗派の本寺は触頭が付き添い出頭すること、また添状は別に出すのではなく連名で良いこと。第二条では、朱印状などの写および口上書は二通ずつ作成し、両奉行に提出すること。そして第三条では、朱印状を焼失・紛失した寺社は、触頭の取り調べを受けて、口上書を提出することの三点が定められている。

触頭は、寺院・修験に設けられた統制機構で、寺院では各宗派ごとに設けられた。幕府の触などの命令を配下の寺院に伝達するとともに、配下の寺院からの訴訟を幕府に上申し裁判に関与するなど、幕府と諸寺院の間にあって両者を取り次ぎ、幕府の寺院・修験支配において重要な役割を担い、権力を持つようになった。

本史料が収録されている『代々』については、本巻No.10の解説を参照されたい。

（中野達哉）

貞享二年（一六八五）三月十九日から貞享四年五月二十八日にかけて、加賀国宝円寺丹嶺祖衷、丹波国慈徳寺で梵清本系『正法眼蔵』を書写する。

122　丹嶺本『正法眼蔵』識語

（冊子装　24.5㎝×17.8㎝）

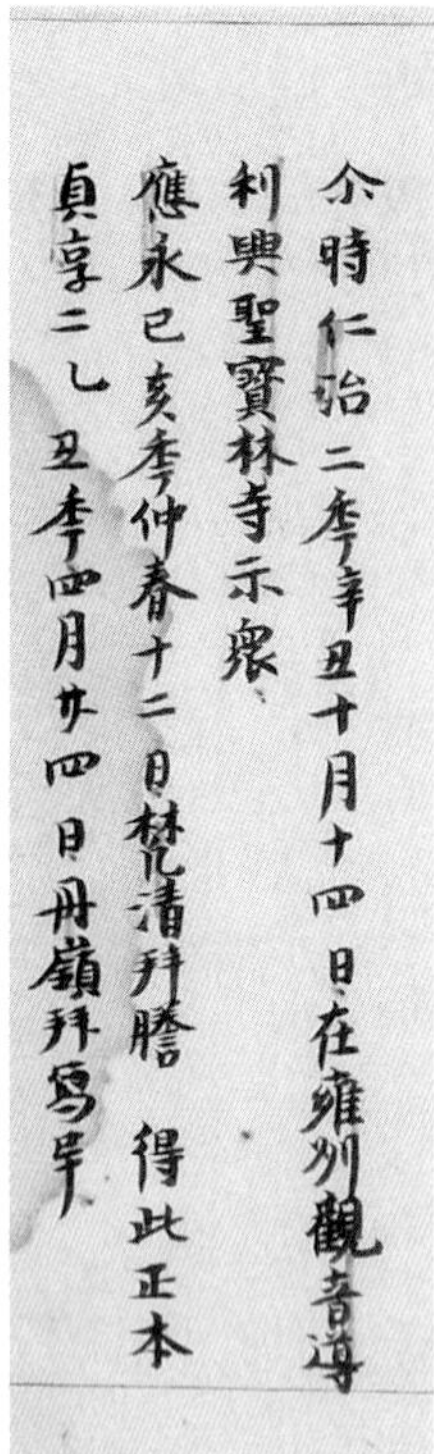
（38オ）
爾時仁治二季辛丑十月十四日在雍州観音導
利興聖寶林寺示衆
應永己亥季仲春十二日梵清拜謄　得此正本
貞享二乙丑季四月廿四日丹嶺拜写畢

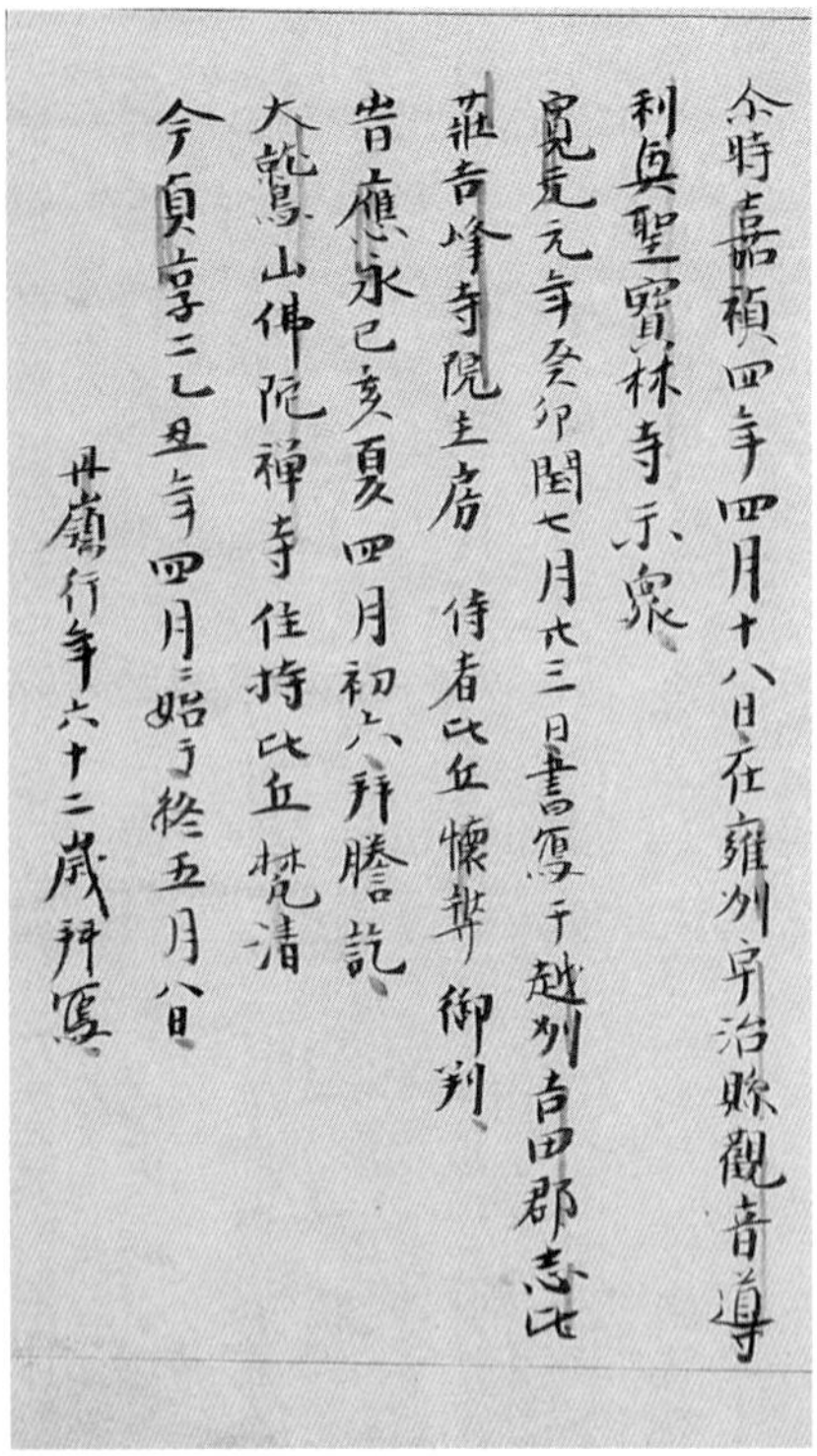
（38オ）
爾時嘉禎四年四月十八日在雍州宇治県観音導
利興聖寶林寺示衆
寛元元年癸卯閏七月廿三日書写于越州吉田郡志比
荘吉峰寺院主房　侍者比丘懐弉御判
旹應永己亥夏四月初六拜謄訖
大鷲山仏陀禅寺住持比丘梵清
今貞享二乙丑年四月ニ始テ終五月八日
丹嶺行年六十二歳拜寫

【仏性】

爾時仁治二季辛丑十月十四日、在雍州観音導

利興聖宝林寺示衆、

応永己亥季仲春十二日、梵清拝謄　得此正本、

貞享二乙丑季四月廿四日、丹嶺拝写畢、

【一顆明珠】

爾時嘉禎四年四月十八日、在雍州宇治県観音導

利興聖宝林寺示衆、

寛元元年癸卯閏七月廿三日、書写于越州吉田郡志比

荘吉峰寺院主房、侍者比丘懐弉御判、

旹応永己亥夏四月初六拜謄訖、

大鷲山仏陀禅寺住持比丘梵清、

今貞享二乙丑年四月ニ始テ終五月八日、

丹嶺行年六十二歳拝写、

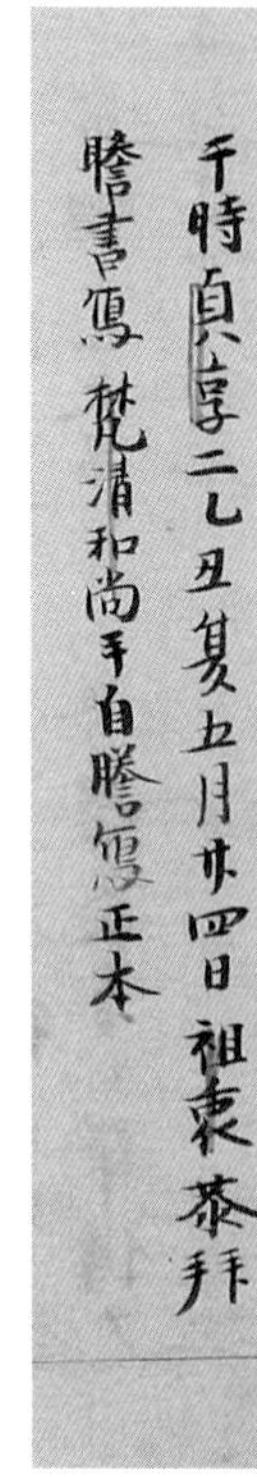
（35ウ）

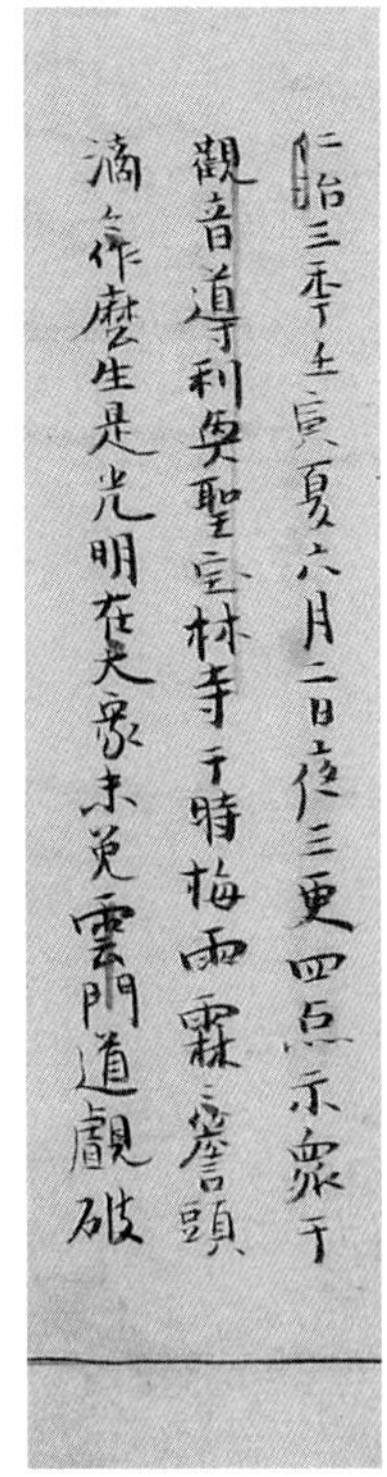
（26オ）

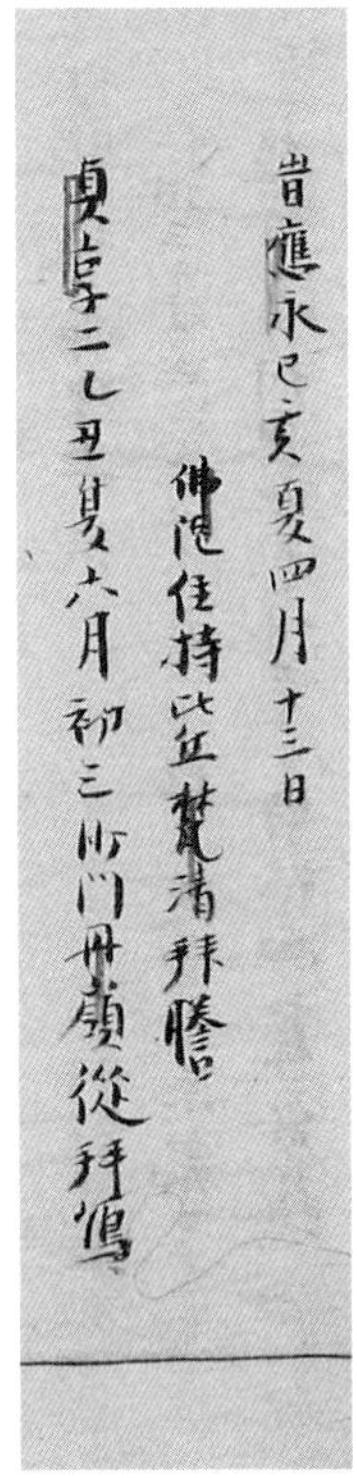
（26ウ）

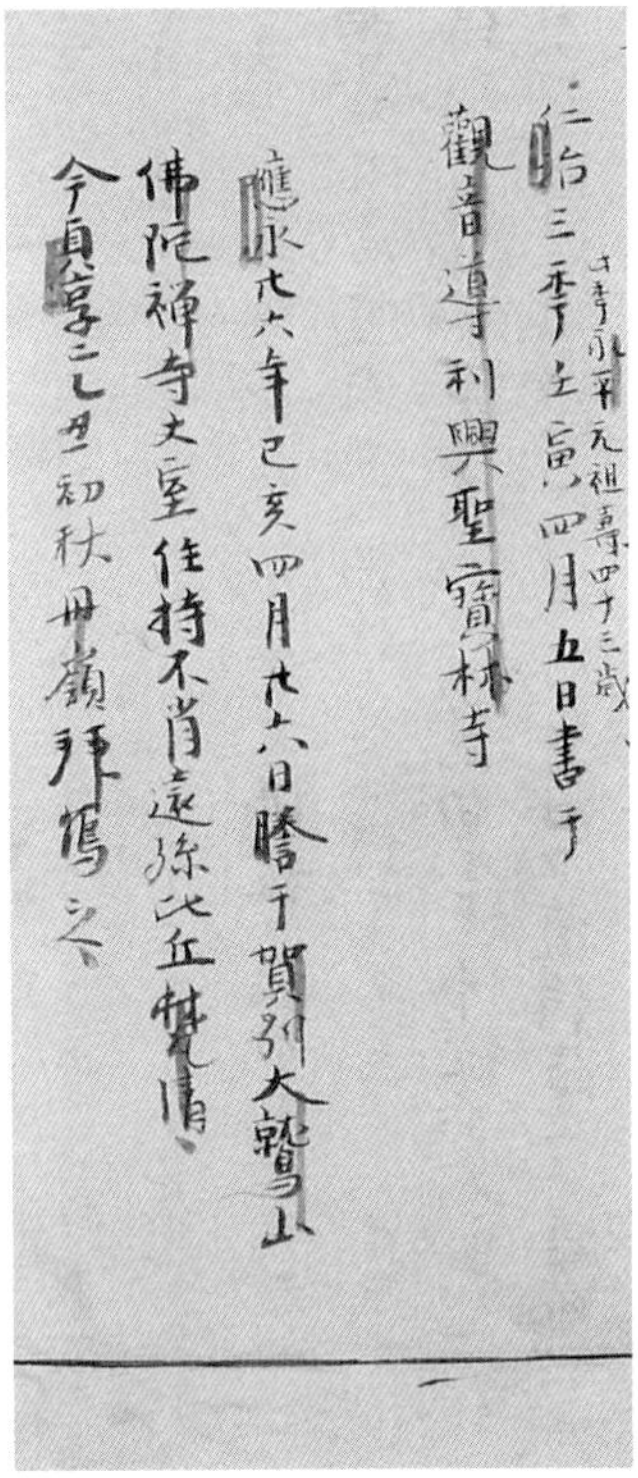
（51ウ）

【坐禅箴】
于時貞享二乙丑夏五月廿四日、祖衷恭拝
謄書写梵清和尚手自謄写正本、

【光明】
仁治三季壬寅夏六月二日夜、三更四点、示衆于
観音導利興聖宝林寺、于時梅雨霖々、簷頭
滴々、作麼生是光明在、大家〔衆〕未免雲門道覷破、

昔応永己亥夏四月十三日、
　仏陀住持比丘梵清拝謄、
貞享二乙丑夏六月初三、沙門丹嶺従拝写、

【行持下】
仁治三季壬寅四月五日、書于（此季永平元祖寿四十三歳、）
観音導利興聖宝林寺、
応永廿六年己亥四月廿六日、謄于賀州大鷲山
仏陀禅寺丈室住持不肖遠孫比丘梵清、
今貞享二乙丑初秋、丹嶺拝写之、

(32オ)

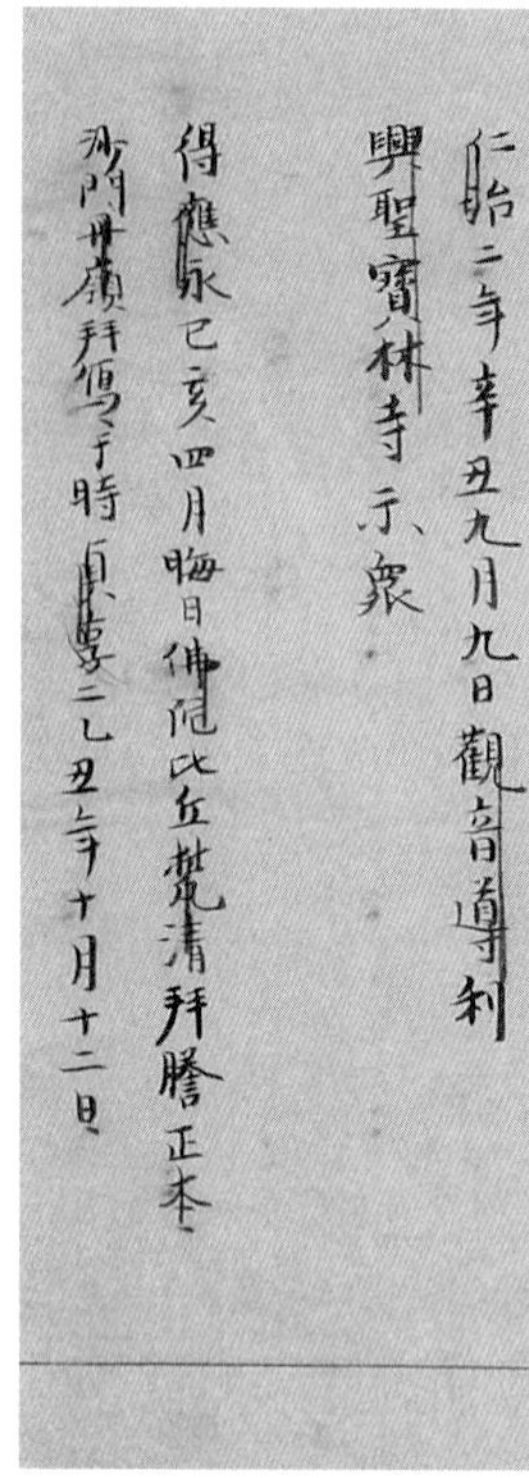

(32ウ)

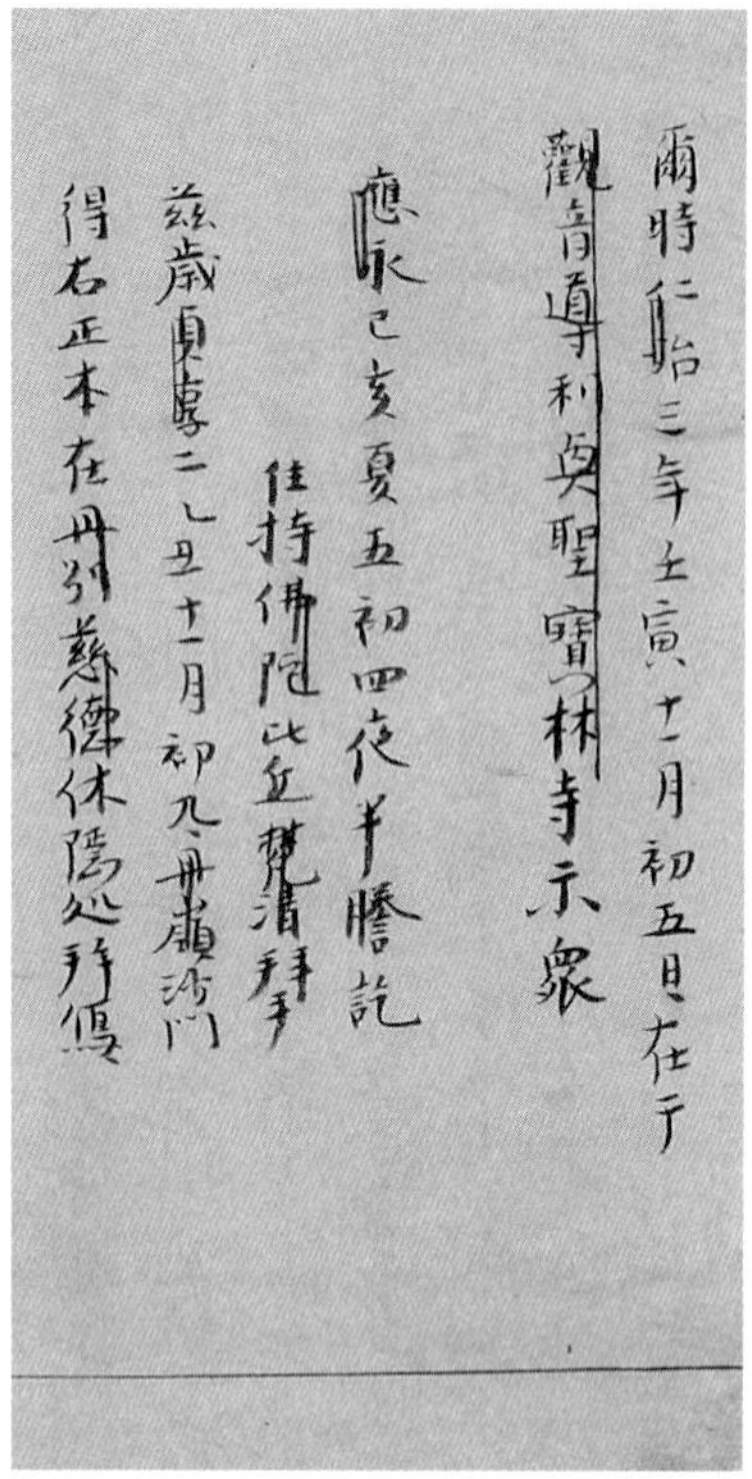

(34オ)

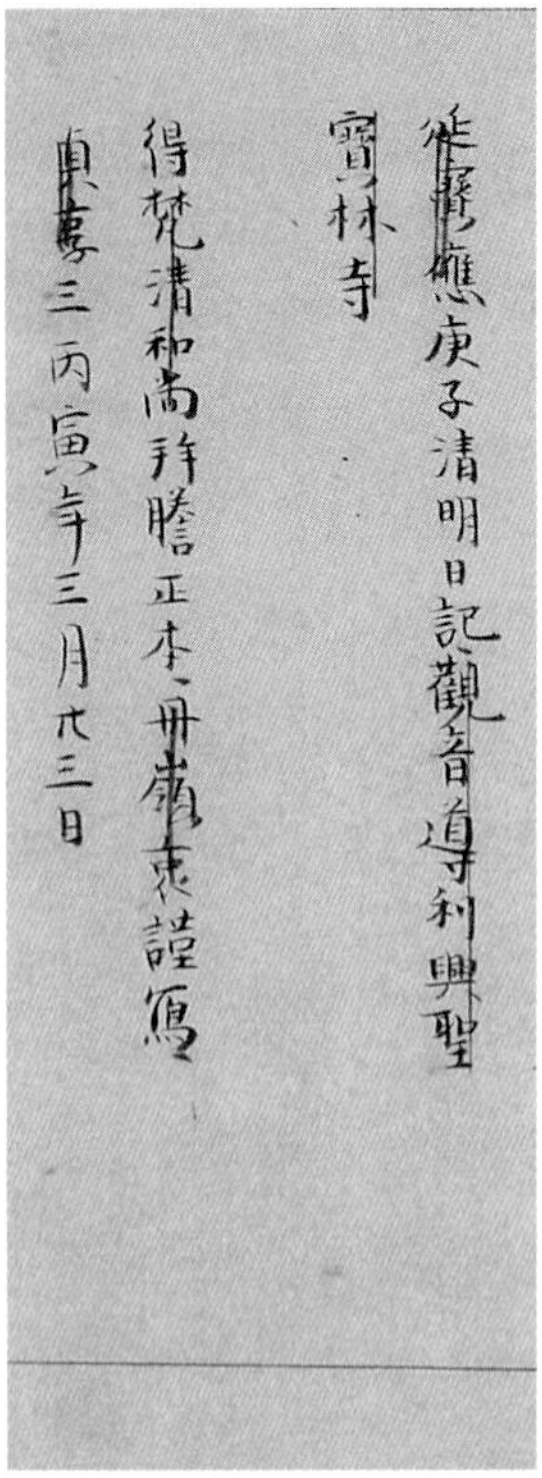

【古鏡】
仁治二年辛丑九月九日、観音導利
興聖宝林寺示衆、
得応永己亥四月晦日、仏陀比丘梵清拝謄正本、
沙門丹嶺拝写、于時貞享二乙丑年十月十二日、

【画餅】
爾時仁治三年壬寅十一月初五日、在于
観音導利興聖宝林寺示衆、
応永己亥夏五初四夜半謄訖、
住持仏陀比丘梵清拝手、
茲歳貞享二乙丑十一月初九、丹嶺沙門
得右正本在丹州慈徳休隠処拝写、

【礼拝得髄】
延宝(ママ)応庚子清明日、記観音導利興聖
宝林寺、
得梵清和尚拝謄正本丹嶺叓謹写、
貞享三丙寅年三月廿三日、

（31ウ）

（36ウ）

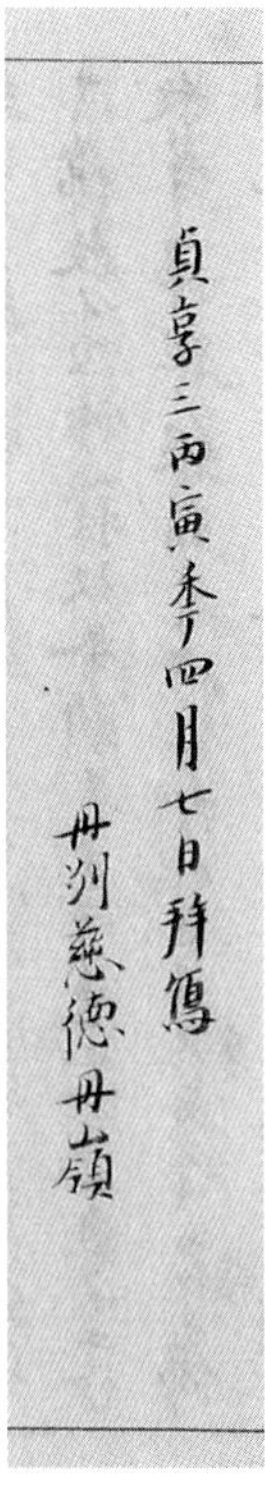

（24ウ）

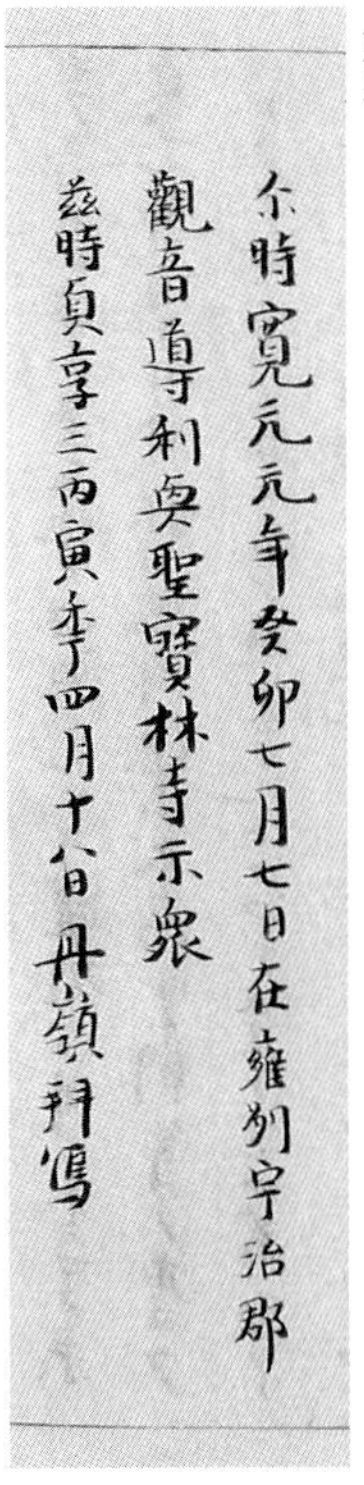

（12ウ）

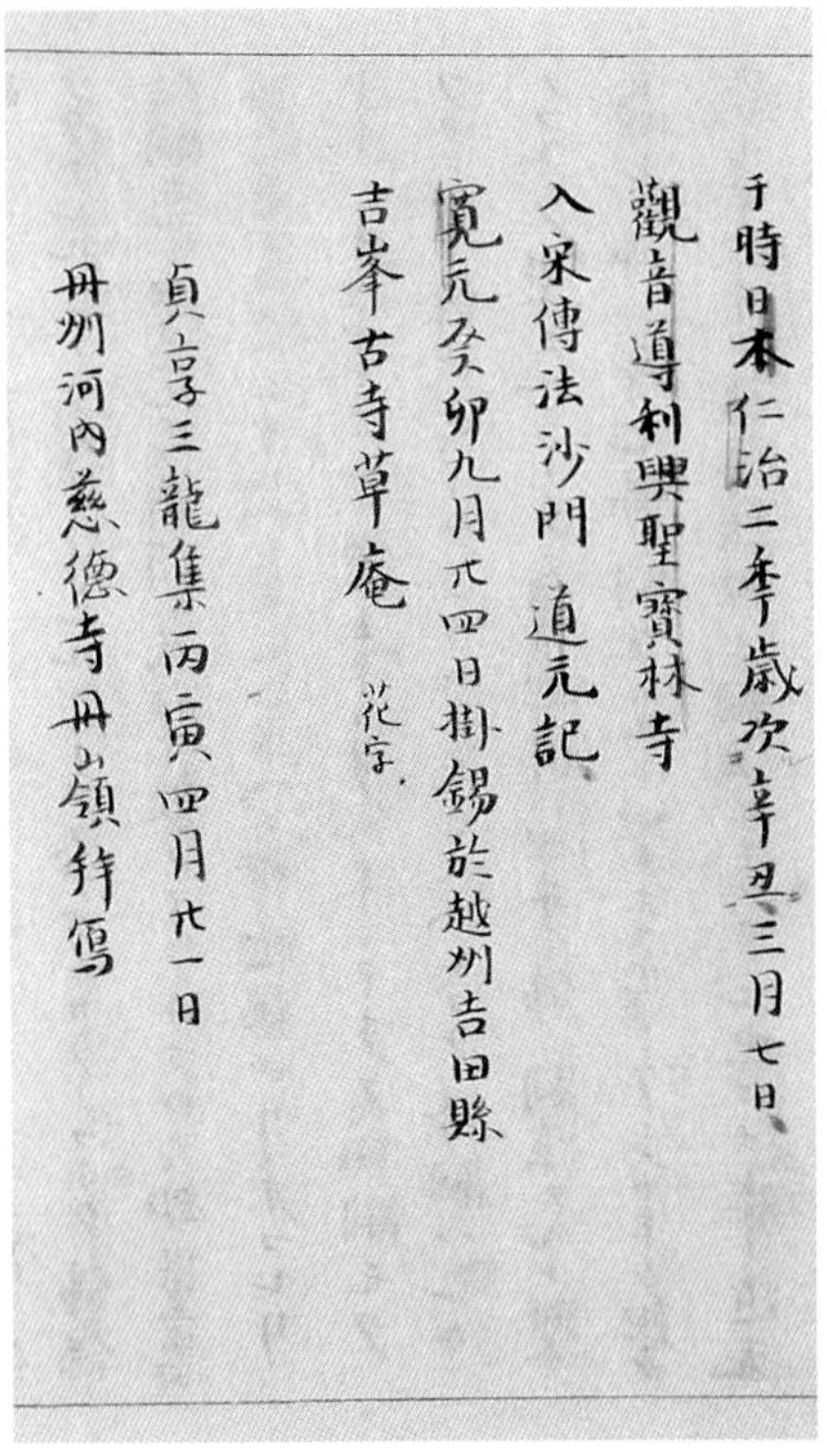

【諸悪莫作】

延応庚子月夕、在興聖宝林寺示衆、　貞享三歳丙寅三〔壬〕月十四日拝書畢、

【仏教】

貞享三丙寅季四月七日拝写、

丹州慈徳丹嶺、

【葛藤】

爾時寛元元年癸卯七月七日、在雍州宇治郡

観音導利興聖宝林寺示衆、

茲時貞享三丙寅季四月十八日、丹嶺拝写、

【嗣書】

于時日本仁治二季歳次辛丑三月七日、

観音導利興聖宝林寺、

入宋伝法沙門　道元記、

寛元癸卯九月廿四日、掛錫於越州吉田県

吉峰古寺草庵、　花字、

貞享三龍集丙寅四月廿一日、

丹州河内慈徳寺丹嶺拝写、

（32オ）

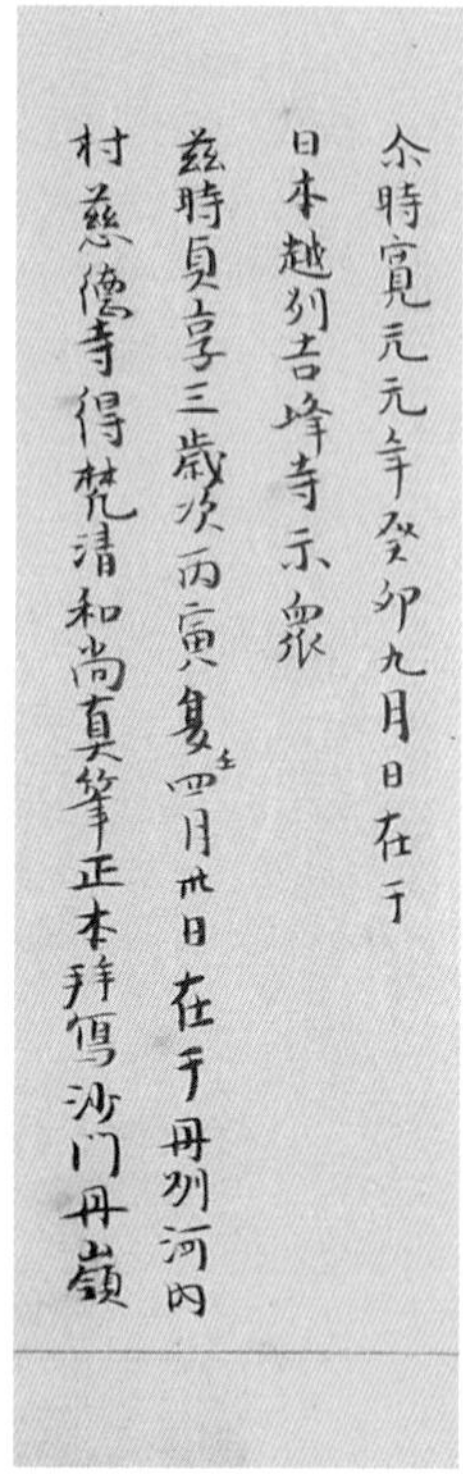

（32ウ）

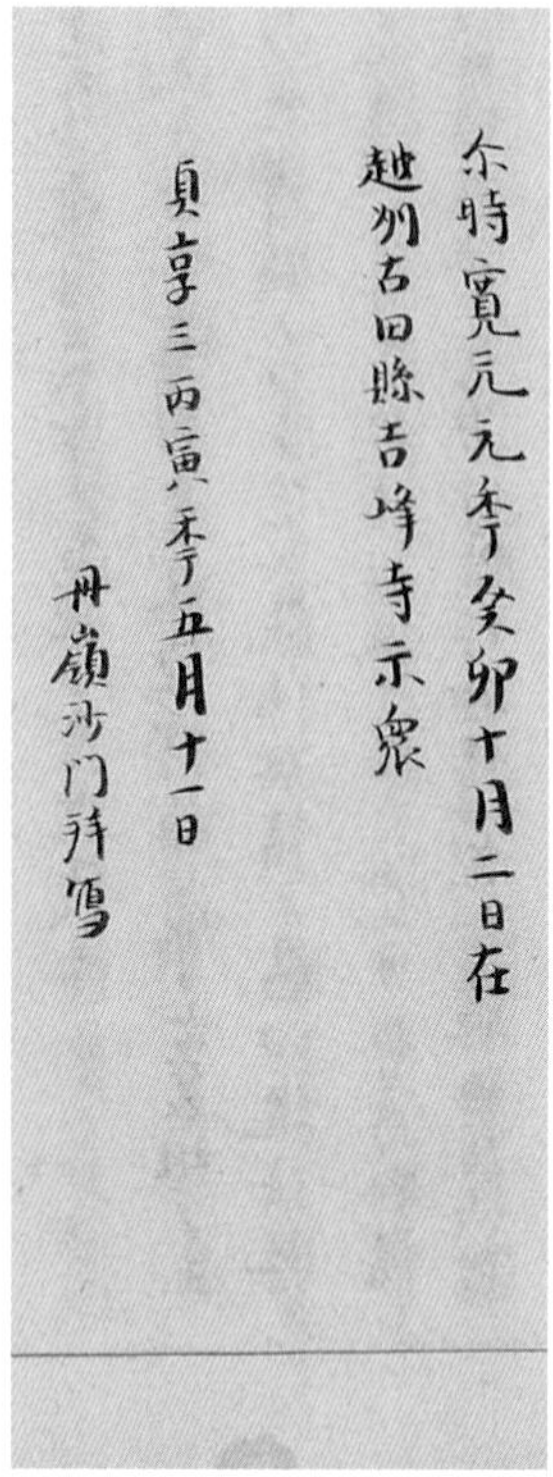

（34ウ）

【諸法実相】

爾時寛元元年癸卯九月日、在于
日本越州吉峰寺示衆、
茲時貞享三歳次丙寅夏〔壬〕四月卅日、在于丹州河内
村慈徳寺、得梵清和尚真筆正本拝写沙門丹嶺、

【無情説法】

爾時寛元元季癸卯十月二日、在
越州古〔吉〕田県吉峰寺示衆、
貞享三丙寅季五月十一日、
丹嶺沙門拝写、

【洗面】

延応元年己亥十月二十三日、在
観音導利興聖宝林寺示衆、

（35ウ）

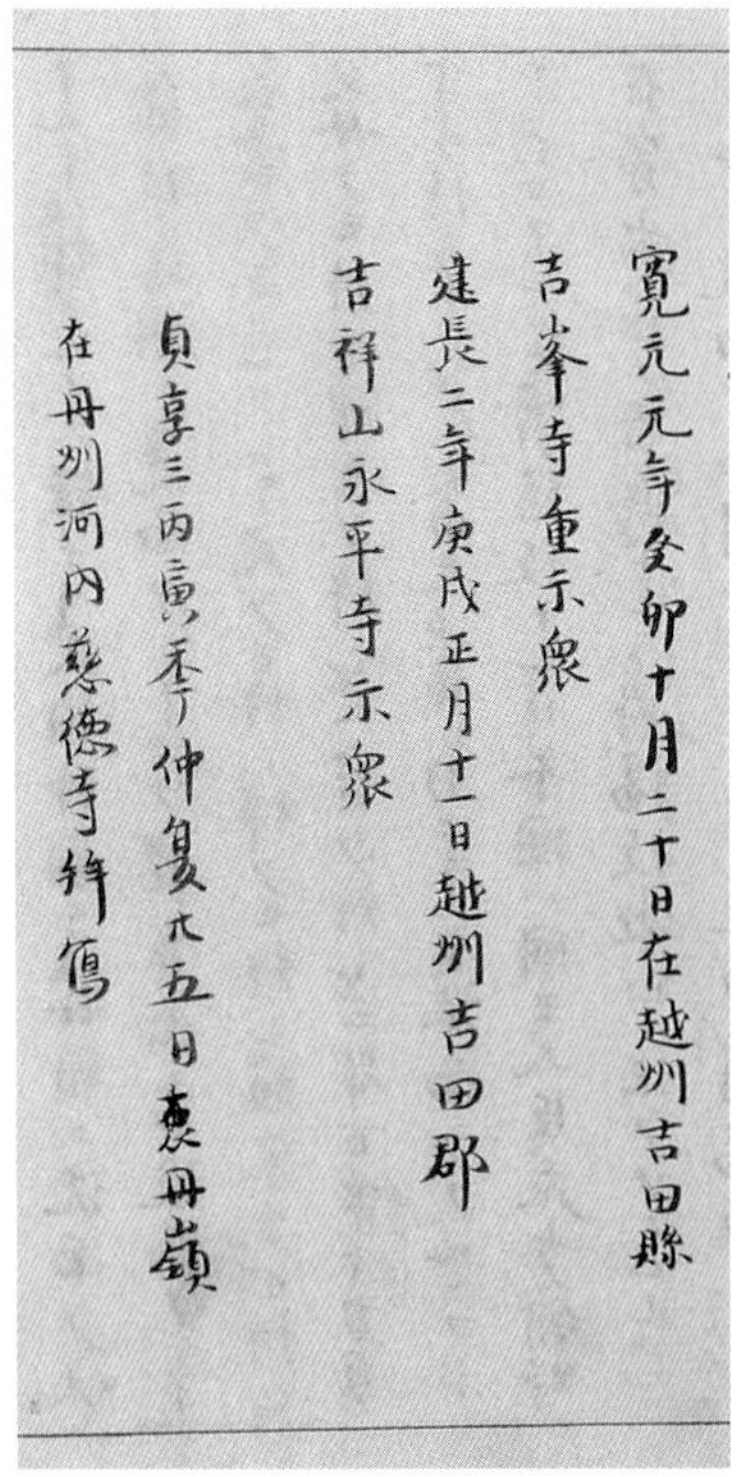

（50ウ）

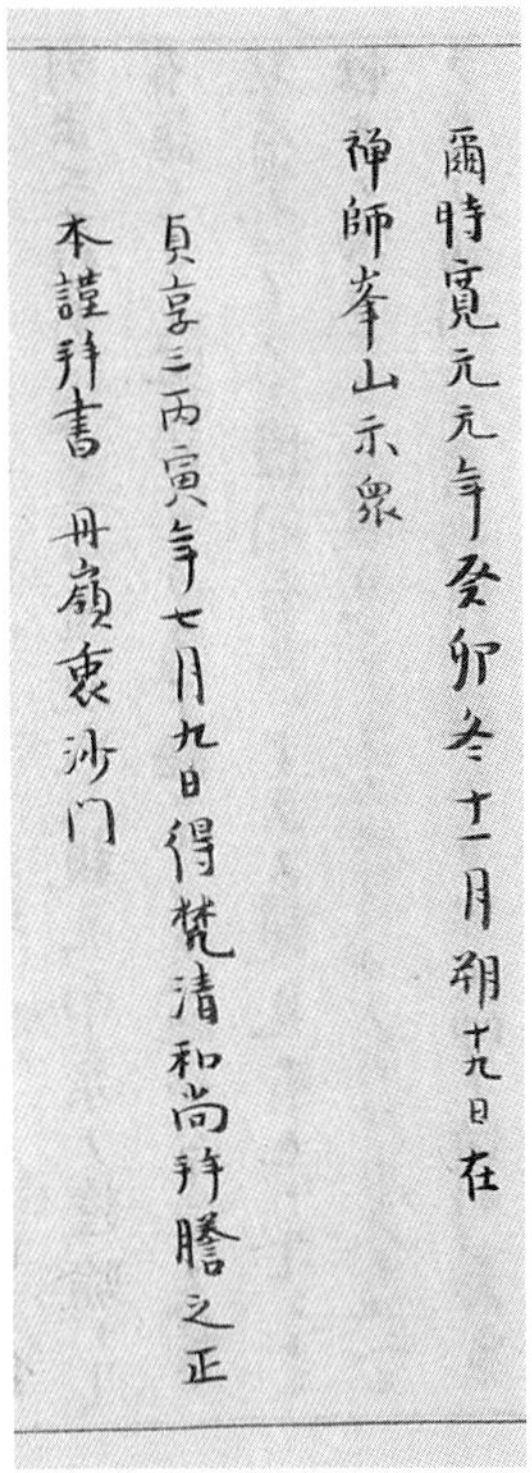

（34ウ）

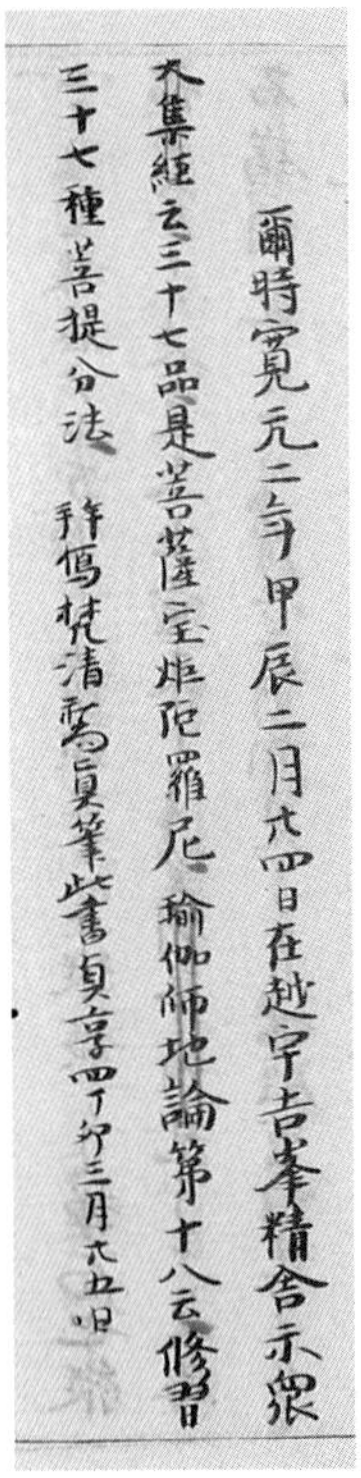

寛元元年癸卯十月二十日、在越州吉田県
吉峰寺重示衆、
建長二年庚戌正月十一日、越州吉田郡
吉祥山永平寺示衆、
貞享三丙寅季仲夏廿五日、衷丹嶺
在丹州河内慈徳寺拝写、

【見仏】

爾時寛元元年癸卯冬十一月朔十九日、在
禅師峰山示衆、
貞享三丙寅年七月九日、得梵清和尚拝謄之正
本謹拝書　丹嶺衷沙門、

【三十七品菩提分法】

爾時寛元二年甲辰二月廿四日、在越宇吉峰精舎示衆、
大集経云、三十七品是菩薩宝炬陀羅尼、瑜伽師地論第十八云、修習
三十七種菩提分法　拝写梵清和尚真筆此書、貞享四丁卯三月廿五日、

(28オ)

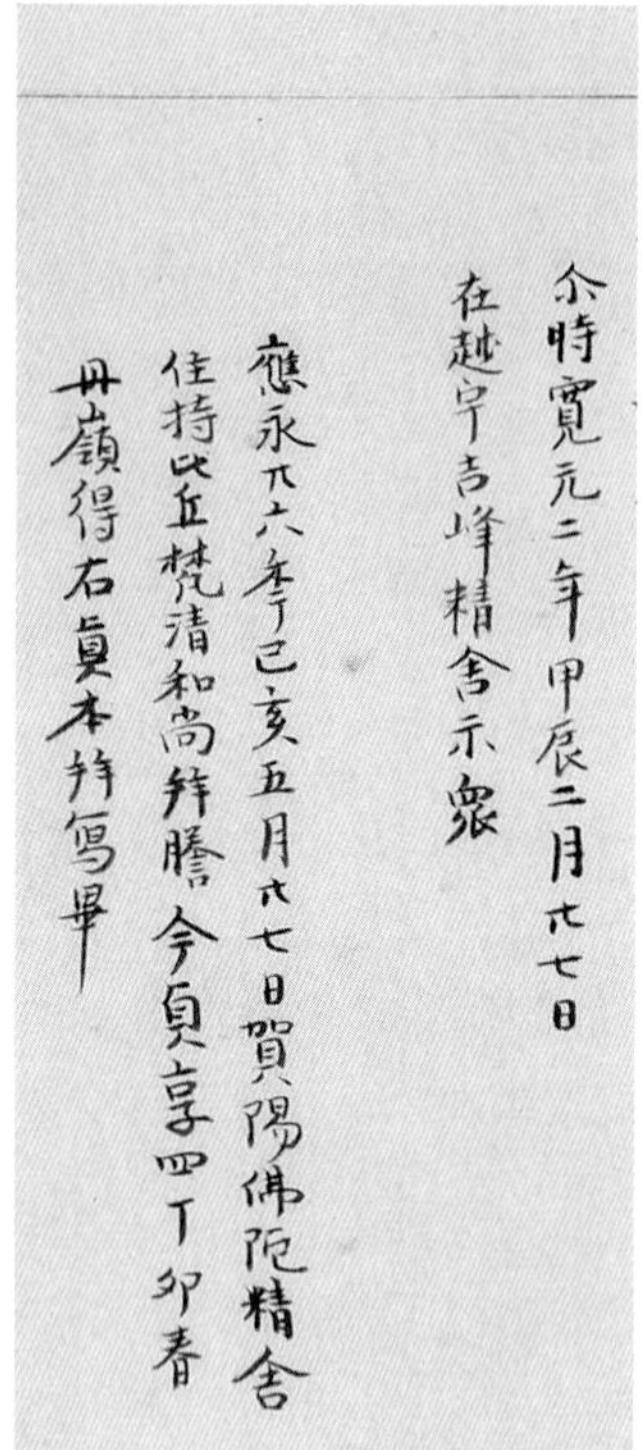

尒時寛元二年甲辰二月卄七日
在越宇吉峰精舎示衆
應永卄六季己亥五月卄七日賀陽佛陀精舎
住持比丘梵清和尚拜謄今貞享四丁卯春
丹嶺得右真本拜寫畢

(26ウ)

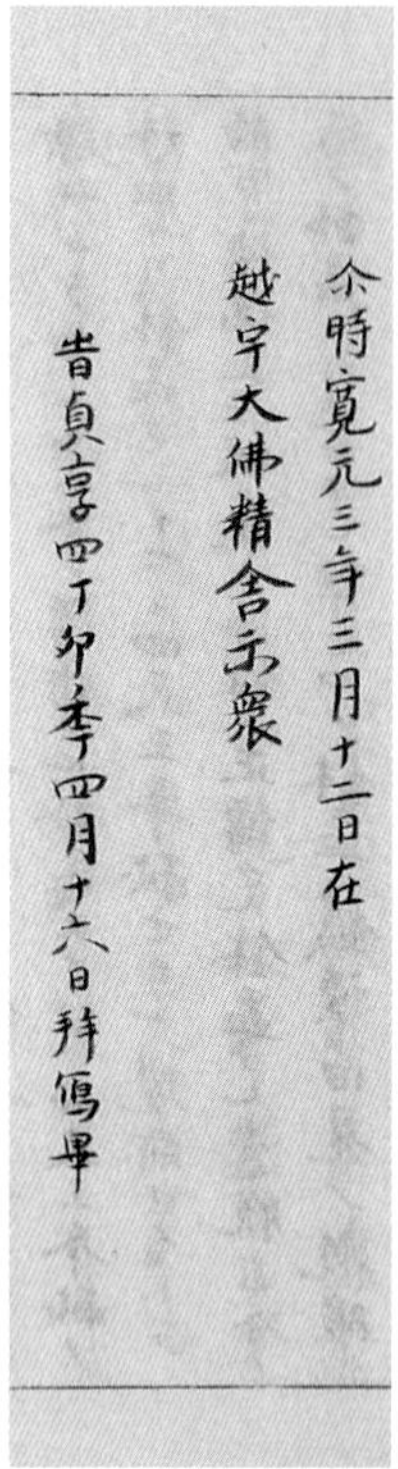

尒時寛元三年三月十二日在
越宇大佛精舎示衆
昔貞享四丁卯季四月十六日拜寫畢

(37ウ)

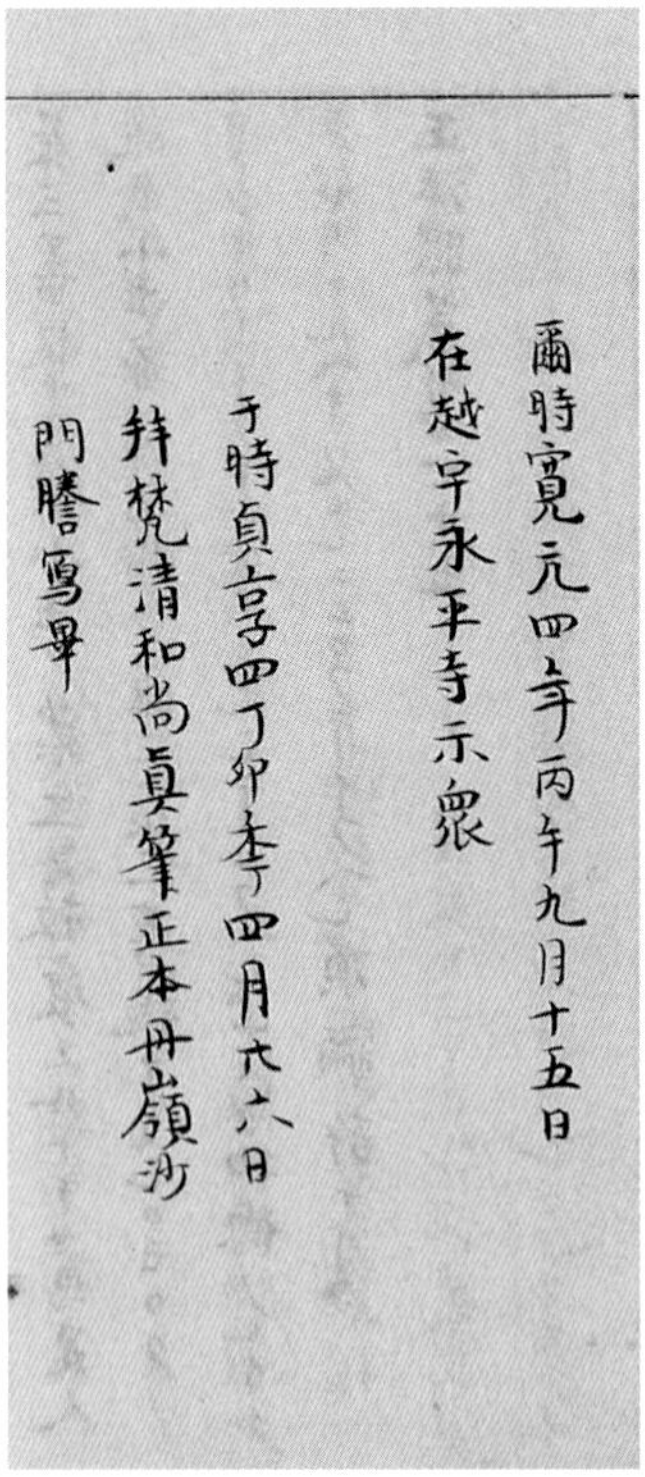

爾時寛元四年丙午九月十五日
在越宇永平寺示衆
于時貞享四丁卯季四月卄六日
拜梵清和尚真筆正本丹嶺沙
門謄寫畢

【転法輪】

爾時寛元二年甲辰二月廿七日、
在越宇吉峰精舎示衆、
応永廿六季己亥五月廿七日、賀陽仏陀精舎
住持比丘梵清和尚拝謄、今貞享四丁卯春
丹嶺得右真本拝写畢、

【鉢盂】

爾時寛元三年三月十二日、在
越宇大仏精舎示衆、
昔貞享四丁卯季四月十六日拝写畢、

【出家】

爾時寛元四年丙午九月十五日、
在越宇永平寺示衆、
于時貞享四丁卯季四月廿六日、
拝梵清和尚真筆正本、丹嶺沙
門謄写畢、

(22オ)

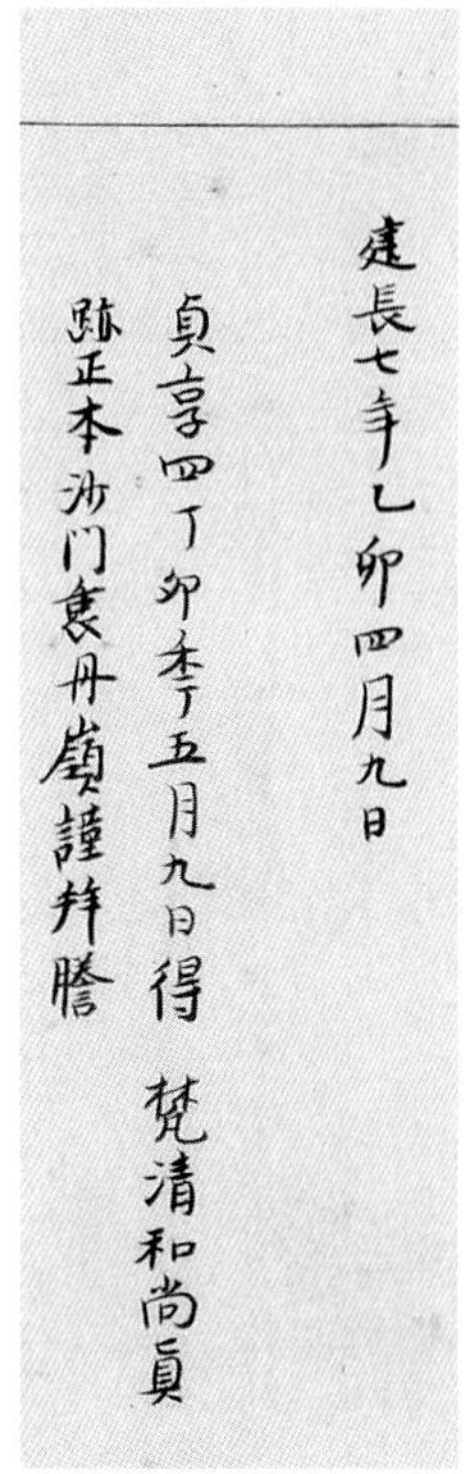

(31オ)

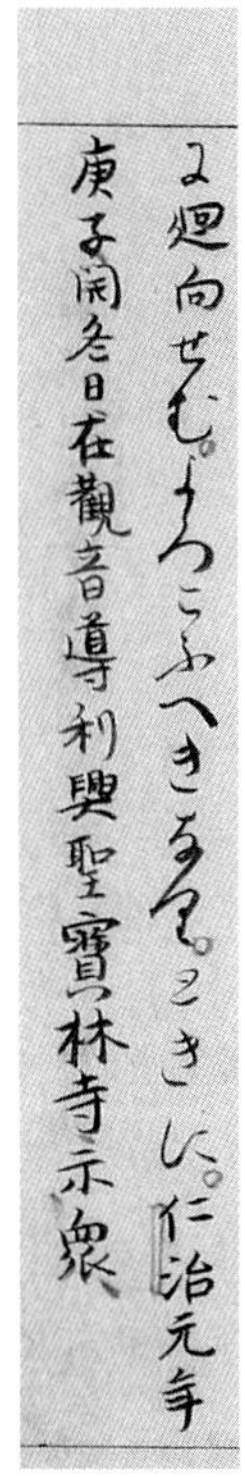

(31ウ)

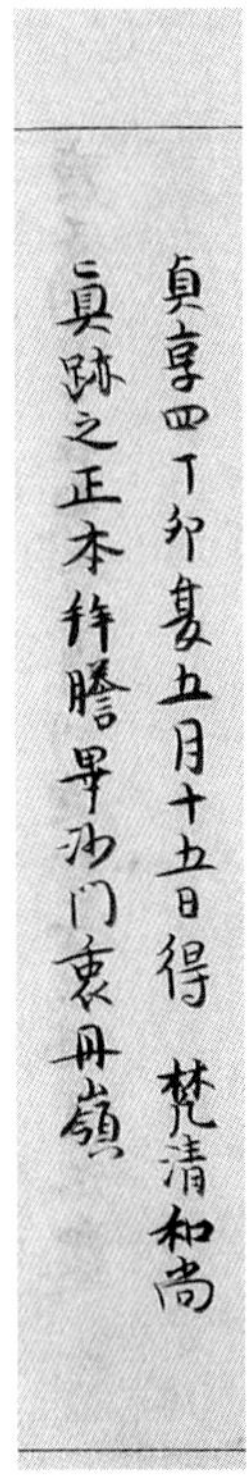

(20オ)

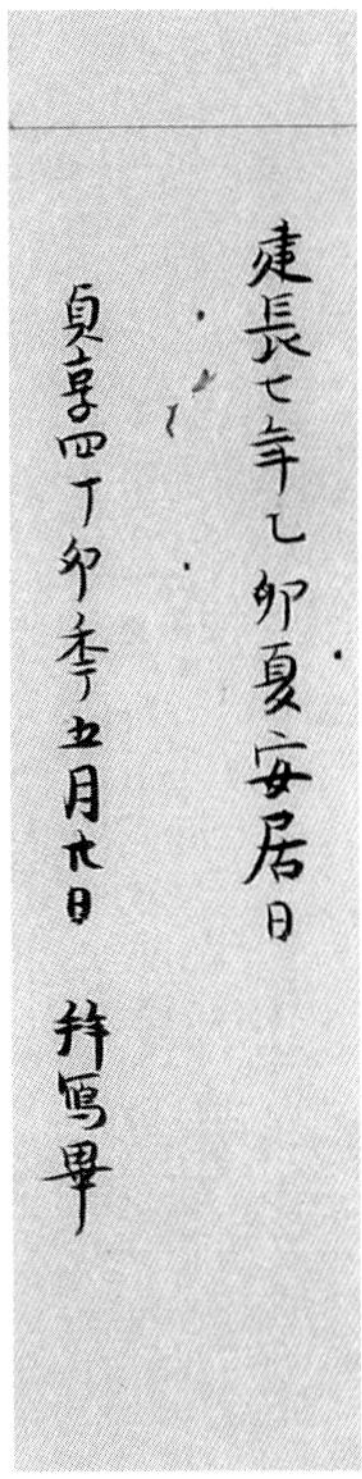

【発菩提心】

建長七年乙卯四月九日、

貞享四丁卯季五月九日、得梵清和尚真
跡正本、沙門衷丹嶺謹拝謄、

【袈裟功得】

ときに仁治元年
庚子開冬日、在観音導利興聖宝林寺示衆、

貞享四丁卯夏五月十五日、得　梵清和尚
真跡之正本拝謄畢、沙門衷丹嶺、

【出家】

建長七年乙卯夏安居日、

貞享四丁卯季五月廿日　拝写畢、

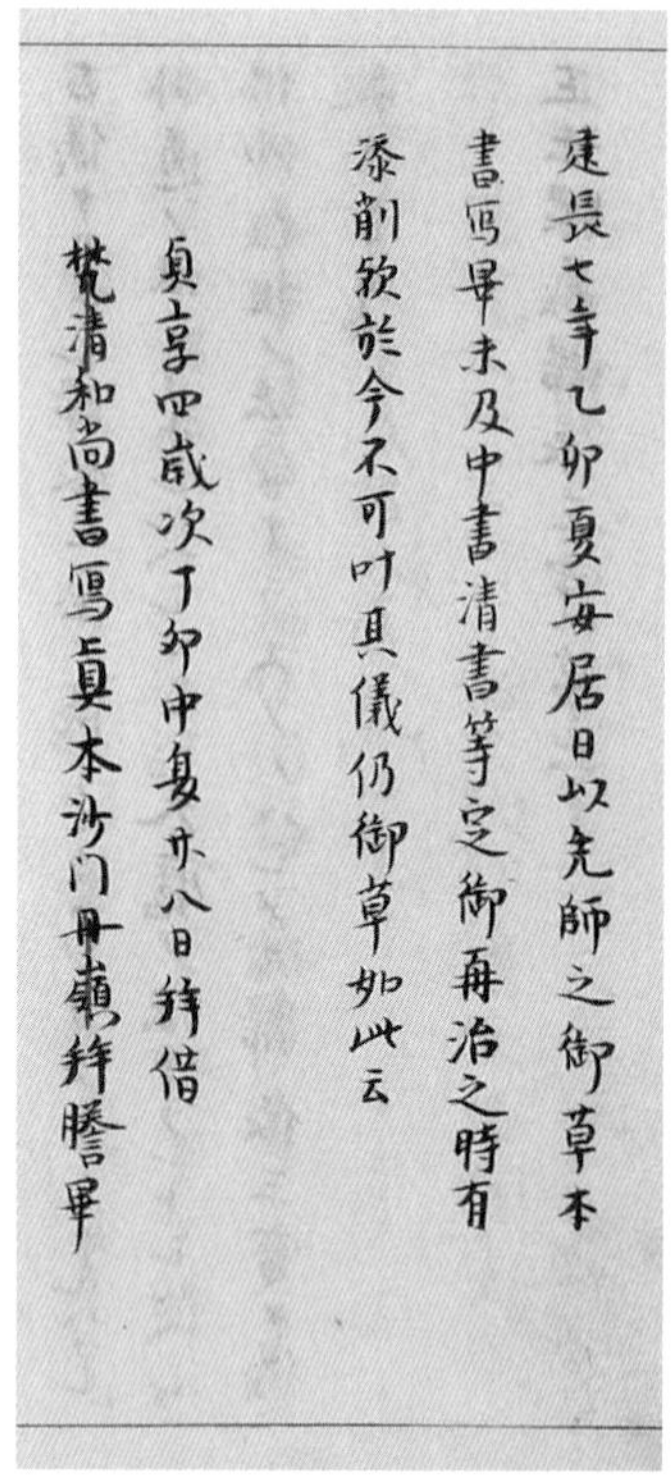
建長七年乙卯夏安居日以先師之御草本
書写畢未及中書清書等定御再治之時有
添削歟於今不可叶其儀仍御草如此云
貞享四歳次丁卯中夏廿八日拝借
梵清和尚書写真本沙門丹嶺拝謄畢

（30ウ）

【帰依三法】

建長七年乙卯夏安居日、以先師之御草本書写畢、未及中書清書等定御再治之時有、添削歟、於今不可叶其儀、仍御草如此云、

貞享四歳次丁卯中夏廿八日、拝借

梵清和尚書写真本、沙門丹嶺拝謄畢、

【解説】　本書（以下、『丹嶺本』）については『禅籍編』三巻No.24で吉田道興氏が解説されているからそれによる。なお、本巻収録にあたっては、識語部分のみを掲げるにとどめた。『丹嶺本』は、永平寺六十三世滝谷琢宗の『正法眼蔵顕開事考』にも触れることがないため、明治二十八年以降に永平寺へ献納されたものと思われる。

　『丹嶺本』は、丹嶺祖衷（一六二四～一七一〇）が、丹波国の慈徳寺（京都府南丹市、現廃寺）において書写したものである。

　なお、この『丹嶺本』は『梵清本』八十四巻本系統に属する。『梵清本』とは、太容梵清（?～一四二七）が加賀国仏陀寺（石川県能美市、現廃寺）在住中の応永二十六年（一四一九）に、先に編集された八十三巻本『正法眼蔵』を参考に整理・書写したものである。構成は、七十五巻本『正法眼蔵』からなる本輯と、六十巻本『正法眼蔵』から七十五巻本にない九巻を選んだ別輯からなる。八十三巻本と『梵清本』を比較すると、別輯の巻の順序と、別輯に六十巻本の第三十四「発菩提心」が入っているか否かが異なる。

　『丹嶺本』の書写は、貞享二年（一六八五）三月十九日、六十二歳の時から同四年五月二十八日、六十四歳までのことである。丹嶺は『梵清本』を側において拝覧書写しているが、月日識語のないものは、一冊ごとに製本され冊子となっていたものを書写し、最後の巻に識語したと思われる。

次に、『丹嶺本』にちなんで二つの問題を提起しておきたい。

その一は永平寺三十五世版橈晃全（はんぎょうこうぜん）がこの『丹嶺本』を拝覧して参考としたかということである。晃全は元禄二年（一六八九）暮れから永平寺にて正法眼蔵を書写するが、丹嶺より遅れること二年である。しかし、どうもその関係はないようである。

その二は先にも触れたが、この『丹嶺本』がいつ永平寺に納められたかということである。

河村孝道編著『永平正法眼蔵蒐集大成』続輯五「丹嶺書写本」については不明とする。岸沢惟安氏は本書を書写されているから（「岸沢文庫」）、本書が永平寺に献納された時期は大正から昭和初期までさかのぼることができるか。

そして『丹嶺本』の「正法眼蔵別輯第一」は伊勢修成氏の子息から河村孝道氏に寄贈されている。それは昭和三十八年のことというが、この一冊だけが古書に売られていたとは不自然である。

昭和三十二年に本山講師で『傘松』編集主幹の笛岡自照氏は本多喜禅監院の下で本山の宝物整理に携わり『祖山宝物集』五冊（永平寺所蔵）を完成する。そして、その中にも「丹嶺和尚謄写正法眼蔵・梵清本による」が写真収録されている。

しかし、その説明には本山への収録年時が記録されていない。笛岡氏は後に『永平寺雑考』・『続永平寺雑考』二冊を上梓するが『梵清本』について触れられていない。

さて、伊勢修成氏は、本多監院の弟子にあたり、三輪泰輪氏の法嗣である。三輪泰輪氏は永平寺五十七世載庵禹隣（さいあんうりん）より下三代（禹隣―義堅―楷量―泰輪）の法孫、永平寺六十世臥雲童龍（がうんどうりゅう）の首座で本山の知客や維那等を勤めている。

ちなみに河村氏蒐集の『建撕記（けんぜいき）』（瑞長本）の解説で「昭和四十二年、筆者は『正法眼蔵』古写本探索の途上、偶々東北の片地において、伊勢修成氏によって襲蔵されていた本書の原本を発見し入手する機会に恵まれた」とある。

そのため、『建撕記』（瑞長本）は元々三輪泰輪氏の所持するものであったといえる。それは『諸本対校永平開山道元禅師行状建撕記』の口絵二枚目下写真に「三輪□（松カ）人」と三輪の朱印が認められる。

奇しくも「正法眼蔵別輯第一」にちなみ『建撕記』（瑞長本）の話におよんだが、三輪泰輪氏の師匠楷量は興禅寺（福井県越前市村国町）二十七世で、その師義堅は永平寺直末花谷の多福庵（福井県吉田郡永平寺町）八世（本山典座）であり、いずれも越前と深い関係にある。それ故にこれらももともとは永平寺にあったものではなかろうか。

参考文献

『大賢禅師壱百回忌記念帳』（一九二一年）。

『傘松』二六四号（永平寺祖山傘松会、一九五九年、のち『傘松復刻版』一〇巻〈永平寺祖山傘松会、一九八九年〉に収録）。

河村孝道『諸本対校永平開山道元禅師行状建撕記』（大修館書店、一九七五年）。

『永平正法眼蔵蒐書大成』続輯五（大修館書店、一九八九年）。


（熊谷忠興）

貞享三年（一六八六）二月晦日、関三ヶ寺、寺院住職選定に関する諸要件等を掟書五ヶ条に整理し確定する。

123　関三ヶ寺掟書写

（『代々』52ウ〜55オ）

掟

一、宗門出世之戒臘者、如　御条目(1)、不乱位次、経階級而、登祖席、竪法幢、可建立宗旨、或僧録所・古跡・大叢林之住職〔持〕者、撰器量人品相立〔可脱〕〔定〕、猥以贔屓偏頗之私情、不可移置非器長老、大小寺院、江湖興行時、除沙喝(2)鳳毛(3)、被〔披〕(4)向七条(5)清衆(6)、応満七十箇、若闕一員可為分散、其上法幢師・首座・維那・両役寮供〔共〕可為罪科、九旬之講釈者導師之外、不可開席於客殿(7)、雖為住持之講筵、不可成群作〔隊脱〕、結制之内十八之茶礼者、従常住可営弁之(8)、大衆茂亦自打飯〔可為脱〕(9)、幷炊爨(10)も自身可相勤之、罷参斎者可軽饗、応必不可尽美麗、或於貧地小庵、二、三年ニ一度望聚会、則以吟味可申付事、

一、三箇寺会下之僧者、不論自他派依器量首頂(11)相立候節、其小本寺(12)江茂遂相談、和融之上、可相談定、其外不限自他派、従小本寺首座相立時茂、可依器量又者筋目・由緒、従午人〔入〕(13)叢林雖満弐拾年之数、不歴諸叢林、修行未熟ニ而致首座〔頂〕事、可遂詮議、或於剃髪之師下、其弟子、致立身事、堅不可許容、況在平僧地(14)幷庵室送年月僧、不可許入聚会事、

一、於諸国雖為一派之小本寺、不可背其国僧録之掟、殊ニ一派門葉之内、先規之例在之所、不可相妨、或雖為小本寺、再会興行之時可遂披露、且亦諸末寺移替之節、従其本寺、押而首座相立、可受後住指図之取証文者〔事脱〕、依為非例堅不可為致之、或伝法入室之時、仏祖已来無之非例申懸ヶ、手形取事可為無用、其上本末共、不可企新儀事、

一、近世我宗之師僧、都鄙共、違上古風規、今時之宗要、学他宗・異風〔派〕之家風、三衣共好鼠色、戴異標之帽子、大掐〔掐大〕顆之珠数、外表殊勝、内含邪思之輩、脱衣追放可申付、主人茂亦可為同前事、

一、凡行脚之徒者、偏ニ扣玄関(15)、見知識、広投法窟、訪道友而、飽受妙密鉗鎚、発明大事、続仏祖恵命、普利益群生、是即禅之師大善知識也、

近世之僧侶、違洞上古徹〔轍〕、或東阡南陌之庵室、或者酒肆茶坊之裏店ニ三箇五箇相聚而、一生空送光陰、偶出江湖則借他衆寮、称他会下而、不守清規、不拘法則、無慚無愧、似外道奴、其上、関東ニおゐて立身不相成則〔者脱〕、往遠国歴一両年、令〔合〕立身之首座〔尾〕、従其国之僧録添状致才覚、再関東来〔江脱〕テ、望徘徊輩有之共、不可免許者也、

右之品条、違犯之輩者、依宗門之清規可処罪科者也、

貞享三丙寅年二月晦日　総寧寺　〔長沢〕天恩印

大中寺　〔鉄柔〕好山印

龍穏寺　〔高郁〕馥州印

曹洞寺院

○写真版は本巻949頁下段～950頁下段に掲載。

【読み下し】

一つ、宗門出世の戒臘は、御条目の如く、位次を乱さず、階級を経て、祖席に登り、法幢を竪て、宗旨を建立すべし。或いは僧録所・古跡・大叢林の住持職は、器量の人品を撰び相い定むべし。猥りに贔屓偏頗の私情を以て、非器の長老を移し置くべからず。大小寺院、江湖興行の時、沙喝鳳毛を除き、七条を被向する清衆、応に七十箇を満たすべし。若し一員を闕くれば分散となすべし。其上法幢師・首座・維那・両役寮ともに罪科たるべし。九旬の講釈は導師の外、席を客殿に開くべからず。住持の講筵たりといえども、群を成し隊を作すべからず。結制の内十八の茶礼は、常住よりこれを営弁すべし。大衆も亦た自打飯となすべし。幷びに炊爨も自身これを相い勤むべし。罷参斎は饗を軽くすべし。応に必ず美麗を尽くすべからず。或いは貧地小庵において、二、三年に一度聚会を望めば、則ち吟味を以て申し付くべき事。

一つ、三ヶ寺会下の僧は、自他派を論ぜず器量に依って首頂相い立て候節、その小本寺へも相談を遂げ、和融の上、相い談じ定むべし。その外自他派に限らず、小本寺より首座相い立つる時も、器量又は筋目・由緒によるべ

し。乍入叢林より弐拾年の数に満つると雖も、諸叢林を歴ず、修行未熟にて首座を致す事、詮議を遂ぐべし。或いは剃髪の師の下に於いて、其の弟子、立身を致す事、堅く許容すべからず。況や平僧地幷びに庵室に在って年月を送る僧、衆会に入るを許すべからざる事。

一つ、諸国に於いて一派の小本寺たりと雖も、其の国の僧録の掟に背くべからず。殊に一派の門葉の内、先規の例これ在る所は相い妨ぐべからず。或いは小本寺たりと雖も、再会興行の時は披露を遂ぐべし。且つ亦た諸末寺移替の節、其の本寺より、押して首座相い立て、後住の指図を受くべきの証文を取る事は、非例たるによって堅くこれを致さすべからず。或いは伝法入室の時、仏祖已来これ無き非例申し懸け、手形取る事無用たるべし。其の上本末とも、新儀企つべからざる事。

一つ、近世我が宗の師僧、都鄙とも、上古の風規に違い、今時の宗要、他宗・異派の家風を学び、三衣とも鼠色を好み、異標の帽子を戴き、大顆の珠数を掐し、外に殊勝を表し、内に邪思を含むの輩、脱衣追放申し付くべし。主人も亦同前たるべき事。

一つ、凡そ行脚の徒は、偏に玄関を扣き、知識に見え、広く法窟に投じ、道友を訪ねて、妙密の鉗鎚を飽受し、大事を発明し、仏祖の恵命を続ぎ、普く群生を利益す。是れ即ち禅の師、大善知識なり。近世の僧侶、洞上の古轍に違い、或いは東阡南陌の庵室、或いは酒肆茶坊の裏店に、三箇五箇相聚りて、一生空く光陰を送り、偶ま江湖に出ずれば則ち他の衆寮を借り、他の会下と称して、清規を守らず、法則に拘らず、無慚無愧、外道の奴に似たり。其上、関東において立身相い成らざる則んば、遠国に往き一両年を歴て、立身の首尾を合わせ、其国の僧録より添状才覚致し、再び関東へ来りて、望み徘徊する輩これ有りとも、免許すべからざる者なり。

右の品条、違犯の輩は、宗門の清規に依り罪科に処すべき者なり。

【注】(1)御条目　法度。ここでは、慶長十七年(一六一二)の「天下曹洞宗法度」以下の法度をいう。

(2)沙喝　小沙弥の別称。沙弥喝食の略。『禅林象器箋』には、日本の禅林で、剃度して沙弥となり、しかも喝食の服を着るものは、沙喝と呼ぶ、としている。

(3)鳳毛　鳳凰の毛。子が父祖に劣らぬ素質を有していることにいう。優れた風采あるいは文才のたとえ。ここでは特別に安居を許された若年の僧をさしているようである。

(4)被向　被着・着用することであろう。

(5)七条　七条袈裟をいう。三衣のうちの中衣。

(6)清衆　修行僧のこと。清浄の大海衆の略。

(7)客殿　本堂をいう。

(8)常住　常住物(常什物)。寺院の資産。禅宗寺院に備えてある公有物。

(9)打飯　食事を整えること。

(10)炊爨　飯をかしぐこと。煮炊き。

(11)首頂　衆頂とも書く。首座。江湖頭ともいう。

(12)小本寺　本末関係の末端に近い各地の寺院で、その下に一・二ヶ寺から数十ヶ寺の末寺をもつ。

(13)乍入叢林　初めて叢林に入ったこと。叢林生活の新入生。

(14)平僧地　曹洞宗の場合、寺院のうち最下位の寺格で、堂や庵室などの小院をいった。多くは未嗣法の僧尼が住した。

(15)玄関　悟りの境地に至る大切な場所。禅寺における客人の入口。

【解説】　本史料は、永平寺所蔵『代々』の写本を底本とした。本史料が収録されている『代々』については、本巻No.10の解説を参照されたい。同じ史料は、永平寺所蔵『記録写下書』(20オ~24ウ)にも載っており、今回、後者を校定に用いた箇所(〔　〕内)がある。この史料は、すでに『洞門政要』(二一七~二一九頁)に収録されているが、永平寺所蔵の『代々』によって少なからずその誤字脱字を正すことができる。またこの「掟」には、別に同日付の「副ヶ条」がある。しかし「副ヶ条」は写本により、例えば『記録写下書』にはこれを欠いていること、および「掟」の主文と比べて内容的に微細にわたり、その点に独自の意味があることを考慮し、独立の綱文を立てて扱うこととした。

本史料は、関三ヶ寺(龍穏寺〈埼玉県入間郡越生町〉・総寧寺〈現千葉県市川市〉・大中寺〈栃木県栃木市〉)の連名で、曹洞宗寺院に通達された「掟」である。関三ヶ寺連名の通達は、寛永十六年(一六三九)の「定」に始まるが(『洞門政要』二〇八~九頁)、明暦四年(一六五八)二月の出羽国光禅寺（山形県山形市）宛「掟」（本巻No.９）、延宝五年（一六七七）の五ヶ条（本巻No.110）などがある。もちろんこれら関三ヶ寺の通達とは別に、幕府から寺院を統制する政策的法令として、すでに慶長十七年（一六一二）の「天下曹洞宗法度」（『文書編』一巻No.113）、元和元年（一六一五）の「永平寺諸法度」（『文書編』一巻No.117）・「總持寺諸法度」（『文書編』一巻No.118参照）などがあった。関三ヶ寺の「掟」の位置は、当然これらの法度を受けながら、あくまで宗内の規定であり、一面では曹洞宗教団としての戦略的構想を成文化しているのではなかろうか。

以下、「掟」の内容を順次要約しながら検討していく。

第一条は、寺院住持になるには、曹洞宗法度を守り、段階を経て進まねばならない、とした上で、特に、国毎の僧録所、古い由緒のある古跡、修行者を受け容れる大叢林の住持職には、私情を入れずに、有能な人物を選ばなければならない、とする。大小寺院において江湖会をする場合、七条の袈裟を被着できる僧七〇名の定員を満たさなければならない。一名でも不足すれば江湖会は解散させ、責任者は罪を負う。九十日間の講釈を本堂でできるのは導師のみで、住持の講筵であっても多数のものを動員してはならない。結制中の一八回の茶礼は、寺院常住物を用いて営んでよい。しかし大衆（修行僧）の食費は各自負担とし、自炊とする。打ち上げの会食は軽くし、贅沢はしない。経済力の乏しい小さい寺庵でも二、三年に一度希望すれば、吟味して許可する、という。

すでに寛永十九年、徳川家光は、諸宗に対し、江戸の城下や御鷹場の寺院、関東・遠国の御朱印所の寺院、要するに将軍家に関わりの深い寺院の住持には相応の人物を宛てるべきことを命じている（『文書編』一巻No.142）。これは人を選ぶ面でその延長上にあるともいえる。しかし、他宗との競争がある中で、大寺院の住持に有能な人物を揃えておこうとするのは、教団全体を視野にいれた関三ヶ寺としての方針であろう。また江湖会は、その首座を勤めることが寺院住持となる要件であった。その江湖会の定員は、寛永六年の總持寺五院による「扶桑国曹洞宗法度」（『洞門政要』二〇四～五頁）においては、一〇〇名であり、この定員が寛永七年僧録（総寧寺・龍穏寺）の「定」（『洞門政要』二〇五～七頁）、寛永十六年の関三ヶ寺「定」（『洞門政要』二〇八～九頁）に採用されていた。これを最小限七〇名としたのは、慶安元年（一六四八）永平寺二十五世北岸良頓が越前国永建寺（福井県敦賀市）に出した壁書に始まる（永建寺文書、『文書編』一巻No.155参照）。永平寺として、定員を減らし、ややハードルを下げて、関東風の江湖会の執行を徹底実現しようとするものであったと考えられる。今回の「掟」は、七〇名の定員を踏襲しているが、関三ヶ寺として、かつ罰則を設けてまでその厳守をはかる点に特徴がある。曹洞宗の独自性はしっかりした江湖会によってこそ発揮できる、と見込んだ戦略的方針といえる。したがって江湖会の活性化は曹洞宗としては望むところのはずである。ところが大盛況となることはかえって規制している。これは、幕府から徒党の温床との嫌疑がかかるのを未然にかわす面と、過大な経費に対する批判をかわす面とがあったと考えられる。そこで「自打飯」など極力経費をかけない方式が提示されたのであろう。饗応を軽くせよ、という規定も同様であるが、ややのち享保七年（一七二二）九月には、幕府から諸宗への上意下達の形をとって裏付けられた（『御触書寛保集成』一一九二頁）。

　また貧しい寺院にも可能性があることを示す。これも開催件数の増加を図っているといえる。曹洞宗教団の強化と、幕府からの嫌疑を避けることとの間で、慎重な配慮がめぐらされているのである。

　第二条は、関三ヶ寺の会下、すなわち関三ヶ寺の各寺が行う江湖会において、首座は、自派他派の区別なく有能な人を立てるけれども、その場合でも当人の在籍する小本寺と相談し和融して決定しなければならない。その他の場合、自派にせよ他派にせよ、小本寺側から首座を指名する場合でも、資質あるいは筋目・由緒によらなければならない。僧堂歴二十年を満たしていても、複数の僧堂を体験していない修行未熟の人を首座にするには、詮議が必要である。剃髪得度の師が、剃髪した弟子をみずからのもとで首座に立てることは厳禁である。まして住持が正規の資格を要しない小寺院や庵室に留まったまま年月を送っている僧は、江湖会の大衆に入ることも許されない、とする。

　首座の指名については、有能な人材を選別することが、教団の命運につながった。しかし幕府が採用した寺院本末制度があり、また慶長十七年「天下曹洞宗法度」に「末山として本寺の掟に背くべからず」の規定がある以上、幕府の手前、本寺の権限尊重はゆるがせにできない。そこで首座の指名にあたっては、関三ヶ寺では自派他派を差別しない人材優先とするが、小本寺の立場との調整を必要とし、また小本寺側が首座を指名する場合も、資質か筋目かの客観的理由が要件であるとする。つまり人材優先と本末関係とを調整する二重の配慮対応が、常に求められることになったのである。

また修行において、複数の僧堂体験をことさら重視していることが注目される。人材優先の判定基準が、ここにあったようである。寛永十六年の関三ヶ寺「定」、および明暦四年関三ヶ寺が出羽国光禅寺に出した「掟」に、遍参修行の途中で寺庵を構えてしまった僧を首座にしてならない、とあるのは、同じ趣旨と考えられる（本巻No.9解説参照）。また得度の師と法幢師とが同一人となることを「前代未聞の悪例」といい、「他宗の嘲弄」になり「吾門の衰廃」になるとして厳禁する規定は、すでに寛文四年（一六六四）の関三ヶ寺「掟」にある（『洞門政要』二一〇～二一一頁）。これらは、遍参の重視であると同時に、曹洞宗の寺院住持の人脈が閉鎖的に固まらないように、できるだけ広く開かれた人脈の中に身を置いてほしい、という配慮が、制度として打ち出されたものでもあろう。この趣旨は、さかのぼれば道元禅師が描いていた「公界」の構想にもつながっているといえよう。寛文八年二月二十六日の関三ヶ寺の「掟」（本巻No.59）では、「遍歴の徒」や「遍歴を致さず、寺を持つ僧」の服制が制限され、「遍歴」が当然の過程とされていたことが窺える。しかし改めて第二条の規定が作られたのは、曹洞宗教団としての危機感を示すと思われる。例えば遍歴していた修験者の土着化が進んだのと似て、すでに曹洞宗の僧侶の行動半径が地域的に狭まり、いいかえれば「遍歴」が励行されない傾向が顕在化してきていたのであろう。これは地域に密着する寺院の建立が盛んな時代相の一面であったと考えられる。

第三条は、諸国の小本寺の威勢を規制する内容である。まず小本寺であっても、その国の僧録の掟に背いてはならない。小本寺の配下にある一派の門葉寺院（末寺・孫末など）であっても、以前からの慣例がある場合は、小本寺がこれを妨げてはならない。小本寺とはいえ、もし再会の江湖会、すなわち同じ住職が二回目に結制安居を実施する時は、（関三ヶ寺に）届け出る必要がある。また諸末寺の住持交替に際し、本寺が強引に首座を決めてかかり、後任住持は本寺の指図を受けます、という証文を取ることは、先例にないことなので堅く禁止する。伝法入室の時、仏祖以来先例のないことを申し懸け、手形によって約束させることは、禁止である。さらに本寺・末寺ともに、先例のないことを企ててはならない、とする。

慶長十七年天下曹洞宗法度などに「末山として本寺の掟に背く事」を禁ずる大原則が定められていた。初めて「本末の規式、これを乱すべからず、本寺と雖も末寺に対し理不尽の沙汰あるべからず」と本寺に抑制を促す条文が挿入されたのは、寛文五年の「諸宗寺院法度」であった(本巻No.53)。しかしこの第三条においては、関三ヶ寺が各地の小本寺の現状に対しもっと緊迫した警戒感を抱いているらしい。小本寺は、制度として確立してきた本末制度の厳しい上下関係を利用して、小本寺を盟主とする在地寺院の結託を推進し、僧録を軽んじたり、末寺の自立性を否定したりして、諸寺院の閉鎖的なブロック集団をつくってしまう傾向が目立ってきたのであろう。その動向を強く牽制している。

第四条は、近頃の曹洞宗の師僧にみられるのは、都鄙ともに、上古の風規を違える今時の宗要である。他宗・異派の家風をまねて、三衣ともに鼠色を好み、異標の帽子をかぶり、玉の大きな数珠を爪繰り、外見を立派にみせ、内に邪な思いを含む輩は、法衣を脱がせ、追放に申し付ける。その主人も同前の処分とする、という。

近世になって、曹洞宗内の服制に関連する案件としては、紫衣・黄衣被着の資格(元和元年、『文書編』一巻No.117・No.118)や、いわゆる雑学事件にも関わる布衣僧と綿衣僧の対立(慶安元年、『文書編』一巻No.155、「関東従三ヶ寺学文法度之壁書之事」〈『宇治興聖寺文書』一〉)があった。寛文八年の関三ヶ寺「掟」には、身分的に師家・首座・遍歴僧・遍歴せずに寺を持った僧に分けて、それぞれの衣の素材を規定している(本巻No.59)。また寛文十年の関三ヶ寺の「掟」一条目に「先の三箇寺代々の壁書を以て相い定めらる如く、袈裟衣、万事曹洞の風規は先例を守るべし。并びに遠国も同前たるべきの事」とある。しかし関三ヶ寺からの規定において、服制に関し他宗との類似を特記して禁じる条項が明記されたのは、本史料の第四条が初めてである。曹洞宗でありながら、古来の服制を破って、外見が立派に見える他宗・異派の服制を取り入れるものがあることを非難し、そういう師僧は、法衣を脱がせ、追放にすると強硬に断じている。ここで非難されている服制は、おそらく雑学事件のころ京都風とみなされた綿衣僧の趣味を受け継いでいたのであろう。しかしここでは、この風潮が「都鄙ともに」あるとしている。古風の関東風からみて苦々しい僧侶の風俗は、もはや京都風といえないほどに広く蔓延していたようである。

第五条は、行脚の修行僧は、ひとえに指導者を求め、広く僧堂を体験して道友を訪ね、厳しい指導を受けて、大事を発明し、仏祖の慧命を継ぎ、衆生を済度するのである、と禅の師、大善知識のあるべき姿を述べる。そして具体的な指摘に入り、近頃の曹洞宗の僧侶には、あちこちの庵室や、酒坊・茶屋の裏店に三人五人と集まり、無駄に時間を送る者がいる。たまたま江湖会に出て、その寺院の衆寮を借り、その会下と称しても、清規を守らず、規則に従わず、外道の者にそっくりである。その上、関東において首座に採用されないとなると、遠国に赴いて一、二年で首尾よく立身をとげ、その国の僧録に手をまわして添状まで入手する。こうしてふたたび関東に来て「望み徘徊」つまり住持になれそうな寺院を探し回る輩がいても、これを免許してはならない、という。

これは、すでに慶安元年に関三ヶ寺・可睡斎(静岡県袋井市)・總持寺・永平寺の連名で出した壁書(『宇治興聖寺文書』一)や、慶安二年、永平寺二十六世天海良義が越前国永建寺(福井県敦賀市)に出した壁書(『文書編』一巻No.166)の立場を、改めて関三ヶ寺の強い方針として宗内全般の規定に取り上げたといえる。すなわち関東風の諸国遍参の建前を崩し、安易な方法で寺院住持になってしまおうとする者がいる実態を視野に入れ、そういう経歴の人物が住持になっていく道を塞ごうとしたものである。ここで指弾されている曹洞宗僧とは、かつて永平寺から、京都風のイメージとして非難されたものの同類といえる。京都風とみなして非難してきた様相が、かえって関東の曹洞宗僧をも浸食し、かつ住持にもなっていく実態への危機感が、あらわれている。

関三ヶ寺がこの掟で守ろうとしているのは、曹洞宗僧が生きる広く開かれたネットワークの理念といえよう。道元禅師が「公界」の僧の在りようとして思い描いたものは、中世後期の社会のなかでそれなりに実体化されていたようであり、これは関東の曹洞宗の誇るべき伝統になっていたと考えられる。これを保障するのは安居結制の励行であったが、しかしこの時代、それを活性化するにも、幕府の嫌疑を避ける配慮が必要であった。また一方で、小本寺を核にして新寺建立が進むと寺院間の地域的結合が強まり、本末制度を口実にして閉鎖的門閥に固まっていく傾向が生じたのであろう。関三ヶ寺は、曹洞宗として風通し良く、指令の貫徹できる状況を確保しなければならなかったのであろう。ここに、本末関係による地域ブロック化を防ごうという教団の理念は、宗内を中央集権的に支配する側である関三ヶ寺の新しい動機と重なっている。その新しい動機からすると、少し以前まで、京都風と決めつけることで対応してきた風潮は、かえって関東の足元にまでおよんでいるように捉えられたらしい。

関三ヶ寺は、寺院住職に対し、宗内における開かれた人脈と、その流動性を維持する理念を意識しながら、かつ本末制度による秩序安定を求めている。関三ヶ寺は、この両方向を束ねる立場で、曹洞宗内を中央集権的に支配する体制をとっているといえよう。しかも、第一条では永平寺北岸良頓が、第五条では永平寺天海良義が、ともに越前国永建寺に出した壁書の内容が先行し、永平寺が牽引しているようである。関三ヶ寺「掟」はそれらをなぞりつつ、「雑学」「智解」など教学内容を論ずる部分を削って、論点をより一層絞った文面となっている。さらに、この掟の違反者への罰則は、あくまで宗内の清規による、という。これらの点に、幕府・領主の支配体制に還元しえない、近世の曹洞宗教団の主体性が表明されていたのであろう。

参考文献

高柳眞三・石井良助編『御触書寛保集成』(岩波書店、一九三四年)。

横関了胤『江戸時代洞門政要』(東洋書院、一九三八年)。

守屋茂編『宇治興聖寺文書』一(同朋舎、一九七九年)。

『永平寺史』上巻(大本山永平寺、一九八二年)。

『永平寺史料全書』文書編　第一巻(大本山永平寺、二〇一二年)。

『大永平寺展—禅の至宝、今ここに—』(福井県立美術館、二〇一五年)。

(菅原昭英)

貞享三年（一六八六）二月晦日、関三ヶ寺、掟五ヶ条に加えて、副ヶ条七ヶ条を幕府に披露した上で、諸国寺院へ触れ回す。

124　関三ヶ寺副ヶ条写

（『代々』55オ〜57ウ）

副ヶ条

一、凡一会入衆作法者、不可乱先規、結制之内、魔魅(1)人家之男女、称説法授戒而、作群集不可騒、一会五則之法問商量者、約言語而、不可仮雑学・鄙詞、総而慎身口、厳威儀而、不可受傍観之嘲事、

一、御朱印地并一派本寺之住職者、不可致諸檀那之望次第ニ、宗門之法式相立候様ニ、以吟味可申付、或大檀那有之牌所之住持職者、可任開基之心ニ、併依法之筋目可遂相談、又於遠国致立身長老、不可移置関東之古跡・大地、然共撰器量、不洩宗門之法式則、吟味之上可申付事、

一、御朱印之田地、不可入借金之質物、或他山、或遷化之跡、無其寺功勲而、不可残置於借金勿論、他山之時、伐荒寺中山林竹木、不可貪取於寺物、住持遷化之時、不達其本寺而、門中并弟子共、私請他派之長老不可致葬礼、塵焼可為格別、殊ニ血脈・遺書等不受差図而、我侭ニ不可致開見、仮令後住有之共、於其本寺落着無之以前、不可致葬礼、併遠国ニ有之者、依品可任先規、或以金銀不可致後住之契約、亦後住之約諸両人在之、覃于諍論訴来時者、双方共ニ不可申付事、

一、隠居之願者、寺之階級可依品例ニ、入院之披露者、其本寺殊ニ僧録可相達、或入院開堂之砌、先可嗣法相続、必不可遅怠、雖然遠国本寺有之寺院者、可任先規、不致伝法而、取続松不可致引導、亦嗣法後為十方旦那結縁、授血脈時、居士大姉号院殿〔院殿号〕、不遂吟味、猥ニ不可許容事、

一、於諸寺院、従二、三年以前致首頂之内約江湖興行堅令停止、并黒衣之長老雖望法幢不可許容、江湖庫下之営弁、有施主為追善供養三宝、則引打飯尤可也、又寺主有志而施之時者、不可相妨者也、

一、逮末後ニ、後住致遺書置時、撰其寺相応之者、致同門

証人ニ、後住可相定置、同門無之時者、近所他門之寺可致証拠人置也、亦後々住於定置者、宗門之可為罪過事、

一、致他山長老、隠居在之者、法脈・寺共ニ隠居江可返置也、隠居無之時者、其本寺江可相返、若本寺遠国ニ有之者、同門歟、又者他門成共近所之寺江可預置、致他山長老、後住不可〔致脱カ〕才覚事、

右之掟幷副状、御公儀江遂披露、触廻之間、於諸寺院貼在壁間而、此旨堅可相守者也、

但元禄十六年　御条目、被　仰出候以来者、致他山長老、法脈寺共ニ後住ニ致附属候、

貞享三丙寅年二月晦日　総寧寺　（長沢）天恩判

大中寺　（鉄柔）好山判

龍穏寺　（高郁）馥州判

（異筆朱字）「先于元禄復古之公命十八年」

○写真版は本巻950頁下段～952頁上段に掲載。

【読み下し】

一つ、凡そ一会入衆（いちえにっしゅ）の作法は、先規を乱すべからず。結制の内、人家の男女を魔魅（まみ）し、説法授戒（せっぽうじゅかい）と称して、群集を作（な）し騒ぐべからず。一会五則（いちえごそく）の法問商量は、言語を約して、雑学・鄙詞（ひし）を仮（か）るべからず。総じて身口（しんく）を慎しみ、威儀（いぎ）を厳しくして、傍観の嘲りを受くべからざる事。

一つ、御朱印地幷びに一派本寺の住職は、諸檀那の望み次第に致すべからず。宗門の法式相立ち候様に、吟味を以て申し付くべし。或いは大檀那これ有る牌所の住持職は、開基の心に任すべし。併（しか）しながら法の筋目に依り相談を遂ぐべし。又遠国において立身を致す長老、関東の古跡・大地に移し置くべからず。然れども器量を撰び、宗門の法式を洩らさざれば則ち、吟味の上申し付くべき事。

一つ、御朱印の田地、借金の質物に入るべからず。或いは他山、或いは遷化（せんげ）の跡、其の寺に功勲無くして、借金を残し置くべからざるは勿論、他山の時、寺中山林竹木を伐り荒らし、寺物を貪り取るべからず。住持遷化の時、其の本寺に達せずして、門中幷びに弟子共、私に他派の長老を請じ葬礼を致すべからず。塵焼は格別たるべし。

殊に血脈・遺書等差図を受けずして、我侭に開見致すべからず。仮令後住これ有る共、其の本寺落着これ無き以前において、葬礼を致すべからず。併しながら遠国にこれ有らば、品に依り先規に任すべし。或いは金銀を以て後住の契約を致すべからず。亦た後住の約諾両人これ在り、諍論に覃び訴え来る時は、双方共に申し付くべからざる事。

一つ、隠居の願いは、寺の階級品例に依るべし。入院の披露は、其の本寺殊に僧録に相い達すべし。或いは入院開堂の砌、先ず嗣法相続すべし。必ず遅怠すべからず。然りと雖も遠国に本寺これ有る寺院は、先規に任すべし。伝法を致さずして、続松を取り引導を致すべからず。亦た嗣法の後十方旦那結縁のため、血脈を授くる時、居士大姉号院殿、吟味を遂げず、猥りに許容すべからざる事。

一つ、諸寺院において、二、三年以前より首頂の内約を致す江湖興行、堅く停止せしむ。并びに黒衣の長老法幢を望むと雖も許容すべからず。江湖庫下の営弁、施主有り追善の為に供養三宝し、則ち打飯を引くは尤も可なり。又寺主志有りてこれを施す時は、相い妨ぐべからざる者なり。

一つ、末後に逮び、後住を遺書に致し置く時、其の寺相応の者を撰び、同門を証人に致し、後住相い定め置くべし。同門これ無き時は、近所他門の寺証拠人を致し置くべきなり。亦た後々住を定め置くにおいては、宗門の罪過たるべき事。

一つ、他山を致す長老、隠居これ在らば、法脈・寺共に隠居へ返し置くべきなり。隠居これ無き時は、其の本寺へ相い返すべし。若し本寺遠国にこれ有らば、同門か、又は他門なりとも近所の寺へ預け置くべし。他山を致す長老、後住の才覚致すべからざる事。

右の掟并びに副状、御公儀へ披露を遂げ、触れ廻すの間、諸寺院において壁間に貼在して、此の旨堅く相い守るべき者なり。

　但し元禄十六年御条目、仰せ出され候以来は、他山を致す長老、法脈・寺共に後住に附属致し候。

【注】（1）魔魅　人をたぶらかす魔物。邪悪な人のたとえにもいう。用例として、一休宗純『狂雲集』33に引用された徹翁義亨の遺誡に「然るに吾は善知識なりと称し、杖払を擎げ、衆を集めて説法し、人家の男女を魔魅し、心に名利を好み、学者を室中に招き、

玄旨を悟らせると道い」とある。また『狂雲集』428に「人家を魔魅して、常に禅を説く」とある。

【解説】 本史料は、貞享三年(一六八六)二月晦日の関三ヶ寺〈龍穏寺〈埼玉県入間郡越生町〉・総寧寺〈現千葉県市川市〉・大中寺〈栃木県栃木市〉〉の「掟」(本巻No.124参照)にともなう「副ヶ条」であり、「掟」とともに諸寺院に通達されたと考えられる。本史料が収録されている『代々』については、本巻No.10の解説を参照されたい。「掟」と同様『洞門政要』(二一九～二二〇頁)にも収録されているが、永平寺所蔵『代々』によって誤字等を訂正できるところが多い。ただし写本により永平寺所蔵『記録写下書』のように「副ヶ条」を欠く場合もある。「掟」本文と、別にして副えられた理由は、おそらくその内容が、個々の細かい事情に対応しているためであろう。

第一条は、「掟」第一条の江湖会の「不可成群作隊」に対応している。特に、説法・授戒において群集が騒ぐことを禁じ、饒舌な問答を禁じているのは興味深く、また江湖会の中で授戒が行われていることが確認される点でも貴重である。「人家の男女を魔魅」するという語句は、京都大徳寺(京都府京都市)の徹翁義亨・一休宗純が、密参禅の批判に用いている。また寛永七年(一六三〇)正月、僧録の総寧寺・龍穏寺が、信濃国長国寺(長野県長野市)に宛てた「定」にもみえる(『洞門政要』二〇五～二〇八頁)。すなわち「人家の男女を魔魅するの沙門あり、維摩・龐老の例と称し、未明の一句一言を優婆塞・優婆夷等に売弄し、掛絡袈裟を付在せしむる義、宗旨衰廃の基なり、これまた深く停止せしむべきこと」とある。この条文は、必ずしも江湖会の場と限らず、やはり密参禅を念頭に厳禁したものであろう。しかしこの副ヶ条第一条が、果たして密参禅的風潮を指摘しているのか、あるいは何らかの怪異的営為を言っているのかは、目下あきらかでなく、今後の検討に俟ちたい。

第二条は、御朱印地・一派本寺という主要寺院の住持選任を、諸檀那の意向に任せてはならない、という原則を立て、大檀那が開基家である場合を例外とする。これは寛文五年(一六六五)の幕府老中が連署する「下知状条々」に規定された「檀方建立の由緒これ有る寺院住職の儀は、檀那の計らいたらしむの条、本寺より相談を遂げ、その意に任すべき事」という条文と内容的に重なる(『徳川禁令考』前集五、二一一頁、『洞門政要』一六八～九頁)。しかし幕府が、建立の由緒によって檀方優先を打ち出しているのに対し、ここでは逆にそれを例外扱いとしている。

遠国で首座を勤めた住持が、関東の古刹・大寺院に移転することを禁じる原則は、同日の「掟」第七条(本巻No.124)の延長上にあるが、ここでは例外を設けている。

第三条は、御朱印寺領の田地を質物に入れることを禁じている。これは、慶長十三年(一六〇八)の幕府からの「曹洞宗覚」に「領知の売買質物、一切無用の事」(『文書編』一巻No.112参照)とあり、また寛文五年の「諸宗寺院法度」に「寺領一切これを売買すべからず、並びに質物に入るべからざる事」とあったのに対応している(本巻No.53参照)。ただし何故ここで朱印地の質入れだけに限ったのかは明らかでない。社会の実態が急速に変わりだし、せめて御朱印地だけはとしたのかもしれない。

次に住持が他寺に転出したり、遷化したりした時に、寺院に対する顕著な功績がないのに借金を残すことを禁じ、また転出の時、寺中山林竹木を伐り荒し、寺物を貪り取ることを禁じている。これは、住持交替の際に寺院の資産と住持の私財とをめぐり、金銭がらみの問題が発生し、それに対処した結果を示したものと思われる。

次に住持遷化の時、本寺に達せず門中や弟子で葬礼を出すことを禁じるが、火葬までは構わないとしている。遷化した住持の血脈・遺書の開見は、本寺の指図なしにできない、後住が決まっていても、その本寺が正式に到着する以前においては、葬礼を行ってはならないとする。しかし、本寺が遠国にある場合は例外としている。これは、慶長十三年の幕府からの「覚」以来の原則として、住持就任には本寺に強い権限があることの延長といえる。しかし遷化以後の途中経過に遡って細かに規定したのは、この第三条が始めであろう。

次に金銀をもって後住の契約をすることを禁じているのは、寛文五年の「下知状条々」に「金銀を以て後住の契約を致すべからず」とあるのと変わらない。おそらく後住の約諾が二人あり、訴え出れば双方とも失格とした点が、この段階での新しい事態への対応であったのであろう。

第四条は、隠居の願について触れる。寺の階級、品例によるべし、とあるだけであるが、寺院の隠居のことが、法令に出てくるのは、これが最初であろう。

また入院の披露についての法令もこれが最初であろう。本寺と関三ヶ寺への届出を義務付けている。さらに入院開堂する際は、遅滞なく「嗣法相続」を済ませて置くのが原則とし、ただ本寺が遠国の場合は例外とし先規による、としている。この「嗣法相続」とは、単に嗣法を済ませて師資相承を確定している必要があるということなのか、それとも、当該寺院の先代から嗣法して相続せよ、すなわち伽藍法の相続を義務づけたのか、必ずしも明確ではない。その点は、翌貞享四年十月の幕府からの「諸寺院条目」に「法地に住持する長老、後住相続の儀、伽藍二物印証を以て相定め申すべし」という一文があって、「嗣法相続」が伽藍法相続の意味であったことが確認される(『徳川禁令考』前集第五、二一〜三頁、『洞門政要』一六九〜七一頁)。「諸寺院条目」は、他の条文が諸宗共通の内容であるのに対し、この一条だけが、曹洞宗向けなのは不自然である。この一条は、前年の関三ヶ寺「副ヶ条」の不明確な部分をあえて補ったのかもしれない。ところが、この伽藍法重視は、ののち宗統復古運動により、元禄十六年(一七〇三)八月七日幕府の老中・寺社奉行の「定」によって大きく改められることになるのである(『文書編』三巻No.24)。

また、伝法以前に葬儀で引導することを禁じている。この趣旨は、元和九年(一六二三)、能登国總持寺五院から出羽国光禅寺(山形県山形市)に出された「曹洞宗諸定之事」(『文書編』一巻No.128)において、修行途中の僧が、続松をとり下炬を唱える(葬儀の導師をする)ことを禁じているのと同じであろう。ただこれを関三ヶ寺の法令とした点に意味があったのかもしれない。また嗣法ができた僧は、十方檀那の結縁のために授戒ができるのであるが、その場合、授ける血脈にみだりに居士・大姉・院殿号などを付けてはならない、としている。戒名の位階について関三ヶ寺が言及したのもおそらくこれが最初であろう。

第五条は、江湖会の首座を二、三年も前に決めて置くことを厳禁としている。これは何故なのか、わからない。将来先々の関三ヶ寺が発揮すべき権限をあらかじめ侵すもの、と捉えたのではないか。

ここにある黒衣の長老とは、転衣をしていない住持のことであろう。江湖会を開くことを希望しても許可はできない、としている。慶長十七年天下曹洞宗法度(『文書編』一巻No.113)以来、首座になるには叢林生活を始めてから二十年、綸旨を受けて転衣するのに同じく二十五年、江湖会を開くには同じく三十年を要する、と定められていた。これら法度では、綸旨を受けず黒衣のまま事実上住持となり、しかも叢林に入ってからの年数は三十年を越えていくケースを想定していなかったのであろう。関三ヶ寺以下が江湖会を奨励し、江湖会を支持する民間在俗の動きも多かったために、こういう想定外のケースが出てきたのでなかろうか。

江湖会修行僧の食事の営弁については、故人の追善のため供養三宝として施入してくれる施主が現れることを歓迎している。また寺の住持が私財により施入するのも差し支えない、としている。「掟」第一条では、江湖会が寺院運営の負担にならないような「自打飯」などの規定になっているが、副ヶ条では、支援者の助力に期待する面が出ている。

第六条は、末期の遺書における後住の指名は、寺相応の者とし、同門の証人が必要とし、同門がいないならば、近所他門の寺を証拠人として立てるよう規定している。これは、「副ヶ条」第三条の遺書の開見に関連するようにみえるが、別立てになっている。遺書そのものの信憑性が問題になった別箇の案件に対応したのであろう。また次期住職の次の住職、つまり「後々住」を予め定めて置くことを、宗門の罪過として厳禁している。「宗門の罪過」という強い表現からすると、これも将来先々に関三ヶ寺が発揮すべき権限を、予め侵すものと捉えたのであろう。

第七条は、他寺に転住する場合、隠居がいるなら法脈・寺ともに隠居に返すべし、隠居がいなければ本寺に返すべし、本寺が遠国であれば同門か近所他門の寺に預けよ、という規定である。また他寺に転住する長老(住持)は、後住の選任について手をまわしてはならない、とする。この規定では、転住する場合は、いままでの寺の後任人事に対して発言権がなく、逆に隠居の潜在的な権限が復活することになる。この規定は、隠居の存在感が強い事例を前提にしていたのかもしれない。やがて後住が決まれば、改めて隠居からその後住への授受が行われるようにみえる。ところが、この法理には、この後不都合が発覚したのであろう。副ヶ条について追記があり、「元禄十六年の御条目」が出されて以後は、他寺に転住する場合、法脈と寺とは、後住に附属するよう改められた、という。これは、前述の元禄十六年八月七日老中・寺社奉行「定」をさしている。その中に「伝法の僧、入院の節は、その寺院の嗣書これを除き、血脈・大事、これを重授すべし、移転の砌は、後住に附属すべし、当住遷化せしめば、その寺の隠居、又は本寺同門において、授受すべきこと」とされた。

以上、この副ヶ条の内容は、同日付けの「掟」が関三ヶ寺の全般的な立場を整理して打ち出しているのと異なり、細部にわたる個別規定に相当するようである。各条は、一応まとめられているようであるが、事実上いくつかの小項目を寄せ集めた感がある。おそらく関三ヶ寺がこの間に扱った個別事案の結論が基に在り、それをここに要約してまとめ、類似の事案に備えたのであろう。今後、もとになったそれぞれの具体的な事案が判明していけば、これら条文の歴史的背景と意味は、もっと明らかになると思われる。

以上の副ヶ条七ヶ条の後、結びには「右の掟と副状は、御公儀に披露を遂げ、触れ回す」と、わざわざ書き入れている。これは、副ヶ条の内容が細々しすぎるのを弁明しているようにみえる。その上、第四条の解釈が翌年幕府の「諸寺院条目」で確定されていること、第四条・第七条の内容が、元禄十六年には改められたこと、を考えると、宗内法規として不安定な要素が潜在していた、ともいえる。また、元禄十六年に変更されたのは、いずれも、宗統復古運動の「一師印証」に関わる点である。江戸時代後半の曹洞宗を特色づける大問題となっていったのである。

なおいま永平寺に伝わり、底本にしたのは、「掟」「副ヶ条」ともに、ずっと後年の写本にすぎない。しかし貞享五年、永平寺三十四世馥州高郁が永平寺三十五世版橈晃全に伝授した「伝授室中之物」の最後に「一、諸国江廻す廻状の写、総寧寺天恩、大中寺好山、龍穏寺馥州、御公儀江御意を得、その写これ在り」とある(本巻No.41)。これは、まさにこの「掟」「副ヶ条」のことと考えられ、永平寺においても重要事項とされ、当初から写が保存されていたことがわかる。

参考文献

横関了胤『江戸時代洞門政要』(東洋書院、一九三八年)。
石井良助編『徳川禁令考』前集五(創文社、一九五九年)。
志部憲一「江戸期における洞門嗣法制度―貞享三「伽藍法」法制化問題―」(『宗学研究』第二十五号、一九九三年)。

(菅原昭英)

（貞享三年〈一六八六〉秋以前）、永平寺三十三世山陰徹翁、書類・書籍等を永平寺保存用に入れ置く。

41 伝授室中之物

（一三紙継紙 19.7㎝×469.9㎝）

（一張）
伝授室中之物

（中略）

（五張）
一、長門龍文寺、吉祥山之由来在之、
（山陰）
徹翁和尚ゟ送之者也、此度相渡ス、

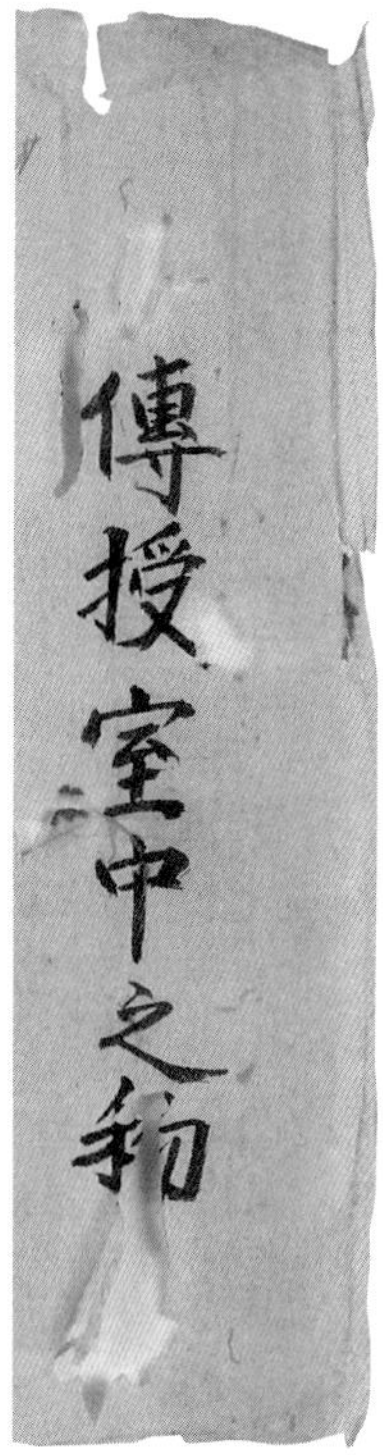
傳授室中之物

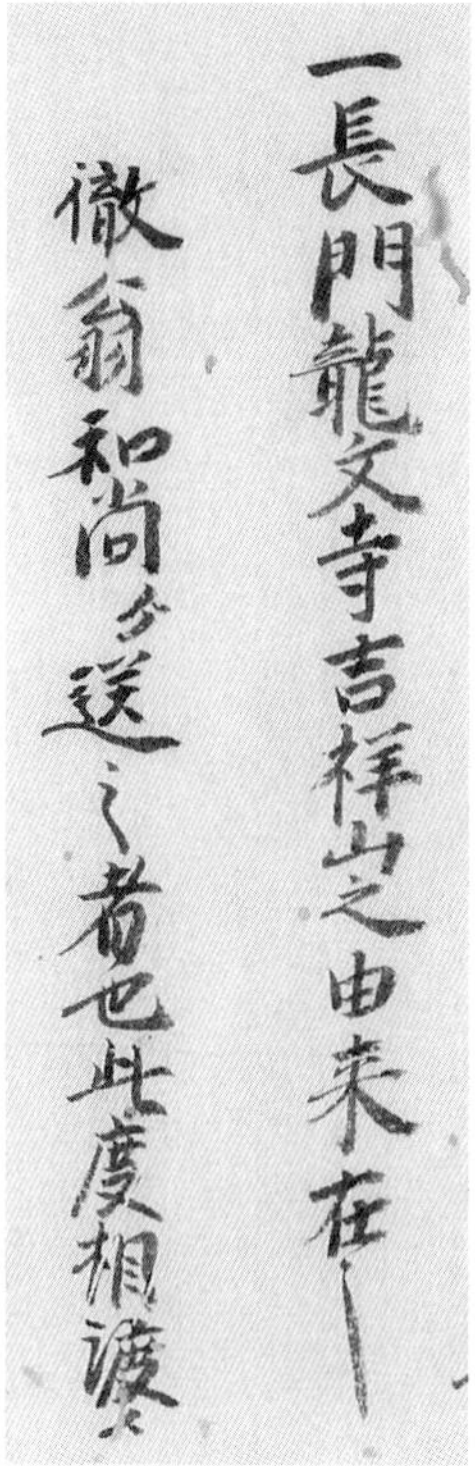
一長門龍文寺吉祥山之由来在之
徹翁和尚ゟ送之者也此度相渡ス

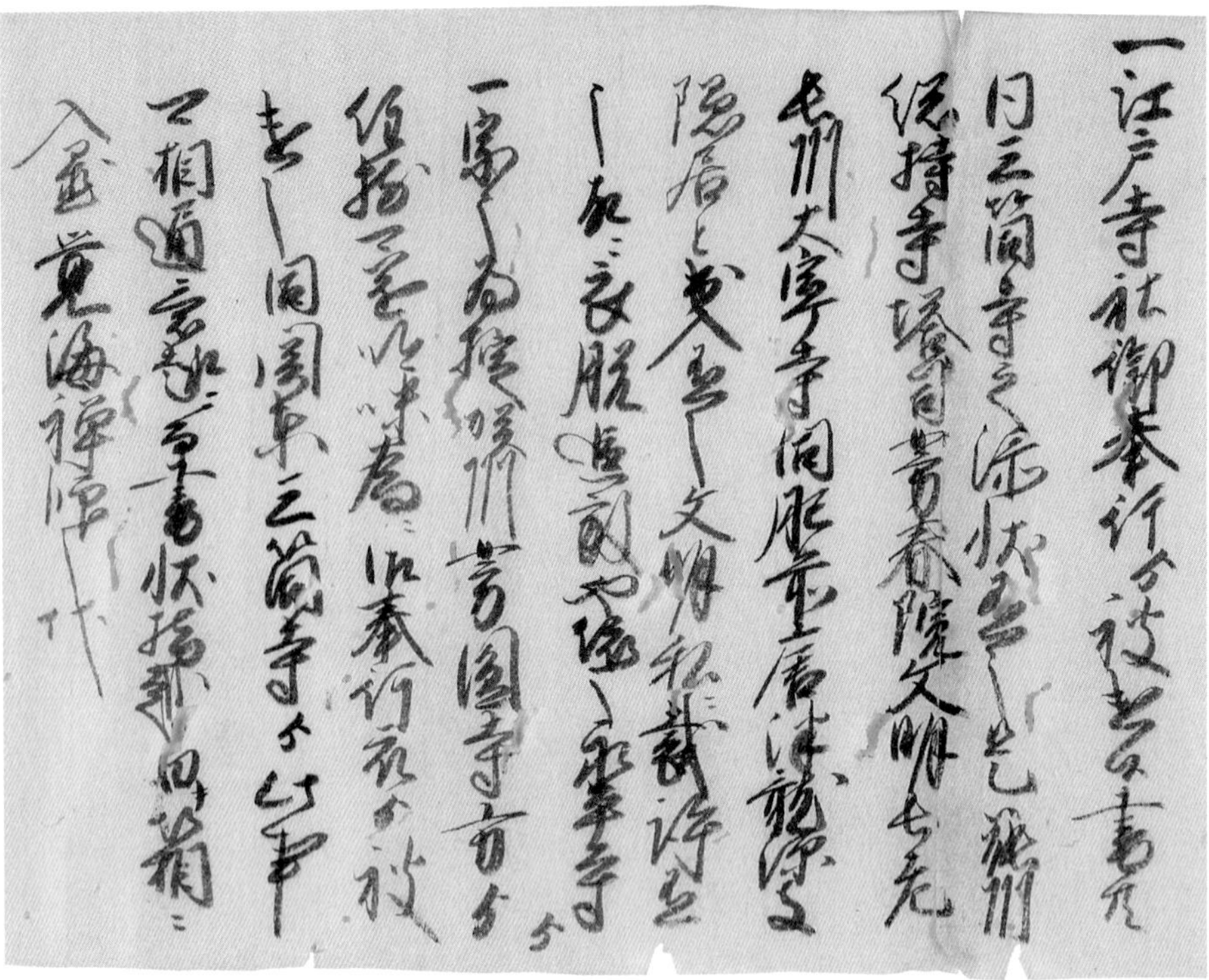

（中略）

一、（八張）江戸寺社御奉行ゟ被遣候書共、
同三箇寺之添状有之、是能州
（九張）総持寺塔司芳春院文明長老
長州大寧寺同肥前唐津龍源寺
隠居と出入有之、文明私ニ裁許有
之故ニ衣脱追放也、依之永平寺ゟ
一宗之為掟賀州芳円寺方ゟ
住持可遂吟味為ニ御奉行衆ゟ被
遣之、同関東三箇寺ゟ此事
可相通意趣ニ而書状指越、白キ箱ニ
入置、覚海禅師之代、

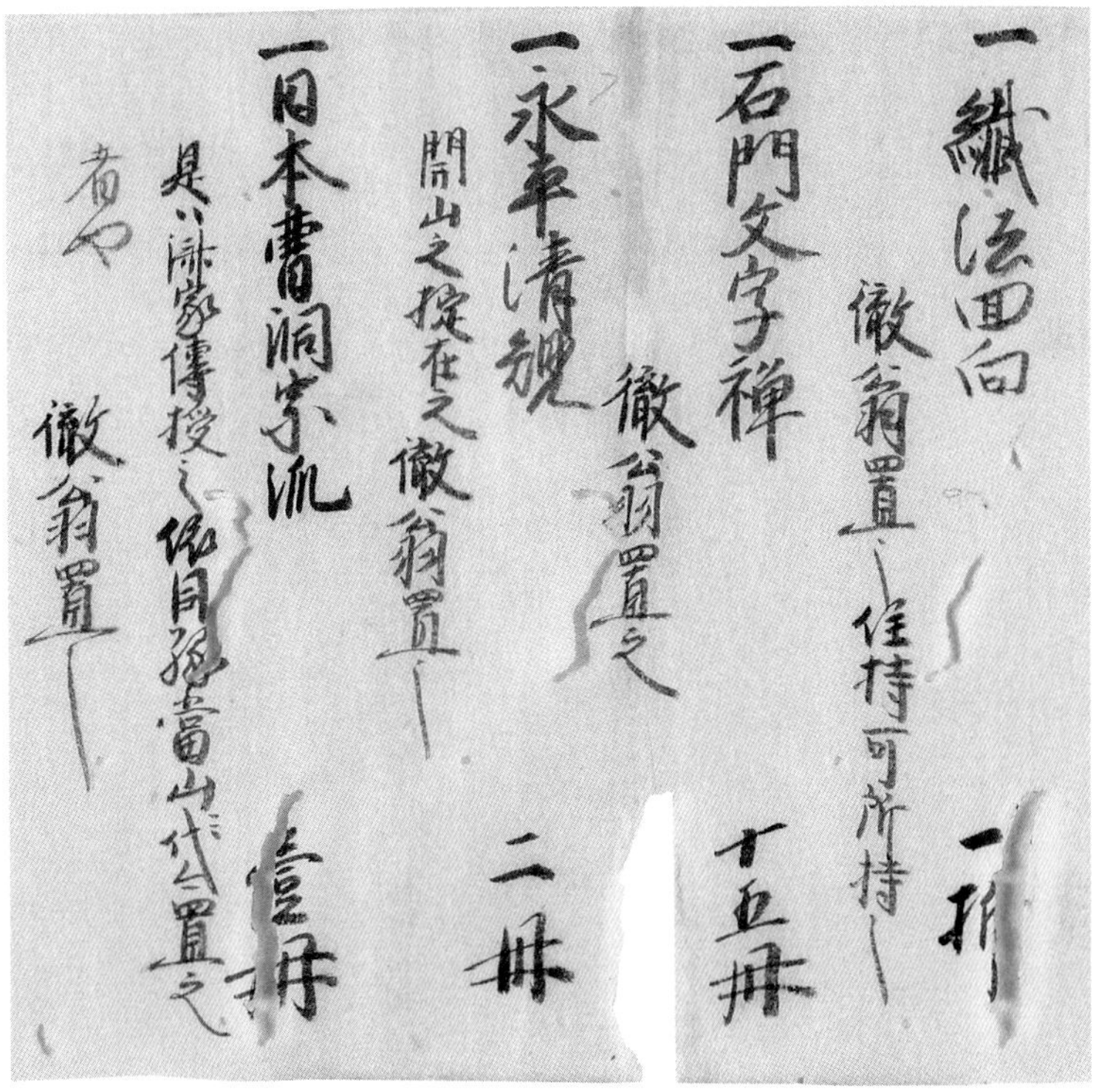

（中略）

一、織〔機〕法回向　　一折

　　徹翁置之、住持可所持之、

一、石門文字禅　　十五冊

　　徹翁置之、

（一〇張）

一、永平清規　　二冊

　　開山之掟在之、徹翁置之、

一、日本曹洞宗派　　壱冊

　　是ハ済家伝授之依因縁、当山ニ代々置之

　　者也、　徹翁置之、

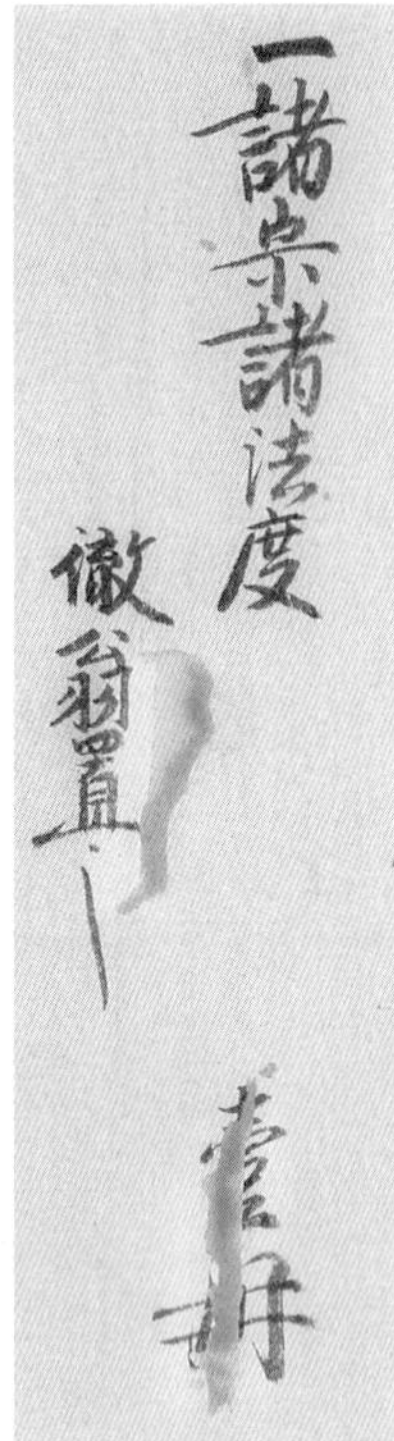

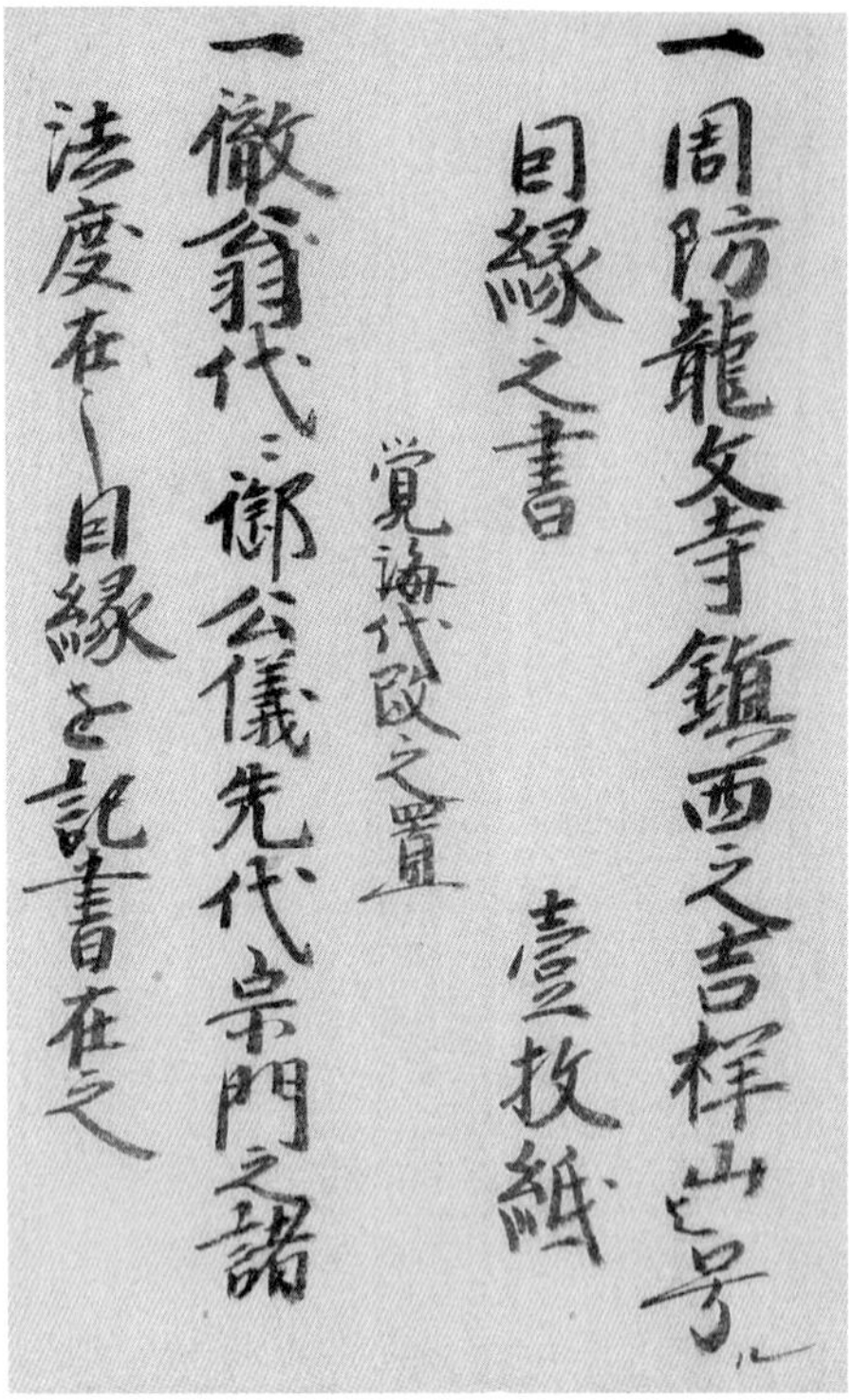

一、諸宗諸法度　　　壱冊

徹翁置之、

（中略）

一、（二一張）周防龍文寺鎮西之吉祥山与号ル

因縁之書、　　壱枚紙

覚海代改之置、

一、徹翁代ニ、御公儀先代、宗門之諸

法度在之因縁を記書、在之、

【解説】　本史料中、徹翁あるいは覚海とあるのは、永平寺三十三世山陰徹翁（?〜一七〇〇）、勅諡号覚海智円禅師のことである。徹翁は延宝七年（一六七九）から貞享三年（一六八六）まで永平寺住持を勤め、三十四世馥州高郁に譲り退院した。

まず、「長門龍文寺、吉祥山之由来在之」（「伝授室中之物」三九条目、以下該当条目のみを挙げる）について検討したい。徹翁は、おそらく住持交代の際、山口県周南市の龍文寺に所蔵されていた「吉祥山之由来」の本文、あるいはその書写を高郁に譲ったと思われ、高郁はさらにそれを元禄元年（一六八八）のみずからの退院の際に三十五世版橈晃全に引き渡している（本巻917〜919頁参照）。龍文寺は、第五世為宗忠心（?〜一五〇五）の代に永平寺復興に貢献した功により、「鎮西吉祥山」の山号が与えられたとされる。この「吉祥山之由来」の内容は不明だが、おそらく永平寺の山号「吉祥山」のことであろう。またそれと同じく、龍文寺の山号「鎮西吉祥山」の由来書である「周防龍文寺鎮西之吉祥山与号ル因縁之書」（六五条目）が高郁に渡されたことが本史料から窺える。

また、本史料には、江戸寺社奉行の書状に江戸三ヶ寺の添状があり、さらに関三ヶ寺を通じ永平寺へ情報が通達されたという、總持寺塔司芳春院文明の争論が記される（「伝授室中之物」五一条目）。

以下、これが、どのような内容の文書であったのかについて触れておきたい。

山梨県笛吹市広厳院には、「御綸旨幷曹洞宗法度条目裁許状条写」という、明治四年五月、永平寺が重要文書一二点を転写し、寺院寮御役所宛に差出した文書が伝来している（広厳院文書）。同文書の項目は次のようである（『曹洞宗文化財調査目録解題集』六　関東管区編）。

①後奈良帝様御綸旨（天文八年〈一五三九〉十月七日）、②後陽成帝様御綸旨（天正十九年〈一五九一〉十月二十一日）、③天下曹洞宗法度（慶長十七年〈一六一二〉五月二十八日）、④永平寺諸法度（元和元年〈一六一五〉七月）、⑤御老中添状（元和六年九月）、⑥城州興聖寺万安英種・加州天徳院鉄心道印等御裁許状（明暦元年〈一六五五〉十一月十二日）、⑦総寧寺松頓御裁許状（明暦三年七月二十二日）、⑧惣持寺後見芳春院文明等御裁許状（貞享三年五月二日）、⑨肥後川尻大慈寺御裁許状（元禄九年〈一六九六〉十月二十七日）、⑩一師印証新御定目（元禄十六年八月七日）、

⑪規則改正御教書（享和元年〈一八〇一〉七月）、⑫永平寺祚天幷大中寺松薫御所置件（寛永四年〈一六二七〉）。

このように「御綸旨幷曹洞宗法度条目裁許状条」は、永平寺室中に伝授されてきた重要書類の一部もしくはその抜書であった可能性が考えられる。なお、永平寺文書に確認できる史料は①〜⑤、⑦⑨⑩⑪である。このうち、『文書編』に収録しているものは①は『文書編』一巻No.77、②は『文書編』一巻No.97、③は『文書編』一巻No.113、④は『文書編』一巻No.117、⑤は『文書編』一巻No.127、⑦は本巻No.8である。なお、⑨は『文書編』三巻No.13、⑩は『文書編』三巻No.24に収録する予定である。

そのうち、⑧に該当するのが「伝授室中之物」五一条目にあたるもので、これは徹翁代に新たに定め置かれた文書である。これは永平寺文書に確認できないものである。「御綸旨幷曹洞宗法度条目裁許状条」の⑧惣持寺後見芳春院文明等御裁許状には、次の史料二点が挙げられている。

【史料一】江戸幕府寺社裁許状写（広厳院文書）

惣持寺後見芳春院文明等
御裁許状

覚

一、肥州唐津龍源寺松沢長門深川太寧寺江他山之節龍源寺隠居仲外江相談無之、自分相弟子を担中与申合後住ニ相定候故、仲外不致同心、諍論ニ罷成至能州惣持寺芳春院文明江仲外雖歎之不落着ニ付、御当地迠訴来候、依之僉議之上松沢科ニ申付候事、

一、仲外儀能州惣持寺江罷越松沢非例之後住相立候間、文明江訴之候得共、最寄龍源寺後住之儀旦那共願之由、龍源寺末寺祖南文明江申達候節、不及僉議龍源寺後住相究仲外訴不取上之段々不吟味之裁許故、双方不致同心申募科人毎畢竟松沢ニ文明致落擔邪意依不届文明義〔儀〕科ニ申付候事、

一、惣持寺之儀者宗門之大地之事ニ候処、文明仕形悪敷候ニ付法式混乱と相聞候間、加州宝円寺江被相達宗門之法様被糺之可然候、就夫今度諍論之書付共総寧寺龍穏寺大中寺江相渡候委細右三ヶ寺ゟ可被申談候、以上、

貞享三寅年五月二日　本（本多忠周）淡路守
坂（坂本重治）内記
大（大久保忠増）安芸守

永平寺

【史料二】関三ヶ寺連署状写（広厳院文書）

謹以連楮呈　閣下、此度能州芳春院文明肥前唐津龍源寺隠居仲外出入ニ付而、御当地於　御奉行所度々御吟味之上、重々文明私曲と相究脱衣御追放ニ被　仰付、依之芳春院儀者、加州宝円寺為名代、本山之後見諸事之法式取行事ニ候得共、自今以後芳春院住職之儀、選器量宗門之法様不相乱候様ニ可遂吟味之由、於御奉行所被　思召候、就夫加州宝円寺江従尊寺急度可被仰越候御事ニ御座候、永平寺ニ相次而惣持寺之儀者宗門之本山ニ候へ者、諸事之儀式末派之亀鑑ニ可罷成与被思召候、此度於　御公儀ニ茂文明仕形一家之法式混乱と被聞召届候、就夫今度御裁判之書物尊前江茂被遣候、尤右之趣、御奉行所ゟ被　仰遣候得共、拙寺共方ゟ茂此段申遣し候様ニ任御指図、恐なから如此御座候間、従尊寺加州宝円寺江御心得可被仰越候、恐惶頓首敬白、

五月五日

龍穏寺
(高郁)馥州印
大中寺
(鉄柔)好山印
総寧寺
(長沢)天恩印

進上
永平寺
近侍者中

これらの史料は、貞享三年五月二日に発給されたものであり、徹翁住持中に起きた、いわば最新の事件に関するものであり、そうした史料も新たに室中伝来の文書として加えられていたのである。また、こうした事件に触発されてのものかは不明だが、そうした諸法度が下された因縁を記した「徹翁代ニ御公儀先代、宗門之諸法度在之因縁を記書」が作成されている（「伝授室中之物」六六項目）。

本史料の全文と禅籍としての解説は、『禅籍編』三巻No.14を参照されたい。

参考文献

『曹洞宗文化財調査目録解題集』六　関東管区編、八一五頁（曹洞宗宗務庁、二〇〇三年）。

（廣瀬良弘）

（貞享三年〈一六八六〉秋以前）、永平寺三十三世山陰徹翁代の小弟浄真智白、伝道元禅師所用法衣の収納箱を永平寺に施入する。

125 御法衣箱銘

（39.2cm×33.4cm×16.2cm）

（蓋表蒔絵銀文字）

「御法衣

卍」

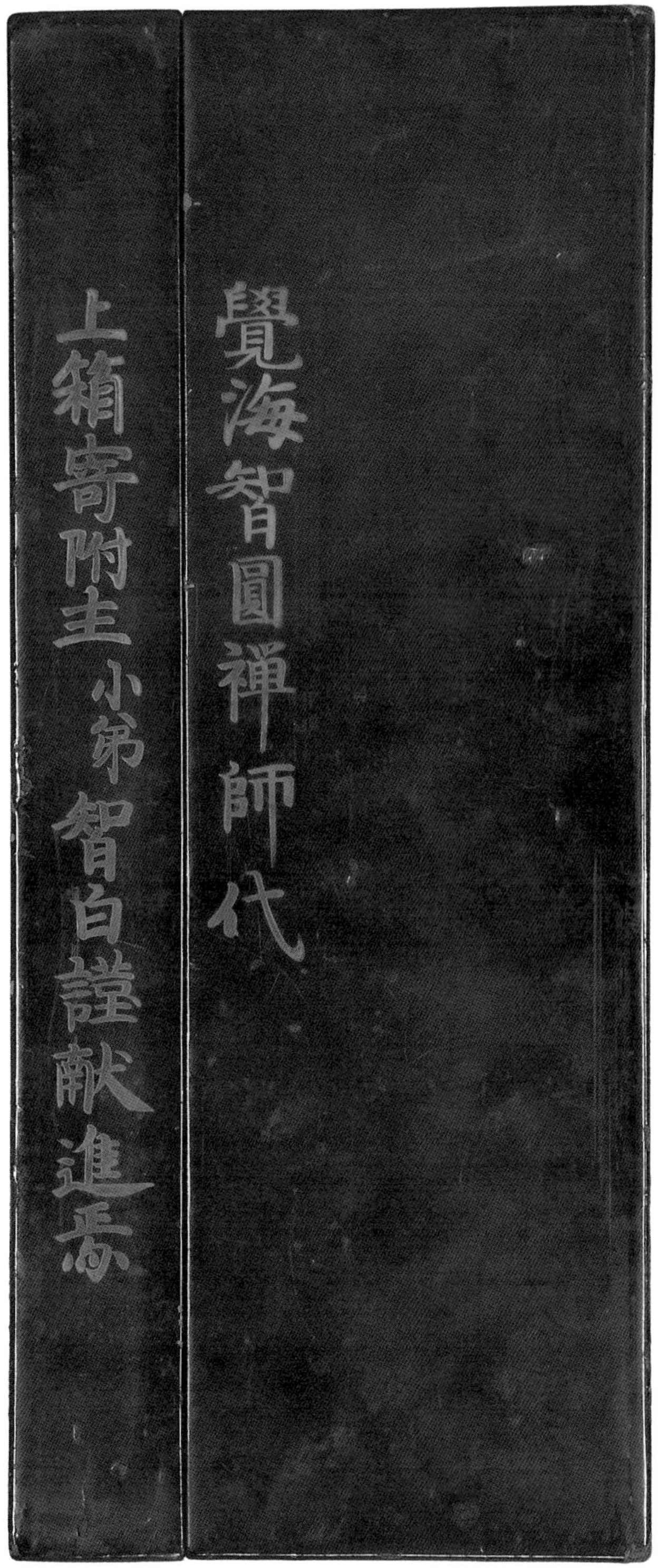

（箱側面銀泥書）

「覚海智円禅師代

上箱寄附主、小弟智白謹献進焉」

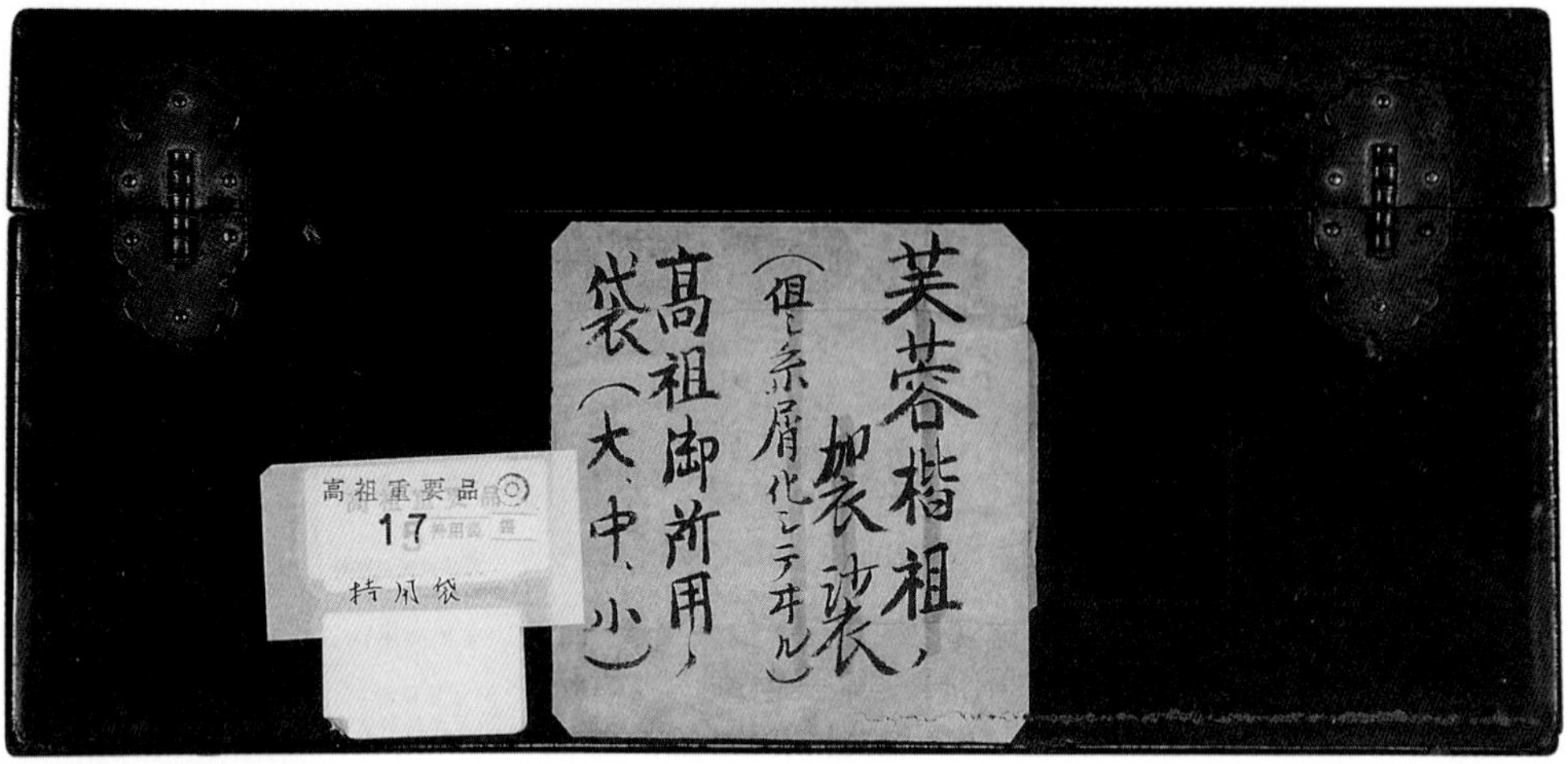

（貼紙、ミ文字は退色した赤色の線による抹消）

「芙蓉楷祖ノ袈裟

（但シ糸屑化シテヰル）

高祖御所用ノ

袋（大、中、小）」

（ラベル）

「

高祖重要品◎

17

持用袋

」

【解説】　この箱は、漆塗・蓋付の木箱である。蓋の表は銀色文字の蒔絵で、大きく卍を画き、その上方に右から左へ異体字による「御法衣」の文字を配している。また箱に向かって右横側面に、銀泥をもって、「覚海智円禅師代」すなわち三十三世山陰徹翁の時代(在住一六七九～八六)に、「上箱寄附主、小弟智白謹献進焉」、すなわち本箱を寄附したのは、山陰徹翁の弟子智白であることを記す。この箱は、天部の小口に金具の錠と取手、地部の小口に留金二つが取り付けられている。

智白という名は、本史料以外に次の史料に確認される。まず、山陰徹翁代に永平寺に施入された①「慧能大師念珠箱」(本巻No.126)の銘に同じ名が記されている。また、②「山陰徹翁代祠堂金覚」(本巻No.127)に、「智白」と署名している人物がいる。印文には「浄真」とあることから、道号は「浄真」であった。山陰徹翁の代に永平寺の祠堂金の管理にたずさわっていたのであろう。

また、永平寺の瑞世者を記録した③『永平寺前住牒』(永平寺文書)によれば、山陰徹翁代である貞享二年(一六八五)七月二十日に、天真派の武蔵国清法寺(埼玉県鴻巣市)から瑞世した「智白」がいる(師僧名「明拶」)。この清法寺は、「山陰徹翁目子写」(本巻No.115、『禅籍編』三巻No.13)に、徹翁が七年住職したとされる清善寺(埼玉県行田市)の末寺にあたる(『延享度曹洞宗寺院本末牒』)。

以上から、本史料および①～③の史料に確認できる「智白」は同一人物で、浄真智白であったと考えられる。

さらに、『總持寺住山記』にも、延宝二年(一六七四)三月二十四日に八二四二世として、受業師「文仁」、嗣法師「良重」、通幻派の武蔵国東泉寺(埼玉県行田市)から瑞世した「智白」がいる。時期も地域も近接しているので、同一人物が転派している可能性もある。

そもそも道元禅師にまつわる宝物などを、特別な箱に納めるという保管方法は、永平寺においてどのように行われてきたのであろうか。【表】「永平寺世代別宝物箱銘文および貼紙・ラベル一覧」は、永平寺所蔵宝物を納める漆塗木箱のうち、箱に古い打付書の銘文のあるものについて、世代毎にまとめて配列したものである(本巻874～884頁参照)。銘文のある箱の後に銘文のない箱も参考に並べている。この表をみると、永平寺の世代名を記し、その許にある僧が寄附した特徴的な漆塗箱は、二十七世高国英峻代(在住一六五三～五九)に一点、三十世光紹智堂代(在住一六六四

～七〇）に五点、三十一世月洲尊海代（在住一六七〇～七六）に四点、三十三世山陰徹翁代（在住一六七九～八六）に二点、三十七世石牛天梁代（在住一六九九～一七〇八）に二点あり、合計一四点になる。これらは、いずれも凝った意匠の漆塗箱である。これが十七世紀の後半のわずか五十年間ほどに集中し、三十八世緑巌厳柳代以後に断絶していることがまず注目される。しかもその中で、文字をすべて銀泥で書くことは、三十一世月洲尊海代と三十三世山陰徹翁代に集中し、金具による錠を取り付けることは、二十七世高国英峻代にはじまり、三十三世山陰徹翁代と、三十七世石牛天梁代に続いている。

箱の作り方と銘文の書き方には世代毎の特徴がある。山陰徹翁の代に作られた二つの漆塗の箱は、大きさが異なるが、いずれも小弟の智白が寄附したもので、金具の錠が備わっていること、異体字の蒔絵がみられ、打付書の文字がすべて銀泥であることが共通の特色である（本史料・本巻No.126）。

特色ある漆塗の箱造りには、どういう意味があるのだろうか。まず箱の意匠についてみると、この期間にもいわば従来的な意匠の箱も、かなりある。二十九世鉄心御州代の『伝灯宗派図』の箱（本巻No.47）、三十世光紹智堂代に酒井忠直が奉納した紫石硯の箱（本巻No.57）、三十二世大了愚門代に道正庵から奉納された曲輪香合の箱（本巻No.106）、三十六世融峰本祝代に道正庵から奉納された堆朱香盒の箱（『文書編』三巻No.16）および漢蒔画長盆（『文書編』三巻No.19）、三十七世石牛天梁代の古写本の箱（『文書編』三巻No.32）などである。これに対し意匠を凝らし、金具錠のように外来技術の受用も想定される漆塗箱は、永平寺に持ち込まれた新しい文化であったといえる。それが五十年間は続いたのである。

次にこれら特異な箱とその中身の関係をみると、一四点の内一二点までが、道元禅師に直接かかわる品で、身のまわりの日用品が多い。逆にいうと、この中には、道元禅師御持用とされる点を除けば、頭陀袋・硯・払子・団扇・数珠・絡子・坐具・鉢盂など禅林生活のありふれた品物に過ぎないものを含む。道元禅師以外には、釈尊と六祖大鑑慧能の関係物だけが含まれている点を考えても、この保存態度が、道元禅師への深い敬愛の表現であることは、疑いを容れない。それに加えて、道元禅師のありがたさを殊更に強調する信仰文化の形成をうかがうことができよう。その画期は二十七世高国英峻代にあったようである(本巻No.14解説参照)。

次に智白の寄附した「御法衣」の箱について機能面の変遷をみていく。当初この箱に納められたのは「御法衣」、すなわち道元禅師の法衣であり、これは袈裟を意味していたと考えられる。箱の大きさは、のちの事例を参考にしてみると、大型の袈裟を折り畳んで納めるに相応しい。ただし、この箱には貼紙があって、「芙蓉楷祖ノ袈裟(但シ糸屑化シテキル)、高祖御所用ノ袋(大、中、小)」と記され、さらに「芙蓉楷祖ノ袈裟(但シ糸屑化シテキル)」という文字は、退色し薄くなった赤色の線によって抹消されている。

ところが現在、この箱の中に袈裟のようなものはまったくなく、三点の刺繍袋のみが入っている(本巻No.16)。箱とその中身との対応が、時の経過の中で齟齬してしまったのである。そこでまず、本来の中身であった道元禅師の法衣が、永平寺においてどのように保管されてきたかを辿っておき、次にこの箱自身の中身がどのように変化してきたかを考えていくことにしたい。

道元禅師の袈裟を、永平寺において保管していくため、どのようなことが行われたか。二十一世海巌宗奕の代、慶長十八年(一六一三)五月に福井藩主徳川(結城)秀康の母堂長松院が、立派な袱紗を寄附したことが知られる(『文書編』一巻No.116、『禅籍編』二巻No.32)。ちなみに道元禅師の廟所である承陽殿のすぐ下に墓所が置かれるのは、長松院だけである。次に、二十七世高国英峻代に、奥村政永(華庵全栄居士)が、「道元ノ御法衣箱」を収納するために、袋を寄附したという記録がある(本巻No.6『奥村政永積善記録』)。ここに箱入りの「道元ノ御法衣」となっているところをみると、袱紗に包まれた袈裟は、さらに箱に収納されていたのであろう。それらを箱ごと納める袋を、在家居士の奥村政永が寄附したのである。この袋は、明代の刺繍地を用いた刺繍袋であったと推定される(本巻No.16解説参照)。そして三十三世山陰徹翁代になって、今度は智白が、この漆塗箱を寄附した。その際には、奥村氏の寄附した袋ごと、新しい箱に納めた可能性もあったろう。

この道元禅師の法衣の保管方法の由来と、漆塗箱以後の永平寺における保管の様相を、詳しく伝えるのは、享保十九年(一七三四)秋、永平寺に拝登した面山瑞方(めんざんずいほう)が道元禅師にまつわる宝物を拝観した際の記録、『傘松日記』である。

(九月)二十四日、方丈に登りて、喫粥(きつしゆく)して退く、道鏞(どうよう)

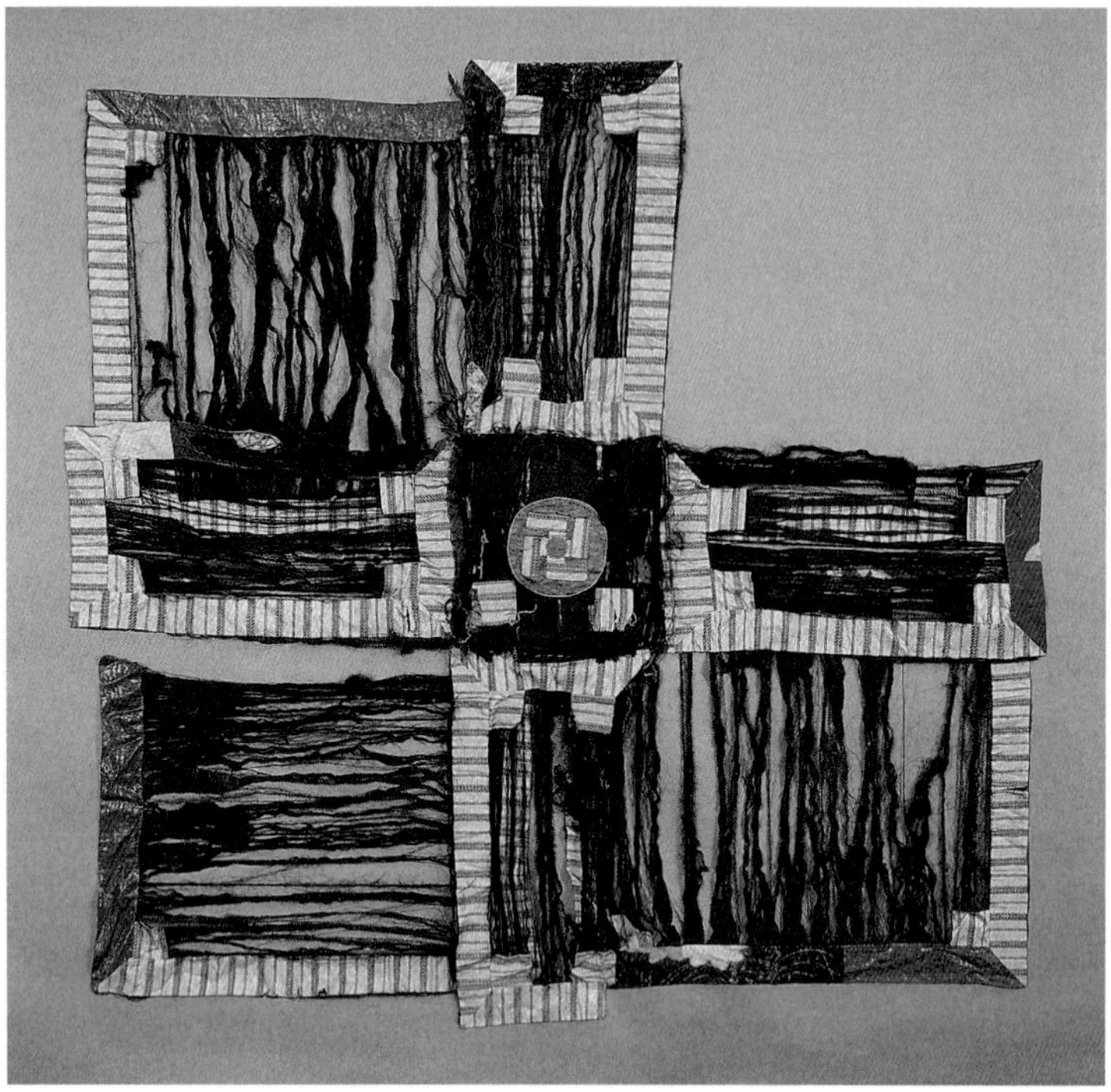

【参考写真】道元禅師袈裟裏(袱紗)

発出、煙霧濛々たり、粥後方丈より命あり、威儀を具して来れと、余即ち盥し薫じ、衣を整えて上る、即ち命じて、侍者を室外に出して戸を闔じる、予め拝席一枚を展べて、罏を装う、即ち黒漆の筺を開いて法衣を出だす、是乃ち吾が祖、昔のかみ着る所の大衣なり、袱子は福井の城主の祖母、長松院瑞嶺玄祥大姉の施す所にして、其の様古風、今世に無き所なり、法衣は象鼻の九条、其の地、至極の細美の布にして黒色、其の紐は條なり、其の環、径四寸余にして木なり、何の木を知らず、今いわゆる糸環と名る者の如し、藤蔓に似て撓まず、希有なりと謂つべし、(原漢文)

時の永平寺四十世大虚喝玄の許、方丈にて、余人を入れない厳粛な場であった。「黒漆の筐」は智白寄附の漆塗箱にちがいない。取り出された道元禅師着用の法衣は、古風の袱紗に包まれていた。

この「袱子」は、長松院の寄附した袱紗なのであろう。この袱紗については、現在「高祖重要品12」に「袈裟裏切」とされるものがあり、昭和三十三年、明治時代の桐箱を再利用して収納された。この袈裟裏切は、袈裟の一部といえるような袈裟裏ではない。道元禅師の袈裟を包んでいた袱紗にあたる。その袱紗の保存状態はよくないが、平成二十七年大永平寺展にともなう調査に際し、展開され、その原型が明らかにされている（【参考写真】参照）。同じ形のものは、福井県武生市の願成寺にも伝存する。

　次に面山は法衣の様子を詳細に記す。象鼻の九条衣で、黒色の細美の布で作られ、珍しい大きな木製の環があったという。象鼻衣と呼ばれた袈裟は、鎌倉時代の蘭渓道隆や無学祖元の使ったものが知られ、長けが左右異なる。中世の禅宗では事例が多いが、現在曹洞宗では用いられない。かなり大きなものであるけれども、智白寄附の箱であれば、問題なく納まったであろう。ここで注意しなければならないのは、面山が、奥村氏寄附の刺繍袋にも、それ以前からの箱にも全く触れていないことである。この時期すでに、古い箱や奥村氏の刺繍袋は除かれ、長松院の袱紗に包まれた象鼻衣だけが漆塗箱に収納されていたとも、刺繍袋は箱の底に敷かれたまま取り出されなかったとも考えられる。

　この後の保管状態が知られるのは、永平寺の新旧世代交替の際に、監院など数名から十数名の役職者が押印して、厳密に資産の引継を行った校割帳からである。文政元年（一八一八）の『本山校割帳』（永平寺文書）「室中之部」には、

一、御開山法衣 袋包、寄附長松院　一肩

と記されている。「一肩」とあるから、この時期まだ袈裟の姿をとどめ、長松院の袱紗とともにあったのであろう。文政八年・嘉永元年の校割帳にも同様の記載が確認される。ただし明治十七年の『諸寮交割簿』（永平寺文書）「室中之部」になると、同じ項目が

一、御開山法衣　一肩

と記され、何故か長松院の袱紗の注記が消えている。この間、校割帳には箱についての記録はないけれども、「御開山法衣」は、ずっと智白寄進の箱の中にあったとみて、まずまちがいあるまい。

　ところが、明治十六年には、永平寺の校割帳をめぐって、従来なかった新しい動向が始まっていた。六十一世久我環渓が、永平寺の宝物を逐一点検し、特に貴重な宝物だけを取り出して『直渡交割簿』というものを作成したのである（『文書編』三巻収録予定）。これまでの校割帳が、永平寺の公的な共用物であれば、宝物と備品類とを区別せず、所管別に登録してきたのとは、異なる基準が導入されたのである。実は、永平寺には監院などによる校割帳には出てこない別扱いの宝物があった。これらを記録し、退院する

住職が花押を書く様式の『校割(薄)御直渡』が、幕末の弘化二年(一八四五)と嘉永元年(一八四八)に作成されている。久我環渓による『直渡交割簿』は、この様式を明治期の動向に合わせて拡張したものであった(第一号から第三十八号まで)。以後、これに六十三世滝谷琢宗代にも書き加えられ、特に六十四世森田悟由代(在住一八九一～一九一五)に大きく拡張されている。そのうち、第七十号から第百壱号までの三十七点は、通常宝物(多くは旧様式の校割帳所収)から選び出し、明治期の「御直渡」に編入された。この『直渡交割簿』をみて驚くことに、最も貴重な宝物であるはずの道元禅師の袈裟「御開山法衣」という表記がどこにも出てこない。そのかわりに、森田悟由代の追加分に

直九十一号ノ一　高祖大師御袈裟包頭陀袋　弐個

という項目があって、頭陀袋の箇所は朱で抹消し、「壱個幷御袈裟行李袋」と傍書している。このうち「高祖大師御袈裟包」の部分は、長松院寄進の袱紗にあたるものと考えられる。これはそのころ智白寄附の箱ではなく、いったんは光紹智堂代に智恩が寄附していた漆塗箱に移されていた。このことは智恩の箱に貼られた貼紙に「御袈裟包一」とある記載によって知られる(【表】「永平寺世代別宝物箱銘文および貼紙・ラベル一覧」および本巻No.83、『文書編』三巻No.17・18参照)。さらにそこから取り出され、現在は、前述のように独立の宝物として伝わっている。長松院の袱紗のことが、明治十七年の『諸寮校割簿』の「御開山法衣」の項目から消えているのは、これが独立の宝物になっていく過程なのであろう。

では、「御開山法衣」を納めていた智白の箱の中味はどうなっていったのであろうか。手がかりは、この箱に貼られた前述の貼紙の記載である。「芙蓉楷祖ノ袈裟(但シ糸屑化シテヰル)」と「高祖御所用ノ袋(大、中、小)」であるという。『直渡交割簿』追加分に、これに対応する項目がある。

直九十号ノ一　芙蓉楷祖御袈裟
同上ノ二　高祖大師御持用袋　三個

この二つの項目の名称は、文政元年から明治十七年にいたる校割帳には出てこないが、『直渡交割簿』にはじまり、明治四十二年頃の『御直渡幷通常宝物一覧』(永平寺文書)に引き継がれ、大正年間の『宝蔵内宝物棚記号録』(永平寺文書)の「東壱段　直六」も

芙蓉楷祖御袈裟

高祖大師御持用袋　三ツ

となっている。

大ざっぱにいえば、「御開山法衣」という表記が出てこなくなった替わりのように、「芙蓉楷祖御袈裟」という名称が現れ、以後に続いていく。「芙蓉楷祖御袈裟」という品目は、文政元年以後明治十七年までの校割帳にはなかった。これら校割帳では、「宝庫一之笈部」に「一、芙蓉道楷和尚御袈裟環排」という「環排」のみをさす項目だけがあった。応永六年(一三九九)成立の天性融石編『仏祖正伝記(ぶっそしょうでんき)』によると、如浄は「芙蓉衲法衣、伝来して這裏(しゃり)にあり、吾今汝に附す、汝能く保任せよ」といって道元禅師に「芙蓉衲法衣」を授けたという。また、切紙の中に「元和尚黒衣之由来」があり、芙蓉道楷(ふようどうかい)の伝衣が如浄より道元禅師に伝授されたとする(本巻No.72)。これらを踏まえれば「御開山法衣」を「芙蓉楷祖御袈裟」とみなす余地は、充分ありえたと思われる。さらに芙蓉道楷の袈裟の「環排」がすでにあったことにも触発されているだろう。それにしても、智白の箱の貼紙に「芙蓉楷祖ノ袈裟(但シ糸屑化シテヰル)」と書かれていたことが気になる。これは、『直渡交割簿』「直九十号ノ一　芙蓉楷祖御袈裟」にも「一肩」という数詞表示が欠けていることと対応しているようである。つまり、この時点ですでに道元禅師御袈裟の象鼻衣の姿は失われ、実際は糸屑化している御袈裟の痕跡だけになっていたと考えられる。

さらに智白の箱の貼紙にある「芙蓉楷祖ノ袈裟(但シ糸屑化シテヰル)」という文字は、退色した赤色の線で抹消されているから、次の段階で、これすらもこの箱からは除かれたのであろう。ちなみにこの芙蓉道楷の袈裟の行き先は、現在、ラベル「高祖重要品29」の「芙蓉道楷袈裟切」か、と思われる。なおラベル「高祖重要品28」の「芙蓉禅師御袈裟環」は、『直渡交割簿』「同上(直九十一号)ノ二　芙蓉高祖御袈裟幷佩　各壱」にあたるものであろう。

智白の箱との縁は薄いようであるが、道元禅師の御袈裟に関しては、文政元年の『校割帳』以来「宝庫一之笈部」に「一、御開山御袈裟環　箱入」が登録され続け、明治十七年『諸寮校割簿』に至っている。環は、『直渡交割簿』では「直九十四　高祖大師御五条衣幷御絡子及環三個」の中に含まれているのではないかと思われ、現在の『聖宝閣目録』「高祖重要品No.2」にあたるのではないか。これ以外にも永平寺の宝物の中に道元禅師御袈裟関連のものが散見している。

現在「釈尊誕生の褥切」の箱(本巻No.104)には、大正時代の『宝蔵内宝物棚記号録』と内容的に一致する貼紙があり、「釈尊御誕生之御褥／御開山袈裟及直綴切々／六包」という文字がみえる。わずかな希望としては、この六包の糸屑状の中に、「御開山袈裟」つまり道元禅師の袈裟の一部が残っているかもしれない。このほかにも、現在『聖宝閣目録』高祖重要品5に「袈裟切」と書かれ、実際に「袈裟切」と書かれた目の粗い麻布に包まれた糸屑状のものもある。が、こちらについてはほとんど期待がもてない。なぜなら、これに対応する項目として、『直渡交割簿』直九十九号や『宝蔵内宝物棚記号録』東九段直百廿九をみると、「御開山御持用」として「御法被」・「御手巾」・「御道服」・「御脚絆」・「御襪子」を挙げているが、その中に「袈裟」の項目はないからである。

以上、道元禅師の袈裟とされた宝物の保管形態の変遷をたどってみたが、本格的調査は今後に期待される。整理してみると、二十一世海巌宗奕(かいがんそうえき)の代に長松院が、これを包む袱紗を寄附し、袱紗ごと箱に納められたようである。さらに二十七世高国英峻の代には、奥村氏がその箱ごと刺繍袋に納めた。次に三十三世山陰徹翁の代に智白がこの立派な漆塗箱に収納したのである。しかし刺繍袋(古い箱とともに)が、道元禅師の袈裟を納めるために、使用され続けていたかどうかは定かでない。道元禅師袈裟を直接保護する役目を失ったかもしれない。その後も道元禅師の御袈裟は智白の箱とともに永平寺に伝わっていたようであるが、御袈裟の本体は明治後半の森田悟由代以前にはすでに姿を消している。

智白の寄進した箱の中に残ったのが、貼紙や『直渡交割簿』などによれば「高祖大師持用袋三ツ」ということになるが、この名称もまた、江戸時代から明治十七年にいたる校割帳に存在しない。指し示しているものは、疑いなくこの箱内に今ある刺繍地の三つの袋であろう。なぜこのような名称が浮上したのであろうか。結論をいえば、これらの袋は、中国明代の刺繍地を用いているから、道元禅師が使った袋ではありえず、正確には、道元禅師が使用したという品物を納める袋であったと考えられる。奥村氏が、永平寺の宝物を収納するため、七つの袋を寄附したという記録が、時代的にもこれによく対応する。しかも、いったん奥村氏の袋に収納された宝物は、やがて、ほとんどが凝った漆塗箱に収納されていった。三つの袋には、かつてそれぞれに宝物が収納されていたとすれば、宝物の袋が、校割帳に登載されなかったのは、何の不思議もないであろう。宝物から引き離された時に、新たに名称が必要になったのである。これは永平寺において行われた宝物保管方法の改変の一齣だったのであろう。

たまたま残された三つの袋がまとめて一種とみなされたのであるが、なぜそれが、智白の漆塗箱に納まったのか、必ずしも明らかでない。ただもし、このうちの一つが、本来道元禅師の袈裟を納める袋であったとすると、道元禅師の袈裟も、長松院の袱紗も、ここから姿を消した後、その袋だけが箱の底に残っていた可能性はあるだろう。実際の法量からいうと、大・中・小の内、大が象鼻衣を充分に収納しうることは確かである。智白の箱に残った袋の、同類として他の二つもここに集められたのではなかろうか。なお、現在この箱に納められている刺繡袋の解説については、本巻No.16を参照いただきたい。

智白の寄附した漆塗箱の機能は、時代とともに大きく変わっていった。当初は道元禅師の御袈裟を納めたのであるが、おそらく幕末から明治中頃までの間に肝心な御袈裟の形が消え、実態も、名称も変わり、あるいは別の品が加わった。長松院の寄附した袱紗は独立した宝物となって、外に出され、奥村政永の寄附した刺繡袋は同類の二点を引き寄せて、この箱の主になっている。このような激しい変化の背景として想定されるのは、度重なる火災などによる消失や紛失を経て、永平寺宝物の管理方法に新たな方針が導入され、再編成されたことであろう。特に道元禅師の御袈裟の場合には、環があったかなかったかという幕末期の両本山の議論の中で、この御袈裟が永平寺の主張にとって不利な証拠とみなされる経緯があったかもしれない。そしてそれに関連する不祥事が発生した可能性も考えられる。

参考文献

宮内悊『箱　ものと人間の文化史67』（法政大学出版局、一九九一年）。
『永平寺史料全書』禅籍編　第二巻　六四九〜五二頁（大本山永平寺、二〇〇三年）。
『永平寺史料全書』文書編　第一巻　五三九〜四〇頁（大本山永平寺、二〇一二年）。
『大永平寺展―禅の至宝、今ここに―』（福井県立美術館、二〇一五年）。

（菅原昭英）

【表】永平寺世代別宝物箱銘文および貼紙・ラベル一覧

☆本表は、永平寺所蔵の宝物を収納する木製の箱について、箱に打付書の銘文があるものを中心に取り出し、銘文に従い世代別に分けて作成した。
☆銘文については、( )内に、位置及び金泥・銀泥・墨・朱の違いを示した。
☆塗意匠を表示し、法量は、縦・横・高さの順にcmで示した。また金具錠付あるいは組紐結であるものは、これを示した。
☆貼紙墨書(1)は、大正期に作成された『宝蔵内宝物棚記号録』(以下『記号録』)による配架位置に、完全に対応している。貼紙墨書(1)を欠いている場合も、( )内に『記号録』による配架場所を示した。
☆貼紙墨書(2)は、貼紙墨書(1)以外の貼紙であり、旧宝物番号を示す。明治十六年作成『直渡交割簿』の追加部分あるいは明治四十二年頃作成された『御直渡幷通常宝物一覧』の宝物番号(〔 〕内に示す)に一致する場合が多い。
☆中身の現状として、当該の箱の内容物を簡潔に記し、宝物自体もしくは袱紗・包紙等に書かれた文字を記録した。
☆平成二十八年現用の宝物分類番号ラベルは、白浜幸三氏の整理作業によるもので、『聖宝閣目録』に対応する。

永平寺世代	二十七世 **高国英峻代** 慶安五年 (一六五二)～ 万治二年 (一六五九)
箱打付書銘文	(箱表金蒔絵)**卍** (箱表朱書)**天童山如浄和尚御直筆仏嗣書** **明全和尚御直書血脈同入此箱** (箱裏金蒔絵)**卍** (箱裏朱書)**従前々無宮故、勅万照高国禅師** **英峻叟代求、宝庫置之、**
塗・法量cm	梨子地塗 15.8×16.2×6.2 金具錠付
貼紙墨書(1)　「」内は朱筆 『記号録』に対応する ( )内は『記号録』より	『直』(×通)器 第五十一号 高祖大師御持用 御嗣書袋 外添書壱通 梅橘縫『四段』 綸子地
貼紙墨書(2) 旧宝物番号等 〔 〕内は『直渡簿』等	第廿四号 〔直九十二号〕
中身の現状 宝物附帯墨書等	嗣書袋一個、その中には、かつて嗣書写を納めていた包紙、及び高国英峻筆の嗣書血脈覚書一通がある
『聖宝閣目録』対応の現用の分類番号ラベル	高祖重要品4 嗣書袋
史料全書収録No.	本巻No. 14 禅籍編1巻No. 62 関連 本巻No. 20

二十九世 **鉄心御州代** 万治三年 （一六六〇）～ 寛文四年 （一六六四）	（蓋表墨書） **伝灯宗派図** **仏海代新添**	桐箱 36.0×20.2×2.4	（西参段　通四甲 折本大形 伝灯宗派図）	通宝甲 第七号 〔通常宝物「甲ノ」七号〕	南宋の無準師範の跋を付した『仏祖宗派図』折本一帖 万治二年「洛陽寺町堤六左衛門板行」の刊記あり	仏典経本類70 伝灯宗派図	本巻No. 47
三十世 **光紹智堂代** 寛文四年 （一六六四）～ 寛文十年 （一六七〇）	（蓋表金泥書） **奉寄進** **御頭陀袋箱** （底裏朱書） **永明禅師座下智恩**	漆塗 30.2×19.5×11.0	『直（×通）』衣『東』 第五十号 御開山頭陀帒二 御袈裟包一 芙蓉楷祖袈裟環 『四段』	直宝 第九十一号 〔直九十一号―一〕 〔直九十一号―二〕	頭陀袋一個を納める （縫付布墨書） 「洞山九世手自把 六　針袋之形容也 融峯九拝」	高祖重要品11 御頭陀袋	本巻No. 83 関連 文書編３巻 No. 17・18
	（蓋表金泥書） **奉寄進** **御硯箱** （底裏朱書） **永明禅師座下智仙**	漆塗 20.0×13.9×4.4	『直（×通）』器 第五二号 御開祖 持用長 方形 『四』硯『段』 『東』	直宝 第九十三号 〔直九十三号〕	紫石硯一面を納める 長方形17.2×11.3×1.7 池は楕円形2.7×4.5	高祖重要品20 硯（長方形）	本巻No. 84

（蓋表金泥書）奉寄進　団扇骨箱 （底裏朱書）永明禅師座下門鎖	漆塗 42.7×7.5×4.8	直器 第二号 東 団扇 骨箱 『一段』	直渡 第三十四号 直宝 第三十四号 〔直三十四号〕	団扇の骨を納める 箱底の一紙に「高祖大師御持用団扇の骨／二握」と墨書あり	高祖重要品24 うちわ骨	本巻No. 85
（蓋表金泥書）奉寄進　御払子箱 （底裏朱書）永明禅師座下紹昌	漆塗 59.0×9.0×7.0	『東』 『直』（×通）器 第三号 払子 弐 『一段』	〔直八十八号〕	払子　一振（柄12.3　毛房63.1）を納める	高祖重要品22 払子	本巻No. 86
（蓋表金泥書）奉寄進 御珠数箱 （底裏朱書）永明禅師座下恵門	漆塗 13.2×13.2×6.2	『直』（×通）器『九段』 第二十号 『百三十二同入』 御珠数箱 寄進物 『西東』	直宝 第百一号 二 〔直百壱号〕	数珠一聯（水晶親玉一・水晶中玉五・黒玉計九一）を納める	本山器物52 数珠箱	本巻No. 87
（蓋表）奉納 若狭国紫石硯　壱面 酒井修理大夫忠直	漆塗 42.3×33.8×10.3	（西四段　通一 表紫潭祥雲ノ四字銘 自然石硯 若州侯寄附）	〔通常宝物 乙卌六号〕	硯（38.8×29.9×4.7）一面 表上部横に「紫潭祥雲」の銘を刻み、硯裏に、この硯を奉納する由来および「寛文六年丙午仲夏　日／若狭国主従四品修理大夫源姓酒井氏忠直」と年代・奉納者名を刻む	受贈器物17 若狭紫石硯	本巻No. 57

三十一世
月洲尊海代
寛文十年（一六七〇）～延宝四年（一六七六）

（蓋表銀泥書）**開山大禅仏絡子** （箱底）**永平寺什物之函** **為父母捧之** **月州会下海音**	漆塗 24.2×16.8×7.6 （蓋隅丸面取）	通衣『直』 第五三号 高　五条衣 祖　絡子 『四段』 『東』 環三個	第十五□ 〔直九十四号〕	中性紙封筒の中に、絡子（黄）と袈裟環（白象牙）を入れる	高祖重要品2 袈裟環	本巻No. 101
				右と同一の中性紙封筒に、絡子（黒）と袈裟環（黒）を、「御開山御袈裟環、同絡子」と墨書した布に包み納める	高祖重要品6 絡子切	
				中性紙封筒の中は、袈裟環（外径8.5内径6.6）を「御開山袈裟環袋廿九世永明代」と墨書した茶黄の綾織袋に入れ、これを「御開山絡子包」と墨書した紫色綾織の袱紗に包み納める	高祖重要品3 袈裟環	
（蓋表銀泥書）**開山和尚大禅仏尼師壇** （底内銀泥書）**永平尊刹什物之笈** **月洲門下為祖母海音奉之**	漆塗 33.3×12.9×5.5 （蓋隅丸面取）		第拾四号甲	「高祖大師御尼師壇」と墨書した檀紙にくるみ、別紙に包む黒っぽい糸屑状の繊維を納める	高祖重要品16 尼師壇切	本巻No. 102
（蓋表銀泥書）**但払子在室中** **開山大徳大禅師尊払子** **二代奘和尚禅師真筆** （底内銀泥書）**吉祥山什物之笈月洲門下海音奉焉**	漆塗 39.5×7.8×8.0 （蓋隅丸面取）	『東』 『直』（×通）器『一段』 第四号 開山大徳禅師　二 尊払子　■	〔直八十九号〕	「払子包」と墨書した黄色袱紗（32.1×35.2）に、払子一振（柄（塗）14.0房毛（黒）48.0）を納める	高祖重要品23 払子	本巻No. 103

（蓋表銀泥書）
釈尊誕生茵褥
（底内銀泥書）
吉祥山什物之函
尊海和尚座下俊益叟
為父母功徳奉附焉

（墨書）
釈尊褥

漆塗
36.6×24.3×12.9
（蓋面取）

桐箱
24.1×16.2×2.5

直衣『東』
第五号
釈尊御誕生之
御開山　御褥
袈裟及直綴ノ切々
『一段』　六包

直渡
第三十二号

直宝
第三十□□〔二号カ〕
直渡
第三拾二号

〔直渡宝物
第三十二号〕

包紙に
「（ウラギヌ文字写）
永平開山祖
釈迦仏茵也
此レハ釈迦御茵用ノ袱紗乎」
と墨書する

桐箱の中に、崩れた布繊維をくるむ包紙三枚がある、その包紙のひとつに墨書がある、表に「風代共ニ参□九分／天明六丙午／七月改之」「寛延三庚午年六月十九日／虫干之日改之／掛目／壱匁七分五厘九毛」「至明治十一戊寅年既百弐十九歳／此包紙トモ目方三匁二分也、正味九分五厘也、六十一代改誌、竊想毎経年所只耗消己耳矣、須護念、戊寅七〈八と直す〉月虫晒之日」、裏に「釈迦如来御茵／正重壱匁九分／日本寛延三癸寅歳六月十日／吉祥於書院虫干改之」「至明治十一年戊寅得／百三十八歳／六十一代改焉」と書く、
別にペルシャ系文字の断簡六点があり、誤って混入か

本山器物53
釈尊誕生の褥切

本巻No.104

三十二世
大了愚門代
延宝四年
（一六七六）～
延宝七年
（一六七九）

（蓋表墨書）
吉祥山
曲輪香盒
周明造
道正庵二十代
（蓋裏墨書）
養三順
曲輪香盒
道正庵

薄漆塗桐箱
13.0×13.0×8.3

通器『六段』
第二十二号
曲輪香盒
周明造
（西六段通二十二
周明造
曲輪香盒
蓋大破　道正庵奉納）

第廿一号
〔通常宝物
乙十一号〕

（なし）

（なし）

本巻No.106

三十三世 **山陰徹翁代** 延宝七年(一六七九)~貞享三年(一六八六)

(蓋表蒔絵銀文字) **御法衣** 卍 (側面銀泥書) **覚海智円禅師代** (蓋側面銀泥書) **上箱寄附主小弟智白謹献進焉**	(蓋表蒔絵銀文字) **恵能大師念珠** (側面銀泥書) **覚海智円禅師代** **上箱寄附小弟智白**
漆塗 39.2×33.4×16.2 金具錠付	漆塗 18.8×19.1×17.9 金具錠付
芙蓉楷祖ノ袈裟 (但シ糸屑化シテヰル) 高祖御所用ノ袋(大、中、小) (東壱段 直六 芙蓉楷祖御袈裟 高祖大師御持用袋 三ツ)	通器『直』 第百三二号 恵能大師珠数 外 水晶数珠 『九段』一聯 (東九段直百三十二 水晶数珠『通宝』一聯 恵能大師念珠 一聯 大二顆 唐木製 小百一顆)
(剥れた痕跡あり) (直九十号) (直九十号—二)	直 第百□□ (直百壱号—二)
現在は、刺繍袋、大(57.0×43.0)中(49.3×29.0)小(30.0×27.0)の三点のみを納める	数珠一聯(親玉一、中玉一、小玉一〇一)を納める。黄色の絹地袱紗(41.7×35.9)に「恵能大師御珠数袋上包」と墨書する。他に縮緬袱紗(72.4×69.0)がある
高祖重要品17 持用袋	受贈器物52 慧能大師数珠
本巻No.125 関連 本巻No.16	本巻No.126 関連 文書編3巻補遺No.1・補遺No.2

世代	箱書	箱	記載	番号	内容	分類	出典
三十六世 **融峰本祝代** 元禄六年（一六九三）～元禄十二年（一六九九）	（蓋表墨書）**奉 永平尊刹 融峰本祝代 漢蒔画長盆 一箱 道正庵**	桐箱	（西四段 通五 漢蒔絵長盆）	通宝乙 第十八号 〔通常宝物 乙十八号 『大破』〕	沈金軸物盆（15.0×31.8×3.0）盆の裏に「永平寺常住置之／万照高国禅師代」と記す	歴世器物8 沈金軸物盆	文書編３巻No. 19
	（蓋表墨書）**奉 吉祥山 堆朱香盒 道正庵**	桐箱	（西五段 通十三 堆朱香盒 道正庵奉納）	通宝乙 第十七号 〔通常宝物 乙十七号〕	香合一個 蓋裏に朱書で「奉／吉祥山／道正庵第廿一／隆守 順」と記す	本山器物7 堆朱香合	文書編３巻No. 16
三十七世 **石牛天梁代** 元禄十二年（一六九九）～宝永五年（一七〇八）	（蓋表朱書）**御鉢盂箱** （小口朱書）**円明禅師代 諄高敬寄附**	溜漆塗 稜角朱塗 23.4×23.7×18.1 金具錠付	通器『直東』 第百卅一号 応量器 鎖子三個揲刷 匙筯佮附 高祖御持用『九段』	直 第□□ 〔直百号〕	応量器一具を納める	高祖重要品14 応量器	文書編３巻No. 31

	（蓋表を被う貼紙墨書） 筆者不詳 正法眼蔵空華　廿六紙　全 文保二年ノ筆（昭和卅三年迄六百四十一年） 正法眼蔵渓声山色廿紙　全 貞治五年ノ筆（昭和卅三年迄五百九十三年） 正法眼蔵身心学道廿二紙 正法眼蔵仏性　三十紙　欠 嘉元二年ノ筆（昭和卅三年迄六百五十五年） 正法眼蔵遍参十二紙　欠 如浄和尚録抜書 十四紙　普灯抜書十四紙 外 古写本筆者不詳八通　本然円明代造焉	薄漆塗桐箱 36.2×18.4×7.5 組紐結	（東九段直百三十三 高祖御真蹟西来意巻 金剛経 高祖二代三代御真蹟 二代尊真蹟 三代尊傍書仏性巻）	□□□号 筆者不詳 眼蔵古写本 渓声山色 身心学道 仏性 遍参 如浄和尚録抜書 普灯　抜書 〔第十七号〕 〔第十八号〕 〔第二十号〕	（なし）	（なし） （ただし 真蹟仏書類6 真蹟仏書類7 真蹟仏書類8 真蹟仏書類9 真蹟仏書類10 真蹟仏書類11 真蹟仏書類12 の旧ラベルあり）	文書編3巻No.32
世代記載なし	（蓋表金泥書） 仏祖正伝菩薩戒作法 （蓋裏銀泥書） 北陸道越前州吉田郡志比庄 吉祥山永平大精舎室中秘書	漆塗箱 36.7×7.7×5.2 紐結		直渡第廿五号 甲 重 二十七号甲 〔御直渡宝物 第廿五号〕	『仏祖正伝菩薩戒作法』一巻（末尾の奥書永禄三年七月廿八日）を納める	本山重要墨蹟13 十八世代仏祖正伝菩薩戒作法	文書編1巻No.6 禅籍編1巻No.57
	（蓋表金泥書） 仏祖正伝菩薩戒作法 （蓋裏銀泥書） 越前州吉田郡志比庄吉祥山 永平禅寺開山高祖伝来戒儀	漆塗箱 36.5×23.4×7.2 紐結		直渡第廿五号 乙 重 二十七号乙 〔御直渡宝物 第廿五号〕	『仏祖正伝菩薩戒作法』（折本）『教授戒文』（折本）以上一帙、『仏祖正伝菩薩戒作法』一巻、「祚棟附法状」一巻を納める	本山重要墨蹟14 仏祖正伝菩薩戒作法4点	文書編1巻No.83 禅籍編1巻No.18・58・59 禅籍編2巻No.26

世代記載なし	(蓋表銀泥書) **開山元大和尚尼師壇**	溜漆塗 稜角朱塗 35.6×14.9×14.2 金具錠付	通軸『直』『東』 第百十八号 尼師壇 高祖　大師 『八段』 (東八段直百十八 高祖大師御尼師壇 切レ地)	第十四号 乙 〔直九十八号〕	包紙に「御尼壇ノ切第壱」「御尼師壇之切三」「御尼師壇切第四止」と墨書する 白布に「開山大和尚尼師壇内筥之包並上筥、但内包者紫縮緬、承天拝献、享保七壬寅歳二月彼岸日」と墨書する	高祖重要品15 尼師壇切
世代記載なし	(打付書なし)	溜漆塗 33.8×24.1×8.1 金具錠付	通器『直』 第五四号 高祖大師 筆台油単 『四段』 『東』切レ地	直宝 九十五号 高祖ノ間 〔直九十五号〕	縮緬地の袋に「御開山筆台之油単／為松寿院殿花窓明月庵主菩提也」と墨書する また別の布に「御開山御筆台之油単／元松寿院殿花窓明月大姉(庵主)寄附ノ／袱紗ニアリシヲ明治三十五年虫干ノ際此包ト改ム」と墨書する	高祖重要品18 筆台油単切
世代記載なし	(打付書なし)	漆塗 25.8×26.0×18.2 金具錠付	『直』(×通)器『東』 第一号 鉄鉢 高祖御持用 刷匙附帒共『一段』 (東壱段、直一 高祖大師御持用 鉄鉢刷匙附帒共)	直八十七号 〔直八十七号〕	鉄鉢(口径19.3)　一口 袱紗　68.3×66.0 はしぶくろ　38.0×4.1 刷匙	高祖重要品19 鉄鉢

世代記載なし	(打付書なし)	漆塗 26.0×19.3×18.3 (蓋面取) 蓋に金泥で菊紋を描く	通衣『直東』 第百三十号 御開山御持用 御法被『九段』 御道服 御脚絆 御直綴 御手巾 御襪子 (東九段、直百廿九 高祖御持用 御法被 御脚絆 御襪子 御道服 御手巾)	直宝 九十九号 〔直九十九号〕		高祖重要品5・8・9・10・13 不明1	
(伝十九世 祚久代)	(打付書なし)	黒漆塗蒔絵 33.5×31.7×7.0	(なし)	(なし)	硯(19.0×13.0×3.5)一面 付箋に「慶長年間／本山十八世祚久禅師遺愛の硯／(凡そ四百三十年前のもの)」と記す	歴世器物1 十九世硯箱共	文書編3巻収録予定

三十九世承天則地代(享保元年〈一七一六〉〜享保十四年)以後に作られた宝物の箱の内、箱に打付書のある事例の一部を、参考のために挙げる。

三十九世 **承天則地代** 享年元年(一七一六)〜享保十四年(一七二九)	(箱蓋朱書)**御二代和尚御所持** **秘密正法眼蔵　三巻** **箱** **三十八世新造** ※この三十八世は、三十九世承天即地	漆塗箱 33.4×26.0×3.8 (写本を収納すると高さ4.6) 紐結	通書『直』 第■号 四五 秘密正法眼蔵 『参段』 『東』 (東参段、直四十五 二代尊肉筆 秘密正法眼蔵 二十八巻三冊)	直宝 第七十五号 〔直七十五号〕		本山重要墨蹟3 秘密正蔵(ママ)眼蔵 3冊	文書編1巻No.55 禅籍編1巻No.10

四十世 **大虚喝玄代** ?～享保二十一年（一七三六）	（箱蓋金蒔絵）**吉祥草** （蓋裏墨書）**若州空印面山瑞方奉納**	溜漆塗 38.8×28.1×3.3	『直』通書第四六号『三段』 吉祥草 『東』（東参段直四十六 吉祥草 面山和尚真筆）	第九号〔直七十六号〕		本山重要墨蹟36 面山和尚吉祥草	
四十二世 **円月江寂代** 元文五年（一七三六）～寛延三年（一七五〇）	（箱蓋墨書）**永平寺常住** **宝慶記**	桐箱 27.0×20.9×1.7	通書第五号 甲 宝『参』 慶『段』 記 『西』（西参段通五甲 宝慶記 円月和尚写）	第一号〔『甲』壱号〕	（『宝慶記』には四十二世円月江寂の識語あり）	本山重要墨蹟34	

126

慧能大師念珠箱銘

（19.1㎝×19.1㎝×17.9㎝）

（貞享三年〈一六八六〉秋以前）、永平寺三十三世山陰徹翁代の小弟浄真智白、伝六祖大鑑慧能所用念珠の収納箱を永平寺に施入する。

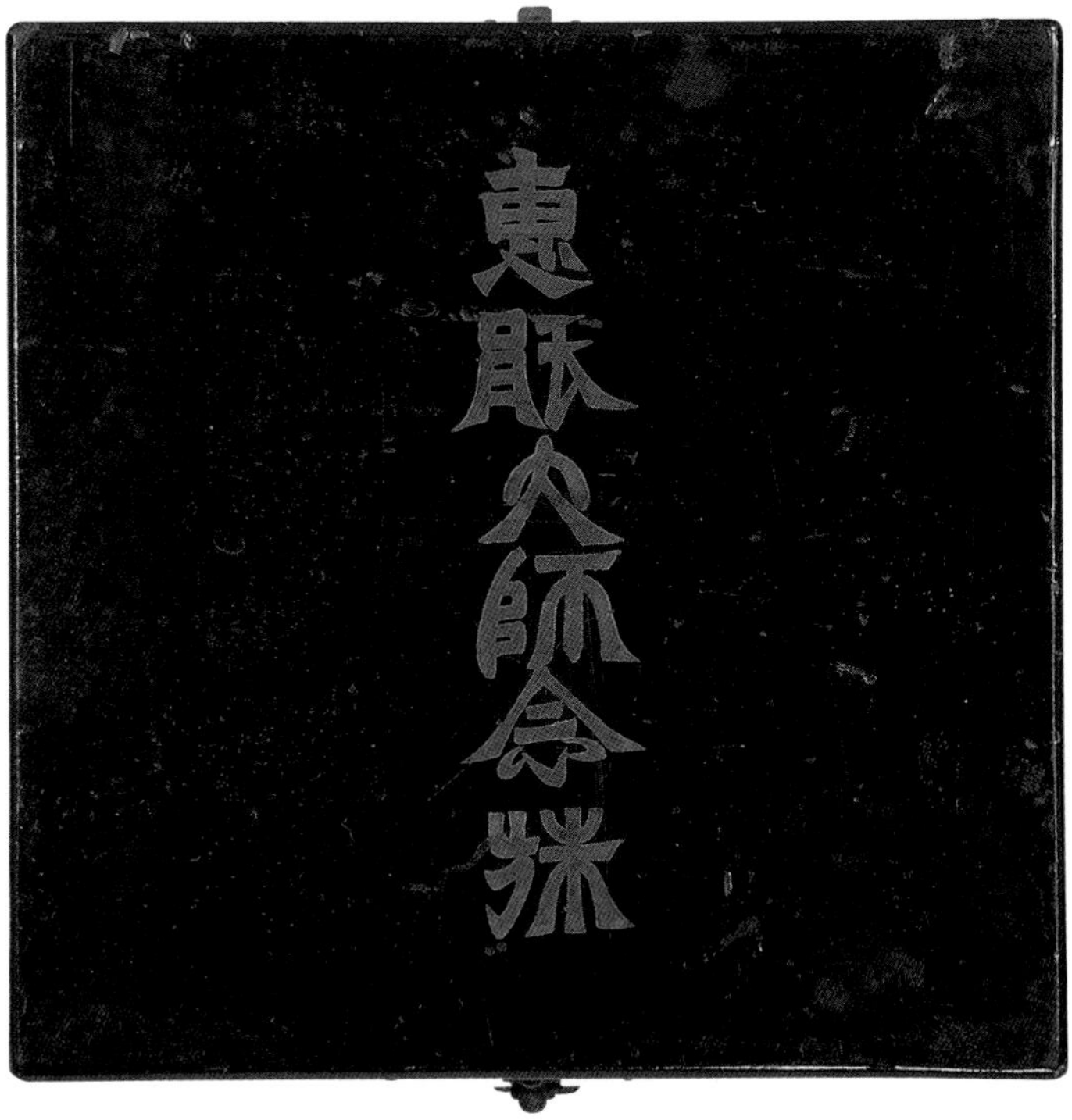

（箱蓋表蒔絵銀文字）

「恵能大師念珠」

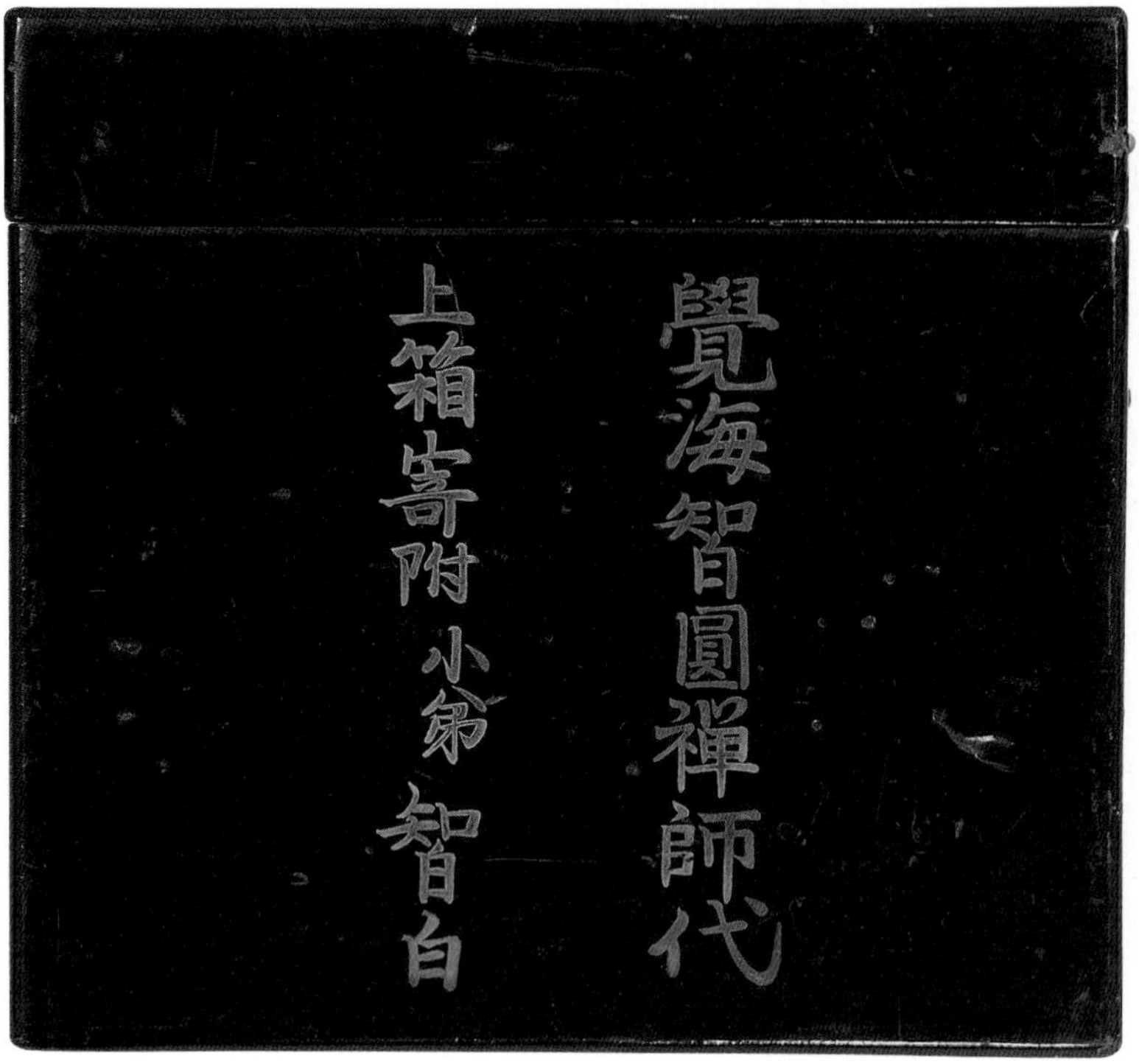

「（箱側面銀泥書）

覚海智円禅師代

上箱寄附小弟智白

」

（箱側面貼紙）
「直
第百□□
」

（箱側面貼紙）
「通器（朱書）『直』
第百三二号
恵能大師珠数
外
水晶数珠
（朱書）『九段』一聯
」

（箱側面ラベル）
「
受贈器物
52
慧能大師
数珠
」

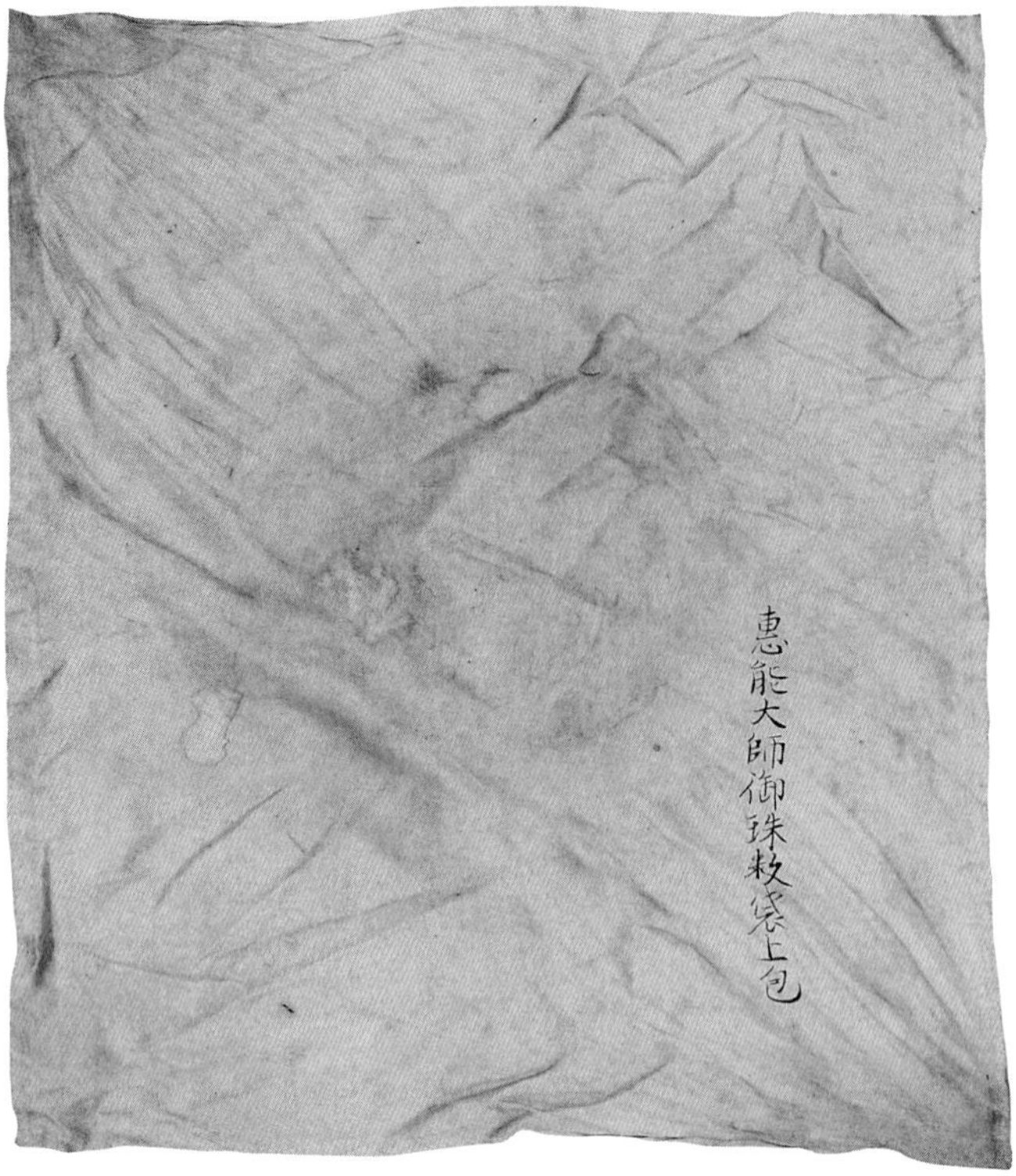

【附属史料一】袱紗

【附属史料二】伝慧能所用数珠

【解説】 この箱は、漆塗・蓋付で、小さく深めの木箱である。蓋の表は、蒔絵により銀色の異体字風の書体をもって、「恵能大師念珠」という文字を配している。向かって左側面には、銀泥を用い楷書体をもって、縦に二行に「覚海智円禅師代／上箱寄附小弟智白」と書く。これによって、この箱が、永平寺三十三世山陰徹翁(?～一七〇〇)の在任中(延宝七年〈一六七九〉～貞享三年〈一六八六〉)、その弟子の智白が、寄附したもので、伝慧能大師(六三八～七一三)念珠(数珠)を納めるものであったことが、明らかである。

この箱には、側面地部の小口に金具による錠が取り付けられ、これに対応する金具が天部にある。これら蒔絵、銀泥文字、および金具の錠という華麗な意匠は、同じ浄真智白によって寄附された道元禅師御法衣の大きめな箱(本巻No.125)と共通している。大小異なるが、おそらく同時期に同じ職人によって作成されたのであろう。智白については、二つの箱の寄附が知られるほか、貞享二年武蔵国清法寺(埼玉県鴻巣市)から永平寺に瑞世していることや、山陰徹翁代に永平寺の祠堂金の管理にたずさわっていたことが知られる(智白についての詳細は本巻No.125解説参照)。この人には、ある程度、財力を用いることのできる背景があったのではなかろうか。なお、永平寺所蔵の宝物を収納するこのほかの木製の箱との比較については、本巻No.125の【表】を参照されたい。

ところでこの箱の内容物は、途中で一部分変遷があったらしい。それを物語るのは、側面地部にある貼紙の記載である。この貼紙は、明治以後、永平寺什物を点検し分類整理をした際のものと思われる。内容は、大正時代に作成された『宝蔵内宝物棚記号録』(永平寺文書、以下『記号録』)の記載とそっくり対応している。

直 百 三十二	水晶数珠『通宝』一聯 恵能大師念珠　一聯 唐木製 大二類 小百一類　『(101)』

『記号録』によれば『直』「第百三十二号」『九段』というのは、宝物の番号ではなく、当時の宝蔵の中の置場所の記号であって、中央棚の東の九段の百三十二の位置に置かれていたのである。この貼紙には、「恵能大師珠数(ママ)」とある「外」に「水晶数珠一聯」とあるように、この時点では、箱の蓋表に立派に表記された宝物以外のものも入れていた。しかし貼紙の「水晶数珠」は青色の線で抹消されているところ

をみると、水晶数珠はその後にこの中から除かれたのであろう。以上、箱の表面の貼紙をふくめた記載から想定されるのは、この箱に一貫して納められていたのが、伝慧能念珠（あるいは数珠）であった、ということである。

　現在この箱には、二枚の黄色の絹地を縫い合わせた袱紗（【附属史料一】、法量縦41.7cm×横35.9cm）に包まれ、さらに布（法量縦72.4cm×横69.0cm）に包まれた一聯の数珠（【附属史料二】）がある。袱紗の右下部分に「恵能大師御珠数袋上包」と墨書する。数珠の玉は黒色、菩提樹の実であろうか。表面は滑らかで凸凹はない。『宝蔵内宝物棚記号録』では「唐木製」とされる。親玉には房があり、対極のやや大きい玉にも小さい房がある。これらを挟んで、いま小さい玉は五〇箇と五一箇にわかれ、計一〇一箇を数える。玉の数が『記号録』の時点と一致している。

　さて慧能念珠が、永平寺に伝来したという記録は、どこまでさかのぼれるのであろうか。まず、この念珠に関わる文献として、成化七年（明、一四七一）八月十一日の日付をもつ「六祖大師数珠伝来記」（『文書編』三巻No.補遺1）、および明応元年（一四九二）臘月十三日の日付をもつ「六祖念持数珠受授証明之偈」（『文書編』三巻No.補遺2）が永平寺に伝わる。『記号録』「東七段　直百四」に「六祖大師数珠伝来」とあるのが、これらの文献に相当するであろう。内容については、『文書編』三巻No.補遺1・補遺2の飯塚大展氏の解説をご覧いただきたい。いずれにせよ明代、十五世紀末の日本にもたらされたのであり、後には道元禅師に付会されたが、もともと道元禅師との所縁はありえない。

　永平寺の宝物となっていたことの分かる最も古い記録は、『奥村政永積善記録』であろう（本巻No.6）。これにより、二十七世高国英峻の在任中の万治二年（一六五九）秋以前に、奥村政永居士が、永平寺に寄進したと考えられる品物の中に、「六祖太師ノ御珠数入箱ノ袋」が、確認される（本巻No.16）。奥村政永の袋は豪華な刺繡地製であったと推定され、現存する刺繡袋三点の内、最も小さい袋がこれに該当するのではあるまいか。いうまでもなく智白の漆塗箱以前のことである。

　ここで政永の記録に「御珠数入箱ノ袋」とある点に注目すると、数珠はまず箱に入れられ、その箱ごと刺繡袋に入れられたようである。さらに現在、数珠を包む袱紗に「御珠数袋上包」と書いてある点にこだわってみると、図のように何重にも保護されていた時期が、あったことが窺われる。（次頁図参照）

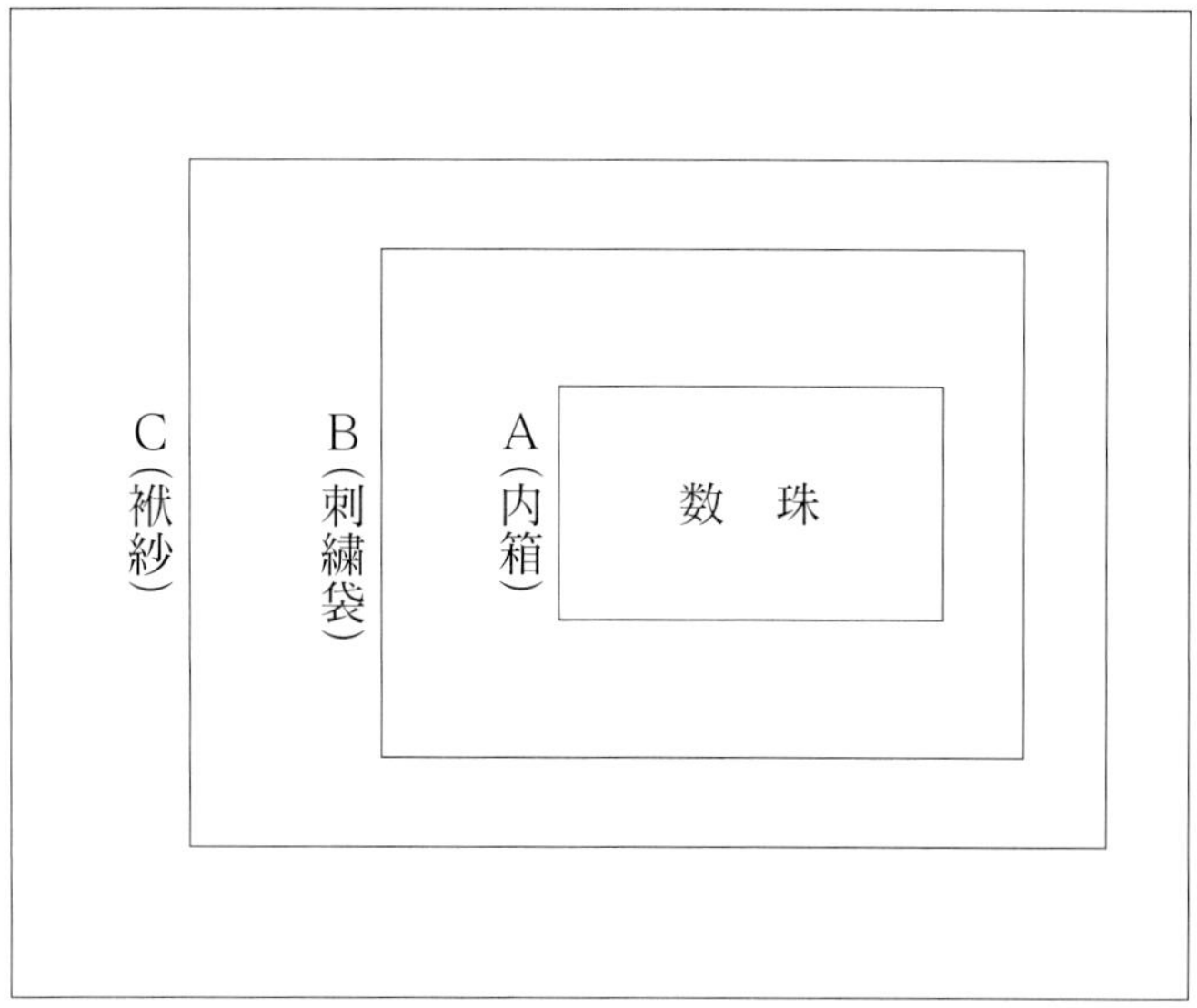

伝六祖慧能念珠の包装模式図

奥村政永の刺繡袋以後、智白の漆塗箱以前に、「六祖恵能念珠」を含む永平寺の宝物が、広く知られていく過程があった。寛文十三年（一六七三）に成立した『曹洞列祖行業記』には、道元禅師が帰朝の際に持ち帰った品物として「釈迦文仏之茵褥、四祖道信香合、六祖恵能念珠、洞山頂相」などが羅列され、これらの記述は、江戸時代を通じて、道元禅師伝記の記述に継承されたのである。

したがって、これらの宝物は、江戸時代、永平寺においてかなり厳重に保管されていた。「六祖大師念珠」については、文政元年（一八一八）の『校割帳』（永平寺文書）の「宝庫一之笈部」に「一、六祖大師念珠」が「箱入」となっている。この箱は、智白寄附の箱に違いない。また嘉永元年の『校割帳』（永平寺文書）の「宝庫一之笈部」および明治十七年の『諸寮交割簿』（永平寺文書）の「宝庫一之笈部」にも、「一、六祖大士（ママ）之念珠」とあり、このころまで江戸時代以来の保管方法が継続していたようである。ただ嘉永元年（一八四八）・明治十七年には「箱入」という注記が欠けている。何故なのか、その理由は明らかでない。

なお「六祖大師念珠」の伝来に関する前述の文献は、文政元年から明治十七年にいたるまで「宝庫二之笈部」に所属され「六祖大師珠数伝来記　二軸」として登録されている。つまり「六祖大師念珠」とは別のところに置かれていた。この分離された扱いは道元禅師将来と称する説と整合しないからであったろうか。

ところが明治十六年に六十一世久我（こが）環渓（かんけい）が、永平寺宝物を逐一点検し、貴重なものだけを取り出して作成した『直

渡交割簿』（永平寺文書）に対し、六十四世森田悟由代（明治二十四年就任、大正四年遷化）に追加された部分には、

直百壱号ノ壱　高祖大師御持用数珠 水晶壱聯（朱書）『水晶ノ分見当ラス』 唐木壱聯　大二顆小百一顆

同上ノ二　　　慧能大師念珠壱聯幷伝来書二軸付

という二項目が並んでいる。これは明治四十二年頃の『御直渡幷通常宝物一覧』（永平寺文書）の「御直渡宝物　往古以来六十一世御代迄之分」の中にほぼそのまま引き継がれ、

直百壱号　同（高祖大師御持用）御数珠 唐木製、大二顆小百一顆、（朱筆）『外ニ水晶一聯トアレトモ見当ラス』 壱聯

同号ノ二　慧能大師念珠壱聯、並伝来書二軸附

と記載される。これら記載のうち、直百壱号の項において、「唐木壱聯大二顆小百一顆」とあるのは、あきらかに従来六祖慧能の数珠として来たものであるのに、これも道元禅師のものとみなしている。混乱をきたしているようであるが、おそらく江戸時代の道元禅師伝で禅師将来の品としていたことを導入した結果なのであろう。しかし一方、同号ノ二の項において、慧能大師念珠とその文献とを結び付けている。これだと、直百壱号のとは別に慧能の念珠が存在していることになってしまうが、慧能の念珠と伝来記とを一体的に認識している点が、従来と異なる認識を示している。いずれにせよ、久我環渓に始まり、森田悟由代に追加拡張された作業を通じて、宝物の名称の変更や文献との関連付けの再認識が進んでいる。

江戸時代から明治十七年にいたるまでの校割帳が、同じ方式で作成されていた一方で、久我環渓が明治十六年に宝物の実態と重要度に即した管理方式を模索していたことが注目される。これは、それ以後の永平寺の宝物管理に大きな影響を残した。

ただし、慧能念珠とその伝来記がいったん同じ直百壱号の宝物番号のもとに置かれても、その両者が同じく智白の寄附した箱に納められ得たかどうか。二つの文献は、文政元年にはすでに軸装されていた。おそらくその法量からいって同一の箱には納まらなかったと思われる。『記号録』で、この品物（東九段　直百三十二）と文献（東七段直百四）が、並んでいないのは前述の通りであり、現在時点においても両者は別々に分類整理されている。

参考文献

吉田道興『道元禅師伝記史料集成』（あるむ、二〇一四年）。

（菅原昭英）

貞享三年（一六八六）九月二日、永平寺三十三世山陰徹翁代の役者智白・徹伝・可全、祠堂金を書き上げる。

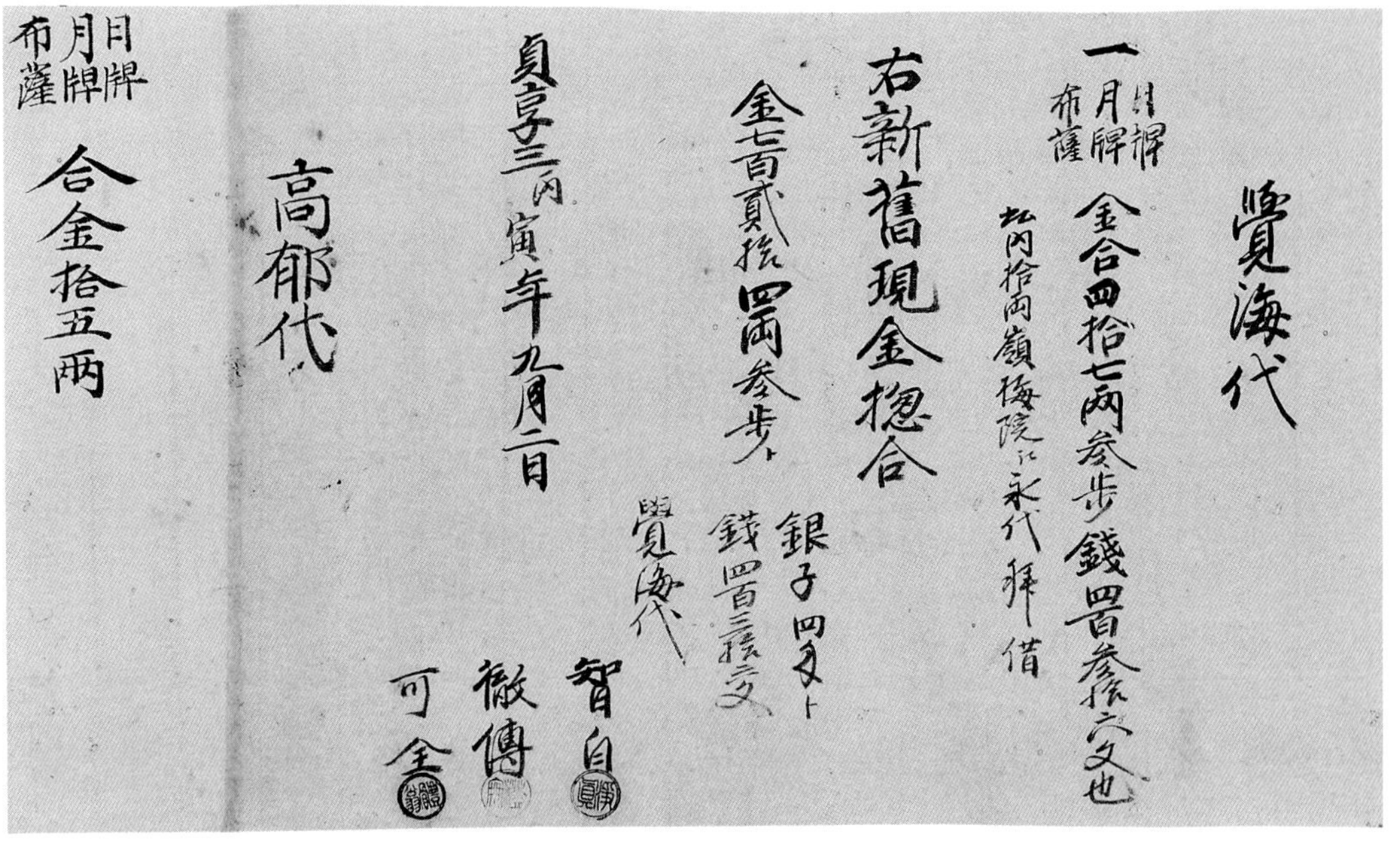

127 山陰徹翁代祠堂金覚

（巻子装 30.6㎝×43.5㎝）

覚海[1]代

一、日牌[2]
　　月牌[3]
　　布薩[4]　金合四拾七両参歩・銭四百参拾六文也、
　　　　此内拾両嶺梅院[5]江永代拝借、

右、新旧現金惣合、

金七百弐拾四両参歩ト　銀子四匁ト
　　　　　　　　　　　銭四百三拾六文、
　　　　　　　　　　　　覚海代

貞享三丙寅年九月二日

智白[6]◯（黒印文「浄真」）
徹伝[7]◯（黒印文「灯門」）
可全[8]◯（黒印文「体翁」）

【読み下し】

覚海代。一つ、日牌・月牌・布薩金合わせて四拾七両参歩・銭四百参拾六文なり。此の内拾両嶺梅院へ永代拝借。

右、新旧現金惣合、金七百弐拾四両参歩と銀子四匁と銭四百三拾六文。

【注】

(1)覚海　永平寺三十三世山陰徹翁(?～一七〇〇)のこと。勅賜号は覚海智円禅師である。延宝七年(一六七九)七月、永平寺三十三世となり、貞享三年(一六八六)夏、退院。元禄十三年(一七〇〇)四月二十五日、示寂。

(2)日牌　毎日供養される故人の事。また、その人物の位牌であり、そのための祠堂金。

(3)月牌　毎月命日に供養される故人の事。また、その人物の位牌であり、そのための祠堂金。

(4)布薩　半月ごとに戒律を確認し、懺悔する儀式であるが、その功徳をもって追善供養がなされる式でもあった。半月ごとの布薩の際に供養される故人のこと。またそのための祠堂金。

(5)嶺梅院　霊梅院のことか。霊梅院は永平寺五世義雲の塔頭。

(6)智白　不詳。本史料の「智白」の署名とともに押されている黒印の印文には「浄真」とある。そのため、智白の道号は「浄真」であった可能性がある。智白は、山陰徹翁代に永平寺へ施入された「恵能大師念珠箱」(本巻No.126)の銘にも、その名を確認することができ、おそらくは同一人物であろう。さらに『永平寺前住牒』(永平寺文書)によれば、山陰徹翁代である貞享二年七月二十日に、清法寺(埼玉県鴻巣市)から瑞世した「智白」がいる(師僧名「明拶」)。この清法寺は、「山陰徹翁目子写」(本巻No.115、『禅籍編』三巻No.13)に、徹翁が七年住職したとされる清善寺(埼玉県行田市)の末寺にあたる(『延享度曹洞宗寺院本末牒』)。以上から、これら史料に確認できる「智白」は同一人物の可能性がある。

　この他、『永平寺前住牒』・『總持寺住山記』に、智白と確認できる人物がいるので参考のために以下掲げておく。

　まず『永平寺前住牒』には、天和三年(一六八三)八月二十二日に清久寺(東京都港区)より瑞世した儀白の嗣法師、元禄十二年九月十日に東光院（神奈川県秦野市）より瑞世した人物（嗣法師は宗渕寺〈神奈川県秦野市〉の祖白）、宝永二年（一七〇五）三月十七日に長雲寺（群馬県山田郡浅都ヵ〈現在地不明〉、現廃寺）より瑞世した人物（嗣法師は茂林寺〈群馬県館林市〉の全廓）、宝永二年九月八日に瑞雲寺（群馬県前橋市）より瑞世した人物（嗣法師は釈迦尊寺〈群馬県前橋市〉の白要）などが挙げられる。

さらに、『總持寺住山記』において智白に該当する人物は以下のとおりである。延宝二年三月二十四日に東泉寺（埼玉県行田市、吉川市のいずれか）より瑞世した八二四二世、元禄四年六月十日に能州龍洞寺（現在地不明）より瑞世した一〇五九六世、元禄十二年閏九月三日に洞泉寺（東京都文京区）より瑞世した一一八七六世梅薫の受業師、正徳四年（一七一四）四月四日に太盛院（石川県鳳珠郡能登町）より瑞世した一四七〇四世祖厳の嗣法師、正徳五年七月十六日に細谷寺（福島県伊達市）より瑞世した一五〇〇六世智徹の受業師などが挙げられる。

なお、智白の印章の法量は直径1.8㎝である。

（7）徹伝（てつでん）　不詳。『永平寺前住牒』によれば、天和二年八月二十八日に報恩寺（埼玉県熊谷市）より永平寺に瑞世した人物としてその名が確認でき（嗣法師「臣徹」）、この人物である可能性がある。報恩寺は、「山陰徹翁目子写」に、徹翁が清善寺の次に住持したとある龍淵寺（埼玉県熊谷市）の末寺にあたる（『延享度曹洞宗寺院本末牒』）。『曹洞宗全書』大系譜一・『總持寺住山記』には確認できない。

なお、徹伝の印章の法量は直径1.6㎝である。

（8）可全（かぜん）　不詳。『曹洞宗全書』大系譜一によれば、可全の名は、泰完可全と巨岳可全の二人が確認される。まず、泰完可全は慶徳寺（埼玉県比企郡滑川町）二十世であり（『曹洞宗全書』大系譜一、六四一頁）、寂年は寛政十一年（一七九九）である。次に巨岳可全は祥雲寺（宮城県玉造郡鳴子町）十七世であり（同書七二九頁）、寂年は文久三年（一八六三）である。両者は、寂年から本史料における可全と比定できないため、本史料の可全の比定は今後の課題となる。

また、『永平寺前住牒』によれば、天和二年（一六八二)七月二十九日に武州西光寺より瑞世した人物としてその名が確認でき(嗣法師「龍牛」)、この人物である可能性がある。『延享度曹洞宗寺院本末牒』には、武州西光寺は九ヶ寺確認できるが、いずれに該当するかは不明である。なお、前述の龍淵寺の末寺には西光院(埼玉県熊谷市)があり、こちらである可能性もある。なお。『總持寺住山記』によれば、可全は九名確認できる。該当する可能性があるのは、元禄十四年(一七〇一)四月十二日に遭龍寺(山形県鶴岡市)より瑞世した一二一三三世である。

なお、可全の印章の法量は直径1.6㎝である。

【解説】本史料は、貞享三年(一六八六)九月、永平寺へ晋住する永平寺三十四世馥州高郁(ふくしゅうこういく)の代に祠堂金の引き継ぎとして、三十三世山陰徹翁が三十二世大了愚門(だいりょうぐもん)から引き継がれた祠堂金と徹翁代の祠堂金の合計を書き上げたものである。

山陰徹翁代の祠堂金のうち一〇両は、嶺梅院に対する永代拝借である。嶺梅院は永平寺五世義雲の塔頭霊梅院のこととみられる。この代金は天和二年、山陰が永平寺住持中に義雲の三百五十回遠忌を迎えたことによる永代拝借金と考えられる。義雲の三百五十回遠忌の内実は知られていないが、その塔頭である霊梅院においても法要等が実施されたと思われ、義雲の遠忌にともなう永代貸借金であったと思われる。

なお、本史料は、「永代校割」と題され、巻子装となっている。この点は本巻No.88の解説を参照されたい。

参考文献

「永平寺歴代住持職一覧」『永平寺史』下巻、一五〇二頁(大本山永平寺、一九八二年)。
『永平寺史料全書』禅籍編　第三巻、二〇〇〜二〇二頁(大本山永平寺、二〇〇五年)。
『住山記—總持禅寺開山以来住持之次第—』(大本山總持寺、二〇一一年)。

(廣瀨良弘)

（貞享三年〈一六八六〉秋頃）、永平寺三十四世馥州高郁、入院・参内した際の文書類を永平寺に置く。

41　伝授室中之物

（一三紙継紙　19.7㎝×469.9㎝）

（一張）

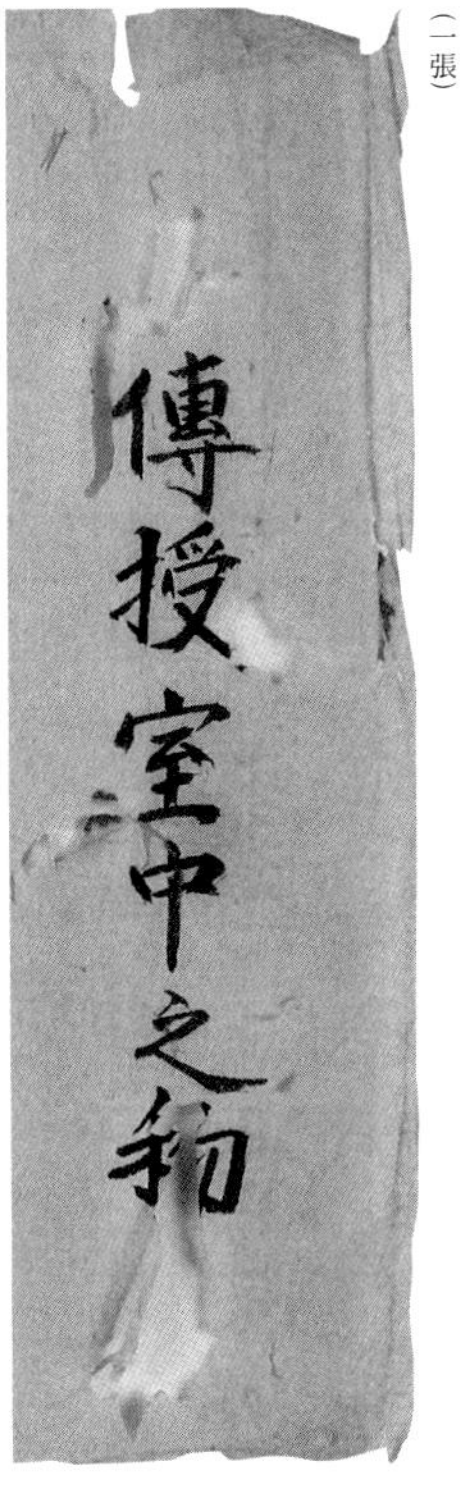

（一二張）

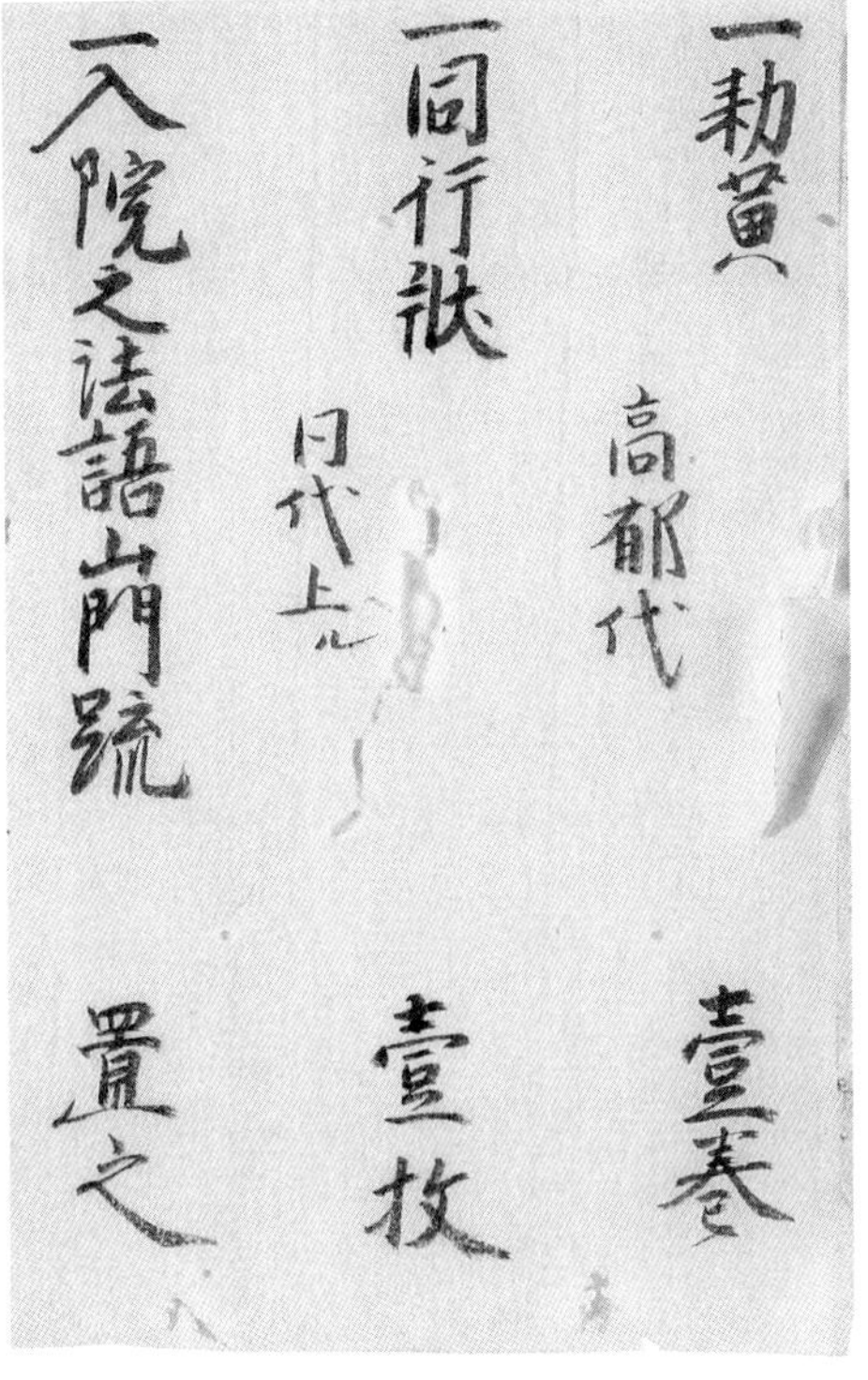

（一張）

伝授室中之物

（中略）

（一二張）

一、勅黄　　高郁代　　壱巻

一、同行状　　同代上ル、　　壱枚

一、入院之法語、山門疏　　置之、

（後略）

【解説】　永平寺三十四世馥州高郁（ふくしゅうこういく）（?～一六八八）は、貞享三年（一六八六）夏、永平寺三十四世となった。

「禅師号並参内之覚」（永平寺所蔵道正庵文書）によれば、高郁は同年十一月十六日付で大仙国光（だいせんこくこう）禅師の禅師号を賜っている。

本史料によりその際に作成されたみずからの履歴行状、入院の際の「法語」や「山門疏（さんもんしょ）」ならびに同年十一月十六日付の禅師号の「勅書」（黄色の紙なので「勅黄」）などを永平寺に置いたことが理解される。

なお、これら文書類は、元禄元年（一六八八）の永平寺三十五世版橈晃全（はんぎょうこうぜん）との住持交代の際に、引き継がれる。

本史料の全文と禅籍としての解説は、『禅籍編』三巻No.14を参照のこと。

参考文献

『永平寺史料全書』禅籍編　第三巻（大本山永平寺、二〇〇五年）。

（廣瀬良弘）

貞享三年（一六八六）、朝廷、丹波国龍沢寺に永平寺末寺と認める証文を出す。

41　伝授室中之物

（一三紙継紙　19.7㎝×469.9㎝）

（一張）
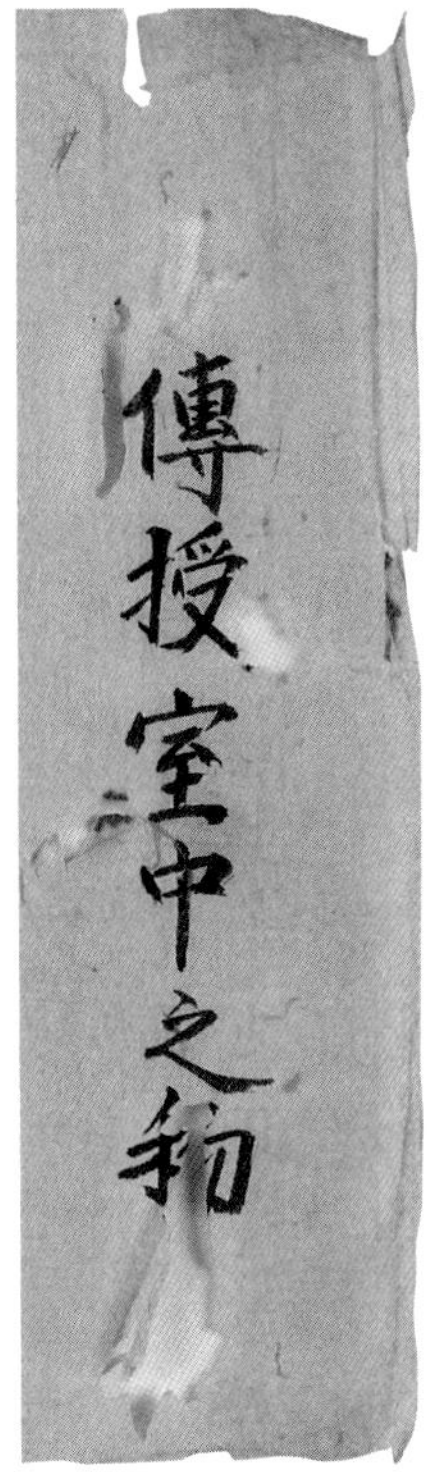

（一二張）
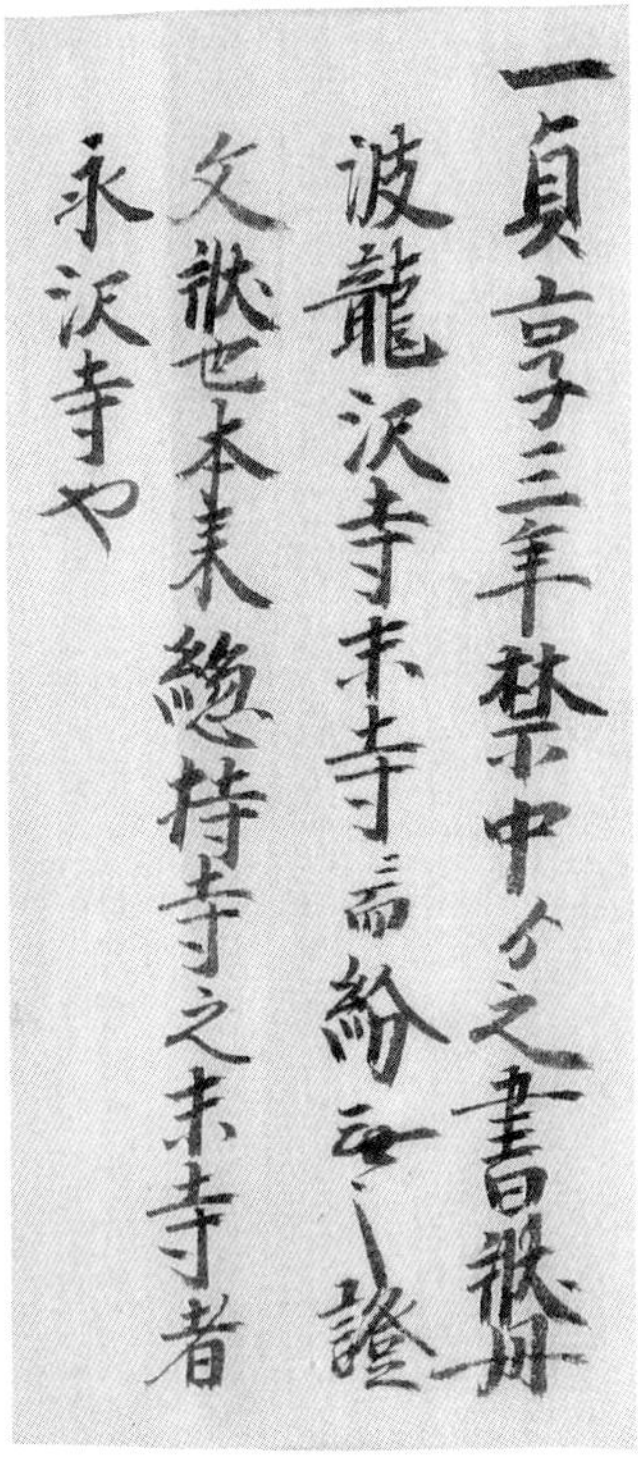

（一張）

伝授室中之物

（中略）

（一二張）
一、貞享三年禁中ゟ之書状丹
波龍沢寺末寺ニ而紛無之證
文状也、本来総持寺之末寺者
永沢寺也、

（後略）

【解説】　本史料にみえる禁中より貞享三年（一六八六）に送られた書状の本文は現時点で未確認である。しかし、その内容を推測するならば、「丹波竜沢寺」が（永平寺の）末寺で間違いないとする証文であり、（一方で、同じく丹波であり寺名が似ているので混同しやすいが）丹波国永沢寺（兵庫県三田市）が總持寺の末寺である、という意味であろう。

龍沢寺（京都府船井郡）は、永平寺二十四世孤峰龍札（察）（一五七八〜一六四六）が、永平寺二十三世仏山秀察（一五六四〜一六四一）を開山に請して、寛永十六年（一六三九）に開いた寺である。詳しくは龍沢寺蔵『当山住職行実鑑』参照のこと（駒澤大学図書館にマイクロフィルム撮影による影印本が所蔵されている）。

参考文献

『永平寺史料全書』禅籍編　第三巻（大本山永平寺、二〇〇五年）。

（廣瀬良弘）

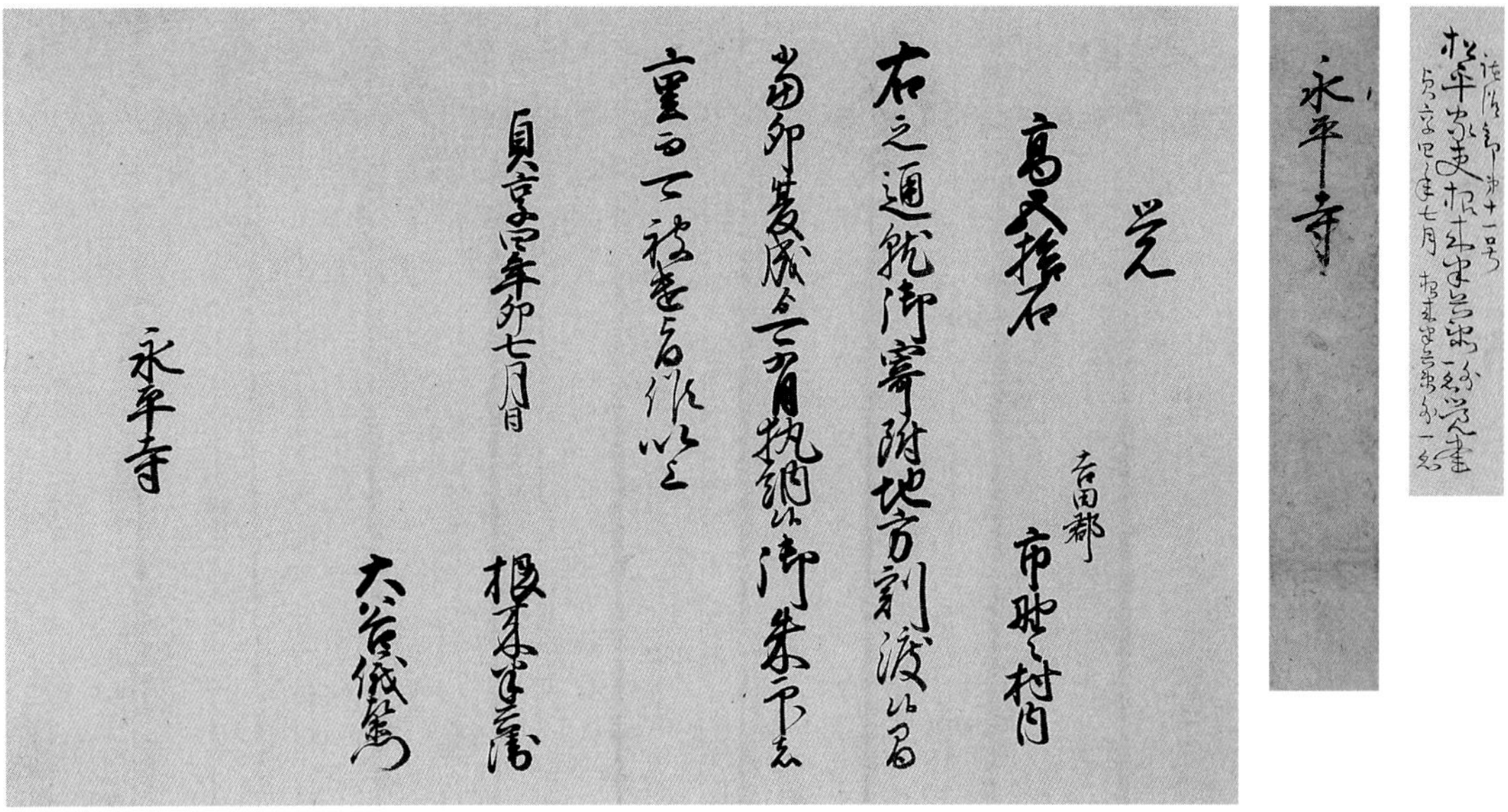

貞享四年（一六八七）七月日、福井藩、永平寺に対し、越前国吉田郡市野々村において五〇石の地を施入する。

128　福井藩寺領寄進状

（台紙装　31.2㎝×45.4㎝）

（台紙貼紙、弘津説三筆）
「諸侯部第十一号
松平家吏根来半兵衛外一名覚書
貞享四年七月　根来半兵衛外一名」

（懸紙ウハ書）
「永平寺　　　　」

覚

高五拾石　　吉田郡市野々村内

右之通、就御寄附地方割渡候間、
当卯夏成ゟ可有執納候、御朱印者
重而可被遣旨候、以上、
貞享四年卯七月日　　根来半兵衛
　　　　　　　　　　大谷儀左衛門

永平寺

【読み下し】

高五拾石、吉田郡市野々村内

右の通り、御寄附について地方割り渡し候間、当卯夏成より執納有るべく候。御朱印は重ねて遣わさるべき旨に候。以上。

【解説】　福井藩より永平寺領として寄附した五〇石の地を、吉田郡市野々村(福井県吉田郡永平寺町)のうちで与えることとし、与えた地については、この年の夏成年貢より収納してよいことを伝えたものである。

福井藩の家臣根来半兵衛・大谷儀左衛門が、福井藩より寄附した地について具体的に示したもので、領主が寺社に対して与えた所謂「寄進状」「安堵状」とは異なる。

貞享三年(一六八六)、福井藩の七代目藩主松平綱昌は、突然改易され、あらためて養父昌親に越前国で二五万石余が与えられ、ふたたび八代目の福井藩主となった。福井藩はつながったものの、所領は半減された。これを「貞享の大法」あるいは「貞享の半知」と呼ぶ(『永平寺町史』通史編・『福井県史』通史編3近世一)。本史料は、この藩主の代替わりにより、あらためて永平寺に対し寺領を寄進したことにともない差し出されたものである。

なお、文政八年(一八二五)の「地方取申給知村別帳」には、永平寺の石塔料として市野々村のうちで五〇石が書き上げられているほかに、「同(市野々)村高之内御除知荒谷」として二〇石が書き上げられている。本史料で書き上げられた五〇石は、本巻No.95・111でみられた四代忠昌・五代光通の石塔料に相当し、結城秀康以来与えられていた二〇石は、「御除知」として与えられ存続していたという(『永平寺町史』通史編)。つまり、この史料では五〇石の地のみについて述べているが、ほかに「御除知」として二〇石が確認でき、以前通り安堵されたことになる。また、明治初年に全国の村々の石高と領主を書き上げた『旧高旧領取調帳』には、越前国吉田郡市野々村の項に永平寺領として二〇石がみられ、この「御除知」分に相当すると思われる。

本史料中に、「御朱印者重而可被遣旨候」とみられるが、一般に、「御朱印」とは将軍が与える朱印状のことをさす。幕府から寺社に対する新規の朱印の下付は、三代将軍徳川家光のときを最後としており、その後は新規の朱印下付はほぼみられない。現在のところ、初代徳川家康をはじめ各将軍が発給した永平寺宛の朱印状は、写を含めて確認されていない。したがって、将軍から朱印状を下付されたとは考えがたい。

一方、近世中期になると、一部の大名が家臣に俸禄を宛行う際に朱印状を発給する例もみられる（『徳川幕府事典』）。しかし、この史料にみられる五〇石の地、あるいは「御除知」として与えられたと思われる二〇石の地について、この時の藩主から永平寺に宛てた寄進状も確認されていない。本史料の述べる「御朱印」の具体的な内容については関連史料がなく詳細は不明であるが、この史料が領主が発給した寄進状・安堵状ではなく、家臣から出されたものであることを勘案すると、「御朱印」は、藩主の発給する寄進状をさしているとも考えられる。

なお、本史料は台紙の上に貼られており、弘津説三（ひろつせっさん）の整理による貼紙が台紙に添付されている。弘津説三の文書整理については、『文書編』一巻No.４の解説参照。

参考文献

『永平寺町史』通史編、三〇九頁～三一〇頁（永平寺町、一九八四年）。
『福井県史』通史編３近世一、一四七頁～一四八頁（福井県、一九九四年）。
竹内誠編『徳川幕府事典』三一一頁（東京堂出版、二〇〇三年）。

（中野達哉）

貞享五年(一六八八)八月、江戸幕府、諸寺院の坊舎に女人を置くことを禁じた触を再度触れ渡す。

129 江戸幕府触書写

(『代々』28ウ)

覚

一、先年茂寺院坊舎江女人不可抱置之旨、雖被
仰渡、頃日端々猥ニ相聞候条、自今以後弥先
御条目之通、於寺院坊舎、諸親類者不及申、其母・姉・
妹たりといふ共、堅不可差置之旨、今度又被
仰渡候間、此旨急度可相守者也、

貞享五辰年八月

○写真版は本巻937頁下段に掲載。

【読み下し】

一つ、先年も寺院坊舎へ女人抱え置かざるの旨、仰せ渡さると雖も、頃日端々猥りに相聞き候条、自今以後いよいよ先の御条目の通り、寺院坊舎において、諸親類は申すに及ばず、其の母・姉・妹たりといふとも、堅く差し置くべからざるの旨、今度また仰せ渡され候間、この旨急度相守るべき者也。

【解説】 差出人・請取人とも記されていないが、幕府が諸寺院に宛てて出しものと思われる。

本史料は、諸寺院に対して、女人を抱え置くことの禁止について触れ渡したものである。以前に寺院の坊舎に女人を置くことを禁じているにもかかわらず、最近ではみだりになっているため重ねて禁止したもので、親類をはじめ、たとえ母・姉・妹であっても抱え置くことを禁止している。

『徳川実紀』の貞享五年(一六八八、同年九月に元禄に改元)八月二十二日の項には、「浅草龍宝寺閉門し、弟子三人斬に処せらる。これは邪淫戒を破りし聞えあるによてなり」という記事がみられる。この事件がこの触が出された直接の契機となっていたかはわからないが、当時この触が出されるような社会情勢があったことが窺える。

本史料が収録されている『代々』については、本巻No.10の解説を参照されたい。

(中野達哉)

貞享五年（一六八八）八月日、河瀬勝成、女神倚像を修復する。

130 女神倚像銘

（像高 54.5㎝）

（垂下部裏）

（朱書）
貞享五辰八月日
五社神破損彩色
　　作者福井住
　河瀬勝成判

四十六世代
安永三午四月日
五社神潤色
　　法眼七条左京
　　　康伝
　倅
　法橋七条大弐康朝

【解説】　この女神倚像（じょしんいぞう）は、平成二十一年に東京国立博物館（当時）の浅見龍介氏の永平寺仏像調査にともない、確認されたものの一つである（浅見論文参照。以下、浅見氏の見解は本論文による。また『大永平寺展』展示会図録収録のNo.31女神倚像の同氏解説も参照されたい）。

　浅見氏の見解によると、女神倚像の名称は不明ながら「白山妙理権現像」である可能性を指摘する。本像は、永平寺仏殿本尊と近い時期である南北朝時代、十四世紀中頃の作と推定されている。また、本像は永平寺三世徹通義介（一二一九〜一三〇九）が中国から帰国後に造った「土地神五軀」の一つである越前の地主神、白山神と考えられている。この一躯は山門楼上に安置され、見る者をして不思議に思わせていた。

　関連史料として、面山瑞方（めんざんずいほう）の『訂補建撕記』の「碧巖録助筆」に登場する「白山権現」、同著『永平祖師得度略作法』収録の「白山妙理大菩薩神影」が挙げられる。しかし、浅見氏は、それと違い加賀の白山比咩（はくさんひめ）神社（石川県白山市）に伝来する「白山三社権現像」の中央に描かれた「女神像」（白山妙理権現像）に類似すると指摘しており、注目すべき見解である。

　さて、問題とするのはこの女神倚像の「垂下部裏」にある識語である。浅見氏の調査で、五社神（ごしゃじん）の一つと思われる旧仏殿安置の「大権修利菩薩倚像（だいごんしゅりぼさついぞう）」（現如意庵安置）の垂下部裏にも修復銘が次のように確認された。

【史料1】大権修利菩薩倚像銘

（垂下部裏）

□
神破損
福井住
河瀬勝成判
四十六世代
安永三年四月日
五社神潤色
京四条大仏職
法眼七条左□康伝
法眼七条大弐康朝

　この二体の修復銘より、これらの仏像は貞享五年（一六八八・元禄元年）八月、河瀬勝成によって補修されていることがわかる。「福井住」とあることから、河瀬勝成は福井城下に住んでいた仏師であったのであろうか。この河

【参考写真】洒水器（向かって左のものに「五社神前」と刻銘がある）

瀬勝成については今後の調査が必要である。

貞享五年八月といえば三十四世馥州高郁（?〜一六八八）から三十五世版橈晃全（一六二四〜九三）に世代交代する頃で、この修復は高郁代に手がけられたものといえる。貞享は同五年九月晦日に元禄元年（一六八八）と改元されているが、高郁から晃全に永平寺住職が引き継がれたのは同年十月のことである（本巻No.41）。高郁は永平寺を隠居後、同年十二月五日、江戸で遷化している。後住の晃全は貞享五年七月に幕府より釣選にて永平寺住職につき、翌元禄二年二月に参内している。

次に、浅見氏の調査で各仏像の修復銘により、京都の七条仏師による補修がされていることが明らかとなった。

その修復銘に触れる前に、浅見氏も疑問を呈す「五社神」についてみる。「五社神」という名称は「掌簿判官立像」・「女神倚像」・「大権修利菩薩倚像」に付けられている。また、真鍮の洒水器にも刻まれている（【参考写真】参照）。

浅見氏は、「掌簿判官立像」・「監斎使者立像」・「大権修利菩薩倚像」・「女神倚像」の四軀を確認されたが、残りの一軀が不明であるといわれる。その一軀は「達磨大師坐像」と考えられるが、現在祠堂殿に祀られる「閻魔大王像」のことであろう。その理由として、『永平寺寺境絵図』（本巻No.38）に、酒井忠勝寄進の「経蔵」の下に「閻魔堂」が描かれているからである（経蔵については本巻No.33解説参照）。今後の調査が必要であるが、この閻魔大王像が五社神の一つでないか。

この根拠は、五社神はそれぞれの場所に安置されていたという判断からである。すなわち、仏殿には「大権修利菩薩」（現福井県永平寺町寺本の如意庵安置）、庫院（くいん）には「掌簿判官立像」と「監斎使者立像」（俗に玄源左衛門像）、山門櫓上には「女神倚像」（白山神）、「閻魔堂」には「閻魔大王像」と、以上、五社神となる。

義介が中国より帰国後、永平寺の伽藍を整備されたとする『元祖孤雲徹通三代尊行状記』（大乗寺所蔵、東隆眞編『大乗寺開山徹通義介禅師関係資料集』）には、「土地五軀悉作焉」とある土地の五軀が、「五社神」に相当する可能性は大であるが、そこに「閻魔像」が加えられるか、年代的問題もあり今後の検討課題としたい。

ちなみに安永三年（一七七四）四月、永平寺四十六世（現四十七世）天海董元（てんかいとうげん）（?～一七八六、一七六八～八六住職）代に京都七条仏師康伝とその倅（せがれ）康朝によって修復されている仏像がある。本像・大権修利菩薩倚像（いぞう）については触れたので、掌簿判官立像・達磨大師坐像のものを次に示す。

【史料２】掌簿判官立像台座木札銘

安永三甲午年四月（昭和廿八年春安居僧
片山孝祐記）
法橋七条大弐
五社神修復調進　康朝

【史料３】達磨大師坐像銘

（坐像底）
［　　］
五社［　］
京都四条大仏
法眼七条［　］康［　］
（倅）法橋七条［　］
四十六世□［　］

【史料２】は木札銘であるが、【史料３】の修復銘は朱漆で記されている。仏師七条康伝と康朝については江口正尊氏の「祖山永平寺と七条中仏所仏師」の研究論考がある。

参考文献

『永平寺史』上巻(大本山永平寺、一九八二年)。
江口正尊「永平寺法堂本尊論再考」(『傘松』五二一号、一九八七年)。
江口正尊「祖山永平寺と七条中仏所仏師」(『傘松』五二七号、一九八七年)。
東隆眞編『大乗寺開山　徹通義介禅師関係資料集』(春秋社、二〇〇八年)。
浅見龍介「永平寺の中世彫刻」(『東京国立博物館研究誌』六二九号、二〇一〇年)。
『大永平寺展—禅の至宝、今ここに—』(福井県立美術館、二〇一五年)。

(熊谷忠興)

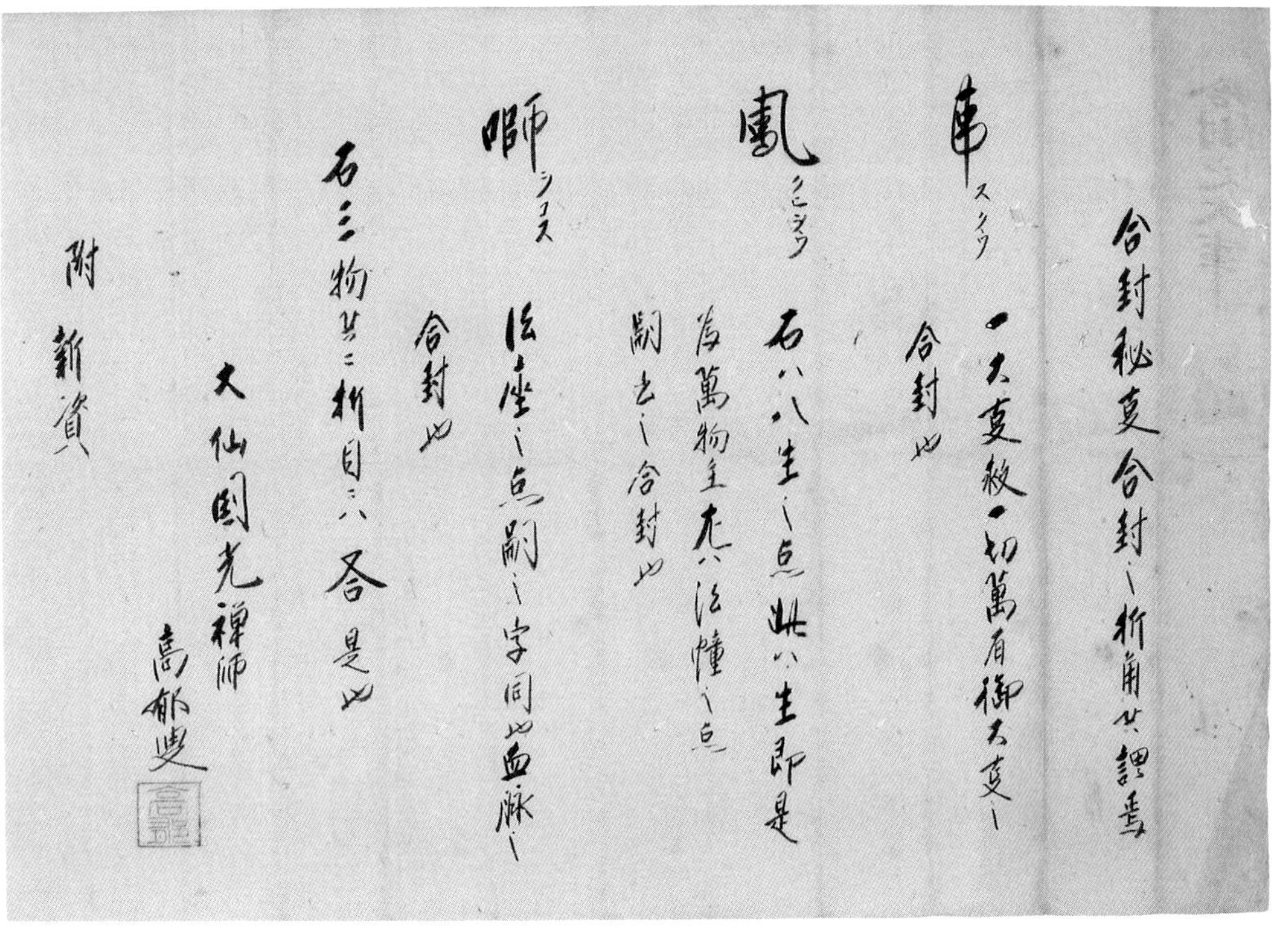

（元禄元年〈一六八八〉秋以前）、永平寺三十四世馥州高郁、「合封之大事」を新資に与える。

131　合封之大事（馥州高郁切紙）

（一紙　35.7㎝×49.6㎝）

（端裏うわ書）
「合封之大事」

合封秘事、合封之折角共謂焉、

 スクウ　一大事、救一切万有、御大事之合封也、

 クヒヲウ　右ハ八生之点、此ハ（八）生即是為万物主、左ハ法幢之点、嗣書之合封也、

 ヲコス　法座之点、嗣之字同也、血脈之合封也、

右三物共二折目ニハ  是也、

大仙国光禅師

高郁叟 □（朱印文「高郁」）

附新資

【解説】　永平寺三十四世馥州高郁（ふくしゅうこういく）(?～一六八八)が「新資」、すなわち、新たに嗣法を許したものに三物(嗣書・大事・血脈)を与える際の室内秘事の「合封」の作法を書した切紙である。本史料の注・解説等は、『禅籍編』三巻No.15にすでに菅原昭英氏によってなされているので参照されたい。菅原氏によれば、「新資」は「永平嫡嗣伝授之儀式」(本巻No.17、『禅籍編』二巻No.36)などの史料から、この時すでに永平寺の後継者に定まっていた三十五世版橈晃全（はんぎょうこうぜん）(一六二四～九三)のことで、授受された時は元禄元年(一六八八)夏から冬にかけてのこととする。

　これらの異体文字は「スクウ」の読み仮名のものは大事の「事」、「クヒヲウ」読み仮名のものは嗣書の「書」、「ヲコス」の読み仮名のものは「師」の字をもとに変化させて形成されたものと推測される。また最後の異体文字は合封の「合」の字を変化させたものであろう。

　高郁は、龍穏寺(埼玉県入間郡越生町)から永平寺に晋住しているが、この前後の永平寺住持かつ龍穏寺住持に関する同名切紙として注目されるのが、正龍寺(埼玉県大里郡寄居町)に現存する「合封之大事」である。これは、龍穏寺二十二世・永平寺二十九世鉄心御州（てっしんぎょしゅう）(?～一六六四)から正龍寺九世普満紹堂(?～一六七六)に授与されたとも考えられる切紙であるが、本史料とほぼ同文の前半部を有し、後半部は合封之参というべき師資問答体の参話を記している。奥書には「従永平室中直伝　詔（ママ）堂拝」と記しており、これを永平寺室中より直伝したのが御州―紹堂であったとすれば、御州の段階もしくはそれ以前から、すでに本史料と同内容の「合封之大事」切紙が永平寺室中に伝授されていたことになろう。

　なお、朱印(「高郁」)の法量は縦2.5㎝×横2.5㎝である。

参考文献

『曹洞宗文化財調査目録解題集6　関東管区編』(曹洞宗宗務庁、二〇〇三年)。
『永平寺史料全書』禅籍編　第三巻(大本山永平寺、二〇〇五年)。

(廣瀬良弘)

元禄元年（一六八八）十月四日、永平寺三十四世馥州高郁代の役者栄天・善説・普聞、祠堂金を書き上げる。

132 馥州高郁代祠堂金覚

（巻子装　30.6cm×90.4cm）

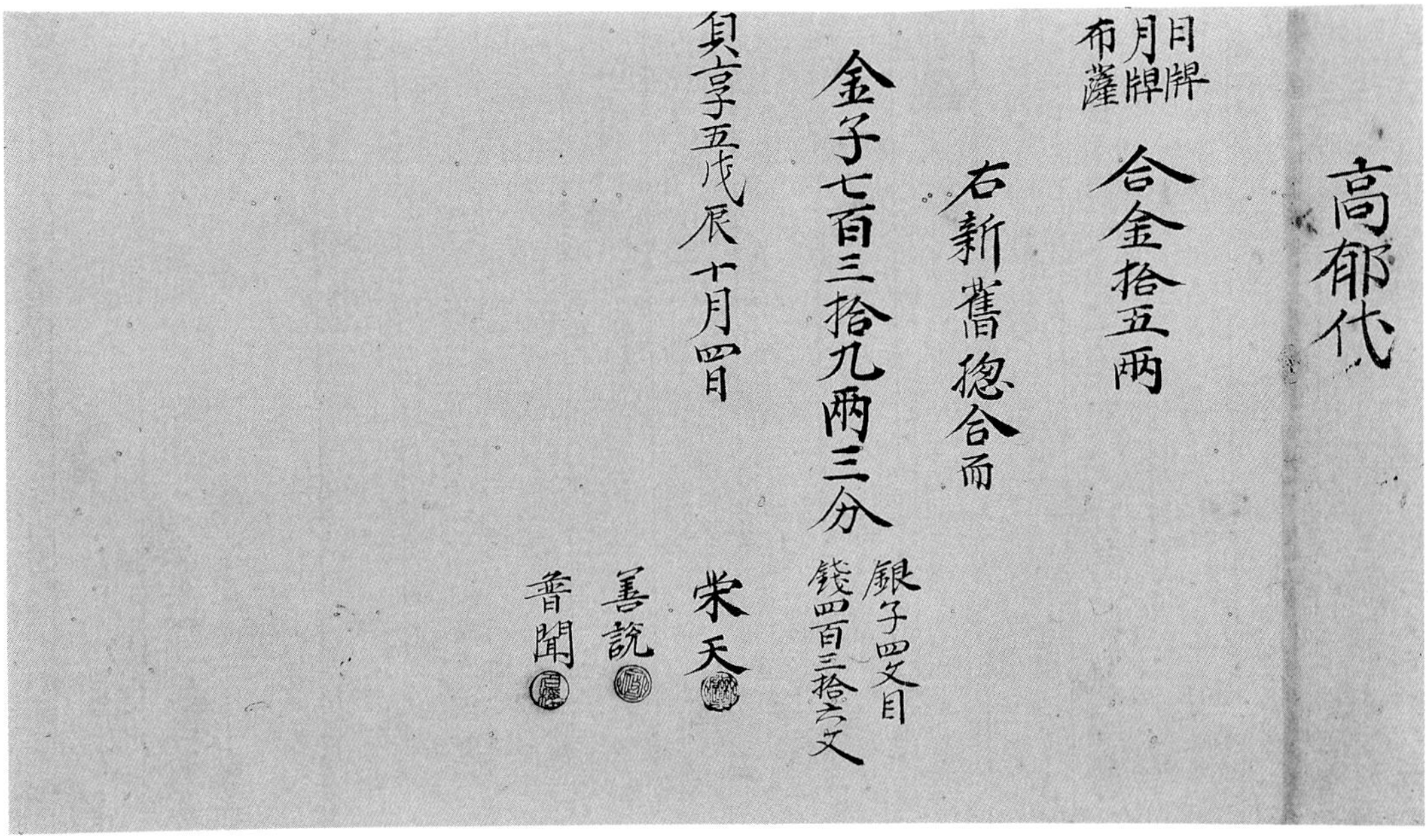

高郁代(1)

（一張）日牌(2)

（□□脱）□月牌(3)　合金拾五両、

布薩(4)

右、新旧惣合而、

金子七百三拾九両三分　銀子四文目
　　　　　　　　　　　銭四百三拾六文、

貞享五戊辰十月四日

栄天(5)◯（黒印文「道」）

善説(6)◯（黒印文「放」）

普聞(7)◯（黒印文「名□」）

【読み下し】

高郁代。一つ、日牌・月牌・布薩、合わせて金拾五両。

右、新旧惣合、金子七百三拾九両三分・銀子四文目・銭四百三拾六文。

【注】

(1)高郁　永平寺三十四世馥州高郁(?～一六八八)のこと。貞享三年(一六八六・元禄元年)夏、永平寺三十四世となり、同年夏、退院。同年十二月五日、示寂。

(2)日牌　毎日供養される故人のこと。また、その人物の位牌であり、そのための祠堂金。

(3)月牌　毎月命日に供養される故人のこと。また、その人物の位牌であり、そのための祠堂金。

(4)布薩　半月ごとに戒律を確認し、懺悔する儀式であるが、その功徳をもって追善供養がなされる式でもあった。布薩料・布薩金とは、半月ごとの布薩の際に故人を供養するための祠堂金。

(5)栄天　不詳。『曹洞宗全書』大系譜一によれば、栄天の名は、一峰栄天、龍峰栄天、台巌栄天の三人が確認される。まず、一峰栄天は大慈寺(鳥取県西伯郡南部町)十一世であり(『曹洞宗全書』大系譜一、一二〇頁)、寂年は弘化二年(一八四五)である。次に龍峰栄天は瑞雲院(山形県新庄市)十八世であり(同書五一二頁)、寂年は寛保元年(一七四一)である。最後に台巌栄天は香積寺(愛知県豊田市)十世であり(同書一〇四八頁)、寂年は寛永十一年(一六三四)である。

いずれの人物も寂年から本史料における栄天と比定できないため、今後の検討を要する。

このほか、『永平寺前住牒』(永平寺文書)に、正徳五年(一七〇八)三月十一日に羽州盛流寺より瑞世した徹焉の嗣法師で、瑞雲院(山形県新庄市)住職であった栄天が確認できるが、これは先ほどみた龍峰栄天のことであろう。なお、『總持寺住山記』によれば、栄天は一〇名確認できるが、元禄以前で確認できる人物はいない。

なお、栄天の印章の法量は直径1.3㎝である。

(6)善説　不詳。なお、善説の印章の法量は直径1.3㎝である。『曹洞宗全書』大系譜一・『永平寺前住牒』・『總持寺住山記』に確認できない。

(7)普聞(ふもん)　不詳。『曹洞宗全書』大系譜一によれば、普聞の名は、聖道普聞、道乗普聞、修山普聞、見応普聞の四人が確認される。まず、聖道普聞は寺院、寂年いずれも不明である(『曹洞宗全書』大系譜一、二七八頁)。次に道乗普聞は行昌寺(東京都町田市)四世であり(同書六八六頁)、寂年は不明である。次に修山普聞は高乗寺(東京都八王子市)十四世であり、寂年は享保十六年(一七三一)である。最後に見応普聞は月輪寺(山口県山口市)二世であり(同書七八六頁)、寂年は不明である。ただし、月輪寺三世外叟永雲の寂年が万治三年(一六六〇)のため、見応普聞の寂年は、それ以前であろう。いずれかの人物で本史料における普聞は、修山普聞と推察される。しかしながら、修山普聞は馥州高郁の示寂から五十三年後に高乗寺にて示寂を迎えており、本史料の普聞と比定するには、さらなる検討を要する。

　この他、『永平寺前住牒』に、宝永五年(一七〇八)二月二十六日に長安寺(東京都八王子市)より瑞世した良天の嗣法師で、高乗寺(東京都八王子市)住職であった人物が確認できる。なお、『總持寺住山記』には三名確認できるが、元禄以前の人物は確認できない。

　なお、普聞の印章の法量は直径1.3㎝である。

【解説】　本史料は、貞享五年(元禄元年・一六八八)十月四日付で、永平寺へ晋住(しんじゅう)する永平寺三十五世版橈晃全(はんぎょうこうぜん)の代に祠堂金の引き継ぎとして、三十四世馥州高郁代が三十三世山陰徹翁(さんいんてつおう)代から引き継がれた祠堂金と高郁代の祠堂金の合計を書き上げたものである。

　署名・捺印をしているのは、高郁の代に役寮(やくりょう)を勤めた僧侶であろう。貞享五年夏に高郁が退院した後、この貞享五年九月三十日に年号が元禄と改められ、この時は、改元直後のため、貞享の年号が使われている。

　また、本史料は、笛岡自照師が撮影した写真をまとめたアルバムである『祖山文化財写真集』第二輯を確認すると、本文の「日牌・月牌・布薩」の文字の上部に「一」が記載されている(永平寺所蔵)。しかしながら、該当文字は本史料を巻子装する際、裁断されたため、その残滓のみ確認される。

なお、本史料の書出である「高郁代」は、「山陰徹翁祠堂金覚」（本巻No.127）の本紙奥に記載されており、継紙となっているから、高郁代の祠堂金が記されている。したがって、本史料は二紙継紙となる。「山陰徹翁祠堂金覚」の料紙が、本史料の一紙目にあたる。この一紙目の法量は30.6cm×43.5cmとなり、二紙目の法量は30.6cm×46.9cmとなる。

なお、本史料は、「永代校割」と題され、巻子装となっている。この点は本巻No.88の解説を参照されたい。

参考文献

「永平寺歴代住持職一覧」『永平寺史』下巻、一五〇二頁（大本山永平寺、一九八二年）。

『永平寺史料全書』禅籍編　第三巻、二三三・二三四頁（大本山永平寺、二〇〇五年）。

『住山記―總持禅寺開山以来住持之次第―』（大本山總持寺、二〇一一年）。

（廣瀬良弘）

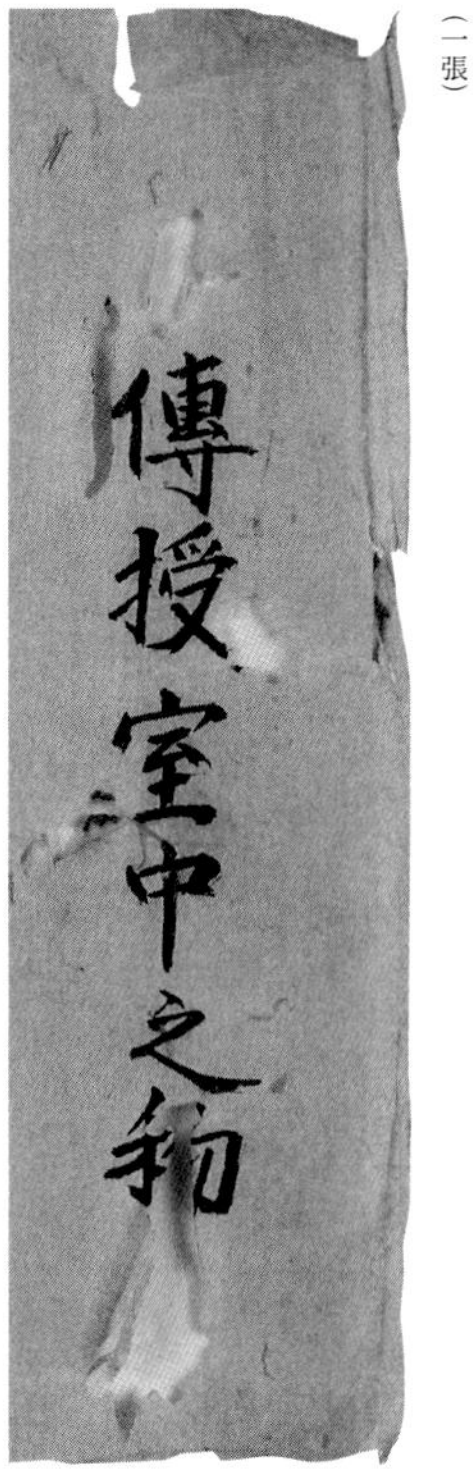

（一張）

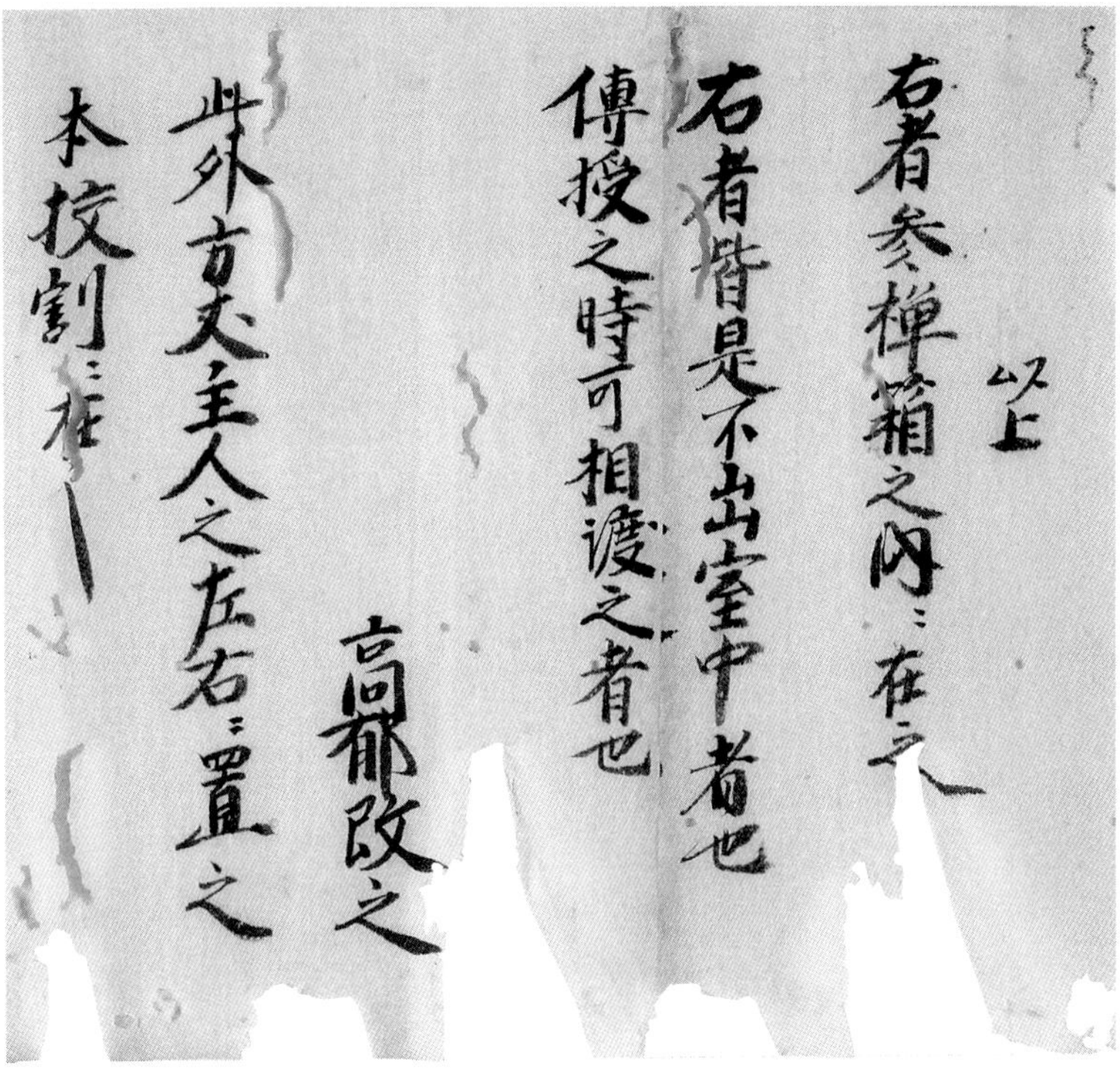

（六張）

元禄元年（一六八八）十月吉日、永平寺三十四世馥州高郁、三十五世版橈晃全への住持交代にあたって、永平寺室中および方丈の重要文献の目録を作成する。

41　伝授室中之物

（一三紙継紙　19.7㎝×469.9㎝）

（一張）
伝授室中之物

（中略）

（六張）
以上、

右者参禅箱之内ニ在之、

右者皆是不出室中者也、

（七張）
伝授之時可相渡之者也

高郁改之、

此外、方丈主人之左右ニ置之、

本校割ニ在之、

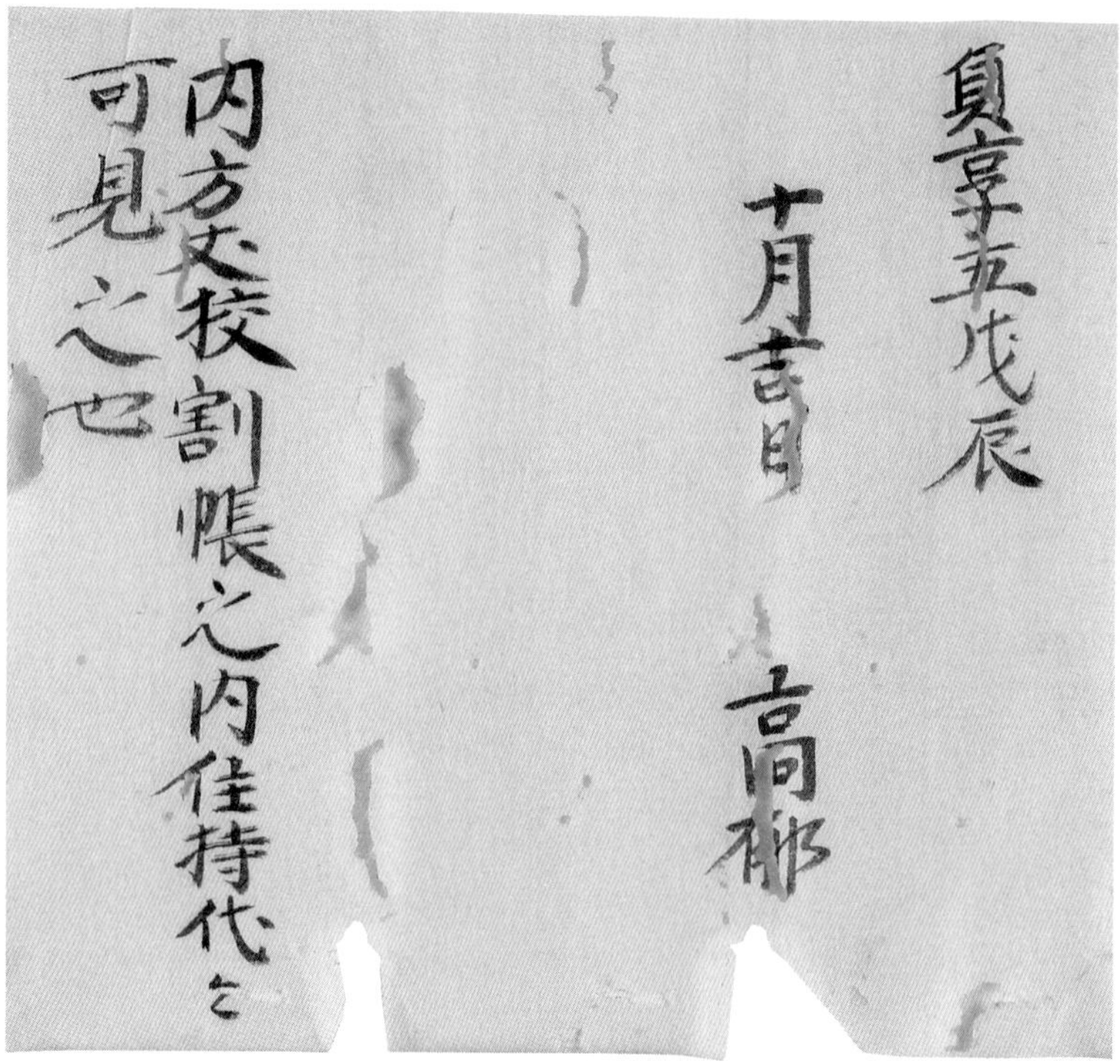

（一三張）

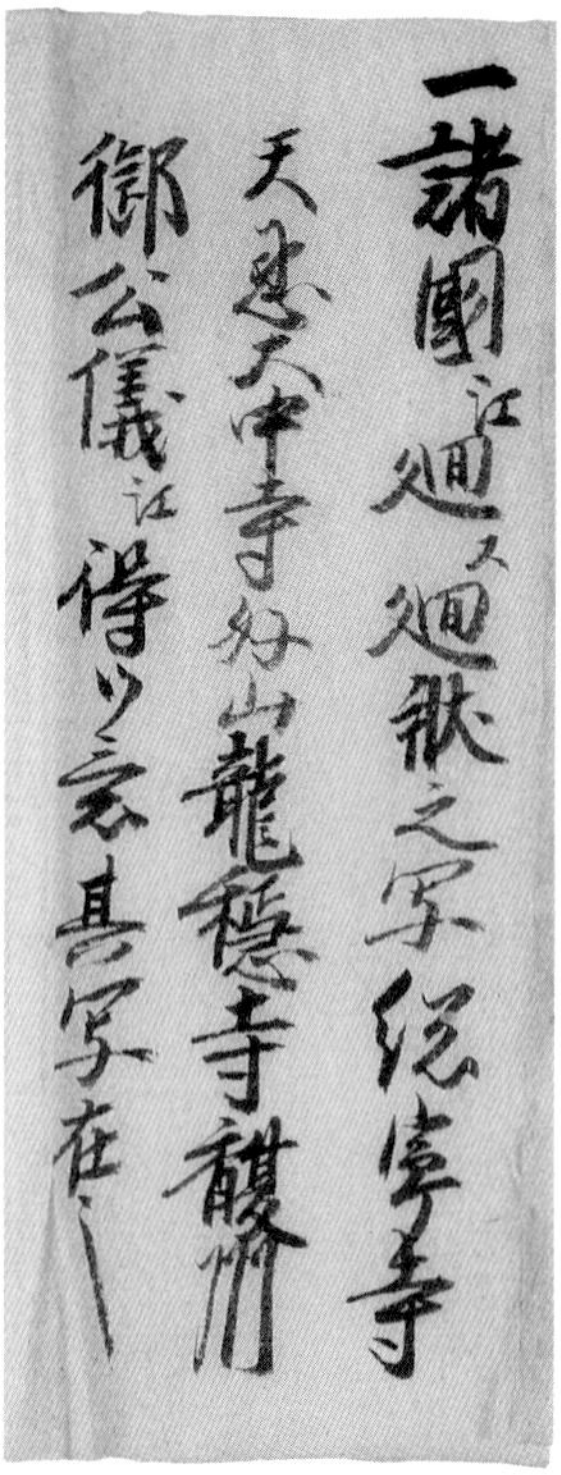

貞享五戊辰

十月吉日　　高郁

内方丈校割帳之内、住持代々

可見之也、

（中略）

（一三張）

一、諸国江廻ス廻状之写、総寧寺

天恩・大中寺好山・龍穏寺馥州、

御公儀江得御意、其写在之、

【解説】　本史料は元禄元年（一六八八）十月に、永平寺三十四世馥州高郁（?〜一六八八）が三十五世版橈晃全（一六二四〜九三）に住持交代にあたって、永平寺方丈の重要文献の目録を作成し、引き継ぎをした際の文書である。

本史料には「貞享五戊辰十月吉日」とあるが、貞享五年九月三十日に元号は「元禄」と改元されている。本史料は元禄元年十月の段階でどのような文書が永平寺方丈に置かれたかを知れる貴重な史料である。

なお、馥州高郁が永平寺を退院したのは貞享五年夏頃であったようである。したがって本史料が作成されたのは退院後の十月ということになる。

本史料の全文と禅籍としての解説は、『禅籍編』三巻No.14を参照のこと。

参考文献

『永平寺史料全書』禅籍編　第三巻（大本山永平寺、二〇〇五年）。

（廣瀬良弘）

参照資料

冊子史料分（写真）

①『上』
②『御代々様御条目幷御掟』
③『道正庵証文』

(16ウ)

一吉利支丹宗門其所ニ有之儀者名主五人組
可存之處ニ此以前ヨリ高札ニ書載候意趣
令違背不申出候以来口き放題者穿鑿
之上不存不申出候者可被行罪科之旨弟
々申聞之無油断相改之様ニ可被申付事
一吉利支丹宗門近年カロキモノ共令露顕法
モヒロムルヨキ吉利支丹ハ不出候ヌヽメヨモイタシ

(17オ)

候程之モノハフカクカクレ可有之候間情ヲ入遂
穿鑿捕候様ニ急度可被申付候事
付宗門訴人之輩者此以前ヨリ御定之通リ
御褒美可被下之事　以上
寛文四年十一月廿五日
吉利支丹御制禁ニ付而如此之御書付日本
曹洞之諸寺院ヘ江申付候様ニト三箇寺江被

(17ウ)

仰渡候間其國之僧録ヘ江指越候御書
出之通堅相守候様ニ曹洞一宗之自他门
大小不残可被申付候此御書付請取申候由
早々返書待入者也
總寧寺祖峰　印
寛文五乙巳暦正月廿八日　大中寺尊海　印
龍穏寺三宅　印

(18オ)

長源寺江者従大中寺右之御書出可被越候
先規ヨリノ僧録場江可被申付候銀山野邊
沢并サカヒニ別ニ支配之人有之ニ者其寺院ト
同前ニ可有相談右之躰長源寺ト四ヶ寺之僧
録場ニモ弥四ヶ寺ニ而可被申付候以上
最上　法祥寺
同　光禅寺

（18ウ）

同
龍門寺

龍門寺ニ有之候帳面相乱處於有之候間各
四箇寺和融之上以時分帳面可被相改之旨法
祥寺龍門寺光禅寺三寺共ニ長源寺ト自
躰一同ニ被存之由尤四ヶ寺相談ニ而何時成共
相改其帳三ヶ寺江指上ニ判可被申請候
一寶泉寺ト長福寺本末之出入從雙方被申立

（19オ）

候ヨリ遂僉議候所宝泉寺并長福寺双方ニ実
正無之旨數多有之候間四ヶ寺國本ニ而相議
之上何之寺院江成共長福寺迄末寺ニ可被
申付者也為後日依而如件

總寧寺 印
寛文十一辛亥年　大中寺 印
二月廿九日
龍穏寺 印

（19ウ）

最上僧禄
四箇寺

一龍門寺長源寺後住之僧下着次第各々
両寺立合　御朱印并掟割等帳面之通急
度相改後住之僧江可被引渡事
一法泉寺後住之僧下着次第從澄江寺寮
内有之節從両寺揀僧指遣　御朱印并掟
割等遂吟味後住之僧江可引渡事

（20オ）

一壽福寺後住之儀光禅寺可申付後住相
定節從法祥寺揀僧指遣　御朱印并掟
割等相改可引渡事
一常林寺後住之儀法祥寺可申付後住相
定節從光禅寺揀僧指遣掟割等相改
後住江可引渡事
右之通得其意無怠無之様ニ可被相務

(20ウ)

者也

寶永七庚寅九月十九日

龍穏寺 印

大中寺 印

總寧寺 印

法祥寺

光禅寺

(21オ)

掟

一諸國常會随會并一會興行之寺院會中之規則前々相觸候通先規ニ準シ執行致スヘシ聊他派之風規ニナロフヘカラス結夏解制之上堂臨時之小参ハ元祖以来之法式尤可不欠トイヘ共師家之心ニ随ヒ或者其境ニ依リテ略スルモ妨ケナシ代語提唱者上堂小参之

(21ウ)

略式タル間右代之通會中節々ハ提唱令ム不可怠就中五則之法問ハ一派之為家訓之間師学其旨ヲ存シ法話如法商量致スヘシ常會随并老宿者格別初會式者再會興行之師家者指不審與用ニ致スヘシ凢師家之化権安外他ナシ坐禅念経念誦布薩等之諸勤行常法之通執行致スヘシ念経坐禅之餘晝分

(22オ)

者講経説禅夜分者法問商量懈怠スヘカラサル事

一會中常住之経営僧侶之行履諸事浅薄ニ致シ候様ニ前々相觸候得共今以褻饒ヲ謀リ師家者僧侶之心ニ逆ワン事ヲ存シ僧侶者猶又温暖ヲ欲シ追日弊風ニ相及ヒ宗門之衰敗ニ候間師学其旨ヲ存シ古来質素之風規ニ準シテ安居致スヘシ若違犯之僧侶有之者諸役者

（22ウ）

評議ヲ遂ケ書付ヲ以先判之録所ニ達シ其指
揮ヲ受ヘシ吟味之上者急度過失申付ヘシ或者
師家并諸役者理不尽之取計ヒ有之候ハ是
又吟味之上過失申付ヘシ向浮庫下之雑食粥飯
之節者薬石堅無用ニ致スヘシ二時飯之節者
二時共ニ揩相ニ致シ喫ヘシ縦ヒ供養施齋有之
共一時者揩相タルヘシ供養之餘分有之トキ二時

（23オ）

共ニ随食ニ致スヘカラス二時揩相飯之時者縦ヒ
施主ノ点菜有之共一菜ニ過ヘカラサル事
一會中宴入年頭等之進物向後一切令停止之
間方丈首座ヲ始諸役者諸知事共ニ進物堅ク無用
ニ致スヘシ近年方丈并首座ヨリ大衆江進物有之由
前代未之儀堅ク無用ニ致スヘシ若違犯之寺院
者江湖分散之上品ニ依リ法幢師首座三役共ニ

（23ウ）

可處厳科事
一諸國随會之寺院免許之ニ即免牘ヲ未之
者其方江告来免簡可被致受納候縦ヒ免牘
有之ヒ三四年ニ一度ツヽ可致興行請之印證不
差出寺院是又其方江印證可被納置候若三四
年ニ壱度ツヽ興行難成寺院者不苦儀故遂
其斷随會免牘可被差戻候尤免牘領之

（24オ）

請之印證差出置三四年ニ一會ツヽ無懈怠興行
之寺院者不及告来且小本寺并随會之寺院
免許未之會下号堅停止之事
一諸寺院再會興行者遠近共ニ七年之内不
可企之ト先年相觸候事者其仁其寺ニテ初會
興行致シ其仁其寺ニテ七年之内再會不可
企儀ニ候其寺先住興行ヨリ七年之内當住

（24ウ）

興行不可企ト申儀ニテハ無之候或者彼地ニテ
致興行此地ゟ移轉仕興行之企有之節者
此地ニテノ初會ニ候間是又七年之數ニ構ヒ無
之候此訳心得違之寺院間ニワ有之間相違
候事
一嗣法相續者　元祖之家訓ニ準シ弥可為
嚴重ニ叮嚀候冣初傳受之三物縦ヒ為其寺

（25オ）

之法系ト言共紛錆間別ニ大事血脈之重授
不可欠候然ヲ大小之寺院宗師分上者初受之
三物重授之二物相揃五物全ク可帯之候三物
二物之地緒念入毎度相改相續致スヘシ古法
脉江書加ヘ候事堅ク無用ニ致スヘシ住持交
代之節者其本寺ヨリ新住持之法系ヲ
糺シ別而其寺重授之二物ハ遂開見乱傳

（25ウ）

乱脉無之様ニ可被致候若容易ニ致相續
置事ニ依リ乱雜露顕之上者師資共ニ生前
滅後之過失吟味之上難許之間随分念入嚴
重ニ可被致相續事
一諸寺院之交代當住入院之儀式相調ヒ本寺
或者録所之披露相濟候者無遅滞傳法
之僧者其寺之二物重授可致相續縦ヒ入院交

（26オ）

代相濟候而モ冣初之嗣法者勿論二物重授
共ニ相續不致間者後住遺書願置候ニテモ相
立不申候若故障有之カ又者師資聊之遺
念ヲ挟ミ殊更重授不致借住ト存ル者間ニハ有
之候師資共ニ心得違ニ候間向後者入院之儀
式相調ヒ録所并本寺披露相濟候後者借住
ト申ニテハ無之正住ニ候間無遅滞其寺之重

(26ウ)

捘可致候借住ト申事ハ最初ヨリ其本寺江借住
之届ヲ致シ本寺納得之上借住仕事ニ候尤借住
之仁者其寺之二物重捘不致間移転或者遷化後
ニモ其寺ニ世据立置申間鋪事
一國僧録并領分切僧録之面々住職改リ候ニモ
其届印鑑ニ不差出寺院間ニハ有之候向後
入院之節者其勤可被致候尤ニケ寺交代ニモ

(27オ)

是又其届可有之候
右之條々師学共ニ永々堅相違犯無之様
ニ配下之寺院江可被相解候以上
享保八癸卯年四月
大中寺 印
龍穏寺 印
總寧寺 印
羽州
法祥寺

(27ウ)

同
光禅寺
同
長源寺
同
竜門寺
一 捘
一常法幢願之儀自今以後者一者御朱印拝領或
者黒印給之地二者一派之本寺或者僧録勤
来地三者常會之外護永代有之地如是三段

(28オ)

三種之寺徳相備之寺院願出ハ格別其餘之
寺院謂願之決而不致免許事但シ常會外護
有之地トハ國主城主之牌所或者従国主領主常
會外護代々有之地之事
一随會興行并會下称号願之儀自今以後法
系寺格雲水輻輳之地寺領田産随會外護
有之品一一遂吟味免許可致之旬論随會且

（28ウ）

會下称号免許之地者常衆寮之外別搆寮
舎尋常領衆匡徒年〻到来之節者定法
之通興行可致之尤称法事江湖混常會處
法幢興行仕間鋪事
一随意會興行之節内披露者無用致之定
規之通三四年一會宛七拾箇之結衆ニテ興行
可致之若其寺大變有之三四年之中興行

（29オ）

難成節者相達録所可受指圖事勿論毎會
興行之披露結衆打給之届解制成就之礼
式等者旧例之通急度可勤之毎會掛僧
之式尤可為厳密之事
一諸国江湖定數之外為法事會致興行事紛
鋪儀有之間国〻江湖定數之外向後法事江
湖一切令停止事

（29ウ）

一凡師家初法幢之節五則之法語者準古人誦退
之風儀且亦為再會興行之勉励之間初會之
節登橋子座曲禄執行可為無用事勿論上堂
小参等之法式者如旧規可致興行之事
一常會随會一會興行首座職之儀器量人
品法臘備足之者或者實参旧功如法修行之者
此等之僧侶ハ如先規不拘掛錫之順次以其人之

（30オ）

目鑑首座可申付事在錫之僧侶亦得其旨平日
参随如法〻可相勤事
一諸寺院會下并衆寮之僧侶有故五三人
申合逐錫之願有之者指揮置之相達録所
可受指圖事或者法外之僧侶有之會下弃
寮雖差置之節者是又相伺録所可及其
沙汰之事勿論寺中追放之悪比丘者奉行

（30ウ）

慶長年中之御條目之旨諸山徘徊令停止之事
一諸國僧録或者領分僧録或者一派之配頭
并方直配之寺院常會者勿論之儀随會
并一會興行之節結衆打給毎會无違失
可被差越事
前件之條々師学共堅可相守若有違條
輩者依法可罰之者也

（31オ）

享保十乙巳年
十一月
月番
總寧寺鳴虎印
大中寺雄禅印
竜穏寺大川印
羽久山彫
法祥寺
光禅寺
長源寺
竜門寺

（31ウ）

一總寧寺竜穏寺大中寺ハ為僧録之
間不立我意三ヶ寺令和融諸事遂吟味
无依怙贔屓可有其沙汰不及了簡儀者
奉行所江申達之相談之上可受差圖事
一三ヶ寺致月番當番之方ニ而寄會仕訴状
之裏判或召状觸状或為證文等當番
輩可為先判但軽儀者月番一判ニ而可仕候

（32オ）

不依何事落着之儀者三ヶ寺立會當番
之方ニ可書留事
一御用之儀於奉行所江令内談未申出以
前一切他言仕間鋪候依其品一人江相通ニ
有之者残二ヶ寺江不可洩之事
一従公儀住職被仰付寺之後住御吟
味之時者三ヶ寺存寄之通互ニ申出之遂

（32ウ）

評議随分相應之僧可書上之勿論三ヶ
寺相計申付住職モ僉議之上可定之事
一於諸本寺末寺之僧ニ仕置申付候処彼
僧軽之三ヶ寺江訴之族有之者其本寺江
委細相尋裁許之趣理至極之儀者不
可取上之若本寺非道有之者急度奉
行所江相達僉議之上可有落着事

（33オ）

附三ヶ寺在寺之時者総泉寺・青松寺・泉
岳寺ニ諸事申置差當用事者可調之事
右之條々堅相守三ヶ寺令一同可相計者也

延宝五巳年
十月十八日　太摂津守
板石見守
小山城守

三箇寺

（33ウ）

右之御條目今度従　御公儀被　仰出
候於諸寺院弥上旨可相守者也
弥外三ヶ寺遂吟詳奉窺　御公儀定置條目
一権現様已来有来吾宗之風規不可相乱
之事
一寛文四辰年寛文八申年先三ヶ寺所書
出之件目可相守是師学共ニ新規之風婆堅

（34オ）

令停止事
一吾宗之僧侶帰依他宗則従其師匠
三ヶ寺江可訴之義意自在而望而吾宗之
徘徊堅禁止若其師匠三ヶ寺江蔵置脇
ヨリ令露顕者可為望過事
一初法幢披露之儀其本寺ニ而遂僉議其
触頭江相届触頭ヨリ本寺江モ遂披露事

（34ウ）

派頭ヨリ月番之方江添状可致之段々之
本寺无之則其本寺ヨリ月番江添状可
致之且又遠国ニ本寺有之寺院者同
門之寺ニ而受僉議添状可取之同門も无
之則最寄之大地ニ而可相究事
附三ヶ寺直末之寺院ハ同門ヨリ添状ヲ取
可致持参但副僧録支配下江湖披露之

（35オ）

儀先規之通可致之事
一三ヶ寺月番之次第ハ巳極月総寧寺午正
月竜穏寺同二月大中寺ト如斯定置終
而亦始寄会日者三日十六日廿三日是又毎
年毎月定置事
右之旨師学共ニ可相守者也
総寧寺山住印

（19ウ）（20オ）

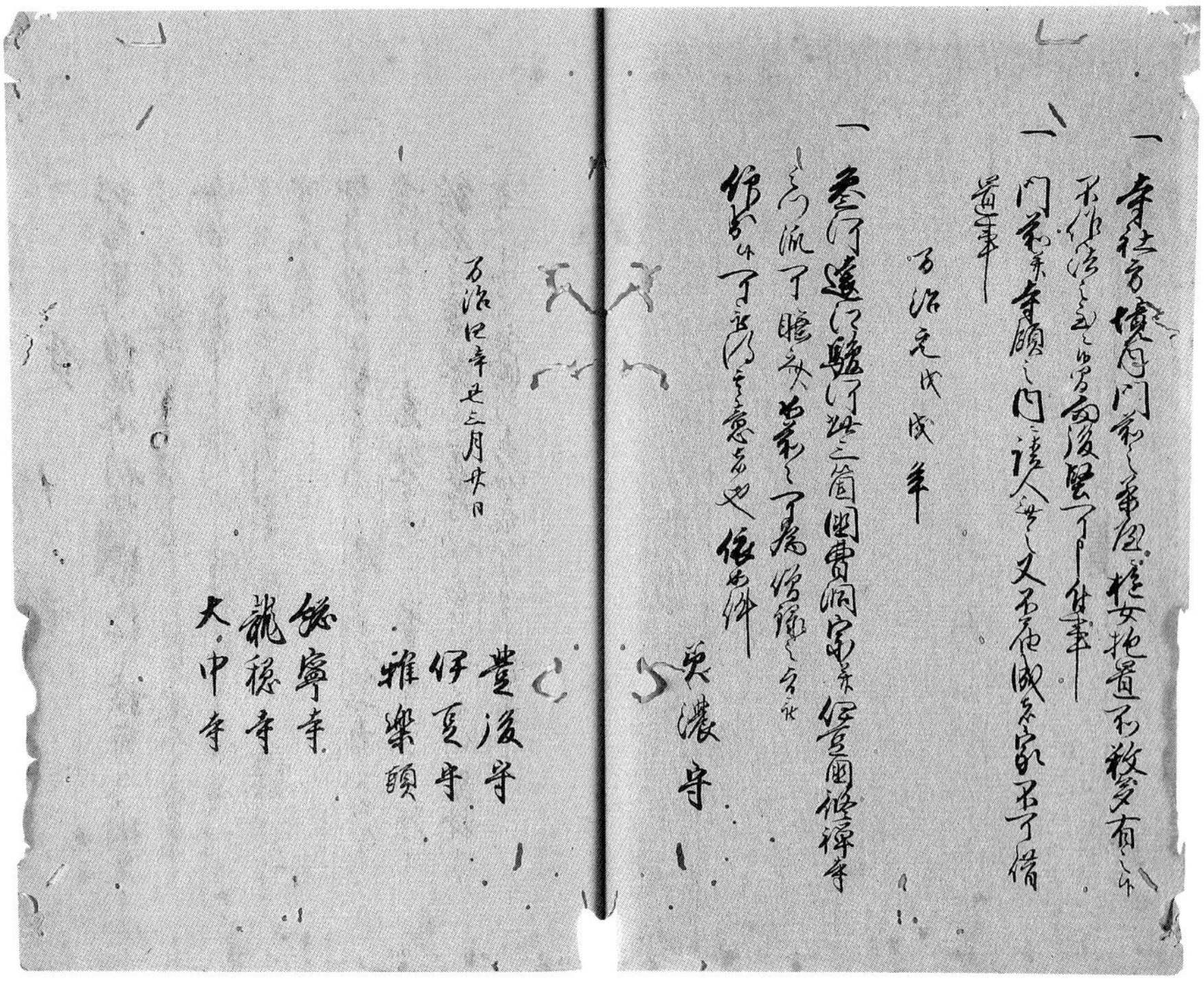

万治元戊戌年

美濃守

万治四年丑三月廿日

豊後守
伊豆守
雅楽頭

総寧寺
龍穏寺
大中寺

（20ウ）（21オ）

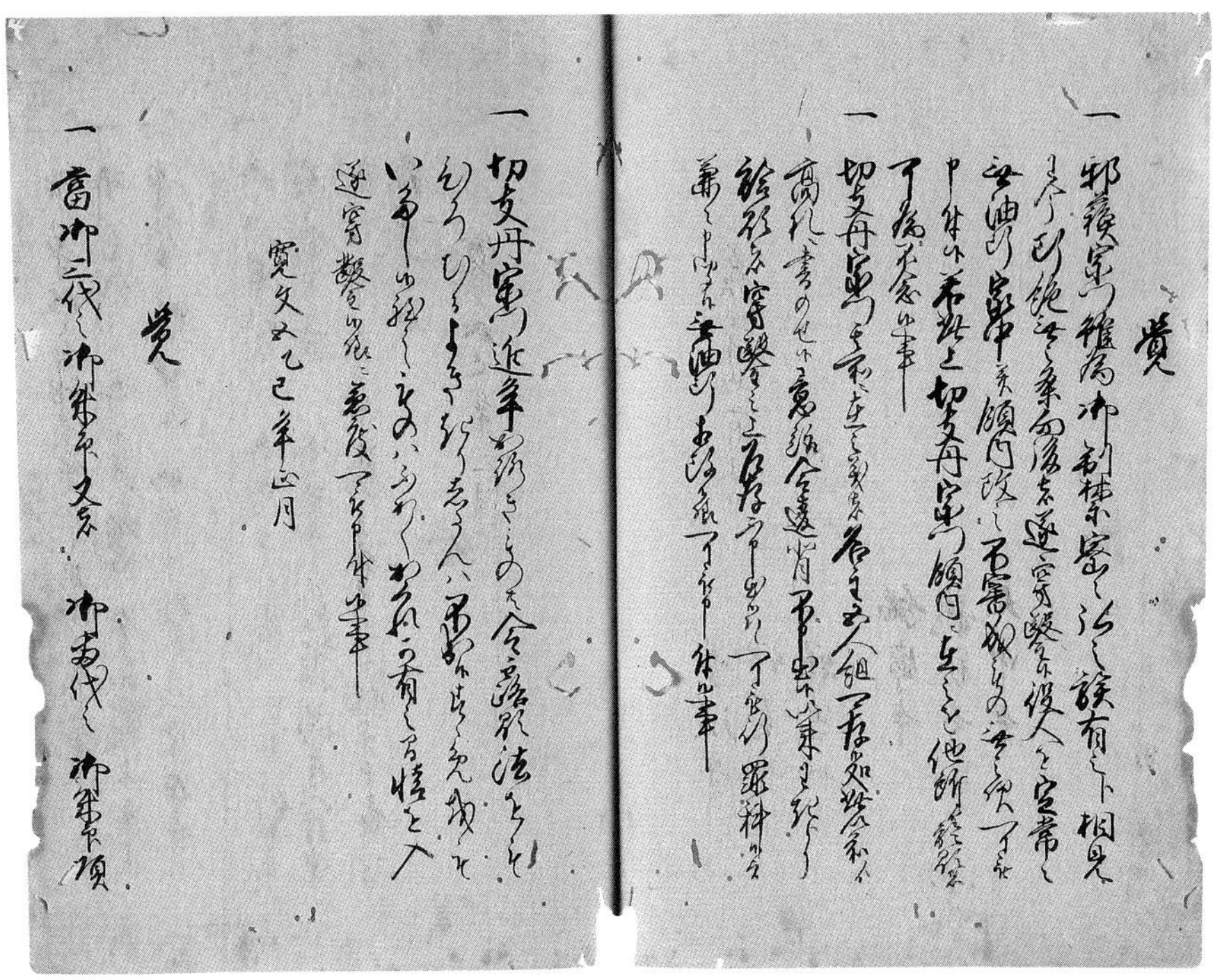

覚

寛文五乙巳年正月

覚

（21ウ）

一 就寺社之公事訴願等、不可為直訴事
一 御先代 御朱印頂戴之分、含添状以上之事
一 寺領之儀、何方 御朱印頂戴之衆一宗本寺并之事
一 今度寺社方ニ 御朱印下之頂戴之者、但 御朱印之寺社方、於有之者、可為申付者也

寛文五乙巳年三月

（22オ）

定

一 諸宗法式不可相乱、若不行儀之輩於有之者、急度可及沙汰事
一 不存一宗之法式之僧侶、不可為寺院住持事
　附、立新義不可説奇怪之法事
一 本末之規式不可乱之、雖為本寺、対末寺不可有理不尽之沙汰事
一 檀越之輩雖為何寺、可任其心、僧侶方不可相争事
一 結徒党企闘諍、不似合事業不可仕事

（22ウ）

一 背国法輩到来之節、於有其届者、無異儀可返之事
一 寺院仏閣修復之時、不可及美麗事
一 寺領一切不可売買之、并不入質物事
一 由緒無之者、雖有弟子之望、猥不可令出家、若有其望、其所之領主代官江相断、可任其意事
一 右條々、諸宗共可堅守之、此外先判之条数、弥可相守之、若於違犯之者、随科之軽重可沙汰之、猶載下知状者也

寛文五年七月十一日

（23オ）

條々

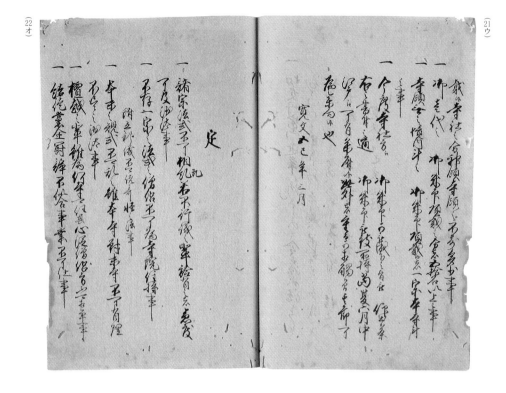

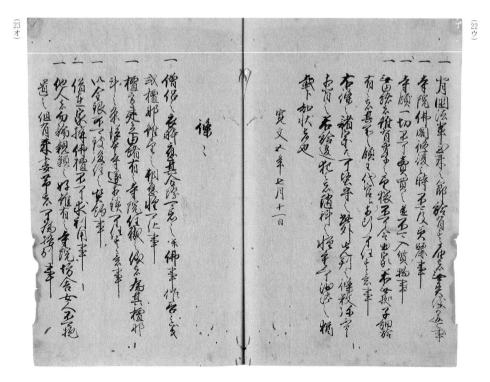

一 僧侶之衣躰、応其分際可著之、并仏事作善之儀式、且檀那雖望之、相応軽可執行事
一 檀方建立由緒有之寺院住職之儀、為其檀那計之条、従本寺遂相談可任其意事
一 以金銀不可致後住之契約事
一 借在家構仏壇、不可求利用事
一 他人者勿論親類之好雖有之、寺院坊舎女人不可抱置之、但有来妻帯者、不可為格別事

（23ウ）

右條〻可相守之、若於違犯之輩者随科之軽重
可有 御沙汰之旨依 仰執達如件

寛文五年乙巳七月十一日

大和守
美濃守
豊後守
雅楽頭

（24オ）

覚

一 梁行京間三間を限るへし 但桁行ハ心次第たるへし
一 佛檀迄の屋祢京間三間四方を限るへし
一 四方之縁庇京間壱間半を限るへし
一 小棟作るへからす
一 むね木外より上の結構無用たるへし
右堂舎客殿方丈庫裏其外何ニても此定たるへし

（24ウ）

梁行広作事之時ハ右広く可作之、子細於
有之者寺社奉行所へ相伺可受差図也

寛文八年申二月

覚

一 総寧寺龍穏寺大中寺為僧録之間不立
我意三箇寺令和融諸事遂吟味無依怙
贔屓可有其沙汰、若及異儀者可為越度事

（25オ）

中違之相論より可及公儀事
一 三箇寺致月番諸事之方より寺院住職之證判
或召状觸状或新規文書者、三箇寺令連判
但軽儀者月番一判ニて仕不依何事落着之後
三箇寺連名書を以可申渡事
一 御用之儀於有之者三箇寺令同道出仕、一切他出
之節ハ依不叶ニ一人ニても遂伺有之ハ残二箇寺可申
談之事
一 従 公儀住職 仰付寺ハ従御吟味時者

(25ウ)

三箇寺於背道理申出之遂評議随其科可致
之儀者書上之勿論三箇寺可計申付任職者
會議之上可定之事

一 紛諸本寺末寺之僧侶道中作法役僧懐之三箇寺江
訴之雖有之其本寺ハ委細吟味穿鑿之経理
無極之儀者三箇寺致上之委本寺迄可有之者
奉行所江相達令會議之上可有落着事
附 三箇寺ヨリ本寺之時も總寧寺并松平寺衆儀
公事申置者可相用事之事

(26オ)

右之條々堅可守三箇寺令同可申付之者也

延寶六午年十一月十八日

太 摂津守

板 石見守

小 山城守

總寧寺

龍穏寺

大中寺

(26ウ)

諷經納經覚

一 御當地遠国共猶以相勤候寺院納経可致事

一 関八州者高五拾石以上之
御朱印地之寺院可致納経事

一 遠国者一宗之大本寺迄可致納経事

一 諸宗者東叡山ニ可致納経事

一 浄土宗者増上寺ニ可致納経事

右外古跡名刹由緒有之寺院吟味之上可指加

(27オ)

之新規出可補事

延寶八申年六月廿一日

覚

一 御當家 御代々之 御朱印所持之寺社之
輩者勿論

一 御一代之 御朱印雖令所持者有懐寺社領之
分者雖為境内計之證據 御朱印地役

(27ウ)

(28オ)

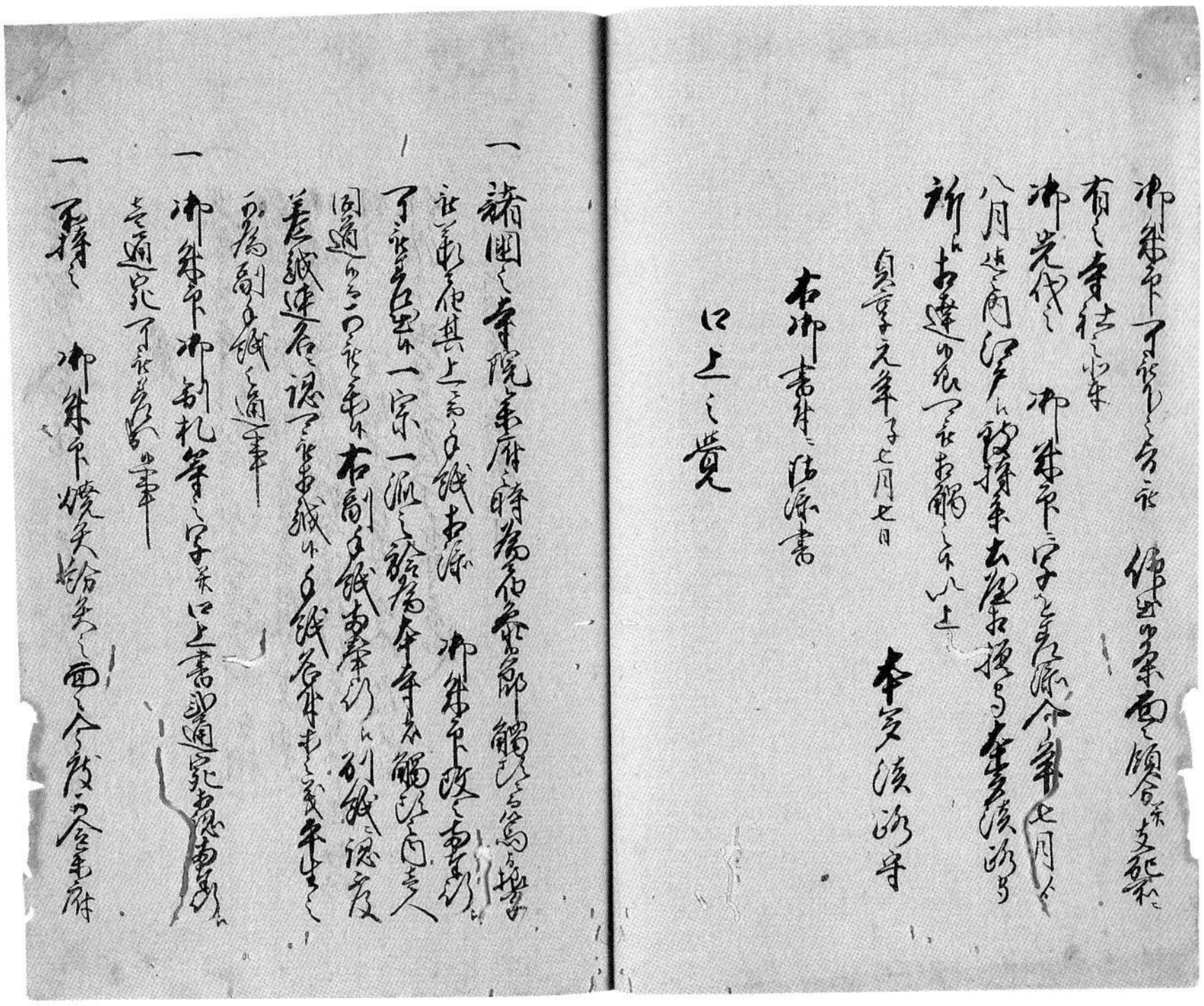

(28ウ)

(29オ)

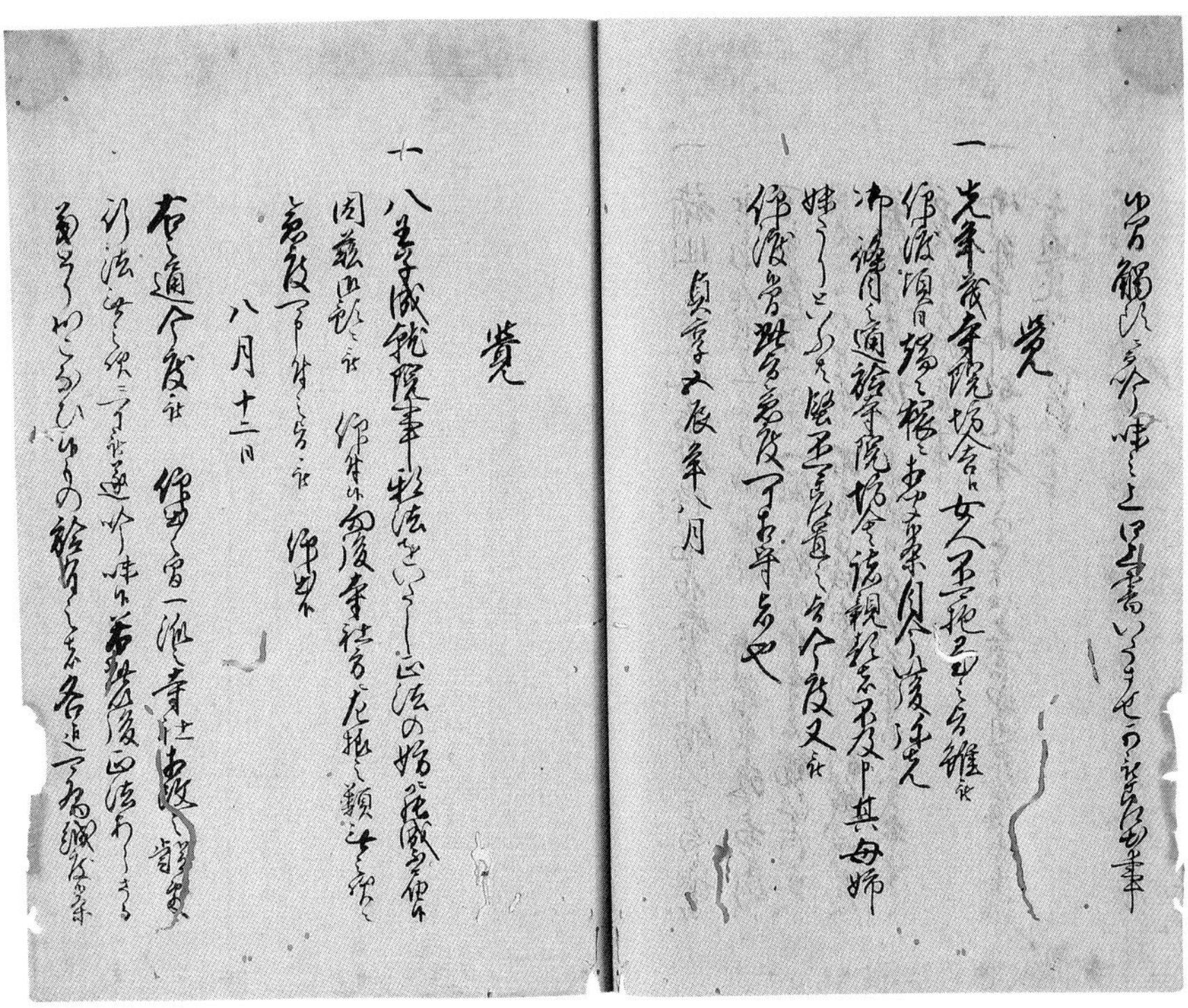

（29ウ）

其旨堅可相守者也

元禄六年酉八月

元禄九子年六月廿七日於江戸御奉行所御列座

御申上之候　御請之覚

一　公儀之御法度之為　御背仕候親類之者并弟子眼衣

返放御赦免後者弟子　御構無之地

御目見仕候寺院之住職者御構被成候事

（30オ）

何方往還之節茂遊行仕間敷事

一　只今迄有来候僧共輪番者相止可申事

一　追放之僧共寺院其外寺之所縁有之出家共

御赦免之者共者前々之寺并末寺耕料有之候共只今

迄無之住職仕候者有之候共一切構申間敷事

定

一　嗣法ニ付而ハ僧侶経歴其外年臈ニ有之候ハヽ其器量ニ

（30ウ）

守御條目之旨嗣法師之推挙状可致差出若

嗣法師有之候得共或者本寺或者僧録遂吟味

可令添状事

一　師資面授一師印証者為道元禅師之宗制自今

以後何之寺院ニ而茂令移住候共初嗣之法を一生令守之

師資相承之外決而他人随法仕間敷事

一　僧侶之僧入院之節茂其寺院之嗣書除之血脉令

遷化其寺之跡并又者給本寺同門之援受事

（31オ）

右條々永年堅可相守之

僧侶堅可相守若違犯之輩於有之者可為

曲事者也

元禄十六年八月七日

本　弾正

阿　飛騨

永　伊賀

丹後

但馬

佐渡

相模

（31ウ）（32オ）

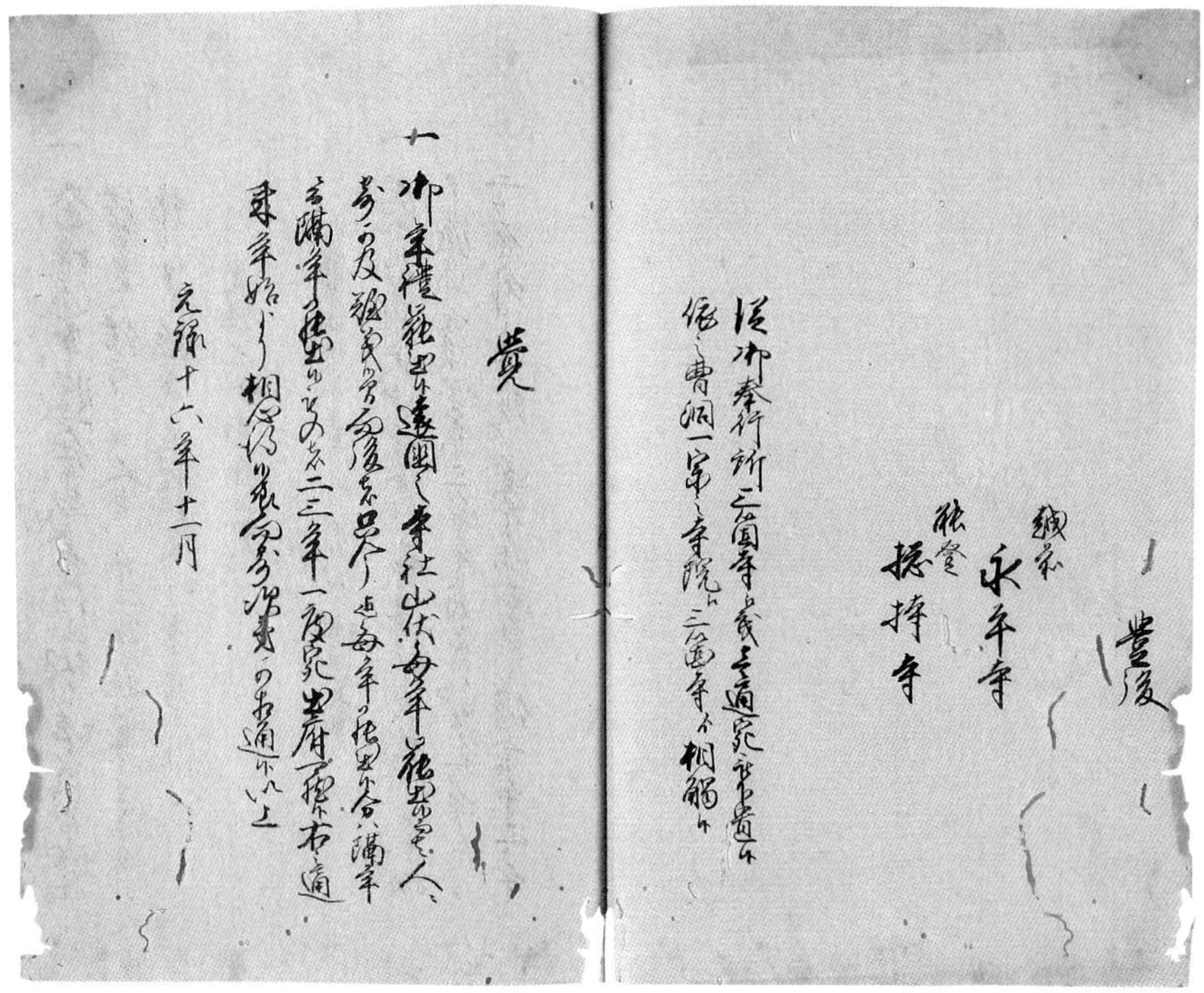

（32ウ）（33オ）

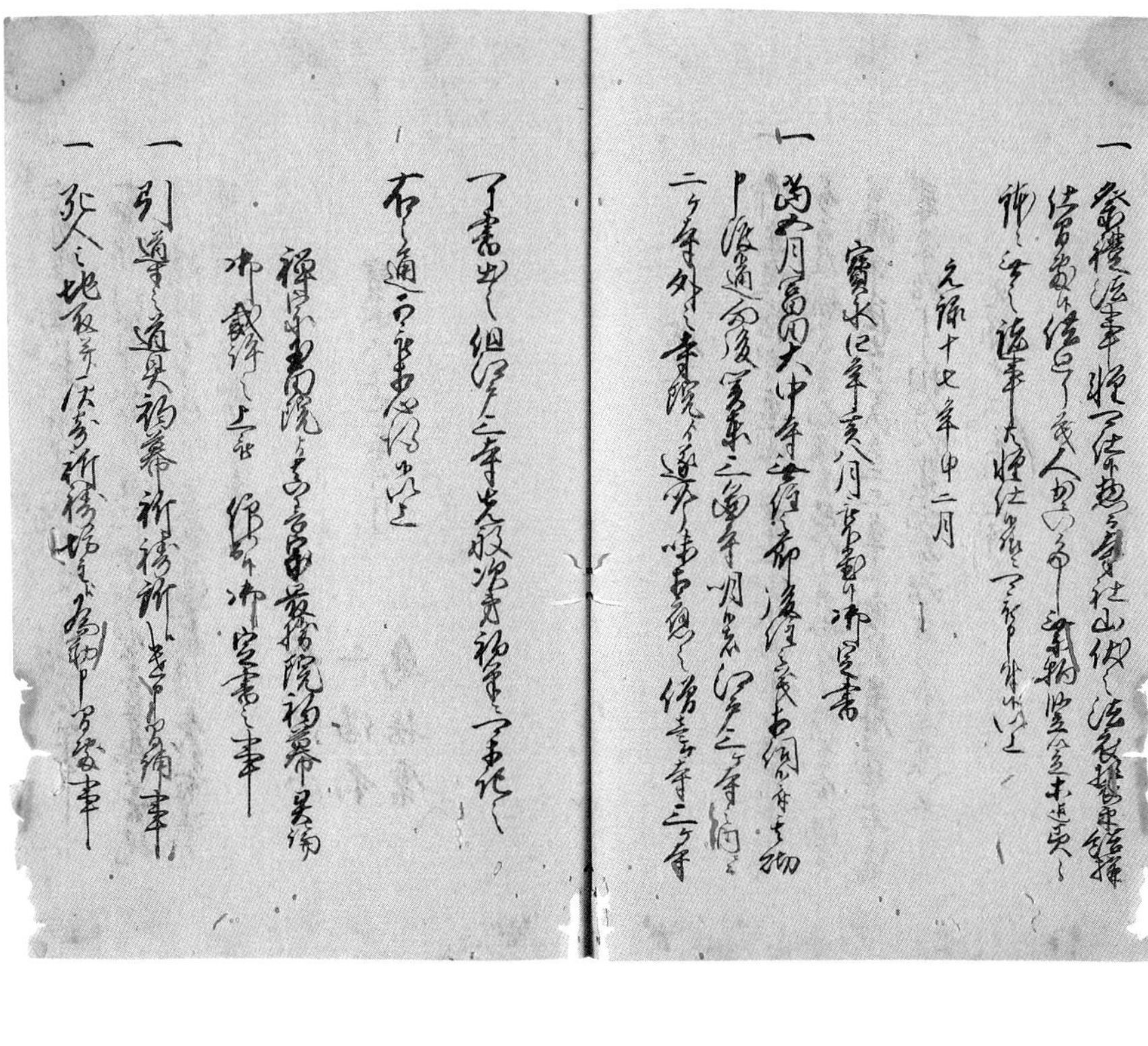

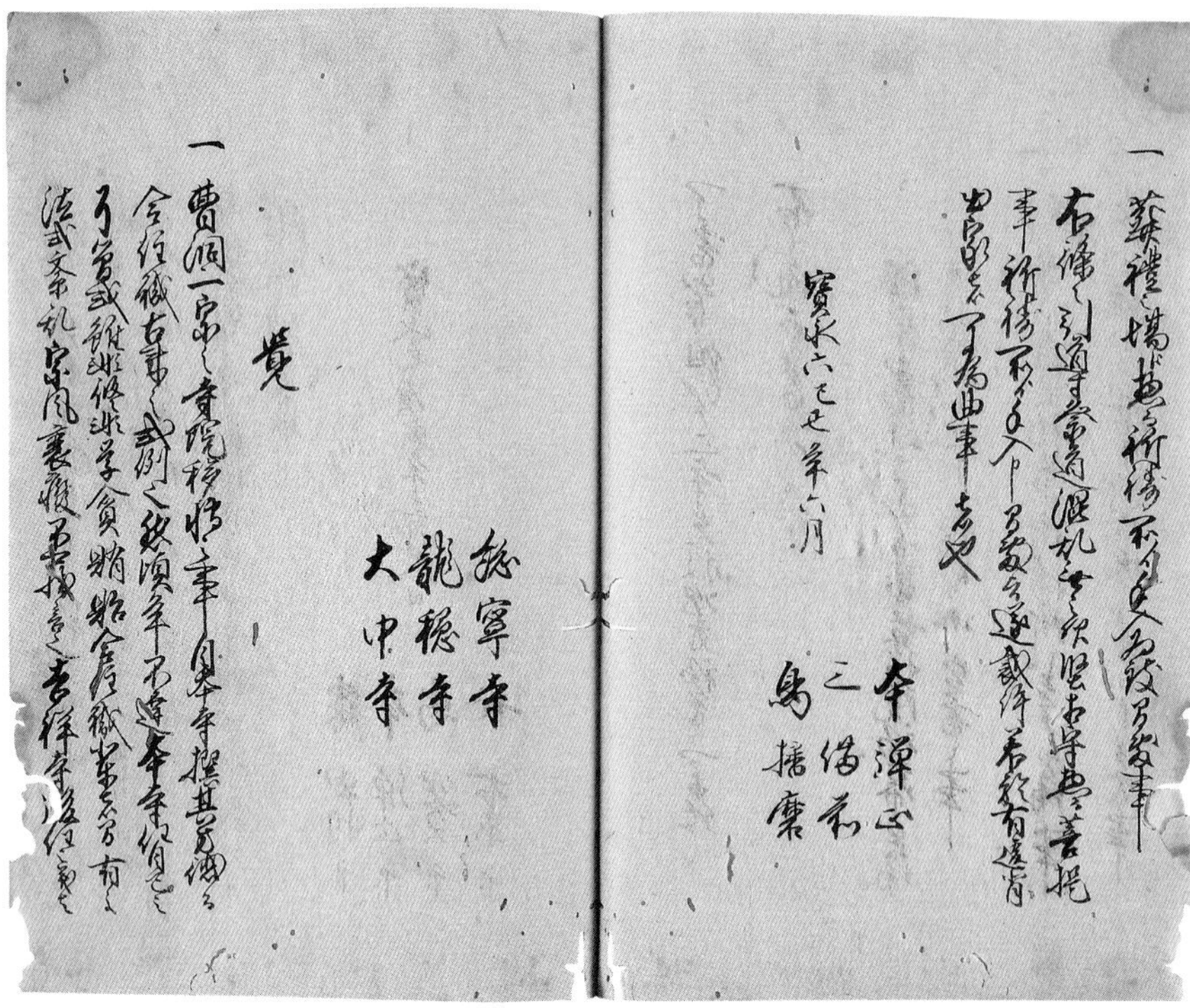
（33ウ）
一
宝永六己丑年六月
本 弾正
三 備前
鳥 播磨
（34オ）
覚
総寧寺
龍穏寺
大中寺
一

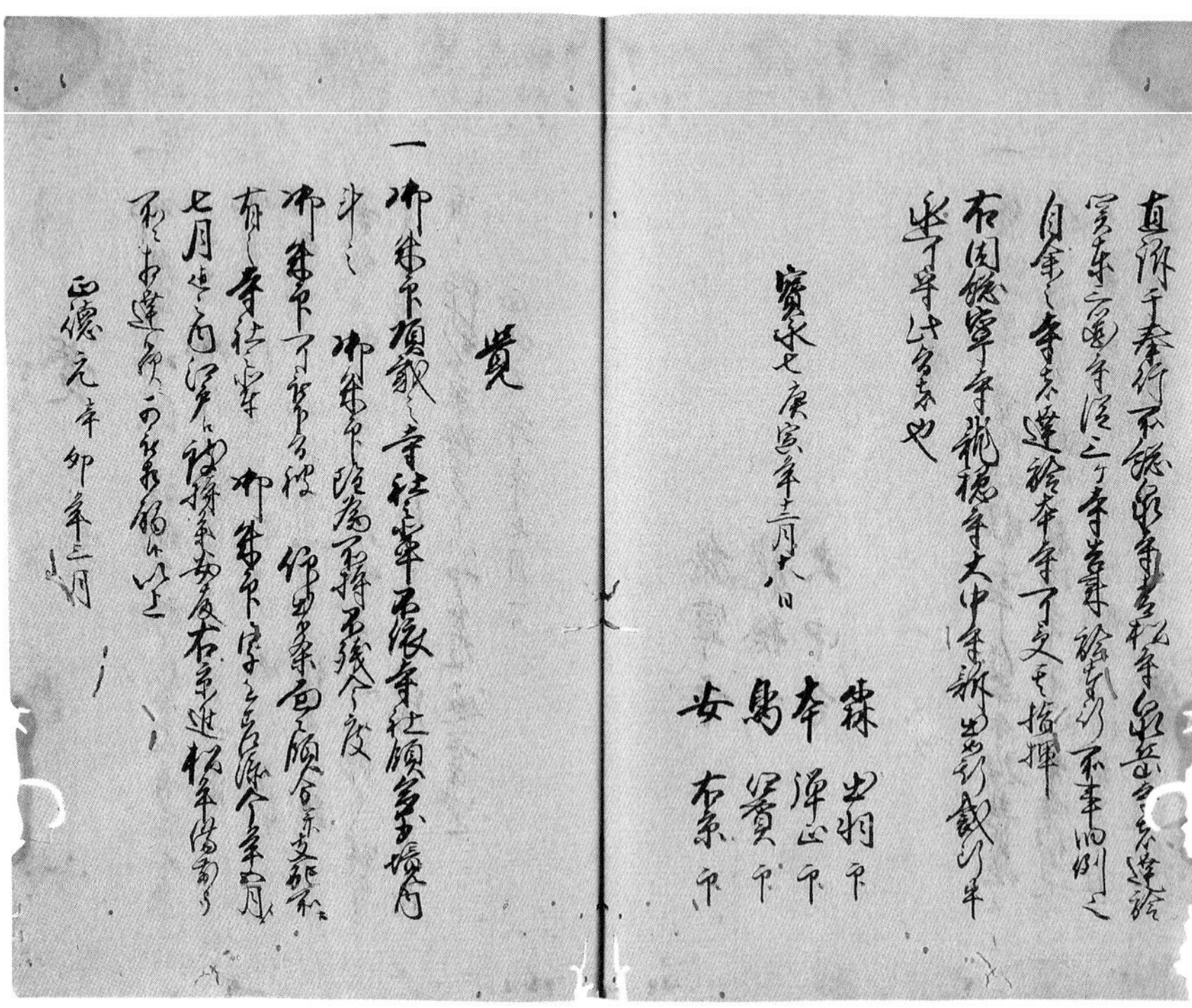
（34ウ）
宝永七庚寅年十二月十八日
森 出羽 印
本 弾正 印
鳥 伊賀 印
安 右京 印
（35オ）
覚
一
正徳元辛卯年三月

（36オ）

（35ウ）

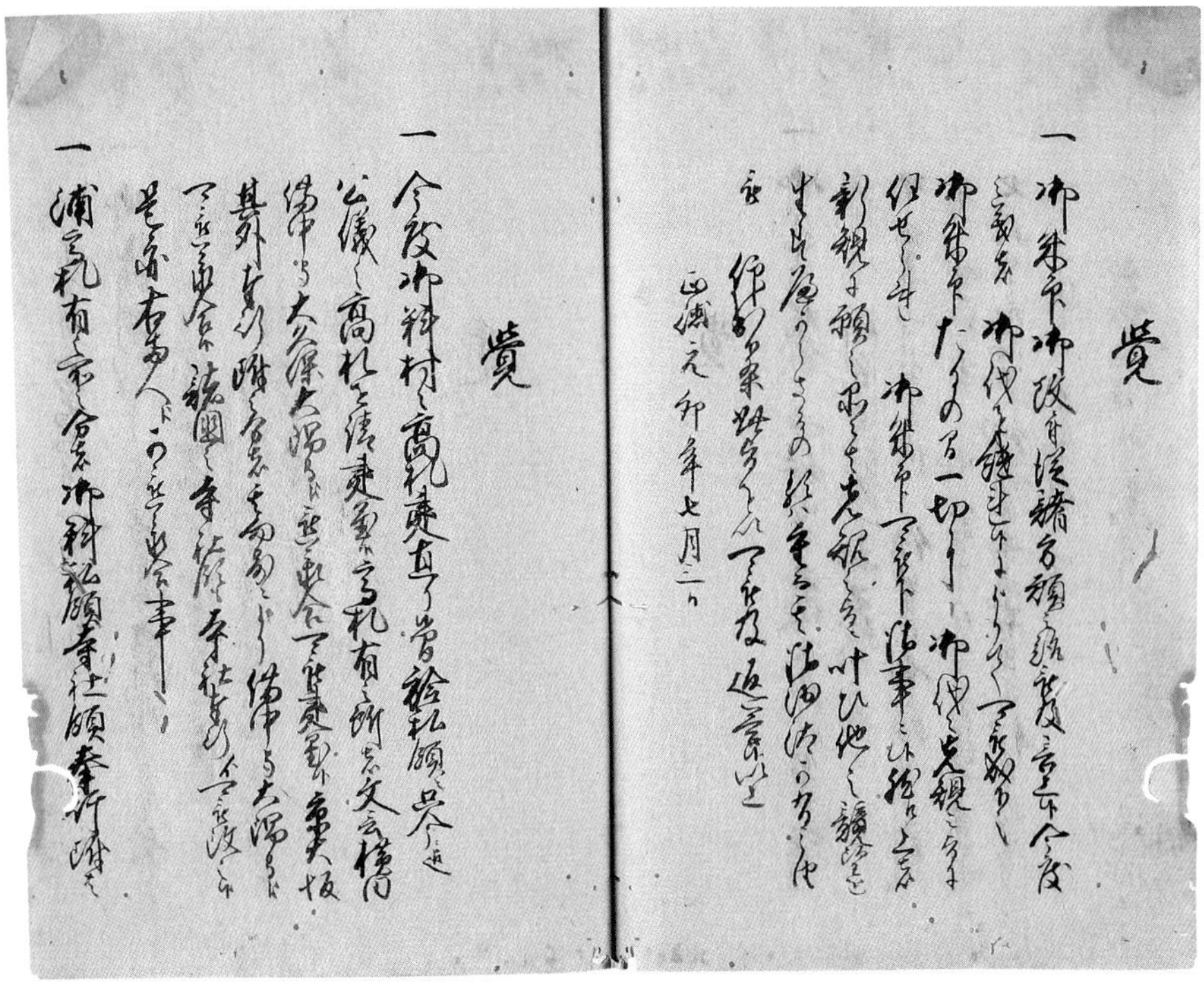

（37オ）

（36ウ）

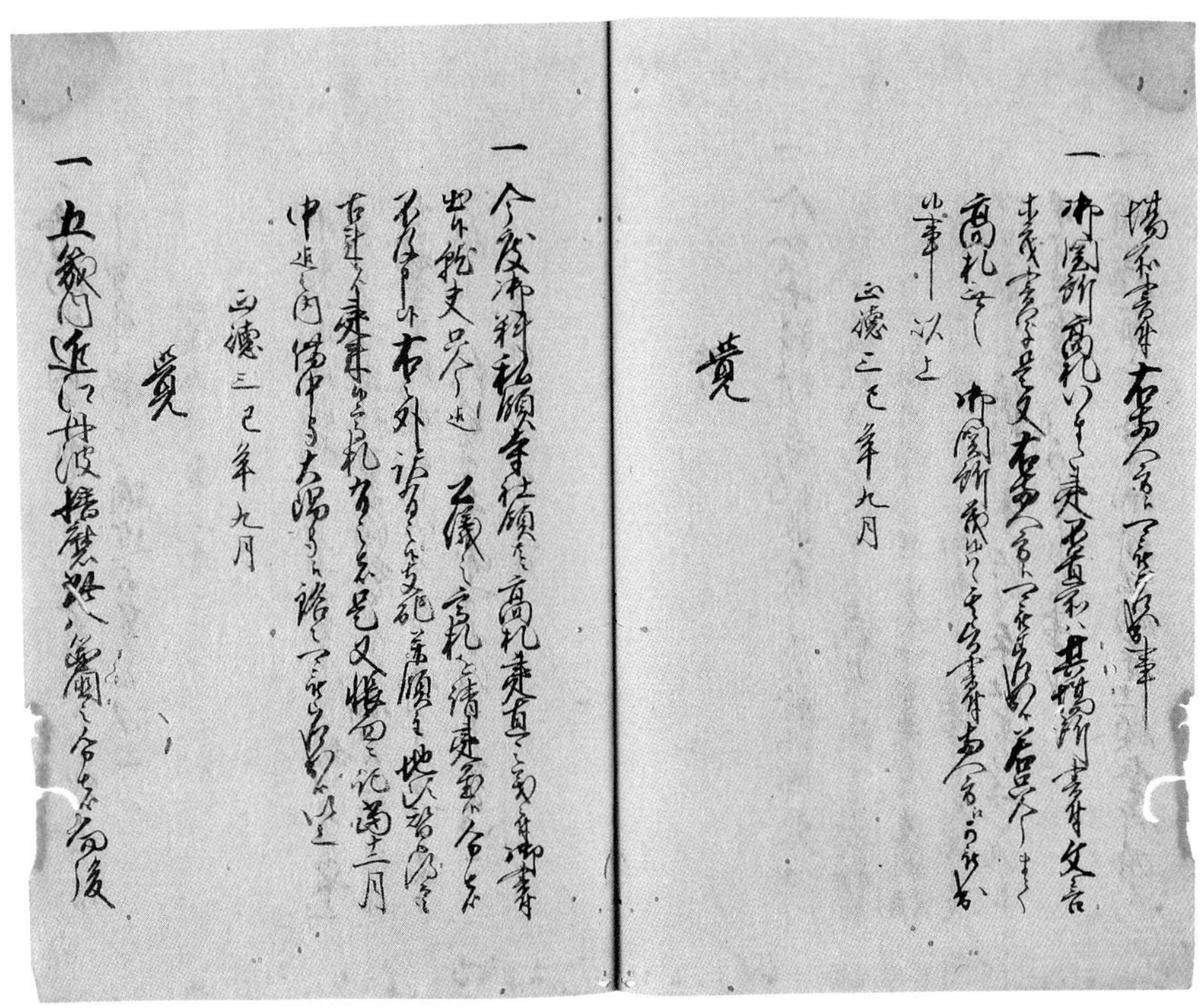

（38オ）

（37ウ）

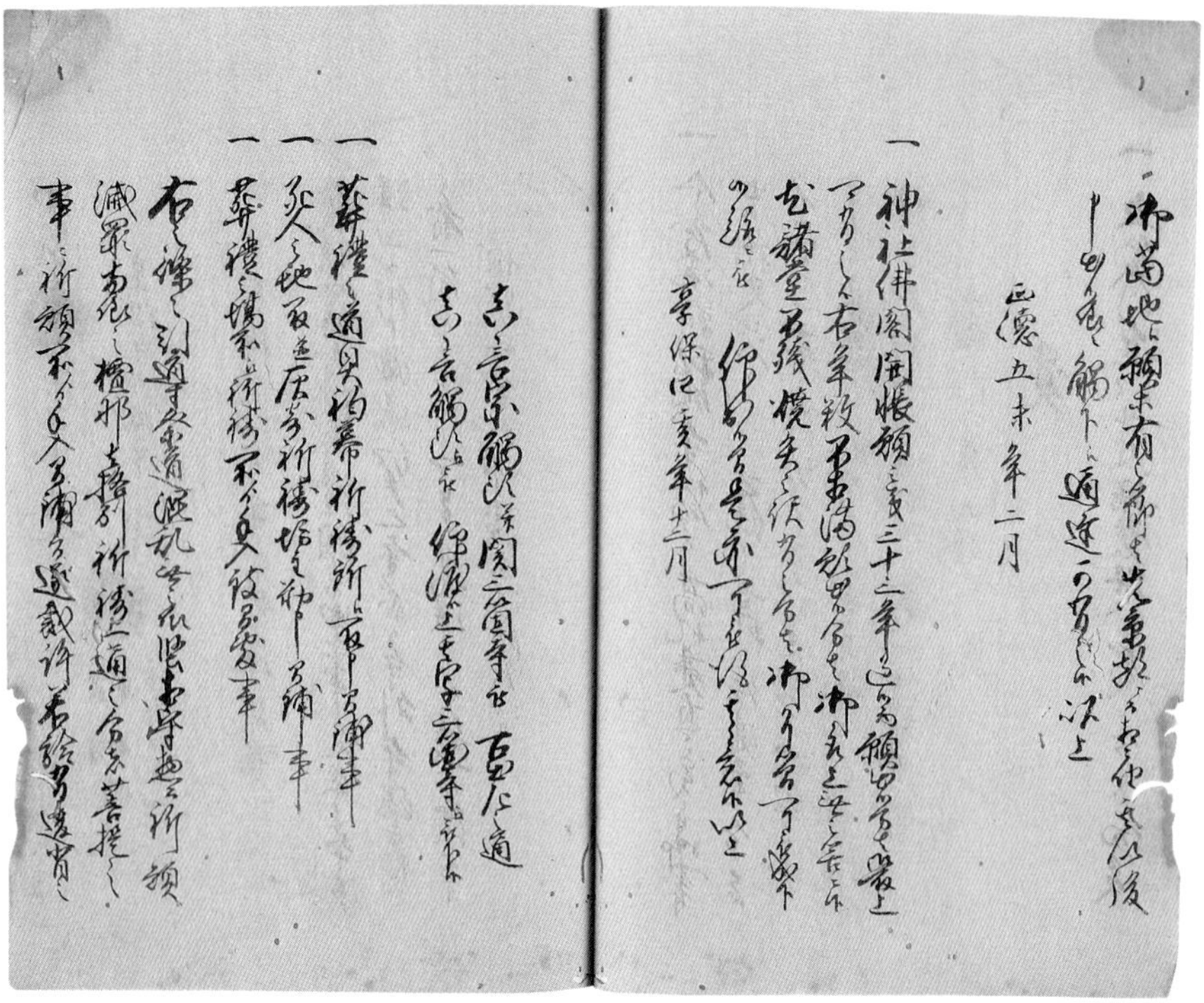

（39オ）

（38ウ）

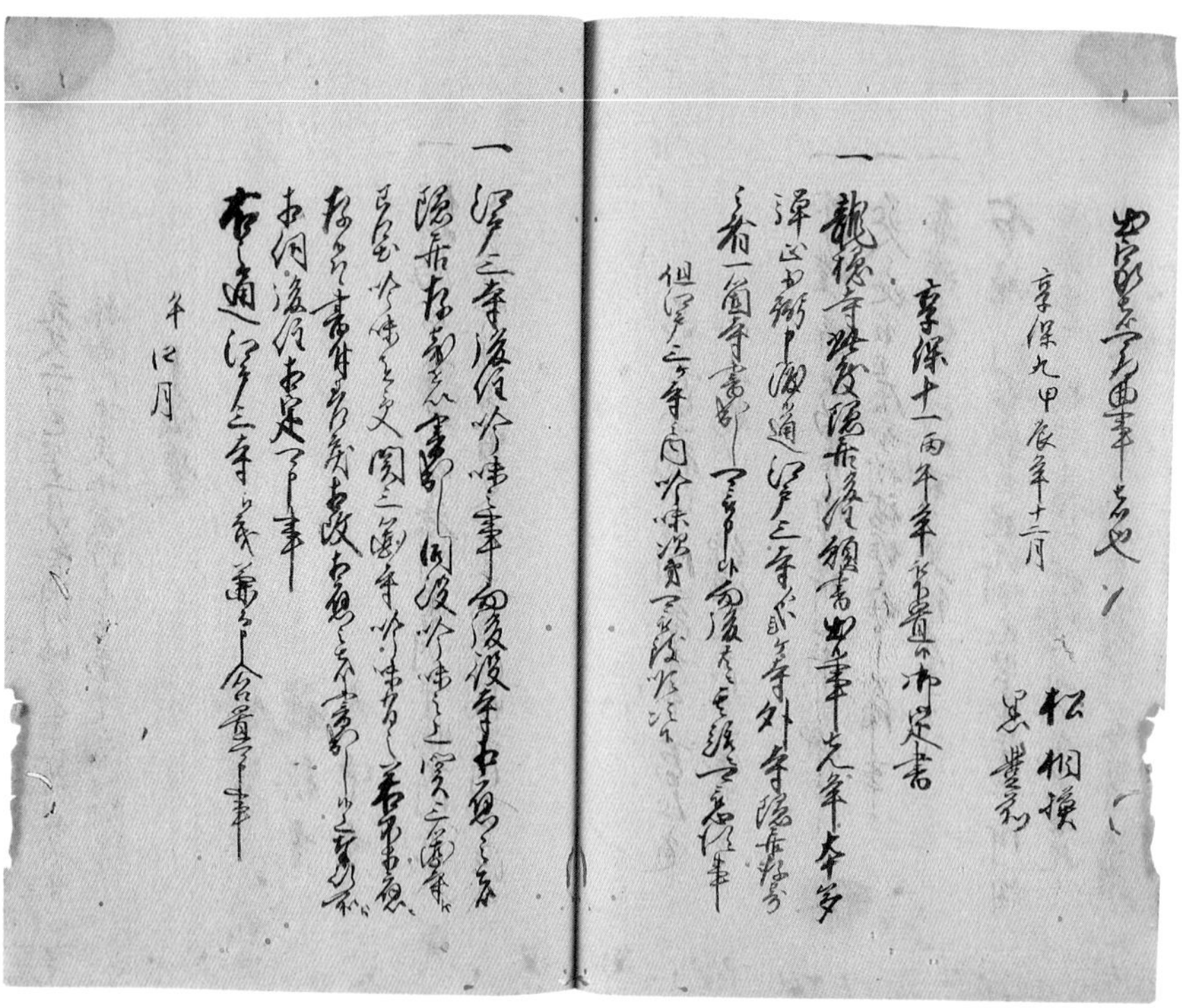

（39ウ）

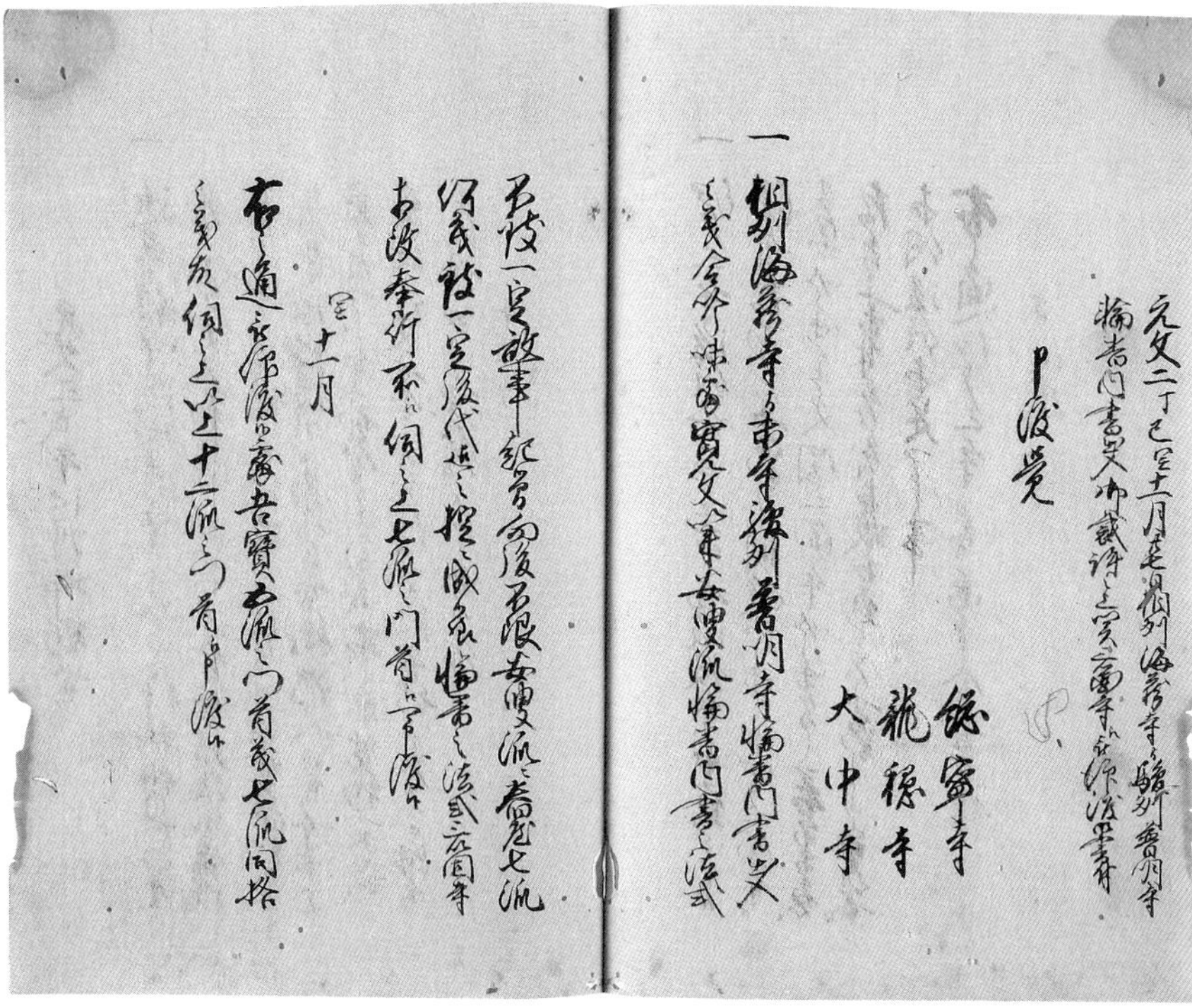
元文二丁巳年十一月、是迄[illegible]海[illegible]寺ゟ[illegible]香円寺輪番門中之内御裁許之写三ヶ寺ゟ被仰渡書付

申渡覚

総寧寺
龍穏寺
大中寺

一 [illegible]海[illegible]寺ゟ当年[illegible]香円寺輪番門中之[illegible]
之儀、今[illegible]寛文八年安[illegible]流輪番門中之流式

（40オ）

[illegible]一宗故事[illegible]安[illegible]流之[illegible]七流
[illegible]一宗[illegible]代[illegible]輪番之[illegible]
[illegible]奉行[illegible]七流之門首江申渡候

巳十一月

[illegible]七流之門首[illegible]七流[illegible]
[illegible]十二流之門首江申渡候

（40ウ）

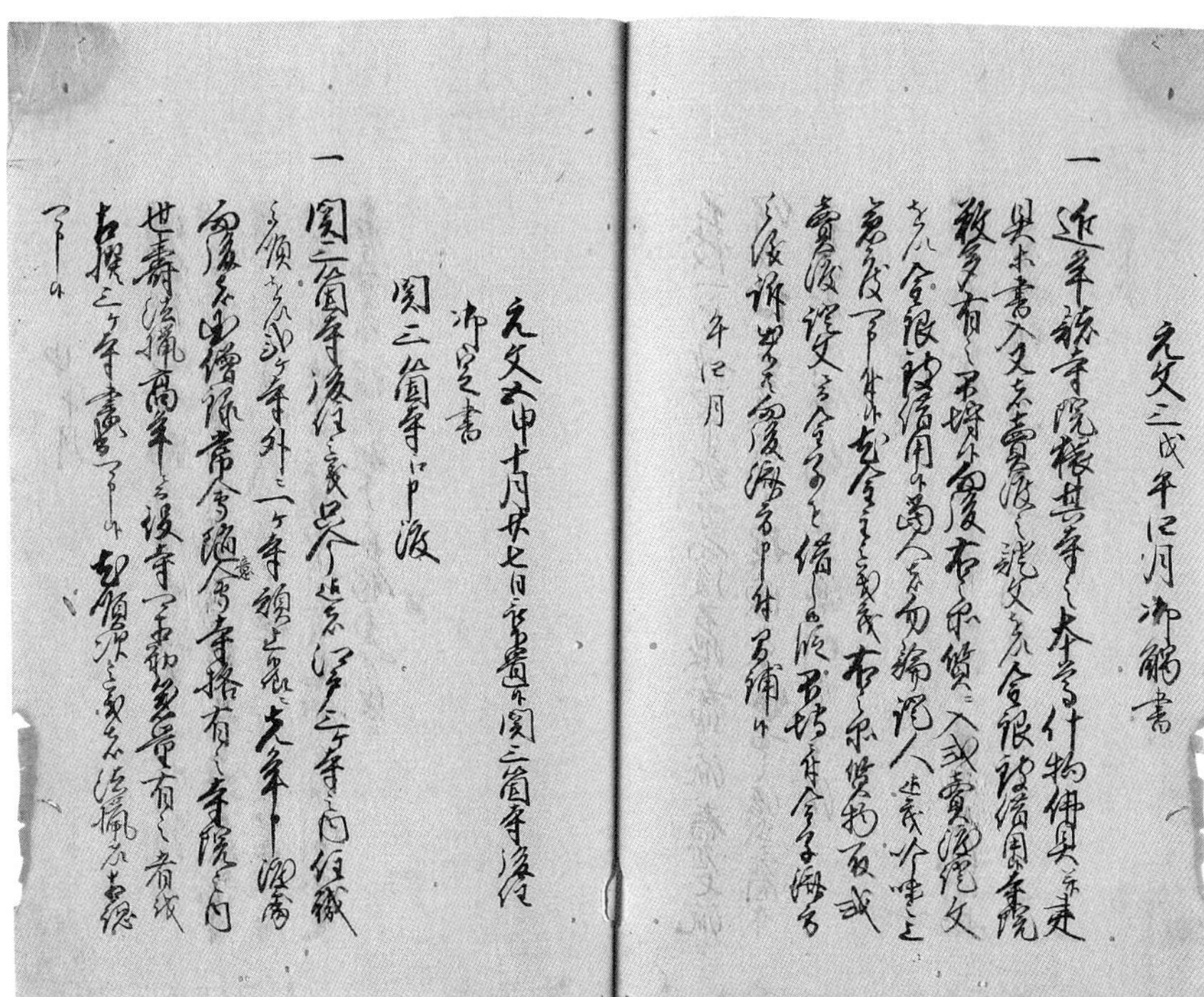
元文三戊午年正月　御觸書

一 近年諸寺院様其寺之本尊・什物・仏具、又ハ建具・木[illegible]売渡し、[illegible]又ハ金銀諸道具[illegible]
[illegible]或ハ[illegible]
[illegible]
[illegible]申付可相沙汰
[illegible]

午正月

（41オ）

元文五庚申十月廿七日寺社奉行ゟ関三箇寺後住
御定之書

関三箇寺江申渡

一 関三箇寺後住之儀、只今迄[illegible]三ヶ寺之内住職
[illegible]三ヶ寺外之一ヶ寺[illegible]先年[illegible]
[illegible]常[illegible]寺格有之寺院之内
[illegible]有之[illegible]
[illegible]三ヶ寺[illegible]
[illegible]

(41ウ)

申十月

触頭并常念随意念寺格有之寺院入院之節
関三箇寺ニ不申届有之候ニ付、此度関三箇寺
江相願候義別紙之通申渡候間、向後右寺院
入院之節者世寿法臘出世之儀委細ニ書付、関三箇寺
并其筋之触頭ニ相届可申候

(42オ)

関三箇寺

一 奥州田村天沢寺僧録願之義被相達吟味候処、天沢寺者
新古僧録帳ニ天沢寺と申書載有之、三春龍穏院
義者願之為本寺三春領分之御朱印寺
願ニ付二ケ寺僧録申付置候処、僧録帳
記載も天沢寺者寛永年中ゟ相済候得共
龍穏院者三春所替以来之儀、僧録之儀二箇寺ゟ
ゟ之儀触状を下し候得共、龍穏院触下
之儀天沢寺先住ゟ八十年来[illegible]龍穏院ゟ

(42ウ)

触頭共江申渡候処天沢寺之儀僧録者古来之儀何方江も
相済、僧録帳ニ一切無之、尤二ヶ寺有之儀中絶其上
僧録者此方之儀不申来ニ付中絶之
僧録帳ニ書載候以後年紀事も外々之
様遠之本寺譲候、向後本寺関ヘ天沢寺者龍穏院
之僧録申付置、三春州僧寺者直触頭之僧
被免之義難立事ニ付被申渡候

右之通可被申渡候

酉七月

(43オ)

寛保元酉年十一月諸宗江被仰出候御書付

一 諸宗之寺院本末論或ハ綸旨法度并法系僧階出世階級
其外宗門法義之儀ニ付公事訴訟有之其筋触頭
本寺等江相達、遂吟味候得共不相済
事ニ候ハヽ、寺社奉行所江可相願候、若又
本寺之儀相済候ハヽ奉行所ニ而も吟味之
上可申付候、他宗ニ而も僧侶ニ携り候出入者
右之通触頭之者共ゟ申渡
右之通諸宗一統可相心得候

(43ウ)

十二月

一　諸寺院境内寄附地并ニ拝領地之内家作致
候分ハ證文ニ付差出置候処、近年拝領地ニ而
茂新規家作致出候ニ付、向後家作之儀
一向ニ不申付候、若新規家作致候ハヽ急度可申付候間、
寺院江可申渡置候

延享二乙丑年二月十八日

右之通山名因幡守殿ゟ御渡候

(44オ)

一　寺院本末争論之事、寛永十年諸宗ゟ差出候寺院
本末帳ニ而取捌可申候処、右帳ニ不相見本末之分ハ改而
吟味之事ニ候、依之右帳面之通裁許可申付候、但寛永以来
裁許等ニ而相定候本末帳面与相違之分ハ其裁許之
通たるへく候、向後右之通相心得可申事

右寛永十年差出候帳面ニ不相見候分ハ
帳面ニ載候寺格之寺院不残合吟味帳面ニ書
可申事

右之通被　仰出候間、可被相心得候

(44ウ)

巳七月

別紙書付之通被仰出候間、末寺帳面之内
有之分書出可申候

巳七月

右之通　御月番様　松平肥後守殿ゟ御渡候

一　寺社境内ニ有之町屋之分、不残向後町奉行支配ニ被成
候間、可被得其意候、御触之儀可申遣候

(45オ)

巳十二月

右之通水野壱岐守殿ゟ御渡候

一　寺社境内ニ有之候拾ケ年季借家之分ハ、只今迄之通
寺社奉行支配ニ而候、諸事御触等茂町奉行ゟ可申渡候、
右拾ケ年季借家之儀、町人江相渡候分ハ町奉行之
支配ニ候条、向後町奉行支配ニ可被得其意候、寺院江
可申渡候

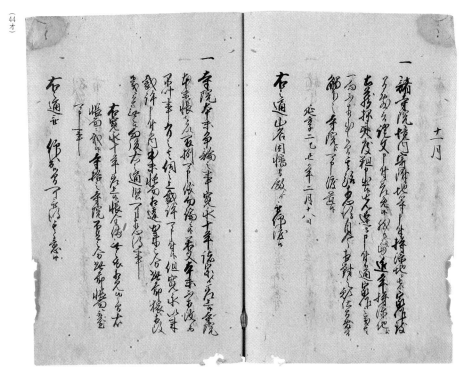

正月十八日

(46オ)

(45ウ)

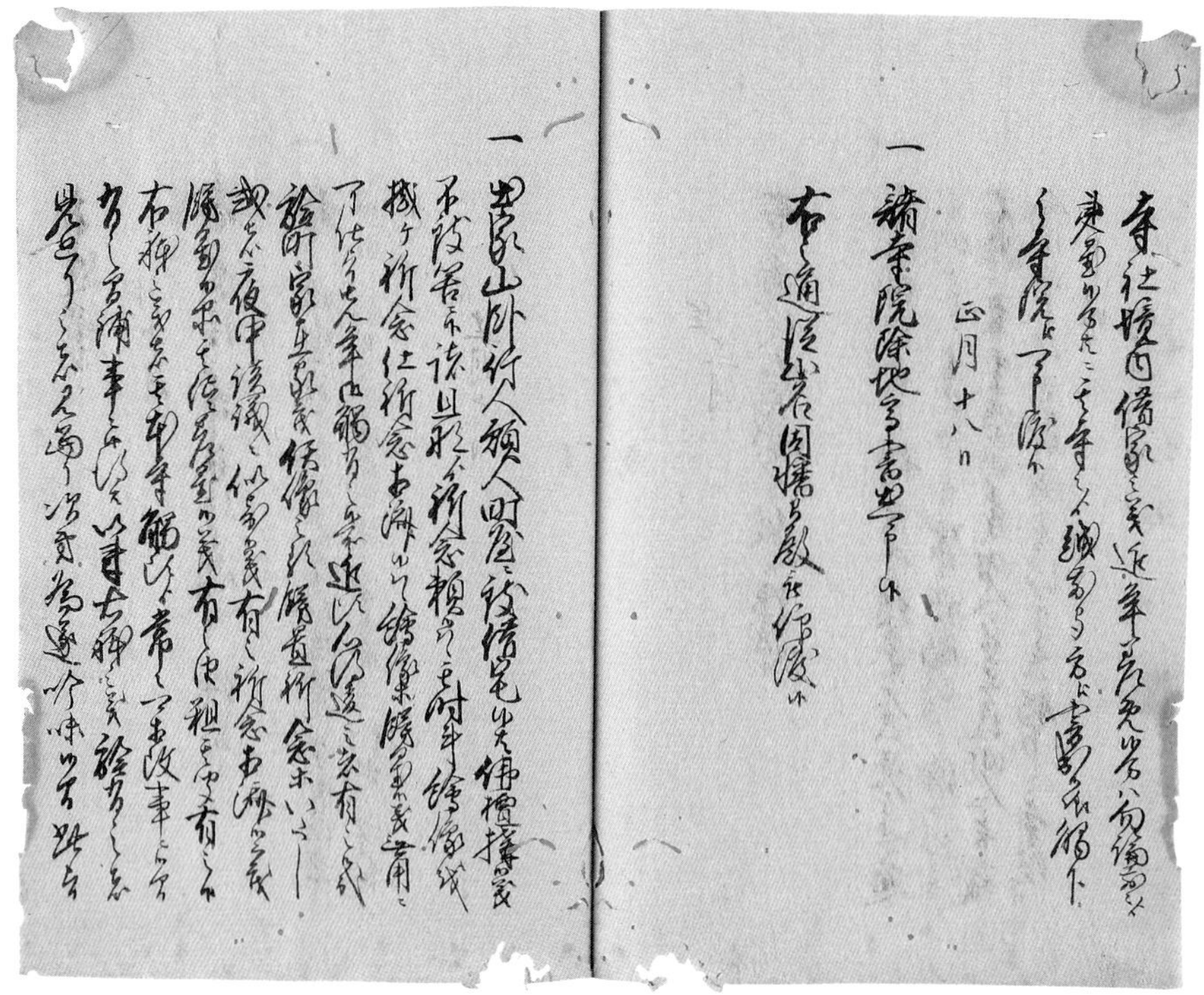

(47オ)

(46ウ)

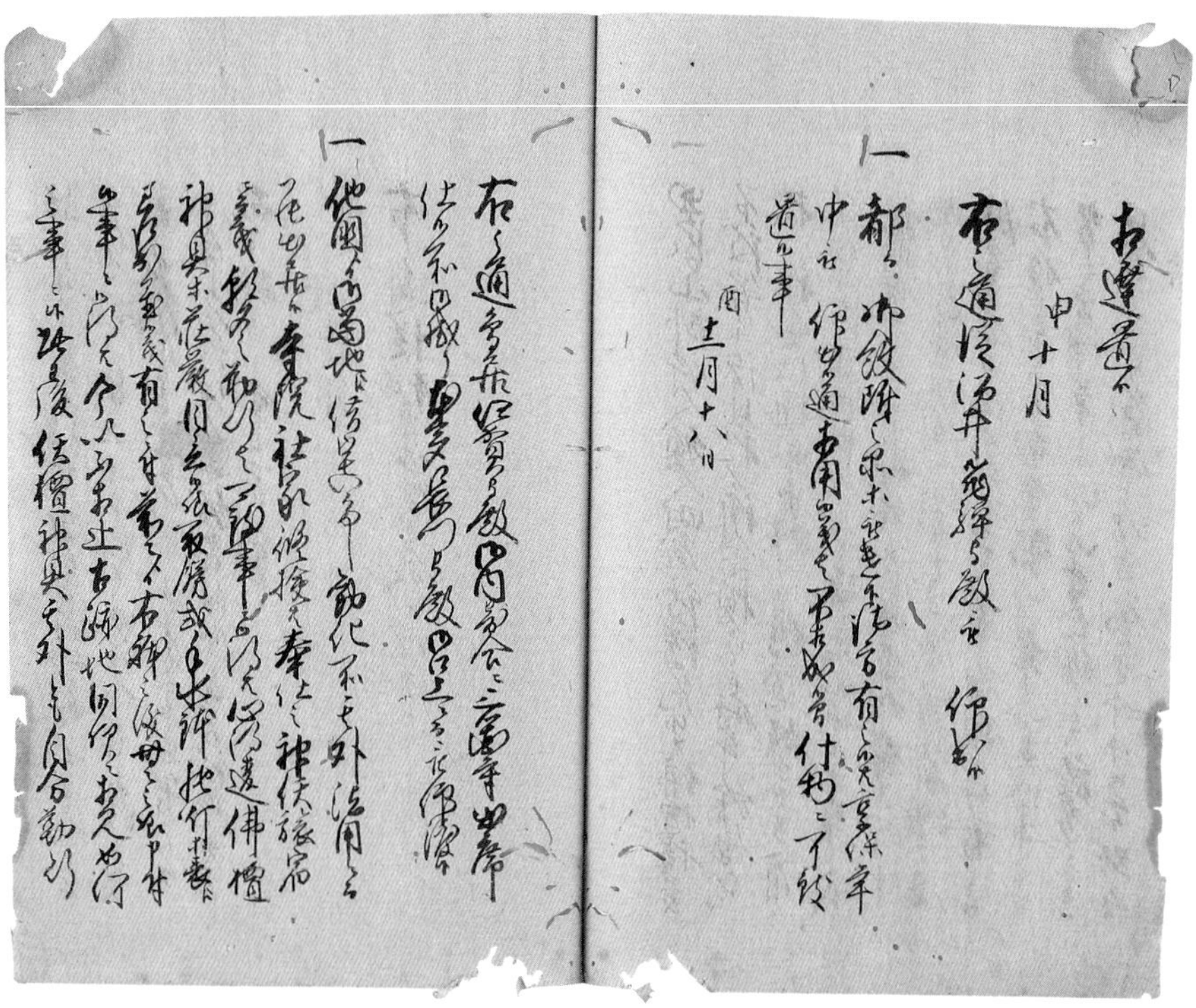

(47ウ)

此之事ニ候得共兼而相心得罷有候
もの共も其地之家主并五人組・町役人共ニ急度申付候
若不相用もの有之候ハヽ早々申出候ニ付
右之趣ニ相違無之様急度心得、其品之可被成
触下繰ニ而早々可申付候

亥　九月

右之通従松平紀伊守殿被仰渡候

(48オ)

一 堂上之方之猶子と称し諸寺院ニ出候而寺格を
願之儀、向後相ゆるし不申候、尤寺院ニ而
猶子ニ致し候儀ハ、猶子之儀共有之候ハヽ
直ニ本寺ゟ御停止被仰出候事ニ候
右之趣、諸寺院へ　御停止被仰出候事ニ候
向後猶子之儀急度可申付候、尤寺格相願候儀
猶子之寺院ニ而　御停止ニ付、寺格相願候儀
右之通ニ候
右之趣被仰出候間、可申渡事ニ候

亥　十二月

(48ウ)

一 近頃唐紙焼失ニ付売女稼之者寺院ニ而出生之
もの又ハ雇女之類も有之候、此以後売女稼之儀堅
無之様可被相心得候、此段役人共ゟ申付候
右売女稼之者寺院ニ而不届ニ付候

子巳月十日

右之通従本多弾正少弼殿被仰渡候

一 去十日ニ申達候売女稼之者寺内ニ差置候
儀不相成候、右申達候趣、売女稼之儀ニ付寺院

(49オ)

有之候ハヽ、申出候役人共見及候而可申出候
万一不埒之者有之候ハヽ急度可申付候

子巳月十四日

右之通従本多弾正少弼殿被仰渡候

一 諸寺社神事仏事開帳其外祭礼之節
御役附之者、御女中様方其外容易ニ
[illegible]

(49ウ)

寄附之寺々什物以下迄年中之勤行仏事
佛事定帳并寺々節々費用ニ至迄寺用ニ記之
御修復費用ニ而之金銀費用之寺院ニ而預ケ置候
其外古帳キ　御修復之節も其入用之費用
可書候

六月

右之通子六月於江戸寺社奉行所被仰出諸宗之
触頭江相渡候

(50オ)

一 諸寺社領并仏事定帳其外年中之勤
御修復之事ハ勿論、御修復　御朱印御寄附之分者容易ニ
不寄附、古来より之由緒其外大名之寄附、菩提所寺者不及
格別、其外ニ寄附等之分ニ至迄、近年之寄附之分も
寺社奉行ニ而相改候而、了知ニ其外寄附之
分も什物以下迄年中之勤行仏事定帳
并寺々節々費用之分迄用ニ記之
御修復費用ニ而之金銀費用之寺院ニ而預ケ置候
其外古帳キ　御修復之節も其入用之費用
之分も可書候

(50ウ)

右之趣寺社之寺院寺社奉行中ニ而取計
御料私領寺社領共ニ相改候、大地之分相
改可申候

子七月

右之通従大井大炊頭殿被仰渡候

三箇寺遂評議奉窺
公儀定置條目

(51オ)

一 権現様已来有来之古宗之風規可守之事
一 寛文已辰年同八申年先三箇寺不書出之新目
了知之寺之師資之新規之風儀堅令停止事
一 古宗之僧侶帰依他宗則改其師匠三箇寺了
簡之我意自ら立之者古宗之仏前令禁止、若其
師匠三箇寺ニ隠置候ハ、令吟味可為重
科事
一 秘法帰依之儀、其本寺之遂僉議其流派ニ者他

(52オ)

(51ウ)

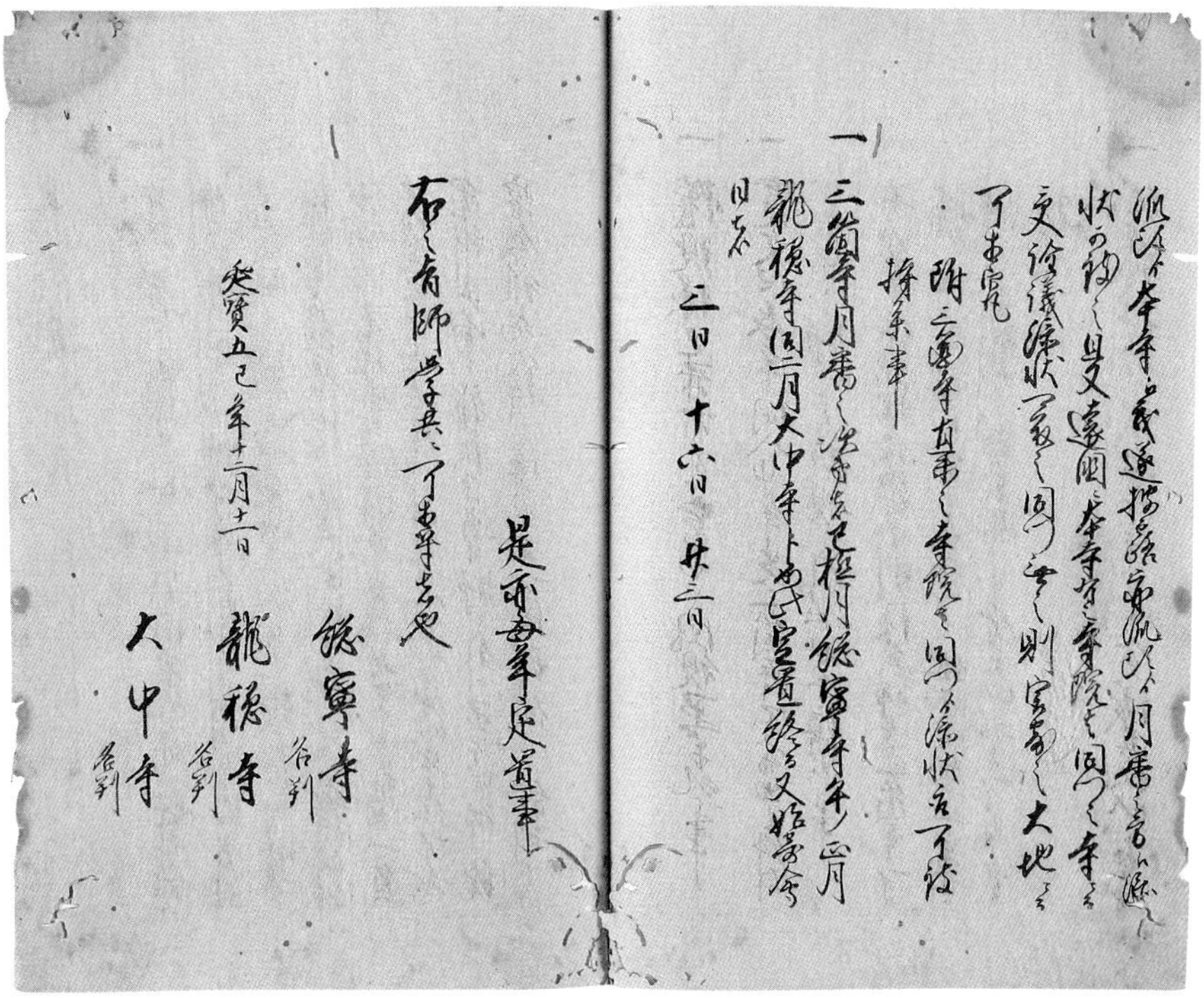

是亦每年定置事

延寶五巳年十二月十日

總寧寺 在判

龍穏寺 在判

大中寺 在判

(53オ)

(52ウ)

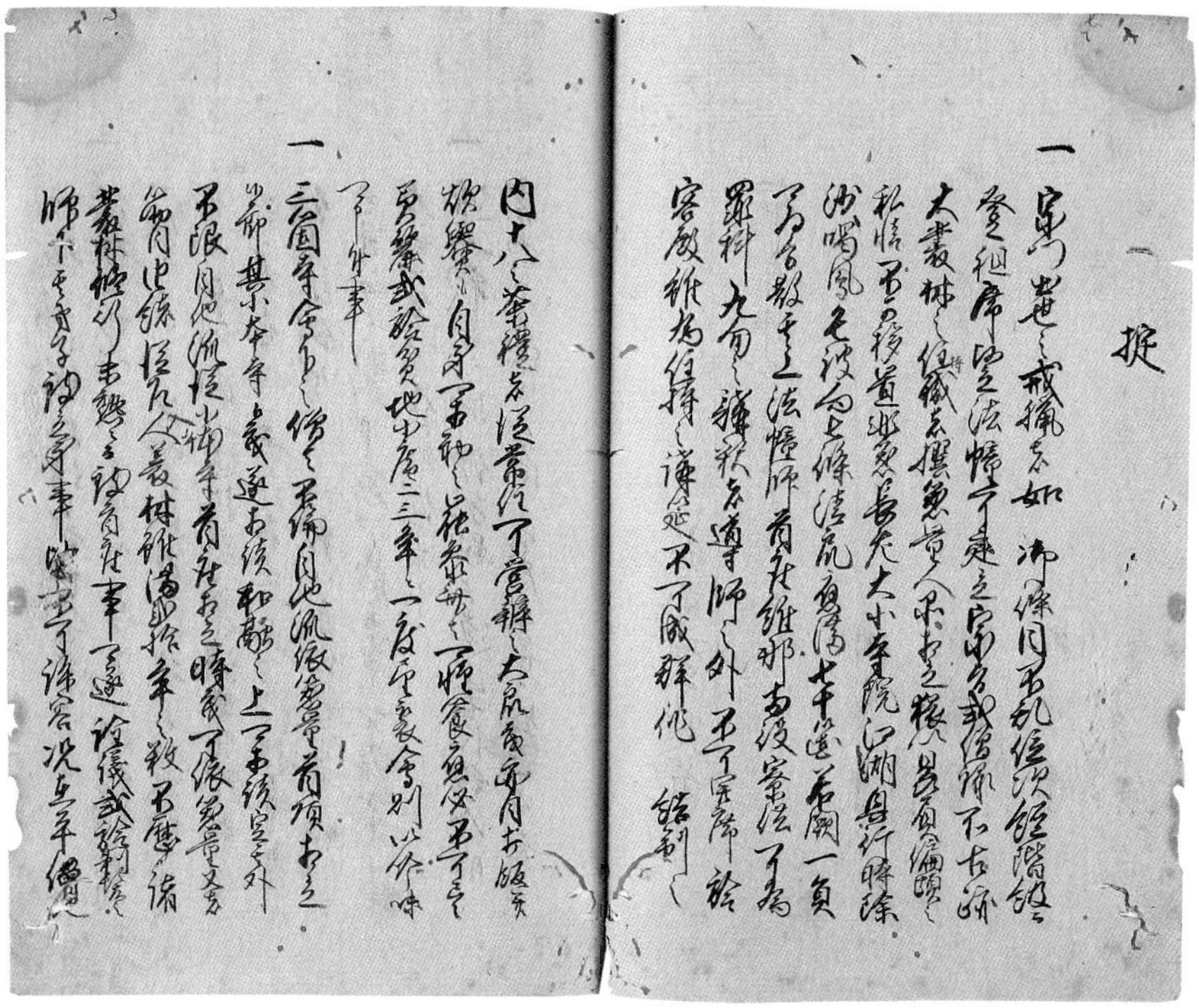

掟

(53ウ)
(54オ)

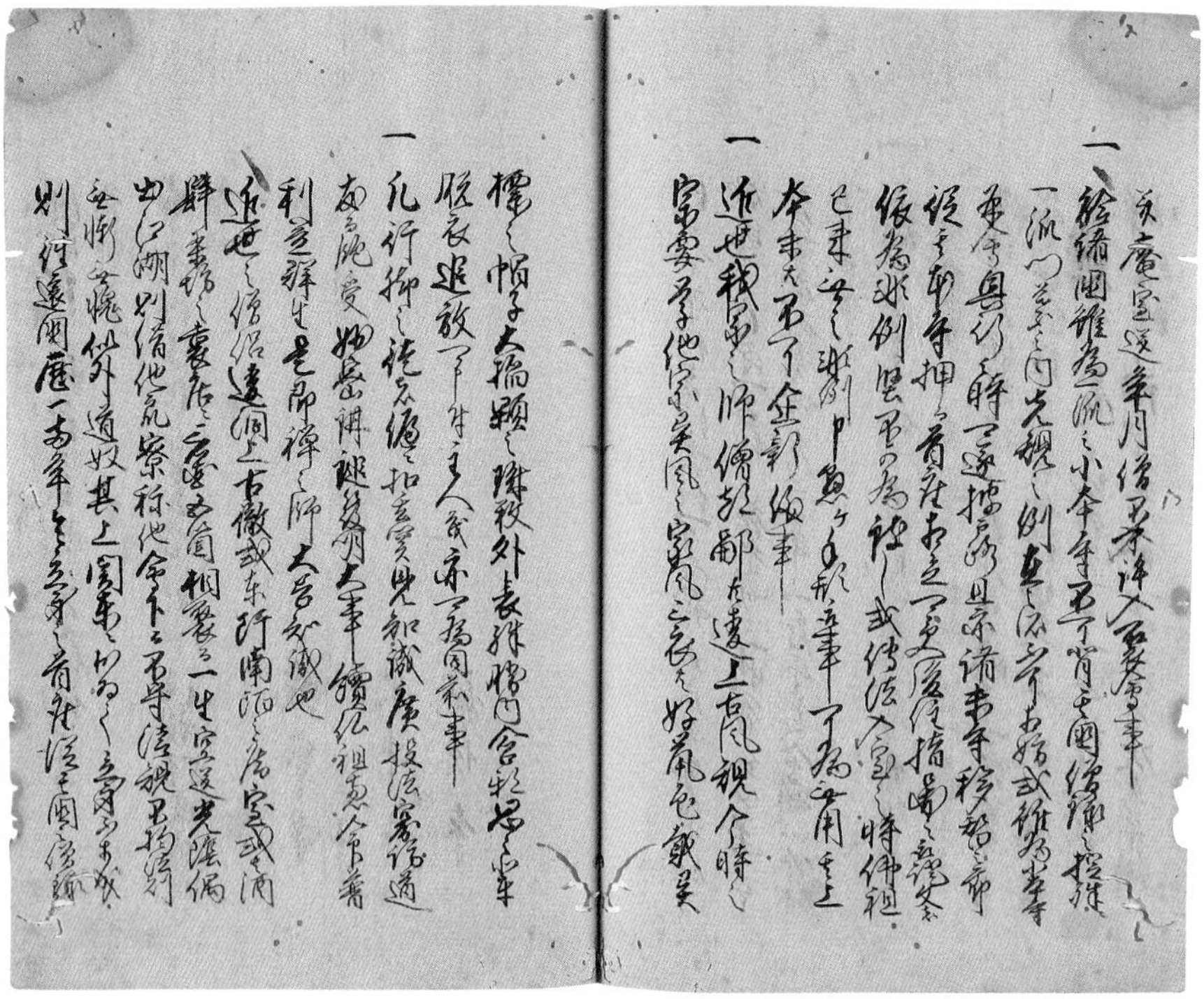

(54ウ)
(55オ)

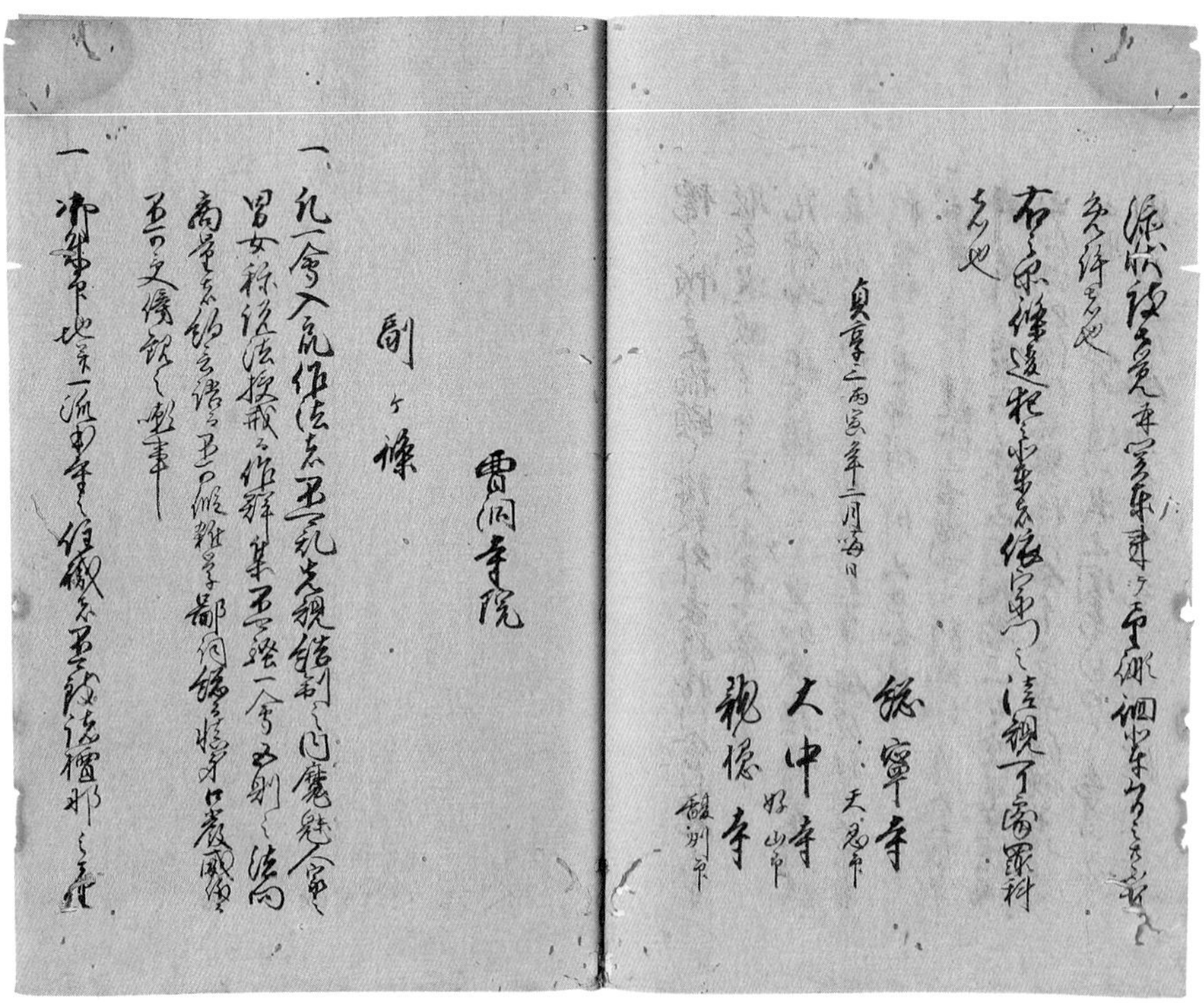

（55ウ）

法度之寺中法式不吟味候ハヽ、天檀那
かたにも悔可申候、住持職之者ハ、出家之本心ニ存、僧儀を相
守可遂修行候、又於遠方之寺ハ、長老不相背置候様ニ、
古来之法式を堅申付、常ニ法度寺中ニ而法式可吟味
之上ニ可申付事

一 御条目之内、当地之入院之儀、賄物或他山或遠行之節
迄之寺切取之節、不申付、残置後住江渡シ、且又時代
荒寺中山林竹木等真負取捨、寺物之儀持退行候
者遂吟味、其寺之住中、其身之私法他派之輩
至而は、非義之事を抱候共、無縁之筆可有之

（56オ）

当時遂我侭之非儀、其段見聞候ハヽ、後住方より訴出、本寺
屹度申付、其段遂吟味候、遠国ニ有之候ハヽ、録所江
可相願、或ハ令違候之段、後住之方ニ而、触頭江
申達、本寺ニ而遂糺明候時ハ、双方共ニ可申付事

一 隠居之願之寺之階級、依先例ニ入院之祝儀物等之寺
領之儀、録所江可申達、或入院之時者、御代々之御判物頂戴
仕候儀、遠慮難致、遠国本寺有之、本院江可相之親
而致法之頂戴、於本寺之致勤、道等有之法度、隔十方
旦那結縁授血脈時ハ、士大師号院殿等之遂吟味
相済其上可許容事

（56ウ）

一 於諸寺院、従三年前致看病之内、納所江湖頭行
畳、令停止ニ候、長老雖為法幢、江湖浄容
江湖座下ニ背而、首座を不遂、従是以後三宝
引ニ被致候、又寺之首座之一統ニ付有之ニ付、有之事
有之也

一 遠寺後住後住之儀、造寺書置時、擇之寺相続之者、致同門
法人後住一円之寺、同門之衆、時之遠寺他之寺
両段理属人家也、而後住、於書置寺家ニ而一局
罷出事

一 致他山長老隠居之後、法孫寺ニ隠居江可返置也

（57オ）

隠居無之時者、其本寺より可被返、若本寺遠国ニ
有之、不届ニ付、又其他寺之近所之寺より可記
致他山長老後住取之可為其事

右之旨前状 御条目之通、堅相守候、右
於諸寺院、貼出置、遂判可申候也

但元禄十六年 御條目之 御作法以来者
致他山長老法孫寺之後住之儀可属事

貞享三丙寅年正月晦日

総寧寺
天恩（判）

(57ウ) (58オ)

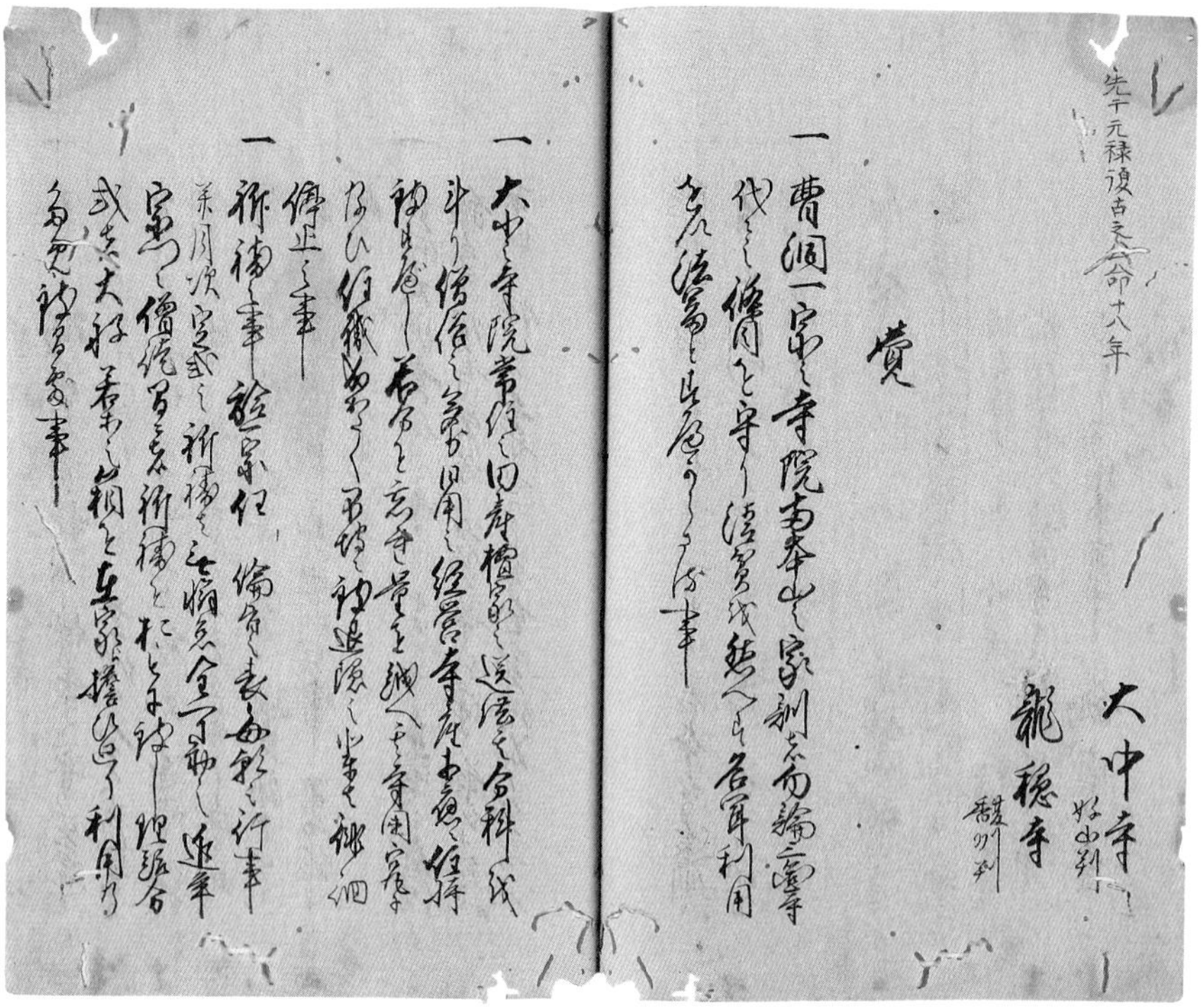

(58ウ) (59オ)

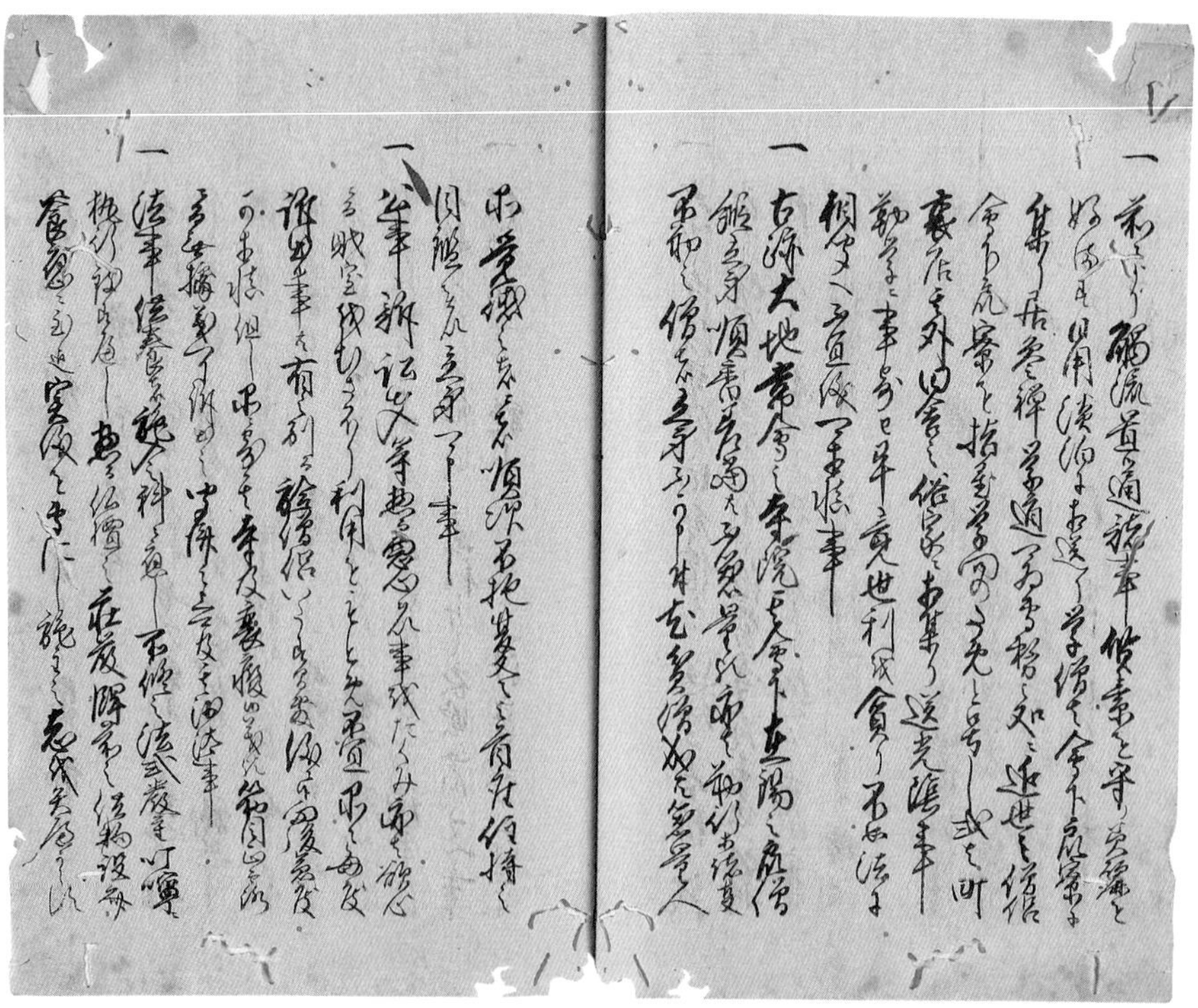

（59ウ）

法事之外不能施主之馳走候ハゝ宗門之禁事可為
法式不相叶様可補事

一 寺院常用之法具并住持長老新着之衣掛絡
 眠二至迄麁相を用候へし、金襴并紗綾等之類可
 為無用候、遍参僧侶之衣掛絡ハ紬を能候、絹
 紬之外絶衣有之とも古来之ことく木綿麻布たるへし
 平僧地末着候ハ不相成之候、衣掛絡ハ絹紬迄ニ而候
 縮緬綾綿紗着物類之類、於衆之衣ニ用候儀ハ
 向後年若輩ニ通て立派着之衣服ニ用間敷事

一 住食施主之自施主之食物も一汁二菜或者二汁三菜

（60オ）

是又法中院事之法会等之一汁二菜、祖忌法会者二汁
三菜之外菜酒を禁する事

一 一宗之寺院晋山結制之振舞ハ二汁五菜酒之献ハ
 三献を過へからす、橙台菓子等之美食者堅可禁事
 右之条々之趣、吾宗中之緇流僧侶随ひ以可守之
 仏之前弥々違犯有之間敷候
 公儀之御法度ニ背候ハゝ急度可被仰付候、若違犯之輩有之者
 立寺院之者本末共ニ可為越度
 被仰付候は法規者也
 右件僧侶吾宗中諸寺院法宗一等ニ其寺之掟書

（60ウ）

無仰付出文辞修子本寺所々之近解し
やかく得ト春迄被下之　宗義一字之私
意をもつて本寺所々名々相改其意候得ハ
寺院遠犯之上ハ急度可被遂御穿鑿之
法之本院其之可令恐惧以上

享保七壬寅年十月日

大中寺 判

龍穏寺 判

総寧寺 判

諸国諸寺院

（61オ）

告諭

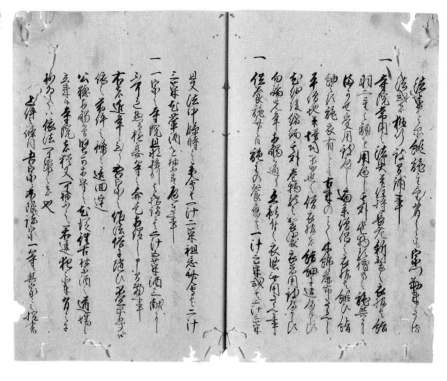

一 永平正法眼蔵者　高祖之遺書宗門之重要也
 宗剰也、吾宗中当今寺院之児孫誰不仰慕之、然因茲
 及半千年諸山深密之秘書之処、頃年洞上之諸寺院
 流布或撮要隠括之、梓行有之、甚不可然也、諸寺院
 所蔵古来之親撰　永平宗門之真本御正本制設
 書字之用也、自今以後、令編並板第其書肆諸刹
 開板一切令停止之事
 右之旨、観達本山之上、宜衙觸及之旨諸

（61ウ）

（62オ）

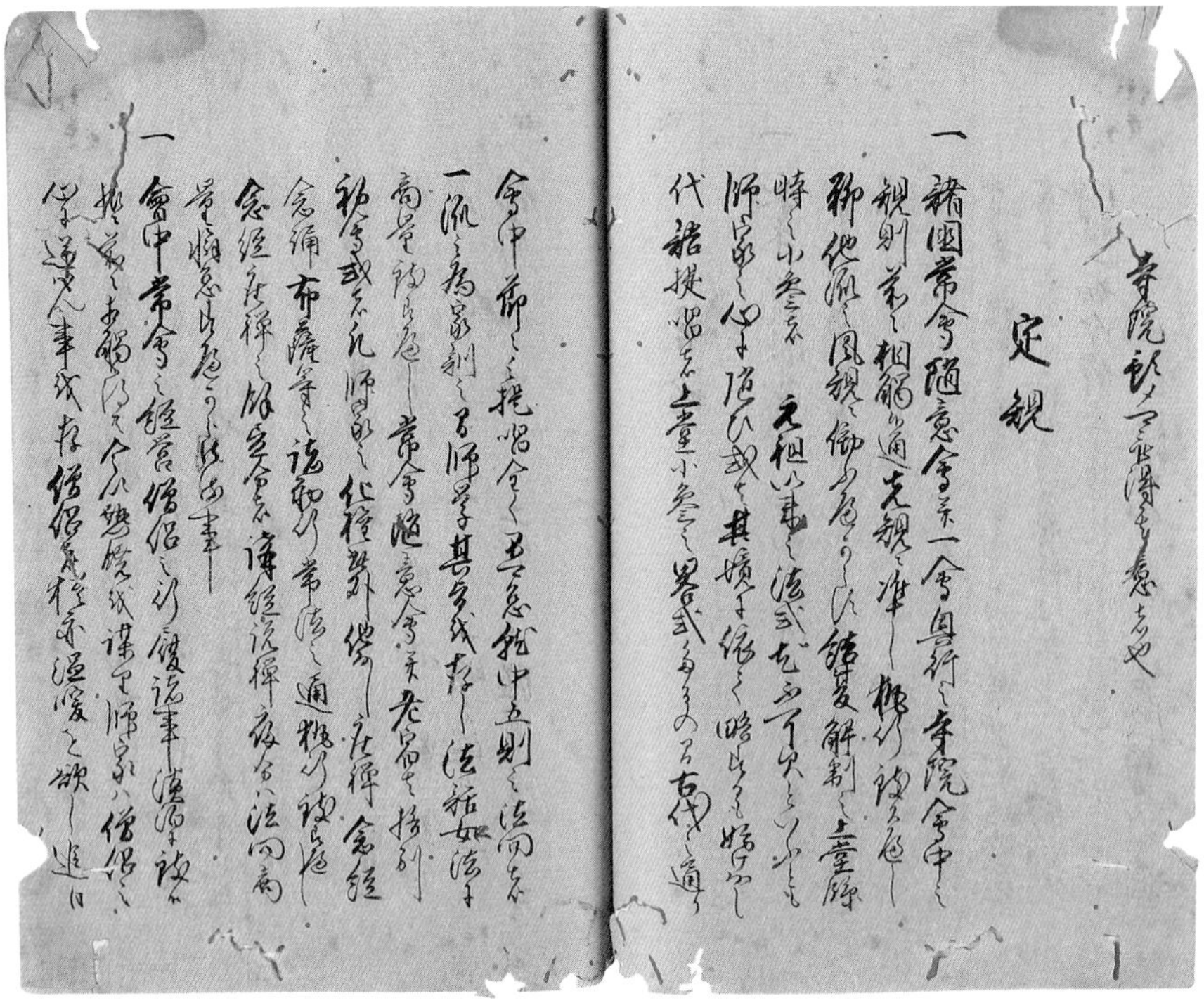

（62ウ）

（63オ）

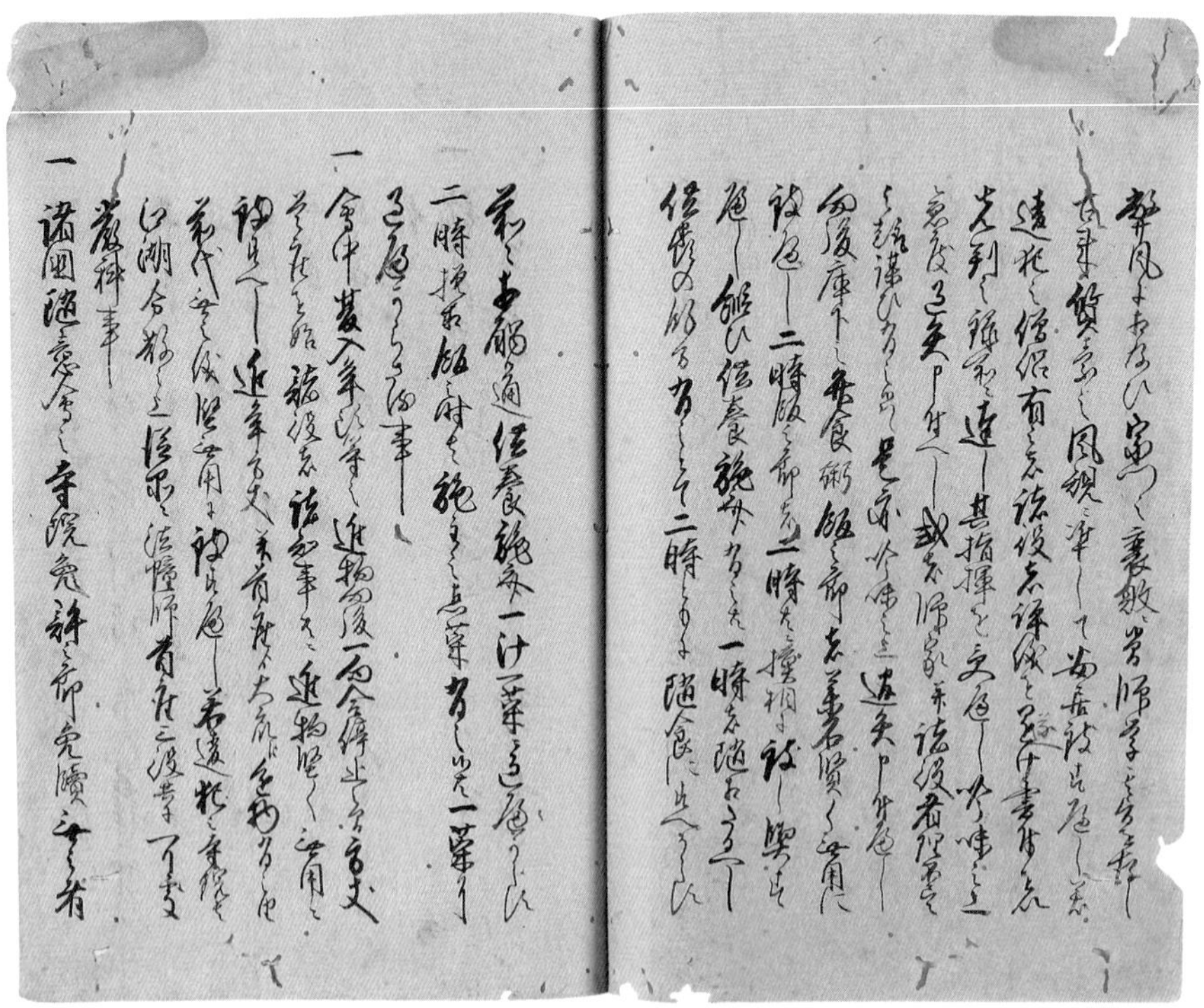

(63ウ)
(64オ)

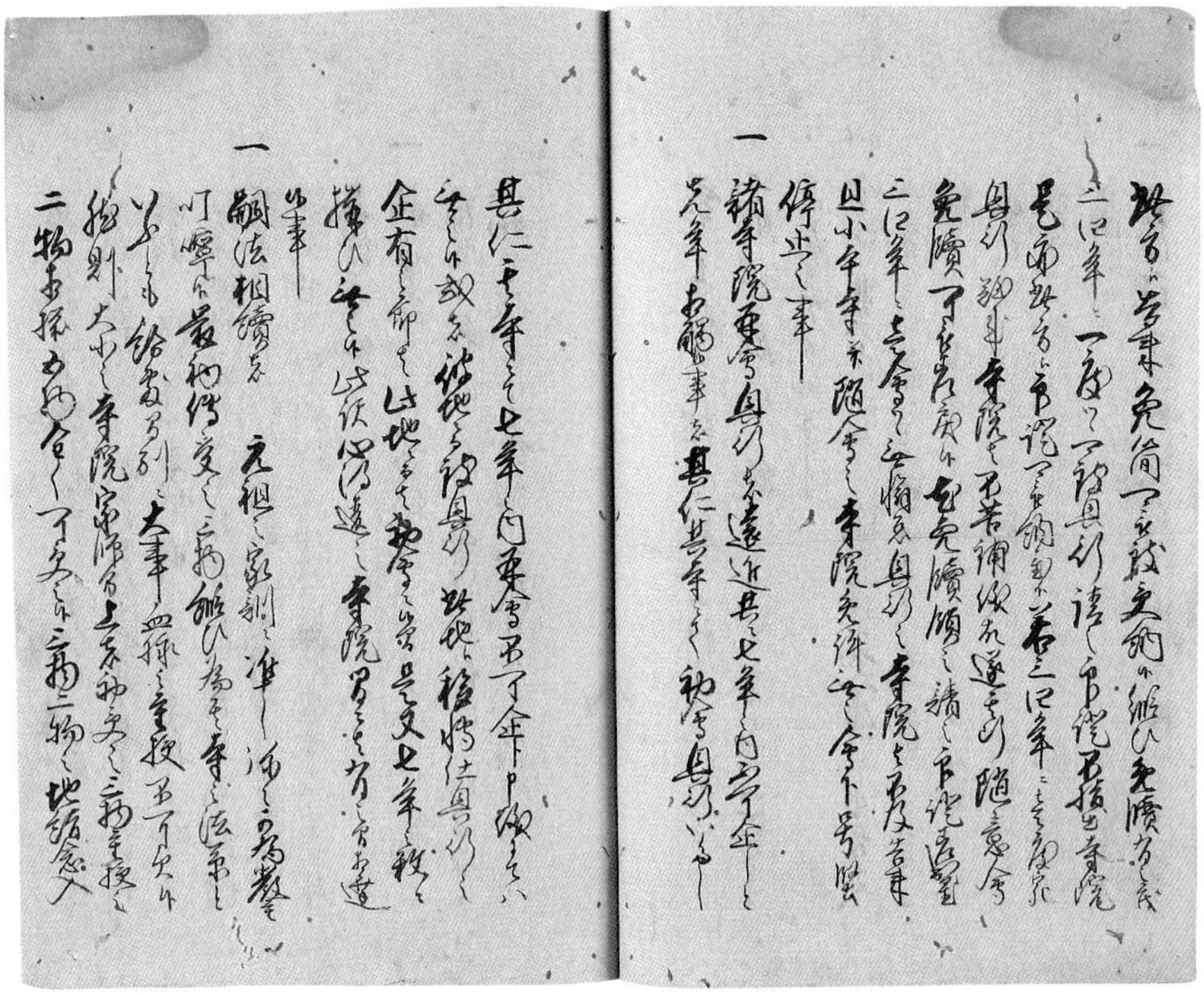

(64ウ)
(65オ)

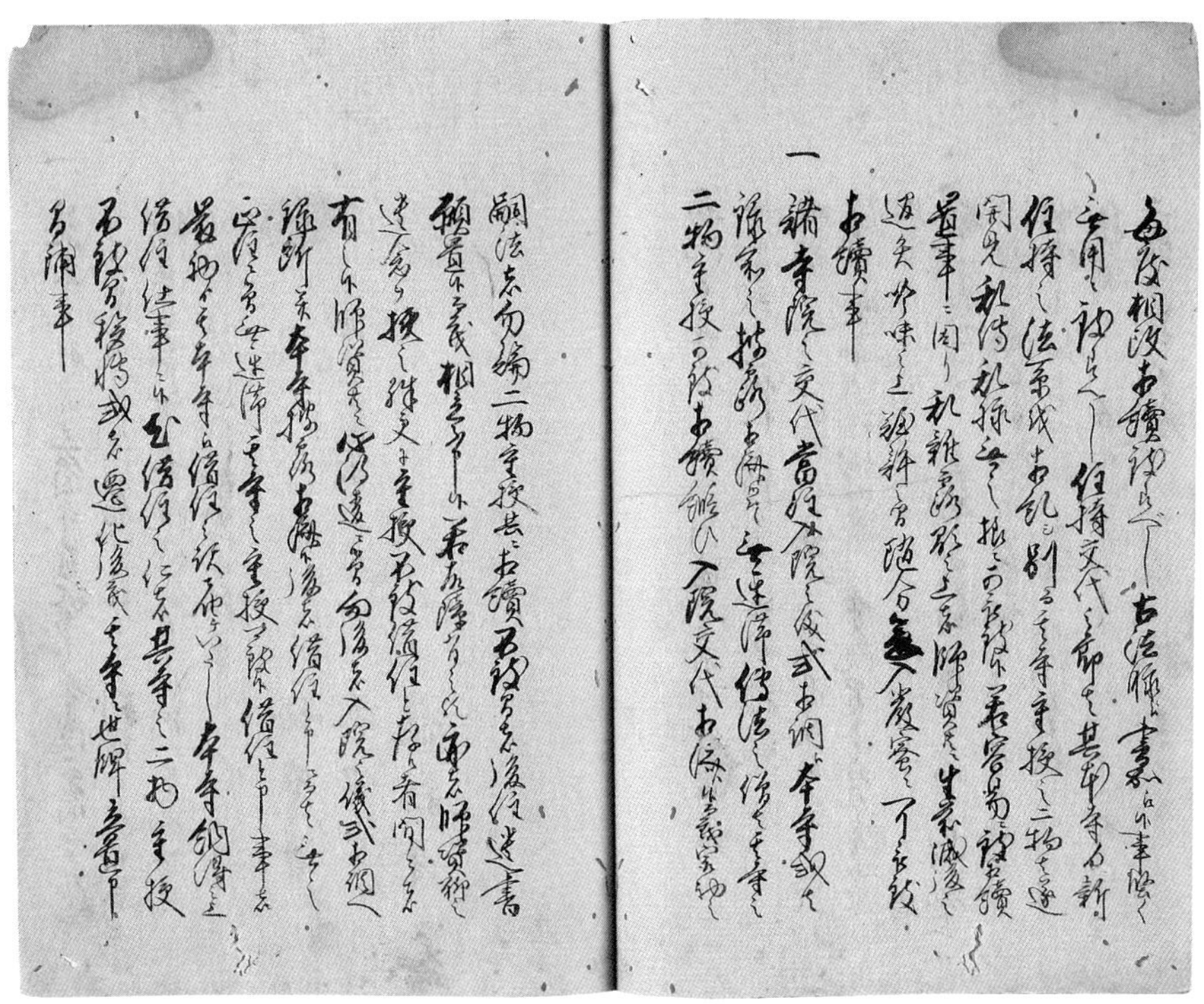

（66オ）

（65ウ）

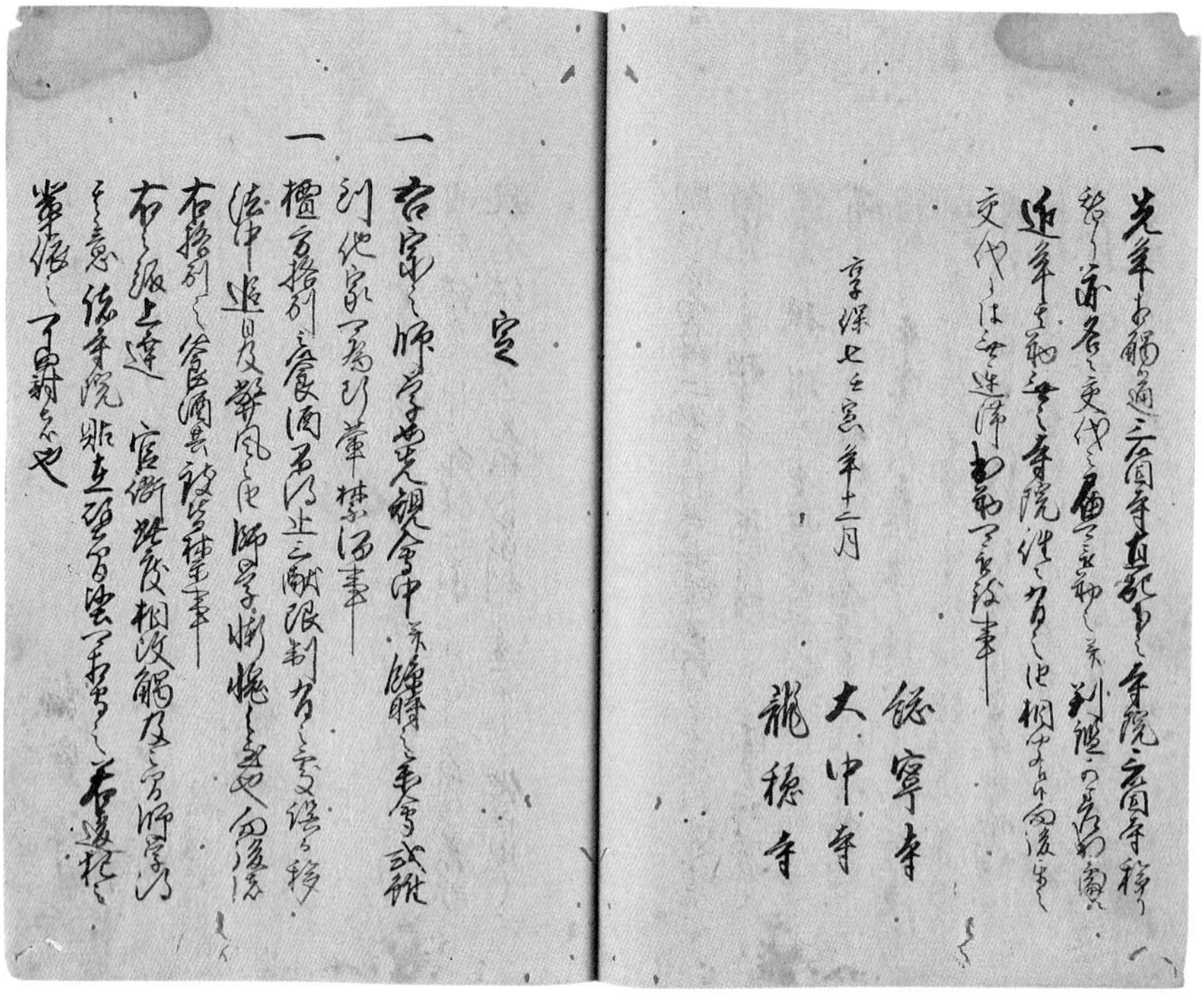

（67オ）

（66ウ）

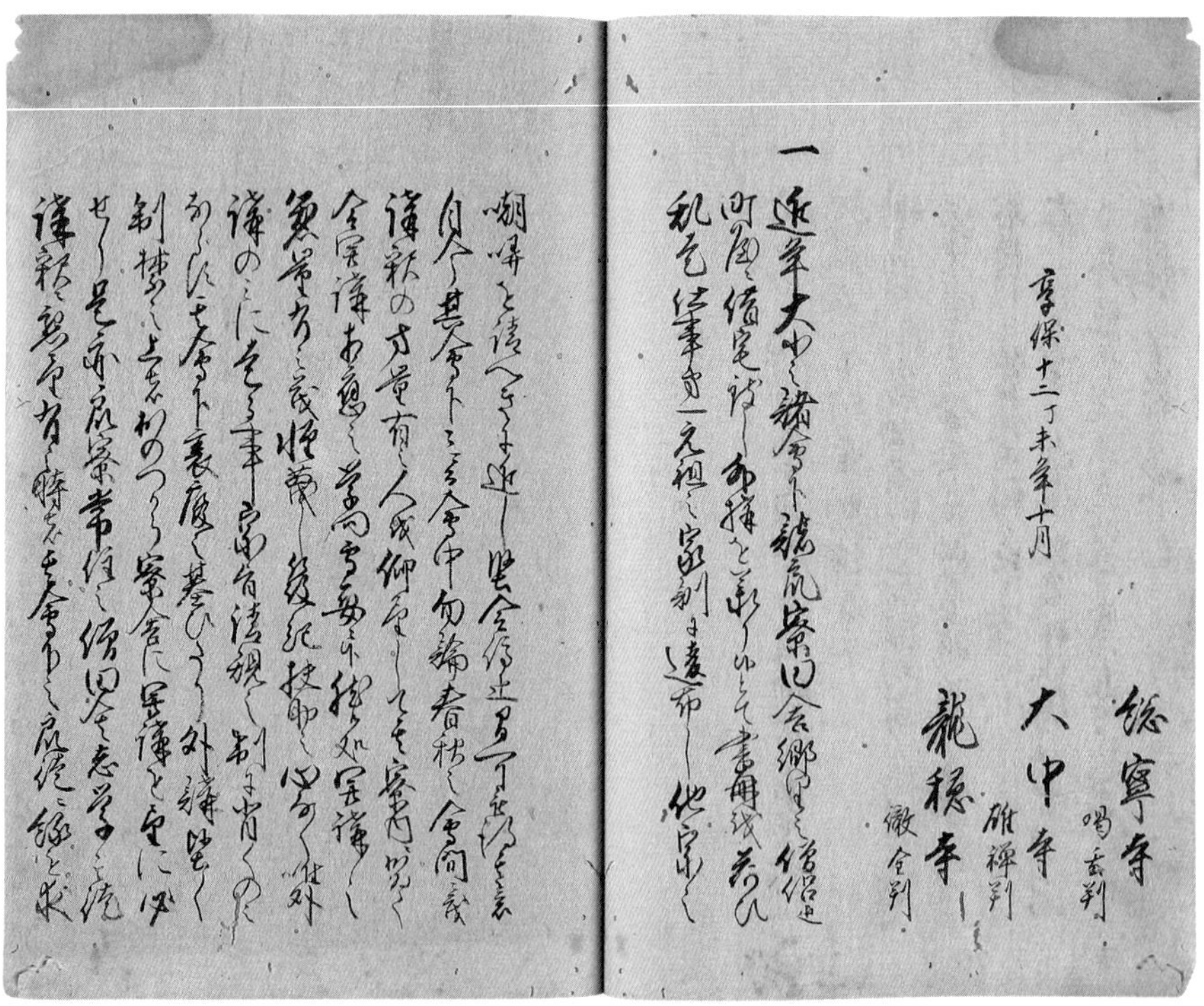

(67ウ)

點

一 諸寺院ハ、其宗之学問修行専要ニ相勤へし、
不案内ニ而遂住職(?)[illegible]其宗規式
本寺(?)[illegible]外典俗書を肝要とせす、偏ニ
仏祖之経論を以学問最第一ニ可心懸、僧侶
剃髪之身ニ而[illegible]遠慮(?)[illegible]僧侶之面々ハ急度(?)人
[illegible]遠国之僧侶[illegible]国之僧録所ニ
不参(?)指図(?)[illegible]本寺(?)相守[illegible]僧侶
於[illegible]大(?)組中ニ[illegible]是上之儀不埒
[illegible]事

一 府内并遠近大小之寺院之[illegible]町屋ニ住宅

(68オ)

呪持[illegible]之類、法事之儀式等をいたし、渡世
[illegible]族有之候、本寺ニ而も[illegible]
外様(?)有之候ハヽ[illegible]堅停止之事

一 一宗之寺院并[illegible]諸院家之僧侶錦衣(?)着用
[illegible]綸旨(?)[illegible]迄年限(?)[illegible]堅く
停止之[illegible]
其衣ハ不似合(?)[illegible]の[illegible]帽等も
本国(?)[illegible]之事

一 府内大小寺格之主人并[illegible]途中[illegible]
[illegible]人[illegible]せ[illegible]一宗之

(68ウ)

僧侶として無礼無之様[illegible]
途中并[illegible]可相守事

一 府内寺院[illegible]大般若経等[illegible]
祈祷[illegible]山[illegible]寺[illegible]
[illegible]之事
[illegible]
[illegible]

一 檀[illegible]地[illegible]常[illegible]寺院[illegible]封[illegible]長[illegible]
随意[illegible]

(69オ)

有之寺院[illegible]
長[illegible]
[illegible]
色[illegible]法服[illegible]
[illegible]之事

一 府内大小寺院進山之節式[illegible]師[illegible]
[illegible]一汁[illegible]二[illegible]
[illegible]
[illegible]
[illegible]法中寺院[illegible]

（69ウ）

一　右之ことく法中寺院出世者堅相守可申事
一　江湖頭之儀ハ宗門之大会ニ而容易ニ難企也、之によつて
近年未熟之者一住行かたく候故ニ三出世之一致
未法幢之人ニ不出世落と称し、かくの事自法幢を
志身ニ世利を貪り法儀之志を廃シ随持候者
自然ト不律之弊ニ至ル間、向後不届之事
一　都鄙之寺院弖輪番ニ者尺八を吹キ或ハ修行と号シ
申に仏制戒ニ背候族有之ニ付、言語道断ニ候
右之類者堅ク可為停止、其者寺外ニ郷方ニ心有僧士且宗門之
請ニ心懸ケ可申ニ付、可為相用事

（70オ）

一　府内寺院五六ヶ寺宛之組合を立、首座を定メ相互ニ致
世話大法会ニ付而者不如法之儀無之様ニ可令相談
可有之事
右之條々享保年中先三ヶ寺
御奉行所ニ窺之趣も有之候ニ付、今般
今後要用之由ニ而寺院師家之衆ニも申渡置候
永く可相守者也
寛保三癸亥九月廿二日
大中寺　印
龍穏寺　印

（70ウ）

申達
一　宗門常会之儀先年　御停止ニ付、依而右之
行法幢之儀諸寺院宗戒共ニ寛保三亥年迄不許
寺格之地ニ其許可致、尤寺院之中ニ附属寺迄
許之處被為候向後行法幢願出候者ニ附付
願出可候ハ、格別之事ニ候
延享五戊辰年六月
総寧寺　印

（71オ）

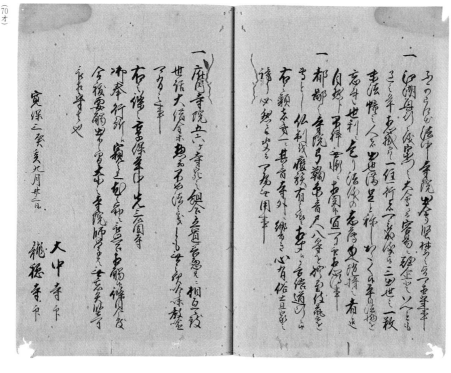

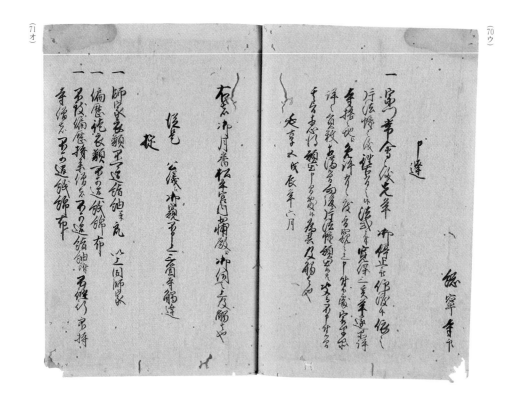

右之趣　御月番松平右近将監殿ニ御伺之上相済候也
従是　公儀江御窺被下候三ヶ寺錦達
掟
一　師家之衣類ハ可為錦紬之事　以上同師家
一　編歴之衣類ハ可為紙錦布
一　平僧編歴持來之僧衆ハ可為錦紬ニ附、平僧ハ宗持
寺僧衆ハ可為紙錦布

（71ウ）（72オ）

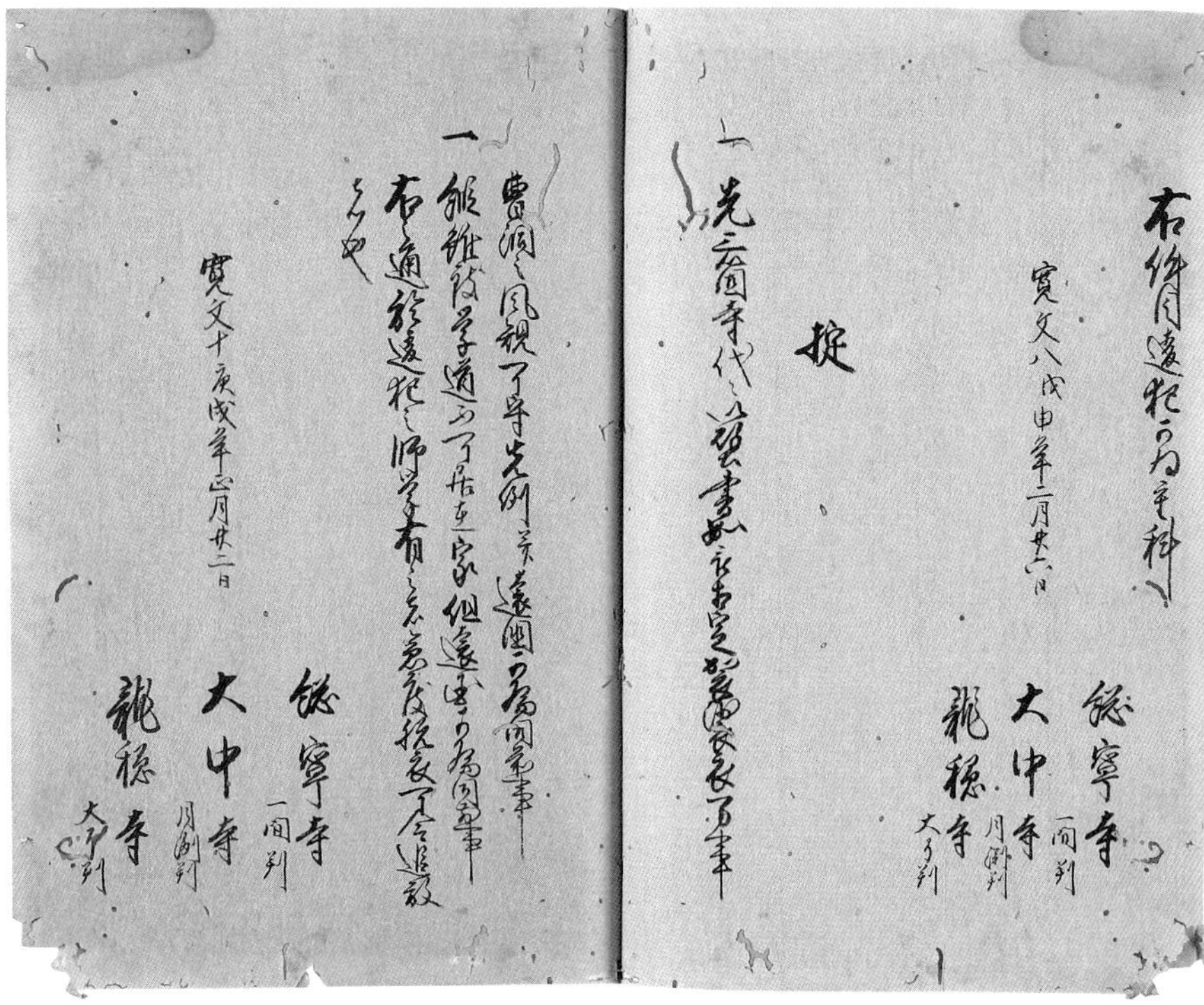

（72ウ）（73オ）

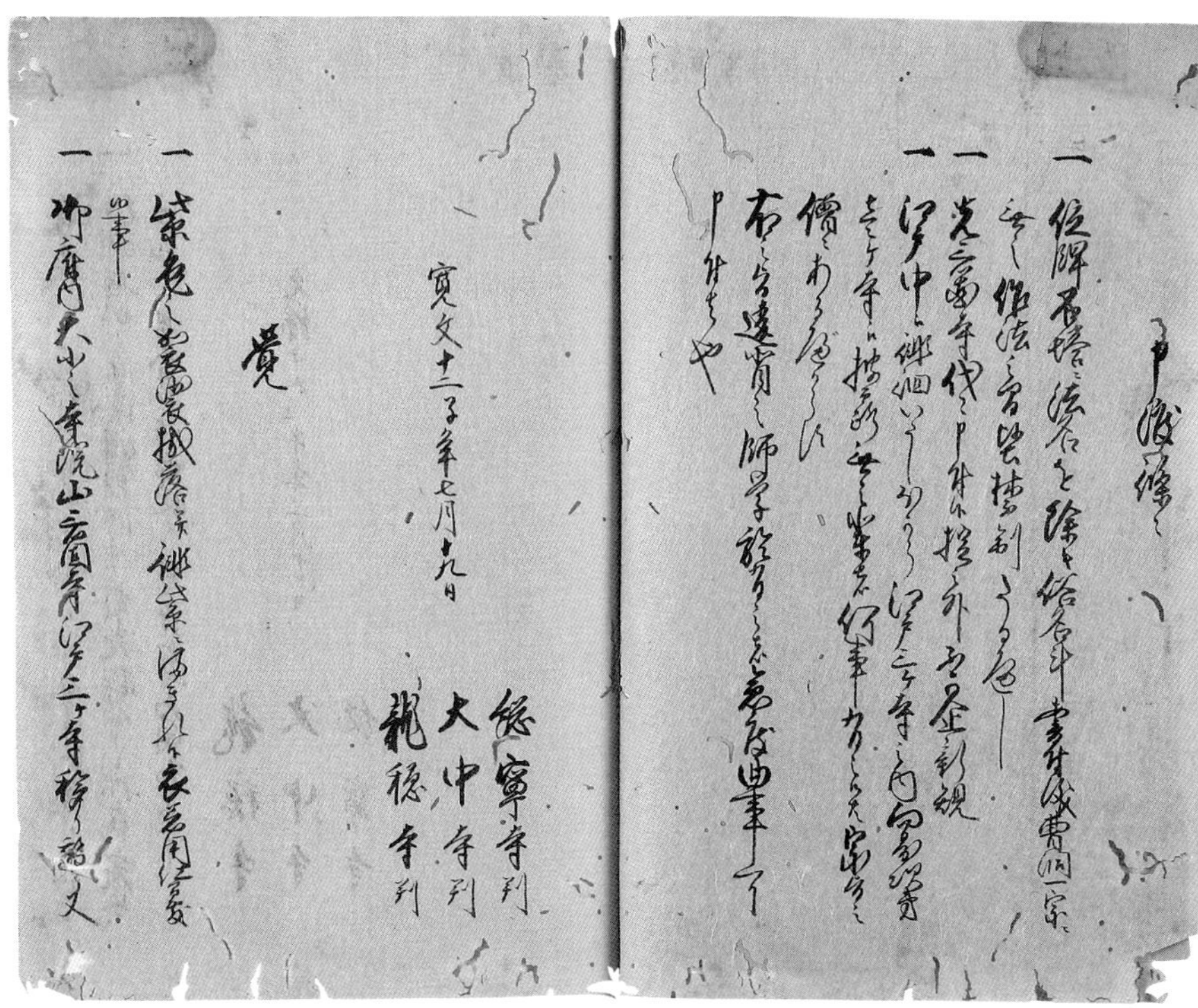

（73ウ）

一　各交代之住持、毎年三ヶ寺之内、相拘ニ可被勤事

一　江湖興行之寺院法幢師并首座解会之操塔、叢林之勤、且又常法幢地之首座者可為同前事

元禄十五壬午年二月十六日

龍穏寺
大中寺
総寧寺

（74オ）

一　御府内之諸寺院　御公用之儀ニ而茂江湖興行之事、関三箇寺ニ許状之節者、其觸頭ニ相達、了簡之上、為時宜相済、於他出之節者、節々可遂其在住之儀、右之通急度可相守者也

寶永八年卯正月

大中寺判
龍穏寺判
総寧寺判

（74ウ）

一　近代江湖之式、法幢師於新受伝之風、格外之事、贅事之格、且又不謂于師資之風、一己之見識、[illegible]宗旨、一派之[illegible]、向後宜准用古規、可為和合事

附、常会随意会、降付江湖之式大概出于副僧之会、可准前代之儀同事

一　常会随意会之降時之江湖、近代首師ニ拈他山長老式之諸寺、且又譲於挿之法則、可為停止之事

附、令規祖又古規、於江湖於念之可遂行、[illegible]

（75オ）

許容之上、於執行之者、可為法式之用事

一　宗門之僧侶、其他宗異流、用於儀、衣、之頭巾、古来叢林近代師資寺内之、用之、還行道路式、諸山之破法之事、可為院内院外之、宗令停止之、違犯之族者各見合、可為罪科、衣帽之可為如法事

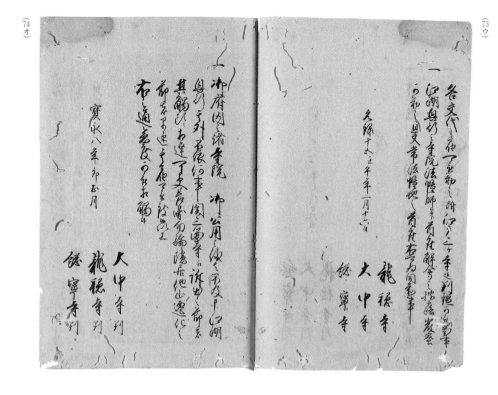

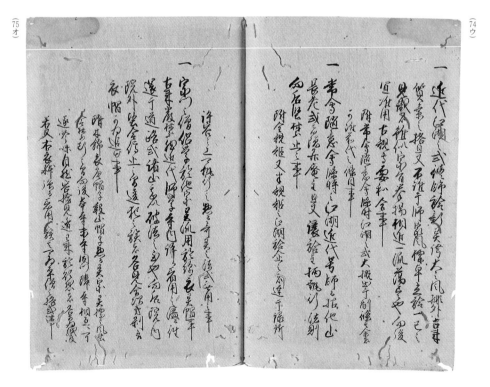

附、其餘衣屋帽子、敷山帽子、異宗異様之風儀、今後[illegible]、向後本寺末寺同様、寺相互之可遂吟味、自然若於相見、違犯之輩、於寺者各可為曲事、若又本寺挑法之用、可為相続之格式事

(76オ)

(75ウ)

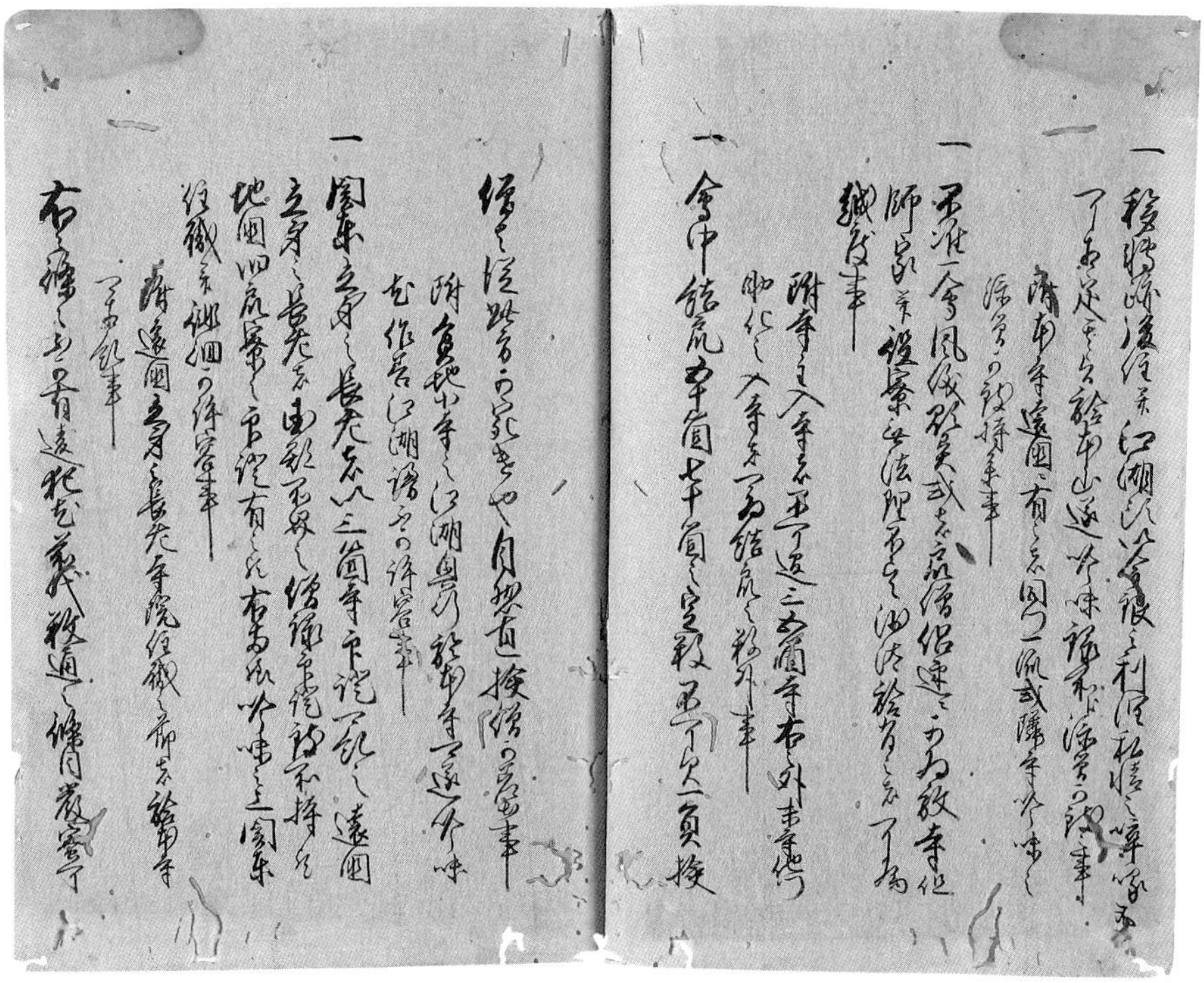

(77オ)

(76ウ)

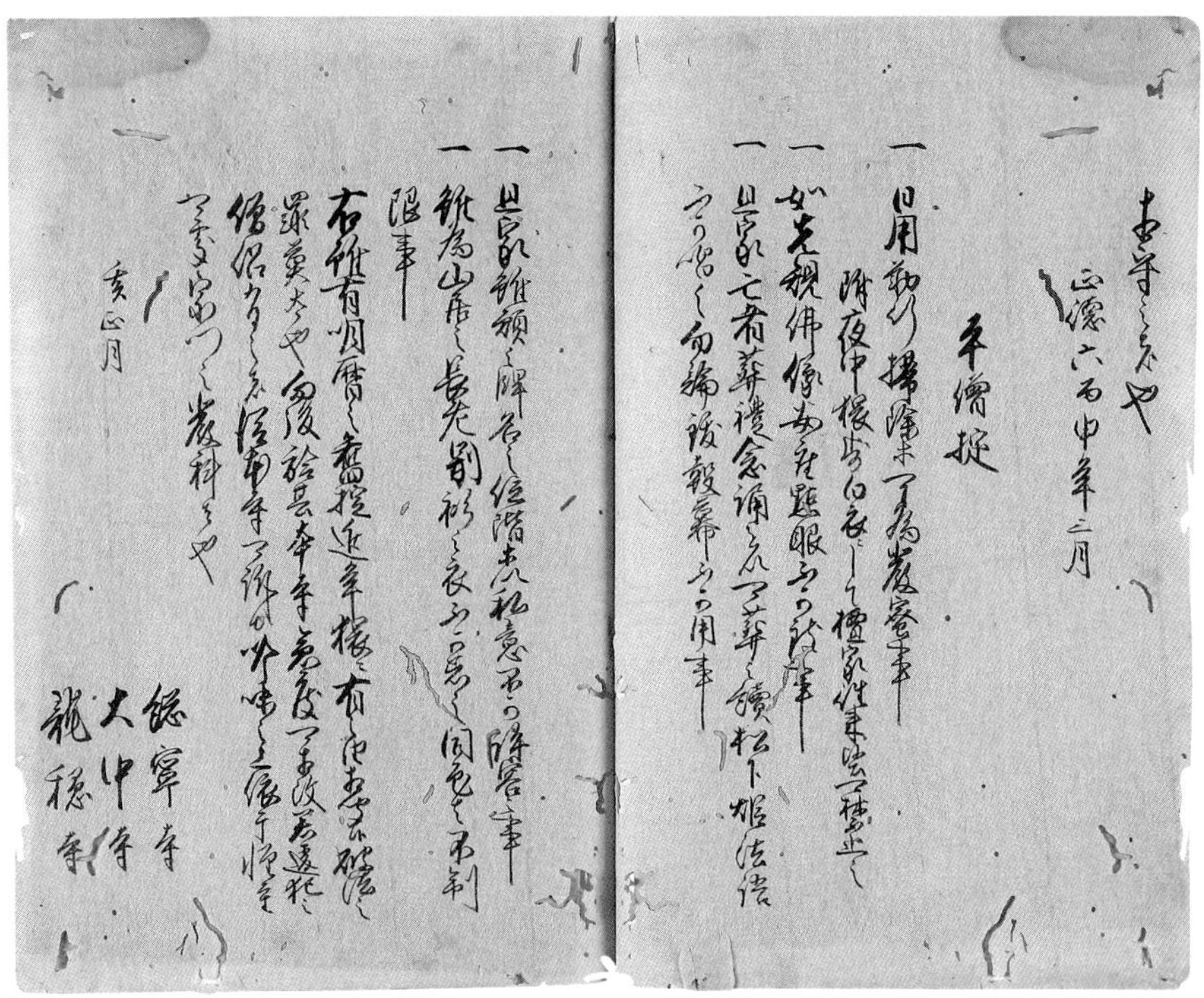
正徳六丙申年二月

平僧掟

一 日用勤行掃除等可為厳密事

総寧寺
大中寺
龍穏寺

(77ウ) (78オ)

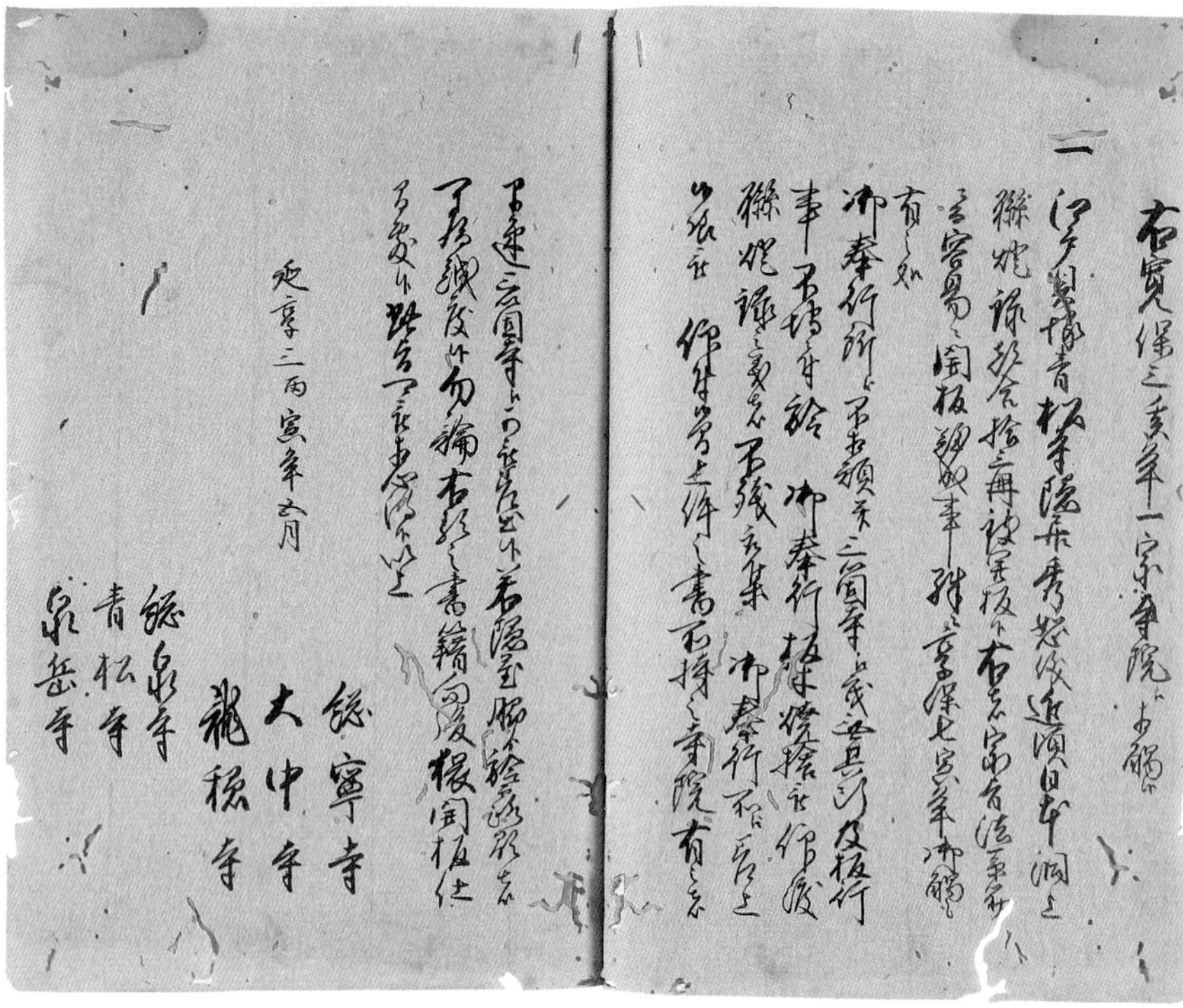

(78ウ) (79オ)

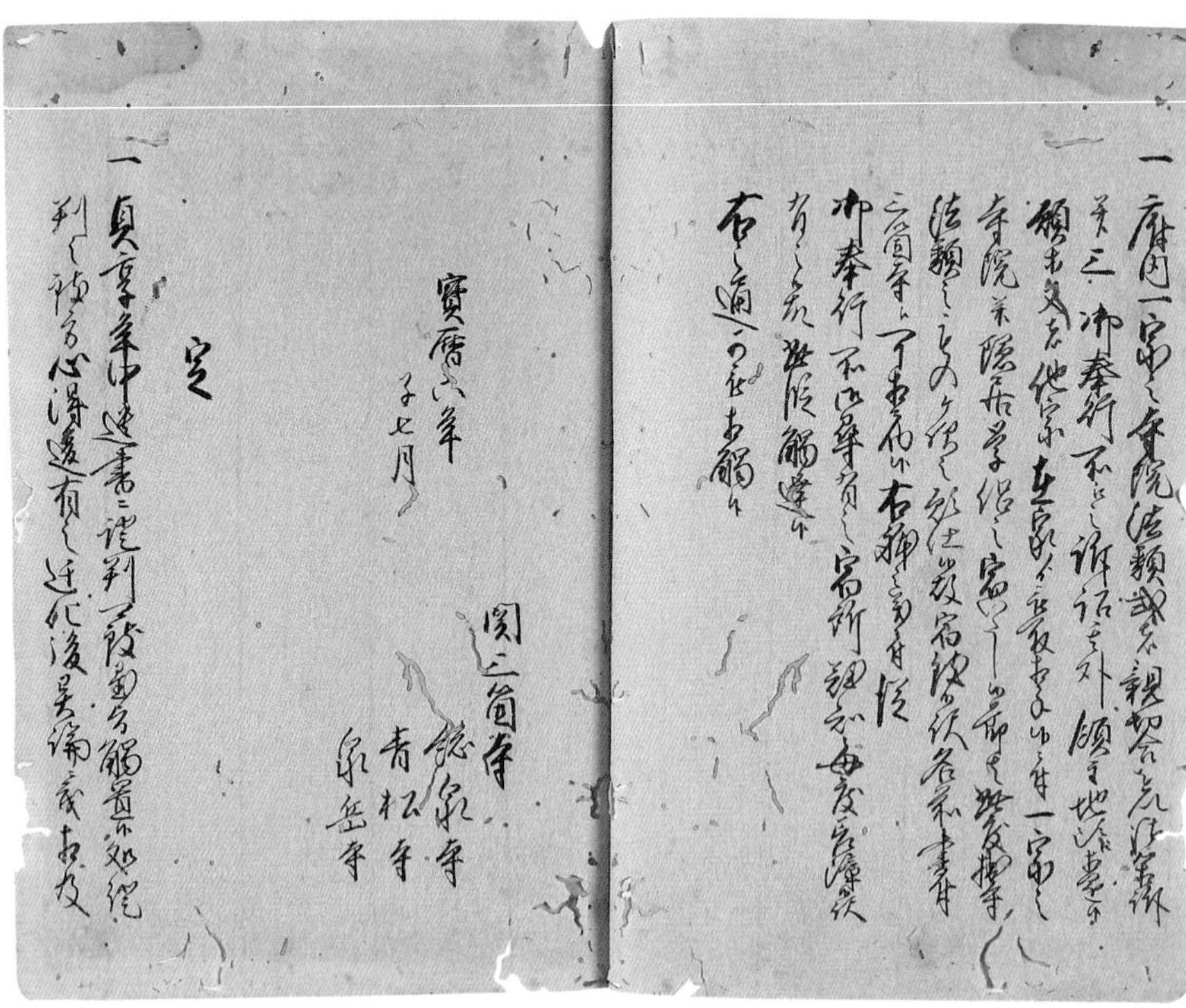

（79ウ）
（80オ）

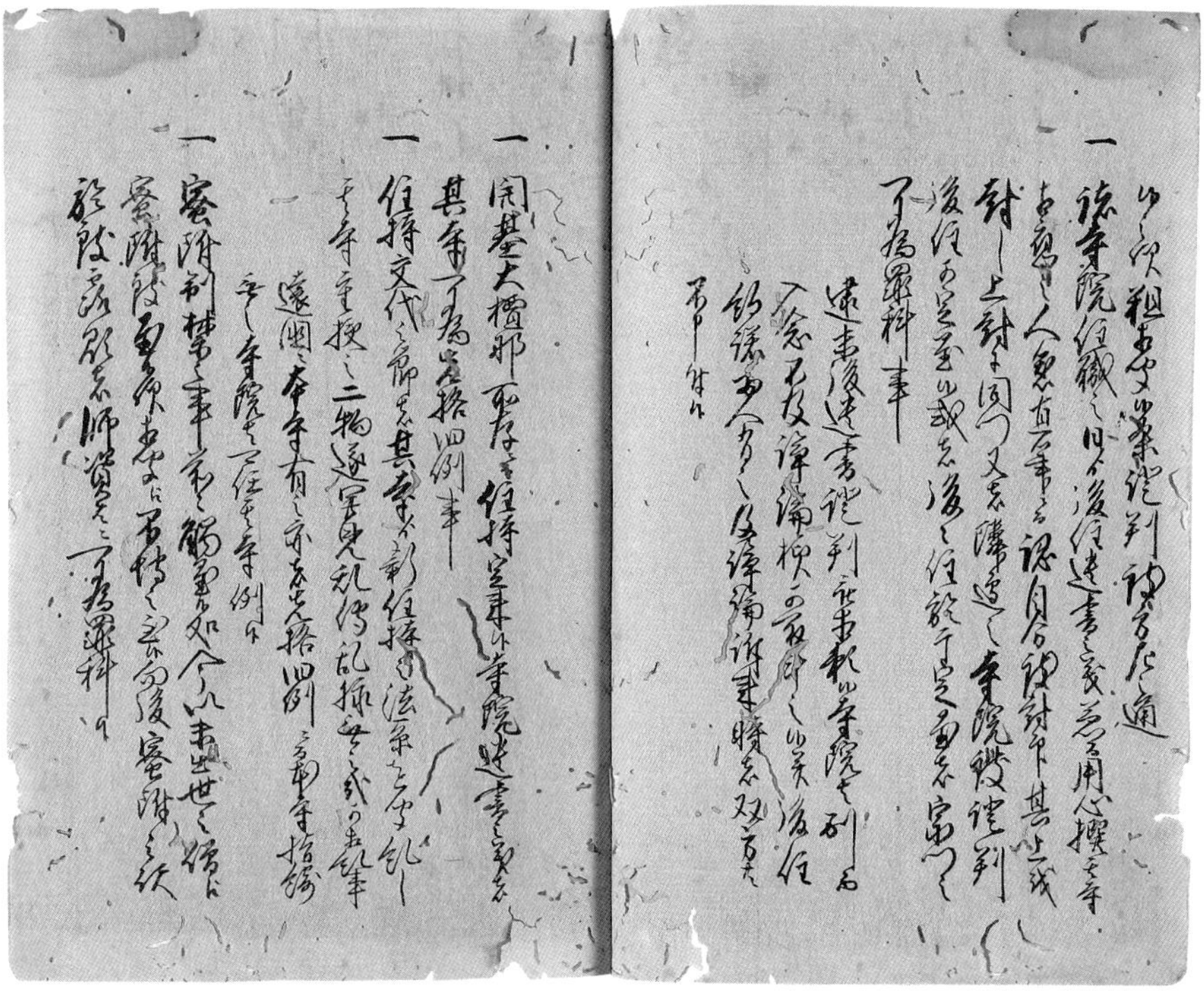

（80ウ）
（81オ）

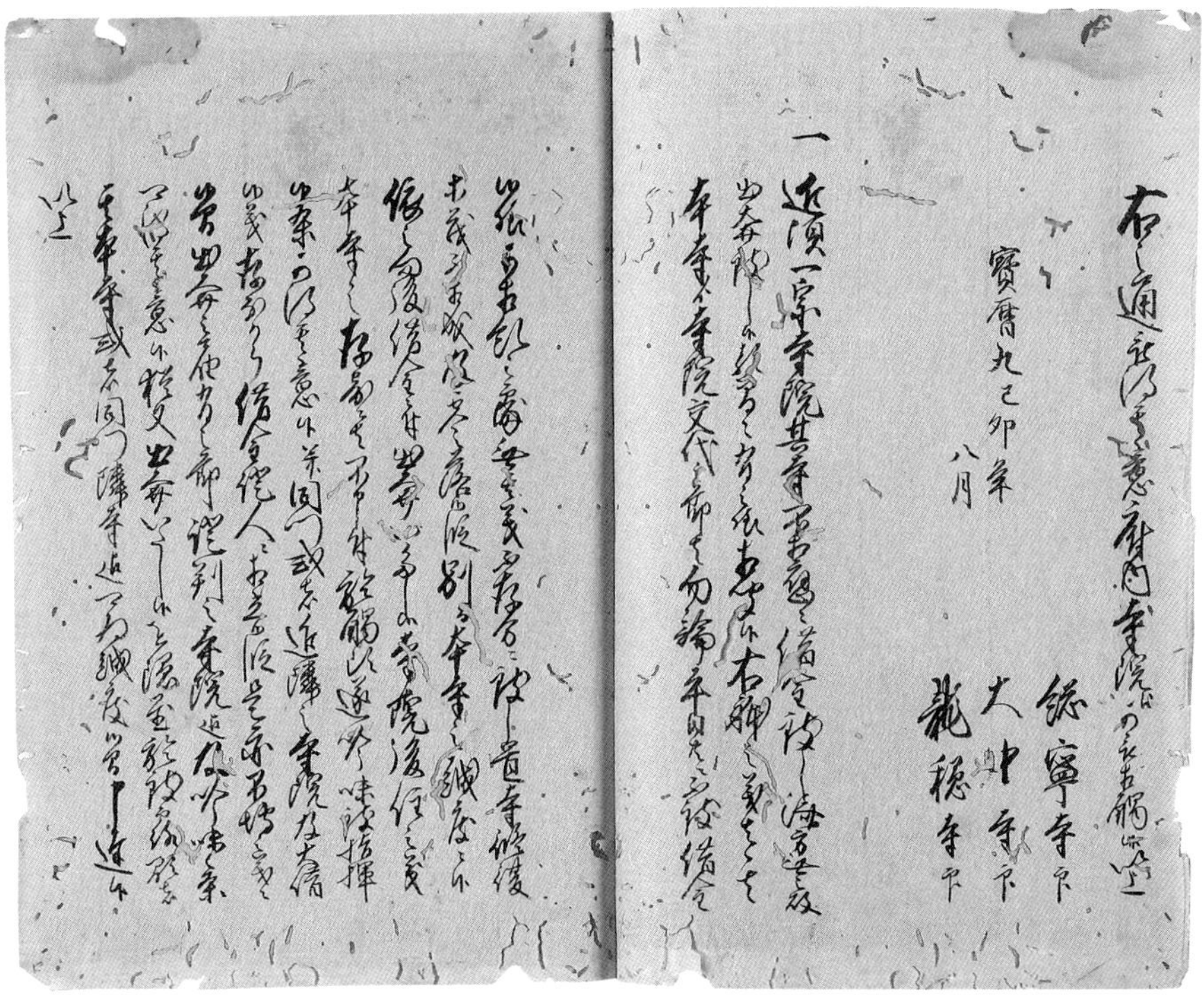
寳暦九己卯年
八月
總寧寺
大中寺
龍穏寺

(82オ)

(81ウ)

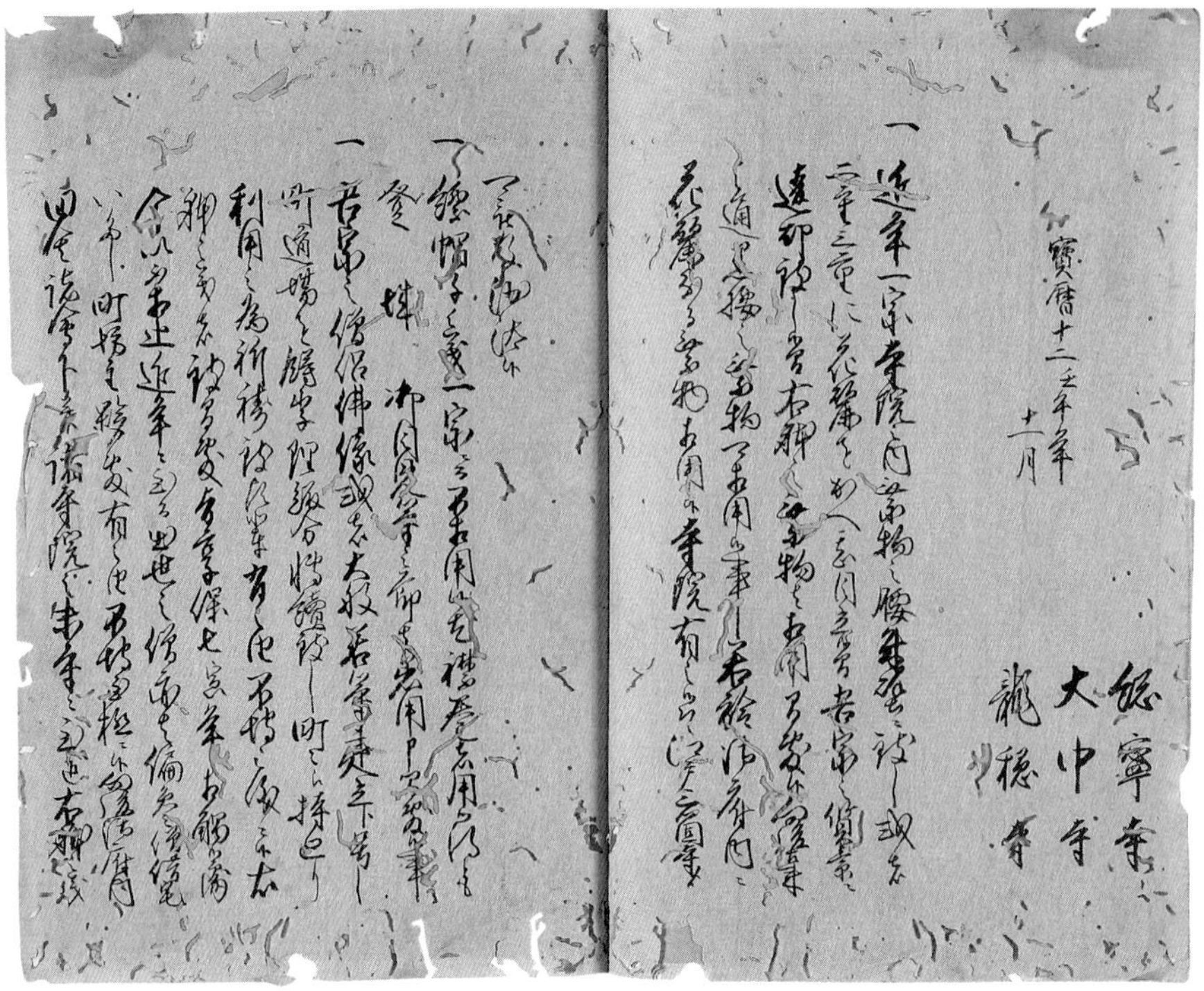

寶暦十二壬午年 十一月

總寧寺

大中寺

龍穏寺

③『道正庵証文』

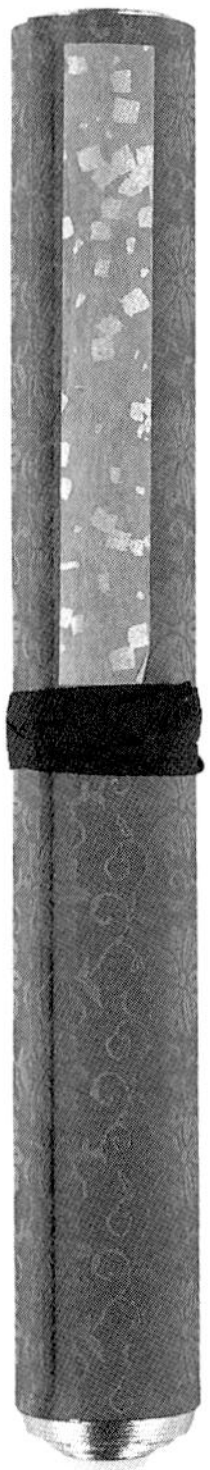

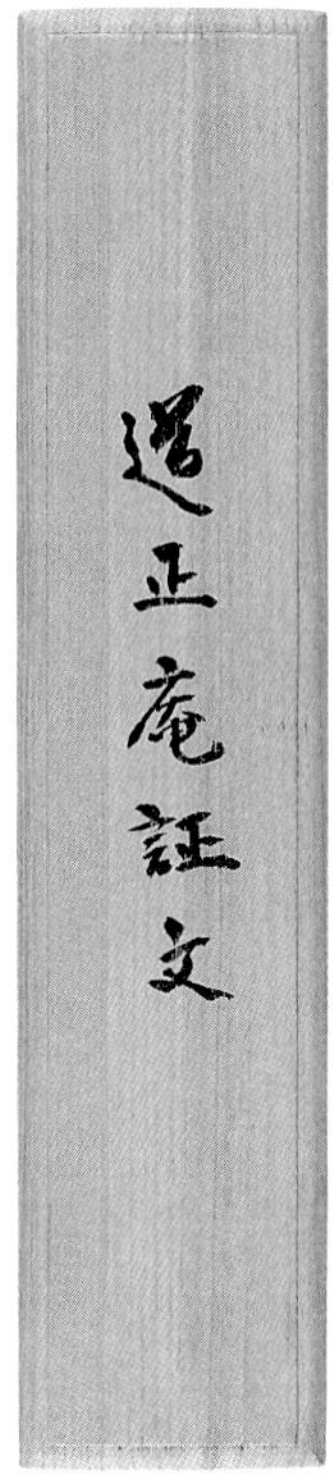

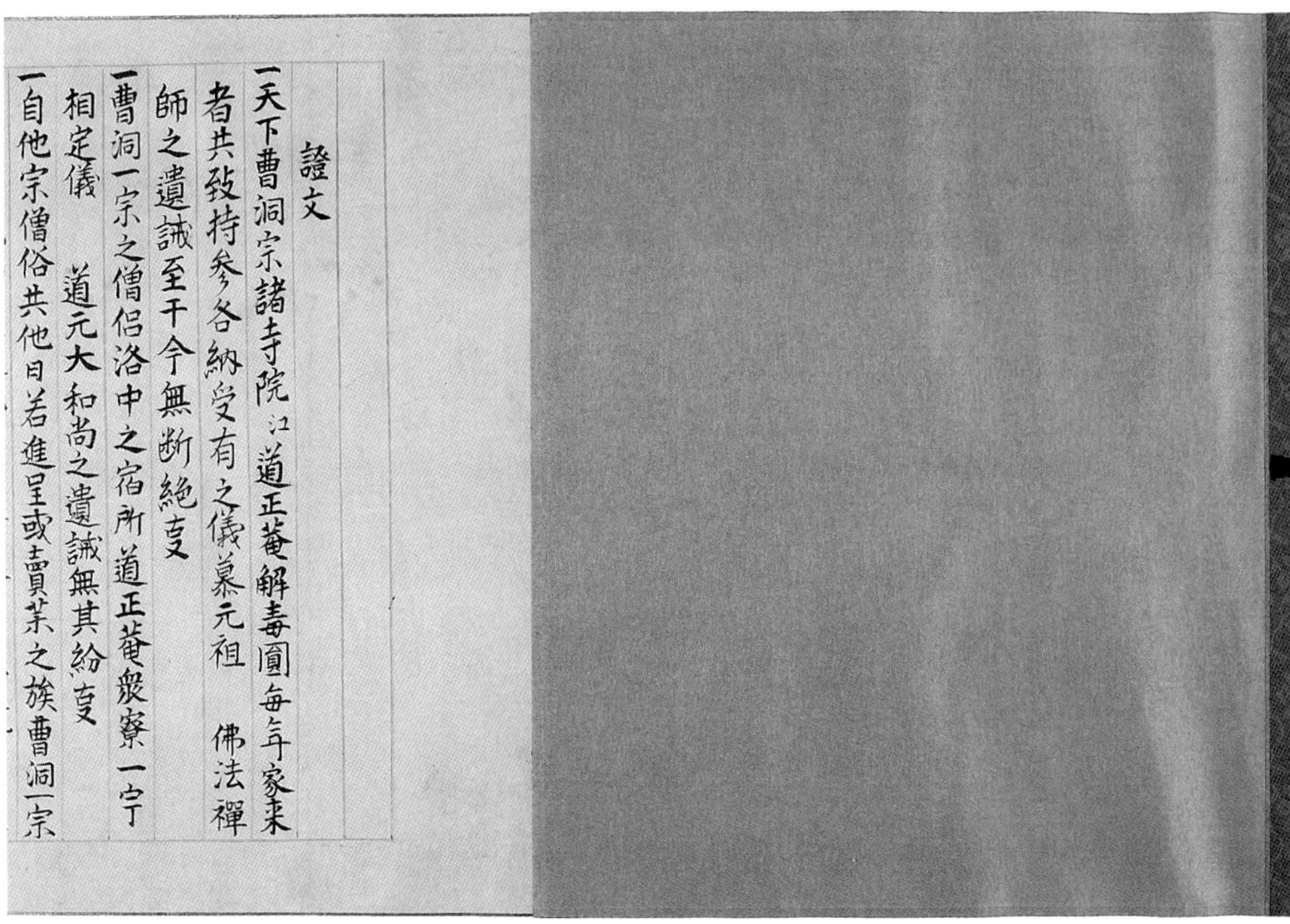
證文
一天下曹洞宗諸寺院江道正菴解毒圓毎年家来
者共致持参各納受有之儀慕元祖　佛法禅
師之遺誡至于今無断絶事
一曹洞一宗之僧侶洛中之宿所道正菴衆寮一宇
相定儀　道元大和尚之遺誡無其紛事
一自他宗僧俗共他日若進呈或賣買之族曹洞一宗

一曹洞一宗之僧侶洛中之宿所道正菴[illegible]
相定儀　道元大和尚之遺誡無其紛㕝
一自他宗僧俗共他日若進呈或賣茱之族曹洞一宗
之諸寺院江徘徊分賦而道正菴眞似之輩出来
候共一宗之諸山堅不可有許容㕝
一曹洞一宗之僧侶洛中之宿所構屋舎請待道正
菴眞似之輩出来候共　道元大和尚如禁約是
又同心有間敷㕝
一曹洞之寺院於　禁裏出世其外　奏聞訴訟
等之儀道正菴主之外可停止㕝
右五箇條之趣　佛法禪師遺誡之筋目如
斯　御當代新法之儀堅制禁也尤曹洞一宗
之僧侶違背有之間敷者也為後證任先判
如件　永平寺現住
延宝八庚申暦四月八日　徹翁
道正菴

道正菴元祖傳
縣山隆英卿者京兆人也秀出俊逸之器而通達于儒
理勝絶于詞章矣環偉倜儻不拘細行猶桂林之一
枝崑山之片玉也諸官家服其高致而粛然改容也負
笈抱書多満門為望河之志焉車騎塡巷賓客
盈坐矧街談衢話當時之標幟可謂世無倫矣㕝
後鳥羽院之朝而聽昇殿矣京極法住寺相國為
光公九世之裔彈正少弼顕盛朝臣之男清水谷大納言
公定卿之養子号縣山姓藤原歴左兵衛督従四
位下而任左衛門督叙従三位然後雖有可任納言之
期嗚呼何躓等也同服官僚既趨於隆英卿而昇
進且治承年中外祖父源仲家従源頼政戦於宇
治川而敗績自殺由是發半生嘗膽之思焉已矣
哉生乎今之世遁世薙髪法名道正修歴名區欲
見明眼内深刺骨也當斯時本朝曹洞家初祖道
玄和尚入宋何喜如之激灔於顔間而死有余栄歟
道正亦同侶而参天童如淨禪師一朝庭前有鷄声
淨曰會麼道正豁然言下悟徹了則焼香礼拜去然
而催歸楫歴深山渉廣野道玄和尚身体困憊絶死
同侶失魂魄矣不意蒼顔白髪老嫗出現与一丸茱
倏爾再蘇矣道正冀欲傳正方老嫗教授曰吾是
日東稲荷神祠感憐於道玄和尚求法善根而擁
護傾葵故今救急云〻予家神仙解毒万病圓是
也道玄和尚謂道正曰斯實神授希有之妙剤吾
法守護神之製也皈本朝而吾法盛于後世則
毎歳贈後昆之諸刹且系族皈帝都為営一宇
加眷遇幸孔乃与道正所約契若金蘭脱落風
塵也稲荷神祠亦安于道正菴裡矣皈朝之後使
嫡男隆實朝臣相續於縣山家致仕　陛下而不交
人物絶慶弔之禮而自免世曰三教老人於是
安貞上皇累徵踞于禪榻而固辞不出也　勅賜
連里竟巷之居地於城北木下故世曰木下也宝治二
年七月二十四日歳七十八而薨下棺于宇治與聖寺
隅云爾　寛永己卯孟春二十有四日道正菴第十
九藤原德岱卜順誌

道正菴四世典茱頭傳
典薬頭正四位下藤原忠俊朝臣洛陽人也予家元祖
従三位隆英卿法名道正四世之裔矣従隆英卿至忠
俊朝臣世為月卿雲客家也忠俊朝臣性敦朴不

道正菴四世典茱頭傳
典藥頭正四位下藤原忠俊朝臣洽陽人也予家元祖
從三位隆英卿法名道正四世之裔矣從隆英卿至忠
俊朝臣世為月卿雲客家也忠俊朝臣性敦朴不
杓小節無郷曲之誉而風神高邁容儀俊爽博涉群
書特精理義矣平常好醫術而宗師於秦越人張
仲景之功明辨於運氣不齊今古異軌之法也捜内
經之玄奧察茱性之変化而治子治癰疽之効醫緩
灸膏肓之妙且達三家相見之要而通和合四象之
實洞徹於坎離升降之理煉得一粒金冊之竒矣
化溢東西名震　陛下於是　後宇多院患周
麻痺無言之竒疾國醫百治不癒徵忠俊朝臣
應　詔診視進剤則瘥蜀僧道隆病血痢口噤
厥冷脉絶而氣息亦絶諸醫以為不治之症忠俊
朝臣灸神闕而与參附大剤再蘓矣爾来屢顯竒
効不可枚挙焉誠神于醫哉故建治皇帝以来奉仕
七朝矣及老年剃髮曰良信称元祖之法諱号
道正菴又曰味杏堂撰典茱全書三十巻味杏堂方
二十巻託余業於後昆而年九十二歴應三祀七月
廿有四日卒也　寛永己卯孟春二十有五日道正
菴十九世藤原德岦卜順記

道正菴神仙解毒万病圓記
原夫神仙解毒万病圓　予家元祖縣山從三位藤原隆英
卿法名道正入宋矣本朝曹洞家初祖道玄禪師同
侶焉及於皈朝之時而經履千折之嶮路渉歴山川
之修瀾矣當此之時而道玄禪師嬰此苦艱而身体困
羸僵仆氣絶既陥死地也徒附同侶兢惶並集五内震
駭皆失䰟魄於是不意蒼顔白髪老姫出現則与一
[illegible]

之修瀾矣當此之時而道玄禪師嬰此苦艱而身体困
羸僵仆氣絶既陥死地也徒附同侶兢惶並集五内震
駭皆失䰟魄於是不意蒼顔白髪老姫出現則与一
丸茱倏爾再蘓矣老姫曰吾斯日東稲荷神祠㚑感
憐於道玄禪師之求法善根而擁護傾葵故今出
現而救急云々道正股戰脇息磬折懼然告老姫曰
斯實奇絶異功之妙剤伏乞冀欲傳正方則老姫
面傳口授了即隠矣予家神仙解毒万病圓是也道
玄禪師謂道正曰斯寔神授希有之妙剤而扶助
吾壽也吾法守護神之製而蓋冠于諸茱莫可与
抗也其德功独歩於古今譬如薫猶氷炭之相反豈
同器乎同炉乎且人力也哉殆神靈之所為也真敬而
可貴矣皈本朝而吾法流盛于後世則毎歳冀饋後
昆之諸刹且吾系族儻系族皈帝都則営一宇為
加眷遇接以温色幸孔乃与道正所約契如金蘭脫
落風塵矣是故至于今多緣繼属不睽其遺誡而
祖識不虚也使予家陪僕持一丸茱而毎歳贈投曹洞
一宗之諸山并僧徒也諸山用人馬送迎焉曹洞家之
務式而雖戰國乱妨之時終無斷絶而到于當世矣
道正菴裡亦崇家曹洞一宗僧侶之助力而創衆寮号
選佛寮而兼顏接辞為總角之好也稲荷神祠
亦安於道正菴裡而夙夜整祀盛服九拜而備蔬
果酒饌矣神仙解毒万病圓者神仙之製而解悪
邪諸毒氣療万病之謂也乎銘于良能之竒功也
元祖道正神授之後古今継業之一子附属一丸
茱之正方也乃為古今一家之常範矣或親戚
或門弟或家僕或他門之諸徒禁絶而不傳也
良有以哉関白豊臣秀次公求于諸醫家之
經驗秘方而諸醫師雖巾笥十襲献呈焉余
予家十七世宗固粤以古今継業一子相傳之

或門弟或家僕或他門之諸徒禁絶而不傳也
良有以哉関白豊臣秀次公求于諸醫家之
經驗秘方而諸醫師雖巾笥十襲献呈焉余
予家十七世宗固粤以古今継業一子相傳之
家矩申赴懇焉輸写肝膽而為眷々之款實於
是賜寛饒之恵而宥除於一丸茶正方之授法也
爾来予家四世典茶頭忠俊朝臣始記服用之靈驗
喩其條目如入万宝之肆而取用不竭而後累葉
之庵主相續而増補妙治奇特之經驗而單辞
隻語有攖也遠于予亦不韙其固陋而予家
御先哲之玄訓而捜輯其顯功而已矣今古之奇
療寧可勝而計哉上從王公妃嬪命婦列侯卿士
郡守寺社而下至於編户之民庶男女蒼頭乞食
等而無大小無多少無不信用也及于四夷異嶋深
山遠浦欤不撰於幾業之人品且禽獣魚鼈黿之
類悉皆与一丸茶則病患瞭目而即愈豈外求
哉化施於無究焉且来求於道正庵裡則酬應焉
斯乃古今之家格而醫術慈仁之法也是以一丸茶
之徳煇流布于普天下至于予家六世睦用之時
而室町宝篋院義詮公尚于一丸茶之妙驗有未
曽有之歎焉命諸國刺史郡守而給驛馬疋夫
於予家陪僕而諸國村里一家一丸一人一丸分賦之
畢也四夷郡縣頼于一丸茶之𠬝功而為歡喜之
念益甚或居家遠出行兵動衆之要用不可無
此或戰國醫茶稀々之賞剤相得鴻宝無一箇
不被其澤者也厥後連續而予家数世請諸國
刺史郡守於副札也使监奴持之而分賦一丸茶
於諸國郡縣村里矣到如今不斷絶矣非陪僕
則禁止而不使也他國住居之家吏亦禁止矣集
製孟浪鹵莽之妄茶而有贋似解毒円之賊類

不被其澤者也厥後連續而予家数世請諸國
刺史郡守於副札也使监奴持之而分賦一丸茶
於諸國郡縣村里矣到如今不斷絶矣非陪僕
則禁止而不使也他國住居之家吏亦禁止矣集
製孟浪鹵莽之妄茶而有贋似解毒円之賊類
而臧裂人壽延年大欠欺誑諸邦之世人是故不
得已而制罰之世已矣予家斯古今之格則世有諸
夷則告刺史郡守矣於洛城則訟京尹也随其罪
之輕重或追放或獄或流刑或大辟予家十八世休甫
訴于京尹板倉氏源重宗朝臣予亦訟于京尹
板倉氏源勝重朝臣而質確其過如先律然華夷
倶為同覩也惟實醫林之急務救助人壽三命之
怪難矣古人所謂徳勝不祥仁除百禍也祈年千
世百豈期数紀也耶可哉維時　寛永己卯孟春
二十有八日道正菴十九後裔藤原徳造卜順識於味
杏堂

洛陽木下道正菴衆寮造営帳序

原夫道正菴衆寮　永平峻徳大禅佛禁止於城隍
聚落而不建大小梵刹矣約于不侫家曩祖道正
曰吾系族餃帝都則営一宇為加眷遇幸孔且又
法流隆於後世則神仙靈丸毎歳巽饋吾宗之諸
刹云々鑑在梲前是故至于今寅縁繼屬而不睽
其遺誡祖識不虚也　玄公大徳大禅師之盛業
洪基既及于四百之星霜矣仰之弥高到于今世
而法煇益熾華夷瞻望道出震徳重离遍于八荒
盍可勝計哉尓来不嫌貴賤老若或東関北越之
衲子或南去西来之禅客或轉位瑞世或望禅師號
或遂参　内拝　龍顔或諸般之公務為
禁闕之　奏或京兆之群用或支檀那之音信
或為行脚之遊覧於是金宫銀宫一月二月若建

而法輝益熾華夷瞻望道出震德重离遍于八荒
盍可勝計哉尓来不嫌貴賤老若或東関北越之
衲子或南去西来之禅客或轉位瑞世或望禅師号
或遂参　内拜　龍顔或諸般之公務為
禁闕之　奏或京兆之群用或支檀那之音信
或為行脚之遊覧於是金宿銀宿一月二月若逮
于期月不量多少之居程而已不侫家七世一伯扁
曰選佛寮蓋学徒多集選祖選佛而欲了万縁万
境之場者矣也或改造或回禄或破壊或修補悉
皆告于諸國曹洞家之僧侶而蒙多少之助力而造
営於衆寮斯古今之通式矣維時一天静謐万邦
栄盛四海禅徒来往繁茂焉加旃　東照大權
現主於宇内而元和年中命于諸宗之䂓矩聖
治屡及乎緇門于茲僧侶之住還改衣和尚参
内賜禅師号百倍于前世尤甚理哉由是無所把
蒲團無所移禅板而欲改造衆寮豈不自他之歡
喜乎嗚呼孰不揚宗門五位之鎗旗乎況亦
貽法社万代之准縄可也矣實所庶幾也曹洞之
泒流地久天長至祝至禱于時　寛永十二年
二月如意珠日道正菴第十九德岀卜順敬白

寄附薩劦福昌寺永真筆近江八景跋
右近江八景圖狩野永真所写矣夫玉龍山福昌盛
刹者石屋大禅師之開闢而西海甲第之名場也
是故予家元祖道正者縣山左兵衛督正四位下藤
原隆英朝臣居於京兆木下京極相國為光公九
世之裔顯盛之男清水谷亞相公定卿之養子而
秀出俊逸之器博学孔孟之書而通達于儒理厚
玩蘓韓之法而勝絶于詞章矣諸官家屓笈抱
書多満門戸為望河之志焉矧街談衢話當時之

玩蘓韓之法而勝絶于詞章矣諸官家屓笈抱
書多満門戸為望河之志焉矧街談衢話當時之
標幟可謂世無倫矣同服官僚競納言不遂而叙従
三位任左衛門督且治承年中外祖父源仲家戦於
宇治川而敗績自殺由是發半生嘗膽之思而遁
世薙髪法名道正修歴名區欲見明眼於是永平
開山大禅師入宋道正亦同侶而参天童如浄禅師一
朝庭前有雞声浄曰會麽道正言下豁然悟徹了
則焼香礼拜去然而催帰楫歴深山涉廣野永平
開山大禅師身体困羸絶死同侶失魂魄不意若
顔白髪老妪出現与一丸茶倏爾再蘓矣道正
冀欲傳正方老妪教授曰吾是日東稲荷神祠
感永平開山大禅師之求法善根而擁護故今救
急云々予家神仙解毒万病円是也永平開山
大禅師謂道正曰斯實神授希有之妙剤吾法
守護神之製也　本朝而法流盛于後世則毎
歳贈後昆諸刹且吾系族帰京洛営一宇為加眷
遇幸孔乃与道正所約契若金蘭是故至于今
不背其遺誡而祖識不虚也稲荷神祠亦安于
道正庵裏矣道正宝治二祀七月二十四日卒葬于
奥聖禅壇也予家第二世左兵衛督従四位下隆實
道号嘿外法名紹円第三世治部大輔正四位下範房
道号惟寧法名道琢第四世典茶頭正四位下忠
俊道号芳岳法名良信始為官醫業醫術有
有十全之功而名振宇内及老年剃髪称元祖之
法名号道正庵従是累代至于今曰道正庵亦
曰味杏堂第五世宣安字愚傳第六世睦用字寂
然為義詮公之侍醫是時石屋大禅師掛錫于瑞
龍山蒙山和尚而居于道正菴衆寮矣於是石屋大
禅師与睦用仰拜芝蘭之化故嶋津家第五世道

曰味杏堂第五世宣安字愚傳第六世睦用字寂
然為義詮公之侍醫是時石屋大禅師掛錫于瑞
龍山蒙山和尚而居于道正菴衆寮矣於是石屋大
禅師与睦用仰拜芝蘭之化故嶋津家第五世道
鑑公亦辱千里命駕焉矣爾来嶋津家与予家其
交不絶矣從二世至六世不知所以何處葬焉故予
建碑於與聖寺也第七世一伯字悟閑第八世玄
榮字別叟第九世昌順字明室中院大納言通
氏卿男玄榮養子第十世康琳字樸堂第十
一世道壽字松隠大内氏贈三品政弘朝臣男康
琳養子為竹居禅師之媒妁也第十二世立敬字
他誰四條亞相隆量卿男道壽養子第十三世
了意字了絶醫療見醫和扁鵲之術是以
正親町院勅為侍醫聴昇殿叙法印第十四世宗
源字浄本叙法印第十五世玄養字文如叙法
印第十六世一貞字直翁第十七世宗固字堅岩
慶長庚子秋　東照宮与義弘公戰于関原而
義弘公部將二人軍士三人敗竄於道正菴裡是時
　東照宮探索彼將士益甚跼天蹐地豈可勝言
哉宗固深隠而不出焉四海安平敀之於薩陽龍
伯公中納言家久公賞以感牘謝以俸禄矣是以
寺檀二俱与予家其交異於他矣哉第十八世休
甫字携室佐々木氏源一綱男宗固養子以他
姓雖相續從元祖道正至于予不失其統譜者
其致一也哉安狼寺開基宜阿弥上人者一伯族
第也是以一伯創于安狼寺為累世之墓所
是故從第七一伯至于予父休甫葬于安狼寺
予家凡為序次如右矣元祖道正之榜及歴
葉之榜建玉龍山矣　後光明院宸毫黒竹
一幅花瓶一双近江八景一巻捧　法席聊旌行

是故從第七一伯至于予父休甫葬于安狼寺
予家凡為序次如右矣元祖道正之榜及歴
葉之榜建玉龍山矣　後光明院宸毫黒竹
一幅花瓶一双近江八景一巻捧　法席聊旌行
意祝檮年云々　寛文九暦十一月廿四日道
正菴法眼藤原德幽卜順敬識

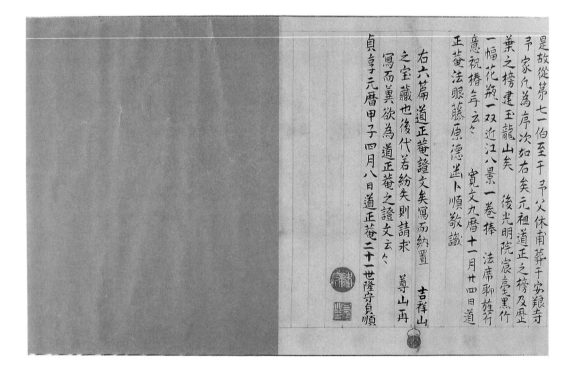

右六篇道正菴證文矣寫而納置　吉祥山
之宝藏也後代若紛失則請求　尊山再
寫而冀欲為道正菴之證文云々
貞享元暦甲子四月八日道正菴二十一世隆守貞順

永平寺史料全書編纂委員会

委　員　長　廣瀬　良弘（駒澤大学学長）
副委員長　菅原　昭英（駒沢女子大学名誉教授）
委員幹事　熊谷　忠興（岩手県北上市正洞寺住職）
委員書記　角田　泰隆（駒澤大学仏教学部教授）
委　　　員　吉田　道興（愛知学院大学名誉教授）
委　　　員　飯塚　大展（駒澤大学仏教学部教授）
委　　　員　佐藤　秀孝（駒澤大学仏教学部教授）
委　　　員　岩永　正晴（駒澤大学仏教学部教授）
委　　　員　遠藤　廣昭（公益財団法人 横浜市ふるさと歴史財団埋蔵文化財センター所長）
委　　　員　中野　達哉（駒澤大学文学部教授）
委　　　員　皆川　義孝（駒沢女子大学人文学部准教授）
委　　　員　菅野　洋介（駒澤大学文学部非常勤講師）

大本山永平寺

非常勤講師　高山　幸典（福岡県糸島市寶林寺住職）

大本山永平寺史料全書編纂室

主任調査研究員　海老澤早苗
調査研究員　秋津　秀彰　駒ヶ嶺法子　中沢　将吾　長谷川幸一　秦　慧州　廣瀬　良文
譽田　航平　谷中　朱里　横山　龍顯

協力機関・協力者名簿

大本山總持寺祖院
大本山永平寺東京別院長谷寺専門僧堂
大本山總持寺宝蔵館嫡々庵
熱田神宮宝物館
石川県立美術館
大野市教育委員会
岡崎市美術博物館
古河歴史博物館
駒　澤　大　学
駒澤大学図書館
駒澤大学禅文化歴史博物館
曹洞宗文化財調査委員会
福井県立歴史博物館
福井県立美術館
福井県立若狭歴史博物館
永　建　寺（福井県敦賀市）
景　福　寺（鳥取県鳥取市）
桂　林　寺（京都府舞鶴市）
寿　徳　寺（神奈川県横浜市）
神　宮　寺（福井県小浜市）
信　光　明　寺（愛知県岡崎市）
泉龍寺仏教文庫（東京都狛江市）
雙　林　寺（群馬県渋川市）
大　乗　寺（石川県金沢市）
多　宝　院（茨城県下妻市）
智　源　寺（京都府宮津市）
宝　慶　寺（福井県大野市）
蓮　花　院（和歌山県伊都郡高野町）
有馬　香織（福井県立若狭歴史博物館学芸員）
伊藤　良久（曹洞宗文化財調査委員会主事）
内田　雅之（熱田神宮宝物館学芸員）
小笠原春香（駒澤大学文学部非常勤講師）
尾崎　正善（鶴見大学仏教文化研究所客員研究員）
鏡島　一道（大本山永平寺傘松会主事兼国際部主事兼聖宝閣担当）
川俣　知睦（埼玉県入間郡三芳町）
田中　宏志（曹洞宗文化財調査委員会調査員）
シェル　アフザル　レカ（金城学院大学講師）
千葉　宏太（岩手県一関市）
吉成　大輝（神奈川県川崎市）

索　　引

凡　　例

1．本索引は、本巻の注・解説・参考文献にわたって、地名・寺社名・人名・典拠を抽出し、配列したものである。ただし、史料タイトル・綱文・史料本文・引用史料・表については本索引から除外した。
2．配列の方法は五十音順とし、同音の場合は、読みの順にしたがった。
3．地名･寺社名には、判明する限り、（　）内に旧国名･都道府県名を記した。ただし、江戸・京都・大坂については、旧国名の武蔵・山城・摂津とはせず、そのまま江戸・京都・大坂とした。
4．人名のうち、僧侶名については原則として法諱で示し、道号・字・賜号も適宜（　）内に記した。一般人名については、姓・名とし、名乗などを（　）内に併記した。
5．典拠については、一般典籍のほか、古文書・記録などから適宜抽出し、配列した。
6．『正法眼蔵』『建撕記』などの各巻・諸本については、『正法眼蔵』『建撕記』などのそれぞれの箇所に集めて分類し、五十音順に配列した。

（1）地　　名

か

き

く

け

こ

さ

し

す

せ

そ

た

ち

（2）寺　社　名

こ

さ

し

す

せ

そ

た

る

れ

ろ

（3）人　　名

お

か

き

く

け

す

せ

そ

た

へ

ほ

ま

み

れ

ろ

わ

他

（4）典　拠

さ

し

す

せ

そ

た

ち

つ

て

と

な

に

ね

は

ひ

ふ

ら

り

れ

ろ

わ

永平寺史料全書　文書編　第二巻

平成二十九年二月二十八日　初版発行

編著者　大本山永平寺史料全書編纂室
永平寺史料全書編纂委員会
廣瀬良弘　熊谷忠興
角田泰隆　菅原昭英
吉田道興　飯塚大展
佐藤秀孝　岩永正晴
遠藤廣昭　中野達哉
皆川義孝　菅野洋介

発行者　大本山永平寺監院　小林昌道

発行所　大本山永平寺
〒九一〇-一二九四　福井県吉田郡永平寺町志比五－十五
電話〇七七六（六三）三一〇二

発売所　株式会社　吉川弘文館
〒一一三-〇〇三三　東京都文京区本郷七丁目二番八号
電話〇三（三八一三）九一五一（代）
振替口座　〇〇一〇〇－五－二四四番
http://www.yoshikawa-k.co.jp/

印刷　ヨシダ印刷株式会社
〒九二一-八五四六　石川県金沢市御影町十九番一号
電話〇七六（二四一）二一四一

ISBN 978-4-642-01385-7